Kreisbeschreibungen des Landes Baden-Württemberg

Der Landkreis Rastatt
Band I

Kreisbeschreibungen des Landes Baden-Württemberg

Der Landkreis Rastatt

Band I

A. Allgemeiner Teil
B. Gemeindebeschreibungen
Au am Rhein bis Forbach

Bearbeitet von der Außenstelle Karlsruhe
der Abteilung Landesforschung und Landesbeschreibung
in der Landesarchivdirektion Baden-Württemberg

Herausgegeben von der Landesarchivdirektion Baden-Württemberg
in Verbindung mit dem Landkreis Rastatt
und dem Landesmedienzentrum Baden-Württemberg

Jan Thorbecke Verlag Stuttgart
2002

Bibliografische Information Der Deutschen Bibliothek
Die Deutsche Bibliothek verzeichnet diese Publikation in der Deutschen Nationalbibliografie; detaillierte bibliografische Daten sind im Internet über http://dnb.ddb.de abrufbar.

© 2002 by Jan Thorbecke Verlag GmbH, Stuttgart

Alle Rechte vorbehalten. Ohne schriftliche Genehmigung des Verlages ist es nicht gestattet, das Werk unter Verwendung mechanischer, elektronischer und anderer Systeme in irgendeiner Weise zu verarbeiten und zu verbreiten. Insbesondere vorbehalten sind die Rechte der Vervielfältigung – auch von Teilen des Werkes – auf photomechanischem oder ähnlichem Wege, der tontechnischen Wiedergabe, des Vortrags, der Funk- und Fernsehsendung, der Speicherung in Datenverarbeitungsanlagen, der Übersetzung und der literarischen oder anderweitigen Bearbeitung.

Dieses Buch ist aus alterungsbeständigem Papier nach DIN-ISO 9706 hergestellt.

Satz und Druck: Gulde-Druck GmbH, Tübingen
Printed in Germany · ISBN 3-7995-1364-7

VORWORT

Mit der Kreisbeschreibung Rastatt präsentiert die Landesarchivdirektion Baden-Württemberg der Öffentlichkeit eine moderne landeskundliche Strukturuntersuchung über eine bedeutende Region des Oberrheingebiets. Das neue Werk schließt an die Publikationen zum Stadtkreis Baden-Baden (1995) sowie zu den Landkreisen Lörrach (1993/94) und Emmendingen (1999/2001) an. Für zentrale Räume der alten Markgrafschaft Baden liegen damit zeitgemäße Darstellungen vor. Als übersichtlich gestaltete Nachschlagewerke wenden sich die Kreisbeschreibungen an die heimat- und landeskundlich interessierten Bürgerinnen und Bürger dieser Regionen, zugleich verstehen sich die Bände auch als Bausteine für eine umfassende Beschreibung des ganzen Landes, als verläßliche Handbücher, auf die die wissenschaftlichen Fachdisziplinen in ihrer Arbeit gern zurückgreifen. Die regionale Vielfalt Baden-Württembergs spiegelt sich in den Werken der Landes- und Kreisbeschreibung.

Mit dem Werk über den Landkreis Rastatt setzt die Landesarchivdirektion ihre konzeptionelle Weiterentwicklung der Kreisbeschreibungen fort. Die beiden handlichen Bände sind reich mit Abbildungen und Karten ausgestattet. Der neu gestaltete Schutzumschlag ist als Signal dafür zu verstehen, dass sich Verlag und Herausgeber konsequent darum bemühen, mit den Werken die Erwartungen der Leserinnen und Leser an ein attraktiv gestaltetes, übersichtliches Handbuch zu erfüllen. Das neue Logo der Landes- und Kreisbeschreibung soll sich zum Markenzeichen für die Publikationen dieser Forschungsabteilung entwickeln, die sich ihrer klassischen, seit Generationen anerkannten Aufgabenstellung verpflichtet weiß.

Der Landkreis Rastatt ist durch eine besondere Vielfalt geprägt. Seine Landschaften reichen von der Rheinebene mit ihren Flußniederungen und Hardtflächen bis in die Täler des Nordschwarzwalds. Die Vorbergzone ist als bedeutendes Weinbaugebiet weit über die Region hinaus bekannt. Die Städte Rastatt, Gaggenau und Bühl zählen zu den wichtigen Industriestandorten des Landes. Ihre Wirtschaftsentwicklung ist mit den Namen großer leistungsstarker Unternehmen verbunden. Im Murgtal kann die Papierindustrie auf eine besondere Tradition zurückblicken. Die Geschichte dieser Region wird in den Herrschaftssitzen des Mittelalters, so etwa auf den Burgen Windeck und Eberstein, greifbar, in der Zeit des Absolutismus fand sie ihren Mittelpunkt im Rastatter Schloß. Die Benediktinerabtei Schwarzach bildete ein wichtiges kulturelles Zentrum im Süden des Kreisgebiets.

Die neue Kreisbeschreibung basiert auf den Ergebnissen systematischer Forschungsarbeit. Umfangreiche Archivbestände wurden ausgewertet und statistische Datenreihen erhoben. Geländestudien waren ein wichtiger Bestandteil der geographischen Raumuntersuchung. Darüber hinaus war die Landesarchivdirektion auf die Fachkompetenz von zahlreichen außeramtlichen Autorinnen und Autoren angewiesen, wie schon ein kurzer Blick in das Mitarbeiterverzeichnis zeigt. Die bewährte Kooperation mit Fachbehörden und wissenschaftlichen Forschungseinrichtungen des Landes war ein wichtiger Garant für die Fertigstellung des Werks. Ihnen allen gilt unser besonderer Dank. Genannt sei hier das Landesmedienzentrum Baden-Württemberg, das nicht nur alle Luftbilder für die neue Kreisbeschreibung erstellte, sondern auch zahlreiche Architekturaufnahmen beisteuerte. Das Landesvermessungsamt hat wiederum die Kreiskarte 1:50.000 erarbeitet. Die traditionell gute und enge Zusammenarbeit mit dem Statistischen Landesamt ermöglichte die Aufnahme aktueller statistischer Daten in das Werk. Unter den zahlreichen Autoren aus dem universitären Bereich sei Professor Dr. Willi A. Boelcke (Stuttgart / Berlin) genannt, der wiederum mehrere Beiträge zur Wirtschaftsgeschichte des Kreisgebiets übernommen hat. Maßgeblichen Anteil an der grafischen Gestaltung haben die beiden Kartografen Christiane Peh und Gerd Schefcik.

Die neue Kreisbeschreibung entstand in enger Zusammenarbeit mit dem Landratsamt Rastatt. Besonderer Dank gebührt Herrn Landrat Dr. Werner Hudelmaier und dem Kreistag für den namhaften Druckkostenzuschuß, ohne den das Werk nicht in der vorliegenden Form hätte publiziert werden können. Mitarbeiter des Landratsamts verfaßten zahlreiche Beiträge aus ihrem direkten Arbeitsbereich; hier sei stellvertretend Herr Kreisarchivar Martin Walter genannt, der nicht nur umfangreiche Texte verfaßte, sondern auch den alltäglichen Kontakt zwischen dem Landratsamt und den Mitarbeitern der Landes- und Kreisbeschreibung in ruhiger und freundlicher Weise sicherstellte. Auch die Gemeinden des Landkreises waren auf vielfältige Weise in die Arbeit an der Kreisbeschreibung eingebunden. Die Zuschüsse von renommierten Wirtschaftsunternehmen und Bankinstituten aus der Region haben dazu beigetragen, die Kreisbeschreibung in dieser Form der Öffentlichkeit präsentieren zu können.

Die Hauptlast der Arbeit lag innerhalb der Landesarchivdirektion bei den Mitarbeitern der Außenstelle Karlsruhe der Abteilung Landesforschung und Landesbeschreibung. Ihnen sei an dieser Stelle ausdrücklich gedankt. Der zielstrebigen Projektleitung von Dr. Kurt Andermann ist der inhaltlich wie terminlich präzise Abschluß der Arbeiten an der Kreisbeschreibung zu verdanken. Zudem verfaßte er sämtliche historischen Beiträge im Allgemeinen Teil der Kreisbeschreibung sowie das Gros der Gemeindebeschreibungen für die Zeit des Alten Reiches. Er wurde unterstützt in der ersten Phase des Projekts durch Dr. Gudrun Schultz und Dr. Klaus Tiborski. Seit 1998 lag die Verantwortung für den Themenbereich, der sich mit der politischen, gesellschaftlichen und wirtschaftlichen Entwicklung der Neuzeit befaßt, in den Händen von Dr. Peter Exner. Die Siedlungskapitel wurden zum Großteil durch Dr. Hartmut Klüver erarbeitet. Professor Dr. Eugen Reinhard hat als Leiter der Abteilung Landesforschung und Landesbeschreibung in der Landesarchivdirektion das Siedlungsbild der Stadt Rastatt verfaßt.

Mit der neuen Kreisbeschreibung liegt ein weiterer bedeutender Beitrag zur umfassenden landeskundlichen Beschreibung von Baden-Württemberg vor. Es ist der wissenschaftlich verantwortete Rechenschaftsbericht über die historischen, gesellschaftlichen, wirtschaftlichen und kulturellen Strukturen einer dynamischen Region am Beginn eines neuen Jahrtausends. Ich bin überzeugt, daß diesem Werk eine nachhaltige Bedeutung zukommen wird. Ich wünsche mir, daß die neue Kreisbeschreibung zu einer vertieften Kenntnis der Geschichte und der gegenwärtigen Strukturen dieser Region beiträgt und daß das Werk deshalb nicht nur im Landkreis und im gesamten Land, sondern auch in den oberrheinischen Nachbarregionen des Elsaß und der Pfalz gut aufgenommen wird.

Stuttgart, im September 2002

Professor Dr. Wilfried Schöntag
Präsident der Landesarchivdirektion
Baden-Württemberg

GRUSSWORT

Schon zu Beginn eines Jahrhunderts von einem »Jahrhundertwerk« zu sprechen, mag vielleicht vermessen erscheinen. Wenn man jedoch bedenkt, daß seit 1996 an der Kreisbeschreibung gearbeitet wurde, daß intensive Recherchen neue, teilweise spektakuläre Erkenntnisse über die Geschichte des Landkreises geliefert und daß 53 Text-, Bild- und Kartenautoren zwei Bände verfaßt haben, die als wissenschaftliche Dokumentation in ansprechender Aufmachung höchsten Ansprüchen gerecht wird, dann ist die Bezeichnung »Jahrhundertwerk« sicherlich nicht unbescheiden.

Auf rund 1200 Seiten und in 550 zumeist farbigen Abbildungen präsentiert sich der Landkreis Rastatt mit seiner interessanten Geschichte, der reizvollen Landschaft, seinem kulturellen Profil, seiner Lebensart und Infrastruktur. Die Gemeindebeschreibungen dokumentieren zudem das kommunale Leben zwischen Stadt und Land. So zeichnet die Kreisbeschreibung als wichtiges Grundlagenwerk ein realistisches Porträt des Landkreises in Wort und Bild. Wie in keiner anderen Publikation unserer Region wird das Gestern und Heute erforscht und beschrieben und damit für viele Wissensbereiche neue zukunftsweisende Erkenntnisse geliefert.

Danken möchte ich allen Autoren und Fotografen und insbesondere der Außenstelle Karlsruhe der Landesarchivdirektion Baden-Württemberg für die enge und konstruktive Zusammenarbeit. Dabei möchte ich es nicht versäumen, auch dem Land für das landesweite Projekt der Kreisbeschreibung zu danken. Diese Werke präsentieren einer breiten Öffentlichkeit das vielseitige Profil des Landes und leisten einen Beitrag dazu, daß sich die Menschen mit ihrer Heimat identifizieren können. Ich freue mich, daß der Landkreis Rastatt zu den wenigen badischen Landkreisen in Baden-Württemberg gehört, für die ein so bedeutendes Werk bislang verfaßt wurde. Dank aber auch dem Kreistag, der nicht unbeträchtliche Mittel für die Kreisbeschreibung zur Verfügung stellte.

Ich wünsche mir, daß die Kreisbeschreibung des Landkreises Rastatt nicht nur in den Bücherschränken der heimatkundlich interessierten Bürger und Bürgerinnen einen Lieblingsplatz findet. Vielmehr soll sie als modernes und übersichtliches Nachschlagewerk all jene begleiten, die sich für ihren Lebensraum interessieren. So hoffe ich, daß dieses Buch über Generationen als Klassiker der Heimatkunde gern gelesen wird.

Dr. Werner Hudelmaier
Landrat des Landkreises Rastatt

Die Drucklegung dieser Kreisbeschreibung wurde ermöglicht durch die freundliche Unterstützung folgender Unternehmen:

DAIMLERCHRYSLER

BOSCH

Dow Deutschland GmbH & Co. OHG
Rhine Center

INHALT DES BANDES I

A. Allgemeiner Teil

I. **DER KREIS IM LANDSCHAFTS- UND LANDES-GEFÜGE** (*P. Exner / H. Klüver*) 5

II. **NATÜRLICHE GRUNDLAGEN** 11

   1. **Geologie** (*E. Sittig*) 11
      Geologischer Ober- und Unterbau S. 11 – Landschaftsentwicklung S. 12 – Sedimentation des Grabens S. 14 – Hebung des Randgebirges S. 15 – Entstehung des Gewässernetzes S. 16 – Eiszeitalter S. 18 – Quartäre Rheinschotter und Niederterrasse S. 18 – Kinzig-Murg-Rinne S. 19 – Eiszeitalter im Randgebirge S. 20 – Geologischer Unterbau, epivariszische Plattform S. 20 – Buntsandstein (Bunter) S. 21 – Muschelkalk und Keuper S. 21 – Jura und Kreide S. 22 – Älteres Deckgebirge (Oberkarbon und Rotliegendes) S. 22 – Grundgebirge (Kristalline Schiefer, Gneise und Granite) S. 24 – Gneise und Gneisanatexite S. 25 – Nordschwarzwälder Granitmassiv S. 25 – Aktuogeologischer Zustand S. 26

   2. **Oberflächengestalt und Gewässernetz** (*W. Schweinfurth*) 28
      Naturräumliche Gliederung S. 28 – Morphologische Raumgliederung S. 31 – Rhein S. 40 – Nebenflüsse S. 42 – Federbach S. 42 – Murg S. 43 – Bühlot S. 44 – Oos S. 44 – Bergseen S. 44

   3. **Klima und Böden** (*W. Schweinfurth, K. Tiborski*) 45
      Lufttemperatur S. 45 – Bewölkung, Nebel, Sonnenschein S. 46 – Niederschlag S. 46 – Böden S. 48

   4. **Pflanzenwelt** (*G. Philippi*) 50
      Rheinniederung S. 50 – Sandplatten S. 51 – Kinzig-Murg-Rinne S. 51 – Vorbergzone S. 52 – Talschwarzwald S. 52 – Hochlagen S. 54

   5. **Tierwelt** (*M. Braun*) 56
      Rheinebene S. 56 – Vorbergzone S. 58 – Talschwarzwald S. 58

   6. **Natur- und Landschaftsschutz** (*V. Späth*) 60
      Nutzungsgeschichte und heutiger Zustand S. 60 – Flächenverbrauch S. 60 – Flächensicherung S. 62 – Biotopkartierung S. 63 – International bedeutsame Gebiete S. 64

III. **GESCHICHTLICHE GRUNDLAGEN** 67

   1. **Vor- und Frühgeschichte** (*G. Hoffmann*) 67
      Mesolithikum S. 67 – Neolithikum S. 67 – Bronzezeit S. 68 – Urnenfelderkultur S. 68 – Hallstattzeit S. 69 – Latènezeit S. 71 – Römerzeit S. 72 – Merowingerzeit S. 77 – Ausblick S. 78

   2. **Besiedlung** (*K. Andermann*) 79
      Vor- und frühgeschichtliche Grundlagen S. 79 – Frühes und hohes Mittelalter S. 79 – Spätes Mittelalter und frühe Neuzeit S. 81

   3. **Herrschaftsentwicklung** (*K. Andermann*) 86
      Königsgut, Kirchengut und früher Adel S. 86 – Territorien S. 87 – Ministerialität und Niederadel S. 94 – Das Ende der alten Ordnung S. 96

   4. **Formen der Herrschaft** (*K. Andermann*) 97
      Grundherrschaft S. 97 – Ortsherrschaft S. 100 –

Leibherrschaft und Leibeigenschaft S. 102 – Landesherrschaft und Landeshoheit S. 104

  5. **Gemeinde** (*K. Andermann*) 107
Entstehung S. 107 – Verfassung und Erscheinungsformen S. 107 – Gemeindegut und Bürgernutzen S. 111 – Konflikte zwischen Gemeinde und Herrschaft S. 112

  6. **Kirche und Schule** (*K. Andermann*) 115
Frühes Christentum S. 115 – Mittelalterliche Kirchenorganisation S. 116 – Klöster, religiöse Gemeinschaften und spätmittelalterliche Frömmigkeit S. 119 – Reformation, konfessionelles Zeitalter und Aufklärung S. 120 – Schule S. 122

  7. **Bevölkerung und Wirtschaft**
(*K. Andermann*) 125
Bevölkerungsentwicklung S. 125 – Sozialstruktur S. 127 – Juden S. 129 – Land- und Forstwirtschaft, Fischerei S. 129 – Handwerk, Gewerbe und Protoindustrialisierung S. 131 – Handel, Märkte und Wirtshäuser S. 134 – Maße, Gewichte und Geld S. 135

  8. **Verkehr** (*K. Andermann*) 138
Verkehrslage S. 138 – Geleitstraßen S. 138 – Örtliche Verbindungen und Flußübergänge S. 140 – Post und Chausseen S. 141 – Flößerei und Schiffahrt S. 143 – Straßen- und Flußzölle S. 144

  9. **Gliederung von Verwaltung und Justiz im 19. und 20. Jahrhundert** (*G. Schultz*) 145
Verwaltung S. 145 – Justiz S. 150

10. **Kunstgeschichte** (*H. Drechsler*) 152
Romanik S. 152 – Gotik S. 152 – Renaissance S. 156 – Barock S. 156 – Klassizismus S. 158 – Historismus S. 158 – Moderne S. 159

IV. BEVÖLKERUNG 161

  1. **Bevölkerung im 19. und 20. Jahrhundert**
(*G. Schultz*) 161
Bevölkerungsdichte S. 161 – Bevölkerungsentwicklung S. 162 – Zeitraum 1809 bis 1845 S. 162 – Zeitraum 1845 bis 1871 S. 162 – Zeitraum 1871 bis 1910 S. 163 – Zeitraum 1910 bis 1939 S. 164 – Zeitraum 1939 bis 1970 S. 164 – Zeitraum 1970 bis 1995 S. 167 – Geschlechterproportion S. 170 – Altersaufbau S. 170 – Konfessionelle Gliederung S. 171 – Nationalität S. 172 – Sozialstruktur S. 174

  2. **Volkskultur und Brauchtum** (*B. Oeschger*) ... 178
Volkskultur und Geschichte S. 178 – Alltagskultur S. 178 – Hausbau S. 179 – Ernährung S. 180 – Kleidung S. 181 – Brauchtum S. 181 – Bilanz S. 184

  3. **Mundart** (*G. Baur*) 185
Voraussetzungen S. 185 – Sprachgrenzlinien und Sprachlandschaften S. 185 – Zur Lautschrift S. 185 – Zum Vokalismus S. 186 – Zum Konsonantismus S. 187 – Zur Morphologie (Formenlehre) S. 188 – Zur Wortgeographie S. 189 – Sprachlandschaften, Grenzlinienbündel S. 189

V. WIRTSCHAFT UND VERKEHR 191

  1. **Strukturen der gewerblichen Wirtschaft**
(*W.A. Boelcke*) 191
Standortvorteile und Standortnachteile, Anfänge der Industrialisierung S. 191 – Technisch-industrieller Fortschritt, Wandel der Erwerbsstrukturen 1895 bis 1997 S. 194 – Pendler S. 195 – Ausländische Arbeitskräfte S. 197 – Arbeitslosigkeit S. 197 – Arbeitsstätten und Branchenstrukturen S. 199 – Determinanten der Wirtschaftskraft S. 201

  2. **Landwirtschaft** (*W.A. Boelcke / H. Schreiber*) .. 206
19. und frühes 20. Jahrhundert S. 206 – Nahrungsmittelproduktion S. 209 – Entwicklung der Landwirtschaftsfläche S. 210 – Betriebs- und Flächenstruktur S. 211 – Bodennutzung S. 213 – Tierhaltung S. 215 – Obstbau S. 217 – Weinbau S. 218 – Wert der landwirtschaftlichen Produktion S. 219 – Selbstversorgungsgrad S. 219 – Ausblick S. 220

Inhalt des Bandes I   XI

3. **Wald- und Forstwirtschaft** (*P. Hepperle*) 221
Bestockung S. 221 – Waldfunktionen und naturnahe Waldwirtschaft S. 222 – Forstorganisation und Waldeigentum S. 223 – Holzvorräte, Hiebsätze und Altersaufbau S. 223 – Waldschäden S. 224 – Ausblick S. 226

4. **Produzierendes Gewerbe** (*W. A. Boelcke*) 227
Handwerk S. 227 – Handwerkspolitik S. 230 – Strukturwandel S. 230 – Entwicklungen im Produzierenden Gewerbe (sekundärer Sektor) S. 232 – Baugewerbe S. 233 – Steine und Erden S. 233 – Verarbeitendes Gewerbe S. 234

5. **Handwerk** (*M. Plocher*) 236
Eingetragene Handwerke S. 236 – Handwerksähnliche Gewerbe S. 238 – Entwicklung und Leistung des Handwerks S. 238 – Handwerkliche Ausbildung S. 239 – Organisation des Handwerks S. 240

6. **Industrie** (*W. A. Boelcke*) 241
Holzverarbeitung S. 241 – Papier, Kartonagen und Zellstoff S. 242 – Möbel- und Korbwarenfabrikation S. 243 – Metallverarbeitung S. 244 – Kraftfahrzeug-Industrie und Zulieferer S. 244 – Strukturwandel S. 247

7. **Handel und Dienstleistungen** (*W. A. Boelcke*) 250
Einzelhandel S. 250 – Großhandel S. 251 – Neue Formen der Vermarktung S. 252 – Gastgewerbe S. 253 – Dienstleistungssektor S. 254

8. **Banken** (*W. A. Boelcke*) 256
Privatbanken S. 256 – Sparkassen S. 256 – Genossenschaftsbanken S. 258 – Expansion und Konzentration S. 259 – Bankenmanagement S. 260

9. **Tourismus** (*F. Kreppelt*) 261
Gästeaufkommen S. 261 – Entwicklung S. 262 – Infrastruktur S. 263 – Angebote S. 264 – Perspektiven S. 264

10. **Versorgung und Entsorgung** (*S. Reimann*) 265
Wasserversorgung S. 265 – Stromversorgung S. 266 – Gasversorgung S. 270 – Fernwärmeversorgung S. 270 – Erneuerbare Energien S. 270 – Abwasserreinigung S. 270 – Abfallentsorgung S. 273

11. **Verkehr** (*K. Gaertner*) 275
Hauptverkehrsachsen S. 275 – Straßen und Straßenverkehr S. 275 – Schienenverkehr S. 276 – Öffentlicher Personennahverkehr S. 279 – Luftverkehr S. 282 – Rheinschiffahrt S. 282

VI. **ÖFFENTLICHES UND KULTURELLES LEBEN** .. 283

1. **Politisches Leben** (*P. Exner*) 283
Politische Teilhabe und Mitwirkung S. 283 – Vormärz und Revolution 1848/49 S. 284 – Wahlen in der Reaktionszeit, in der Neuen Ära und im Kaiserreich S. 288 – Milieus und Vereinswesen S. 292 – Revolution 1918/19 S. 293 – Reichs- und Landtagswahlen S. 293 – Nationalsozialismus und Gewaltherrschaft S. 294 – Demokratischer Neubeginn und Gründung des Landes Baden-Württemberg S. 297 – Parlamentarisches System S. 298 – Auf dem Weg in die Europäische Union S. 300

2. **Verfassung, Organisation und Aufgaben des Landkreises** (*M. Walter*) 302
Organe des Landkreises S. 302 – Staatliche Aufgaben S. 302 – Selbstverwaltungsaufgaben S. 303

3. **Sozialwesen** (*R. Schnepf*) 306
Freie Wohlfahrtspflege S. 306 – Sozial- und Jugendamt S. 306 – Sozialhilfe S. 307 – Jugendliche und Familien S. 307 – Behinderte S. 308 – Senioren S. 309 – Neue Initiativen S. 309

4. **Gesundheitswesen** (*Chr. Stebel*) 310
Ärztliche Versorgung S. 310 – Gesundheitsamt und Gesundheitsfürsorge S. 310 – Seuchenbekämpfung S. 312 – Regionale Arbeitsgemeinschaft Gesundheitsförderung S. 313

5. **Schulwesen** (*F. Kreppelt*) 315
Gesetzliche Grundlagen S. 315 – Schulpflicht S. 315 – Schulverwaltung S. 316 – Grund- und

Hauptschulen S. 316 – Weiterführende Schulen S. 316 – Sonderschulen S. 317 – Berufliche Schulen S. 318 – Weitere Bildungseinrichtungen S. 321

6. **Kirchen** (*Chr. Schmider*) 322
Katholische Kirche S. 322 – Evangelische Kirche S. 325 – Ökumene S. 328

7. **Kulturelles Leben** (*K. Goebes / P. Selbach / M. Walter*) 329
Museen S. 329 – Galerien S. 331 – Theater und Musik S. 332 – Bibliotheken und Literatur S. 334 – Archive S. 335

8. **Medien** (*K. Hegen-Wagle / M. Walter*) 336
Frühe Rastatter Zeitungen S. 336 – Regionalzeitungen S. 336 – Lokale und kurzlebige Zeitungen S. 337 – Regionale Rundfunksender S. 339

B. Gemeindebeschreibungen

Au am Rhein 343

A. Naturraum und Siedlung
(*W. Schweinfurth / H. Klüver*) 343

B. Geschichte bis zum Ende des Alten Reiches
(*M. Walter*) 348

C. Die Gemeinde vom 19. bis ins 21. Jahrhundert
(*H. Stockert*) 350

Bietigheim 357

A. Naturraum und Siedlung
(*W. Schweinfurth / H. Klüver*) 357

B. Geschichte bis zum Ende des Alten Reiches
(*K. Andermann*) 361

C. Die Gemeinde vom 19. bis ins 21. Jahrhundert
(*H. Stockert*) 364

Bischweier 371

A. Naturraum und Siedlung
(*W. Schweinfurth / H. Klüver*) 371

B. Geschichte bis zum Ende des Alten Reiches
(*K. Andermann*) 374

C. Die Gemeinde vom 19. bis ins 21. Jahrhundert
(*A. Wollny*) 376

Bühl 381

A. Naturraum und Siedlung
(*W. Schweinfurth / H. Klüver*) 381

B. Geschichte der Stadtteile bis zum Ende des Alten Reiches (*S. Gartner*) 401
Altschweier S. 401 – Balzhofen S. 404 – Bühl S. 407 – Eisental S. 422 – Moos S. 424 – Neusatz S. 427 – Oberbruch S. 432 – Oberweier S. 434 – Vimbuch S. 435 – Weitenung S. 438

C. Die Stadt vom 19. bis ins 21. Jahrhundert
(*P. Exner*) 441

Bühlertal 479

A. Naturraum und Siedlung (*I. Weydmann*) 479

B. Geschichte bis zum Ende des Alten Reiches
(*S. Gartner*) 487

C. Die Gemeinde vom 19. bis ins 21. Jahrhundert
(*F. Teske*) 493

Durmersheim 507

  A. Naturraum und Siedlung
    (*W. Schweinfurth / H. Klüver*) 507

  B. Geschichte der Gemeindeteile bis zum Ende des
    Alten Reiches (*K. Andermann*) 515
    Durmersheim S. 515 – Würmersheim S. 520

  C. Die Gemeinde vom 19. bis ins 21. Jahrhundert
    (*P. Exner*) 524

Elchesheim-Illingen 541

  A. Naturraum und Siedlung
    (*W. Schweinfurth / H. Klüver*) 541

  B. Geschichte der Gemeindeteile bis zum Ende des
    Alten Reiches (*M. Walter*) 546
    Elchesheim S. 546 – Illingen S. 547

  C. Die Gemeinde vom 19. bis ins 21. Jahrhundert
    (*H. Stockert*) 549

Forbach 557

  A. Naturraum und Siedlung
    (*W. Schweinfurth / H. Klüver*) 557

  B. Geschichte der Gemeindeteile bis zum Ende des
    Alten Reiches (*K. Andermann*) 569
    Bermersbach S. 569 – Forbach S. 570 – Gausbach
    S. 576 – Langenbrand S. 578

  C. Die Gemeinde vom 19. bis ins 21. Jahrhundert
    (*P. Exner*) 580

INHALT DES BANDES II

B. Gemeindebeschreibungen

Gaggenau 1	Rastatt 341
Gernsbach 79	Rheinmünster 421
Hügelsheim 153	Sinzheim 479
Iffezheim 165	Steinmauern 515
Kuppenheim 179	Weisenbach 531
Lichtenau 209	Abkürzungen 547
Loffenau 251	Quellen, Literatur und Siglen 549
Muggensturm 269	Abbildungsnachweis 559
Ötigheim 289	Die Autorinnen und Autoren mit ihren Beiträgen . . 561
Ottersweier 303	Register 563

A. ALLGEMEINER TEIL

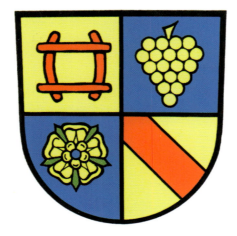

Beschreibung des Wappens: In geviertem Schild 1. in Gold (Gelb) eine rote Weinleiter, 2. in Blau eine goldene (gelbe) Traube, 3. in Blau eine blaubesamte goldene (gelbe) Rose mit grünen Kelchblättern, 4. in Gold (Gelb) ein roter Schrägbalken.

Das am 24. Mai 1974 von der Landesregierung verliehene Wappen zeigt im ersten Feld die Weinleiter aus dem Wappen des alten Landkreises Rastatt, zugleich – in verkehrten Farben – aus jenem der Kreisstadt. Der badische Schrägbalken im vierten Feld erinnert daran, daß das Kreisgebiet seit der frühen Neuzeit nahezu ganz zur Markgrafschaft Baden-Baden gehörte. Die Rose im dritten Feld ist dem Wappen der 1660 ausgestorbenen Grafen von Eberstein entnommen, die im hohen Mittelalter, noch vor den Markgrafen von Baden, zu den bedeutendsten Herrschaftsträgern der Region gehörten. Die Traube schließlich zeugt von der Fruchtbarkeit einer namentlich in der Vorbergzone um Bühl von der Natur in hohem Maße begünstigten Landschaft.

I. DER KREIS IM LANDSCHAFTS- UND LANDESGEFÜGE

Der Landkreis Rastatt und der von ihm umschlossene Stadtkreis Baden-Baden decken mit ihrer Fläche sowohl Teile des Oberrheinischen Tieflands – im Westen – als auch des Nordschwarzwalds – im Osten – ab. Im Westen grenzt der Landkreis an den im 19. Jh. begradigten Rhein, der zugleich Landes- und Bundesgrenze zu Frankreich ist. In der naturräumlichen Gliederung hat der Kreis Anteil an der Nördlichen Oberrheinebene, den Hardtebenen, den nördlichen Ausläufern der Ortenau-Bühler-Vorberge, dem nördlichen Talschwarzwald und dem Enzhöhen- und Grindenschwarzwald.

Aus der Vogelperspektive betrachtet liegt im Westen zunächst die durch den Menschen stark überformte Rheinebene. Nördlich von Stollhofen gehört dieses nur selten 120 m NN überschreitende Tiefland zur nordbadischen Rheinebene. Begrenzt durch den Lauf des Rheins schließt sich ein breiter Rheinauengürtel an. Von den einst vielen Schleifen des Stroms sind nach der Korrektion des 19. Jh. nur wenige tote Altarme geblieben, die heute als ökologische Rückzugsgebiete von Bedeutung sind, zum Teil aber auch als Bootshäfen dienen oder zur Kiesgewinnung genutzt werden; bisweilen sind sie von Hochwasserdämmen und Auewäldern gesäumt. Die frühere Überschwemmungszone der Flußniederung konnte so einer Grünlandnutzung zugeführt werden. Die im Osten anschließenden Hardtebenen der trockenen, würmeiszeitlichen Niederterrasse sind zum großen Teil noch waldbestockt. Zum Rhein werden sie durch das mitunter mehrere Meter hohe Hochgestade begrenzt. Bei Rastatt zerschneidet die der Rheinaue zustrebende Murgniederung die Hardtebenen; erst nördlich der vor dem Taltrichter der Murg sich weitenden Niederung bilden sie bei Rastatt wieder eine geschlossene natürliche Einheit, die im Osten durch die teilweise vertorfte und vermoorte Gebirgsrandniederung begrenzt wird. Entlang dem Hochgestade ist eine Reihe großer Dörfer entstanden, deren Gemarkungen sowohl Anteil an der Rheinaue als auch an den Niederterrassenfeldern haben.

Südlich der Stollhofener Niederterrassenplatten schließt sich die mittelbadische Rheinebene an. Die weiten Niederungen des Rheins und seiner Nebenflüsse werden vorwiegend als Grünland genutzt. Während die Niederterrasse im Norden noch geschlossene Schotter- und Geröllflächen bildet, besteht sie hier, im Gebiet des einstigen Kinzig-Murg-Stroms, weitgehend aus kleinen, nur ein bis zwei Meter hohen Bänken, die als Hurste bezeichnet werden. Mit ihren trockenen Sand- und Lehmböden sind diese hervorragend für den Ackerbau geeignet und bieten zugleich den an ihren Rändern liegenden alten Siedlungen Schutz vor Überschwemmungen. Die zwischen den Hursten gele-

Lage des Landkreises Rastatt.

genen feuchten bis nassen Niederungen konnten oftmals erst nach umfangreichen Entwässerungsmaßnahmen genutzt werden. Die landschaftliche Besonderheit dieser Region erschließt sich nicht zuletzt über Ortsnamenendungen auf -hurst oder -tung, die der fränkischen Landnahme zuzuordnen sind.

Neben dem Rhein als einer der bedeutendsten Wasserstraßen ist auch die Rheinebene mit ihrer Nord-Süd-Erstreckung und durch ihr gleichmäßiges Relief ein bedeutender Verkehrsträger. Die wichtige Autobahn Frankfurt–Basel (A5 E35 E52), die zum Teil dicht am Rheinufer verlaufende Bundesstraße 36, die am Fuß des Nordschwarzwalds entlangziehende Bundesstraße 3 und zwei Eisenbahnlinien machen das Tiefland zu einer wichtigen Verkehrsleitzone. Der grenzüberschreitende Verkehr nach Frankreich findet im Gebiet des Landkreises Rastatt gleich mehrere, mit zunehmendem Auslandsverkehr auch deutlich frequentierte Rheinübergänge, die sowohl durch Fähren (Plittersdorf, Greffern) als auch durch Brückenbauwerke (Wintersdorf, Iffezheim) ermöglicht werden. Außerdem führt eine der wenigen den Schwarzwald querenden Ost-West-Verbindungen im Kreisgebiet durch das Murgtal. Von wachsender Bedeutung als Verkehrsträger im Charterflugverkehr ist schließlich der Regionalflughafen Karlsruhe/Baden-Baden bei Söllingen, der aus einem ehemaligen Militärflugplatz der kanadischen Streitkräfte hervorgegangen ist. Auf seinem Areal sind im Baden-Airpark auch Gewerbeflächen entstanden.

Nach Osten schließen sich an die Niederterrasse der Rheinebene schmale Vorberge und der nördliche Talschwarzwald sowie dahinter die Grinden- und Enz-Schwarzwald-Höhen an. Hier werden im südlichen Kreisgebiet in den höchsten Lagen an der Badener Höhe, dem Mehliskopf und dem Hohen Ochsenkopf über 1 000 m erreicht.

Neben dem Rhein als westlichem Grenzfluß ist die Murg der markante Fluß im Kreisgebiet. Sie entspringt außerhalb des Landkreises in der Nähe des Schliffkopfs, quert die südliche Kreisgrenze bei Schönmünzach und fließt dann als immer mächtiger werdender Fluß in zahlreichen Windungen dem Rhein zu, in den sie nordwestlich von Steinmauern in einer verschleppten Mündung eintritt. Innerhalb des Landkreises überwindet sie dabei einen Höhenunterschied von rund 340 m (450 m NN bei Kirschbaumwasen an der südlichen Kreisgrenze, 112 m NN bei Steinmauern). Das stärkste Gefälle weist sie mit 17,6 Promille bis zum Ausgleichsbecken Forbach auf; danach nimmt es bis zur Mün-

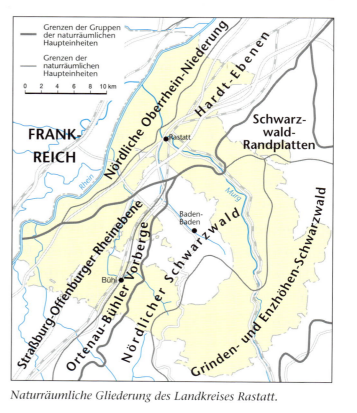

Naturräumliche Gliederung des Landkreises Rastatt.

dung stetig ab auf zuletzt nur noch 0,4 Promille. Die Oberflächenverhältnisse des südlichen Murgtals ähneln mit großen Höhenunterschieden und tief eingeschnittenen Seitentälern teils alpinen Verhältnissen und werden durch die Schwarzenbachtalsperre und das Kraftwerk zur Energieerzeugung genutzt. Charakteristisch sind die tief eingeschnittenen Seitentäler mit häufig durch Kare ausgeweiteten Talschlüssen im westlichen Buntsandstein. In früheren Zeiten diente der Fluß sowohl der Holzflößerei als auch – mehr noch als heute – aufgrund seiner Strömungsgeschwindigkeit und seines Wasserreichtums der hier ansässigen Papierindustrie als Kraft- und Wasserquelle. Die durch das schmale Murgtal verlaufende Bundesstraße 462 ist ein wichtiger und stark frequentierter Verkehrsweg, während die weitgehend parallel dazu verlaufende Bahnlinie Rastatt-Freudenstadt stark an Bedeutung verloren hat und fast nur noch dem regionalen Personenverkehr sowie dem Holztransport dient.

I. Der Kreis im Landschafts- und Landesgefüge

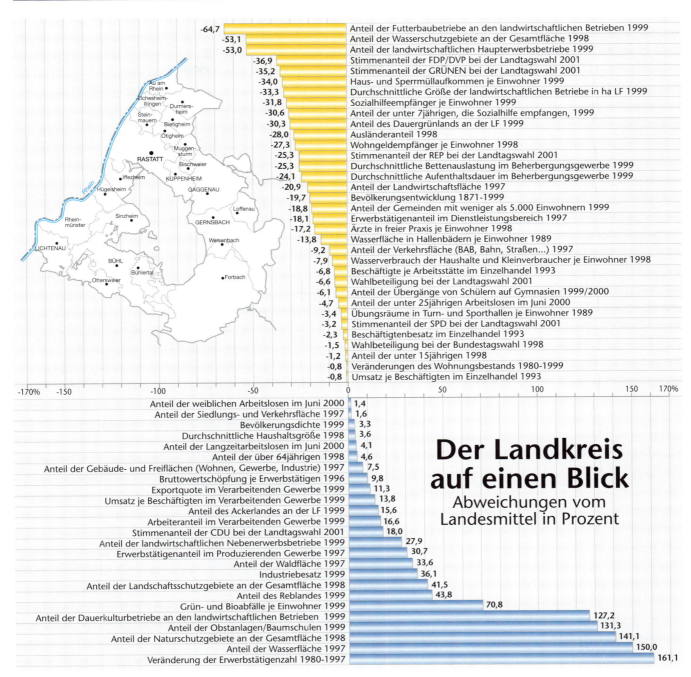

Ausgewählte Indikatoren für die Stellung des Landkreises Rastatt im Land Baden-Württemberg.

Östlich des Murgtals liegen auf fast 1 000 m Höhe um die Siedlung Kaltenbronn mehrere als Naturschutzgebiete ausgewiesene Hochmoore, u. a. um den großen und kleinen Hohlohsee, den Hornsee und den Wildsee. Das dicht bewaldete Gebiet – Forbach ist mit rund 12 500 ha Forsten die waldreichste Gemeinde Baden-Württembergs – war schon immer auch ein beliebtes Erholungs- und Jagdrevier. Vom nahe gelegenen Kaiser-Wilhelm-Turm auf dem Hohloh (984 m) bietet sich eine großartige Aussicht über den Nordschwarzwald.

Die Kreisstadt Rastatt, hervorgegangen aus einem mittelalterlichen Markt und einer barocken Residenz- und späteren Festungsanlage, ist heute nicht nur die größte Stadt des Kreises, sondern zugleich ein wichtiger Verkehrsknotenpunkt vor dem Ausgang des Murgtals sowie ein bedeutender Industriestandort mit ausgedehnten Werksanlagen am westlichen und östlichen Stadtrand. Als Mittelzentrum bietet Rastatt alle wesentlichen städtischen Funktionen. Neben ihm sind als große Siedlungen vor allem Gaggenau als zentraler Ort des Murgtals und Bühl im Süden des Kreisgebiets von Bedeutung. Die übrigen Dörfer im Kreis haben sich mittlerweile überwiegend von ehemals landwirtschaftlich strukturierten Gemeinden zu Pendlerwohnorten entwickelt, deren Bevölkerung nicht nur in die Städte des Kreises, sondern auch nach Baden-Baden sowie ins benachbarte Karlsruhe und Ettlingen pendelt.

Der Kreis ist dichter besiedelt als das Land im Durchschnitt (+3,3%). Wegen der bereits hohen Verdichtung, vor allem in der Rheinebene, nahm die Bevölkerung zwischen 1871 und 1999 allerdings weniger stark zu als im Land (–19,7%). Die Siedlungskerne sind größer; der Kreis zählt weniger kleine Gemeinden mit unter 5 000 Einwohnern (–18,8%). Aufgrund der besonders in der Ebene höheren Siedlungs- und Verkehrsfläche (+1,6%) liegt die Landwirtschaftsfläche erheblich unter dem Landeswert (–20,9%), während die Wald- und insbesondere die Wasserfläche weit überdurchschnittlich sind (+33,6 bzw. +150%).

Die Bevölkerung ist weniger jung als im Land – der Anteil der unter 15jährigen ist um 1,2 Prozent geringer –, aber sie ist jünger als in der Region Mittlerer Oberrhein. Das hängt mit einem Stadt-Land-Gefälle bei der Wohnortwahl zusammen, denn es ziehen vor allem Familien in den Landkreis. Deshalb liegt auch die Haushaltsgröße über dem Landeswert (+3,6%). Bemerkenswert ist überdies ein niedrigerer Ausländeranteil (–28%). Entsprechend dem geringen Bevölkerungsanstieg nahm der Wohnungsbestand von 1980 bis 1999 nur unterdurchschnittlich (–0,8%) zu, jedoch erzielte der Landkreis durch den Suburbanisierungsprozeß größere Zuwächse als das mittlere Oberrheingebiet. Dies ist maßgeblich auf die im ländlichen Raum niedrigeren Baulandpreise zurückzuführen. Daß diese gleichwohl über dem Landesmittel liegen, belegt der geringere Anteil der Einfamilienhäuser (–5,4%).

Politisch ist der Kreis eine Hochburg der Union. Bei den letzten Landtagswahlen (2001) erzielte die CDU 18 Prozent mehr als im Landesmittel. Demgegenüber fiel der Zuspruch zur FDP (–36,9%) und zu den Grünen (–35,2%) unterdurchschnittlich aus, und auch die Republikaner sanken 2001 um mehr als ein Viertel unter das Landesergebnis.

Den Kreis kennzeichnet eine hohe wirtschaftliche Leistungskraft. Die Bruttowertschöpfung je Erwerbstätigen überragt das Landesmittel um ein knappes Zehntel. Durch den ökonomischen Boom der 1980er Jahre nahm die Zahl der Erwerbstätigen zweieinhalbmal stärker zu als im Land,

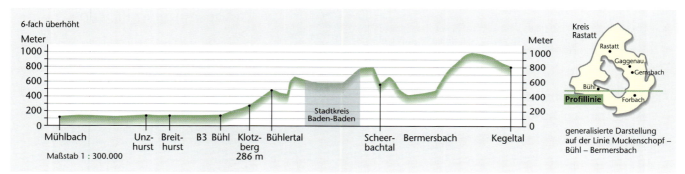

Höhenprofil durch den Landkreis Rastatt.

I. Der Kreis im Landschafts- und Landesgefüge

was vor allem der Aufschwung im Fahrzeugbau zwischen 1984 bis 1992 bewirkt hat. Zwar liegt der Anteil der Langzeitarbeitslosen über dem im Land (+4,6%), doch sind die unter 25jährigen Arbeitnehmer oft weniger von Erwerbslosigkeit betroffen. Der Kreis bietet also besonders jungen Menschen eine Perspektive. Durch den Schwerpunkt im Fahrzeugbau ist das Verarbeitende Gewerbe sein wirtschaftliches Rückgrat. Dort sind anteilig mehr Menschen erwerbstätig als landesweit (+30,7%), und auch die Quote der sozialversicherungspflichtig Beschäftigten übertrifft das Landesmittel (+34,6%). Die Beschäftigtenzahl im Handel hingegen lag ebenso darunter wie im Dienstleistungsbereich (−26,2 bzw. −31%), obwohl der Kreis zur mittleren Oberrheinregion, einem Pionier bei der Tertiarisierung des Erwerbssektors, zählt.

Unter den Wirtschaftsbereichen zeichnet sich die Land- und Forstwirtschaft neben der geringen Bedeutung als Beschäftigungssektor (−12,5%) vornehmlich durch Betriebe aus, die um ein Drittel kleiner sind, sowie durch einen erheblich geringeren Anteil an Haupterwerbsbetrieben (−53%). Das Übergewicht der Nebenerwerbslandwirte hat auch mit den Anbauschwerpunkten zu tun. Im Verbund mit der geringer ausgeprägten Viehhaltung belegt das Dauergrünland ein Drittel weniger an der landwirtschaftlich genutzten Fläche. Dagegen ragen aufgrund des Standortvorteils das Rebland (+43,8%) sowie die Obstanlagen und Baumschulen (+131,3%) landesweit hervor. Knapp ein Fünftel des baden-württembergischen Spargels und fast jede siebte Erdbeere stammt aus dem Kreisgebiet, und der Kiloertrag an Zwetschgen pro Baum ist rund doppelt so hoch wie im Land.

Die Bedeutung des Landkreises als Gewerbestandort unterstreicht der Industriebesatz. Der Anteil der Arbeitsplätze im Verarbeitenden Gewerbe, gerechnet auf 1 000 Einwohner, übersteigt das Landesmittel um mehr als ein Drittel. Der Auslandsumsatz erreicht ein Zehntel mehr. Demgegenüber fällt der Einzelhandelsbesatz kleiner aus (−2,3%). Konzentrationstendenzen zu größeren Verkaufsstätten sind dort geringer entwickelt als im Land (−6,8%). Als Wirtschaftsfaktor erreicht der Einzelhandel nicht die Stellung des Produzierenden Gewerbes; während der Umsatz je Beschäftigten dort rund ein Siebtel über dem Mittel liegt, rutscht er im Handel darunter (−0,8%). Im Dienstleistungsbereich profitiert der Kreis beim Tourismus trotz eines Aufschwungs im Murgtal und an der Schwarzwald-Hochstraße nicht von der Landesentwicklung; im Beherbergungsgewerbe sind die Betten geringer ausgelastet (−25,3%), auch halten sich die Gäste im Kreis (2,2 Tage) nicht so lang auf wie im Land (2,9 Tage).

Die Übergangsquote auf weiterführende Schulen hinkt dem Landesmittel hinterher; es wechseln weniger Schüler auf Realschulen (−3,3%) und auf Gymnasien (−6,1%). Desgleichen ist der Kreis je Einwohner mit Übungsräumen in Turn- und Sporthallen (−3,4%) sowie mit Wasserfläche in Hallenbädern (−13,8%) etwas weniger versorgt.

Die wirtschaftliche Stärke spiegelt sich in den Wohlfahrtsleistungen wider. Der Kreis versorgt ein knappes Drittel bzw. Viertel weniger Empfänger von Sozialhilfe und Wohngeld; auch der Anteil der Kinder, deren Erziehungsberechtigte(r) Sozialhilfe beziehen/(t), unterbietet das Landesmittel um drei Zehntel. Im Gesundheitswesen zeichnet sich der Kreis durch eine geringere Ärztedichte (−17,2%), aber durch eine um ein Zehntel höhere Apothekennähe aus.

Beim Abfall fällt um ein Drittel weniger Haus- und Sperrmüll an als im Land, wohingegen Grün- und Bioabfälle, nicht zuletzt wegen der vielen Grünflächen und Nebenerwerbslandwirtschaften, verstärkt zu entsorgen sind (+70,8%). Und schließlich weist der Kreis außergewöhnlich viele Natur- und Landschaftsschutzgebiete auf (+141,1 bzw. +41,5%).

Staustufe und Rheinübergang bei Iffezheim von Nordosten mit Blick ins Elsaß.

II. NATÜRLICHE GRUNDLAGEN

1. Geologie

Um ein erstes Verständnis von der Geologie im Landkreis Rastatt zu gewinnen, geht der Betrachter am besten vom landschaftlichen Gesamteindruck aus, der sich ihm an klaren Tagen vom Rheinstrom her etwa zwischen Hügelsheim und Söllingen mit Blickrichtung nach Osten bietet, wobei dieser Blick auch über »fremdes Territorium«, den Stadtkreis Baden-Baden, hinwegzugehen hat. Die Kreisgrenzen umschließen die beiden so ganz verschieden gestalteten Landschaften der Oberrheinebene im Westen (mittlere Meereshöhe 120 bis 130 m NN) und des Nordschwarzwaldes im Osten, gipfelnd im Hauptkamm Mehliskopf – Hochkopf – Hornisgrinde mit über 1 000 m Seehöhe. Die oberrheinische Tiefebene ist in ihrer heutigen Form ein Werk der Aufschüttung durch den quartären, eis- und nacheiszeitlichen Rheinstrom und seine Zuflüsse (weiße und gelbe Farben der geologischen Karte). Demgegenüber herrscht im gebirgigen Ostteil des Kreises seit langem Abtragung der Gesteine, und die Gebirgsbäche haben sich tief in das »kristalline Grundgebirge« und seine sedimentäre Bedeckung (Rotliegendes und Buntsandstein) eingeschnitten (rote, braune und violette Farben der Karte). Auffällig scharf ist weiter die Grenze zwischen Tiefebene und Gebirge, die von Muggensturm bis Ottersweier das Kreisgebiet durchschneidet (schwarze, mit Zähnchen besetzte Linie der Karte). An ihr bricht der Schwarzwald gleich einer Mauer zur Tiefebene ab, und die schmale niedrige Vorhügelzone, die sich noch dazwischenschaltet, trägt kaum zur Milderung dieses abrupten Übergangs bei. Doch war es nicht etwa der Oberrhein mit seiner Erosionsarbeit, der diese steile Gebirgsstufe im Sinne einer Talflanke herausmodelliert hat. Vielmehr handelt es sich hier um eine tektonische Bruchstufe, an der die viele Kilometer dicke Erdkruste von Südwestdeutschland in die zwei Schollen Oberrheingraben und Süddeutsche Großscholle mit dem Schwäbisch-Fränkischen Schichtstufenland zerbrochen ist. Der Schwarzwald bildet genau den angehobenen Westrand der Süddeutschen Großscholle. An der trennenden Verwerfung haben sich Graben und Großscholle in geologisch junger Zeit um den nach unseren Maßstäben gewaltigen Versetzungsbetrag von etwa vier Kilometern vertikal gegeneinander verschoben, so daß hier ganz verschiedene geologische Stockwerke – erdgeschichtlich junge Rheingrabensedimente und uraltes Grundgebirge – aneinandergrenzen. Nur etwa ein Viertel dieses Versetzungsbetrages ist heute als Höhenunterschied zwischen Gebirgskamm und Tiefebene ausgeprägt, der Rest ist durch Abtragung des Gebirges und Aufhöhung im Tiefland fortlaufend ausgeglichen worden. Wäre die Abtragung unterblieben, würde der Hauptkamm heute rein rechnerisch in über 2 000 m Seehöhe aufragen.

Geologischer Ober- und Unterbau. – Der Rheingraben mit seiner sedimentären Füllung, dazu die Randstaffeln (Vorhügel- und Vorbergzone) sowie der Randhorst (die »Grabenschulter«, hier der Nordschwarzwald) sind geologische Großformen, die auch dem Nichtfachmann auffallen sollten. Wir fassen sie unter dem Begriff »Geologischer Oberbau« des Gebietes zusammen. Er prägt die großen Züge der Landschaft und ist erdgeschichtlich eine junge Schöpfung, an der auch heute langsame Veränderungen zu bemerken sind. Obwohl er eine geologische Vorgeschichte von ca. 50 Mio. Jahren hat, ist der Oberbau mit der Gegenwart lebendig verknüpft, was uns das geologische Verständnis sehr erleichtert, wie im folgenden gezeigt wird.

Anders verhält es sich mit dem geologischen Unterbau. Ihm haben wir im Landkreis das Deckgebirge (die mesozoischen Formationen Trias und Jura sowie das jungpaläozoische Rotliegende) und weiter das Grundgebirge (Granit, »Alte Schiefer« und Gneise des Schwarzwaldes) zuzurechnen. Sie sind das »Baumaterial« für den Oberbau, denn der Unterbau ist dem Oberbau unterworfen, und erst durch ihn tritt er überhaupt zutage, so daß er den Formenschatz im Gebirge entscheidend mitprägen kann. Bei der geologischen Analyse des Unterbaus müssen wir sogleich Hunderte von Jahrmillionen zurückgehen und stoßen dabei auf immer größere Überlieferungslücken, was die Rekonstruktion des geologischen Werdegangs erschwert und unsicher macht, zumal dieser Werdegang seit langem abgeschlossen ist und wir an ihm den direkt wahrnehmbaren Bezug zum gegenwärtigen Geschehen nicht mehr haben.

Landschaftsentwicklung. – Die geologische Geschichte des Landkreises ist Teil der Geschichte des Oberrheingrabens. Seine Entstehung begann vor etwa 50 Mio. Jahren in einer Landschaft, deren Konturen sich trotz der fernen Vergangenheit noch gut aufzeigen lassen, da uns geeignete erdgeschichtliche Dokumente zur Verfügung stehen. So lehren uns die Schichtenverzeichnisse von Tiefbohrungen im Rheingraben, daß im Landkreis der Graben mit marinen (Meeres-), limnischen (See-) und fluvialen (Fluß-) Sedimenten in einer Mächtigkeit von 2 000 bis 3 000 m angefüllt ist, die sich in der Tertiär- und Quartärzeit abgelagert haben. Um einen solchen Betrag muß sich die Grabensohle in dieser Zeit abgesenkt und Platz für diese sedimentäre Auffüllung geschaffen haben. Die allerobersten Schichten davon (bei Rastatt etwa 70 m) sind die erwähnten pleisto- und holozänen Schotter (Flußkies, -sand und -schlamm) des Rheins und seiner Nebenflüsse, alles übrige ist geologisch älter und von anderer Natur. Zuunterst (bei Rastatt ca. 2 500 m unter Geländeoberkante) lagern als älteste Zeugnisse der Grabenabsenkung Schichten aus dem Mitteleozän (Alttertiär vor etwa 45 bis 50 Mio. Jahren). Im Landkreis kennen wir sie zwar noch nicht, dafür aber von einigen anderen Lokalitäten (Ubstadt bei Bruchsal, Messel bei Darmstadt oder am Bastberg bei Buchsweiler im Elsaß), wo sie am Grabenrand dank örtlicher tektonischer Bedingungen nicht so tief versenkt sind. Es sind limnische (Süßwasser) Ablagerungen (Schneckenkalke, bunte Tone, Ölschiefer), die auf den älteren geologischen Formationen

Erdgeschichtliche Tabelle (Teil 1)
(in Klammern: Vertretung nur im Stadtkreis Baden-Baden)

Ära/absolutes Alter	System	Abteilung	Unterabteilung / Stufe	Vertretung
KÄNOZOIKUM 10 000 Jahre	QUARTÄR	Holozän	Postglazial	Talauen Auenlehm
100 000 Jahre		Pleistozän	Würmglazial	Hochflutlehm Dünensand NT, Jüng. Löß
			Riß-Würm-Interglazial	Lößlehm
			Rißglazial	OKA z.T., Älterer Löß (Jüngerer Steinbach-Schotter)
200 000 Jahre			Mindel-Riß-Interglazial	(Torfgyttja von Steinbach)
500–600 000 Jahre			Mindelglazial	(Ält. Steinbach-Schotter)
2,3 x 10^6 Jahre			Ältere Glaziale bzw. Interglaziale	OKA z.T., Untere sandig-schluffige Folge
7 x 10^6 Jahre	TERTIÄR	Pliozän		Weißerde
25 x 10^6 Jahre		Miozän	Aquitanium	nicht sichtbar
		Oligozän	Chattium Rupelium Latdorfium	BNS, Cyrenenmergel Septarienton
38 x 10^6 Jahre		Eozän	Oberes Mittleres	Pechelbronner Schichten Lymnäenmergel Basiston
55 x 10^6 Jahre 65 x 10^6 Jahre		Paläozän		nicht überliefert

1. Geologie

Erdgeschichtliche Tabelle (Teil 2)

Ära/absolutes Alter	System	Abteilung	Unterabteilung / Stufe	Vertretung
MESOZOIKUM — 140×10^6 Jahre	KREIDE			nicht überliefert
200×10^6 Jahre	JURA	Malm/Weißjura Dogger/Braunjura Lias/Schwarzjura		(abgetragen) " Kalke, Mergel, Ölschiefer
250×10^6 Jahre	TRIAS	Keuper	Oberer Mittlerer Unterer	Sandstein Bunte Mergel Sandstein
		Muschelkalk	Oberer Mittlerer Unterer	Ceratitenkalk, Trochitenkalk Zellendolomit, Wellenkalk
		Bunter (Buntsandstein)	Oberer Mittlerer Unterer	Plattensandstein Sandstein + Konglomerat Tigersandstein
? 300×10^6 Jahre	PERM	Zechstein Rotliegendes	Oberes Unteres	Merkur-Formation Michelbach-Formation Quarzporphyre Staufenberg-Formation Lamporphyre
	OBERKARBON		Stephanium Westfalium Namurium	Granitporphyre Zweiglimmer-Granite nicht überliefert
	Variscische	*Haupt-*	*Faltung*	
PALÄOZOIKUM — 360×10^6 Jahre	UNTER- KARBON	Anatexis, Granitbildung, Metamorphose 325×10^6 Jahre		Biotit-Granit keine Sedimente
400×10^6 Jahre	DEVON			Alte Schiefer: Metagrauwacken?
440×10^6 Jahre	SILUR			Alte Schiefer: Phyllite+Marmor der Traischbach- Serie
500×10^6 Jahre	ORDOVIZIUM			Alte Schiefer: Metagrauwacken? Metabasalte?
570×10^6 Jahre	KAMBRIUM			Alte Schiefer: Quarzite? Orthogneise
$(600 \times 10^6$ Jahre$)$		*Assyntische*	*Orogenese*	
PROTEROZOIKUM (Erdfrühzeit) 2500×10^6 Jahre				Paragneise, Amphibolite
ARCHÄIKUM (Erdurzeit) 3800×10^6 Jahre	?	?	?	? ?

des Deckgebirges auflagern. Daraus läßt sich ein vorzeitliches Szenarium entwerfen, das uns eine Vorstellung von der damaligen Landschaft vermittelt: Anstelle einer vom Rhein durchflossenen Tiefebene zwischen hohen Randgebirgen bestand im Mitteleozän ein reliefarmes, teilweise verkarstetes Tafel- oder Schichtstufenland, von dessen Charakter vielleicht die heutige Landschaft Ostfrankreichs (Lothringen, Champagne) eine »Erinnerung« bewahrt hat, auf unserer Seite auch die Gegend von Unter- und Mittelfranken. Sie hingen damals noch zusammen und hatten ein ca. 20 bis 30 Mio. Jahre dauerndes gemeinsames Schicksal hinter sich (späte Kreide- bis früheste Tertiärzeit), wobei das damalige Klima eher tropisch gewesen sein muß. Einen Oberrheingraben gab es damals noch nicht. Das Neue in dieser frühtertiären Tafel- oder Schichtstufenlandschaft muß eine flache schildartige Aufbeulung der (späteren) oberrheinischen Region gewesen sein. Im Scheitel dieses Rheinischen Schildes begann sich eine flache, 200 bis 300 km in Südsüdwest-Nordnordost-Richtung ausgestreckte und ca. 40 km breite Senke zu bilden. Eine Kette von Seen markierte diese erste Spur des späteren Grabens, der sich in den rund 50 Mio. Jahren danach durch Aufreißen seiner großen Randverwerfungen strukturell komplettierte und schrittweise absenkte, während die Flanken als Halbhorste emporgehoben wurden. Diese Randhorste unterlagen intensiver Verwitterung und Erosion, und das Abtragungsmaterial gelangte großenteils im Graben selbst zur Sedimentation, die alte Landschaft unter sich begrabend. So verschwand das ehemalige Tafel- oder Schichtstufenland aus unserem Raum: Es versank im Graben und wurde zusedimentiert – dadurch zugleich konserviert! –, auf den Randhorsten aber wurde es unwiederbringlich zerstört.

Heute muß man sich nach Lothringen oder Württemberg begeben, um die Juraschichtstufe wieder »einzuholen«, denn sie ist vor der über die Grabenflanken nach Osten und Westen ausgreifenden Erosion bis an die östliche und westliche Peripherie des Rheinischen Schildes »zurückgewandert«. Die dortigen Schichtstufen sind geologisch gesehen als Reliefformen genauso jung wie der Oberrheingraben in seiner heutigen Morphologie. Mit der alten (vortertiären) Landschaft haben sie nur die Gesteinsformationen gemeinsam, aus welchen sie sich aufbauen (Unterbau). Ein Streifen dieser vortertiären Landschaft, der im Rheingraben wie in einem Archiv aufbewahrt worden ist, konnte von den Geologen in akribischer Arbeit rekonstruiert werden, indem sie mit Hilfe der Resultate von zahlreichen Tiefbohrungen eine Karte des »vortertiären Grabenuntergrundes« entwarfen. Sie bestätigt, daß der Schwarzwald im Eozän noch vollständig von einem mesozoischen Deckgebirge (Trias- und Juraformation) überlagert gewesen sein muß und die heute getrennten Schichtstufenlandschaften Süddeutschlands und Ostfrankreichs damals eine Einheit gebildet haben. Projiziert man den Landkreis mit seinen Umrissen auf diesen alten Landschaftsausschnitt in der Tiefe, so kommt er voll in einen Ausstrichbereich der Juraformation (Brauner und Weißer Jura) zu liegen, die hier damals das Deckgebirge aufbaute. Erst in 4 000 bis 5 000 m Tiefe stößt man auf das Grundgebirge, das im Schwarzwald und den anderen Randhorsten (Odenwald, Vogesen) heute viele hundert bis tausend Meter über NN aufragt. Abgesehen vom Buntsandstein streichen die Deckgebirgsformationen im Landkreis gegenwärtig nur noch mit einigen Bruchschollen in der Vorbergzone aus. Im hohen Schwarzwald sind sie in den zurückliegenden 50 Mio. Jahren längst abgetragen worden. Anders im Kraichgau, wo die Hebung der Grabenschulter insgesamt schwächer blieb, so daß Trias und Unterer Jura (Lias) von der Abtragung verschont wurden. Dieselbe unterschiedliche Flankenhebung kennzeichnet auch die Gegenwart.

Sedimentation des Grabens. – Die lange Entwicklungsgeschichte des Oberrheingrabens ist dank der Erforschung der sedimentären Grabenfüllung weitgehend bekannt. Erdgeschichtliche Zeugnisse dieses Werdegangs sind im Landkreis Rastatt aber nur in der Vorhügelzone anzutreffen, wegen der grabenrandnahen Lage meist in Küstenfazies ausgebildet. Vom Obereozän durch das Oligozän bis in die Miozän-Epoche senkte sich der Graben sehr stark und wurde vom damaligen Mittelmeer her überflutet. Zu den ältesten marinen Sedimenten gehören u. a. die Pechelbronner Schichten (Vorhügelzone bei Baden-Oos im Stadtkreis Baden-Baden). Im Mitteloligozän bestand eine durchgehende Meeresstraße (»raurakisch-hessische Straße«) von Basel bis Göttingen, die Europa in zwei Teilkontinente zerlegte. Zu dieser Zeit wurde der Septarien- oder Rupelton abgelagert, im Ausstrichgebiet zwischen Winden und Vormberg (Nr. 1 der geologischen Karte) durch graue Mergel und Kalksandsteine vertreten. Im Oberoligozän, vor 25 bis 30 Mio. Jahren, gingen die Verbindungen zum Weltmeer wieder verloren, und das Grabenmeer »verkam« zu einer riesigen Brackwasserlagune, die von den Flüssen allmählich ganz »ausgesüßt« wurde. Dieses Grabenstadium wird von den Cyrenenmergeln und den Bunten Niederroederner Schichten repräsentiert. Gerade jetzt fand eine besonders starke Senkung im Abschnitt Rastatt-Karlsruhe statt, so daß diese Schichten hier ihre maximale Mächtigkeit (ca. 800 m) besitzen. Den Cyrenenmergel hat man bei Neumalsch (Nr. 2) in 34 m Tiefe erbohrt. Ähnlich seicht (26 m tief) liegt er bei Baden-Oos, und weiter südlich (Vorhügelzone bei Vormberg) streicht er sogar zutage aus (Nr. 3). Die Bunten Niederroederner Schichten kennen wir aus dem Nordelsaß von der namengebenden Ortschaft.

Die Erdölerkundungsbohrung Rastatt 3 (Nr. 4 der Karte) traf in knapp 100 m Tiefe auf die nächst jüngere Tertiärstufe, das Aquitan (Jungtertiär I), welche die Bunten Niederroederner Schichten überlagert. Das Aquitan (Untermiozän vor ca. 20 bis 25 Mio. Jahren) ist jene Entwicklungsetappe des Grabens, in der nach der spätoligozänen Aussüßung des Beckens sich zum zweiten Mal echt marine Verhältnisse wenigstens für den nördlichen Oberrheingraben einstellten. Es ist ein bis jetzt ungelöstes Rätsel, woher der neuerliche Salzwassereinschub gekommen ist; denn die zuvor bestehenden Verbindungen zum Weltmeer (im N und S) waren zur Aquitanzeit nachweislich geschlossen. Diesem Aquitanmeer war im Rheingraben keine lange Dauer mehr beschieden, und der ganze Sedimentationsraum unterlag noch im Untermiozän zum zweiten Mal und endgültig der Aussüßung.

Hebung des Randgebirges. – Eine interessante Einzelheit der Rheingrabengeschichte sind die Küstenkonglomerate in der Vorhügelzone. Obwohl es Grabensedimente sind, haben sie doch entschieden mehr Bedeutung für das Geschehen außerhalb davon. Sie sind erdgeschichtliche Dokumente von Aufstieg und Erosion der Randhorste (Schwarzwald, Odenwald, Vogesen, Haardt). Dieser Prozeß spiegelt sich nämlich in der Geröllführung der Konglomerate wider. Ein lehrreiches Beispiel ist das Vorkommen südöstlich von Kuppenheim (Fichtental oder Krebsbach, Nr. 5), das stratigraphisch zu den Pechelbronner Schichten gehört. Es ist leicht vorstellbar, daß der Abtragungsschutt des Randgebirges von Bächen und Flüssen zum Gebirgsrand transportiert wurde, wo sich damals die Küste befand. Hier im Brandungsgürtel wurde das Strandgeröll zum Wall angehäuft und verfestigte sich später zum Konglomerat. Die einzelnen Gerölle verraten uns, welche Gesteinsformationen damals das in Abtragung befindliche Hinterland aufbauten: Die älteren Küstenkonglomerate (z.B. Kuppenheim) bestehen fast nur aus Juragesteinen – und das in einer Gegend, wo sonst weit und breit keine Juraformation mehr vorhanden ist. Ein anderes Fundgebiet, wo sogar umgelagerte Jurafossilien zu finden sind, liegt in den Schweigroter Matten südlich von Baden-Oos (Stadtkreis Baden-Baden). Spektakulär sind die Beispiele aus dem Elsaß (Bastberg) und Breisgau. Man schätzt die Höhe des Randgebirges zur damaligen Zeit auf 100 bis 250 m.

Den geologisch jüngeren Küstenkonglomeraten (Mitteloligozän bis Untermiozän) in der Vorhügelzone zwischen Vormberg, Ebenung und Gallenbach (Nr. 6) sind dann zunehmend Gerölle aus älteren Formationen (Keuper und Muschelkalk) beigemischt, welche das schrittweise Vordringen der Erosion ins geologisch Ältere des Unterbaues anzeigen. Die Murg als der Fluß, der den Nordschwarzwald in unserer Zeit entwässert, führt eine Geröllfracht mit total anderem »Spektrum« mit sich, nämlich Granit, Gneis und Buntsandstein, die den heutigen Nordschwarzwald aufbauen. In der langen Zeitspanne vom Untermiozän bis heute hat sich die Gebirgslandschaft natürlich beträchtlich verändert, doch sind jüngere Küstenkonglomerate nicht vorhanden. Die Muschelkalkformation ist heute aus dem Murgeinzugsgebiet verschwunden, und ihre Schichtstufe liegt über 40 km östlich von Rastatt am Rande der Gäulandschaft. Von dort können keine Gerölle mehr zu uns gelangen, weil die Nagold als Vorfluter einen ganz anderen Weg nimmt.

Überbrückt wird die Zeitspanne dazwischen von den Ablagerungen des Pliozäns (Jungtertiär II, 7 bis 2 Mio. Jahre vor heute). Damals hatte ein Flußsystem vom Rheingraben Besitz ergriffen, nachdem der große untermiozäne See längst verlandet war. Die fluvialen Ablagerungen der Pliozän-Epoche sind auffällig hellgraue bis weiße Kiese und Sande von großer Reinheit (Quarzsande), teilweise mit Einschaltungen von weißem Kaolinton und Torf. Sie sind in der Vorhügelzone durchgehend von Malsch bis an die südliche Kreisgrenze verbreitet, allerdings großenteils unter dem Löß begraben. Die »Balger Weißerden« und die »Klebsande«, die einst von wirtschaftlicher Bedeutung waren (Ton- und Glaswarenindustrie), sind bis in die Mitte des 20. Jh. bergmännisch ausgebeutet worden. Untertagegruben auf pliozänen Glassand bestanden südlich von Malsch (im Gewann Klingen – hier noch Abbau nach dem Zweiten Weltkrieg –, im Gewann Espich, in der Heckelbachklamm) sowie bei Waldprechtsweier und Oberweier. Heute sind alle Grubenbereiche zugewachsen oder bebaut, und nur in frischen Baugruben können sie kurzfristig angeschnitten sein (z.B. Bischweier, Nr. 8). Innerhalb des Rheingrabens sind die pliozänen Flußsedimente flächendeckend und 70 bis 100 m mächtig unter den eiszeitlichen Rheinschottern vorhanden und vielerorts erbohrt worden (durchschnittlich in 30–70 m Tiefe). Zu dieser Zeit gab es bereits einen Vorläufer der Murg, dessen Mündungsschwemmfächer in den Bohrprofilen an hohen Mächtigkeiten und häufigen Kieseinschaltungen zwischen Rastatt und Malsch zu erkennen ist. Diese »pliozäne Murg« war schon einem echten Rhein als Vorfluter tributär, der den Graben wie heute in Süd-Nord-Richtung entwässerte, dessen Quellgebiet aber im Süden an der sogenannten Kaiserstuhl-Wasserscheide gelegen war (ein Hochrhein existierte noch nicht). Die weiße Färbung der pliozänen Flußschotter ist einer durch chemische Verwitterung verursachten Ausbleichung zuzuschreiben. Dabei spielen Schwarzwässer (Moorwässer) eine Rolle, deren mitgeführte Humuskolloide das Eisenoxid des verwitterten Gesteins adsorptiv binden, so daß es ausgelaugt werden kann. Auch die Bleicherde, ein eisenfreier Kaolinton, der bei den Hafnern des 19. Jh. über das Kreisgebiet hinaus sehr begehrt war, ist ein Resultat dieser Verwitterungsform. Unser besonderes Interesse gilt aber dem »Klebsand«. Die Anhäufung solcher Quarzsande wird plausibel unter der Annahme, daß im Randgebirge der Pliozänzeit vor allem der Buntsandstein zur Abtragung kam. Diese Formation, selbst einmal als Ablagerung eines noch älteren Flußsystems entstanden und entsprechend »gereift«, hat im Nordschwarzwald eine Mächtigkeit von 350 m und besteht fast nur aus verfestigtem Sand, wobei vor allem Eisenoxide das Bindemittel bilden – gerade der Stoff, der von den pliozänen Schwarzwässern herausgelöst wurde. Nur kieselig zementierter Buntsandstein vermochte der pliozänen Verwitterung zu widerstehen und tritt deshalb auch in Geröllform auf. Kalksteingerölle aus dem Muschelkalk wiederum fehlen absolut, was ebenfalls mit der pliozänen Verwitterung zusammenhängt; denn die Muschelkalkformation war im Randgebirge noch vorhanden, wie Gerölle von Hornstein in den Schottern des Kreisgebietes beweisen. Hornstein, ein sehr auffälliger Bestandteil der Muschelkalkformation, ist ein Kieselsediment und als solches gegenüber der Verwitterung im Pliozän resistent gewesen.

Die Hebungsgeschichte der Grabenflanke im Landkreis läßt sich also in groben Zügen rekonstruieren: Schicht für Schicht unterlag das Deckgebirge der Erosion, zuerst der Jura (ca. 500 m), dann die Keuperformation (ca. 300 m) und wohl auch schon Hauptmuschelkalk. Im Oberoligozän-Untermiozän war der Muschelkalk (ca. 250 m) die Hauptgeröllquelle, daneben erstmals Bunter. Zum wesentlichen Landschaftsbildner an der Bruchstufe wurde letzterer jedoch erst im Pliozän, und auch heute ist er im Nordschwarzwald noch längst nicht vollständig abgeräumt. Das ist erstaunlich, weil sich die erosionsstarken Gewässer des Nordschwarzwalds bereits tief in das Grundgebirge (Granit und Gneis) eingenagt haben, ohne zugleich weiter nach Osten auszugreifen und dabei die Buntsandsteintafel zu dezimieren. Die Fachwissenschaft wertet dies als Hinweis auf die »Jugendlichkeit« der Heraushebung des Gebirges, das erst »vor kurzem« (im Pleistozän) zu seiner gegenwärtigen Höhe aufgestiegen sein kann. Nach jetziger Kenntnis erfolgte die Hebung der Rheingrabenschultern örtlich (Kraichgau!) wie zeitlich sehr ungleichmäßig, wobei nicht auszuschließen ist, daß an der Wende vom Mio- zum Pliozän (vor 7 bis 10 Mio. Jahren) der Grabenrand einmal ganz eingeebnet war. Damals bestand die altpliozäne Verebnungsfläche, eine reliefarme Abtragungsebene, welche um diese Zeit große Teile Mitteleuropas überzog. Sie resultierte aus der flächenhaften Abtragung (Denudation) zwischen Mittelmiozän und Unterpliozän (rund 10 Mio. Jahre lang). Die Hauptursache dieser Einebnung sieht man im Nachlassen von Krustenbewegungen. Die obermiozäne Denudation hat sogar den Mittelabschnitt des Oberrheingrabens, dem auch der Landkreis zugehört, erfaßt und dort bis zu 500 m jungtertiäre Grabensedimente wieder erodiert. Anscheinend hat sich der Graben damals nicht weiter gesenkt, sondern gemeinsam mit dem Randgebirge gehoben, was bedeutet, daß es kein gegenläufiges Bewegungsverhalten zwischen Graben und Flanke gab. Dies führte einen Reliefausgleich zwischen beiden herbei.

Entstehung des Gewässernetzes. – Uns erscheint heute ein solches Flachrelief in Süddeutschland schwer vorstellbar. Dennoch ist es in manchen der Hochplateaus der gegenwärtigen Landschaft (z.B. in der südöstlichen Odenwaldabdachung) gut zu erkennen. Neben einem Schleier von pliozänen Weißerden dienen vor allem die verstreuten Reste alter Flußschotter auf diesen Hochflächen als Kriterien. Im tief zertalten Gebirge des Schwarzwaldes – nur dort zu suchen – sind solche Zeugnisse flächenhafter Erosion nahezu verschwunden. Man kennt sie aber in nächster Nachbarschaft, z.B. bei Pforzheim und flußabwärts (Höhenschotter am Lug bei Roßwag), wo sie etwa 120 m über dem Tal einen pliozänen Enzlauf widerspiegeln. Ähnlich wie die Enz haben auch andere Flüsse des Nordschwarzwaldes ihre pliozänen Vorläufer gehabt, weil sich in dieser Epoche das mitteleuropäische Gewässernetz bleibend etablierte. Schwarzenbach, Hundsbach, Langenbach-Schönmünz und Rotmurg auf der Ostseite des Schwarzwaldes wa-

1. Geologie

Rheinebene bei Durmersheim, Hardtwald, Niederterrasse mit Baggersee und Tiefgestade von Osten.

ren die Nebenflüsse in einem jungtertiären Einzugsgebiet der Donau. Dieses danubische Flußnetz, angelegt auf der altpliozänen Verebnung, verankerte sich mit dem Wiederaufleben der Krustenbewegungen im jüngeren Pliozän durch Tiefenerosion. Die dominierende ostwärtige Abdachung der Deckgebirgstafel im östlichen Schwarzwald lenkte die Fließrichtung der Gewässer in den Donauraum (konsequente Entwässerung). Heute noch obwaltet die Orientierung aller dieser für alt anzusehenden Talstücke im hohen Schwarzwald nach Osten bis Südosten. Mit dem Wiederabsinken des Rheingrabens erneuerte sich auch eine zum Rhein hin gerichtete rheinische Entwässerung mit kurzen gefällsstarken Gerinnen, wie sie auch für das Randgebirge der Gegenwart typisch sind. Die rheinischen Schwarzwaldflüsse sind ihren danubischen »Konkurrenten« in der Tiefenerosion krass überlegen und schneiden sich deshalb rascher ein und gegen ihr Quellgebiet zurück. Mit rückschreitender Erosion vergrößern sie beständig ihre Einzugsgebiete. Noch im Pliozän kann die mitteleuropäische Wasserscheide im Landkreis von einem Hauptkamm des Nordschwarzwaldes gebildet worden sein, der noch westlich des heutigen (Mehliskopf – Hochkopf – Hornisgrinde) gelegen war – vielleicht in Höhe des Omerskopfes, weil die Pässe von Sand, Hundseck und Unterstmatt auch als »geköpfte danubische Talenden« interpretierbar sind.

Eiszeitalter. – Es genügt sicher nicht, die hohe Bilanz der rheinischen Erosion allein den besagten Gefällsverhältnissen zuzuschreiben. Wesentlichen Anteil daran hatten auch die besonderen klimatischen Umstände im Pleistozän (Eiszeitalter, 2,4 Mio. bis 10 000 Jahre vor heute), als der Landkreis dem Periglazialgürtel Mitteleuropas (außerhalb der vergletscherten Gebiete) angehörte. Unter dem nivalen Klima der Kalt- oder Eiszeiten beherrschte eine überwiegend mechanisch wirksame Frostverwitterung die Landschaft: Gefrornis (Permafrost) und Spaltenfrostwirkung im Zusammengehen mit Vegetationslosigkeit der Fluren begünstigten die Akkumulation großer Schuttmengen auf jedweder Unterlage in Gebirge und Flachland. Feinmaterial wurde windverblasen (Deflation) und als Löß in luv- und/oder leeseitiger Position wieder abgelagert. Über 15 m mächtig ist die Lößdecke in der Vorhügelzone, wobei diese Bilanz eher mager ist, weil viel Löß sekundär verschwemmt wurde (Schwemmlöß). In den kurzen kaltzeitlichen Sommern hatten die Schmelzwässer auf dem durch Permafrost versiegelten Boden leichtes Spiel mit dem Frostschutt. Was auf den vegetationslosen Hängen nicht der Solifluktion (Bodenfließen) unterlag und sich in Fließerdedecken über die Landschaft legte, wurde bei ausreichendem Wasserangebot fluvial abtransportiert und kam unter rasch nachlassender Schleppkraft der Gerinne in den Talsohlen oder im Vorland als Schotterterrasse und Sander zum Absatz. In den hohen kaltzeitlichen Akkumulationsraten der pleistozänen Gewässer spiegelt sich das Mißverhältnis zwischen dem bedeutenden Schuttfrachtaufkommen und dem relativ geringen Transportvermögen der Flüsse mit ihrer sehr unregelmäßigen Wasserführung wider, was auch die großen Mächtigkeiten der vorwiegend groben Ablagerungen unterstreichen. Die Gefällskurven von vielen der damaligen Fließgewässer wurden dadurch erheblich gestört.

In den Interglazialen (Warm- oder Zwischeneiszeiten) mit den gemäßigt-humiden Wetterbedingungen unserer Breiten normalisierten sich diese Ungleichgewichte: Chemische Verwitterung und Bodenbildung traten wieder hervor (so die Verlehmung der Lösse). Bei nachlassendem Grobschuttangebot und gleichmäßigerer Wasserführung glichen die Flüsse ihre Gefällskurven durch Einschneiden in das eigene Schotterbett wieder aus (klimatische Terrassenbildung). Die fluvialen Sedimente der Interglaziale sind im Durchschnitt geringer mächtig und weniger grob, weil die Wiederbewaldung die Talhänge stabilisierte und die Erosion selbst bei katastrophalen Niederschlägen vorwiegend das Feinmaterial erfaßte und umlagerte.

Quartäre Rheinschotter und Niederterrasse. – Im zentralen Rheingraben bei Rastatt beträgt die quartäre Rheinschottermächtigkeit 50 bis 70 m. Sie steigt südwärts auf >110 m, was hier verstärkte Grabensenkung bedeutet. Generell geringer ist die Mächtigkeit am Grabenrand (15–30 m). Als einzige Schotterterrasse ist am Rhein die Niederterrasse vorhanden, deren 10 bis 15 m hohe Kante (Hochgestade) vom holozänen Rhein bei der Eintiefung seiner Stromaue ausgegraben wurde. Die Niederterrasse entspricht dem Würm-Glazial. Das nächstältere höhere Niveau, die rißzeitliche Hochterrasse, dürfte wegen synchron verlaufender Grabensenkung nicht zur Ausbildung gekommen sein. Anders die Murg, wo auch höhere Terrassen bekannt sind, nur stößt deren sichere Datierung wegen tektonischer Hebung auf Schwierigkeiten. Der pleistozäne Rheinschotterkörper besitzt aber einen internen stratigraphischen Aufbau, der seinen quartären Werdegang dokumentiert. Nach den Bohrbefunden gliedert er sich in einen altquartären unteren Abschnitt von vorwiegend sandig-

1. Geologie

Rheinebene zwischen Lichtenau und Rheinmünster mit Hursten im Gebiet des einstigen Kinzig-Murg-Stroms von Südwesten.

schluffiger Beschaffenheit und einen jünger-quartären oberen von vorwiegend kiesiger Zusammensetzung (Obere kiesige Abteilung). Von wirtschaftlicher Bedeutung ist die Obere kiesige Abteilung, die durch zwei sandig-schluffige Zwischenhorizonte in drei Kieslager aufgeteilt ist. Die naheliegende glazialklimatische Deutung, wonach die Kieslager den drei letzten Kaltzeiten (Mindel-, Riß- und Würm-Glazial) und die feinkörnigen Zwischenschichten den Interglazialen (Holstein- und Eem-Zeit) zuzuordnen wären, ist nach Bekanntwerden neuerer pollenanalytischer Befunde inzwischen aufgegeben worden. Es fehlen nämlich sichere Eem-Äquivalente, wahrscheinlich infolge intraquartärer Abtragung, und die Oberen Zwischenschichten sind stratigraphisch anders einzustufen (rißzeitliche Interstadiale?). Auch die Unteren Zwischenschichten scheinen noch viel ältere Quartäranteile, u.a. Tegelen (mindestens 1,7 Mio. Jahre vor heute), darüberhinaus sogar Jungpliozän zu enthalten. Hierbei muß aber auch stets an mögliche Umlagerungen gedacht werden.

Kinzig-Murg-Rinne. – Im Kreisgebiet bilden die Schotter der Niederterrasse heute die Rheinebene östlich der Aue (hellgelbe Farbe der geologischen Karte). Dabei ist die Niederterrassenflur nicht völlig eben, sondern sinkt zum Gebirge ab. Diese Asymmetrie des Aufschüttungsprofils, die gerne tektonisch gedeutet wird (junge Senkung am Grabenrand), muß auch als ein Ergebnis der Aufhöhung der zentralen Fließrinne durch den würmzeitlichen Rhein mit seiner anomal hohen Schuttbefrachtung (Uferdammbildung) gesehen werden. Noch in der späten Würmeiszeit hat Windverblasung aus den vegetationslosen Schotterrücken der Niederterrasse einen Teil des Sandes zu Dünen aufgeweht (Niederwald bei Rastatt). Ganz junge Bildungen sind die Hochflutlehme (Bölling- oder Alleröd-Interstadial, vor 10 000 bis 12 000 Jahren) auf der Niederterrasse, was sie für den Ackerbau geeignet macht. Im Holozän (Nacheiszeit = letzte 10 000 Jahre) schnitt sich der Rhein 10 bis 15 m in die Niederterrasse ein und schuf unter ständiger Verlagerung seiner Mäander die heutige, von Totarmen und versumpften Stromschlingen geprägte Niederung oder Aue. Die frühholozänen Zuflüsse aus dem Gebirge konnten den Uferdamm ihres Vorfluters anfangs nicht überwinden und flossen längere Zeit als Kinzig-Murg-Fluß parallel zum Hauptstrom am Gebirge entlang, die vorgegebene Depression benutzend. Diese nacheiszeitliche Fließrinne, die erst in historischer Zeit verlandete, ist streckenweise noch gut zu erkennen wie bei Muggensturm und zwischen Niederbühl und Förch (ehemaliger Woogsee). Weiter im Süden (Stollhofen – Lichtenau – Bühl – Ottersweier – Kehl) ist die Niederterrasse oberflächlich auf breiter Flur durch ein verzweigtes System alluvialer Rinnen in viele siedlungsgünstige Inseln (mit den »-hurst«- und »-tung«-Ortschaften) aufgelöst. Wie in der Kinzig-Murg-Rinne sind Bruchwald, Sauerwiesen und Vermoorungen für dieses »Wasserland« typisch, und bei Grundwasseranstieg bilden sich gern Tümpel. Hier ist auch kein lückenloses Hochgestade vorhanden wie weiter nördlich, so daß einer möglichen Überflutung vom Rhein her nur durch Eindeichung zu begegnen ist. Die vom Schwarzwald ausgehende permanente Hochwassergefährdung ist durch die 1967 abgeschlossene Acher-Rench-Korrektion gebannt worden. Aus geologischer Sicht ist anzunehmen, daß sich im Bereich des »Wasserlandes« junge Grabensenkung vollzieht (Unzhurster Kiessenke).

Eiszeitalter im Randgebirge. – Dem Schwarzwald hat das Eiszeitalter in erster Linie Abtragung und weniger Sedimentation beschert. In den Kaltzeiten hat die multiple Interaktion von Permafrost und Denudation der sommerlichen Bodenauftauschicht das Tempo der Talausräumung erheblich gesteigert, und rückschreitende Erosion führte zu einer raschen Erweiterung der »rheinischen« Einzugsgebiete. Als ein Beispiel dafür kann im Kreisgebiet die »Köpfung« der Moosalb durch den Michelbach am Bernstein (nordöstliche Kreisgrenze) gelten, wobei hier gleich drei Faktoren (stärkeres Michelbach-Gefälle, periglaziale Verwitterung, leicht erodierbares Gestein, nämlich Rotliegendes) zur Wirkung gelangten. Die Schotterterrasse aus Buntsandsteingeröllen nordöstlich von Gaggenau hat der Michelbach gemeinsam mit dem Sulzbach beim Zurückschneiden nach vollzogener Anzapfung und Ablenkung der oberen Moosalb aufgeschüttet. Aufgrund der Höhendifferenz von +30 m zum heutigen Murgbett dürfte dieser Michelbachterrasse im Vergleich zur Niederterrasse (nur 10 m über dem Fluß) auch ein höheres Alter (Riß-Glazial?) zukommen. Schwieriger ist die Datierung von alten Schottern bei Loffenau, die ihr Niveau (150–200 m über der Murg) tektonischer Hebung an der jungaktiven Gernsbacher Störung zu verdanken haben.

Der hohe Nordschwarzwald ragte im Würmglazial infolge der Schneegrenzendepression bis in die nivale Region auf, so daß sich in Höhen über 800 m NN (in günstiger Exposition z.T. tiefer) eine Karvergletscherung entwickelte. Die Kare sind als »lehnsesselartige« Nischen überwiegend in die ostseitigen Berghänge im Lee der die Niederschläge bringenden Winde bis zu 170 m eingesenkt. Talabwärts liegen Moränenwälle. Von den mehr als hundert Gletscherkesseln des Nordschwarzwalds liegen ca. 35 innerhalb der Kreisgrenzen, die meisten vermoort oder ganz verlandet, nur zwei noch gegenwärtig mit (künstlich hochgestauten) Seen (Herrenwies- und Schurmsee). Die außerordentliche Häufung von Karnischen im Nordschwarzwald ist gesteinsbedingt: Es sind glazial überformte Quellnischen, die im Buntsandstein bevorzugt dort entstanden, wo das Eck'sche Konglomerat, eine Grundwassersohlschicht an den ostseitigen Bergflanken zum Ausstrich kommt. Wegen der tektonischen Abdachung nach Osten treten hier die meisten Quellen aus. Nicht glazialen Ursprungs sind Hohloh- und Horn- bzw. Wildsee bei Kaltenbronn und der Sandsee bei Herrenwies. Während letzterer künstlich aufgestaut ist (ein Schwellweiher der alten Flößerei), sind jene nacheiszeitliche Moorseen, die ihre Entstehung der kühlfeuchten Witterung (jährlich 1450 l/m^2 Niederschlag) und den nährstoffarmen Buntsandsteinhochflächen des Ostschwarzwaldes verdanken, wo eine lehmige Deckschicht bzw. der Ortstein die Versickerung des Niederschlags unterbindet, so daß sich im Boreal der Nacheiszeit (vor 8 000 Jahren) die jetzigen Hochmoore zu entwickeln begannen.

Geologischer Unterbau, epivariszische Plattform. – Der geologische Unterbau ist älter als der Oberbau und wird gebildet vom Deckgebirge (Rotliegendes, Buntsandstein, Muschelkalk, Keuper und Jura) und Grundgebirge (Granit, Gneis und »Alte Schiefer«), die zwei übereinander liegende Krustenstockwerke darstellen, unterschiedlich im Alter, in der Entstehung und in der Geschichte. Das Deckgebirge repräsentiert das Erdzeitalter des Mesozoikums (260 bis 65 Mio. Jahre vor heute), setzt aber mit dem Rotliegenden noch im Endabschnitt (Perm-Periode) des Paläozoikums ein. Der Ursprung des Deckgebirges fällt zeitlich zusammen mit dem Abschluß der variszischen Orogenese, einer erstrangigen erdgeschichtlichen Zäsur, für welche ein mittleres geologisches Alter von 325 Mio. Jahren (Wende vom Unter- zum Oberkarbon) anzusetzen ist. Diese große Gebirgsbildung ist für ganz Mittel- und Westeuropa von ausschlaggebender Bedeutung, weil erst durch sie die (epivariszische) Kontinentalplattform entstanden ist, auf der die naturräumlichen Gegebenheiten unserer Region und die daran knüpfenden zivilisatorisch-kulturellen Entwicklungen basieren. Alle späteren geologischen Veränderungen haben die Plattform zwar vielfältig beeinflußt (germanotype Verformung, bruchlose Verbiegung, Aufschüttung und Abtragung), sie aber niemals zerstören können. Sie war zunächst noch ein gebirgiges Festland – »variszisches Ge-

1. Geologie

birge« der Oberkarbon- und Rotliegendzeit –, das durch beständige Abtragung allmählich zum Gebirgsrumpf erniedrigt wurde und auch morphologisch Plattformcharakter annahm. Die permotriadische Peneplain, die sich darüber ausspannte, wurde der Ablagerungsraum für den Buntsandstein (Untere Triasformation), mit dem die »Plattformsedimentation« des jüngeren Deckgebirges einsetzte. Von jetzt an bis zur Bildung des Rheingrabens befand sich Südwestdeutschland im sog. Tafelstadium.

Buntsandstein (Bunter). – Genetisch handelt es sich beim Buntsandstein um die Schotterfracht eines Flußsystems, dessen Quellgebiet im Gallischen Hochland und in Schwaben (Vindelicische Schwelle) gelegen war und das seine Mündung an einer triadischen Nordsee hatte. Die Plattform senkte sich damals wannenartig ein (Germanisches Becken), so daß sich die fluvialen Sedimente in hohen Mächtigkeiten ablagern konnten (bei uns ca. 350 m). Aufgrund von lithologischen Unterschieden in der Ausbildung der Sandsteinfolgen wird der süddeutsche Buntsandstein in eine untere, mittlere und obere (»Röt«) Abteilung gegliedert, wobei je ein geröllreicher Horizont (»Eck'sches Konglomerat« unten, »Hauptkonglomerat« oben) die Grenzen dazwischen markiert. Das verwitterungsresistente Hauptkonglomerat bildet die Stirn der Buntsandsteinstufe über dem Murgtal, während der auflagernde Röt (Oberer Buntsandstein) den gesamten Landschaftscharakter der östlich anschließenden Landterrasse (»Enz-Nagold-Platte«) bestimmt. Auch in der Vorbergzone ist Buntsandstein die vorherrschende Deckgebirgsformation. Für den Rastatter Festungsbau spielte er im 19. Jh. eine bedeutende Rolle (Steinbrüche am Eichelberg und an der Hohen Wanne östlich von Gaggenau).

Muschelkalk und Keuper. – In der Muschelkalkzeit (Mittlere Triasformation) fand das Weltmeer Zutritt zum Germanischen Becken. Dieses Binnenmeer hinterließ Ablagerungen in einer Mächtigkeit von ca. 250 m (vor allem Mergel, Kalkstein und Salzgesteine), deren unterschiedliche Ausbildung ebenfalls eine Dreiteilung der Formation erlaubt (Unterer Muschelkalk oder »Wellengebirge«, Mittlerer Muschelkalk oder Anhydritgruppe und Oberer Muschelkalk oder Hauptmuschelkalk). Im Landkreis Rastatt ist diese Abteilung des Deckgebirges nur in der Vorbergzone von Kuppenheim und im Süden bei Ottersweier erhalten. Da innerhalb der Kreisgrenzen sonst keine nennenswerten Kalksteinvorkommen auftreten, hat gerade der Hauptmuschelkalk (bis 98% $CaCO_3$) früher wirtschaftliches Interesse als Rohstoff (Brennkalk) gefunden (Steinbrüche im Fichtental und am Wolfartsberg, Nr. 9, 10). Die Salzformation der Anhydritgruppe ist überall längst der Grundwasserauslaugung erlegen, und heute zeugen nur noch Lösungsrück-

Buntsandstein im Winterwald oberhalb Schönmünzach.

stände (Zellenkalk) davon (Hirschacker südöstlich von Kuppenheim, Nr. 11). Das Wellengebirge ist noch in der Vorbergzone zwischen Ottersweier und Neusatz verbreitet, aber kaum aufgeschlossen. Aus einer dieser Schollen tritt die seit dem 15. Jh. genutzte kochsalzführende Hubquelle (Nr. 12) aus (Thermalwasser mit einer Temperatur von 32° C).

Während der Keuperzeit (Obere Triasformation) verlandete das Germanische Becken wieder. In heißem, wechselfeuchtem Klima bildeten sich Salzsümpfe, wo buntgefärbte Kalk- und Dolomitmergel mit Gipslagern sedimentierten (Gipskeuper). Zeitweilig bestanden auch Flußläufe (Schilfsandstein) und vermoorte Senken (Lettenkohle). Solche Ablagerungen sind noch im Fichtental (Krebsbach) anzutreffen (brauner Dolomit, rötliche, violette und grüne dolomitische Mergel, Sandsteinbänkchen), die sich jenseits der Kreisgrenze nach Südwesten fortsetzen, wo sie Versumpfungen begünstigen (Ochsenmatten).

Jura und Kreide. – In der Juraperiode (vor 195 bis 135 Mio. Jahren) versank die europäische Plattform in größerem Umfang als in der Muschelkalkzeit im Meer. Auf diesem Schelf kamen rund 500 m marine Sedimente (Kalk, Mergel, Ton, Ölschiefer und Sandstein) zum Absatz. Oberflächliche Ausstriche sind heute kaum vorhanden (Vorhügelzone bei Oberweier und Vorbergzone südlich Kuppenheim). Das Ölschiefervorkommen (Unterer Jura) am Erlenbad bei Obersasbach, das für den H_2S-Gehalt der dortigen Kochsalz-Therme verantwortlich ist, liegt nicht mehr im Landkreis.

Auswaschungen im Buntsandstein am Großen Loch oberhalb Loffenau.

Die Thermalwasserversuchsbohrung II (1975) stieß in der Vorhügelzone bei Baden-Oos (Gewann Wört in der Oosaue) nach Durchfahren einer Störung in 1040 m Tiefe auf Schichten des Braunjura (Mittlerer Jura). Alle Beobachtungen über und unter Tage zeigen an, daß in der westlichen Vorbergstaffel unter reduziertem Tertiär die Gesteine der Juraformation vorherrschend sind.

Am Ende der Juraperiode verlandete die europäische Kontinentalplattform nur vorübergehend. Die neuerliche Transgression des Kreidemeeres (vor 135 bis 65 Mio. Jahren) hat unseren Raum aber nicht mehr erreicht, so daß der hier interessierende Teil von Süddeutschland für lange Zeit der festländischen Abtragung unterworfen war und eingeebnet wurde. Die kretacisch-alttertiäre Landoberfläche und ihre spärlichen Absätze, vor allem die Bohnerzformation (rotbrauner Boluston mit Brauneisenerzknollen) – Zeugnis für eine tropische bzw. subtropische Verwitterung – blieben dank ihrer Versenkung im Rheingraben erhalten. Die Erosion führte wegen der damals mehr südwärtigen Abdachung der Plattform zur Ausbildung des oben erwähnten Tafel- oder Schichtstufenlandes.

Älteres Deckgebirge (Oberkarbon und Rotliegendes). – Als Älteres Deckgebirge bezeichnen wir die Formation des Rotliegenden unter Einbeziehung des Oberkarbons (»Steinkohlenformation«); es umfaßt damit einen Zeitraum von 325 bis 260 Mio. Jahren vor heute. Diese beiden Formationen sind keine Produkte einer Plattformsedimentation und deshalb für sich zu betrachten. Sie vertreten die geologische Entwicklungsphase von der variszischen Orogenese bis zur »Etablierung« der Kontinentalplattform. In dieser Zeit fand ein tektonischer »Gebirgsabbau« statt. Er war begleitet von kräftiger Abtragung des Hochreliefs und lebhafter vulkanischer Tätigkeit. All das hat sich in den kontinentalen Gesteinsfolgen der Oberkarbon-Rotliegend-Zeit dokumentiert. Zudem tragen die Sedimente die Merkmale eines Klimawandels in diesem Zeitraum: Herrschten im Oberkarbon noch günstige Voraussetzungen für tropische Regenwaldvegetation (graue kohleführende Sedimente), so verschob sich das im Unterrotliegenden zu wechselfeuchten Witterungsbedingungen (neben grauen auch rote sterile Sedimente) und im Oberrotliegenden zu ariden Verhältnissen (rote Schuttsedimente oder »Fanglomerate«).

Das Ältere Deckgebirge ist nicht überall verbreitet und schon deshalb nicht als Plattformbildung einzustufen, sondern kam in intermontanen (gebirgsinternen) Trögen zum Absatz, die seitlich von Schwellen begleitet waren, wo

1. Geologie 23

Murgtal zwischen Weisenbach und Gaggenau von Süden.

Abtragung vorherrschte. Ein solcher Trog ist die Baden-Badner Senke. Sie streicht von Südwesten nach Nordosten. Im Landkreis Rastatt nimmt sie den Raum beiderseits der unteren Murg (Stadtgebiet von Gaggenau) ein, setzt sich im Südwesten jenseits der Kreisgrenze (Baden-Baden) fort und taucht nach Nordosten an der Buntsandsteinschichtstufe (Mahlberg – Bernstein – Hohe Wanne) unter. An ihrer Südostflanke hebt sich der kristalline Untergrund der Senke, unterstützt von der jungaktiven Gernsbacher Störzone steil heraus und bildet die Nordschwarzwälder Schwelle. Die anhaltende Abtragung zur Rotliegend-Zeit ist hier bereits in ein tiefes Gebirgsniveau (Forbachgranit) vorgestoßen. In der Baden-Badner Senke ist das Ältere Deckgebirge rund 1000 m mächtig. Zuunterst lagern als älteste Schichten graue Sandsteine, Konglomerate und Schieferton (Staufenberg-Schichten), sichtbar nur im Südwesten von Gernsbach (Waldbach, Träufelbach). Viel größere Verbreitung hat das Oberrotliegende (Michelbach-Schichten), das aus einer Wechselfolge von roten Fanglomeraten (fossiler Wüstenschutt), »Bröckelschiefer« (schalig brechender Schluffstein) und Schieferton besteht. In letzterem treten nicht selten die Schalenabdrücke fossiler Kleinkrebse (»Estherien«) auf, z. B. bei Sulzbach (Nr. 13). Von einem relativ reichen Tierleben (Kleinsaurier, Skorpione und Insekten) in dieser Oberrotliegend-Wüste künden auch die Laufspuren terrestrischer Organismen in sehr feinkörnigen Sandsteinen der Michelbachformation, die z.T. wissenschaftlich bearbeitet sind. Abgesehen von sekundär verkieselten Partien (Battert bei Baden-Baden) sind die Michelbach-Schichten leicht erodierbar und mit dafür verantwortlich, daß die untere Murg mit ihren Zuflüssen im Quartär die weite Ausräumungslandschaft um Gaggenau schaffen konnte. Von den eindrucksvollen Zeugnissen des Rotliegend-Vulkanismus (Stadtkreis Baden-Baden) liegt im Landkreis nur ein bescheidenes Vorkommen bei Ebenung, das dem Gallenbach-Porphyr (ein Quarzporphyr oder Paläorhyolit) angehört (Nr. 14). Das ältere Deckgebirge hat die Hohlform der Badner Senke »randvoll« ausgefüllt, so daß am Ende die Trogfüllung und die eingeebnete Nordschwarzwälder Schwelle gemeinsam von einer Peneplain überzogen wurden, auf der sich der Buntsandstein ausbreitete. Dies ist die permo-triadische Verebnung, die, wie der Name sagt, als das Resultat langdauernder Einebnungsprozesse (durch Aufschüttung hier und Abtragung dort) während der Permzeit bis in die beginnende Triasperiode hinein (ca. 50 Mio. Jahre) anzusehen ist. Abgetragen wurde dabei das Grundgebirge. Neben der kretacisch-alttertiären (vor-eozänen)

und der altpliozänen Verebnungsfläche ist die permotriadische die dritte bedeutende alte Landoberfläche unseres Betrachtungsgebietes. Im Nordschwarzwald kommt sie am Fuß der Buntsandsteinstufe zum Vorschein und ist an vielen Stellen von der jungen Erosion wenigstens stückweise wieder freigelegt. Wo heute das Steilrelief durch flächige Verebnungen auf Grundgebirgssockel unterbrochen ist, handelt es sich um die wiederaufgedeckte permotriadische Peneplain mit Erosionsresten von Unterem Buntsandstein (z. B. an der Roten Lache, Nr. 15). Da das Grundgebirge viel weniger wasserdurchlässig ist als der Buntsandstein, wird die alte Landoberfläche im Gelände vor allem als Quellhorizont (starke Bodenvernässungen) spürbar. Darüber hinaus ist sie eine scharfe geologische Grenzfläche (sog. Winkeldiskordanz), weil an ihr alle tektonischen Strukturen des Grundgebirges (Gesteinsgrenzen, Schieferung, Gänge) abgeschnitten werden. Dies ist eine Folge der flächenhaften Abtragung, die ohne Rücksicht auf den Gebirgsbau die Gesteine »abgeräumt« hat. Für das Grundgebirge bedeutete dies den Verlust seiner höheren Stockwerke, also seine Einrumpfung, ohne daß das Abtragungsausmaß exakt beziffert werden könnte. Der geologische Werdegang des Grundgebirges ist deshalb schwerer zu beurteilen, weil viele seiner Zeugnisse (große Teile des einstigen Oberbaues des variszischen Orogens) hier nicht mehr vorhanden sind. Auf der anderen Seite kann gerade das Studium der heute entblößten Gebirgswurzel viel zum Verständnis orogenetischer Prozesse allgemein beitragen.

Grundgebirge (Kristalline Schiefer, Gneise und Granite). – Als Baueinheiten des Nordschwarzwälder Grundgebirges haben wir die metamorphen Schiefer (»Alte Schiefer«), die Omerskopfgneise und das Nordschwarzwälder Granitmassiv zu unterscheiden. Obwohl sie gegenwärtig nebeneinander auftreten, repräsentieren sie verschiedene Tiefenstufen, die in ihrer Zusammenschau einen schätzungsweise 3 bis 4 km tiefen Krustenquerschnitt entblößen. Es handelt sich um einen Teil des variszischen Faltengebirges von Europa, das in plattentektonischer Sicht bei der Kollision zweier älterer Kontinente (Laurussia und Gondwana) entstanden ist. Grob vereinfacht haben die beiden aufeinanderzudriftenden Kontinente den Raum eines paläozoischen Zwischenmeeres (sog. Tornquist-Ozean) mit seinen marinen Sedimenten und Vulkaniten zwischen sich zusammengeschoben und dabei gefaltet. Die bei der Faltung auftretenden Druckspannungen und hohen Wärmeströme verursachen in den Gesteinen mechanische Ver-

1. Geologie

formungen (z.B. Verschieferung, Vergneisung), thermisch bedingte regionale Umkristallisationen und Teilaufschmelzungen (Anatexis), die bis ins Mikrogefüge gehen. Viele dieser metamorphen Veränderungen sind an den »Alten Schiefern« südwestlich und nordöstlich von Gaggenau zu studieren, in denen wir ehemalige Sedimente dieses »Zwischenmeeres« erblicken. Sie kommen entlang einer geomorphologischen Aufragung (»Battertsattel«) im Zentrum der Baden-Badner Senke zwischen den Oberrotliegendsedimenten zum Vorschein. Relativ schwach metamorphe Tonschiefer und Phyllite mit Lagen von Marmor silurischen Alters treten im Traischbachtal südwestlich von Gaggenau auf (Waldseebad, Nr. 16). Höher metamorph sind die Glimmerschiefer weiter südlich am Schürkopf bzw. die vom Hilbertsloch (Nr. 17) am Amalienberg bei Gaggenau. Die am stärksten metamorphisierten Gesteine tauchen am Grafenrötel bei Sulzbach auf (Nr. 18), ein kleiner Aufschluß existiert auch hinter dem Gymnasium in Gaggenau (Nr. 19). Diese kristallinen Schiefer lassen sich nach Südwesten (Ebersteinburg – Baden-Baden) weiterverfolgen. Bei Baden-Oos und beim Sportplatz Rotenfels sind sie vor Jahren erbohrt worden. Sie stellen das höchste, dank seiner geschützten Lage in der Badner Senke noch erhaltene Teilstockwerk des Grundgebirges dar, das offenbar schon bei der variszischen Faltung in Muldenposition tief versenkt und aus südlicher Richtung von den Schwarzwaldgneisen überschoben wurde. Ihre streichende Fortsetzung findet sich in den Nordvogesen bzw. im Fränkischen Schiefergebirge von Ostbayern (Saxothuringische Zone des variszischen Gebirges). Es entspricht ganz dem tektonischen Großbau des Grundgebirges in Süddeutschland, daß sich weiter nach Süden mit den moldanubischen Gneisen andere hochmetamorphe Gesteinskomplexe anschließen. Im Nordschwarzwald wird dieser Zusammenhang allerdings vom Granitmassiv (Oberkirch – Bühlertal – Forbach) verschleiert, das jünger ist und bei seiner Platznahme im Oberkarbon die Gneise bis auf einzelne Schollen weitgehend verdrängt hat, so daß die geschlossene Gneismasse erst südlich davon (obere Murg, Renchtal) einsetzt.

Gneise und Gneisanatexite. – Die Schwarzwaldgneise, die mit den Gneisen der Böhmischen Masse (sog. Moldanubikum) geologisch gleichgestellt werden, sind entstehungs- und altersmäßig heterogen zusammengesetzt: Die aus Sedimenten (Tonschiefer, Grauwacken, Arkosen) hervorgegangenen Paragneise (früher »Renchgneise«) gelten als präkambrisch (> 600 Mio. Jahre vor heute), wogegen die durch Vergneisung von alten Graniten gebildeten Orthogneise (früher »Schapachgneise«) nach radiometrischen Datierungen kambrisches Alter haben (500 bis 570 Mio. Jahre vor heute). Die im Mittelschwarzwald häufigen Amphibolite (Mineralbestand Plagioklas und Amphibol), die entweder paragener (ehemalige Kalkmergel) oder orthogener Natur (ehemalige Basalte) sind, finden sich im Nordschwarzwald nur ganz vereinzelt am Omerskopf (Nr. 20). Es ist zu vermuten, daß die moldanubischen Gneise im oben angedeuteten Kontext der variszischen Gebirgsbildung (Kontinentkollision!) als Bruchstücke von älteren Kontinentaltafeln (sog. Terranes) zu deuten sind, die mit eingefaltet wurden. Die bedeutendste Gneisscholle im Landkreis, welche Ortho- und Paraanteile umfaßt, sind die Omerskopfgneise (Bühlertal – Laufbachtal), wie große Teile der Mittelschwarzwälder Gneismasse bei strenger Anwendung petrologischer Terminologie eigentlich »Anatexite« (durch nachträgliche Teilaufschmelzung veränderte Gneise). Sie sind weitgehend vom karbonischen Granit umgeben und könnten als eine im (jüngeren) Tiefengestein schwimmende, nicht assimilierte (»unverdaute«) Scholle angesehen werden. Mit dieser Aussage ist aber die geologische Stellung der Omerskopf-Gneisanatexite keineswegs befriedigend geklärt. Die im Kartenbild deutliche Nord-Süd-Auslängung der Gneisscholle wie auch ihre tektonischen Umgrenzungen (»Quetschklüfte«, »Ruschelzonen«, Mylonite) an ihrer West- bzw. Ostflanke zeigen an, daß sie in einem tektonischen Lineament liegen. Es handelt sich dabei um eine krustale Trennfuge von großer Längenerstreckung, die als Gleitbahn für eine Intraplattenbewegung bei der variszischen Orogenese eine Rolle gespielt haben muß. Da die großen Randverwerfungen des Oberrheingrabens parallel zu diesem rheinischen Lineament verlaufen, vermutet man, daß die tertiäre Grabenbildung hier ihre alte Vorzeichnung gefunden hat.

Die übrigen Gneisvorkommen im Kreisgebiet, viel bescheidener an Umfang, liegen isoliert in fremder Umgebung, teils im Granit schwimmend (östlich von Eisental), teils mit sicher tektonischer Umgrenzung (eingeschuppt oder überschoben?) zwischen den »Alten Schiefern« (Hummelberggneis bei Gaggenau, Nr. 21). Eine sinnvolle geologische Rekonstruktion vom ursprünglichen Aufbau des Nordschwarzwälder Gneisgebirges und seines Schicksals in der variszischen Ära läßt sich daraus nicht mehr ableiten.

Nordschwarzwälder Granitmassiv. – Die Hauptmasse des Nordschwarzwälder Grundgebirges wird vom Granitmassiv und seiner Ganggefolgschaft gebildet. Es stellt eine oberkarbonische Intrusion (schmelzflüssig eingedrungene Masse) dar und baut sich aus mindestens vier etwas altersverschiedenen Teilintrusionen auf (in der Karte nicht unterschieden): Oberkirch- (Biotitgranit), Bühlertal-, Forbach- und Seebachgranit. Zwischen letzteren (Biotit-Muskovit-Granite) bestehen nur geringfügige stoffliche Unterschiede. Im heutigen Landschaftsbild fallen alle diese Granite durch ihre charakteristischen Verwitterungsformen (»Wollsackbildung«, Felsburgen) auf. Wegen der gegenseitigen Lagebeziehungen der Teilplutone (Nord-Süd-Verlauf der Intrusionskontakte zwischen Omerskopf und Bühlertal) darf vermutet werden, daß das rheinische Lineament auch den Weg der einzelnen Graniteinschübe beeinflußt hat. Die jüngsten petrogenetischen Prozesse im Anschluß an die Platznahme der Granitplutone umfassen die Bildung der granitischen Ganggefolgschaft (Aplite, Lamprophyre und Granitporphyre). Im Gegensatz zur großen Ausdehnung der Plutone haben diese Gänge meist geringe Dimensionen, abgesehen von ihrer oft kilometerlangen Erstreckung (im Kartenbild erscheinen sie als schmale Streifen). Während die Aplite sehr helle Abkömmlinge granitischer Schmelzen sind (aus Quarz und Feldspat), bilden die Lamprophyre feinkörnige dunkle Gänge (aus Feldspat und Biotit oder Hornblende) von geringer Mächtigkeit (höchstens 1–2 m). Sie häufen sich auffällig bei Gaggenau (z.B. alter Steinbruch am Hummelberg, Nr. 21). Granitporphyre haben denselben Mineralbestand wie die Granite, aber ein porphyrisches Gefüge. Sie treten im Granitgebiet besonders im Westen gehäuft auf, wobei die Gänge um den Omerskopf spezifisches Interesse verdienen, weil sie im Rheinischen Lineament ausstreichen und ihr Mikrogefüge die Merkmale einer Pressung parallel zu den Kontaktflächen während der Intrusion aufweist (Regelungsgefüge quer zum Kontakt, gut sichtbar am Bielenstein, Nr. 22). Die Horizontalkomponente der variszischen Hauptgebirgsspannung muß also im Oberkarbon in Richtung des Rheinischen Lineaments wirksam gewesen sein. Die Granite, Aplite und Granitporphyre des Landkreises hatten und haben noch wirtschaftliche Bedeutung als Rohstoffquellen (Schottergewinnung, Pflaster- und Grabsteinindustrie).

Aktuogeologischer Zustand. – Die gegenwärtige geologische Situation im Landkreis Rastatt und seiner Umgebung ist gekennzeichnet von junger tektonischer Aktivität, was sich an zahlreichen Indizien festmachen läßt. Im Steilrelief des Nordschwarzwaldes kommt eine junge Heraushebung

Granit am Lautenfelsen über Lautenbach, im Hintergrund der Rockertkopf.

des »Unterbaues« im Randgebirge zum Ausdruck. Auch die unausgeglichenen Gefällskurven der Schwarzwaldgerinne (Murg, Schwarzenbach, Hundsbach u.a.) sowie die Tatsache, daß die Buntsandsteinschichtstufe des Hauptkammes (Mehliskopf – Hochkopf – Hornisgrinde) noch fast bis an die Bruchstufe des Grabens (Hauptverwerfung) heranreicht, also bis jetzt kaum zurückgewandert ist, legen diesen Schluß nahe. Als eine junge Verwerfung hat die Gernsbacher Störzone am Südostrand der Badner Senke zu gelten, die unter der Murg durchzieht und dort einen Gefällsknick verursacht. Bei der Deutung dieser Krustenaktivität

1. Geologie

kann man sich aber nicht einfach darauf zurückziehen, hierfür ein Fortdauern oder Wiederaufleben altbekannter Rheingrabentektonik (Absenkung hier, Hebung dort) verantwortlich zu machen. Das gegenwärtig wirksame regionale Feld der Krustenspannung von Südwestdeutschland spricht nämlich gegen einen Fortgang der Grabenabsenkung (und korrelater Flankenhebung), weil die Komponente der horizontalen Hauptspannung heute schief zum Graben (Nordwest-Südost bis Nordnordwest-Südsüdost) gerichtet ist – was eine en-bloc-Grabensenkung nicht begünstigt, sondern verhindert. Stattdessen wird diese Krustenspannung wenigstens teilweise über scherende Horizontalbewegungen (Blattverschiebungen) abgebaut. Die erwiesene Seismizität von Rastatt, das mit dem hl. Alexander sogar über einen »Erdbebenheiligen« verfügt, ist anscheinend an einen solchen Spannungsausgleich längs nordwest-südost-streichender Bahnen geknüpft. Eine »Sollbruchstelle« dieser Orientierung ist einmal die Bernbacher Verwerfung, zum anderen eine sehr alte Struktur im Grundgebirge von Gaggenau. Beide könnten hierbei eine Rolle spielen. Tektonische Nordwest-Südost-Fugen im variszischen Sockel sind auch sonst in großer Zahl vorhanden. Nach den seismischen Herdflächenlösungen handelt es sich kinematisch um dextrale Scherbewegungen. Neuere Überlegungen beziehen auch sinistrale Schervorgänge längs alter, nunmehr reaktivierter rheinischer (Südsüdwest-Nordnordost) Verwerfungen mit ein. Darüberhinaus gibt es Hinweise auf Blockbewegungen von Südosten nach Nordwesten, die den Rheingraben »überschieben« und ihn dabei zusammenpressen. Eine Folge davon ist die gegenwärtige Heraushebung des westlichen Grabenabschnitts zwischen Hagenau und Germersheim, wo heute jungtertiäre Grabensedimente weit über der Erosionsbasis liegen. Alte Verwerfungen von »rheinischer« Richtung (Südsüdwest-Nordnordost) im Grabeninneren können unter dem neuen Stressregime auch in diesem Sinne wiederbelebt worden sein und die Funktion von Schollenaufschiebungen übernommen haben. Die hohe Aktualität der Vorgänge beweisen auch die jüngsten geodätischen Feinnivellements, wonach die Vertikalbewegungen fast 1 mm pro Jahr (so die Heraushebung des Pfälzer Waldes) erreichen – eine Größenordnung, die mit den heutigen Meßmethoden durchaus zu erfassen ist.

Granit in der Raumünzach nahe der Mündung in die Murg.

2. Oberflächengestalt und Gewässernetz

Wie die meisten Landkreise in Baden-Württemberg, deren Westgrenze durch den Rhein gebildet wird, hat auch der Landkreis Rastatt Anteil an den beiden großen gegensätzlichen Raumeinheiten des badischen Landesteils, dem Oberrheinischen Tiefland und dem Schwarzwald. Die Gegensätze dieser beiden Landschaftseinheiten gründen einerseits in der unterschiedlichen Raumausstattung und -gestaltung, andererseits in dem nicht vergleichbaren Gewässernetz. Sind es im Oberrheinischen Tiefland der rektifizierte Rhein und die durch den Menschen grundlegend überformten Unterläufe der Gebirgsflüsse und -bäche sowie das weitverzweigte Netz künstlicher Gräben, so sind es im Mittelgebirgsraum die teilweise urwüchsigen und nahezu unbeeinflußten Quellregionen, die Oberläufe und die zum Teil stark veränderten Mittelläufe der das Kreisgebiet entwässernden Bäche. Hydrologisch gehört das Kreisgebiet dem Rhein an, nach seiner Oberflächengestalt ist es mit seinem Mittelgebirgsabschnitt Bestandteil des Süddeutschen Schichtstufenlandes, dessen triassische Gesteinsfolge hier bis auf den Buntsandstein abgetragen ist.

Aus dieser Einteilung ergeben sich nicht nur Prozesse unterschiedlicher Landschaftsgestaltung, sondern auch eine von der stark variierenden Höhenlage abhängige hohe Reliefenergie als Ausdruck der Differenz zwischen dem höchsten und niedrigsten Punkt des Kreisgebiets. Die Extremwerte liegen bei 1055 m NN auf dem Hohen Ochsenkopf im Süden des Kreises und bei 106,25 m im Norden der Gemarkung von Au am Rhein.

Das westliche Kreisgebiet wird durch die vom Rhein und seiner fluviatilen Formungskraft geschaffenen Landschaftselemente geprägt; es sind dies die Auenbereiche entlang des Flusses sowie die zum Teil stark aufgelösten Niederterrassenkörper, die sich durch eine markante, bis zu zehn Meter hohe Steilstufe von der Aue abgrenzen. Die als Gebirgsrandniederung oder Kinzig-Murg-Rinne mit dem Niederterrassenkörper verzahnte prärhenanische Abflußrinne der Schwarzwaldbäche schließt sich mit einem Niveauunterschied von einem bis zwei Metern östlich an.

Dem so ausschließlich durch fluviatile Prozesse geformten westlichen Kreisgebiet steht, getrennt durch die Vorbergzone, der nördliche Schwarzwald gegenüber. Hier prägen neben den ausräumenden und tieferlegend-zerschneidenden Prozessen der Bäche die denudativen Formen der großen Hangpartien den Mittelgebirgskörper. Eingeschaltete Areale glazialer, gravitativer und limnischer Genese ergeben, wie die Spuren der gestaltenden Eingriffe des Menschen, die Facetten des Landschaftsbildes im Kreisgebiet.

In beiden Darstellungen ist die Mehrzahl der Grenzen zwischen den naturräumlichen wie geomorphologischen Einheiten fließend; es handelt sich um Grenzsäume. Die geomorphologische Einteilung des Kreisgebiets hat dabei andere, in Form und Ausdehnung unterschiedlich große Anteile als die naturräumliche Raumeinteilung. Sie reicht meist weit über die Gliederung der Naturraumeinheiten hinaus, da sie weiteren, meist zu größerräumigen Einheiten führenden Kriterien Rechnung trägt. Neben dem morphologischen Erscheinungsbild werden Geologie, Tektonik, Böden, Wasserhaushalt, Vegetation und Klima, sowie Siedlungsbild und Landnutzung in die Betrachtung der Gliederung mit einbezogen, wodurch im eigentlichen Sinn eine Geoökotop-Gliederung entsteht. Aufgrund der geologisch-tektonisch gegebenen Grundstruktur des Rheingrabens folgen die Haupteinheiten im Oberrheinischen Tiefland wie im Nordschwarzwald dem Rheinlauf, während die Grenzen der Untereinheiten nahezu rechtwinklig dazu liegen und aus den langen Streifenstrukturen Rechteckstrukturen entstehen lassen.

Naturräumliche Gliederung. – Zunächst ist hier das Mittlere Oberrheintiefland (21) zu nennen, das als Generaleinheit den Rahmen des engeren geologischen Senkungsgebiets – des Grabenbruchs – in Südwestdeutschland umfaßt. (Die in Klammern gestellten Ordnungszahlen beziehen sich auf die Naturräumliche Gliederung Deutschlands im Maßstab 1:200000.) Dazu gehören die Straßburg-Offenburger Rheinebene (210), der nördliche Teil der Haupteinheit, deren morphologischer Charakter durch die von Kinzig, Rench, Acher und Oos zerschnittene würmzeitliche Niederterrasse geprägt wird, mit der Rheinaue (210.0), einer schmalen Zone entlang des Rheins mit unterschiedlich stark verlandeten Altwässern, und der Freistetter Rheinaue

Geomorphologische und naturräumliche Gliederung des Landkreises Rastatt

Oberrheinisches Tiefland

	21		*Mittleres Oberrheintiefland*
		210.0	Rheinaue
		210.00	Freistetter Rheinaue
	22		*Nördliches Oberrheintiefland*
Rheinauen	222		*Nördliche Oberrheinniederung*
		222.30	Südliche Maxauer Rheinaue
		222.31	Plittersdorfer Rheinaue
		222.40	Karlsruher Rheinniederung
		222.41	Rastatter Rheinniederung
Niederterrasse	210		*Straßburg-Offenburger Rheinebene*
		210.1	Lichtenauer Dünenfeld
mit		210.2	Rheinbischofsheimer Platten
		210.30	Rench-Acher-Niederung
Randsenke		210.31	Bühler Niederung
	223		*Hardtebenen*
(Kinzig-Murg-		223.1	Stollhofener Platte
Rinne)		223.21	Murgsenke
		223.3	Obere Hardt
		223.51	Oos-Murg-Federbach-Niederung
	212		*Ortenau-Bühler Vorberge*
		212.00	Oos-Vorberge
		212.01	Bühler-Vorberge
Vorbergzone		212.1	Nördliche-Ortenauer Vorberge
	223		*Hardtebenen/Randhügel*
		223.20	Ettlinger Randhügel

Schwarzwald

	15		
	150		*Schwarzwald-Randplatten*
		150.22	Eichelberg
	151		*Grindenschwarzwald u. Enzhöhen*
		151.01	Grinden des oberen Murgtals
		151.02	Grinden des mittleren Murgtals
	152		*Nördlicher Talschwarzwald*
		152.00	Gaggenauer Murgtalweitung
		152.01	Ebersteiner Berge
Mittelgebirge		152.02	Bad.-Bad.-Talweitung (Oosbecken)
		152.03	Baden-Badener Quarzporphyrmassiv
		152.1	Bühlertaler Wald
		152.10	Bühler Höhen
		152.11	Murgwald

(210.00), einer Altwasserzone mit langgezogenen Altrheinarmen, dazwischenliegenden Baggerseen und Resten der auflagernden Dünen im Bereich der stark aufgelösten Niederterrasse. Weiterhin gehören hierher: das Lichtenauer Dünenfeld (210.1), ein Gebiet der Rhein-Niederterrasse und der Schotterfelder der Schwarzwaldflüsse mit aufgesetzten Dünen, wo durch die flachen, kleingekammerten Dünenzüge ein unruhiges Landschaftsbild mit deutlichem Gegensatz zwischen feuchten Niederungen, trockenen Terrassenplateaus und Dünenfeldern entsteht; die Rheinbischofsheimer Platten (210.2), eine ausgeprägte Niederterrassenlandschaft mit weiten Rench-Niederungen im Übergang zu den Auen des Rheins ohne Ausbildung eines Hochgestades aufgrund anhaltender Senkungen mit parallel verlaufender Sedimentation; sowie als Untereinheiten die Rench-Acher-Niederung (210.30), die mit kleinen Terrassenresten (Hursten) durchsetzte, teilweise vermoorte Flußniederung von Rench und Acher, und die Bühler Niederung (210.31), die vor dem Schwarzwaldrand gelegene, schmale Niederungszone, durchsetzt mit höhergelegenen Platten, auf denen Dünenfelder das Relief nur schwach überformen. Östlich schließen sich die Ortenau-Bühler Vorberge (212) an, die Bruchschollenzone zwischen der Rheinebene und den Schwarzwaldhöhen, die durch zum Teil mächtige Lößauflagerungen ihren schroffen Charakter verloren haben (Höhen zwischen 280 und 350 m). Dieser Raum untergliedert sich in die Oos-Vorberge (212.00), eine beiderseits der Oosbucht in 250 m Höhe gelegene, lößbedeckte Bruchzone mit flachen, wenig reliefierten Hängen, die Bühler Vorberge (212.01), eine dem Schwarzwald zwischen Oos und Acher vorgelagerte Vorbergzone mit steilem, stärker zertaltem Relief, das nur mit einem lichten Lößschleier ausgestattet ist, sowie die mit Löß bedeckten Nördlichen Ortenauer Vorberge (212.1), die von der Rench in eine Nord- und Südhälfte geteilt werden und deren Grenze zum Schwarzwald durch einen deutlichen Geländeknick markiert ist.

In seinem nördlichen Teil partizipiert der Landkreis am Nördlichen Oberrheintiefland (22), das sich nach Westen ins Vorderpfälzer Tiefland erweitert. Zu diesem Raum gehören die Nördliche Oberrheinniederung (222), die nördlich von Rastatt beiderseits des Rheins gelegene Niederungslandschaft, die durch Mäanderschlingen aus verschiedenen Generationen sowie durch Terrassenreste und Kiesrücken geprägt ist. Ab Greffern erstreckt sich der etwa 1,5 km breite Streifen der Maxauer Rheinaue (222.3) von Dämmen begrenzt nach Norden über das Kreisgebiet hinaus; die Hochwasserdämme des Rheins gliedern das Gelände, das von der Dynamik der Rheinwasserstände geprägt wird. Die dichten Auwälder der Südlichen Maxauer Rheinaue (222.30) werden von Altrheinarmen durchzogen, die durch intensive Kiesausbeute überformt sind; sie bilden wichtige Retentionsräume für Hochwasser des Rheins. Zwischen dem Sommer- und dem Hauptdamm liegt das Gebiet der Plittersdorfer Rheinaue, die in Wiesen- und Ackerland umgewandelt worden ist. Im Osten schließt sich die Rastatt-Karlsruher Rheinniederung (222.4) an, ein durch das mehr als 10 m ansteigende Hochgestade abgegrenztes altes Überschwemmungsgebiet des Rheins. Seit den Tullaschen Rektifikationsmaßnahmen im 19. Jh. ist es durch Dämme vor Hochwasser geschützt; im Bereich verlandeter Flußschlingen wird es von Druckwasser beeinträchtigt. Man untergliedert diesen Raum in die Karlsruher Rheinniederung (222.40), welche die stark versumpfte Aufschüttungsebene des Rheins mit einem sehr verzweigten, unregelmäßigen Netz von Bächen und Gräben umfaßt, und in die Rastatter Rheinniederung (222.41), eine ebenfalls stark durch ein unregelmäßiges Gewässernetz gegliederte Aufschüttungsebene mit unzähligen alten Rheinarmen, die oft die Leitlinien des heutigen Gewässernetzes bilden; dazwischen liegen die langgestreckten, flachen Rücken ehemaliger Kiesbänke. Die Hardtebenen (223) sind Niederterrassenreste, die durch schmale Niederungen gegliedert werden; ein durch Seitenerosion unterschnittener Steilabfall trennt sie von der Rheinniederung im Westen, im Osten reichen sie bis an die Niederungen der Kinzig-Murg-Rinne heran. Ihnen aufgelagert sind ausgedehnte Flugsanddecken mit ausgesprochenen Trockenstandorten. Diese Hardtebenen lassen sich weiter untergliedern, zum einen in die Stollhofer Platte (223.1); die aus Niederterrassenmaterial bestehende flache, nach Norden ansteigende und gegen Westen unbedeutend abfallende Platte ist nahezu ohne Gewässernetz, ihre ausgeprägten Sandauflagerungen sowie der große Grundwasserabstand schaffen trockene Standorte. Zum anderen gehören dazu die Ettlinger Randhügel (223.20), eine aus Schottern aufgebaute, von Löß überzogene und stark von Gerinnen zerschnittene Hügelzone mit der Murgsenke (223.21), einer breiten Talweitung, die von der begradigten Murg durchflossen wird, bis nach Rotenfels reicht und dort in den sich verjüngenden Taltrichter der Murg übergeht, und den Kuppenheimer Randhügeln (223.22), einem südlich der Murgsenke gelegenen, schwach ausgebildeten und mit Löß bedeckten Randhügelstreifen. Schließlich hat der Landkreis in der Rheinebene Teil an der Oberen Hardt (223.3), einer Raumeinheit, die sich als geschlossene Platte darstellt; in ihrem Süden sind ausgeprägte Dünenfelder und Sandflächen auf Niederterrassenmaterial aufgelagert und beleben das ansonsten ruhige Relief. In der Oos-Murg-Federbach-Niederung (223.51) ragen Kiesrücken und sandige Platten aus der stark erodierten Terrasse hervor, im übrigen ist diese Niederung mit Feucht- und Torfwiesen sowie mit Auewaldresten ausgestattet.

Mit seinem östlichen Teil liegt der Landkreis im Schwarzwald, dem Mittelgebirge, das sich als östliche Grabenschulter des Rheingrabens zwischen dem Kraichgau im Norden und dem Hochrhein im Süden erstreckt. Die Schwarzwald-Randplatten (150) sind besonders im Osten und Norden des Nördlichen Schwarzwalds ausgeprägte, 400 bis 800 m hoch gelegene Plateaus, Rodungsflächen im Oberen Buntsandstein. Zu ihnen gehört als isolierte (Haupt-)Buntsandsteinscholle auch der Eichelberg (150.22) mit ebener Oberfläche in maximal 532 m Höhe; er ist ein nördlicher, siedlungsleerer Ausläufer des Schwarzwalds mit lichtem Mischwald. Der Grindenschwarzwald und die Enzhöhen (151) bilden das Kernstück des Nordschwarzwalds mit starker Zertalung westlich des Murgtals und den zwischen den Tälern stehenden Restflächen, mit trockenen Torfflächen, den Grinden. Der östliche Teil der Einheit ist weniger zerschnitten und fällt zum Nagoldtal hin leicht ein. In beiden Teilen der Einheit sind Kare als Spuren der würmzeitlichen Vereisung erhalten. Die Grinden des oberen Murgtals (151.01) sind Buntsandsteinrücken mit vermoorten Hochflächen im oberen Einzugsgebiet der Murg und ihrer Quellbäche. Im Gegensatz dazu sind die Grinden des mittleren Murgtals (151.02) infolge der intensiveren Hebung des Schwäbisch-Fränkischen-Sattels stärker zertalt, die höhere Reliefenergie läßt hier schroffere und intensivere Formen entstehen, und die Murg ist klammartig in das Gebirge eingetieft. Der westliche Randstreifen des Nordschwarzwalds wird als Nördlicher Talschwarzwald (152) bezeichnet; seine Stufengrenze weist am Übergang zum Oberrheintiefland eine starke Auflösung durch Talbuchten auf, wodurch Riedel und Rücken in West-Ost-Richtung gebildet und der Hangbereich konfiguriert wird. Die Gaggenauer Murgtalweitung (152.00) ist die Talweitung des Flusses, nachdem dieser die kristalline Engtalstrecke im morphologisch weicheren Rotliegenden verlassen hat; die über einen Kilometer breite Flußsohle wird von Schotterfeldern mit Lößaufwehungen gebildet. Links der Murg liegen die Ebersteiner Berge (152.01), ein Bergrücken von 550 bis 600 m Höhe, auf dem Buntsandstein-Zeugenberge (Merkur und Kleiner Staufenberg) aufliegen; sie bilden die Wasserscheide zwischen Oos und Murg. Im Süden des Landkreises liegt der Bühlertaler Wald (152.1), ein tief zertaltes und zerriedeltes

2. Oberflächengestalt und Gewässernetz

Granitmassiv, mit den Bühler Höhen (152.10), einem schmalen Streifen von Granithügeln und -riedeln in 500 bis 700 m Höhe. Der Bühlotbach und seine Nebenbäche zertalen das Bergland und schaffen bei Bühlertal einen mächtigen Talkessel. Zwischen Oos und Murg erstreckt sich der karge Flachrücken des Murgwalds (152.11) mit seinen steilen Hängen.

Morphologische Raumgliederung. – Unter rein morphologischen Gesichtspunkten betrachtet, ergibt sich ein wesentlich klarerer Aufbau der Oberfläche des Kreises, und erst die Detailbetrachtung vor allem im Mittelgebirgsanteil ergibt ein vielfältiges Mosaik der Formen und bildenden Prozeßabläufe. Die Diskussion der Großformen und der sie gestaltenden Prozeßabläufe läßt folgendes Bild entstehen:

Der Auenbereich des Rheins ist innerhalb des Landkreises der durch den Menschen am intensivsten umgestaltete und am nachhaltigsten veränderte Raum. In ihrer natürlichen Ausdehnung reicht die holozäne Aue im Kreisgebiet mit einer Fläche von etwa 13 100 ha bis an das in halbbogenförmiger Linienführung aufgelöste Hochgestade der Niederterrasse heran. Sie nimmt eine durchschnittliche Breite von weniger als 1 km bis ca. 6 km ein und erreicht damit die äußerste Ausdehnung der ehemaligen Mäanderbögen des Rheins; diese nehmen erst nördlich des Landkreises Rastatt ihre idealtypische Form an. Innerhalb dieses Bandes hat der Fluß in den letzten 12 000 Jahren seine Dynamik zur Entfaltung bringen können. Bis etwa zur Murgmündung erstreckte sich der durch viele Wasserarme sowie Sand- und Kiesbänke gegliederte Furkationsabschnitt des Rheins, an den nordwärts die ausgeprägte Mäanderzone anschloß.

Hier floß der Rhein bis zum Beginn der Rheinbaumaßnahmen in weit ausladenden Bögen nach Norden. Die Dynamik des fließenden Wassers brachte es mit sich, daß sich nach Überlauf und Durchbruch am engen Mäanderhals neue Wasserläufe ausbildeten. Gleichzeitig wandelte sich der alte Wasserlauf zum Totwasserbereich mit geringem Wasserdurchfluß bei überwiegender Sedimentation von Feinmaterial. Er verlandete schließlich vollständig. Der Verlauf der alten Wasserschlingen spiegelt sich noch heute in vielfältiger, stets wassergebundener Weise im Landschaftsbild. Kennzeichen des Furkationsabschnittes waren enorme Ablagerungen von Sand und Kies infolge der Gefällverminderung (0,58‰ bei der Renchmündung, 0,3‰ bei der Murgmündung und 0,1‰ unterhalb der Kreisgren-

Rheinauenlandschaft bei Plittersdorf von Südosten.

ze), damit einhergehender Minderung von Fließgeschwindigkeit und Transportkraft bei gleichbleibend kräftiger Materialzufuhr aus Schwarzwald und Vogesen. Die Mächtigkeit dieser Akkumulationskörper, deren Entstehung bis in das Tertiär reicht, führt in einem ca. 10 km breiten Band bis über 2 000 m tief; bei Rastatt erreicht er nur knapp 100 m. Aufgrund der hohen Mobilität des abgelagerten Materials hat hier jedes Hochwasser zu Landschaftsveränderungen in Form von Laufverlegungen, Geländeabrissen und Anlandungen geführt. Neueste Untersuchungen belegen, daß sich der Rhein im Holozän von einem verwilderten Fluß (braided-river-system) zu einem mehr mäandrierenden Wasserlauf entwickelt hat. Nach dem Auftreten der Bandkeramiker (5000–4000 v.Chr.) und ihrer intensiven Rodungswirtschaft in den Flußniederungen und den angrenzenden Vorbergen veränderte sich der Fluß wieder. Die durch äußere Einflüsse stark gesteuerte Flußdynamik, vor allem unter dem Einfluß erhöhter Erosion, verstärkte wieder die Braided-River-Situation – nachhaltig natürlich im Bereich unterhalb der Murgmündung. Dieser allgemein veränderten Dynamik fielen in der Folgezeit zum Teil ganze Ortschaften zum Opfer, so beispielsweise das Dorf Dunhausen auf der heutigen Gemarkung Wintersdorf, das 1583 nach einer Hochwasserkatastrophe aufgegeben werden mußte.

Erst die Tullaschen Rektifikationsmaßnahmen in der ersten Hälfte des 19. Jh. haben die ungehinderte Flußarbeit eingedämmt und die Rheinauen in zwei unterschiedliche, parallel zum Rhein verlaufende Bänder geteilt. Die heute nach § 71 Abs. 2 des Wassergesetzes vom 1. Juli 1988 qualifizierten Hochwasserdämme XVIII bis XXV bilden auf ca. 51 km Länge als künstliche Grenze eine scharfe Trennlinie zwischen nasser Überflutungsaue und trockener Altaue. Insbesondere ökologische Merkmale kennzeichnen heute das Aussehen der Aue; morphologische Prozesse spielen fast keine Rolle mehr. Eine morphologisch wirksame Gestaltung ist nur noch in dem durch die Hochwasserdämme begrenzten 1 bis 2 km breiten Bereich der Überflutungsaue auf einer Fläche von ca. 1 720 ha möglich. Auch hier ist die Arbeit des fließenden Wassers wegen der vollständigen Einbindung des Rheins in ein befestigtes Bett auf Hochwasserlagen beschränkt. Da sie aber nicht ungehindert in die vorhandenen Altwasserarme eintreten können – der rheinparallele Leinpfad ist nur an wenigen Stellen unterbrochen –, beschränkt sich ihre gestalterische Wirkung auf die Ablagerung von Sand und Kies an exponierten Stellen. Weiterer Materialtransport, meist von Schluff und Ton (62 bis 2 µ Korndurchmesser), wirkt sich überwiegend flächenhaft aus und wird wegen seiner geringen Mächtigkeit zunächst nicht als flächenumgestaltender Akkumulationsprozeß wahrgenommen. Er ist jedoch für die Bildung der fruchtbaren Aueböden verantwortlich.

Mit den seit Beginn der Tullaschen Rektifikationsmaßnahmen um 1817 durchgeführten bautechnischen Eingriffen in das Rheinbett fand eine so starke Bindung des Gewässers statt, daß heute geradezu von einem durch Menschenhand geschaffenen Kanal gesprochen werden kann. Es lassen sich folgende Phasen der Rheinbauarbeiten festlegen:

1. Die Begradigungs- und Regulierungsmaßnahmen, seit 1817 durch Tulla geleitet, wurden nach seinem Tod 1828 fortgeführt und fertiggestellt. Der Rhein wurde um insgesamt 81 km verkürzt, der Wasserlauf in ein 200 bis 250 m breites Bett gezwungen und eingedämmt. Die Hauptziele der Baumaßnahmen – Melioration, Befreiung von Seuchen, Erhöhung der Hochwassersicherheit und anderes mehr – wurden erst im letzten Viertel des 19. Jh. erreicht. Allerdings traten auch negative Folgen der Eingriffe auf, schnellerer Wasserabfluß, verstärkte Tiefenerosion, Sinken des Grundwasserspiegels, Veränderungen der Vegetation und dergleichen mehr.

2. Unter Baudirektor Honsel wurden seit 1907 Baumaßnahmen zur Sicherstellung der ganzjährigen Schiffahrt auf dem Rhein in Angriff genommen. Die in das Flußbett versetzt eingebrachten Steinbuhnen sollten innerhalb der Tullaschen Grenzen den Rhein zum Mäandrieren veranlassen. Damit sollte eine 2 m tiefe und 80 m breite Rinne auch bei Niedrigwasser die uneingeschränkte Schiffahrt gewährleisten. Bereits 1911 erwiesen sich die so eingeleiteten Maßnahmen als erfolgreich. Nahezu 2 000 Sand- und Kiesbänke hatten sich aufgelöst, im Trockenjahr 1911 war bis auf wenige Tage Schiffsverkehr möglich. Die Buhnen und die dazwischen liegenden Sedimentationsräume erfüllen ihre Aufgabe noch heute. Im Kreisgebiet sind die Buhnenfelder auf der Gleithangseite fast vollständig aufsedimentiert, so daß sich dort besonders bei Niedrigwasser neue ökologische Nischen herausgebildet haben.

3. Nach dem Ersten Weltkrieg wurde in Artikel 358 des Versailler Vertrags die alleinige Nutzung der Wasserkraft des Rheins im deutsch-französischen Grenzabschnitt Frankreich zur Energiegewinnung bzw. zur Speisung von Bewässerungs- und Schiffahrtskanälen zugestanden. Es entstand nach ursprünglich deutschen Planungen der Rheinseitenkanal, der Grand Canal d'Alsace. Er entzog in

2. Oberflächengestalt und Gewässernetz

der Folge dem Rheinbett so viel Wasser, daß sich dort gravierende Veränderungen im Bereich des Wasserhaushalts und der Vegetation ergaben.

4. Die Erfahrungen aus dem Bau und Betrieb des Kanals wurden umgesetzt: Frankreich verzichtete im Luxemburger Vertrag von 1956 auf die vollständige Ausführung des Kanalbauprojektes bis Straßburg, und seit den 1960er Jahren entstanden mit der Schlingenlösung nur noch kürzere Kanalabschnitte, die einzelne Mäanderbögen abschneiden und die vorhandene Wasserkraft zur Stromerzeugung nutzen.

5. Schließlich wird in dem bislang letzten Eingriff durch den 1977 erfolgten Bau der Staustufe Iffezheim der »Vollausbau« des Rheins betrieben. Der Fluß ist von Kembs bis Iffezheim mit Hilfe von zehn Staustufen zum staugeregelten Gewässer degradiert, nur auflaufende Hochwasser ermöglichen noch morphologische Dynamik, indem der Wasserkörper in fließende Bewegung versetzt wird und dadurch seine erodierende Wirkung wieder aufnehmen kann. Außerhalb der Hochwasserphasen beschränkt sich die Morphodynamik innerhalb der Stauabschnitte auf die Sedimentation des eingebrachten überwiegend feinen Materials. Eine weitere Umlagerung dieser Sedimente erfolgt erst durch die erhöhte Schleppkraft des Hochwasserabflusses im Oberwasser der Staustufen bei geöffneten Schleusentoren der Stauwehre. Morphologisch gesehen, stellt jedes Stauwehr eine lokale Erosionsbasis dar. Der Fluß ist bemüht, dieses Hindernis durch Erosionsleistung zu beseitigen. Dies bedeutet, daß besonders die Staustufe Iffezheim als erstes Hindernis, das dem Ausgleichsbestreben des Rheins in Form der rückschreitenden Erosion entgegensteht, angegriffen wird. Durch gezielte Materialzugabe wird der auftretenden Tiefenerosion seit Bestehen der Stufe entgegengewirkt.

6. Die Erfahrungen aus den bis 1977 ausgeführten Baumaßnahmen am Oberrhein, besonders den ökologischen Veränderungen in den Rheinauen sowie den Folgen der auflaufenden Hochwasser unterhalb des staugeregelten Rheins, führten am 7. November 1988 zur Billigung des »Integrierten Rheinprogramms« durch den Ministerrat des Landes Baden-Württemberg. Das Programm hat zum Ziel, unterhalb Iffezheim einen 200jährigen Hochwasserschutz zu gewährleisten und die auetypischen Biotopsysteme zu erhalten oder wiederherzustellen.

Die unter den Punkten 1 bis 5 dargestellten Maßnahmen haben dem Rhein nur noch ein 130 km² großes Areal für Überschwemmungen belassen. Allein die Dammbaumaßnahmen unter Tulla und Honsel haben 660 km² (74 %) Aue

Rheinebene bei Bühl mit Vorbergzone von Südwesten.

dem Rhein als Überflutungsgebiet entzogen. Durch den Vollausbau bis Iffezheim gingen weitere 130 km² Überflutungsfläche verloren; schließlich belaufen sich die Verluste an Überflutungsfläche durch natürliche Erosion im Bereich von Basel bis Breisach auf 80 km².

Die beschriebene Zielsetzung soll durch den gezielten Bau von Retentionsräumen mit einem Gesamtstauvolumen von 253 Millionen m³ (126 Mio. m³ Wasser in Baden-Württemberg) helfen, das Hochwasserproblem einzudämmen. Die punktuelle Öffnung der Leinpfade und Sommerdämme soll an geeigneter Stelle die ökologische Flutung größerer Bereiche der Naßaue ermöglichen. Sanierungen und Neuprofilierungen der Hauptdämme unterhalb Iffezheim ergänzen die Maßnahmen. Im Kreisgebiet wird in erster Linie der Polder Söllingen/Greffern der Hochwasserrückhaltung dienen. In vier Teilpoldern zwischen Rhein-Kilometer 317,4 bei Grauelsbaum und Rhein-Kilometer 329,5 an der Gemarkungsgrenze Söllingen/Hügelsheim können 12,5 Mio. m³ Retentionsraum zu Stauzwecken genutzt werden – zum Schutz der in höchstem Maße in Wert gesetzten Gesamtaue des Rheins unterhalb von Iffezheim.

Die heutige Nutzung der Auenbereiche des Rheins wurde in ihren wesentlichen Zügen durch die Rektifikationsmaßnahmen unter Tulla eingeleitet. Die Zielsetzung einer weitgehenden Erschließung der Auen bis zum Hochgestade konnte erst stattfinden, nachdem die alten Seitenarme und abgeschnittenen Mäanderschlingen verlandet waren und nur noch sporadisch Wasser führten. Das dort entstandene Ackerland ist zwar noch heute stärker durch Druck- und Stauwasser beeinträchtigt als die oft nur wenige Dezimeter höher liegenden Gebiete der ehemaligen Uferrandbereiche. Diese sind jedoch mit sehr fruchtbaren Böden ausgestattet, die das wellige und oft von halbmondförmigen Strukturen durchzogene Mikrorelief nachhaltig prägten. Als jüngste morphologische Formen sind die vielen Baggerseen als Hohlformen und die zahlreichen Straßen- und Hochwasserdämme als Vollformen anthropogener Landschaftsgestaltung zu werten.

Stratigraphisch entspricht das Auensediment einem heterogenen Gemisch toniger, schluffiger, sandiger bis kiesiger Schichten, in die biogene Lagen von Torf und anmoorige bis moorige Schichten eingebunden sind. Der gesamte Körper wird aufgrund der Materialzusammensetzung sowie anhand unterschiedlicher pollenanalytischer Merkmale in eine untere, sandig-schluffige, dem Altquartär zuzuordnende Folge, und eine obere, kiesige Folge der letzten Eiszeit gegliedert. In ihrem Aufbau spiegeln die Schichten den Wechsel zwischen Glazial- und Interglazialstadien des Alpenraumes sowie ihrer näheren periglazialen Umgebung wider.

Die Niederterrasse des Rheins bildet im Kreisgebiet, sowohl aufgrund ihrer Oberflächenform als auch nach ihrer Mächtigkeit, einen langgezogenen Keil, der im Süden, am spitzen Ende, schmal ausläuft und durch rechtwinklig kreuzende fluviatile Rinnen in einzelne Inseln aufgelöst ist. Im Norden, auf der Gemarkung Durmersheim, ragt dieser Körper etwa 10 m über die Aue hinaus. Dort erlangt er auch seine größte Breite. An der südlichen Kreisgrenze macht sich das Hochgestade dagegen nur durch einen schwachen Anstieg im Gelände bemerkbar. Die Entwicklungsgeschichte der aus Kies- und Sandlagern aufgebauten morphologischen Einheit setzte mit dem Ende der letzten Eiszeit, der Würmeiszeit, ein. Riesige Mengen alpinen Schottermaterials waren während der Eiszeiten in den Periglazialraum zwischen Vogesen und Schwarzwald getragen und abgelagert worden. Mit der Ausbildung der Gletscherzungenbecken im Alpenvorland – hier des Bodenseebeckens – änderte sich die Sedimentfracht des Rheins. Gleichzeitig wurde das in den Permafrostböden und dem Eis der Gletscher gebundene Wasser freigesetzt. Parallel ablaufende tektonische Veränderungen im Grabensystem, die sich wellenförmig ausbreiteten und auch noch heute als absinkende bzw. stagnierende Gebiete nachweisbar sind, veranlaßten den Rhein zu verstärkter Tiefenerosion unterhalb von Rastatt; der Fluß grub sich in seine eigenen Aufschotterungen ein und hinterließ das beschriebene Hochgestade als Niederterrassenfläche. Durch die auftretenden fluviatilen Prozesse wurde der Raum zwischen den Gebirgsstöcken gänzlich umgestaltet. Die ehemalige Aufschüttungsebene, in der sich der Fluß frei bewegte, wurde allmählich durch seine weiten Mäander geprägt. Das Hochgestade zeigt die Folgen der holozänen Seitenerosion in der durch die alten Mäanderprallhänge hinterlassenen bogenförmigen Konfiguration der Geländestufe. Die innere Struktur des Terrassenkörpers entspricht weitgehend der oben dargestellten Gliederung des Auenuntergrundes. Dabei zeigen die Profile vieler Bohrungen, daß das obere Kieslager im Bereich der Terrasse ca. 20 m mächtig ist und im Aufbau nach oben hin seinen stark kiesigen Charakter verliert und sandiger wird. Auch hier spiegelt sich die veränderte Materialführung und Transportkraft des Gewässers wider. Sandiges Material läßt sich auch in flachen und breiten Gerinnen eines periglazialen Braided-River-Systems problemlos transportieren sowie ab- und umlagern. Erst die Konzentration des Wasserlaufs im schmalen Gewässerbett läßt bei erhöhter Wasserzufuhr die Erosion in die Tiefe und Breite wirken. Unterhalb des Hochgestades ist die sandige Fazies vollständig abgetragen und teilweise durch die Auflagerung von schluffig-sandigen Auesedimenten ersetzt. In den gesamten Niederterrassenkörper sind Schwemmkegel der Schwarzwaldflüsse eingeschaltet. Sie dokumentieren deren erosive Arbeit durch Akkumulation. Durch große Steine, besonders am unteren Rand des Kieslagers in mehr als 20 m Tiefe, wird deren Transportkraft verdeutlicht.

Die unterschiedlichen fluviatilen Ablagerungen des Rheins führten zu einer intensiven wirtschaftlichen Bewertung im Ton-, Sand- und Kiesabbau. Zeugen dieser Tätigkeit sind die zahlreichen Restlöcher – Baggerseen – im gesamten Kreisgebiet. Viele davon wurden nach dem Ende des Abbaus in Fischseen umgewandelt oder zu Zwecken der Naherholung erschlossen. Andere wurden als Deponien für Müll und Bauschutt verwendet, aufgeschüttet und wieder eingeebnet.

Mit der Ablagerung der Sand- und Kieskörper waren die akkumulierenden Prozesse in der Oberrheinischen Tiefebene keinesfalls abgeschlossen. Während des Hoch- und Spätglazials erfolgte die Ausblasung und Ablagerung von feinem Sand und Staub, des Lösses, aus den nahegelegenen Sand- und Schotterflächen der vegetationsfreien Bereiche der Rheinniederung, besonders aus den Gebieten des Braided-River-Systems. Diese Ablagerungen bilden heute die landschaftsprägenden Sedimente der Niederterrasse und der sich östlich anschließenden Gebiete. Die Lößablagerungen reichen örtlich, zumindest als Beimengung der dortigen Bodenformationen, bis weit in die Täler des Schwarzwalds hinein.

Die Sande auf der Niederterrasse sind scharf gegen die Schotter abgegrenzt. Die so exakt zu definierende Auflagerung aus Fein- bis Mittelsand, die gelegentlich mit Feinkiesschichten durchzogen ist, ist zum einen als flächige Auflagerung vorzufinden und zum anderen als idealtypische Düne ausgebildet. Große Verbreitung finden Züge von Dünenreihen, aber auch vereinzelte Sicheldünen. Das Kreisgebiet stellt mit seinen Flugsandauflagerungen nur einen kleinen Teil des gesamten Verbreitungsgebiets dar. Dieses reicht von Darmstadt bis etwa zum Austritt der Oos aus dem Schwarzwald. Die Dünen erreichen in der Regel Höhen von 5 bis 7 m, vereinzelt liegen die Höhen aber auch bei 10 m und darüber. Der asymmetrische Aufbau, flache West- und steile Ostseiten, belegen die überwiegende Westwindlage zur Zeit der Dünenbildung unter der Voraussetzung einer weitgehend vegetationsfreien Ausblasungs- und Ablagerungsregion. Damit kommt nur das Spätglazial bis zum Alleröd-Interstadial als Entstehungszeitraum in Frage, denn mit dem Einsetzen einer geschlossenen Vegetationsdecke und der damit verbundenen Wiederbewaldung waren die genetischen Hauptvoraussetzungen entfallen. Aufgrund der Korngrößenzusammensetzung – der Sandanteil liegt meist bei über 85 Prozent – und des Sortierungsgrades des Sandes muß für längere Zeiträume ein kontinuierlicher Wind vorgeherrscht haben, wobei kräftige Stoßwinde für die gröberen Ablagerungen (Feinkiesanteil bis 40%) verantwortlich sind.

Eine ebenfalls fluviatil ausgeformte Raumeinheit im Kreisgebiet ist die als Kinzig-Murg-Rinne bezeichnete Randniederung am Fuß der Vorbergzone. Nach der Aufschotterung der Niederterrasse waren die Ausgänge der Schwarzwaldbäche aus dem Gebirge verstopft; ein Durchkommen zum Rhein als Vorfluter war nicht mehr gegeben. Daher mußte sich das Wasser, bis der erneute Durchbruch zum Rhein, der sich inzwischen nach dem Ende der Eiszeit in seine eigenen Schotter eingeschnitten hatte, gelungen war, einen neuen Weg suchen. Dieser konnte nur zwischen dem Gebirge und der Aufwölbung der Niederterrasse liegen. Von der Schutter abwärts mündeten alle Schwarzwaldflüsse in dieses neue Gewässer. Seine Mündung lag bei Hockenheim. An der südlichen Kreisgrenze reichte es etwa von Lichtenau bis Bühl. Nördlich Rastatt verschmälerte sich die Rinne auf unter hundert Meter Breite, um bei Wolfartsweier bzw. Scheibenhardt wieder ca. 3 km Breite zu erreichen. Das Flußsystem muß, wie der Rhein bis zur Murgmündung, als Braided-River-System angesprochen werden. Aufgesplittet in viele unterschiedlich breite Arme, Totwässer, Niederterrassenreste sowie Kies- und Sandbänke schuf es eine typische Flußlandschaft, die 2 bis 3 m in die alten Schotter der Rheinniederterrasse eingetieft war. Für diese Ausräumungsarbeit stand dem System etwa die Zeit von 10–12 000 Jahre bis ca. 3–4 000 Jahre vor heute zur Verfügung. Damit war der Fluß formgebendes Element in einem Zeitraum, als der Löß auf Niederterrasse und Vorbergzone aufgeweht und die Dünen aktiv umgelagert wurden.

Aufgrund der Mäanderradien des Kinzig-Murg-Systems von durchschnittlich 330 bis 360 m läßt sich auf einen Hochwasserabfluß von ca. 280 bis 340 m^3/s bei einem Einzugsgebiet von ca. 4000 km^2 schließen. Das Einzugsgebiet erfaßte somit nach Osten noch die rechten Zuflüsse der Murg, das gesamte Kinziggebiet und alle kleineren nach Westen entwässernden Bäche des Schwarzwalds, des

Kraichgaus und des Kleinen Odenwalds. Das Ende des Kinzig-Murg-Flusses wurde mit dem Durchbruch der Murg durch die Kiesbarriere zum Rhein vor etwa 7000 Jahren eingeleitet. Der beträchtliche Verlust von Wasser durch den Wegfall der Murg führte zum Aufbau von Schwemmkegeln am Gebirgsaustritt aller Schwarzwaldflüsse und, verbunden mit dem dadurch bedingten Aufstau, zu gleichzeitiger Verlandung und Vermoorung einzelner Gewässerabschnitte. Die fortschreitende Sedimentation von Sand und Lehm infolge der fehlenden Transportkraft des fließenden Wassers führte schließlich zum Ende des Wasserlaufs, der im heutigen Landschaftsbild neben dem Geländeunterschied von 1 bis 3 m noch an den Vernässungserscheinungen der Böden zu rekonstruieren ist.

Die Vorbergzone schiebt sich wie ein langgezogener Keil von Süden zwischen die Rheinebene und die Höhen des Schwarzwalds. Die geologisch-tektonisch angelegte Übergangszone wird gebildet von den unterschiedlich hohen und unterschiedlich strukturierten Elementen des Staffelbruchs im Osten des Rheingrabens. Demnach ist dieser 1 bis 2 km breite Bereich geologisch noch zum Oberrheingraben, morphologisch jedoch bereits zum Schwarzwald zu rechnen. Gesteinsschollen des Buntsandsteins, Muschelkalks, Juras und Keupers bilden den Untergrund. Neben der tektonischen Vorformung gliedern Bachdurchbrüche und kurze Rinnsale mit dazwischengeschalteten Schuttkegeln die Landschaft in Ost-West-Richtung. Es entstehen so morphologisch unterschiedlich stark hervortretende Landschaftselemente, die ihre weichen Formen durch den auflagernden Löß erhalten. Dieser zieht in den Taltrichtern mehrere hundert Meter auf den Hängen in das Gebirge hinein. Das im Hoch- und Spätglazial aus den nahezu vegetationslosen Flußniederungen ausgeblasene und durch den Wind verfrachtete äolische Sediment zeichnet sich durch seinen hohen Kalkgehalt, seine mehlige Körnungszusammensetzung, Porosität, Standfestigkeit und eine daraus resultierende Fruchtbarkeit aus. Typische Erscheinungsformen der Lößlandschaft sind Hohlwege mit nahezu senkrechten Wänden, die bevorzugt an Geländeknicken entstehen. Die Entkalkung sowie der Transport durch fließendes Wasser verändern die Eigenschaften des Lößes erheblich. Es entsteht der immer noch fruchtbare und weit verbreitete Schwemmlöß und Lößlehm. Im verschlungenen Isohypsenbild der Karte erscheint die Vorhügelzone als kleingekammerte, wellige und unruhige Oberfläche in Höhenlagen von ca. 140 bis 200 m NN. Verzahnungen, vertikal wie horizontal, finden an den Übergängen zum Gebirge und an denen zur fluviatil geprägten oberrheinischen Ebene statt. Die Zunahme von Sand- und Kiesanteilen, aber auch großen Steinen und Blöcken am Mittelgebirgsrand kennzeichnen den Übergang in unterschiedliche Landschaftseinheiten genauso, wie den Beginn anderer Bereiche morphologischen Prozeßgeschehens. Eine wirtschaftliche Inwertsetzung fand der Löß als Rohstoff für die Dachziegel- und Backsteinherstellung in den zahlreichen Ziegelhütten. Die ehemaligen Gruben sind, falls sie nicht inzwischen als Mülldeponien verfüllt wurden, als Restlöcher noch in der Landschaft zu finden.

Der Schwarzwald umfaßt den untersten und am längsten freigelegten Teil des Südwestdeutschen Schichtstufenlandes. Er bildet die Südwestgrenze des durch Odenwald, Spessart, Rhön, Franken- und Bayerischen Wald und die Donau im Süden umgrenzten Raumes, der durch die unterschiedliche morphologische Widerstandsfähigkeit seiner anstehenden Gesteine (Buntsandstein, Muschelkalk, Keuper, Lias, Dogger und Malm) großräumig geprägt wird. Verwitterung und Abtragung haben in den anstehenden, flach nach Osten einfallenden Gesteinsschichten eine stufige Landschaft geschaffen, die an der Nordgrenze der Schwäbischen Alb und der Westgrenze der Fränkischen Alb mit dem Albtrauf ihre augenfälligste und heute noch aktivste Stufe ausgebildet hat. Das heutige Landschaftsbild des Nordschwarzwalds wird mindestens seit dem frühen Tertiär nachhaltig gebildet; erste Formungsprozesse gehen auf die variszische Gebirgsbildungsphase im Karbon zurück, als frühe Hebungen und Granitintrusionen im Schwäbisch-Fränkischen Sattel um Forbach erste Grundlagen der Landschaftsentwicklung legten. In einer schaukelähnlichen Bewegung entlang der Hauptverwerfung wurde nach dem Beginn des Absinkens des Rheingrabens im Tertiär der Schwarzwald horstartig in die Höhe gepreßt und die auf dem Buntsandstein auflagernden Sedimentschichten einer schnell rückschreitenden, flächenhaften wie linienförmigen Abtragung unterworfen. Diese Vorgänge bildeten östlich der Murg die höchsten Flächen und westlich davon die zum Teil isoliert stehenden höchsten Punkte (z.B. Hornisgrinde, 1163 m) des Gebirgskörpers aus. Insgesamt gliedert sich der Buntsandstein als unterste Stufe des Südwestdeutschen Schichtstufenlandes heraus. Der Buntsandstein selbst bildet mit den beiden Abteilungen smc2 (Oberes-/Haupt-Konglomerat) des Mittleren Buntsandsteins (Hauptbuntsandstein) und den im Kreisgebiet nur noch geringflächig anstehenden Plattensandsteinen des Oberen Buntsandsteins Flächen. Deren oberste Stufe ist in der Schram-

2. Oberflächengestalt und Gewässernetz

Bühlertal mit Blick in die Rheinebene vor. Südosten.

berg-Ebene bei 920 m und im Gebiet von Römerfeld (898 m) und Wiede (890 m) nordöstlich Schwarzenberg aufgeschlossen. Die dominant aufgeschlossene Fläche im stark verkieselten und deshalb morphologisch widerstandsfähigen Hauptbuntsandstein liegt mit den höchsten Punkten entlang des Murgtales bei ca. 914/920 m und fällt nach Osten in Höhe der Kreisgrenze auf 860/880 m ab. Die steilen Hänge über dem Granittal der Murg werden aus Unterem Buntsandstein und den beiden unteren Schichten des Hauptbuntsandsteins, dem Bausandstein und dem Eckschen Konglomerat, gebildet. Auch zwischen diesen Schichten wurden Flächen ausgeformt, die aber nicht mehr als schmale, den Hang konfigurierende Bänder oder kleinflächige Sporne ausgebildet sind. Die Rückverlegung der Schichtstufen erfolgt noch immer. Besonders an der starken, durch zahlreiche kleine Wasserläufe markierten Auflösung des Gebirgsrandes zur Oberrheinischen Tiefebene hin wird dies deutlich. Hier greifen die obsequent zur Schichtstufe verlaufenden Bäche, besonders der Lauf- und Wiedenbach, so weit in das Buntsandsteindeckgebirge hinein, daß das Einzugsgebiet der Murg angegriffen und die Wasserscheide bei Unterstmatt (Hundsbachtal, 927 m), Hundseck (Greßbachtal, 884 m) und Sand (Schwarzenbachtal, 826 m) zurückverlegt wurde. Es entstanden so die bekannten Paßregionen – geomorphologisch gesehen geköpfte Täler – nördlich der Hornisgrinde zwischen Oberrheinischem Tiefland und Murgtal. Aber auch innerhalb des Gebirges markieren die Flußläufe, hier die des Murgsystems, die Auflösung der Schichtstufe und der Schichtflächen. Die linken, resequenten Nebenbäche der Murg, die aufgrund ihrer Länge und ihrer Verästelungen auf das Alter des Flußsystems hinweisen, sind auch dafür verantwortlich, daß westlich der Murg der Buntsandstein bereits stark abgetragen ist und in den Tälern der Granit breitflächig zu Tage tritt.

Im Gegensatz dazu stehen die rechten, ebenfalls obsequenten Nebenbäche der Murg. Sie sind noch nicht sehr ausgeprägt und waren dementsprechend noch nicht in der Lage, wesentliche Teile des Buntsandsteinkörpers zu entfernen; ihnen steht die Stufenstirn von über 250 m Höhe gegenüber. Der Abtragungsprozeß hat somit nur den ca. 40 m mächtigen Oberen Buntsandstein auf weite Strecken ent-

Ausgang des Murgtals bei Kuppenheim von Westen.

fernt, den Mittleren Buntsandstein als Fläche freigelegt und den Unteren Buntsandstein mit mächtigen Hangpartien herauspräpariert. In diesen Prozeß greifen im Bereich des Kreisgebiets der Rohnbach und das Salbächle mit ihren Oberläufen von Osten her mit ein. Das Zusammenspiel der murg- und enztributären Bäche zerschneidet hier die Buntsandsteinfläche zu einem schmalen Grat.

Damit ist der Rhein mit all seinen Nebenbächen, einschließlich des Systems des Neckars, die nachhaltig umgestaltende Kraft im Nördlichen Schwarzwald. Neben der aufgezeigten großflächigen Prägung des Nordschwarzwalds erfuhr das Gebirge eine ganze Palette von weiteren Formungen, die in ihrer Summe die Vielfalt des Landschaftsbildes ausmachen.

Die Flüsse als lineare Elemente der Landschaft sind in ihrer zeitlosen Dynamik ständige Zeugen von Prozessen des Abtragens, Umlagerns und Ablagerns. In der Murg werden diese Prozesse durch Gesteinswechsel und tektonische Vorgänge, aber auch durch Eingriffe seitens des Menschen ausgelöst und gesteuert. Zwischen Gernsbach und der Kreisgrenze im Süden durchfließt die Murg ein ca. 15 km langes Engtal im Granit (»Schönmünzacher-Forbacher Kleine Schweiz«), das alle Spuren fluviatilen Prozeßgeschehens aufweist und hauptsächlich auf die tektonische Aktivität des Schwäbisch-Fränkischen-Sattels zurückzuführen ist. Unterhalb Langenbrand konnte die Murg abschnittsweise auch weit in die Breite erodieren und im Granittal Terrassen mit Schotter- und Lehmdecken, beispielsweise bei Langenbrand, Weisenbach, Hilpertsau und Scheuern, ausbilden. Diese Flächen sind die topographischen Ansatzpunkte der Siedlungen. Oberhalb Langenbrand gelang dies in wesentlich bescheidenerem Umfang, da die Murg der hier stärkeren Aufwärtsbewegung durch vermehrte Tiefenerosion begegnen mußte; auch sind diese Terrassen wesentlich älterer Entstehung, viel kleinräumiger und nicht mehr anhand abgelagerter Gerölle, sondern nur noch physiognomisch zu identifizieren. Exemplarisch seien die in 85 bis 200 m über der heutigen Talsohle gestaffelt übereinanderliegenden alten Talböden bei Bermersbach zwischen dem Sers- und Allenbach genannt. In der Regel liegen die Terrassen jedoch nur 25 bis 35 m über dem heutigen Talboden. Ein weiteres Indiz der enormen Arbeit der Murg ist das Gefälle des Flusses zwischen Schönmünzach und Forbach von 2,2 Prozent – mit einem Maximalwert zwischen den Bächen Raumünzach und Heselbach von 3,3 Prozent.

Ganz andere Formen werden durch Schnee und Eis geschaffen. Im Nordschwarzwald sind dies in der Regel Kare als lehnsesselartige Hohlformen und in geringem Umfang Moränen als wallartige Aufschüttungsformen. Im Nordschwarzwald wurden 217 Kare aller Ausformungs- und Zustandsstufen kartiert, etwa dreißig davon im Kreisgebiet. Die als Vollformen zu beschreibenden Kare, d.h. diejenigen, die durch Steilwände, übertieften Karboden mit oder ohne See bzw. Vermoorung, sowie Abschlußriegel und Moräne am Ausgang der Hohlform ausgestattet sind, liegen allesamt in den höheren Lagen des Gebirges im Unteren und Mittleren Buntsandstein. Sie sind damit Zeugen lange anhaltender eiszeitlicher Prozeßgefüge. Im Unterschied zu den Karen der höheren Lagen zeigen diejenigen geringerer Höhenlage die idealtypische Exposition nach Nordost bis Ostnordost. In jedem Fall wird aber die orographische Lage der Schneegrenze bei ca. 950 m NN bzw. Stillstandsphasen der Firn- bzw. Eisverbreitung während des Würm-Maximums und damit zur Zeit der Karbildung deutlich. Im Nordschwarzwald, wie auch im gesamten Schwarzwald, kann die Topographie der Kare in etwa den Stillstands- und Rückzugsstadien – Jostal-, Titisee-, Zipfelhof- und Feldseestadium – der Würmeiszeit eingegliedert werden. In dieses Schema lassen sich auch die zum Teil ineinander verschachtelten – getreppten – Kare einordnen.

Danach kann für die genetische Abfolge der Karentwicklung des Nordschwarzwalds davon ausgegangen werden, daß isolierte Schneeflecken in Nivationsnischen über die Firn- und Eisbildung zur lokalen Vergletscherung geführt haben. Lange Vereisungsphasen und die unter und im Eis ablaufenden Prozesse der Frostsprengung des Gesteins, des Mitschleifens von Gesteinsschutt infolge der Eisdynamik und das Ablagern des transportierten Gesteins in Wällen schufen die Kare. Deren Entwicklung wird gestoppt, wenn der zunächst isolierte Eiskörper im Zuge weiterer Verfirnung in seine Umgebung eingebunden wird. Nach dem Abschmelzen des Eises und der Freilegung der Hohlform füllt sich der durch Feinmaterial versiegelte und durch den Karriegel oder auch den Karwall abgeschlossene Karboden mit Wasser; die typischen Karseen des Nordschwarzwalds wie beispielsweise der Herrenwieser oder der Schurmsee sind so entstanden. In der Folge verlandeten die Seen in unterschiedlichem Maße, so daß einige heute keine Wasserfläche mehr besitzen und vollständig vermoort sind. Diese Entwicklung setzte etwa um 11 000 vor heute in der Alleröd-Zeit ein und wurde durch die anthropogene Nutzung der Wälder seit dem frühen Mittelalter verstärkt.

Als verwandt zu den reinen schnee- und eisbürtigen Formengruppen zählen die Formen des periglazialen Formenschatzes. Diese Formen finden sich in all den Bereichen, die räumlich wie zeitlich um die Formen des Glazials angeordnet sind und treten somit in all den Bereichen auf, die nicht vereist waren und somit den Prozessen der dauernden Vereisung mit sommerlichem Auftauen angehören. Hierzu zählen besonders die Blockmeere und Blockströme, soweit sie nicht allein durch fließendes Wasser ausgespült wurden, so z. B. an den Hängen unterhalb der Schwarzenbachtalsperre. Der Wechsel zwischen Gefrieren und Auftauen verursachte aufgrund des Gefälles eine abwärts gerichtete Gleitbewegung des Bodens und der darin befindlichen Gesteinsblöcke. Diese wurden, in ihrer Verwitterungsmatrix schwimmend, hangabwärts eingeregelt und flächig freigespült. Der Aufbau dieser diluvialen Wanderschuttdecken ist in der Regel dreiteilig, wobei sich zum Ausgangsgestein hin der Anteil an kantigen Steinen und Blöcken sowie der Feingehalt an Verwitterungsmaterial vermehrt. In der obersten Schicht ist der Ton- und Schluffanteil am geringsten. Das abgespülte Feinmaterial wurde auf den Unterhängen als keilförmig nach oben ausstreichender Schleier abgelagert und bildet an den Hangfüßen die reicheren Böden. Der periglaziale Prozeßablauf läßt sich in Aufschlüssen als welliger Horizont, mit Taschenböden und Frostkeilen ansprechen.

Rhein. – Als Vorfluter des gesamten Kreisgebiets dient der Rhein. In ihn entwässern die Murg, die Oos und die Bühlot mit ihren weit verzweigten Gewässernetzen. Die weitere Entwässerung des Kreisgebiets erfolgt über eine große Zahl künstlich angelegter Gräben außerhalb des Gebirges.

Der Rhein tritt bei Flußkilometer 314 (130 m NN) in das Kreisgebiet ein, um es bei Kilometer 354,8 in ca. 106 m NN wieder zu verlassen. Zur Charakterisierung der Fließgewässer des Kreisgebiets bezüglich ihres Abflußverhaltens werden die Daten der im Kreisgebiet befindlichen Hauptpegel herangezogen. Das hydrologische Geschehen des Rheins am Pegel Plittersdorf wird durch den Ablauf der Wasserspende seines Einzugsgebiets bis zur Pegelstelle bestimmt. Damit sind die Alpen als Lieferant des größten Teils des Abflußwassers vor den Zuflüssen aus den Vogesen und dem Schwarzwald der bestimmende Faktor des Abflußgeschehens. Bezogen auf sein Einzugsgebiet bis zum Pegel Plittersdorf ist der Rhein im hydrologischen Sinn als »Fremdling« zu bezeichnen. Das reine Hochgebirgsregime mit Sommermaximum und Winterminimum wird jedoch abgeschwächt durch das Abflußgeschehen der randlichen Mittelgebirge infolge der Hochwasser der Frühjahrsschneeschmelze und der dadurch stark erhöhten Abflußspende. Damit kann das Abflußverhalten des Rheins im Bereich des Oberrheinischen Tieflandes als nivo-pluviales Regime mit mindestens zwei Maxima gekennzeichnet werden. Insgesamt gesehen, sind die Rheinabflüsse, bedingt durch das große Einzugsgebiet, ausgeglichen; an 200 Tagen wird der mittlere Abfluß unterschritten. Dem entspricht auch das Verhältnis von mittlerem Hochwasser (MHW) zu mittlerem Niedrigwasser (MNW) für die einzelnen Monate des hydrologischen Jahres. Die Werte liegen hier zwischen 1,33 (Juli) und 1,87 (Dezember) mit einem Durchschnitt von 1,55 für den Beobachtungszeitraum 1983/92 bzw. 1984/93. Der bisher bekannt gewordene höchste Wert liegt mit 752 cm im Februar 1990, der niedrigste ist im Januar des gleichen Jahres mit 236 cm verzeichnet. Die Niederschläge lagen im Januar 1990 ca. 50 Prozent unter, im Februar dagegen um ca. 107 Prozent über dem langjährigen Monatsmittel. Die Temperaturen erreichten in höheren Lagen des Schwarzwalds 3 °C im Januar und lagen damit 3 bis 7 °C über dem langjährigen Mittel im Februar.

Die zehn extremsten Niedrigwasserstände liegen in 55 Beobachtungsjahren, die zehn maximalen Hochwasserstände immerhin in 109. Die Höhe der Meßwerte liegt in einem Schwankungsband von 33 cm bei Niedrigwasser und 36 cm bei den Hochwasserereignissen. Die Aufzeichnungen des Pegels belegen, daß sich seit den 1980er Jahren die extremen Hochwasserereignisse häufen und die Abstände zwischen extremen Ereignissen immer kürzer werden. Diese Erscheinung ist sicherlich auch auf die baulichen Maßnahmen am und im Rheinbett zurückzuführen. Grundlegender Faktor für das Auftreten von Hochwasserereignissen ist jedoch eindeutig das Wettergeschehen im Vorfeld des Ereignisses; die meisten Hochwasserkatastrophen ereignen sich im Winterhalbjahr. Werden die Wetterlagen in die Betrachtung mit einbezogen, so sind meist zyklonale Wetterlagen mit Westkomponente, zum Teil auch in Teileinzugsgebieten, der auslösende Witterungsfaktor der Katastrophenhochwasser. Gemeinsam ist allen extremen Abflüssen, daß zumindest zeitweise positive Temperaturen mit Niederschlägen im Einzugsgebiet herrschten und das Tau- und Niederschlagswasser nur oberflächlich über den gefrorenen Boden abgeführt werden konnte. Eine Versickerung und damit eine Phasenverschiebung war nicht möglich. In diesem Zusammenhang lassen neuere Untersuchungen eine gewisse Abhängigkeit von extremen Hochwasserständen und klimatischen Veränderungen erkennen, die etwa seit 1975 nachweisbar sind.

2. Oberflächengestalt und Gewässernetz

Schwarzenbachtalsperre bei abgelassenem Stausee (1997) von Südosten.

Andererseits haben die im Rheingerinne durchgeführten baulichen Maßnahmen zu einer Beschleunigung des Versatzes der Oberrheinwelle geführt. So hat der Bau des Rhein-Seiten-Kanals eine Beschleunigung um 15 Stunden, die Schlingenlösung eine solche von 5 Stunden und schließlich der Vollausbau bis Iffezheim eine solche von weiteren 14 Stunden erbracht. Damit hat die Einengung des Stromes durch ausgedehnte Dammbauten auf die Tulla-Honselsche Idealbreite sowie die Abschnürung weiter Areale der natürlichen Aue und die damit verbundene Wegnahme von bedeutenden Retentionsflächen das Durchwandern des Hochwasserscheitels um 34 Stunden verkürzt. Dieser neuen Dynamik im Hochwassergeschehen muß mit einem hohen Aufwand an Technik begegnet werden, um letztlich auch die benötigten Vorwarnzeiten für Hochwasserereignisse sicherzustellen. Die notwendigen und einzuleitenden Maßnahmen im Hochwasserfall wurden in der Hochwassermeldeordnung des Landes Baden-Württemberg vom 14. August 1995 festgelegt.

Nebenflüsse. – Die Nebenflüsse des Rheins im Kreisgebiet, insbesondere Murg und Bühlot, gehören, wie alle Schwarzwaldflüsse, aufgrund ihrer Abflußdaten dem pluvio-nivalen Abflußregime, das durch zwei Extrema im Jahresverlauf gekennzeichnet wird, an. Die Zugehörigkeit zu diesem Abflußregime belegt einerseits die Abhängigkeit von Eintritt und Verlauf der Schneeschmelze und den damit in Zusammenhang stehenden maximalen Abflußspenden. Andererseits wird die schnelle Reaktion des Gewässernetzes auf Starkregen sowie die hohe Verdunstungsrate im Sommer erkennbar. Im Sommerabfluß läßt sich auch der Abbau des Grundwassers nachvollziehen. Die wechselseitige Abhängigkeit zwischen Niederschlag und Abfluß liegt innerhalb einer engeren Frist von 3 bis 5 Tagen und einer weiteren von 16 bis 20 Tagen. In der Regel verstreichen, entsprechend der Intensität des Niederschlags, 12 bis 24 Stunden zwischen dem Beginn und dem Maximum des Abflusses und 5 bis maximal 20 Stunden zwischen dem Schwerpunkt des Niederschlags und dem Abflußmaximum. Mit anderen Worten heißt dieses: schnelles Anschwellen der Schwarzwaldbäche nach Starkregen oder Gewittern ohne spürbare Retention in Vegetation oder Boden entsprechend den topographischen Verhältnissen. Die Gegenüberstellung der Werte von Hoch- und Niedrigwasser läßt die weiterreichende Dynamik des Ablaufgeschehens der rheintributären Nebenflüsse erst richtig erkennen. Die Werte der höchsten bzw. niedrigsten Abflußwerte der Beobachtungsreihen, deren Quotienten für die Murg beispielsweise zwischen 974 und 177 liegen, machen dies offenkundig. Vergleichbare Gegenüberstellungen der Rheinabflüsse liegen dagegen bei einem Faktor unter zehn. Die statistische Untersuchung der Eintrittssicherheit eines monatlichen Abflusses bestimmter Höhe am Murgpegel Rotenfels zeigt starke Schwankungen im Winterhalbjahr. Das Sommerhalbjahr zeichnet sich dagegen durch eine starke Konsistenz aus. Für den Niedrigwasserabfluß bedeutet dies extrem hohe Variabilität in den Monaten März und April und hohe Konstanz des Nicht-Eintritts eines Hochwasserereignisses dagegen in den Monaten April, August und September. (Die Werte anderer Pegel der Murg werden bei den Beschreibungen der einzelnen Gemarkungen berücksichtigt.)

Extremwerte des Wasserabflusses am Murgpegel Rotenfels

Niederwasser			Hochwasser			
m^3/s	$l/s/km^2$	Datum	m^3/s	cm	$l/s/km^2$	Datum
0,290	0,619	24.08.1919	603	387	1290	29.12.1947
0,690	1,47	13.07.1924	546	370	1170	24.12.1919
0,870	1,86	31.07.1921	519	367	1110	15.02.1919
1,77	3,78	24.11.1918	498	355	1060	03.03.1956
1,83	3,90	03.08.1952	472	352	1010	21.12.1993
1,84	3,92	16.10.1962	452	340	963	15.02.1928
2,00	4,27	28.08.1918	443	337	944	03.01.1948
2,04	4,35	17.05.1960	425	336	907	22.12.1991
2,08	4,44	08.10.1949	419	329	894	14.01.1948
2,19	4,67	10.09.1989	388	318	827	14.08.1938

Federbach. – Als markantester Bach des nördlichen Kreisgebiets kann der Federbach gelten. Er wird aus den Quellbächen Walpertsbach, Tannelgraben und Kaufmannsbrunnenbach auf der Gemarkung Malsch gebildet. Seine Gesamtlänge beträgt ca. 32 km, wovon 21,5 km im Kreisgebiet liegen. Der Bach fließt zunächst nach SW und folgt schließlich, vom Murgschwemmfächer abgedrängt, dem alten Verlauf der Kinzig-Murg-Rinne nach Norden. Er erreicht beim Rappenwört nahe Daxlanden einen Altrheinarm, wird unter dem Karlsruher Rheinhafen weitergeführt und mündet über den Knielinger Baggersee in die Alb. Diese Mündung ist die letzte einer Reihe verschiedener Mündungssituationen des Federbaches, deren Verlagerung in engem Zusammenhang mit dem Trockenfallen der Kinzig-Murg-Rinne vor etwa 2 500 Jahren steht. Auch der endgültige Anschluß der Murg an den Rhein vor etwa 4 500 Jahren hat den Verlauf des Baches und seinen Eintritt in den Vorfluter beeinflußt, so daß beispielsweise Mündungen bei Rastatt und Rauental in die Murg nachgewiesen werden können. Als Folge des Verlaufs des Baches in den meist anmoorigen bis moorigen Niederungen der Kinzig-Murg-Rinne war die wirtschaftliche Nutzung nur in sehr beschränktem Umfang möglich. Deshalb wurde der Federbach bereits sehr früh flußbaulichen Maßnahmen unterzogen. Eine Reihe einzelner Baumaßnahmen bis hin zum stärksten Eingriff, dem Bau des Federbachkanals, veränderten seinen Lauf. Meist war die Anlage neuer Mühlen zur Ausnutzung der Federbach-Wasserkraft Ursache der Baumaßnahmen. Daneben stand aber immer auch die Entwässerung des Landes im Augenmerk der Flußbauer. Die Entwässerungsmaßnahmen fanden in der Mitte der 1930er Jahre ihren Höhepunkt. Durch gezielte Maßnahmen gelang die Umwandlung der Bruchwiesen in wirtschaftliche Mähwiesen.

Nach heutigem Naturschutzverständnis ist der Federbach in höchstem Maße renaturierungsbedürftig, da er seiner ökologischen Funktion in keiner Weise mehr gerecht wird. Im Zuge dieser Umgestaltungen könnte neben der flußökologischen Aufwertung und der Steigerung der Wasserqualität auch ein sinnvolles Einbinden in den Hochwasserschutz einhergehen, indem alte, heute meist trockene Bachabschnitte im Federbachbruch wieder Hochwasser aufnehmen könnten.

Murg. – Die Murg mit einer Gesamtlänge von ca. 70 km durchfließt auf 47 km Länge das Kreisgebiet. Dabei liegen ungefähr 22 km im Gebirge, 8 km in der Vorbergzone und 17 km im Oberrheinischen Tiefland. Der Fluß mündet bei Rheinkilometer 344,5 in den Strom. Das gesamte Einzugsgebiet hat eine Größe von 617 km², wovon ca. 90 Prozent dem Landkreis Rastatt zugehören. Das Querprofil der Wasserrinne unterhalb Gaggenau entspricht noch überwiegend den Berechnungen und Planungen Tullas in den Jahren 1810/20. Das heutige Querprofil ist für ein größtes Hochwasser (HHQ) von 700 m³/s ausgelegt. Ab einem Abfluß von 60 m³/s werden die ausgeprägten Vorländer beiderseits des Mittelwasserbettes überflutet. Für den Pegel Rastatt liegen Hochwasseraufzeichnungen aus der Zeit zwischen 1824 bis 1896 vor. Die Zahlen weisen in einem 72jährigen Beobachtungszeitraum 13 extreme Hochwasserereignisse aus, so daß statistisch alle 5,5 Jahre ein solches Ereignis aufgetreten ist; die vergleichbaren Werte für das 19. Jh. liegen bei 7,4 Jahren durchschnittlicher Wiederholung eines extremen Hochwassers in der Murg. Die Struktur der Zustandsfaktoren zeigen den hohen Grad der anthropogenen Überformung des Gewässerabschnitts im Oberrheinischen Tiefland. Nur 34 Prozent des Murglaufs im Kreisgebiet werden als nicht naturfern eingestuft; davon sind nur 3 km der insgesamt 47 km Flußlauf noch als weitgehend naturnah anzusehen. Für diesen Status sind in erster Linie die Zustandsfaktoren Linienführung, Gehölzsaum und künstliche Wanderungshindernisse verantwortlich. Zeigen sie doch, daß bei einem weitgehend geradlingen Flußbett ohne Gehölzsaum kaum künstliche Wanderungshindernisse vorhanden sind. Der Murgunterlauf entspricht damit einer ausgeräumten Flußlandschaft mit kanalähnlichem Flußlauf oder quasinatürlichem Habitus. Mit dieser Einschätzung wird die frühere hohe wirtschaftliche Inwertsetzung des Flusses als Transportweg für Holzflöße hervorgehoben und gleichzeitig die Notwendigkeit von Renaturierungsmaßnahmen augenfällig. Bereits 1713 bestanden gutachterliche Aussagen über die Möglichkeit einer Murgkorrektur. Erste Mäanderdurchstiche wurden 1778/82 auf der Strecke Rastatt/Rheinau bis zur Hoffelder Brücke durchgeführt. 1778 erfolgten Durchstiche bei Niederbühl und Oberndorf sowie Ufersicherungen bei Rotenfels, Gaggenau und Ottenau. Um Rastatt wurden in der Folge ständig weitere Abflußverbesserungen vorgenommen und Sicherungen eingebaut. Seit der zweiten Hälfte der 1820er Jahre und vor allem nach 1830 wurden massive Baumaßnahmen nach Plänen Tullas verwirklicht. Nach der Rheinkorrektion versandeten weite Strecken oberhalb der Murgmündung, so daß schließlich 1856/58 umfangreiche Korrektionen der Murgmündung erforderlich waren. Ab 1860 verlagerten sich die Flußbaumaßnahmen in den

Hochwasserstände am Murgpegel Rastatt im 19. Jh.

Eintrittstermin des Hochwassers		Höhe in cm
30.	Oktober 1824	510
	März 1831	bedeutend
	Dezember 1832	bedeutend
	Dezember 1833	bedeutend
01.	August 1851	435
31.	Januar 1862	408
	November 1869	381
	August 1870	405
	Februar 1876	357
	Dezember 1880	400
27.	Dezember 1882	520
24.	November 1890	460
09.	März 1896	494

Bereich um Gaggenau. Nach dem Zweiten Weltkrieg wurden umfassende Baumaßnahmen vorgenommen, die zum Teil auch Korrekturen vorhergehender Maßnahmen umfaßten, so im Bereich der Essel (Hörden) zur Sicherung und Abflußverbesserung.

Bühlot. – Auch die Pegelwerte der Bühlot, gemessen am Pegel Altschweier, fügen sich dem Bild der durch Regen- und Schneeereignisse geprägten und dem durch große Koeffizienten zwischen Niedrigwasser- und Hochwasserwerten ausgewiesenen Abflußverhalten der Schwarzwaldflüsse ein. Nach der Pegelstelle bilden Bühlot (Oberlauf) und Sandbach (Unterlauf) mit ausgedehnten Hochwasserflut- und Entwässerungskanälen sowie eingeschalteten Rückhaltebecken das ca. 12000 ha große Sandbachsystem. Sein Ausbau wurde 1936 begonnen und mit Unterbrechung durch den Zweiten Weltkrieg 1967 fertig ausgebaut und läßt einen Mischcharakter zwischen natürlichem und künstlichem Gewässer erkennen. Künstliche Wasserläufe bildet die große Zahl der Be- und Entwässerungsgräben, deren Entstehung zum Teil in das 18. Jh. zurückreicht. Ihre Funktion zu gewährleisten, ist Aufgabe von Wasserverbänden, in denen die Anliegergemeinden zusammengeschlossen sind, so beispielsweise im Riedkanalzweckverband Rastatt. Dem Zweckverband obliegt die Aufgabe der Unterhaltung des Riedkanals, der auf Anregung des Großherzoglichen Direktoriums des Murgkreises 1812 in Planung ging. Von Iffezheim bis zur Murgmündung sollte über diesen Kanal das überschüssige Wasser abgeführt und ca. 32 km² neue, landwirtschaftlich nutzbare Fläche geschaffen werden. Die Gräben wurden so bemessen, daß das Abführen von 2 bis 3 m³ Wasser unterhalb Iffezheim und von ca. 20 m³ in der Nähe der Mündung in die Murg ermöglicht wurde.

Oos. – Der Ooosbach hat mit 6 km Länge bei einer Gesamtlänge von 23 km nur einen geringen Anteil am Gewässernetz des Landkreises. Er ist mit seinem Einzugsgebiet von immerhin 80,28 km² wesentlich an der Entwässerung des westlichen Nordschwarzwalds und der Auflösung der Buntsandsteinstufe zum Oberrheinischen Tiefland hin beteiligt. Der auf Kreisgebiet gelegene Teil des Bachlaufs wurde bereits im Mittelalter als Landgraben ausgebaut und kanalisiert. Dieser Graben mündet in Niederbühl in den Gewerbekanal, der seinerseits in Rastatt in die Murg mündet. Bis 1840 diente das Gewässer als Floßstraße und war entsprechend ausgebaut. Das Abflußverhalten entspricht mit Höchstabflüssen während der Schneeschmelze (März 1988: 228,32 m³/s) und extremen Niederwasserständen während des Herbstes (September 1989: 4,55 m³/s) dem typischen Abflußverhalten der Schwarzwaldbäche. Sommerliche Höchstwerte werden durch außergewöhnliche Niederschlagsereignisse hervorgerufen (Juni 1987: 125,21 m³/s).

Baggerseen. – Eine gänzlich andere Form der Oberflächengewässer stellen die zahlreichen Baggerseen im Kreisgebiet dar. Ihre Anlage geht zum Teil auf die 1930er Jahre zurück, als erhebliche Mengen Baumaterials für den Ausbau der Reichsautobahnen nachgefragt wurden. Inzwischen sind die Baggerseen mit ca. 779 ha Fläche neben ihrer wirtschaftlichen Bedeutung wesentliche Faktoren des ökologischen Gesamtbildes der Rheinauen. Über 200 ha der Gesamtfläche werden nicht mehr abgebaut. Sie sind renaturiert und als Fischgewässer oder Erholungs- und Sportstätten ausgewiesen. Neben der Materiallieferung sind die Baggerseen inzwischen auch wichtige Puffer zwischen den Grundwasserströmen und dem schnell abfließenden Rhein sowie integrierte Bestandteile der Grundwasserschutzgebiete.

3. Klima und Böden

Das Kreisgebiet liegt im Einflußbereich zweier Klimaräume, dem südlichen Oberrheinischen Tiefland und dem Schwarzwald. Der gesamte Raum befindet sich vorwiegend unter dem Einfluß maritimer Luftzufuhr einerseits und kontinentaler Luftmassen andererseits. Die vorherrschende Hauptwindrichtung ist wie fast überall im südwestdeutschen Raum West-Südwest, wobei mit zunehmender Annäherung an höhergelegene Teile des Schwarzwalds und der Enzhöhen eine Tendenz zu prägendem Westwind feststellbar ist.

Lufttemperatur. – Die mittlere wirkliche Lufttemperatur beträgt im Januar in den in der Rheinebene gelegenen Teilen des Kreises und im Murgtal bis oberhalb von Gernsbach 0°C. Um den Hohen Ochsenkopf südöstlich von Bühlertal treten auch Temperaturen von –2°C und darunter auf, Werte, wie sie ansonsten nur im Hochschwarzwald und auf der Schwäbischen Alb anzutreffen sind.

Im April heben sich die noch kühlen Gebirgsgebiete deutlich von den bereits erwärmten Tälern und der Rheinebene (9°C) ab. Die Vorbergzone erwärmt sich immerhin auf 8°C; in den nur unwesentlich höher gelegenen Arealen werden nur noch 7°C erreicht. Mit zunehmender Höhe sinkt die Temperatur weiter ab, so daß in den Berggebieten westlich und östlich des Murgtals lediglich Werte unter 6°C auftreten und um Ochsenkopf und Hohloh gar höchstens 5°C. Im Juli bestehen die Temperaturunterschiede fort: Der gesamte zur Rheinebene gehörige Teil des Kreises sowie das Murgtal bis Gaggenau dürfen als warme Zone bezeichnet werden, deren Monatsmittel bei 18°C liegt; fast nirgendwo im Südwesten werden höhere Temperaturen erreicht. In den Vorbergen und im Murgtal steigt das Thermometer auf durchschnittlich 17°C, in der Vorbergzone, im Bühlertal und an den Hanglagen des Murgtals auf 16°C. Mit zunehmender Höhe sinkt die Temperatur weiter ab. Im Oktober liegt das Temperaturspektrum zwischen 9°C in der Rheinebene und unter 7°C in den höheren Bergarealen. Im Herbst kühlen die tiefer gelegenen Gebiete durch das Absinken von Kaltluft stärker ab, wohingegen sich die Abkühlung in den Berggebieten verzögert. Oft führt das zu den bekannten Inversionswetterlagen mit Nebel- oder Hochnebeldecken über der Rheinebene.

Die mittlere wirkliche Lufttemperatur beträgt von Mai bis Juli 16°C in der Rheinebene sowie im unteren Murgtal; im Vorbergbereich und im Murgtal bis Langenbrand sind es 15°C, in der höheren Vorbergzone, den Hangbereichen des Murgtals sowie im oberen Murgtal bis Schönmünzach 14°C, in den Berggebieten nur noch 13°C und am Bettelmannskopf oder Ochsenkopf noch höchstens 12°C. Im großen Kontext betrachtet, liegt das Kreisgebiet in einem meeresklimatisch geprägten Bereich. Die Jahresschwankung ist ähnlich wie die Tagesschwankung auf den Talböden höher als an den Hängen; daraus ergibt sich ein nicht unbedeutender Standortfaktor für den Weinanbau an den Schwarzwaldvorhügeln.

Der mittlere Beginn des Lufttemperaturtagesmittels von 5°C (10°C) in der Rheinebene und im Murgtal bis Gernsbach fällt auf den 20. März (30. April, im nordwestlichen Kreisgebiet einschließlich der Stadt Rastatt 20. April), das mittlere Ende auf den 10. November (10. Oktober); das sind normalerweise 240 Tage, im Murgtal bis Gernsbach aber nur 230 Tage. In den Vorbergen bei Bühl, an den Hanglagen des Murgtals sowie im nordöstlichen Kreisgebiet liegt er um den 30. März (30. April), das mittlere Ende um den 30. Oktober (30. September), also 220 Tage im Jahr. Der mittlere Beginn rangiert in den Berggebieten um den 10. April (10. Mai); das mittlere Ende liegt um den 30. Oktober (20. September). Die Dauer beträgt demnach zwischen 220 und 190 Tagen im Jahr.

Die mittlere Zahl der Eistage (d.h. Tage mit einem Temperaturhöchstwert unter 0°C), von denen die meisten in den Januar fallen, liegt in der Rheinebene ebenso wie im unteren Murgtal bis Gernsbach unter 20 Tagen pro Jahr, in der Vorbergzone, den Berggebieten, an den Hängen des Murgtals und um den Eichelberg sind es unter 30 Tage, während in den höhergelegenen Berggebieten mindestens 30, oft über 40 Eistage auftreten; in den Gipfelregionen sind es sogar mehr als 50 Tage. Der erste (letzte) Frost tritt laut 25jährigem Mittel am 22. Oktober (2. Mai) an der Meßstation Bühlerhöhe auf, die frostfreie Zeit beträgt dort 172 Tage. Gestalt und Form der Landschaft üben natürlich auch einen nicht zu unterschätzenden Einfluß auf die Intensität und Häufigkeit der Fröste aus. So werden z.B. Talböden, in denen sich die von den Höhen herabfließende Kaltluft leicht sammelt, stärker von Frost heimgesucht als die relativ weite Rheinebene.

Bewölkung, Nebel, Sonnenschein. – Auch im Hinblick auf die relative Luftfeuchtigkeit bietet das Kreisgebiet ein gegliedertes Bild. Im Mai beläuft sich die Feuchtigkeit in der Rheinebene und im unteren Murgtal auf 55 Prozent; in den Vorberghügeln, beiderseits des Murgtals und im nordöstlichen Kreisgebiet sind es zwischen 55 und 60 Prozent, in den höheren Hanglagen beiderseits des Murgtals über 60 Prozent und um Axtloh und Ochsenkopf mehr als 65 Prozent.

Die mittlere Anzahl der Tage mit Nebel belief sich zwischen 1951 und 1980 in der Rheinebene und im unteren Murgtal auf unter 20 Tage. In der Vorbergzone sind es ganzjährig zwischen 20 und 40 und an den Berghöhen mehr als 40. Die Obergrenze der Talnebel verläuft im allgemeinen nicht parallel zu den Höhenlinien. Die Untergrenze des Hochnebels liegt im Nordschwarzwald am Westrand des Gebirges in einer Höhe von etwa 500 m über dem Meer, sie steigt nach Süden hin stetig an. Wolkennebel entsteht im Mittelgebirge im allgemeinen etwa 50 m bis 100 m oberhalb der Hochnebeluntergrenze, so daß sein Bereich auch noch vom Hochnebel erfaßt werden kann.

Die durchschnittliche Obergrenze des Talnebels verläuft ebenso wie die Untergrenze des Hochnebels und des Wolkennebels etwa im Bereich der 600 m Höhenlinie. Dabei umfaßt die Talnebelzone das gesamte in der Ebene gelegene Kreisgebiet sowie Teile von Bühlertal und Murgtal. Zur nebelärmeren Hangzone gehören die Areale entlang dem Bühlertal und dem Murgtal, die Vorbergzone sowie die zu Axtloh, Bettelmannskopf und Ochsenkopf aufsteigenden Hänge bis in eine Höhe von etwa 600 m. Ochsenkopf, Teufelsmühle und Hohloh befinden sich oberhalb dieser Zone; hier dominiert der Wolkennebel.

Die mittlere Zahl der Tage mit Nebel beträgt im Juni in der Rheinebene, im gesamten Murgtal und in den Vorbergen bis zu einer Höhe von etwa 700 m weniger als 4 Tage, oberhalb von 700 m in den Berggebieten zwischen 4 und 8, wobei mit zunehmender Höhenlage die Anzahl der Nebeltage größer wird. Im Oktober tritt in der Rheinebene mit 8 bis 12 Tagen Nebel häufiger auf als in der Vorbergzone und im Murgtal. Lediglich in den Berggebieten ist es dann annähernd so oft neblig wie in der Rheinebene, um den Ochsenkopf werden Spitzenwerte von über 16 Tagen erreicht.

Die mittlere tägliche Sonnenscheindauer beträgt im Juni im äußersten westlichen Teil des Kreises mehr als 8 Stunden. Das Gebiet der Vorberge und der sich unmittelbar westlich anschließenden Rheinebene bei Bühl und Sinzheim, das untere Murgtal und der Norden des Kreises bilden eine Zone, in der die Sonne 7,8 bis 7,6 Stunden lang scheint. In den Bergregionen beträgt die tägliche Sonnenscheindauer nur noch zwischen 7,6 und 7,4 Stunden; lediglich in den Gipfelregionen um Bettelmannskopf und Ochsenkopf ist sie noch kürzer. Im Winter kehren sich die Verhältnisse um; dann liegen die Gebiete mit der längsten täglichen Sonnenscheindauer (mehr als 2 Stunden) auf den Höhen. In der Vorbergzone unmittelbar östlich von Bühl und Sinzheim, im oberen Murgtal und um den Eichelberg sind es immerhin noch zwischen 1,4 und 1,6 Stunden, westlich davon beläuft sich die mittlere tägliche Sonnenscheindauer im Dezember auf weniger als 1,4 Stunden.

Niederschlag. – Die mittleren monatlichen Niederschläge nehmen im Landkreis während des ganzen Jahres mit der Höhenlage über dem Meer zu; die geringsten Niederschläge fallen im Winter, die höchsten im Sommer. Der Januar ist von Westwetterlagen geprägt; auf den Höhen ist dann viel Niederschlag zu verzeichnen, während die Rheinebene und die Täler vergleichsweise niederschlagsarm bleiben. Der Februar ist trockener, zeigt aber doch ein ähnliches Bild, im März und April nimmt die Niederschlagsmenge zu. Diese Tendenz bleibt auch im Mai erhalten, allerdings bei gleichzeitigem Anwachsen der Gewitterhäufigkeit. In der Rheinebene westlich und nordwestlich von Rastatt finden sich nun mittlere Niederschlagssummen von 60 bis 70 mm, süd-südwestlich und nordöstlich von Rastatt zwischen 70 und 80 mm, östlich davon 80 bis 90 bzw. 90 bis 100 mm. In den Berggebieten zwischen Bühlertal und dem Murgtal werden 120 bis 160 mm Niederschlag erreicht. Im Juni setzt sich dieser Prozeß fort, denn dann entsteht aus einer starken Erwärmung des europäischen Festlands eine großräumige Zirkulation, die von Nordwesten her den Zustrom feuchter Meeresluft ermöglicht. Die Gewitterneigung nimmt zu und bewirkt mit anderen Faktoren eine Erhöhung der mittleren monatlichen Niederschlagssummen.

Im Sommer wird das Niederschlagsmaximum erreicht. Der Nordschwarzwald weist in den Höhenlagen mit 180 mm im Juni und über 200 mm im Juli die höchsten

3. Klima und Böden

Mittlere Monats- und Jahressummen des Niederschlags in mm = l/m², gemessen im Zeitraum von 1950 bis 1980

Meßstelle	Höhe in m NN	Jan.	Feb.	März	April	Mai	Juni	Juli	Aug.	Sept.	Okt.	Nov.	Dez.	Jahr
Rastatt	117	64,4	65,5	66,5	72,7	92,3	91,7	74,2	87,3	65,5	53,0	85,2	72,4	886,0
Sinzheim (Leiberstung)	129	66,3	65,4	57,2	63,1	87,1	98,7	83,8	92,1	72,0	56,8	79,0	68,1	890,4
Gaggenau	180	79,6	82,3	67,7	80,9	95,9	108,6	95,5	99,6	77,0	63,1	91,8	87,5	1.029,9
Forbach (Langenbrand)	220	104,5	103,5	84,4	100,9	105,2	125,7	106,7	114,9	82,8	77,6	120,6	110,6	1.242,4
Bühlertal (Obertal)	478	94,0	91,3	85,5	91,8	118,6	144,6	117,4	128,7	94,1	82,7	110,4	97,2	1.252,2
Forbach (Herrenwies)	764	167,8	159,3	134,4	139,7	157,3	170,9	156,8	163,2	123,7	130,6	177,2	180,7	1.866,2
Gernsbach (Kaltenbronn)	880	136,5	135,5	131,1	124,6	138,7	159,5	132,7	143,2	103,6	102,2	146,6	135,8	1.572,1

Niederschlagssummen in Westdeutschland auf. Das Areal mit den niedrigsten Werten von unter 90 mm befindet sich nördlich von Rastatt zwischen der Rheinaue und Durmersheim. Der Schwarzwald westlich und östlich des Murgtals weist Werte von mehr als 120 mm im Juni bzw. mehr als 140 mm im Juli auf; um Bettelmannskopf und Ochsenkopf werden indes mit bisweilen über 200 mm im Juli noch höhere Werte erreicht. Das gesamte obere Murgtal ebenso wie die Westseite der Vorberge und der unmittelbar westlich daran angrenzende Teil der Rheinebene lassen Werte von 100 bis 120 mm erkennen. Im August wird dieses sommerliche Maximum überwunden. Die Gewitterhäufigkeit, die im westlichen Kreisgebiet zwischen 25 und 30 Tagen und im Murgtal 20 bis 25 Tage beträgt, nimmt ebenso wie das Einströmen der kühlen und feuchten Meeresluft aus nordwestlicher Richtung kontinuierlich ab. Im Gebirge werden aber weiterhin mit 140 bis über 180 mm um Bettelmannskopf und Ochsenkopf recht hohe Niederschlagswerte erreicht. Im Murgtal, um Muggensturm und westlich von Sinzheim und Bühl treten Werte von 90 bis 100 mm auf; in den Rheinauen im äußersten Südwesten und im Nordwesten sind es unter 80 mm. Ende September sind oft Schönwetterlagen zu verzeichnen; die Niederschlagsverhältnisse stellen sich dann ähnlich denjenigen vom August dar, allerdings auf niedrigerem Niveau.

Im Oktober beginnt der Übergang zum winterlichen Niederschlag, für den typisch ist, daß Westwetterlagen mit Aufgleitregen überwiegen. Im November verschärfen sich die Unterschiede zwischen den höher und der tiefer gelegenen Gebieten wieder. Während in den niedrigeren Lagen die mittleren Niederschlagssummen abnehmen, nehmen sie in den höheren Lagen zu; im Nordschwarzwald werden in diesem Zeitraum mit über 180 mm die höchsten Monatsmittel im westlichen Deutschland gemessen. Im Dezember erreichen die Höhen des Schwarzwald ihre höchsten mittleren monatlichen Niederschlagssummen mit über 200 mm. Auch das Gebiet westlich und östlich des Murgtals ist mit Werten von 140 bis 200 mm davon betroffen. Die gesamte Vorbergzone und das obere Murgtal zeigen Werte von 100 bis 140 mm, die Vorhügel, das Murgtal zwischen Gaggenau und Kuppenheim und das Gebiet um Muggensturm weisen 90 bis 100 mm auf, und in der Rheinebene werden Werte von 90 bis 60 mm gemessen.

Im Hinblick auf den mittleren Jahresniederschlag stellt sich das Gebiet sehr heterogen dar. Während im äußersten Nordwesten für südwestdeutsche Verhältnisse bemerkenswert niedrige Werte von unter 750 mm zu verzeichnen sind, werden gleichzeitig im Süden, um den Ochsenkopf, Extremwerte von über 2 000 mm erreicht, die ansonsten in Baden-Württemberg nur noch im Südschwarzwald auftreten. Innerhalb dieses weiten Spektrums bewegen sich dann alle übrigen anzutreffenden Werte: In der Rheinebene zwischen 800 und 1 100 mm, im Murgtal bis 1 100 mm, in der Vorbergzone, dem oberen Murgtal und um den Eichelberg 1 100 bis 1 400 mm und in den Berggebieten zwischen Bühlertal und Murgtal sowie um Axtloh und Hohloh 1 400 mm, östlich des Murgtals 1 400 bis 1 800 mm und westlich des Murgtals sind es Spitzenwerte zwischen 1 800 und 2 000 mm.

Hinsichtlich des Schneefalls muß das Kreisgebiet sehr differenziert betrachtet werden. Nach langjähriger Erfahrung beträgt die jährliche Zahl der Tage, an denen es schneit, in der Rheinebene und im gesamten Murgtal weniger als 30, in den Rheinauen im äußersten Südwesten sind es sogar unter 20. In den Vorbergen, weiten Teilen des Schwarzwalds und an den Hanglagen des Murgtals sind es bereits zwischen 30 und 50 Tagen und in den Bergregionen zwischen Bühlertal und Murgtal sowie östlich des Murgtals mehr als 50, um Axthoh und Hohloh sowie um Ruhberg und Immenstein mehr als 60 und schließlich in der Gipfelzone von Bettelmannskopf und Ochsenkopf mehr als 70 Tage. Das bedeutet jedoch nicht notwendigerweise, daß dann dort tatsächlich Schnee liegt, allerdings korrespondiert die Zahl der Tage mit Schneedecke mit der Anzahl der Schneefalltage. Sie beläuft sich auf unter 30 Tage in der Rheinebene und im unteren Murgtal, auf 30 bis 40 Tage in den Vorbergen und auf 40 bis 50 Tage in der Gebirgsrandscholle und im Murgtal bei Schönmünzach. In den Berggebieten werden dagegen leicht zwischen 50 und 100 Tagen mit geschlossener Schneedecke erreicht; je höher und exponierter die Lage, desto länger anhaltend liegt dort Schnee, mit Spitzenwerten von über 100 Tagen um Ochsenkopf und Bettelmannskopf.

Böden. – Die Böden im Kreisgebiet entsprechen in ihrer Ausprägung und Verteilung dem topographischen Raummuster. In der Oberrheinischen Tiefebene und der anschließenden Übergangszone des Vorgebirgsgürtels ergibt sich ein west-östliches Streifenmuster, das im wesentlichen durch die fluviatilen Gestaltungskräfte des Rheins geschaffen wurde. Entsprechend den dadurch bedingten Prozeßabläufen entwickelten sich die Bodengesellschaften der Braunen Auenböden und der Auengleye. Bereits auf der Niederterrasse und im Osten des Kreisgebiets prägen Braunerden und eine Vielzahl von Variationen dieses Bodentyps die alten Schotterflächen wie die fluviatil zertalten Sandstein- und Granitpartien des Nordschwarzwalds mit ihren großflächigen, durch glaziale, periglaziale und denudative Prozesse geformten Hangpartien und Flächen. Bodenarten und Bodenentwicklung hängen eng mit den vorherrschenden Ausgangsgesteinen, den Wasser- und Klimabedingungen, der Topographie und Vegetation, aber auch der Nutzung zusammen. Die Anzahl der möglichen Bodentypen und ihrer Entwicklungsstufen entspricht der Vielfalt der Kombinationsmöglichkeiten zwischen den Entstehungsfaktoren. Die Bodenkarte von Baden-Württemberg (1 : 25 000) weist dementsprechend bis zu fünfzig Unterscheidungen aus.

Die Bodenarten der Rheinaue entsprechen ihrer fluviatilen Genese. Sie reichen vom tonigen Substrat bis zu sandig-kiesigen Komponenten. Mit der Lage in tieferen Rinnen wächst der Tonanteil, der Sandanteil dominiert auf den höher gelegenen, flächigen Anteilen der Aue. Als charakteristische Bodentypen herrscht der Braune Auenboden vor [Ah-M-(-)G-Profil] (meist mit Vergleyung im nahen Untergrund); er hat eine Mächtigkeit von 0,2–1 (2) m und kommt auf leicht erhöhten Flächen der Aue aus kalkreichem, kiesig-sandigem, schluffigem bis tonigem Lehm oder Feinsand vor. Der Grundwasserabstand beträgt je nach Lage und Ausbildung des Bodens zwischen 0,4 und 1,3 m unter der Erdoberfläche (u. Fl.) im Mittel, kann aber auch 2 m und mehr betragen. Der Auengley-Braune Auenboden [Ah-M-(MGo-)Go-Gr-Profil] ist auf höher gelegenen Terrassenflächen in der jüngeren Rheinaue zu finden. Die vorherrschenden Bodenarten sind kalkhaltige und kiesige, feinsandige bis lehmige Schluffe über Flußschotter und Auensanden, deren Mächtigkeit von 0,5 bis über 2 m reicht. Die natürlichen Grundwasserstände in diesen Böden liegen bei 0,4–0,8 bzw. 0,8–1,3 m u.Fl. Der Braune Auenboden-Auengley [Ah-(M-)MGo-(Go)Gr-Profil] besteht aus 0,4–1,2 m entkalktem feinsandig bis tonigem Lehm und hat eine Gesamtentwicklungstiefe von 0,6–2,0 m. Der Bodentyp tritt meist in schmalen Mulden und flachen Senken der Rheinaue auf und bildet Terrassenflächen in der älteren Rheinaue. Der Grundwasserabstand innerhalb dieses Auenlehms über Auensand auf Rhein- und Flußschottern liegt bei 0,2–0,4 m und kann auf 0,4–0,8 m u.Fl. fallen. Auengley-Böden [Ah-Go-Gr-Profil] sind in den großflächig überfluteten, grundwassernahen Bereichen des Rheins sowie den flachen Rinnen und Mulden der jüngeren Rheinaue vorhanden. Ihre Mächtigkeit erreicht Werte von mehr als 2 m, wobei sich der Grundwasserspiegel in der Regel bei 0,2–0,4 m u.Fl. eingeregelt hat, aber auch auf 0,4–0,8 m abfallen kann. Naßgley-Boden [GoAh-Gr-Profil] ist als Auenlehm im unmittelbaren Einflußbereich des Grundwassers, dessen Flurabstand meist weniger als 0,2 m beträgt, bis in 0,2 m u.Fl. ausgebildet. Der meist kalkreiche Boden besteht aus lehmigem Schluff und feinsandig-tonigem Lehm über kiesigem Sand oder sandigem Kies. Neben alten Flußschlingen und Senken in der älteren Rheinaue, auch unter deutlichem Einfluß des Federbachs, bildet der Boden auch großflächige Senken mit stark schwankendem Grundwasser (Druckwasser) im heutigen Überschwemmungsbereich des Rheins.

Daneben treten in alten Flußläufen (Kinzig-Murg-Rinne, Federbach) oder am Fuß der Niederterrasse, Moore auf, die als Niedermoore mit (nHp-) nH-(F-)IIf-Profil, einzustufen sind. Der Beginn der Entwicklung der aufgezeigten Bodenprofile kann anhand von pollenanalytischen Untersuchungen in die Zeit vor etwa 10 300 Präboreal/Boreal angesetzt werden.

Mit der Bodenbildung auf der Niederterrasse beginnt das Verbreitungsgebiet der Braunerden und all ihrer Varianten bis in den Nördlichen Schwarzwald hinein. Braunerden

[Ah-Bv-C-Profile] und Parabraunerden [Ah-Bt (Bv-)C-Profile] als typische Böden der Niederterrasse bestehen aus kiesigem, lehmigem Sand, der meist 0,5-1,5 m mächtig ist. Die Sand- und Kiesmatrix der Böden besteht aus Terrassen- und Hochflutsanden, deren Basis auf Niederterrassenschotter aufliegt. Sie sind oberflächennah mit jungzeitlichem Sandlöß durchmischt. Die Standorte sind grundwasserfern und gut dräniert. Im Bereich der Kinzig-Murg-Rinne herrscht ein kleingemustertes Mosaik aus fragilen Böden. Im Übergangsbereich zum Gebirgsstock, in der Vorbergzone bis ca. 600 m NN, wird der Boden immer stärker von Löß als Ausgangssubstrat oder Beimengung des vorhandenen Verwitterungsmaterials geprägt. Podsol-Braunerden [Ah-Bv-IIP-C-Profil] entstehen sodann an den Hängen mit Hangschuttunterlage ebenso wie die mit Bändchen aus Eisenkonzentraten versehene Stagnogleye [SwAh-Srw-IISrd-Profil] der Hochflächen des Oberen Buntsandsteins und die Hanggleye-Böden mit Ah-Go-(Gro-Gor-)Gr-Profil an den Unter- und Mittelhängen sowie in Karböden. Die Podsolierung, die abwärts gerichtete Umlagerung gelöster organischer Stoffe in den Böden, tritt meist im Mittleren Buntsandstein als prägendes Element auf und wird durch den Nadelwaldbestand und das auftretende saure Milieu gefördert.

Blick vom Westhang des Schrambergs über das Murgtal zum Lachsberg.

4. Pflanzenwelt

Rheinniederung. – Die Standorte werden hier von den kalkreichen Böden der Rheinalluvionen bestimmt, in unmittelbarer Nähe des Flusses durch die periodischen Überflutungen des Rheins. Die Landschaft wurde in den letzten Jahrhunderten erheblich verändert, zuletzt 1970/75 durch den Bau der Staustufe Iffezheim. Diese Eingriffe hatten einen deutlichen Wandel der Vegetation zur Folge.

Wo der Rhein in seinem alten Bett fließt und regelmäßig das Umland überschwemmen kann, finden wir an tief gelegenen Stellen den Silberweidenwald, der als einzige Baumart die Silberweide (Salix alba) aufweist (Weichholzaue). An höher gelegenen Stellen folgen Standorte mit dem Eichen-Ulmen-Auwald (Querco-Ulmetum minoris, Hartholzaue). Hier sind von Natur aus Stieleiche (Quercus robur) und Ulmen (Ulmus minor, seltener Ulmus laevis) wichtige Holzarten. Dazu kommen als Nebenholzarten Schwarz- und Silberpappel (Populus nigra, Populus alba), Wildobst (Holzapfel, Malus sylvestris; Wildbirne, Pyrus pyraster) oder an hoch gelegenen Stellen die Esche (Fraxinus excelsior).

Der Ulmen-Auwald gehört zu den holzartenreichsten Waldgesellschaften Mitteleuropas, ist allerdings heute kaum noch in schönen Beständen zu finden. An den meisten Flächen der Gesellschaft bestimmt heute die Wirtschaftspappel (Populus canadensis) das Bild. In der Krautschicht verrät die Brennessel (Urtica dioica) den regelmäßigen Stickstoffeintrag durch Überflutungen. An aufgelichteten Stellen bildet das Indische Springkraut (Impatiens glandulifera) Herden; es ist ein Neueinwanderer aus dem Himalaja (am Oberrhein seit etwa 1930 bekannt). Diese Auenwälder sind in den letzten Jahrzehnten am Oberrhein flächenmäßig stark zurückgegangen. Im Gebiet finden sich heute noch schöne Bestände zwischen der Staustufe Iffezheim und der nördlichen Kreisgrenze.

Wo Auenbereiche durch Dämme vom Rhein abgeschnitten wurden, haben sich die Waldbestände langsam zu hainbuchen- und buchenreichen Gesellschaften umgewandelt. In naturnahen Endstadien sind Buche (Fagus sylvatica), Hainbuche (Carpinus betulus) und Esche (Fraxinus excelsior) zu erwarten sowie Stieleiche (Quercus robur), deren natürlicher Anteil sich heute kaum abschätzen läßt. Diese Wälder zeichnen sich durch eine reiche Krautschicht

Blaustern (Scilla bifolia).

aus. Neben weit verbreiteten Waldpflanzen wie Hoher Schlüsselblume (Primula elatior), Goldnessel (Lamium galeobdolon) und Bärlauch (Allium ursinum) sind als besondere Arten die Blaue Sternhyazinthe (Scilla bifolia), das Gelbe Windröschen (Anemone ranunculoides) und der

Goldstern (Gagea lutea) zu erwähnen. Das Weiße Veilchen (Viola alba) und die Schmerwurz (Tamus communis) weisen hier die nördlichsten Vorkommen am Oberrhein auf.

Zur Landschaft der Rheinniederung gehören die zahlreichen Altwasser des Rheins. Die Flora ist vielfältig. Armleuchteralgen (Chara spec.) sind für kühle, saubere Gewässer kennzeichnend, Seerose (Nymphaea alba) und Teichrose (Nuphar lutea) für Gewässer, die sich sommerlich stark erwärmen. Dazu kommen Laichkraut-Arten (Potamogeton spec.) und Tausendblatt (Myriophyllum spicatum, selten auch Myriophyllum verticillatum). Die besonders warmen Gewässer des Gebiets zeichnen sich durch das Vorkommen der Wassernuß (Trapa natans) und der Seekanne (Nymphoides peltata) aus. Die Wassernuß hat im Gebiet von Plittersdorf eines ihrer wenigen Vorkommen im Oberrheingebiet und in Deutschland überhaupt; diese Pflanze erfordert einen besonderen Schutz.

Berühmt sind die periodisch überfluteten Rheinwiesen, die als Streuwiesen genutzt wurden. Kanten-Lauch (Allium angulosum), Filz-Segge (Carex tomentosa), Knollen-Kratzdistel (Cirsium tuberosum) und Lachenal-Wasserfenchel (Oenanthe lachenalii) sind bezeichnende Arten. Diese Wiesen mußten vielfach Maisäckern weichen oder wurden aufgeforstet; im Kreisgebiet kommen sie nur noch in Resten vor.

Sandplatten. – Die Standorte sind nährstoffarm und in der Regel (mäßig) trocken. In der heutigen Vegetation bestimmen vielfach Kiefernforste das Bild; von Natur aus wären Mischwälder mit der Rotbuche (Fagus sylvatica) und Eichen (in erster Linie die Traubeneiche, Quercus petraea, daneben wohl auch Stieleiche, Quercus robur) zu erwarten. Naturnahe (oder gar natürliche) Waldbilder fehlen heute weitgehend. Die Waldkiefer (Pinus sylvestris) wurde in der nordbadischen Rheinebene zumeist erst nach 1800 eingeführt.

Die Krautschicht dieser Wälder ist meist artenarm: Maiglöckchen (Convallaria majalis), Drahtschmiele (Avenella flexuosa) und Pillen-Segge (Carex pilulifera) sind bezeichnende Arten. In der Kulturlandschaft verraten sich die Sandgebiete in der Unkrautvegetation der Äcker. In der Halmfrucht ist der Dreilappige Ehrenpreis (Veronica triphyllos) eine kennzeichnende Art, die Kornblume (Centaurea cyanus) kann heute hier noch aspektbildend auftreten. Kornrade (Agrostemma githago), bis in die 1960er Jahre in den Sandgebieten regelmäßig vorhanden, ist infolge der Saatgutreinigung verschwunden. In der Hackfrucht ist Acker-Spörgel (Spergula arvensis) kennzeichnend. Dazu kommt das Franzosenkraut (Knopfkraut, »Karlsruher Kraut«, Galinsoga parviflora) als Neueinwanderer aus Südamerika oder in offenen Spargelfeldern Portulak (Portulaca oleracea). – Wiesen fehlen so gut wie ganz in den Sandgebieten.

Besonderer floristischer Reiz zeichnet die Sandfluren und Sandmagerrasen aus. Sie stellen sich überall dort ein, wo durch Übernutzung offene Sandflächen geschaffen wurden oder wo Äcker aufgelassen wurden. Silbergras (Corynephorus canescens), Frühlings-Spörgel (Spergula morisonii) und Bauernsenf (Teesdalia nudicaulis) sind für Pionierbestände auf offenen Sanden kennzeichnend. Dazu kommen an rasigen Stellen Bestände mit den beiden Nelkenhafer-Arten (Aira caryophyllea, Aira praecox), Federschwingel (Vulpia myurus, Vulpia bromoides) und Filzkräutern (Filago minima, Filago arvensis, selten auch Filago vulgaris). Eine Besonderheit ist ein kleiner Borstgrasrasen (von Nardus stricta aufgebaut) auf dem Flugplatz in Söllingen. Diese Gesellschaften verlangen periodische Störungen, damit der offene Charakter erhalten bleibt. Von diesen Arten haben Aira praecox, Corynephorus canescens und Spergula morisonii bei Stollhofen ihre südlichsten Vorkommen im badischen Oberrheingebiet.

Kinzig-Murg-Rinne. – Im Gebiet der Kinzig-Murg-Rinne mit oft grundwasserbeeinflußten Standorten sind Erlen-Auwälder und Erlenbruchwälder (Alno-Fraxinetum, Carici

Wassernuß (Trapa natans).

elongatae – Alnetum) wichtige Waldgesellschaften. Die Schwarzerle (Alnus glutinosa) wird an höheren Stellen begleitet von Flatterulme (Ulmus laevis), Traubenkirsche (Prunus padus) und gelegentlich auch von Esche (Fraxinus excelsior). In vielen Flächen dominieren heute Wirtschaftspappeln (Populus canadensis); oft sind derartige Pappelbestände aus Erstaufforstungen von Wiesen hervorgegangen. In der Strauch- und Krautschicht sind hier die Schwarze Johannisbeere (Ribes nigrum), die Verlängerte Segge (Carex elongata), die Dünnährige Segge (Carex strigosa) oder der Sumpf-Lappenfarn (Thelypteris palustris) bezeichnend. Eine große Seltenheit ist der Königsfarn (Osmunda regalis), der im Abtsmoorwald bei Oberbruch in wenigen Stöcken zu finden ist. Manche Erlen- und Pappelbestände um Bühl und Ottersweier sind durch reiche Vorkommen der Frühlingsknotenblume (Leucojum vernum) ausgezeichnet; die Pflanze ist nur an wenigen Stellen des Oberrheingebiets in dieser Menge zu finden!

Viele Erlenwälder sind heute durch Grundwasserabsenkungen gestört; damit verbunden ist ein Humusabbau und schließlich eine langsame Umwandlung von Erlenwäldern zu hainbuchenreichen Waldgesellschaften. Oft verraten hier Herden der Brennessel (Urtica dioica) diese schleichende Umwandlung. Natürliche oder naturnahe Waldgesellschaften mit Hainbuche (Carpinus betulus) nehmen großflächig höher gelegene Stellen ein. Esche (Fraxinus excelsior), Stieleiche (Quercus robur) und Flatterulme (Ulmus laevis) sind von Natur aus wichtige Holzarten dieses Waldtyps, dazu als Nebenholzart die Vogelkirsche (Prunus avium). Die Rotbuche (Fagus sylvatica), heute in den Beständen relativ selten vertreten, dürfte von Natur aus zumindest an den trockenen Stellen eine wichtige Rolle spielen. In der artenreichen Krautschicht bestimmen Bärlauch (Allium ursinum), Ausdauerndes Bingelkraut (Mercurialis perennis), Scharbockskraut (Ficaria verna) und Große Sternmiere (Stellaria holostea) das Bild, an ärmeren Stellen ist Seegras (Carex brizoides) aspektbestimmend.

In der Kulturlandschaft nehmen Wiesen große Flächen ein. Feuchtstandorte verraten sich durch das Vorkommen von Lichtnelke (Lychnis flos-cuculi), gelegentlich auch durch Spitzblütige Binse (Juncus acutiflorus) oder Schlangenknöterich (Polygonum bistorta). Noch bis um 1970 gab es kleinflächig Flachmoorbestände oder Pfeifengraswiesen; hier waren Wassernabel (Hydrocotyle vulgaris), Hartman-Segge (Carex hartmanii), Wiesen-Silge (Selinum carvifolia), Sumpf-Stendelwurz (Epipactis palustris) oder Sumpf-Sternmiere (Stellaria palustris) zu finden. Inzwischen wurden die Flächen dieser Gesellschaften aufgeforstet oder zu Akkerland umgebrochen; die kennzeichnenden Arten sind verschwunden oder halten sich noch in kümmerlichen Restbeständen entlang der Wiesengräben. In den Ackerunkrautgesellschaften bestimmt im Getreide die Echte Kamille (Matricaria chamomilla) zusammen mit dem Frauenmantel (Aphanes arvensis) das Bild.

Vorbergzone. – Von Natur aus wäre hier der Buchenwald die wichtigste Waldgesellschaft, an reichen Stellen in Form des Galio-Fagetum, an ärmeren Stellen in Form des Luzulo-Fagetum. Schöne Bestände haben sich nur an wenigen Stellen (z.B. um Muggensturm) erhalten. Die Kulturlandschaft ist kleinparzelliert; Obstbau spielt eine wichtige Rolle. Der Kalk des Untergrunds tritt nur an wenigen Stellen in Lößhohlwegen oder an Steilhängen in Erscheinung; Zeiger derartiger Kalkstandorte sind z.B. der Lappige Schildfarn (Polystichum aculeatum) oder der Riesen-Schachtelhalm (Equisetum telmateia). An den Lößböschungen finden sich an anspruchsvolleren Arten nur Fiederzwenke (Brachypodium pinnatum) oder Wirbeldost (Origanum vulgare); eine reichere Staudenvegetation, wie wir sie aus dem Kaiserstuhl oder der südbadischen Vorhügelzone kennen, ist aus dem Gebiet nicht bekannt.

Talschwarzwald. – Wälder spielen hier eine besondere Rolle und sind auch vielfach in recht naturnahen Beständen erhalten geblieben. Wichtigste Waldgesellschaften sind Buchen-Tannen-Wälder, in denen neben der Buche (Fagus sylvatica) auch die Weißtanne (Abies alba) vertreten ist. Vermutlich wäre die Buche die wichtigste Holzart; die Tanne wurde vom Menschen gefördert und ist heute sicher überrepräsentiert. Die Nordgrenze der natürlichen Tannenverbreitung folgt einer Linie, die vom Tannschachberg über den Bernstein bei Moosbronn nach Herrenalb führt, und fällt etwa mit der nördlichen Kreisgrenze zusammen. Unter den Buchenwäldern lassen sich zwei wichtige Typen unterscheiden: das Luzulo-Fagetum (Hainsimsen-Buchenwald) an trockeneren und ärmeren Stellen und das Galio-Fagetum (Waldmeister-Buchenwald) an frischeren und nährstoffreicheren Stellen, meist kleinflächig an Unterhängen oder an Steilhängen ausgebildet. Gemeinsam ist beiden Gesellschaften das Vorkommen der Stechpalme (Ilex aquifolium), einer subatlantisch verbreiteten Art, die im Gebiet die Ostgrenze ihrer Verbreitung erreicht. Der Strauch reicht an der Hornisgrinde bis nahe 1000 m NN; seine schönsten Vorkommen finden sich am Fuß des

Schwarzwalds, wo noch eine mächtige Schicht von (oberflächlich entkalktem) Löß das Grundgebirge und den Buntsandstein bedecken. Im Luzulo-Fagetum ist neben der namengebenden Weißen Hainsimse (Luzula luzuloides) oft die Große Hainsimse (Luzula sylvatica) bestandsbildend; in den Beständen des Galio-Fagetum im Schwarzwald bildet der Waldschwingel (Festuca sylvatica) ausgedehnte Herden. Bezeichnend für das niederschlagsreiche Klima des Schwarzwalds sind die beiden Wurmfarn-Arten Dryopteris affinis und Dryopteris remota. Die Traubeneiche (Quercus petraea) ist an Südhängen tieferer Lagen (unter 500 m) wichtige Holzart; sie vermag die Buche nur an besonders felsigen Stellen zu verdrängen. In den warmen Lagen ist regelmäßig die Eßkastanie (Castanea sativa) zu finden; sie wurde durch den Menschen eingebracht, vielleicht schon in römischer Zeit.

Innerhalb der Buchen-Tannen-Wälder kennzeichnet das Ausdauernde Bingelkraut (Mercurialis perennis) die reichsten Standorte (Gneisgebiete). Schluchtwälder (mit Bergahorn, Acer pseudoplatanus; Bergulme, Ulmus glabra) sind kleinflächig auf Blockhalden oder an Steilhängen zu finden. Charakteristische Arten sind Silberblatt, Lunaria rediviva, so um Michelbach, oberhalb Neusatz, und Farne wie Polystichum aculeatum.

Erlenwälder (mit Schwarzerle, Alnus glutinosa, und gelegentlich Esche, Fraxinus excelsior) kommen einmal an Quellbereichen vor, hier charakterisiert durch Hänge-Segge (Carex pendula), Winkel-Segge (Carex remota) und Milzkraut-Arten (Chrysosplenium oppositifolium, seltener Chrysosplenium alternifolium), zum anderen als schmaler Saum entlang der Bäche (Stellario-Alnetum, hier gekennzeichnet durch den Eisenhutblättrigen Hahnenfuß (Ranunculus aconitifolius) und die Hain-Sternmiere (Stellaria nemorum). Im eigentlichen Quellbereich, wo Bäume wegen der Nässe nicht aufkommen, sind Milzkraut-Arten mit Bitterem Schaumkraut (Cardamine amara) und Wald-Schaumkraut (Cardamine flexuosa) vergesellschaftet. In Lagen oberhalb 600 m kommt der Alpendost (Adenostyles alliariae) als bezeichnende Art dieser Gesellschaften hinzu; die Pflanze leitet zu Hochstaudenfluren über, die oberhalb 800 bis 1000 m als besondere Art den Alpen-Milchlattich (Cicerbita alpina) enthalten. Schließlich ist in dieser Gesellschaft am Osthang der Hornisgrinde als Glazialrelikt der Stern-Steinbrech (Saxifraga stellaris) zu nennen. Quellflur-Bestände sind im Gebiet außerordentlich häufig, besonders im Grenzbereich von Grundgebirge und Buntsandsteinauflage.

Grauer Alpendost (Adenostyles alliariae).

Bezeichnend für diese Landschaft sind im Murgtal die Heustadelwiesen. Verschiedene Pflanzengesellschaften bilden ein kleinflächiges Mosaik: Rotschwingel-Wiesen an trockeneren Stellen, Feuchtwiesen mit der Spitzblütigen Binse (Juncus acutiflorus) und Flachmoorwiesen (mit verschiedenen Carex-Arten und dem Schmalblättrigen Wollgras, Eriophorum angustifolium). Eine Seltenheit ist die Bärwurz (Meum athamanticum), die sehr extensiv genutzte Standorte verlangt. Diese Flächen mit ihrer Flora können nur durch regelmäßige Mahd erhalten werden. Viele Flächen sind brach gefallen oder wurden aufgeforstet. Heideflächen, hier meist mit dem Besenginster (Sarothamnus

Heustadelwiese bei Reichental.

scoparius), waren früher am Westrand des Schwarzwalds flächig ausgebildet (z.B. am Immenstein bei Bühl), sind aber heute weitgehend verschwunden.

Hochlagen. – Wälder herrschen vor; Wiesen sind nur ganz kleinflächig in diese Landschaft eingestreut. Fichte (Picea abies) ist die wichtigste Holzart; seltener sind Tanne (Abies alba) und Waldkiefer (Pinus sylvestris, hier in einer hochstämmigen und spitzkronigen Form, die als Schwarzwald-Höhenkiefer oder Freudenstädter Kiefer bezeichnet wird). Die Buche (Fagus sylvatica) war bis ins 19. Jh. stärker vertreten, ist aber inzwischen der Fichte gewichen. Gründe für die starke Ausbreitung der Fichte in jüngerer Zeit sind in erster Linie die Waldverwüstungen des 17. und 18. Jh. und schließlich der große Waldbrand um 1800. Bodenverschlechterungen und hoher Wildbestand können weiter eine Rolle spielen. Im Unterwuchs dieser Nadelwälder bestimmt die Heidelbeere (Vaccinium myrtillus) das Bild; die Preiselbeere (Vaccinium vitis-idaea) ist seltener. Hainsimsen (Luzula spec.), die für die Hangwälder der mittleren Lagen so kennzeichnend sind, treten stark zurück. Als Art der echten Fichtenwälder ist der Sprossende Bärlapp (Lycopodium annotinum) zu nennen.

Reichere Stellen in Lichtungen und an Wegböschungen werden von Hochstaudenfluren besiedelt. Hier finden sich der Alpen-Milchlattich (Cicerbita alpina) oder der Alpendost (Adenostyles alliariae) in schönen Beständen. Natürliche Wuchsorte dieser Arten sind z.B. an den Karwänden des Biberkessels an der Hornisgrinde zu vermuten.

Bezeichnend für die Hochlagen des Nordschwarzwalds sind die Moorflächen. Torfmoose (Sphagnum-Arten) sind wichtige Bestandsbildner. Unter den Gefäßpflanzen gibt es wenige Spezialisten, die diese extremen Standortverhältnisse ertragen können, so die Moosbeere (Vaccinium oxycoccus), die Rosmarinheide (Andromeda polifolia), das Scheiden-Wollgras (Eriophorum vaginatum) und die Rasenbinse (Trichophorum cespitosum). Seltener kommt die Krähenbeere (Empetrum nigrum) vor.

Die offenen Moorflächen werden vor allem an den Kaltenbronner Mooren von einem ausgedehnten Gürtel aus Moorkiefern (Pinus rotundata, in der niederliegenden Form) gesäumt. Rauschbeere (Vaccinium uliginosum) ist eine bezeichnende Art dieser Gesellschaft. Hier waren auch die Wuchsorte des Sumpf-Porstes (Ledum palustre), der bei Kaltenbronn seinen einzigen Wuchsort in Südwestdeutschland hatte (Hauptverbreitung im nordöstlichen Mitteleuropa und Nordeuropa); die Pflanze, die bereits um 1820 bekannt war, ist um 1900 zuletzt beobachtet worden und wurde inzwischen wieder nachgepflanzt.

Hochmoore sind wichtige Archive. Die spät- und postglaziale Vegetationsentwicklung läßt sich durch Untersuchung des fossilen Pollenniederschlags rekonstruieren.

4. Pflanzenwelt

Hieraus können Schlüsse auf Klimaentwicklung und Siedlungsgeschichte gezogen werden. Derartige Untersuchungen liegen von den wichtigen Mooren des Wildsees und des Schurmsees vor. Die Moorentwicklung am Wildsee, wo Torfmächtigkeiten von 7,9 m ermittelt wurden, reicht bis in das ausgehende Spätglazial zurück, am Schurmsee bis in das frühe Postglazial. Die Grindenmoore weisen meist nur Torfmächtigkeiten unter 1 m auf; trotzdem kann ihr Alter bis zu 8000 Jahre betragen.

Wildseemoor am Kaltenbronn.

5. Tierwelt

Mit den Rheinauen, Feuchtwiesen, Kies- und Sandflächen, den Wäldern des Hochgestades, dem Mosaik aus Feldern, Wiesen, Streuobstgebieten, Brach- und Sonderkulturflächen der Rheinebene, den Flußniederungen von Kinzig und Murg und deren Zuflüssen und Kanälen, den bewirtschafteten wie den aufgegebenen Rebflächen in der Vorbergzone, mit den Resten von ehemals größeren Laubwäldern mit eingestreuten Eßkastanien und den gebietsweise noch heute relativ großen Nadelwaldflächen im Talschwarzwald mit z.T. schroffen Felswänden bietet der Landkreis Rastatt eine große Vielfalt an Biotopen. Entsprechend groß ist das Spektrum der Tierarten, die hier leben. Darunter sind einige Besonderheiten und Raritäten, die bezogen auf Baden-Württemberg oder ganz Deutschland in dieser Gegend ihr einziges Vorkommen haben oder deren nördliche Verbreitungsgrenze im Landkreis Rastatt liegt. Viele dieser Arten haben hier Rückzugsgebiete gefunden. Einige für diese Biotope typische Vertreter der Tierwelt im Kreisgebiet sollen nachfolgend Erwähnung finden.

Rheinebene. – Die Rheinebene im Landkreis Rastatt ist heute geprägt durch das ausgebaute Flußbett des Rheins mit der Staustufe bei Iffezheim, den in begrenztem Umfang noch vorhandenen natürlichen Überschwemmungsgebieten, den Altrheinarmen, Auwäldern, den trockeneren Hardtwäldern, Kiesgruben, offenen Sandflächen, der Autobahn und anderen Verkehrswegen sowie den zahlreichen Ortschaften. Gerade weil dieses Gebiet infolge der Rheinbegradigung durch den Menschen sehr stark verändert wurde, sind die heute noch vorhandenen Reste der Rheinauen zu einem außergewöhnlich wichtigen Refugium für Arten geworden, die diese besonderen Lebensbedingungen brauchen, die von dem mehr oder weniger regelmäßigen jährlichen Wechsel zwischen Überflutung und Trockenfallen geschaffen werden. Das große Nahrungsangebot und die zahlreichen Quartier- und Schutzmöglichkeiten bieten vielen Arten ideale Lebensbedingungen. Allein in den Rastatter Rheinauen konnten u.a. 90 Brutvogel-, 45 Libellen- und 430 Schmetterlingsarten sowie einige gefährdete Amphibienarten festgestellt werden. Von hier stammt auch der einzige aktuelle Nachweis der Braungrauen Flechteneule (Cryphia fraudatricula) aus Baden-Württemberg, einer Schmetterlingsart, deren Raupe an Rindenflechten des Auwalds lebt. Ebenso kommt die seltene Weißflecken-Ulmeneule (Cosmia diffinis), die ulmenreiche Hartholz-Auwälder bevorzugt, hier vor. Wasserfrösche, Teich-, See-, Laub- und Grasfrösche sowie Erdkröten wurden in den Rheinauen des Landkreises nachgewiesen. Vereinzelt liegen auch Hinweise auf Spring- und Moorfrösche vor, wobei letztere in Baden-Württemberg nur noch zwei Verbreitungsschwerpunkte in Oberschwaben und in der nördlichen Oberrheinebene haben. Alle vier einheimischen Molcharten – Teich-, Kamm-, Faden- und Bergmolch – und der Feuersalamander sind zu finden, auch die Ringelnatter kommt hier vor. Eine Vielzahl von Wasservögeln, darunter solche, die die Rheinauen als Durchzugsstation nutzen, sowie Wintergäste lassen sich aufführen. Neben den weit verbreiteten Stockenten und Bläßhühnern kommen Rallen, Zwerg- und Haubentaucher, Teich- und Schilfrohrsänger, Blaukehlchen, Flußseeschwalbe und Flußuferläufer vor. Auf hohen Bäumen bauen Graureiher ihre Nester wie z.B. die Kolonie bei Au am Rhein. Schwarzmilan und Mittelspecht brüten im Auwald. Eisvögel legen ihre Brutröhren in Steilufern an. In lichten Silberpappelwäldern brüten Weiden- und Blaumeisen. Erfreulich groß ist die Anzahl der hier nach Insekten jagenden Fledermäuse. Wasserfledermäuse, Große und Kleine Abendsegler, Zwerg- und Rauhhautfledermäuse finden viel Nahrung, je nach Maulgröße in den zahlreichen Mückenschwärmen über der Wasseroberfläche oder in den Käfern und Nachtfaltern im Auwald. Zumindest bei ihrem Zug zwischen Sommer- und Winterquartier bevorzugt die Rauhhautfledermaus Baumhöhlen und Nistkästen in den unmittelbar am Rhein liegenden Waldbereichen. Iltis, Bisamratte und stellenweise auch Nutria gehören heute zur Rheinauenfauna, während Fischotter und Biber aus der Region verschwunden sind. In den Seggenbeständen der Altrheinarme baut die Zwergmaus ihr kugelförmiges Hochnest zwischen senkrecht stehende Stengel. Mit Hilfe ihrer Füße und des Schwanzes kann sie geschickt entlang den Halmen klettern.

An die Auen schließt sich östlich die Bruchlandschaft an. Hierzu zählen die weiten Niederungen des alten Rinnensy-

5. Tierwelt

Pirol, ein typischer Sommervogel der Auwälder.

stems der Kinzig-Murg-Rinne mit den ausgedehnten Bruchwäldern und den durch einen hohen Grundwasserstand gekennzeichneten Wiesen. Auf diesen Naßwiesen brüten bundesweit gefährdete Vogelarten wie Bekassine, Großer Brachvogel, Schafstelze und Braunkehlchen. In der Umgebung wieder angesiedelte Weißstörche suchen hier nach Nahrung. Die baum- und strauchgesäumten Kanäle sind Nahrungs- und Brutraum für Finken, Ammern, Grasmücken, Tauben und Würger sowie für zahlreiche Libellen- und Schmetterlingsarten.

Aber nicht nur die Arten, die in Feuchtgebieten leben, finden im Landkreis Rastatt gute Lebensbedingungen. Die Rheinebene hat durch die Flußablagerungen aus der Eiszeit neben dem Kies und Schotter auch magere Sandböden zu bieten. Diesen kommt für eine Reihe von Vogel- und Insektenarten große Bedeutung zu, wie das Beispiel des ehemaligen Militärflugplatzes Söllingen/Stollhofen zeigt. Hier leben die Heidelerche und das Schwarzkehlchen, von dem nur noch ein bis zwei weitere Fundorte im Landkreis bekannt sind, und eine erstaunliche Fülle von Schmetterlingsarten, Wildbienen und Grabwespen. Hier liegt einer der wenigen Fundorte in Baden-Württemberg der beiden Schmetterlingsarten Grüneule (Calamia tridens) und Drahtschmieleneule (Stilbia anomala). Die Gottesanbeterin, eine durch Gestalt und Lebensweise aufsehenerregende Insektenart, wurde in diesem trocken-warmen Gebiet gleich mit mehreren Individuen entdeckt. Diese wärmeliebende Art erreicht in Süddeutschland ihre nördliche Verbreitungsgrenze.

In den trockeneren Bereichen der Rheinebene, an Uferböschungen und Bahndämmen graben Kaninchen ihre Baue. Auf den sandigen Böden, die mehr und mehr zum Spargelanbau genutzt werden, leben Knoblauch- und Kreuzkröte. Nur noch selten ist die Gelbbauchunke zu finden; sie benötigt z.B. wassergefüllte Wagenspuren, in die sie ihren Laich ablegen kann. In den hier gelegenen Laub- bzw. Mischwäldern haben viele der in den Rheinauen jagenden Fledermäuse ihre Sommerquartiere. Fledermäuse können sich keine eigenen Baumhöhlen schaffen, vielmehr nutzen sie die von Spechten geschlagenen Nisthöhlen, nachdem die Spechte darin gebrütet haben und ausgeflogen sind. Auch Greifvögel, Meisen und andere Kleinvögel brüten in diesen Wäldern. Üppiger Unterwuchs bietet einen großen Reichtum an Samen, Beeren und Insekten als Nahrung. Der hohe Anteil an Totholz ist günstig für holzbewohnende Insekten. In den Ortschaften der Rheinebene können am Abend gelegentlich Zwerg- und Breitflügelfledermäuse beobachtet werden, die über Wiesen, Gärten und Streuobstgebieten nach Insekten jagen. Nur noch wenige Kolonien der Breitflügelfledermaus haben auf ruhigen Dachstühlen von Wohnhäusern oder Kirchen zwischen Balken versteckt ihr Sommerquartier.

Auffällig im Landkreis sind die zahlreichen durch den Kiesabbau entstandenen Baggerseen, die nach ihrer Nutzung durch Renaturierung zu Sekundärlebensräumen für die unterschiedlichsten Tierarten werden können. Sofern der Freizeitbetrieb – Badende, Angler etc. – sich in Grenzen hält, können z.B. Haubentaucher hier ihre Schwimmnester bauen und Uferschwalben ihre Bruthöhlen in den steilen Abrißwänden anlegen. Baggerseen können aber auch eine wichtige »Fundgrube« für den Nachweis früher hier lebender Tiere sein. So erhielten die Staatlichen Museen für Naturkunde in Karlsruhe und Stuttgart zahlreiche Fundstücke, die bei der Anlage von Kiesgruben bzw. Abbaustellen im Landkreis Rastatt gesammelt wurden. Zwischen 1962 und 1988 konnten im Naturkundemuseum Stuttgart mehr als 600 Belege von Säugetieren zusammengetragen werden, die aus der Eiszeit (Pleistozän) und der Nacheiszeit (Holozän) stammen. Die insgesamt 17 Fundstellen liegen in den Gemarkungen von Bietigheim, Greffern, Iffezheim, Leiberstung, Lichtenau, Plittersdorf, Scherzheim, Söllingen, Steinmauern, Stollhofen, Ulm, Weitenung und Wintersdorf. Die pleistozänen Knochen und Zähne stammen teilweise aus warm-, teilweise aus kaltzeitlichen Ablagerungen. Vertreten sind folgende Tierarten: Höhlenbär (Ursus spelaeus), Höhlenlöwe (Panthera spelaea), Südelefant (Mammuthus meridionalis), Steppenelefant (Mammuthus trogontherii), Mammut (Mammuthus primigenius), Waldelefant (Elephas antiquus), Waldnashorn (Stephanorhinus kirchbergensis) sowie weitere fossile Nashornarten, Wildpferd (Equus sp.), Wildschwein (Sus scrofa), Elch (Alces alces), Breitstirnelch (Alces latifrons), Riesenhirsch (Megaloceros giganteus), Rothirsch (Cervus elaphus) und Steppenbison (Bison priscus). Bei Auswertung der in lokale und private Sammlungen gelangten Kiesgrubenfunde sind noch weitere Arten, zum Beispiel die beiden in der weiteren Umgebung nachgewiesenen pleistozänen Biberarten, zu erwarten. Außer dem Wildschwein kommt heute keine dieser Tierarten, von denen die meisten inzwischen auch weltweit ausgestorben sind, in der Rastatter Rheinebene noch vor.

Vorbergzone. – Zwischen Rheinebene und Talschwarzwald liegt die Bühler Vorbergzone. Hier gibt es zoologisch gesehen gleich mehrere Raritäten. Im Bühler Land hat die Mauereidechse ihr zweitgrößtes Vorkommen in ganz Deutschland. Dort, wo seit langem Wein angebaut wird, findet sie ebenso wie die häufigere Zauneidechse in den alten Trockenmauern Unterschlupf und sonnige Plätze zum Wärmen. Mit viel Glück ist auch die Schlingnatter zu beobachten. Diese Region, mit Waldrändern, Feldgehölzen und zum Teil landwirtschaftlich extensiv genutzten Flächen, bietet gute Jagdgebiete für eine größere Kolonie von Mausohrfledermäusen und für einige kleine Gruppen von Langohrfledermäusen. Pirol, Zaunammer, Steinkauz, Würger, verschiedene Meisen, Finken- und Spechtarten leben hier. Zahlreiche Arten von Wildbienen, Grabwespen, Heuschrecken, Käfern und Schmetterlingen zählen zu der Lebensgemeinschaft dieser wärmebegünstigten Weinberglandschaft.

Talschwarzwald. – In dem naturräumlich als Talschwarzwald bezeichneten nordwestlichen Teil des Schwarzwalds fallen die schroffen Felswände auf. Hier sind Zippammer, Kolkrabe, Rot- und Schwarzmilan, Wanderfalke, Baumfalke und Wespenbussard zu Hause. Die sonnenexponierten trockenen und offenen Bereiche, wie sie z.B. der Lautenfels bietet, sind Lebensraum für den Steppengrashüpfer und die Mauereidechse. In tiefen Felsspalten können Fledermäuse überwintern. Im Nadelwaldbereich brüten Sper-

Kleiner Schillerfalter, ein seltener Tagfalter der Rheinauen.

lings- und Rauhfußkauz. Funde von Auerhahn, Tannenhäher, Ringamsel, Zitronengirlitz, Dreizehen- und Schwarzspecht lassen sich für den Talschwarzwald anführen. Und auch dieser Bereich des Landkreises beherbergt eine kleine Besonderheit der Säugetierfauna, die Nordfledermaus. Im Murgtal konnten bisher mehrere Sommerquartiere dieser seltenen Art ausfindig gemacht werden. So dient ein kleiner Spaltenraum hinter der hölzernen Hausverkleidung einer Gruppe von weiblichen Nordfledermäusen im Sommer sogar als Quartier für die Aufzucht ihrer Jungen.

Blickt man zweihundert bis dreihundert Jahre zurück, so läßt sich eine ganze Reihe von weiteren Tierarten nennen, die in der Region des heutigen Landkreises Rastatt vorgekommen, inzwischen aber verschwunden sind, so z.B. Bär, Wolf, Luchs und Wildkatze. Außergewöhnlich viele Gewann- und Flurnamen wie Katzenstein, Bärloch, Bärenfels und die Aufzeichnungen der forstlichen Archive bzw. Jagdberichte lassen darauf schließen, daß diese Tiere hier ehemals häufig erlegt wurden. Im Jahr 1525 verfügte der Markgraf von Baden sogar einen freien Jagdtag, an dem auch Bauern jagen durften, weil Bären und Wölfe auf dem Kaltenbronn zu stark überhand genommen hatten. Auch Auer- und Hochwild – Gams-, Rot- und Schwarzwild – gab es in der Region; seine Bejagung war früher allein dem Adel vorbehalten. Ein Gemälde im Stadtmuseum von Rastatt erinnert daran, daß der Markgraf von Baden-Baden 1740 – allerdings im Rastatter Forst – sogar eine Trappe erlegt hat. Häufig kamen auch Reh, Dachs, Fuchs, Marder, Iltis, Fischotter und Biber vor.

Heute sieht die Situation freilich anders aus. Die besiedelte Fläche hat zugenommen, ebenso die Zersiedlung der Landschaft. Veränderungen der land- und forstwirtschaftlichen Methoden und die Umnutzung großer Flächen haben die Umwelt bzw. die Lebensbedingungen der Tiere verändert, viele Tiere verdrängt. Zwar wurden im Landkreis inzwischen mehrere verstreute Naturschutzgebiete ausgewiesen; diese sind aber relativ klein und liegen zum Teil isoliert. Der Kreis Rastatt bietet jedoch ökologisch gesehen die besten Voraussetzungen für ein großes zusammenhängendes Schutzgebiet, das nicht nur Tieren zum Rückzugsgebiet dienen könnte, sondern auch den Menschen die Möglichkeit zum Erholen und Schöpfen neuer Kräfte bieten kann. Wie vielen Tierarten der Landkreis in Zukunft noch Heimat sein wird, bleibt offen. Sicher jedoch wird es sich lohnen, für den Erhalt der Vielfalt und Fülle der Natur gerade in dieser Region einzutreten – auch zum Wohle der Menschen im Landkreis Rastatt.

6. Natur- und Landschaftsschutz

Natur- und Landschaftsschutz sind relativ junge gesellschaftliche Zielsetzungen und öffentliche Interessen. Ihr Ursprung liegt in Bürgerbewegungen des ausgehenden 19. Jh., die die Naturzerstörungen und Landschaftsveränderungen im Zuge der Industriellen Revolution mit großer Sorge betrachteten. Zweck des heutigen Naturschutzes ist es, die Tier- und Pflanzenwelt mit ihren natürlichen Lebensgrundlagen, die Vielfalt, Eigenart und Schönheit von Natur und Landschaft sowie die Leistungsfähigkeit des Naturhaushalts zu bewahren, zu pflegen und zu entwickeln. Mit diesen hochgesteckten Zielen war das baden-württembergische Naturschutzgesetz von 1975 Vorläufer der modernen Naturschutzgesetze, durch die das alte Reichsnaturschutzgesetz aus dem Jahre 1935 abgelöst wurde. Ein Jahr später folgte das Bundesnaturschutzgesetz, das einheitliche Rahmenbedingungen brachte und den Inhalt des Landesgesetzes bestätigte. Natur und Landschaft werden in den neuen Gesetzen als umfassende Sammelbegriffe gebraucht. Sie berücksichtigen neben der Tier- und Pflanzenwelt auch die Lebensgrundlagen Boden, Wasser und Luft. Damit wurde die anfängliche Konzentration des Naturschutzes auf Seltenheiten und Naturschönheiten von einer ganzheitlichen Betrachtung der Natur und Landschaft abgelöst.

Nutzungsgeschichte und heutiger Zustand. – Die vielfältige Naturausstattung des Landkreises war bis ins 19. Jh. die ausschließliche Lebensgrundlage der hier ansässigen Bevölkerung. Demzufolge werden die starke, seit Jahrhunderten andauernde Nutzung und Veränderung von Natur und Landschaft durch den Menschen gerade auch im Landkreis Rastatt deutlich.

Die Rheinebene und die Vorbergzone waren schon lange vor Christi Geburt von Menschen besiedelt. Der Wald ist hier infolge der günstigen Klimaverhältnisse schon sehr früh zugunsten der landwirtschaftlichen Nutzung zurückgedrängt worden. Weitere einschneidende Veränderungen erfolgten durch die Begradigung des Rheins in den Jahren 1815 bis 1875 und seiner Zuflüsse sowie durch flächenhafte Entwässerungen und Grundwasserabsenkungen im Rahmen der Acher-Rench-Korrektur zwischen 1936 und 1965. Sümpfe und Auen fielen trocken und wurden landwirtschaftlich nutzbar oder für Siedlungszwecke erschlossen. Nach 1960 führte das Streben nach gewerblichen Arbeitsplätzen und Wohnungen in Ein- und Mehrfamilienhäusern zu einer mehr und mehr überbauten und von Verkehrswegen durchschnittenen Landschaft.

Der siedlungs- und damit menschenfeindliche Schwarzwald wurde erst seit dem 11. Jh. zunehmend gerodet und immer stärker zur Energiegewinnung sowie durch Beweidung ausgebeutet. Da in den schmalen Tälern des Nordschwarzwalds nur wenig Raum für Felder und Weiden war, nutzte man die relativ ebenen Hochlagen als Hochalmen. Wie in den Alpen entwickelte sich eine Almwirtschaft, die die natürlichen Wälder des Grindenschwarzwalds und der Enzhöhen fast vollständig zerstörte. Im 18. Jh. war der Wald auf ein Drittel seiner Ursprungsfläche zurückgedrängt. Die Gefahr einer Holznot sorgte unter Markgraf Karl Friedrich für eine in großem Stil ausgeführte Saat- und Pflanzungstätigkeit. Die neu begründeten Wälder bestanden aber vornehmlich aus Fichten und Kiefern, so daß die ehemals prägenden Tannen- und Buchenwälder nur noch auf kleiner Fläche vorkommen. Heute stellen neben der Forstwirtschaft die Naherholung und der Tourismus in den Hochlagen des Schwarzwalds eine wichtige Nutzung dar. Als Folge der guten Verkehrserschließung und des Bevölkerungswachstums hat die flächenhafte Belastung in einigen Gebieten, so beispielsweise am Kaltenbronn, in Herrenwies und am Hochkopf, Ausmaße erreicht, die zur Natur- und Landschaftszerstörung führen. Die sommerlichen Touristenströme verursachen Schäden an der Vegetation und engen den Lebensraum störungsempfindlicher Tierarten (z. B. Auerhahn) stark ein. Nur durch konsequente Besucherlenkungsmaßnahmen und durch eine Neuordnung des Wegenetzes und Einzäunungen konnte in einigen Gebieten Abhilfe geschaffen werden.

Flächenverbrauch. – Mehr und mehr erreicht die Bodenversiegelung ein Ausmaß, bei dem sich die verbliebene freie Landschaft nur noch wie eine Insel in einem Siedlungsmeer darstellt. Besonders eng wird es für die Rastatter. Hier erreichte der Anteil der überbauten Fläche 1993 be-

6. Natur- und Landschaftsschutz

Naturschutzgebiet Rastatter Rheinauen.

reits 26,4 Prozent der Gemarkung. Mit der Fortschreibung des Flächennutzungsplans kommen weitere 50 ha Siedlungsfläche hinzu, so daß sich der Wert auf 27,2 Prozent erhöht. Die Rheinebene der Kreise Rastatt und Baden-Baden war 1993 mit 7 358 ha zu über 17 Prozent durch Wohn- und Gewerbegebiete überbaut. Von 1985 bis 1993 wurden rund 500 ha Boden versiegelt. Jedes Jahr kommen weitere 62 ha hinzu.

Die Regionalplanung gibt den Siedlungen Entwicklungsachsen für ihr Wachstum vor. In der Ebene sind dies in erster Linie die Bundesstraßen 3 und 36 und die Rheintalbahn mit der neuen ICE-Trasse. Zwischen Rastatt und Durmersheim entstand damit ein fast geschlossenes Siedlungsband, das mit der geplanten Verlegung der B 36 und der DB-Neubaustrecke nach Osten in gleicher Richtung weiter wachsen wird. Südlich von Rastatt setzt sich das Siedlungsband entlang der B 3 bis nach Ottersweier fort. Hier werden entlang der geplanten B 3 neu und der Bahn neue Gewerbe- und Industriegebiete in westlicher Richtung erschlossen.

Abweichend von diesen Entwicklungsachsen wurde in Rastatt durch den politischen Willen der Landesregierung die Neuansiedlung des Mercedes-Benz-Werks im Westen der Stadt realisiert. Eine eher zufallsbedingte Abweichung von der Regionalplanung stellt die Umwidmung des von den kanadischen Streitkräften aufgegebenen NATO-Flughafens in Söllingen dar. Der Flugplatz auf der größten grü-

nen Wiese des Landkreises wurde mit dem Versprechen 5 000 neuer Arbeitsplätze zum Baden-Airport und einem 100 ha großen Gewerbegebiet umgewidmet.

Neben der flächenhaften Bebauung haben die bis zu 200 m mächtigen Kiesablagerungen des Oberrheingebiets im mittelbadischen Raum zu einer Konzentration von Kiesgruben geführt, die das Gesicht der Landschaft verändert haben. Der Begriff vom »Schweizer Käse« oder von der »Mittelbadischen Seenplatte« ist in aller Munde. Dabei wurde hier im großen Stil Land in Wasser verwandelt und z.T. »Löcher« von 170 ha Größe und über 50 m Tiefe ausgebaggert. Heute gibt es in der Rheinebene der Kreise Rastatt und Baden-Baden 16 große und 17 kleine Baggerseen sowie drei alte Trockenbaggerungen, die heute teilweise mit Kiefernpflanzungen aufgeforstet sind. Drei genehmigte, ein ungenehmigtes Freizeitzentrum, elf offizielle und etwa sechs inoffizielle Badeseen sind die Folgenutzungen an den Baggerseen. Nur an einer einzige Kiesgrube bei Durmersheim darf weder geangelt noch gebadet werden.

Die meisten genehmigten Abbau-Konzessionen laufen spätestens im Jahre 2005 aus. Der Regionalverband mittlerer Oberrhein (RVMO) hat nach seiner »Kieskonzeption 2000« (1987) im Oktober 1995 einen neuen Zukunftsentwurf für den Kiesabbau vorgelegt. Die zwischenzeitlich verfolgte Strategie, den Kies aus der Tiefe zu gewinnen (Tiefenbaggerung), wurde zugunsten eines weiteren Flächenabbaus korrigiert. 1653 ha Land (4%) wurden bislang dem Kiesabbau zur Verfügung gestellt. Weitere 360 ha sollen nach dem Jahr 2000 ausgebaggert werden.

Flächensicherung. – Zu den wichtigsten Instrumenten des Naturschutzes zählen Natur- und Landschaftsschutzgebiete. In Naturschutzgebieten (NSG) zielt die Rechtsverordnung darauf ab, die vorhandenen Nutzungen und das Betretungsrecht so zu regeln, daß bestimmte Lebensgemeinschaften mit ihren Tier- und Pflanzenarten und ihren Entwicklungsbedingungen erhalten werden. Flächenhafte Naturdenkmale dürfen maximal 5 ha groß sein und sind daher wie kleine Naturschutzgebiete zu werten. In Landschaftsschutzgebieten (LSG) sind die Regelungen weniger streng. Hier soll in erster Linie das Landschaftsbild erhalten und die Fläche vor einer weiteren Bebauung geschützt werden.

Die Ursprünge des Naturschutzes liegen im Landkreis Rastatt in den Bemühungen zum Schutz des Wildseemoors am Kaltenbronn. 1914 befaßte sich der badische Landtag mit einem Antrag über die Errichtung von Naturschutzgebieten. Dabei wurde auch der badische Teil des Wildseegebiets behandelt und unter Schutz gestellt. Trotzdem drohte nach 1919 nochmals dessen Zerstörung, als die württembergische Regierung den Torfabbau im »schwäbischen« Teil des Moors erlaubte. Nach zahlreichen öffentlichen Protesten von Dr. Karl Müller sowie einem Einspruch aller Vereine für Natur- und Heimatschutz und der Wandervereine Süddeutschlands erfolgte im Auftrag der Landesregierung eine erneute Untersuchung der Wirtschaftlichkeit des Torfabbaus. Dies führte schließlich zur Einstellung des Projekts und 1928 zur Unterschutzstellung der württembergischen Seite des Wildseemoors. 1939 wurde das »Naturschutzgebiet Wildseemoor« nach dem Reichsnaturschutzgesetz ausgewiesen, das erste »baden-württembergische« Naturschutzgebiet. Die damals erlassene Naturschutzverordnung ist heute noch gültig. 1940 folgte die Eintragung des »Naturschutzgebiets Hohlohsee«. Beide Schutzverordnungen verbieten jegliche Eingriffe in die Moore, mit Ausnahme der rechtmäßigen Ausübung der Jagd.

1939 wurde mit dem 12 ha großen Rottlichwald bei Würmersheim auch das erste Naturschutzgebiet in der Rheinebene des Landkreises wegen seines Reichtums an Frühjahrsblühern ausgewiesen. Der Woogsee in der Kinzig-Murg-Rinne bei Rastatt war das erste 1939 ausgewiesene flächenhafte Naturdenkmal. Die Verordnung des Naturschutzgebiets Hohlohsee 1940 setzte einen vorläufigen Schlußpunkt. Die Schaffung weiterer Naturschutzgebiete erfolgte erst wieder nach Verabschiedung des baden-württembergischen Naturschutzgesetzes im Jahre 1975. Auf dieser neuen Basis ist es gelungen, weitere Gebiete unter Naturschutz zu stellen, insbesondere die Rastatter Rheinaue mit 845 ha (1984). Weitere kleinere Gebiete, unter anderem die Federbachniederung (1979), der Schurmsee

Landschaftsschutzgebiet Bühlertal von Süden.

6. Natur- und Landschaftsschutz

(1985), der Bremengrund (1986) und die Kornmatten – Im Mäthi (1986), folgten.

Ab Mitte der 1980er Jahre konzentrierte sich die Ausweisung von Naturschutzgebieten auf die Rheinauen. Um dem zunehmenden Flächenverbrauch und Freizeitbetrieb zu begegnen, erstellte die zuständige Bezirksstelle für Naturschutz und Landschaftspflege Karlsruhe eine Konzeption für die planmäßige Unterschutzstellung der Rheinauen (1988). Mit der Ansiedlung des Pkw-Werkes der Firma Daimler-Benz in der Rheinniederung westlich von Rastatt verpflichtete sich das Land zur Umsetzung dieser Rheinauenschutzkonzeption. Von 1987 bis 1998 wurden insgesamt sechs Naturschutzgebiete (zum Teil kombinierte NSG und LSG) zwischen Lichtenau und Au am Rhein ausgewiesen. Hierdurch war es möglich, die drohende Ausweitung weiterer Wohn- und Gewerbegebiete, Baggerseen und Freizeitzentren zu verhindern und die einmalige, auch international bedeutsame Natursubstanz der Rheinauen zu sichern.

Die Ausweisung von Landschaftsschutzgebieten begann ebenfalls vor dem Zweiten Weltkrieg mit dem 4 ha großen Schloßgarten in Rastatt (1937). Es folgten die Iffezheimer Sanddünen (1938), das Schloß Neuweier und seine Umgebung (1939), das Moosalbtal (1940) und das »Mittlere Murgtal«, das mit 7 870 ha bis heute größte Landschaftsschutzgebiet im Landkreis Rastatt (1940). Im Gegensatz zu den Naturschutzgebieten kam die Verordnung von Landschaftsschutzgebieten nach dem Zweiten Weltkrieg schneller voran. In den 1950er Jahren folgten weitere kleinere Gebiete – darunter die Geggenau (1953) und das Albtal (1953) – sowie das große Landschaftsschutzgebiet zwischen Baden-Baden und der unteren Murg (1957). Bis 1975 war die Zahl der Landschaftsschutzgebiete auf insgesamt zwölf angestiegen. Bis 2000 stieg ihre Zahl weiter auf insgesamt 25 Gebiete mit einer Gesamtfläche von fast 23 000 ha (30,8 %). Bemerkenswert ist die Ausweisung des Landschaftsschutzgebiets Bühlertal im Herbst 1979, mit 6 000 ha das zweitgrößte im Landkreis. Die Verfahrensdauer von 22 Jahren vom ersten Entwurf 1957 bis zur Ausweisung verdeutlicht die zunehmende Komplexität der Regelungen und des parallel zunehmenden Verwaltungsaufwands bei der Ausweisung großflächiger Landschaftsschutzgebiete im Umfeld besiedelter Flächen. In den 1990er Jahren gingen die Aktivitäten zur Ausweisung reiner Landschaftsschutzgebiete zurück. Stattdessen entstanden vermehrt kombinierte Schutzgebiete mit Naturschutzgebieten im Kernbereich und umgebenden Landschaftsschutzgebieten als Pufferzonen.

Entwicklung der Natur- und Landschaftsschutzgebiete im Landkreis Rastatt

	Natur-schutzge-biete	Flächen-hafte Na-turdenk-male	Land-schafts-schutz-gebiete	insgesamt
1973				
Zahl	3	1	11	15
Fläche in ha	118,8	0,9	12 922,9	13 042,6
% des Kreis-gebietes	0,16	0,01	17,49	17,66
1988				
Zahl	13	12	21	46
Fläche in ha	1 320,07	36,73	20 808,9	22 165,7
% des Kreis-gebietes	1,81	0,05	28,55	30,41
1998				
Zahl	28	16	32	76
Fläche in ha	3 734,97	47,33	27 649,7	31 432
% des Kreis-gebietes	5,12	0,06	37,94	43,12

Der Landkreis Rastatt weist im Vergleich zum Land eine überdurchschnittliche Schutzgebietsbilanz auf. Insgesamt standen im Jahr 2000 26 Naturschutzgebiete mit einem Flächenanteil von 5,02 Prozent des Kreisgebiets (Land 1,9 %) und 25 Landschaftsschutzgebiete mit einem Flächenanteil von 30,8 Prozent des Kreisgebiets unter Schutz.

Biotopkartierung. – Neben den per Rechtsverordnung geschützten Gebieten sind viele kleinere besonders wertvolle Biotope (z. B. naturnahe Bachabschnitte, Hohlwege, Trockenmauern, Felsen, Röhrichte, Naßwiesen, Feldgehölze, Feldhecken etc.) durch den Paragraphen 24a des Naturschutzgesetzes pauschal geschützt. Die parzellenscharfe Abgrenzung dieser 24a-Biotope erfolgt durch eine Geländekartierung im Offenland und die Übertragung der Biotopgrenzen aus dem Luftbild in Kartenfolien im Maßstab 1 : 5 000 im Auftrag des Landratsamts in Rastatt. Außerhalb von Siedlungen und außerhalb des Waldes wurde im Bereich der Gemarkungen der Landkreisgemeinden die folgende Zahl von 24a-Biotopen kartiert (Stand Dezember 1998):

– Bühl   229 Biotope
– Bühlertal   131 Biotope
– Ottersweier   97 Biotope
– Kuppenheim   30 Biotope

– Bischweier	13 Biotope
– Gaggenau	193 Biotope
– Gernsbach	224 Biotope
– Loffenau	43 Biotope
– Weisenbach	75 Biotope
– Forbach	220 Biotope (ca.)
– Durmersheim	57 Biotope
– Bietigheim	20 Biotope
– Au am Rhein	32 Biotope
– Elchesheim-Illingen	27 Biotope
– Verwaltungsraum Rastatt	240 Biotope (ca.)
– Landkreis Rastatt insgesamt	1 631 Biotope (ca.)

International bedeutsame Gebiete. – Naturschutz wird mehr und mehr auch zu einer internationalen Aufgabe. Im Rahmen von Richtlinien der Europäischen Gemeinschaft (EU) oder internationalen Konventionen sind die Bundesländer verpflichtet, bestimmte Schutzmaßnahmen umzusetzen.

Die Richtlinie 92/43/EWG des Rates vom 21. Mai 1992 zur Erhaltung der natürlichen Lebensräume sowie der wildlebenden Pflanzen und Tiere (EU-Richtlinie Fauna, Flora, Habitat, FFH-Richtlinie) hat zum Ziel, ein europaweites kohärentes (d.h. zusammenhängendes) Schutzgebietsnetz Natura 2000 zu schaffen. In den Anhängen 1 und 2 der Richtlinie werden die Lebensraumtypen und Arten genannt, die in repräsentativem Umfang durch dieses Schutzgebietsnetz erfaßt sein müssen und für die besondere Schutzgebiete auszuweisen sind. Baden-Württemberg hat im Sommer 1998 eine erste Vorschlagsliste über Bonn nach Brüssel gesandt. Im Landkreis Rastatt sind die folgenden Schutzgebiete in dieser Liste enthalten:

– NSG Wildseemoor und Hohlohsee am Kaltenbronn
– NSG Korbmatten – Im Mäthi bei Sinzheim
– NSG Rastatter Rheinaue
– NSG/LSG Waldhägenich bei Bühl
– NSG Auer Köpfle – Illinger Altrhein – Motherner Wörth
– NSG/LSG Rastatter Bruch
– NSG/LSG Auenwälder und Feuchtwiesen westlich Ötigheim
– NSG/LSG Rheinniederung zwischen Au am Rhein, Durmersheim und Rheinstetten

Ein weiterer Bestandteil des europäischen Schutzgebietsnetzes Natura 2000 sind die besonderen Schutzgebiete, die gemäß den Bestimmungen der Vogelschutzrichtline der Europäischen Union ausgewiesen werden müssen. Die Richtlinie 79/409/EWG des Rates vom 2. April 1979 über die Erhaltung der wildlebenden Vogelarten (EU-Vogelschutzrichtlinie) verlangt die Ausweisung besonderer Schutzgebiete für alle Vogelarten, die im Anhang 1 dieser Richtlinie aufgeführt sind. In diesen Gebieten sind die Habitate für diese Vögel in ausreichender Flächengröße und

Naturschutzgebiet Hohloh bei Kaltenbronn.

6. Natur- und Landschaftsschutz

Vielfalt zu erhalten, wiederherzustellen, zu pflegen und den Bedürfnissen der Vögel entsprechend zu gestalten. Im Landkreis Rastatt ist dafür die Rheinaue vor Greffern bis zur Murgmündung (6 623 ha) mit folgenden Schutzgebieten vorgeschlagen: NSG Rastatter Rheinaue, NSG/LSG Rastatter Ried, NSG Alter Kopfgrund und NSG LSG Lichtenauer Rheinniederung.

Mit dem Beitritt zur Ramsar-Konvention 1976 hat sich die Bundesrepublik Deutschland verpflichtet, die Feuchtgebiete auf ihrem Territorium schonend zu behandeln und zu schützen. Derzeit befaßt sich im Auftrag des deutsch-französischen Umweltrates eine Arbeitsgruppe mit der Konzeption eines grenzüberschreitenden Ramsargebiets Oberrhein. Der Entwurf der Konzeption liegt seit 1996 vor.

Dieser empfiehlt auch für den Landkreis Rastatt eine Benennung der gesamten Rheinniederung als Ramsargebiet, wobei der Entwurf zwischen Kernzonen (Zonen mit dem höchsten ökologischen und landschaftlichen Wert) und ausgedehnten Pufferzonen mit einer nachhaltigen und wohlausgewogenen Nutzung unterscheidet.

Um die Natur und Landschaft mit ihrer Artenvielfalt im Landkreis zu schützen und zu entwickeln, wird es nötig sein, nicht nur Schutzgebiete auszuweisen, sondern die Arbeit von Naturschutzverbänden, Initiativen und Einzelpersonen noch mehr als bisher zu unterstützen. Noch wichtiger ist es, durch eine intensive Öffentlichkeitsarbeit dazu beizutragen, daß die Natur ihren Stellenwert in der Wertschätzung der Bevölkerung behält.

Forsthaus Dürreych im Staatswald Eyachtenbronn

Kuppenheim, Alteberstein, Hohenbaden und das Gebiet vor dem Ausgang des Murgtals, 1559.

III. GESCHICHTLICHE GRUNDLAGEN

1. Vor- und Frühgeschichte

Mit seinem zwischen 1908 und 1911 erschienenen Werk ›Fundstätten und Funde aus vorgeschichtlicher, römischer und alamannisch-fränkischer Zeit im Großherzogtum Baden‹ suchte Ernst Wagner, seit 1875 Direktor der großherzoglichen Sammlungen für Altertums- und Völkerkunde, eine lückenlose Fundstatistik für das ganze Land zu erarbeiten, und es ist ihm dabei auch kaum etwas seinerzeit Bekanntes entgangen. Von den 23 Gemeinden des heutigen Landkreises Rastatt sind dort freilich nur 15 vertreten; heute kennen wir archäologisches Fundgut aus 22 Kreisgemeinden. Die Fortsetzung der Funderfassung besorgten seit 1925 die ›Badischen Fundberichte‹ und seit 1974 wird diese Aufgabe von den ›Fundberichten aus Baden-Württemberg‹ wahrgenommen. Für den Landkreis Rastatt wurde im zurückliegenden Vierteljahrhundert versucht, Funde und Fundstellen nach dem Vorbild Wagners vollständig zu erfassen und nach Gemeinden zu katalogisieren; diese Bestandsaufnahme ist seit 1985 in dem ›Jahrbuch ›Landkreis Rastatt Heimatbuch‹ publiziert und dient als Grundlage für die folgenden Ausführungen.

Mesolithikum. – Die ältesten Funde aus dem Kreisgebiet sind steinzeitliche Silexgeräte, Artefakte aus kryptokristallinen, z.T. auch kristallinen Silikatmineralien. Von den rund 8000 Silices, die seit den 1930er Jahren bei systematischen Feldbegehungen oder zum kleineren Teil auch ganz zufällig hier gefunden wurden, kommen rund 7500, also nahezu 95 Prozent aus dem Bereich der Kinzig-Murg-Rinne. Die restlichen 500 stammen zu über drei Viertel von drei engbegrenzten Arealen außerhalb dieses Gebietes. Silex-Funde aus den Rheinauen sind bis heute nicht bekannt geworden, und aus dem Grundgebirge kennt man nur eine einzige Fundstelle. Da es sich bei den Silices aus dem Kreis Rastatt durchweg um Lesefunde und nicht um Grabungsfunde handelt, ist ihre genaue zeitliche Einordnung außerordentlich schwierig. Einen Teil hat man sicher als mittelsteinzeitlich anzusprechen, den größten Teil aber vermutlich als jungsteinzeitlich; nur wenige Stücke sind älter oder jünger. Von den vielen Fundplätzen bei Sinzheim mit insgesamt nahezu 4000 Silices werden zwei Stellen (Im Satz und Ebenung) dem Azilien bzw. Spätpaläolithicum (ca. 12000 bis 11000 v.Chr.) zugeordnet. Diese zuletzt genannten Plätze aber sind die einzigen einigermaßen ergiebigen Fundstätten außerhalb der Kinzig-Murg-Rinne. Sie liegen in der Vorbergzone und erbrachten jeweils nahezu hundert Silices, während die drei anderen Stellen in der Vorbergzone nur je ein oder zwei Exemplare lieferten. Die Menschen der späten Altsteinzeit haben also allem Anschein nach zumindest in diesem Raum als Jagd- und Sammelrevier die Vorbergzone der Kinzig-Murg-Rinne vorgezogen, oder sie haben dieses eine gute Übersicht bietende Gelände mit Vorliebe als Standort und Ausgangsbasis für ihre Jagdzüge in die nahe Kinzig-Murg-Niederung genutzt. Ähnlich viele Silexfunde wie aus Sinzheim gibt es aus Bühl, wiederum fast ausschließlich vom Ufer und von den Inseln des Kinzig-Murg-Flusses. Auffallend ist dabei, daß die Hauptfundmenge auf ehemaligen Inseln stets am flußaufwärts liegenden Ende der einstigen Insel zu finden ist. Die Fundmenge nimmt nördlich von Sinzheim beträchtlich ab. Das liegt sicher nicht an dem möglicherweise geringeren Arbeitseifer der dort tätigen archäologischen Kreispfleger und ihrer Helfer, vielmehr ist es der schlichten Tatsache zuzurechnen, daß die einstige Flußrinne dort eine sehr viel geringere Breite hat als im Süden.

Neolithikum. – Die bereits sehr viel deutlicher hervortretenden Formen der Jungsteinzeit (ca. 5500 bis 2000 v.Chr.), etwa Pfeilspitzen, sind gewöhnlich leichter zu erkennen als die Artefakte der Alt- und Mittelsteinzeit. Anhand von rund 25 verschiedenen, deutlich geformten Silex-Pfeilspitzen aus dem Kreis Rastatt lassen sich sogar schon ganze Entwicklungsreihen von Pfeilspitzen erstellen. So gibt es hier die frühen dreieckigen Silex-Pfeilspitzen mit leichter Einengung zum Schaft (Bietigheim, Sinzheim und Bühl), dann die Silex-Pfeilspitzen mit eingebuchteter Basis (Sinzheim, Ötigheim und Kuppenheim) und schließlich als dritte Gruppe Silex-Pfeilspitzen mit Dorn (Bühl, Muggensturm, Kuppenheim, Rastatt-Rauental und Rheinmünster-Greffern). Diese dritte Kategorie, die gestielten Pfeilspitzen, wird allgemein in die späte Jungsteinzeit gesetzt, sie wurde aber, da leichter zugänglich als Metall, noch bis weit in die Bronzezeit, vereinzelt sogar noch bis in die vorgeschichtliche Eisenzeit hinein angefertigt und benutzt. Daher können einzelne Lesefunde nur sehr schwer chronologisch zugeordnet werden. So sind fünf Silex-Pfeilspitzen, vier von ihnen gestielt, in Rastatt-Förch auf den unmittelbar benachbarten Gewannen Förcher Feld und Rain zusammen mit zahlreichen urnenfelderzeitlichen Scherben gefunden worden und daher wohl der späten Bronzezeit zuzurechnen. Eindeutig neolithisch ist eine mehr als 16 cm lange Grand-Pressigny-Klinge, die in Bühl in über 2,5 m Tiefe nahe dem Grundwasserhorizont gefunden wurde.

Geschliffene, aber nicht durchbohrte Beile kennen wir aus Sinzheim und Rastatt-Rauental; der Fundort des letzteren war allerdings zur Zeit der Inventarisierung (über 40 Jahre nach der Auffindung) nicht mehr bekannt. Ein durchbohrtes Steinbeil stammt aus Bühl, und in Iffezheim hat man vier Steinbeile gefunden, eines bereits 1851, ein zweites 1917 und schließlich zwei weitere 1934. Die tatsächlichen Fundstellen sind allerdings nicht genau bekannt. Eines tauchte 1934 auf dem Dachboden eines alten Bauernhauses auf. Dem Volksglauben entsprechend war das vermutlich auf einem Acker des Hausbesitzers gefundene neolithische Beil als »Donnerkeil« gedeutet und folgerichtig als Blitzschutz verwendet worden.

In Bühlertal und Iffezheim wurden angeblich Rillenschlägel gefunden. Solche Geräte kennen wir vor allem aus dem steinzeitlichen Bergbau. Auffallend ist nur, daß beide Beile deutliche Wülste an den Rillenrändern aufweisen, wie sie bei hiesigen Rillenschlägeln ansonsten selten vorkommen und eigentlich für indianische Rillenschlägel charakteristisch sind. Da erscheint es verdächtig, wenn der angeblich aus Iffezheim stammende Schlägel im Rastatter Museum in einer Vitrine zusammen mit Funden amerikanischer Provenienz liegt, die 1870 nach Rastatt gekommen und später der Stadt vermacht worden sind. Für indianische Rillenschlägel sind nämlich die Wülste an den Rillen besonders typisch. Damit bleibt aber auch weiterhin ungeklärt, wie der andere Rillenschlägel gleichen Typs ausgerechnet nach Bühlertal gelangt sein könnte.

Wo Silices gefunden wurden, fand man gewöhnlich auch Scherben, aber solche, die sich eindeutig als neolithisch identifizieren ließen, waren nur selten darunter. Gesicherte jungsteinzeitliche Grabfunde gibt es im Kreisgebiet ebenfalls nicht. In Rastatt-Förch (1956), Rheinmünster-Söllingen (1931) und Sinzheim (1967) sollen angeblich Hockergräber entdeckt worden sein, aber leider liegt in keinem der genannten Fälle ein brauchbarer Grabungsbericht oder eine sonstige Dokumentation vor. Desgleichen wurden keinerlei Grabbeigaben bekannt.

Bronzezeit. – Die Bronzezeit (ca. 2000 bis 1200 v.Chr.) ist im Kreis Rastatt nur mit wenigen Einzelfunden vertreten. Aus der frühen Bronzezeit stammen zwei Dolche, einer aus Hügelsheim, der andere aus Rastatt, und ebenfalls in die frühe Phase gehören das Bruchstück eines Randleistenbeils aus der Kiesgrube Steinmauern sowie ein Lappenbeil aus Rheinmünster-Greffern. Etwas jünger sind bereits eine bronzezeitliche Pfeilspitze mit Widerhaken aus Rastatt und ein Trichterhalsgefäß aus einem Grab in Iffezheim.

Urnenfelderkultur. – Die jüngere Bronzezeit (ca. 1200 bis 800/750 v.Chr.; Hallstatt A und B), auch als Urnenfelderzeit bezeichnet, ist gekennzeichnet durch große Urnengefäße, die außer dem Leichenbrand meist auch noch Beigaben aufgenommen haben. In Bayern und im Osten Deutschlands sowie darüber hinaus treten sie zumeist in großen Feldern, also gewissermaßen in Friedhöfen auf, bei uns aber gewöhnlich nur in kleineren Gruppen. Aus dem Kreis Rastatt gibt es einen einzigen derartigen Fund aus Ötigheim (1926). Eine Besonderheit dieser Periode sind Minigefäße, wie sie in Iffezheim gefunden wurden. Einige Forscher sprechen dabei von »Spielzeuggefäßen«; es ist indes bis heute nicht zweifelsfrei geklärt, ob es sich tatsächlich um Spielzeug handelt, und der Urheber dieser Deutung (W. Kimmig) hat sie später selbst nicht weiter vertreten. Urnenfelderzeitlich ist auch ein oberständiges Lappenbeil aus Bischweier, das sich heute in den Schausammlungen des Instituts für Vor- und Frühgeschichte der Universität Tübingen befindet, weil ein aus dem Württembergischen stammender Soldat, der es gegen Kriegsende beim Stellungsbau gefunden, es dorthin gegeben hat.

Schwerter tauchen in der Bronzezeit (B) verhältnismäßig früh auf. Die beiden Schwerter aus dem Kreis Rastatt gehören allerdings erst der Urnenfelderkultur an; es handelt

1. Vor- und Frühgeschichte 69

sam als Opfer zu Ehren einer Gottheit übergeben wurden. Ösenlanzenspitzen waren besonders leicht (die aus Greffern wiegt 342 g), da sie bis in die Spitze hinein hohl gegossen waren; die Ösen befinden sich im Blattansatz oder direkt darunter. Ob die Waffe als Stoß- oder als Wurfwaffe oder beiden Zwecken zugleich diente, eventuell aber nur ein Statussymbol darstellte, läßt sich nicht mehr klären.

Hallstattzeit. – Die ältere Eisenzeit (ca. 800/750 bis 500/450 v.Chr.; Hallstatt C und D), auch als frühe Keltenzeit bezeichnet, ist im Kreis Rastatt besonders mit Grabhügeln bei Hügelsheim und in dem südlich angrenzenden Teil der Gemarkung von Rheinmünster-Söllingen vertreten. Außerdem gibt es Hallstatt-Funde aus dem nördlich benachbarten Iffezheim. Das Glanzstück dieser Reihe, der sogenannte »Heiligenbuck« von Hügelsheim, hätte möglicherweise vergleichbar sein können mit dem spektakulären Fund von Eberdingen-Hochdorf, jedoch ist er, wie so viele andere Hallstatt-Grabhügel, schon in alter Zeit ausgeraubt worden, so daß nicht einmal mehr eine Ausgrabung nach den Grundsätzen einer modernen Archäologie erfolgen konnte. Eine aus dem 17. Jh. überlieferte Hügelsheimer Sage erzählt, in dem Hügel wohnten Zwerge, die – und das ist vielsagend! – in Notzeiten den Hügelsheimern beistünden. Als 1880 die wissenschaftliche Ausgrabung des Hügels in Angriff genommen wurde, war er nur noch 3 bis 3,5 m hoch, hatte aber gleichwohl einen Durchmesser von 71 bis 74 m. Die angewandte Methode war die der Ringgrabung, d.h. um einen Kern von 12 m Durchmesser wurde ein 2,5 m breiter Ringgraben angelegt, und anschließend hat man den Kern Stück für Stück abgetragen. Dabei waren die in hallstattzeitlichen Grabhügeln häufig vorkommenden Randbestattungen nur ganz vereinzelt und zufällig zu erfassen und sind, obgleich sie vermutlich auch hier vorhanden waren, im Heiligenbuck bis heute nicht sicher nachgewiesen. Die in einer Grabkammer von etwa 4,5 x 3,2 m gemachten Funde waren äußerst spärlich, darunter die Überreste eines Wagens und Gespanns (Nabenring, bronzeblechbezogene Speichen, Trensenbruchstücke) sowie minimale Reste von diversen Bronzegefäßen und einem Antennendolch; goldene Gegenstände fehlten völlig, waren aber ursprünglich ganz zweifellos vorhanden. Es dürfte sich um ein einst außergewöhnlich reich ausgestattetes Wagengrab gehandelt haben, das später geplündert worden ist.

sich dabei um ein 74 cm langes Vollgriffschwert aus Sinzheim und um ein 77 cm langes Griffzungenschwert aus Rheinmünster-Greffern. Letzteres ist ein Kiesgrubenfund, hat also in einem alten Rheinarm gelegen. In derselben Kiesgrube sind auch das bereits erwähnte mittelständige Lappenbeil und eine Ösenlanzenspitze aus Britannien zutage gekommen. Auf dem europäischen Festland sind bislang erst neun derartige Ösenlanzenspitzen bekannt geworden, fast alle wurden aus Flüssen bzw. Flußsanden geborgen. Das deutet darauf hin, daß es sich bei den drei Fundstücken aus Greffern möglicherweise um Weihegaben handelte, die – wie zu jener Zeit üblich – den Fluten gemein-

Beim Ausblick von der Grabungsstelle Heiligenbuck entdeckte Ernst Wagner 820 m südlich desselben einen weiteren, allerdings viel stärker verschleiften, bis dato unbe-

Heiligenbuck bei Hügelsheim von Südwesten.

kannten Grabhügel, der bereits auf der Gemarkung von Rheinmünster-Söllingen liegt. Bei einem Durchmesser von 37,2 m war er nur noch 1,7 m hoch. Im November 1881 wurde dieser nach der gleichen Methode (2 m breiter Kreisgraben, 5 m Innendurchmesser um den Hügelmittelpunkt) ausgegraben. Zuerst stieß man auf die Gebeine acht österreichischer Soldaten des 18. Jh., die hier bestattet worden waren, und im folgenden ergab sich, daß dieses Grab unberaubt war. Allerdings waren mit der Vorgehensweise der damaligen Ausgräber keine brauchbaren Ergebnisse zu erzielen. Unmittelbar bei Resten von Zähnen und Spuren des Kiefers wurde ein Bronzehalsring mit Schließe gefunden, darüber hinaus eine 2,8 cm dicke Bernsteinperle, eine gan-

ze und Bruchstücke von zwei weiteren Schlangenfibeln, ein Stück Milchglas – zweifellos eines der ältesten Glasstücke in Südwestdeutschland überhaupt – sowie schließlich eine sehr schöne goldene Armspange mit einem raffinierten Zungenverschluß. Der »Kleine Heiligenbuck«, wie man diesen Grabhügel fortan gern nannte, ist ohne Zweifel das Grab einer vornehmen Frau aus der gleichen Zeit wie die männliche Bestattung im Heiligenbuck. Ob zwischen beiden ein verwandtschaftlicher Zusammenhang bestanden hat, ist nicht nachzuweisen, aber durchaus denkbar. Leider mußte dieser Hügel 1952 dem NATO-Flugplatz Söllingen weichen, ohne daß noch einmal eine genauere Untersuchung hätte erfolgen können.

1. Vor- und Frühgeschichte

Hallstattzeitliche Armspange aus Hügelsheim.

Anfang der 1880er Jahre hatte Wagner eine Fragebogenaktion durchgeführt, durch die er von drei weiteren Grabhügeln auf Hügelsheimer Gemarkung erfuhr. Diese waren nur noch wenig über 1 m hoch und hatten einen Durchmesser von nicht mehr als 16 bis 20 m. Wagner selbst hat die Fundorte allerdings versehentlich der Gemarkung Söllingen zugerechnet, und man hat daher noch in jüngster Zeit geglaubt, auch diese Hügel seien dem Flugplatzbau zum Opfer gefallen. Das trifft aber glücklicherweise nicht zu, vielmehr sind sie im Hügelsheimer Hardtwald, dicht an der Grenze zum Söllinger Bannwald noch heute deutlich sichtbar. 1884 hat Wagner auch diese drei Hügel ausgraben lassen. Zuerst wurde der mittlere Hügel (I) nach der Ringgrabungsmethode angegangen; er war der fundreichste. Sodann wurde der nordöstlich gelegene Grabhügel (II) nach der gleichen Methode untersucht, dabei ergab sich jedoch nicht die geringste Spur von Funden. Der südlichste Hügel (III) wurde zum Schluß ohne Ringgraben untersucht. Aus ihm kamen Scherben einer bauchigen Urne und eines halbkugeligen Schälchens zutage, außerdem eine vollständig erhaltene Tonschale und sehr kleine Bronzedrahtohrringe. Der fundreichste Hügel II enthielt außer einer latène-

zeitlichen Nachbestattung und einigen Gefäßen bzw. Gefäßscherben eine besonders interessante zentrale Bestattung. Es war das Grab einer Frau. Die Dame trug an ihrem rechten Arm einen bemerkenswerten Armschmuck, nämlich dreierlei ganz unterschiedliche Armringe. Zu oberst einen dicken, 4,8 cm breiten, schwarzglänzenden Lignitarmring. Zwischen diesem und einer über 500 g schweren Bronzearmspange mit dicken Endknöpfen zierte ihren Arm ein Bronzering mit sechs Ösen, bei denen sich kleine Ringchen mit Bärenzähnen fanden. Des weiteren wurde hier ein flacher, glatter, schwarzer Stein (ca. 3 x 6 cm) mit einer natürlichen Durchlochung gefunden; er hing ebenfalls an dem Ösenarmring und hat möglicherweise als Amulett gedient. Während die vornehme Frau an ihrer Rechten also gleich drei Armringe trug, hatte sie an ihrem linken Arm nur einen Ösenarmring ähnlich dem mittleren Ring am rechten. Zwei Armspangen dieser Art gibt es im Kreis Rastatt auch als Lesefunde, die zweifellos aus verschleiften Gräbern stammen. Eine massive Spange mit dicken Endknöpfen kommt aus Hügelsheim, eine andere, aus breitem Bronzeblech aus Lichtenau-Scherzheim. Beide Arten sind eine regionale Besonderheit zu beiden Seiten des südlichen Oberrheins zwischen der Nordschweiz und Mittelbaden. Die entsprechenden Funde gehören der Periode Hallstatt D1 an. Ein hallstattzeitliches Gefäß stammt aus Iffezheim; es wurde 1932 bei Kanalisationsarbeiten am damaligen Ortsrand gefunden.

Latènezeit. – Die Latènezeit (ca. 500 vor bis um Christi Geburt), auch als jüngere Eisenzeit bezeichnet, scheint in der Landschaft neue Akzente gesetzt zu haben. Ein frühlatènezeitlicher Grabhügel wurde 1894 beim Bau der strategischen Bahn von Rastatt nach Röschwoog wenige Meter jenseits der Rastatter Stadtgrenze auf Iffezheimer Gebiet angeschnitten. Außer Keramik-Gefäßen bzw. Gefäßbruchstücken enthielt das Grab eine in reichen Gräbern der frühen Latènezeit verbreitete Beigabe, nämlich eine etruskische Bronze-Schnabelkanne mit einer keltischen Henkelattasche. Jünger als diese Stücke – wohl aus der mittleren Latènezeit – ist ein Buckelarmring aus Muggensturm, und in die gleiche Periode gehört vermutlich auch eine Reihe von Bruchstücken keltischer Glasarmringe vom östlichen Rheinauen-Rand auf der Gemarkung Ötigheim. Von derselben Stelle stammt auch eine Perle mit Glasfadenauflage. Eine Lanzenspitze aus Rheinmünster-Greffern und ein eisernes Lappenbeil aus Rastatt-Ottersdorf ergänzen den latènezeitlichen Fundbestand aus dem Kreisgebiet.

Acht Eisenbarren, Schmiedeeisen in der damals, aber auch noch lange danach handelsüblichen Form zweier aufeinander stehender vierseitiger Pyramiden von durchschnittlich insgesamt 40 cm Länge stammen, aus Iffezheim. Im Schnitt ist jeder dieser Barren 5,3 kg schwer; sie sind – in einer längst vergangenen, im Boden aber noch erkennbaren Kiste verpackt – 1953 in 1,4 m Tiefe gefunden worden. Darüber hinaus gibt es aus dem Kreis Rastatt auch noch einige keltische Münzen, deren Fundorte allerdings durchweg schlecht bezeugt sind. 1869 wurden auf einem Acker bei Lichtenau (Richtung Stollhofen) zwei sogenannte Regenbogenschüsselchen gefunden, von denen allerdings nur noch eines erhalten ist. Es waren zwei Statere vom Typ Philipp II. Die keltischen Nachahmungen griechischer Vorbilder zeigen auf der einen Seite das Antlitz eines Herrschers, in diesem Fall das des Macedoniers Philipp II., auf der anderen Seite ein Pferd in typisch keltischem Stil. Je eine weitere keltische Münze sollen in Baden-Baden und beim Schloß (Neueberstein) oder bei der Burg Eberstein (Ebersteinburg) gefunden worden sein. Sollte der Fundort Ebersteinburg zutreffen, wäre möglicherweise auch die Annahme berechtigt, die Ringwall-Überreste auf dem benachbarten Battert für spätkeltisch zu halten.

Römerzeit. – Mit Ausnahme der im Murgtal gelegenen Gemeinden Gernsbach, Weisenbach, Forbach und Loffenau ist unter den 23 Kreisgemeinden keine, auf deren Gemarkung nicht wenigstens ein paar Scherben oder sonstige Überreste aus der Römerzeit (ca. 70 bis 260 n.Chr.) gefunden wurden. Viele Kreisgemeinden haben jedoch in dieser Hinsicht wesentlich mehr als ein paar Scherben zu bieten.

Nach einem in Norddeutschland früh gescheiterten Versuch, auch im rechtsrheinischen Gebiet Fuß zu fassen, haben es die Römer in der zweiten Hälfte des 1. Jh. erneut und diesmal mit Erfolg unternommen, zumindest die Lücke zwischen dem Oberrhein und der oberen Donau nicht allein unter ihre Kontrolle zu bringen, sondern auch ihrer Provinz Obergermanien anzugliedern. Durch einen in Offenburg gefundenen Meilenstein wissen wir mit Sicherheit, daß bereits unter Vespasian um 74 n.Chr. durch den Straßburger Legaten Pinarius Cornelius Clemens der Bau der römischen Kinzigtalstraße erfolgt ist. In Baden-Baden scheinen die Römer sogar schon einige Jahre früher mit dem Aufbau einer brauchbaren Infrastruktur begonnen zu haben. Die Cohors XXVI voluntariorum Civium Romanorum scheint schon gegen Ende der 60er Jahre, spätestens ab 71 in Aquae bzw. Baden-Baden Pionierarbeit geleistet zu

Urne und Einhenkelkrug aus einem keltischen Grab bei Durmersheim (2./3. Jh. n. Chr.).

haben, sehr bald unterstützt von der Cohors VII Raetorum equitata und Vexillationen der I. und XI. Legion, wenig später auch von Einheiten der XIIII. Legion. In den rund zwanzig Jahren, während der diese Einheiten an der Oos gelegen haben, haben sie die Grundlagen für das römische Baden-Baden und zweifellos auch für das Umland geschaffen. Danach diente Baden-Baden der in Straßburg liegenden VIII. Legion als Kurbad und wurde fortan auch baulich von dieser Truppe betreut.

Einer der ältesten römerzeitlichen Funde aus dem Landkreis Rastatt besteht aus drei Fibeln. Zusammen mit möglicherweise drei weiteren waren sie in einem bei Muggensturm nahe der Gemarkungsgrenze gegen Rastatt gefundenen Gefäß deponiert; die Art ihrer Aufbewahrung läßt an einen Verwahrfund denken.

Eine der wichtigsten von den Römern bewältigten Aufgaben war, wie schon der Offenburger Meilenstein zeigt, von Anfang an die Schaffung von Straßen. So ist auch aus Bühl ein Meilenstein erhalten. Er stand an der römischen Bergstraße, deren Verlauf zwischen Ottersweier und Baden-Oos über weite Strecken jenem der heutigen B 3 entspricht. Nordöstlich von Oos führte diese Bergstraße über Kuppenheim und Malsch nach Ettlingen, während die B3 sich vor Rastatt mit der B36 vereinigt und hinter Rastatt der barocken Achse zwischen Rastatt und Ettlingen folgt. Infolge einer sekundären Verwendung als »Immenstein der 2te«, d.h. als zweiter Grenzstein, haben große Teile der römischen Inschrift auf dem Bühler Meilenstein sehr gelitten.

Der Stein ist spätestens unter Kaiser Trajan (um 100 n.Chr.) gesetzt worden und gibt die Distanz zur Provinzhauptstadt Mainz mit 120 Meilen, also rund 180 km, recht präzise an. Bei späteren Steinen (spätestens ab 120 n Chr.) beziehen sich die Entfernungsangaben stets auf das Verwaltungszentrum der zuständigen Civitas, in unserem Fall also auf Baden-Baden.

Am Südrand der Gemarkung von Sinzheim wurden an einer Stelle gleich vier Leugensteine gefunden. Der Name dieser Steine erklärt sich daher, daß seit dem Anfang des 3.Jh. man in den nordwestlichen Provinzen Entfernungen nicht mehr nach der römischen Meile (= 1,5 km) sondern nach der gallischen Leuge (= 2,2 km) angegeben hat. Wenn hier gleich vier Leugensteine gefunden wurden, ist dies nichts Außergewöhnliches. Die Steine waren Ergebenheitsadressen der Militär- bzw. Provinzialverwaltungen an einen neuen Kaiser. Die Sinzheimer Leugensteine sind 213 n.Chr. dem Kaiser Caracalla, 220 n.Chr. Elagabal, 222 n.Chr. Severus Alexander und 243 n.Chr. Gordianus III. gewidmet worden. Alle vier Steine geben die Entfernung nach Aquae (Baden-Baden) mit 4 Leugen, also knapp 9 km an. Nach Baden-Baden weist vermutlich auch ein Leugenstein des Kaisers Elagabal (218–222) aus Au am Rhein, ein anderer des Kaisers Victorinus (269/70) aus Eichesheim-Illingen scheint dagegen zur Römerzeit noch linksrheinisch gestanden zu haben.

Unweit der Fundstelle der Sinzheimer Leugensteine stieß man 1934 beim Bau eines neuen Straßenstücks der B 3 bei Kilometer 1,8 neben der alten Landstraße in 1,3 m Tiefe auf einen alten Straßenkörper, der sich rund 50 m weit verfolgen ließ. Offenbar haben wir es dabei mit einem Stück der alten römischen Bergstraße zu tun. Im Aushub des Straßenbaus wurden auch einige wenige römische Gegenstände eingesammelt, darunter eine Kuhglocke

Neben der römischen Bergstraße entstand – vielleicht zur gleichen Zeit – die römische Hochuferstraße, die etwa der heutigen B 36 entspricht und in wechselndem, jedoch relativ geringem Abstand westlich davon verlief. Freilich kennt man weder den Übergang der römischen Bergstraße über die Oos bei ihrem Eintritt in die Randniederung noch den Übergang der Hochuferstraße über die Murg bei ihrem Eintritt in die Rheinauen bei Rastatt. Vermutlich liefen von Punkten westlich der Kinzig-Murg-Rinne, die heute nur noch zu erschließen sind, Verbindungsstraßen vor den bedeutenderen römischen Gebirgsrandsiedlungen Baden-Baden und Ettlingen strahlenförmig zu der Hochuferstraße. Westlich vor den Toren von Ettlingen, bei der ehemaligen Kapelle St. Johann, wo ein Merkurheiligtum gefunden wurde, war allem Anschein nach ein solcher Straßenknoten, von dem aus wahrscheinlich schon in römischer Zeit Wege zu den an der Hochuferstraße gelegenen Siedlungen führten, nach Förch, Mörsch, Durmersheim und Ötigheim – allesamt Gemeinden mit römerzeitlichen Funden. Die Straße nach Ötigheim, wird heute nur noch in Teilen als Feldweg genutzt. Auf Ötigheimer Gemarkung heißt sie Kippstraße und ist im Wald noch mit einem bis zu 1 m hohen Straßenkörper sichtbar. 1983 wurden durch diese 4,2 m

Römische Merkurstatuette aus Steinmauern.

breite und von 1,2 m tiefen Gräben gesäumte Straße im Wald auf Durmersheimer Gemarkung drei Grabungsschnitte angelegt.

Am Südrand von Baden-Baden-Sandweier, vielleicht an der Stelle eines heutigen Steinkreuzes, stand an einem der römischen Straßenspinne von Ettlingen vergleichbaren Platz ein Weihestein zu Ehren der Vierwegegottheiten, der bis 1854 in der Sandweirer Ortskirche eingemauert war. Er nennt uns die Bürger eines Ortes, dessen lateinischer Name Bibium oder Bivium sich bis heute nicht zweifelsfrei zuordnen läßt, allerdings hat die Deutung als Baden-Oos eine größere Wahrscheinlichkeit als Iffezheim. Auf jeden Fall gingen von hier aus eine Straße nach Rastatt, eine nach Iffezheim und eine nach Hügelsheim. Letztere ist nicht mehr durchgehend im Gebrauch, wird von der Autobahn und ihrem Zubringer unterbrochen. Der 8 m breite Straßenkörper mit deutlich erkennbaren Straßengräben wird schon 1736 als Alte Straße bezeichnet und stellt bereits auf einer Militärkarte des 17. Jh. die einzige wichtige Verbindung zwischen Hügelsheim und Baden-Baden dar. Damit entfällt die Möglichkeit, daß diese für römische Verhältnisse eigentlich ungewöhnlich breite »Neben«-Straße erst in der kriegereichen Zeit um 1700, etwa im Zusammenhang mit dem Bau der Bühl-Stollhofer Linien, entstanden sein könnte. Ihre Breite erklärt sich vielleicht daher, daß sie von Baden-Baden aus die kürzeste Verbindung nach dem Legionslager Straßburg darstellte, während die anderen Straßen von der Sandweirer Gabelung aus zu damals weniger bedeutenden Plätzen (Iffezheim und Rastatt) an der Hochuferstraße führten.

Römische Straßenstücke will man auch in Ottersweier und Kuppenheim, ebenso in Rastatt und Gernsbach erkannt haben. Indes ist keine dieser Stellen eindeutig belegt, wiewohl die beiden zuerst genannten einige Wahrscheinlichkeit für sich haben, denn beide Stellen wären wiederum Teilstrecken der römischen Bergstraße.

Für römische Siedlungen – zweifellos recht unterschiedlicher Größe – finden sich im Kreis Rastatt zahlreiche Hinweise. Immer wieder gibt es Funde von eindeutig römischen Scherben, von Dach- und Hypokaustziegeln, von Haushaltsgeräten wie etwa einer Handmühle (Rheinmünster-Greffern) oder sogar von Gegenständen aus gehobenen Haushalten, wie jener bronzenen Lampe aus Steinmauern, mit einem Fuß zum Stellen, einem Henkel mit mondförmig gestaltetem Schutzschild und mit Ösen zum Aufhängen mittels einer Kette. Manche Fundgegenstände deuten auf Handwerk und Handel hin, so z.B. die Eisengeräte aus Ötigheim oder Iffezheim, dazu römerzeitliche Münzfunde. Es sind weit über achtzig römische Münzen bekannt, die im Kreisgebiet gefunden wurden; in Baden-Baden sind es noch wesentlich mehr. Aber nur bei etwa zwei Dritteln dieser Münzfunde weiß man noch Fundstellen. Oft belegen auch Gebäude- und Hofmauerreste eine einst vorhanden gewesene villa rustica, einen römischen Gutshof.

Ganz sicher handelt es sich bei einer am Fuße des Eichelbergs in Gaggenau-Oberweier ausgegrabenen Anlage um eine villa rustica. Sie wurde schon 1806 entdeckt, dann aber wieder gänzlich vergessen. Was zu Beginn des 19. Jh. als Heiligtum beschrieben wurde, ist ganz eindeutig römisch: ein Keller, Terra sigillata und Überreste eines Jupitergigantenreiters. Eine Sondiergrabung des Landesdenkmalamts hat 1976 den längst in Vergessenheit geratenen Standort dieser villa rustica neuerlich bestätigt. Ein Teil der Hofumummauerung biegt innerhalb des Grabungsschnitts in der von West nach Ost verlaufenden Fundamentschüttung nach Norden ab. Hier fand sich als Fundamentierung eine Lage großer sekundär verwendeter Steine, auf denen ehedem ein leichtes, ostwärts an die Mauer angelehntes Bauwerk gestanden hat, eine Remise, eine Scheune oder etwas Ähnliches. Wenig östlich von der Mitte des Areals wurde eine fast 1 m tiefe Fundamentschüttung eines großen Gebäudes mit letzten Resten einer aufgehenden Zweischalenmauer gefunden, möglicherweise das Hauptgebäude bzw. Herrenhaus der villa rustica. Eine nordöstliche Fortsetzung dieser Schüttung zeigte sich in einer kleinen Grabungsfläche (nur 1 x 1 m). Nachdem die Fundamentschüttung ausgehoben war, kam darunter eine Mauer zutage, die fast rechtwinklig zum Schüttungsgraben verlief. Ihre Oberkante war scheinbar abgeschrägt, wie bei einem Gebäudesockel; die Mauer verlief in einem leichten Bogen. Ob es sich dabei um eine ältere Bauphase, um eine verschobene oder abgerutschte Mauer, um die Bedeckung einer Wasserleitung oder um die Rückseite eines tiefer gelegenen Gebäudeteils, einer Hypokaustanlage, eines Kellers oder dergleichen handelte, konnte die kleine, nur als Sondierung angesetzte Grabung nicht klären. Das gilt auch für den Befund der tief ins Erdreich gehenden Rückseite eines Gebäudes, hinter dem sich vermutlich der 1806 entdeckte Keller verbirgt. Auf der sehr kleinen Grabungsfläche in Gaggenau-Oberweier kamen hunderte von Mauersteinen, Kalkbrocken, Leisten- und Hohlziegelbruchstücken zum Vorschein. Dokumentiert wurden über zweihundert Keramikscherben, darunter Bruchstücke von mindestens 13

Terra sigillata-Gefäßen – wohl durchweg Rheinzaberner Ware –, ferner Teile zweier Faltenbecher und das Bodenstück eines Glasgefäßes. Als Anhaltspunkt für die Datierung des Ganzen dienen die Reste einer Rheinzaberner Bilderschüssel, die sehr wahrscheinlich aus der Werkstatt des Januarius I stammt. Diese Schüssel ist wohl um die Mitte des 2. Jh. entstanden. Aufgegeben wurde die hiesige villa rustica wohl kaum vor dem Fall des Limes in den Jahren 259/60 n. Chr.

Wo Menschen lebten, sind auch Menschen gestorben und wurden beerdigt. So stammen einige Funde aus Ötigheim, Iffezheim, Steinmauern und Eichelheim-Illingen vermutlich aus römerzeitlichen Gräbern. Ganz sicher ist ein Grab aus Bietigheim, dem zwei Einhenkelkrüge beigegeben waren, der römischen Periode zuzuweisen, ebenso ein beigabenreiches Grab aus Rastatt. Letzteres enthielt einen Faltenbecher, einen großen und einen kleinen Einhenkelkrug, eine Tasse und einen Teller aus Terra sigillata, dazu eine Urne, hergestellt aus einem geköpften Einhenkelkrug. Ein ganzer römischer Friedhof ist auf dem Hochuferrand bei Durmersheim (Im Eck) nachgewiesen; er wurde dort 1940 bei Bauarbeiten am Westwall entdeckt. Die damaligen Umstände ließen eine planmäßige Grabung nicht zu, aber es konnten dennoch 15 Grabinventare gerettet werden, darunter ein ganz typisches Grab (9) mit einer Urne und einem Einhenkelkrug. Einen ähnlichen Inhalt hatte auch ein weiteres Grab (12) mit einem 23,5 cm hohen Krug und einer grautonigen Urne; auf der Urne ist ein Graffito des keltischen Namens Carmanis zu entziffern. Ein umfangreicheres Inventar stammt aus Grab 11; es besteht aus einer großen grautonigen Schale (36,5 cm Durchmesser) mit dem Leichenbrand sowie den Scherben eines mitverbrannten Terra-sigillata-Gefäßes und eines Glasgefäßes und enthält als nichtverbrannte Grabbeigaben den üblichen Einhenkelkrug (22 cm hoch) und eine Terra-sigillata-Schale von 19,5 cm Durchmesser mit dem Stempel des Rheinzaberner Töpfers SEVVO. Am reichsten ausgestattet war Grab 6. Neben der bauchigen gelbtonigen Urne (22 cm Durchmesser) stand darin der übliche Einhenkelkrug (25,5 cm hoch) und ein Terra-sigillata-Teller (24 cm Durchmesser) mit barbotineverziertem Rand. In der Urne dieses Grabes befanden sich außer dem Leichenbrand eine römische Bronzefibel, Reste einer Vierkantflasche, einige eiserne Beschlägstücke und ein bronzener Riegel eines Kästchens, dazu mehr als zwei Dutzend Scherben zumeist von Terra-sigillata-Gefäßen, darunter Bilderschüsseln und barbotineverzierte Tassenbruchstücke. Auffallend war dem

Römischer Leugenstein aus Sinzheim (4 Leugen = 8,88 km bis Baden-Baden).

Durmersheimer Gräberfeld, daß es weit über die Mitte des 3. Jh. hinaus, d.h. noch nach der Aufgabe des Limes belegt wurde; dieses bezeugen einige hier vorkommende spätrömische Gefäßtypen und zwei Perlrandbecken.

Wie diese Gräber oberirdisch gekennzeichnet waren, wissen wir nicht. Römische Grabsteine, die ja gewöhnlich einiges zur Person des Verstorbenen aussagen (wie z.B. einige aus Baden-Baden), wurden im Gebiet des Kreises Rastatt bislang erst einmal gefunden, und das war bereits 1521. Damals entdeckte man in dem wüstgefallenen Ort Dunhausen, der zwischen Rastatt-Wintersdorf und Rastatt-Ottersdorf lag, gleich fünf Grabsteine. Leider sind alle verschollen. Die mehr oder minder vollständig erhaltenen Inschriften wurden aber glücklicherweise festgehalten. So wissen wir, daß wenigstens drei, vielleicht auch vier dieser Steine von Gräbern römischer Soldaten der VIII. Legion stammten.

Viele Grabsteine trugen recht kunstvolle Reliefs. Derartige Reliefs und andere Kunstwerke liefert uns besonders der kultische Bereich. So stammt etwa aus Iffezheim eine bronzene Reiterstatuette; sie wurde 1963 beim Kiesabbau gefunden. Möglicherweise handelt es sich dabei um eine Marsdarstellung, aber es könnte auch ein Turnierreiter sein. Das künstlerisch nicht sehr qualitätvolle Stück gelangte nach Rastatt ins Museum, wo es gern, aber unzutreffend als »Rastatter Reiter« deklariert wird.

Schon Caesar berichtet davon, daß die Gallier unter den Göttern vor allem Merkur verehrten; freilich war das eine interpretatio Romana, denn die Römer meinten in einem der einheimischen Götter ihren Merkur wiederzuerkennen. In Inschriften trägt daher Merkur wie einige andere römische Gottheiten bisweilen einen keltischen Landschafts- oder Stammesnamen als Beinamen. Aus Iffezheim stammt ein Merkuraltar, den ein Claudius Secundinus gestiftet hat; die Formel VSLLM (votum solvit laetus libens merito) deutet darauf hin, daß es sich um einen Votivstein handelt. Ein ganz besonders schönes Stück ist die bronzene Merkurstatuette aus Steinmauern. Aus Kuppenheim, aus der Waldabteilung Hirschacker auf dem Dürreberg kommt ein großer Torso, ein Reliefsockel, der die Beine des Gottes Merkur zeigt, erkennbar an seinem ebenfalls dargestellten Begleittier, einem Bock. Gefunden wurde dieses Relief bereits 1937 zusammen mit einem kleineren Bruchstück, das den Kopf des Gottes darstellt. Diese Funde lagen anschließend ein volles Jahrzehnt in einer Waldarbeiterhütte; erst 1947 gelangte das große Relief ins Museum nach Rastatt, das zugehörige Merkurköpfchen war inzwischen verschwunden.

Der Fund vom Dürreberg bei Kuppenheim zeigt ebenso wie die nahen Fundstellen von Haueneberstein (Wolfartsberg) und Baden-Baden (Großer Staufenberg), daß die einheimische nichtrömische Bevölkerung ihren Gott entgegen der römischen Sitte gern auf Bergeshöhen verehrte. Merkur ist auch fast immer eine der beiden männlichen Gottheiten auf den Viergöttersteinen. Aus Au am Rhein haben wir gleich deren drei, ja vielleicht sogar vier. Der am schlechtesten erhaltene zeigt Merkur mit seinem Stab, Herkules mit der Keule, Minerva mit der Eule und die ein Opfer darbringende Juno. Ein weiterer Stein läßt eben diese Götterkombination bereits wesentlich besser erkennen. Noch schöner zeigt aber der dritte Stein die Gottheiten, wenngleich in einer etwas anderen Kombination. Auf ihm tritt Apollo in der für ihn typischen Beinhaltung an die Stelle Merkurs, gestützt auf sein Instrument, das Plektrum in der Rechten, Köcher und Bogen geschultert; außerdem sind auf dem Stein Herkules mit Keule, Löwenfell, den Hesperidenäpfeln in der Linken, geschultertem Bogen und Köcher, Minerva mit Helm, Lanze, Schild und ihrem Begleittier, der Eule, sowie Juno mit Diadem und Schleier, das Opferkästchen in der Linken, den Opferkuchen in der Rechten und ihrem Begleittier, dem Pfau, zu erkennen. Ein vierter, verschollener Viergötterstein könnte ebenfalls aus Au am Rhein stammen, als Fundorte kommen daneben aber auch Elchesheim-Illingen und Rastatt in Betracht; er zeigte Minerva, die opfernde Juno, Merkur und Herkules. Die stark beschädigte Herkules-Seite eines mutmaßlichen Viergöttersteins ist heute im Vorraum der Pfarrkirche von Durmersheim eingemauert.

Viergöttersteine waren bekanntlich Bestandteile von Jupitergigantensäulen. Derartige Gigantengruppen besitzen wir aus Baden-Baden-Haueneberstein gleich drei. Besser, aber auch nicht vollständig erhalten, ist eine Jupitergigantensäule aus Lichtenau. Sie zeigt oben den Kopf des Gottes, unten – gut erhalten und von hoher künstlerischer Qualität – einen Giganten, jenes schlangenfüßige Wesen aus der griechisch-römischen Mythologie. Nur das rechte Bein ist am Knie abgebrochen, das linke Bein endet, wie bei diesen Darstellungen üblich, in einer Schlange. Auf dem Rücken des Giganten ist zwar noch ein Teil des Hufs erkennbar, ansonsten aber fehlt der gesamte Mittelteil, nämlich Jupiters Pferd. Säulen mit dem thronenden Jupiter kennen wir auch aus Niedergermanien, Jupitergigantensäulen sind aber eine regionale Besonderheit Obergermaniens und eines Teils von Ostgallien. Ein reitender Jupiter war den Römern fremd, ihn gab es nur hier bei uns.

259/60 n.Chr. haben die Römer den Limes aufgegeben, doch blieben, wofür es zahlreiche Belege gibt, zumindest die grenznahen Gebiete rechts des Rheins auch danach noch weitgehend unter römischem Einfluß. Die hier ansäs-

1. Vor- und Frühgeschichte

sige gallorömische Bevölkerung hat ihre Heimat nach Aufgabe des Limes offenbar nicht völlig geräumt, blieb vielmehr allem Anschein nach mitunter noch lange auf ihrer Scholle sitzen, was dem römischen Staat gewiß nicht unwillkommen gewesen sein dürfte. Kleinere Germanengruppen konnten sich rechtsrheinisch zunächst nur mit römischer Billigung niederlassen; auch sie dienten nur der Sicherung des römischen Vorfeldes.

Merowingerzeit. – Über die Zeit zwischen der Mitte des 3. und der Mitte des 5. Jh. wissen wir sehr wenig, aus dem Landkreis Rastatt so gut wie gar nichts. Erst seit der Merowingerzeit, der Zeit der Reihengräberfriedhöfe, die von der Mitte bzw. dem Ende des 5. Jh. bis in den Anfang und die Mitte des 8. Jh. gebräuchlich waren, haben wir wieder archäologisch ergiebiges Material. Seit dieser Zeit lassen sich im Kreisgebiet wieder umfangreichere Siedlungen anhand von Gräberfeldern nachweisen. Früher sprach man diesbezüglich gern von alamannisch-fränkischen Gräbern, indes verrät schon diese Bezeichnung, wie unsicher man sich in der Zuordnung dieser Gräber zu einer bestimmten ethnischen Gruppe war. Daher zieht man heute die Klassifizierung als merowingerzeitliche Gräber vor. Damit sind diese Bestattungen chronologisch eindeutig definiert, ohne daß sie einer bestimmten Germanengruppe zugeordnet werden müssen. Dieses Verfahren erscheint um so legitimer, als das archäologische Kulturgut von Alamannen und Franken so wenige Unterschiede aufweist, daß es anhand des einzelnen Grabinventars nicht leicht, ja oft unmöglich ist, eine ethnische Zuordnung vorzunehmen.

Aus dem Landkreis Rastatt gibt es einige merowingerzeitliche Fundgegenstände, die allesamt aus Gräbern stammen dürften. Eine Lanzenspitze wurde 1960 bei Bauarbeiten in Bietigheim gefunden. Ein Gefäß und eine Scheibe stammen von einem vermutlich zerstörten Gräberfeld in Hügelsheim, und ein doppelkonisches Gefäß und ein paar Perlen kommen aus einem Grab in Rastatt-Plittersdorf, nahe bei der Wüstung Muffenheim. Aus Ötigheim soll eine Gürtelgarnitur stammen, und in Sinzheim soll es drei Gräber dieser Zeit gegeben haben, jedoch liegen in beiden Fällen weder ordentliche Berichte noch irgendwelche Fundstücke vor. Ganz ähnlich verhält es sich mit einer angeblich merowingerzeitlichen Fundstelle in Kuppenheim. Einige Eisenfunde, zumeist Bruchstücke von Werkzeugen und Waffen, kamen bei Kiesgrubenarbeiten in Steinmauern und Elchesheim-Illingen zutage.

Silbertauschierte Gürtelgarnitur aus einem merowingerzeitlichen Grab in Iffezheim.

Die Masse der merowingerzeitlichen Fundgegenstände im Kreisgebiet kommt aus den Gräberfeldern von Iffezheim und Durmersheim. Die Funde beider Friedhöfe werden im Stadtmuseum von Rastatt verwahrt. In Iffezheim wurden 1925 bei Kanalisationsarbeiten ein Messer und eine Pfeilspitze aus einem merowingerzeitlichen Grab sichergestellt. Im abgerutschten Sand der Sandgrube am Hochufer, nur 40 m von der Fundstelle des Jahres 1925 entfernt, fanden spielende Kinder 1929 ein zweischneidiges Langschwert, eine sogenannte Spatha und ein einschneidiges Kurzschwert, eine Hiebwaffe, die auch als Sax bezeichnet wird, außerdem eine Gürtelschnalle. Der Fund der Kinder gab den Anstoß zur Ausgrabung des Gräberfeldes durch Karl Gutmann im Auftrag der Universität Freiburg im Sommer und Herbst 1929. Die beiden vor der Ausgrabung entdeckten Gräber und ein nachträglich (1932) gefundenes mitgerechnet, wurden hier insgesamt 35 Bestattungen gezählt. Sie reichen vom letzten Drittel des 6. bis gegen Ende des 7. Jh. Zu den frühesten gehören wohl das Grab 21 mit einem doppelkonischen Rippengefäß, einer Haarnadel, 47 Perlen zweier Halsketten, zwei kleinen dreieckigen Goldanhängern, einer Almandin-Rosettenfibel, einem verzierten Eisenring, einer eisernen Schnalle und einem Messer sowie das Grab 31, das als Obolus eine ostgotische, in Ravenna geprägte Münze des Witigis (536–539) enthielt. Zu den jüngsten Bestattungen dieses Friedhofs dürfte das prächtig ausgestattete Frauengrab Nr. 6 gehören. In seinem Inventar waren eine Silberblech-Scheibenfibel, die im Strahlenkranz ein Gesicht zeigte (Christus?), und zwei Silberohrringe mit zierlichen, almandinbesetzten goldenen Polyeder-Anhängern. Aus Bronze fanden sich dabei eine kleine Schnalle und zwei Riemenzungen, beides wohl von der Fußbekleidung der Dame, außerdem ein Messer aus Eisen und die Überreste eines Gefäßes. Insgesamt stammen aus den Iffezheimer Gräbern acht Pfeilspitzen, vier Kurzschwerter, ein Langschwert, vierzehn Messer, sieben Gürtelgarnituren, siebzehn Riemenzungen und -schnallen, zwölf Bronzeknöpfe, ein Bronzering (vielleicht ein Taschenring?), ein Eisenring, eine Zierscheibe, ein Blechring, zwei kleine goldene Anhänger, vier Ohrringe, zwei goldene Ohrringanhänger, zwei silberne Preßblechfibeln, eine Almandin-Rosettenfibel, ein Fingerring, zwei Haarnadeln, 135 Perlen von mindestens acht Halsketten, acht Gürtelkettenglieder, ein Feuerstahl, drei Münzen, ein doppelkonisches Gefäß, ein Rippengefäß, zwei Tüllenkannen und fünf andere Gefäße, dazu Scherben von mindestens drei weiteren Gefäßen. Leider sind infolge eines Diebstahls im Stadtmuseum Rastatt 1994 einige der schönsten und wissenschaftlich interessantesten merowingerzeitlichen Fundstücke aus Iffezheim verlorengegangen.

In Durmersheim-Bickesheim (Gewann Im Eck) wurde 1959 bei der Errichtung von Wohnbauten in der Karlsruher Straße ein Gräberfeld mit 47 Bestattungen des 7. Jh. entdeckt und ausgegraben. Einschließlich der Streufunde wurden dabei fünf Pfeilspitzen, fünf Lanzenspitzen, zwei Kurzschwerter, ein Langschwert, eine Schildfessel, eine Trense, sieben Messer, sechs Riemenzungen und -schnallen, zwei Bronzeringe (vielleicht Taschenringe?), fünf Perlen, zwei Scheren, zwei Kämme, fünf doppelkonische Gefäße, ein Rippengefäß, eine Tüllenkanne und drei andere Gefäße sowie viele Gefäßscherben sichergestellt. Im Vergleich mit Iffezheim erscheint das nur wenig jüngere Gräberfeld von Durmersheim ärmlicher, ganz auffallend namentlich im Hinblick auf den Schmuck der Frauenbestattungen. Die künstlerische Qualität der Keramik ist in Durmersheim allerdings wesentlich besser als in Iffezheim. Vermutlich hat man die Ware hier von einem geschickteren, möglicherweise einheimischen Töpfer bezogen.

Ausblick. – Nur 80 m westlich von dem merowingerzeitlichen Gräberfeld wurden in Durmersheim auch karolingische Siedlungsreste entdeckt. Es handelt sich dabei um Hüttenlehm, um Scherben von mindestens 71 Gefäßen, um zwei eiserne Schlüssel mit Ringgriff, einen Bronzeknopf und die Überreste je eines eisernen Messers, eines Hufeisens, eines Kettengliedes und einer Sichel. Da in Durmersheim im Federbach unmittelbar unterhalb der Bickesheimer Wallfahrtskirche 1932 auch mehrere mittelalterliche Einbäume ausgegraben wurden – einer von ihnen soll laut dendrochronologischer Untersuchung aus der ersten Hälfte des 10. Jh., andere aus der Zeit um 1100 stammen –, und weil hier außerdem ein Münzschatz bestehend aus Münzen des 12. und 13. Jh. zutage gekommen ist (1937), kann man für Durmersheim respektive Bickesheim eine kontinuierliche Besiedlung zumindest seit der Latènezeit aufzeigen. In Iffezheim ist sogar eine Siedlungskontinuität von der Jungsteinzeit bis in die Merowingerzeit nachzuweisen. Dabei sind Funde aus der Frühzeit der jeweiligen Epochen gewöhnlich ebenso vorhanden wie solche der Spätzeit. Ob die Karolingerzeit in Iffezheim tatsächlich ausfällt oder ob sie uns nur infolge einer Forschungslücke verborgen bleibt, ist derzeit ungeklärt.

Im ganzen gesehen stellt sich der Fundbestand im Kreis Rastatt eigentlich recht bescheiden dar; Landschaften wie der Breisgau, der Kraichgau oder das Neckarmündungsgebiet haben archäologisch sehr viel mehr zu bieten. Die Gründe dafür bleiben vage. Oft hat man von einer Forschungslücke gesprochen, und zweifellos bringen, wie sich vielfach gezeigt hat und auch künftig noch zeigen wird, intensive Geländebeobachtungen immer wieder neue Funde und Erkenntnisse an den Tag. Aber zieht man den Vergleich mit den erwähnten fundreicheren Gebieten, so spielen eben auch noch andere, landschaftsspezifische Gesichtspunkte eine nicht zu unterschätzende Rolle, so etwa die ungünstigeren Siedlungsbedingungen im unwegsamen und unwirtlichen Gebirge oder im stellenweise sehr breiten Bereich des Kinzig-Murg-Flusses. Dessenungeachtet wird aber der Boden auch dieses Landkreises für die archäologische Forschung noch manche Überraschung bereithalten.

2. Besiedlung

Vor- und frühgeschichtliche Grundlagen. – Infolge seiner naturräumlichen Zweiteilung zerfällt das Kreisgebiet von Rastatt siedlungsgeschichtlich in zwei verschiedene Regionen: Zum einen in die Rheinebene und die fruchtbare Vorbergzone, wo nach Ausweis der archäologischen Funde schon zur Altsteinzeit Menschen gelebt haben, zum anderen in das Gebiet des nördlichen Talschwarzwalds, das ganz überwiegend erst im Laufe des hohen und späten Mittelalters für die menschliche Besiedlung erschlossen worden ist. Freilich zeugt eine Reihe von Silices, die man um Bermersbach und Forbach aufgelesen hat, davor, daß bereits in der Steinzeit Jäger und Sammler dorthin gelangt sind und das teilweise schwer zugängliche Flußtal und die umliegenden Wälder durchstreift haben. Wenn entsprechende Funde auch im Trichter des unteren Murgtals, bis auf die Höhe von Ottenau, gemacht werden konnten, so dokumentiert sich darin sowohl die relative Siedlungsgunst dieses Raumes wie das Bestreben der damaligen Menschen, talaufwärts vorzudringen und neue Ressourcen zu erschließen.

Im übrigen sind die Zeugnisse aus der Mittel- und Jungsteinzeit im wesentlichen auf das Gebiet zwischen Sinzheim und Muckenschopf konzentriert, d.n. des näheren auf den Bereich der Kinzig-Murg-Rinne sowie auf die Gemarkungen von Rastatt, Niederbühl, Rauental und Muggensturm, dort ebenfalls in der Rinne bzw. an ihren Rändern. Vom Hochufer des Rheins liegen wie aus dem Tiefgestade nahezu keine steinzeitlichen Funde vor. Interessanterweise scheint die Besiedlung während der folgenden Perioden aber genau diese zuletzt genannten Zonen bevorzugt und den davor gesuchten Raum gemieden zu haben. Von wenigen Ausnahmen abgesehen, stammen die entsprechenden Zeugnisse von der Bronzezeit bis in die nachrömische Zeit aus der Vorhügelzone, vom Hochuferrand und aus dem Tiefgestade, jeweils grosso modo entlang den nachgewiesenen bzw. erschlossenen Römerstraßen. Erinnert sei nur an die hallstattzeitlichen Grabhügel zwischen Söllingen und Hügelsheim oder an die römischen Relikte aus Bühl, Sinzheim und Oberweier am Eichelberg. Aber – abgesehen von dem mit seinen heißen Quellen allzeit attraktiven Baden-Baden – ist nur im Falle von Durmersheim bzw. Bickesheim eine Kontinuität des Siedlungsplatzes seit der Jungsteinzeit belegt.

Den archäologischen entsprechen die topo- und hydronymischen Befunde. Vorgermanische Orts- oder Bergnamen gibt es im Landkreis nicht. Indes darf man bei dem Flußnamen Murg einen keltischen Ursprung vermuten; er beschreibt ein sumpfiges Gewässer und bezieht sich damit auf die Situation in der altbesiedelten Ebene. Desgleichen ist der Name Oos vordeutschen Ursprungs. Daß es sich bei den erst spät bezeugten Namen Walheim (*Walhen*), Waldmatt (*Walmatten*) und Waldsteg (*Walstege*) um sogenannte Walhen-Namen handeln könnte, die als Reflexe einer galloromanischen Restbevölkerung zu deuten wären, ist außer den philologischen Indizien durch nichts belegt.

Im übrigen fehlen im Kreisgebiet Nachweise für die Besiedlung in der Frühzeit. Mit dem Einbruch der Alamannen (seit 1. H. 3.Jh.) fallen zunächst einmal alle archäologischen Zeugnisse aus, und es ist nur bezeichnend, daß der einzige spätere Fund, ein Leugenstein von 269/70, ausgerechnet auf der Gemarkung des damals linksrheinisch gelegenen Dorfes Illingen gemacht wurde.

Frühes und hohes Mittelalter. – Die Siedlungen mit germanischen Namen, wie sie für die früheste Schicht als charakteristisch gelten können, nämlich die Verbindung eines Personennamens im Genitiv mit den Endungen -ingen oder -heim, liegen zumeist entlang der Hochuferlinie (Scherzheim, Söllingen, Hügelsheim, Iffezheim, Ötigheim, Bietigheim, Durmersheim, Bickesheim), vereinzelt aber auch schon im Tiefgestade (Elchesheim, +Muffenheim, Würmersheim) und wiederum am Gebirgsrand (Sinzheim, Kuppenheim); hie und da konnten bei ihnen sogar die zugehörigen Reihengräber nachgewiesen werden. Illingen am Rhein und Freiolsheim auf dem Gebirge besagen in diesem Kontext nichts, weil ersteres nachträglich von der linken auf die rechte Seite des Flusses gewandert ist, und beim Namen des letzteren handelt es sich um eine hochmittelalterliche Analogiebildung. Die ältesten schriftlichen Nachweise für einen Teil dieser seit dem Ende des 3.Jh. im Zuge der alamannischen und fränkischen Landnahme entstandenen Siedlungen, für Hügelsheim, Ötigheim und +Muf-

Siedlungen im Bereich des Kinzig-Murg-Stroms (Leiberstung, Schiftung, Weitenung, Halberstung), 18. Jh.

fenheim, sind der frühen Überlieferung aus den Klöstern Fulda, Weißenburg und Lorsch zu verdanken, jedoch reicht keines dieser Zeugnisse vor das späte 8. Jh. zurück.

Der bald darauf folgenden ersten, noch merowingerzeitlichen Ausbauphase, deren Ortsnamen unter Verwendung der Grundworte -hausen, -hofen, -statt/-stetten, -weiler/ -weier und -dorf gebildet sind, hat man Ottersweier, Balzhofen, Müllhofen (?), Stollhofen, +Dunhausen und Rastatt (im Tiefgestade) zuzurechnen, außerdem die zunächst linksrheinisch gelegenen Orte Wintersdorf, Ottersdorf und Plittersdorf. Und etwa ebenso alt, spätestens karolingerzeitlich sind die im Bereich der Kinzig-Murg-Rinne vorkommenden Ortsnamen auf -tung (Dung bzw. Mist, Bodenwelle) und -hurst (Gebüsch, Gestrüpp). So wird beispielsweise Weitenung bereits im späten 9. Jh. genannt, aber auch hier ist allenthalben mit jüngeren Analogiebildungen zu rechnen, wie überhaupt Be- und Entsiedlungsvorgänge in diesem Niederungsgebiet bis in die Neuzeit einander vielfach abgewechselt haben. Die -tung- und -hurst-Namen stellen eine Ortenauer Besonderheit dar und bezeichnen Siedlungen, die auf flachen, fruchtbaren Erhebungen inmitten des feuchten Umlandes angelegt wurden. Einen Hinweis darauf, daß ihre Gründer niederfränkischer Herkunft gewesen wären, vermögen sie indes entgegen älteren Auffassungen umso weniger zu geben, als dergleichen Namensgarnituren auch in der Schweiz, also im hochalemannischen Sprachraum vorkommen. Die übrigen Ortsnamen wie beispielsweise Muckenschopf, Grauelsbaum, Ulm, Moos, Hild-

2. Besiedlung

mannsfeld, Oberbruch, Bühl, Vimbuch, Tiefenau, Winden, +Eichelbach oder Muggensturm beruhen auf Stellen- bzw. Flurbezeichnungen und sind in der Regel später, mitunter deutlich später zu datieren, als die bisher aufgezählten; auch der seit dem frühen 9. Jh. bezeugte Name Schwarzach gehört in diese Gruppe.

Die unverkennbaren Unterschiede zwischen der Siedlungsstruktur im nördlichen und westlichen, aber auch im spätbesiedelten östlichen Teil des Landkreises einerseits und im südlichen Teil um Bühl und Ottersweier andererseits reichen zweifellos zurück in die fränkische Zeit bzw. ins frühe Mittelalter. Im einen Fall, im Bereich der großen geistlichen Grundherrschaften am Rhein und im Eingang des Murgtals, kommt darin offenbar eine stärker herrschaftliche Prägung zum Ausdruck, im anderen Fall, im Gebiet der alten Waldmarken von Scherzheim, Sasbach-Ottersweier und Steinbach-Sinzheim, spiegelt sich im streuenden Siedlungsbild wohl eine eher genossenschaftliche Organisation, aber auch die Kleinteiligkeit und Fruchtbarkeit der Landschaft in der Vorbergzone, und eben dort hat sich – nicht zuletzt in Verbindung mit dem Weinbau – die Besiedlung während des hohen und späten Mittelalters weiter kleinteilig verdichtet.

Der Siedlungsausbau ins Gebirge hat in den Talausgängen bereits zur Zeit der Karolinger eingesetzt und ist über die Viehzucht und die Waldnutzung immer weiter talaufwärts vorgedrungen. Im unteren Murgtal hat mit Rotenfels bereits um die Mitte des 11. Jh. ein grundherrschaftliches Zentrum bestanden, das für die folgende Expansion talaufwärts von größter Bedeutung war; die Höhe von Gernsbach ist dabei spätestens im 12. Jh. erreicht gewesen. Ebenso hat die Erschließung der Täler von Bühl und Neusatz zweifellos schon im hohen Mittelalter begonnen, allerdings fehlen hier Fakten und Indizien, mit deren Hilfe sich die Anfänge und ersten Fortschritte näher datieren ließen. Natürlich sind während des Hochmittelalters hie und da auch noch in der Ebene neue Siedlungen entstanden, erinnert sei an das gegen Ende des 12. Jh. aus der Überlieferung auftauchende Muggensturm, bei dem es sich um einen typischer Ausbauort jener Zeit handelt.

Ein charakteristisches Element des hochmittelalterlichen Landesausbaus waren vor allem die Höhenburgen des altfreien Dynastenadels wie namentlich die für diesen Raum prägenden (Alt-) Eberstein (1085) und (Hohen-) Baden (1112). Noch älter als diese beiden bis heute sehr eindrucksvollen Herrschaftssitze ist jener von Michelbach, der bereits um die Mitte des 11. Jh. bestanden hat und mithin unter die urkundlich am frühesten bezeugten Adelsburgen überhaupt gehört. Bei (Alt-) Windeck, auf einer Randhöhe zwischen dem Bühler und dem Neusatzer Tal gelegen, handelt es sich um eine Gründung noch des 12. Jh., wohingegen Neueberstein im Murgtal bezeichnenderweise erst um die Mitte des 13. Jh. entstanden ist. Zu Füßen all dieser Wehranlagen sind im Zusammenhang mit deren Versorgung alsbald Burgweiler erwachsen, aus denen hernach die Dörfer Michelbach, Kappelwindeck und Obertsrot wurden. Der im Gebirge, am obersten Ende des Bühler Tals gelegene Bärenstein stammt möglicherweise ebenfalls aus der Zeit um die Wende vom 12. zum 13. Jh., hat aber nie eine den anderen Burgen vergleichbare Bedeutung erlangt und ist infolgedessen auch für die Geschichte der Besiedlung ohne Belang.

Spätes Mittelalter und frühe Neuzeit. – Im späten Mittelalter ist vor allem die Erschließung des mittleren Murgtals weiter vorangetrieben worden. Während die Erstbelege für Loffenau, Gernsbach, Scheuern und Neueberstein allesamt noch in Quellen des 13. Jh. zu finden sind, datieren – soweit es das Kreisgebiet betrifft – die Nachweise für die oberhalb gelegenen Siedlungen, die bis ins 18. Jh. zumeist nur über den Berg zu erreichen waren, ausnahmslos aus der Mitte bzw. zweiten Hälfte des 14. Jh. Charakteristischerweise finden sich unter den dortigen Ortsnamen neben den gewöhnlichen Stellenbezeichnungen (Hilpertsau, Gausbach, Bermersbach, Forbach) auch klassische Rodungsnamen wie Obertsrot (1377) und Langenbrand (1339/40). Der Gang der Besiedlung und nachträglichen Siedlungsverdichtung kann im Murgtal sehr schön anhand der Fortentwicklung der Pfarreiorganisation verfolgt werden; ausgehend von Rotenfels erreichte diese bereits vor der Mitte des 13. Jh. Gernsbach, um die Wende zum 15. Jh. Forbach und schließlich auch noch Weisenbach (1481/89), nicht zu vergessen die Seitentäler mit Michelbach, Selbach und Loffenau. Hier und insbesondere in den Tälern von Bühl und Neusatz sind zum Teil noch spät kleinere Einzelsiedlungen entstanden, so vermutlich auch Hörden, das sich im Zusammenhang mit der Flößerei und dem örtlichen großen Holzfang entwickelt haben dürfte. Neusatz ist um die Mitte des 13. Jh. als Siedlungsplatz bezeugt, das Bühlertal ein halbes Jahrhundert später; im wesentlichen werden die für diesen Raum charakteristischen Streusiedlungen, darunter namentlich viele Rebhöfe, sich bis um die Mitte des 14. Jh. entfaltet haben.

Abgesehen von den Straßendörfern in der Rheinebene, desgleichen in den engeren Tälern (Selbach, Staufenberg,

Rodungsinsel Mittelberg, Gemarkungsplan von 1785.

Sulzbach), hat der Landesausbau im Kreisgebiet zumeist unregelmäßige Siedlungsformen hervorgebracht, dabei überwiegen die Weilersiedlungen und die Einzelgehöfte mit ihren Blockparzellen. In Gausbach sind die aufgrund der topographischen Gegebenheiten in größerer Distanz voneinander entstandenen Ortsteile erst nach dem Bau der Murgtalstraße am Ende des 18. Jh. zusammengewachsen. Aber auch im Altsiedelland hat sich manches enggezogene Dorf erst spät zur Einheit gebildet, so beispielsweise Bietigheim, das bis ins 18. Jh. aus zwei separaten Ortskernen bestanden hat, oder Söllingen, das sogar auf drei ursprünglich getrennte Siedlungskerne zurückgeht. Rastatt war noch am Ende des 17. Jh. ein locker bebautes, von einem überwiegend unregelmäßigen Wegenetz erschlossenes Dorf.

Wie die Höhenburgen des Adels für das hohe Mittelalter, so können die Städte der Territorial- und Landesherren als charakteristisch für das späte Mittelalter gelten. Typologisch stellten sie gewissermaßen eine Fortentwicklung der Burgen im Tal bzw. in der Ebene dar und beherbergten in der Regel – stets in Randlage – ein Schloß oder einen sonstigen Herrschafts- bzw. Verwaltungssitz. In der Mehrzahl der Fälle dürfte es sich bei diesen Städten allerdings nicht um eigentliche Neugründungen mittels Privilegierteilung gehandelt haben als vielmehr um zeitlich gestreckte Prozesse der Stadtwerdung. Am Anfang dieser Reihe steht sicher Kuppenheim mit seiner regelmäßig ovalen Anlage, die noch hochmittelalterlichen Ursprungs sein könnte. In Gernsbach war bereits um die Wende vom 12. zum 13. Jh. neben dem mutmaßlich älteren Kirchdorf in günstiger Lage ein Marktdorf entstanden, aus dem sich im Laufe des 13. Jh. die Stadt entwickelt hat. Stollhofen wird zu Beginn des 14. Jh. als Stadt bezeichnet, Muggensturm erst um 1370. Allein Lichtenau ist eine echte Gründungsstadt, bei der sich nicht allein die Privilegierung durch den König und den Stadtherrn, sondern auch die Anlage auf einem davor nicht besiedelten Areal sehr präzise in die Jahre von 1298 bis 1300 datieren lassen. Freilich wird die Stadtwerdung der anderen sich ebenfalls nicht kurzerhand aus den bereits bestehenden Dörfern vollzogen haben, sondern auf einem für günstig erachteten Terrain daneben. Der planmäßige Grundriß von Kuppenheim legt eine solche Interpretation nahe, und auch die Zweiheit von Kirchdorf und Marktdorf in Gernsbach dürfte solcherart zu erklären sein. Daß die Genese der Stadt Stollhofen abseits der ursprünglichen Siedlung gleichen Namens vor sich gegangen ist, wird aus der Tatsache deutlich, daß die Pfarrrechte dort bis ins 17. Jh. bei der alten Cyriakus-Kirche außerhalb der Stadt gelegen haben. Wenn demgegenüber die bis ins Detail geplante Residenzstadt Rastatt zu Beginn des 18. Jh. exakt an der Stelle des bisherigen Dorfes entstehen konnte, so war dies nur infolge der vorherigen Kriegszerstörung und aufgrund der Machtvollkommenheit eines absolutistischen Fürsten möglich. Daß im übrigen sowohl Rastatt wie Bühl bereits im späten Mittelalter administrative und insbesondere wirtschaftliche Zentralfunktionen entfalten konnten, ohne damals auch schon über Stadtrechte verfügt zu haben, läßt erkennen, wie bald sich das Konzept der dürftig privilegierten landesherrlichen Städte hierzulande überlebt hatte.

Auf den um die Wende vom hohen zum späten Mittelalter als Stand formierten Ministerialen- bzw. Niederadel gehen die in der Ebene und namentlich in der Vorbergzone in größerer Zahl gelegenen Rittersitze zurück. In der Regel hat es sich dabei um zwar kleindimensionierte, aber gleichwohl standesgemäß gestaltete Anlagen mit Mauern, Türmen und nassem Graben gehandelt, die innerhalb oder am Rand der Dörfer errichtet sein konnten, aber offenbar in keinem Fall mit obrigkeitlichen Rechten verbunden waren. Vielerorts, wie beispielsweise in Rotenfels, Selbach, Sinzheim (Altenburg) oder Altschweier (Krautenbach), sind sie nur noch zu erschließen; in Durmersheim (Rohrburg), Bietigheim (Burgbühl bzw. Fuchsbuckel), Niederweier, Bühlertal (Haubach) und Kappelwindeck (Bachschloß) sind ihre Überreste im Laufe der Neuzeit verschwunden; allein in Tiefenau, Rittersbach und Waldsteg sind sie wie in Neuweier (Stadt Baden-Baden) in mehr oder minder veränderter Gestalt bewahrt.

Von dergleichen Niederadelssitzen hat man die Jagd- und Lustschlösser des hohen respektive landesherrlichen Adels zu unterscheiden. Keineswegs sind diese ein bloß neuzeitliches Phänomen, schließlich haben die Grafen von Eberstein in Moosbronn schon um die Mitte des 13. Jh. ein Jagdhaus (*domus venationis*) errichtet; aber die entsprechenden Bauwerke auf dem Mittelberg sowie in Herrenwies und Kaltenbronn waren eben doch sehr viel jünger. Im Wald bei Förch ist zu Beginn des 18. Jh. das Schloß Favorite entstanden, ein klassischer, auf die Residenz in Rastatt bezogener Sommersitz des Landesfürsten. Vergleichbar, wiewohl sehr viel bescheidener, hat sich ein halbes Jahrhundert danach die Äbtissin von Lichtenthal in Tiefenau ein Lustschloß geschaffen, und schließlich ist am Ende des 18. Jh. auf dem Hilpertsberg über Gaggenau eine frühe Fabrikantenvilla errichtet worden (Amalienberg). Das Roten-

Wölbäcker bei Hügelsheim.

felser Schloß ist bereits ein Bau des frühen 19. Jahrhunderts.

Sowohl das späte Mittelalter wie die frühe Neuzeit waren indes nicht allein Perioden der Siedlungsexpansion, sondern immer auch des Siedlungsrückgangs. Landflucht, Seuchen, Fehden und Kriege, dazu – entlang des Rheins – die häufigen Hochwasser und die oft damit verbundenen Änderungen im Flußlauf, haben vielfach die Aufgabe respektive den Untergang von Siedlungsplätzen bewirkt. Dabei ist eine eindeutige Wüstungsperiode nicht zu erkennen, sondern – gerade in der Rheinebene und im Feuchtgebiet des einstigen Kinzig-Murg-Stroms – ein ständiges Schwanken zwischen Be- und Entsiedlung. Im spätbesiedelten Bergland sind die Ausfälle naturgemäß deutlich seltener als im Altsiedelland. Indes hat es nicht allein Dorf-, sondern auch Flurwüstungen gegeben, so etwa im Wald Lindenhardt östlich von Durmersheim oder im Bannwald zwischen Söllingen und Iffezheim, wo die sog. Wölbäcker noch heute vom Feldbau des späten Mittelalters zeugen. Während der ganzen Frühneuzeit und namentlich im 18. Jh. stehen dem aber vielerorts auch größere und kleinere Rodungen gegenüber, so beispielsweise in Michelbach, Freiolsheim, Ottenau, Selbach oder Elchesheim.

Beträchtliche Flurverluste hat immer wieder der Rhein verursacht, indem seine Fluten bisweilen ganze Gemarkungsteile weggebrochen und mitgerissen oder dem jenseitigen Ufer zugeteilt haben, ja ganze Dörfer haben auf diese Art »die Seite gewechselt« (Wintersdorf, Ottersdorf, Plittersdorf, Illingen) oder im Laufe der Jahrhunderte wiederholt verlegt werden müssen (Grauelsbaum, Greffern, Hügelsheim). In Dunhausen im Ried ist 1583 das Dorf überhaupt einer Hochwasserkatastrophe zum Opfer gefallen und hat aufgegeben werden müssen; Mervelt bei Steinmauern ist vom gleichen Schicksal schon rund zweihundert Jahre davor ereilt worden. Schon lange vor der großen Rheinkorrektion durch Tulla hat es ständiger gemeinsamer Anstrengungen der Anliegergemeinden bedurft, um Siedlungen und Fluren vor dem Strom zu schützen. Aber auch die reißenden Hochwässer der Murg haben vielfach erhebliche Flurschäden angerichtet, etwa in Rotenfels, Oberndorf, Bischweier und Niederbühl, wo wiederholt Teile der Gemarkungen überflutet worden oder durch Hochwasser verlorengegangen sind. Und schließlich bedurfte es in der Kinzig-Murg-Rinne ebenso wie im Tiefgestade (Würmersheim, Elchesheim, Au a.Rh.) allzeit der Anlage von Drainagen und Schließen, um des Wassers und der Nässe Herr zu werden.

2. Besiedlung

Nicht alle Wüstungsvorgänge waren schicksalhaft. Das alte Dorf Bickesheim bei Durmersheim ist im hohen Mittelalter bewußt abgesiedelt worden, weil die Zisterzienser dort eine Grangie anlegen wollten; geblieben ist hernach die Kirche mit ihrer Wallfahrt. Eine vergleichsweise frühe Wüstung dürfte auch das vermutlich in den Klosterort gezogene Vallator oder Feldern bei Schwarzach sein, immerhin ein Flecken, der schon im ausgehenden 10. Jh. mit Marktrecht begabt worden war. Ebenso ist im späten Mittelalter Eichelbach nach Muggensturm umgesiedelt worden, weil letzteres sich zur Stadt entwickeln sollte. Nicht selten werden solche oder ähnliche Konzentrationsvorgänge die Ursache von Siedlungsverlusten gewesen sein, so vermutlich auch in den Fällen von Heiterbruch (Hügelsheim), Hartung (Stollhofen), Muffenheim (Ottersdorf bzw. Plittersdorf) und Bodenhausen (Rastatt bzw. Plittersdorf). Auf den Gemarkungen von Sinzheim, Moos und Ottersweier ist jeweils eine ganze Reihe von Wüstungen nachzuweisen, zumeist wohl kleinere Weilersiedlungen oder Einzelgehöfte, deren Abgang sich oftmals nur sehr vage datieren läßt. Zu einem nicht geringen Teil wird man gerade diese Siedlungsverluste dem 17. und frühen 18. Jh. zurechnen müssen, als das ganze Oberrheingebiet nicht allein unter dem Dreißigjährigen Krieg, sondern ebenso unter den folgenden Kriegen zwischen Frankreich und dem Reich zu leiden hatte. Damals dürfte auch Außermichelbach bei Gaggenau wüstgefallen sein.

Die jüngsten, durchweg gewerblich geprägten Erscheinungsformen des Landesausbaus stellen im Kreisgebiet die Waldkolonien dar. Zwar hat auf dem Mittelberg über Moosbronn schon im 16. Jh. ein kleiner Hof mit wenigen Äckern und Wiesen existiert, ebenso wie eine Glashütte (1441), jedoch ist die Rodung in großem Stil dort erst mit der Gründung der Glashütte am Ende des 17. Jh. in Gang gekommen. Desgleichen reicht in Herrenwies die Waldnutzung als Viehweide sowie für die Gewinnung von Harz, Asche und Holzkohle bis ins späte Mittelalter zurück, und auch hier hat die dauerhafte Besiedlung im zweiten Drittel des 18. Jh. mit einer Glashütte begonnen; später ist dann noch der Holzeinschlag zum Zweck des Verkaufs in großen Mengen hinzugekommen. Im Gebiet von Hundsbach und Erbersbronn waren die Anfänge ganz ähnlich wie in Herrenwies; seit der Mitte des 18. Jh. hat dort Franz Anton Dürr im Zuge des Holländerholzhandels gezielt Holzfällerkolonien angelegt, die nach Beendigung der Arbeit an sich wieder aufgegeben werden sollten, schließlich aber doch von Bestand waren. Damals ist auch der unmittelbar vor der heutigen Kreisgrenze gelegene Weiler Kirschbaumwasen an der Murg entstanden.

Die Bauweise der Häuser war bis ins 18. Jh. gewöhnlich in Holz oder Fachwerk. Nur bei herrschaftlichen Bauten und in den Städten war die Steinbauweise weiter verbreitet, beschränkte sich indes auch hier zumeist auf die Erdgeschosse; in den Dörfern herrschten ohnehin ein- oder anderthalbgeschossige Häuser vor. Im Bühlertal beispielsweise waren 1788 von insgesamt 235 Häusern nur eines zweieinhalbstöckig, sechzehn zweistöckig, 104 anderthalbstöckig und 114 einstöckig; im quasi städtischen Bühl hingegen gab es zur gleichen Zeit acht dreistöckige Häuser, ein zweieinhalbstöckiges, 138 zweistöckige, 29 anderthalbstöckige und nur 54 einstöckige (insgesamt 230). In Rastatt wurde 1698 bei der auf Repräsentation bedachten Neuanlage als Residenzstadt die Steinbauweise *nach dem gemachten Modell* für obligatorisch erklärt; nur in dem nordwestlich gelegenen, hochwassergefährdeten Stadtteil und in den Vorstädten sollten auch Fachwerkhäuser zugelassen sein. Im Interesse einer größeren Feuersicherheit – Gernsbach hat im Laufe der Jahrhunderte wiederholt verheerende Stadtbrände erlebt – wurden von der Obrigkeit gegen Ende des 18. Jh. allenthalben Vorschriften erlassen, daß sämtliche Gebäude in ihren Untergeschossen und nach Möglichkeit überhaupt nur noch aus Stein zu errichten seien, jedoch hat sich dergleichen aus Kostengründen nur ganz allmählich durchsetzen lassen, ebenso wie das gleichzeitig und immer von neuem verkündete Verbot des Dachdeckens mit Stroh. Den entscheidenden Wandel hat in diesen Dingen erst das 19. Jh. gebracht.

3. Herrschaftsentwicklung

Königsgut, Kirchengut und früher Adel. – Die ersten Anfänge der regionalen Herrschaftsbildung liegen, wie anderwärts, auch für das Gebiet des Landkreises Rastatt weitgehend im dunkeln. Unsere Kenntnis davon ist aus einigen wenigen Urkunden gewonnen, die aufgrund der allgemeinen Überlieferungslage zumeist kirchlicher Herkunft sind; sie geben fränkisches Königsgut und salisch-staufisches Reichsgut zu erkennen, daneben und im Gemenge bisweilen aber auch schon eigenen oder amtsweisen Besitz adliger Geschlechter. Dabei sind die Verhältnisse für das nördlich der Oos gelegene fränkische Stammesgebiet generell besser dokumentiert als für das alamannische Gebiet südlich dieser Grenze.

Die frühesten Anknüpfungspunkte für eine Interpretation bietet die Überlieferung des im 7. Jh. gegründeten Klosters Weißenburg im Elsaß, das seine Güter und Rechte in diesem Raum allem Anschein nach in der ersten Hälfte des 8. Jh. zumeist durch königliche Verleihung erworben hat, darunter namentlich die schon in römischer Zeit genutzten heißen Bäder im Tal der Oos (712), das heutige Baden-Baden. Man darf annehmen, daß dieser Besitz im ganzen umfangreicher war, als die wenigen auf uns gekommenen Urkunden und Aufzeichnungen erkennen lassen, und ganz zweifellos hat das elsässische Kloster im Ufgau, in dem der nördliche Teil des heutigen Landkreises liegt, nicht allein den Aufbau einer Kirchenorganisation besorgt, sondern darüber hinaus auch maßgeblichen Anteil an der herrschaftlichen Durchdringung der Landschaft genommen. Allerdings sind die Mönche im Besitz der solcherart erworbenen Gerechtsame nicht unangefochten geblieben, vielmehr haben Königtum und Adel das Kirchengut immer wieder als Verfügungsmasse zum Nutzen eigener Interessen herangezogen. So hat vor allem der Salier Herzog Otto von Kärnten 991 im sogenannten »Weißenburger Kirchenraub« klösterliche Rechte unter anderem in Bietigheim und Durmersheim an sich gebracht; im folgenden wurden damit nicht zuletzt Klienten aus dem salischen Gefolge begabt. Hernach ist der ganze Komplex erblich an die Staufer gefallen, die in ihrer Eigenschaft als Weißenburger Hochvögte (seit 1102) ohnehin leichten Zugriff auf das Klostergut hatten. An Gütern in Au a.Rh., Bickesheim, Elchesheim und Würmersheim konnte die Abtei ihren Eigentumsanspruch wenigstens mittels der Lehnshoheit aufrechterhalten. Lehnsträger waren hier im 11. und frühen 12. Jh. zunächst die Grafen von Malsch, später die Staufer und schließlich die Markgrafen von Baden (erste nachgewiesene Belehnung 1291).

Eine entsprechende, die spätere Herrschaftsbildung prägende Bedeutung ist hinsichtlich des Streubesitzes der alten Reichsabteien Fulda – in Hügelsheim – und Lorsch – in Illingen, Muffenheim und Wintersdorf – nicht zu erkennen, und die Vermutung, daß darüber hinaus auch die Benediktinerabtei Klingenmünster im Speyergau eine Rolle gespielt haben könnte, ergibt sich allein aus dem auffälligen Patrozinium der Pfarrkirche von Rastatt. Unklar bleibt weiterhin, was aus den einstigen Begüterungen des Schottenklosters Honau in Sinzheim und Weitenung geworden ist; möglicherweise sind sie bereits im 10. oder 11. Jh. der durch Kaiser Otto III. begünstigten Schwarzacher Grundherrschaft zugute gekommen. Der Immunitätsbezirk dieser zuletzt genannten Abtei dürfte im hohen Mittelalter noch sehr viel größer gewesen sein als danach und den ganzen Raum zwischen Hügelsheim, Bühl und Scherzheim umfaßt haben. Problemlos ist das weitere Schicksal der durch eine Stiftung der Kaiserin Adelheid 992 an die Benediktiner von Selz gelangten Rechte (»St. Adelheids-Eigen«) in den seinerzeit noch linksrheinisch gelegenen Orten Plittersdorf, Muffenheim, Dunhausen, Ottersdorf und Wintersdorf zu verfolgen: Im 12. bzw. 13. Jh. sind sie aufgrund vogteilicher Befugnisse von den Markgrafen von Baden usurpiert worden und konnten von diesen über den Verlust der Selzer Klostervogtei hinaus dauerhaft als Teile ihres Territoriums behauptet werden; freilich haben die Selzer Äbte sich noch im späten Mittelalter gegen diese Entfremdung ihrer Güter gewehrt.

Neben dem einstigen Weißenburger Besitz waren für die Herrschaftsbildung in diesem Raum vor allem jene Gerechtsame maßgeblich, die im 11. und frühen 12. Jh. durch Schenkungen der salischen Kaiser an die Bischöfe und das Domkapitel von Speyer gelangt sind. Der Erwerb des Klosters Schwarzach (1032/48) und der nur vorübergehende Besitz der Grafschaft Forchheim bzw. im Ufgau (1086) spie-

3. Herrschaftsentwicklung

len in diesem Zusammenhang die geringste Rolle; entscheidend war vielmehr die Schenkung des Gutes Rotenfels (*predium Rotenvels*, 1041/46 und 1112), die der Speyrer Kirche die Möglichkeit zum Landesausbau sowohl im Murgtal wie in der Rheinebene eröffnet hat. Daß den Nutzen daraus am Ende nicht das Hoch- oder Domstift, sondern die Herren bzw. Grafen von Eberstein gezogen haben, dürfte einmal mehr mit Vogteirechten über das Kirchengut zusammenhängen.

Von den Wohltätern, die gegen Ende des 8. und zu Beginn des 9. Jh. die Klöster Lorsch, Fulda und Weißenburg bedacht haben, wissen wir nicht viel mehr als ihre Namen, dürfen aber immerhin davon ausgehen, daß sie der Oberschicht des karolingischen Reiches zuzurechnen sind. Wenn sich die von der Klostertradition postulierte Beteiligung des alamannischen Grafen Ruthard an der Gründung Schwarzachs erhärten ließe, wüßten wir wenigstens von einem Adligen, den man auch in größeren Zusammenhängen verorten kann. So aber setzt unsere Kenntnis des regionalen Adels erst mit dem 11. Jh. ein. Inhaber der Grafschaft in der Ortenau und mithin im Gebiet des Landkreises südlich der Oos waren damals die Zähringer, die allerdings hier kaum weiter hervortreten. Die Grafschaft im Ufgau mit dem Vorort Forchheim entsprach in ihrer Ausdehnung im wesentlichen dem späteren Archidiakonat des Propstes von St. German vor Speyer und lag zwischen 1041 und 1115 in Händen einer Familie mit dem Leitnamen Reginbodo, deren Angehörige aber nur sporadisch bezeugt sind und deren Herkunft rätselhaft bleibt. Nach der Mitte des 11. Jh. haben diese Ufgaugrafen ihre Amtsbefugnisse wohl infolge des Investiturstreits eingebüßt, müssen aber um 1110 durch Kaiser Heinrich V. wieder restituiert worden sein. Inzwischen führten sie den Namen Grafen von Malsch und nannten sich mithin nach einem Ort, in dem sie durch den Abt von Weißenburg belehnt waren. Bald nach 1115 scheint ihr Geschlecht im Mannesstamm erloschen zu sein. Ihre Grafschaftsrechte im Ufgau fielen demnach ebenso wie ihre Weißenburger Lehen an die Staufer, ihr Allodialbesitz gelangte – vermutlich durch Erbschaft – an die Ebersteiner. Ein weiterer Faktor autogener Herrschaftsbildung in diesem Raum waren die von der Mitte des 11. bis ins erste Viertel des 12. Jh. bezeugten Herren von Michelbach, die als Grundbesitzer im Ufgau mit dem Bischof von Speyer an der unteren Murg in Konkurrenz getreten sind. Ihre in Michelbach errichtete Burg – die am frühesten bezeugte weit und breit – wurde noch zu Zeiten Kaiser Heinrichs III. und auf dessen Befehl geschleift, jedoch ist es

erst zwei Menschenalter später Heinrich IV. gelungen, die Familie auf Dauer zum Verzicht zu bewegen. Danach verliert sich die Spur der Michelbacher; ihre Güter – u.a. in Oberweier, Winkel, Elchesheim, Bickesheim und Ötigheim – hat der Kaiser käuflich erworben und 1102 der Speyrer Kirche geschenkt.

Territorien. – Die auf solchen früh- und hochmittelalterlichen Grundlagen beruhende Territorienbildung in der Region war im wesentlichen von zwei Faktoren bestimmt, zum einen von den Herren bzw. Grafen von Eberstein und zum anderen von den Staufern respektive in ihrer Nachfolge von den Markgrafen von Baden. Alle anderen in diesem Raum vertretenen Herrschaftsträger haben im Prozeß der Territorialisierung nur eine nachgeordnete Rolle gespielt.

Die Ebersteiner hatten ihren Ursprung allem Anschein nach in der nördlichen Ortenau, in der Gegend um Sinzheim, Bühl und Ottersweier, wo ihnen anfänglich vielleicht auch die Vogtei über das Kloster Schwarzach zugekommen ist und wo sie noch im späten Mittelalter zahlreiche Vasallen aufbieten konnten. Manches deutet darauf hin, daß sie eines Stammes waren mit denen von Staufenberg über Durbach bei Offenburg. Unter dem Namen von Eberstein treten sie erstmals 1085 in Erscheinung, die namengebende, beherrschend über dem Ausgang des Murgtals gelegene Burg mögen sie um die Mitte des 11. Jh. gegründet haben. Indes wird man sich den ebersteinischen Besitz im Ufgau zu jener Zeit noch eher bescheiden vorstellen müssen; vielleicht gehörten dazu die Orte Haueneberstein, Kuppenheim, Rastatt, Rheinau und Niederbühl, allerdings muß der Heirats- und Verwandtschaftskreis des Geschlechts bereits um 1100 sehr ansehnlich gewesen sein. In der ersten Hälfte des 12. Jh. ist es den Ebersteinern gelungen, ihre Position an der Murg zu konsolidieren und zu arrondieren, wozu namentlich das Allodialerbe der ausgestorbenen Ufgaugrafen mit Besitzungen nördlich der Murg beigetragen hat. Ihr weiterer Herrschaftsauf- und -ausbau wurde dann aber vor allem von ihren Beziehungen zum Stift Speyer bestimmt: Daher erklärt es sich, daß sie – vielleicht in vogteilicher Funktion – im Laufe des 12. Jh. das *predium* Rotenfels in ihre Gewalt bringen und damit die Voraussetzungen für eine Expansion ins Murgtal schaffen konnten. Später haben sie ihre dortige Herrschaft bis nach Loffenau und Gernsbach vom Hochstift Speyer zu Lehen getragen, das Gebiet oberhalb Gernsbachs hingegen als freies Eigentum beansprucht. Das deutet darauf hin, daß der Landesausbau im unteren Murgtal noch namens der

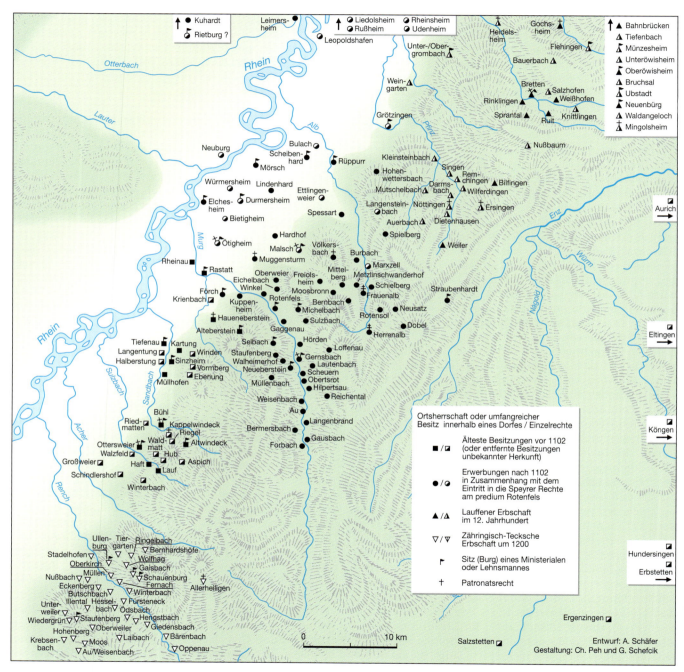

Besitz der Grafen von Eberstein im 13. Jh.

Speyrer Kirche erfolgt ist, die weitere Erschließung oberhalb von Gernsbach aber schon ganz ebersteinischer Initiative überlassen war. Das hohe Ansehen, das die von Eberstein im ausgehenden 12. und früheren 13. Jh. in ganz Oberdeutschland genossen haben, dokumentiert sich in Verschwägerungen u.a. mit den Grafen bzw. Herzögen von Andechs(-Meranien), von Sayn, von Urach und von Zweibrücken; als Erben der Grafen von Lauffen haben sie umfangreichen Besitz im Kraichgau erlangt. 1195 sind die Ebersteiner erstmals selbst mit dem Grafentitel bezeugt. Im näheren Umkreis haben sie die Klöster Herrenalb (M. 12. Jh.) und Frauenalb (2. H. 12. Jh.) begründet. Den Zenit ihrer Bedeutung erreichen sie im frühen 13. Jh.; auf eine 1219 unternommene Erbteilung folgen jedoch bald innerfamiliäre Konflikte, die einen langwährenden und unaufhaltsamen Niedergang einleiteten.

Wenige Jahre nachdem die Ebersteiner sich an der unteren Murg niedergelassen hatten, haben gegen Ende des Investiturstreits auch die Markgrafen aus dem Hause der Herzöge von Zähringen durch königliche Gunst in Baden(-Baden) und seiner Umgebung Fuß fassen können. Ihre um das Jahr 1100 am Battert hoch über dem Oostal gegründete und 1112 erstmals erwähnte Burg (Hohen-)Baden ist Luftlinie nur etwa zwei Kilometer von Eberstein entfernt – eine Konstellation, in der die künftige Konkurrenz zwischen beiden Dynastien sinnfällig wird. Vorübergehend hatte Markgraf Hermann (II.) bereits um 1102 die Grafschaft im Ufgau inne, mußte diese jedoch wenig später den Grafen von Malsch restituieren. Mittels der vermutlich im Zusammenhang mit Baden(-Baden) erlangten Vogtei über das Kloster Selz im Elsaß – die freilich im 13. Jh. ebenfalls wieder verlorengegangen ist – kam das aus Baden auf Dauer in den Besitz der Dörfer im Ried. Die für die Konsolidierung ihrer Position am mittleren Oberrhein entscheidenden Erwerbungen gelangen den Markgrafen dann aber im Zusammenwirken mit den Staufern aus deren Hinterlassenschaft. In ihrer Funktion als Weißenburger Klostervögte hatten die Staufer im 12. Jh. die dort herrührenden Lehen der ausgestorbenen Grafen von Malsch – u.a. in Au am Rhein, Bickesheim, Bietigheim, Durmersheim, Elchesheim und Würmersheim – und anderen ehedem weißenburgischen Besitz aus dem salischen Erbe an sich gebracht, dazu die Grafschaft im Ufgau sowie die Vogtei über den Hirsauer und Klosterreichenbacher Besitz im hiesigen Raum. Ein 1219 vollzogener Handel zwischen Kaiser Friedrich II. und Markgraf Hermann V., durch den u.a. Durlach und Ettlingen in markgräfliche Hand gelangt

Siegel des Grafen Otto von Eberstein, 1270.

sind, führte alsbald zu einem verstärkten Engagement der Badner im Uf- und Pfinzgau, und die 1248 vorgenommene Verlegung ihrer Grablege von Backnang in das kurz davor gegründete Zisterzienserinnenkloster Lichtenthal an der Oos dokumentiert ihren Willen, in dieser Region fortan den Schwerpunkt ihrer dynastischen Interessen zu sehen. Nach dem Aussterben des staufischen Hauses rückten die Markgrafen vollends in dessen hierzulande vakant gewordene Stellung ein. Später machte dieser ganze Komplex von Gütern und Gerechtsamen – mit Ausnahme der Weißenburger Lehen – den Kern der reichslehnbaren Markgrafschaft Baden aus.

Wappen der Markgrafen von Baden, 15. Jh.

Die eben um jene Zeit einsetzende Krise der Ebersteiner eröffnete den Markgrafen alsbald weitere Möglichkeiten des territorialen Zugewinns und der Arrondierung. Ein erster wichtiger Schritt war dabei 1281/83 der Erwerb von Burg Alteberstein (Ebersteinburg) samt ihren Zugehörungen, darunter den Städten und Dörfern Kuppenheim, Rastatt, Bischweier, Freiolsheim, Gaggenau, Oberweier a. E. und Rotenfels sowie dem Schirmrecht über das Kloster Herrenalb und seinen Besitz. Er geschah je zur Hälfte via Mitgift und Kauf, nachdem der ältere Zweig des Grafenhauses im Mannesstamm erloschen und sein Allodialbesitz an die verwandten Grafen von Zweibrücken gefallen war. Abgesehen von ihren Aktivitäten im Kraichgau zogen sich die Ebersteiner des fortbestehenden jüngeren Zweiges künftig ganz ins Murgtal zurück; Zentren ihrer Herrschaft waren im folgenden Burg Neueberstein (Ebersteinschloß) und die Stadt Gernsbach. Die Abspaltung einer nur kurzlebigen fränkischen Linie gegen Ende des 13. Jh. blieb für den Besitz im Nordschwarzwald ohne Belang. Um so nachteiliger hat sich indes eine weitere, um die Mitte der 1360er Jahre vorgenommene Teilung erwiesen, denn Graf Wolf von Eberstein mußte, nachdem er seinen Anteil infolge unglücklicher Unternehmungen total überschuldet hatte, 1387 alles an Baden verkaufen. Die Markgrafen wurden auf diesem Weg zur Hälfte Teilhaber an der verbliebenen Grafschaft; im einzelnen waren sie damit künftig Mitherren in Muggensturm, Moosbronn und Mittelberg sowie im Murgtal von Selbach, Ottenau und Hörden bis hinauf nach Forbach und Schönmünzach samt den darumliegenden ausgedehnten Waldgebieten. Graf Wilhelm von Eberstein und seinen Nachkommen blieb nur die Rolle des Juniorpartners in einer geteilten Gemeinschaft. In dem Bestreben, sich der bedrängenden badischen Mitherrschaft zu erwehren, intensivierten die Ebersteiner in den folgenden Generationen ihre Beziehungen zur Kurpfalz und wurden so zu Beginn des 16. Jh. in deren Niederlage im Landshuter Krieg hineingezogen, und dieses wiederum hatte zur Folge, daß sie sich im sog. Einwurfsvertrag von 1505 mit ihrer halben Grafschaft nicht allein der markgräflichen Lehnshoheit unterwerfen mußten, sondern ihnen obendrein eine mit dem Lehnsherrn gemeinschaftliche Administration des ganzen Territoriums oktroyiert wurde. Faktisch waren die Grafen von Eberstein damit schon zu Beginn des 16. Jh. mediatisiert.

Die brüderlichen Teilungen, die während des späten Mittelalters – 1288, 1309, 1349, 1388 und 1453 – im Hause Baden vorgenommen wurden, sind für die Territorienbildung in dem hier interessierenden Raum ohne dauerhafte Folgen geblieben; Gebietsverluste haben sich dabei stets vermeiden lassen. So konnte die Expansion und Konsolidierung badischer Herrschaft auch in der Rheinebene südlich von Rastatt immer weiter voranschreiten. Sinzheim, Eisental und Weitenung waren auf unbekanntem Weg schon um die Wende vom 12. zum 13. Jh. zusammen mit Yburg und Steinbach aus vormals ebersteinischem Besitz an die Markgrafen gelangt; desgleichen befand sich Iffezheim bereits 1225 in markgräflicher Hand. Auch im Tal von Neusatz haben die Badner es seit dem 13. Jh. verstanden, die

3. Herrschaftsentwicklung

Grafen von Eberstein Schritt um Schritt zu verdrängen und ihre Herrschaft in Konkurrenz mit der benachbarten Landvogtei in der Ortenau zu etablieren. Die ehedem zur Abtei Schwarzach gehörigen Orte Hügelsheim, Söllingen und Stollhofen sind 1309 über die Klostervögte aus der Familie von Windeck durch Kauf an Baden gekommen. Vom Niedergang der Windecker konnten die Markgrafen darüber hinaus in Bühl, Kappelwindeck und dem Bühlertal samt zugehörigen Waldgebieten sowie in Unzhurst und Oberwasser profitieren, wo sie seit der Mitte des 14. Jh. mittels Burgöffnung, Lehnshoheit, Kauf und Lehnsheimfall immer mehr Gerechtsame an sich zu ziehen wußten; seinen Abschluß fand dieser Prozeß freilich erst im 17. bzw. 18. Jh., nachdem der Mannesstamm der Windecker längst ausgegangen war. Weitere Komplettierungen ihres Territoriums aus niederadligem Besitz gelangen den Markgrafen 1538 mit dem Aussterben der von Bach in Leiberstung und Schiftung sowie kurz davor mit dem Erlöschen einer ebersteinischen Bastardlinie in Michelbach.

Nicht zuletzt haben Vogtei- und Schirmrechte über mehrere Klöster und ihren Besitz in hiesiger Region dazu beigetragen, das markgräfliche Territorium zu arrondieren. Von Weißenburg und Selz war diesbezüglich schon die Rede; daneben ist vor allem Schwarzach zu nennen. Die Vogtei über dieses Kloster haben vom 12. bis ins 15. Jh. die niederadligen Windecker wahrgenommen, allerdings wurden deren Befugnisse seit 1422 überlagert und alsbald verdrängt von einem Schirmrecht, das der Kaiser den Markgrafen verliehen hatte. Anhand dieses Rechtstitels ist es den Badenern zwar bis zum Ende des Alten Reiches nicht gelungen, das geschlossene Niedergerichtsterritorium, das dem Kloster zwischen Greffern und Vimbuch bzw. Schwarzach und Zell verblieben war, vollends an sich zu bringen, aber die Kastenvogtei haben sie es doch ihrer Landesherrschaft respektive Landeshoheit unterwerfen können. Das Bemühen des Abtes, die Reichsunmittelbarkeit seines Gebiets »zurückzugewinnen«, währte bis zum Ende des Alten Reiches, und der beim Reichskammergericht deshalb anhängige Prozeß war noch zum Zeitpunkt der Säkularisation nicht entschieden. Unter der Vogtei und Oberhoheit der Markgrafen hatte seit der Mitte des 13. Jh. auch die Äbtissin von Lichtental ihre ortsherrlichen Kompetenzen in Winden bei Sinzheim aus, und am Schirm bzw. der Landesherrschaft über den frauenalbischen Ort Sulzbach bei Gaggenau waren die Badner seit 1387 neben den Ebersteinern beteiligt; seit dem 16. Jh. haben sie die entsprechenden Funktionen allein wahrgenommen. Nur im Falle Herrenalbs und damit des

Wappen der Grafen von Eberstein, 15. Jh.

Dorfs Loffenau ist es den Markgrafen letztlich nicht gelungen, ihren Anspruch auf Vorherrschaft durchzusetzen.

Zu Beginn des 16. Jh. war mithin der bei weitem größte Teil des heutigen Kreisgebiets ganz oder teilweise in badischer Hand. Über die Landesteilung von 1535 hinaus sind alle markgräflichen Herrschaftsrechte in diesem Raum beieinander geblieben und wurden von der älteren, fortan als baden-badisch bezeichneten Linie regiert; das Intermezzo der »Oberbadischen Okkupation«, der Zwangsverwaltung von seiten der Durlacher Vettern in den Jahren 1594 bis 1622, ist ohne Einfluß auf den davor erreichten Gebietsstand geblieben. Erst nach dem Aussterben des katholischen Hauses Baden-Baden sind dessen Territorien 1771 wieder auf Dauer mit denen des Hauses Baden-Durlach vereinigt worden; der vorbereitende Erbvertrag datiert von 1765. Insgesamt ist so die markgräfliche Herrschaftsentwicklung vom Ende des Mittelalters bis zum Ende des Alten

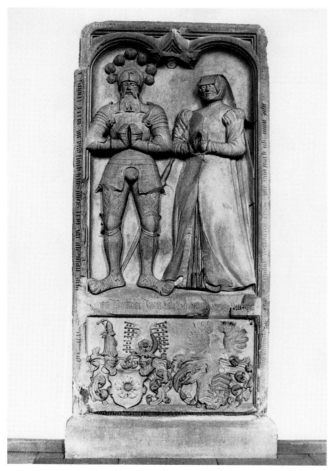

Grabmal des Grafen Wilhelm von Eberstein und seiner Gemahlin Johanna von Hanau-Lichtenberg in der Gernsbacher Jakobskirche, 2. Hälfte 16. Jh.

Reiches weniger von Neuerwerbungen gekennzeichnet als vielmehr von Komplettierung und Verdichtung; das gilt zum einen hinsichtlich des Kondominats mit den Windeckern und ihren Erben, namentlich aber für die seit 1387 respektive 1505 gemeinschaftlich regierte Grafschaft Eberstein.

Wiewohl das badisch-ebersteinische Verhältnis sich nach dem Einwurfsvertrag von 1505 im ganzen nicht schlecht entwickelt zu haben scheint, war der weitere Niedergang des Hauses Eberstein in den folgenden Generationen nicht aufzuhalten; schuld daran hatten eine neuerliche Erbteilung im Jahre 1528 – zwischen den Brüdern Wilhelm und Hans Jakob – sowie die Verknüpfung einer Reihe unglücklicher Umstände. Nachdem 1589 der von Graf Wilhelm ausgehende katholische Zweig, der in der Teilung die Stammgüter um Gernsbach erhalten hatte, im Mannesstamm erloschen war, klagten dessen Nachkommen weiblicher Linie – die Grafen und Freiherren von Gronsfeld und von Wolkenstein – vor dem Reichskammergericht auf Erbfolge in der Murgtäler Grafschaft und waren damit unter den Bedingungen der Konfessionalisierung schließlich erfolgreich. Im sogenannten Rufacher Vertrag mußte die evangelische Linie 1624 auf den allergrößten Teil ihrer Gerechtsame im heutigen Kreisgebiet verzichten; geblieben sind ihr allein das Schloß Neueberstein sowie die halbe, vom Hochstift Speyer lehnbare Stadt Gernsbach mit Scheuern und Staufenberg und einigen sonstigen Gütern. Alles übrige gehörte fortan je zur Hälfte den Grafen von Gronsfeld und von Wolkenstein. Die Gronsfelder verkauften ihren Anteil (1/4) 1673 an den Bischof von Speyer, und die Wolkensteiner trugen ihr Viertel im gleichen Jahr dem Bischof zu Lehen auf, freilich mußte Speyer die derart erworbenen Rechte schon 1676 in einem Vergleich wieder an Baden-Baden abtreten. Fortan hatte Baden drei Viertel der Grafschaft Eberstein in unmittelbarem Besitz; das restliche, wolkensteinische Viertel ist von den Markgrafen zu Lehen gegangen und ihnen 1695 beim Tod des letzten Agnaten aus der schwäbischen Linie der Wolkensteiner heimgefallen. Mithin war seit dem Ende des 17. Jh. nahezu die ganze Grafschaft badisch. Es fehlte allein die Hälfte an Gernsbach, Scheuern und Staufenberg, die 1660 beim definitiven Aussterben des Ebersteiner Grafenhauses an das Hochstift Speyer heimgefallen war.

Mit zunehmender Konsolidierung und herrschaftlicher Verdichtung haben sich im markgräflichen Territorium seit dem ausgehenden Mittelalter auch regionale Amts- und Verwaltungsstrukturen herausgebildet und verfeinert. Zu Beginn des 16. Jh. bestanden infolgedessen – mit Bezug auf das Gebiet des heutigen Landkreises Rastatt – die unterschiedlich großen Ämter Kuppenheim, Eberstein (gemeinschaftlich), Steinbach und Stollhofen, dazu die Amtsvogtei Bühl; in ihnen waren die Städte, Dörfer, Weiler und sonstigen Gerechtsame der jeweiligen Umgebung zusammengefaßt. Mit kleineren Änderungen und Fortentwicklungen – so vor allem mancherorts einer weiteren Differenzierung nach Gerichtsstäben – ist diese Verwaltungseinteilung bis ins späte 18. Jh. erhalten geblieben; aus der Amtsvogtei

3. Herrschaftsentwicklung

Wappen der Herren von Lichtenberg, 15. Jh

Bühl wurde zeitweise das Amt Bühl und Großweier, aus dem Amt Kuppenheim, zu dem auch die neu geschaffene Residenz des Türkenlouis gehörte, das Amt Kuppenheim und Rastatt, schließlich das Oberamt Rastatt, daneben bestanden weiterhin das Amt Stollhofen und das Oberamt Gernsbach bzw. Eberstein. Erst im Dezember 1790 erfolgte eine Reorganisation der Ämterverfassung: Die bisherigen Ämter Bühl und Steinbach wurden in dem neuen Oberamt Yburg zusammengefaßt. Das Amt Stollhofen hat man bei gleicher Gelegenheit aufgelöst; die Orte Stollhofen und Söllingen kamen zum Oberamt Yburg, ebenso wie die die Klosterdörfer umfassende *Reservatamt* Schwarzach. Iffezheim, Wintersdorf, Ottersdorf und Plittersdorf wurden dem Oberamt Rastatt und Sandweier dem Oberamt Baden(-Baden) zugeschlagen, auch Sinzheim (bisher Amt Steinbach) und Haueneberstein (bisher Oberamt Rastatt) kamen zum Oberamt Baden.

Neben den Markgrafen von Baden und den Grafen von Eberstein sind nur vier weitere landesherrliche Gewalten zu nennen, die in dem hier interessierenden Raum eine – allerdings eher marginale – Rolle gespielt haben; die Schwerpunkte ihrer Herrschaft lagen außerhalb des Kreisgebiets. Zum einen waren dies die Herren von Lichtenberg und ihre Erben, zum anderen die Reichslandvogtei Ortenau, das Hochstift Speyer und das Herzogtum von Württemberg.

Die im nördlichen Elsaß beheimateten Herren von Lichtenberg haben ihre Territorien links und rechts des Rheins in enger Verbindung mit dem Hochstift Straßburg, dessen Vogtei sie seit der Mitte des 13. Jh. innehatten, auf- und ausgebaut. Ganz im Südwesten des Landkreises gehörten dazu die Orte Scherzheim, Muckenschopf, Lichtenau und Grauelsbaum. Wie dieses ursprünglich zur Schwarzacher Immunität gehörige Gebiet in Lichtenberger Eigenbesitz gelangen konnte, läßt sich im einzelnen nicht mehr rekonstruieren; an seinem Bestand freilich hat sich vom 13. Jh. bis zum Ende des Alten Reiches nichts mehr geändert. Die 1298/99 gegründete Stadt Lichtenau stellte als Zentralort das rechtsrheinische Pendant zu den elsässischen Stammsitzen Lichtenberg und Buchsweiler dar; in Grauelsbaum wurde vom 14. bis ins 18. Jh. ein für die Herrschaft einträglicher Flußzoll erhoben. Nach dem Aussterben des Lichtenberger Mannesstamms fiel das Territorium je zur Hälfte an die Grafen von Hanau(-Lichtenberg) und von Zweibrücken-Bitsch, jedoch konnten 1527 die Hanauer den Zweibrücker Anteil käuflich an sich bringen und waren seither alleinige Herren von Lichtenau samt den zugehörigen Dörfern. Als 1736 auch der letzte Hanauer gestorben war, gelangte die Herrschaft als Erbe an die Landgrafen von Hessen-Darmstadt, bei denen sie fortan verblieb.

Die im späten 13. Jh. durch König Rudolf von Habsburg geschaffene Reichslandvogtei in der Ortenau, deren Inhaber im Laufe des späten Mittelalters und der frühen Neuzeit wiederholt gewechselt haben, hatte nur mit Ottersweier und dem südlichen Teil von Hatzenweier Anteil am Kreisgebiet. Die Zugehörigkeit der genannten Dörfer zur Ortenau war bis ins 16. Jh. umstritten und ist erst 1530 im sog. Ortenauischen Vertrag auf Dauer geregelt worden. Die Bischöfe von Speyer waren abgesehen von ihrer hochmittelalterlichen Präsenz im unteren Murgtal über die Jahrhunderte hinweg Orts- und Landesherren von Illingen, das ursprünglich linksrheinisch gelegen war und zu dem alten Speyrer Besitzkomplex um Lauterburg gehörte. Nach dem Ausgang der Grafen von Eberstein ist dem Hochstift 1660

Allianzwappen der Grafen von Hanau-Lichtenberg und von Fürstenberg an der evangelischen Kirche in Lichtenau, 16. Jh.

obendrein die zuvor ebersteinische Hälfte am Kondominat Gernsbach mit Scheuern und Staufenberg heimgefallen und bis zum Ende des Alten Reiches verblieben. Württemberg schließlich hat die Herrschaft in Loffenau 1338/41 bzw. 1535 mit der Schirmvogtei respektive mit der Säkularisation des Klosters Herrenalb erworben, und diese Zugehörigkeit blieb bis zur Gebietsreform der 1970er Jahre erhalten.

Ministerialität und Niederadel. – Für zahlreiche Orte in der Rheinebene, in der Vorhügelzone und im unteren Murgtal sind vom 12. bis ins 15. Jh. verschiedentlich Träger von Herkunftsnamen bezeugt, die sich durch ihre Stellung in Zeugenlisten oder anhand sonstiger Merkmale als Ministerialen und Ritter bzw. Angehörige des niederen Adels zu erkennen geben. Da und dort sind auch noch Reste ihrer ortsnahen Schlösser erhalten, so etwa in Neusatz (Waldsteg), Rittersbach und Tiefenau. In Durmersheim (Rohrburg), Niederweier, Michelbach (Rosenstein), Kappelwindeck (Bach) und Altschweier (Haubach) sind die einst vorhandenen Rittersitze zwar restlos verschwunden, in der schriftlichen Überlieferung aber zuverlässig bezeugt; andernorts kann ihre einstige Existenz nur noch erschlossen werden, so beispielsweise in Selbach, und vielerorts mag es trotz der gelegentlichen Erwähnung eines »Ritters« überhaupt nie einen befestigten Adelssitz gegeben haben. Auffällig ist eine Verdichtung derartiger Sitze in der von der Natur so sehr begünstigten Vorhügelzone zwischen Sinzheim und Ottersweier, wohingegen sie in dem spät erschlossenen Murgtal oberhalb von Gernsbach gänzlich fehlen. Indes wird man – zumal im 12. und 13. Jh., aber auch noch später – hinter den gewöhnlich nur sporadisch vorkommenden Namen nicht immer gleich ganze Familien oder Geschlechter vermuten dürfen, ist doch selbst beim Adel noch im 15. Jh. mit allfälligen Namenswechseln zu rechnen, die uns aus Mangel an Quellen oft verborgen bleiben. Mitunter mag es sich bei Einzelerwähnungen um Ministerialen gehandelt haben, die von ihrer Herrschaft nur zeitweise an einen Ort delegiert waren und folglich nur vorübergehend danach benannt worden sind, man denke etwa an die im 13. Jh. bezeugten Schenken von Gernsbach.

Die herrschaftliche Zuordnung dieser Ministerialen bleibt nicht selten vage. Jedoch dürften sie zumindest im 12. und 13. Jh. mehrheitlich dem Umfeld der Grafen von Eberstein angehört haben; ein Lehnbuch von 1386 vermittelt einen zwar späten, aber doch guten Eindruck vom einstigen Umfang der ebersteinischen Ministerialität, aus der demzufolge neben anderen die Familien von Windeck (von Ottersweier), Röder, von Tiefenau, von Bach, von Sinzheim, von Michelbach und von Selbach hervorgegangen sind. Erst seit dem frühen 13. Jh. ist hierzulande zunehmend auch mit einem ritterlichen Gefolge der Markgrafen von Baden zu rechnen, und in dem Maße, wie die Ebersteiner an Bedeutung verloren, die Badner aber an Macht und Einfluß gewonnen haben, sind die niederadlige Klientel und der Lehnhof der Markgrafen gewachsen und haben davor ebersteinische Dienstverhältnisse aufgesogen. In eben diese Zeit fallen auch die Emanzipation der Ministerialen aus den alten Bindungen, die ihren sozialen Aufstieg ermöglicht hatten, und ihre Formierung im niederen Adel, der seither als eigenständiger Faktor der Herrschaftsbildung in Erscheinung tritt.

Abgesehen von den Windeckern, die zur Zeit ihrer größten Blüte im Süden des Landkreises, um Bühl sowie im Bühler und Neusatzer Tal bis hinüber zu den freilich erst sehr viel später entstandenen Siedlungen Herrenwies und Hundsbach ein weites Gebiet beherrschen konnten und

3. Herrschaftsentwicklung

obendrein die Vogtei über das Kloster Schwarzach innehatten, war dem Niederadel in seiner Herrschaftsentfaltung hierzulande nur wenig Erfolg beschieden. Immerhin haben sich in Leiberstung, Schiftung und Unzhurst (anteilig) die von Bach als Ortsherren etablieren können, in Michelbach die von Michelbach (bzw. ihre Erben), und beiden Familien ist es gelungen, die Herrschaft in diesen Dörfern bis zu ihrem Erlöschen zu bewahren. In das windeckische Herrschaftsgefüge sind die Markgrafen seit dem frühen 14. Jh. sukzessive eingedrungen, und da sie im 15. Jh. auch die Vogteirechte über das Schwarzacher Klostergebiet haben an sich bringen können, waren die zunächst so hoffnungsvollen Ansätze einer niederadligen Territorienbildung bald gescheitert; die bachischen und michelbachischen Gerechtsame sind hernach durch unmittelbaren respektive mittelbaren Lehnsheimfall in badische Hand gelangt. Die möglicherweise sonst noch unternommenen Versuche niederadliger Geschlechter, ebenfalls eigene Herrschaften zu bilden, hatten angesichts der allenthalben machtvoll expandierenden und auf Kosten kleinerer Herrschaftsträger verdichteten markgräflichen Kompetenzen keine Chance; sie sind nirgendwo über das Stadium kleiner Grundherrschaften hinausgediehen. So waren die Adelssit-

Wappen der Röder und von Windeck, 16. Jh.

Allianzwappen von Bach und von Windeck, 16. Jh.

ze in Tiefenau, Durmersheim, Michelbach oder Waldsteg am Ende des Mittelalters nur noch Satelliten der Residenz Baden(-Baden).

Hinzu kommt, daß der überwiegende Teil des in dieser Region bodenständigen Niederadels, so die von Michelbach, von Selbach oder von Tiefenau, noch im Mittelalter ausgestorben ist. Bedeutendere wie die von Bach, die Röder und andere haben sich dem Druck der Markgrafen soweit als möglich entzogen und im Pfälzer Raum bzw. in der mittleren Ortenau neue Betätigungsfelder gefunden. Zwar sind in der Nachfolge der Ausgestorbenen und im Dienst der Markgrafen immer wieder adlige Familien in diese Landschaft neu zugewandert, erinnert sei an die von Gemmingen, von Seldeneck, Kämmerer von Worms gen. von Dalberg, von Eltz, Knebel von Katzenelnbogen, von Flekkenstein und von Hüffel oder Landschad von Steinach und von Blittersdorff, aber dauerhaft hier niedergelassen haben sich die wenigsten; ihr Besitz ist gewöhnlich über kurz oder lang an die Landesherrschaft übergegangen. Seit dem 16. Jh. hat sich schließlich aus der bürgerlichen Beamtenschaft der Markgrafen ein neuer, in hohem Maße vom Fürsten abhängiger Adel herausgebildet, darunter die Bademer von Rohrburg, Brombach von Tiefenau, Aschmann, Hinderer und andere mehr. In Namengebung und Lebensart waren diese Aufsteiger eifrig bemüht, Anschluß an den alten Adel zu finden, und teilweise haben sie ihr Ziel wohl auch erreicht, zumal wenn es ihnen wie den Bademer (Hub) gelungen ist, Güter zu erwerben, die bei der Ortenauer Reichsritterschaft immatrikuliert waren. Aber eigenständige oder gar reichsunmittelbare Ritterherrschaften, wie man sie aus den Landschaften Frankens und Schwabens kennt, haben dabei natürlich nicht mehr entstehen können; auch die blittersdorffische Herrschaft in Neusatz war um die Wende vom 17. zum 18. Jh. selbstverständlich der badischen Landeshoheit unterworfen.

Das Ende der alten Ordnung. – Angesichts der hohen Verdichtung, welche die badische Herrschaft im Kreisgebiet bereits zu Ende des 18. Jh. erreicht hatte, brachte die Auflösung des Alten Reiches hier nur geringe territoriale Veränderungen: Die Klostergebiete von Schwarzach, Lichtenthal und Frauenalb, in denen die Markgrafen ohnehin schon seit Jahrhunderten die Landesherrschaft bzw. Landeshoheit beansprucht und ausgeübt hatten, sind mit dem Reichsdeputationshauptschluß 1803 vollends an das nunmehrige Kurfürstentum Baden gefallen; die entsprechende Besitzergreifung ist aber schon im Spätsommer 1802 erfolgt. Dasselbe gilt für die Stadt Gernsbach mit Scheuern und Staufenberg sowie für Illingen, die bisher teilweise bzw. ganz bischöflich speyrisch waren, und auch die hanau-lichtenbergische bzw. hessen-darmstädtische Stadt Lichtenau mit den Dörfern Grauelsbaum, Scherzheim und Muckenschopf ist durch den Reichsdeputationshauptschluß an Baden gelangt. Ottersweier folgte erst rund drei Jahre später, als dem Kurfürsten von Baden im Frieden von Preßburg (1805) auch die bislang vorderösterreichische Reichslandvogtei in der Ortenau zugeteilt wurde. So war am Ende des Alten Reiches das ganze Gebiet des heutigen Landkreises Rastatt badisch – mit alleiniger Ausnahme von Loffenau, das weiterhin württembergisch blieb.

4. Formen der Herrschaft

Grundherrschaft. – Der Begriff Grundherrschaft ist eine Schöpfung der historisch-juristischen Wissenschaft des 18. bzw. 19. Jh. und bezeichnet die elementarste Form mittelalterlicher Herrschaft schlechthin, nämlich die Verfügung über Grund und Boden samt den Menschen, die darauf sitzen und ihn bewirtschaften. In ihrer früh- und hochmittelalterlichen Ausprägung war diese Grundherrschaft der Wurzelboden vielfältiger Herrschaftsformen, die später aus ihr hervorgegangen sind, nicht zuletzt der Orts- und der Leibherrschaft. Im Laufe der Jahrhunderte hat sie aber auch selbst einen Wandel erlebt, nämlich hin zur jüngeren Rentengrundherrschaft. In ihrer ursprünglichen, während des hohen Mittelalters allmählich zerfallenen Form war sie in sogenannten Villikationen oder Fronhöfen verfaßt. Die Fron-, Herren- oder Meierhöfe waren Zentren und Knotenpunkte des Systems; sie wurden von der Herrschaft in eigener Regie betrieben, das beim Hof selbst und in seiner Umgebung gelegene Sal- oder Herrschaftsland unter Einsatz unfreien Hofgesindes und abhängiger Hufenbauern bestellt. Letztere haben neben den auf dem Hof zu leistenden Diensten gewisse Parzellen (*mansi*, Hufen oder Huben), die ihnen unmittelbar zugeteilt waren, bereits in älterer Zeit weitgehend eigenständig bewirtschaftet.

Über Fronhofverbände dieser Art samt zugeordneten Hufen verfügten hierzulande beispielsweise das elsässische Kloster Weißenburg in Durmersheim und Bietigheim oder die Abtei Schwarzach in Scherzheim, Schwarzach, Sinzheim, Ulm, Vimbuch und anderwärts; Strukturelemente der Schwarzacher Villikationen sind vielerorts – namentlich in Vimbuch – über das Mittelalter hinaus bis in die frühe Neuzeit erhalten geblieben. Das im 11. Jh. der Domkirche von Speyer überlassene *predium* Rotenfels hat man sich ursprünglich ebenfalls als derartigen Fronhofverband vorzustellen. Daneben haben ganz zweifellos auch Grundherrschaften des altfreien Adels bestanden, jedoch wissen wir von diesen überlieferungsbedingt so gut wie nichts. Infolge der naturräumlichen Verhältnisse und der durch sie geprägten siedlungsgeschichtlichen Entwicklung hat es früh- bzw. hochmittelalterliche Villikationen und in ihrer Nachfolge spätmittelalterlich-frühneuzeitliche Grundherrschaften nur in der Rheinebene sowie im Murgtal unterhalb von Gernsbach gegeben.

Im Zuge des allgemeinen Strukturwandels während des hohen Mittelalters hat die hergebrachte Villikationsverfassung sich in ihre dinglichen und persönlichen Komponenten aufgelöst. Entstanden ist daraus ein System vielfältiger Abgaben, Renten und Dienste, das in seinen wesentlichen Elementen bis zur Bauernbefreiung des 19. Jh. Bestand hatte. Der bei weitem größte Teil des zuvor namens der Herrschaft bebauten Landes wurde nun zu unterschiedlichen Konditionen an die bäuerliche Bevölkerung verliehen, die es fortan selbständig bebaute und dem Grundherrn davon festgesetzte Abgaben entrichtete. Als Relikte der alten Fronhofverbände blieben da und dort einzelne große Höfe bestehen, die wegen ihrer rechtlichen Sonderstellung mitunter als Freihöfe, gelegentlich auch als Bau- oder Ackerhöfe bezeichnet wurden; zumal bei Burgen (z.B. Rohrburg, Tiefenau), Herrschaftssitzen wie Neueberstein und Klöstern wie Schwarzach haben solche größeren Wirtschaftseinheiten sich bis ins späte Mittelalter und darüber hinaus erhalten. Nicht selten ist es vorgekommen, daß dergleichen Höfe durch Leihe in bäuerlichen Besitz übergegangen sind, und häufig, aber nicht immer haben sie dabei ihre Vorrechte verloren (z.B. Vormberg), allerdings wurden sie in der Folge auch fast immer aufgeteilt, je länger, je mehr. Letzteres gilt beispielsweise für den Gemminger Hof in Niederweier oder für den lichtenbergischen Ackerhof in Scherzheim. Dagegen haben die bei Gernsbach gelegenen Höfe Walheim und Weinau ihre Geschlossenheit bis ins 19. Jh. bewahrt, und der Hartunger Hof bei Stollhofen ist erst in den 1770er Jahren aufgeteilt und in einzelnen Parzellen verkauft worden. Nicht selten haben alte Fronhöfe gewissermaßen ideell überdauert, indem sie in sogenannten Vortrågereien organisiert waren (Hügelsheim, Vimbuch) oder dort, wo die Ortsherrschaft in anderer Hand lag, ein eigenes grundherrliches Hubgericht fortbestanden hat, so etwa in Bühlertal, Neusatz oder Ottersweier. Die (Baden-)Badner Jesuiten haben ihre Rebhöfe, u.a. in Sinzheim und Bühl, noch im 17. Jh. sehr einheitlich und nach einem straffen Reglement geführt, wie überhaupt die Sonderkultur des Weinbaus nicht selten ganz eigene Leihekonditionen hervorgebracht hat.

Der Umfang der einzelnen Güter war sehr unterschiedlich. So umfaßte das große Lehngut des Klosters Schwarzach in Hügelsheim – ein ehemaliger Fronhof – noch im 18. Jh., als es längst parzelliert und verpachtet war, insgesamt rund 650 M Äcker; zum Herrenalber Großhof in Ötigheim gehörten 1593 ca. 140 M Feld, zum Kleinhof desselben Klosters in Rastatt knapp 25 M. Dagegen lagen die bäuerlichen Betriebsgrößen in Ottersdorf, Plittersdorf und Wintersdorf um die Mitte des 17. Jh. zwischen 0,5 und 56 M, durchschnittlich zwischen 10 und 20 M. Im landwirtschaftlich bedeutungslosen Murgtal waren die entsprechenden Flächen natürlich sehr viel geringer.

Bäuerliches Grundeigentum hat es – vor allem in der altbesiedelten Rheinebene – vermutlich schon im Mittelalter gegeben, allerdings ist es in den Quellen nur ganz selten und ausnahmslos erst sehr spät bezeugt; sein Umfang dürfte eher gering gewesen sein. Großenteils wird es sich bei dem Eigentum, das im 18. Jh. in bäuerlicher Hand erscheint, gar nicht um alte freieigene Güter gehandelt haben, sondern um Liegenschaften, die durch Kauf erworben waren oder an deren frühere Abhängigkeit sich niemand mehr erinnert hat. In der Regel jedoch ist bäuerlicher Besitz als Leihegut ganz verschiedener Rechtsformen zu fassen.

Eine weite Verbreitung läßt dabei vor allem die Erbleihe (Erbbestand) erkennen, die, weil sie unbefristet war und die wirtschaftliche Existenz einer bäuerlichen Familie auf längere Sicht zu garantieren vermochte, den Leihenehmern einen relativ großen Freiraum gewährte. Gegenstand solcher Erbleihe konnten Immobilien aller Art sein, Äcker, Wiesen und Weinberge, ganze Höfe und Güter sowie vielerlei sonstige Nutzungen. Erbberechtigt waren daran in der Regel sowohl Söhne wie Töchter, jedoch hielten die Grundherren allzeit – wiewohl nur selten mit Erfolg – darauf, Teilungen der Leihegüter zu vermeiden. Befristete Leiheverhältnisse orientierten sich gewöhnlich an den Zyklen der Dreifelderwirtschaft und wurden daher auf 30 (z. B. Scherzheim, 13. Jh.), 18 (Iffezheim, 16. Jh.), zwölf, sechs (Greffern, 15. Jh.) oder drei Jahre vereinbart; selten kommen auch andere Fristen vor, so etwa eine Verpachtung auf vier Jahre (Greffern, 17. Jh.). Fristverlängerungen werden dabei wohl eher die Regel als die Ausnahme gewesen sein. Leiheverhältnisse auf Lebenszeit des Bestäders (Leibgedinge) waren selten. Die ältere Hufenverfassung spielte in nachmittelalterlicher Zeit, obgleich da und dort noch in der Frühneuzeit Hubgerichte bestanden haben, im Kreisgebiet keine erkennbare Rolle.

Vielerorts, zumal im Gebiet des Klosters Schwarzach und überall dort, wo Hofgüter weiterhin in herrschaftlicher Regie bewirtschaftet wurden (z. B. Winkel bei Rotenfels, 16. Jh.), hat der grundherrliche Anspruch auf allerlei Frondienste die Auflösung der alten Villikationen überdauert. Der Umfang solcher Pflichten entsprach altem Herkommen; er konnte ungemessen, also der herrschaftlichen Willkür anheimgestellt, oder auf eine bestimmte Zahl von Tagen pro Jahr respektive auf bestimmte Entfernungen beschränkt sein. Geleistet wurde der Frondienst unter Einsatz der menschlichen Arbeitskraft (Handfron, Botendienst) oder in Gestalt von Spanndiensten (Fuhrfron). Arbeitsentgelte fielen dabei selbstverständlich nicht an, jedoch war die Herrschaft gehalten, ihre Fröner mit Brot und Wein, eventuell auch mit Käse und dergleichen angemessen zu verpflegen. Je weiter die herrschaftliche Eigenwirtschaft im Laufe der Jahrhunderte zurückging, desto entbehrlicher wurden mit der Zeit die hergebrachten bäuerlichen Frondienste; allerdings hat man auf sie hernach nicht kurzerhand verzichtet, sondern stattdessen – um den Rechtsanspruch zu bewahren – ein Geldsurrogat erhoben. Von wenigen Ausnahmen (z. B. Favorite) abgesehen, hatte sich dieses Frongeld im Bereich der Markgrafschaft bis in die zweite Hälfte des 18. Jh. praktisch allgemein durchgesetzt. Hingegen haben die Klöster und der niedere Adel für den Betrieb ihrer Meierhöfe die realen Dienste gewöhnlich bis zum Ende des Alten Reiches und darüber hinaus in Anspruch genommen.

Die Abgaben (Gülten, Zinse), die von den Inhabern der Leihegüter unterschiedlichen Rechts zu festen Terminen an die Grundherren geleistet werden mußten, waren vielfältiger Art und konnten sowohl in Naturalien wie in Geld bestehen. Fruchtzinse waren gewöhnlich zwischen Mariä Himmelfahrt (15. August) und Mariä Geburt (8. September) fällig, d. h. unmittelbar nach der Ernte, Geldzinse wurden meist zu Martini (11. November) oder Georgi (23. April) entrichtet, wenn Teile des Ernteertrags bereits verkauft sein konnten. Großenteils waren die periodisch fälligen Gülten und Zinse ertragsunabhängig und wurden mitunter über Jahrhunderte hinweg in unveränderter Höhe geleistet; zumal bei Erblehen ist es den Herrschaften nur ausnahmsweise einmal gelungen, die Leihezinse zu steigern. Verschiedentlich waren Güter auch zu Teilbaukonditionen verliehen, wobei als Pacht bisweilen die Hälfte (z. B. in Schwarzach, Ulm, Lichtenau und Scherzheim) oder ein Drittel der Ernte abgegeben werden mußte; in derartigen

4. Formen der Herrschaft

Herrschaftsgebiet des Klosters Schwarzach, um 1750.

Teilpachtverhältnissen, die nicht zuletzt bei Rebhöfen gebräuchlich waren, haben sich die Strukturen der älteren Grundherrschaft am stärksten bewahrt. Zu den allgemeinen Grundrenten kamen meist noch Rekognitionszinse in Gestalt von Hühnern (z.B. Fastnachthühner) hinzu, mit denen die rechtliche Bindung von Höfen und sonstiger Liegenschaften an die jeweilige Herrschaft dokumentiert wurde, und je nach Rechtsform des Leiheverhältnisses war beim Tod des Bauern eine Todfallabgabe (Hauptrecht, Besthaupt) fällig, beim Verkauf von Gütern eine Besitzwechselabgabe (Handlohn, Laudemium).

Die ertragsbezogene Abgabe, die am weitesten verbreitet war, ist der Zehnt, der freilich seinem Ursprung nach gar nicht in den Bereich der Grundherrschaft gehört, sondern eigentlich eine dem Unterhalt von Kirchen dienende Abgabe war und deshalb im Kontext der historischen Ortsbeschreibungen auch dort zur Sprache kommt. Allerdings hat sich der Zehnt bereits im Laufe des hohen Mittelalters von seinem kirchlichen Bezug weitgehend gelöst und begegnet wie andere Gerechtsame im Besitz jedweder Herrschaft. Zehntberechtigt waren in der Regel mehrere Dezimatoren zugleich, was mitunter – vor allem in Weinbaugebieten – geradezu eine Atomisierung der Zehntanteile zur Folge hatte; sehr viel seltener kommt es vor, daß ein Zehntherr die Abgabe allein bezogen hat. Nicht zuletzt gab es vielerorts Bezirke mit Sonderzehntberechtigungen, und der Noval- oder Neubruchzehnt von neu gerodeten Flächen stand ohnehin immer der Orts- bzw. Landesherrschaft zu. Im Murgtal, soweit die Grafschaft Eberstein reichte, teilten sich infolge der salischen Schenkung von 1041/46 (*predium* Rotenfels) bis zur Säkularisation das Domstift Speyer ($^2/_3$) und die Pfarrei Rotenfels ($^1/_3$), hie und da auch Gernsbach in den allgemeinen Zehnt.

Fällig war der Zehnt von allem, was die bäuerliche Wirtschaft hervorbrachte. Zum großen oder Fruchtzehnt wurden Wein und Getreide (Roggen, Dinkel, Hafer, Wintergerste) gerechnet, zum Klein- oder Schmalzehnt alle übrigen Feldfrüchte wie Sommergerste, Rüben, Erbsen, Linsen, Bohnen, Hanf, Flachs, Kraut, Zwiebeln, Obst etc.; auch der Blutzehnt aus den Erträgen der Viehzucht war Teil des Kleinzehnten. Im Interesse einer besseren Kontrolle und der Vermeidung von Unterschleif ist die Erhebung des Zehnten gewöhnlich unmittelbar ab dem Feld geschehen, seltener ab der Tenne. In der frühen Neuzeit haben die Zehntherren ihre Bezugsrechte häufig den Gemeinden und sonstigen Interessenten versteigert oder verpachtet; dieses konnte sowohl von Jahr zu Jahr geschehen wie auf Dauer mehrerer Jahre.

Die Aufhebung aller dieser Abgaben und bäuerlichen Lasten ist in mehreren Schritten während der ersten Hälfte des 19. Jh. erfolgt; allerdings haben die Ablösungsmodalitäten sich bis weit in die zweite Jahrhunderthälfte hingezogen.

Ortsherrschaft. – Die Orts- bzw. Vogtsherrschaft zählt, wiewohl sie im einzelnen erst nachträglich Gestalt gewonnen hat, unter die aus dem Zerfall der früh- und hochmittelalterlichen Grundherrschaft hervorgegangenen Herrschaftsformen. Sie umfaßte die Handhabung der dörflichen Rechts- und Friedenspflege, wozu sie sich einerseits der vom Fronhof herrührenden niederen – dann auch der freiwilligen – Gerichtsbarkeit sowie des Instrumentariums von Zwing und Bann respektive Gebot und Verbot bediente. Ihre Genese ist im Kreisgebiet nirgends detailliert nachzuvollziehen. Im Altsiedelland der Rheinebene, etwa in Durmersheim, Rastatt oder Iffezheim, fällt der entsprechende Prozeß in die quellenarme Zeit am Übergang vom hohen zum späten Mittelalter, und im Ausbaugebiet des mittleren Murgtals wurden bereits entwickelte und bewährte Herrschaftsstrukturen auf die im Zuge der Rodung angelegten Siedlungen und ihre Gemarkungen übertragen. Am klarsten und kontinuierlichsten stellt sich die Entstehung der Ortsherrschaft aus der alten Grundherrschaft im Gebiet des Klosters Schwarzach und in dessen bis zur Säkularisation bestehender Dinghofverfassung dar, namentlich in Schwarzach selbst und in Vimbuch. Im Raum zwischen Sinzheim und Ottersweier mit seinen vielen, nicht zuletzt durch den Weinbau bedingten Streusiedlungen und Kleinadelssitzen sind Strukturelemente der alten Grundherrschaft zum Teil bis in die frühe Neuzeit prägend geblieben und seit dem späten Mittelalter ohne die »Zwischeninstanz« einer Ortsherrschaft unmittelbar von der Landesherrschaft überlagert worden; nicht von ungefähr haben gerade in dieser Region mehrere Hubgerichte überdauert.

Dort, wo es nur eine einzige oder eine alle anderen dominierende Grundherrschaft gegeben hat, ist daraus in der Regel früh eine einheitliche Ortsherrschaft entstanden, so beispielsweise im Schwarzacher Klosterterritorium oder in den Rieddörfern Wintersdorf, Ottersdorf und Plittersdorf. Standen hingegen an einem Ort mehrere Grundherren gleicher Stärke miteinander in Konkurrenz, ist es darauf angekommen, welche der beteiligten Parteien sich schließlich als stärker erwiesen hat und den Platz behaupten konnte. Mitunter ist diese Frage erst spät (östlich von Bühl) oder auch nur zum Teil (Unzhurst) entschieden worden. Derart gewachsene Kondominate sind freilich in unserem Raum selten. Weitaus die meisten Gemeinherrschaften sind wie die Grafschaft Eberstein, die Herrschaft Windeck oder das Dorf Michelbach sekundärer Natur, d.h. sie sind nachträglich durch teilweise Veräußerung bzw. Vererbung von Herrschaftsrechten entstanden. Zumeist handelte es sich dabei um geteilte Gemeinschaften (Bühl etc., Michelbach); auch das Kondominat in der Grafschaft Eberstein war geteilt, bevor die Markgrafen mit dem Einwurfsvertrag von 1505 eine ungeteilte Gemeinschaft erzwungen haben.

Die vielfältigen Kompetenzen der Ortsherrschaft sind in den Quellen gelegentlich in den Begriffspaaren Zwing und Bann bzw. Gebot und Verbot zusammengefaßt, mitunter werden sie aber auch wortreich einzeln aufgezählt. Das Recht der Herrschaft, im Dorf und seiner Gemarkung, in

4. Formen der Herrschaft

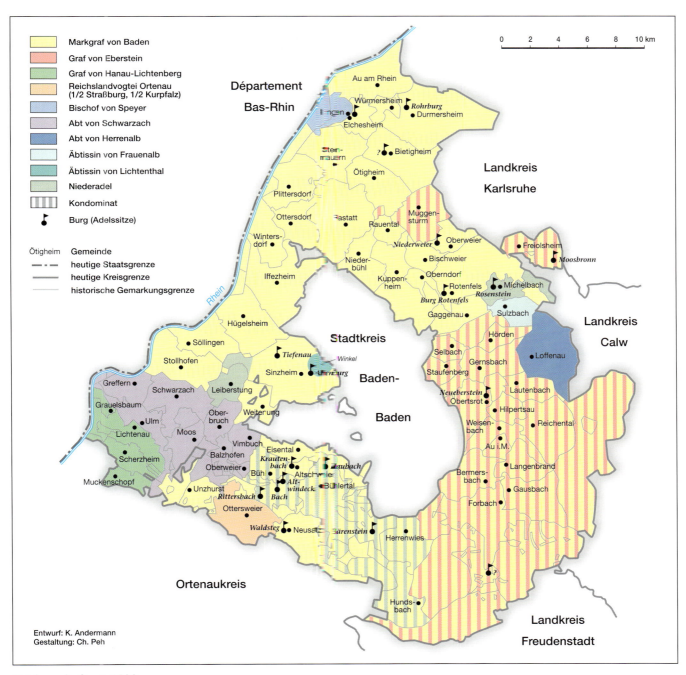

Ortsherrschaft um 1500.

Feld und Wald sowie über Wasser- und Weidenutzung zu gebieten (zwingen) und verbieten (bannen), dazu das örtliche Gericht, dem die Rüg- bzw. niedere Straf- und freiwillige Gerichtsbarkeit oblagen, zu besetzen und entsetzen, bezweckte die Organisation und Koordination des täglichen Lebens in der Gemeinde; mithin handelte es sich dabei zu wesentlichen Teilen um Polizeifunktionen. Im Rahmen seiner Befugnisse hatte der Ortsherr Anspruch auf die Huldigung der Untertanen, erließ Dorf-, Feld- und Waldordnungen und ahndete allfällige Verstöße dagegen (Strafen, Bußen und Frevel). Seine Bannrechte erlaubten dem Herrn in manchen Bereichen temporär oder auf Dauer die exklusive Nutzung von Ressourcen oder den (zeitweisen) monopolisierten Absatz seiner Erzeugnisse, so etwa bei Holz- und Weiderechten, Mühlen, Keltern und Badstuben sowie beim Weinverkauf (Bannwein). Im Gericht und in der sonstigen Wahrnehmung ihrer Rechte wurde die Herrschaft gewöhnlich vom Schultheißen (auch Stabhalter) bzw. Vogt vertreten. In Kondominaten gab es die Möglichkeit, daß jede der beteiligten Herrschaften einen Schultheißen bestellte, daß man einen gemeinsam hatte oder daß die Bestellung alternierte.

Abgaben und Dienste, die dem Ortsherrn von seiten seiner Untertanen (*armen leute*) zu leisten waren, sind infolge der gemeinsamen Wurzeln von Orts- und Grundherrschaft bisweilen nur schwer von denen zugunsten eines Grundherrn zu unterscheiden; das gilt zumal dort, wo – wie etwa im Gebiet des Klosters Schwarzach – beide Herrschaftsformen in eins gefallen sind. Eindeutig ortsherrschaftlicher Natur waren Rauch- bzw. Umganghühner und Rauchhafer, die periodisch von jedem Herd (Haushalt) als Rekognitionszins zur Anerkennung des Abhängigkeitsverhältnisses geschuldet, von den Markgrafen aber schon im frühen 16. Jh. nicht mehr gefordert wurden. In das von zugezogenen Personen verlangte Einzugsgeld haben sich Herrschaft und Gemeinde nicht selten geteilt, wohingegen das Abzugsgeld bzw. die Nachsteuer – in der Regel zehn Prozent vom Wert der weggeführten Habe – der Herrschaft allein zufiel. Desgleichen erhielt der Ortsherr die von seinem Gericht verhängten Strafen, Frevel und Bußen (vgl. Unzhurst) und, wo es einen Markt gab, das dort fällige Standgeld. Auch die Bede, eine im Frühjahr und Herbst erhobene (Grund-) Steuer, und das Ohmgeld (Ungeld), eine Verbrauchssteuer auf Wein, gehörten zunächst der ortsherrschaftlichen Sphäre an, wurden jedoch in den badischen Markgrafschaften seit dem Ende des Mittelalters als landesherrliche Gerechtsame behandelt. Schließlich konnte die Ortsherrschaft im Rahmen ihrer Zuständigkeiten allerlei Frondienste verlangen.

Die Herrschaftsverhältnisse in den Städten – in Gernsbach, Kuppenheim, Muggensturm, Stollhofen, Lichtenau und schließlich in Rastatt – haben sich von denen in den Dörfern nur unwesentlich unterschieden. Kommunale Selbstverwaltungsbefugnisse bestanden zu Zeiten des Alten Reiches innerhalb der städtischen Mauern allenfalls subsidiär zur herrschaftlichen Organisation, und die Freiheitsrechte der Stadtbürger gingen höchstens einmal in wirtschaftlicher Hinsicht über die der Gemeindebürger auf dem Lande hinaus; entsprechendes gilt für die dem jeweiligen Stadtherrn geschuldeten Abgaben und Dienste. Am weitesten reichten noch die Freiheiten von Gernsbach und Lichtenau, wo die Todfallabgaben wenigstens zeitweise ausgesetzt und das Ohmgeld der Gemeinde überlassen war.

Leibherrschaft und Leibeigenschaft. – Wie die Ortsherrschaft ist auch die Leibherrschaft aus der Auflösung der früh- und hochmittelalterlichen Fronhofverfassung hervorgegangen. Zwar erscheinen die Begriffe »leibeigen« oder »Leibeigenschaft« in den Quellen nicht vor dem 15. Jh.; gleichwohl bezeichnen sie ein Rechtsinstitut, das in der Sache viel älter ist, nun aber – zur Unterscheidung von anderen Abhängigkeitsverhältnissen – in seinem Bezug auf die Person (mhd. *lip*, Leib) terminologisch präzisiert wurde.

Leibeigen, d.h. von einem Herrn bzw. einer Herrschaft persönlich abhängig, war in Mittelalter und früher Neuzeit der bei weitem größte Teil der Bevölkerung. In die Abhängigkeit von diesem oder jenem Herrn wurde man in der Regel hineingeboren, und maßgeblich dafür war der Stand der Mutter. Auch die Bürger der kleinen im Kreisgebiet gelegenen Städte waren leibeigen; indes genossen etwa die von Lichtenau gewisse Erleichterungen hinsichtlich der von der Herrschaft geforderten Abgaben, und der Bürgerschaft von Gernsbach wurde 1583 erlaubt, sich von der Leibeigenschaft überhaupt freizukaufen.

Eigenleute hatten ihrem Leibherrn jährlich einen Leibzins zu entrichten; Männer genügten dieser Pflicht mit einer Geldzahlung (12 Pfennige), Frauen mittels Ablieferung eines Huhns (Leibhenne). Im Todesfall mußten die Erben ein sog. Hauptrecht geben, nämlich das beste Stück Vieh im Stall (Besthaupt, beim Tod des Mannes) bzw. das beste Kleid (Gewandfall bzw. Watmal, beim Tod der Frau). Frondienste waren mit der Leibeigenschaft normalerweise nicht verbunden. Außerhalb des Gebiets ihrer Herrschaft durften die Leibeigenen sich nur mit deren ausdrücklicher

4. Formen der Herrschaft

Ortsherrschaft und Landeshoheit um 1790.

Genehmigung niederlassen, desgleichen waren sie gehalten, im Kreis ihrer Genossen zu heiraten. Allerdings haben – wie die spätmittelalterliche und frühneuzeitliche Tauschpraxis und Vertragspolitik der Leibherren zu erkennen geben – die zuletzt genannten Beschränkungen nur teilweise durchgesetzt werden können.

Schon im Laufe des späten Mittelalters ist es den Markgrafen von Baden gelungen, in ihrem Gebiet auf der Grundlage der Orts- respektive Vogtsherrschaft eine »vogteiliche Leibeigenschaft« zu etablieren, mit der sie ältere Formen der hofrechtlich-grundherrschaftlichen Hörigkeit überlagert und schließlich weitestgehend verdrängt haben. Aus den Herrschaftsurbaren des 16. Jh. wird deutlich, wie nachhaltig diese Territorialisierung der Leibeigenschaft zu einer Vereinheitlichung des Untertanenverbandes geführt hat, denn alle Personen, für die keine fremden Ansprüche bestanden, galten damit als markgräfliche Leibeigene. Nicht genug damit, wurde von fremden Eigenleuten, die sich in badischen Orten niederließen, erwartet, daß sie sich aus ihren hergebrachten leibrechtlichen Bindungen lösten und in entsprechende Abhängigkeit zum Markgrafen traten: Wer im markgräflichen Territorium lebte, galt daher, solange keine konkurrierenden Rechte geltend gemacht wurden, als markgräflicher Leibeigener, und entsprechend verfuhr man auch im (Hanau-)Lichtenbergischen. Aber ungeachtet dieses vergleichsweise modernen, weil ganz territorial bezogenen Herrschaftsanspruchs bedienten sich die Markgrafen wie ihre unmittelbaren Nachbarn noch in der frühen Neuzeit des die personal konstituierte Abhängigkeit älterer Art beschreibenden Begriffs der Leibeigenschaft und bezeichneten damit schließlich auch den längst entwickelten Landesuntertan; folgerichtig erscheinen in der schriftlichen Überlieferung hierzulande die Begriffe »leibeigen« und »untertan« in synonymer Verwendung.

Weil aber die Leibeigenschaft spätestens seit dem Bauernkrieg immer unpopulärer wurde und der Begriff die Verhältnisse in der frühneuzeitlichen Markgrafschaft auch gar nicht mehr zutreffend beschrieben hat, verfügte Markgraf Karl Friedrich 1783 mit ebenso großer Geste wie propagandistischer Wirkung ihre Aufhebung. In der Sache änderte sich damit für die Menschen nicht viel. Zwar verschwand nun die inkriminierte Bezeichnung, aber die seit alters mit der personenbezogenen Abhängigkeit verbundenen Lasten blieben größtenteils erhalten, indem daraus längst Attribute der flächenbezogenen Herrschaft geworden waren. Für markgräfliche Eigenleute, die außerhalb des badischen Territoriums lebten, blieb die Leibeigenschaft ohnehin bestehen, desgleichen für Leute in Kondominatsorten wie Gernsbach, Scheuern und Staufenberg sowie in den Klostergebieten von Schwarzach, Lichtenthal und Frauenalb.

Den kleineren Territorien in der unmittelbaren Umgebung der Markgrafschaft blieb gar keine andere Wahl, als hinsichtlich der leibherrschaftlichen Praxis entsprechend dem Vorbild des großen Nachbarn zu verfahren. Bis zur Aufhebung der Leibeigenschaft ist dabei aber nur der Bischof von Speyer gegangen – 1798 unter dem Druck der Französischen Revolution – und auch er hat Kondominatsorte sowie seine unter fremder Herrschaft gesessenen Eigenleute ausgenommen; so waren am Ende des Alten Reiches zwar die Einwohner von Illingen leibfrei, die von Scheuern und Staufenberg speyrischen Anteils hingegen blieben weiterhin leibeigen. Das definitive Ende der Leibeigenschaft kam schließlich überall mit der staatlichen Neuordnung und der Schaffung eines einheitlichen Untertanenverbandes in den ersten Jahren des 19. Jahrhunderts.

Landesherrschaft und Landeshoheit. – Unter den hier zu erörternden Herrschaftsformen haben die Landesherrschaft und in ihrer Fortentwicklung die Landeshoheit als die modernsten zu gelten. Ihre Wurzeln liegen nur zum geringeren Teil in der Fronhofverfassung des frühen und hohen oder in der Ortsherrschaft des späten Mittelalters; ausschlaggebend für ihre Genese waren vielmehr die alten Grafschaften, Rodung und Landesausbau, Wildbann- und Schirmrechte sowie nicht zuletzt die Vogtei über geistliche Immunitäten und Kirchengut. Die Leibherrschaft bildete, wiewohl der frühneuzeitliche Sprachgebrauch der Quellen und seine Gleichsetzung von Untertanenschaft und Leibeigenschaft einen gegenteiligen Eindruck erwecken könnten, im Kreisgebiet nirgendwo die Grundlage der Landesherrschaft. In der Regel hat sich die Ausbildung der sonstige Gerechtsame überwölbenden Flächenherrschaft auf das Zusammenwirken mehrerer der genannten Faktoren gestützt, und überall hing ihr Erfolg davon ab, daß ein entsprechender Herrschaftswille vorhanden war und gegenüber konkurrierenden Kräften zur Geltung gebracht werden konnte.

Alte Grafschaftsrechte haben bei der Entstehung von Landesherrschaft in dieser Region allenfalls mittelbar eine Rolle gespielt. Im ortenauischen Teil des Kreisgebiets und im Gebiet der Rieddörfer, die ehedem zum elsässischen Nordgau gehört haben, ist ihre Wirkung überhaupt nicht mehr zu erkennen, im ufgauischen Teil nur insoweit, als entsprechende Befugnisse über die Staufer an die Markgrafen von Baden gelangt sind und deren Herrschaftsentfaltung in der Rheinebene nördlich der Oos begünstigt haben. Von überragender, der Ausbildung von Flächenherrschaft in diesem Raum vor allem förderlicher Bedeutung waren hingegen die geistlichen Immunitätsbezirke mit den auf sie bezogenen Vogteirechten. Im Norden und Westen profitierten davon die Staufer – in ihrer Nachfolge die Markgrafen – als Vögte von Weißenburg, die Markgrafen als Vögte von Selz (Rieddörfer) und die Grafen von Eberstein als mutmaßliche Vögte des Speyrer Domkapitels im Murgtal, im Süden die Ebersteiner – in ihrer Nachfolge die Windecker und schließlich die Badner – als Vögte des Klosters Schwarzach sowie die Lichtenberger als Vögte des Hochstifts Straßburg. Nicht zuletzt waren Forst- und Wildbannrechte und im Zusammenhang mit ihnen die Rodung und der Landesausbau im Murgtal durch die Grafen von Eberstein ebenso wie in den Tälern von Bühl und Neusatz durch die Herren von Windeck konstitutiv für die Entwicklung von Herrschaft in der Fläche.

Indes ist es den zunächst so ungewöhnlich erfolgreichen Windeckern infolge ihres Niedergangs im späten Mittelalter schließlich versagt geblieben, der markgräflichen Expansion mit der Entfaltung eigener Landesherrschaft entgegenzutreten, und der übrige, sehr viel weniger potente Ritteradel der Region hatte diesbezüglich von vornherein keine Chance. In der frühen Neuzeit war die ortenauische Ritterschaft nur noch bemüht – zumeist vergeblich –, wenigstens einzelne Güter in ihren reichsunmittelbaren Verband zu ziehen. Selbst die einst so mächtigen Grafen von Eberstein verfügten, wiewohl sie später sogar noch die Reichsstandschaft erlangt haben, im Kondominat mit den Markgrafen nur über eingeschränkte landesherrliche Befugnisse, die zudem einer schleichenden Erosion unterworfen waren. Der Abt von Schwarzach hat mit seinem markgräflichen Schirmherrn bis zur Säkularisation vergeblich um eigene Landesherrschaft und Reichsunmittelbarkeit gerungen. Für die Nonnenklöster Lichtenthal und Frauenalb waren entsprechende Bestrebungen schon aufgrund ihrer Gründungsumstände aussichtslos. Die anderen, am Kreisgebiet eher randlich beteiligten Landesherren – der Bischof von Speyer, der Graf von (Hanau-)Lichtenberg bzw. Landgraf von Hessen, der Herzog von Württemberg sowie der jeweilige Inhaber der Landvogtei in der Ortenau – waren ohnehin eigenständige Reichsfürsten; ihnen konnte die badische Begehrlichkeit nichts anhaben.

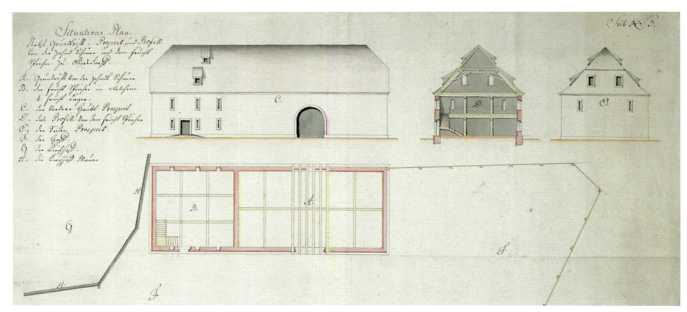

Bauplan für eine Zehntscheune in Ottersdorf, 1786.

Die wesentlichen Merkmale der Landesherrschaft, wie sie sich hierzulande im Laufe des späten Mittelalters herauskristallisiert haben, waren das Steuer- und das Waffenrecht, d.h. die Befugnis, Beden, Schatzungen und Reichssteuern zu erheben sowie die waffentaugliche Bevölkerung zum Kriegsdienst aufzubieten. Wer diese Rechte in einem größeren oder kleineren Territorium für sich in Anspruch nehmen und für die Homogenisierung der Untertanenschaft in seinem Sinne instrumentalisieren konnte – vor allem dort, wo die Ortsvogtei und das Niedergericht einem anderen Herrn zustanden –, war Inhaber der Landesherrschaft. Hinzu kamen mit zunehmend exklusivem Charakter die Hoch- bzw. Blutgerichtsbarkeit, das Jagdrecht, Zoll- und Geleitsrechte, die Einnahme von Erb- bzw. Landeshuldigungen und die Befugnis allgemein verbindliche Landesordnungen zu erlassen sowie mancherlei Reservatrechte (z.B. Salzmonopol), um deren Besitz mitunter heftige Auseinandersetzungen geführt wurden; im 16.Jh. wurde die Palette dieser Merkmale noch um das ius reformandi vermehrt.

In der frühen Neuzeit wandelte sich die Landesherrschaft zur Landeshoheit. Maßgeblich dafür waren die Rezeption des römischen Rechts und die moderne Staatstheorie (Lehre von der Souveränität) sowie der Westfälische Frieden, der die Stellung der einzelnen Fürsten innerhalb ihrer Territorien gestärkt und gegenüber dem Reich eigenständiger gestaltet hat. Was davor als Konglomerat einzelner Herrschaftsrechte unterschiedlicher Provenienz erscheint, gewann nun über eine zunehmend durchorganisierte und alle Bereiche erfassende Verwaltung ein einheitlicheres Gepräge und eine neue Qualität als *landesfürstliche Obrigkeit*. Unter diesen Voraussetzungen war es in dem schon zu Ende des 18. Jh. weit überwiegend badischen Gebiet des Landkreises Rastatt nur ein vergleichsweise kleiner Schritt von der Markgrafschaft des Alten Reiches zum Kurfürstentum und Großherzogtum des 19. Jahrhunderts.

5. Gemeinde

Entstehung. – Die Gemeindebildung auf dem Land hat sich seit dem hohen Mittelalter »als gestreckter Prozeß langsamer Verdichtung und Institutionalisierung genossenschaftlicher Beziehungen der Bauern« untereinander vollzogen (G. Dilcher). Auf der Grundlage älterer Formen der Vergemeinschaftung ist sie einerseits durch das Zusammenleben im Dorf, andererseits durch die genossenschaftliche Nutzung der natürlichen Ressourcen hervorgerufen worden. In den Quellen erscheint das Phänomen in einer großen sprachlichen Variationsbreite, aus der deutlich wird, wie die Zeitgenossen selbst zunächst noch tastend damit umgegangen sind. Die strukturellen Unterschiede zwischen Stadt und Land sind in dem hier interessierenden Raum, wo es ja nur landesherrliche Städte gegeben hat, wenig ausgeprägt.

Die ersten Erwähnungen der sich konstituierenden respektive konsolidierenden Gemeinden geschehen zumeist bei Gelegenheit nachbarschaftlicher Auseinandersetzungen um die Weide-, Wald- oder Wassernutzung, bisweilen auch im Verhältnis zur Herrschaft. So treten als Partner in Rechtshändeln 1267 eine *universitas villanorum* in Loffenau (desgleichen 1278 in Würmersheim, 1283 in Altschweier und noch 1435 in Unzhurst) und 1291 bzw. 1303 die *villari* von Rotenfels, Ulm und Schwarzach hervor. In Bietigheim werden 1310 *consortes* und 1313 die *Gebuwerschaft gemainlich* genannt, in Söllingen im 14. Jh. die *Genossen gemainlich*, hernach die *Bauerschaft* (so auch 1506 in Unzhurst), in Durmersheim 1362 die *arme Lute gemeinlich* und schließlich 1377 die *arme Lute und Gemeinde*. Daß diese frühesten Belege für das Rastatter Kreisgebiet ganz überwiegend aus dessen altbesiedeltem Teil stammen, beruht wohl kaum auf Zufall.

Offensichtlich ist die Gemeinde hierzulande primär aus dem Siedlungsverband des Dorfes hervorgegangen; dabei war die Entwicklung aber partiell auch von anderen Strukturen überlagert. Einerseits sind in dieser Hinsicht die herrschaftlich geprägten Gerichtsgemeinschaften zu nennen, wie sie beispielsweise für Rotenfels mit Bischweier und Gaggenau, für Forbach mit Bermersbach und Gausbach, für Lichtenau bzw. Scherzheim mit Muckenschopf und Grauelsbaum oder für Stollhofen mit Söllingen und Hügelsheim bestanden haben. Bühl hatte seit dem Mittelalter einen besonders ausgedehnten Gerichtssprengel, der sich erst im Laufe der Neuzeit teilweise aufgelöst hat. Andererseits ist an die gerade in diesem Raum so wichtigen Wald- und Weidegenossenschaften zu denken, von denen die eine oder andere wenigstens hochmittelalterlichen Ursprungs sein und mithin vor die Gemeindebildung auf Ortsebene zurückreichen dürfte, so namentlich an die Genossenschaften im Bannwald (Stollhofen, Söllingen, Hügelsheim), im Fünfheimbürgerwald (Scherzheim bzw. Lichtenau, Ulm, Greffern, Schwarzach, Moos), im Hägenichwald, im Windecker Wald und im Steinbacher Kirchspielswald (Sinzheim) oder an die Nutzungsgemeinschaft von Freiolsheim mit Malsch, Waldprechtsweier und Völkersbach. Alle diese Gerichtsverbände und Genossenschaften haben bis ins späte 18., zum Teil bis ins frühe 19. Jh. bestanden, aber die kommunalen Strukturen sind – abgesehen von Sinzheim und seinem Gerichtsstab – gleichwohl nicht auf dieser Ebene, sondern im einzelnen Dorf entstanden. Selbst die Schicksalsgemeinschaft der periodisch von Rheinhochwassern heimgesuchten »Dammdörfer« Elchesheim und Steinmauern hat dort keine einheitliche Gemeindebildung bewirken können. Hingegen waren die herrschaftlichen Steuern und das Verfahren ihrer jeweiligen örtlichen Umlage der Entstehung von Gemeinden und kommunalen Kompetenzen durchaus förderlich (*Bedleger* in Bühl).

Verfassung und Erscheinungsformen. – Unter den Organen der dörflichen Verfassung, die zum Teil städtischen Vorbildern entlehnt sind, ist fast allenthalben das (Nieder-)Gericht in den Quellen als erstes zu fassen, in Bühl seit 1324. Seine Zuständigkeit erstreckte sich auf Schuld- und Fahrnisklagen, auf geringere Strafsachen sowie auf Fälle der freiwilligen Gerichtsbarkeit; in Ottersweier – und anderwärts gewiß ebenso – wurden bei den jährlichen Herrengerichten gegebenenfalls auch neue Bürger angenommen. Für Appellationen gegen die Entscheidungen der Ortsgerichte waren die jeweiligen Herrschaften zuständig (Unzhurst 1506).

An der Spitze des Gerichts stand der von der Herrschaft bestellte Schultheiß, dem es oblag, den Untertanen ihre

»Schuldigkeit zu heißen«; bisweilen begegnet er auch unter den Bezeichnungen Vogt (Gernsbach, Bermersbach) oder Stabhalter (Ulm, Ottersweier), denn als Zeichen der ihm übertragenen Amtsgewalt führte er einen Stab. In größeren Orten belief sich die Zahl der Beisitzer bzw. Gerichtsschöffen auf zwölf (*Zwölfer*), so etwa in Ottersweier, Bühl, Sinzheim, Ulm, Stollhofen, Rastatt, Muggensturm und Gernsbach, mitunter auch nur auf neun oder zehn (Bietigheim, Durmersheim); in kleinen Orten wie Sulzbach (6) oder Unzhurst (4) konnte die Zahl der Richter sogar noch geringer sein. Zur Zeit des Absolutismus ist verschiedentlich zu beobachten, daß die Zahl der Richter auf obrigkeitliche Weisung reduziert wurde, in Gernsbach von zwölf auf zehn, in Bietigheim von zehn auf sechs. In derartigen Eingriffen bestätigt sich einmal mehr die starke herrschaftliche Prägung, die dem Gericht von alters her eigen war. Auch die Berufung der Schöffen war Sache der Herrschaft. In Rastatt erfolgte sie schon am Ende des Mittelalters nach Vorschlag des Gerichts und auf Lebenszeit; desgleichen hat man in der Stadt Gernsbach vakante Richterstellen schon früh im Wege der Kooptation besetzt. In Lichtenau hingegen wurden bis 1789 die Richter von der Herrschaft bestimmt und erst seither von der Gemeinde gewählt.

Meist tagte das (Herren-) Gericht viermal pro Jahr zu herkömmlich festen Terminen (z.B. Ottersweier und Leiberstung); darüber hinaus konnten aus besonderem Anlaß außerordentliche Termine verfügt werden. In Rastatt trat das Ortsgericht alle vier Wochen zusammen, in Unzhurst dagegen nur zweimal im Jahr; in Gernsbach wurden drei Jahrgerichte gehalten. Daneben gab es aber allenthalben noch eigene, eher kommunal verfaßte »Bauerngerichte«, bei denen die Gemeindeämter besetzt, Allmendgüter verliehen, Einungen gerügt und geringfügige Sachen geschlichtet wurden.

Vorsteher und Repräsentant der Gemeinde im engeren Sinn war der Bürgermeister, der – zumal in älterer Zeit – vielerorts unter der Bezeichnung Heimbürge erscheint (Lichtenau, Greffern, Ottersweier, Neusatz, Bühl, Balzhofen, Bühlertal, Winden, Bermersbach etc.); in Kappelwindeck wird er einmal auch *tribunus* genannt (1445). Die früheste Erwähnung eines Bürgermeisters im Kreisgebiet datiert vor 1387 und stammt aus Gernsbach. Die Aufgabe des Bürgermeisters bzw. Heimbürgen bestand vornehmlich in der Verwaltung des Gemeindeguts und verbunden damit in der Führung der Gemeinderechnung; aus eben diesem Grund war das Amt meistens doppelt besetzt (Bermersbach, Obertsrot, Gernsbach, Staufenberg, Sinzheim, Rastatt, Stollhofen etc.). Generell wurden die Bürgermeister nur für eine bestimmte Frist gewählt, gewöhnlich für ein (Bühl, Rastatt, Gernsbach) oder höchstens für zwei Jahre. In Gernsbach erfolgte die Wahl unter Aufsicht der herrschaftlichen Vögte aus dem Kreis der Gerichtsschöffen, in Stollhofen für einen der beiden Amtsträger aus dem Gericht, für den anderen aus der Gemeinde. Ansonsten agierte als Wahlgremium wohl überwiegend das im wesentlichen kommunal organisierte Bauern- oder Rüggericht (Ottersweier, Winden). Auch der Bürgermeister wurde auf die Herrschaft verpflichtet.

Seit dem 15. Jh. treten neben Heimbürgen und Bürgermeistern vielerorts auch *Vierleute* (Bühl, Greffern, Altschweier etc.) oder Beistände (Winden) in Erscheinung, denen sowohl eine beratende wie eine kontrollierende Funktion (Rechnungsprüfung) zugekommen ist. Ein Ulmer Weistum von 1546 verlangt darüber hinaus von Heimbürgen und Vierleuten, *drey erbare Menner zu inen* [zu] *zihen, welche inen helffen rathslahen deß Dorffs und gemeynen Nutz.* In der Sache handelt es sich dabei um Ratsgremien, wie sie zur gleichen Zeit, aber auch schon früher für Rastatt oder für die Städte Gernsbach, Muggensturm und Stollhofen bezeugt sind. In Rastatt hatte der Rat schon um die Mitte des 15. Jh. nicht weniger als zwölf Mitglieder. Gewählt wurden diese von den Gerichtsschöffen, und zwar jedes Jahr zu Weihnachten sechs, so daß das Gremium im Interesse einer kontinuierlichen Amtsführung immer je zur Hälfte aus alten und neuen Räten bestanden hat. Auch der Stollhofer Rat umfaßte zwölf Männer, im einzelnen sechs Gerichtsschöffen und sechs Vertreter der Gemeinde. Im Gernsbacher Rat saßen 1489 acht Bürger, zu Ende des 17. Jh. allerdings nur noch sieben. Auf dem Dorf war, wie die Bezeichnung Vierleute erkennen läßt, die Vierzahl der Räte weit verbreitet. Im kleinen Winden genügten deren zwei, und überall dort, wo eigene Ratsgremien überhaupt nicht bezeugt sind, darf man davon ausgehen, daß die entsprechenden Aufgaben im Bedarfsfall von den Gerichtsleuten wahrgenommen wurden.

Anfangs versammelten sich die Gerichte und die Gemeinden respektive ihre Vertreter gewöhnlich im Freien, vorzugsweise unter Linden; daher sind noch heute vielerorts Lindenplätze zu finden. Gerichts- oder Bürgerlauben, wie sie im 14. und 15. Jh. für Lichtenau, Stollhofen und Bühl, ja noch 1774 für Moos bezeugt sind, erinnern begrifflich an diese alte Tradition, wiewohl es sich in den genannten Fällen gewiß schon um feste Gebäude – vermutlich mit teilweise offenem Parterre – gehandelt hat. In Ottersweier

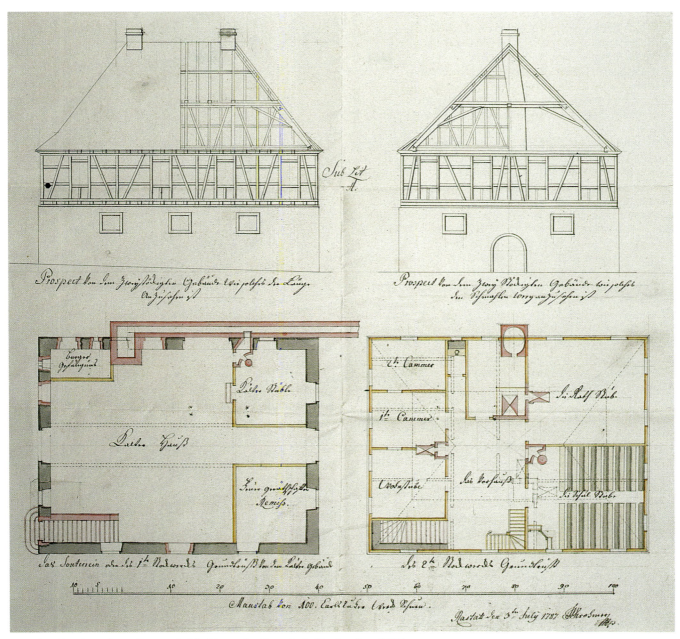

Bauplan für ein Kelter-, Rat- und Schulhaus der Gemeinde Bischweier, 1787.

(16. Jh.), Obertsrot (1583) und Moos (1799) werden Bürger- bzw. Ratsstuben genannt, die sowohl als Vorstufe wie als Teil von Rathäusern gedeutet werden können. Eigentliche Rat- oder Bürgerhäuser finden bezeichnenderweise zuerst in Gernsbach (1489), Bühl (1507) und Rastatt (1535) Erwähnung, dann aber auch in Altschweier (1533), Muggensturm (1554) oder Durmersheim (16. Jh.). Im 17., spätestens 18. Jh. verfügten wohl alle größeren Gemeinden über Rathäuser oder Gebäude in entsprechender Nutzung. Nicht selten haben diese Häuser auch noch anderen kommunalen Zwecken gedient. In Bischweier befand sich im Erdgeschoß des Gemeindehauses die Kelter, und vielerorts hat die Ratsstube als Unterrichtsraum der Schule gedient. Wo ein Rathaus nicht zur Verfügung stand oder das vorhandene infolge Kriegsläuften zerstört war, versammelten sich die Gemeindevertreter mitunter auch im Wirtshaus, so beispielsweise zu Beginn des 18. Jh. in Gernsbach.

Die Rechtspersönlichkeit von Gericht und Gemeinde, die sich im Laufe des späten Mittelalters und der frühen Neuzeit herausgebildet hat, findet ihren Ausdruck namentlich in der Siegelführung. Auch hier sind naturgemäß die Städte und Marktflecken vorangegangen; die ältesten Belege stammen aus Stollhofen (1345), Gernsbach (1393), Lichtenau (1407) und Kuppenheim (1425), daneben aus Bühl (1398) und Rastatt (1466). Im Laufe des späteren 15. und frühen 16. Jh. kommen noch Rotenfels, Sinzheim, Ötigheim, Staufenberg, Muggensturm und Au am Rhein hinzu, im 17. und 18. Jh. zahlreiche weitere Orte sowohl der Rheinebene wie des Murgtals und 1797 schließlich noch das württembergische Loffenau. Selbst in Anbetracht dessen, daß bei derartigen Aufzählungen immer die Zufälligkeit der Überlieferung einzukalkulieren ist, dürfte der gewonnene Eindruck im ganzen doch den tatsächlichen Verhältnissen entsprechen. Demnach setzte die Siegelführung auf Ortsebene im 14. Jh. langsam ein und fand bis zum Ende des Alten Reiches eine immer weitere Verbreitung.

Freilich handelte es sich dabei noch lange nicht um »Gemeindesiegel« im eigentlichen Sinn. Vielmehr waren nach Auskunft der Umschriften in aller Regel die Gerichte und mithin die herrschaftlichen Schultheißen die siegelführenden Organe. Bezeichnenderweise machen auch in dieser Hinsicht die Städte eine Ausnahme; so deklariert sich bereits das älteste Stollhofer Siegel als das der Bürger von Stadt und Pfarrei (*civium oppidi et parochie*), das Gernsbacher (*civitatis*) nennt sich ebenso wie das Lichtenauer (*oppidi*) städtisch, und entsprechend gibt sich das älteste Bühler Siegel als das des Dorfes (*ville*, 1409) – und gleichwohl ist in

Siegel der Bürger, Stadt und Pfarrei Stollhofen (1530).

Siegel des Fleckens Muggensturm (1511).

der Ankündigung (1398) von einem Gerichtssiegel die Rede. Der Bezug von Siegeln auf Dörfer (Durmersheim, Schwarzach, Iffezheim, Selbach, Hügelsheim, Hilpertsau) oder gar auf Gemeinden (Bischweier, Reichental, Altschweier) kommt im übrigen erst in der frühen Neuzeit häufiger vor; Muggensturm, dessen zu Beginn des 16. Jh. geführtes Siegel die Umschrift *gemein Innsigel* trägt, war insofern möglicherweise der Zeit voraus, hatte aber spätestens nach dem Dreißigjährigen Krieg gleichfalls wieder ein herkömmliches Gerichtssiegel. Die einzelnen Siegelbilder sind ganz unterschiedlich gestaltet. Oft geben sie einfach das Dorfzeichen wieder, veranschaulichen den Ortsnamen, zeigen Gerätschaften aus dem täglichen Leben bzw. dem Broterwerb der Einwohner oder nehmen Bezug auf die zuständige Pfarrkirche und ihr Patrozinium, und nicht selten – vor allem bei den Städten – findet man darin Zitate der jeweiligen Herrschaftswappen.

Stadt- oder Dorfbücher spiegeln, wo vorhanden, den Stand der in einzelnen Ortsverwaltungen erreichten Modernität. Sie stellen eine Frühform der kommunalen Registratur dar, sind sogenannte Mischbücher, in denen gewöhnlich Weistümer, Statuten, Privilegien, Amts- und Huldigungseide sowie sonstige, für das Gemeindeleben wichtige Rechtsverhältnisse, bisweilen auch Entscheidungen der örtlichen Gerichte aufgezeichnet sind. Derartige Bücher sind für Rastatt mehrfach überliefert, das älteste aus dem 14./15. Jh., mithin aus einer Zeit, zu der die spätere Residenz noch gar nicht Stadt war. Auch aus Gernsbach ist ein Statutenbuch erhalten (16. Jh.), desgleichen ein Dorfbuch aus Bietigheim (1578). Gerichts- respektive Stadtschreiber sind am frühesten für Gernsbach (1496) und Bühl (17. Jh., auch Stadt- und Amtsschreiber) bezeugt. Bei den übrigen Gemeindebediensteten ist eine große Vielfalt entsprechend den jeweiligen Bedürfnissen zu beobachten. Hirten, Feldschützen und Büttel bzw. Gerichtsboten hat es wohl in jedem Dorf gegeben; darüber hinaus begegnen als Ämter, die in kommunaler Verantwortung besetzt wurden, je nach Größe, Bedeutung und Bedürfnissen der verschiedenen Orte Brot-, Fleisch- und Feuerbeschauer, Heiligen-, Almosen- und Spitalpfleger, Nachtwächter und andere mehr. Sie alle wurden von der Gemeinde bestellt und besoldet, bedurften aber der herrschaftlichen Bestätigung und waren auf die Herrschaft verpflichtet.

Gemeindegut und Bürgernutzen. – Die gemeinschaftliche Nutzung der natürlichen Ressourcen, später auch der gemeinsam geschaffenen Infrastruktur, war konstitu-

Siegel des Gerichts Sinzheim (1646).

tiv für die Gemeinde und ihre Vorstufen, aber das bedeutet keineswegs, daß deshalb jeder Ortsbewohner als solcher an der Allmende nutzungsberechtigt gewesen wäre. Vielmehr kam dieses Recht allein den Gemeindeangehörigen im engeren Sinn, den sogenannten Gemeindebürgern zu; den bloßen Bei- oder Insassen bzw. Juden wurde in der Regel nur die Wasser- und Weidenutzung zugestanden. Die Aufnahme ins Bürgerrecht, wofür allein Männer in Frage kamen, war im Dorf wie in der Stadt vom Vermögen und der Steuerkraft des Einzelnen abhängig. Das bei dieser Gelegenheit erhobene Einzugs- oder Bürgerannahmegeld hatte nicht zuletzt den Zweck, Minderbemittelte, die der Gemeinschaft zur Last zu fallen drohten, auszuschließen. Darüber hinaus war, wie beispielsweise in Ottersweier im 18. Jh., die Vorlage eines Geburts- und Leumundszeugnisses sowie eines Nachweises der Leibfreiheit erforderlich, und schließlich mußte der Neubürger mit *gutem Unter- und Obergewehr, auch einem Feuereymer versehen seyn*, um allzeit seinen Bürgerpflichten genügen zu können. In Gernsbach wurde den Neuzugezogenen ein lederner Feuereimer durch den Bürgermeister ausgehändigt (1. H. 16. Jh.).

Den ältesten und bedeutendsten Gemeindebesitz stellten zweifellos allenthalben bestehende Weide- und Holzrechte in den ortsnahen Waldungen dar. In Auseinandersetzung mit Nachbargemeinden und mit der Herrschaft entwickelte sich im Laufe des Mittelalters, mitunter aber auch erst in der frühen Neuzeit aus der anfänglich bloßen Nutzung des Waldes ein kommunales oder genossenschaftliches Waldeigentum. Erinnert sei einmal mehr an den Fünfheimbürgerwald, den Windecker Wald oder den Steinbacher Kirchspielswald. Die Gemeinden Forbach, Bermersbach und Gausbach hatten gemeinschaftliche Weiderechte in den gesamten umliegenden Schiffer-, Heiligen- und Gemeindewaldungen und haben diese zeitweise an die murgaufwärts gelegenen Gemeinden Schwarzenberg und Hutzenbach verpachtet. Namentlich im Murgtal, allerdings auch anderwärts waren die den universell verwendbaren Rohstoff Holz liefernden Waldungen der kostbarste Besitz der Gemeinden, und nicht selten hatten sie einen Umfang von vielen hundert oder sogar mehreren tausend Morgen. Allfällige Rathaus-, Schulhaus- und Brückenbauten oder sonstige größere Vorhaben konnten in der Regel nur durch entsprechende Holzeinschläge und -verkäufe finanziert werden; desgleichen war die Tilgung von kriegsbedingten und sonstigen Schulden meist nur auf dieser Basis möglich. Raubbau – man denke an den Hägenichwald –, dem die Herrschaften wie die Kommunen selbst periodisch zu steuern suchten, war dabei keine Seltenheit. Die Gemeinde Forbach unterhielt im Verein mit ihren Nachbarn eine eigene Sägemühle, und in Rastatt gab es nicht bloß den zentralen Holzplatz für die Flößerei auf der Murg, sondern die Stadt beteiligte sich im späten 18. Jh. mit den in ihren ausgedehnten Auwäldern gefällten Stämmen selbst an dem lukrativen Holländerholzhandel.

An Liegenschaften hatte man neben dem Wald und Weideland sowie neben den bereits erwähnten Rat- und Schulhäusern wohl fast allerorten ein Hirtenhaus. In den Städten, aber auch in größeren Dörfern gab es des weiteren Badstuben (Gernsbach, 1368; Rastatt, 1473) und Spitäler, so namentlich in Gernsbach (1511), Bühl (1598) oder Sinzheim (1700). Vimbuch verfügte im frühen 16. Jh. über ein Sondersiechenhaus für Ortsbewohner, die an infektiösen Krankheiten litten, um 1590 unterhielt es ein solches gemeinsam mit Schwarzach und Stollhofen; ebenso hatten Lichtenau und Scherzheim ein gemeinsames Gutleuthaus (1644/51); für die Stadt Gernsbach ist eine derartige Einrichtung bereits 1467 bezeugt. Mitunter verfügten die Gemeinden auch über einen mehr oder minder umfangreichen Besitz an Gärten, Äckern und Wiesen, in Durmersheim waren das immerhin stattliche 450 Morgen.

Die sonstigen Einkünfte der Gemeinden waren vielfältig. In den Städten gehörte dazu häufig ein Anteil am Ungeld vom Weinausschank – zwecks Instandhaltung von Wehranlagen und anderer Infrastruktur – sowie mitunter auch an den bei Märkten eingenommenen Standgeldern. In Gernsbach und Rastatt gab es kommunale Ziegelhütten, die verpachtet wurden, in Rastatt außerdem eine Ölmühle. Die Gemeinden Bietigheim und Ötigheim haben im 18. Jh. gemeinsam die herrschaftlich badische Schäferei betrieben; in Schwarzach hingegen ist die Einrichtung einer eigenständigen Gemeindeschäferei 1537 gescheitert, weil der Abt für seine Klosterschäferei keine Konkurrenz wünschte. Daß insbesondere im Bereich der Diözese Speyer viele Gemeinden – Bischweier, Forbach, Gaggenau, Hörden, Rotenfels, Selbach, Sulzbach, Weisenbach und andere – jahrzehntelang vom zuständigen Domstift die örtlichen Zehnten in Pacht übernommen haben, diente vermutlich weniger der Bereicherung der einzelnen Kommunen als vielmehr der Entlastung ihrer Bürger. In Forbach hatte die Gemeinde Anteil am Zoll bei der Murgbrücke, mußte dafür aber auch die dort anfallenden Baulasten tragen. In Söllingen betrieb die Dorfgemeinschaft eine eigene Fähre, um die infolge von Veränderungen des Rheinlaufs auf die andere Seite des Flusses gewanderten Äcker zu erreichen.

Schulden sind in älterer Zeit bei den Gemeinden zumeist weniger in Erfüllung der täglichen Geschäfte als vielmehr durch Kriege und die mit ihnen verbundenen Kontributionen, Brandschatzungen und Einquartierungen entstanden, so vor allem durch den Dreißigjährigen Krieg, die Franzosenkriege des späten 17. Jh., den Spanischen Erbfolgekrieg und die Kriege im Gefolge der Französischen Revolution. Gegen Ende des 18. Jh., nach einer längeren Phase relativen Friedens am Oberrhein dürften die meisten Gemeinden des Kreisgebietes wirtschaftlich einigermaßen konsolidiert gewesen sein; einer Aufstellung über den Vermögensstatus der Kommunen im Oberamt Rastatt zufolge waren 1790 nur Niederbühl, Rauental und Bischweier verschuldet.

Konflikte zwischen Gemeinde und Herrschaft. – »Geradezu epidemisch ausbrechende Bauernunruhen« waren während des späten Mittelalters eine gesamteuropäische Erscheinung (P. Blickle), allerdings erfährt man von ihnen oft – wenn überhaupt – nur beiläufig. Selten sind Hergang

5. Gemeinde 113

Fünfheimbürgerwald mit den an dem Gemeinschaftswald beteiligten Gemeinden, 2. Hälfte 18. Jh.

und nähere Einzelheiten bekannt; kleinere Konflikte zwischen Gemeinden und Herrschaften haben wohl in der Regel überhaupt keinen schriftlichen Niederschlag gefunden. Daher gehört es unter die Zu- und Glücksfälle der Überlieferung, daß der »Aufstand« des Bühler Steinmetzen Bastian Gugel vom Juni 1514 einigermaßen gut dokumentiert ist. Aus einem eher alltäglichen Fall von Fronverweigerung hervorgegangen und erst nachträglich mit der zeittypischen Forderung nach Wiederherstellung des alten Rechts verknüpft, gewann die Sache ihre Brisanz vor allem aus der von seiten ihres Initiators gesuchten Verbindung mit dem gleichzeitigen Aufstand des »Armen Konrad« im württembergischen Remstal und vermutlich auch aus der Erinnerung an die Bundschuhaufstände am Oberrhein zwanzig Jahre davor. Weil es aber dem Bühler Ereignis an der nötigen Resonanz in der Bevölkerung fehlte, bedurfte es auf seiten der Herrschaft nur eines geringen Aufwands, um die Ruhe wiederherzustellen. Die Rädelsführer suchten Zuflucht in Straßburg und Freiburg, und am Ende wurde Gugelbastian hingerichtet.

Sehr viel folgenreicher als die Episode von 1514 war wenige Jahre später der Bauernkrieg von 1525, der hierzulande mit einem Aufruhr im Renchtal begann (April) und sich von dort nicht zuletzt nach Norden hin ausgebreitet hat. Dem »Oberkircher Haufen« schlossen sich alsbald Bauern aus Schwarzach, Bühl, Steinbach und der weiteren Umgebung an und fügten auf ihrem Zug durch das Land namentlich dem Kloster Schwarzach schweren Schaden zu, ebenso wie die hanau-lichtenbergischen Untertanen links und rechts des Rheins. Im sogenannten Ortenauer Vertrag (25. Mai) ist es den Bauern gelungen, einen Teil ihrer Forderungen gegenüber den bedrängten Herrschaften durchzusetzen, allerdings wurde der Aufstand schon wenig später niedergeworfen, und schließlich sind 1527 die getroffenen Vereinbarungen wieder revidiert worden. Die Untertanen aus den Ämtern Stollhofen, Rastatt, Kuppenheim und Gernsbach beteiligten sich an dem von Malsch bei Heidelberg ausgehenden, vornehmlich im Hochstift und in der Diözese Speyer agierenden »Bruhrainischen Haufen« und waren mit dabei, als die linksrheinischen Klöster Eußerthal und Hördt geplündert wurden. Bereits im Juni 1525 mußten sie sich dem Markgrafen unterwerfen und harte Bedingungen akzeptieren. Noch Jahre später haben die ortenauischen und ufgauischen Gemeinden finanzielle Entschädigung geleistet.

Die für Obrigkeiten und Untertanen gleichermaßen leidvolle Erfahrung des Bauernkriegs bewirkte auf dem Land über das Ende des 16. Jh. hinaus eine Periode relativer Ruhe, und danach trugen der Dreißigjährige Krieg und die darauffolgenden, für das ganze Oberrheingebiet friedlosen Jahrzehnte das Ihre dazu bei, Untertanenkonflikte entweder gar nicht erst aufbrechen oder in den Hintergrund treten zu lassen. Seit 1724 rebellierten einmal mehr die Untertanen des Klosters Schwarzach gegen ihre Herrschaft und verweigerten die zu dem damals begonnenen Klosterneubau geforderten Frondienste; 1728 wurde diese von badischer Seite eigennützig unterstützte Empörung gerichtlich beigelegt. Zwei Menschenalter später hat die von Markgraf Karl Friedrich geschickt inszenierte Aufhebung der Leibeigenschaft (1783) zweifellos viele Gemüter besänftigt, wiewohl dabei im Grunde nur ein diskreditierter Begriff beseitigt worden ist. Nicht lange danach hat das Erlebnis der Französischen Revolution da und dort zur Widerständigkeit ermuntert, so beispielsweise in Ottersweier (1789), jedoch ist unter dem unmittelbaren Eindruck der Revolutionsfolgen eine größere Empörung unterblieben.

6. Kirche und Schule

Frühes Christentum. – Voraussetzung für die Christianisierung der Landschaften am mittleren und südlichen Oberrhein war das Erfassen des alamannischen Raumes durch die seit um 500 christlichen Franken und ihre Herrschaftsstrukturen. In der hier zu betrachtenden unmittelbaren Kontaktzone zwischen Franken und Alamannen geschah dieses seit dem späteren 6. Jh., und mit der schrittweisen administrativen Durchdringung der Region ist seit den Zeiten König Dagoberts (629–638/39) schließlich auch der Aufbau einer kirchlichen Organisation Hand in Hand gegangen. Zeugnisse für ein möglicherweise schon davor – d. h. spätestens um die Mitte des 3. Jh. – vorhandenes spätantikes Christentum gibt es im Kreisgebiet nicht. Noch für die merowingische Zeit fehlen hier schriftliche Überlieferungen ganz, und die archäologischen Zeugnisse setzen im 6. Jh. nur spärlich ein (Scheibenfibel aus Iffezheim?). Indes ist davon auszugehen, daß mit dem Übergang von der Bestattung in abseits der Siedlungen gelegenen Reihengräberfeldern zur Beisetzung in oder im Umkreis von Kirchen und mit dem daraus ersichtlichen Wandel im Totengedenken die christliche Religion sich im Laufe des 7., spätestens des 8. Jh. definitiv durchgesetzt hat.

Das Vorhandensein von Kirchenbauten an sich kann als eindeutiges Zeugnis für das Christentum gelten, allerdings sind Sakralbauten aus vorromanischer Zeit für das Gebiet des Landkreises außer in Schwarzach archäologisch nicht nachgewiesen. Bei dem ältesten dort ergrabenen Gotteshaus handelt es sich um eine schlichte und doch stattliche Saalkirche von 30,5 x 10,2 Metern – einen Vorgängerbau der heutigen Klosterkirche – mit separat eingerücktem Rechteckchor (7,8 x 4,5 m); sie ist vermutlich in der zweiten Hälfte des 8. Jh. entstanden. Eine im Chor an prominenter Stelle entdeckte Eintiefung im Boden könnte möglicherweise als Stiftergrab zu deuten sein. Den – allerdings erst für das späte 10. bzw. 13. Jh. durch Schriftquellen bezeugten – weißenburgischen Kirchen (*basilicae*) in Au am Rhein, Bietigheim (Turm!), Durmersheim und Elchesheim darf man wohl ein ähnliches Alter zuschreiben.

Zieht man in dem Bemühen, die Anfänge des Christentums in unserem Raum zu ergründen, die Kirchenpatrozinien ergänzend zu Rate, so finden sich bei den Pfarrkirchen des Altsiedellandes am Hochuferrand und in der Vorhügelzone ganz überwiegend Heilige, die einer frühen Schicht zuzurechnen sind und – obgleich erst aus dem späten Mittelalter überliefert – fränkischen Ursprungs sein dürften. Im nördlichen Teil des Landkreises vermögen sie das bereits aus anderen Zusammenhängen erschlossene hohe Alter der Kirchen von Au am Rhein (St. Andreas), Bietigheim (Hl. Kreuz), Durmersheim (St. Dionysius) und Elchesheim (St. Laurentius) zu bestätigen. Darüber hinaus begegnen St. Martin in Sinzheim, der Erzengel Michael in Ötigheim, St. Peter und Paul in Baden(-Baden), Johannes der Täufer in Ottersweier und Oberweier am Eichelberg sowie das Hl. Kreuz in Bietigheim und Scherzheim – d. h. in Orten, in denen zumeist früher kirchlicher Grundbesitz oder sogar römische Siedlungsreste (Oberweier a. E.) nachgewiesen sind.

Die kirchliche Raumerschließung, die sich aufgrund solcher Indizien rekonstruieren läßt, ist im ortenauischen Teil des Landkreises von Straßburg her erfolgt, näherhin durch Vermittlung des um 720 auf einer Rheininsel nördlich der Bischofsstadt gegründeten und von iroschottischen Mönchen besiedelten Klosters Honau (St. Michael), von wo aus Bezüge nach Sinzheim, Steinbach und Weitenung, aber auch nach Iffezheim (St. Brigitte) und über Sasbach vielleicht nach Ottersweier zu erkennen sind. Im Raum zwischen Acher bzw. Laufbach und Sandbach haben die etwas jüngeren, um die Mitte des 8. Jh. gegründeten und gleichfalls dem Straßburger Sprengel zugehörigen Klöster Arnulfsau und – in dessen Nachfolge? – Schwarzach ihre Wirkung entfaltet. Die Dörfer im Rastatter Ried, die ursprünglich links des Rheins gelegen waren, stammen aus dem Kontext der einstigen Römersiedlung Selz (*Saletio*), deren Königsgut mit Stephans-Kirche schon Jahrhunderte vor der Gründung des dortigen Benediktinerklosters (987/91) als christliches Zentrum anzusprechen ist. Im Ufgau wiederum, dem fränkischen Gebiet nördlich der Oos, war das um die Mitte des 7. Jh. auf Initiative des Speyrer Bischofs entstandene Kloster Weißenburg (St. Peter und Paul) kolonisatorisch tätig. Am deutlichsten tritt dessen Einfluß im St. Peter und Paul-Patrozinium der Pfarrkirche von Baden(-Baden) zutage, desgleichen sind Au am Rhein, Durmersheim, Elchesheim, Bietigheim und Ötigheim in diesem Zu-

Klosterkirche Schwarzach.

sammenhang zu nennen. Und schließlich glaubt man in dem Rastatter Kirchenheiligen Alexander die Spur noch eines weiteren frühen Mönchskonvents aus dem Linksrheinischen zu entdecken, nämlich die des Benediktinerklosters Klingenmünster (gegr. Anfang 8. Jh.), an dessen Hauptaltar schon in karolingischer Zeit ein entsprechendes Patrozinium nachgewiesen werden kann. Wenn alle diese Zuordnungen richtig sind, zeichnet sich für die kirchliche Erschließung des Kreisgebiets im frühen Mittelalter ein regional koordiniertes Vorgehen der beteiligten Klöster ab, unter denen offensichtlich Honau im Süden und Weißenburg im Norden Vorreiterrollen zugekommen sind.

Wesentlicher Bestandteil der kirchlichen Raumerschließung war selbstredend die Gründung von Pfarreien. Unter deren älteste sind im Kreisgebiet südlich der Oos Scherzheim, Ottersweier, Unzhurst, Stollhofen, Sinzheim und Iffezheim zu rechnen, im Raum nördlich der Oos Au am Rhein, Durmersheim, Elchesheim, Bietigheim, Ötigheim, Rastatt und Kuppenheim. In Rotenfels, das hernach im Zuge der Erschließung des Murgtals zur Mutterkirche aller Pfarreien bis hinauf nach Forbach geworden ist, hat es vor der Jahrtausendwende wohl noch kein Gotteshaus gegeben.

Mittelalterliche Kirchenorganisation. – In das Gebiet des heutigen Landkreises Rastatt teilten sich vom frühen Mittelalter bis in den Anfang des 19. Jh. etwa je zur Hälfte die Diözesen Straßburg und Speyer. Die entsprechenden Bischofssitze sind bereits um die Mitte des 4. Jh. bezeugt, waren in der Völkerwanderungszeit offenbar erloschen und treten erst um die Wende vom 6. zum 7. Jh. wieder in Erscheinung. Als Grenze zwischen beiden Sprengeln, die man im großen und ganzen mit der alten Stammesgrenze zwischen Alamannen und Franken gleichsetzen kann, wurde wohl schon im frühen 8. Jh. der Oosbach angesehen. Allerdings scheint diese Linie zunächst nur für die Rheinebene gegolten zu haben, wohingegen die Täler von Baden-Baden, Beuern und Geroldsau beiderseits der Oos von alters her zu Speyer gehört haben; erst im 17. Jh. hat es verstärkt Bestrebungen gegeben, den ganzen Bachlauf von der Mündung bis zur Quelle als Grenze zu deuten. Aber auch in ihrem weiteren Verlauf dürfte die Grenze zwischen den Sprengeln in alter Zeit nicht linear ausgeprägt gewesen sein, sich vielmehr in Orientierung an den natürlichen und herrschaftlichen Gegebenheiten erst mit der Zeit entwickelt haben. Bei der Hornisgrinde trafen die alten Diözesen von Straßburg und Speyer mit jener von Konstanz zusammen. Die von dort gegen Nordosten ziehende gemeinsame speyrisch-konstanzische Grenze folgte – soweit sie hier von Interesse ist – der Schönmünz bis in die Murg und entsprach im weiteren bis zur Redoute südlich von Kaltenbronn, wo sie scharf nach Osten abgebogen ist, der heutigen Kreisgrenze. Für diese spät oder gar nicht besiedelten

6. Kirche und Schule

Waldgebiete muß man freilich davon ausgehen, daß die Diözesangrenzen dort erst in der frühen Neuzeit, mitunter sogar erst im 18. Jh. genauere Konturen angenommen haben; daß das Gebiet von Herrenwies und Hundsbach in den Sprengel von Straßburg gefallen ist, hat sich nicht vor der Entstehung dieser Waldkolonien entschieden.

Intern waren sowohl die Straßburger wie die Speyrer Diözese seit dem 11. Jh. in Archidiakonate eingeteilt. Deren Vorsteher (*archidiaconi*) waren in ihren Sprengeln Helfer und Vertreter des Bischofs, hatten die Einhaltung der Kirchendisziplin bei Klerus und Volk zu überwachen und nahmen weitere Funktionen in der geistlichen Jurisdiktion wahr. Der straßburgische Teil des Kreisgebiets zählte zum Archidiakonat *Ultra Rhenum*, jedoch mit Ausnahme des ursprünglich linksrheinisch gelegenen Rieds, das auch später beim Archidiakonat *Infra Sornam et Matram* verblieben ist. Der speyrische Teil, soweit er im hohen Mittelalter rechts des Rheins gelegen hat, gehörte praktisch ganz zum Archidiakonat des Stiftspropstes von St. German vor Speyer. Indes sind auch hier zwei Ausnahmen zu vermerken, denn Illingen, das wie die Rieddörfer erst nachträglich von der linken auf die rechte Seite des Stroms gewandert ist, gehörte weiterhin zum linksrheinisch gelegenen Archidiakonat des Speyrer Dompropsts, und das sich östlich der Wasserscheide zwischen Murg und Enz erstreckende Gebiet des heutigen Staatswalds Kaltenbronn fiel de iure in die Zuständigkeit des Stiftspropsts von Allerheiligen zu Speyer, was allerdings faktisch ohne Belang blieb, weil es dort ohnehin weder Siedlungen noch Kirchen gegeben hat.

Auf der nächst tieferen Ebene der kirchlichen Raumerfassung sind die Landdekanate oder Landkapitel zu nennen, deren Zuschnitt zumindest im speyrischen Gebiet ganz auffällig den Grenzen der alten Gaue entsprochen hat. Den Dekanen (*decani*) oblag die Aufsicht über den Lebenswandel des Klerus, über den sie dem Bischof bzw. dem zuständigen Archidiakon zu berichten hatten. In den Diözesen Straßburg und Speyer sind die ersten Anzeichen für das Vorhandensein einer Dekanatsverfassung um die Wende vom 11. zum 12. Jh. zu erkennen. Speyrischerseits war im späten Mittelalter Kuppenheim Sitz des für diesen Raum zuständigen Landdekanats und damit Versammlungsort der Bezirksgeistlichkeit sowie Gerichtsort für den archidiakonalen Send; der erste diesbezügliche Nachweis datiert von 1276. Freilich bedeutet dies nicht, das Amt des Dekans sei deshalb auch immer mit dem Kuppenheimer Pfarramt verbunden gewesen; 1338 beispielsweise hatte der Pfarrer von Rotenfels den Dekanat inne, 1433 der von Baden(-Baden), 1493 der von Rastatt und vom 16. bis ins 18. Jh. wiederholt der von Gernsbach. Illingen war wie seine linksrheinische Mutterpfarrei Mothern dem Landdekanat Weißenburg zugeordnet. Ottersweier ist seit 1248 als Sitz eines straßburgischen Landdekanats bezeugt, dessen Zuständigkeit sich auf das ganze südwestliche Kreisgebiet erstreckte, freilich einmal mehr mit Ausnahme der Rieddörfer, die von jeher zum linksrheinischen Dekanat Unter-Hagenau gehörten.

Das an sich schon engmaschige Netz alter Pfarreien wurde bis zum Ende des Mittelalters durch eine ganze Reihe von Neugründungen noch weiter verdichtet. So datieren die Pfarrechte von Kappelwindeck aus den letzten Jahren des 13. Jh., und die von Bühl sind wohl nur unwesentlich jünger; Hügelsheim erlangte seine Selbständigkeit erst 1504, Ottersdorf bereits 1413. Ob es sich bei Niederbühl um eine ältere oder um eine jüngere Pfarrei handelt, bleibt ungeklärt. In der Organisation des Kirchenwesens murgaufwärts, die von Rotenfels ihren Ausgang genommen hat, spiegelt sich sodann, wenngleich mit einem natürlichen Zeitverzug, die schrittweise Erschließung dieses Tals im Hoch- und Spätmittelalter: St. Jakob in Gernsbach erlangte 1243 Pfarrechte, St. Nikolaus in Selbach 1361/69, St. Johannes Baptista in Forbach um 1400, Hl. Kreuz in Loffenau vor 1441 und nachträglich noch St. Wendelin in Weisenbach 1481/89. Beim Ausgang des Mittelalters hatte das Pfarrnetz im Kreisgebiet eine so große Dichte erreicht, daß zusätzliche (katholische) Pfarreien erst wieder infolge der Bevölkerungszunahme während des 18. Jh. gegründet werden mußten: Bühlertal (1763), Neusatz (1783), Moosbronn (1791) und Ottenau (1793). Von Pfarreien, die in älterer Zeit wieder erloschen wären, ist hierzulande nichts bekannt. Allerdings hat es in zwei Fällen Übertragungen bestehender Pfarrechte auf neue Kirchen gegeben, zum einen von St. Margarethen in Eichelbach nach St. Georgen in Muggensturm (2. H. 14. Jh.), zum anderen von der alten Dorfkirche St. Cyriakus zu Stollhofen in die Kirche St. Erhard innerhalb des Städtleins (16. Jh.?).

Das Recht, die Pfarr- und sonstigen Pfründen zu besetzen (*ius patronatus*, Patronat, Kollatur) – genauer: dem Bischof geeignete Priester für die Besetzung vorzuschlagen –, war im Besitz ganz verschiedener geistlicher und weltlicher Herrschaften. So hatte am Ende des 15. Jh. der Markgraf von Baden das Patronatsrecht über die Pfarreien von Kappelwindeck (ehem. von Windeck), Niederbühl, Oberweier am Eichelberg (ehem. Domkapitel zu Speyer), Elchesheim und Au am Rhein; in Ottersweier teilte er sich darin mit

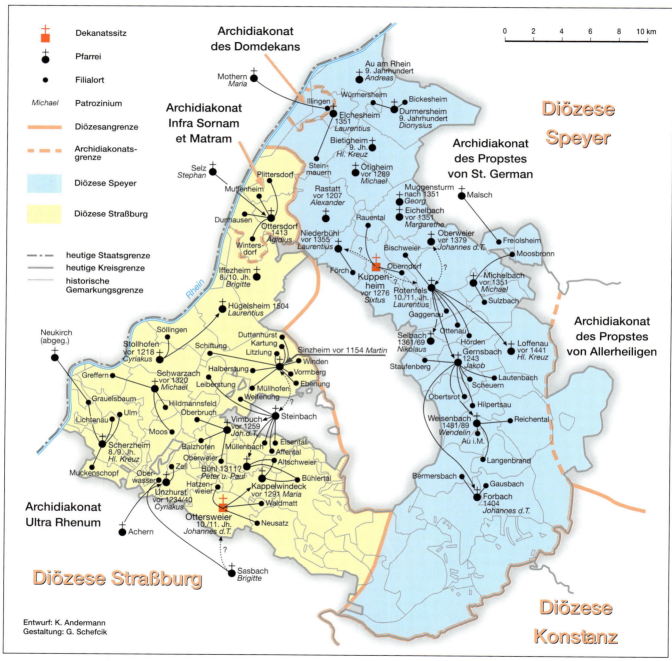

Kirchenorganisation im späten Mittelalter (um 1500).

6. Kirche und Schule

den Herren von Windeck, in Muggensturm, Michelbach, Gernsbach, Weisenbach und Forbach mit den Grafen von Eberstein. In Selbach hatten die Ebersteiner das alleinige Besetzungsrecht. Kollaturrechte des niederen Adels bestanden außer in Ottersweier und Bühl (von Windeck) in Sinzheim (Helt von Tiefenau), Bietigheim (von Schauenburg) und Durmersheim (Hochberger). Als geistliche Patronatsherren begegnen der Dompropst von Speyer in Kuppenheim und Rotenfels und der Speyrer Domdekan in Rastatt (gemeinsam mit Lichtenthal), die Klöster Schwarzach (Hügelsheim, Scherzheim, Stollhofen und Vimbuch), Selz (Ottersdorf), Lichtenthal (Iffezheim; ehem. von Lieberzell) und Frauenalb (Ötigheim; ehem. von Ubstadt). Schon im späten Mittelalter, vor allem aber in der frühen Neuzeit vollzog sich bei den Patronatsrechten – wie bei den orts- und landesherrlichen Befugnissen unseres Raumes – ein Konzentrationsprozeß in der Weise, daß bis zum Ende des Alten Reiches die Markgrafen alle anderen weltlichen Patronatsherren verdrängt hatten. Hingegen konnten sich die geistlichen Patrone bis zum Schluß behaupten. So war auch dem markgräflichen Verlangen nach dem vollständigen Erwerb der Pfarrkollatur in der Residenzstadt Rastatt bis zum Ende des Alten Reiches kein Erfolg beschieden.

Nicht selten ist geistliche Kirchenherrschaft aus dem bloßen Patronat in die Rechtsform der Inkorporation überführt worden. War mit dem Patronatsrecht als solchem neben anderen Befugnissen nur die Aufsicht über das Pfründvermögen verbunden, so ging die Inkorporation noch einen Schritt weiter und bedeutete eine völlige Aneignung des jeweiligen Kirchenvermögens durch den Patronatsherrn, allerdings verbunden mit der Pflicht, für den Lebensunterhalt des hernach bestellten Klerikers Sorge zu tragen. Schwarzach hat sich durch den zuständigen Bischof im Laufe des späten Mittelalters alle seine Patronatskirchen inkorporieren lassen, am frühesten die von Stollhofen (1218). Ötigheim war nach Frauenalb einverleibt; desgleichen waren die Pfarrpfründen von Kappelwindeck und Sinzheim dem Kollegiatstift Baden(-Baden) inkorporiert und das Rektorat Ottersweier seit der Mitte des 17. Jh. dem Jesuiten-Kolleg Baden(-Baden).

Klöster, religiöse Gemeinschaften und spätmittelalterliche Frömmigkeit. – Innerhalb des Kreisgebiets war die Benediktinerabtei Schwarzach das einzige alte Kloster. Allerdings haben, wie eingangs dargelegt, aus der näheren Umgebung die linksrheinischen Konvente von Honau, Weißenburg, Selz und vielleicht auch Klingenmünster in diesen Raum hineingewirkt, dazu später die Zisterzienser von Herrenalb (gegr. um 1150), die Benediktinerinnen von Frauenalb (gegr. um 1158/85), die Zisterzienserinnen von Lichtenthal (gegr. um 1245) und die Franziskaner auf dem Fremersberg über Baden-Baden (gegr. Mitte 15. Jh.) sowie schließlich das Kollegiatstift Baden(-Baden; gegr. 1453).

Über das geistig-geistliche Leben all dieser Gemeinschaften und über ihre Ausstrahlung wissen wir nur wenig; ihre Bibliotheksbestände sind teils verstreut, teils verloren und – soweit dieses überhaupt noch möglich ist – nur unzureichend erforscht. Honau war als »Schottenkloster« von seiner Gründung her kolumbanisch orientiert und auch Weißenburg wird einer benediktinisch-kolumbanischen Richtung zugeordnet. Klingenmünster gehörte möglicherweise zur Reformbewegung des Benedikt von Aniane, und das ohnehin sehr viel jüngere Selz ist von Cluniazensern besiedelt worden. Ob bei der Gründung Schwarzachs der hl. Pirmin eine Rolle gespielt hat, ist nicht zweifelsfrei bezeugt; die ersten Schwarzacher Mönche sollen aus Gorze gekommen sein, später sind Hirsauer Einflüsse zu erkennen. Eine über das Klostergebiet hinausreichende spirituelle Ausstrahlung dieses alten geistlichen Zentrums ist – wohl infolge seiner anhaltend krisenhaften Entwicklung – praktisch nicht zu erkennen. Von den jüngeren Klöstern darf man annehmen, daß sie zumindest über die Seelsorge an ihren Patronats- bzw. inkorporierten Kirchen in der Landschaft wirksam geworden sind, freilich treten sie in den uns zu Gebote stehenden Quellen gewöhnlich nur als Grundbesitzer oder als Inhaber nutzbarer Rechte in Erscheinung. Letzteres gilt auch für das Hirsauer Priorat Reichenbach (gegr. 1082/85) im oberen Murgtal, das trotz seiner räumlichen Nähe zum Kreisgebiet in diesem offenbar keinerlei spirituelle Bedeutung erlangt hat. Immerhin gewinnt man den Eindruck, als wären das Aufkommen der Marienverehrung und Wallfahrt in Bickesheim (spätes 13. Jh.) ebenso wie in Maria Linden (1. H. 14. Jh.) bei Ottersweier auf die Zisterzienser aus Herrenalb zurückzuführen.

Ausdrucksformen spätmittelalterlicher Volksfrömmigkeit begegnen indes nicht allein in Bickesheim und Maria Linden. Wallfahrten – in der Regel gefördert durch Ablässe – sind darüber hinaus schon vor der Reformation nach Selbach, Gernsbach (ULF; Klingelkapelle), Sinzheim (St. Antonius), Ötigheim, Muggensturm (St. Margarethen) und Kuppenheim nachzuweisen oder zu erschließen. Bei der Kapellenkirche in Selbach hat es um die Mitte des 14. Jh. eine Klausnerin gegeben; auf sie dürften wohl die bis ins ausgehende 15. Jh. von Rastatt hierher unternommenen Prozessionen zurückzuführen sein. Außerdem sind mancherorts fromme Bruderschaften zu beobachten, so in Gernsbach zu Ehren des hl. Sebastian (1460), in Rotenfels (St. Johannes Ev.), in Muggensturm (St. Margarethe), in Sinzheim (ULF), in Bühl (St. Jakob) und in Vimbuch (St. Wendelin u.a.).

Reformation, konfessionelles Zeitalter und Aufklärung. – Die Reformation hat im Gebiet des Landkreises Rastatt nur zögernd Eingang gefunden und sich am Ende auch nur an wenigen Orten auf Dauer behaupten können. Zwar haben die Markgrafen von Baden die von Luther und anderen initiierten Neuerungen in ihren Territorien zunächst nicht förmlich eingeführt, aber sie sind der Verbreitung der reformatorischen Lehre auch nicht gleich entgegengetreten, und so konnte hier etwa zwei Jahrzehnte lang eine ganze Reihe evangelischer Pfarrer ihre Wirkung entfalten. Diese anfängliche Indifferenz fand ihr Ende, als nach dem Tod des Markgrafen Bernhard († 1536) im Rahmen einer Vormundschaft die bayerischen Verwandten im baden-badischen Landesteil an Einfluß gewannen und fortan die römische Kirche begünstigt wurde. Freilich ist es der leitenden Beamtenschaft gelungen, auch unter den gewandelten Bedingungen das neue Gedankengut zu bewahren. Nach außen galt das Land damals als katholisch, im Inneren aber scheint es weithin reformatorisch geprägt geblieben zu sein, und schließlich sind unter Markgraf Philibert († 1569) sogar die Anfänge einer evangelischen Kirchenleitung zu erkennen. Indes machte nach 1569 eine neuerliche bayerische Vormundschaft alle diesbezüglichen Ansätze wieder zunichte, und in den folgenden Jahrzehnten wurde die Markgrafschaft Baden-Baden endgültig katholisch. Zwar konnte während der Okkupation des Landes durch die lutherischen Markgrafen aus Durlach (1594–1622) das evangelische Bekenntnis vorübergehend wiederkehren, jedoch bestärkte das Erlebnis, von ihren protestantischen Vettern vertrieben gewesen zu sein, die baden-badischen Fürsten einmal mehr und dauerhaft in ihrer Entscheidung für die katholische Konfession.

Die Grafen von Eberstein und die Ritterschaft sind – vielleicht in der Hoffnung, sich auf diesem Wege von der markgräflichen Vorherrschaft emanzipieren zu können – der Reformation von vornherein mit größerer Aufgeschlossenheit begegnet. Allerdings waren auch sie anfangs eher vorsichtig und haben die Verbreitung der neuen Lehre erst dann offen gefördert, als sie reichsrechtlich anerkannt war

Evangelische Jakobskirche in Gernsbach.

(1555), und auch dann mußten sowohl die Ebersteiner wie die Windecker noch auf den großen badischen Kondominatspartner Rücksicht nehmen. Abgesehen davon ist man selbst innerhalb des Hauses Eberstein konfessionell verschiedene Wege gegangen, und die ebersteinischen Erben, die Grafen von Wolkenstein aus Tirol und von Gronsfeld aus dem Rheinland, waren ohnehin entschieden katholisch. So erscheint es nur folgerichtig, wenn das evangelische Bekenntnis in den ebersteinischen und windeckischen Herrschaften den Dreißigjährigen Krieg nicht überdauert hat. Nur in der Stadt Gernsbach sowie in den Dörfern Scheuern und Staufenberg, wo die Ebersteiner bis

6. Kirche und Schule

1660 Mitherren waren, haben sich protestantische Gemeinden auf Dauer gegen alle Rekatholisierungsversuche behaupten können. Weitgehend ungehindert und beständig vermochte sich die Reformation nur im württembergischen Loffenau (seit 1534) und in der Grafschaft Hanau-Lichtenberg (seit 1545) zu entfalten. Zwar hat es in Lichtenau wegen der katholischen Mitherrschaft von Zweibrücken-Bitsch zunächst Probleme gegeben, aber nach 1570 waren diese überwunden, und bereits 1573 konnte dort eine Kirchenordnung nach dem Vorbild der württembergischen von 1553 erlassen werden. Abgesehen von den Wechselfällen des Dreißigjährigen Krieges ist das hanau-lichtenbergische Gebiet hernach ungestört evangelisch geblieben. In den geistlichen Herrschaften des Bischofs von Speyer (Illingen) sowie der Klöster Schwarzach, Lichtenthal (Winden) und Frauenalb (Sulzbach) hat die Einführung der Reformation nie ernstlich zur Debatte gestanden, wiewohl mitunter auch die dortige Pfarreiorganisation von der Glaubensspaltung tangiert war (Ulm).

Unter diesen Voraussetzungen hat das Kreisgebiet im Zuge von Gegenreformation, katholischer Reform und Barock seine bis auf den heutigen Tag gültige katholische Prägung erhalten. Seit den 1640er Jahren haben an deren Zustandekommen insbesondere die (Baden-)Badner Jesuiten mitgewirkt, die nicht allein vielerorts als Grund- und Rentenbesitzer präsent waren, sondern über ihr Rektorat Ottersweier auch an der ländlichen Seelsorge teilhatten, und entsprechend wirkten in den Dörfern des Murgtals und der Rheinebene wie in den Waldkolonien die Badner Kapuziner sowie die Franziskaner vom Fremersberg, deren Konvent 1711 nach Rastatt übergesiedelt ist. Von großer Wirkung war vor allem die tiefe Religiosität der Markgräfin Sibylla Augusta († 1733), auf deren Betreiben die Residenz Rastatt mit Kirchen, Kapellen und Ordensniederlassungen reich ausgestattet worden ist. Aber auch auf dem Land sind allenthalben Marien- (Gernsbach), Rosenkranz- (Schwarzach, Rotenfels, Bühl, Rastatt) und Todesangst-Christi-Bruderschaften (Ottersweier, Bühl, Bietigheim) teils neu entstanden, teils erneuert worden (Sinzheim). Rotenfels erhielt aufgrund eines Pestgelübdes sein Heiligenhäuslein, die spätere St. Sebastian-Kapelle, und in Forbach schuf man die Maria-Hilf-Kapelle. Die alten, während der Reformationszeit außer Übung gekommenen Prozessionen nach Bickesheim, Maria Linden, Gernsbach und Sinzheim (Vierzehn Nothelfer) erwachten zu neuem, regem Leben, und in Schwarzach (St. Rufina) und Moosbronn (ULF) entwickelten sich seit der Mitte des 17. Jh. eigene Wallfahrten;

Wallfahrtskirche in Moosbronn.

sie alle werden noch heute gepflegt. Die 1769 durch Markgraf August Georg Simpert († 1771), den letzten katholischen Landesherrn, erreichte Seligsprechung des Markgrafen Bernhard von Baden († 1458) markiert zweifellos einen Höhepunkt der altkirchlichen Frömmigkeit und bildet noch heute ein wichtiges Element katholischer Identität im Landkreis Rastatt.

Die Aufklärung konnte der solcherart etablierten Frömmigkeit vergleichsweise wenig anhaben. Das mag nicht zuletzt daher zu erklären sein, daß 1771 mit dem Aussterben des katholischen Markgrafenhauses von Baden-Baden die evangelische Linie aus Durlach bzw. Karlsruhe in Rastatt zur Regierung gelangte, und die danach in Angriff genommenen Reformen gewiß manches Gute bewirkten, aber zweifellos auch liebgewordene Gewohnheiten in Frage stellten. Des weiteren dürfte das zeitliche Zusammentreffen dieses Wechsels mit der – päpstlich verfügten – Aufhebung des Jesuitenordens nicht ohne Wirkung geblieben sein. Wiewohl beide Ereignisse natürlich in keinem ursächlichen Zusammenhang standen, haben sie doch – zumal im Land nun auch das evangelische Bekenntnis geduldet werden mußte (vgl. Rastatt) – gleichermaßen dazu beigetragen, die Menschen zu verunsichern und auf bewährte Verhaltensmuster zurückzuwerfen. So nimmt es nicht wunder, wenn in Ottersweier die Bauernrevolte von 1789 auch den Grund hatte, daß die Gemeinde sich seit der Vertreibung der Jesuiten seelsorglich vernachlässigt fühlte, und in Moosbronn ist die aus wilder Wurzel enstandene Wallfahrt vom Speyrer Bischof zunächst des Aberglaubens verdächtigt und wiederholt mit dem Interdikt belegt worden, aber der Beharrlichkeit der Gläubigen ist es am Ende doch gelungen, ihre Anerkennung durchzusetzen.

Bildstock des hl. Nepomuk an der Murgbrücke in Forbach.

Schule. – Von mittelalterlichen Schulen ist aus dem Gebiet des Landkreises Rastatt nichts bekannt. Natürlich darf man davon ausgehen, daß bei den Benediktinern in Schwarzach von Anfang an, spätestens aber seit dem hohen Mittelalter, die gewöhnliche Klosterschule bestanden hat, und seit der Mitte des 15. Jh. ist am Stift Baden(-Baden) ein kleiner Kreis von Chorschülern unterrichtet worden. Daß sich auch für Gernsbach schon 1461 eine Schule nachweisen läßt, erscheint bezeichnend für dessen städtischen Charakter. Die dortige Schulstube war bis ins 18. Jh. über der kommunalen Kelter eingerichtet, den Unterricht erteilte ebenso wie in Stollhofen (um 1539) der Stadtschreiber im Nebenamt, und ganz entsprechend findet man am Ende des Mittelalters auch in Bühl die Verbindung von Gerichtsschreiber- und Schulmeisteramt.

Im übrigen hat das Schulwesen erst im Gefolge von Reformation und Konfessionalisierung einen allgemeineren Aufschwung genommen und langsam auch auf dem Dorf Verbreitung gefunden. Die frühesten diesbezüglichen Zeugnisse liegen aus Schwarzach (1552), Rastatt (1586/96), Sinzheim (16. Jh.), Ottersweier (1644) und Vimbuch (1650) vor, weiterhin aus Durmersheim, Muggensturm und Forbach (alle 1683); Bietigheim hatte, obgleich alter Pfarrsitz, noch am Ende des 17. Jh. keine eigene Schule. Derartige Ersterwähnungen sind, indem sie zumeist auf Nachrichten über strittige Lehrerbesoldung oder auf kirchlichen Visitationsprotokollen beruhen, zwar mehr oder minder zufallsbedingt, aber dessen ungeachtet vermitteln sie gewiß einen zutreffenden Gesamteindruck. Natürlich haben der Dreißigjährige Krieg und die Franzosenkriege des ausgehenden 17. Jh. allenthalben Rückschläge verursacht, ganz abgesehen davon, daß die frühesten Zeugnisse ohnehin über die Kontinuität dieses oder jenes Schulbetriebs nicht allzu viel besagen. Spätestens um die Mitte des 18. Jh. wird wohl nicht allein in den Pfarrorten, sondern darüber hinaus in allen größeren Siedlungen Schulunterricht stattgefunden haben, ja selbst das kleine Grauelsbaum stellte damals einen eigenen Lehrer an, um den wenigen Schulkindern des Dorfes den gefahrvollen Weg nach Lichtenau zu ersparen. Im ganzen Bühlertal hat es noch 1720 nur eine Schule gegeben; ein Menschenalter später waren es aber bereits zwei, eine im Ober- und eine im Untertal. Für die Jugend aus dem Neusatzer Tal wurde 1753 Unterricht in Waldsteg gehalten.

Gewöhnlich hat Schule in der Frühzeit nur während der Wintermonate – von Martini (11. November) bis Ostern – stattgefunden, damit die Eltern bei der Feldarbeit und beim

6. Kirche und Schule

Viehhüten nicht auf die Hilfe der Kinder verzichten mußten. Derartiger Winterschulbetrieb ist etwa für Moos (1750), Oberweier am Eichelberg, Michelbach und Rotenfels ausdrücklich bezeugt. In Ottersweier und Oberbruch wurde schon um 1760 das ganze Jahr hindurch Unterricht erteilt. Daß man in Balzhofen erst 1771 auf ganzjährigen Schulbetrieb umgestellt hat, war eine Reaktion auf die im Jahr davor erlassene ›Allgemeine Land-Schulordnung für die catholische Schulen der hochfürstlichen markgräflichen badischen Landen‹, mit der die Ganzjahresschule – winters täglich sechs Stunden, sommers vier Stunden (flexibel) – obligatorisch eingeführt worden ist. Schulpflichtig waren alle Kinder, Mädchen wie Jungen, vom sechsten oder siebenten bis zum dreizehnten bzw. vierzehnten Lebensjahr, jedoch bedurfte es immer von neuem massiver Strafandrohung, um den vielfach sehr nachlässig gehandhabten und nicht zuletzt von den Eltern hintertriebenen Schulbesuch zu verstetigen. Bereits 1765 hatte der Landesherr verfügt, es dürfe niemand mehr zu Bürgerrecht angenommen werden, der nicht lesen und schreiben kann.

Was die Unterrichtsinhalte betrifft, so wird man für die frühe Zeit allenfalls in den Städten allgemeinere Lernziele erwarten dürfen, und dementsprechend ist zunächst nur in Gernsbach neben dem deutschen auch lateinischer Unterricht bezeugt. Höchsten Ansprüchen genügte später vor allem das Lehrangebot der Piaristen in Rastatt. Auf dem

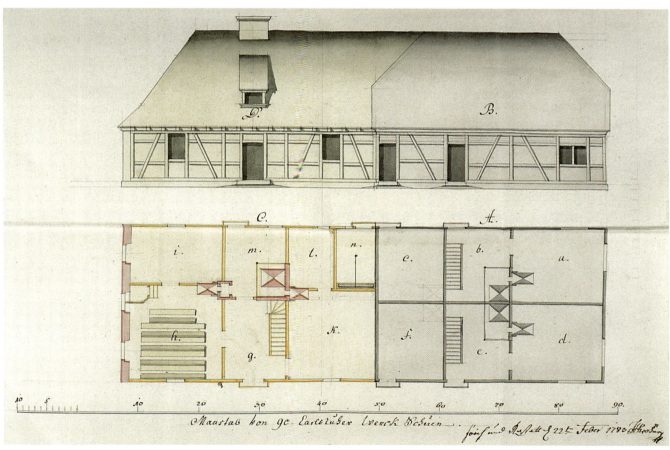

Bauplan für ein Schul- und Hirtenhaus in Förch, 1782/83.

Dorf aber stand noch lange und zumal im konfessionellen Zeitalter die christliche Kinderlehre, wie der Abt von Schwarzach sie in den 1650er Jahren für sein Herrschaftsgebiet angeordnet hat, ganz im Vordergrund; demnach war den Kindern jeden Sonn- und Feiertag, dazu ein- bis zweimal unter der Woche Katechismus-, Gottesdienst- und Sakramentenlehre zu erteilen. Auch der baden-badischen Landschulordnung war es noch 1770 das allererste Anliegen, die Jugend zu Religion, Gottesfurcht und guten Sitten anzuhalten, aber selbstverständlich wurde inzwischen obendrein auf Rechnen und Schreiben sowie auf die Orthographie Wert gelegt; desgleichen sollte zur Pflege der (Kirchen-)Musik angehalten werden. Den emsigsten Schülern winkten am Schuljahrsende kleine Preise in Geld.

Den Schulmeistern fehlte in der Regel eine angemessene Qualifikation. Das gilt möglicherweise weniger für die bereits erwähnten Stadt- und Gerichtsschreiber, vielleicht auch nicht für einen Bruchschneider (Chirurg; Weisenbach), die als Lehrer tätig waren, um so mehr aber für einen Nachtwächter (Langenbrand), Weber (Michelbach), Korbflechter (Rotenfels) oder Töpfer (Muggensturm) und sicher auch für die Mesner, die vielerorts mit der Wahrnehmung des Schuldienstes betraut waren, so beispielsweise in Bietigheim, Durmersheim, Schwarzach und Ottersweier. Entsprechend selten findet man in Visitationen und sonstigen Überlieferungen positive Beurteilungen über Lehrer (Forbach). Erst 1770 wurde die Frage nach der Vorbildung der Lehrer gestellt und erwartet, daß ein Lehramtsaspirant selbst eine ordentliche Schule besucht hatte und nach Möglichkeit über Lateinkenntnisse verfügen sollte. Die Anstellung der Schulmeister erfolgte von alters her im Zusammenwirken des Pfarrers, dem die Schulaufsicht oblag, mit der Bürgergemeinde (z.B. Durmersheim), von der die Besoldung in Geld und Naturalien zu bestreiten war. Im armen Grauelsbaum suchte man die Kosten der neu gegründeten Schule zu verringern, indem der Schulmeister im Dorf reihum verköstigt wurde. Über solche Vergütungen hinaus hatten die Eltern für jedes Kind ein geringes Schulgeld zu entrichten; dazu kamen schließlich noch Kasualeinkünfte von Beerdigungen, an denen Lehrer und Schüler musikalisch mitwirkten. Nach der markgräflichen Landschulordnung von 1770 wurde im Sommer nur das halbe Schulgeld erhoben; für arme Kinder hat die landesherrliche Kasse den Obolus ganz übernommen. Im Gebiet des Klosters Schwarzach ist aufgrund prälatischer Verfügung bereits 1755 die »Freischule« zu Lasten der Gemeinden eingeführt worden.

Als Schulraum diente – soweit vorhanden – das Rathaus, so etwa in Bietigheim (1780) oder in Greffern (1789/92). Besondere »Schulhäuser«, die normalerweise dem Lehrer auch eine Wohnung boten und die man sich wohl sehr bescheiden vorstellen muß, hat es in Stollhofen bereits 1588 und in Bühl im 17.Jh. gegeben. Andernorts wurden entsprechende Gebäude im Laufe des 18.Jh. (neu) errichtet oder adaptiert; diesbezügliche Erwähnungen liegen aus Muggensturm (1724), Unzhurst (1724), Vimbuch (1762), Gernsbach (ev., 1766), Rotenfels (um 1780), Leiberstung (1784), Waldsteg (1790), Kappelwindeck (1791), Herrenwies (1792) oder Bischweier vor. In Gausbach logierte der Schulmeister mangels eines anderen Quartiers zumindest vorübergehend im Wirtshaus. Den in der Landschulordnung von 1770 formulierten Erwartungen, wonach die Schulstuben *räumig und groß genug, licht und hell seyn* und *des Schulmeisters Hausgenossen währender Schulzeit* darin keine sachfremden Arbeiten verrichten sollten, konnten bis ins 19.Jh. wohl nur die wenigsten Unterrichtsräume gerecht werden.

7. Bevölkerung und Wirtschaft

Bevölkerungsentwicklung. – Die Erkenntnismöglichkeiten hinsichtlich der Zahl und Struktur von Bevölkerungen älterer Zeit sind infolge großer Dürftigkeit der zu Gebote stehenden Quellen gewöhnlich sehr begrenzt. Bis ins späte Mittelalter ist man daher gezwungen, sich mit mehr oder minder vagen Rekonstruktionen zu behelfen. Erst allmählich entsteht im Zuge einer zunehmenden Verschriftlichung der Herrschaftsweise mit Herdstätten- und Leibeigenenverzeichnissen sowie Steuer- und Huldigungslisten eine einigermaßen zuverlässige Basis für entsprechende Berechnungen. Im Lauf der frühen Neuzeit verdichtet sich die in demographischer Hinsicht verwertbare Überlieferung dann immer weiter – erinnert sei an Steuerkataster, Kirchenbücher oder kirchliche Visitationsprotokolle –, bis schließlich im Gefolge von Absolutismus und Aufklärung seit dem 18. Jh. die ersten originär statistischen Erhebungen zur Verfügung stehen.

Für das Gebiet des Landkreises Rastatt setzen die entsprechenden Quellen ganz spärlich um die Wende zur Neuzeit ein. Allerdings haben die 1497 angelegten und für die historische Demographie ansonsten so hilfreichen Listen zum Gemeinen Pfennig – der ersten allgemeinen Steuer im Heiligen Römischen Reich – nur für einige Orte in der damals noch geteilten Grafschaft Eberstein etwas zu bieten; die Aufschriebe für die Markgrafschaft Baden sind leider ganz summarisch gehalten und deshalb hinsichtlich der historischen Population nicht zu interpretieren. So bleibt man noch bis weit in die frühe Neuzeit auf eher zufällige quantifizierbare Nachrichten aus einer breitgestreuten Überlieferung angewiesen. Beispielsweise verfügen wir für das späte 17. Jh. über ein Hofstättenverzeichnis aus der Grafschaft Eberstein (1682) und über ein Visitationsprotokoll für die Diözese Speyer (1683), aus denen sich zumindest Haushaltungs- bzw. Familienzahlen gewinnen lassen. Im übrigen setzen – von wenigen lokalen Ausnahmen und einer Huldigungsliste aus dem Jahre 1765 abgesehen – statistisch verwertbare und zunehmend differenzierte Datenreihen erst mit der Reorganisation der Verwaltung nach der Wiedervereinigung der badischen Markgrafschaften in den 1770/80er Jahren ein.

Während des hohen Mittelalters und bis um die Mitte des 14. Jh. hat man am mittleren Oberrhein wie anderwärts von einer starken Bevölkerungszunahme auszugehen, einem Wachstum, das mit ursächlich war für den im Hochmittelalter vorangetriebenen Landesausbau sowie für den tiefgreifenden Strukturwandel, der in der Grundherrschaft vor sich gegangen ist. Nach der großen europäischen Pestepidemie von 1348/52 ist erst vom späteren 15. Jh. an und vor allem im 16. Jh. wieder ein deutliches Bevölkerungs-

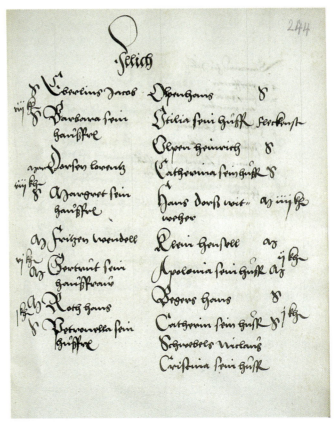

Ältestes Einwohnerverzeichnis von Illingen, 1530.

wachstum zu verzeichnen, das mit der Katastrophe des Dreißigjährigen Krieges (1618/48) erneut von einer tiefen Zäsur gefolgt war. Freilich dürften die Bevölkerungsverluste damals nicht überall gleich groß gewesen sein. Beispielsweise soll das ungeschützt in der Ebene gelegene Moos vorübergehend ganz entvölkert gewesen sein, wohingegen das schwer zugängliche Murgtal um Forbach in gewissem Sinn ein Refugium geboten hat. Aber auch nach dem großen Krieg konnten das Land und seine Bewohner noch lange keine Ruhe finden. Seit 1648 in unmittelbarer Nachbarschaft zu Frankreich gelegen, haben der Holländische Krieg (1672/78), vor allem der Orléanssche Krieg (1688/97) und dann noch einmal der Spanische Erbfolgekrieg (1701/14) diesen Raum weiterhin stark in Mitleidenschaft gezogen, dazu ist 1666 die Pest wiedergekehrt (Durmersheim). Nach der Zerstörung der Residenz Baden(-Baden) im Sommer 1689 hat die markgräfliche Regierung vorübergehend in Forbach Zuflucht genommen. Erst für das 18. Jh. ist endlich wieder eine längere Zeit relativen Friedens eingekehrt, die folgerichtig von einem starken, mitunter geradezu explosionsartigen Bevölkerungswachstum begleitet war.

Gegen Ende des 18. Jh. stehen endlich Quellen zur Verfügung, die es erlauben, zumindest für Teile des Kreisgebiets auch Aussagen über die Altersstruktur, die Geschlechterproportion und den Familienstand der Einwohner zu treffen. So lebten 1795 im Oberamt Rastatt alles in allem 11 415 Personen; von diesen waren 5 607 (49,1%) männlichen und 5 808 (50,9%) weiblichen Geschlechts. Verteilt auf verschiedene Altersgruppen ergibt sich aus den überlieferten Zahlen folgendes Bild: Im Alter von einem bis zwölf Jahren wurden 1830 Knaben und 1883 Mädchen gezählt, von 13 bis 18 Jahren 781 junge Männer und 759 junge Frauen, von 19 bis 24 Jahren 554 Männer und 637 Frauen, von 25 bis 36 Jahren 992 Männer und 1 027 Frauen, von 37 bis 50 Jahren 866 Männer und 876 Frauen, von 51 bis 65 Jahren 437 Männer und 489 Frauen sowie im Alter von 66 und mehr Jahren 147 Männer und 137 Frauen. Der Anteil der Verheirateten machte in der Altersgruppe zwischen 19 und 24 Jahren bei den Männern 22 Prozent aus, bei den Frauen 24 Prozent, in der Altersgruppe zwischen 25 und 36 bei Männern und Frauen gleichermaßen 83 Prozent, in der Altersgruppe zwischen 37 und 50 bei den Männern 96 Prozent und bei den Frauen 93 Prozent. Das Oberamt Eberstein hatte zur gleichen Zeit insgesamt 6 779 Einwohner (49,6% Männer, 50,4% Frauen); die Relationen hinsichtlich der Altersverteilung entsprechen im wesentlichen denen im Oberamt Rastatt. Freilich wurde im Murgtal später geheiratet und im ganzen war der Anteil der Ledigen dort deutlich größer als in der Rheinebene; unter den 19- bis 24jährigen machten die verheirateten Männer im Murgtal nur 6 Prozent, die verheirateten Frauen 15 Prozent aus, in der Altersgruppe zwischen 25 und 36 waren nur 67 Prozent der Männer und 76 Prozent der Frauen verheiratet, in der Altersgruppe von 37 bis 50 91 Prozent der Männer und 89 Prozent der Frauen. In diesen Zahlen spiegelt sich nicht zuletzt der Unterschied der wirtschaftlichen Verhältnisse, die größere Armut im Tal.

In der Bevölkerungsentwicklung haben hier wie in anderen Regionen neben Geburt und Tod stets auch Zu- und Abwanderung eine Rolle gespielt, erstere in der Regel zum Nutzen der städtischen Siedlungen, letztere gewöhnlich zu Lasten der Dörfer; freilich hat es da wie dort zu allen Zeiten Mobilität gegeben. Vor allem der Ausbau Rastatts zur Residenz hat seit der Wende zum 18. Jh. eine große Zahl von Zuwanderern aus Schwaben, Bayern, Österreich, Italien, Lothringen, Frankreich und anderen Ländern angezogen; zu einem nicht geringen Teil haben diese sich dauerhaft hier niedergelassen. Einen Ausnahmefall im Gebirge bildet seit der Mitte des 18. Jh. die Entstehung der Waldkolonien in Hundsbach und Herrenwies, in denen Holzfäller und Waldarbeiter aus den Alpenländern sowie aus dem Hochschwarzwald angesiedelt wurden. Desgleichen stellt die große Zahl französischer Emigranten, die seit 1789 in der Markgrafschaft Baden, namentlich in den (Ober-) Ämtern Rastatt und Bühl, vor der Revolution Zuflucht genommen haben, einen Sonderfall dar. Anfangs handelte es sich bei ihnen großenteils um Angehörige des Adels, die den Aufenthalt in den Städten Rastatt und Baden(-Baden) bevorzugten, aber bald auch um Geistliche und schließlich, zur Zeit der Schreckensherrschaft 1793/94, sogar um einfache Leute, die ihr Leben von der Revolution bedroht sahen. Dauerhaft geblieben ist von diesen Flüchtlingen allerdings nur eine verschwindende Minderheit.

Derartigen Bevölkerungsgewinnen stehen verschiedentlich auch Verluste gegenüber. So sind, wie man aus dem häufigen Vorkommen entsprechender Herkunftsnamen schließen kann, während des späten Mittelalters zahlreiche Einwohner von Bühl, Lichtenau, Greffern, Kuppenheim und anderen Orten – namentlich Städten und Marktflecken – nach Straßburg abgewandert. Nicht selten hat es sich dabei um Angehörige relativ vermögender bzw. geschäftlich tätiger Bevölkerungskreise gehandelt, denen die große Stadt mit ihren Freiheiten und ihrem Handel bessere

7. Bevölkerung und Wirtschaft

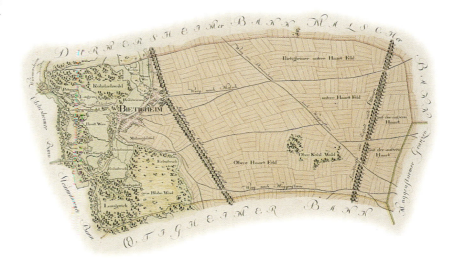

Gemarkung von Bietigheim mit Auwald und Wiesen im Tiefgestade sowie Feldern auf der Niederterrasse, 1785.

Entfaltungsmöglichkeiten bieten konnte. Mit solchen Fällen von klassischer Landflucht hat man gewiß auch noch in der frühen Neuzeit zu rechnen, indes ist davon im einzelnen bislang nur wenig bekannt. Im späteren 18. Jh. hat es aus dem Kreisgebiet eine stattliche Zahl von Auswanderungen gegeben, allerdings weniger in die Neue Welt als vielmehr nach Österreich und Ungarn, in die Schweiz sowie nach West- und Ostpreußen; betroffen waren davon u.a. Forbach, Bietigheim, Stollhofen und nicht zuletzt die Dörfer und Weiler im Gebiet des Klosters Schwarzach.

Sozialstruktur. – Die soziale Gliederung der Einwohnerschaft im Kreisgebiet dürfte bei allen entwicklungsbedingten Veränderungen vom Mittelalter bis zum Ende des Alten Reiches im großen und ganzen recht einheitlich gewesen sein. Allfällige Unterschiede ergeben sich indes nicht allein zwischen den Bewohnern der durchweg bescheidenen Städte bzw. Marktflecken einerseits und der Dörfer oder Weiler andererseits, sondern vermutlich in sehr viel höherem Maße zwischen der Bevölkerung der Ebene und jener des Gebirges. Schon im späten Mittelalter waren diese Unterschiede so gut wie ausschließlich ökonomisch begründet. Der rechtliche Status der Person – die Frage, ob frei oder leibeigen – bleibt angesichts der frühzeitigen Nivellierung in einem weitgehend homogenen, die Bewohner von Dörfern und Städten gleichermaßen umschließenden Untertanenverband des zunehmend geschlossenen markgräflichen Territoriums ohne weiteren Belang.

Der Adel spielte hierzulande als Sozialgruppe nur eine nachgeordnete Rolle, ein Faktum, das zweifellos mit seiner sukzessiven Marginalisierung im herrschaftlichen Kontext zusammenhängt. Die bodenständigen Geschlechter, ob edelfreier oder ministerialischer Herkunft, sind nach und nach ausgestorben oder haben sich durch Abwanderung in andere Regionen – etwa in die Ortenau (Röder) oder in den Kraichgau (von Bach) – dem markgräflichen Territorialisierungsdruck entzogen. Auswärtige Familien treten verschiedentlich mit einzelnen Vertretern auf, die meist nur vorübergehend in badischen Diensten standen, so etwa die von Seckendorff (aus Franken) in Durmersheim oder die von Blittersdorff (aus dem Rheinland) in Waldsteg. Selbst die Südtiroler Grafen von Wolkenstein, die als Ebersteiner Erben während des 17. Jh. im Murgtal immerhin einen eigenen landesherrlichen Anspruch zu erheben suchten, zogen es vor, außerhalb der Region, in Poltringen zu residieren. Ein interessantes Phänomen, das indes noch eine Erforschung im Detail erfordert, ist die mit dem 16. Jh. einsetzende Genese eines neuen markgräflichen Beamtenadels aus »bürgerlichen« Schichten, einer Gruppe, deren Angehörige alsbald den sozialen Anschluß an den »alten« Adel gesucht und zum Teil sogar gefunden haben; erinnert sei nur an die Bademer von Rohrburg. Ein Beispiel für die Entstehung von Niederadel als Bastardlinie eines hochadligen Geschlechts hätte der zu Beginn des 16. Jh. auf der Burg zu Michelbach gesessene Adam von Eberstein bieten können, wären ihm Nachkommen beschieden gewesen. Am Ende des Alten Reiches war im Gebiet des Landkreises eine indigene Adelsgesellschaft praktisch nicht vorhanden, infolge des ein Menschenalter davor eingetretenen Verlusts der Residenzfunktion nicht einmal in Rastatt.

Ein Bürgertum im landläufigen Sinn konnte es in den kleinen Städten des Kreisgebiets um so weniger geben, als sowohl die rechtlichen wie die wirtschaftlichen Übergänge zu den Dörfern gering und obendrein fließend waren. Handwerk, Handel und Gewerbe waren schon im späten Mittelalter nicht allein in den Städten Gernsbach, Kuppenheim und Lichtenau vertreten, sondern wenigstens ebensogut in den Marktflecken Bühl und Rastatt, und nennenswerte soziale Unterschiede zwischen den Bevölkerungen von Städten wie Stollhofen oder Muggensturm einerseits und Dörfern wie Durmersheim, Sinzheim oder Ottersweier andererseits sind schwerlich zu erwarten. Alle diese Städte – am wenigsten vielleicht noch Gernsbach und die Residenz Rastatt – waren das, was man gemeinhin als »Ackerbürgerstädte« bezeichnet; gegenüber ihrem Umland wiesen sie höchstens in Ansätzen ein etwas stärker ausdifferenziertes Gewerbe auf. So kommt es auch, daß alle diese Städtlein, zumal sie wiederholt Kriegszerstörungen haben erleiden müssen, noch heutigentags ein wenig städtisches Gepräge zeigen, freilich wiederum mit Ausnahme von Gernsbach und Rastatt.

Zweifellos war die Bevölkerung auch dieser kleinen Städte sozial geschichtet, wie die eines jeden Dorfes, und insofern nicht unbedingt typisch städtisch. Einmal mehr ist in dieser Hinsicht der Residenz Rastatt eine Sonderrolle zugekommen. Auch die Funktionen einer Amtsstadt waren, wie etwa das Beispiel Kuppenheims zeigt, wenigstens in Ansätzen geeignet, eine Oberschicht hervorzubringen, man denke nur an die von dort schon im 14. Jh. nach Straßburg abgewanderten Kese oder an die bereits erwähnten Bademer; aber angesichts der insgesamt bescheidenen Verhältnisse muß man dergleichen soziale Erfolge doch eher für die Ausnahme halten. Ebenso bleibt der Aufstieg über den Holzhandel, wie ihn die Familien Kast aus Hörden (später Gernsbach), Weiler, Ettlinger und Katz aus Gernsbach vom 16. bis ins 18. Jh. bewerkstelligt haben, gleichermaßen spektakulär wie singulär. Im 18. Jh. haben sich schließlich noch einmal zwei Unternehmergestalten hervorgetan, zu deren Erfolg neben dem Holländerholzhandel auch schon die Protoindustrialisierung beigetragen hat: Zum einen war dies der Rastatter Hofglaser und Ankerwirt Franz Anton Dürr, der mit Glashütten, Sägemühlen und Eisen-

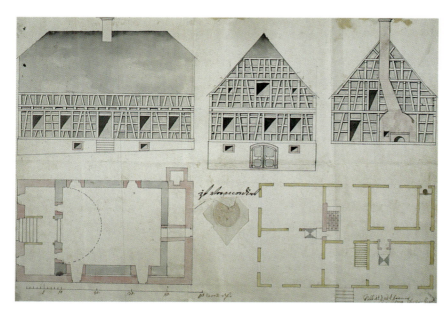

Bauplan für ein Hofgebäude auf dem Hof Einsiedel (Kappelwindeck), 1779.

7. Bevölkerung und Wirtschaft

schmelzen in Herrenwies, Hundsbach, Rotenfels, Moosbronn etc. seinen Reichtum vermehrt hat, zum anderen der Gaggenauer Entrepreneur Anton Rindenschwender, der einen quasi adligen Lebensstil pflegen konnte und dem in Würdigung seiner Verdienste schließlich der Ehrentitel eines Oberschultheißen verliehen wurde.

In den Dörfern in der Rheinebene und namentlich in der Vorhügelzone bestand aufgrund einer vielerorts beachtlichen Viehhaltung respektive eines bedeutenden Weinbaus relative Wohlhabenheit, wohingegen in Freiolsheim ähnlich wie im Murgtal und seinen Seitentälern eher Kargheit vorgeherrscht hat, aber auch dort – man denke nur an Reichental mit seinen stattlichen, zum Teil alten Bauernhäusern – muß nicht alles ärmlich gewesen sein. Infolge der in der ganzen Region überwiegend praktizierten Realteilung waren die Besitzgrößen sowohl im Gebirge wie in der Ebene mitunter recht bescheiden. Ausschlaggebend für die soziale Eingruppierung und für die Teilhabe am Gemeindeleben war freilich nicht allein der Umfang der zu unterschiedlichem Recht bewirtschafteten Güter, sondern auch der Besitz des Gemeindebürgerrechts. Neben den vollberechtigten Bürgern gab es vielerorts Beisassen zu minderem Recht und dazu nicht selten Tolerierte, d.h. Personen, denen die wirtschaftlichen Möglichkeiten fehlten, einen hinreichenden Besitz und schließlich das Bürgerrecht zu erwerben. Die spät, als reine Arbeitersiedlungen entstandenen Waldkolonien um Hundsbach und Erbersbronn haben in dieser Hinsicht von jeher eine Sonderstellung eingenommen und für lange Zeit soziale Probleme aufgeworfen.

Juden. – Die Israeliten standen während des ganzen Mittelalters und der frühen Neuzeit außerhalb der gewöhnlichen Sozialordnung. Ihre Ansiedlung ist hierzulande zunächst nur spärlich bezeugt, am frühesten in der Stadt Kuppenheim (1433), daneben in den Marktflecken Bühl und Rastatt; allerdings unterliegt es keinem Zweifel, daß schon vor dem großen Pogrom von 1348/50 Juden in dieser Region gelebt haben. Sämtliche Orte, aus denen jüdische Einwohner überliefert sind, waren Städte bzw. Märkte, so etwa Gernsbach, Muggensturm, Stollhofen und Lichtenau, dazu bezeichnenderweise Hörden mit seinem bedeutenden Holzhandel. Die diesbezüglichen Nachweise setzen meist mit dem späteren 17. Jh. ein. Gewöhnlich handelte es sich um weniger als zehn Familien, also nicht einmal um eigene Gemeinden; nur in Lichtenau, Bühl und Hörden existierten im 18. Jh. jüdische Gemeinden, in Bühl sogar mit einem besonderen Spital. Einen Bezirksfriedhof, auf den die Toten aus dem ganzen Umland beigesetzt wurden (bis ins 19. Jh. selbst aus Bühl), gab es in Kuppenheim. 1714 und 1746 hat die markgräfliche Regierung Judenordnungen erlassen, wodurch die Bedingungen und Umstände jüdischer Niederlassung und jüdischen Handels im einzelnen geregelt wurden; »Judenschutz« wurde dabei jeweils nur für drei Jahre gewährt, und mußte hernach gegen Gebühr (15 fl) immer wieder erneuert werden; von durchreisenden jüdischen Händlern wurde noch am Ende des 18. Jh. ein besonderes Geleitgeld erhoben. Die Bühler Juden ernährten sich vornehmlich vom Viehhandel.

Land- und Forstwirtschaft, Fischerei. – Für den allergrößten Teil der im Kreisgebiet lebenden Menschen war von alters her die Landwirtschaft die hauptsächliche Quelle ihres Lebensunterhalts. Freilich ist auch hier zwischen der Ebene und dem Gebirge zu unterscheiden, denn in letzterem dominierte statt des Feldbaus, für den es dort nur wenig Raum und schlechte, steinige Böden gab, die Waldwirtschaft. So nimmt es auch nicht wunder, wenn die seit dem hohen Mittelalter gebräuchliche Dreifelderwirtschaft – die Einteilung der Feldflur in Winterfeld, Sommerfeld und Brache – zwar in der Ebene, so beispielsweise in Ulm (1398), Bietigheim (1510) oder Muggensturm, nicht aber im Murgtal nachzuweisen ist; auch im Bereich der stets feuchten Kinzig-Murg-Rinne hat es verständlicherweise keine Dreifelderwirtschaft und keinen Flurzwang gegeben. Aber nicht allein im Gebirge waren die dem einzelnen Bauern zu Gebote stehenden Flächen mitunter gering; auch im Ried, wo die durchschnittlichen Betriebsgrößen im 17. Jh. zwischen 10 und 20 M lagen, gab es viele Leute, die mit erheblich weniger auskommen mußten. In den rheinnahen Gemeinden sowie am Unterlauf der Murg hat die Landwirtschaft noch im 18. Jh. immer wieder unter Hochwassern und Überschwemmungen gelitten, bisweilen hat das Wasser ganze Gemarkungsteile mitgerissen.

Angebaut wurden zumeist die landesüblichen Getreidesorten, d.h. vor allem Korn (Roggen), Hafer, Spelz (Dinkel) und Gerste, daneben Erbsen, Linsen, Bohnen, Leinsamen, Flachs und Obst; im 18. Jh. werden darüber hinaus Luzerne, Klee, Dickrüben und Kürbisse erwähnt. Die Anfänge des Kartoffelanbaus sind im unteren Murgtal seit den 1730er Jahren bezeugt, ansonsten seit der Mitte des 18. Jahrhunderts. In der Region um Bühl, Ottersweier und Lichtenau spielte von alters her der Anbau von Hanf, aus dem Gespinstfasern gewonnen wurden, eine große Rolle. Bereits am Ende des 17. Jh. ist in Lichtenau, dazu verschie-

Schwallung im oberen Murgtal.

dentlich im markgräflichen Gebiet, auch schon Tabak angebaut worden. Eine besonders wichtige, hierzulande wohl schon seit der Spätantike gepflegte Sonderkultur ist der Weinbau. Seit dem Mittelalter wurde er mitnichten allein in der hinsichtlich ihrer Böden und ihres Klimas begünstigten Vorbergzone um Sinzheim (Vormberg), Affental (Rotwein), Eisental, Altschweier, Bühl, Kappelwindeck und Neusatz gepflegt, sondern selbst im Murgtal und seinen Seitentälern, in Loffenau, Obertsrot, Weisenbach und Au sowie in Michelbach, Selbach und Staufenberg. In der Vorbergzone um Bühl und Sinzheim hat es spezielle Rebhöfe gegeben, die zumeist von Kirchen und Klöstern oder von der Landesherrschaft zur Leihe gingen.

Viehhaltung gab es im ganzen Kreisgebiet, jedoch wiederum mit bezeichnenden Unterschieden. Pferde waren im Gebirge rar, in der Ebene dafür um so zahlreicher. Die größten Bestände sind am Ende des 18. Jh. in Sinzheim und seinen Ortsteilen mit mehr als vierhundert sowie in Muggensturm, Iffezheim und Plittersdorf mit jeweils rund 250 Tieren nachzuweisen; auch in Rastatt, Moos, Bietigheim, Durmersheim, Stollhofen, Schwarzach, Unzhurst und manch kleinerem Ort hat die Pferdehaltung eine sichtlich große Rolle gespielt; in Oberbruch wurden zeitweise beinahe so viele Pferde wie Rinder gezählt. Auf dem Mittelberg über Moosbronn ist zur Förderung der Pferdezucht um die Mitte des 18. Jh. ein Gestüt eingerichtet worden; in Rastatt und Steinbach waren regional wichtige Beschälplätze. Rinder wurden überall in großer Zahl gehalten, allein in Sinzheim (mit Ortsteilen) nahezu tausend, im Bühlertal mehr als achthundert, in Rastatt und Stollhofen knapp vierhundert, in Michelbach, Muggensturm, Ottenau, Reichental und Forbach rund dreihundert und in Weisenbach, Durmersheim, Moos und Schwarzach jeweils mehr als zweihundert (1788). Welchen Stellenwert die Viehzucht im Bewußtsein der Menschen und mithin in ihrem Alltag hatte, mag man nicht zuletzt daran ermessen, daß in Leiberstung, Oberbruch und Weisenbach die örtlichen Kapellen dem Hirtenpatron St. Wendelin geweiht waren. Geweidet wurde das Vieh zumeist in den ausgedehnten Wäldern der Ebene (Oberwald, Obere Hardt) und des Gebirges (Windecker Wald, Herrenwies), wo entsprechende Wald- und Weidegenossenschaften bestanden. Außer den Rindern wurden auch die Schweine in den Wald getrieben (Eckerich, Dehmen); daß im Unterschied zu anderen Landschaften die Ziegenhaltung hierzulande allem Anschein nach nicht ganz so restriktiv gehandhabt wurde, ist wohl mit dem großen Waldreichtum dieser Gegenden zu erklären. Herrschaftliche Schäfereien gab es in Bietigheim, Muggensturm, Hügelsheim, Schwarzach und Scherzheim, in Durmersheim verfügte die Gemeinde über eine eigene Schäferei.

Die Nutzung als Viehweide und als Holzreservoir, dazu der Betrieb von allerlei Gewerben wie namentlich Glashütten, Köhlerei (Bühlertal, Hundsbach, Herrenwies, Raumünzach, Forbach, Bermersbach, Langenbrand, Au im Murgtal, Reichental, Michelbach), Pottaschebrennerei, Harzerei, Zundelschneiderei und Schindel- oder Korbmacherei bedeuteten für die Wälder stets eine nicht zu unterschätzende Belastung. Im Mittelalter schienen vor allem die ausgedehnten Waldgebiete des Gebirges unerschöpfliche Ressourcen zu bieten, jedoch ist den herrschaftlicherseits erlassenen Ordnungen und allfälligen Konflikten unter den Nutzungsberechtigten, wovon die Überlieferung seit dem Ausgang des Mittelalters vielfach berichtet, zu entnehmen, daß Raubbau schon damals an der Tagesordnung war. Schließlich war Holz bis weit in die Neuzeit der wichtigste, weil universell verwendbare Rohstoff. Der gegen Ende des Mittelalters einsetzende und bis ins 18. Jh. beständig zunehmende Holzhandel, den die seit 1481 bezeugte Murgschifferschaft (Schnittholz) und hernach vor allem die Murgkompanie (Langholz, sog. Holländerholzhandel) organisiert haben, plünderte zwar die Wälder aus, war jedoch nicht allein eine Quelle großen Reichtums für wenige Händlerdynastien, sondern darüber hinaus unentbehrlich für den Lebensunterhalt der Bevölkerung im Murgtal.

Während die Fischerei anderwärts vielfach in Gestalt von Teichwirtschaft betrieben werden mußte, standen ihr hierzulande mit Rhein und Murg gleich zwei natürliche Gewässer von großem Fischreichtum zu Gebote. Entsprechend zahlreich sind die überlieferten Fischerordnungen, zu deren ältesten die von Schwarzach (14. Jh.), Lichtenau (1399) und Rastatt (1429) zählen. In Greffern gab es eine Fischerzunft sowie ein eigenes Fischergericht mit einem Fischerschultheißen. Generell waren die Fischgründe – sei es in Flüssen, sei es in Bächen – von der Herrschaft gegen Zins verliehen. Von besonderem Interesse war allzeit der Lachs- bzw. Salmenfang im Rhein und in der unteren Murg; aufgrund einer markgräflichen Schenkung hatte das Kloster Frauenalb seit dem 14. Jh. in der Murg den Lachszehnten zu beanspruchen, von den im Rhein gefangenen Lachsen erhielt die Landesherrschaft immer den besten (Vorfisch) und hernach jeden zehnten Fisch. Freilich wird am Ende des 18. Jh. berichtet, der Lachsfang sei sehr zurückgegangen. In der mittleren Murg und ihren Zuflüssen wurden Forellen gefangen. Entlang des Rheins haben die jeweils zuständigen Herrschaften – (Hanau-)Lichtenberg, Schwarzach und Baden – seit dem Mittelalter nicht allein Fischrechte verliehen, sondern daneben auch Vogelleime zum Fang von Enten und Tauben, worauf vielerorts bis heute entsprechende Flur- und Straßennamen zurückgehen.

Handwerk, Gewerbe und Protoindustrialisierung. – Handwerk und Gewerbe lassen sich für die ältere Zeit vor allem in den Städten und Marktflecken nachweisen, jedoch ist davon auszugehen, daß wenigstens in den größeren Dörfern und zweifellos am Klosterort Schwarzach die wichtigsten Handwerke zur Deckung des örtlichen Bedarfs stets ebenso präsent waren. Generell – auch in den Städten – haben die entsprechenden Leute in der Regel nicht von ihren Handwerksverrichtungen allein gelebt, sondern daneben mehr oder minder große Landwirtschaften betrieben; dabei ist im Einzelfall schwer zu entscheiden, welche

Kohlenhütte bei Gaggenau.

Tätigkeit überwogen hat. Für die ältere Zeit sind die Handwerke in den Quellen weniger unmittelbar, d. h. aufgrund besonderer Erwähnung zu fassen, als vielmehr anhand entsprechender Zunamen. Seit dem ausgehenden Mittelalter haben die regional zuständigen Herrschaften – Baden, Schwarzach, Lichtenberg etc. – in wachsendem Maße Handwerks- und Zunftordnungen erlassen. Weil ein echtes städtisches Zentrum fehlte, waren diese durchweg auf Ämter respektive ganze Territorien bezogen, spiegeln aber insgesamt trotz ihres ländlichen Bezugsrahmens das ganze Spektrum von Gewerben, wie man es aus größeren Städten kennt. Bis ins 17. Jh. sind dergleichen Ordnungen nur handschriftlich überliefert; mit dem 18. Jh. setzt indes eine wahre Flut von Vorschriften ein, die nun im Druck verbreitet wurden.

Zu einem gewissen Grade ist die Verteilung der einzelnen Sparten über das Kreisgebiet naturräumlich bedingt, so trifft man beispielsweise die Holzgewerbe vorwiegend entlang der Murg und die Hanfverarbeitung nur im Südwesten an, wohingegen die (Leinen-)Weberei ebenso wie die Lebensmittelgewerbe und das Schmiede-, Maurer-, Zimmerleute-, Schneider- oder Schuhmacherhandwerk praktisch überall vorkommen; Gerber finden sich vor allem in den Städten bzw. Marktflecken Gernsbach, Bühl und Rastatt. In Oberweier am Eichelberg und Umgebung, wo weißgraue Tonerde zur Verfügung steht, wurden Steingut- bzw. Töpferwaren hergestellt, in Michelbach in Heimarbeit farbige Glasperlen sowie Knöpfe aus Bein (18. Jh.). Die Bewohner der rheinnahen Dörfer Hügelsheim, Iffezheim, Ottersdorf, Plittersdorf, Steinmauern, Elchesheim, Würmersheim und Au widmeten sich vornehmlich während der Wintermonate der Herstellung von Holzschuhen aus Pappel-, Weiden- und Erlenholz.

Die in den Quellen durchweg am frühesten bezeugten Gewerbebetriebe sind Mühlen; es gab sie im ganzen Kreisgebiet, wo nur irgend Wasser zur Verfügung stand, in großer Zahl und in zunehmender funktionaler Differenzierung. Teils handelte es sich dabei um unterschlächtige, teils um oberschlächtige Mühlen, und wo die Wasserkraft nicht hinreichte oder ein Zugriff darauf nicht möglich war, hat man für den Betrieb Pferde eingesetzt, wie beispielsweise in Rastatt und Steinmauern. Sogenannte Bannmühlen, in denen bestimmte Orte ihr Getreide mahlen lassen mußten, existierten in Rotenfels (für Bischweier und Gaggenau), in Gernsbach (für Loffenau, Selbach, Hörden, Staufenberg, Scheuern, Lautenbach und Obertsrot) und in Zell (für Vimbuch etc.). Neben den Getreidemühlen bestanden vielerorts Öl-, Stampf-, Schleif-, Walk-, Loh-, Pleuel- (Hanf) und Gipsmühlen für ganz verschiedene Bedürfnisse. Entlang der Murg und im Bühlertal war namentlich die Zahl der Sägemühlen besonders groß, allein zwischen Forbach und Ottenau belief sie sich zu Beginn des 16. Jh. auf nahezu fünfzig, zweihundert Jahre später auf mehr als fünfzig (Gänge). In Bühl und Altschweier sind um die Mitte des 17. Jh. bereits Papiermühlen nachzuweisen.

Ziegelhütten, die als Indiz für einen allmählichen Wandel in der landesüblichen Bauweise gelten können, tauchen seit dem ausgehenden Mittelalter an verschiedenen Orten in der Ebene wie im Gebirge auf. Die frühesten Belege sind für Lichtenau (1492) und Rotenfels (1493) überliefert, im 16. Jh. folgen Söllingen, Rastatt, Gernsbach und Waldsteg, im 18. Jh. schließlich Gaggenau, Hilpertsau und Forbach. In Rastatt gab es im 18. Jh. – zweifellos im Zusammenhang mit dem Ausbau der Residenz – sogar zwei Ziegelöfen, die beide Gemeindeeigentum waren; in Forbach wurde 1782 eine Ziegelhütte eigens im Hinblick auf den bevorstehenden Kirchenbau errichtet.

Entlang des Rheins spielte von alters her das sowohl den regionalen wie den überregionalen Verkehr bedienende Gewerbe der Schiffs- und Fährleute eine große Rolle, so namentlich in Grauelsbaum, Greffern, Söllingen und Hügelsheim. Daneben ist die Goldwäscherei, wie sie praktisch in allen Rheinanliegergemeinden betrieben wurde, nicht zu vergessen. Sie galt der Gewinnung von feinen Goldplättchen, die der aus den Schweizer Alpen kommende Fluß mit sich führte und im Kies und Sand seines Bettes ablagerte (Goldgründe, Goldweide). Das Recht zum Herauswaschen der Goldpartikel wurde von seiten der jeweils zuständigen Herrschaften (Schwarzach, Baden) gegen Zins verliehen, jedoch unter Vorbehalt des ausschließlichen Ankaufsrechts für die Ausbeute. Auf den Sandbänken des noch nicht regulierten Stroms war die Goldwäscherei ergiebig und sowohl für die Wäscher wie für die Herrschaft recht einträglich; die Korrektion zu Beginn des 19. Jh. zog das Ende dieses alten Gewerbes nach sich.

Zu den älteren, vom Waldreichtum der Region begünstigten Gewerbebetrieben zählten nicht zuletzt die Glashütten. Auf dem Mittelberg über Moosbronn wurde offenbar schon um die Mitte des 15. Jh. Glas hergestellt. Am Ende des 17. Jh. ist dort nach böhmischem Vorbild eine Hütte neu gegründet worden, die ursächlich war für die noch heute bestehende Rodung. In den 1770er Jahren nach Gaggenau verlegt, produzierte sie nicht allein alle Arten von Gläsern, sondern stellte darüber hinaus das Muster eines

7. Bevölkerung und Wirtschaft

planmäßig angelegten frühen Fabrikbetriebs mit sozialer Infrastruktur dar. Weitere Glashütten bestanden um die Wende vom 17. zum 18. Jh. bei Ottersweier und zwischen 1732 und 1778 in Herrenwies.

Um die Gewinnung von Bodenschätzen hat man sich gewiß schon in älterer Zeit bemüht – diesbezügliche Zeugnisse liegen spätestens seit dem 15. Jh. vor –, aber erst mit dem Aufschwung des Eisenhüttenwesens nach dem Dreißigjährigen Krieg und infolge des Merkantilismus wurden die entsprechenden Bestrebungen intensiviert; ihr Erfolg war durchweg nur gering. Im Fichtental südlich von Kuppenheim schürfte man nach Eisenbohnerz, in Neusatz bzw. in der Wolfshaggrube bei der Hub nach Eisen- und Manganerz; auch in Gernsbach, Langenbrand und Forbach wurde im 18. Jh. nach Eisen- und Bleierzen gegraben, beim Alsenhof auf Ottersweier Gemarkung hoffte man Kupfer zu finden, in Bermersbach und beim Schloß Eberstein Silber. Weniger ambitioniert war hingegen das Bestreben, bei Söllingen, Leiberstung, Sinzheim und Muggensturm Salpeter für die Pulverproduktion zu gewinnen.

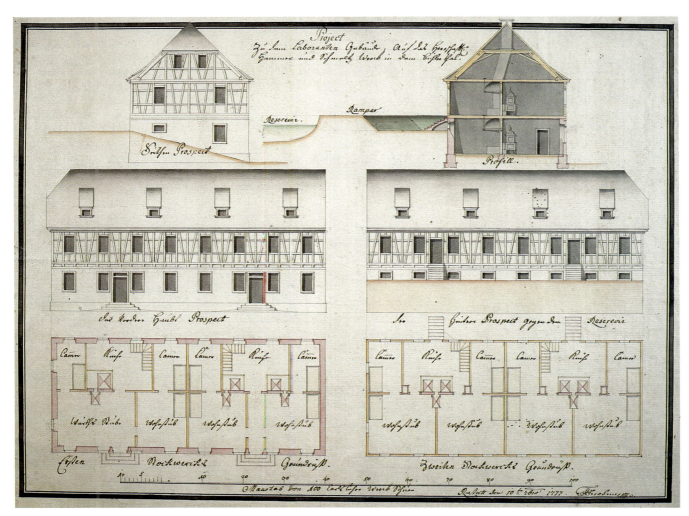

Bauplan für Laborantengebäude beim herrschaftlicher Hammer- und Schmelzwerk in Bühlertal, 1777.

Eisenverarbeitende Betriebe, Schmelzen und Hammerschmieden, gab es am Ende des 17. Jh. in Altschweier und im Bühlertal, freilich an beiden Orten nur mit mäßigem Erfolg. Auch das um 1681 in Gaggenau errichtete Hüttenwerk hatte mit Anfangsschwierigkeiten zu kämpfen, kann aber gleichwohl rückblickend als Keimzelle des heutigen Industriestandorts gelten. Die um 1725 begonnene Eisenschmelze in Rotenfels mußte, weil das örtlich gewonnene Eisenerz nur wenig ergiebig war, ihre Rohstoffe von auswärts beziehen und konnte erst seit der Mitte 18. Jh. rentabel arbeiten; die Produktenpalette umfaßte alle Arten von Grobeisen. Infolge Mißwirtschaft mußte der Betrieb in den 1770er Jahren aufgegeben werden und wurde später als Steingeschirrfabrik weitergeführt.

Die Stadt Rastatt, in der schon davor für den gehobenen Bedarf des markgräflichen Hofes produziert worden ist, erlebte nach 1771 in dem Bestreben, den Verlust ihrer Residenzfunktion zu kompensieren, eine gezielte Ansiedlung vielfältiger Gewerbe und protoindustrieller Betriebe. Dabei entstanden Fabriken zur Tabakverarbeitung, zur Lichter- und Seifenherstellung, zur Geschirr- und Porzellan- sowie zur Puder- und Stärkeproduktion; nicht zuletzt stehen die Gebrüder Schlaff mit ihrer Rastatter Stahlfabrik und Baumwollverarbeitung für ein frühes Unternehmertum.

Handel, Märkte und Wirtshäuser. – Kramläden sind aus den verschiedenen Orten des Kreisgebiets erst spät bezeugt, selten vor dem Ende des 18. Jh.; diesbezügliche Nachrichten liegen beispielsweise vor aus Altschweier, Würmersheim, Forbach, Stollhofen (1778), Gausbach (1784), Ottenau (1798, 2), Hörden (1800) und Selbach (1800). In der Residenz Rastatt hat es natürlich schon um die Mitte des 18. Jh. mehrere Läden gegeben und zweifellos hatten auch Städte wie Gernsbach und Kuppenheim oder ein Flecken wie Bühl ortsansässige Krämer, im übrigen war aber der Handel in älterer Zeit gewöhnlich nicht ortsfest, spielte sich stattdessen zumeist auf Wochen- und Jahrmärkten ab.

Ein besonders frühes Beispiel für einen Markt stellt jener von Vallator bzw. Feldern dar, der bereits 994 durch Kaiser Otto III. und noch einmal 1275 durch König Rudolf von Habsburg zum Nutzen des Klosters Schwarzach privilegiert worden ist. Seine Bedeutung liegt im dunkeln, jedoch spricht die Tatsache, daß Feldern im Laufe des späten Mittelalters untergegangen ist, nicht eben für einen großen Erfolg dieses Marktes, der hernach wohl ins Kloster gezogen wurde. In Gernsbach hat schon zu Beginn des 13. Jh. ein vermutlich aus wilder Wurzel entstandener (Wochen-)Markt existiert, der konstitutiv gewesen sein dürfte für die dortige Stadtwerdung; im 16. Jh. verfügte die Stadt Gernsbach neben dem Wochenmarkt noch über zwei Jahrmärkte. Auch ein Kuppenheimer Markt, der vom Durchgangsverkehr auf der Bergstraße profitiert hat, ist seit dem 13. Jh. bezeugt; im späten 16. Jh. gab es dort je einen Jahr- und Viehmarkt. Hingegen vermochten sich die Märkte des Städtleins Lichtenau in Konkurrenz zu denen in Straßburg, Bühl und Rastatt nur schwer zu behaupten; desgleichen waren die von Stollhofen und Muggensturm eher unbedeutend. Freilich hat es Wochen- und Jahrmärkte mitnichten allein in den Städten gegeben. Im Dorf Bühl wurde bereits 1403 ein Wochenmarkt privilegiert, der jenen in der benachbarten Stadt Steinbach an Bedeutung allzeit weit übertroffen hat, und der seit dem Ende des 16. Jh. nachgewiesene Bühler Jahrmarkt war so erfolgreich, daß hier um 1700 schon zwei und am Ende des 18. Jh. sogar vier jährliche Krämer- und Viehmärkte abgehalten wurden. Der Bedarf war offensichtlich so groß, daß im ausgehenden 16. Jh. selbst im nahen Kappelwindeck noch ein Jahrmarkt gegründet werden konnte. In Rastatt haben der Murgübergang und die Nähe eines Rheinübergangs wohl schon frühzeitig den Handel und seine örtliche Entfaltung begünstigt. 1404 ist auch hier ein Wochenmarkt privilegiert worden, der im folgenden sichtlich erfolgreich war und zeitweise sogar überregionale Bedeutung zu erlangen vermochte. Seit dem Anfang des 17. Jh. bestand hier obendrein ein Jahrmarkt; im späteren 18. Jh. hatte die Stadt zwei Wochenmärkte und drei jährliche Viehmärkte. Um die Mitte des 18. Jh. sind als Begleiterscheinung des Holzhandels auch noch in Hörden zwei Viehmärkte enstanden, die sich bald zu allgemeinen Jahr- und Krämermärkten weiterentwickelt haben, und schließlich hat die Bickesheimer Wallfahrt spätestens im 16. Jh. drei jährliche Märkte hervorgebracht.

Wirtshäuser hat es zunächst nur in den Städten und Marktflecken gegeben und auch dort wohl eher in bescheidener Zahl. Im Laufe der frühen Neuzeit haben sie beträchtlich zugenommen und immer mehr auch auf den Dörfern Verbreitung gefunden. Grundsätzlich wurde unterschieden zwischen Schildwirtschaften einerseits, die ein allgemeines Ausschank- und Bewirtungsrecht hatten, sowie Straußwirtschaften andererseits mit eingeschränkten Rechten. Am Ende des Alten Reiches hat es nahezu an jedem Ort wenigstens ein Wirtshaus dieser oder jener Art gegeben, nicht selten – man denke nur an Rastatt, Kuppenheim, Rotenfels oder Gaggenau – sogar mehrere; Würmers-

Graveurhäuschen der Glashütte Gaggenau.

heim und Oberweier am Eichelberg, wo ständige Wirtshäuser sich offenbar nicht lohnten, hatten 1797 sogenannte wandelbare Wirtschaften, deren Konzessionen jeweils öffentlich zur Versteigerung kamen. Straßen von überregionaler Bedeutung und namentlich Wallfahrten wie in Bikkesheim waren der Entstehung von Wirtshäusern und ihrer Beständigkeit in besonderem Maße förderlich. Nicht selten haben die Wirte nebenbei auch Bier gebraut; dergleichen ist etwa aus Bühl schon für das frühe 17. Jh. bezeugt, aus Ottenau für das 18. Jh. In Rastatt gab es 1724 ein herrschaftliches Brauhaus.

Maße, Gewichte und Geld. – Die schon im späten Mittelalter sehr weitgehende herrschaftliche Homogenität des Kreisgebiets hat auch bei den in diesem Raum gebräuchlichen Maßen eine im Vergleich zu anderen Landschaften weitgehende Einheitlichkeit bewirkt; gleichwohl bestanden Unterschiede, in denen noch am Ende des Alten Reiches ältere Strukturen und Bezüge durchschimmern. So hat die Zugehörigkeit zu den alten Diözesen Straßburg (alamannisches Stammesgebiet; Ortenau) oder Speyer (fränkisches Stammesgebiet; Ufgau) hier eine sichtlich große Rolle gespielt. »Maßgebende« Orte waren im einzelnen Achern (für Ottersweier), Baden(-Baden), Bühl, Gernsbach, Kuppenheim, Lichtenau, Rastatt und Schwarzach, daneben für das Längen- und Flächenmaß auch Nürnberg (Fuß- bzw. Rutenmaß) sowie für das Gewicht Straßburg. Allfällige Abweichungen sind nicht allein im Gehalt der verschiedenen Maße festzustellen, sondern mitunter auch in der Systematik und in den Bezeichnungen. Eine stärkere Vereinheitlichung ist zwar wiederholt angestrebt worden – so beispielsweise 1518 für die Ämter Baden(-Baden), Steinbach und Bühl –, bis ins 19. Jh. jedoch über Ansätze nicht hinausgekommen.

Hinsichtlich der Längenmaße galt in Baden(-Baden) und dem zugehörigen Amt der große Nürnberger Werkschuh (30,370 cm); im ebersteinischen Gernsbach wurde der Fuß zu 30,466 cm gemessen, in dem nach der Ortenau orientierten Bühl hingegen nur zu 27,628 cm (Ottersweier und Weitenung 27,810 cm). Beim Flächen- oder Feldmaß rechnete man nach Jauchterten, Morgen, Tagwerken oder Tagwan (à 4 Viertel, 160 Quadratruten, 2560 Werkschuh); in Gernsbach umfaßte ein Morgen wie in Baden(-Baden) 0,3801 ha, in Rastatt (Unterländer Feldmaß) 0,3170 ha, in Bühl 0,3126 ha, in Ottersweier 0,3167 ha, in Lichtenau 0,3774 ha und in Schwarzach 0,3317 ha. Weinberge hat man im Baden-Badischen generell nach Steckhaufen berechnet, wobei zwölf Steckhaufen einen Morgen oder Jauchert ausmachten und jeder einzelne Haufen mit fünfhundert Stöcken bzw. Stecken bestanden sein mußte.

Getreide wurde in der Ortenau nach Vierteln und Sestern gemessen, im Ufgau nach Maltern und Simri; dabei hat man hier wie dort und allerorten nach glatter (Roggen, gespelzter Dinkel) und rauher Frucht (Hafer, ungespelzter Dinkel) unterschieden. Im Ufgau gingen auf 1 Malter glatte Frucht 8 Simri bzw. 32 Vierlinge bzw. 128 Meßlein; im Amt Baden(-Baden) waren das 129,6 Liter, in Gernsbach 130,616, in Kuppenheim 132,24 und in Rastatt 145,381 Liter. Der Malter rauhe Frucht (10 Simri, 40 Vierlinge, 160 Meßlein) faßte in Baden(-Baden) 162 Liter, in Gernsbach 163,270, in Kuppenheim 165,3 und in Rastatt 181,73 Liter. In der Ortenau rechnete sich ein Viertel glatte Frucht zu 6 Sestern (rauh 7 Sester), 24 Vierlingen (rauh 28) und 96 Meßlein (rauh 112); so faßte 1 Viertel glatter Frucht in Bühl 124,182 Liter (rauh 144,879), in Lichtenau 115,698 (rauh 134,981) und in Ottersweier 130,41 Liter (rauh 152,145).

Für Flüssiges, namentlich für Wein, galt das Fudermaß. In der Ortenau faßte das Fuder 24 Ohm bzw. 96 Viertel, 576 Maß oder 2304 Schoppen; konkret waren das in Ottersweier 1169,568 Liter, in Bühl 1172,966 und in Lichtenau 1093,824 Liter. Im Ufgau differierte das Fuder nicht allein nach seinem Gehalt, sondern auch nach seiner Einteilung; in Baden(-Baden) und Rastatt faßte es 1109,952 Liter (24 Ohm, 96 Viertel, 384 Maß, 1536 Schoppen), in Kuppenheim 1130,4 Liter und in Gernsbach 1143,696 Liter (jeweils zu 10 Ohm, 120 Vierteln, 480 Maß, 1920 Schoppen).

Am einheitlichsten waren von alters her sowohl nach ihren Klassen wie nach ihren Größenordnungen die Gewichte; so gingen im ganzen Kreisgebiet auf einen Zentner 104 Pfund bzw. 416 Vierling oder 3328 Lot. Im einzelnen lagen die Werte pro Zentner zwischen 48,553 kg (Bühl) und 50,336 kg (Schwarzach); der (Baden-)Badner Zentner wog 48,586 kg, der Rastatter 48,648, der Gernsbacher 48,823, der Lichtenauer 49,071 und der Acherner (Ottersweier) 49,282 kg. Kuppenheim hatte Rastatter, Schwarzach samt den zugehörigen Orten Straßburger Gewicht.

Während des ganzen Mittelalters wurde beim Geld allgemein nach Pfund (*librum*, lb) und Pfennig (*denarius*, d) gerechnet; im hohen Mittelalter trat die Rechnung nach Mark (Silber) hinzu. Ausgemünzt wurden zunächst allein die Pfennige, wohingegen es sich bei den Gewichtseinheiten Pfund und Mark ebenso wie beim Schilling (*solidus*, ß) um bloße Rechnungswährungen handelte. Gemeinhin galt für die Umrechnung: 1 Pfund = 20 Schillinge = 240 Pfennige. Das im späten Mittelalter und der frühen Neuzeit im Kreisgebiet, einer Übergangszone zwischen den Währungen von Straßburg und (Schwäbisch) Hall (Heller), umlaufende Geld ist vornehmlich aus den größeren und kleineren Münzstätten der Nachbarschaft, aber auch aus weiterer Ferne gekommen, so etwa aus Lothringen, vom Niederrhein oder aus Westfalen. Den bedeutenderen Münzschatzfunden der Region (Oos, Illingen, Rotenfels, Durmersheim, Wintersdorf, Iffezheim, Gernsbach etc.) zufolge überwogen um die Mitte des 13. Jh. die Straßburger Pfennige (auch aus Weißenburg, Selz und Hagenau), hernach dominierten vorübergehend die Heller, jedoch gaben die Markgrafen seit dem Ende des 14. Jh. mit den von ihnen geschlagenen Münzen wieder der Straßburger Währung den Vorzug. Spätestens seit dem frühen 15. Jh. bestand eine markgräfliche Münzstätte in Pforzheim, deren Gepräge wegen großer Ähnlichkeit der Wappen oft nur schwer von Straßburger Münzen zu unterscheiden ist; eine Münzstätte in Baden(-Baden) läßt sich erst seit 1501 nachweisen. Seit 1409 hat Baden mit Kurpfalz und dem Hochstift Speyer gemeinsame Silberpfennige mit je eigenem Wappen geprägt, jedoch endete diese Zusammenarbeit nach der Schlacht bei Seckenheim (1462); danach gab Markgraf Karl entsprechend dem österreichischen Vorbild Kreuzer heraus (1475: 1 badischer Kreuzer = 3 1/2 Pfennige). Neben den Markgrafen hatte aufgrund kaiserlicher Privilegierung aus dem Jahr 994 auch der Abt von Schwarzach ein Münzrecht. Es war auf Vallator (Feldern) bezogen, wurde aber später offenbar mit dem klösterlichen Freihof in Stollhofen verbunden, wo jährlich vierzehn Tage lang Straßburger Pfennige geprägt worden sein sollen, allerdings sind von dort stammende Münzen nicht zuverlässig bezeugt.

Der rheinische Goldgulden (fl rh) begegnet in der schriftlichen Überlieferung dieses Raumes seit der Mitte des 15. Jh.; der älteste einschlägige Münzfund stammt aus dem oberen Bühlertal und datiert aus den 1420er Jahren. Ungeachtet seiner tatsächlichen Ausprägung diente der Gulden aber häufig nur als Rechenwährung, was in Urkunden und sonstigem Geschäftsschriftgut aus dem verbreiteten Rekurs auf die jeweils gebräuchliche Landeswährung deutlich wird. In mehreren Verträgen zwischen Baden und Württemberg (1475, 1478, 1509) wurden Feingehalt und Wert dieser Leitwährung interterritorial festgelegt. Seit 1503 ließen die Markgrafen eigene Goldmünzen schlagen, die in ihrem Feingehalt den Vorschriften des Reiches entsprachen und vollwertig waren; 1537 und noch 1592 galt ein Goldgulden 168 badische Silberpfennige. Daneben wurden im 16. Jh. verschiedene Sorten von Großsilbermünzen, Dickpfennige bzw. Drittels- oder Viertelstaler, jedoch keine

Taler geprägt. Die Pfennigzeit ist in Baden erst spät zu Ende gegangen, im Laufe des 17. Jh. hat sich aber auch hierzulande die mit der Reichsmünzordnung von 1559 eingeführte Rechnung nach Gulden, Batzen und Kreuzern (xr) durchgesetzt (1 Gulden = 15 Batzen = 60 Kreuzer). Gleichwohl blieb die Vielfalt der im Lande kursierenden Währungen mit schwankenden Umrechnungssätzen und vielerlei Turbulenzen (Kipper- und Wipperzeit) bis ans Ende des Alten Reiches groß und erforderte immer wieder regulierende Eingriffe von seiten der Obrigkeit.

Badischer Achtelgüldner von 1501

Badischer Dritteltaler von 1519 mit dem Porträt des Markgrafen Christoph

Badischer Viertelgüldner von 1513

8. Verkehr

Verkehrslage. – Der Verkehr von überregionaler Bedeutung ist im Kreisgebiet wie fast im ganzen Oberrheingraben zu allen Zeiten in nord-südlicher oder umgekehrter Richtung verlaufen. Die quer dazu liegenden Straßen spielten wegen des Gebirges, aber auch wegen des bis weit in die Neuzeit schwer zugänglichen Murgtals immer nur eine untergeordnete Rolle, und nach der anderen Seite des Rheins bestanden zwar mehrere Fährverbindungen, jedoch diente keine von ihnen dem Fernverkehr.

Wichtig waren zum einen die Rheinstraße entlang der Hochuferkante, deren Trassenführung im wesentlichen jener der heutigen B 36 entspricht, zum anderen und vor allem die entlang dem Gebirgsrand, die alte Bergstraße (B 3); beide sind schon für die römische Zeit nachgewiesen oder erschlossen, dürften aber in Wirklichkeit noch sehr viel älter sein. Sie kamen aus Heidelberg bzw. Frankfurt und führten nach Straßburg respektive über Offenburg und Freiburg nach Basel. Allerdings ist die Bergstraße, wie man sich leicht vorstellen kann, ursprünglich über Kuppenheim verlaufen und erst im frühen 18. Jh. im Zuge von Rastatts Ausbau zur Residenz von Ettlingen und Oos dorthin umgeleitet worden. Den dritten und für den überregionalen Handel besonders wichtigen Verkehrsweg stellt von alters her der Rhein dar. Freilich spielte auf ihm der Verkehr von Süden nach Norden eine größere Rolle als der in umgekehrter Richtung, denn die Schiffahrt stromauf war in älterer Zeit ein höchst beschwerliches und langsames Unterfangen.

Auf allen diesen Routen zogen während vieler Jahrhunderte Könige und Kaiser durchs Land, Handelsherren und Kaufleute, aber immer wieder auch Kriegsherren mit ihren Heeren. Insofern hat im Laufe der Geschichte der verkehrsoffene Charakter dieser Landschaft sich nicht nur als segensreich, sondern vielfach als belastend erwiesen.

Geleitstraßen. – Unsere Kenntnis vom Verlauf der römerzeitlichen Straßen beruht auf spärlichen archäologischen Funden, auf Meilensteinen wie dem Immenstein zwischen Bühl und Steinbach oder auf Leugensteinen, wie sie bei Sinzheim und Illingen gefunden wurden, dazu gelegentlich auf Beobachtungen im Gelände. Das Wissen um die

Alte Weinstraße am Hartberg oberhalb Lautenbach von Westen.

8. Verkehr

bedeutenderen Verkehrswege des späten Mittelalters und der frühen Neuzeit verdanken wir dagegen zumeist dem Geleit, dessen Beanspruchung und Ausübung in Verwaltungsschriftgut und Karten seinen Niederschlag gefunden hat. Geleit war der Schutz, der in den friedlosen Zeiten des ausgehenden Mittelalters sowohl Kaufleuten wie Einzelreisenden gegen Bezahlung geboten wurde, um sie wohlbehalten an ihr Ziel zu bringen. Da aber die Berechtigung auf dieser oder jener Straße zu geleiten und die Reichweite des jeweils beanspruchten Geleits zwischen konkurrierenden Herrschaftsträgern nicht selten umstritten waren, wurden die Rechtsverhältnisse oft in allen Details festgelegt. Dabei entschied sich die Frage der geleitsrechtlichen Zuständigkeit mitunter nicht allein nach dem Territorium, in dem man sich befand, oder nach der Straße, auf der man reiste, sondern auch nach der Richtung, nach der die Reise jeweils ging.

Das Geleit auf den beiden großen Fernstraßen im Kreisgebiet hat ganz überwiegend dem Markgrafen von Baden(-Baden) zugestanden. Einem Vertrag von 1472 zufolge hatte er auf der Bergstraße von Ettlingen her bis auf die Brücke in Önsbach südlich von Achern zu geleiten, in der Gegenrichtung aber erst nördlich des Immensteins zwischen Bühl und Steinbach, denn südlich dieser Grenze war der jeweilige Inhaber der Landvogtei in der Ortenau zuständig. Auf der von Mühlburg kommenden Rheinstraße begann das baden-badische Geleit in Mörsch und reichte bis nach Feldern (Vallator) bzw. an den Felderbach, womit vermutlich der heutige Schwarzbach gemeint ist, d.h. bis ins Schwarzacher Klosterterritorium. Weil aber der Markgraf seit der ersten Hälfte des 15. Jh. Kastenvogt dieser Abtei war, geleitete er faktisch noch weiter bis zum Acher- respektive Feldbach zwischen Ulm und Lichtenau (*biß gein Liechtenaw in den Bach oder biß an die Porten*), nämlich bis an die Grenze des (hanau-)lichtenbergischen Gebiets. Südlich von Lichtenau, bis nach Kehl, war das Straßengeleit zwischen (Hanau-)Lichtenberg und der Reichsstadt Straßburg strittig.

Auf dem Rhein sollte einem königlichen Privileg von 1379 zufolge das Geleitsrecht von Lichtenau bis nach Selz den Herren von Lichtenberg zustehen, jedoch haben zwischen Greffern und Selz spätestens seit dem 15. Jh. die Markgrafen geleitet. Oberhalb von Gravelsbaum bzw. Lichtenau dürfte die Herrschaft zu Wasser entsprechend jener zu Land von der Stadt Straßburg beansprucht worden sein; unterhalb von Selz hat der Kurfürst von der Pfalz sie ausgeübt.

Grenzstein zwischen hanau-lichtenbergischem und badischem Geleit, um 1750.

Ins Murgtal geleitete von der Rheinebene und vom Beurer Tal her der Markgraf von Baden, im Tal selbst, so weit die gemeinschaftliche Grafschaft Eberstein reichte, der Graf und der Markgraf zu gleichen Teilen, ebenso auf der alten Weinstraße, die von Gernsbach über die Höhe des Schrambergs in den Raum Besenfeld bzw. Dornstetten führte und dort auf die von Straßburg kommende Kniebisstraße traf. Von Gernsbach über Loffenau, Herrenalb und Schwann nach Neuenbürg übte der Markgraf von Baden das Geleitsrecht, in der Gegenrichtung der Graf bzw. Herzog von Württemberg.

Nachdem im 17. und 18. Jh. die Territorien konsolidiert und der Landfriede im Reich durchgesetzt waren, nicht zuletzt auch die Landesherrschaft als Landeshoheit eine neue Qualität gewonnen hatte, verlor das Geleit nach und nach seine vormalige Bedeutung. Allerdings beeinträchtigten auch und gerade in der frühen Neuzeit noch zahlreiche Räuberbanden und lichtscheues Gesindel die Sicherheit der Straßen; zur Abwehr dieser Gefahren sah der Markgraf von Baden-Baden sich in den 1760er Jahren veranlaßt, eigens eine Husarenkompanie aufzustellen.

Örtliche Verbindungen und Flußübergänge. – Außer den Straßen, die durch Bereitstellung von Geleit als Routen des überregionalen Verkehrs kenntlich sind, hat es im Kreisgebiet wie anderwärts eine Vielzahl von Straßen und Wegen für den täglichen Bedarf gegeben, sowohl Verbindungen der Dörfer und Weiler untereinander wie Verknüpfungen zwischen den regionalen Herrschafts- und Wirtschaftsplätzen. Hie und da sind solche alten Wege noch in Flurnamen zu fassen, und nicht selten, man denke an den einstigen Kirchweg von Moosbronn nach Michelbach (halbwegs FN Taufstein), hat es sich dabei ganz einfach um Trampelpfade gehandelt. Allerdings existierte vom unteren Murgtal ins Albtal schon in alter Zeit auch ein für Fuhrwerke geeigneter Weg über die Michelbacher Steige in Richtung Freiolsheim (L 613), durch den nicht zuletzt plausibel wird, weshalb in dem sonst so abgelegenen Tal von Michelbach bereits im 11. Jh. eine Burg entstehen konnte. Desgleichen hat es eine alte Verbindung aus dem Bühlertal über Herrenwies und Raumünzach nach Forbach und Klosterreichenbach gegeben; sie vermag die Gründung der längst abgegangenen Burg Bärenstein zu erklären und ließe darüber hinaus eine Befestigung auf den Schloßfelsen über Raumünzach plausibel erscheinen.

Die alte Straße von Kuppenheim nach Gernsbach führte rechts der Murg über Bischweier, Rotenfels, Gaggenau und Ottenau, wiewohl dort der erst 1786 mittels Sprengung beseitigte Hördelstein zwischen Ottenau und Hörden von alters her ein gefährliches Hindernis dargestellt hat. Das mittlere Murgtal, der Raum um Forbach, Gausbach und Langenbrand wurde überhaupt erst seit 1769 durch eine Talstraße erschlossen; davor waren die hier gelegenen Orte nur über Bermersbach, d.h. über den Berg zu erreichen. 1790/93 folgte schließlich mit dem Wegstück bis Schönmünzach noch der Anschluß ins Württembergische. Der Bau der Straße von Gernsbach nach Forbach und weiter das Tal hinauf war, indem er verschiedentlich die Beseitigung von Felsen erforderte, mit einem außergewöhnlich großen Aufwand verbunden; wichtig war dabei aber auch die Erneuerung der Forbacher Brücke in den Jahren 1776 bis 1778.

Aber auch in der Rheinebene ist in der Neuzeit noch manche Straße ganz neu gebaut worden; so wurde im späteren 18. Jh. entlang dem Murgkanal eine neue Straße von Rastatt nach Steinmauern geschaffen. Sowohl der Bau wie die Unterhaltung der Straßen oblagen den einzelnen Gemeinden, die dafür frondienstpflichtig waren, mitunter aber auch zweckgebundene Wegegelder erheben durften; die Aufsicht lag bei den Amtsverwaltungen und bei eigens bestellten Straßenrechnern (1788). Zwar hat es in der Markgrafschaft Baden-Baden seit Mitte der 1760er Jahre einen für das ganze Land zuständigen Straßenbauinspektor gegeben, aber hernach ist es nicht einmal dem physiokratisch orientierten Markgrafen Karl Friedrich gelungen, eine landeseinheitliche Organisation des Straßenwesens zu schaffen. So handelte es sich bei den Straßen hierzulande wie großenteils auch anderwärts noch am Ende des Alten Reiches um überwiegend schlecht befestigte, löchrige und holprige, allenfalls mit Kies eingeschotterte Wege, deren Benutzung sich vor allem im Winter und während längerer Regenperioden durch Morastlöcher und ausgefahrene Wagengeleise höchst beschwerlich gestaltete. Eine Pflasterung gab es allenfalls innerorts, so beispielsweise seit 1721 in der Residenz Rastatt, im letzten Drittel des 18. Jh. freilich auch in Schwarzach, Gernsbach und Hörden.

Entsprechend dem der Barockzeit eigenen Bedürfnis nach weithin sichtbaren Achsen wurden die Straßen im 18. Jh. zunehmend als Alleen angelegt. Namentlich hat das für die aus Gründen der Repräsentation geschaffene Verbindung zwischen Rastatt und Ettlingen gegolten, die beiderseits mit Pappeln bepflanzt war; als Kriege und Stürme diese Allee ruiniert hatten, erneuerte man sie um 1800 mit Apfel- und Birnbäumen. Aber auch an anderen Straßen rund um Rastatt und sonst im Land, dazu entlang den Ufern der Murg, wurden seit den 1760er Jahren auf Geheiß des Markgrafen Bäume gepflanzt. Neben ihrem die Landschaft gestaltenden und ordnenden Effekt sollten die Alleen Wanderern und Reisenden Schatten spenden. Zu dicht angelegt, hatten sie aber auch den Nachteil, daß sie das rasche Abtrocknen der Straßen behinderten, und nicht zuletzt konnten sie, zumal in der Verbindung mit Gebüsch, Wegelagerern als Hinterhalt dienen und so das allgemeine Sicherheitsrisiko verstärken.

Was die Flußübergänge betrifft, ist zu berücksichtigen, daß der Rhein bis ins 17. Jh. keine »Staatsgrenze« dargestellt hat. Die Territorien der Herren von Lichtenberg und der Markgrafen von Baden lagen zu beiden Seiten des Stroms, desgleichen gab es kirchliche und wirtschaftliche Bezüge hinüber und herüber in großer Zahl, und entsprechend zahlreich waren die Fährverbindungen für den täglichen Bedarf. Für die römische Zeit wird ein Flußübergang bei Au am Rhein vermutet und ein weiterer zwischen Aquae (Baden-Baden) und Saletio (Selz), d.h. nicht weit von der heutigen Stadt Rastatt (vermutlich bei +Dunhausen). In Mittelalter und Neuzeit bestanden Fähren für den

Alte Murgbrücke in Forbach.

allgemeinen Verkehr von Grauelsbaum – das überhaupt erst als Fährleutesiedlung entstanden ist – nach Offendorf, von Hügelsheim bzw. Iffezheim nach Beinheim und von Steinmauern nach Münchhausen. Spätestens seit dem frühen 15. Jh. unterhielt das Kloster Schwarzach darüber hinaus eine Überfahrt von Greffern nach Drusenheim, die aber lichtenbergischerseits als Konkurrenz für die Grauelsbaumer Fergen empfunden wurde und deshalb aufgrund eines Vertrags von 1422 nur den internen Bedürfnissen der klösterlichen Grundherrschaft dienen sollte. Und schließlich bestand im 18. Jh. eine kommunal betriebene Fährverbindung zwischen Söllingen und Fort Louis, für die 1785/86 der Ausbau zur fliegenden Brücke geplant war, jedoch scheint aus diesem Projekt nichts geworden zu sein.

Abgesehen von den Verbindungen nach der anderen Rheinseite waren im Gebiet des Landkreises Rastatt vor allem die Übergänge über die Murg von Bedeutung. In älterer Zeit dürfte es sich dabei zumeist um Furten gehandelt haben. Brücken gab es seit dem späten Mittelalter zumindest in Gernsbach, Kuppenheim und Rastatt; im 16. Jh. finden darüber hinaus die Brücke in Forbach und eine unterhalb von Rheinau Erwähnung, im ausgehenden 17. Jh. eine weitere in Hilpertsau, desgleichen im späten 18. Jh. in Weisenbach. Wie die Flußübergänge von Kuppenheim und Rastatt für den Fernverkehr von großer Wichtigkeit waren – letzteres führt seinen Namen und seine relative Bedeutung als Wirtschaftsplatz darauf zurück –, bildete die Gernsbacher Brücke spätestens seit dem 13. Jh. ein unentbehrliches Element in der Straßenverbindung nach Osten.

Post und Chausseen. – Nachdem man sich während des Mittelalters noch mit einer individuellen bzw. gelegentlichen Organisation der Nachrichtenübermittlung und des Botenwesens beholfen hatte, ist unter dem Einfluß der Habsburger seit dem Ende des 15. Jh. ein geregeltes Postwesen mit festgelegten Kursen und Relaisstationen für den Wechsel von Boten und Pferden entstanden. Entwickelt und betrieben wurde dieses neue System durch die Familie von (Thurn und) Taxis aufgrund eines ihr durch den Kaiser erteilten Monopols. Die daneben im 17. und 18. Jh. betriebenen Landkutschenkurse entbehrten jeglichen Komforts (offene Leiterwagen) und waren vergleichsweise langsam, wurden aber ebenso wie die Reichsposten nach einem festen Fahrplan bedient.

Das Gebiet des Kreises Rastatt profitierte von all den neuen Errungenschaften erst seit dem Jahr 1601, als ein vorderösterreichischer Postkurs von Cannstatt über Pforzheim, Ettlingen, Rastatt und Lichtenau nach Straßburg (Rheinstraße) eingerichtet wurde; auf der gleichen Route verkehrten im folgenden (1616ff.) auch ein Reichspostkurs und seit 1684 ein Landkutschenkurs. Sowohl bei dem vorderösterreichischen wie bei dem Reichspostkurs handelte es sich zunächst nur um reitende Boten; die Ergänzung durch eine fahrende Post erfolgte auf dieser Strecke erst

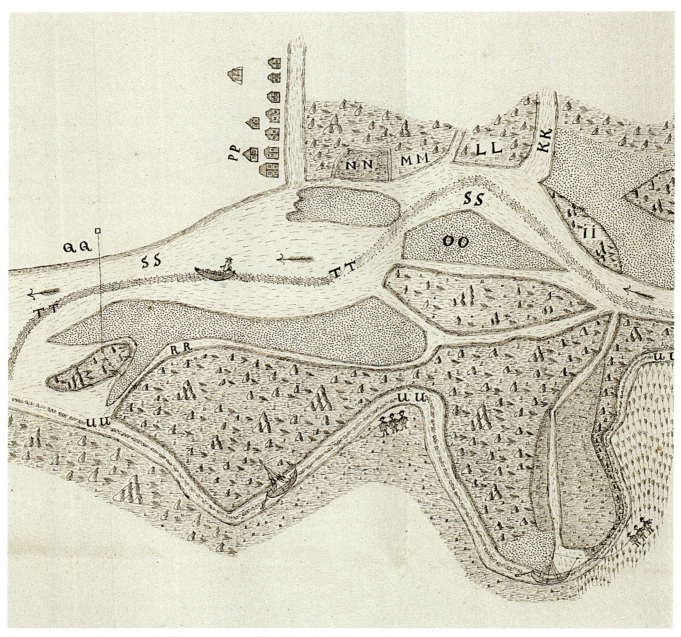

Rhein bei Grauelsbaum mit Schiffen in Berg- und Talfahrt, 2. Hälfte 18. Jh.

1754. Auf der Bergstraße (Ettlingen – Rastatt – Bühl – Offenburg) verkehrten dagegen schon zwölf Jahre davor reitende und fahrende Posten zwischen Frankfurt und Basel. Posthaltereien bestanden seit dem 17. Jh. in Rastatt, Stollhofen und Lichtenau, ein Postlager in Bühl. In Gernsbach gab es zwar in der zweiten Hälfte des 18. Jh. eine Posthalterei, jedoch ist die Stadt nie von einem regulären Postkurs tangiert worden.

Indes ist der Postverkehr durch den allgemein schlechten Zustand der Straßen allenthalben stark behindert worden. Eine gewisse Besserung war erst zu verzeichnen, als man um die Mitte des 18. Jh. unter französischem Einfluß zumindest die bedeutenderen Verkehrswege nach der neu entwickelten Chausseebauweise anlegte. Dabei wurde der Straßenkörper erhöht und erhielt eine Wölbung, um den Ablauf des Regenwassers zu begünstigen, Gräben zu beiden Seiten des Fahrwegs dienten als Abzugsrinnen. Durch Einstampfen des Kieses bezweckte man eine gewisse Festigkeit der Straße, erreichte im ganzen aber doch nur eine relative Verbesserung gegenüber den schlimmen Verhältnissen davor.

Badisches Jachtschiff, 18. Jh.

Flößerei und Schiffahrt. – Nicht allein der schlechten Landstraßen wegen ist von alters her dem Verkehr auf dem Rhein eine große Bedeutung zugekommen; über weite Entfernungen haben größere Frachten sich praktisch allein auf dem Wasser transportieren lassen, sei es per Schiff, sei es im Verband von Flößen. So ist Schiffsverkehr auf dem Rhein schon in römischer Zeit nachzuweisen. Für die Talfahrt nutzte man den jeweiligen Hauptstrom des damals noch ganz irregulären Flusses, für die Bergfahrt, bei der die Schiffe von Menschen oder Pferden getreidelt werden mußten, die Altwässer bzw. Seitenarme, wo die Strömung geringer war.

Der Fernverkehr unterhalb von Straßburg wurde im späten Mittelalter und darüber hinaus von der dortigen Anker- bzw. Schifferzunft dominiert, freilich hatten auch die kleineren Gemeinden entlang des Stroms Anteil am Schiffsverkehr; großenteils gehörten die dort ansässigen Schiffer der Straßburger Zunft an. Um der Konkurrenz der zahlreichen Schiffsleute und Fergen untereinander in seinem Gebiet Herr zu werden, mußte der Abt von Schwarzach 1640 eine eigene Ordnung erlassen. Eine Zunftordnung für die Schiffer in der Markgrafschaft wurde in den 1760er Jahren konzipiert. In Hügelsheim, dessen Bürger als einzige im ganzen Kreisgebiet befugt waren, den ganzen Rhein mit großen Schiffen zu befahren, gab es seit dem späten Mittelalter eine privilegierte Ladstatt, an der Güter ein- und ausgeladen wurden. Von Hügelsheim nach Straßburg und zurück verkehrte wöchentlich ein Marktschiff. Ein seitens des Klosters Schwarzach im frühen 18. Jh. unternommener Versuch, auch in Greffern eine Ladstatt einzurichten und von dort ein Marktschiff nach Straßburg fahren zu lassen, ist an dem markgräflicherseits unterstützten Widerstand der Hügelsheimer gescheitert.

Die Holzflößerei die Murg und weiter den Rhein hinunter hat bereits im späten Mittelalter begonnen und in der frühen Neuzeit, namentlich im 18. und bis ins 19. Jh. mit dem Holländerholzhandel ihre Blüte erlebt. Transportiert wurde dabei sowohl Lang- bzw. Bauholz (Bortwaren) wie Brennholz. Auf den weniger Wasser führenden Seitenbächen der Murg behalf man sich mit Schwallungen; überhaupt konnte durch die felsige Murgschlucht bis 1758 nur Scheitholz getriftet werden. Im Holzfang bei Hörden wurden die Stämme von den sog. Waldschiffern an die Murgschiffer übergeben und für den Weitertransport zu Flößen zusammengebunden. In Rastatt, nördlich der Ludwigsvorstadt bestand seit den 1740er Jahren ein aus mehreren, miteinander verbundenen Kanälen bestehender Holzhof (*Holzgarten*), wo einerseits Holzverkauf stattfand (u.a. Brennholz für Stadt und Residenz) und andererseits erneut größere Einheiten gebildet wurden.

Schließlich erfolgte auf dem großen Einbindeplatz bei Steinmauern die Zurüstung der Flöße für die weitere Reise den Rhein hinab.

Straßen- und Flußzölle. – Die Erhebung von Zöllen an den Verkehrswegen zu Lande wie auf dem Wasser war von alters her ein königliches Vorrecht (Regal) und ist von Königen und Kaisern vielfach an nachgeordnete Herrschaftsträger verliehen worden. Daneben hat es im hohen und späten Mittelalter zunehmend Zölle gegeben, die von Angehörigen des hohen und niederen Adels eigenmächtig erhoben wurden und mithin in einer rechtlichen Grauzone angesiedelt sind, respektive gleich als Wegelagerei angesprochen werden müssen. Indes wurden alle diese Zölle gewöhnlich nicht an den Territorial- oder Landesgrenzen erhoben, sondern im Landesinneren, sowohl an Haupt- wie an Nebenstraßen und vorzugsweise an Brücken, gewissermaßen als Steuer. Die Grenzen zum Wegegeld verschwimmen dabei nicht selten. Ein dichtes Netz von sogenannten Wehrzollstätten hatte die Funktion zu verhindern, daß Fuhrwerke die Hauptzollstätten umgingen, indem sie auf Nebenstraßen auswichen.

Derartige Landzollstätten gab es markgräflicherseits am Ende des Alten Reiches in Ulm und Greffern, in sämtlichen Orten des Amtes Stollhofen (großenteils Wehrzölle) sowie in Rastatt, Steinmauern, Elchesheim, Au am Rhein, Kuppenheim und Gaggenau. Zumeist reichen diese Zölle ins späte Mittelalter zurück; ihre Höhe und allfällige Befreiungen waren von Fall zu Fall im Detail festgelegt. Im Amt Bühl wurde während des 18. Jh. kein Landzoll mehr erhoben, jedoch hat es spätestens vom 15. Jh. bis in die Zeit des Dreißigjährigen Krieges auch dort eine Zollstatt gegeben. Die Herrschaft Lichtenberg hat im 14. und 15. Jh. einen Zoll und Wegegeld in Grauelsbaum eingezogen.

Wasserzölle wurden seit dem frühen 15. Jh. von der Herrschaft (Hanau-)Lichtenberg auf dem Rhein bei Grauelsbaum (um 1740 verlegt nach Freistett) und von den Markgrafen von Baden bei Greffern bzw. Hügelsheim erhoben. Auf der Murg verlangten die Markgrafen in Steinmauern einen Zoll auf Bortwaren (1414). Einen entsprechenden Zoll haben die Wolkensteiner seit 1625 aufgrund kaiserlicher Privilegierung bei Ottenau eingenommen; 1766 ist dieses Recht durch Kauf an den Markgrafen von Baden-Baden übergegangen.

9. Gliederung von Verwaltung und Justiz im 19. und 20. Jahrhundert

Verwaltung. – Das Kreisgebiet liegt zum größten Teil im badischen Kernland. Ehemals württembergisch waren die Gemeinde Loffenau, die durch die Kreisreform 1973 vom Landkreis Calw zum Landkreis Rastatt kam, und ein Teil von Moosbronn. Der badische Teil des Wallfahrtsorts gehörte zur Gemeinde Freiolsheim, bis er mit ihr 1971 nach Gaggenau eingemeindet wurde; der württembergische Teil folgte zum 1. April 1972. Bis zur Kreisreform wird unter »Kreisgebiet« im folgenden das badische Gebiet, d.h. der heutige Landkreis ohne Loffenau und ohne den württembergischen Teil von Moosbronn, verstanden.

Von der Bevölkerung im Gebiet des heutigen Landkreises Rastatt dürften die territorialen Umwälzungen der napoleonischen Zeit weniger dramatisch empfunden worden sein als rund dreißig Jahre davor die Eingliederung des baden-badischen Landesteils in die baden-durlachische Markgrafschaft nach dem Aussterben der markgräflichen Linie von Baden-Baden (1771), zumal damals Rastatt seine Bedeutung als Residenz verloren hatte. Der ungeheure Landgewinn, der in wenigen Jahren die Einwohnerzahl des neuen Großherzogtums auf das Fünffache der Einwohnerzahl der vereinigten Markgrafschaft ansteigen ließ, berührte das Kreisgebiet nur am Rande. Als Neuerwerbungen durch den Reichsdeputationshauptschluß von 1803 aus säkularisiertem geistlichem Gebiet kamen hier lediglich vom Hochstift Speyer das Dorf Illingen und die speyrische Hälfte von Gernsbach, Scheuern und Staufenberg an Baden. Gleichfalls 1803 fielen mit der Herrschaft Hanau-Lichtenberg aus hessen-darmstädtischem Besitz die Stadt Lichtenau und die Dörfer Grauelsbaum, Muckenschopf und Scherzheim an das neue Kurfürstentum. Von der einstigen Landvogtei Ortenau, die nach dem Preßburger Frieden von 1806 aus vorderösterreichischem Besitz dem nunmehrigen Großherzogtum zugeschlagen wurde, liegen Ottersweier und Oberhatzenweier – der südliche Teil des altbadischen Hatzenweier, das 1936 zu Ottersweier eingemeindet wurde – im heutigen Kreisgebiet.

Den geringen territorialen Veränderungen entsprechend waren hier auch keine einschneidenden Änderungen in der Ämtereinteilung erforderlich, so daß das Kreisgebiet weder von der 1803 beginnenden Neuorganisation des neuen badischen Kurstaates durch den Geheimen Rat Johann Nikolaus Friedrich Brauer noch von den stärker durchgreifenden Maßnahmen, die 1809 der Minister Sigismund von Reitzenstein zur Neueinteilung des Großherzogtums ergriffen hat, besonders betroffen war. Auch später blieb das Kreisgebiet von der ausgesprochen unruhigen Verwaltungsgeschichte Badens verhältnismäßig wenig berührt.

Das erklärte Ziel Brauers war es, durch seine dreizehn Organisationsedikte von 1803 eine möglichst schonende und die überkommenen Strukturen mit einbeziehende Verschmelzung der alten und neuen Landesteile herbeizuführen. Sein erstes Edikt teilte das Kurfürstentum nach historischen Gesichtspunkten in die drei Provinzen der Badischen Markgrafschaft, der Badischen Pfalzgrafschaft und des Oberen Fürstentums (das 1807 in der Badischen Landgrafschaft aufging). Die Badische Markgrafschaft umfaßte das altbadische Gebiet, zu dem auch der weitaus größte Teil unseres Kreisgebiets gehörte. Hier blieben die Ämter im wesentlichen erhalten, zumal schon Ende des 18. Jh. das Amt Bühl, das Amt Großweier zu Bühl, das Amt des Klosters Schwarzach und der Stab Steinbach des ehemaligen Amts Steinbach im Oberamt Yburg zusammengefaßt worden waren. Das Amt Steinbach wurde dann im sechsten Organisationsedikt dem Oberamt Baden(-Baden) eingegliedert. Zu ihm gehörten Stadt und Stab Steinbach mit Steinbach, Neuweier, Varnhalt, Weitenung und Eisental sowie Dorf und Stab Sinzheim, jeweils mit den zugehörigen Orten und Zinken. Brauer ging von einer Ämtergröße von 6000 bis 8000 Einwohnern aus. An der Spitze des Amtes sollte weiterhin der für Verwaltung und Justiz zuständige Amtmann stehen, unterstützt vom Rentamtmann, dessen Aufgaben die Staatswirtschaft und die Überwachung der Einnahmen umfaßten.

Im Jahr 1805 hatten folgende Oberämter und Ämter Anteil am heutigen Kreisgebiet: Im Norden gehörten dazu das ganze Oberamt Rastatt sowie das gesamte Oberamt Eberstein mit den Ämtern Eberstein und Gernsbach, außerdem vom Oberamt Baden der Stab Sinzheim und ein Teil des Stabes Steinbach (der größere Teil des Stabes Steinbach gehört heute zum Stadtkreis Baden-Baden). Den südlichen

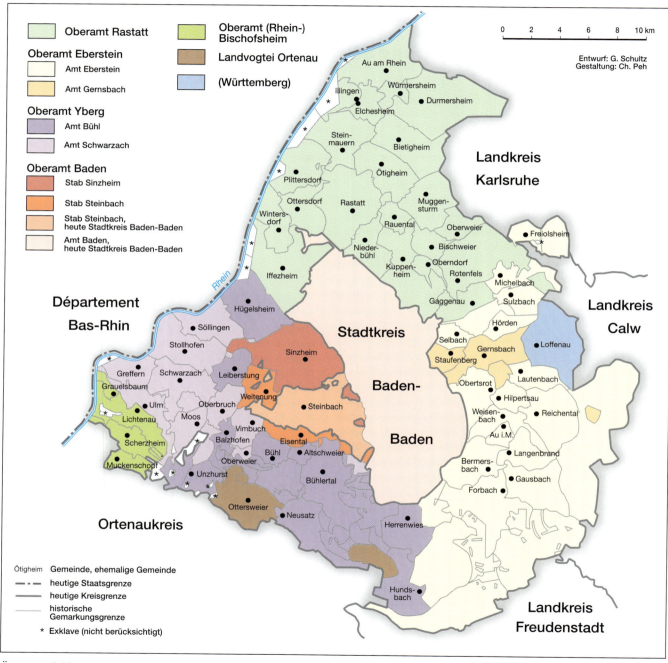

Ämter und Oberämter 1805.

9. Gliederung von Verwaltung und Justiz im 19. und 20. Jahrhundert

Teil des Kreisgebiets umschloß das Oberamt Yburg mit den Ämtern Bühl und Schwarzach, jedoch liegen aus dem damaligen Amt Bühl das Dorf Großweier und das Gericht Sasbach (mit Sasbach, Obersasbach und Sasbachwalden) heute im Ortenaukreis. Im Südwesten gehörte das heutige Stadtgebiet von Lichtenau außer Ulm 1805 zum Amt (Rhein-)Bischofsheim. Ottersweier war als Bestandteil der Landvogtei Ortenau noch vorderösterreichisch, Loffenau war und blieb bis zur Kreisreform der 1970er Jahre württembergisch.

Neue große Gebiete wuchsen Baden in den Jahren 1805 und 1806 zu. An Weihnachten 1805 beendete der Friede von Preßburg den Dritten Koalitionskrieg, in dem Baden erstmals auf französischer Seite gekämpft hatte, und vergrößerte Baden am Bodensee, im Breisgau und in der Ortenau. Der Abschluß des Rheinbundes führte 1806 zur Auflösung des Alten Reiches und unterstellte die bisher reichsunmittelbaren Standesherrschaften und Fürstentümer den nach Napoleons Willen gebildeten Mittelstaaten. Das neue Großherzogtum Baden – der erst vor wenigen Jahren von Markgraf Karl Friedrich angenommene Titel eines Kurfürsten war mit dem Ende des Reiches inhaltslos geworden – erhielt unter anderem umfangreiche Gebiete, die bisher den Fürsten zu Leiningen und zu Fürstenberg gehört hatten. Zur Eingliederung der neuerworbenen Territorien führte Brauer im Juli 1807 eine neue Landesorganisation durch. Die drei Provinzen blieben unter den Namen Unterrheinische, Mittelrheinische und Oberrheinische Provinz bestehen; aus den Neuerwerbungen wurden entweder eigene Ämter gebildet, zunächst möglichst unter Schonung der bisherigen Einteilung, oder sie wurden bestehenden Ämtern eingegliedert. Im Kreisgebiet betraf das nur das Gericht Ottersweier und den Teilort Oberhatzenweier, die zusammen mit dem Dorf Lauf (heute Ortenaukreis) dem Oberamt Bühl zugeteilt wurden. Gleichzeitig erhielt das Oberamt Bühl die Grundherrschaft Neuweier und gab das Gericht Sasbach an das Oberamt Achern ab. Das Oberamt Yburg scheint als übergeordneter Verwaltungsbezirk verschwunden und durch die Oberämter Bühl und Schwarzach ersetzt worden zu sein.

Mit seiner großangelegten Verwaltungsreform, die der stark von der französischen Verwaltung beeindruckte Minister Reitzenstein mit dem Reskript vom 26. November 1809 in Angriff nahm und die einen einheitlich und zentral regierten Staat zum Ziel hatte, löste er sich bewußt vom Überkommenen und teilte das Großherzogtum nach französischem Muster in zehn Kreise ein, die dem Ministerium des Innern unmittelbar unterstellt waren. Der Abkehr von der Tradition entsprach auch die Namengebung für die Kreise, die nicht mehr an die alten Territorien erinnerte, sondern wiederum nach französischem Vorbild geographische Begriffe, meist Flußnamen, aufgriff. Das Kreisgebiet lag mit Ausnahme von Loffenau vollständig im Murgkreis mit Sitz in Rastatt. Von Änderungen auf der Ämterebene war das Kreisgebiet betroffen durch die Auflösung des Amts Schwarzach, die Eingliederung des Amts Steinbach in das Amt Baden, die Zweiteilung des Oberamts Rastatt in das Stadt- und erste Landamt Rastatt und das zweite Landamt Rastatt und die Vereinigung der Ämter Eberstein und Gernsbach zum Amt Gernsbach. Die bisher das Amt Schwarzach bildenden Orte kamen zum Amt Bühl bis auf Hügelsheim, Söllingen und Stollhofen, die an das Stadt- und erste Landamt Rastatt gingen. Die verfügte Umgliederung von Ottersweier zum Amt Achern wurde offenbar nicht vollzogen, da Ottersweier später immer unter dem Amt Bühl geführt wird. Bereits mit der Verordnung vom 4. Dezember 1810, die einige Korrekturen an der Verwaltungsgliederung brachte, wurde der Stab Steinbach dem Amt Bühl zugeschlagen. Zum Amt Baden gehörte aus dem Kreisgebiet nun nur noch Sinzheim.

Da die Änderungen der Verwaltungseinteilung in den folgenden Jahren die einheitliche Verwaltung der grund- und standesherrlichen Gebiete im Blick hatten, wirkten sie sich im Kreisgebiet nicht aus. Einzige Veränderung war in Verbindung mit der Aufhebung der Kriminalämter und der Zusammenlegung von einigen Land- und Stadtämtern die Vereinigung der beiden Rastatter Ämter zu einem Oberamt im Februar 1819.

Die Neueinteilung des Großherzogtums von 1832 betraf nur die Mittelinstanzen. Die bereits 1820 auf nur sechs verminderten Kreise und ihre Direktorien wurden aufgehoben, nachdem ihnen schon in der Zwischenzeit die Steuer- und Domänenverwaltung entzogen worden war. An ihre Stelle traten vier neue Kreise, der Seekreis, der Ober-, der Mittel- und der Unterrheinkreis. An der inneren Gliederung unseres Kreisgebiets änderte sich dabei nichts. Es gehörte jetzt zum Mittelrheinkreis mit Sitz in Rastatt. Der Sitz der Regierung des Mittelrheinkreises wurde – sicher im Zusammenhang mit dem Ausbau Rastatts zur Bundesfestung – mit Wirkung vom 30. Juli 1847 nach Karlsruhe verlegt.

Als 1857 die Bezirksämter die Rechtspflege in unterer Instanz an eigene Amtsgerichte abgaben, bot das den Anlaß zur Zusammenlegung einiger Amtsbezirke. Unter anderem wurden die Ämter Kork und Rheinbischofsheim vereinigt.

Lichtenau, Grauelsbaum, Muckenschopf und Scherzheim waren jetzt Bestandteile des Amts Kork. Durch Ministerialentschließung vom 30. Juni 1881 kam dieses Bezirksamt nach Kehl.

Einen Schritt hin zur Liberalisierung der Verwaltung und zur bürgerlichen Mitbestimmung machte die badische Regierung mit dem Gesetz vom 5. Oktober 1863 über die Organisation der inneren Verwaltung. Darin war die Einrichtung von Landeskommissariaten vorgesehen, die Zuständigkeiten vom Ministerium des Innern übernahmen, darunter die Dienstaufsicht über die Kreis- und Bezirksverbände und die Gemeinden. Auf der unteren und mittleren Verwaltungsebene erhielten erstmals gewählte Gremien Aufgaben und Kompetenzen zugewiesen. Dem Bezirksamt wurde der Bezirksrat *zur Mitwirkung bei der Entscheidung öffentlich-rechtlicher Streitigkeiten und zur Unterstützung bei der sonstigen staatlichen Verwaltung* zur Seite gestellt. Seine Mitglieder wurden aus einer in freier Wahl erstellten Liste vom Ministerium berufen. Außerdem sollten sich jeweils mehrere Amtsbezirke zu Kreisverbänden zusammenschließen, die als Selbstverwaltungskörperschaften, wenn auch unter Staatsaufsicht, alle Angelegenheiten zu besorgen hatten, die die *Entwickelung, Pflege und Förderung der Interessen des ganzen Kreises betreffen*. Diese Kreise hatten mit den vier bisherigen Kreisen nichts zu tun. Deren Nachfolge übernahmen in räumlicher Hinsicht die Landeskommissariate. Die elf Kreisbezirke wurden mit Wirkung vom 1. Oktober 1864 übereinstimmend mit den Kreisgerichtsbezirken festgelegt. Mit den Amtsbezirken Baden, Bühl, Gernsbach und Rastatt lag das heutige Kreisgebiet fast ganz im Kreis Baden(-Baden), nur die heutige Stadt Lichtenau (ohne Ulm) gehörte als Bestandteil des Amtsbezirks Kork zum Kreis Offenburg.

Eine Änderung der Amtszugehörigkeiten innerhalb des Kreisgebiets brachte die Neuorganisation der Gerichte und Verwaltungsbehörden von 1872, die mit sechs weiteren Bezirksämtern auch das Bezirksamt Gernsbach mit Wirkung vom 1. Mai 1872 schloß und die zugehörigen Orte dem Amtsbezirk Rastatt eingliederte. Die damit festgelegte innere Gliederung blieb bis zur Kreisreform von 1972 fast unverändert. Nur die Gemeinde Stollhofen wechselte laut Verordnung vom 15. Oktober 1890 ihre Zugehörigkeit vom Amtsbezirk Rastatt zum 1. Januar 1891 in den Amtsbezirk Bühl. Selbst die große Verwaltungsreform nach dem Ersten Weltkrieg im Januar 1924, die dreizehn Bezirksämter aufhob, betraf unser Gebiet nur am Rande. Vom aufgelösten Amtsbezirk Baden wurde Sinzheim in den Amtsbezirk Bühl, die übrigen Gemeinden, heute alle zum Stadtkreis Baden-Baden gehörend, wurden in den Amtsbezirk Rastatt eingegliedert. Die Zusammenlegung der Amtsbezirke Achern und Bühl südlich unseres Kreisgebiets wurde durch die Kreisreform von 1972 revidiert. Die heutige Grenze zwischen dem Landkreis Rastatt und dem Ortenaukreis entspricht ungefähr derjenigen zwischen den alten Amtsbezirken Achern und Bühl.

Die nationalsozialistische Regierung setzte der Selbstverwaltung der Kreise 1936 ein Ende, indem sie im Sinne des Führerprinzips die Zuständigkeit der Kreisräte und der Ausschüsse auf die Kreisvorsitzenden übertrug. Die gleichzeitig durchgeführte Neueinteilung der inneren Verwaltung, in der erneut eine Reihe von Bezirksämtern aufgehoben wurde, betraf unser Kreisgebiet nicht. Erst das Gesetz über die Landkreisselbstverwaltung vom 24. Juni 1939 brachte eine Veränderung, weil mit der Wiedereinführung von Stadtkreisen die Stadt Baden-Baden aus dem Landkreis Rastatt ausgegliedert wurde. Der Landkreis war als unterer staatlicher Verwaltungsbezirk an die Stelle des Amtsbezirks getreten. Gleichzeitig war er eine Selbstverwaltungskörperschaft der angehörigen Gemeinden. Seine Verwaltung führte der von der Regierung ernannte Landrat in ausschließlicher Verantwortung. Auch die ihm beratend zur Seite gestellten Kreisräte wurden nicht gewählt, sondern vom Beauftragten der NSDAP im Einvernehmen mit der Aufsichtsbehörde berufen.

Bei der Bildung sowohl des Landes Baden (Südbaden) nach 1945 als auch des neuen Bundeslandes Baden-Württemberg 1952 blieb die innere Gliederung des Kreisgebiets erhalten. Nachdem die französische Militärregierung zunächst die Doppelfunktion des Landrats mit staatlichen und kommunalen Verwaltungsaufgaben abgeschafft hatte, lebte sie in der baden-württembergischen Landkreisordnung vom 10. Oktober 1955 mit stärkerer Betonung der kommunalen Komponente wieder auf, da der Landrat vom Kreistag unter Mitwirkung des Innenministeriums gewählt wurde.

Die baden-württembergische Gebietsreform, die 1973 in Kraft trat, gab dem Landkreis Rastatt seine heutige Gestalt. Zum bisherigen Landkreis Rastatt (ohne Waldprechtsweier, das durch die Angliederung an Malsch in den Landkreis Karlsruhe fiel) kamen der nördliche Teil des Landkreises Bühl, vom Landkreis Kehl die Stadt Lichtenau mit den angegliederten Orten Grauelsbaum, Muckenschopf und Scherzheim und vom Landkreis Calw (Regierungsbezirk Südwürttemberg-Hohenzollern) die Gemeinde Loffenau hinzu.

9. Gliederung von Verwaltung und Justiz im 19. und 20. Jahrhundert

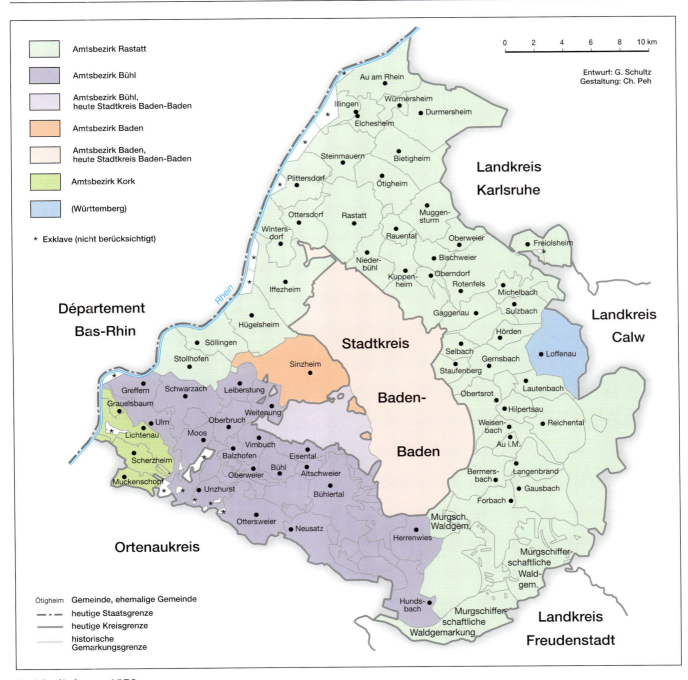

Bezirksgliederung 1875.

Justiz. – Als Oberstes Gericht im Großherzogtum wurde im ersten Organisationsedikt von 1803 das Oberhofgericht in Bruchsal eingerichtet, aber 1810 nach Mannheim verlegt. Mittelinstanzen bildeten die Hofgerichte mit Sitz in Freiburg für den See-, Donau-, Wiesen- und Dreisamkreis, in Rastatt für den Kinzig-, Murg-, Pfinz- und Enzkreis, in Mannheim für den Neckar-, Odenwälder, Main- und Tauberkreis. 1813 kam das Hofgericht in Meersburg hinzu. Bei der Reform der Kreiseinteilung von 1832 wurden die Bezirke der Hofgerichte weitgehend übernommen, so daß jeder der vier Kreise sein Hofgericht hatte. Das Hofgericht des Mittelrheinkreises wurde jedoch im Herbst 1847 von Rastatt nach Bruchsal verlegt.

Die untere Gerichtsbarkeit war bis 1857 Aufgabe der Bezirksämter. Später als in anderen deutschen Ländern, nach zahlreichen Vorstößen der liberalen Opposition und nach Verkündung eines ähnlichen Gesetzes 1845, das jedoch nie durchgeführt wurde, schuf die ›Verordnung über die Trennung der Rechtspflege von der Verwaltung in unterer Instanz‹ vom 18. Juli 1857 neben den Bezirksämtern eigene Amtsgerichte. Die Amtsgerichtsbezirke blieben weitgehend identisch mit den Amtsbezirken.

Das Gesetz über die Gerichtsverfassung vom 19. Mai 1864 und die Vollzugsverordnung dazu behielten die dreistufige Gerichtsorganisation mit Amtsgerichten, Kreis- und Hofgerichten sowie dem Oberhofgericht im Grundsatz bei, ließen aber innerhalb der Sprengel der Kreis- und Hofgerichte, die Appellationssenate besaßen, die Errichtung zusätzlicher Kreisgerichte ohne Appellationssenat zu. Im Bezirk des Kreis- und Hofgerichts Offenburg wurde so für die Amtsgerichte Achern, Baden, Bühl, Gernsbach und Rastatt das Kreisgericht Baden eingerichtet. Damit verblieben aus unserem Kreisgebiet nur das Stadtgebiet Lichtenau außer Ulm unmittelbar im Sprengel des Offenburger Kreis- und Hofgerichts. Das änderte sich bereits mit der landesherrlichen Verordnung vom 5. Januar 1872, die zusammen mit einigen Bezirksämtern auch Kreis- und Amtsgerichte aufhob, darunter das Kreisgericht Baden und das Amtsgericht Gernsbach. Der Amtsgerichtsbezirk Gernsbach wurde dem Amtsgericht Rastatt unterstellt, aus dem Kreisgerichtsbezirk Baden kamen die Bezirke Bühl und Achern zum Kreis- und Hofgericht Offenburg, die Bezirke Baden und Rastatt zum Kreis- und Hofgericht Karlsruhe.

Nach der Reichsgründung mußte sich die badische Justizverfassung an die Justizverfassung des Reiches anpassen. Das Oberhofgericht sowie die Kreis- und Hofgerichte verschwanden. Dafür setzte das Gesetz vom 3. März 1879 das Oberlandesgericht in Karlsruhe als oberstes Gericht des Großherzogtums ein, und die im Anschluß daran erlassene landesherrliche Verordnung vom 23. April 1879 schuf sieben Landgerichte als Mittelinstanzen. Für das heutige Kreisgebiet waren die Landgerichte in Karlsruhe (mit den Amtsgerichten Baden, Gernsbach und Rastatt) und in Offenburg (mit den Amtsgerichten Bühl und Kork) zuständig. Beide Landgerichte waren Schwurgerichte. Dieselbe Verordnung brachte auch Gernsbach das 1872 aufgelöste Amtsgericht in seinem früheren Umfang zurück.

Die 1879 geschaffene Organisation der Amtsgerichte blieb auch im Land Baden nach 1918 gültig. Einzige Ausnahme war die Umgliederung von Stollhofen vom Amtsgerichtsbezirk Rastatt zum Amtsgerichtsbezirk Bühl zum 1. Januar 1891. Erst als die Zonengrenze nach dem Zweiten Weltkrieg die Amtsgerichtsbezirke Rastatt, Gernsbach und Baden-Baden vom Landgericht Karlsruhe trennte, wurden in Baden-Baden 1945 zunächst zwei Kammern des Landgerichts Offenburg und eine detachierte Staatsanwaltschaft eingerichtet. Mit dem Landesgesetz vom 5. September 1950 erhielt Baden-Baden ein selbständiges Landgericht und eine Staatsanwaltschaft für die Bezirke der Amtsgerichte Baden-Baden, Rastatt, Gernsbach, Bühl und Achern. Die große Gebietsreform in Baden-Württemberg erforderte eine Angleichung der Gerichts- an die Verwaltungsgliederung. Dem trug das Gesetz zur Neuordnung der Amtsgerichtsbezirke vom 10. Januar 1974 Rechnung. Es hob in unserem Kreisgebiet keine Amtsgerichte auf, ordnete aber vom Amtsgerichtsbezirk Kehl die Gemeinden Grauelsbaum, Lichtenau und Muckenschopf (Stadt Lichtenau) und vom Amtsgericht Baden-Baden die Gemeinde Sinzheim dem Amtsgerichtsbezirk Bühl zu. Mit Verordnung des Justizministeriums vom 12. August 1974 wurde auch die neugebildete Gemeinde Rheinmünster dem Amtsgericht und dem Notariat Bühl zugewiesen. Das Gesetz vom 10. Juni 1975 sollte die Amtsgerichtsbezirke auch an die neuen Verwaltungsgemeinschaften anpassen. Im Landkreis Rastatt betraf dies nur die Gemeinde Hügelsheim, die vom Amtsgerichtsbezirk Rastatt dem Amtsgerichtsbezirk Bühl zugeordnet wurde.

Die Zuständigkeiten verteilen sich indes nicht gleichmäßig auf die Amtsgerichte. Sie wurden am 29. November 1974 in mehreren Verordnungen des Justizministeriums geregelt. Ein Schöffengericht besteht danach innerhalb des Landkreises Rastatt nur in Rastatt, zuständig für die Amtsgerichtsbezirke Rastatt und Gernsbach. Für den Amtsgerichtsbezirk Bühl ist das Schöffengericht beim Amtsgericht

9. Gliederung von Verwaltung und Justiz im 19. und 20. Jahrhundert

Baden-Baden zuständig. Die gleiche Regelung gilt auch für Haftsachen gegen Erwachsene, während bei Haftsachen gegen Jugendliche und Heranwachsende das Amtsgericht Rastatt auch für die Bezirke der Amtsgerichte Achern, Baden-Baden, Bühl und Gernsbach zuständig ist.

Ehemaliges Amtshaus in Bühl.

10. Kunstgeschichte

Das Gebiet des Kreises ist bis auf die städtischen Zentren Gaggenau, Gernsbach und Rastatt eher ländlich geprägt. In den Dörfern dominieren die wenigen alten öffentlichen Gebäude wie Rathaus, Schule und Pfarrhaus. Sie sind meist in Putzbauweise oder Haustein errichtet oder wurden durch betont nüchterne Neubauten der modernen Sachlichkeit in Stahlbeton-Skelettbauweise ersetzt. Unter den meist verputzten Dorfkirchen ist der Typus mit Eingangsturm an der Westseite des Langhauses weit verbreitet. Nur wenige der erhaltenen Fachwerkhäuser stammen aus der Zeit vor 1700; sie zeigen deutliche Merkmale des Übergangs vom fränkischen, feingliedrig verspielten Bund- und Gitterwerk mit einfachen Rahmenhölzern zur schmucklosen und kräftigen alemannischen Bauweise mit doppelten Rahmenhölzern. Generell reicht die erhaltene Bausubstanz nicht vor die erste Jahrtausendwende zurück; die frühesten (Kirchen-) Bauten, so etwa die erste Schwarzacher Klosterkirche, sind nur archäologisch nachgewiesen.

Romanik. – Die ältesten erhaltenen Bau- und Kunstdenkmäler der Region gehören der Romanik an. Herausragender Vertreter dieser sehr kleinen Gruppe ist die ehemalige Abteikirche in Schwarzach. Um die Wende vom 12. zum 13. Jh. entstanden, stellt diese große, im wesentlichen bis heute erhaltene dreischiffige Basilika eines der bedeutendsten Spätwerke der von der cluniazensischen Reform geprägten Hirsauer Bauschule dar; sie weist elsässische und oberitalienische Einflüsse auf, ihr Vierungsturm wurde in der Gotik erneuert. In der evangelischen Kirche von Bietigheim hat sich ein um 1150 entstandener Westturm mit Bauskulpturen aus rotem Sandstein erhalten; als Hochreliefs stellen sie eine Orantenfigur und einen liegenden Löwen dar, der ein Tier frißt. Die neugotische Doppelturmfassade der katholischen Pfarrkirche von Ottersweier integriert im Westen die drei unteren Geschosse eines um 1200 entstandenen (Süd-) Turms. Profanbauten der Romanik sind nur in Resten erhalten. Auf der Burgruine Altwindeck gehören die ovale Hauptburg mit zwei Türmen und zwei Palasbauten dem frühen 13. Jh. an. Bei der um die Mitte des 13. Jh. gegründeten und später vielfach veränderten Burg Neueberstein hat sich Substanz aus der Gründungszeit nur im Bergfried und in dem unmittelbar anschließenden Mauerwerk erhalten.

Gotik. – Der Chorturm der heute evangelischen Kirche in Loffenau ist noch im 13. Jh. entstanden. Im späteren 13. Jh. wurde auch in Bickesheim eine neue Kirche errichtet, von der namentlich die beiden Triumphbögen und der frühgotische Katharinenchor noch Teil der heutigen Wallfahrtskirche sind; Hochchor, Hauptschiff und Sakristei datieren aus der ersten Hälfte des 15. Jh. Der Chorturm der als Friedhofskirche dienenden Margarethen-Kapelle bei Muggensturm wurde in der zweiten Hälfte des 13. Jh. gebaut, das 1732 erneuerte Langhaus wahrt die mittelalterlichen Proportionen.

Auch bei verschiedenen anderen Kirchen wurde ein alter gotischer Turm in den Nachfolgebau integriert, so beispielsweise in Michelbach (um 1340), Ottersdorf (um 1415), Iffezheim und Lichtenau. Desgleichen ist in Rotenfels das Turmuntergeschoß von 1446 der Barockkirche von 1762 eingegliedert. Auch alte Chöre wurden beim Um- bzw. Neubau mitunter bewahrt. So stammt der sterngewölbte Chor der evangelischen bzw. unteren Pfarrkirche St. Jakob in Gernsbach von 1462; der Chor und die Kerzenkapelle der im übrigen barocken Wallfahrtskirche Maria Linden in Ottersweier wurden 1484 errichtet, das Langhaus hingegen erst 1756. Der Chor der 1494 erbauten Weisenbacher Kirche ist im 19. Jh. neugotisch erweitert worden und dient heute als Teil der Friedhofskapelle. Auch die Rastatter Kirche St. Bernhard (die alte Dorfpfarrkirche) hat einen Chor aus dem 15. Jh. Aus der Zeit um 1490 datiert das spitzbogige Osttor des einstigen Klosters Fremersberg über Sinzheim, zusammen mit einem Teil der Klostermauer die einzigen Reste einer spätgotischen Anlage. In Kappelwindeck steht eine 1503 erbaute, dem hl. Johannes Nepomuk geweihte Kapelle, und die ehemalige St. Annen-Kapelle in Bischweier (1504) repräsentiert den seltenen Typ einer kleinen Dorfkirche, deren Turm über der an einen dreiseitig geschlossenen Chor angebauten Sakristei errichtet ist.

Eine Verbindung zwischen Sakral- und Profanbau stellt der in der zweiten Hälfte des 14. Jh. entstandene Wehrturm der oberen Kirche in Gernsbach dar; zusammen mit dem

Klosterkirche Schwarzach, Mittelschiff gegen Westen.

St. Annen-Kapelle in Bischweier.

Storchenturm erinnert er an die auch sonst noch vielfach gut erkennbare mittelalterliche Befestigung der Stadt. Die alte Bühler Kirche wurde nach 1877 gänzlich profaniert und zum Rathaus umgebaut. Dabei hat man den Chor abgerissen, den 1524 durch Hans von Maulbronn errichteten Turm jedoch bewahrt.

Unter den Fenstern der Kirchen im Kreisgebiet ragt das Ostfenster des Katharinenchors in Bickesheim mit einer schönen Mariendarstellung aus dem Ende des 13. Jh. hervor. Wertvollstes Ausstattungsstück der Liebfrauenkirche in Gernsbach ist eine auf Glas gemalte Kreuzigungsgruppe aus der Zeit um 1460. Die bemalten Fenster der alten Durmersheimer Kirche (3. Viertel 15. Jh.) sind nach dem Abbruch des Gotteshauses in die Lichtenthaler Fürstenkapelle bzw. ins Badische Landesmuseum nach Karlsruhe verbracht worden.

Gotische Wandmalerei von eher »bäuerlicher« Qualität weist das Langhaus der Jakobskirche in Gernsbach auf (um 1350). Den Katharinenchor der Wallfahrtskirche in Bickesheim ziert ein bedeutender Freskenzyklus, in dem das Leben Christi und Mariens sowie Heiligenbilder dargestellt sind (14. Jh.). Als besonders sehenswert darf der aus dem späten 15. Jh. überkommene Freskenzyklus im alten Chorturm der Loffenauer Kirche gelten; er ist in seltener Vollständigkeit bewahrt und zeigt u.a. die Darstellung einer Hostienmühle. Unter den Wandmalereien im spätgotischen Chor der alten Rastatter Bernhards-Kirche (2. H. 15. und frühes 16. Jh.) ist ein Barbarazyklus hervorzuheben.

Die Reihe der wenigen im Kreisgebiet erhaltenen steinernen Bildwerke aus gotischer Zeit eröffnet der im 13. Jh. entstandene, von Sonne und Mond sowie den Allianzwappen Baden und Eberstein (der ältesten steinernen Darstellung des markgräflichen Wappens) flankierte Kruzifixus an einer Arkade in der Bickesheimer Wallfahrtskirche. Das 14. Jh. repräsentieren einzig die Masken und Fratzen an der Liebfrauenkirche in Gernsbach (um 1388). Hier – in der Vorhalle des Turmes – findet sich auch ein im frühen 15. Jh. geschaffenes, fragmentarisch erhaltenes Steinrelief eines Hl. Grabes mit zwei Stifterfiguren. Die von 1464 datierende, aus Sandstein gearbeitete Kreuzigungsgruppe im Schloßhof von Neueberstein stammt aus dem Kloster Herrenalb; ihre stilistische Verwandtschaft mit dem um 1470 entstandenen Sakramentshäuschen in der Gernsbacher Jakobskirche weist beide Werke in den Umkreis des Meisters Nikolaus Gerhaert von Leyden. Der Spätgotik sind außerdem zwei Köpfe an der Annen-Kapelle in Bischweier sowie wappengeschmückte Schlußsteine in der Pfarrkirche von Ottersweier (1517) und auch noch das Epitaph des Grafen Wilhelm von Eberstein († 1562) in der Jakobskirche in Gernsbach zuzurechnen.

Nur wenig zahlreicher als Bildwerke aus Stein haben sich hierzulande solche aus Holz erhalten. Das älteste unter ihnen ist das in der Bickesheimer Wallfahrtskirche geborgene Gnadenbild, eine thronende Muttergottes aus Lindenholz mit der Ebersteiner Rose in der Rechten; es datiert aus dem 13. Jh., hat aber eine neuere Fassung. Das Gnadenbild von Maria Linden in Ottersweier ist um 1330 entstanden. Die spätgotische Madonna in der Kapelle Maria Frieden auf der Bühlerhöhe stammt aus dem Meersburger Raum (1498)

10. Kunstgeschichte 155

Kastsches Haus in Gernsbach.

und ist als persönliches Geschenk Konrad Adenauers hierhergekommen. In der Margarethen-Kapelle bei Muggensturm hat sich ein schön geschnitzter Flügelaltar aus der Zeit um 1500 bewahrt. Etwa zeitgleich mit ihm sind die vormals zu einer Kreuzigungsgruppe gehörigen Maria- und Johannes-Figuren in Bietigheim entstanden. Von den vier spätgotischen Statuen in der St. Anna-Kapelle in Balzhofen, sehr qualitätvollen oberrheinischen Werken aus der Zeit um 1500, stammen drei wohl ursprünglich aus Vimbuch. Etwa gleichzeitig sind die Madonna von St. Anna in Sulzbach, die oberschwäbische Bezüge aufweist, sowie die Pietà in der Muttergotteskapelle von Bickesheim, bei der es sich jedoch nur um eine mittelmäßige Arbeit aus diesem Raum handelt; die Muttergottes im Strahlenkranz an der nördlichen Hauptschiffwand derselben Kirche (um 1510) ist von besserer Qualität. Die spätgotischen Figuren der Hll. Sebastian, Christophorus und Georg in der Liebfrauenkirche in Gernsbach sind hervorragende Bildwerke, geschaffen vom Nachfolger des Nördlinger Hochaltars; daneben hat sich hier noch eine Pietà aus dem frühen 16.Jh. erhalten. Der kleine Schnitzaltar des Nikolaus von Hagenau von 1506/08 in der Pfarrkirche St. Johannes des Täufers in Vimbuch stand ursprünglich in der Pfarrkirche von Oos. Als späteste Vertreter der gotischen Schnitzkunst sind die Predella am rechten Seitenaltar der Kuppenheimer St. Sebastian-Kirche (um 1530), eine spätgotische Anna Selbdritt in der Rauentaler Annen-Kapelle, eine Barbara und ein hl. Bischof in Obertsrot sowie der Evangelist Johannes und Johannes der Täufer in Oberweier am Eichelberg, alle aus dem 16.Jh., zu nennen.

Zu den erhaltenen Profanbauwerken der Spätgotik zählt, wiewohl in späterer Zeit stark überformt, das Schlößchen in Waldsteg; der ursprüngliche Wohnturm aus dem 14. oder 15.Jh. ist im 18.Jh. zu einem Herrenhaus erweitert worden. Auch das Schloß in Rittersbach hat möglicherweise noch einen spätmittelalterlichen Kern; sein drittes Geschoß wurde erst 1838 aufgesetzt, der alte Schloßturm bei gleicher Gelegenheit zum Treppenrisalit umgebaut. Reste mittelalterlicher Stadtbefestigungen sind – abgesehen von jenen in Gernsbach und Kuppenheim – nur sehr selten erhalten.

Renaissance. – Die Kunst der Renaissance ist im Kreis zwar spärlich, aber doch mit bemerkenswerten Denkmälern vertreten. An erster Stelle ist hier das Grabmal des Grafen Hans Bernhard von Eberstein († 1574) in der Gernsbacher Liebfrauenkirche zu nennen. Vom Stammhaus der Murgschifferfamilie Kast in Hörden (1592/94) zeugen an dem im späten 18.Jh. umgestalteten Bau nur noch profilierte Gesimse, Torbogen und Portal. Das vermutlich von Johannes Schoch für die Familie Kast erbaute Haus (1617/18) am Gernsbacher Markt zählt mit Volutengiebel, Zierobelisken und zweigeschossigem, polygonalem Erker unter die schönsten Bauten der schon zum Barock tendierenden Spätrenaissance in Süddeutschland. Daran, daß auch das alte Rathaus von Bischweier ein Bau der Renaissance war, erinnert nur noch eine Sandsteinplatte mit der Jahreszahl 1609; später ist es durch Franz Ignaz Krohmer, einen Balthasar-Neumann-Schüler aus Ettlingen, umgebaut worden. Das in Formen der Renaissance gehaltene Chorgestühl samt Chorlesepult in der Abteikirche von Schwarzach ist als Werk der klösterlichen Schnitzerschule erst am Ende des 17.Jh. entstanden.

Barock. – Dem Barock verdankt das Kreisgebiet eine ganze Reihe von zum Teil hochbedeutenden Bauwerken. Das Rathaus von Ottersweier ist 1686 als Jesuitenresidenz entstanden. Von der großartigen Klosteranlage in Schwarzach, die der Vorarlberger Peter Thumb 1723/36 geschaffen hat, sind leider nur bescheidene Reste geblieben. Möglicherweise ist das 1732 entstandene Pfarrhaus in Vimbuch ein Werk desselben Meisters, dessen Umbauplan für Ötigheim (1738) freilich nicht realisiert wurde. Johann Peter Ernst Rohrer baute 1748/50 das Langhaus der (alten) Bietigheimer Kirche, und nach seinen Plänen wurden auch das Pfarrhaus in Durmersheim (1750) sowie die Nikolaus-Kirche in Selbach (1756) errichtet. Noch vor der Mitte des 18.Jh. baute Franz Ignaz Krohmer, einer der bedeutendsten spätbarocken Architekten Badens, die Wallfahrtskirche Maria Hilf in Moosbronn, und in den 1760er Jahren sind nach seinen Plänen auch die Pfarrkirchen in Kappelwindeck und Stollhofen, dazu vermutlich die als Schmuckstück barocker Baukunst geltende Laurentius-Kirche in Rotenfels (1762) entstanden, und schließlich baute er 1781/83 die Kirche in Elchesheim; sein Kirchenbau in Forbach (1789) wurde rund ein Jahrhundert später wieder abgebrochen. Darüber hinaus hat Krohmer zwischen 1766 und 1775 die Pfarrhäuser in Oberweier, Steinmauern, Muggensturm, Kuppenheim und Bühlertal (Untertal) gebaut sowie das nicht erhaltene Langhaus der alten Bühler Pfarrkirche (heute Rathaus).

Unter den Innenausstattungen der Kirchen sind namentlich die Altäre des aus Bregenz stammenden Hofschreiners Martin Eigler d.Ä. in Bickesheim, in der Alexander-Kirche in Rastatt, in der Abteikirche von Schwarzach, in Moosbronn und in Ötigheim hervorzuheben. Von seinem gleichnamigen Sohn stammt vermutlich der rechte Seitenaltar der Kirche von Würmersheim (1778).

Die katholische Prägung der Landschaft kommt nicht zuletzt in zahlreichen religiösen Klein- und Flurdenkmalen, großenteils aus der ersten Hälfte des 18. Jh., zur Geltung. Unter ihnen sind vor allem die Nischenkreuze mit Kleeblattarmen zu nennen, die auf niedrigem Sockel errichtet sind; in der Nische steht gewöhnlich eine Heiligenfigur oder ein Licht. Vor der Friedhofskapelle in Bietigheim steht ein Hochkreuz von 1712. Standbilder der Muttergottes, insbesondere der Immaculata, oder des hl. Johann Nepomuk gibt es beispielsweise in Rotenfels (1749) und an der Murgbrücke in Forbach (1760). Bildstöcke von hohem künstlerischen Wert findet man in Iffezheim, Ottersweier und Bühl-Weitenung.

Im profanen Bereich ist an erster Stelle die planmäßige Stadtanlage von Rastatt zu nennen, deren Dreiheit von Schloß, Park und Stadt trotz des nachherigen Ausbaus zur Festung im wesentlichen erhalten geblieben ist. Domenico Egidio Rossi hat hier von 1698 bis 1707 für den Markgrafen Ludwig Wilhelm, den Türkenlouis, nach Versailler Vorbild eine der ersten Barockanlagen in Südwestdeutschland geschaffen, eine regelmäßige Dreiflügelanlage, deren Mittelrisalit durch einen Säulenportikus nur leicht betont wird. Das repräsentative Stiegenhaus und der prächtige Ahnensaal sind guterhaltene Beispiele für die Dekorationsformen des frühen 18. Jh. Unter Rossis Nachfolger Johann Michael Ludwig Rohrer erfolgte ab 1710 der Anbau des sogenannten Sibyllenflügels im Norden sowie der Neubau der prachtvollen Schloßkirche Hl. Kreuz (1721/23). In Niederbühl-Förch errichtete Rohrer seit 1711 für die in Böhmen aufgewachsene Markgräfin Sibylla Augusta und nach ihren Ideen das Lustschloß Favorite, eines der reizvollsten höfischen Ensembles in ganz Baden. Die äußerlich eher provinziell anmutende Dreiflügelanlage mit kleinem Ehrenhof und doppelläufiger Freitreppe zu einem risalitartigen Vorbau an der Nordseite birgt mit ihrer prunkvollen, original erhaltenen Innenausstattung eine wahre Schatzkammer. Stellvertretend für weitere Profanbauten sei noch das nach Plänen der Gebrüder Rohrer 1750 vollendete Rastatter Rathaus erwähnt; es hat 1902/03 eine Erweiterung erfahren.

An das Wirken des Unternehmers Anton Rindenschwender in Gaggenau und die ersten Anfänge der Industrialisierung in diesem Raum erinnern noch heute die einstige Gravierhütte seiner Glasmanufaktur (1773), das Wirtshaus zur Glashütte sowie fünf Doppelhäuser, in denen ehedem Glasbläser wohnten; das gleichfalls 1773 errichtete Herr-

Schloß Favorite bei Rastatt, Gartenfront.

schaftshaus mußte in den frühen 1970er Jahren einem modernen Verwaltungsgebäude weichen.

Klassizismus. – Das Zeitalter des Klassizismus ist im Kreisgebiet wie in Baden überhaupt durch den großherzoglichen Baumeister Friedrich Weinbrenner geprägt. Seit 1798 erfolgte unter seiner Leitung ein weitgehender Umbau des Schlosses Neueberstein. Zwischen 1818 und 1826 errichtete er das langgestreckte zweigeschossige Schloß Rotenfels mit Satteldach und fünfachsigem Säulenportikus. Noch davor hat er 1811 das Badhaus Hub in Ottersweier und die evangelische Kirche in Scherzheim gebaut. Auf Weinbrenners Pläne gehen darüber hinaus die Kirche St. Michael in Ötigheim (1829), die Kirche in Au am Rhein (1838/39) und die alte Schule im Bühlertäler Untertal (1839) zurück. Weinbrenners Neffe Johann Ludwig fertigte den Entwurf für die 1829 in Durmersheim errichtete Dionysius-Kirche, für die katholische Pfarrkirche in Eisental (1828/29) sowie für die neuromanischen Kirchen in Söllingen und Steinmauern. Der mit einer Nichte Weinbrenners verheiratete Johann Belzer (1796–1868) aus Weisenbach hat bereits 1818/20 die Antoniuskapelle auf dem Friedhof von Kuppenheim errichtet. Von seinem bildhauerischen Talent zeugt ein Kruzifix auf dem Hofgut Fremersberg. Belzer erbaute in der Region zahlreiche Dorfkirchen, dazu das Pfarrhaus in Forbach, und hatte, wie später seine beiden Söhne, maßgeblichen Anteil an der Ausgestaltung Rastatts; der ältere Isidor lieferte zudem 1844 Bauzeichnungen für die Kirche in Weisenbach und leitete die Bauausführung.

Historismus. – Der Rückgriff auf frühere Kunststile ist seit der Mitte des 19. Jh. durch zahlreiche hervorragende neuromanische und neugotische Sakralbauten, aber auch durch einzelne profane Bauwerke dokumentiert. Dabei gehen mehrere Kirchen auf den Weinbrenner-Schüler Heinrich Hübsch zurück. Als großherzoglicher Architekt baute dieser in den 1860er Jahren neuromanische Gotteshäuser in Altschweier, Bietigheim und Bühlertal; die originale Ausstattung ist z.T. noch erhalten. Als bedeutendes Beispiel eines neugotischen Baus gilt die Pfarrkirche St. Peter und Paul in Bühl, die Karl Dernfeld 1872/76 nach dem Vorbild des Freiburger Münsters errichtet hat; ihre im Krieg zerstörten Fenster wurden in den 1950er Jahren durch Werke von Albert Burkhart erneuert. Johannes Schroth zählt gleichfalls zu den bedeutendsten Architekten des Historismus in Mittelbaden. Von seiner genauen Kenntnis der historischen Stile zeugen mehrere um die Jahrhundertwende

Denkmal für Anton Rindenschwender in Gaggenau, geschaffen nach einem Entwurf von Friedrich Weinbrenner, 1803.

errichtete Pfarrkirchen. Während die St. Joseph-Kirche in Gaggenau in neuromanischem Stil errichtet ist, weisen die Pfarrkirchen von Bischweier, Sinzheim und Ottersweier sowie St. Jodokus in Ottenau und St. Sebastian in Kuppenheim neugotische Formen auf. Die 1911/13 errichtete Kirche St. Karl Borromäus in Neusatz ist eine gelungene Mischung von Neuromanik und Jugendstil, und die Weitenunger Kirche zum kostbaren Blut von 1923/25 zeigt neobarocke Formen. Unter den Profanbauten dieser Zeit sticht der 1912/14 im Stil einer barocken Schloßanlage entstandene Hotelkomplex auf der Bühlerhöhe besonders hervor.

Katholische Kirche St. Johannes der Täufer in Ottersweier.

Moderne. – Neben den erst in den letzten Jahrzehnten errichteten, betont nüchternen Gotteshäusern wie etwa in Elchesheim treten in der öffentlichen Architektur vor allem Schulen und Krankenhäuser in Erscheinung, die meist in Stahlbeton-Skelettbauweise errichtet sind. Hingegen sind die vorherrschenden Bauelemente an dem in den 1970er Jahren als Rundbau errichteten Sonderschulzentrum in Rastatt Holz und Glas.

Die Ausstattungen der Kirchen stammen oft von zeitgenössischen Künstlern, so beispielsweise der Altar und die Kunststeinarbeiten in der Kapelle in Oberbruch (1956/58) von Josef Meier, das Chorwandbild von Ezard Seeger. Die Kreuzigungsgruppe in der Maria-Hilf-Kapelle in Oberweier wurde 1977/94 von Peppi Rifesser aus Südtirol geschaffen, ebenso der 1973 entstandene Kreuzweg in der Vimbucher Kirche, die modernen Evangelistensymbole an der Vorderseite des Altarsockels sind von Manfred Schmid aus Freiburg. Unter den Künstlern der Region ist der Michelbacher Schnitzer Rudolf Preißler hervorzuheben, der 1954 den Hochaltar der Maria-Hilf-Kirche in Moosbronn und 1960/61 den Altar der Barockkirche St. Dionysius in Moos geschaffen hat. Zu seinen weiteren, den Originalen nachempfundenen Erneuerungsarbeiten ursprünglich barocker Werke zählen die Holzarbeiten der Magdalenenkapelle im Park von Favorite und die Altarornamentik der alten Bietigheimer Kirche, während sein Altartisch in Kappelwindeck nach den Forderungen der Liturgiereform gestaltet ist. Als moderne Andachtsbilder von seiner Hand stehen in der Kirche Maria Königin in Rastatt die Madonna, St. Josef und Papst Pius X. als Priester.

Die Profanierung von Sakralbauten zeugt mitunter von Respektlosigkeit im Umgang mit Werken der Vergangenheit. Während die einstige Kirche von Illingen heute wenigstens ein Heimatmuseum birgt, wurde die Elchesheimer Kirche jüngst in einen Bürgersaal mit modernster Innenausstattung umgewandelt. Die Langenbrander St. Valentin-Kirche wurde bereits 1937 in eine Festhalle verwandelt; die Kapelle des hl. Antonius von Padua in Herrenwies (1743) diente später als Spritzenhaus und wird heute als Abstellraum genutzt.

Evangelisten und Kirchenväter, Deckenfresko im Turm der evangelischen Heiligkreuz-Kirche in Loffenau, 15. Jh.

IV. BEVÖLKERUNG

1. Bevölkerung im 19. und 20. Jahrhundert

Bevölkerung und Wirtschaft stehen in enger Wechselwirkung. War unter den Bedingungen einer überwiegend agrarischen Wirtschaft, wie sie unseren Raum bis zum Ende des 19., zum Teil auch weit ins 20. Jh. hinein bestimmte, die Einwohnerzahl an die land- und forstwirtschaftlich nutzbare Fläche, ihre Verteilung und ihre Ertragfähigkeit gebunden, so löste sich dieser enge Zusammenhang mit fortschreitender Industrialisierung und dem Übergang zu komplexeren Wirtschaftsformen zwar auf, aber nur, um weitere Kräfte ins Spiel zu bringen. Immer wird man bei der Betrachtung der Bevölkerung nach ihrer Anzahl, ihrer Struktur, ihrer Verteilung im Raum und deren Veränderungen im zeitlichen Ablauf auch die wirtschaftlichen Bedingungen im Auge behalten müssen.

Bevölkerungsdichte. – Die letzte im Bundesgebiet durchgeführte Volkszählung im Mai 1987 ermittelte im Landkreis Rastatt eine Wohnbevölkerung von 193 980 Personen. Die höchste Einwohnerzahl hatte die Kreisstadt mit 39 595 Einwohnern, mit Abstand gefolgt von den Städten Gaggenau mit 27 978 und Bühl mit 23 206. Mehr als 10 000 Menschen lebten außerdem in der Stadt Gernsbach (14 030) und in der Gemeinde Durmersheim (10 345). Mit einer ausgewiesenen Wohnbevölkerung von nur 1 489 Personen schien Hügelsheim die einwohnerschwächste Gemeinde im Landkreis zu sein, aber nur, weil die mehr als 2 000 kanadischen Bewohner bei der Volkszählung nicht berücksichtigt waren. Die Bevölkerungsdichte im Kreis lag bei 262,6 Einwohnern pro Quadratkilometer. Unter den 44 Stadt- und Landkreisen Baden-Württembergs lag der Kreis hinsichtlich seiner Einwohnerzahl und Bevölkerungsdichte etwa im Mittelfeld, nach der Einwohnerzahl auf dem 18., nach der Bevölkerungsdichte auf dem 20. Platz.

Nun ist die Bevölkerungsdichte gerade im Gebiet des Landkreises Rastatt eine problematische Größe, geht doch in ihre Berechnung die gesamte Fläche ungeachtet ihrer Siedlungseignung ein, also auch die noch heute fast menschenleeren ausgedehnten Waldgebiete beiderseits der Murg. So wies die Gemeinde Forbach dank ihrer großen Waldgemarkung mit Abstand die geringste Bevölkerungsdichte von 44 Einwohnern pro Quadratkilometer auf, obgleich sie sich aus volkreichen Siedlungen im engen Murgtal zusammensetzt und 1987 nach ihrer Einwohnerzahl an neunter Stelle im Landkreis rangierte. Daß eine Dichteberechnung auf der Basis der neuen, oft aus ganz unterschiedlichen Orten bestehenden Gemeinden, wie sie in der Gebietsreform der 1970er Jahre entstanden sind, kein deutliches Bild mehr ergeben kann, liegt auf der Hand.

Im Jahr 1809 lebten in keinem Ort des heutigen Landkreises auch nur 200 Einwohner auf einem Quadratkilometer. Als besonders dünn bevölkert (unter 50 E./km^2) zeigten sich der hohe Schwarzwald mit den Tälern der oberen Murg, von Raumünzach, Biberach und Hundsbach sowie Teile der Rheinebene zwischen Plittersdorf und Stollhofen. Dichter bewohnt (100 bis 150 E./km^2) waren hauptsächlich das mittlere Murgtal und die Bühler Vorbergzone. Von ihr zog sich ein Streifen gleichfalls höherer Dichte über die Rheinebene hinweg (Balzhofen, Unzhurst) nach Lichtenau.

Diese Grundgliederung war 1987 noch erhalten, jedoch verschärft und in Einzelheiten modifiziert. Seit Ende des 19. Jh. wirkten sich Industrie und Eisenbahn auf die Bevölkerungsverteilung aus, d.h. in den Industriestandorten wie Gaggenau und Rastatt sowie nach und nach in deren Nachbarschaft nahm die Bevölkerungsdichte rasch zu, ebenso in den Dörfern an der Bahnlinie Rastatt-Karlsruhe, die sich zu Pendlerwohngemeinden veränderten. Das hier schon früh angelegte Band relativer Verdichtung in den zu Wohn- und kleinen Industriestandorten veränderten Dörfern zwischen Durmersheim und Kuppenheim war 1987 deutlich ausgeprägt. Die Kreisstadt hatte ihren Abstand vom übrigen Kreisgebiet ausgebaut. Im Murgtal wiesen talaufwärts bis Weisenbach die meisten Orte eine hohe Dichte auf. Das mittlere Murgtal von Bischweier bis Gernsbach zeigte sich als einheitliche Dichtezone von mehr als 500 Einwohnern pro Quadratkilometer. Daß nicht Gaggenau, sondern Gernsbach hier die größte Bevölkerungsdichte aufwies, liegt an der Nivellierung der Werte infolge der Eingemeindung von Rotenfels und Selbach nach Gaggenau. Auch um die Stadt Bühl, die zwar keine Kreisstadt mehr war, die aber zunehmend Industrie ansiedeln konnte, hatte sich ein kleiner Verdichtungsraum gebildet. Er schloß die eingemeindeten Orte Eisental, Altschweier, Oberweier und das stark angewachsene Dorf Vimbuch ein. Von Bühl aus setzte sich die Verdichtung talaufwärts ins Bühlertal fort. Um so deutlicher hoben sich die dünnbevölkerten Räume im oberen Murgtal und seinen Seitentälern und in der Rheinebene ab.

Bevölkerungsentwicklung. – 1809 lebten in den badischen Gemeinden des heutigen Landkreises Rastatt rund 45 600 Menschen. 1834 hatte das gesamte Kreisgebiet einschließlich der damals württembergischen Gemeinde Loffenau (1 097 Einwohner) 64 654 Bewohner. Mit Stand vom 1. Januar 1995 lag die fortgeschriebene Einwohnerzahl des Landkreises bei 222 313. Danach wohnen heute fast fünfmal so viele Menschen im Kreisgebiet wie 1809 und dreimal so viele wie 1834. Um die Bevölkerungsentwicklung genauer darstellen zu können, sind im folgenden die nahezu zwei Jahrhunderte des Betrachtungszeitraums in Abschnitte gegliedert, die jeweils unterschiedliche Tendenzen aufweisen.

Zeitraum 1809 bis 1845. – Die Jahrzehnte nach den napoleonischen Kriegen bis zum Ende der 1840er Jahre waren im Kreisgebiet wie in ganz Baden trotz zahlreicher Mißernten und Hungerjahre eine Zeit nahezu stetigen Bevölkerungswachstums infolge hoher Geburtenraten und allmählich zurückgehender Sterblichkeit. Daran änderte auch die Auswanderung nach Rußland wenig, die in den ersten Jahrzehnten des 19.Jh. aus dem Raum des alten Landkreises Rastatt etwa 900 Personen, darunter viele kinderreiche Familien, wegführte, während aus dem ehemaligen Landkreis Bühl nur vier Auswanderungsfälle bekannt sind. Im Kreisgebiet (ohne Loffenau) wuchs die Einwohnerzahl zwischen 1809 und 1845 um fast zwei Drittel von 45 624 auf 75 052. Das entspricht einer mittleren jährlichen Zunahme von 18 Personen je tausend Einwohner. In keinem Ort ist die Einwohnerzahl in dieser Zeit zurückgegangen, nur die Zuwachsraten waren unterschiedlich groß. Die Siedlungsreihe von Rastatt bis Durmersheim bildete einen geschlossenen Raum hohen Zuwachses von mehr als 25 Promille im Jahresmittel, während die Bevölkerung im Bereich der südwestlichen Rheinebene von Muckenschopf bis Oberbruch und in der Vorbergzone von Bühlertal bis Sinzheim (einschließlich der heute zum Stadtkreis Baden-Baden gehörenden Orte) im Jahresmittel um weniger als 10 Promille anwuchs. Gerade die Vorbergzone und ein Teil der betroffenen Orte in der Rheinebene waren aber schon 1809 verhältnismäßig dicht bevölkert, so daß die Grenze der Tragfähigkeit bald erreicht war.

Zeitraum 1845 bis 1871. – Daß um die Jahrhundertmitte diese Grenze tatsächlich überschritten war, zeigt sich an den katastrophalen Folgen der Mißernten von 1846 und 1847. Die durch fortwährende Erbteilungen geschrumpften landwirtschaftlichen Betriebe konnten die Ernährung nicht mehr sichern, und außer der Land- und Waldwirtschaft gab es wenig Verdienstmöglichkeiten. In den zehn Jahren zwischen 1845 und 1855 verlor das Kreisgebiet (ohne Loffenau) 5,5 Prozent seiner Bevölkerung. Besonders betroffen waren die ehemaligen Amtsbezirke Bühl (–8,2%) und Gernsbach (–7,8%), desgleichen der Amtsbezirk Rheinbischofsheim (–10,5%), von dem jedoch nur die heutige Stadt Lichtenau zum Kreisgebiet gehört. Im Amtsbezirk Bühl verloren die Waldkolonien Herrenwies und Hundsbach 40 Prozent ihrer Einwohner, Hatzenweier ein Fünftel. Im Amtsbezirk Gernsbach schrumpfte Freiolsheim um mehr als ein Viertel, Forbach um ein gutes Fünftel. Der Amtsbezirk Rastatt dagegen hatte abgesehen von Oberndorf weniger Bevölkerungseinbußen zu beklagen, in einigen Gemeinden in der Rheinebene nahm die Einwohnerzahl sogar noch leicht zu.

Der Rückgang war in erster Linie eine Folge von Aus- und Abwanderung. Vor allem junge Leute reagierten so auf die sich verschlechternden wirtschaftlichen Verhältnisse. Bevorzugtes Ziel waren die nordamerikanischen Staaten. In den Jahren 1850 bis 1855 sind aus den Amtsbezirken Bühl, Gernsbach und Rastatt zusammen 5 455 offizielle Auswanderer registriert. Die tatsächliche Auswanderung war mit Sicherheit erheblich stärker. Man hat für das gesamte 19.Jh. aus dem Gebiet des heutigen Landkreises Rastatt 12 149 legal ausgewanderte Personen nachgewiesen und rechnet zusätzlich mit 30 bis 50 Prozent an nicht erfaßten Auswanderungen. In vielen Fällen, z.B. in Bühlertal, Greffern, Neusatz, Oberbruch und Vimbuch oder in den Waldkolonien um Herrenwies veranlaßte und finanzierte die

1. Bevölkerung im 19. und 20. Jahrhundert

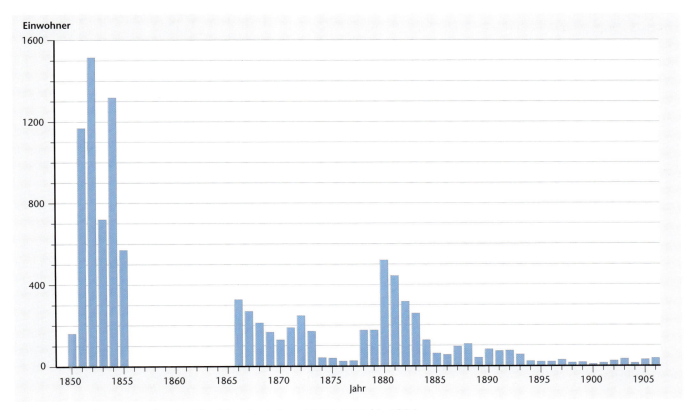

Legale Auswanderung aus den Amtsbezirken Rastatt und Bühl 1850 bis 1906.

Obrigkeit auch die Auswanderung verarmter und sozial mißliebiger Personen.

Die Notzeiten und der Wegzug von jungen Leuten mußten sich auch auf die Geburtenentwicklung auswirken. Wenn zwischen 1852 und 1854 im Amtsbezirk Bühl auf 1000 Einwohner im Mittel 31,4 und im Amtsbezirk Rastatt (mit dem Amtsbezirk Gernsbach) 32,4 Lebendgeborene auf 1000 Einwohner kamen, erscheint dieser Wert zwar heute sehr hoch, aber gegenüber dem Mittelwert der Jahre von 1855 bis 1863 (39,2 und 38,1 Lebendgeborene auf 1000 Einwohner) war er gering. Die Geborenenziffer erholte sich also rasch wieder, aber nach wie vor wurde ein Teil des Geburtenüberschusses durch Abwanderungen abgeschöpft, so daß der tatsächliche Einwohnerzuwachs in den meisten Gemeinden unter dem natürlichen Zuwachs blieb. Zwischen 1855 und 1871 stieg die Einwohnerzahl in fast allen Orten wieder an, insgesamt um knapp 10000 Einwohner oder 14 Prozent. Die herausragende Einwohnerzunahme in Rastatt hängt mit der Bundesfestung zusammen, die nach jahrzehntelanger Planung seit 1843 gebaut wurde. Schon vorher war Rastatt badische Festung und Garnison, aber die Soldaten wurden vor 1864 bei den Volkszählungen überhaupt nicht erfaßt und 1864 noch gesondert ausgewiesen. Seit 1867 rechnete die Militärbevölkerung unter die Einwohner; ihre Zahl schwankte zwischen 10000 und 15000, ihr Anteil an der Gesamteinwohnerschaft fiel von 42 (1864) auf 29 Prozent (1910).

Zeitraum 1871 bis 1910. – Dieser Zeitraum fällt mit den Friedensjahren im neuen deutschen Kaiserreich zusammen, in denen sich die wirtschaftliche Umorientierung auf Gewerbe und Industrie auch auf die Bevölkerungsentwicklung auswirkte. Im Kreisgebiet (einschließlich Loffenau) nahm in diesen vierzig Jahren die Einwohnerzahl um

21 751 zu, im jährlichen Mittel um 6,8 Promille. Aber jetzt schieden sich deutlich Räume kräftigen Zuwachses von solchen der Beharrung und des Bevölkerungsrückgangs. Zu den Wachstumsräumen gehörte in erster Linie das zunehmend industrialisierte Murgtal. Vor allem Gaggenau wies dank der sich entwickelnden Metallindustrie einen Zuwachs von 1 819 Einwohnern oder 140 Prozent auf. Besonders stürmisch war die Entwicklung zwischen 1895 (1 871 Einwohner) und 1910 (3 120). Im nördlichen Kreisgebiet fallen Durmersheim und Bietigheim durch einen mittleren jährlichen Bevölkerungszuwachs zwischen 10 und 15 Promille auf. Den Bewohnern dieser Dörfer ermöglichte die Bahnlinie nach Karlsruhe die Aufnahme von Industriearbeit ohne Wohnsitzwechsel. Im südlichen Kreisgebiet, im Raum um Bühl, waren es eher die verbesserten Absatzbedingungen für die landwirtschaftlichen Erzeugnisse, insbesondere für Obst, die der Abwanderung steuerten und zu einem mäßigen Bevölkerungswachstum beitrugen. Gegen diese Teilräume grenzt sich deutlich die rheinnahe Ortskette zwischen Wintersdorf und Muckenschopf ab, in der entweder sehr geringer Zuwachs oder Bevölkerungsrückgang stattfanden. Sie waren ausschließlich auf die Landwirtschaft ohne lohnende Sonderkulturen verwiesen. Wer andere Arbeit suchte, mußte abwandern, denn Auspendeln war wegen der Entfernungen zu den Arbeitszentren und der ungünstigen Verkehrslage nicht möglich.

Zeitraum 1910 bis 1939. – In diesen durch Ersten Weltkrieg, Wirtschaftskrisen und neuerliche Kriegsvorbereitungen gekennzeichneten Jahrzehnten nahm die Wohnbevölkerung im heutigen Landkreis um 20,6 Prozent auf 125 984 Einwohner zu, im Jahresmittel um 7,1 Promille. Ein leichter Rückgang zwischen 1910 und 1919, verursacht durch Kriegsverluste, Grippeepidemie und Geburtenausfälle, wurde durch eine rasche Zunahme bis 1925 (112 830 Einwohner) mehr als ausgeglichen. Zwischen 1925 und 1933 verlief die Wachstumskurve flach, stieg aber bis 1939 wieder steil an. Besonders stark war das Wachstum im unteren und mittleren Murgtal, wo Gaggenau mit Ottenau fast 20 Prozent Zuwachs aufwies. Auffällig ist der Zuwachs der Wohnbevölkerung in den rheinnahen Orten, die bisher eher ein gehemmtes Wachstum zeigten; zu ihr zählten aber 1939 nicht nur die Soldaten in Rastatt, sondern auch viele tausend Arbeitsdienstmänner und Bauarbeiter aus dem ganzen Reich, die zum Westwallbau angetreten waren. Die ständige Bevölkerung hatte seit 1910 nur um 16 Prozent (im Jahresmittel um 5,6%) auf 121 233 Einwohner zugenommen. Deutlicher noch als im Zeitraum zwischen 1871 und 1910 fallen jetzt die Dörfer in der Bühler Rheinebene als geschlossenes Gebiet mit Bevölkerungsrückgang auf. Bezogen auf die ständige Bevölkerung gehört dazu auch Lichtenau. Bei der ständigen Bevölkerung zeigt sich also keinesfalls ein Bruch in der Entwicklung, eher eine Verstärkung der bisherigen Tendenz.

Zeitraum 1939 bis 1970. – In diesem Zeitraum fanden äußerst heftige Bevölkerungsbewegungen statt, die jedoch nur ungenügend mit Zahlen belegt sind. Im Endergebnis nahm die Wohnbevölkerung von 1939 bis 1970 um 59 805 Personen oder um 48 Prozent auf 165 282 Einwohner zu.

Zwar zählt das Kreisgebiet nicht zu den am schwersten vom Krieg betroffenen Gebieten Badens, aber die Verluste an der Front und durch Fliegerangriffe waren groß. Im September 1939, vor Beginn des Frankreichfeldzugs, wurde die Bevölkerung aus den rheinnahen Orten evakuiert und in die Dörfer im Schwarzwald und in der Vorbergzone, zu einem großen Teil auch nach Württemberg geschickt. Allein aus dem Altkreis Rastatt mußten mehr als 28 000 Personen ihre Wohnorte verlassen. Die meisten kehrten im Laufe des Winters zurück, nachdem es im Grenzgebiet ruhig geblieben war. Aber bald mußten Evakuierte und Bombengeschädigte aus Großstädten, u.a. aus dem Rheinland, aufgenommen werden. Nach der Zerstörung Gaggenaus im Oktober 1944 nahm allein Michelbach über 700 Ausgebombte auf. Viele der Evakuierten aus allen Teilen Deutschlands waren nach Kriegsende noch längst nicht wieder heimgekehrt, als bereits die ersten Heimatvertriebenen Unterkunft suchten.

Im Oktober 1946 lag die Zahl der Einwohner im heutigen Kreisgebiet (ohne Loffenau) noch um 10 Prozent unter derjenigen der Wohnbevölkerung von 1939 und um gut 6 Prozent unter der ständigen Bevölkerung von 1939. Leicht angestiegen oder gleichgeblieben war die Einwohnerzahl nur in wenigen Orten um Bühl, Gernsbach und Lichtenau. In den meisten Orten war jedoch auch die ständige Bevölkerung, zum Teil erheblich, vermindert. Im ehemaligen Landkreis Rastatt sind von 21 806 Kriegsteilnehmern 4 581 gefallen und 1 578 vermißt, 503 Zivilpersonen wurden in der Heimat Opfer des Kriegs. Die stärksten Bevölkerungsverluste trafen Gaggenau (–19,2%), Ottersweier (–16,7%) und Rastatt (–14,5%). Rastatt und Gaggenau waren 1944 durch Fliegerangriffe stark zerstört worden. In Ottersweier hingegen waren viele Insassen der Kreispflegeanstalt Hub den Euthanasiemaßnahmen der Nationalsozialisten zum

1. Bevölkerung im 19. und 20. Jahrhundert

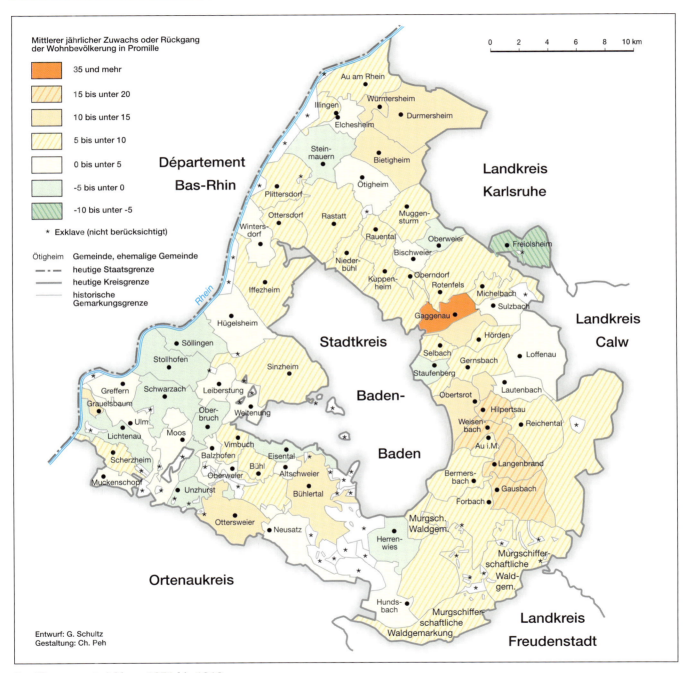

Bevölkerungsentwicklung 1871 bis 1910.

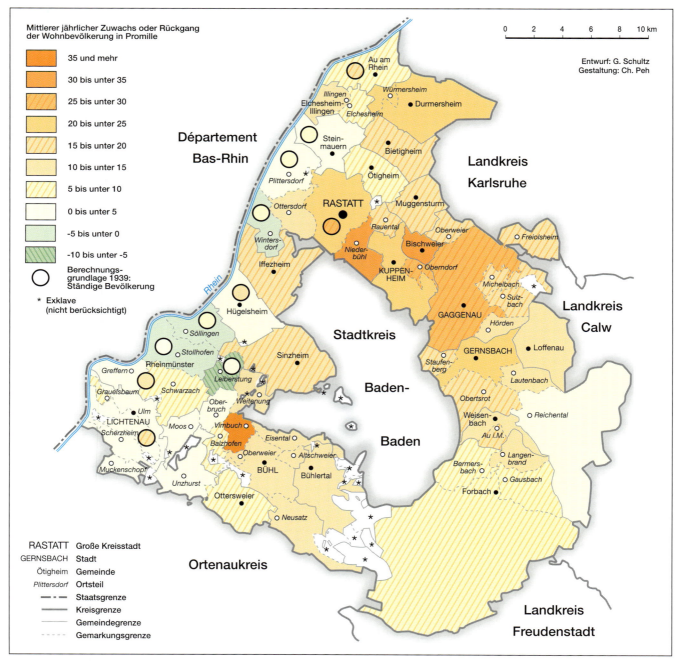

Bevölkerungsentwicklung 1939 bis 1970.

1. Bevölkerung im 19. und 20. Jahrhundert

Opfer gefallen; 1946 war die Wohnbevölkerung in Ottersweier gegenüber 1939 um 533 Personen vermindert.

Bis zum Herbst 1948 ließ die französische Militärregierung nur kleinere Vertriebenentransporte und einzelne Familien in ihre Besatzungszone. Nach Erlaß des Grundgesetzes der Bundesrepublik Deutschland mußte im Sinne einer gerechteren Verteilung aber auch die französische Zone Vertriebene aufnehmen. Schon bei der Volkszählung 1950 lebten 6984 Vertriebene im heutigen Kreisgebiet; sie machten 5,4 Prozent der Einwohner aus. Ihre Unterbringung war sehr schwierig, da kaum Wohnraum zur Verfügung stand. Für die in den Landkreis Rastatt eingewiesenen Vertriebenen wurden erste Kreislager im Rastatter Schloß (1949) und in einer Bastion der ehemaligen Festung (1950) eingerichtet, im Landkreis Bühl bestanden Lager in Altschweier und Obersasbach (Ortenaukreis). Etwas leichter gestaltete sich die Unterbringung der Vertriebenen, die nach Erlaß des zweiten Gesetzes zur Umsiedlung von Heimatvertriebenen aus den Ländern Bayern, Niedersachsen und Schleswig-Holstein (1951) ankamen, da sie erst nach Bereitstellung von Wohnungen familienweise über die Flüchtlingsbehörden der Abgabeländer abgerufen wurden.

Schon bald nach Kriegsende waren auch Vorläufer der späteren SBZ-Flüchtlinge zu betreuen, nämlich im Westen entlassene Kriegsgefangene, die nicht in ihre Heimat in der sowjetisch besetzten Zone zurückkehren wollten und ihre Familien nachkommen ließen. Seit 1947/48 setzte dann die stärkere Abwanderung in die westlichen Zonen ein, die sich nach Errichtung der DDR 1949 zur Massenflucht steigerte. Der Zuzug von Vertriebenen und von SBZ-Flüchtlingen setzte sich fort. 1961 wurden 15410 Vertriebene und 6892 SBZ-Flüchtlinge erfaßt. Die Neubürger machten zusammen schon 14 Prozent der Bevölkerung aus. Bis 1965 hatte allein der ehemalige Landkreis Rastatt 1924 Vertriebene, 3662 Umsiedler und 3237 Aussiedler sowie 4753 SBZ-Flüchtlinge aufgenommen. Dazugerechnet werden 5093 Personen, die als Vertriebene im Wege der Freizügigkeit einzeln zuzogen oder als Kinder von Vertriebenen bereits hier geboren wurden.

Die Volkszählung vom September 1950 erfaßte eine Wohnbevölkerung von 128386 Personen (ohne Loffenau 124796, damit 11,5% mehr als im Oktober 1946), am 6. Juni 1961 wurden 157609 Einwohner gezählt, 23 Prozent mehr als 1950 (jeweils einschließlich Loffenau).

In den beiden Jahrzehnten nach 1950 wirkten wieder mehr innere als äußere Kräfte auf die Bevölkerungsentwicklung ein. Diese Jahre standen unter dem Zeichen des

Vertriebene im Altkreis Rastatt bis 1965 nach ihren Herkunftsländern

Herkunftsgebiete	Personen
Pommern, Brandenburg, Schlesien	6286
Ost- und Westpreußen, Danzig	4785
Jugoslawien, Ungarn, Rumänien	4351
Sudetenland, Tschechoslowakei	1928
Polen	703
Rußland, v.a. Wolgaraum	355
Litauen, Lettland, Estland	121
sonstige Vertreibungsgebiete	140

Wiederaufbaus und des Strukturwandels im ländlichen Raum, der auch zu kleinräumigen Wanderungsbewegungen führte. Insbesondere viele Neubürger zogen bald in größere Orte. Gewinner des Bevölkerungszuwachses zwischen 1950 und 1970 waren nebst den umliegenden Orten vor allem Rastatt und Gaggenau, wo Industriebetriebe und Wohnungen zügig wiederaufgebaut wurden, im Norden des Kreisgebiets auch Durmersheim, das sich vom Pendlerwohnort zum Gewerbestandort entwickelte. Im südlichen Kreisgebiet wies nicht die Kreisstadt Bühl ein überdurchschnittliches Wachstum auf, sondern das Nachbardorf Vimbuch, wo Ende der 1960er Jahre ein großes Neubaugebiet erschlossen worden war. Allgemein blieb der Einwohnerzuwachs in den Orten des ehemaligen Landkreises Bühl und den drei vom Landkreis Kehl übernommenen Orten spürbar hinter dem des alten Landkreises Rastatt zurück. Beide Landkreise waren noch mehr ländlich geprägt, im Landkreis Bühl setzte der Strukturwandel verstärkt erst in den späten 1960er Jahren ein. Vor allem in den Orten der Rheinebene südlich von Söllingen nahm die Einwohnerzahl kaum zu, in Scherzheim, Moos, Oberbruch und Balzhofen nahm sie sogar ab; der Einwohnerrückgang in Altschweier erklärt sich aus der Auflösung des Auffanglagers für Vertriebene. Insgesamt ging der Einwohnerzuwachs im Kreisgebiet in den 1960er Jahren schon mehr auf Zuwanderung als auf natürlichen Zuwachs zurück. Obgleich der Geburtenüberschuß der Jahre 1962 bis 1970 im gesamten Kreisgebiet mit 12626 (8% der Einwohnerzahl von 1961) hoch war, wurde er vom Wanderungsgewinn mit 15110 (9,6% der Einwohnerzahl von 1961) noch übertroffen.

Zeitraum 1970 bis 1995. – In den Beginn dieses Zeitabschnitts fällt die Gebietsreform in Baden-Württemberg, bei

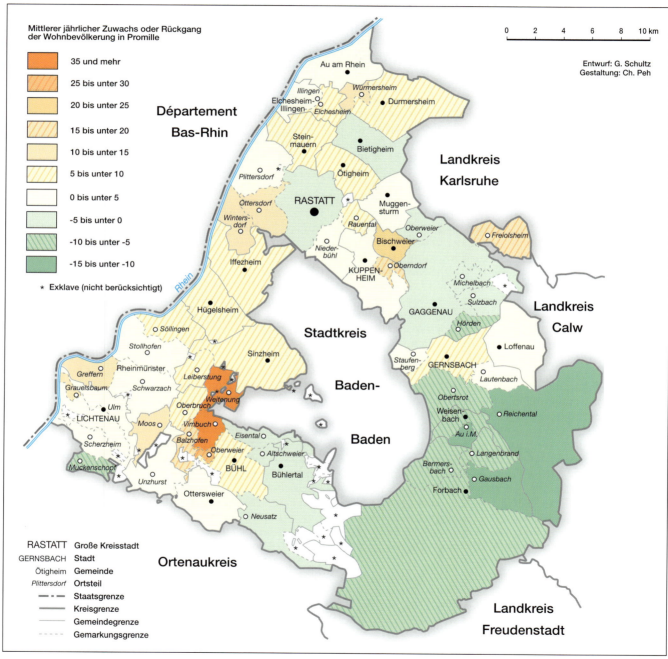

Bevölkerungsentwicklung 1970 bis 1987.

1. Bevölkerung im 19. und 20. Jahrhundert

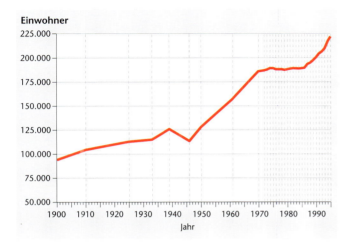

Einwohnerentwicklung im Kreisgebiet 1900 bis 1995.

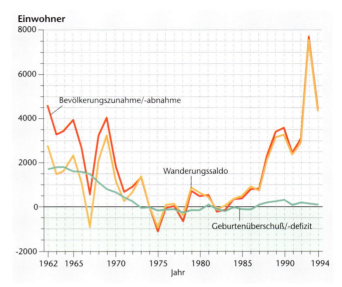

Bevölkerungsbewegung 1962 bis 1994.

der in vielen Fällen aus recht unterschiedlichen Orten neue große Gemeinden entstanden. Für die Volkszählung vom Mai 1987 sind aber neben den Daten für die neuen Gemeinden auch die auf den Gebietsstand von 1970 bezogenen Zahlen verfügbar, so daß sich bis 1987 die Bevölkerungsentwicklung noch kleinräumig darstellen läßt.

Zufällig markiert das Jahr der Volkszählung 1987 eine Wende in der Bevölkerungsentwicklung. Von 1970 bis 1987 nahm die Einwohnerzahl im Kreisgebiet nur um 7 566 Personen zu, Einwohnerverluste hatten fast das gesamte Murgtal, die Gemeinde Bühlertal und von Lichtenau der Stadtteil Muckenschopf erlitten. Dagegen zeigen die fortgeschriebenen Einwohnerzahlen allein der acht Jahre von 1988 bis 1995 einen Zuwachs auf 218 982 Personen und in keiner Gemeinde einen Verlust.

Der Geburtenrückgang setzte bei der überwiegend katholischen Bevölkerung des Kreisgebiets vergleichsweise spät ein. Bis um das Jahr 1970 überstieg die jährliche Zahl der Geburten noch die der Todesfälle, wenn auch seit 1968 die Geburtenüberschüsse zurückgingen. Das Jahr 1973 brachte erstmals ein Geburtendefizit. In den folgenden Jahren, ausgenommen 1981, vergrößerte sich das Mißverhältnis zwischen Geburten und Todesfällen. Aber 1987 kehrte sich die Entwicklung wieder um. Seither sind, soweit die Daten vorliegen (bis 1994), wieder Geburtenüberschüsse zu verzeichnen. Sie hängen sicher mit der sich steigernden Zuwanderung jüngerer, nicht zuletzt auch ausländischer Familien, zusammen.

Denn noch stärker als im vorangegangenen Zeitabschnitt rückte für die Bevölkerungsentwicklung jetzt die Zu- bzw. Abwanderung in den Vordergrund. Der nachgewiesene Wanderungsgewinn der 16 Jahre von 1971 bis 1986 machte 2,7 Prozent der Ausgangsbevölkerung aus, derjenige der sieben Jahre von 1988 bis 1994 immerhin 13,2 Prozent. In den Jahren 1993 und 1994 war der Wanderungsgewinn ausschließlich durch Ausländer verursacht. Von der deutschen Bevölkerung wanderten 15 887 Personen (8,9 %) aus dem Kreisgebiet ab.

Einwohnerzuwachs können seit den ausgehenden 1960er Jahren insbesondere diejenigen Orte verbuchen, die in günstiger Verkehrslage zu den Arbeitsstandorten preiswerte Bauplätze anbieten, sei es auf gemeindeeigenem Land oder durch Umwidmung von bisher landwirtschaftlich genutztem Privatland. Im Raum Bühl folgten auf Vimbuch bald Weitenung und Oberweier (Stadt Bühl). Ganz eindeutig war das der Grund für den erstaunlichen Einwohnerzuwachs in diesen Dörfern, die dann auch im Ortskern das landwirtschaftliche Gesicht verloren. Mit einem Wanderungsgewinn von 2 157 Personen stand in dem Jahrzehnt von 1971 bis 1980 das heutige Stadtgebiet von Bühl an der Spitze des Landkreises. Auch der etwas weniger spektakuläre Einwohnerzuwachs von Bischweier, Kuppenheim und Durmersheim in diesen Jahren speiste sich überwie-

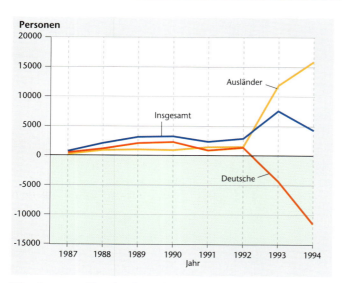

Wanderungssalden der deutschen und der ausländischen Bevölkerung 1987 bis 1994.

gend aus Zuwanderung. In Bischweier z.B. wurde 1975/76 ein Wohngebiet für etwa 600 Einwohner erschlossen.

Der vereinfachende und nivellierende Bezug der Einwohnerzahlen auf die heutigen Gemeinden bewirkt für den Zeitraum zwischen der Volkszählung von 1987 und dem Jahr 1995 eine deutliche Gliederung des Kreisgebiets in den westlichen Teil mit höherem und den östlichen Teil mit geringerem Wachstum. Mit einem hohen mittleren jährlichen Zuwachs heben sich die Gemeinde Hügelsheim (148 Promille), das Stadtgebiet von Rastatt (37,5 Promille) und das Gemeindegebiet von Rheinmünster (35,8 Promille) hervor. Der Zuwachs in Hügelsheim erklärt sich durch die Übernahme der für die Angehörigen der kanadischen Streitkräfte gebauten Hochwaldsiedlung 1993 in deutsche Hand. Für Rastatt dürfte unter anderem die Eröffnung des neuen Daimler-Werks 1992 einen Zuwanderungsschub ausgelöst haben, zumal viele Arbeitskräfte aus dem Sindelfinger Werk mit dem Aufbau des Betriebs betraut waren. Aber auch der Bühler Raum verzeichnete jetzt einen stärkeren Bevölkerungszuwachs als das vordere und mittlere Murgtal mit Gernsbach und Gaggenau. Damit haben sich die Verhältnisse gegenüber den früheren Perioden gerade umgekehrt.

Unter den Zuwanderern bilden die deutschstämmigen Aussiedler aus Rußland, Polen, Rumänien und anderen Ländern eine eigene Gruppe, deren Eingliederung oft wegen der mangelhaften Sprachkenntnisse Schwierigkeiten bereitet. Für in Gruppen ankommende Spätaussiedler ist innerhalb Baden-Württembergs die Landesaufnahmestelle in Rastatt die erste Station. Sie verfügte im Jahr 1989 über 550 Plätze zur vorübergehenden Unterbringung. Von hier aus werden die Aussiedler auf die 40 Übergangswohnheime im Land verteilt. Seit 1987 steigerte sich vor allem aus dem Gebiet der ehemaligen UdSSR die Zahl der Aussiedler, die den dortigen instabilen und ungünstigen Verhältnissen entkommen wollten. Die hier bleibenden Aussiedler werden vom Ausgleichsamt des Landratsamts betreut. Im Dezember 1990 waren in 14 Gemeinden des Landkreises zusammen 1 780 Aussiedler (0,9 % der Einwohner) untergebracht, sowohl in Übergangswohnheimen als auch in Ausweichunterkünften wie z.B. Gasthäusern. Ziel ist natürlich, die Aussiedler möglichst rasch mit eigenen Wohnungen zu versorgen. So nahm 1995 in Hügelsheim der Wohnpark am Hardtwald viele Aussiedler aus Rußland, Polen und Rumänien auf.

Geschlechterproportion. – Von der Volkszählung vom Dezember 1852 an liegen für alle Orte des Kreisgebiets Zahlen über die männliche und weibliche Bevölkerung vor. Sieht man von der Stadt Rastatt ab, unterschieden sich die Frauenanteile im Kreisgebiet nur selten vom Landeswert. Fast immer herrschte sowohl im Land als auch im heutigen Kreisgebiet leichter Frauenüberschuß, der hohe Landeswert im Jahr 1900 wurde im Kreisgebiet jedoch nicht erreicht. Der Männerüberschuß 1939 erklärt sich aus dem Westwallbau. In der Stadt Rastatt bewirkten von der Mitte des 19. Jh. bis zum Ersten Weltkrieg die Bundesfestung und die Garnison ein deutliches Überwiegen der männlichen Bevölkerung. Die naheliegende Frage, ob sich bestimmte Orte über längere Zeiträume durch besonders hohe oder besonders niedrige Anteile an männlichen oder weiblichen Einwohnern auszeichneten, läßt sich verneinen. Die Anteile der beiden Geschlechter wechselten von Ort zu Ort und von Zählung zu Zählung. Lediglich in Bühl und Neusatz war wegen der Klöster seit etwa der Jahrhundertwende der Frauenanteil besonders hoch, ähnlich in Schwarzach bei den Volkszählungen von 1950 bis 1970.

Altersaufbau. – In der zweiten Hälfte des 19. Jh. lebte im Kreisgebiet, wie in Deutschland überhaupt, eine vergleichsweise junge Bevölkerung. Trotz hoher Säuglingssterblichkeit war 1885 noch ein gutes Drittel der Bewohner

1. Bevölkerung im 19. und 20. Jahrhundert

des heutigen Landkreises jünger als 14 Jahre, und nur 8 Prozent der weiblichen und 7 Prozent der männlichen Bevölkerung hatten ein Alter von 60 oder mehr Jahren. Ungefähr seit der Jahrhundertwende begannen die Anteile der höheren Altersklassen an der Bevölkerung zu wachsen und die der Kinder zu schrumpfen. Die Ursachen lagen zunächst mehr in der dank der medizinischen Fortschritte gestiegenen Lebenserwartung und erst später auch im Rückgang der Geburtenzahlen infolge der sozialen und wirtschaftlichen Veränderungen. Im Jahr 1939 war nur noch ein Viertel der Bevölkerung jünger als 14 Jahre. Bis zur Volkszählung von 1987 verschob sich der Altersaufbau weiterhin auffallend in Richtung auf die älteren und alten Jahrgänge, beschleunigt seit der letzten Volkszählung von 1970. In diesen 17 Jahren fiel der Anteil der Kinder (unter sechs und zwischen sechs und 15 Jahren) auf wenig mehr als die Hälfte und machte nur noch ein Sechstel der Bevölkerung aus. Erstmals war er 1987 im Kreisgebiet auch niedriger als im Land.

Auch der Anteil der Jugendlichen zwischen 15 und 20 Jahren lag 1987 so deutlich unter dem Anteil der Jugendlichen zwischen 15 und 21 Jahren von 1970, daß sich das nicht allein aus der unterschiedlichen Abgrenzung dieser Altersklasse erklärt. Selbst die Altersklasse von 30 bis unter 45 Jahren war 1987 weniger stark besetzt als 1970, dafür hatten die höheren Altersklassen deutlich zugelegt. Ein Fünftel der Bevölkerung des Kreisgebiets (15% der Männer und 24% der Frauen) war 60 oder mehr Jahre alt. Der Überalterungsindex als Maß für das Zahlenverhältnis der alten zur nachwachsenden jungen Bevölkerung – d.h. der Anteil der 65jährigen und Älteren an der Bevölkerung geteilt durch den Anteil der Unter-15jährigen –, hatte im Kreisgebiet noch 1950 bei 0,36 gelegen, stieg bis 1970 nur wenig auf 0,43, aber bis 1987 beschleunigt auf 0,95 an. Das bedeutet, daß sich eine zunehmende Überalterung der Bevölkerung im Kreisgebiet abzeichnet. Die Altersstruktur wird heute nicht mehr allein durch die natürliche Bevölkerungsbewegung – Geburten und Todesfälle –, sondern wesentlich auch durch die Wanderungsbewegung gesteuert.

Konfessionelle Gliederung. – In der Konfessionszugehörigkeit der Bevölkerung spiegelt sich noch heute, wenn auch nicht mehr scharf, die territoriale Ordnung vor der Wiedervereinigung der badischen Markgrafschaften 1771 und vor den Landgewinnen Badens in napoleonischer Zeit. Der größte Teil des Gebiets hatte vor 1771 zur katholischen Markgrafschaft Baden-Baden gehört. 1825 waren daher die meisten Gemeinden noch rein katholisch, nur in wenigen Orten lebten einzelne Evangelische. Selbst in der Amtsstadt Rastatt, wo durch Beamtenschaft, Garnison und Handel ein lebhafter Bevölkerungsaustausch stattfand, machten die 385 evangelischen Einwohner nur 7,5 Prozent der Bevölkerung aus. Eine Enklave im katholischen Gebiet bildeten 1825 Gernsbach mit zu zwei Dritteln evangelischer Einwohnerschaft sowie Staufenberg und Scheuern, wo 94 Prozent bzw. 77 Prozent der Einwohner evangelisch waren. Diese Orte hatten halb zu Baden-Baden gehört und halb zur evangelischen Linie der Grafen von Eberstein. Rein evangelische Gemeinden wurden erst durch die Kreisreform 1973 dem Landkreis zugeteilt, und zwar aus dem württembergischen Landkreis Calw die Gemeinde Loffenau und aus dem Landkreis Kehl die Stadt Lichtenau und die mit ihr vereinigten Dörfer Grauelsbaum, Muckenschopf und Scherzheim. Sie hatten einst zur evangelischen Grafschaft Hanau-Lichtenberg gehört und waren 1825 noch rein evangelisch, abgesehen von Lichtenau selbst, wo neben wenigen Katholiken 113 Israeliten (immerhin 10,4% der Einwohner) die Konfessionsstruktur belebten. Außer in Lichtenau wohnten Israeliten 1825 in größerer Anzahl in den Marktorten Bühl (222) und Kuppenheim (108), aber auch Rastatt, Gernsbach, Hörden, Schwarzach, Muggensturm und Stollhofen hatten jüdische Einwohner. Ihr Anteil an der Einwohnerschaft lag aber nur in Hörden etwas über 5 Prozent.

Dreißig Jahre später hatte sich an der Konfessionszugehörigkeit nichts Wesentliches geändert, allerdings war der katholische Bevölkerungsteil etwas stärker gewachsen als der evangelische. Trotzdem lebten jetzt außer in den evangelisch geprägten Gemeinden auch in anderen, meist größeren Orten einzelne evangelische Personen und Familien. Möglicherweise im Zusammenhang mit der rechtlichen Besserstellung der Juden war der kleine israelitische Bevölkerungsteil um mehr als ein Drittel angewachsen (von 677 auf 928 Personen), beschränkte sich jedoch noch auf dieselben Gemeinden wie im Jahr 1825. Nach wie vor lebten die meisten Juden (296) in Bühl, machten dort aber nur 7 Prozent der Bewohner aus, während in Lichtenau 177 Israeliten mit 16,6 Prozent der Einwohner eine starke konfessionelle Minderheit bildeten. In Rastatt hatte die Anzahl der jüdischen Religionsangehörigen um 80 Prozent zugenommen, nur in Gernsbach und Schwarzach war sie zurückgegangen.

In der zweiten Hälfte des 19. Jh. begannen sich leichte Verschiebungen in der Konfessionsstruktur abzuzeichnen.

Bis 1900 verdoppelte sich die evangelische Einwohnerschaft nahezu, während die katholische nur um ein knappes Viertel zu- und die jüdische um etwa ein Zehntel abnahm. Diese Veränderungen gingen mit Sicherheit mehr auf Wanderungsvorgänge zurück als auf die unterschiedliche Geburtenhäufigkeit bei den drei Konfessionsgruppen. Rastatt war schon zu einem Drittel evangelisch, im Murgtal hatte die Papierfabrikation evangelische Arbeiter angezogen. Im Gegenzug hatten sich auch in den bisher rein evangelischen Orten, ausgenommen Muckenschopf, einige Katholiken angesiedelt. In Gernsbach war der katholische Anteil gestiegen. Israeliten lebten zwar noch immer in den gleichen Orten wie früher, bevorzugten aber die Städte Rastatt und Bühl deutlich. Allerdings hatte ihre Anzahl auch in Bühl ab- und nur in Rastatt zugenommen.

Die politischen und wirtschaftlichen Umwälzungen des Ersten Weltkriegs und der Inflationszeit sowie eine sich steigernde Mobilität der Bevölkerung im Zuge des industriellen Ausbaus in den 1920er Jahren verstärkten die Durchmischung der Bevölkerung und der Konfessionen. 1933 waren nur noch drei Orte, nämlich Balzhofen, Oberwasser und Leiberstung zu hundert Prozent katholisch und kein Ort mehr rein evangelisch. Altkatholiken, 1900 noch nicht gesondert ausgewiesen, gab es 1933 nur wenige. Auffallender sind die 882 Personen, die nach ihrer Religionszugehörigkeit als »Sonstige« klassifiziert wurden. Ihre Zahl lag 1925 noch bei 500 und umschloß auch Personen unbekannter Konfession. 1933 waren sie vereinzelt in zahlreichen Gemeinden vertreten, konzentrierten sich jedoch deutlich auf Rastatt und Gaggenau samt Umgebung. Vermutlich wirkte sich auch schon die religionsfeindliche Haltung des Nationalsozialismus aus. Auf jeden Fall weist die Zunahme dieser Personengruppe auf eine Aufweichung der konfessionellen Bindungen hin, die nach dem Ersten Weltkrieg eingesetzt hat. Trotz dieser Veränderungen im einzelnen blieb die eindeutige Dominanz der katholischen Religion unangetastet und hatte sich seit 1900 sogar auf 87,5 Prozent erhöht, wenn man wie 1900 die evangelische Gemeinde Loffenau unberücksichtigt läßt.

Israeliten hatten sich schon vor 1925 im aufstrebenden Gaggenau und in Ottersweier niedergelassen, dort möglicherweise auch als Patienten in der Kreispflegeanstalt. Trotzdem war ihre Gesamtzahl im Kreisgebiet 1925 auf 599 geschrumpft und ging bis 1933 weiter auf 445 zurück. Nach der Machtergreifung Hitlers konnte ein Teil der jüdischen Einwohner nach USA, Frankreich, England, in die Niederlande und nach Palästina auswandern. Die übrigen wurden fast alle nach Gurs deportiert und umgebracht oder in Auschwitz ermordet.

Über die Kriegs- und Nachkriegszeit setzte sich die allmähliche Durchmischung der Konfessionen weiter fort. Der Zustrom der Heimatvertriebenen und Flüchtlinge wirkte sich dabei wenig aus, da die meisten Neubürger aus katholischen Gebieten kamen. 1950 war der Anteil der Katholiken auf 82,6 Prozent leicht zurückgegangen, jener der Evangelischen von 12,5 Prozent auf 16,3 Prozent gestiegen. Die Zahl der keiner der beiden großen Konfessionen Angehörigen war zwar seit 1933 gewachsen, aber ihr Anteil war im Kreisgebiet geringer als in Baden und im nachmaligen Baden-Württemberg. Erst der durchgreifende wirtschaftliche Strukturwandel mit seiner gesteigerten räumlichen Mobilität der Bevölkerung veränderte die Konfessionsstruktur nachhaltiger, freilich ohne der katholischen Konfession ihr Übergewicht zu nehmen. 1970 waren in gut der Hälfte der damaligen Gemeinden noch mehr als 85 Prozent der Einwohner katholisch, im gesamten Kreisgebiet genau drei Viertel. Bis 1987 fiel der Katholikenanteil auf 72,3 Prozent. Der Anteil derjenigen, die sich zu keiner der erfaßten Glaubensgemeinschaften bekannten, war gegenüber den früheren Zählungen deutlich gestiegen, lag aber auch 1987 mit 6 Prozent noch niedriger als im Regierungsbezirk Karlsruhe und im Land Baden-Württemberg. Auch die Zuwanderung von Ausländern trug zur Veränderung der Konfessionsstruktur bei. Nur die Hälfte der ausländischen Einwohner war 1987 katholisch, gut ein Viertel gehörte dem Islam an. Die größte Zahl muslimischer Einwohner wies mit 937 Personen oder 2,4 Prozent der Bevölkerung Rastatt auf; in Forbach und Lichtenau waren 4 Prozent Muslime.

Nationalität. – Noch im Jahr der Reichsgründung von 1871 waren Ausländer im heutigen Kreisgebiet eine Seltenheit. Im ganzen Gebiet lebten nur 213 Reichsausländer (0,3 % der Bevölkerung), davon die Hälfte in Rastatt. Etwa 15 Jahre später begann der Bau der Murgtalbahn ausländische Arbeitskräfte, vor allem Italiener, anzuziehen. Die Volkszählung 1905 erfaßte, obwohl sie außerhalb der Arbeitssaison durchgeführt wurde, im Amtsbezirk Rastatt 793 Reichsausländer, darunter 419 Italiener (die nächstgrößere Gruppe bildeten die 196 Angehörigen der österreichischen Länder). Es waren fast ausschließlich Männer, und sie konzentrierten sich auf Rastatt und das Murgtal; in Langenbrand machten sie 15, in Gausbach 9 Prozent der Einwohner aus. Waren diese Arbeitskolonnen auch nur vorüberge-

1. Bevölkerung im 19. und 20. Jahrhundert

hend beschäftigt, so ließen sich doch etliche Arbeiter dauernd im Murgtal nieder. Im Amtsbezirk Bühl wurden 1905 nur 86 Ausländer gezählt, meist Österreicher, Schweizer und Italiener.

Die Jahrzehnte vom Ersten bis nach dem Zweiten Weltkrieg waren wenig dazu angetan, Zuzug aus dem Ausland zu fördern. Während des Zweiten Weltkriegs waren in den Industriebetrieben des Altkreises Rastatt Fremdarbeiter und Kriegsgefangene eingesetzt. Bis zum Kriegsende sollen sich rund 1 300 dienstverpflichtete Fremdarbeiter, davon etwa 270 aus dem Elsaß, 220 aus Frankreich, 120 aus Polen, 630 aus Rußland und 80 aus anderen Ländern im Arbeitseinsatz befunden haben. Auch die mehr als 1 000 Kriegsgefangenen und internierten Insassen des »Sicherungslagers Vorbruck, Außenstelle Gaggenau« in Rotenfels, unter ihnen auch deutsche politische Häftlinge, arbeiteten hauptsächlich in den Industriebetrieben Gaggenaus. Nach Rotenfels wurde gegen Kriegsende auch das Konzentrationslager Schirmeck im Elsaß mit überwiegend elsässischen Insassen verlegt. Solange an der Autobahn gebaut wurde, arbeiteten dort erst 150 französische, dann 150 russische Kriegsgefangene aus einem Lager in Rauental.

Seit Mitte der 1950er Jahre, als die Heimatvertriebenen und Flüchtlinge in den Arbeitsmarkt eingegliedert waren und Hochkonjunktur, Vollbeschäftigung und Arbeitskräftemangel herrschten, holten die Betriebe Arbeitskräfte aus dem Ausland, seit 1955 aus Italien, dann auch aus Spanien und Griechenland (1960), der Türkei (1961), Marokko (1963), Portugal (1964), Tunesien (1965) und Jugoslawien (1968). 1961 beschäftigten Baugewerbe und Metallindustrie im damaligen Landkreis Rastatt rund 3 000 ausländische Arbeitnehmer, etwa zur Hälfte Grenzgänger aus dem Elsaß, sonst hauptsächlich Italiener. Außer als Arbeitnehmer ließen sich Ausländer auch als selbständige Gewerbetreibende nieder, insbesondere im Gastgewerbe. 1970 hatten 9 960 Personen oder 5 Prozent der Bevölkerung ausländische Staatsangehörigkeit; drei Viertel der Ausländer konzentrierten sich auf den Raum Rastatt und das Murgtal. Im ehemaligen Landkreis Bühl hatten nur die Industriestandorte Bühl (421) und Bühlertal (347) und ihre Nachbardörfer als Wohnorte eine nennenswerte Zahl von ausländischen Einwohnern. 1971 war jede siebte Erwerbsperson Ausländer. Die 40 Prozent Ausländer aus Mitgliedsstaaten der Europäischen Gemeinschaft brauchten seit Erlaß der EWG-Verordnung über die Freizügigkeit der Arbeitnehmer innerhalb der Gemeinschaft (1968) keine Arbeitserlaubnis mehr; trotzdem stellten seit dem deutsch-jugoslawischen Abkommen die Jugoslawen die größte Ausländergruppe. Im Jahr 1979 lebten 13 141 Ausländer im Landkreis, darunter 4 970 Jugoslawen, 3 172 Italiener und 2 017 Türken; etwa die Hälfte von ihnen wohnte in den beiden Städten Gaggenau und Rastatt.

Wirtschaftliche Rezession und zunehmende Automatisierung der industriellen Fertigung senkten seit Beginn der 1970er Jahre den Bedarf an Arbeitskräften. Wirtschaft und Verwaltung versuchten, den ausländischen Arbeitnehmern die Rückwanderung, u.a. durch finanzielle Anreize, schmackhaft zu machen. Nachzug der oft kinderreichen Familien dürfte die Hauptursache dafür sein, daß trotz Rückwanderungen und Anwerbestop die Zahl der fremden Staatsangehörigen zwischen den Volkszählungen von 1970 und 1987 um 2 675 Personen oder 27 Prozent zunahm. Dies wirkte sich auf die Altersstruktur und die Geschlechterproportion aus. In der Altersgliederung unterschied sich 1985 die ausländische von der deutschen Bevölkerung durch einen höheren Anteil an Kindern und Jugendlichen und einen geringeren Anteil an Älteren über 60 Jahre, außerdem durch einen höheren Männeranteil. Bis zum Jahr 1994 hatte sich die ausländische Bevölkerung in ihrer Alters- und Geschlechterstruktur der deutschen Bevölkerung angenähert. Nach der Nationalität überwogen auch 1987 im Landkreis Rastatt die Jugoslawen, gefolgt von Türken und Italienern. Damit unterschied sich das Kreisgebiet von den übergeordneten Gebietseinheiten; sowohl im Regierungsbezirk Karlsruhe als auch in der Region Mittlerer Oberrhein und im Land Baden-Württemberg waren die Türken die stärkste Volksgruppe unter den Ausländern.

Unter den Türken und Jugoslawen waren 1987 auch Asylbewerber und Asylanten. Seit Mitte der 1980er Jahre nahm der Zustrom von Asylbewerbern aus politischen und wirtschaftlichen Krisengebieten zu. Schon 1979 hatte die Bundesregierung das Asylbewerberzuweisungsgesetz erlassen, angewendet wird es seit 1985. Danach mußten Gemeinden mit mehr als 10 000 Einwohnern Asylbewerber nach einer Quote von 4,9 je tausend Einwohner aufnehmen. Die Kosten für diese Pflichtaufgabe der Gemeinden erstattet das Land. 1989 wurde das Zuweisungsgesetz durch das inhaltlich weitgehend identische Unterbringungsgesetz abgelöst, das jedoch alle Gemeinden unabhängig von ihrer Einwohnerzahl zur Aufnahme von Asylbewerbern verpflichtet. In den kleinen Gemeinden soll die Quote allerdings nur zu 80 Prozent erfüllt werden.

Seit 1987 nahm die Zahl der aufgenommenen Asylsuchenden von Jahr zu Jahr zu und erreichte ihren Höhe-

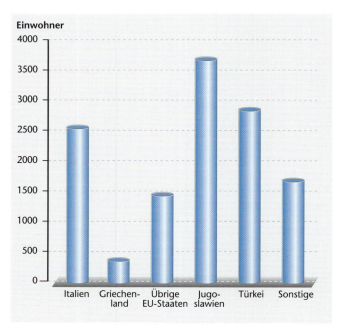

Ausländer 1987 nach Staatsangehörigkeit.

punkt im Jahr 1993. Danach ging sie wieder zurück und lag 1996 auf dem gleichen Stand wie 1990. Die wechselnde nationale Zusammensetzung der Asylsuchenden spiegelt das Bild der politischen und kriegerischen Krisenherde, modifiziert durch die räumliche Entfernung der Herkunftsländer. So nahm die Zahl der aus arabischen Ländern Geflohenen seit 1987 spürbar ab, während seit 1990 zunehmend mehr Menschen aus dem Gebiet des zerfallenden jugoslawischen Staats einströmten und bald fast die Hälfte der im Landkreis Rastatt aufgenommenen Asylbewerber ausmachten. Für 1994 waren in den Orten des Landkreises Rastatt, außer in der Stadt Rastatt, für die keine Zahlen vorliegen, und außer den in Sammelunterkünften Untergebrachten 737 Asylbewerber aus dem ehemals jugoslawischen Territorium gemeldet. Seither ist diese Zahl etwas gesunken. Auch die Asylsuchenden aus der Türkei erreichten in den Jahren 1993/94 ihre Höchstzahl.

Sozialstruktur. – Die überkommene und zu Beginn des 19. Jh. noch recht festgefügt erscheinende gesellschaftliche Ordnung wurde in dessen weiterem Verlauf auf- und umgebrochen, so daß die sozialen Umwälzungen des 20. Jh. als folgerichtige Weiterführung der damals in Gang gesetzten Prozesse gesehen werden können. Baden entwickelte sich vom reinen Agrarland zum industriell geprägten Staat, wenn auch vergleichsweise spät und mit weniger heftigen Turbulenzen als andere deutsche Länder. Im Kreisgebiet, dessen wirtschaftliche Grundlagen noch in der Mitte des 19. Jh. fast ausschließlich Land- und Forstwirtschaft waren, begann die industrielle Entwicklung im Murgtal. Die Bewohner der Dörfer des nördlichen Kreisgebiets gerieten, insbesondere nachdem 1895 die Eisenbahnlinie Karlsruhe–Forchheim–Durmersheim–Rastatt eröffnet war, in den Sog der Karlsruher Industrie und wurden zu Arbeiterbauern. Das südliche Kreisgebiet um Bühl dagegen blieb am längsten landwirtschaftlich ausgerichtet. Die Volks- und Berufszählung von 1895 erlaubt zum ersten Mal eine Gliederung der Bevölkerung nach dem sozioökonomischen Merkmal der Zugehörigkeit der Erwerbstätigen zu den verschiedenen Wirtschaftsabteilungen.

In den Orten der Rheinebene, abgesehen von der Stadt Rastatt, ernährte die Land- und Forstwirtschaft drei Viertel der Bevölkerung. In den Orten nördlich von Rastatt arbeiteten bereits 18, in den Orten südlich von Rastatt nur 11 Prozent der Erwerbstätigen in Industrie und Gewerbe. Sehr gering waren in beiden Teilen der Ebene sowohl die Wirtschaftsabteilungen Handel und Verkehr als auch Staats- und Gemeindedienst, freie Berufe und Berufslose vertreten. Die Haushaltungen waren im südlichen Teil im Durchschnitt etwas größer als im nördlichen, aber die Erwerbsquote, d.h. die Zahl der hauptberuflich Erwerbstätigen je 1 000 Einwohner, lag mit 497 über derjenigen im nördlichen Teil (476), es gehörten demnach zu den bäuerlichen Haushalten durchschnittlich mehr Erwerbstätige als zu den Arbeiterhaushalten.

Die Vorbergzone wies eine höhere Erwerbsquote (526) auf als die Ebene, die Berufsstruktur war vielfältiger, Land- und Forstwirtschaft ernährten nur 56 Prozent der Bewohner. In Bühl ernährten Handel und Verkehr (einschließlich Versicherungs- und Gastgewerbe) mehr als ein Viertel der Einwohner, weit mehr als in jedem anderen Ort des Kreisgebiets. In Ottersweier nahm die in sich äußerst ungleichartige Wirtschaftsabteilung »Staats- und Gemeindedienst, freie Berufe und Berufslose« eine ähnliche Stellung ein. Ihr gehörten 28 Prozent der Einwohner der Gemeinde an – ein Wert, der im Kreisgebiet nur von Rastatt übertroffen wurde.

Die niedrigste Erwerbsquote wies mit 458 der Schwarzwald außerhalb des Murgtals auf. Rund zwei Drittel der Be-

1. Bevölkerung im 19. und 20. Jahrhundert 175

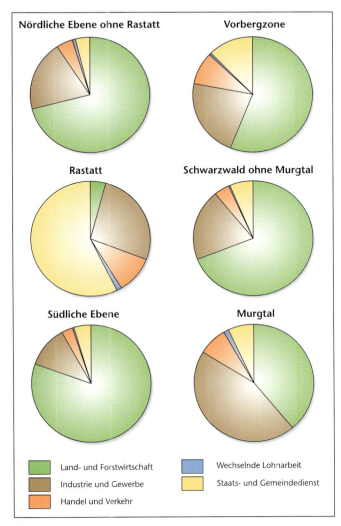

Überwiegender Lebensunterhalt 1895 nach Zugehörigkeit der Berufsbevölkerung zu den Wirtschaftsabteilungen.

wohner lebten von der Land- und besonders der Forstwirtschaft, viele von ihnen, vor allem die Bewohner der Kolonien Herrenwies und Hundsbach, allerdings ziemlich schlecht. Vergleichsweise hoch war mit einem Fünftel auch der Anteil der Bevölkerung, die ihren Lebensunterhalt aus gewerblicher Tätigkeit bezog, während Handel und Verkehr nur wenig beitrugen. Zur Sparte Öffentlicher Dienst/freie Berufe/Berufslose zählten sich knapp sieben Prozent der Bevölkerung.

Im Murgtal, wo eine alte gewerbliche Tradition der Glashütten und Eisenhämmer bestand, hatten sich bis 1895 bereits mehrere Betriebe der Eisen- und der Papierindustrie angesiedelt. Die Erwerbsquote war mit 480 Erwerbstätigen auf 1 000 Einwohner trotzdem im Vergleich nicht hoch, lag aber, ähnlich wie in den beiden Teilräumen der Ebene, bei der land- und forstwirtschaftlichen Bevölkerung höher als bei der gewerblichen Bevölkerung. Von den Erwerbstätigen arbeiteten schon 40 Prozent in Industrie und Gewerbe und noch 43 Prozent in der Land- und Forstwirtschaft. Von Handel und Verkehr einschließlich des Gast- und Versicherungsgewerbes lebten trotz des noch immer blühenden Holzhandels nur 7 Prozent der Bevölkerung. Öffentlicher Dienst, freie Berufe und Berufslose hatten eine ähnlich geringe Bedeutung wie im übrigen Schwarzwald.

Die höchste Erwerbsquote hatte mit 693 die Stadt Rastatt, die wegen ihrer Eigenart als Garnison und Verwaltungssitz als einzelner Teilraum ausgeschieden wurde. Hinter der Garnison mit ihren 5 600 Soldaten (61 % der Erwerbstätigen) verschwanden alle anderen Wirtschaftsbereiche. Selbst Industrie und Gewerbe beschäftigten trotz einiger Industriebetriebe und des von der Garnison profitierenden Textil- und Nahrungsmittelgewerbes (Brauereien) nicht ganz ein Fünftel der Erwerbstätigen, die aber den Unterhalt von 44 Prozent der abhängigen Bevölkerung bestritten. Da die meisten Militärpersonen ohne Angehörige in der Kaserne lebten, zählten nur 15 Prozent der Angehörigen und häuslichen Dienstboten zum Militärbereich. Trotz Bezirksamt und Amtsgericht beschäftigten der zivile Staats-, Gemeinde- und Kirchendienst sowie das Gesundheitswesen nur knapp drei Prozent der Erwerbstätigen und ernährten knapp zehn Prozent der abhängigen Bevölkerung.

Mehr als vierzig Jahre vergingen, bis 1939 wieder eine Volkszählung Auskunft über die Berufszugehörigkeit der Bevölkerung gab. Dazwischen lagen eine Zeit des industriellen Wachstums auch in Teilen des Kreisgebiets, abgebrochen durch den Ersten Weltkrieg, und die krisengeschüttelten 1920/30er Jahre, in denen sich zwar die Industrie, insbesondere die Automobilindustrie im Murgtal, wieder ausdehnte und insgesamt die Landwirtschaft als Haupterwerb zurückgedrängt wurde, in denen aber auch immer wieder Arbeitslosigkeit die Existenz bedrohte und viele Arbeiter froh waren, wenn sie auf Nebenerwerbslandwirtschaft ausweichen konnten, um wenigstens die Grundnahrungsmittel selbst zu erzeugen.

Gegenüber 1895 ist der Anteil der Berufszugehörigen zu Land- und Forstwirtschaft zurückgegangen. Er lag jetzt bei den Männern niedriger (18%) als bei den Frauen (36%), ein deutliches Zeichen für ausgeprägte Nebenerwerbslandwirtschaft. Am stärksten war der Rückgang im nördlichen Teil der Ebene und im Schwarzwald außerhalb des Murgtals. Im südlichen Teil der Ebene ernährte die Land- und Forstwirtschaft noch immer 61 Prozent der Bevölkerung, im nördlichen Teil nur noch 28 Prozent. Entsprechend erhöht hatte sich der Anteil der Berufszugehörigen zu Industrie und Handwerk, und hier war der Anteil bei den Männern (57%) weit höher als bei den Frauen (35%), insbesondere im Einzugsbereich der Karlsruher Industrie. Handel und Verkehr ernährten einen etwas größeren Bevölkerungsanteil als 1895 (10% der Männer und 9% der Frauen), hatten aber noch immer keine große Bedeutung. Von Arbeit im Öffentlichen Dienst und im Dienstleistungsgewerbe lebten nur 8 Prozent der Männer und Frauen, zu den selbständigen Berufslosen und ihren Angehörigen zählten 7 Prozent der männlichen und 9 Prozent der weiblichen Bevölkerung. Auch 1939 hatte in Rastatt, Bühl und Ottersweier der Dienstleistungsbereich eine größere Bedeutung für das Erwerbsleben als sonst im Kreisgebiet.

Bis zur Volkszählung von 1950 änderte sich trotz oder vielleicht wegen der Kriegs- und Nachkriegszeit an der Sozialstruktur im Kreisgebiet nur wenig. Der Anteil der Berufszugehörigen zur Land- und Forstwirtschaft ging weiter, wenn auch nur leicht, zurück. Einschneidender war es, daß 1950 der Anteil von Industrie und Handwerk fast durchweg geringer war als 1939 und daß im Murgtal, in Rastatt und in den Orten der nördlichen Ebene, wo sie bisher besonders stark vertreten waren, auch ihre absolute Anzahl abgenommen hatte, da Industriebetriebe zerstört waren und die Rohstoffe zur Produktion fehlten. Der Anteil von Handel und Verkehr hatte sich leicht, derjenige von öffentlichem und privatem Dienstleistungsbereich etwas mehr erhöht. Stark angewachsen war, sowohl absolut als auch prozentual (von 8% auf 15%) die uneinheitliche Gruppe der selbständigen Berufslosen.

Stand die berufliche Gliederung der Bevölkerung nach ihrer Zugehörigkeit zu den Wirtschaftsabteilungen 1950 noch unter den Auswirkungen von Krieg und Nachkriegszeit, so spiegelt sich in den Zahlen, die die Volkszählungen von 1961 und 1970 liefern, der nunmehr beschleunigt ablaufende Strukturwandel von der landwirtschaftlichen zur Industrie- und allmählich zur Dienstleistungsgesellschaft bei stetiger Zunahme der nicht mehr von Arbeitseinkom-

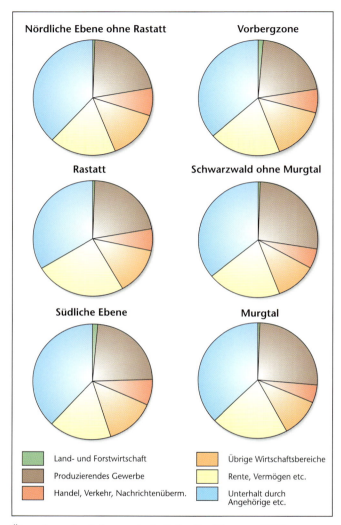

Überwiegender Lebensunterhalt der Bevölkerung 1987.

men, sondern von Rente, Pension, eigenem Vermögen oder Fürsorge Lebenden.

Die derzeit jüngste Volkszählung vom Mai 1987 zeigt, daß die Land- und Forstwirtschaft als Haupterwerbszweig ihre Rolle für das Erwerbsleben der Landkreisbevölkerung fast völlig eingebüßt hat. Obgleich sich die Zahlen nicht genau vergleichen lassen, ist offensichtlich, daß das Produzierende Gewerbe als Nahrungsquelle für die Bevölkerung zwar an Bedeutung gewonnen hat, daß aber der Zuwachs im Tertiären Sektor, d.h. im öffentlichen und privaten Dienstleistungsbereich, größer war, während Handel, Verkehr und Nachrichtenübermittlung ihren Anteil nur wenig verbessert haben. 1987 lebte ein Fünftel der Kreisbevölkerung von Rente, Pension, Arbeitslosengeld oder Vermögen. Daß dieser Anteil doppelt so groß war wie derjenige der selbständigen Berufslosen von 1950, liegt nicht nur daran, daß er auch die Erwerbslosen in sich begriff, die 1950 zu den Erwerbspersonen gezählt wurden, sondern weit mehr an der veränderten Altersstruktur und der Zunahme der bereits aus dem Arbeitsleben Ausgeschiedenen, die von Rente und Pension leben.

Der Rückgang der hauptberuflichen Land- und Forstwirtschaft und die betriebliche Konzentration im Produzierenden Gewerbe veränderten auch die Gliederung der Erwerbstätigen in ihrer beruflichen Stellung. Die Anteile der Selbständigen und der mithelfenden Familienangehörigen gingen seit 1961 zugunsten der in abhängiger Stellung Arbeitenden zurück, und innerhalb der abhängig Beschäftigten nahm der Anteil der Arbeiter ab und der Anteil der Beamten und Angestellten zu, eine Folge der Ausdehnung des Tertiären Sektors und der steigenden Bedeutung der Verwaltung auch bei den Firmen des Produzierenden Gewerbes. Mit der Veränderung der Altersstruktur, der Abnahme der Kinderzahl und der Abkehr von der Landwirtschaft verbinden sich auch Änderungen in der Lebensform, zu messen unter anderem am Familienstand und an der Haushaltsgröße.

Im Jahr 1900 war zwar ein weit größerer Teil der erwachsenen Bevölkerung (ab 15 Jahre) unverheiratet als heute, lebte aber meist in Haushaltsgemeinschaft mit Verwandten. Die Eheschließung war aus wirtschaftlichen Gründen noch immer nur einem Teil der Bevölkerung möglich. Durchschnittlich bestand ein Privathaushalt aus 4,6 Personen. Die örtlichen Unterschiede waren nicht sehr groß, nur in den meisten Schwarzwaldorten waren dank der hier verbreiteten Einzelhöfe und Hofgruppen die Haushalte im Durchschnitt mehr als fünf Personen stark. Auch 1925 war im Kreisgebiet nur die Hälfte der Einwohner ab 14 Jahren verheiratet. Erst danach verloren offenbar wirtschaftliche Gründe als Ehehindernis ihre Bedeutung. Für 1950 liegen keine Angaben über den Familienstand der Bevölkerung vor, aber die durchschnittliche Größe der Haushalte war auf 3,3 Personen gesunken, übereinstimmend damit waren 14 von 100 Haushalten Einpersonenhaushalte.

Zwanzig Jahre später waren zwei Drittel der Einwohner ab 15 Jahre verheiratet, und bei den Unverheirateten war die Neigung geschwunden, mit ihren Familien zusammenzuwohnen. Hinter der statistischen Größe Einpersonenhaushalt verbergen sich ohnehin völlig verschiedene Sachverhalte. Die Bandbreite reicht von den gut verdienenden jungen Leuten, die aus dem Elternhaus ausgezogen sind und (noch) keine Familie gegründet haben, bis zu den alten und von ihrer Rente lebenden Menschen, die nach dem Tod des Partners allein geblieben sind. Die Tendenz zum Einpersonenhaushalt verstärkte sich inzwischen, so daß 1987 in einem Viertel aller Privathaushaltungen nur eine Person lebte. Zwei Drittel dieser Einpersonenhaushalte wurden von alleinstehenden Frauen geführt. Wie zu erwarten, war in den Städten Rastatt, Gernsbach und Gaggenau der Anteil an Einpersonenhaushalten (27 bis 30% der Haushalte) besonders groß. Gegenüber 1970 war auch der Anteil der Ledigen an der erwachsenen Bevölkerung gestiegen, sicher ein Hinweis darauf, daß unter den Einpersonenhaushalten immer mehr junge Menschen zu suchen sind. Der Vergleich mit den Verhältnissen im Regierungsbezirk Karlsruhe und im Land Baden-Württemberg weist den Landkreis Rastatt nach dem Familienstand der Bevölkerung durch einen größeren Anteil an Verheirateten und einen geringeren Anteil an Geschiedenen und auch nach der Haushaltsgröße noch als konservativer geprägt aus.

2. Volkskultur und Brauchtum

Volkskultur und Geschichte. – Noch um die Mitte des 19. Jh. lebte ein Großteil der Bevölkerung im Gebiet des Kreises Rastatt von der Landwirtschaft. Saat- und Erntezyklen, existentielle Nebenerwerbsformen, herrschaftliche bzw. staatliche Abgabe- und Erbregelungen, personale, gemeinschaftliche und konfessionelle Strukturen schufen eine spezifisch ländliche Volkskultur, die sich etwa im Hausbau, in der materiellen Ausstattung, im Brauchtum oder in schriftlichen und mündlichen Überlieferungen niederschlug. Zahlreiche Quellen gestatten die Spurensuche nach dem Alltag der Menschen, wenngleich die historische Kulturforschung hierbei oft auf das Lesen zwischen den Zeilen verwiesen ist. So berichtet eine alte Dorfordnung von 1524 aus Bermersbach von den Regeln der dörflichen Gemeinschaft, der Wahl ihrer Rechtsvertreter gegenüber der Gemeinde und der Herrschaft, den Vorschriften zur Weide- und Waldnutzung, den Schutzmaßnahmen vor Feuersgefahr und zur Reinhaltung des Trinkwassers. An Feiertagen hatte während des Gottesdienstes abwechselnd ein Bauer die Aufsicht über alle Herdstätten des Dorfs wahrzunehmen – vermutlich durften sich die Geistlichen damals noch gut besetzter Gotteshäuser erfreuen. Das Waschen von Wäsche oder das Einweichen von Schindeln und Weiden in einem Brunnen stand unter Strafe, zumindest mußte nach derartigen Verrichtungen der Trog sofort gereinigt werden. Dorfgenossen stand der unentgeltliche Einschlag von Bauholz im Gemeindewald zu. Bei Todesfällen schrieb das geltende Recht je nach Stand und Zugehörigkeit des Verstorbenen bestimmte Verhaltensweisen für das Begräbnis vor. Dorfordnungen besaßen keine allgemeine und allerorts praktizierte Rechtsgrundlage. Ihre Bestimmungen entsprachen stets einer konkreten lokalen Übereinkunft zwischen der Einwohnerschaft und ihren Grund- und Landesherren.

Neben den Dorfordnungen griffen landesherrliche Erlasse und Verfügungen in den unmittelbaren Lebensbereich der Untertanen ein. Der Aufklärung verpflichtete Regierungen setzten genaue Bauvorschriften durch, um etwa feuergefährdete Strohbedachungen zu unterbinden, gemauerte Fundamente zwingend vorzuschreiben oder allzu großer Holzverschwendung vorzubeugen. Eine Reisebeschreibung von 1795 vermerkt für das Murgtal: *Die Dörfer dieser Gegend haben ein heiteres Ansehen, und zeugen von dem Wohlstande ihrer Bewohner [...], so kann man nicht umhin, sehr ernsthafte Betrachtungen über den Einfluß der Regierenden auf das Wohl der Menschheit anzustellen.* Tatsächlich sind die Auswirkungen dieser administrativen Eingriffe in der Hauslandschaft des Landkreises ablesbar.

Auf konfessionellem Gebiet haben weltliche und geistliche Herrschaften ebenfalls ihre Ansprüche wahrgenommen. Nach den Regeln des Augsburger Religionsfriedens 1555 entschied der Landesherr über die Glaubenszugehörigkeit seiner Untertanen. Obgleich die Markgrafen von Baden-Baden wiederholt mit dem lutherischen Bekenntnis sympathisiert haben, blieben die Pfarreien im Landkreis schließlich mit wenigen Ausnahmen bei ihrer angestammten Lehre. Im Gefolge gegenreformatorischer Bemühungen entstanden neue Ordensgründungen der Kapuziner und Jesuiten. Mitglieder der markgräflichen Familie, insbesondere Markgräfin Franziska Sibylla Augusta, Gemahlin des »Türkenlouis«, taten sich als Förderer des katholischen Bekenntnisses hervor. Die intensive Verehrung des hl. Nepomuk an Murg und Rhein ist maßgeblich dem Wirken dieser Frau zuzuschreiben, die sich auch als großherzige Stifterin für die Wallfahrtskirche Maria Linden bei Ottersweier verewigt hat. Schließlich leisteten die seit der Frühzeit ohnehin zahlreich im Land begüterten Klöster bis zu ihrer Aufhebung 1803 einen wichtigen Beitrag zum konfessionell geschlossenen Erscheinungsbild dieser Region. So begleitete eine Schar Heiliger, Patrone und Nothelfer den bäuerlichen Lebens- und Jahreslauf, kirchliche Feier- und Gedenktage dienten auch als profane Zeitmarken für Zehntleistungen, Jahrmärkte oder Dienstbotenverhältnisse.

Alltagskultur. – Die Forschung zur Geschichte der privaten Lebensführung im ländlichen Raum stößt oft auf eine ausgeprägte Quellenarmut. Die amtliche Überlieferung in Staats- und Kommunalarchiven betrifft überwiegend Vorgänge von öffentlicher, fiskalischer, zivil- und strafrechtlicher Bedeutung. Aufzeichnungen privater Genese finden Eingang in Haus- und Tagebüchern, Hof- und Dorfchroniken, Briefen und Kalendernotizen. Aufgrund ihres eher

2. Volkskultur und Brauchtum

singulären Auftretens und ihrer individuellen Autorenschaft stellt diese Quellengattung für den Einzelfall aussagekräftige Materialien bereit. Hingegen erlauben Ortsbereisungsprotokolle, Visitationsberichte und statistische Erhebungen, den Lebensverhältnissen innerhalb einer Region nachzuspüren. Ein besonderer Rang kommt hierbei der volkskundlichen Fragebogenerhebung von 1894/95 zu. Damals wurden Lehrer oder Pfarrer in allen badischen Schulorten zu Angaben über Orts- und Flurnamen, Hausbau, Dorfanlage, Tracht, Ernährung, Gewerbezweige, Sitten, Bräuche und volkstümliche Überlieferungen aufgefordert. Das Unternehmen sollte wissenschaftliche Kenntnis vom »badischen Volksleben« erbringen, das die beteiligten Hochschullehrer Elard Hugo Meyer, Friedrich Pfaff und Friedrich Kluge im Fortbestehen ungebrochener bäuerlicher Kontinuitäten erkannten. Dennoch stellt die Fragebogensammlung für Baden ein einmaliges Datenmaterial dar. Erfreulicherweise sind aus nahezu allen Gemeinden des heutigen Landkreises Rastatt die Befragungsunterlagen erhalten. Für den Bereich der Rheinauendörfer zwischen Stollhofen und Au am Rhein liegt auf der Basis des genannten Quellenwerks eine gelungene Aufarbeitung vor.

Hausbau. – Noch vor wenigen Jahrzehnten war es für kundige Reisende leicht möglich, am Baubestand der Dörfer und Kleinstädte die jeweilige Hauslandschaft zu erkennen. Wohl haben sich dank denkmalpflegerischer und privater Maßnahmen angestammte Haustypen in stattlicher Zahl erhalten; jedoch gingen sie mit wenigen Ausnahmen im Umfeld stark angewachsener und nach modernen Baurichtlinien gestalteter Siedlungen ihrer ortsbildprägenden Ansicht verlustig.

Das Gebiet des Landkreises gehört im Sinne der Hausforschung keiner geschlossenen Hauslandschaft an, was angesichts seiner Lage zwischen dem Schwarzwald und den Vogesen und seiner historischen Entwicklung nicht verwundert. Vorteilhafte Existenzgrundlagen und reichliche Holzvorkommen der Aue- und Hochwälder brachten differenzierte Haustypen hervor, die der jeweiligen Lebens- und Wirtschaftsweise angepaßt waren. Die früher übliche stammesgeschichtliche Unterscheidung zwischen alemannischer und fränkischer Bauweise hat sich bauhistorisch als unhaltbar erwiesen. So sind die vielfach in der Literatur genannten Hausgrenzen zwischen Niederalemannen und Südrheinfranken entlang der Murg heute nicht mehr aufrechtzuerhalten. Das ursprüngliche oberrheinische Wohn-

Fachwerkhaus in Lichtenau (Museum).

haus, das innerhalb einer Vielhausanlage stand, erhob sich auf zwei Säulen mit einem Firstbalken. Im Mittelalter wurde durch den Einzug eines weiteren Tragbalkens die Aufteilung des bislang einräumigen Hauses in einen separaten Herd- und Wohn-Schlafbereich möglich. Über eine spätere Aufgliederung des Herdraums in Küche und Flur sowie des Wohnraums in Stube und Kammer entwickelte sich als Leittypus das in der Oberrheinebene dominierende queraufgeschlossene Küchenflurhaus. Es steht auf einem hölzernen Schwellenkranz, seine Wände sind in Fachwerk-Riegelbauweise ausgeführt. Beim Balkengefüge unterscheidet man zwei charakteristische Ausführungen, eine weitgestellte vertikale Säulen- bzw. Pfostenkonstruktion, innerhalb deren die Fensterstiele lediglich auf den horizontalen Riegelhölzern ruhen (»alemannisches Gefüge«), und eine enger gesetzte Säulen- bzw. Pfostenanordnung mit gebogenen Streben und Stützen innerhalb der Gefache. Hier werden die Fensterstiele stets bis zum Schwellenkranz durchgeführt (»fränkisches Gefüge«). Die ursprünglichen Firstsäulen, als »Tyrannen des Grundrisses« bezeichnet, weichen einer neuzeitlichen Dachfertigung mit stehenden und liegenden Stühlen. Auf dem Firstbalken liegen die Rafen auf, welche die eigentliche Bedachung mit Strohschauben oder Schindeln tragen. Das oberrheinische Küchenflurhaus mit seinen regionalen Varianten geriet schon zum Ende des 17. Jh. etwas aus der Mode. Holz als Baustoff stand nicht mehr unbegrenzt zur Verfügung, städtische Vorbilder in Festbauweise und amtliche Erlasse lösten eine »Versteinerung« der Fachwerkbauten aus. Zwar hielt man an der bewährten Wandständertechnik fest, verkleidete jedoch die Fassaden hinter einer Putzschicht, die einen Massivbau vortäuschte. Dieser modischen Vorliebe verdanken wir heute viele guterhaltene historische Bauzeugnisse.

Drei regionale Varianten des vorgestellten Grundtyps sind im Landkreis anzutreffen, das eingeschossige, das gestelzte (auch mehrgeschossige) und das Kniestock-Fachwerkhaus. Alle Typen können sowohl mit getrennten Ökonomiebauten (Stall, Scheune, Remise etc.) vergesellschaftet sein oder die Form des sogenannten regulierten Gehöfts aufweisen. Bei letzterem haben sich die landwirtschaftlichen Nutzbauten in Firstrichtung des Wohnhauses unter einem Dach angegliedert (sekundäres Einhaus). Eingeschossige Fachwerkhäuser standen vornehmlich in den Dörfern der Rheinaue, sie besaßen selten einen Keller (Grundwasser) und konnten bei drohendem Hochwasser niedergelegt und an sicherem Ort wieder errichtet werden. Neben Einhäusern (z.B. im Raum Söllingen) sind vor allem in der nördlichen Rheinebene Gehöftanlagen zu beobachten. In der Vorbergzone herrscht der gestelzte, auf steinernem Unterbau errichtete Fachwerkhaustyp vor (Kuppenheim, Niederweier, Bischweier, Michelbach, Selbach u.a.). Er gestattete die Unterbringung größerer Vorräte und die Einrichtung von Werkstätten (Nebenerwerb) ohne zusätzliche Anbauten. In den Dörfern und Weilern des Nordschwarzwalds und seiner Täler erhoben sich meist doppelgeschossige Bauten des Sondertyps »gestelztes Kleinbauernhaus«. Den landschaftlichen Begebenheiten angepaßt, befanden sich die Wohnräume im Obergeschoß, darunter die Stallungen mit bis zu zwanzig Stück Vieh. Auch dieses Einhaus hat in einem langen entwicklungsgeschichtlichen Prozeß seine einstige Vielhausanlage aufgegeben.

Ein herausragendes Beispiel oberrheinischer Hausbaukunst ist das sogenannte Kniestockhaus, das rechtsrheinisch etwa zwischen dem Murgtal und dem Kaiserstuhl beheimatet ist. Auch der elsässischen Hauslandschaft gehört diese Form an. Die Kniestocktechnik erzielt durch eine Erhöhung der Traufwände um ca. 60 bis 80 cm einen deutlich vergrößerten Dachraum, der besonders für die Lagerung von Getreide, später auch Tabak und Mais, geeignet war. Unter den ältesten Fachwerkbauten am Oberrhein stößt man bereits auf Kniestockhäuser. Ihre erprobte Bauart wurde bis ins 19. Jh. beibehalten. Die Herkunft des Knie- oder Halbstocks hat die Hausforschung bislang nicht eindeutig klären können. Auch die »Dubak«- oder »Welschkorndächle«, kleine Schutzdächer gegen Sturmregen an der Giebelseite der Häuser, haben ihre Geschichte noch nicht preisgegeben.

Ernährung. – Blicken wir anhand der Befragungsunterlagen von 1894/95 auf den Speisezettel der Landbevölkerung, wird schnell deutlich, daß damals auf den Tisch kam, was man selbst im Garten und auf dem Feld anbaute. Kartoffeln in verschiedenen Zubereitungsarten mußten die Mägen sättigen, ergänzt mit Gemüse (Kraut, Bohnen, Rüben) und gelegentlich einem Stück Speck. In den Rheinauendörfern bereicherten auch Welschkornmehlgerichte den Speiseplan. Fleisch gelangte nur sonntags und an Feiertagen auf den Tisch. Schlachtreifes Vieh verkaufte man größtenteils in die städtischen Zentren. Lediglich aus Muggensturm wird von einem nahezu täglichen Fleischkonsum berichtet. Möglicherweise konnten sich die dort in großer Zahl lebenden Eisenbahnbeschäftigten eine aufwendigere Kost leisten. Drei Haupt- und zwei Vespermahlzeiten stellte die Küche bereit, am Morgen stand meist Kartoffel- oder

2. Volkskultur und Brauchtum

Mehlsuppe auf dem Herd. Milch, Zichorienkaffee, Most, seltener Bier und Branntwein begleiteten das Essen. In Freiolsheim war es üblich, jede Mahlzeit mit süßer oder saurer Milch als Nachtisch abzuschließen. Als in den städtischen Zentren und Industrieansiedlungen des Landkreises neue Erwerbsmöglichkeiten entstanden, blieb für viele Bewohner das alte Selbstversorgerprinzip mit Hausgarten, Feld und Kleinwirtschaft auch weiterhin erhalten.

Kleidung. – Als herausragendes Merkmal einer ländlichen Volkskultur gilt stets die Tracht tragende Bevölkerung. Allerdings hatten in der zweiten Hälfte des 19. Jh. im Kreisgebiet wie auch vielerorts im übrigen Baden die Menschen ihre traditionelle bäuerliche Kleidung bereits abgelegt. Das Verschwinden der Tracht wurde vor allem vom städtischen Bürgertum und einigen Volksaufklärern heftig beklagt – aus diesem Umfeld kamen auch die Bemühungen um eine Rettung bzw. Wiederbelebung des Trachtenwesens. Selbst die großherzogliche Regierung bekundete ein lebhaftes Interesse an Tracht tragenden Landeskindern. Am besten dokumentiert ist die Hanauer Tracht im südwestlichen Zipfel des Landkreises. Der badische Historiker Joseph Bader beschreibt sie in seinem Standartwerk ›Badische Volkssitten und Trachten‹: Die Männer trugen einen langen Überrock aus schwarzem Tuch oder gefärbtem Drilch, dazu kurze schwarze Lederhosen mit weißen Strümpfen. Als Kopfbedeckung diente ein runder Filzhut oder eine geschmückte Marderfellmütze. Die Frauen gingen im langen gefältelten Rock (Kutte) aus schwarzem Tuch oder Leinen mit weißer oder farbiger Schürze und eng geschneidertem schwarzen Wams über einer weißen Bluse. Kappen aus Silber- oder Goldbrokat und prachtvolle Mailänder Halstücher sorgten für die festliche Note.

Die Unterlagen der volkskundlichen Befragung 1894/95 bestätigen den schütteren Befund. In den meisten Orten des Landkreises waren die Trachten verschwunden oder nur noch fragmentarisch festzustellen. Manche Gewährsleute bedauerten, daß die Dorfbewohner *die städtischen Moden nachäffen* (Forbach) oder vermerkten sachlich das Vorherrschen moderner Kleidung. Angesichts einer heute reichen Trachtenlandschaft in Baden mögen derartige Befunde verwundern. Tatsächlich erfolgte mit der zunehmenden Industrialisierung des ländlichen Raumes und den sich ändernden Lebensbedingungen eine verstärkte Hinwendung zu traditionellen regionalen Kulturmustern wie Tracht, Brauchtum, Volkstanz etc. Dieses Phänomen bezeichnet und untersucht die Volkskunde als »Volkskultur in ihrem zweiten Dasein«, wohl wissend um die Brüchigkeit vieler liebevoll gepflegter »ungebrochener« Traditionen.

Hanauer Tracht, im 19. Jh. auch im Bühler Raum getragen.

Brauchtum. – Wichtige Stationen des Lebens, die Eingliederung oder den Wechsel des Individuums im dörflichen Sozial- und Ranggeflecht sowie zeitliche profane und kirchliche Brauchmuster reihten sich im ländlichen Lebens- und Jahreslauf.

Hatte sich in einer Familie Nachwuchs eingestellt, so wurde wie im übrigen Baden der Storch bemüht (Iffezheim, Ottersdorf), in anderen Gemeinden holte die Hebamme die Neugeborenen aus dem Kinderbrunnen (Greffern, Lautenbach). Angesichts hoher Säuglingssterblichkeit werden magische Praktiken verständlich, die dem Schutz des Kindes dienen sollten – die Abwehr von Hexen und bösen Geistern. Eher christlicher Vorstellung entsprach der Brauch, bis zur Taufe nachts eine Kerze brennen zu lassen (Plittersdorf). Die Taufe selbst erfolgte, meist in Abwesenheit der Mutter, wenige Tage nach der Geburt. Bekannte, Freunde und Verwandte übernahmen das ehrenvolle Patenamt, das angesichts allgemein geringerer Lebenserwartung der Erwachsenen durchaus von existenzieller Bedeutung für das Patenkind war. So wurden mancherorts mehr als zwei Paten bestellt, um mit größerer Sicherheit die Zukunft des Täuflings zu regeln. Mit kleinen Geschenken (Buch, Bibel, Münzen) brachten die Paten ihre besondere Stellung zum Ausdruck. Nach dem Kirchgang feierte die Familie mit Verwandten im eigenen Haus oder in der Dorfschänke den Taufschmaus. Einige Zeit nach dem Tauffest wurde die Wöchnerin in der Kirche ausgesegnet, eine alte Überlieferung, die von der Unreinheit der Gebärenden vor der Benediktion ausging. Paten nahmen bis zum Erwachsenenalter der Patenkinder ihre besonderen Verpflichtungen wahr. Wechselseitige Begegnungsformen, etwa zu Weihnachten, Neujahr oder zum Weißen Sonntag verliehen dieser Bindung ihre signifikanten Zeichen.

Die Hochzeit war mit einer Fülle brauchtümlicher Handlungen besetzt. Zum einen markierte dieser Schritt das Ende der Jugendzeit, den Wechsel von der Gruppe der ledigen Jahrgänge in den Stand der Erwachsenen und Verheirateten, zum anderen wurden neue Verwandschaftskonstellationen gebildet und über die Familien der Hochzeiter der gesellschaftliche Rang des jungen Paares definiert. Kennzeichnend für fast alle Hochzeitsbräuche ist ihr öffentlicher Schaucharakter, lediglich die noch junge standesamtliche Trauung brachte man unbeachtet hinter sich. Einige Tage vor der Hochzeit, mancherorts auch mehrere Male, luden die Brautleute zum Fest oder überließen diesen Dienst den Landbuben und -mädchen, die entsprechend der dörflichen Hierarchie ihre Besuche abstatteten. Niemals legte man eine Trauung auf den Freitag, der als Unglückstag betrachtet wurde. Vor dem Gang zur Kirche bewirteten die Brauteltern die Gäste im Haus, in Plittersdorf aß das Brautpaar eine Suppe mit Brot, das die Geladenen mitgebracht hatten. Die Braut ging im langen schwarzen Kleid und trug als Jungfrau einen weißen Kranz, in der Hand ein Gebetbuch und einen Rosmarinzweig. Weiße Hochzeitskleider sah man erstmals in den 1930er Jahren. Diese ursprünglich barocke Festkleidung des Adels hat zunächst in der städtisch-bürgerlichen Mode und danach auf dem Land Aufnahme gefunden. Auch der Bräutigam steckte sich einen Rosmarinzweig an den Rock, in Hörden erhielten alle Hochzeitsgäste diesen Schmuck. Diese Heilpflanze stand in der Volksüberlieferung als Schutz für besondere Lebenssituationen bei Geburt, Hochzeit und Tod. Auf dem Weg zur Kirche besuchte das junge Paar, falls Vater oder Mutter bereits verstorben waren, das elterliche Grab. Jahrgangskameradinnen (Gespielinnen, Ladmädel, Kränzeljungfrauen) führten zusammen mit älteren Frauen die Braut, der Bräutigam schritt zwischen den Trauzeugen zur Kirche. Für Hörden ist ein singuläres Brauchbild überliefert: Während der Einsegnung durch den Priester verknüpfen Burschen zwei Glockenseile als Symbol gegenseitiger Treue.

Die weltlichen Festlichkeiten zogen sich meist über einen Tag, in anderen Orten auch über drei Tage hin. Da häufig alle Familien der Dorfgemeinschaft geladen waren, erforderte die Ausrichtung einer großen Hochzeit schon beträchtliche materielle Mittel. In wirtschaftlich weniger begünstigten Gemeinden fielen die Hochzeiten bescheidener aus. So wurden für Lautenbach schlichtere Festformen aufgeführt und mit der ärmlichen Lage der Bevölkerung begründet. Bevor der Brautzug wieder in das Elternhaus zurückkehrte, unternahm die junge Frau einen symbolischen Fluchtversuch. Unter dem Wehklagen der Gäste entwich sie dem Brautführer, wurde alsbald von ihren künftigen Nachbarinnen eingefangen und gebunden dem Hochzeiter zurückgebracht. Die Frauen erhielten ein Fanggeld und die Einladung zum Fest. Sinnfällig wird hier die Aufnahme in den nachbarschaftlichen Verband vorgeführt, die in damaliger Zeit mehr als nur ein freundschaftliches Miteinander war. Während des Fests hatten lokal verschiedene Brauchformen ihren Platz: Geschirrzerschlagen (Iffezheim) Brautschuhdiebstahl oder -versteigerung (Hügelsheim, Ottersdorf), Geschenkübergabe oder die feierliche Brautkranzabnahme zum Zeichen des Übergangs in den Stand der verheirateten Frauen (Au a.Rh., Elchesheim, Illingen). In Hörden kam die Braut sprichwörtlich unter die Haube, erhielt zur Haushaltung nützliche Geschenke und zusammen mit ihrem Gatten einen mit Kindersachen geschmückten Maibaum. Zum Schluß dieser eher ernsten Feier sangen alle Teilnehmer das Lied »Großer Gott, wir loben Dich«. Neun Tage nach der Hochzeit fanden alle Beteiligten nochmals zur eigentlichen Geschenkübergabe und zum gemeinsamen Essen zusammen. Nachfeiern waren auch in anderen Orten des Landkreises üblich.

Hatte der Tod in einem Haus Einzug gehalten, wurden die Fenster geöffnet, um der Seele des Verstorbenen den Auszug zu ermöglichen, Weinfässer mußten gerüttelt, Blumen und Bienen das Ableben angesagt werden. Diese in Europa einst weit verbreiteten Praktiken werden als mögliche Schwundstufen alter erbrechtlicher und steuerlicher Traditionen interpretiert. Hab und Gut des Toten wechseln in symbolischer Besitznahme auf den Erben. Anzeichen für einen bevorstehenden Todesfall erkannte man an Klopfzeichen am Krankenbett oder im Haus, am Ticken einer nicht vorhandenen Uhr, am Schreien des sogenannten Wegvogels, den aber niemand zu Gesicht bekam, am Stoßen eines Maulwurfs im Hausgang, in der Küche oder im Keller, am Umherspringen einer Nähnadel auf dem Tisch. Fing der Weihrauch im Rauchfaß bei einer Beerdigung Feuer, schloß man auf einen weiteren Sterbefall in der Verwandtschaft des Toten (Freiolsheim). Totenwache im Wohnhaus hielten Verwandte, Nachbarn und Freunde. Gelegentlich sollen die Männerwachen durch verstärkten Schnapskonsum recht lustig geworden sein. Nach der kirchlichen Bestattung kam man im Trauerhaus zum gemeinsamen Leichenschmaus zusammen, in ärmeren Gemeinden fiel das Essen aus naheliegenden Gründen aus (Lautenbach). Beim Tod naher Verwandter erstreckte sich die Trauerzeit auf ein Jahr, bei anderen Verstorbenen auf ein Vierteljahr.

Bunt und vielfältig verlief der jahreszeitliche Brauchzyklus. Feiertage und Festtermine berücksichtigten die landwirtschaftlich-saisonal intensiven Arbeitsperioden. Das neue Jahr begrüßte man in geselliger Runde im Gasthaus und spielte um große Neujahrsbrezeln. Familienangehörige, Verwandte und Nachbarn, insbesondere aber Paten und Patenkinder tauschten Glückwünsche aus. An Mariä Lichtmeß (2. Februar) nahm das landwirtschaftliche Jahr seinen Anfang. Mägde und Knechte gingen neue Arbeitsverhältnisse mit ihren Dienstherren ein oder zogen weiter. In der Kirche wurden Wachsstöcke und Kerzen für existenzielle Notlagen geweiht. Einen Tag später holen sich die Gläubigen den Blasiussegen, der vor Halskrankheiten und Erstickung schützen sollte.

Vor der strengen Fastenzeit nutzten die Menschen während der Fastnacht ausgiebig die Gelegenheit zu Spaß und Spiel. Drei Wochen vor der eigentlichen Fastnacht veranstalteten in Hörden die Rekruten ein- bis zweimal pro Woche ein Scheibenschlagen, bei dem sie in Ermangelung alter Spinnräder oder Holzscheiben brennende Pechfackeln kreisförmig schwangen und bestimmten Personen des Dorfs einen Reim widmeten (»die Schieb, die Schieb, die geht so recht …«).

Am Fastnachtsonntag standen Tanz und Maskerade auf dem Programm. Unter Wehklagen trugen am Dienstag die Narren einen Strohmann aus dem Dorf. Nach psalmähnlichen Liedvorträgen ging die Puppe als Verkörperung der alten Fastnacht in Feuer und Rauch auf. Viele weitere Elemente des Hördener Narrenkalenders, das Schnurren der Frauen, die »Schlempen« in großmütterlichen Kleidern, das Narrenbaumsetzen, die Hexenzunft entstammen unverkennbar dem schwäbisch-alemannischen Formenkreis. In anderen Gemeinden des Landkreises gab man sich nicht weiter närrisch – Umzüge und Fastnachtspiele karikierten lokale oder weltgeschichtliche Ereignisse.

Palmen und Kräuter erhielten am Sonntag vor Ostern ihre Weihe. Im Haus oder Stall schützten sie Mensch und Tier vor jeglicher Gefahr. In der stillen Zeit der Karwoche, in der nach alter Volksüberlieferung die Kirchenglocken in Rom weilen, haben die Rassler- oder Klepperbuben ihren lärmenden Auftritt. Mit ihren hölzernen Krachinstrumenten ersetzen sie zu bestimmten Zeiten (z.B. Angelusläuten, Messebeginn etc.) den fehlenden Glockenschlag und werden dafür mit Eiern und Geld entlohnt. In einigen Orten blieb das Rätschenprivileg ausgewählten Familien, in jedem Fall jedoch einheimischen Personen vorbehalten (Au i.M., Bermersbach). Die Ministranten von Steinmauern »rafftelten« nachts um 3 Uhr durchs Dorf. Das einst weit verbreitete Brauchmuster kam in der ersten Hälfte des 20. Jh. in vielen Orten zum Erliegen (Obertsrot, Hilpertsau, Forbach, Sulzbach, Selbach, Bischweier und Muggensturm). Das merkwürdige, bislang entwicklungsgeschichtlich nicht befriedigend aufgearbeitete »Judasverbrennen« in der Osternacht ist für Elchesheim belegt. Hier pflegte man auch das Eierlaufen, eine Art sportlichen Wettbewerbs für Jugendliche, durchzuführen. Über die Eierflut zur Osterzeit ist viel Fruchtbarkeitskultisches geschrieben worden. Tatsächlich zählt das gefärbte Osterei bereits zu den frühchristlichen Ritualformen. Seine ungebrochene Beliebtheit über lange Jahrhunderte hinweg verdankt es auch den im Frühjahr deutlich legefreudigeren Hennen.

In der Nacht zum 1. Mai waren die Hexen besonders zu fürchten. Zum Schutz der Häuser schrieben die Elchesheimer den christlichen Haussegen C+M+B (Christus mansionem benedicat), der eigentlich dem Dreikönigsbrauchtum (6. Januar) zugehört, auf ihre Haustüren. Der Glaube an Hexen war auch am Ende des 19. Jh. nicht überall aus den Köpfen gewichen. In mehreren Orten wurde zumindest das Wissen um diese unglückliche Tradition festgestellt. Jungen Mädchen stellten ihre Verehrer Maibäume vors Haus, öffentliche Brunnen erhielten Blumen- und Bänderschmuck. Zur Sommersonnenwende, dem christlichen Johannistag (24. Juni), loderten vereinzelt die Johannisfeuer. Der einst im ganzen deutschen Sprachraum verbreitete Brauch hat im 19. Jh., nachweislich auch unter dem Einfluß behördlicher Verbote, an Bedeutung verloren (Steinmauern). Eine singuläre Tradition hat sich am Pfingstmontag in Gestalt des Oberndorfer »Pfingstträgs« und des Gernsbacher »Pfingstbutz« erhalten. Die in frischem Grün (Farn) vermummten Brauchfiguren sind Schwundformen alter Pfingstspiele und -umzüge.

Die feldarbeitsreiche Sommerzeit bot wenig Gelegenheit zum Feiern. War jedoch die Ernte eingebracht, bescherten die Erntetanzfeste lang entbehrtes Vergnügen. Zu den hochgeschätzten Festanlässen des Jahres gehörte der Wendelinstag (22. Oktober). Zu Ehren des Bauern- und Hirtenpatrons blieben die Zugtiere in den Ställen, und die Arbeit auf den Höfen ruhte. Mädchen wagten am Andreastag (30. November), dem letzten Brauchdatum des kirchlichen Jahreslaufes, beim Bleigießen einen Blick in die Zukunft, bei dem sie Aussichten auf eine gute Partnerschaft erhofften. Auch in der Advents- und Weihnachtszeit versuchten die Menschen, mittels geschnittener Obstbaumzweige (Barbarazweige) oder des Zwiebelorakels Hinweise auf die Fruchtbarkeit des kommenden Jahrs zu erlangen (Illingen, Freiolsheim). Das Weihnachtsfest selbst stand eher in bescheidenem Rahmen. Pelznickel oder Christkind bescherten die Kinder mit kleinen Geschenken, in der Kinderschule gelangten Weihnachtsspiele zur Aufführung (Forbach), in der Christnacht bereitgelegte Heubündel wurden dem Vieh als heilkräftige Gaben verfüttert (Hörden, Freiolsheim). Zur Gesunderhaltung der Menschen weihte die Kirche am 27. Dezember den Johanneswein.

Bilanz. – Längst haben die alten Formen und Strukturen traditioneller Lebensweise ihre bindende Kraft verloren. Die landwirtschaftliche Erwerbstätigkeit gewährt nur noch einem zunehmend bedrängten Berufsstand seinen Unterhalt. Industrie, Handel und Dienstleistungen sichern den Werktätigen im Landkreis ihr Auskommen. Breite öffentliche Bildungsförderung, umfassender Medienzugang, hohe Mobilität im Beruf und Freizeit machten den ländlichen Raum weder zum Reservat noch zum Freilichtmuseum, obgleich viele Heimatfeste oder Trachtenträger diesen Eindruck erwecken könnten. Die »gute alte Zeit«, die aus historisch-kritischer Sicht oft gar nicht gut gewesen ist, wird zur fiktiven Ebene behaglicher Lebensführung, einfacher Weltbilder und schlichter Problemlösungen, zum spielerischen Gegenentwurf realer Lebenserfahrungen mit Streß und komplexen Sachverhalten. Hier entfaltet sich eine »Volkskultur aus zweiter Hand«. Ihre große Anziehungskraft beschert der Gegenwartsvolkskunde ein breites Forschungsfeld. Zertifikate um »echt« oder »unecht«, originär oder wiederbelebt haben für sie keine Bedeutung, die jeweiligen kulturellen Strukturen einer konkreten Gruppe, einer Kommune oder einer Landschaft bilden die zentrale Erkenntnisebene.

3. Mundart

Voraussetzungen. – Anders als vor fünfzig oder siebzig Jahren, ist es heute kaum noch möglich, von »der« Mundart des Kreises Rastatt zu reden, weil sich, ausschlaggebender als die Veränderung der Kreisgrenzen, die Existenzbedingungen der Mundart seither verändert haben. Noch 1930 oder 1960 konnte man als Mundartforscher einfach die Haus- und Normalsprache der jeweils ältesten ortsgebürtigen Einwohner in Dörfern als die ortsübliche Mundart notieren und als die gültige Ortsnorm deklarieren. Doch heutzutage verfügen alle sprechfähigen Einwohner einer Gemeinde über mindestens zwei, eher mehrere Sprechmöglichkeiten, im Fachjargon auch »Sprechrollen« genannt. Diese Sprachregister können von der altheimischen Grundmundart über Zwischenformen wie die sogenannte Umgangssprache bis zur mehr oder weniger geglückten Annäherung an die Hochsprache reichen, die man jetzt in der Sprachwissenschaft, um den Anschein des Höherwertigen zu vermeiden, lieber Standardsprache nennt. Und je nach Situation oder Gegenüber wählt man nun, oft unbewußt, aus der verfügbaren Menge von Sprechrollen diejenige aus, welche z.B. größtmögliche Verständlichkeit garantiert oder Vertrautheit mit und Teilhabe an einer örtlichen Sprechergemeinschaft signalisiert. Zum Bestand der Grundmundart gehörten früher selbstverständlich die bodenständigen Fachsprachen der Bauern, Waldarbeiter, Winzer, Fischer und Handwerker. Deren z.T. sehr alte Bezeichnungen für Arbeitstechniken und Werkzeuge sind einerseits durch die Veränderung von Arbeitsvorgängen dezimiert worden, andererseits aber auch dadurch, daß die Zahl der in Land- und Forstwirtschaft hauptberuflich Tätigen drastisch gesunken ist und alte Handwerksberufe aussterben.

Das Gebiet des heutigen Kreises Rastatt und seiner unmittelbaren Nachbarschaft ist dialektologisch so gut untersucht wie kaum eine andere Landschaft. Mehr oder weniger umfangreiche Wortsammlungen dokumentieren den Wortbestand einzelner Ortsmundarten, so u.a. für Ottersdorf, Oberweier (Stadt Gaggenau), Sandweier (Stadt Baden-Baden) oder Bietigheim. Grammatische Darstellungen, meist beschränkt auf die Lautlehre, erfuhren die Mundarten von Kappelwindeck, Ottersweier, Rotenfels und Sandweier, jedoch blieben diese sämtlich ungedruckt. Die für den Kreis wichtigste mundartkundliche Arbeit stammt von Friedrich Schlager (1931); Karl Haag wertete sofort anschließend die Ergebnisse für eine Übersicht über die Begegnung von Fränkisch, Alemannisch und Schwäbisch in Baden aus. 1975 begann Renate Schrambke im Kreisgebiet mit Erhebungen für den seit 1989 in Lieferungen erscheinenden Südwestdeutschen Sprachatlas. Schließlich erkundete Arno Ruoff ab 1985 die fränkisch-alemannische Sprachgrenze und ihre heutige Beschaffenheit im Unterschied zu älteren Erhebungen. Die folgende Darstellung beruht hauptsächlich auf den Ergebnissen der Untersuchungen von Schlager, Schrambke und Ruoff. Dankenswerterweise konnten Daten des Südwestdeutschen Sprachatlas benutzt werden.

Sprachgrenzlinien und Sprachlandschaften. – Auf den vier beigegebenen Karten sind Grenzen markanter Laute und Formen sowie – vereinzelt – Wörter vorgeführt. Dort, wo die Grenzlinien gebündelt erscheinen, wird deutlich, daß sich hier Orte durch eine ganze Reihe von Mundartcharakteristika unterscheiden, was es erlaubt, sie Mundartlandschaften zuzuordnen.

Zur Lautschrift. – Es wird hier versucht, anstelle einer phonetischen Umschrift soweit wie möglich mit den Mitteln des Normalalphabets auszukommen und trotzdem auf Lautgenauigkeit zu achten. Alle lang gesprochenen Vokale werden durch Doppelschreibung als solche kenntlich gemacht, z.B. *Waage* oder *Waache* Wagen. Wird ein Vokal nur mit einem Buchstaben wiedergegeben, so wird er demgemäß kurz gesprochen, z.B. *Gawel* Gabel. In der Schriftsprache sonst übliche Dehnungszeichen wie *ie, h* entfallen. Der Laut, der zwischen *a* und *o* liegt, das sogenannte offene *o*, z.B. in hochdeutsch *Mord, fort*, wird durch *å* gekennzeichnet, z.B. in *mårge* morgen. Zwielaute (Diphthonge) werden nur dann geschrieben, wenn sie tatsächlich als solche gesprochen werden. Aus den Schreibungen *liib, guut, Briider* lieb, gut, Brüder wird also ersichtlich, daß es sich hier um gelängte Monophthonge aus Orten am Nordrand des Kreises handelt, während in alemannischen und schwäbischen

Orten die Schreibung *lieb, guet, Brieder* anzeigt, daß hier die alten mittelhochdeutschen (mhd.) Diphthonge als Zwielaute *ie, uo, üe* erhalten geblieben sind. Der stimmhafte velare (am Hintergaumen artikulierte) Reibelaut, der manchmal für inlautendes *g* zu hören ist, wird durch γ repräsentiert, z.B. in *Waaγe* Wagen. Dagegen wird nicht genauer unterschieden zwischen stimmlosen palatalen ich- und velaren ach-Lauten; beide werden unterschiedslos durch *ch* wiedergegeben.

Zum Vokalismus. – Die Kartenlinie 1 betrifft die Erhaltung der mhd. Vokale *î, û* und *iu* (Umlaut von *û*) vor Konsonanten im Alemannischen als *ii* bzw. (gekürzt) *i*, als *uu* und *ii* und deren Überführung in die Diphthonge *ei, au, ei* im Schwäbischen oder *ai, au, ai* im nördlich anschließenden Fränkischen, z.B. in *Weib, Zeit, Haus, Häuser*. Hinter jedem dieser Beispielwörter steht jeweils eine Reihe weiterer, welche gleiche oder ähnliche Entwicklung erfahren haben, so z.B. bei mhd. *î* reiben, schreiben, schneiden, Kreide, Weide (der Baum), Beige (Holz-), freilich, Weile, Eis, Eisen, wo der mhd. Langvokal *î* in alemannischen Orten jeweils als *ii* erhalten blieb, während er z.B. vor *t* durchgehend zu *i* gekürzt wurde, etwa in reiten, Seite, weit, Zeit. Vor *n* entwickelten sich mhd. *î, û* anders. Im Beispielwort Wein findet sich der erhaltene Langvokal als *Wii, Wiie* zwischen Plittersdorf-Otterdorf und Muggensturm, im hinteren Oos- und Murgtal sowie in Hundsbach und Großweier. Kürzung zu *Win* zeigen Lichtenau und das im Südwesten angrenzende Hanauerland; Kürze mit Veränderung des Nasals zu *Wing* gilt von Wintersdorf bis Greffern und Kappelwindeck, und schließlich weisen Au am Rhein, Kuppenheim, Freiolsheim und Loffenau Diphthongierungen zu *Wäi, Wääi* auf, wobei die beiden letzteren – wie öfter – mit dem benachbarten Schwäbischen übereinstimmen. Ähnlich, wenn auch nur teilweise, sind die Verhältnisse bei *braun*: gekürztes *brun* in Lichtenau, wieder wie im südlich anschließenden Hanauerland, *brung* in Wintersdorf, *bruun* erhalten in Plittersdorf, zwischen Greffern–Sinzheim, Großweier–Kappelwindeck, mit abgestoßenem Nasal als *bruu* im mittleren und hinteren Murgtal und diphthongiert als *braun* in der östlichen Nachbarschaft der Städte Rastatt und Baden-Baden sowie als *brau* in Au am Rhein, *brao* in Freiolsheim und *bråu* in Loffenau. Schon hier kann gesagt werden, daß Freiolsheim und Loffenau sprachlich öfter mit ihrer östlichen Nachbarschaft zusammenstimmen, was bei letzterem natürlich durch die Zugehörigkeit zu Württemberg erklärt werden kann. Daß Lichtenau sich in manchen

Zum Vokalismus.

Sprachzügen zu seinen südlichen Nachbarn stellt, hat ebenfalls historische Gründe, nämlich seine Zugehörigkeit zur Grafschaft Hanau-Lichtenberg, welche ihrerseits in vielfacher Weise in ihrem sprachlichen Erscheinungsbild vom Elsaß beeinflußt war.

Eine Sonderform hat sich in Au am Rhein und seiner Umgebung erhalten: Im Hiatus (zwischen zwei Vokalen) und im absoluten Auslaut wurden mhd. *î, û, î* nicht, wie sonst überall (außer in Teilen des Südalemannischen) diphthongiert. Hier galt also *Blii* Blei, *Glii* (neben *Gliγe*) Kleie, *Su* Sau, *schnige* bzw. *schniγe* schneien, *schrige* bzw. *schriγe* schreien, *buge* bzw. *buγe* bauen. Mit Au teilten sich, wie Kartenlinie 2 zeigt, bis in die 1950er Jahre die Hardtorte Ötigheim, Bietigheim, Durmersheim und die Niederungsorte Würmersheim, Elchesheim und Steinmauern die alten undiphthongierten Formen. Es hieß dort *äs schnigd* es schneit, *är bugd* er baut; doch statt *i drug dir net* hört man heute, z.B. in Ottersdorf, *i dröü der net* ich traue dir nicht. Dessenungeachtet bilden auch heute noch die genannten Hardt- und Ried-Orte zusammen mit den teilweise abweichenden südlichen Nachbarorten Plittersdorf, Ottersdorf und – am wenigsten – Wintersdorf eine Mundartlandschaft mit vielen Übereinstimmungen. So umfaßt z.B. das Gebiet von Au am Rhein-Durmersheim bis Ottersdorf und Muggensturm Orte, in denen mhd. kurze Vokale vor n diphthongiert worden waren, etwa bei Kind, Kinder als *Kheid, Khein* in Bietigheim und Au am Rhein, als *Khäind, Khein* in Plittersdorf, als *Khäin(d), Khäin* in Ottersdorf, als *Khaaid, Khain* in Durmersheim und als *Kheid, Khain* in Muggensturm.

Kartenlinie 3 stellt – neben Kartenlinie 1 – eine weitere Sprachgrenze dar, welche nach Meinung der Mundartforscher alemannische und schwäbische Aussprache von fränkischer trennt, nämlich die Erhaltung der alten Zwielautung in den mhd. Diphthongen *uo, üe, ie* als *ue, ie, ie* gegenüber monophthongierten *uu, ii, ii*, etwa in *Bruder, Brüder, Riemen*. Die Kartenlinien 3a (Stand um 1930) und 3b (Stand um 1980) zeigen durch ihren unterschiedlichen Verlauf, daß sich die monophthongische Aussprache in den ca. 50 Jahren einen Großteil des mittleren und südlichen Kreisgebiets erobert hat und im Süden über die Kreisgrenze hinaus jetzt bis in die Acherner Gegend reicht.

Bei den Vertretungen von mhd. *â* setzt sich, mit Plittersdorf beginnend, nach Süden bis Greffern-Lichtenau-Kappelwindeck reichend ein Weststreifen ab, der geschlossenes *o*, z.B. in *Schdroos*, zeigt und sich gegen das mittlere und östliche Kreisgebiet abgrenzt, welches, wie das benachbarte Schwäbische und das östliche Niederalemannische, *Schdråås* aufweisen. Weithin übereinstimmende Entwicklung haben die Vertretungen von mhd. *ei¹* z.B. in *breit, heiß, Kleid* und von *ei²* in *sagt, gesagt* (< mhd. *saget, seit*) erfahren. Hier gibt es im Kreisgebiet fränkische, fränkisch beeinflußte und alemannische Formen zu hören, die an den Beispielen *breit, (er) sagt* vorgeführt seien. In Au am Rhein galt noch 1930 *braaid, saaid*, 1980 aber *saagd* wie im benachbarten Neuburgweier, in Muggensturm sowie im Oos- und Murgtal, während an den gleichen Orten *braaid* galt und gilt. Im Großteil der südlichen und südwestlichen Kreisorte gelten *bräid* oder *brääid* und *säid* bzw. *sääid*. Vier Orte im Westen stechen jedoch heraus: Ottersdorf und Wintersdorf haben *brääd* und *sääd*, Hügelsheim *breed* und

sä(ä)d und Lichtenau *braid*, aber *saad*. Erst im Elsaß und bei Mannheim finden sich vergleichbare Monophthonge.

Bei mhd. *i* und *u* vor Nasal zeigt das ganze Kreisgebiet Erhaltung der alten Vokalqualität, z.B. in *Himl* Himmel und *Sun* (mhd. *sunne*) Sonne, während die schwäbischen Orte jenseits der Kreisgrenze fast durchweg zu *e, o* gesenkte Vokale hören lassen: *Heml, Son*. (Zur Entwicklung von mhd. *i* vor *nd*, z.B. in *Kind*, vgl. das oben Gesagte.)

Zum Konsonantismus. – Eines der auffälligsten Merkmale der Mundart im Kreis ist die stark unterschiedliche Behandlung von mhd. *g* zwischen Vokalen und im Auslaut. Kartenlinie 1 zeigt die noch verhältnismäßig einfach zu

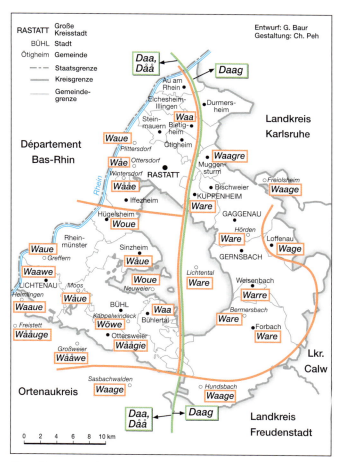

Zum Konsonantismus.

kartierende Behandlung des auslautenden *g* in *Tag*. Demnach trennt eine zwischen Au und Neuburgweier beginnende Sprachgrenze den Ostteil des Kreises mit erhaltenem *g* vom Westteil ab, in dem *g* abgefallen ist. Dort hört man *Daa* oder *Dåå*. Zu beachten ist, daß Muggensturm 1930 noch g-Abfall zeigte, heute aber zum *Daag*-Gebiet gehört. Der Abfall von Schluß-*g* zeigt sich weiter in einem Saum am Westrand der Ortenau, der bis westlich von Lahr reicht und vor allem im ganzen mittleren und nördlichen Elsaß gilt. (Zur Südwest-Nordwest-Richtung der Sprachgrenze vgl. den letzten Abschnitt unter dem Stichpunkt Rheinstaffeln.)

Komplizierter, vielfältiger und schwer kartierbar ist die Behandlung von mhd. inlautendem *g*, etwa nach *a*, in Wörtern wie *Magen*, *sagen*, *Wagen* (vgl. zu letzterem Kartenlinie 2). Erhaltenes *g* findet sich nur in Hundsbach und den dem Landkreis benachbarten schwäbischen Orten sowie – schon 1930 teilweise neben γ – als *Waage*, *Waaγe* in Loffenau und Freiolsheim. Das Murg- und hintere Oostal haben den stimmhaften velaren Gaumenreibelaut, der manchmal wie ein Zäpfchen-r klingt. Von Au am Rhein-Durmersheim bis Wintersdorf wird im Hardt-Gebiet *Waa*, teilweise *Wååe* gesprochen; südlich daran anschließend erstreckt sich zwischen Iffezheim-Sandweier und der Kreisgrenze ein Gebiet, in dem *g* zu einem Laut zwischen *w* und *u* geworden ist, so daß man dort Formen wie *Waue*, *Wåue*, *Woue*, *Wååwe*, *Wöwe* hören kann. Diese *g*-Auflösung findet sich auch in weiten Teilen des benachbarten Elsaß.

Mhd. *b* zwischen Vokalen ist im ganzen Kreisgebiet zu *w* geworden, z.B. in *Gabel*, *Nabel*, *Nebel*, *Hobel*.

Daß mhd. *n* in bestimmten Fällen mancherorts im Westen zu *ng* geworden ist, wurde schon im Vokalismus-Abschnitt mit den Beispielen *brung* braun und *Wing* Wein angesprochen. In der Stellung *n* vor Dental waren darüber hinaus im Dreieck Plittersdorf–Iffezheim–Sandweier noch 1930 zahlreiche *ng*-Formen zu hören, so z.B. in Wintersdorf außer den erwähnten *brung* und *Wing* auch *Wingd* Wind, *Khing* (1980 *Khingd*) Kind, *Wingdr* Winter, *Hungd* Hund, *Schdung* Stunde, *Zings* Zins, *Fengschder* Fenster, *fingschdr* finster. Aber auch 1980 hörte man z.B. noch *binge* binden in Wintersdorf, Neuweier, Sinzheim, Greffern, Moos, Bühlertal, Kappelwindeck, Weisenbach, Bermersbach, Forbach und in Plittersdorf sogar *beingne* (vgl. Vokalismus, Diphthongierung von *i* vor *u*).

Zur Morphologie (Formenlehre). – Hier stehen sich in Kartenlinie 1 die nördlichen Formen *gwää* und die südli-

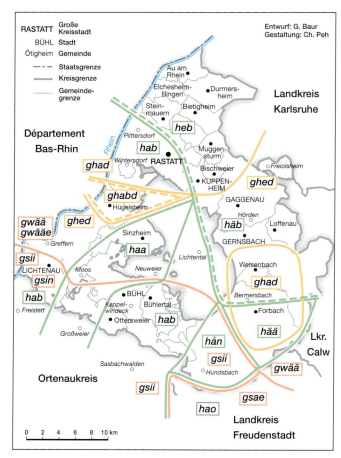

Zur Formenlehre.

chen alemannischen *gsii* bzw. schwäbischen *gsei*, *gsae* für gewesen (mhd. *gewësen/gesîn*) gegenüber. Kartenlinie 2 zeigt die Gegenformen *khad/khed* gehabt, wobei bemerkenswert ist, daß nicht nur die Hochufer- und Hardtorte nördlich von Wintersdorf, sondern auch das Murgtal die nördliche Form *khad* aufweisen, während sich Freiolsheim und Loffenau wieder zum schwäbischen Osten schlagen. Die gleiche Grenzziehung zeigen die Formen *hasch/hesch* du hast.

Die Kartenlinie 3 trennt für die erste Person Singular von haben eine westliche Form (ich) *håå* von einer nördlichen und östlichen fränkischen *häb* und einer schwäbischen *hau* im Enz- und obersten Murgtal. Lichtenau geht bei *hån*

3. Mundart

wieder mit dem Hanauerland zusammen. Bei den Endungen -*ren*, z.B. in bohren, und -*eln*, z.B. in hobeln, kegeln, fallen in Au, Muggensturm und im mittleren Murgtal zwischen Weisenbach und Forbach Formen auf, die als *boorn, howln* enden, während das übrige Kreisgebiet *boore, howle* zeigt.

Zur Wortgeographie. – Kartenlinie 1 trennt westliche alemannische *Zischdi*-Formen von fränkisch *Dinschdig, -dich* und schwäbisch *Daeschdich, Denschdich*. Diese wichtige Wortgrenze geht über weite Strecken zusammen mit den Lautgrenzen zwischen *brääid* und *bra(a)id*, *Dåå* und *Daag*, *Waue* und *Wååge*. Kartenlinie 2 scheidet alemannisch *Måd(e)* Matte(n) von fränkisch-schwäbisch *Wiis(e)* Wiese(n), wobei im Nordwesten um Au am Rhein, Plittersdorf, Muggensturm die gekürzte Form *Wis(e)* gilt. Wie Kartenlinie 3 anzeigt, reicht das alemannische *Griese* Kirschen im Süden gerade noch in den Kreis und gilt dort fast ortsgenau im gleichen Bereich wie alemannisch *gsii* gewesen. Im übrigen Gebiet gilt *Khi(i)rsch(d)e*. Diese Grenze folgt der *gwää/gsii*-Linie.

Sprachlandschaften, Grenzlinienbündel. – Es wurde schon eingangs erwähnt, daß sich Sprachlandschaften voneinander dann abheben lassen, wenn sich an ihren Rändern sprachliche Grenzlinien bündeln. Das ist im Nordwestteil des Kreises der Fall, wo sich in der Gegend zwischen Au am Rhein-Durmersheim und Ötigheim-Ottersdorf, bisweilen mit Einschluß von Wintersdorf und Muggensturm, ein in vielem einheitliches oder aber in einzelnem von der Nachbarschaft abweichendes Gebiet zeigt. Die Sonderstellung der Riedorte Plittersdorf, Ottersdorf und Wintersdorf dürfte ihren Grund hauptsächlich in ihrer einstigen abgeschiedenen geographischen Insellage haben.

Die meisten und gewichtigsten mundartlichen Grenzlinien verlaufen im Südosten auf der früheren baden-württembergischen Grenze, die sowohl scharf trennende Territorial- als auch von der Hornisgrinde bis zum Hohloh Besiedlungsgrenze war. Die Karten zeigen leider nicht deutlich genug, wie viele wichtige sprachliche Gegenformen an dieser von Friedrich Maurer benannten »Schwarzwaldschranke« aufeinander treffen. Es spielte dort ja außer der lange wirksamen politischen Grenze zwischen dem Herzogtum Württemberg und der Markgrafschaft Baden-Baden auch noch die konfessionelle Unterschiedlichkeit eine Rolle, welche noch vor zwei- bis dreihundert Jahren durch Heiratsgebote – sprich: -verbote – zu Abschließungstenden-

Zur Wortgeographie.

zen führte. Möglicherweise verdanken sich manche sprachlichen Sonderentwicklungen im hinteren badischen Murgtal zwischen Hörden und Forbach und die öfters von der Nachbarschaft abweichenden Formen in Freiolsheim einer alten gemeinsamen Zugehörigkeit zu Eberstein, aber entscheidender dürfte sich hier, auch in der sprachlichen Abgrenzung gegenüber dem Oostal, der geographische Gegensatz zwischen Gebirge und Ebene ausgewirkt haben. Außerdem hat Schlager schon für 1930 einen starken Abbau der Mundart des vorderen Murgtals durch die Städte Rastatt, Gaggenau und Gernsbach ausgemacht, den er für die deutliche sprachliche Anlehnung an das dominierende Südfränkische verantwortlich macht, das ja außerdem durch die Ähnlichkeit zum Standarddeutschen hier einen gewissen Mehrwert aufweist. Die mancherlei abweichenden Formen im Süden von Bühl werden sich wohl der früheren Zugehörigkeit dieser Orte zur Ortenau verdanken (vgl. Karte zur Wortgeographie, *gsii* und *Griiese*).

Schließlich verlangt noch das Linienbündel eine Erklärung, das vom Rhein herkommend, bei Sandweier nach Süden abbiegt, Oos mit Baden-Baden umgeht und zur alten badisch-württembergischen Landesgrenze zieht. Hierfür hat Schlager die alte Herzogtumsgrenze zwischen Franken und Schwaben, die man auf der späteren Bistumsgrenze zwischen Speyer und Straßburg vermutet, verantwortlich gemacht. Obwohl sie politisch nicht mehr wirksam gewesen sei, könnte sie sich doch als Grenze eines schon alten und lange anhaltenden Sprachbewußtseins ausgewirkt haben. Wie auch immer: Es gibt keine territorialen oder konfessionellen und auch keine natürlichen Grenzen, welche die Lagerung dieses Grenzbündels erklären könnten.

Eine Gesamtschau über die Mundartverhältnisse im Kreis ergibt unter Beiziehung weiteren, hier nicht kartierten oder besprochenen Materials folgendes: Das Alemannische ist im Laufe der Jahrhunderte von fränkischen Sprachneuerungen überformt worden, die rechts- und linksrheinisch in unterschiedlicher Stärke und Reichweite nach Süden vorgetragen worden sind. Die vielen Sprachgrenzen, welche vom Elsaß aus quer über den Rhein in nordöstliche Richtung ziehen, zeigen in einer Art Staffelung an, daß die fränkischen Neuformen zunächst über die Hauptverkehrsachse Mainz-Speyer nach Straßburg gelangten und von diesem sprachlichen Umschlagplatz aus die östlich des Rheins gelegenen straßburgischen Einflußgebiete erreichten, so z.B. Auflösung und Abfall von *g* sowie *b* > *w*. Aber auch von Norden und Nordosten aus setzten sich, oft wortweise, fränkische Neuerungen durch, so daß sich das Alemannische im Kreis insgesamt oft als Rest- oder Rückzugsgebiet erweist.

V. WIRTSCHAFT UND VERKEHR

1. Strukturen der gewerblichen Wirtschaft

Standortvorteile und Standortnachteile, Anfänge der Industrialisierung. – Der nördliche Schwarzwald und seine zur Rheinebene abfallenden Vorberge stellten bis ins 20. Jh. weder eine industrieräumliche Einheit dar, noch entwickelte sich dort eine beherrschende spezifische Branchenstruktur. Bereits aus der Reliefgestaltung der gebirgigen Landschaft ergab sich eine ungleichmäßige Stellung der Gewerbestandorte mit zudem sehr unterschiedlicher industrieller Intensität. Die drei wichtigsten Standortfaktoren, die den Industrialisierungsprozeß im 19. Jh. anregten und begünstigten, waren die vorhandenen Rohstoffvorkommen (Holz- und Natursteinreichtum), das zum Antrieb von Gewerbebetrieben reichlich nutzbare Wasserkraftpotential und ein auf gewerblichen Haupt- oder Zuverdienst angewiesenes, motiviertes Arbeitskräftereservoir, insbesondere der aus einer ertragsarmen Landwirtschaft abgewanderte Bevölkerungsüberschuß.

Den Standortvorteilen stand eine Reihe von Nachteilen gegenüber, die den Industrialisierungsprozeß seit dem 19. Jh. hemmten oder auch die Ansiedlung bestimmter moderner Industrien von vornherein ausschlossen. Hierzu zählten die häufig beschränkten räumlichen Ausdehnungsmöglichkeiten der Betriebe, die Höhenlage und die daraus resultierenden klimatischen Verhältnisse, Transportungunst und Marktferne sowie die nicht zu unterschätzenden Probleme der Kapitalbeschaffung. Standortungunst bedeutete zu verkraftende Mehrkosten bei Produktion und Absatz und blieb nicht ohne Einfluß auf die

Glashütte und Hammerwerk in Gaggenau, Anfang 19. Jh.

Größenstrukturen der gewerblichen Betriebe. Bis in die zweite Hälfte des 20. Jh. bildeten Großbetriebe die Ausnahme innerhalb des von mittelständischen Familienunternehmen beherrschten Unternehmensspektrums. Auch erhielten sich industriefreie Kleinräume fast bis in die Gegenwart.

Einige seit dem 20. Jh. herausragende Gewerbestandorte knüpften in ihrer Entwicklung im 19. Jh. an bereits ältere gewerbliche Traditionen an. In Rastatt bewies Markgraf Karl Friedrich von Baden durch die dort für den als Arbeitgeber ausgefallenen Hof 1778 seßhaft gemachte Manufaktur für modische englische Stahlwaren, wie bereits das 18. Jh. zu einer Industrieansiedlungspolitik von säkularer Bedeutung fähig war. Die sogenannte Schlaff'sche Stahlfabrik wurde durch ihre breite Produktpalette gewissermaßen wegweisend für die Branchenstruktur der aufkommenden Industriestadt Rastatt. Nicht die Rheinauen, sondern das enge Murgtal zeichnete sich durch einen frühen Gewerbereichtum aus. Holzhandel, Flößerei und Holzbearbeitung erlebten dort vom 16. bis ins 19. Jh. unter der Murgschifferschaft ihre Blütezeit. Die Wasserkraft des Flusses trieb Mühlen, Sägen und Nagelschmieden an. Anfang des 19. Jh. sind für Gernsbach sogar sechs Lohmühlen und in Kuppenheim bei Rastatt eine Tabakmühle bezeugt. In Gaggenau wurden zu jener Zeit ein Hammerwerk, eine Glashütte und eine Pottaschesiederei betrieben. Das Eisenwerk leitete die Entwicklung Gaggenaus zur modernen Industriestadt ein. Eine alte Glashütte wurde 1772 in den Ort Gaggenau verlegt, geriet jedoch Ende des 19. Jh. unter dem Konkurrenzdruck saarländischer Glashütten in wirtschaftliche Schwierigkeiten und mußte 1911 die Produktion einstellen. In Rotenfels errichtete die Gemahlin Markgraf Karl Friedrichs von Baden im stillgelegten Eisenwerk eine Steingutfabrik. Abgebaute Kaolinlager ermöglichten die Herstellung von Steingut und Porzellan.

Für den Gewerbefleiß an der Murg und im Bühlertal zeugten die um 1869 in den damaligen Ämtern Bühl, Gernsbach und Rastatt erfaßten 238 Wasserräder und fünf Wasser-Turbinen (darunter vier mit zusammen 74 PS). Die Gewerbebetriebe im Amt Gernsbach bedurften noch nicht des Einsatzes von Dampfmaschinen, auf die jedoch namentlich die Textilindustrie in Bühl angewiesen war. Billige Wasserkraft war der wichtigste Energielieferant der frühen Industrie.

In der Geschichtsschreibung bezeichnet der dem englischen Historiker Arnold Toynbee zugeschriebene und von ihm 1884 verwendete Begriff Industrielle Revolution die

Fabriken und sonstige Unternehmen mit mehr als 20 Beschäftigten und Nutzung von Dampf- und/oder Wasserkraft im Jahr 1869

Firma	Ort	Gewerbe	Zahl der Arbeiter
H. Massenbach & Cie.	Bühl	Baumwollspinnerei und -weberei, Färberei	76
Wilhelm Seyfarth	Gernsbach	Tapetenfabrik	22
Louis Goerger	Gaggenau	Eisenwerk	42
Louis Fritz	Gaggenau	Baugeschäft	32
Altenbach	Elchesheim	Fabrik für Steingut und andere irdene Erzeugnisse	61
Johann Schmitt	Rotenfels	desgleichen und Baugeschäft	30
Anton Rheinbold	Rastatt	Tabakfabrik	42
7 Unternehmen			305 Arbeiter

auf die Einführung und Ausbreitung der Maschinentechnik und der großbetrieblichen Produktion zurückzuführende wirtschaftliche Umwälzung. Unmittelbare Folge des aufgekommenen, kapitalintensiven Fabriksystems war eine zunehmende soziale Differenzierung in Wirtschaft und Gesellschaft, die in einen Strudel von wirtschaftlichen und sozialen Auf- und Abstiegsprozessen gerissen wurden. Im Unterschied zu politischen Revolutionen, die sich meist im Verlauf eines Jahres vollzogen, stellte die Industrielle Revolution einen schon im ausgehenden 18. Jh. einsetzenden, langanhaltenden, zeitweilig unterschiedlich wirksamen Prozeß wirtschaftlicher und gesellschaftlicher Umstrukturierung dar.

Gleichzeitig setzte der Fortschritt der Industrialisierung das Vorhandensein und Wirksamwerden von ihn begünstigenden politischen, kulturellen und ökonomischen Faktoren voraus. Es bedurfte unter anderem der calvinistischen bürgerlichen Ethik mit ihrer Aufwertung von Beruf, Arbeit und Leistung sowie neuer Organisationsformen in Wirtschaft und Gesellschaft. Eine entscheidende Vorbedingung für den Durchbruch des Industrialisierungsprozesses bildeten nicht zuletzt die dafür notwendigen sachen- und gewerberechtlichen Rahmenbedingungen, die im Laufe des 19. Jh. in Baden geschaffen wurden. Die badischen Konsti-

1. Strukturen der gewerblichen Wirtschaft

tutionsedikte von 1807 und 1808 lockerten nur den Zunftzwang und gewährten den zu konzessionierenden groß- und kleingewerblichen Unternehmen mehr Freiheiten. Am Zunftwesen und der Erhaltung des die Konkurrenz fürchtenden mittelständischen Handwerks schieden sich sogar die liberalen Geister, obwohl sie das Postulat einer freien und gleichen Bürgergesellschaft vertraten. Erst der 1861 vorliegende Entwurf der Allgemeinen Deutschen Gewerbeordnung zwang die beiden zögernden südwestdeutschen Staaten zum Handeln. Vollendet wurde die Gewerbefreiheit mit der Judenemanzipation im gleichen Jahr.

Den Modernisierungs- und Industrialisierungsprozeß zu beschleunigen, trugen die aufgekommenen Eisenbahnen wesentlich bei. Frachtkostenverbilligungen gegenüber dem herkömmlichen, beschwerlichen Straßenfuhrverkehr bis 80 und mehr Prozent verhalfen zu örtlichen und regionalen Wettbewerbsvorteilen und zum Entstehen neuer Gewerbestandorte in Eisenbahnnähe. Auch der Industrialisierungsprozeß im Raum Rastatt, Gernsbach und Bühl orientierte sich mehr und mehr an der allmählich vordringenden, wenn auch nicht allerorten willkommenen Eisenbahn. Seit 1844 waren Rastatt und Bühl an den Schienenstrang der badischen Staatseisenbahn angeschlossen. Erst 1869 wurde die Bahnstrecke Rastatt-Gernsbach eröffnet. Im Jahre 1910 wurde die Murgbahn bis Forbach und 1915 bis Raumünzach in Betrieb genommen.

Verkehrsgünstig zur Eisenbahn siedelte sich in Bühl die Baumwollspinnerei und -weberei Massenbach an, eine Gründung der kapitalstarken Handelsfirma Massenbach & Co. Obwohl sie auf eine laufende Modernisierung des Betriebs bedacht war und zeitweilig sogar 300 Arbeitskräfte in Bühl beschäftigte, war die Spinnweberei schon in den 1870er Jahren der Konkurrenz aus Mülhausen im Elsaß nicht mehr gewachsen. Auch in der Folgezeit wurde am mittleren Oberrhein keine leistungsfähige Textilindustrie seßhaft. Mit Erfolg behauptete sich dagegen bis Mitte des 20. Jh., begünstigt vom Aufschwung des Tabakanbaus in der Rheinaue während des 18. Jh., die ebenfalls in ihren Anfängen bis in die Merkantilepoche zurückreichende Tabakindustrie. Die Tabakwaren- bzw. Zigarrenfabrik Rastatt, entstanden 1796, erwirtschaftete im Krisenjahr 1850 mit 13 Arbeitern einen Produktionswert von 40000 Gulden. Die badische Gewerbezählung von 1939 erfaßte in der Stadt Rastatt zwei Betriebe der Tabakwarenindustrie mit zusammen 35 Beschäftigten und im Landkreis eine weitere Tabakwarenfabrik mit 51 Beschäftigten. Die älteste und bedeutendste Industrieansiedlung in den Rheinauendörfern während des 19. Jh. stellte die spätere Dampfziegelei Altenbach in Elchesheim dar, die 1890 70 Arbeiter beschäftigte und damals von der Baukonjunktur in Karlsruhe und im Umland profitierte.

Zum Industriestandort entwickelte sich das enge Murgtal zwischen Gernsbach und Weisenbach im Verlauf der zweiten Hälfte des 19. Jh. mit dem Vordringen der Eisenbahn und zunächst im Zusammenhang mit der großen Nachfrage nach Eisenbahnschwellen. Sie gab den Anstoß zur Errichtung von modernen Sägewerken in Gernsbach seit den 1850er Jahren. Auf dem reichlich vorhandenen Rohstoff Holz des Schwarzwalds bauten dann später die anderen rohstofforientierten Holzverarbeitungsunternehmen, die Kisten- und Spankorbhersteller, die Spanplattenfabriken und die verschiedenen Sparten der Möbelindustrie auf (Stuhlfabriken, Süddeutsche Möbelindustrie Gebrüder Trefzger GmbH, Rastatt, seit 1890). Die traditionell wichtigen Standortfaktoren Wasser und Wald in Verbindung mit technischen Neuerungen und der gelungenen chemischen Gewinnung der Zellulose aus dem Holzschliff gaben seit den 1880er Jahren den Ausschlag zur Ansiedlung einer bedeutenden modernen Papier- und Pappenindustrie im mittleren Murgtal mit dem Zentrum Gernsbach. Bezeichnenderweise knüpfte die moderne Papiererzeugung hier nicht an die vorindustrielle, Hadern verarbeitende Papiermacherei an. In den 1820er Jahren suchte der Bühler Kaufmann Cornelius um ein badisches Privileg für die Papierfabrikation aus dem Abwerg von weißem Hanf nach. In Gausbach (Forbach) errichteten 1837 F.J. Wunsch und N. Barth anstelle ihrer Sauerkleesalzfabrik eine traditionelle Papiermühle, die nach mehrfachem Besitzerwechsel 1853 zu einer Ölmühle mit Hanfreibe und Gerstenstampfe umgewandelt wurde. Auf deren Betriebsgelände entstand dann 1888 die Lederpappenfabrik der Firma J.F. Dorn GmbH, Forbach, mit Holzschleiferei in unmittelbarer Nähe. Die statistische Erhebung der badischen papiererzeugenden Betriebe von 1847 überliefert für den damaligen Amtsbezirk Bühl (Oberachern) zwei Papiermühlen (zwei Bütten) mit zehn Arbeitern und im Amtsbezirk Rastatt einen Betrieb (eine Bütte) mit vier männlichen und weiblichen Arbeitern. Ihr Scheitern hing mit dem nicht zu lösenden Problem der hinreichenden Rohstoffversorgung, dem unzureichenden Aufkommen an zu sammelnden Lumpen sowie mangelndem Kapital zur maschinellen Modernisierung der Betriebe zusammen.

Im Unterschied zu der erkennbaren Zäsur in der Geschichte der Papiererzeugung entwickelte sich die Metall-

Firmenbriefkopf von Bergmanns Industriewerken in Gaggenau, 1896.

industrie in der Kontinuität von Unternehmen aus der Zeit des Merkantilismus. Ein im ausgehenden 17. Jh. gegründetes Eisenwerk im Bühlertal wurde bis 1907 als Hammerwerk betrieben, zu dem sich seit 1870 ein weiteres gesellte. Auf dem Eisenhammerwerk in Gaggenau wurden 1850 14 Arbeiter beschäftigt. Das Gaggenauer Eisenwerk erwies sich gewissermaßen als Kristallisationskern für die sich entwickelnde moderne Metallindustrie Gaggenaus und teilweise Rastatts. Seit 1873 firmierte es unter dem Namen Handelsfirma Michael Flürscheim – Eisenwerke Gaggenau und präsentierte sich als größerer Manufakturbetrieb mit einer bemerkenswert breiten Produktpalette. Hergestellt wurden unter anderem Brücken, Geländer, Gasregulatoren sowie Schrot- und Farbmühlen. Durch Errichtung neuer Werkstätten (Emaillierwerk, Stanzerei, Kunstgießerei, Vernickelungsanstalt) erweiterte sich das Produktangebot, entstand ein »Etablissement für Neuheiten«, das nunmehr für einen fast unbegrenzten Markt produzierte, hauptsächlich aber Haushalts- und Küchengeräte, Herde, Möbel und Bauartikel in Emaille. Das Beispiel machte Schule in Gaggenau und Rastatt, regte zu einer Reihe von Unternehmensneugründungen an. Spätestens nach der Umwandlung der Firma in die Eisenwerke Gaggenau AG im Jahre 1888 vollzog sich mit dem Aufbau des Produktionszweigs für emaillierte Erzeugnisse und abhängig vom Mechanisierungsgrad der Aufstieg zu einer Fabrik mit großbetrieblicher Produktion. Schon 1885 beschäftigten die Eisenwerke über 500 Arbeitskräfte.

Dominierend im Wirtschaftsleben Rastatts blieben bis weit in die zweite Hälfte des 19. Jh. hinein die Festung und die Garnison mit knapp 4000 Militärpersonen (1890), die rund 34 Prozent der Rastatter Bevölkerung ausmachten. Als das Stahlwerk 1852 seine Produktion einstellte, existierten in Rastatt eine leistungsfähige Glockengießerei und eine Herdfabrik. Ähnlich wie in der württembergischen Festungsstadt Ulm, die ebenfalls größerer nutzbarer Wasserkräfte entbehrte, verzögerte sich auch in Rastatt der Industrialisierungsprozeß. Er setzte verstärkt ein, als man 1895 die Festungsanlagen zu schleifen begann und sich der Einsatz von Dampfmaschinen »rechnete«.

Technisch-industrieller Fortschritt, Wandel der Erwerbstätigenstrukturen 1895 bis 1997. – Am Ende des 19. Jh. präsentierten sich Gaggenau und Rastatt als die bedeutendsten Industriestandorte im heutigen Kreisgebiet. Von den in der Gewerbestatistik von 1895 ausgewiesenen 24 Unternehmen ab 51 und mehr Beschäftigten hatten jeweils sechs ihren Sitz in Gaggenau bzw. Rastatt. In beiden Orten gewann seitdem die Metallindustrie eine wachsende Bedeutung. Vom beginnenden Siegeszug des Automobils, obwohl anfangs mehr ein Luxusartikel, gingen entscheidende Impulse auf den sich verbreiternden und intensivierenden Industrialisierungsprozeß vom ausgehenden 19. bis ins ausgehende 20. Jh. aus. Seit 1893 baute im Gaggenau benachbarten Ottenau die Bergmanns Industriewerke GmbH auch Automobile. Aus der ihr 1905 ausgegliederten Automobilabteilung ging die Süddeutsche Automobilfabrik Gaggenau hervor. 1910 wurde sie von der an der Lastwagenproduktion stark interessierten Mannheimer Benz & Cie. übernommen. Das waren erste Stationen in einem anbrechenden neuen Zeitalter. Die Automobilproduktion baute auf den Leistungen anderer Handwerks- und Indu-

1. Strukturen der gewerblichen Wirtschaft

striebranchen auf, dem Werkzeugmaschinenbau, der Elektrotechnik, der Feinmechanik, der Gummiindustrie und anderem mehr, so daß von ihr entscheidende wirtschaftliche Wachstumsanstöße ausgingen. Es entwickelten sich allmählich entsprechende Zulieferindustrien. Auch Rastatt erfuhr als gewissermaßen wiederentdeckter Standort der Metallindustrie neue Wachstumsschübe. Seit 1897 ist Rastatt Sitz der Badischen Waggonfabrik AG, die 1911 515 Arbeiter (2001 64) beschäftigte.

Etwa mit dem Jahre 1895 begann in Deutschland, das Großherzogtum Baden eingeschlossen, die Zeit eines großen Entwicklungsrauschs, angestoßen vom wissenschaftlich-technischen Fortschritt, insbesondere von den Innovationen auf dem Gebiet der Automobiltechnik, der Elektrotechnik und der Chemie sowie der rasch wachsenden Nachfrage nach ihren Erzeugnissen. Die industrielle Umsetzung der bahnbrechenden Erfindungen und Basisinnovationen des Zeitraums von 1885 bis 1924 veränderte die Strukturen der gewerblichen Wirtschaft und der Gesellschaft. Die Nutzung der Elektrizität wurde zur Voraussetzung für weitere epochemachende Neuerungen und Veränderungen. Neue Industrien entstanden. Neue Industriestandorte wurden erschlossen. Herkömmliche Standortfaktoren erfuhren eine Umbewertung. Schon vor 1900 wurden die ersten Kraftwerke an der Murg in Betrieb genommen. Das vor 1914 als staatliches Unternehmen gebaute Murgkraftwerk (Forbach) mit einer installierten Maximalleistung von 40 000 Kilowatt kam der Gesamtwirtschaft zugute, war eine Voraussetzung für das Wachstum bzw. die Stabilisierung von Industrie und Handwerk.

Der technisch-industrielle Fortschritt wirkte als entscheidende Basistriebkraft, die letztlich seit Ende des 19. Jh. das überkommene Gefüge der Erwerbsstrukturen grundlegenden Wandlungen und Verschiebungen unterwarf. Umwälzende Transformations- und Substitutionsprozesse verwandelten mit unterschiedlicher Dynamik die überlieferte Agrargesellschaft der vorindustriellen Zeit, in der die Beschäftigung in der Landwirtschaft vorherrschte, schließlich in eine moderne, funktionsfähige Industrie- und Wettbewerbsgesellschaft.

Zu einem ihrer Wesenszüge wurde im Lauf des 20. Jh. die zahlenmäßige Dominanz der Erwerbstätigen im Produzierenden Gewerbe gegenüber den Beschäftigungsanteilen der Land- und Forstwirtschaft etc. sowie des Dienstleistungssektors. Gleichzeitig befand sich die Land- und Forstwirtschaft im Sog permanenter Rationalisierungs- und Intensivierungsprozesse, so daß die Landwirtschafts-

Erwerbstätige im Landkreis Rastatt 1895 (ohne Loffenau) und 1987

Jahr	Landwirtschaft, Gärtnerei, Forstwirtschaft, Fischerei	Industrie, Gewerbe, Handwerk	Handel, Verkehr, Dienstleistungen	Erwerbstätige insgesamt
1895	22 548 (49,3 %)	10 216 (22,3 %)	12 997[1] (28,4 %)	45 721
1987	1 320 (1,7 %)	44 945 (57,5 %)	31 939 (40,8 %)	78 204

[1] davon Handel, Verkehr, Versicherungen, Gastgewerbe 2 623

betriebe einem dauernden Anpassungsdruck ausgesetzt waren, der eine als säkulare Landflucht bekannte Abwanderung aus der Landwirtschaft auslöste. Der Beschäftigungsanteil in der Landwirtschaft des Landkreises Rastatt sank zwischen 1895 und 1987 von knapp 50 auf 1,7 Prozent trotz des gleichzeitigen Bevölkerungswachstums. Während jenes Zeitraums hat sich demgegenüber die Beschäftigung im Produzierenden Gewerbe reichlich vervierfacht (Anstieg um 340 %), so daß sich dieses als Motor des Wachstums erwies. Im Landkreis Rastatt (Altkreis) kamen 1939 ebenso wie 1961 (heutiges Kreisgebiet) auf einen Beschäftigten im Dienstleistungssektor 3,0 Beschäftigte im Produzierenden Gewerbe, was auf einen parallelen Beschäftigungsanstieg im sekundären und tertiären Sektor hindeutete. Erst seit den 1970er Jahren verstärkte sich das Gewicht des Dienstleistungssektors, ohne daß der Produzierende Bereich seine Dominanz einbüßte im Unterschied zur Entwicklung in der Region Mittlerer Oberrhein und im Land Baden-Württemberg. Im Jahr 1976 entfielen auf einen Beschäftigten im Dienstleistungssektor im Landkreis Rastatt 2,5 im Produzierenden Gewerbe und 1987 noch 1,4, dagegen in der Region Mittlerer Oberrhein 0,75 und im Landesdurchschnitt 0,99.

Die Erwerbsstruktur im Landkreis Rastatt wird im Unterschied zur Mehrzahl der Stadt- und Landkreise Baden-Württembergs durch das überdurchschnittliche Gewicht des Verarbeitenden Gewerbes geprägt. Ende 1986 waren über 57 Prozent der sozialversicherungspflichtig beschäftigten Arbeitnehmer im Verarbeitenden Gewerbe tätig, Mitte 1997 waren es 52,4 Prozent.

Pendler. – Seit jeher war die gewerblich-industrielle Beschäftigung nicht gleichmäßig über die Gemeinden im

Druckrohrleitung des Rudolf-Fettweis-Werks Forbach, 1926.

und in Rheinauendörfern anzutreffen. 1890 wurden 70 Elchesheimer, Maurer und weibliche Hilfskräfte, in Karlsruhe beschäftigt, gingen am Montagmorgen zu Fuß zu ihrer Arbeitsstätte und kehrten Samstagnacht in ihr Heimatdorf zurück. Auch Rastatter Betriebe boten damals Bewohnern von Nachbargemeinden Arbeit und Verdienst. Um die beschäftigungsstarken industriellen Agglomerationen legten sich die Einzugsbereiche der Pendelwanderer. Nach der badischen Gewerbestatistik von 1925 zählten 80 bis 100 Prozent der ortsansässigen Industriearbeiter in fast vierzig ländlichen Gemeinden des Kreisgebiets (ohne Loffenau) zu den Auspendlern. In ländlichen Wohnorten mit wenig oder ganz ohne Industrie nahm mit dem Bevölkerungswachstum bei gleichzeitigem Arbeitsplatzschwund in der Landwirtschaft in der zweiten Hälfte des 20.Jh. die Schar der Berufspendler beträchtlich zu, zwischen 1970 und 1987 um fast 54 Prozent.

Berufspendler im Landkreis Rastatt 1970 und 1987

Jahr	Auspendler	davon weiblich	Einpendler	davon weiblich
1970	27912		20645	
1987	42949	15342	33262	11092

Von den 8700 Beschäftigten des Daimler-Benz-Werks in Gaggenau wohnten Ende der 1970er Jahre zwei Drittel in einem Umkreis von 10 km, Gaggenau und Gernsbach eingeschlossen. In einem Umkreis mit einer Entfernung von über 15 km hatten noch 9 Prozent der Belegschaft ihren Wohnsitz, kamen hauptsächlich aus dem Murgtal und der Oberrheinebene. In typischen Auspendlergemeinden – wie Au am Rhein, Bietigheim, Bischweier, Elchesheim-Illingen, Iffezheim, Ottersweier, Sinzheim – wohnten 1987 etwa 70 Prozent und mehr Berufspendler, gemessen an der Zahl der Erwerbstätigen am Wohnort. Der Anteil der Berufseinpendler an den am Arbeitsort wohnenden Erwerbstätigen überstieg erst 1987 in Ausnahmefällen 50 Prozent (unter anderem Rastatt). Der private Pkw, seit den 1970er Jahren mit Abstand das am meisten genutzte Verkehrsmittel neben Pendlerbussen und öffentlichen Verkehrsmitteln, begünstigte die sich ausweitende Pendelwanderung, insbesondere auch über die Kreis- und Landesgrenzen hinweg. Über Jahrzehnte bestand im Landkreis Rastatt ein Arbeitsplatzdefizit namentlich im Dienstleistungssektor, das im Pendlersaldo, der Differenz aus Einpendlern und Auspend-

Schwarzwald und in der Rheinebene verteilt. Neben den frühen gewerblichen Verdichtungsräumen in städtischen Agglomerationen und in den Talfurchen des Murgtals gab es in der Gebirgslandschaft und ihrem Vorland zahlreiche Gemeinden, deren Gemarkungen eine Industrieansiedlung weniger begünstigten. Nicht selten übten Gemeinden ihr gegenüber eine deutliche Zurückhaltung. Hielt die gewerbliche Entwicklung mit dem örtlichen Arbeitskräfteangebot nicht Schritt, dann stellte sich für eine mehr und weniger große Zahl von Arbeitskräften das Problem der Trennung von Wohn- und Arbeitsort und entwickelte sich die tägliche Pendelwanderung zwischen Wohn- und Arbeitsort zu einem allgegenwärtigen wirtschaftlich-sozialen Phänomen. Es ist bereits im 19.Jh. in Schwarzwaldgemeinden

lern, seinen Niederschlag fand. Der negative Pendlersaldo des Landkreises mit einem Überschuß an Auspendlern von 2267 im Jahr 1970 und 11109 in 1987 war abhängig von der Bevölkerungsdichte und vom »Arbeitsplatzüberhang« in der Region Mittlerer Oberrhein (Karlsruhe).

Berufsauspendler und Berufseinpendler 1987

	Auspendler in Prozent der Erwerbstätigen am Wohnort	Einpendler in Prozent der Erwerbstätigen am Arbeitsort
Landkreis Rastatt	31	42,5
Region Mittlerer Oberrhein	24,7	42,7
Baden-Württemberg	41	42

Attraktiv wurden die Arbeitsplätze im Landkreis auch für linksrheinische Pendler aus Frankreich und Rheinland-Pfalz. 1978 beschäftigten Firmen in der Region Mittlerer Oberrhein insgesamt 3115 Pendler aus Frankreich, von denen 30,3 Prozent im Landkreis Rastatt arbeiteten. Von den 23 Gemeinden des Kreisgebiets konnten 1987 nur drei, nämlich Bühl, Gaggenau und Rastatt, einen positiven Pendlersaldo vorweisen. Eine gestiegene Pendelmobilität stärkte die wenigen Einpendelzentren.

Ausländische Arbeitskräfte. – Der Aufschwung der Wirtschaft im Altkreis Rastatt während der »Wirtschaftswunderzeit« war so kräftig, daß bereits 1955 ausländische Arbeitskräfte angeworben wurden. Mit Italien wurde der erste Anwerbevertrag geschlossen. Es folgten weitere Verträge mit Spanien, Griechenland, der Türkei und anderen Staaten. Mehrheitlich leisteten Ausländer in der Wirtschaft einfachere, leicht erlernbare Arbeiten, die zumeist mit größerem Beschäftigungsrisiko verbunden sind. Um 1970 waren vom Daimler-Benz-Werk Gaggenau wegen des damals herrschenden Facharbeitermangels zusätzliche jugoslawische Gastarbeiter, darunter viele mit Facharbeiterausbildung angeworben worden. Unter den 1390 ausländischen Arbeitskräften des Werks bildeten Ende der 1970er Jahre die Jugoslawen die stärkste Gruppe. Der seit den 1960er Jahren steigende Ausländeranteil an der Wohnbevölkerung unterlag namentlich aus wirtschaftlichen Gründen manchen Schwankungen. Innerhalb der Region Mittlerer Oberrhein war er im Landkreis Rastatt relativ niedrig, lag 1980 bei 6,6 Prozent und Ende 1998 bei 9,5 Prozent.

Ausländerbeschäftigung im Landkreis Rastatt

1961	1970	1987	1992	1998
1990 (= 100)	9960 (= 500)	12630 (= 635)	12584 (= 632)	11459 (= 576)

Arbeitslosigkeit. – Seit jeher ist die Auslastung des Erwerbspotentials Schwankungen unterworfen. Arbeitslosigkeit, d.h. die Unterauslastung des Produktionsfaktors Arbeit, wurde durch saisonale, strukturelle und konjunkturelle Einflüsse verursacht. In der Erwerbstätigenstatistik wird Arbeitslosigkeit erst seit den 1920er Jahren ausgewiesen, nachdem die statistischen Erfassungskriterien entsprechend dem »Unterhaltskonzept« verändert worden waren. Während der Weltwirtschaftskrise von 1929 bis 1933 näherte sich die Arbeitslosenquote 20 Prozent, lag im Arbeitsamtsbezirk Rastatt noch im März 1933 bei 16 Prozent, um sich mit den eingeleiteten Arbeitsbeschaffungsmaßnahmen der Regierung bis September 1933 auf 13,4 Prozent zu verringern. Die »Wirtschaftswunderzeit« nach dem Zweiten Weltkrieg, der Zeitraum von 1953 bis 1955 und nach dem Konjunktureinbruch von 1966, die Jahre bis zur ersten Ölkrise, waren von einer fast überschäumenden Vollbeschäftigung gekennzeichnet. Seit den 1970er Jahren bahnten sich strukturelle Wandlungen durch Veränderungen der Endnachfrage auf Binnen- und Auslandsmärkten an. Der daraus resultierende wirtschaftliche Abschwung von 1974/76 wurde jedoch durch die Arbeitsplatzgewinne der folgenden Aufschwungjahre reichlich wettgemacht. Unterdurchschnittliche Zuwächse an Einwohnern und die bemerkenswerte Zunahme der Erwerbstätigkeit bis 1992 hielt die Arbeitslosenquote, das Konjunkturtief von 1985 ausgenommen, auf einem vergleichsweise niedrigen Niveau, obwohl sich gleichzeitig die Wirtschaftsstrukturen im Landkreis Rastatt mit beachtlicher Dynamik veränderten. Die Zunahme der Beschäftigung im Produzierenden Gewerbe verringerte sich, während gleichzeitig in Dienstleistungsunternehmen mehr Beschäftigte unterkamen.

Arbeitslose im Arbeitsamtsbezirk Rastatt (Landkreis Rastatt und Stadtkreis Baden-Baden)

	1975	1980	1985	1990	1997	1998
Arbeitslose	3512[1]	2327	5461	3666	10225	9639
Arbeitslosenquote	3,9	2,6	6,1	4	8,8	8,3

[1] darunter mehr als 15 Prozent ausländische Arbeitnehmer

Tiefgreifende Strukturwandlungen der Wirtschaft waren stets mit Anpassungen der Produktionsstruktur verbunden, die ihrerseits Anpassungen der Beschäftigungsstruktur erforderten. Dabei bestand die Gefahr einer drohenden strukturellen bzw. technologischen Arbeitslosigkeit. Im Hintergrund des Strukturwandels seit den 1980er Jahren vollzog sich der durch die »High Tech Revolution« bewirkte Umbruch in Wirtschaft und Gesellschaft. Die nun angebrochene Phase der »dritten industriellen Revolution« setzte ebenso wie die vorangegangenen Phasen der technisch-industriellen Revolution Substitutionsprozesse in Gang: Computer und Roboter ersetzen herkömmliche Maschinen und teilweise Menschen; Mikroprozessoren und überhaupt die Mikroelektronik machen teilweise das menschliche Gehirn entbehrlich; noch nicht befriedigend gelöst ist das Problem der Substitution terrestrischer durch erneuerbare Energien.

Der Wandel der Beschäftigungsstrukturen zugunsten der aufgewerteten Dienstleistungsbereiche seit den 1980er Jahren fiel bis 1992 in unterschiedliche Phasen des Aufschwungs und war daher mit einem kräftigen Beschäftigungsanstieg verbunden. Freilich zeigten die einzelnen Teilräume des Landkreises Rastatt in der Entwicklung der Beschäftigung stets auffallende Niveauunterschiede. Durch einen Arbeitsplatzgewinn um 20,7 Prozent im Zeitraum von 1980 bis 1992 nahm der Landkreis eine Spitzenposition im Lande ein. Als die durch die deutsche Vereinigung noch verlängerte Aufschwungphase 1992 abbrach, fiel im Landkreis Rastatt der Einbruch bei Absatz, Produktion und Beschäftigung weniger schwer als im Landesdurchschnitt aus. Der Arbeitsplatzabbau wurde nicht zuletzt durch die gleichzeitig geschaffenen neuen Arbeitsplätze in Dienstleistungsbereichen der Region gemildert; es kam zu einer Beschäftigungsaufstockung (sozialversicherungspflichtig Beschäftigte) von 66 976 im Jahre 1986 auf 75 444 im Jahre 1998 (Anstieg um 12,6 %).

Mit der zunehmenden Änderung der Wirtschaftsstruktur durch Industrialisierung und Ausdehnung des tertiären Sektors nahm seit der ersten Hälfte des 19. Jh. die Zahl der Selbständigen in der gewerblichen Wirtschaft zu, stieg erheblich die Zahl der Unternehmer in Industrie, Handel und Verkehr, die der Handwerker und Kleingewerbetreibenden und wuchs damit insgesamt die Sozialschicht des selbständigen Mittelstandes. Die Freiheit der Gewerbeausübung gab jedem, der sich dazu berufen fühlte und befähigt war, die Chance zum Aufstieg in die Selbständigkeit. Neben Handwerk und Industrie bestand und entfaltete sich mehr oder weniger im 19./20. Jh. ein vom Handwerk abzugrenzendes kleinbetriebliches Gewerbe (darunter Wandergewerbe), dem zeitweilig eine nicht unerhebliche

Scheibensatz-Fertigung für stufenlose Getriebe im LuK-Werk Bühl.

1. Strukturen der gewerblichen Wirtschaft

zahlenmäßige Bedeutung zukam. Erwähnt sei in diesem Zusammenhang die bis in die Mitte des 19. Jh. ausgeübte professionelle Rheingoldwäscherei. Zwischen Au am Rhein im Norden und Grauelsbaum im Süden befand sich eines ihrer Zentren. In sieben Rheinauen-Orten der einstigen Amtsbezirke Bühl und Rastatt arbeiteten 1832 insgesamt 116 Wäscher.

Baden war bis ins 20. Jh. durch eine relativ hohe Selbständigenquote in Gewerbe und Handel gekennzeichnet. Im Landkreis Rastatt machte sie 1895 etwa 25 Prozent der Erwerbstätigen in der gewerblichen Wirtschaft aus. Eine so hohe Quote sagt jedoch nichts über den Beschäftigungsgrad aus. Unterbeschäftigung in der Wirtschaft erhöhte häufig beim Handwerk und im Kleingewerbe die Zahl der registrierten Selbständigen. Deren Zahl erreichte offenbar in der Rationalisierungskrise 1925 einen historischen Tiefstand und während des Aufschwungs der »Wirtschaftswunderzeit« 1961 mit über 11 000 Selbständigen ihren Scheitelpunkt.

Die Selbständigenquote bewegte sich in den 1930er bis 1960er Jahren zwischen 10 und 15 Prozent und lag Ende der 1980er Jahre bei 7 Prozent. Hauptsächlich den gegenwärtigen Bestrebungen um die Förderung von Existenzgründungen ist der leichte Anstieg der Selbständigenquote zur Jahrtausendwende zuzuschreiben.

Arbeitsstätten und Branchenstrukturen. – Die zahlenmäßige Dominanz des Alleinbetriebs in der gewerblichen Wirtschaft unter Einschluß des Tertiären Sektors bildete bis zum Beginn des 20. Jh. einen ihrer strukturellen Wesenszüge im damaligen Großherzogtum Baden. Während nach der Gewerbezählung von 1895 im Großherzogtum noch 57,4 Prozent der Gewerbebetriebe nur aus dem Firmeninhaber bestehende Alleinbetriebe darstellten, belief sich deren Anteil im Kreisgebiet (ohne Loffenau) auf 46 Prozent. Es waren insgesamt die Kleinbetriebe (bis 5 Beschäftigte), die 94,5 Prozent aller Gewerbebetriebe ausmachten und damals das Wirtschafts- und Marktgeschehen prägten.

Betriebsgrößen der nichtlandwirtschaftlichen Arbeitsstätten im Landkreis Rastatt 1895 und 1987

Jahr	Betriebe				
	insgesamt	Alleinbetriebe	2–5 Beschäftigte	5–50 Beschäftigte	ab 51 Beschäftigte
1895	4 374	2 015 (46%)	2 121 (48,5%)	214 (5%)	24 (0,5%)
1939		(41,2%)	(45,7%) 2–4 Beschäftigte	(11,5%) 5–49 Beschäftigte	(1,6%) ab 50 Beschäftigte
1987	7 922	1 758 (22,2%)	3 293 (41,6%)	2 669 (33,7%)	202 (2,5%)

Die durch den Industrialisierungsprozeß bedingte großbetriebliche Konzentration zeigte sich 1895 erst in Ansätzen. Nur 24 Betriebe verfügten damals über mehr als 50 Beschäftigte und verteilten sich über zwölf Gemeinden, wobei Gaggenau und Rastatt bevorzugte Standorte darstellten. Von 183 Gewerbebetrieben (4,2%) wurden damals Wasser- und Dampfkräfte mit insgesamt 4 599,5 Pferdestärken als motorische Antriebskräfte genutzt. Die Mehrzahl der nichtlandwirtschaftlichen Arbeitsstätten bildeten 1895 und noch bis um die Mitte des 20. Jh. Handwerksbetriebe. Die badische Gemeindestatistik von 1925 erfaßte im Landkreis Rastatt 100 Fabriken ab 20 Arbeiter und 1 016 selbständige Handwerker.

Mit fortschreitendem Industrialisierungsprozeß verlagerte sich die gewerbliche Beschäftigung mehr und mehr in die Mittel- und Großbetriebe, deren Zahl sich bis 1987 (gegenüber 1895) um 2 633 Arbeitsstätten vermehrte. Dennoch stellten 1987 die Klein- und Mittelbetriebe (bis 49 Beschäftigte) noch über 97 Prozent der Unternehmen dar und beschäftigten knapp die Hälfte (ca. 48%) der Arbeitnehmer im sekundären und tertiären Sektor des Landkreises Rastatt. Wesenszug des industriellen Wandels war, gemessen an der Beschäftigung, die überproportionale Zunahme der Großbetriebe. Ihr Tätigkeitsfeld wurde die sich ausweitende, rationalisierte Produktion von Serien- und

Erwerbstätigenstruktur im Landkreis Rastatt 1961 bis 1987

Erwerbstätige (Anzahl)			Selbständige (Anteil)			Mithelfende Familienangehörige (Anteil)			Abhängige Erwerbstätige (Anteil)		
1961	1970	1987	1961	1970	1987	1961	1970	1987	1961	1970	1987
81 216	82 689	90 585	14,3	8	7	14,8	7,1	1,1	70,9	84,9	91,8

Massenerzeugnissen in möglichst großen Stückzahlen. Wo demgegenüber die Produktion noch stark durch Handarbeit und die Fertigung von Einzelstücken und Kleinserien geprägt wurde, blieb sie eine Domäne der Klein- und Mittelbetriebe.

Größenstrukturen der nichtlandwirtschaftlichen Arbeitsstätten im Landkreis Rastatt 1987

Betriebsgröße	Arbeitsstätten	Beschäftigte
1 Beschäftigter	1758 (22,2%)	1758 (2,1%)
2–4 Beschäftigte	3293 (41,6%)	9044 (10,7%)
5–9 Beschäftigte	1640 (20,7%)	10690 (12,6%)
10–19 Beschäftigte	680 (8,6%)	8955 (10,5%)
20–49 Beschäftigte	349 (4,4%)	10555 (12,5%)
50–99 Beschäftigte	107 (1,4%)	7397 (8,7%)
100 und mehr Beschäftigte	95 (1,2%)	36330 (42,9%)
insgesamt	7922	84729

Aus Datenschutzgründen macht ein Großteil der Betriebe seit Jahrzehnten keine Angaben über die genaue zahlenmäßige Entwicklung der Betriebsgröße. Eine Erhebung der Industrie- und Handelskammer von 1987 über etwa zwei Drittel der 2422 ins Handelsregister eingetragenen Unternehmen ergab, daß etwa die Hälfte weniger als zehn Mitarbeiter hatte. Zu den Unternehmen mit 100 bis 499 Beschäftigten zählten 68 und zu den mit mehr als 500 nur 19 Betriebe. Die Belegschaft von fünf industriellen Großbetrieben in Gaggenau und Rastatt überstieg 1000 Mitarbeiter. Auch die Beschäftigtenstrukturen innerhalb der Unternehmen unterlagen in den letzten Jahrzehnten einem bezeichnenden Wandel. Drastisch verringerte sich die Zahl der mithelfenden Familienangehörigen, die in Klein- und Mittelbetrieben seit dem 19. Jh. unentbehrlich waren.

Neu ist die Ausdehnung der Teilzeitbeschäftigung, die ganz überwiegend von Frauen wahrgenommen wurde. Als tragendes Element der Wirtschaftskraft des Landkreises Rastatt bewährte sich nicht zuletzt das Mischungsverhältnis bzw. das Neben- und Miteinander von mittelständischen Betrieben, die 1987 über zwei Dritteln der gewerblich Beschäftigten einen Arbeitsplatz boten, und den wenigen beschäftigungsstarken Großbetrieben.

Die Entwicklung der gewerblichen Produktion befand sich nicht nur in Abhängigkeit von der Zahl der Beschäftigten, sondern war stets auch abhängig von der Entwicklung der Produktivität als Ausdruck des technischen Fortschritts und seiner Umsetzung sowie von den wahrgenommenen Absatzchancen der Unternehmen. Der eingeführte technische Fortschritt verhalf zur Herstellung neuer und/oder verbesserter Produkte, ermöglichte den Einsatz neuer Produktionsverfahren und bestimmte den Industrialisierungsgrad der Gewerbezweige. Gleichzeitig bewirkte der fortschreitende Industrialisierungsprozeß, daß sich im Raum Rastatt und Bühl die Produktionsstrukturen verbreiterten und differenzierten und schließlich seit dem ausgehenden 19. Jh. durch eine zunehmende Branchenvielfalt auszeichneten. Während sich einige ältere Gewerbezweige (u.a. Textilindustrie, Nahrungs- und Genußmittel) im Lauf des 20. Jh. stark rückläufig entwickelten, profitierten vor dem Hintergrund einer rasch gestiegenen Nachfrage neu aufgekommene Branchen wie der Kraftfahrzeugbau, die Feinmechanik, die Chemische Industrie, die Herstellung von Kunststoffen und anderes mehr. Es vollzog sich eine Schwerpunktverlagerung zur Investitionsgüterindustrie bzw. zur Herstellung langlebiger Wirtschaftsgüter. Zu den beschäftigungsstärksten Branchen innerhalb des Verarbeitenden Gewerbes entwickelten sich im Lauf des 20. Jh. im Landkreis Rastatt der Maschinen-, Apparate- und Instrumentenbau (Beschäftigtenanteil 1895 7,5%, ohne Loffenau; 1939 34,6%; 1987 31,1%), die Elektrotechnik, Feinmechanik und Optik (Beschäftigungsanteil 1939 12,8%; 1987 22,7%) und die Papierindustrie (1939 12,8%; 1987 12,6%). Wesentlicher Wandel ging in der Produktion von der Elektrifizierung der Wirtschaft seit den 1920er Jahren aus. Mit dem Siegeszug des Elektromotors in der gewerblichen Wirtschaft trat die Bedeutung des Einsatzes von Wasser- und Wärmekraftmaschinen in den Hintergrund, da der neue elektrische Antrieb größere Arbeitsgeschwindigkeiten und ein breiteres Einsatzfeld ermöglichte. In Baden überstiegen 1939 die in den nicht landwirtschaftlichen Arbeitsstätten verfügbaren Elektromotoren-Pferdestärken (877904 PS) etwas die Gesamtzahl der Beschäftigten.

Bevölkerungs- und Wirtschaftswachstum sowie der Strukturwandel beeinflußten nachhaltig und in unterschiedlichem Maß die Entwicklung der Betriebsgrößen und der Beschäftigung in den Wirtschaftssektoren und ihren Branchen. Dennoch läßt der säkulare Rückblick Entwicklungstrends erkennen. Im Produzierenden Gewerbe (ohne Bauwirtschaft) hat sich im Landkreis Rastatt von 1895 bis 1987 die Beschäftigung um das 5,5fache erhöht bei gleichzeitig drastischer Verringerung der Zahl der Ar-

1. Strukturen der gewerblichen Wirtschaft

Papier- und Tapetenherstellung bei der Firma StoraEnso im Werk Wolfsheck.

beitsstätten um knapp die Hälfte, so daß die Durchschnittsgröße je Betrieb (31 Beschäftigte) eine reichliche Verzehnfachung erfuhr.

Entwicklung der Beschäftigung und der durchschnittlichen Betriebsgröße in der gewerblichen Wirtschaft

Jahr	Produzierendes Gewerbe ohne Bauwirtschaft	Baugewerbe	Tertiärer Sektor
1895	Betriebe: 2 577 Beschäftigte: 7 343 ø je Betrieb: 2,8	369 1 111 3	1 265 2 708 2,1
1939	Betriebe: 1 816 Beschäftigte: 18 971 ø je Betrieb: 10,5	323 2 967 9,2	1 676 4 874 2,9
1987	Betriebe: 1 314 Beschäftigte: 40 693 ø je Betrieb: 31	602 6 946 11,5	3 582 18 054 5

Das Baugewerbe erlebte im gleichen Zeitraum eine reichliche Versechsfachung (6,2fach) seiner Beschäftigten, vermehrte aber seine Arbeitsstätten und kam deshalb mit einer durchschnittlichen Betriebsgröße von 11,5 Beschäftigten auf eine deutlich niedrigere Durchschnittsgröße als das Verarbeitende Gewerbe. Eine noch kleinere durchschnittliche Betriebsgröße (1987 5 Beschäftigte) war für den Dienstleistungssektor typisch, obwohl sich die Zahl der Beschäftigten von 1895 bis 1987 um das 6,6fache vermehrte. Auch durch die starke Zunahme an Arbeitsstätten um 183 Prozent unterschied sich die gewerbliche Wirtschaft des Dienstleistungssektors von den Entwicklungslinien im Produzierenden Gewerbe.

Determinanten der Wirtschaftskraft. – Die Wirtschaftskraft eines Wirtschaftsraums wird letztlich von der Ausstattung mit Arbeit (Erwerbspersonenpotential), mit Grund und Boden sowie mit Kapital (bzw. Wirtschafts- und Branchenausstattung) bestimmt. Der Faktor Arbeit ist im Landkreis Rastatt verhältnismäßig reichlich vorhanden. Zwischen 1975 und 1991 vermehrte sich die Zahl der Erwerbstätigen um fast 11,9 Prozent, die in der Hauptsache in der gewerblichen Wirtschaft beschäftigt wurden. Abhängig ist die Wirtschaftskraft eines Raums und insbesondere die des Landkreises Rastatt von der Attraktivität seiner Ausstattung mit Standortfaktoren (Vorteile der überregionalen Infrastruktur, gute Verkehrsanbindung in der Rheinebene, Wohnungsbestände etc.).

Zur Messung der Wirtschaftskraft dienen verschiedene Faktoren oder Determinanten, die jedoch alle mit Vor- und Nachteilen behaftet sind. Bis in die 1970er Jahre galt das Bruttoinlandsprodukt, der Wert aller Sachgüter und Dienstleistungen (einschließlich nicht abziehbare Umsatzsteuer und Einfuhrabgaben), die in einem bestimmten Zeitabschnitt innerhalb eines Wirtschaftsraums erzeugt wurden, als üblicher, wenn auch letztlich nicht befriedigender Maßstab auch für die Wirtschaftsleistung von Kreisen. 1972 erreichte der Landkreis Rastatt ein Bruttoinlandsprodukt zu Marktpreisen nach überdurchschnittlicher Steigerung seit 1972 in Höhe von 2,176 Mrd. DM und bezogen pro Kopf der Wohnbevölkerung einen Betrag von 11 220 DM. Beide Werte lagen weit unter dem Landesdurchschnitt, Folge eines unterdurchschnittlichen Wachstums namentlich im Raum Bühl während der »Wirtschaftswunderzeit«. Der neue Landkreis Rastatt rangierte hinsichtlich des Volumens seines Bruttoinlandprodukts an 34. Stelle unter den insgesamt 44 Stadt- und Landkreisen Baden-Württembergs.

Durchgesetzt hat sich in den letzten Jahrzehnten als Maßstab der Wirtschaftskraft die ebenfalls auf Schätzungen nach der volkswirtschaftlichen Gesamtrechnung (Entstehungsrechnung) beruhende Bruttowertschöpfung zu Marktpreisen. Sie wird auf die Einwohner sowie auf die Erwerbstätigen eines Raums – Kreise, Regionen, Regierungsbezirke, Land – bezogen und für sechs Wirtschaftsbereiche ausgewiesen. Veränderungen der Bruttowertschöpfung im

Werk der Firma Bosch in Bühl.

Bruttowertschöpfung zu Marktpreisen (unbereinigt)

Jahr	Mio. DM	Veränderung gegenüber ausgewiesenem Vorjahr	Anteil am Land
1970	1 884	–	1,9
1980	3 892	+106,6	1,7
1990	7 743	+ 98,9	2
1992	9 101	+ 17,5	2
1994	9 250	+ 1,6	2

Zeitablauf bilden den Maßstab, um die Wirtschaftsdynamik eines Raums zu beurteilen. Doch auch die Bruttowertschöpfung verzerrt die Realität. Im Landkreis Rastatt blieb die Zuwachsrate der Bruttowertschöpfung nach der Ölkrise in den 1970er Jahren bis etwa 1986 erheblich unter dem Landesdurchschnitt. Teilweise relativ hohe Arbeitslosenquoten signalisierten branchenstrukturelle Probleme im Verarbeitenden Gewerbe. In Rastatt wurden die Belegschaften einiger Firmen infolge von Produktlinienbereinigungen verkleinert. Auch Arbeitsplätze im Handel gingen verloren. Die Verluste konnten nach 1986 durch Ansiedlungserfolge und die Expansion vorhandener Unternehmen wettgemacht werden. Von 1988 bis 1992 erhielt die Wirtschaft des Kreises Wachstumsschübe, deren Zuwachsraten die der Region Mittlerer Oberrhein und des Landes Baden-Württemberg nicht unerheblich übertrafen. Der Landkreis Rastatt erlebte ein kleines Wirtschaftswunder, durch das er plötzlich, in relativ kurzer Zeit von einem hinteren Platz in eine Spitzenstellung innerhalb der Wirtschaft des Landes vorrückte.

Deutlicher faßbar wird der Ausbau des Beitrags des Landkreises Rastatt zur wirtschaftlichen Leistung im Vergleich zu den anderen Kreisen des Landes Baden-Württemberg anhand der Statistik der Bruttowertschöpfung zu Marktpreisen je Erwerbstätigen.

In der Bruttowertschöpfung je Erwerbstätigen und je Kopf der Wohnbevölkerung bewegte sich der Kreis Rastatt noch bis in die zweite Hälfte der 1980er Jahre leicht unter dem Landesdurchschnitt. Die Wachstumsdynamik, die seit 1987 Jahr für Jahr dann zu über dem Landesdurchschnitt plazierten Zuwachsraten in der Bruttowertschöpfung verhalf, machten den Landkreis zugleich zu einer Wachstumslokomotive in der Region Mittlerer Oberrhein. 1992 war er nach dem Stadtkreis Karlsruhe, gemessen an der Bruttowertschöpfung je Erwerbstätigen, der wirtschaftsstärkste Kreis der Regierungsbezirke Karlsruhe und Freiburg. Unter den Landkreisen Baden-Württembergs verfügte in jenem Jahr der Landkreis Rastatt nach dem Landkreis Böblingen über die höchste Bruttowertschöpfung je Erwerbstätigen. Die Landkreise Rastatt und Böblingen besitzen eine ähnliche Branchenstruktur, aber unterscheiden sich diametral in ihrem Pendlersaldo. Da Erwerbstätige als Bezugszahl für die Bruttowertschöpfung nach dem Arbeitsortkonzept berechnet werden, fließt die Leistung der großen Zahl der Auspendler nicht in die Bruttowertschöpfung des Landkreises Rastatt ein, während der hohe Einpendlerüberschuß des Landkreises Böblingen dessen wirtschaftliche Leistungskraft beträchtlich aufstockt. Die Bruttowertschöpfung je Erwerbstätigen ist zugleich ein Maßstab der Beschäftigtenproduktivität eines Kreises oder einer Region. Die Werte der Produktivität variieren demnach zeitlich und räumlich, sind abhängig u.a. von den Leistungsunterschieden der Beschäftigten, den erzielten Umsätzen, der Kapitalausstattung der Arbeitsplätze, dem Lohn- und Gehaltsniveau, der Qualität der Unternehmensleitung und von der Expansion der Unternehmen.

Bruttowertschöpfung (unbereinigt) zu Marktpreisen je Erwerbstätigen 1970 bis 1994

Jahr	DM	Landeswert (= 100)	Veränderung gegenüber ausgewiesenem Vorjahr
1970	32 950		–
1980	50 784	97	+54,1
1992	98 384	107	+93,7
1994	104 096	106	+ 5,8

Kundencenter der Firma DaimlerChrysler in Rastatt.

Die Bruttowertschöpfung als umfassender Indikator für die gesamte Wirtschaftsleistung erlaubt es auch, die Anteile der verschiedenen Wirtschaftsbereiche an ihr zu gewichten. Die starke Konzentration des Verarbeitenden Gewerbes, das besondere Profil der Wirtschaftsstruktur des Landkreises Rastatt, teilte dieser mit einem Anteil von über 40 Prozent im Jahre 1994 nur noch mit den Landkreisen Böblingen, Heidenheim und Tuttlingen, dem Enzkreis und dem Zollernalbkreis sowie mit dem Stadtkreis Karlsruhe. Nicht weniger bemerkenswert ist das relativ hohe Gewicht des Tertiären Sektors, soweit er der gewerblichen Wirtschaft zuzurechnen ist und von den anderen genannten Kreisen nicht erreicht wurde. Entscheidend für die Wirtschaftskraft des Landkreises Rastatt war auch nach der schweren Rezession von 1992/94 der hohe Anteil wertschöpfungsintensiver Branchen, die wiederum in den ausgehenden 1990er Jahren für mehr Beschäftigung sorgten.

Nimmt man die Anteile der Bruttowertschöpfung als Maßstab, dann fallen vor allem die Veränderungen des Verhältnisses von Verarbeitendem Gewerbe zu Dienstleistungsunternehmen auf. Der Anteilswert des Verarbeitenden Gewerbes sank zwischen 1970 und 1994 fast kontinuierlich von 55 auf knapp 42 Prozent und lag noch deutlich über dem des Landes Baden-Württemberg mit 33,4 Prozent. Andererseits erreichte das Wachstum der Dienstleistungsunternehmen bis 1994 mit 33,6 Prozent den Durchschnittswert des Landes. Der Beitrag der Land- und Forstwirtschaft verkleinerte sich weiter auf weniger als ein Prozent, während der von Handel und Verkehr sich relativ konstant hielt.

Die Bruttowertschöpfung könnte mit Vorbehalten und Einschränkungen auch als das umfassendste Wohlstandsmaß eines Wirtschaftsraums gelten. Sie orientiert sich aber nur an den Erwerbstätigen und schließt Personen in ihrer Eigenschaft als Grund-, Haus- und Wohnungseigentümer sowie als Eigentümer von Kapitalvermögen aus. Da auch häufig Wohn- und Arbeitsplatz auseinanderfallen, ist die Bruttowertschöpfung nicht dem Einkommen der Einwohner ein und desselben Gebiets gleichzusetzen. Zur Bewertung der Einkommensentwicklung hat das Statistische Landesamt Baden-Württemberg erstmals für 1970 und 1980 die Löhne und Gehälter der Arbeitnehmergruppen aller Wirtschaftsbereiche erfaßt.

Danach zählte der Landkreis Rastatt 1980 zu den zehn von 44 Kreisen Baden-Württembergs, in deren gewerblicher Wirftschaft die im Durchschnitt höchsten Bruttolohn- und Gehaltssummen je Arbeitnehmer gezahlt wurden. In

Bruttolohn- und Gehaltssumme (alle Wirtschaftsbereiche) in Mio. DM bzw. DM pro Arbeitnehmer

	1970	1980	Veränderung in Prozent
insgesamt	832	2 080	+149,9
Region Mittlerer Oberrhein			+127,2
Baden-Württemberg			+133,6
pro Arbeitnehmer	13 419	30 588	+128
Region Mittlerer Oberrhein			+118
Baden-Württemberg			+120

den 1970er Jahren sind die Einkommen der Arbeitnehmer im Landkreis Rastatt vergleichsweise stark angestiegen, korrespondierten aber mit einer wesentlich niedrigeren Steigerung der Zuwachsrate der Bruttowertschöpfung. Langsamer als im Landesdurchschnitt wuchs bis 1980 das Pro-Kopf-Einkommen im Verarbeitenden Gewerbe.

Im Jahr 1998 waren in den 176 Betrieben des Verarbeitenden Gewerbes (mit 20 und mehr Beschäftigten) von den 35 690 Beschäftigten 27,8 Prozent Angestellte (9 937). Verglichen mit den Relationen zwischen Arbeitern und Angestellten in den Betrieben des Verarbeitenden Gewerbes der Region Mittlerer Oberrhein (Angestellten-Anteil 38,2 %) und des Landesdurchschnitts (38,5 %) war für die Betriebe im Landkreis Rastatt (nicht erst 1998) ein relativ niedriger Angestelltenanteil typisch. Entsprechend bestanden die gezahlten Lohn- und Gehaltssummen ganz überwiegend aus Entgelten für geleistete Arbeiterstunden. Die Bruttolohn- und Gehaltssumme je Beschäftigtem im Verarbeitenden Gewerbe des Landkreises Rastatt erfuhr von 1975 bis 1998 eine Steigerung um 176,5 Prozent und bewegte sich etwas über dem Landesdurchschnitt. Zur Bewertung der Lohn- und Gehaltssumme hat man zwischen dem Nominallohn und dem auf den Preisindex zu beziehenden Reallohn zu unterscheiden. Die Entwicklung der Lohn- und Gehaltssumme unterlag stets den jeweiligen Schwankungen des Preisniveaus und damit den Veränderungen der Kaufkraft der Einkommen. Bruttolöhne sind durch Abzug der Steuern, Beiträge usw. zu Nettolöhnen zu reduzieren, um eine Vorstellung von der Größenordnung des verfügbaren Einkommens zu erhalten.

Für 1992 hat das Statistische Landesamt das verfügbare Einkommen (einschließlich der Einkünfte aus Vermögen,

Vermietung und Verzinsung) je Einwohner auch für die Kreise berechnet und für den Landkreis Rastatt unterdurchschnittliche 28 200 DM ermittelt.

Des höchsten verfügbaren Durchschnittseinkommens je Einwohner erfreute sich der vom Landkreis Rastatt umschlossene Stadtkreis Baden-Baden. Eine für 1995 vom Statistischen Landesamt vorgelegte Kaufkrafterhebung je Einwohner (wohnsitzorientierte, ungebundene Kaufkraft) ergänzt die Statistik der Einkommen von 1992, indem dessen niedrigere reale Kaufkraft auf den Gütermärkten und die entsprechenden Niveauunterschiede statistisch faßbar wurden. Dadurch läßt sich vor allem die Aussagekraft der Bruttowertschöpfungsstatistik relativieren.

Während nach der Bruttowertschöpfung je Einwohner die Wirtschaftskraft der Region Mittlerer Oberrhein seit 1992 noch vor der traditionell wirtschaftsstarken Region Stuttgart die Spitzenstellung einnimmt, rangiert sie nach der Statistik der Einkommen und der Kaufkraft je Einwohner an dritter Stelle unter den zwölf Regionen Baden-Württembergs, nach der Region Stuttgart und der Region Nördlicher Schwarzwald. Die Ballung von Eigentumsrechten und Vermögenswerten veränderte die Einkommensverteilung, wofür nicht zuletzt das hohe Pro-Kopf-Einkommen in Baden-Baden beispielhaft ist. Zu den Indikatoren von Wirtschaftskraft und Kaufkraft sind daher auch die im Wirtschaftsraum vorhandenen Vermögen, ihre Höhe und Struktur zu zählen. Vermögensmillionäre ermittelte die Steuerstatistik in Baden-Baden 1993 insgesamt 77 auf 1 000 Einwohner und im Landkreis Rastatt 15. Über die Sachvermögen nach Wirtschaftsbereichen und Vermögensarten auf Kreisebene gibt die amtliche Statistik kaum Auskunft. Nach der Bundesstatistik erforderten seit Jahrzehnten die höchste Kapitalintensität (Kapitalstock je Erwerbstätigen) die Energie- und Wasserversorgungsunternehmen, gefolgt vom Verarbeitenden Gewerbe, den Dienstleistungsunternehmen, dem Baugewerbe, dem Verkehrsgewerbe und am Schluß vom Handel.

Verfügbare Einkommen je Einwohner 1992 in 1 000 DM

Kreis/Region/Land	Einkommen je Einwohner in 1 000 DM	Land (= 100%)
Landkreis Rastatt	28,2	99,6%
Stadtkreis Baden-Baden	38,3	135,3%
Stadtkreis Karlsruhe	28,7	101,4%
Landkreis Karlsruhe	27,6	97,5%
Region Mittlerer Oberrhein	28,7	101,4%
Region Stuttgart	31,4	110,9%
Baden-Württemberg	28,3	100 %

2. Landwirtschaft

19. und frühes 20. Jahrhundert. – Auch im 19. Jh. diente der Agrarsektor nicht allein der Erzeugung von Nahrungsmitteln für den Menschen und Futter für das Vieh, sondern ebenso der von Genußmitteln, Gewürzen, verschiedenen Rohstoffen und Farbträgern. Von der Landwirtschaft als damals wichtigstem Wirtschaftssektor lebten während der ersten Jahrzehnte des 19. Jh. etwa 65 Prozent der Bevölkerung Badens. Bevölkerungswachstum und Frühindustrialisierung erhöhten zunächst die Beschäftigung im primären Wirtschaftssektor Mittelbadens, wozu die zeitweilige Überbevölkerung in Realteilungsgebieten und die gleichzeitige Ausdehnung der Nebenerwerbslandwirtschaft wesentlich beigetragen hatten.

Gleichzeitig aber hatte das Bevölkerungswachstum in Verbindung mit der Erbsitte der Realteilung eine starke Zersplitterung von Grund und Boden zur Folge und führte bis ins 20. Jh. zu einer Vermehrung der Landwirtschaftsbetriebe sowie zu einer weitgehenden Durchmischung von Landwirtschaft, Handwerk, Kleingewerbe und Arbeiterbauerntum. Vorausgegangen war die »Entfeudalisierung« der bäuerlichen Landwirtschaft, die jedoch nicht sogleich eine wirtschaftliche Stabilisierung mit sich brachte, weil die Mitte des 19. Jh. erfolgte Ablösung der alten Lasten die Pflichtigen mit neuen Zahlungen belastete. Grundsätzlich hing die Flächenausstattung der Betriebe vom individuellen bzw. familiären Leistungsvermögen ab sowie vom Trend zur Doppelberuflichkeit, da diese die ökonomische Basis der Familie verbreiterte und ermöglichte, daß auf vorhandener Fläche mehr Menschen eine Existenz fanden. Vermehrte Nebenerwerbsmöglichkeiten, der Anbau von arbeitsintensiven Handelsgewächsen sowie von Obst und Wein leisteten der weiteren Besitzzersplitterung Vorschub. Im heutigen Kreisgebiet (ohne Loffenau) belief sich bereits 1873 der Anteil der Betriebsgrößen bis 5 M ($\leq$ 1,8 ha) auf 58,3 Prozent der landwirtschaftlichen Haushaltungen und 1895, dem allgemeinen Trend folgend, auf 64,2 Prozent (2 ha). Von den 1895 erfaßten 9535 selbständigen Landwirten waren 28 Prozent nur noch nebenberuflich im Agrarbereich tätig. Auf die Parzellen- und Kleinstbetriebe bis unter 2 ha kam 1939 im Altkreis Bühl ein Anteil von 65,1 Prozent, dagegen im stärker industrialisierten Altkreis Rastatt 85,4 Prozent. Entsprechend schlug sich das zahlenmäßige Übergewicht der Zwergbetriebe seit der Mitte des 19. Jh. in der geringen durchschnittlichen Betriebsgröße nieder, die sich 1895 auf 2,5 ha und 1949 auf 2 ha belief. In der großen Mehrzahl der Betriebe – alles Nebenerwerbsbetriebe – waren die vorhandenen Arbeitskräfte nicht ausgelastet und mußten ihre Arbeitskapazität außerbetrieblich, in Handwerk, Industrie, Holzwirtschaft, im Baugewerbe und in der Verkehrswirtschaft verwerten. Auch Kleinbauernbetriebe (bis 5 ha) bedurften häufig des Zuerwerbs. Mittelbäuerliche Familienwirtschaften mit 5 bis 10 ha und zwei bis drei Vollarbeitskräften machten im Raum zwischen Hardtwald und Acher im 20. Jh. nur einen Anteil von wenigen Prozent an der Gesamtzahl der Landwirtschaftsbetriebe aus. Das erklärt auch, daß Frauen wohl stets den größten Anteil an Arbeitskräften in der Landwirtschaft stellten. 1939 waren von den Berufszugehörigen der Land- und Forstwirtschaft im heutigen Kreisgebiet 72,7 Prozent weiblichen Geschlechts. Landwirtschaftliche Großbetriebe bildeten eine seltene Ausnahme; der seit 1902 zur Pflegeanstalt Hub gehörige Aspichhof verfügte über 73 ha und nur das arrondierte Gut Rastatt (Versuchs- und Lehrgut) hatte mehr als 100 ha Eigenland.

Etwa bis um die Mitte des 19. Jh. waren Bodennutzungen und Feldsysteme vorrangig von naturräumlichen Gegebenheiten, den Betriebsgrößenstrukturen und traditionellen Bewirtschaftungssystemen bestimmt. Nach der Statistik von 1873, als bereits der Übergang zur verbesserten Dreifelderwirtschaft (ohne Brachhaltung) weitgehend vollzogen war, betrug im heutigen Kreisgebiet der Anteil des Ackerlands an der landwirtschaftlichen Nutzfläche knapp 68 Prozent. Durch die Bewirtschaftung bisheriger Brachflächen und die Kultivierung von Ödland und Waldflächen wurde das Ackerland ausgeweitet. Neue Ackergeräte und verbesserte Fruchtfolgen wurden eingeführt. Eine verstärkte Düngung kam insbesondere dem Hackfrucht- und dem Weinbau zugute. Seit dem ausgehenden 19. Jh. ist eine Verringerung der Ackerfläche zugunsten des sich ausweitenden Grünlands festzustellen. Das galt insbesondere für den Amtsbezirk Bühl, wo 1925 das Ackerland 44,8 Prozent der Markungsfläche ausmachte, das Wiesenland 36,5 Prozent.

2. Landwirtschaft

Landwirtschaftliche Nutzfläche im Landkreis Rastatt (heutiges Kreisgebiet) 1871 und 1940

Landwirtschaftliche Nutzfläche (ohne Wald)	1873 (ohne Loffenau)		1940	
	ha	%	ha	%
insgesamt	28 502		30 570	
Ackerland	19 353	67,9	16 605	54,3
Garten- und Obstland	?	?	1 707	5,6
Wiesen	8 149	28,6	11 656	38,1
Viehweiden	160	0,6	359	1,2
Rebland	841	2,9	243	0,8

Der in den einstigen Amtsbezirken Bühl und Rastatt heimische Weinbau kann auf eine lange Tradition zurückblicken. Der Bühler Bezirk war im 19. Jh. mit einer Rebfläche von rund 948 ha (1844 1 150 ha) nach dem Amt Tauberbischofsheim das größte badische Weinbaugebiet. Bühlertal mit einer Rebfläche von 522 ha (1853; 1925 98 ha) präsentierte sich Mitte des 19. Jh. als der weitaus bedeutendste badische Weinort. Produziert wurden hauptsächlich Rotweine. Bereits im Laufe des 19. Jh. entwickelte sich die Reblandfläche auch wegen des Mehltau- und Reblausbefalls rückläufig, schrumpfte zwischen 1853 und 1904 um fast 35 Prozent (1904 687,5 ha), obgleich inzwischen der Weinbau im Murgtal bis Weisenbach vorgedrungen war, einige namhafte Weinbaugemeinden am Bühler Tal ihre Rebfläche erweitert hatten und mehrere neue mittelbadische Weinorte in Erscheinung traten. Doch die starke Reduktion des Reblands in Bühlertal markiert eine Zäsur in der mittelbadischen Weinbaugeschichte. 1940 machte die Rebfläche im heutigen Kreisgebiet rund 23 Prozent jener von 1853 aus. Es gab nur noch fünf Weinbaugemeinden mit jeweils mehr als 10 ha Rebfläche: Altschweier, Eisental, Bühl, Bühlertal und Sinzheim, mit 81 ha Rebland die damals bedeutendste Weinbaugemeinde, wo aber erst 1937 die Gründung einer Winzergenossenschaft zustandekam. Noch ist die Stadt Bühl eine der wenigen deutschen Städte mit einem stadteigenen und von städtischen Bediensteten bewirtschafteten Weinberg. Die mangelnde Rentabilität des Weinbaus hat letztlich zur starken Einschränkung der Weinbauflächen geführt. Statt der arbeitsintensiven Rebkultur erwies sich oft der Anbau von Klee und schließlich Obst als lohnender. Namentlich durch die Frühzwetschgenkultur gewann der Neben- und Zuerwerbsobstbau rasch an Bedeutung. Auch die Verwertung des Obsts über Apfel- und Obstweinkeltereien sowie durch Kirsch- und Zwetschgenwasserbrennereien schuf Absatz.

Rebflächen im Gebiet des Landkreises Rastatt (ohne Loffenau) 1853 und 1925

Ort	1853	1925
	Fläche in ha	
Sinzheim	113	113
Altschweier	59,4	67
Bühl	25,2	13
Bühlertal	522	98
Eisental	63	87
Kappelwindeck	86,4	108
Gernsbach	43,1	13
Hörden	12,9	9
Michelbach	21,6	8
Ottenau	23	21
Selbach	12,9	5
Sulzbach	18	8
Bischweier	7,2	2
Gaggenau	2,9	2
Kuppenheim	7,2	3
Muggensturm	17,2	–
Oberweier	8,3	25
Rotenfels	0,7	–
Summe	1 044	582

Ackerland und Feldfrüchte nahmen bis ins 20. Jh. den größten Teil der landwirtschaftlichen Nutzfläche ein. Das naturräumlich begünstigte oberrheinische Tiefland zeichnete sich sogar durch überdurchschnittlich hohe Anteile von Ackerflächen aus. Die verschiedenen Bemühungen um die Modernisierung der Landwirtschaft durch den Staat fanden zuerst im Wandel des Ackerbaus ihren Niederschlag. Seit der zweiten Hälfte des 19. Jh. setzte sich der Winterrogen als wichtigste Getreide- und Brotfrucht in Baden durch. Der althergebrachte Dinkelbau schrumpfte zu einer Restgröße. Mit der fortschreitenden Intensivierung im Feldbau entstanden Areale und Zonen mit »freier Wirtschaft«, die dem Anbau von Handelsgewächsen und dem feldmäßigen Anbau von Gemüse, Spargel und Meerrettich in Hardtgemeinden vorbehalten waren. Im Kreisgebiet, das ebenso wie die anderen Realteilungsgebiete am Oberrhein von raschen Veränderungsprozessen in den Anbaustrukturen erfaßt wurde, zeigte sich die starke Ausrichtung auf Kartoffel- und Roggenbau 1904 durch einen Anteil von 26 bzw. 27 Prozent für Roggen bzw. Kartoffeln an der Anbaufläche. Die Kartoffel wurde zu einem Hauptnahrungsmittel für ärmere Volksschichten. Der Ausfall der Ernten infolge der sich seit 1845 ausbreitenden Kartoffelkrankheit führte zu schweren sozialen Verwerfungen.

Der Anbau von Handelsgewächsen, begünstigt vom Klima und abhängig von der Marktnachfrage, spielte am Oberrhein zeitweilig eine erhebliche Rolle. Der einst bedeutende Anbau von Krapp, der roten Farbstoff lieferte, war bis Mitte des 19. Jh. zum Erliegen gekommen. Wichtig war vor allem der Hanf, der 1853 im heutigen Kreisgebiet in 49 Gemeinden auf insgesamt 321,3 ha angebaut wurde; hinzu kamen Hanfsamen und Bast. Darüber hinaus wurden Raps, Zuckerrüben, Tabak, Mohn, Zichorie und Hopfen gesät und gewöhnlich in nahen Gewerbebetrieben verarbeitet. Nach der Ertragsstatistik der badischen Zentralstelle für die Landwirtschaft ernteten 1853 13 Dörfer im heutigen Landkreis auf einer Fläche von 49,5 ha 12910 Zentner Zichorienwurzeln. Den Hopfenbau – kleineren Parzellen vorbehalten – betrieben 14 Gemeinden, darunter Bühl, Rastatt, Gernsbach und Gaggenau. Er brachte auf insgesamt 4 ha einen Ertrag von 47,25 Zentnern. Gleiches galt vom Tabakbau, dem in elf Gemeinden eine Fläche von 4,5 ha reserviert war und 1853 90,5 Zentner Tabakblätter lieferte. Ende des 19. Jh. wurde der Hanfbau, der mit den überseeischen Importfasern nicht konkurrieren konnte, zugunsten des Tabaks aufgegeben. Gute Konjunkturen für Handelsgewächse verhalfen namentlich zahlreichen Klein- und Kleinstbetrieben zu zusätzlichem Verdienst. Verschlechterten sich die Absatzchancen, wurde der Anbau von Handelsgewächsen rasch wieder eingeschränkt.

Mit der Einführung der Stallhaltung für Rinder, der damit verbundenen Ausbreitung des Futterpflanzenanbaus anstelle der früheren Brache sowie mit der Verbesserung der Wiesen und ihrer Bewässerung setzte seit der ersten Hälfte des 19. Jh. eine sukzessive Aufstockung der Viehbestände ein, die sich bis zu Beginn des 20. Jh. zumindest in der Rinder- und Schweinehaltung fortsetzte. 1904 erreichte Baden seinen höchsten Pferdebestand. Pro 100 ha landwirtschaftliche Nutzfläche erhöhte sich der Rinderbestand zwischen 1855 und 1887 von 88 auf 104 Tiere und erfuhr der Schweinebestand vor dem Hintergrund des vermehrten Kartoffelanbaus eine Verdoppelung auf etwa 70 Tiere, was einen südwestdeutschen Spitzenwert bedeutete. Vor dem Zweiten Weltkrieg erreichte die Schweinehaltung ihren absoluten Höchststand.

Für die rückläufige Entwicklung der Pferdebestände seit den 1860er Jahren (1855 13,2 Pferde pro 100 ha) gab es verschiedene Gründe. Die Eisenbahn und später die Kraftfahr-

Tabakschuppen in Stollhofen.

2. Landwirtschaft

Viehbestände im Landkreis Rastatt (heutiges Kreisgebiet) 1855 bis 1950

Tierart	1855[1]	1873[1]	1887[1]	1925[1]	1939	1950
Pferde	3 769	3 116[2]	3 438	2 681	1 117	1 292
Kühe	17 253				18 329	17 134
Rinder insgesamt	25 203[3]	27 833	29 667	29 409	27 474	24 182
Schafe	263	515	625		803	
Schweine	10 177	12 572	19 655	21 903	23 109	15 655
Ziegen	2 271	1 652	3 281	8 272	7 784	
Bienenstöcke	2 455			4 213	8 112	

[1] ohne Loffenau – [2] dazu 374 Pferde außerhalb der Landwirtschaft – [3] darunter 1 016 Ochsen und 6 588 Stück Jungvieh

zeuge machten die alten Frachtfuhrwerke entbehrlich. In den Kleinbetrieben erwies sich die Kuhanspannung als rentabler. Seit den 1920er Jahren verdrängte in der Landwirtschaft mehr und mehr der Ackerschlepper die Pferdezugkraft. Die Schafhaltung blieb von geringer Bedeutung, weil sie von Weiderechten und -möglichkeiten abhängig war. Im Anstieg der Ziegenhaltung spiegelt sich das Selbstversorgungsbestreben der landarmen Bevölkerung. Im ausgehenden 19. Jh. nahm die Zahl der landwirtschaftlichen Betriebe ohne Viehhaltung ständig zu (1895 16,1 %). In der Epoche der Weltkriege und der Zwangsbewirtschaftung, die eine Dezimierung der Viehbestände herbeiführten, ist wegen des Strebens nach Selbstversorgung ein entgegengesetzter Trend erkennbar. Neben dem Haupterwerb in Industrie und Gewerbe entwickelte sich der landwirtschaftliche Kleinst- und Kleinbetrieb in der ersten Hälfte des 20. Jahrhunderts zur unentbehrlichen Nebenerwerbsquelle und diente der Altersvorsorge.

Der trotz verlängerter Arbeitszeiten vielfach begrüßte landwirtschaftliche Nebenerwerb der Industriearbeiterschaft leistete einer weiteren Zersplitterung von Grund und Boden sowie der Ausdehnung des Pachtlands infolge der Abstockung von Haupterwerbsbetrieben Vorschub. In den 1930er Jahren gab es Dörfer in der Rheinebene, in denen die Betriebsgrößen 5 ha nicht überstiegen. In einigen Murgtaldörfern lagen die Betriebsgrößen unter 2 ha. Zwischen der Zunahme der industriellen Arbeitsplätze namentlich im Amtsbezirk bzw. Altkreis Rastatt und der Zahl der landwirtschaftlichen Parzellenbetriebe bestand bis 1939 eine unverkennbare Parallelität. Im Amtsbezirk Bühl waren 1925 die Gemarkungen der Gemeinden in 144 863 Eigentumsgrundstücke zerstückelt, im Amtsbezirk Rastatt in 200 382. Bis 1925 wurden auch teilweise größere Allmendflächen in 53 Städten und Dörfern im heutigen Kreisgebiet aufgelöst und damit insgesamt eine landwirtschaftliche Nutzfläche von 3 140 ha aufgeteilt und der Bewirtschaftung als Acker- und Wiesenland zugeführt. Eine kurzlebige Randerscheinung blieben die von den Nationalsozialisten 1933 unter Sonderrecht gestellten, weder veräußer- noch beleihbaren »Erbhöfe« (Familienbetriebe zwischen 7,5 und 125 ha). Im Kreisgebiet (ohne Loffenau) wurde bis 1939 nur 24 Betrieben die Erbhoffähigkeit zuerkannt.

Der zunehmenden Marktorientierung, Technisierung und Intensivierung der Landwirtschaft kamen nicht nur die Raiffeisen-Darlehenskassen entgegen, sondern dienten seit 1882 nicht minder die verschiedenen landwirtschaftlichen Genossenschaften, die sowohl den Bezug landwirtschaftlicher Betriebsmittel als auch den Absatz der landwirtschaftlichen Erzeugnisse möglichst kostengünstig organisierten. Landwirtschaftliche Konsumvereine (Unzhurst u.a.) und Bauernvereine (Moos, Oberbruch u.a.) wurden zuerst auf dem Gebiet des Betriebsmittelbezugs initiativ. 1938 bestanden im heutigen Kreisgebiet dreißig landwirtschaftliche Ein- und Absatzgenossenschaften, ferner 17 Milch-, Molkerei- bzw. Milchverwertungsgenossenschaften, vier ländliche Wirtschaftsgenossenschaften und drei Maschinen- bzw. Dreschgenossenschaften. Anders als in Württemberg war der genossenschaftliche Landwarenhandel hier nicht den Darlehenskassen angegliedert. Bei der vorteilhaften genossenschaftlichen Vermarktung von Agrarprodukten, die teilweise die Schaffung von Lagerkapazitäten voraussetzte, standen bezeichnenderweise Milch, Wein und Obst im Vordergrund. Das traditionelle genossenschaftliche Prinzip der Förderung aller und gerade der vielen Kleinbauern führte im Ergebnis aber nicht dazu, daß es damals in jeder der mehr als siebzig Landgemeinden des Kreisgebiets eine landwirtschaftliche Genossenschaft gab.

Nahrungsmittelproduktion. – Eine ungenügende Nahrungsmittelproduktion sowie von Krankheiten, Schädlingen und schlechten Witterungsbedingungen verursachte Mißernten haben immer wieder zu Hungersnöten und zu Auswanderung geführt. Diese Probleme waren aber auch Anlaß für die Regierungen, sich verstärkt um eine Verbesserung der Landbewirtschaftung und der Tierhaltung zu kümmern. Die Pflanzen- und Tierzucht sowie das Versuchswesen wurden staatlich geregelt, die Ergebnisse in Tierschauen, Versuchsbesichtigungen und landwirtschaftlichen Ausstellungen den Bauern vorgestellt. Die Beratung der Bauern lag zunächst in den Händen der landwirtschaftlichen Vereine, deren Mitglieder hauptsächlich Gutsbeamte und Gutspächter waren. Größere Fortschritte wurden aber erst erreicht, seit in der zweiten Hälfte des 19. Jh. Landwirtschaftsschulen gegründet wurden. Besonderes Engagement führte dazu, daß bereits 1866 in Bühl eine Landwirtschaftsschule – die dritte sogenannte Winterschule in Baden – eröffnet wurde. Erst die bessere Bildung der Landwirte bewirkte, daß wissenschaftliche Erkenntnisse und Empfehlungen der Berater nach und nach von den Bauern umgesetzt werden konnten.

Dies hat letztlich – vor allem in Zusammenhang mit der Züchtung ertragreicher Sorten, gezielter Mineraldüngung, dem Einsatz chemisch-synthetischer Pflanzenschutzmittel und gleichzeitiger weitgehender Technisierung aller Produktionsprozesse – nicht nur zu einer Stabilisierung der jährlichen Erzeugung von Grundnahrungsmitteln geführt, sondern auch zu einer Mehrproduktion, so daß die erzeugten Produkte seit den 1970er Jahren am Markt nicht mehr kostendeckend abzusetzen waren. Staatliche Aufkaufaktionen und die Einlagerung der Produkte (Intervention) brachten nur eine kurzfristig Entlastung. Getreide-, Rindfleisch- und Butterberge, Obst- und Gemüsevernichtungsmaßnahmen waren eine Folge, die weder politisch vertretbar noch bezahlbar waren.

Heute erfolgt die Mengensteuerung bei den wesentlichen Überschußprodukten durch die Vergabe von Kontingenten (vergleichbar Lieferrechten), z.B. bei Milch, durch begrenzte Prämienzahlungen für männliche Rinder, Mutterkühe, Mutterschafe, und durch erheblich abgesenkte Garantiepreise beispielsweise für Getreide und Ölsaaten in Kombination mit sogenannten Ausgleichszahlungen und der Verpflichtung, einen Teil der Ackerflächen nicht zu nutzen (Stillegungsprämie). Außerdem werden extensive Produktionsverfahren gefördert, die zu einer Minderproduktion und damit zur Marktentlastung führen, z.B. durch das Marktentlastungs- und Kulturlandschaftsausgleichs-Programm (MEKA) des Landes Baden-Württemberg, die gleichzeitig einen Beitrag zum Umwelt- und Grundwasserschutz leisten.

Entwicklung der Landwirtschaftsfläche. – Die Bodenfläche im Landkreis Rastatt beträgt rund 73 900 ha. Zur Hälfte ist sie mit Wald bestockt; ein Drittel ist Landwirtschaftsfläche, d.h. landwirtschaftlich genutzte Fläche (LF) und ehemals landwirtschaftlich genutzte, jetzt brachliegende Fläche; nahezu ein Achtel (13 %) ist Siedlungsfläche.

Aus der Veränderung der Relationen läßt sich erkennen, daß die Siedlungs- und Bevölkerungsentwicklung in der Randzone des Verdichtungsraums Karlsruhe mit den Mittelzentren Rastatt und Bühl eine Konkurrenz für die Landwirtschaft ist und deshalb Konflikte im Hinblick auf die Bodennutzung nicht immer vermieden werden können. Die tatsächliche Nutzung der Landwirtschaftsfläche durch landwirtschaftliche Betriebe, die ihren Betriebssitz im Landkreis Rastatt haben, differiert von der insgesamt vorhandenen Landwirtschaftsfläche beträchtlich. Das hängt hauptsächlich damit zusammen, daß die Landwirtschaftsfläche auch Flächen beinhaltet, die heute brachliegen. Größere zusammenhängende Brachflächen gibt es vor allem im Murgtal und Bühlertal sowie in den Hardtgemeinden nördlich von Rastatt (Bietigheim, Ötigheim, Durmersheim). Allerdings zeigt sich, daß seit 1991 trotz einer Abnahme der Landwirtschaftsfläche die landwirtschaftliche Nutzfläche bis 1997 wieder zugenommen hat, weil z.B. im Murgtal bereits brachgefallene Flächen von Schäfern wieder genutzt – beweidet – werden und weil landwirtschaftliche Förderprogramme einem weiteren Brachfallen landwirtschaftlicher Flächen entgegenwirken.

Flächenrelationen im Landkreis Rastatt 1980 und 1997

Jahr	Bodenfläche insgesamt ha	davon					
		Siedlungsfläche		Waldfläche		Landwirtschaftsfläche	
		ha	% BF	ha	% BF	ha	% BF
1980	73 886	8 053	11	37 166	50	26 382	36
1997	73 880	9 534	13	37 313	51	24 066	33
Veränderung	−6	+1 481	+18	+147	+0,4	−2 316	−9

2. Landwirtschaft

Die Landwirtschaft im oberen Murgtal des Kreises Rastatt kann selbst in früheren Jahren nicht mit jener in der Rheinebene oder in der Vorbergzone verglichen werden. Wenigstens zwischen Gernsbach und Raumünzach gab es wohl keine Familie, die ausschließlich von der Landwirtschaft lebte. Das Haupteinkommen wurde mit Waldarbeit, in den holzverarbeitenden Betrieben – und später auch in anderen, die Wasserkraft ausnutzenden Fabriken – sowie im Fuhrgewerbe verdient. Die Landwirtschaft konnte hier in der Regel den Nahrungsmittelbedarf der Familien nicht decken. Die Hanglagen in Ortsnähe wurden als »Grabeland« bewirtschaftet; der Pflug war dort nicht einsetzbar. Heute gibt es zwischen Gaggenau und Forbach keinen einzigen Betrieb mehr, dessen Familie ausschließlich von der Landwirtschaft lebt und keine zehn Betriebe einschließlich einiger Schäfer, die ihr Einkommen überwiegend durch Landbewirtschaftung erzielen (Haupterwerbslandwirte). Selbst der Weinbau am Hang des Schlosses Neueberstein ist eingestellt. Die Weinberge von Weisenbach, die in einer Flurbereinigung 1951/52 neu geordnet wurden, werden nur noch mühevoll bewirtschaftet, und der Weinbau des Gernsbacher Weinguts Iselin in Staufenberg bringt auf dem sehr flachgründigen Boden einen heute kaum mehr kostendeckenden Ertrag. Dabei verdienten die Staufenberger seit etwa 1870 gutes Geld mit dem Erdbeeranbau, den sie in den 1950er Jahren auf über 50 ha – zur damals größten Erdbeeranbaugemeinde in Deutschland – steigerten. Auch diese Zeiten sind vorbei. Die Staufenberger haben den Erdbeeranbau aufgegeben.

Die Flächen- und Besitzstrukturen und die steilen Hänge lassen eine rentable Landwirtschaft im Murgtal nicht zu. Deshalb beschränkt sich die Landbewirtschaftung dort vorrangig auf die Landschaftspflege und darauf, daß die Flächen nicht noch weiter mit Wald zuwachsen. Aber trotz starker Bemühungen von seiten der Landwirtschafts- und Kreisverwaltung sowie der Gemeinden, die Landschaftspflege durch die Beweidung mit Schafen zu organisieren, werden in den einzelnen Gemarkungen bis zu 80 Prozent der Landwirtschaftsfläche nicht mehr genutzt.

Betriebs- und Flächenstruktur. – Im Landkreis Rastatt wirtschafteten 1997 noch 1 356 statistisch erfaßte Betriebe. Gegenüber 1971 bedeutet das einen Rückgang um 65 Prozent. In diesen Zahlen sind allerdings auch Hobby- und Kleinbetriebe unter 1 ha landwirtschaftlich genutzter Fläche erfaßt, die in diesem Zeitraum sogar eine geringe Zunahme zu verzeichnen haben. Der hauptsächliche Rückgang trat bei den Betrieben von 1 bis 20 ha auf, nämlich um rund 2 700 Betriebe; das sind 75 Prozent. Dafür hat sich die Zahl der Betriebe mit mehr als 30 ha landwirtschaftlich genutzter Fläche von 49 auf 94 nahezu verdoppelt. Das Verhältnis von Haupterwerbs- zu Nebenerwerbslandwirten ist seit vielen Jahren etwa gleich. Der Anteil der Nebenerwerbslandwirte ist vor allem wegen der Sonderkulturbetriebe mit 87 Prozent relativ hoch (Landesdurchschnitt 69 Prozent).

Zahl der Betriebe und Flächengrößen von 1971 bis 1997

Jahr	Landwirtschaftliche Betriebe						
	insgesamt	mit landwirtschaftlich genutzter Fläche in ha					
		< 1	1–5	5–10	10–20	20–30	> 30
		Zahl der Betriebe					
1971	3 929	308	2 939	471	123	38	49
1979	2 661	300	1 823	306	112	39	81
1997	1 356	385	655	100	87	35	94 davon > 50 64

1971 bewirtschafteten die Betriebe mit einer Wirtschaftsfläche bis zu 10 ha noch 65 Prozent der landwirtschaftlich genutzten Fläche, während die Betriebe mit einer Wirtschaftsfläche von mehr als 20 ha nur 24 Prozent bewirtschafteten. 1997 war das Verhältnis ins Gegenteil verkehrt: Die Betriebe bis zu 10 ha Wirtschaftsfläche bewirtschaften nur noch 17 Prozent und die Betriebe mit mehr als 20 ha bereits 75 Prozent der landwirtschaftlich genutzten Fläche; damit bestätigt sich ein landesweiter Trend. Auch im Landkreis Rastatt nimmt nur noch die Anzahl der Betriebe mit einer landwirtschaftlich genutzten Fläche von mehr als 30 ha zu; diese 94 Betriebe haben 1997 durchschnittlich je 100 ha bewirtschaftet und damit insgesamt rund 67 Prozent der landwirtschaftlich genutzten Fläche des Landkreises.

Landesweit lag die durchschnittliche »Wachstumsschwelle« 1998 bei rund 50 ha. Im Landkreis Rastatt ist sie etwas niedriger. Dieser Trend wird gefördert durch den Zwang, das Betriebseinkommen den ständig steigenden Betriebs- und Lebenshaltungskosten anzupassen und fallende Produktpreise aufzufangen. Betriebe, die bei diesem Trend nicht mithalten können, müssen letztlich ausscheiden oder versuchen, sich auf Sonderkulturen zu spezialisieren, die bei entsprechenden Marktchancen einen höheren Flächenertrag erbringen und/oder Tierhaltungszweige (wieder) aufnehmen oder ausdehnen. Dies erfordert von den Betriebsleitern zunehmend mehr Spezialwissen, Risikobereitschaft und auch Investitionen. Wer diese Faktoren nicht einbringen kann, wird seinen Betrieb – entsprechend der bisherigen Entwicklung – in der Regel zunächst im Nebenerwerb weiterführen und letztlich aufgeben.

Wie sich der Strukturwandel in ausgewählten Gemeinden des Landkreises vollzogen hat, ist der Tabelle über die Entwicklung der Betriebsgrößenstruktur in ausgewählten Gemeinden zu entnehmen. Bis 1950 hatte sich an der Vorkriegssituation kaum etwas geändert. Im Norden des heuti-

Betriebsgrößenstruktur und genutzte Fläche in ausgewählten Gemeinden von 1930 bis 1997

	Betriebe insgesamt	< 2 ha	2–5 ha	5–10 ha	10–20 ha	20–30 ha	30 und mehr ha	Veränderungen 1930/71, 1971/83 und 1983/97 in %	Anteil der Betriebe mit mehr als 30 ha	
									Betriebe in %	LF in %
Bietigheim										
1930	628	570	58	–	–	–	–	–	0	0
1971	37	20	12	–	2	–	3	–94	8	62
1983	18	0	7	2	–	–	3	–51	17	79
1997	6	1	1	–	1	1	3	–67	50	98
Durmersheim										
1930	841	740	101	–	–	–	–	–	0	0
1971	50	20	18	3	4	3	4	–94	8	71
1983	28	9	6	1	1	1	8	–44	29	94
1997	9	–	–	1	1	1	6	–68	67	97
Iffezheim										
1930	458	299	158	1	–	–	–	–	0	0
1971	54	32	13	2	2	1	–	–88	0	0
1983	15	6	2	2	–	–	5	–72	33	94
1997	8	1	1	1	–	–	5	–47	62	99
Kuppenheim										
1930	148	340	100	3	–	–	–	–	0	0
1971	69	42	20	4	1	1	1	–53	>1	29
1983	56	33	18	3	–	–	2	–19	4	40
1997	32	17	12	–	3	–	–	–43	0	0
Lichtenau										
1930	751	491	225	35	–	–	–	–	0	0
1971	132	25	37	36	23	4	7	–82	5	36
1983	136	23	43	31	26	1	12	+ 3	9	48
1997	76	10	24	15	10	7	10	–44	13	65
Ottersweier										
1930	546	349	182	14	–	–	1	–	>1	5
1971	316	73	132	85	19	4	1	–42	>1	11
1983	268	112	76	76	24	3	10	–15	4	30
1997	194	95	51	20	12	4	12	–28	6	57
Bühlertal										
1930	782	738	44	–	–	–	–	–	0	0
1971	114	89	23	1	1	–	–	–85	0	0
1983	105	84	18	1	1	–	1	– 8	1	22
1997	66	48	14	1	3	–	–	–37	0	0

2. Landwirtschaft

gen Landkreises ist der Strukturwandel dann aber erheblich schneller abgelaufen als im Süden (Altkreis Bühl), u.a. deshalb, weil die Erwerbsmöglichkeiten in Karlsruhe und Rastatt eine frühzeitige Betriebsaufgabe schon bald nach dem Zweiten Weltkrieg ermöglichten. Die Kleinparzellierung hat die Entwicklung größerer Betriebe stark behindert. Selbst in Gemeinden mit einem hohen Anteil an Akkerland – wie Durmersheim, Bietigheim oder Ötigheim – lagen bereits Ende der 1950er Jahre die meisten Flächen brach.

Lange Zeit war der Altkreis Rastatt über die Landesgrenzen hinaus bekannt als Landkreis mit dem höchsten Anteil brachliegender Flächen in Baden-Württemberg. Dies hat sich erst geändert, als in gezielten Verfahren – wie in Bietigheim – einige landwirtschaftliche Betriebe ausgesiedelt und auch heimatvertriebene Landwirte angesiedelt wurden. Außerdem haben einige wenige Landwirte aus dem Landkreis und von außerhalb viele der Kleinstflächen unter 10 a gepachtet oder untereinander ausgetauscht und so ihre Betriebe unter großen Schwierigkeiten mit zu den größten des Landkreises entwickelt. Mit insgesamt 34 Flurneuordnungsverfahren (Stand 1997; Verfahrensfläche rund 12 500 ha) – davon 14 in Reblagen – konnten erhebliche Verbesserungen der Grundstücksgrößen, der Grundstücksformen und der Feldwege erzielt werden. Drei sogenannte Unternehmensverfahren sind wegen der DB-Ausbaustrecke Karlsruhe–Basel in Verbindung mit der Verlegung der B3 in Bearbeitung; weitere werden folgen.

Bodennutzung. – Die landwirtschaftlich genutzte Fläche ist – nachdem sie zwischenzeitlich rückläufig war – fast wieder auf den Stand von 1971 angestiegen. Auch die bewirtschaftete Grünlandfläche hat sich wieder vergrößert, so daß das Verhältnis von Ackerland zu Grünland heute wieder wie 1971 2:1 beträgt.

Bodennutzung im Landkreis Rastatt von 1971 bis 1997

Jahr	LF insgesamt	Ackerland		Dauergrünland		sonstige Flächen	
	ha	ha	%	ha	%	ha	%
1971	14 702	9 205	63	4 535	31	962	6
1979	13 065	8 585	66	3 759	29	721	5
1991	12 636	8 347	66	3 345	27	944	7
1997	14 026	8 999	64	4 134	30	893	6

Der Anbau auf dem Ackerland von Betrieben mit Betriebssitz im Landkreis Rastatt gliederte sich 1998 nach Unterlagen des Amts für Landwirtschaft Bühl im wesentlichen wie folgt: Getreide (ohne Körnermais) 38 Prozent, Körnermais 32 Prozent, Ölsaaten 5 Prozent, Gartenbauerzeugnisse 5 Prozent. Die sonstigen Ackererzeugnisse wie Kartoffeln, Hülsenfrüchte und Topinambur beanspruchten 2 Prozent, die Futterpflanzen einschließlich Silomais 3 Prozent der Ackerfläche. 11 Prozent waren aufgrund der Förderrichtlinien der Europäischen Union stillgelegt oder aus anderen Gründen nicht mit Nutzpflanzen angebaut.

Nutzung des Ackerlands im Landkreis Rastatt 1971 bis 1997 in Hektar

Jahr	Getreide	davon Körnermais	Futterpflanzen	davon Silomais	Hackfrüchte	davon Kartoffeln
1971	6 325	1 301	1 108	148	1 122	466
1979	6 758	1 409	754	422	564	245
1991	5 243		477		489	
1995	5 385	2 299	302	191	156	70
1997	5 408	2 480	307	191	122	81

Das Verhältnis der Hauptfrüchte Getreide und Körnermais verschiebt sich zunehmend zugunsten des letzteren. Aufgrund der klimatischen Bedingungen ist der Körnermais im gesamten Oberrheingraben ertragsstabiler und ertragsstärker. Außerdem ist Mais nicht nur Futtermittel, sondern ein bevorzugt nachgefragtes Grundprodukt der Nahrungsmittelindustrie und deshalb auch relativ preisstabil. Der hohe Maisanteil (Körner- und Silomais) an den Ackerfrüchten hat deshalb aus betriebswirtschaftlichen Gründen durchaus seine Berechtigung, zumal ein mehrjähriger Anbau auf derselben Fläche keine Probleme bereitet.

Seit 1992 sind die Landwirte – soweit sie die Ausgleichszahlungen der Europäischen Union in Anspruch nehmen – grundsätzlich verpflichtet, zur Vermeidung von Überschüssen und zur Stabilisierung des Markts einen Teil ihrer Ackerflächen stillzulegen. Der Prozentsatz schwankte bislang zwischen 15 und 5 Prozent. Darüber hinaus bestand auch zeitweise die Möglichkeit, weitere Flächen gegen Zahlung einer Prämie freiwillig stillzulegen, d.h. nicht mit Kulturen zu bebauen, für die Marktregelungen der Europäischen Union bestehen. Insgesamt waren dies 1998 1 320 ha.

Im Laufe der Jahre haben sich die Anbauverhältnisse geändert. Dies hängt mit dem Eigenbedarf der landwirtschaftlichen Betriebe (ein Traktor braucht kein Futter), mit den Ernährungsgewohnheiten der Bevölkerung und dem Import von Nahrungsmitteln zusammen. Heute werden hauptsächlich be- und verarbeitete Nahrungsmittel angeboten und immer stärker nachgefragt. Außerdem können wir es uns leisten, Nahrungsmittel aus aller Herren Länder zu importieren.

Nach 1930 betrug im Durchschnitt der Betriebe des damaligen Amtsbezirks Bühl das Verhältnis der Ackerfläche zur Futterfläche (Grünland und Ackerfutter) etwa 1 : 1; heute liegt dieses Verhältnis im Landkreis Rastatt bei 1 : 0,4. Der Anteil des Getreides an der Ackerfläche betrug 1880 im Amtsbezirk Bühl 53 Prozent. Hiervon waren wiederum 28 Prozent Roggen als bevorzugtes Brotgetreide und 26 Prozent Dinkel (Spelz). Weizen spielte eine untergeordnete Rolle. 1930 hatte der Roggen einen Anteil von 40 Prozent, und Dinkel war unter ein Prozent gefallen. Erst nach 1930 erreichte Weizen in unserem Gebiet einen nennenswerten Teil an der Getreidefläche, und heute hat der Körnermais – wie bereits dargelegt – den ersten Platz unter den Körnerfrüchten im Landkreis Rastatt eingenommen.

Auch der Kartoffelanbau hat erheblich eingebüßt, obwohl die hiesigen Ackerflächen zum Teil bestens dafür geeignet sind. Dies liegt aber nicht nur an den geänderten Verzehrgewohnheiten, sondern vor allem an den geänderten Marktverhältnissen. Einlagerungskartoffeln werden kaum mehr gekauft, weil moderne Wohngebäude über keine geeigneten Lagermöglichkeiten verfügen. Unsere heimischen Landhändler und Genossenschaften sind für die Vermarktung von Kartoffeln nicht eingerichtet. Deshalb erzeugen nur wenige Landwirte Kartoffeln für die Direktvermarktung ab Hof, und der größte Teil der Bevölkerung kauft kleine Mengen und Pommes frites aus der Kühltruhe im Supermarkt.

In der ersten Hälfte des letzten Jahrhunderts hatten Handelsgewächse – vor allem Hanf und Flachs als Faserpflanzen sowie Mohn und Raps als Ölpflanzen – eine große Bedeutung. Durch den Anbau vergleichbarer Gewächse in deutschen Überseekolonien ging die Bedeutung bis zum Ersten Weltkrieg stark zurück. Heute werden die Handelsgewächse vor allem als nachwachsende Rohstoffe – z.B. Chinaschilf (Miscanthus), Kenaf, Hanf, Lein, Raps – zwar viel diskutiert und ihre Verwendbarkeit nicht bezweifelt, aber es fehlen die politischen Entscheidungen, um diese Produkte zu annehmbaren Preisen am Markt absetzen zu können. Die bisherigen Versuche sind bezüglich der Faserpflanzen gescheitert oder nicht befriedigend verlaufen und im Hinblick auf Raps für die Herstellung von Biodiesel für die Landwirte bislang nicht vielversprechend (Stand 1998).

Tabak fällt ebenfalls unter die Handelsgewächse. Lange Zeit war er – vor allem nach dem Ersten Weltkrieg bis Ende der 1950er Jahre – eine wesentliche Einkommensquelle der kleinen Familienbetriebe unseres Raums. Die Pflanzenanzucht, der Anbau, die Ernte, die Trocknung und die Marktaufbereitung waren sehr arbeitsintensiv und sind es trotz erheblicher Mechanisierung heute noch. Im Altkreis Bühl bauten im Jahre 1958 noch 1350 Betriebe auf insgesamt 208 ha Tabak an. Wegen mangelnder Arbeitskräfte, fallender Preise, der eingeschleppten Blauschimmelkrankheit und Betriebsaufgaben ging der Tabakanbau innerhalb von zehn Jahren stark zurück; 1968 bauten 150 Betriebe insgesamt nur noch 68 ha an. Heute gibt es im Landkreis Rastatt nur noch drei Betriebe, die allerdings insgesamt rund 23 ha anbauen. Zeugen des vor Jahren noch sehr bedeutenden Tabakanbaus sind einige Tabakschuppen in der Bühler Gegend, so beispielsweise in Moos und Stollhofen. Angebaut wird überwiegend die Sorte Badischer Geudertheimer. Seit 1986 wird auch von einem Betrieb die Sorte Virgin angebaut. Dieser Tabak wird nicht in Trockenschuppen, sondern in Trockenöfen (Klimakammern) künstlich getrocknet, damit er die für Virgin-Tabak typische hell- bis ockergelbe Farbe erhält.

Auch Spargel war früher vor allem in den Hardtgemeinden eine Intensivkultur der dortigen Kleinbauern. Ausgehend von Hügelsheim hat er sich seit dem Ende des letzten Jahrhunderts hauptsächlich entlang der badischen Spargelstraße (B36) bis heute gehalten. Wesentliche Mengen erzeugen einige größere hauptberufliche Betriebe in Söllingen, Hügelsheim, Iffezheim, Sinzheim, Ötigheim, Bietigheim und Durmersheim neben einer noch stattlichen Anzahl kleiner Nebenerwerbsbetriebe. Insgesamt wurden 1998 Spargel auf einer Fläche von rund 90 ha angebaut und im wesentlichen von den Betrieben direkt vermarktet oder über den Erzeugergroßmarkt Bruchsal abgesetzt. Dies erbrachte den Betrieben einen Verkaufserlös von insgesamt mehr als 3 Mio. DM.

Grünlandbewirtschaftung mit dem Ziel, maximale Erträge zu erwirtschaften, findet kaum statt. Im wesentlichen wird das geerntet, was bei allenfalls mäßiger Düngung wächst. Außerdem sind die Niederschläge in der Rheinebene für eine intensive Grünlandwirtschaft – etwa nach Allgäuer Vorbild – zu gering und schlecht über das

2. Landwirtschaft

Ziegenauftrieb in Bermersbach.

Jahr verteilt. Die seit Jahrhunderten ausgebauten und zum Teil bis vor einigen Jahrzehnten noch betriebenen Bewässerungssysteme (Wässerwiesen) sind nicht mehr intakt. Die Landwirte verfügen aber auch nicht mehr über den Viehbestand, um das Gras und das Heu entsprechend verwerten zu können. Deshalb wird ein großer Anteil des gewonnenen Heus an Pferdehalter und Reitställe verkauft. Viele Grünlandflächen werden bewußt extensiv bewirtschaftet, weil die Landwirte für diese Leistung zugunsten des Umwelt- und Naturschutzes eine Ausgleichszahlung für die schlechtere Futterqualität und gegebenenfalls für erhöhte Aufwendungen geltend machen können. Solche Ausgleichszahlungen wurden 1998 im Dienstbezirk des Amts für Landwirtschaft Bühl für 517 ha gewährt.

Tierhaltung. – Die Tierhaltung ist im Landkreis Rastatt sehr stark und in den letzten 15 Jahren geradezu drastisch zurückgegangen. Einschließlich der Pferde werden nur noch 0,4 Großvieheinheiten (GV) je Hektar landwirtschaftlich genutzter Fläche gehalten (Baden-Württemberg durchschnittlich 1 GV/ha). Anhand eines Vergleichs ausgewählter Gemeinden zeigt sich, daß die Tierhaltung in den südlichen Kreisgemeinden schon immer eine größere Bedeutung hatte und dort der Rückgang der Rindviehhaltung zunächst auch langsamer erfolgte. Die Schweinehaltung ist südlich von Rastatt ebenfalls stärker vertreten und hat sich dort auch ausgedehnt.

Im Zeitraum von 1971 bis 1996 haben die Betriebe mit Rinderhaltung um 90 Prozent und der Rinderbestand um 69 Prozent abgenommen. Der Milchkuhbestand betrug 1996 nur noch 1 030 Tiere; das ist ein Rückgang um 81 Prozent. Allerdings haben sich auch die Bestandsgrößen erheblich geändert; von 122 Betrieben halten allein 17 Betriebe mit mehr als 20 Kühen 56 Prozent aller Kühe.

Aus betriebs- und arbeitswirtschaftlichen Gründen sowie unter tierschützerischen Gesichtspunkten wäre eine weitere Konzentration der Milchviehhaltung in modernen Laufställen mit neuzeitlicher Melktechnik erforderlich. Dies ist aber hauptsächlich deshalb nicht möglich, weil die Milchproduktion in der Europäischen Union kontingentiert ist. Die Kontingente (vergleichbar Lieferrechten) sind begrenzt, aber frei handelbar. Als knappes Gut sind sie deshalb auch relativ teuer. Viele Milchviehhalter haben daher in diesen Betriebszweig nicht mehr investiert. Die freigewordenen Kontingente wurden leider überwiegend an Landwirte in anderen Landkreisen veräußert.

Auch die Mastbullenhaltung hat im Landkreis Rastatt eine vergleichsweise geringe Bedeutung. Es werden noch rund 600 schlachtreife Bullen jährlich erzeugt (1998). Diese sind dann 18 Monate alt und wiegen 650 kg. Nur drei Betriebe halten mehr als 60 Tiere.

Entwicklung der Tierhaltung in ausgewählten Gemeinden von 1930 bis 1996

| | Rinder | | | | Schweine | | | | |
| | insgesamt | | davon Milchkühe | | Mastschweine | | Zuchtsauen | | |
	Betriebe	Tiere	Betriebe	Tiere	Betriebe	Tiere	Betriebe	Tiere	insgesamt
Bietigheim									
1930		851		497					653
1971	15	63	9	16	9	58	5	32	90
1983	4	68	2		6	53	1	1	64
1996	–	–	–	–	–	–	–	–	–
Durmersheim									
1930		837		466					918
1971	12	34	9	12	11	43	4	8	51
1983	–	–	–	–	6	13	–	–	13
1996	1		–	–	4				
Iffezheim									
1930		932		590					1 175
1971	24	63	22	29	27	792	3	43	835
1983	3	12	3	6					ca. 1 100
1996	3		–	–	5	1 892	1	50	1 942
Kuppenheim									
1930		662		405					653
1971	34	170	24	54	16	138		5	143
1983	15	183	11	41	10	265	4	14	279
1996	7	21	3	5	5	6	–	–	6
Lichtenau									
1930		398		234					328
1971	102	1 052	84	388	83	864	6	43	907
1983	86	1 294	65	281	87	1 098	6	131	1 229
1996	30	492	16	94	17	1 556	1	100	1 656
Ottersweier									
1930		966		578					679
1971	227	1 517	218	719	171	1 007	32	167	1 174
1983	108	1 342	79	453	140	1 348	21	151	1 499
1996	38	939	27	340	52	2 267	6	126	2 393
Bühlertal									
1930		805		695					656
1971	71	147	65	103	2	3	–	–	3
1983	18	52	18	39	13	17	–	–	17
1996	9	52	7	22	4	9	–	–	9

Mutterkühe sind Kühe, die einer Fleischrasse angehören oder aus der Kreuzung mit einer dieser Rassen hervorgegangen sind und die zu einem Bestand gehören, der zur Aufzucht von Kälbern für die Fleischerzeugung dient. Sie verwerten fast ausschließlich den Aufwuchs von extensivem Grünland und dienen daher – ob auf der Weide oder in Laufställen gehalten – im wesentlichen der notwendigen Landschaftspflege. Die Haltung von Mutterkühen wird seit Mitte der 1980er Jahre mit Prämien gefördert. Der Bestand ist ständig auf nunmehr über 500 Tiere (1998) angewachsen.

Die Schweinehaltung hat sich ebenfalls verändert. Seit 1971 ist die Zahl der Betriebe mit Mastschweinehaltung um 85 Prozent zurückgegangen; die Zahl der gehaltenen Tiere hat sich aber nur um 6 Prozent verringert. Hieraus wird ersichtlich, daß nicht nur eine Konzentration auf relativ wenige Betriebe stattgefunden hat, sondern auch die Mastschweinebestände je Betrieb sich erheblich vergrößert haben. 42 Prozent der Mastschweine wurden 1996 allein in vier Betrieben gehalten. Alle Betriebe zusammen können jährlich etwa 16 000 Mastschweine zu je 100 kg erzeugen.

Bei den Betrieben mit Zuchtsauenhaltung ist der Trend ähnlich. Sie erzeugen Ferkel für spezielle Schweinemastbetriebe oder mästen die Ferkel selbst. Zwischen 1971 und 1996 ist die Zahl der Betriebe mit Zuchtsauen um 91 Prozent zurückgegangen; allerdings hat die Zahl der Zuchtsauen stärker abgenommen als die Zahl der Mastschweine, nämlich um rund 54 Prozent. Nur drei Betriebe halten 45 Prozent der Zuchtsauen. Nach Unterlagen beim Amt für Landwirtschaft Bühl ist der Zuchtsauenbestand in den letzten Jahren auf rund 600 Tiere (1998) aufgestockt worden. Dies ist eine Zunahme von 24 Prozent und war bedingt durch überdurchschnittlich hohe Schweinepreise in den Jahren 1996/97. Somit können die Betriebe mit Zuchtsauenhaltung derzeit (1998) rund zwei Drittel des Bedarfs an Ferkeln im Landkreis Rastatt decken.

Schafhaltung spielte in unserer Gegend früher keine große Rolle. Die Winterweide mit Schafen war an Wanderschäfer verpachtet, die ihre Sommerweiden überwiegend auf der Schwäbischen Alb hatten. Erst in neuerer Zeit haben sich einige größere Schafhaltungen entwickelt. Bedeutsamer ist allerdings, daß der Zwang zu einer kostengünstigen Landschaftspflege durch Beweidung zur Ansiedlung und Förderung einiger Schäfer auch im Landkreis Rastatt geführt hat; diese sind vor allem im Murgtal ansässig. Zwischen 1977 und 1996 hat sich die Zahl der Tiere auf rund 3 600 fast verdoppelt.

Die Ziege, »die Kuh des kleinen Mannes«, war früher vor allem in den Schwarzwaldtälern des heutigen Landkreises Rastatt stark verbreitet. Noch in den 1950er Jahren erzielte die Ziegenzucht gute Erfolge. Heute spielt sie eine vergleichsweise geringe Rolle. Im Bezirk des Amts für Landwirtschaft Bühl gibt es noch etwa 300 Mutterziegen. Vermutlich werden Ziegen künftig zusammen mit Schafen eine größere Bedeutung in der Landschaftspflege erlangen.

Obstbau. – Der Obstbau hat im Landkreis Rastatt nach der amtlichen Statistik den größten Produktionswert aller landwirtschaftlichen Erzeugungszweige. Er umfaßt einschließlich der Streuobstlagen heute noch fast 4 000 ha. Allerdings führt die amtliche Statistik als Intensiv-Obstanlagen (Bäume) zur Zeit nur noch 450 ha; gegenüber 1980 bedeutet dies einen Rückgang von 53 Prozent.

Die Obstbauberatung obliegt dem Amt für Obst- und Gartenbau beim Landratsamt Rastatt. Der zuständige

Obstvermostung in Forbach.

Fachberater schilderte die Entwicklung des Obstbaus im Juni 1997 wie folgt: Mit dem Fund des Zufallssämlings Bühler Frühzwetschge im Jahre 1840 in Bühl-Kappelwindeck begann die Blüte des Obstbaus in der Region. Das Produkt Bühler Zwetschge wurde zum Markennamen, bewirkte 1919 die Gründung des ältesten Genossenschaftsobstgroßmarkts und machte die Region über die Grenzen hinaus bekannt. Noch heute (nach der Fusion der Obstgroßmärkte in Mittelbaden 1996) gibt es Gemeinden bzw. Orte mit obstbaulichen Schwerpunkten, die sich nicht nach Sorten, aber nach Obstarten gruppieren lassen: Ottersweier (Zwetschgen, Süßkirschen für Frischware und Brennerei); Ottersweier-Hatzenweier und Ottersweier-Walzfeld (Zwetschgen); Ottersweier-Unzhurst (Zwetschgen, Johannisbeeren); Bühlertal (Zwetschgen, Heidelbeeren); Bühl-Oberweier, Bühl-Rittersbach, Bühl-Neusatz, Bühl und Bühl-Altschweier (Zwetschgen); Bühl-Eisental (Johannisbeeren); Sinzheim (Zwetschgen); Lichtenau, Iffezheim, Rastatt mit seinen Stadtteilen, Durmersheim und Ötigheim (Erdbeeren); Bischweier und Gaggenau-Oberweier (Kirschen, Zwetschgen); Murgtal, Bietigheim, Muggensturm, Kuppenheim, Au am Rhein und Steinmauern (Streuobst, Kernobst und Walnuß).

52 Obst- und Gartenbauvereine mit rund 8 500 Mitgliedern sind im Kreis-Obst- und Gartenbauverband Rastatt-Bühl e.V. zusammengeschlossen. Bei den meisten Vereinen steht heute der Selbstversorgerobstbau im Vordergrund. Um die Belange des erwerbsmäßigen Obstanbaus sind noch folgende Obst- und Gartenbauvereine bemüht:

Bischweier, Bühl, Bühl-Altschweier, Bühl-Balzhofen, Bühl-Vimbuch, Bühl-Weitenung, Bühlertal, Gaggenau-Bad Rotenfels, Gaggenau-Oberweier, Ottersweier und Sinzheim. Der Obstertrag – ohne Erdbeeren – belief sich im Jahre 1995 auf ca. 35 Mio. DM. Die Obstgroßmarkt Mittelbaden eG (OGM) hatte 1997 noch rund 3 000 Mitglieder aus dem Kreis Rastatt, von denen allerdings bereits 1 300 Mitglieder ohne Umsatz sind. Damit ist der Mitgliederschwund bereits vorgezeichnet.

Während der Beerenobstanbau voll in Händen von Nebenerwerbslandwirten liegt, wird der Zwetschgenanbau auch von Haupterwerbslandwirten betrieben, die moderne Neuanlagen geschaffen haben. Die bei der Obstgroßmarkt Mittelbaden eG – Außenstelle Bühl – vermarkteten Anlieferungen an Stein- und Beerenobst aus dem Landkreis Rastatt einschließlich geringer Mengen Kernobst und etwas Gemüse (Spargel) betrugen in den letzten Jahren jeweils durchschnittlich rund 5 Mio. kg und erbrachten jeweils einen durchschnittlichen Umsatz von etwa 8 Mio. DM.

Der Streuobstertrag wird entweder zur Saftherstellung oder zur Herstellung von Obstbränden verwendet. 1997 bestanden noch 950 Abfindungs- und zwei Verschlußbrennereien. Die Abfindungsbrennereien haben in der Regel eine monopolbegünstigte Erzeugungsgrenze von 300 Litern Alkohol pro Jahr. Einige wenige Brennereien dürfen auch nur 50 Liter erzeugen. Das gleiche gilt für sogenannte Stoffbesitzer, die zwar selbstgewonnene Obststoffe haben, aber über kein eigenes Brenngerät verfügen. Regelmäßig benutzt werden im Jahresdurchschnitt allerdings nur etwa 720 Brennereien. Diese konzentrieren sich auf die wesentlichen steinobsterzeugenden Gemeinden Bühl (383), Bühlertal (154) und Ottersweier (152). In den Abfindungsbrennereien lassen jährlich etwa 4 000 Stoffbesitzer Branntwein herstellen, davon allein 2 306 Stoffbesitzer in 30 Brennereien mit Standort vorwiegend im Murgtal. Dies ist bedingt durch den dort weit verbreiteten und immer noch gut gepflegten Streuobstanbau.

Der Erdbeeranbau ging ursprünglich von Staufenberg im Murgtal aus und wurde dort überwiegend von Kleinbetrieben auf einer Fläche bis zu 50 ha wahrgenommen. Schon frühzeitig war er aber auch in den Vorberggemeinden um Bühl heimisch. 1930 wurden in Bühlertal, Kappelwindeck, Altschweier, Neusatz, Waldmatt und Eisental bereits 113 ha angebaut. Seit den 1960er Jahren hat er sich in die Rheinebene verlagert und konzentriert sich im wesentlichen auf spezielle Erdbeeranbaubetriebe oder Betriebe mit einem Erzeugungsschwerpunkt auf dem Erdbeeranbau.

1998 wurden insgesamt etwa 200 ha angebaut; der durchschnittliche Produktionswert dürfte in den letzten Jahren 6 bis 7 Mio. DM jährlich erreicht haben.

Weinbau. – Der Weinbau hat im Landkreis eine lange Tradition. Im Murgtal bestehen allerdings nur noch Reste des ursprünglichen Weinbaus in Weisenbach (erste Rebflurbereinigung 1951/52 im Landkreis Rastatt) und seit einigen Jahren auch wieder in Staufenberg. Die Reblage beim Schloß Neueberstein soll wieder angelegt werden. Der Schwerpunkt des Weinbaus liegt in der Vorbergzone von Bühl und in Sinzheim.

Die im Landkreis Rastatt gelegene Rebfläche ist leicht rückläufig. Sie wird überwiegend von Nebenerwerbswinzern bewirtschaftet, und es ergeben sich zunehmend Schwierigkeiten, diese Flächen weiterhin in Bewirtschaftung zu halten. Nach den Bodennutzungserhebungen werden von landwirtschaftlichen Betrieben aus dem Landkreis aber nur 380 ha (1997) bewirtschaftet. Das bedeutet, daß rund 100 ha im wesentlichen von Winzern aus dem Stadtkreis Baden-Baden und aus dem Ortenaukreis genutzt werden. In zwölf durchgeführten speziellen Rebflurbereinigungsverfahren wurde zwischen 1956 (Anordnung) und 1990 (Schlußfeststellung) der überwiegende Teil der Rebflächen neu geordnet und wegemäßig erschlossen. Trotzdem hat die von kreisansässigen Winzern bewirtschaftete Fläche zwischen 1977 und 1997 um 11 Prozent abgenommen. Dies weist auch auf die zunehmenden Schwierigkeiten hin, die sich im Hinblick auf die Weiterbewirtschaftung des Reblands im Zuge des Generationswechsels bei den Winzerfamilien ergeben.

Der größte Teil der Winzer ist in Winzergenossenschaften organisiert. Bereits 1907 wurde die Affentaler Winzervereinigung Bühlertal gegründet, die 1970 mit der Winzergenossenschaft Neuweier fusionierte. Die einzige im heutigen Landkreis Rastatt gelegene Winzergenossenschaft hat ihren Sitz in Bühl. Sie geht auf den 1908 gegründeten Affentaler Naturbauverein zurück, welcher der heutigen Affentaler Winzergenossenschaft ihren Namen gab. Es gibt aber auch eine große Anzahl Winzer aus dem Landkreis Rastatt, die bei den heute im Stadtkreis Baden-Baden beheimateten Winzergenossenschaften Mitglied sind, bei der Winzergenossenschaft Steinbach und Umweg (Winzerhaus Hans Stich den Buben), der Winzergenossenschaft Neuweier-Bühlertal oder der Winzergenossenschaft Varnhalt.

Von diesen Genossenschaften ist die Affentaler die größte mit 973 Mitgliedern, von denen maximal zehn in Baden-Baden ansässig sind. Die Gesamtrebfläche der Mitglieder beträgt 238 ha. Der Sortenspiegel umfaßt zu 32,5 Prozent Spätburgunder und zu 67,5 Prozent Weißweine, wobei der Rieslinganteil an der Gesamtrebfläche rund 53 Prozent ausmacht. Von den 750 Mitgliedern der Winzergenossenschaft Neuweier-Bühlertal sind 270 im Landkreis Rastatt ansässig. 35 Prozent der Gesamtrebfläche von 180 ha liegen in Bühlertal und Sinzheim. Der Spätburgunderanteil beträgt hier 25 Prozent, der Rieslinganteil 58 Prozent an der Gesamtrebfläche. Die Winzergenossenschaft Steinbach und Umweg hat rund 360 Mitglieder, davon 110 aus dem Landkreis Rastatt. Von rund 100 ha Gesamtrebfläche liegen 12,5 ha auf den Gemarkungen Sinzheim und Bühl. Der Riesling hat hier einen Anteil von 79 Prozent, der Spätburgunder von nur 11 Prozent. Die Winzergenossenschaft Varnhalt hat 359 Mitglieder, davon 22 aus Sinzheim. Von 85,7 ha Gesamtrebfläche liegen 12 ha auf Sinzheimer Gemarkung. Der Riesling überwiegt mit 77,5 Prozent und der Spätburgunderanteil beträgt lediglich 8,5 Prozent. Der Gesamtwert der durchschnittlich geernteten Keltertrauben beträgt jährlich über 10 Mio. DM.

Wert der landwirtschaftlichen Produktion. – Die von den landwirtschaftlichen Betrieben im Landkreis Rastatt erzeugten Produkte hatten im Durchschnitt der Jahre 1989 bis 1995 einen Gesamtwert von fast 128 Mio. DM. Die pflanzlichen Erzeugnisse stellten hiervon 113 Mio. DM, die tierischen 15 Mio. DM. Bei den pflanzlichen Erzeugnissen entfielen jährlich zwischen 35 und 40 Prozent auf Obst einschließlich Erdbeeren, 27 Prozent auf sonstige Sonderkulturen (im wesentlichen Spargel), 10 Prozent auf Keltertrauben und nur 17 Prozent auf Getreide, Öl- und Hülsenfrüchte. Darin zeigt sich deutlich, welchen Schwerpunkt der Sonderkulturanbau, insbesondere der Obst-, Wein- und Spargelanbau, mit über 65 Prozent des Gesamterlöses hat. Die tierische Produktion hat mit knapp 12 Prozent des Gesamtumsatzes einen eher bescheidenen Anteil, wobei die Erzeugnisse aus der Rindviehhaltung mit 48 Prozent an den tierischen Erzeugnissen überwiegen (Schlachtrinder 28 Prozent, Milch 20 Prozent); der Anteil der Schlachtschweine beträgt 37 Prozent.

Selbstversorgungsgrad. – Der Selbstversorgungsgrad mit Nahrungsmitteln liegt im Landkreis Rastatt um 30 Prozent, in der Bundesrepublik Deutschland bei 93 Prozent. Hierbei ist berücksichtigt, daß bei den Sonderkulturen erheblich mehr produziert als im Landkreis verbraucht wird. Das bedeutet, daß der Selbstversorgungsgrad bei Brotgetreide und Ölsaaten etwas mehr als 30 Prozent, bei Rind- und Schwei-

Weinberge bei Eisental.

nefleisch zusammen etwa 12 Prozent und bei Milch sogar nur etwa 7 Prozent beträgt.

Ausblick. – Die weitere Entwicklung wird maßgeblich von der künftigen Agrarpolitik mitbestimmt. Als sicher gilt, daß der Strukturwandel sich fortsetzen wird. Die Zahl der Betriebe wird sich weiter verringern und die Betriebsgrößen – die bewirtschafteten Flächen und die Tierzahlen je Betrieb – werden sich weiter erhöhen. Bei laufend steigenden Kosten, stagnierenden und teilweise rückläufigen Gelderträgen, fortschreitender Technisierung und Erhöhung der Schlagkraft sowie weiter zunehmendem Konkurrenzdruck vor allem innerhalb der Europäischen Union ist dies eine logische Entwicklung. Der Kostendruck wird dazu führen, daß die Betriebe vermehrt saisonal spezielle Leistungen zukaufen werden, so wie dies schon heute z.B. bei der Ernte mit Maschinen (Mähdreschen, Strohpressen, Silomaishäckseln) oder hinsichtlich der Lohnarbeitskräfte (Erdbeerernte, Spargelernte) üblich ist. Außerdem werden die Landwirte untereinander und mit ihren Geschäftspartnern engere vertragliche Bindungen eingehen.

Der Strukturwandel wird auch beeinflußt von dem guten Angebot und der hohen Attraktivität der außerlandwirtschaftlichen Arbeitsplätze im Landkreis. Nach wie vor suchen und finden Landwirte gut bezahlte Arbeitsplätze in Gewerbe- und Industriebetrieben. Außerdem zeigt sich, daß die Zahl der Auszubildenden in der Landwirtschaft so stark zurückgegangen ist, daß der erforderliche Nachwuchs an qualifizierten Betriebsleitern im bisherigen Umfang gar nicht mehr gestellt werden kann. Im Durchschnitt der Jahre 1989 bis 1998 haben im Dienstbezirk des Amts für Landwirtschaft Bühl jährlich nur noch zwei Junglandwirte die Berufsabschlußprüfung abgelegt. Im selben Zeitraum hat aber durchschnittlich nur ein Landwirt jährlich die landwirtschaftliche Fachschule als staatlich geprüfter Wirtschafter für Landbau abgeschlossen und gegebenenfalls sich danach auch noch der Meisterprüfung unterzogen.

Die Gesamtproblematik wird voraussichtlich dazu führen, daß innerhalb der nächsten Generation der Anbau von Sonderkulturen stark zurückgehen und sich in gut strukturierten Lagen und Betrieben weiter konzentrieren wird. Gleiches gilt für Betriebe mit spezialisierten Tierhaltungen. In der Rheinebene werden sich flächenstarke Betriebe rasch weiterentwickeln. Die Landschaftspflege ist für Landwirte auch künftig kein Problem, wenn dafür mindestens kostendeckende Zuschüsse bezahlt werden.

3. Wald- und Forstwirtschaft

Seit den Tagen der ersten Besiedlung spielt der Wald als Lieferant des universell verwendbaren Rohstoffs Holz eine zentrale Rolle im Leben der Menschen. Erst die Epoche der Industrialisierung und ein progressiver Prozeß der Urbanisierung bewirkten eine Entfremdung vieler Menschen von dieser natürlichen Umwelt. Was der Wald für seinen Eigentümer oder für die Einwohner des nächsten Dorfs bedeutet, welchen Zwecken er dient und welchen Nutzen er hat, bleibt heute weiten Teilen der urbanen Bevölkerung verschlossen. Umgekehrt sind übergeordnete Zweckbestimmungen, insbesondere Schutzvorschriften zugunsten von Teilen der Natur, für die Bürger des ländlichen Raums unverständlich, da sie mit herkömmlichen Nutzungen tatsächlich oder vermeintlich kollidieren.

Bestockung. – In der Rheinebene bestanden die Wälder auf den nährstoffarmen Sandböden der Hardt ursprünglich aus Buchen, Eichen und Hainbuchen. Da die Böden hier leicht zu bearbeiten sind, wurde dieses Gebiet von alters her intensiv landwirtschaftlich genutzt, und es gibt sicher keinen Quadratmeter, der nicht schon einmal entwaldet gewesen wäre. Der planmäßige Wiederaufbau von Wäldern wurde im 19. Jh. mit Kiefern vorgenommen, die für die Bodenverhältnisse anspruchslos genug waren und gleichzeitig den im Zuge der Industrialisierung zunehmenden Bedarf an Nutzholz zu decken vermochten. Die Kiefer stellt auch heute noch den größten Teil der Bestockung in den Wälder der Hardt dar.

Die Wälder der Rheinaue bestanden, je nach ihrer Nähe zum Wasser sowie nach der Häufigkeit und Dauer von Überflutungen aus Silberweiden, Schwarzpappeln, Eichen, Ulmen, Eschen, Ahorn, Erlen und – auf kiesigen Inseln – Kiefern. Die Flußbaumaßnahmen, beginnend mit der Rheinkorrektur im 19. Jh., und die Eindeichung des Stroms haben die Verhältnisse weitgehend verändert. Waldflächen vor dem Hochwasserdamm müssen schnell ansteigende Hochwässer und hohe Fließgeschwindigkeiten ertragen; dem sind nur die Pappel und die Weide und – mit Einschränkungen – die Eiche gewachsen. Hinter dem Damm beeinflußt der Wasserstand des Rheins das Waldwachstum indirekt über Druckwasser und seitliche Zuflüsse. Die Auenwälder erlitten im 20. Jh. infolge des Ausbaus des Stroms zur europäischen Wasserstraße und der Entwicklung der Uferbereiche zu Gewerbestandorten, aber auch durch die Kiesgewinnung hohe Flächenverluste.

In der Kinzig-Murg-Rinne bestanden die Wälder aus Erlen, Eschen, Ahorn und Eichen und wurden vor allem zur Brennholzgewinnung genutzt. Die einstigen Nieder- und Mittelwälder wurden im 20. Jh. umgebaut in Hochwälder, die der Nutzholzerzeugung dienen. Die genannten Baumarten sind nach wie vor die flächenmäßig bedeutendsten Arten und wurden um Pappel und Roteiche angereichert. Der Versuch, Nadelbaumarten wie Fichte oder Douglasie anzubauen, wurde rasch aufgegeben.

Die ursprüngliche Bestockung an den großenteils steilen Hängen im Grundgebirge des Murg-, Oos- und Bühlottals sowie der Seitentäler, ein montaner Bergmischwald aus Buche und Tanne, in Randbereichen mit geringer Beimischung von Eiche, Bergahorn und Kiefer, war durch Rodung, Exploitation und jahrhundertelange Übernutzung bis auf geringe Reste verschwunden. Der Wiederaufbau im 19. Jh. wurde mit schnellwüchsigen, robusten Nadelhölzern, Fichte und Kiefer, durchgeführt. Heute bestehen die Wälder aus Fichte, Tanne, Kiefer und Buche sowie der Douglasie, die seit etwa hundert Jahren in der Region angebaut wird.

Im Buntsandstein-Deckgebirge bestand die Bestockung aus den gleichen Baumarten wie in den tieferen Lagen, allerdings mit wesentlich höheren Nadelholzanteilen. Auch hier waren große Teile der Wälder Ende des 18. Jh. zerstört und die Wiederaufforstung im 19. Jh. eine große Aufbauleistung. Bei dem sehr gedämpften Wachstum der Buche hat es auf diesen Standorten erheblich länger gedauert, diese regionale Hauptbaumart wieder heimisch zu machen als auf den günstigeren Standorten. Als zusätzliches Problem kamen zunehmende Schalenwildbestände – Reh- und Rotwild – ab 1900 hinzu, die eine erfolgreiche Kultur von Tanne und Buche bis Ende der 1970er Jahre erheblich erschwerten und gelegentlich auch verhinderten. Inzwischen ist das Wildproblem nicht mehr so gravierend. Allerdings leiden die Wälder in dieser Höhenstufe besonders

Blockhaus der Murgschifferschaft an der Alten Weinstraße südlich des Schrambergs.

unter Schadstoffeinträgen aus der Atmosphäre; der Schadenskomplex Neuartige Waldschäden ist hier besonders stark ausgeprägt.

In der Vorbergzone bestehen die wenigen Wälder zum größten Teil aus den Baumarten der Waldgesellschaft dieser Höhenzone, dem kollinen Laubmischwald. Hauptbaumart ist die Buche, auf trockeneren und flachgründigeren Standorten die Eiche mit ihren Begleitbaumarten. Nadelhölzer sind von untergeordneter Bedeutung, wenngleich sie eine herausragende Wuchsleistung vorzuweisen haben.

Im ganzen stehen die Baumarten in den Wäldern des Landkreises (Nadelbäume:Laubbäume) in einem Verhältnis von 7:3; darin kommen die sehr unterschiedlichen Wuchsverhältnisse zum Ausdruck. Das Forstamt Rastatt hat mit Ausnahme von zwei kleinen Distrikten am Eichelberg ausschließlich Waldungen in der Rheinebene zu betreuen. Der bescheidene Nadelbaumanteil besteht hier fast ganz aus den Kiefernbeständen der Hardt; die Laubbäume dominieren bei weitem. Auf der anderen Seite bestehen die Wälder der Forstämter Forbach und Gernsbach sowie der Murgschifferschaft aus Nadelbäumen mit Laubholzbeimischungen von 10 Prozent und weniger; die Fichte ist hier die mit Abstand wichtigste Baumart. Das Forstamt Bühl hat erhebliche Flächenanteile in der Rheinebene, so daß auch hier der Laubbaumanteil überdurchschnittlich ist. Schließlich ist der hohe Buchenanteil des Forstamts Rotenfels bemerkenswert, es ist der flächenmäßig bedeutendste Anteil an Wäldern in der Vorbergzone.

Waldfunktionen und naturnahe Waldwirtschaft. – An die Wälder unserer Region werden die unterschiedlichsten Anforderungen und Ansprüche gestellt. In den Auewäldern ist der Schutz der Fauna und Flora angesichts der star-

Anteile der Baumarten an der Waldfläche im Landkreis Rastatt 2001

Baumarten	Anteile
Blöße	1%
Fichte	39%
Tanne	12%
Kiefer	10%
Douglasie	7%
Lärche	2%
Nadelbäume	70%
Buche	10%
Pappel	5%
Eiche	3%
Esche	3%
Ahorn	3%
Roteiche	2%
Erle	1%
sonstige Laubbäume	2%
Laubbäume	29%

3. Wald- und Forstwirtschaft

ken Flächenverluste dieser Vegetationsform von herausragender Bedeutung. Gleichzeitig sind diese Wälder im Hinblick auf die Rundholzerzeugung außerordentlich produktiv. In den Hardtwaldungen sind große Flächen Wassereinzugsgebiete für die Brunnen der Wasserwerke. In der Rheinebene sind die ortsnahen Waldungen Naherholungsräume für die örtliche Bevölkerung. Im Nordschwarzwald steht in weiten Bereichen nach wie vor die Holzerzeugung im Vordergrund. Gleichzeitig ist der Schwarzwald im Sommer wie im Winter Erholungsraum für Kur-, Ferien- und Naherholung. Diese Waldfunktionen überlagern sich, und gelegentlich kann es zu Zielkonflikten kommen, welchen Erwartungen Vorrang zu geben ist; der politische Diskurs darüber ist auf örtlicher und regionaler Ebene zu führen.

Die Bewirtschaftung der Wälder, insbesondere der Wälder in öffentlichem Eigentum, hat nach dem Willen des Gesetzgebers der Erfüllung gesellschaftlicher Anforderungen, den »Waldfunktionen«, zu dienen. Die Prinzipien der Waldwirtschaft, die diesem Zielsystem gerecht werden, faßt man in Baden-Württemberg seit 1992 unter dem Begriff der »naturnahen Waldwirtschaft« zusammen. Deren wichtigste Elemente sind die Orientierung an der natürlichen regionalen Waldgesellschaft und die Verjüngung der Wälder in Anlehnung an natürliche Prozesse, d.h. den Baumarten angepaßte Naturverjüngungsverfahren. Langfristige Naturverjüngungen sichern einen hohen Anteil ökologisch wertvoller Althölzer; Voraussetzung dafür sind angepaßte Schalenwildbestände. Bei entstandenen Kahlflächen erfolgt Vorausverjüngung mit Pionierhölzern wie Birke, Weide und Kiefer, die Pflanzung von Schattbaumarten geschieht erst in deren Schutz. Zum Zweck der Bestandsstabilisierung und der Biodiversität werden Mischung und Strukturreichtum gefördert, und zur Biotopsicherung wird bei allen Betriebsarbeiten, insbesondere bei der Holzernte, auf einen pfleglichen Umgang mit dem Boden und dem Bestand geachtet. Waldflächen mit herausragender Bedeutung für den Biotop- und Artenschutz werden im Zuge einer naturnahen Waldbewirtschaftung erhalten und/oder weiterentwickelt.

Forstorganisation und Waldeigentum. – Die Landesforstverwaltung Baden-Württemberg hat ihre Forstämter und Reviere zum 1. Oktober 1998 neu geordnet. Im Landkreis Rastatt werden die Wälder durch die Staatlichen Forstämter Rastatt, Bühl, Rotenfels, Gernsbach, Forbach und Murgschifferschaft betreut; das Staatliche Forstamt Kaltenbronn wurde aufgelöst. Im Landkreis gibt es rund 38 300 ha Wald.

In Randbereichen sind die Grenzen der Forstverwaltung mit den Kreisgrenzen nicht deckungsgleich. Insbesondere werden rund 1 000 ha Staatswald auf Gemarkung der Stadt Baden-Baden von den hiesigen Forstämtern bewirtschaftet.

Mehr als die Hälfte der Waldfläche steht im Eigentum von Städten, Gemeinden und sonstigen Körperschaften (Landesdurchschnitt 40%); Bischweier hat den kleinsten, Forbach den größten Wald. Der Privatwald ist im Vergleich zum Landesdurchschnitt (35%) stark unterrepräsentiert und macht nur 4 Prozent aus; dazu kommen noch die Waldflächen der Murgschifferschaft (Gemeinschaftswald), bei denen es sich um Privatwald in einer besonderen Rechtsform handelt. Der bäuerliche Privatwald als zusätzliches Standbein landwirtschaftlicher Betriebe fehlt gänzlich. Mit Ausnahme des Privatwalds Gernsberg bei Gernsbach-Obertsrot, ehedem Eigentum des Markgrafen von Baden, handelt es sich dabei ausschließlich um früher landwirtschaftlich genutzte Grundstücke mit Flächengrößen zwischen 5 und 25 a; durch Aufgabe der Nutzung und/oder Aufforstung wurden sie zu Wald. Bemerkenswert sind in diesem Zusammenhang die Edelkastanien in der Vorbergzone, bei denen es sich gewöhnlich um Privatwald handelt; wegen ihrer Früchte wurden zu Beginn des 20. Jh. die schlechtesten landwirtschaftlichen Standorte mit dieser Baumart angepflanzt. Heute sind die alt gewordenen »Kestengärten« wertvolle Lebensräume für viele Vogelarten und gleichzeitig eine Bereicherung der Landschaft gerade in den ortsnahen Lagen.

Holzvorräte, Hiebsätze und Altersaufbau. – Bei den Holzvorräten liegen die laubholzreichen Wälder der Rheinaue flächenbezogen im Durchschnitt erheblich niedriger als die Nadelholzwälder des Schwarzwalds. Abgesehen von einigen kleinen Körperschaftswäldern ist der Vorrat im Gemeindewald von Elchesheim-Illingen am niedrigsten und im Wald der Murgschifferschaft am höchsten. Der Grund

Waldflächen im Landkreis Rastatt nach Eigentumsarten 2001

Eigentumsarten	Anteile
Gemeinde- und Körperschaftswald	52%
Staatswald	28%
Gemeinschaftswald	13%
Privatwald	5%
Kirchenwald	2%

liegt in der wesentlich kürzeren Zeit, die zwischen Kultur und Ernte vergeht. Die Umtriebszeit beträgt bei der Pappel in der Rheinaue zwischen 60 und 80 Jahren, bei einer Kiefer in den Hochlagen des Schwarzwalds über 160 Jahre. Um nachhaltig Holz ernten zu können, ist also angesichts der Wuchsbedingungen in den Hochlagen eine erheblich höhere Vorratshaltung nötig.

Die Hiebsätze, die für die öffentlichen Waldbesitzer alle zehn Jahre mittels Betriebsplanung, die Forsteinrichtung, festgesetzt werden, sind dem Prinzip der Nachhaltigkeit unterworfen, d.h. die Nutzung muß auf Dauer und stetig möglich sein. Das bedeutet, daß die Nutzung in der Größenordnung des Zuwachses stattfindet, das Holzvorratskapital in seinem Umfang unangetastet bleiben muß. Damit sind die Hiebsätze abhängig von der Qualität des Standorts, von den Baumarten und deren Zuwachs, dem Altersaufbau und dem verfügbaren Holzvorrat. Den höchsten Hiebsatz hat der Stadtwald Rastatt mit 9,5 Festmetern pro Jahr und Hektar, den geringsten die Gemeinde Bischweier mit 2,8 Festmetern pro Jahr und Hektar. Von den größeren Gemeindewäldern haben die von Ottersweier und Rheinmünster einen vergleichsweise niedrigen Hiebsatz.

Vom gesamten Wald des Landkreises Rastatt sind 53 Prozent sechzig Jahre und jünger; nur rund 18 Prozent sind über hundert Jahre alt. Die Ursachen für diesen ungleichmäßigen Altersaufbau liegen in den kurzumtriebigen Beständen der Auewälder, den Aufforstungsflächen der sogenannten »E- und F-Hiebe« (Export- und Franzosen-Hiebe) der Nachkriegszeit, den Aufforstungsflächen der außerordentlichen Holzhiebe der 1950/60er Jahre in den Gemeindewaldungen, den Neu- und Ersatzaufforstungen auf bisher landwirtschaftlichen Flächen in der Rheinebene und den Aufforstungsflächen nach dem Sturm Wiebke von 1990 in den Hochlagen.

Waldschäden. – Zu Beginn der 1980er Jahre wurden die Waldungen durch die damals neuartigen Immissionsschäden betroffen. Bis auf den heutigen Tag sind Boden und Bestände durch die Versauerung der Böden mit allen Folgeerscheinungen wie Wurzelschäden, Nadel- und Blattverlusten, erhöhter Disposition für Sekundärschäden und vorzeitigen Ausfall zum Teil stark geschädigt. Insbesondere auf den von Natur aus sehr sauren Böden des Buntsandsteinschwarzwalds laufen diese Prozesse schnell ab. Die Melioration dieser Böden mit Gesteinsmehl aus dolomitischem Kalk hält die Versauerung auf, allerdings läßt die Pufferwirkung in manchen Bereichen bereits nach zehn Jahren wieder spürbar nach, so daß Wiederholungskalkungen erforderlich werden.

Wald im Leutersbachtal bei Gernsbach nach dem Orkan Lothar.

Am 28. Februar bzw. 1. März 1990 war der Höhepunkt einer Serie von Stürmen, von denen die deutschen Wälder schwer getroffen wurden (Orkan Wiebke); Schadenszentren lagen in Rheinland-Pfalz, Hessen, Nordbayern und im nördlichen Baden-Württemberg. Im Landkreis Rastatt waren insbesondere die Hochlagen des Nordschwarzwalds betroffen. Erstmalig wurden Naßlagerplätze zur Beregnung von Stammholz eingerichtet, um auf diese Weise die Verwertbarkeit zu erhalten. Die hernach erforderlichen Kulturmaßnahmen zogen sich zum Teil bis 1994 hin; erst seit Mitte der 1990er Jahre haben die Forstbetriebe sich von diesem Ereignis wirtschaftlich wieder erholt.

Am zweiten Weihnachtsfeiertag des Jahres 1999 tobte um die Mittagszeit der Orkan Lothar, der – seit darüber Aufzeichnungen geführt werden – die bisher schlimmsten Sturmschäden brachte. Betroffen waren Baden-Württemberg südlich einer Linie von Karlsruhe nach Maulbronn, die Südpfalz und Randbereiche Bayerns; schon davor hatte der Orkan in Frankreich verheerend gehaust. In Baden-Württemberg wurde die Sturmholzmenge auf 29 Mio. Festmeter geschätzt. Der Landkreis Rastatt war wie alle Regionen des westlichen Schwarzwaldrandes besonders stark in Mitleidenschaft gezogen, im Unterschied zu Wiebke waren alle Höhenzonen vom Rhein bis in die Kammlagen des Schwarzwalds betroffen. Wiederum wurden Naßlagerplätze eingerichtet. Zunächst hat man die wertvollen Laubholz-Sortimente der unteren Lagen aufgearbeitet, dabei kamen Waldarbeiter aus allen Regionen Deutschlands zum Einsatz; zur Jahresmitte 2001 war die Aufarbeitung des Sturmholzes im wesentlichen abgeschlossen. Legt man den Nachhaltshiebsatz zugrunde, war der Forstbezirk Bühl von dem Sturm am stärksten betroffen; im dortigen Staats- und Körperschaftswald wurde das zehnfache einer normalen Jahresnutzung als Sturmholz geerntet. Die weitaus größte Menge des Holzes kam in den Fernabsatz nach Nord- und Ostdeutschland, Bayern, Belgien und Österreich. Der Körperschafts- und Privatwald wurde durch Bund, Land und EU mit Fördermitteln zur Einlagerung der Hölzer unterstützt. Sichtbare Folge des Sturmereignisses sind die neu entstandenen Kahlflächen; rund ein Achtel der Waldfläche im Landkreis ist durch Lothar kahlgelegt worden. Diese Flächen der Wiederbewaldung zuzuführen, wird von den Waldbesitzern und der Forstverwaltung eine große Kraftanstrengung verlangen.

Die Folgen Lothars sind vielfältiger Art. Auf die Windwurfkalamität folgt die Kalamität der Schadinsekten, zumindest bei der Fichte, schließlich gab es im Wald noch nie so viel bruttaugliches Holz. Weil die neu entstandenen Waldränder nicht stabil sind, ist mit Folgewürfen zu rechnen. Der Rundholzmarkt ist gekennzeichnet von einem Überangebot und niedrigen Preisen. Die Nutzungsmöglichkeiten vieler Waldbesitzer sind eingeschränkt. Die Kul-

Naßlagerplatz bei Gaggenau.

turmaßnahmen mit der nachfolgenden Pflege werden ungeachtet staatlicher Fördermaßnahmen die Waldbesitzer erheblich belasten. Mithin ist die Zukunft der Wälder und der Forstwirtschaft auf Jahre hinaus unsicher.

Ausblick. – Der Landkreis Rastatt gehört mit zu den waldreichsten Regionen des Landes. Die Schutz- und Erholungsfunktionen des Walds sind von wachsender Bedeutung. Die Zukunft der klassischen Holzerzeugung ist vor dem Hintergrund der Entwicklung der Holzwirtschaft, den sich häufenden Naturkatastrophen und der wirtschaftlichen Lage der Forstbetriebe ungewiß. Mit Hilfe der naturnahen Waldwirtschaft soll sicher gestellt werden, daß die Wälder auch zukünftig alle ihre Aufgaben zu erfüllen vermögen. Eine Bedrohung mit langfristiger Wirkung ist nach wie vor der Prozeß der Bodenversauerung als Folge der Schadstoffeinträge aus der Luft.

Forsthaus St. Anton bei Forbach von Südosten.

4. Produzierendes Gewerbe

Handwerk. – Das Handwerk stellte um 1844 etwa 80 Prozent der im Produzierenden Gewerbe Badens Beschäftigten, wobei die Zahl der selbständigen Meister ein deutliches Übergewicht hatte. Nach Maßgabe der badischen Finanzstatistik, die die Handwerksmeister von 28 verschiedenen Branchen erfaßt, entfiel damals auf das Bekleidungshandwerk (Schuhmacher, Schneider, Färber, Leineweber, Putzmacher) mit einem Anteil von 22,5 Prozent das größte Kontingent an Meistern. Es folgen die Nahrungs- und Genußmittelgewerbe mit einem Anteilswert von 12,3 Prozent. Obwohl die Wirtschafts- und Strukturkrisen der folgenden Jahrzehnte die wirtschaftlich-soziale Situation des Handwerks verschlechterten, die Nachfrage nach Handwerksleistungen sich auch wegen des Bevölkerungsverlusts reduzierte, Handwerker zur Betriebsaufgabe und zur Auswanderung veranlaßt wurden und die Industriebeschäftigung zunahm, hat sich die zahlenmäßige Dominanz des Handwerks innerhalb des Produzierenden Gewerbes während der zweiten Hälfte des 19. Jh. erhalten. Die Gewerbestatistik von 1895 läßt für das Kreisgebiet auf eine relativ geringe Kundendichte (Einwohnerzahl je Handwerksbetrieb) von etwa 32 und damit auf eine Überbesetzung mit Handwerksbetrieben schließen. In vor- und frühindustrieller Zeit, bis zur Revolution von 1848, hatte eine stärkere Bevölkerungszunahme gewöhnlich ein kräftiges Wachstum des sekundären Wirtschaftssektors ausgelöst. In ihrer großen Mehrzahl verfügten die Meister weder über Betriebskapital noch über Gesellen, führten Alleinbetriebe. 1844 kamen im badischen Durchschnitt auf einen Meister nur 0,4 Gehilfen.

Mit Einführung der Gewerbefreiheit in Baden 1862/63 wurden vorhandene Konzentrationstendenzen im Kleingewerbe zunächst namentlich in städtischen Ballungs- und Wachstumsräumen von einer wenn auch nicht anhaltenden Verselbständigungstendenz, d.h. von einer Zunahme der Zahl der Betriebe durch Existenzneugründungen überlagert. Vom Vormarsch der fabrikmäßigen Produktionsweisen wurde zuerst die handwerkliche Spinnerei und Weberei betroffen. In kritischer Lage befanden sich um die Mitte des 19. Jh. ferner Gold- und Silberarbeiter, Drahtzieher, Essigsieder, Posamentierer, Leim- und Seifensieder, Nadler, Lichtermacher, Nagelschmiede und Regenschirmmacher. Mit Vordringen der Industrialisierung seit den 1860er Jahren und unter dem Konkurrenzdruck der kostengünstiger produzierenden Fabriken wurde in einem bis in die zweite Hälfte des 20. Jh. reichenden Prozeß eine Vielzahl von Handwerksbranchen und kleingewerblichen Produktionen vom Markt verdrängt. Dennoch erlebte das badische Handwerk bis etwa 1873/75 in Verbindung mit dem Wachstum der Bevölkerung und der Industrie eine Beschäftigungszunahme und erreichte ein Niveau der Handwerksdichte (Betriebe bzw. Beschäftigte je tausend Einwohner), das trotz des strukturellen Wandels und der negativen Effekte von Kriseneinbrüchen ungefähr dem zu Beginn des 20. Jh. entsprach. Nach wie vor stellten die Selbständigen einen relativ hohen Anteil an sämtlichen Gewerbetreibenden (1875 43,5%) nicht zuletzt infolge des Vorherrschens der kapitalarmen Allein- und Kleinstbetriebe. Krisen beschleunigten zwar allgemein die Konzentrationstendenzen im Handwerk, ohne aber die Zahl der Alleinbetriebe signifikant schrumpfen zu lassen.

Lange Zeit war ein Nebeneinander von einer Reihe alter Handwerke und neu aufgekommener Fabrikindustrie zu beobachten. Beispielhaft hierfür ist auch die Handwerksgeschichte im Landkreis Rastatt. Reste der kleingewerblichen Textilgewerbe widerstanden den Verdrängungsprozessen bis ins 20. Jh. Noch 1938 gab es im Landkreis handwerkliche Handschuhmacher, Seifensieder, Messerschmiede, Seiler, Siebmacher, Töpfer und Hutmacher, obwohl längst industrielle Produkte den Markt beherrschten. In seiner Entwicklung wurde das Handwerk grundsätzlich von der notwendigen permanenten Anpassung an die sich verändernden Märkte, an das Versiegen herkömmlicher und das Entstehen neuer Märkte sowie von den Wechsellagen der Konjunktur beeinflußt. Primär war die Handwerkswirtschaft im mittelbadischen Raum vor allem auf die unmittelbare Versorgung der ortsansässigen Bevölkerung und der nächsten Nachbarschaft mit Handwerksleistungen ausgerichtet. Die Nachfrage danach war ferner abhängig von der gegebenen Bevölkerungsdichte und der im jeweiligen Marktgebiet vorhandenen Kaufkraft, wurde vom Industrialisierungsgrad der Wirtschaft und Gesellschaft beeinflußt

Geiserschmiede in Bühlertal.

und unterlag den Einwirkungen des geltenden Gewerberechts. Die Handwerke waren nicht gleichmäßig über Stadt und Land verteilt. Eine von Ort zu Ort variierende und sich im Laufe der Jahrhunderte verringernde Handwerksdichte unterstreicht die auf die Handwerkswirtschaft einwirkenden Einflußfaktoren. Unverkennbar spielten im Handwerk individuelle bzw. familiale Standortentscheidungen und ein Beharren auf überlieferten Traditionen eine wichtige Rolle. Neben der Marktorientierung und der erstrebten Kundennähe war für den Standort von Handwerken auch die Rohstofforientierung maßgebend. Bevorzugter Standort der Korbmacherei waren die mit Weiden bewachsenen Rheinauenlandschaften. Gleiches galt für die dort anzutreffenden Tabakanbaugebiete, in deren Nähe sich die kleinbetrieblichen Zigarrenmacher ansiedelten.

Mit der zunehmenden Verlagerung von Handwerksberufen in die Fabrik bewirkten gleichzeitige entgegengesetzte Prozesse der fortschreitenden Arbeitsteilung eine Zunahme von Betrieben und Beschäftigung im Handwerk. In Verbindung mit neuen Industrieprodukten und mit der gestiegenen Massenkaufkraft entstanden seit Beginn des 20. Jh. völlig neue Handwerksberufe (Elektroinstallateure, Kraftfahrzeugschlosser, Radiomechaniker u.a.) und erweiterten sich die Tätigkeitsfelder älterer Handwerke.

Je mehr aus städtischen und ländlichen Privathaushalten die Selbstversorgung ausgegliedert und von ihnen individuelle Dienstleistungen nachgefragt wurden, um so mehr bot sich zudem den Nahrungsmittelhandwerkern (Fleischern, Bäckern, Konditoren) und den Dienstleistungshandwerken (Friseuren, Wäschereien usw.) die Chance, ihre Umsätze zu steigern. Die wirtschaftliche Basis

Handwerksbetriebe, Handwerksdichte, Kundendichte 1844 bis 1968

Jahr	Baden			heutiger Landkreis Rastatt		
	Meisterbetriebe	Handwerksdichte	Kundendichte	Meisterbetriebe	Handwerksdichte	Kundendichte
1844	60560	45,4	22,0	–	–	–
1861	49992	36,5	27,4	–	–	–
1895	–	–	–	ca. 2900	32,3	30,8
1913	59847	27,9	35,8	–	–	–
1925	–	–	–	1016	9,1	78,5
1939	58681	23,4	42,7	2561	20,6	48,5
1963	125547	15,6	63,8	2329	14,7	67,7
1968	–	–	–	1997	11,1	90,1

des Handwerks verbesserte sich namentlich in den wachsenden, von der Industrialisierung profitierenden städtischen Räumen mit größerem Nachfragevolumen, während sich in ländlichen, von der Industrie unberührten Gemeinden der Aufschwung des Handwerks verzögerte. In Städten zeigten sich auch zuerst die Fortschritte im säkularen Modernisierungsprozeß des Handwerks, mit dem eine zunehmende Beschäftigtenzahl je Betrieb und ein vermehrter Einsatz von Betriebs- und Anlagekapital verbunden war. Im säkularen Entwicklungstrend war die Zahl der Handwerksbetriebe rückläufig und sank entsprechend die Handwerksdichte je tausend Einwohner, während sich die Kundendichte beträchtlich erhöhte. Die gleichzeitige Umwälzung und Verbesserung der Verkehrsverhältnisse erweiterte nicht nur den Markt für Handwerksbetriebe durch auswärtige Kunden, sondern verschärfte auch den Wettbewerb. Letztlich vollzog sich durch das langfristige Bevölkerungswachstum bei fortschreitendem Industrialisierungsprozeß eine grundlegende Strukturveränderung im gesamten Handwerk. Da sich gleichzeitig bis ins ausgehende 20. Jh. der industrielle Sektor stärker ausdehnte als die Beschäftigung im Handwerk, fiel dessen Anteil an der Gesamtzahl der im Produzierenden Gewerbe Beschäftigten, blieb aber ein wichtiger, unentbehrlicher Bestandteil der regionalen Wirtschaft.

Als Motor der Modernisierung und des Wachstums im Handwerk erwiesen sich insbesondere die expandierenden städtischen Ballungszentren. In Gernsbach waren neben den Herrenfriseuren die ersten Damenfriseure und in Gaggenau und Rastatt neben den althergebrachten Schneidermeistern auch selbständige Schneiderinnen anzutreffen. In den vier gewerbereichsten Städten auf dem Gebiet des Landkreises (Bühl, Gaggenau, Gernsbach und Rastatt) waren sich die Kunden vor allem eines verhältnismäßig breitgefächerten Angebots an handwerklichen Leistungen sicher und konnten damit rechnen, Güter des gehobenen Bedarfs zu erhalten. Die Handwerksdichte schwankte 1938 um 20 Betriebe je tausend Einwohner und die Kundendichte in den vier Städten entsprechend um 50 Einwohner je Handwerksbetrieb. Die stark vom Durchschnitt abweichenden Werte für Gaggenau entsprachen einer Stadt, deren Zunahme an Handwerksbetrieben mit dem Einwohnerwachstum nicht Schritt halten konnte.

Auf dem Land zeigte die Versorgung mit Handwerksprodukten ein erhebliches Gefälle, wobei aber sicher nicht mehr der unterschiedliche Grad der bäuerlichen Selbstversorgung maßgebend war. Geringe Handwerksdichten mit weniger als 15 Betrieben je tausend Einwohner stellten 1938 auch in den 26 Landgemeinden, in denen mehr als 50 Prozent der Haushalte Landwirtschaftsflächen bewirtschafteten, die Ausnahme dar. Der Handwerkerbesatz schwankte auf dem Land zwischen einer Handwerksdichte von 60,3 (Kundendichte 16,5) in der Minderstadt Lichtenau, einem traditionellen Unterzentrum, und 3,8 in der Landgemeinde Au im Murgtal, was sowohl auf eine teilweise starke Überbesetzung mit Handwerksbetrieben als auch andererseits auf eine krasse örtliche Unterversorgung mit Handwerksleistungen schließen läßt. Als typisch für das zahlenmäßig überwiegende Landhandwerk konnte bis ins 20. Jh. die Verbindung zwischen Handwerksbetrieb und Nebenerwerbslandwirtschaft gelten, die ein zusätzliches Einkommen gewährleistete und daher eine Art Krisenpolster bildete.

Handwerksbetriebe, gegliedert nach Berufsgruppen 1938 (heutiges Kreisgebiet)

Berufsgruppe	Zahl	Standorte
Bäcker	260	
Böttcher/Kübler	55	
Brunnenbauer	5	Hügelsheim, Lichtenau, Rastatt
Buchbinder	10	
Buchdrucker	17	
Bürsten- und Pinselmacher	1	Muggensturm
Dachdecker	4	Bischweier, Rastatt
Drechsler	8	
Elektroinstallateure	36	
Fischer	4	Greffern, Illingen
Fleischer/Metzger	148	
Friseure	148	
– Damenfriseure	2	Gernsbach
Glaser	37	
Handschuhmacher	1	Rastatt
Holzschuhmacher	7	Au a.Rh.
Hutmacher	2	Bühl
Klempner/Flaschner	67	
Konditoren	13	
Korbmacher	17	Illingen, Lichtenau, Muggensturm, Reichental, Au a.Rh., Ötigheim, Bischweier, Wintersdorf
Kürschner	2	Gernsbach, Rastatt
Kupferschmiede	5	Bühl, Durmersheim, Rastatt
Maler	122	
Maurer/Baugeschäfte	100	
Mechaniker	18	
Messerschmiede	3	Bühl, Gernsbach
Mühlenbauer	1	Hilpertsau

Berufsgruppe	Zahl	Standorte
Müller (Getreide- und Öl-)	31	
Mützenmacher	3	Rastatt, Gaggenau
Optiker	3	Rastatt
Sattler/Riemer	59	
Schlosser	47	
– Kfz-Schlosser	16	
Schneider	187	
– Schneiderinnen	15	Rastatt, Gaggenau
Schornsteinfeger/Kaminkehrer	2	Rastatt
Schuhmacher	217	
Seifensieder	1	Rastatt
Seiler	3	Würmersheim, Gernsbach, Lichtenau
Siebmacher	2	Bühl, Rastatt
Steinmetzen/Steinhauer	4	Gernsbach, Kuppenheim, Loffenau
Steinsetzer/Pflästerer	5	Loffenau, Rastatt
Stellmacher/Wagner	61	
Stuhlmacher	6	
Stukkateure	22	
Tapezierer	28	
Tischler/Schreiner	171	
Töpfer/Hafner	3	Bühl, Lichtenau, Kuppenheim
Uhrmacher	16	
Wagenbauer	1	Bühl
Zigarrenmacher	8	Durmersheim, Rastatt, Stollhofen
Zimmerer	90	

Handwerkspolitik. – Eine teilweise erheblich abweichende wirtschaftliche Interessenlage zwischen Stadt- und Landhandwerk erklärt sicherlich die allgemein geringe Neigung der badischen Handwerker, sich nach der Aufhebung der Zünfte und seit der Krise des Wirtschaftsliberalismus in den 1870er Jahren in Innungen, Gewerbevereinen, Genossenschaften oder anderen Interessenvertretungen zusammenzuschließen. In den Städten und Landgemeinden stießen jahrzehntelang Bestrebungen um neue Innungsbildungen auf Ablehnung und Gleichgültigkeit. Als erste badische Landesinnung kam in den 1880er Jahren lediglich eine mitgliederschwache Kaminfegervereinigung zustande. Zum Kernstück der Handwerkspolitik des badischen Staates entwickelte sich im ausgehenden 19. Jh. das gewerbliche Bildungswesen angesichts des Niedergangs der Handwerkerausbildung und vor dem Hintergrund der jahrzehntelang vielbeschworenen Krise des Handwerks. Seitdem machte Baden wiederholt durch seinen Reformeifer in der Handwerkspolitik und durch seine Vorreiterrolle bei der Einführung zukunftweisender bildungspolitischer Innovationen aufmerksam. Lehrwerkstätten wurden finanziert. Neue Wege beschritt die badische Gewerbepolitik seit den 1880er Jahren in dem früher bestehenden patriarchalischen Verhältnis zwischen Meister und Lehrling. Angebotene »kleine Meisterkurse« machten sich zur Aufgabe, den selbständigen Handwerker mit Spezialtechniken und den Fortschritten seiner Branche vertraut zu machen. Mit der Gewerbenovelle von 1897, auch als Handwerkerschutzgesetz oder Handwerkergesetz bekannt geworden, trugen der Reichstag und die Regierungen der Bundesstaaten dem Bestreben nach Stärkung des Handwerks Rechnung. Der Meistertitel erhielt reichsgesetzlichen Schutz. Zuerst im Handwerk wurde das sich bewährende duale Berufsbildungssystem eingeführt. Die Entscheidung für den »kleinen Befähigungsnachweis« berechtigte nur den Meister zur Lehrlingsausbildung. Ab 1897 gebildete Handwerkskammern, denen vom Staat öffentlich-rechtliche Funktionen übertragen wurden, suchten als mittelbare Staatsorgane und Interessenvertretungen den Ausgleich handwerklicher und staatlicher Belange herbeizuführen. Dennoch blieb es ein Problem, wohlhabende und ärmere Handwerksmeister an einen Tisch zu bringen. Weiterhin hing der Organisationsgrad des Handwerks wesentlich von der wirtschaftlichen Lage der Betriebe ab. 1933/34 der nationalsozialistischen Gleichschaltung unterworfen, wurden die nunmehrigen Pflichtinnungen kreisweise den geschaffenen Kreishandwerkerschaften unterstellt und zugleich in 51 Reichsinnungsverbänden zusammengefaßt.

Strukturwandel. – Auch nach dem Ersten Weltkrieg und während der Großen Inflation bestand der Großteil der Handwerksgeschäfte aus Alleinbetrieben. Eine Kundendichte von etwa 30 Einwohnern je Betrieb, die sich aufgrund der Reichserhebung vom 1. Oktober 1926 ergab, deutete auf eine kritische Situation für das nach wie vor stark übersetzte badische Handwerk hin. Dennoch erreichte die Zahl der Handwerksbetriebe 1929, im Jahr des Ausbruchs der Weltwirtschaftskrise, in Baden fast das Niveau der Vorkriegszeit (59 145 Betriebe). Die in den neugeschaffenen badischen Kreisen getroffenen Einrichtungen der Gewerbeförderung kamen insbesondere dem Handwerk zugute (Zahlung von Beiträgen für gewerbliche Vereine, Zuschüsse für Prämierungen, für arme Handwerkslehrlinge zum Besuch von Fachschulen, Fachkursen und für Lehrlingsheime u.a.). Während der Weltwirtschaftskrise und in den ersten Jahren der Hitler-Herrschaft erwies sich die Verselbständigung in einem Handwerksberuf wiederum als Notventil, um der Arbeitslosigkeit zu entrinnen. Der Anstieg der Zahl der Handwerksbetriebe in Baden bis 1937 auf 70375 erhöhte nicht nur die herkömmliche Handwerksdichte, sondern war zugleich Ausdruck einer teilweise starken Überbesetzung des Handwerks. Niedrige Einkommen und Modernisierungsdefizite waren die Folge.

In der Struktur des Handwerks der 1920/30er Jahre fällt wie im 19. Jh. das zahlenmäßige Übergewicht der Bekleidungs- und Reinigungshandwerke auf, wofür auch das Handwerksgefüge im Landkreis Rastatt beispielhaft war. An zweiter Stelle rangierten der Zahl nach die Nahrungsmittelhandwerke, die nach zeitgenössischen Schätzungen die weitaus höchsten Umsätze erzielten. Gemessen an den erwirtschafteten Umsätzen folgte auf sie das Bauhandwerk. An die dreißig neue Handwerksberufe tauchten in den eingeführten Handwerksrollen auf und bezogen sich vor allem auf die innovativen Kernzentren des technisch-industriellen Fortschritts, auf den Kraftfahrzeugbau, die Radio- und Elektrotechnik, den Werkzeugmaschinenbau und das Baugewerbe, hier namentlich auf die Beton- und Stahlbetonbauer, die Isolierer, Fußbodenleger und die Zentralheizungsbauer. Der technische Fortschritt und seine industrielle Verwertung brachten ständig neue Handwerksberufe hervor und steigerten die Nachfrage nach Handwerksarbeit. Dennoch blieben die Handwerksbetriebe verhältnismäßig klein dimensioniert.

Nach dem Zweiten Weltkrieg vermehrten sich mit der Zunahme der Bevölkerung auch die Handwerksbetriebe, deren Zahl etwa 1950 einen historischen Höchststand erreichte. 125 verschiedene Handwerksgruppen wurden in der 1953 für das Bundesgebiet einheitlich in Kraft getretenen Handwerksordnung festgelegt. Ihr Kernstück bildet der mit dem Grundrecht der freien Berufswahl vereinbare, der Erhaltung des Leistungsstands des Handwerks Rechnung tragende Befähigungsnachweis. Auf den Handwerkerboom in der Nachkriegszeit folgten im Lauf der 1960er Jahre langanhaltende Strukturveränderungen mit negativen und positiven Effekten für das Handwerk. Branchen, die sich gegenüber der überlegenen Konkurrenz industrieller Fertigungen nicht behaupten konnten, gerieten in den Sog eines unaufhaltsamen Schrumpfungsprozesses. Dieser traf das gesamte Bekleidungshandwerk (Schneider, Schuhmacher u.a.), dann die holzverarbeitenden Handwerke und blieb nicht ohne Rückwirkungen auf das Nahrungsmittelhandwerk. Gegenüber dem Stand von 1938 ergab sich bis 1968 für den Landkreis Rastatt rein rechnerisch

Werk der Firma Kronospan in Bischweier.

ein Verlust von 338 Betrieben bzw. von 28 Prozent des Betriebsbestandes von 1938. Demgegenüber präsentierten sich als eindeutige Gewinner im Umstrukturierungsprozeß des Handwerks mit großem Vorsprung die Bau- und Ausbauhandwerke sowie die vielgestaltige Gruppe des der Industrie unentbehrlichen Metallhandwerks. Hier vermehrte sich nicht nur die Zahl der Betriebe (+129) gegenüber 1938, sondern gleichermaßen wie im Bau- und Ausbaugewerbe nahm auch die Beschäftigtenzahl der Unternehmen kräftig zu. Der Verlust an Handwerksbetrieben ging allgemein mit einer starken Aufstockung der Beschäftigung im Handwerk einher. Trotz der ungünstigen Ausgangslage der Handwerksbetriebe noch im Nachkriegsjahr 1950, als 61,5 Prozent aller Unternehmen sich in Südwestdeutschland mit einem Jahresumsatz von weniger als 10000 DM begnügen mußten, erwies das Handwerk letztlich erneut seine Stärke und Wandlungsfähigkeit. Mit dem zu bewältigenden Strukturwandel verbanden sich Konzentrationsprozesse, betriebliches Wachstum und ein erhöhter Kapitaleinsatz. Auf Beton- und Stahlbetonbauer entfielen 1968 die meisten Beschäftigten (49,8 %) je Unternehmen und mit 2 Mio. DM der größte Umsatz. Der durchschnittliche Beschäftigungszuwachs je Betrieb bis in die 1960er Jahre eilte im Bau- und Ausbaugewerbe des Landkreises Rastatt (heutiges Kreisgebiet) den Landesdurchschnitten nicht unerheblich voraus und lag in den schrumpfenden Branchen mit geringen Beschäftigungsquoten noch über den Landesdurchschnitten. Der seit anderthalb Jahrhunderten prophezeite Untergang des Handwerks hat sich trotz strukturellen Wandels und konjunktureller Einbrüche nicht bewahrheitet. Die vier gewerbereichsten Städte des Landkreises mit mehr als hundert Handwerksunternehmen erlitten zwischen 1938 und 1968 einen Verlust von 371 Betrieben, hauptsächlich in der zweiten Phase des Wiederaufbaubooms seit 1961, doch nahm in Bühl und Gaggenau die Zahl der Beschäftigten zu, während sie sich in Gernsbach und Rastatt zwischen 1961 und 1968 rückläufig entwickelte.

Handwerksgruppen, Betriebe und Beschäftigte 1938 und 1968 (heutiges Kreisgebiet)

Handwerks-gruppen	1938	1968		
	Betriebe	Betriebe	Beschäftigte	je Betrieb
Handwerk insgesamt	2 227	1 987	13 155	6,6
Bau- und Ausbaugewerbe	433	411	5 875	14,2
Metallhandwerke	319	448	2 759	6,2
Holzverarbeitendes Handwerk	320	194	801	4,1
Bekleidungs-, Textil- und Ledergewerbe	434	294	639	2,1
Nahrungsmittelhandwerk	459	387	1 645	4,2
Gesundheits-, chemische und Reinigungsgewerbe	150	174	879	5,0
Glas-, Papier- und sonstige Gewerbe	112	75	557	7,4

Die handwerklichen Tätigkeiten – Güterproduktion, Montage, Installation, Reparatur, Handel und Dienstleistungen – begründeten nach der üblichen Wirtschaftssystematik keinen eigenen Wirtschaftszweig, sondern sind sehr verschiedenen Zweigen des sekundären und tertiären Sektors zuzuordnen. Trotz des gewachsenen Beschäftigungsanteils des Handwerks in Dienstleistungsbereichen machte dessen Umsatzanteil nur wenige Prozente aus (Bundesrepublik 1989 5,2 %; Baden-Württemberg 1994 3,2 %). 1994 wurden die Handwerksunternehmen in der amtlichen Statistik zu 71,6 Prozent dem Verarbeitenden Gewerbe und dem Baugewerbe, also dem Produzierenden Gewerbe, zugerechnet und erwirtschafteten einen Umsatzanteil von 75,8 Prozent des gesamten Handwerksumsatzes.

Entwicklungen im Produzierenden Gewerbe (sekundärer Sektor). – Zum Produzierenden Gewerbe rechnet die amtliche Statistik die Energiewirtschaft und Wasserversorgung, den Bergbau, das Baugewerbe und das Verarbeitende Gewerbe. Das Produzierende Gewerbe ist der Land- und Forstwirtschaft nachgelagert und dem Handels- und Dienstleistungssektor vorgeschaltet. Von den sozialversicherungspflichtig beschäftigten Arbeitnehmern im Landkreis Rastatt entfielen am 31. März 1999 60,2 Prozent auf das Produzierende Gewerbe. Die Anteilswerte des Produzierenden Gewerbes einschließlich der Bauwirtschaft lagen erheblich über den Landesdurchschnitten. Die Wirtschaft des Kreises Rastatt war und ist durch das überdurchschnittliche Gewicht der Beschäftigung im Produzierenden Gewerbe geprägt. In der Abnahme der Zahl der Arbeitsstätten im Produzierenden Gewerbe seit den 1950er Jahren fanden vor allem die Schrumpfungs- und Konzentrationsprozesse im Handwerk ihren Niederschlag. Dennoch erfuhr die herausragende Bedeutung des Produzierenden Gewerbes noch eine Steigerung. 1970 waren mehr als zwei Drittel der Erwerbstätigen im Kreisgebiet im Produzierenden Gewerbe beschäftigt und erwirtschafteten einen Anteil an der Bruttowertschöpfung in fast der gleichen Größenordnung. Seit den krisenbelasteten 1970er Jahren begann der erreichte hohe Beschäftigungsstand trotz der Arbeitsplatzzuwächse in führenden Industriebranchen allmählich wegzuschmelzen. Besonders die schwere Rezession von 1992/94 hinterließ im Produzierenden Gewerbe starke Beschäftigungseinbrüche. In den Verlusten an Arbeitsplätzen im Produzierenden Gewerbe, der Verlagerung von Beschäftigung in den tertiären Sektor, machte sich zugleich der von Globalisierungsvorgängen angestoßene Strukturwandel in der ge-

4. Produzierendes Gewerbe

werblichen Wirtschaft geltend. Entsprechend reduzierte sich auch namentlich der Anteil des Verarbeitenden Gewerbes an der Bruttowertschöpfung. Der Anteil der Energiewirtschaft und der Wasserversorgung an der Gesamtbeschäftigung und an der Bruttowertschöpfung lag während des gesamten Betrachtungszeitraums stets unter einem Prozent. Daran änderte auch nichts der in den letzten Jahrzehnten erfolgte Ausbau von kommunalen Wasserversorgungsbetrieben. Zur Wasser-, Gas- und Elektrizitätsversorgung bestanden im Altkreis Rastatt 1939 bereits 20 Betriebe, davon drei in der Stadt Rastatt, mit zusammen 161 Beschäftigten.

Produzierendes Gewerbe 1895 bis 1997

Jahr[1]	Arbeitsstätten	Beschäftigte	%-Anteil der Erwerbspersonen
1895		10216	22,2
1939	(2127)	(21818)	
1961	2276	43280	
1970	2032	47827	67,6
1987	1799	44945	57,5
1997		43972	60,3

[1] 1895 bezogen auf das heutige Kreisgebiet ohne Loffenau; 1939 bezogen auf den Altkreis Rastatt

Baugewerbe. – Die Bauwirtschaft ist nachweislich seit dem ausgehenden 19. Jh. ein wesentlicher Wirtschaftsfaktor, da sich die Zahl der ansässigen Betriebe und ihrer Beschäftigten gewöhnlich über vergleichbaren Landesdurchschnitten bewegte. Unter den Bauunternehmen bildeten Handwerksbetriebe die große Mehrheit; auf sie entfielen in den letzten Jahren etwa 90 Prozent der in der Bauwirtschaft Beschäftigten. Innerhalb des Produzierenden Gewerbes zeichnete sich das Baugewerbe zwar durch seine starke Konjunkturanfälligkeit aus, folgte aber seit den 1950er Jahren nicht dem allgemeinen Trend des Arbeitsstättenabbaus, obwohl rezessionsbedingt immer wieder Baufirmen vom Markt verschwanden. Bis Anfang der 1970er Jahre entsprachen die Wachstumsraten des Baugewerbes den gesamtwirtschaftlichen Durchschnitten. Seit der Rezession von 1973 setzten Schrumpfungsprozesse ein, die einzelne Zweige der Bauwirtschaft mit unterschiedlicher Härte trafen, und allein für das Bauhandwerk einen Verlust von über tausend Arbeitsplätzen bedeuteten. Man sprach damals von einem Prozeß des »Gesundschrumpfens«, hinter dem sich jedoch wirtschaftlich gebotene Rationalisierungs- und Konzentrationsprozesse verbargen und nicht zuletzt der Übergang von handwerklicher zu industrieller Bauwirtschaft. Die Produktion der Bauwirtschaft folgte den Schwankungen der Konjunktur und wurde maßgeblich von der steigenden bzw. rückläufigen Nachfrage der öffentlichen Hand und der gewerblichen Wirtschaft nach Bauleistungen positiv bzw. negativ beeinflußt. Die industrielle Expansion im Landkreis kam seit den 1980er Jahren offensichtlich der heimischen Bauwirtschaft sehr zugute. Sie vermehrte die Zahl der Betriebe über den Stand von 1968/70 hinaus und war in der Lage, die Beschäftigung wieder erheblich aufzustocken. Auch Änderungen in der Produktions- und Beschäftigtenstruktur minderten die starke Konjunkturanfälligkeit. Bemerkenswert ist die Entwicklung im handwerklichen und handwerksähnlichen Bau- und Ausbaugewerbe, nicht zuletzt wegen seiner relativ konstanten bzw. nur geringfügig schwankenden Zahl der Betriebe (1938 433, 1968 411, 1977 390, 1995 415). Dennoch erlebte die Bauwirtschaft seit der schweren Rezession 1992/94 einen nachhaltigen Beschäftigungseinbruch. Mehr als die Hälfte der Betriebe des Bauhauptgewerbes hatten 1994 weniger als zehn Beschäftigte. Der Durchschnittsumsatz je Betrieb lag im handwerklichen Baugewerbe Baden-Württembergs im gleichen Jahr bei 1,37 Mio. DM. Seit über hundert Jahren sind die Städte Rastatt und Bühl die bedeutendsten Standorte des Baugewerbes.

Steine und Erden. – Bergbau wurde auf dem Gebiet des heutigen Landkreises Rastatt seit dem ausgehenden 19. Jh.

Arbeitsstätten und Beschäftigung in der Energiewirtschaft und Wassergewinnung, Gewinnung von Steinen und Erden und im Baugewerbe 1895 bis 1997

Jahr	Energiewirtschaft und Wasserversorgung		Gewinnung von Steinen und Erden		Baugewerbe	
	Arbeitsstätten	Beschäftigte	Arbeitsstätten	Beschäftigte	Arbeitsstätten	Beschäftigte
1895[1]			86	884	369	1111
1987	24	397	74	1335	602	6946
1997		450				5356

[1] ohne Loffenau

Kieswerk der Firma Wilhelm Stürmlinger & Söhne in Durmersheim.

nicht mehr betreiben. Die Wirtschaftsgruppe Steine und Erden umfaßt in der Hauptsache die Gewinnung, Herstellung und Bearbeitung von natürlichen Gesteinen, besonders von Granit und sonstigem Hartgestein, sowie den seit alters üblichen Abbau von Sand, Kies, Ton, Mergel und Lehm. Ziegeleien (1938 vier Klinker- und Ziegelwerke) entwickelten sich an Standorten mit geeigneten Tonvorkommen. In Kuppenheim befand sich ein Kalkwerk. Größere Steinwerke, Porphyrbrüche, Mineral-Mahlwerke, Granit- und Schotterwerke bestanden 1938 in Altschweier, Bühl, Bühlertal, Forbach, Hilpertsau, Rastatt, Sinzheim und Weisenbach. Johann Belser (1796–1868) aus Weisenbach arbeitete sich vom Maurer zum angesehenen Bau- und Steinbruchunternehmer empor. Heute ist Iffezheim herausragendes Zentrum der Baustoffindustrie.

Verarbeitendes Gewerbe. – Zum Verarbeitenden Gewerbe, dem Bereich einer Volkswirtschaft, in dem mit der Absicht der Gewinnerzielung Sachgüter erzeugt oder bearbeitet, also technische Produktionsakte vorgenommen werden, zählen das Handwerk, das Hausgewerbe und die Industrie. In der Systematik der Statistik werden die einzelnen Wirtschaftszweige des Verarbeitenden Gewerbes in die vier Wirtschaftsgruppen Grundstoff- und Produktionsgütergewerbe, Investitionsgüter produzierendes Gewerbe, Verbrauchsgütergewerbe sowie Nahrungs- und Genußmittelgewerbe gegliedert, wodurch nicht zuletzt die Interpretation des langfristigen Trends in der Entwicklung des Verarbeitenden Gewerbes wesentlich erleichtert wird. Insbesondere die auf die vier Wirtschaftsgruppen jeweils entfallenden Beschäftigtenanteile erfuhren im Lauf des 20. Jh. erhebliche Veränderungen und Umschichtungen, die letztlich in einer kontinuierlichen Stärkung des Investitionsgüter produzierenden Gewerbes mündeten. Gleichzeitig schrumpften die Beschäftigungsanteile der Verbrauchsgüter produzierenden Gewerbe zwischen 1895 und 1987 von 40,5 auf weniger als 10 Prozent und die Nahrungs- und Genußmittelgewerbe von 21,6 auf 5,0 Prozent.

Grenzlage, Politik, Krisen und Kriege haben den Industrialisierungsprozeß im Altkreis Bühl jahrzehntelang gehemmt. 1939 bildete dort das Bau- und Baunebengewerbe den beschäftigungsstärksten Wirtschaftszweig im Produzierenden Gewerbe. Die Struktur des Verarbeitenden Gewerbes war im Unterschied zu der des Altkreises Rastatt noch bis in die 1950er Jahre auf die Verbrauchsgütergewerbe ausgerichtet, während die Investitionsgütergewerbe, vor allem Handwerksbetriebe, einen Beschäftigtenanteil von nur wenigen Prozent auf sich vereinten. Schwerpunkte der Beschäftigung im neuen Landkreis Rastatt waren der Fahrzeugbau, die Elektrotechnik und die Holzschliff-, Pap-

4. Produzierendes Gewerbe

Branchen des Verarbeitenden Gewerbes, Arbeitsstätten und Beschäftigte mit Prozentzahlen

Branche	1939 (Altkreis Rastatt)			1987		
	Arbeitsstätten	Beschäftigte	%	Arbeitsstätten	Beschäftigte	%
Chemische Industrie, Mineralölverarbeitung	5	77	0,4	20	1 661	4,5
Herstellung von Kunststoff- und Gummiwaren	–	–	–	31	1 373	3,7
Metallerzeugung und -bearbeitung	200	691	4,1	101	671	1,8
Stahl-, Maschinen-, Fahrzeugbau	75	7 384	43,0	199	14 463	38,9
Elektrotechnik, Feinmechanik, Optik, Herstellung von EBM-Waren usw.	60	701	4,1	163	10 546	28,4
Holz-, Papier-, Druckgewerbe	408	5 185	30,2	219	5 870	15,8
Leder-, Textil-, Bekleidungsgewerbe	514	1 529	8,9	106	720	1,9
Ernährungsgewerbe und Tabakverarbeitung	454	1 597	9,3	260	1 873	5,0
insgesamt	1 716	17 164	100	1 099	37 177	100

pe- und Papierproduktion. Ende September 1975 erfaßte die Statistik im Landkreis Rastatt 137 Betriebe des Verarbeitenden Gewerbes mit zwanzig und mehr Beschäftigten. Schon damals lag die Beschäftigungsintensität (Beschäftigte pro Betrieb) über den Werten der Region Mittlerer Oberrhein. Wesentliche Triebkraft für das Beschäftigungswachstum namentlich in den Investitionsgüterbranchen war die stets überdurchschnittliche Exportquote. Sie belief sich 1977 bei den 144 Betrieben mit zwanzig und mehr Beschäftigten auf 27,3 Prozent und lag 1998 bei 39,1 Prozent des Gesamtumsatzes (Landesdurchschnitt 37,0%).

Betriebe, Beschäftigte und Gesamtumsatz im Verarbeitenden Gewerbe 1978 bis 1998

Jahr	Betriebe	Beschäftigte	Gesamtumsatz in DM
1978	174	31 399	3 067 887 000
1987	172	33 736	5 022 492 000
1992	195	37 398	–
1994	185	33 864	–
1998	176	35 690	12 547 141 000

5. Handwerk

Kennzeichen und Stärke des Handwerks ist seine Vielfalt. Keine andere Branche kennt so viele Berufsbilder; keine andere Branche ist so spezialisiert; keine andere Branche zählt so viele Betriebe. Das Handwerk im Landkreis Rastatt ist im wesentlichen in drei räumliche Bereiche aufzuteilen. Der erste mit der Stadt Rastatt selbst, der Rheinebene und den Gemeinden im Ried sowie auf dem Hochgestade. Der andere Bereich um die Stadt Bühl, der noch geprägt ist durch den Kernbereich des alten, nicht mehr bestehenden Landkreises Bühl, der durch die Anlehnung an die Westkante des Schwarzwalds geformt wird. Das dritte Element in diesem Raum ist das Murgtal, ein alter Wirtschaftsraum, der durch die Holzwirtschaft europäische Bedeutung erlangt hat und bis heute insbesondere durch die Holz- und Papierverarbeitung wirtschaftlich geprägt ist.

Die rechtlichen Rahmenbedingungen für die gewerbliche Ausübung des Handwerks ergeben sich aus dem Gesetz zur Ordnung des Handwerks, auch Handwerksordnung (HwO) genannt. Danach ist der selbständige Betrieb eines Handwerks als stehendes Gewerbe nur den in der Handwerksrolle eingetragenen natürlichen und juristischen Personen und Personengesellschaften gestattet (§ 1 HwO). Die Handwerksordnung verzichtet auf eine Definition des Handwerks und begnügt sich mit einer Umschreibung dessen, was als sogenannter dynamischer Handwerksbegriff bezeichnet wird. Merkmale, die für das traditionelle Handwerk noch zutreffen, wie zum Beispiel die ständige Mitarbeit des Meisters und der Meisterin in der Werkstatt, sind heute nicht mehr unbedingt kennzeichnend. In nahezu allen handwerksmäßig arbeitenden Betrieben haben Hightech-Maschinen und neue Technologien manuelle Arbeitsvorgänge abgelöst. Maßgeblich für den Handwerksbegriff ist die Beschreibung gewerberechtlicher Tätigkeitsformen. Ein Gewerbebetrieb ist daher Handwerksbetrieb im Sinne des Gesetzes, wenn er handwerksmäßig betrieben wird und ein Gewerbe vollständig umfaßt, das in der Anlage A der Handwerksordnung aufgeführt ist oder in dem Tätigkeiten ausgeübt werden, die für dieses Gewerbe wesentlich sind (entsprechend § 1 Abs. 2 HwO). Die Anlage A der Handwerksordnung umfaßt nach der am 1. April 1998 in Kraft getretenen Gesetzesnovellierung derzeit 94 sogenannte Vollhandwerke. Diese wiederum sind wie folgt in sieben Gruppen gegliedert: 1. Bau- und Ausbaugewerbe; 2. Elektro- und Metallgewerbe; 3. Holzgewerbe; 4. Bekleidungs-, Textil- und Ledergewerbe; 5. Nahrungsmittelgewerbe; 6. Gewerbe für Gesundheits- und Körperpflege sowie chemische Reinigungsgewerbe; 7. Glas-, Papier-, keramische und sonstige Gewerbe.

Die Struktur und Entwicklung des Handwerks im Landkreis Rastatt seit der Mitte der 1950er Jahre läßt sich zunächst an der Zahl der in der Handwerksrolle der Handwerkskammer Karlsruhe eingetragenen Betriebe erkennen. Dabei ist zu beachten, daß sich das Kreis- und Regionalreformgesetz von 1971 (Kreisreform) auch auf den Bezirk der Handwerkskammer Karlsruhe bzw. die Anzahl der dort eingetragenen Betriebe ausgewirkt hat. Die vor der Kreisreform ermittelten Zahlen (in der Tabelle in Klammern gesetzt) sind daher einem anders zugeschnittenen Landkreis Rastatt zuzuordnen als die für die folgenden Jahre.

Eingetragene Handwerke. – In der Handwerksrolle dominieren die Handwerksbetriebe des Elektro- und Metallgewerbes. Dazu gehören als zahlenmäßig stärkste Gruppe die Kraftfahrzeugtechniker (ehem. Kraftfahrzeugmechaniker und -elektriker), dicht gefolgt von den Installateuren und Heizungsbauern sowie den Metallbauern. Ebenfalls in diesem Bereich sind die Feinwerkmechaniker angesiedelt, die insbesondere im Maschinen- und Werkzeugbau unentbehrliche und leistungsfähige Zulieferer der Industrie sind. Ohne hochqualifiziertes Handwerk ist eine hochqualifizierte Industrie nicht denkbar. Handwerk und Industrie nehmen im arbeitsteiligen Wirtschaftsgefüge wichtige Komplementärfunktionen wahr. Die Nähe zu den Industrieansiedlungen im Großraum Rastatt und Bühl bietet günstige Standortbedingungen. Es verwundert daher nicht, daß sich von den eingetragenen Feinmechanikerbetrieben knapp 70 Prozent in der Region Rastatt und fast 30 Prozent im Raum Bühl befinden, während insbesondere das hintere Murgtal für die Industrie und potentielle handwerkliche Zulieferer an Bedeutung verloren hat.

5. Handwerk

Handwerksbetriebe im Landkreis Rastatt nach Gruppen 1955 bis 2000

Jahr	Bau- und Ausbau- gewerbe	Elektro- und Metallgewerbe	Holzgewerbe	Bekleidungs-, Textil- und Ledergewerbe	Nahrungs- mittelgewerbe	Gesundheits- und Körperpflege, che- mische und Reini- gungsgewerbe	Glas-, Papier, keramische und sonstige Gewerbe	gesamt
1955	(704)	(787)	(500)	(1086)	(670)	(314)	(111)	(4172)
1960	(721)	(786)	(450)	(888)	(650)	(311)	(126)	(3932)
1965	(784)	(819)	(415)	(696)	(635)	(311)	(122)	(3782)
1970	(686)	(790)	(309)	(480)	(541)	(297)	(112)	(3215)
1975	547	692	206	302	394	254	87	2482
1980	434	576	147	150	285	181	69	1842
1985	438	604	139	118	256	206	70	1831
1990	448	615	125	107	209	218	64	1786
1995	443	647	121	85	174	240	57	1767
1997	440	665	118	82	170	249	54	1778
2000	441	646	113	77	152	254	56	1739

Die zweitstärkste Berufsgruppe stellt das Bau- und Ausbaugewerbe mit dem dort am häufigsten vertretenen Maler- und Lackierer-Handwerk. Weitere namhafte Berufsgruppen sind hier die Maurer und Betonbauer, gefolgt von den Zimmerern, Stuckateuren, Fliesen-, Platten- und Mosaiklegern und schließlich nicht zu vergessen den Schornsteinfegern. Der rasche Wiederaufbau nach dem Zweiten Weltkrieg und eine solide, werthaltige Bausubstanz in allen Bereichen des Landkreises geben Zeugnis von der stetigen Leistungsfähigkeit des regionalen Bau- und Ausbauhandwerks. Übrigens wird in diesem Bereich schon seit vielen Jahren die Freizügigkeit des europäischen Arbeitsmarkts praktiziert, denn im Bau- und Ausbauhandwerk sind zahlreiche Arbeitnehmer aus dem benachbarten Elsaß beschäftigt.

An dritter Stelle rangieren die Dienstleistungsbetriebe des Friseur-, Augenoptiker-, Zahntechniker- und Hörgeräteakustiker-Handwerks, die zur sechsten Gewerbegruppe der Anlage A der Handwerksordnung zählen. Der Landkreis verfügt auch hier über zahlreiche leistungsstarke Unternehmen. Durch handwerkliches Können, moderne Technik und Formgefühl werden Ansprüche an Funktionalität und Ästhetik erfüllt.

Auf Platz vier der im Landkreis eingetragenen Handwerke liegt das Nahrungsmittel-Handwerk, in dem insbesondere das Bäcker- und Fleischer-, aber auch das Konditoren-Handwerk zu finden sind. Mit diesen klassischen Versorgungshandwerken steht dem Landkreis eine flächendeckende und dichte Struktur zur Verfügung, die dafür sorgt, daß die Bevölkerung keine weiten Wege für ihre Grundversorgung auf sich nehmen muß. Die Statistik aufgrund der Handwerksrolle zeigt allerdings, daß die Zahl der Bäcker- und Fleischerbetriebe anders als die der vergleichsweise herangezogenen Friseurbetriebe in den vergangenen Jahren deutlich zurückgegangen ist. Gleichwohl hat sich das »Einwohner-pro-Betrieb-Verhältnis« bei den Bäckern und Fleischern zwar rechnerisch, aber wohl nicht tatsächlich verschlechtert. Es ist nämlich festzustellen, daß viele ehemals selbständige Betriebe als Filialen anderer Unternehmen weitergeführt werden. Außerdem bietet sich für Bäcker und Fleischer auch in Lebensmittelmärkten und Einkaufszentren die Möglichkeit, ihre Produkte zu verkaufen.

Im Bekleidungs-, Textil- und Ledergewerbe gibt es die »traditionellen« Handwerke, wie z.B. Schneider, Weber oder Schuhmacher, wobei letztere ihre Leistungen häufig auch gemeinsam mit dem speziellen Orthopädie-Schuhmacher-Handwerk anbieten, das allerdings zum Gesundheitsgewerbe zählt. Soweit die Produkte in diesen Gewerben von industrieller Produktion verdrängt wurden, hat das Handwerk kontinuierlich an Bedeutung verloren.

Zahlenmäßig am schwächsten besetzt sind die Gewerbegruppen Glas, Papier, Keramik und sonstige Gewerbe, ge-

Verhältnis zwischen Einwohnerzahl und eingetragenen Betrieben des Nahrungsmittel- und Friseurhandwerks 1976 bis 2000

Jahr	Einwohner	Betriebe	Einwohner pro Betrieb	Bäcker	Einwohner pro Betrieb	Metzger	Einwohner pro Betrieb	Friseur	Einwohner pro Betrieb
1976	188 503	1 817	104	159	1 186	111	1 698	150	1 257
1980	189 114	1 842	103	155	1 220	114	1 659	151	1 252
1985	189 639	1 834	103	138	1 374	100	1 896	165	1 149
1990	201 864	1 786	113	109	1 851	86	2 347	164	1 231
1997	221 142	1 778	124	83	2 664	75	2 948	180	1 228
2000	223 476	1 739	129	73	3 061	66	3 386	175	1 277

folgt vom Bekleidungs-, Textil- und Ledergewerbe. Dies ist auch nicht weiter erstaunlich, denn hier findet man neben den bekannten und nachgefragten Gewerben, wie Glaser, Fotograf oder Schilder- und Lichtreklamehersteller, auch viele äußerst seltene Gewerbe, wie z. B. Glas- und Porzellanmaler oder Edelsteinschleifer, die zahlenmäßig nicht ins Gewicht fallen.

Handwerksähnliche Gewerbe. – Dem Handwerk nahestehend, ohne allerdings dem an der Meisterprüfung orientierten Vollhandwerk zuzugehören, sind die handwerksähnlichen Gewerbe, die in der Anlage B zur Handwerksordnung in ebenfalls sieben Gruppen zusammengefaßt sind. In diesem von der Handwerkskammer registrierten und betreuten Wirtschaftszweig findet man Gewerbe, die entweder im Lauf der Zeit an Bedeutung verloren haben, wie z. B. das der Holzschindelmacher, oder sich aus einem Vollhandwerk verselbständigt haben, wie etwa das der aus dem Konditoren-Handwerk stammenden Speiseeishersteller. Im Landkreis Rastatt gab es nach dem Ergebnis der letzten Handwerkszählung am 31. März 1996 254 Betriebe, in denen 732 Menschen beschäftigt waren. Diese Kleinstbetriebe mit durchschnittlich drei Beschäftigten erwirtschafteten im Jahr 1995 einen Umsatz von ca. 57 Mio. DM. Die meisten Betriebe stellt das Kosmetikergewerbe (Schönheitspflege); es rangiert vor den Änderungsschneidern.

Entwicklung und Leistung des Handwerks. – Wie die Statistik zeigt, haben sich in den vergangenen Jahren zwei gegenläufige Entwicklungen im Handwerk vollzogen. Schon seit den 1950er Jahren hat die Zahl der Handwerksbetriebe deutlich abgenommen, während die Zahl der im Handwerk tätigen Personen im gleichen Zeitraum teilweise beträchtlich gestiegen ist. Das hat zur Folge, daß die durchschnittliche Betriebsgröße von drei Beschäftigten im Jahr 1949 auf acht Personen im Jahr 1995 je Betrieb zugenommen hat.

Ausweislich des Ergebnisses der Handwerkszählung 1995 erwirtschafteten die Beschäftigten 1994 einen Umsatz von 2 Mrd. DM. Damit stellt das Handwerk, das in den Ortschaften des Landkreises Rastatt zwischen 14 und 19 Prozent aller Erwerbstätigen beschäftigt, seine wirtschaftliche Bedeutung unter Beweis. Dabei wurden bezogen auf die Gewerbegruppen des Handwerks die stärksten Umsätze im Elektro- und Metallgewerbe (879 Mio. DM) und im Bau- und Ausbaugewerbe (781 Mio. DM) sowie im Nahrungsmittelgewerbe (216 Mio. DM) erzielt. Ferner muß erwähnt werden, daß das Handwerk des Landkreises zahlreiche Patente hervorgebracht hat und auch Kontakte zu Forschung und Lehre vorweisen kann, so beispielsweise zur Universität Mannheim.

Hinter dem Handwerk des Landkreises Rastatt verbirgt sich aber mehr als nur ein Bereich ökonomischer Wertschöpfung. Durch Restaurieren, kunsthandwerkliches Gestalten und die Sanierung von Altbauten bis hin zur Denkmalpflege gestaltet das Handwerk kulturelle Lebensräume in der Gesellschaft. Die Schlösser Favorite, Rastatt und Rotenfels, das Rossi-Haus in Rastatt, die Zehntscheuer in Ottersdorf, die Stadtpfarrkirche in Rastatt, die Kirchen St. Laurentius in Rotenfels und St. Brigitta in Iffezheim oder die Kapelle Maria Frieden auf der Bühlerhöhe können als Beispiele dafür gelten, was die Kirchenmaler-, Vergolder-, Kunstglaser-, Stuckateur-, Schreiner-, Steinmetz- und Steinbildhauer-Handwerke – um nur einige Sparten zu nennen – zur Bewahrung von Kunst- und Kulturgütern geleistet haben. In diesem Zusammenhang darf das Orgel- und Harmoniumbauer-Handwerk nicht unerwähnt bleiben, das ebenfalls im Landkreis Rastatt angesiedelt ist. Hier müssen

5. Handwerk

Unternehmen (ohne Nebenbetrieb) und Beschäftigte 1968, 1977 und 1995 nach Handwerksgruppen

Handwerksgruppe	1968			1977			1995		
	Unternehmen	Beschäftigte	ø	Unternehmen	Beschäftigte	ø	Unternehmen	Beschäftigte	ø
Bau- und Ausbaugewerbe	(411)	(5 875)	(14)	390	4 846	12	415	5 253	13
Metallgewerbe	(448)	(2 759)	(6)	472	3 366	7	557	4 700	8
Holzgewerbe	(194)	(801)	(4)	130	621	5	105	698	7
Bekleidungs-, Textil- und Ledergewerbe	(298)	(639)	(2)	176	444	2	79	352	4
Nahrungsmittelgewerbe	(387)	(1 645)	(4)	293	1 596	5	161	1 754	11
Gesundheits-, Chemisches und Reinigungsgewerbe	(174)	(879)	(5)	169	927	5	230	1 605	7
Glas-, Papier- und sonstige Gewerbe	(75)	(557)	(7)	56	278	5	50	408	8
insgesamt	(1 987)	(13 155)	(6)	1 686	12 078	6	1 597	14 770	8

alle Register der handwerklichen Fertigkeiten gezogen werden: Holz- und Metallverarbeitung, Kenntnisse in Pneumatik und Mechanik bis hin zur Musikalität.

Handwerkliche Ausbildung. – Die Vielfalt des Handwerks eröffnet auch im Landkreis Rastatt attraktive Möglichkeiten der Berufsausbildung. Allerdings unterlag die Zahl der hier abgeschlossenen Berufsausbildungsverhältnisse in der Vergangenheit erheblichen Schwankungen. Der starke Rückgang der Lehrlingszahlen in der zweiten Hälfte der 1950er bis Anfang der 1960er Jahre ist einmal darauf zurückzuführen, daß in dieser Zeit die geburtenschwachen Jahrgänge der letzten Kriegs- und der ersten Nachkriegsjahre in die Ausbildung eintraten. Zum anderen war in diesen Jahren der Wiederaufbau der Industrie weitgehend abgeschlossen mit der Folge, daß auch in diesem Bereich mehr Ausbildungsplätze zur Verfügung standen; letzteres auch bedingt durch den konjunkturellen Aufschwung in jenen Jahren.

Zwischen 1975 und 1985 sind die Ausbildungsverhältnisse im Handwerk wieder sprunghaft angestiegen, weil erneut geburtenstarke Jahrgänge in die Berufsausbildung drängten. Damals hat auch das Handwerk im Landkreis Rastatt seinen Ruf als erstrangiger Ausbilder im gewerblichen Bereich bestätigt und weit über den eigenen Bedarf hinaus ausgebildet, um möglichst vielen jungen Menschen eine zukunftsorientierte Berufsausbildung zu bieten.

Entwicklung der Berufsausbildungsverhältnisse im Landkreis Rastatt 1974 bis 2000

Jahr	Gesamtzahl	davon weiblich in Prozent
1974	1 493	13,5
1980	2 156	24,5
1985	1 905	27,0
1990	1 086	26,7
1994	925	18,0
1997	1 037	22,0
2000	902	26,1

In der Beliebtheitsskala der ca. 130 Ausbildungsberufe des Handwerks führt bei den männlichen Lehrlingen unangefochten der Kraftfahrzeugmechaniker vor den Installateuren (Elektro und Sanitär) und dem Schreiner. Bei den weiblichen Lehrlingen liegt die Friseurin vorn, gefolgt von der Nahrungsmittel-Fachverkäuferin und der Augenoptikerin. In den letzten Jahren entfielen knapp 15 Prozent der eingetragenen Ausbildungsverträge auf ausländische Staatsangehörige, zumeist aus der Türkei, dem ehemaligen Jugoslawien und Italien.

Die technologische Entwicklung und der größer und schwieriger werdende Lehrstoff erfordern es, die betriebliche Ausbildung durch überbetriebliche Ausbildungseinrichtungen, sogenannte Lehrwerkstätten, zu ergänzen und zu vertiefen. Das Berufsförderungswerk der südbadischen Bauwirtschaft GmbH stellt bereits seit 1969 im Lehrbauhof Bühl in modernen Lehrwerkstätten ein flächendeckendes Ausbildungsangebot für den qualifizierten Nachwuchs im Hoch-, Tief- und Ausbau-Handwerk zur Verfügung. Im übrigen werden dort auch Fachkräfte und der Unternehmernachwuchs der Bauwirtschaft fortgebildet. In den meisten anderen Ausbildungsbereichen stehen den Lehrlingen die Lehrwerkstätten der Bildungsakademie der Handwerkskammer in Karlsruhe zur Verfügung.

Die in Baden-Baden ansässige Außenstelle der Handwerkskammer Karlsruhe – das Haus des Handwerks – bietet dem Handwerk des Landkreises Rastatt ein Bündel betriebsnaher und praxisorientierter Dienstleistungen an. Die kostenlose individuelle Unternehmensberatung behandelt alle betriebswirtschaftlichen Fragen der Unternehmensführung, auch für Existenzgründer. Die Umweltberatung, die technische und Innovationsberatung hilft vor Ort bei der Klärung von Problemen oder unterstützt bei der Einführung eines Qualitätsmanagementsystems. Auch helfen Fachleute juristische Probleme zu klären, und bei Fragen des internationalen grenzüberschreitenden Engagements der Handwerksbetriebe steht die EU-Beratung zur Verfügung. Wenn es schließlich um Fragen der Ausbildung geht, können sowohl der Ausbildungsbetrieb als auch der Lehrling auf die Hilfe der Ausbildungsberatung zählen.

Organisation des Handwerks. – Die hohe Eigenverantwortung des Handwerks findet in einer starken Selbstverwaltung ihren Ausdruck. Während alle Handwerks- und handwerksähnlichen Betriebe kraft Gesetzes Handwerkskammermitglieder sind, ist die jeweilige Innung der freiwillige Zusammenschluß der gleichen oder einander nahestehenden Handwerke. Im Landkreis Rastatt haben sich 27 Innungen zu Fachorganisationen des Handwerks zusammengeschlossen, die im einzelnen die Bereiche Bäcker, Bau, Elektro, Fleischer, Friseur, Glaser, Konditoren, Kraftfahrzeugwesen, Küfer, Maler und Lackierer, Mechaniker und Maschinenbau, Metalltechnik, Raumausstattung, Sanitär-Heizung-Klima, Schlosser und Maschinenbau, Schreiner, Schuhmacher, Gipser und Stuckateur, Uhrmacher und Zimmerer vertreten. Viele dieser Innungen decken zugleich den Stadtkreis Baden-Baden mit ab und repräsentieren daher einen einheitlichen Wirtschaftsraum. Aufgabe der Innungen ist es im wesentlichen, die gemeinsamen, vor allen Dingen fachspezifischen Interessen der Mitglieder zu fördern. Wichtiger Partner der Handwerkskammer Karlsruhe sind die Innungen im Prüfungswesen. 47 Gesellenprüfungsausschüsse führen mit hohem Verantwortungsbewußtsein und vorbildlicher Bereitschaft zur ehrenamtlichen Tätigkeit zweimal im Jahr Gesellen- und Abschlußprüfungen durch. Die Innungen ihrerseits bilden die Kreishandwerkerschaft Rastatt/Baden-Baden/Bühl mit Sitz in Baden-Baden. Ihre Aufgabe ist es u.a., die Handwerksinnungen bei der Erfüllung ihrer Aufgaben zu unterstützen und die Gesamtinteressen des selbständigen Handwerks im jeweiligen Bezirk wahrzunehmen.

Das Handwerk des Landkreises Rastatt hatte in der Vergangenheit eine gute und gesunde Struktur aufzuweisen. Diese gilt es auch in der Zukunft zu bewahren, denn kennzeichnend für die wirtschaftliche Stärke einer Region ist ein ausgeglichenes Gefüge von Klein-, Mittel- und Großbetrieben aus Industrie, Handwerk, Handel und Dienstleistungen. Dazu müssen allerdings die Rahmenbedingungen stimmen. Auch das Handwerk befindet sich in einem außerordentlich harten Standortwettbewerb. Produktionsverlagerungen ins Ausland sind dabei keine Lösungen. Um auch zukünftig seine stabilisierende und beschäftigungsschaffende Funktion wahrnehmen zu können, ist das Handwerk mehr denn je auf bestmögliche Standortbedingungen angewiesen. Dazu gehört im übrigen auch die Bekämpfung der Schwarzarbeit. Darüber hinaus benötigt das Handwerk Nachwuchs, der in der Lage und bereit ist, die Herausforderungen eines sich immer schneller vollziehenden wirtschaftlichen und technologischen Wandels anzunehmen. Eine qualifizierte, zukunftorientierte Aus- und Weiterbildung, welche die attraktive Chance zur Selbständigkeit bietet, macht im Landkreis Rastatt das Handwerk zu dem, als was es gerne apostrophiert wird – zu einer Brücke in die Zukunft.

6. Industrie

Holzverarbeitung. – Um den Rohstoff Holz und die Nutzung der Wasserkräfte rankte sich die Entwicklung des ältesten tragenden Industrialisierungspotentials im Murgtal, die der Holzbearbeitungs- und -verarbeitungsindustrie, der Zellstoff-, Papier- und Pappenfabrikation sowie der Herstellung von Kartonagen und Papierwaren, von Holzspanplatten, Furnieren, Möbeln und anderen Holzwaren. Wesentliche Entwicklungsimpulse gingen von fünf Murgschifferfamilien (zwei Kast, Katz, Grötz und Wieland) aus, die 1836 eigene Sägewerke besaßen. Die bis Mitte des 19. Jh. entstandenen Sägewerke wurden mit Eröffnung der Murgtal-Bahn ausgebaut und erlebten durch den sich ausweitenden Absatzmarkt einen großen Aufschwung. Die guten Verdienste flossen in die Modernisierung der Betriebe und in ihre Diversifizierung durch Gründung von Holzschleifereien und Pappenfabriken.

1938 arbeiteten im heutigen Kreisgebiet insgesamt 36 Sägewerke, zu denen in der zweiten Jahrhunderthälfte noch einige Neugründungen hinzukamen. Unter dem Druck preisgünstiger Holzimporte schrumpfte die Zahl der Sägewerke im Kreisgebiet bis 1973 auf 13 Betriebe. Gegenwärtig sind etwa zehn leistungsfähige Sägewerke die Hauptabnehmer von Holz der staatlichen Forstverwaltung (1988 Bischweier, Gernsbach-Hilpertsau, Gaggenau, Ottersweier, Bühl-Vimbuch, Bühl, Rastatt-Plittersdorf, Rastatt, Lichtenau-Scherzheim und Durmersheim).

Die erste Holzschleiferei wurde zunächst für die Abfälle des eigenen Sägewerks 1882 von Casimir Otto Katz in Weisenbach errichtet, um den gepreßten Holzschliff an Zellstoff- und Papierfabriken zu verkaufen. Seit den 1890er Jahren verarbeitete die Firma Katz Holzschliff auch auf eigenen Rundsiebmaschinen zu Handholzpappe, aus der seit 1904 erstmals Bierglasuntersetzer gestanzt wurden.

Auch die unmittelbare Vorgängerin von Gruber & Weber, Obertsrot, die Firma Wieland & Weber, errichtete 1887 zur Verarbeitung der Abfälle des Sägewerksbetriebs eine Holzschleiferei, die sogenannten Braunschliff zur Lederpappenproduktion erzeugte. Die erste Lederpappenfabrik errichtete an der Murg Dr. Friedrich Dorn aus Forbach, Mitbegründer der Weisenbachfabrik E. Holtzmann & Cie. AG. Rundsiebkartonmaschinen, zuerst 1901 gebaut, dienten der Herstellung von Lederpappen. In der Statistik von 1914/18 zählte man bereits 14 Arten von Pappe, für die sich die Kartonagenindustrie zum bedeutenden Nachfrager entwickelte, 1938 durch Fabriken in Gernsbach, Rastatt und Muggensturm präsent. Die Firma Casimir Kast, Gernsbach, verarbeitete seit 1904 Sägewerksabfälle und zugekauftes Holz in der eigenen Holzschleiferei und deren Holzschliff auf einer Rundsiebmaschine zu Handpappe. Die vierte Sägewerksgesellschaft der einstigen Schifferfamilien, Bauer & Grötz, zuletzt Wunsch & Ruckenbrod, verar-

Getränke-Untersetzer aus der Produktion der Firma Katz International Coasters in Weisenbach.

beitete den Holzschliff der eigenen Holzschleiferei zu Graukarton. Die durch Umweltauflagen unwirtschaftlich gewordene Pappenfabrikation wurde bis 1979 an der Murg eingestellt. Schon seit 1965 betrieb die Firma Casimir Kast »Holz – Verpackungen – Kunststoff-Formteile« in Gernsbach ein neues Verpackungswerk (heute Casimir Kast Verpackung und Display GmbH & Co).

Papier, Kartonagen und Zellstoff. – Die Umstellung der Murgtäler Sägeindustrie auf andere Industriezweige war um so mehr geboten, als bereits Mitte der 1950er Jahre durch Importe von skandinavischem und österreichischem Holz die Rendite der mittelbadischen Sägewerke und damit auch die Zahl der Betriebe stark zurückging. Wunsch & Ruckenbrod machten Konkurs. Die Katz-Werke, Gernsbach, ersetzten ihren Sägebetrieb durch ein Betonschwellenwerk. Das Kast-Sägewerk in Hörden wurde in ein Hobelwerk umgewandelt. Gruber & Weber errichteten 1953 auf dem Gelände des Sägewerks Obertsrot eine Altpapier verarbeitende Kartonfabrik und 1958 ein Spanplattenwerk. 1966 erfolgte die Verlagerung des Sägewerksbetriebs »auf die grüne Wiese« nach Bischweier (jetzt Kronospan), wo er 1968 mit einem neuen, größeren Spanplattenwerk kombiniert wurde. Der Jahresumsatz von Gruber & Weber, nach wie vor ein Familienunternehmen, stieg von ca. 14 Mio. DM 1959 auf über 220 Mio. DM 1995 (Exportquote über 30%). Derzeit konzentriert sich die Firma auf die Kernbereiche Karton in der modernisierten Kartonfabrik (über 100000 t pro Jahr) sowie Holzwerkstoffe und zählt rund 850 Mitarbeiter (1995 ca. 700).

Papierindustrie in den Altkreisen Bühl und Rastatt 1939

Branchen	Altkreis Bühl		Altkreis Rastatt	
	Betriebe	Beschäftigte	Betriebe	Beschäftigte
Papiererzeugung	6	474	14	2018
Papierveredelung	–	–	3	170
Papierverarbeitung	15	109	5	70

Um die Wasserkräfte der Murg oberhalb von Obertsrot zu nutzen, errichtete die Mannheimer Familie Klemm, Mitbegründer der Zellstoff-Fabrik Waldhof, eine Holzschleiferei mit Pappenfabrik, die 1890 um eine Kartonagenfertigung erweitert wurde. Das Unternehmen, firmierend als Holzstoff- und Pappenfabrik (heute Kappa Badenkarton), geriet in der Weltwirtschaftskrise in den Strudel finanzieller Schwierigkeiten und kam 1938 an die Herzberger Papierfabrik (Herzberg im Harz). 1957 wurde die Holzschleiferei ein- und 1966 der Betrieb auf die Verarbeitung von Altpapier umgestellt. Seit 1969/70 werden in einer modernen Kartonagenfabrik teilweise mehrfarbig bedruckte Falt- und Versandschachteln produziert. Bis 1976 (ca. 750 Beschäftigte) stieg die Jahreserzeugung auf 100000 t Karton und Pappe. 1999 wurden von 189 Mitarbeitern 120000 t Karton produziert und belief sich im Kartonagenbetrieb (160 Mitarbeiter) der Ausstoß auf 54000 t Kartonagen.

Die weitaus größte Papierfabrik an der Murg wurde 1883 von Kommerzienrat Eugen Ludwig Holtzmann aus Karlsruhe oberhalb von Weisenbach ins Leben gerufen und von Anbeginn auf die Erzeugung von Zeitungspapier ausgerichtet. Unter dem Nachfolger Holtzmanns in der Leitung der damaligen E. Holtzmann & Cie., Arweg Fischer, entstand eine weitere Holzstoff- und Papierfabrik oberhalb von Langenbrand. Schon Anfang der 1950er Jahre, als zur weiteren betrieblichen Expansion das Murgtal zu eng wurde, wich das Unternehmen, seit 1922 Aktiengesellschaft (Grundkapital 1929 4,2 Mio. RM; 1997 75 Mio. DM) in die Rheinebene nach Karlsruhe-Maxau aus. Die Produktion lag 1978 bei 316000 t (1998 750000 t) Zeitungsdruck-, Tiefdruck- und Tapetenrohpapier, von denen rund 150000 t im Murgtal von 770 Mitarbeitern (1998 326) hergestellt wurden. Der Jahresumsatz des Werks Wolfsheck bei Forbach betrug 1998 rund 189,3 Mio. DM. Der finnische Forstindustriekonzern Enso Oyi, der 1998 mit dem schwedischen Stora-Konzern zur StoraEnso Oyi fusionierte, erwarb 1997 die Mehrheitsanteile an der E. Holtzmann & Cie. AG.

Aus der 1881 in Gernsbach entstandenen Zellstoff-Fabrik G. Schulz & Co. ging nach verlustreichen Anfangsjahren 1896 unter Hugo Hoesch, Spross einer Dürener Papiermacherfamilie, eine Hadern verarbeitende Fabrik für Seidenpapiere hervor, nachdem wegen Umweltbelastung die Zellstoffproduktion aufgrund eines Gerichtsbeschlusses hatte eingestellt werden müssen. Nach Aufnahme der mit den Hoesch verschwägerten Osnabrücker Schoeller als Anteilseigner änderte sich der Firmenname 1904 entsprechend in Schoeller & Hoesch. Die Entwicklung des Unternehmens (Stammkapital 1997 15 Mio. DM) wurde durch den ständigen Ausbau zu einer der modernsten Spezialfabriken für Feinpapiere bestimmt. Derzeit werden an drei Schrägsieb- und zwei Langsiebmaschinen jährlich über 40000 t Spezialpapiere hergestellt (1931 800 Beschäftigte;

Werk der Firma Kappa Badenkarton an der Murg in Obertsrot.

1979 ca. 600; 1999 675). In die 1990er Jahre fiel der forcierte Aus- und Aufbau von Auslandsniederlassungen und -beteiligungen (Newtech Pulp Inc./Philippinen; Wiches/Straßburg; Papeteries de Cascadec/Scaer, Frankreich u.a.). 1998 wurde Schoeller & Hoesch von dem 1864 gegründeten amerikanischen Papierhersteller P.H. Glatfelter Co., Spring Grove, übernommen.

Die Papier und Pappenproduktion im Murgtal reagierte in ihrer Entwicklung nicht nur auf die expandierte Marktnachfrage und trug dem sich ausweitenden Druck- und Verlagswesen Rechnung, sondern regte auch zur Gründung von Papierwarenfabriken in der Region an. Jüdische Unternehmer aus Mannheim waren 1921 maßgeblich an der Gründung der Werola Krepp und Buntpapierfabrik in Rastatt beteiligt, die nach wie vor mit Erfolg die Produktion von Dekorations- und Bastelpapieren betreibt und derzeit mit etwa hundert Beschäftigten einen Jahresumsatz von ca. 30 Mio. DM erwirtschaftet. Ungefähr die Hälfte dessen wurde im weltweiten Export über ein eigenes Vertreternetz erzielt. Mit der zur Bacherer-Gruppe, Wurmlingen, gehörenden Werola ist die kürzlich erworbene, 1570 gegründete Papierfabrik Oberlauter bei Coburg (ca. 30 Beschäftigte) verbunden. Auf die Herstellung von Geschenkpapieren und Tragetaschen hat sich die Woerner & Cie. GmbH, Rastatt, spezialisiert, hervorgegangen aus der 1897 gegründeten Rastatter Rollenpapier- und Metallwarenfabrik Woerner & Cie. Von der Exportorientierung des Unternehmens, das außer Papierwaren auch Abroll- und Schneidevorrichtungen für Verpackungszwecke produziert, zeugt der jüngste Erwerb der Firma Roos, Straßburg.

Möbel- und Korbwarenfabrikation. – Neue Werkstoffe, der zunehmende Einsatz von entsprechenden Spezialmaschinen und von Automaten bestimmten seit den 1930er Jahren die Entwicklung der holzbearbeitenden und holzverarbeitenden Industrie. Sperrholz und Faserplatten gewannen mehr und mehr an Bedeutung. Gleichzeitig verdrängte die Massenfabrikation von Holzwaren und Möbeln die herkömmlichen Klein- und Mittelbetriebe. Rastatt war mit der 1898 gegründeten Firma Süddeutsche Möbel-Industrie Gebr. Trefzger ein mittelbetriebliches Zentrum der Möbelindustrie. Gegenwärtig ist das Holzgewerbe noch mit etwa einem Dutzend Industriebetrieben vertreten, darunter zwei Fensterbaufirmen. Von den 1938 existierenden Korbwarenfabriken, alles Familienunternehmen, haben bis in die Gegenwart zwei Unternehmen nur deshalb überlebt, weil es ihnen gelang, mit Aufgabe der nicht mehr rentablen Korbwarenherstellung den Betrieb auf die Fertigung anderer, wettbewerbsfähiger Produkte umzustellen. Die 1928 entstandene Bühler Spankorbfabrik, die heute als LKS Bühler Spankorbfabrik Lörch-Kohler-Schlemmer GmbH & Co. KG firmiert, stellt aus Buchenholz, das u.a. auch aus dem Schwarzwald stammt, Schälfurniere her, die zu 95 Prozent ins europäische Ausland exportiert werden. In Lichtenau verwandelte sich die 1929 gegründete einstige Korbwaren- in die Kinderwagenfabrik Koch.

Metallverarbeitung. – Wichtigster Motor des industriellen Wachstums wurde im 20. Jh. die eisen- und metallverarbeitende Industrie. Bereits im Altkreis Rastatt bildete die Metallindustrie – unmittelbar vor der Papierindustrie – die Industriegruppe mit den zahlenmäßig meisten Beschäftigten. Ihr Beschäftigungsanteil erreichte 1975 im Landkreis Rastatt den relativ hohen Wert von 60,7 Prozent. Nach der Wirtschaftsstatistik von 1939 (Industrie- und Handwerksbeschäftigte) lag dieser im Altkreis Bühl bei nur etwa 8,7 Prozent, dagegen im stärker industrialisierten Altkreis Rastatt schon bei 43,7 Prozent. Während in Gaggenau und Rotenfels die älteren Eisenhütten mit ihren Hammerwerken zu Kristallisationskernen einer modernen Metallindustrie wurden, wirkten die Eisenwerke bei Altschweier und Bühlertal nicht industriebildend. In Neusatz verarbeiteten noch 1938 zwei Hammerwerke Eisenmassein oder Alteisen zu verkaufsfähigen Eisenwaren. Für die sich im 20. Jh. entwickelnde moderne Metallindustrie wurden Gaggenau und Rastatt die bevorzugten Standorte, die an vorhandene Traditionen in der Eisen- und Stahlwarenherstellung und im Werkzeug- und Maschinenbau anknüpften. 1939 zählte die Waggonfabrik AG, Rastatt (heute BWR Waggonreparatur GmbH), 348 Beschäftigte und die Stierlen-Maquet AG, 1933 aus der Fusion der Stierlen-Werke AG, Rastatt, mit der Firma Maquet, Heidelberg, hervorgegangen, 430 Mitarbeiter. Sie galt damals bereits als renommierter Hersteller von Krankenhaus- und Ärztebedarf. Die Maquet-Gruppe (1998 Umsatz 267,8 Mio. DM, 1 106 Mitarbeiter) ist heute weltweit größter Anbieter von Operationsarbeitsplätzen für Chirurgen. Die Stierlen-Werke GmbH, Rastatt, traditionell spezialisiert auf die Großküchentechnik, sind seit 1996 wieder verselbständigt.

Jahrzehntelang behauptete sich das DIANA-Werk Mayer & Grammelsbacher, Rastatt, eine Gründung von einstigen Mitarbeitern des Gaggenauer Eisenwerks, als internationaler Marktführer in der Sparte Luftgewehre und Sportwaffen (heute noch bei Weitschuß-Luftgewehren). Wegen der jüngsten restriktiven deutschen Waffengesetzgebung ging dem Unternehmen der deutsche Markt weitgehend verloren (1939 über 200 Beschäftigte; 1991 220; 1999 100). Die auf 80 Prozent gestiegene Exportquote kompensierte nicht den Verlust. In dem einst renommierten Thaleswerk, Rechenmaschinenspezialfabrik, Rastatt, richtete 1962 die 1896 gegründete Schweizer Firma Landis & Gyr ein Produktionswerk ein. Eine innovative Produktpolitik und kontinuierliche Werkserweiterungen sowie der Zusammenschluß mit Staefa Control System verwirklichten den Aufstieg von Landis & Staefa, seit 1998 zum Siemens-Konzern mit Sitz in Zürich gehörend, zum Weltmarktführer insbesondere in der automatisierten Gebäudeheizungstechnik (Marktanteil in Deutschland ca. 80%, in Europa ca. 60%). Im Werk Rastatt – 1999 ca. 750 Mitarbeiter, darunter 100 Entwicklungsingenieure – werden Feuerungsautomaten und Wärmearmaturen hergestellt.

Kraftfahrzeug-Industrie und Zulieferer. – Das Benz-Werk in Gaggenau (seit 1926 Daimler-Benz, seit 1999 DaimlerChrysler) beschäftigte 1925 3 550 Arbeitskräfte als größter Arbeitgeber in der Stadt und im Landkreis. Vor allem durch seine Feuerwehrfahrzeuge und seine Omnibusse – darunter die bekannten Dreiachs-Omnibusse der Berliner Verkehrsgesellschaft – mit großem Sechszylinder-Dieselmotor machte Gaggenau auf sich aufmerksam. Bis 1937 stieg der Umsatz des Werks auf 90 Mio. RM. Im Mai 1939 zählte das Daimler-Benz-Werk 6 300 Beschäftigte. Knapp 170 Arbeitskräfte waren damals in zwei weiteren Gaggenauer Kraftfahrzeug-Betrieben tätig, darunter in dem Lkw-Anhänger montierenden Zweigwerk der Lindner AG, Ammendorf. Nach schwieriger Wiederaufbauphase stellte das Daimler-Benz-Werk 1949 als erstes Nachkriegserzeugnis einen 5 t-Lkw vor, um sodann bis 1967 innerhalb des Konzerns die Produktion von Schwerlastkraftwagen zu übernehmen. Dazu kam seit 1950 der Bau des Unimog (Kürzel für Universelles Motor-Gerät). Bis Ende 1990 wurden mehr als 286 000 Unimog und darüber hinaus der auf seiner Konstruktionsbasis weiterentwickelte »MB-trac« in 168 Länder der Erde verkauft. Der Ausstoß von Unimog bzw. MB-Truck erreichte 1985 mit 10 250 Einheiten den Höchststand (1998 2 872). Mit der Produktionsneuordnung der DB-Nutzfahrzeugwerke und der Verlagerung der Lkw-Montage nach Wörth wurde in Gaggenau außer der Programmpalette des Unimog und MB-Truck der Getriebebau konzentriert, der wegen Raumnot (1991 10 017 Mitarbeiter) teilweise in das 1992 in Betrieb genommene High-Tech-Werk Rastatt verlagert wurde. Dort lief 1996 die Produktion der Pkw der A-Klasse an, deren Ausstoß in den folgenden Jahren sprunghaft gesteigert wurde (1998 149 949 Einheiten; bis August 1999 133 636). Im Juli 1999 wurden im Werk

DaimlerChrysler A-Klasse-Werk in Rastatt.

Gaggenau von DaimlerChrysler 6 519 Mitarbeiter beschäftigt und im Werk Rastatt 5 381.

Von 1922 bis 1926 bauten die Eisenwerke Gaggenau (1925 1 700 Beschäftigte) auch Motorräder, zählten zu den damals 14 badischen Motorradherstellern, konzentrierten sich aber in der Folgezeit, als Herdfabrik firmierend, auf den Bau von Gas- und Kohleherden, Gaskochern und Badeöfen. Ende der 1950er Jahre entwickelten die Gaggenau-Werke (1958 384 Beschäftigte) Grundelemente der modernen Einbauküche. Seit 1962 bauten sie das Auslandsgeschäft auf, und 1979 faßten sie auf dem amerikanischen Markt durch eine ihrer neun Vertriebsgesellschaften Fuß. Die Firmengruppe, bestehend aus dem Stammhaus, den Vertriebs- und drei Produktionsgesellschaften (darunter die Schweizer Gigatherm AG), beschäftigte 1975 rund 1 100 Mitarbeiter (1999 ca. 500) und erzielte mit Kücheneinbaugeräten und Lüftungstechnik 1984 einen Umsatz von 210 Mio. DM. Die Exportquote lag bei 55 Prozent. Die Produktion ist inzwischen nach Lipsheim im Elsaß und Bretten im Kraichgau verlagert. 1995 hat Bosch-Siemens-Hausgeräte, München, das Stammkapital von 30 Mio. DM übernommen.

Die Dambach-Werke, Gaggenau, ein führender Hersteller von Verkehrsleitsystemen, ging aus der Schilderfabrik und dem Emaillierwerk Adolf Dambach, einer Gründung aus den Jahren 1924/26, hervor. Von der Emaillier-Technik, dem Schmelzen oder Sintern einer glasartigen Masse, um damit insbesondere Eisenprodukte (Haushaltsgeräte, Kochherde u.a.) zu beschichten, machten schon seit längerer Zeit die Gaggenauer Eisenwerke Gebrauch. Dambach spezialisierte sich auf die Herstellung von Namens-, Reklame- und Straßenschildern und vollbrachte den Markterfolg mit der seit 1928 begonnenen Fertigung emaillierter Verkehrszeichen, gefolgt 1934 von den ersten reflektierenden Verkehrsschildern. Ein weiteres Emaillier- und Stanzwerk wurde in Kuppenheim eröffnet. Seit den 1950er Jahren expandierte das Unternehmen (1958 202 Beschäftigte) mit Einführung neuer Verkehrseinrichtungen und entstanden gleichzeitig neue Zweigwerke in Kundennähe. Ein neues Stammwerk wurde 1969 in Gaggenau-Rotenfels erbaut. Inzwischen wird die Verkehrslenkung elektronisch gesteuert und wurden Emaille-Schilder durch reflektierende Folien aus Aluminium ersetzt. Um nicht einseitig von der Nachfrage nach Verkehrssicherungseinrichtungen abhängig zu sein, wurden mit der Dambach-Industrieanlagen GmbH (Regalförderzeuge) und der Dambach-Print & Service GmbH (Offset-, Sieb- und Digitaldruck für Plakate) weitere Standbeine geschaffen. Die Dambach-Gruppe beschäftigt derzeit 1 000 Mitarbeiter (1998 280 Mio. DM Umsatz) und ist im In- und Ausland durch zahlreiche Niederlassungen und Unternehmen präsent.

Die Stanzerei Max Roth in Gaggenau (1924–1998) baute anfangs Gartenzäune und Geländer, um sich in den Nachkriegsjahrzehnten unter dem Namen Roth-Technik zu einem bedeutenden Zulieferbetrieb für die Kfz-Industrie, den Apparatebau und die Bauwirtschaft zu entwickeln (1958 150 Beschäftigte; 1980 ca. 600). Mit Wirkung vom 1. September 1998 wurde die Roth-Technik von der Mayflower Deutschland GmbH, Gaggenau, übernommen (September 1999 389 Mitarbeiter; Jahresumsatz 82 Mio. DM). Die global tätige Mayflower-Gruppe mit Sitz in High Wycombe (Buckinghamshire, England), seit 1998 technologisch und geschäftlich mit DaimlerChrysler zusammenarbeitend, ist ein weltweit führender Zulieferer vorwiegend der Fahrzeugindustrie für Produkte (Komponenten, Werkzeuge, Prototypen) und Dienstleistungen.

Schon in den 1920er Jahren zeichnete sich ab, daß sich im Landkreis Rastatt die Kfz-Industrie zur technisch und ökonomisch führenden Industriebranche entwickelte. Um eine rationalisierte Produktion im sehr komplexen Automobilbau zu gewährleisten, bedurfte es verständlicherweise einer zunehmenden Zahl von Zulieferindustrien und leistungsfähiger Reparaturbetriebe. Präzisionswerkzeuge stellt in Gaggenau die Stefan Hertweck GmbH seit 1925 her (1940 38 Mitarbeiter; 1958 232; 1999 77). Zum Produktprogramm gehören u.a. Gewindebohrer, Walzfräsen, Werkzeuge zur spanlosen Verformung und Prägemaschinen. 1977 wurde die Firma Hertweck von der 1908 gegründeten

Fabriken der Metallindustrie im Landkreis Rastatt 1938 (heutiger Gebietsstand)

Sparte	Zahl der Fabriken
Hammerwerke	2
Kupferhütte	1
Metallgießereien	3
Eisenwarenfabriken	9
Maschinenfabriken	7
Kfz-Fabriken	2
Werkzeugfabriken	3
Feilenfabriken	2
Zylinderschleiferei	1
Batterie-Fabrik	1
insgesamt	31

Gaggenauer Stanzerei (Protektorwerk) Florenz Maisch übernommen, 1980 mit ihr die französische Firma Gerbo verbunden. Starter-Batterien produzierte die Accumulatorenfabrik Berga, Rastatt, heute Tochter der Varta Batterie AG, Hannover. Ein neues Kapitel in der Industriegeschich-

Dambach-Werke in Gaggenau.

te des Altkreises Bühl begann, als die Automobilzulieferer seit Ende der 1950er Jahre den Raum um Bühl und Bühlertal als geeigneten Standort entdeckten. Seit 1965/67 besteht in Bühlertal bzw. Bühl der Bosch-Geschäftsbereich »Scheibenwischer und Kleinmotoren« mit anfangs 2 400 Mitarbeitern (1999).

Der in Stuttgart gegründeten Firma Lamellen- und Kupplungsbau (LuK GmbH) gelang 1968 am neuen Standort Bühl der Durchbruch zur Großserienfertigung und seit den 1980er Jahren der Aufstieg zu einem sehr innovativen Weltunternehmen der Automobilzulieferindustrie mit einem Umsatzvolumen von derzeit über 2 Mrd. DM und einer Exportquote von 45 Prozent. In jedes vierte Auto auf der Welt wurde 1998 eine LuK-Kupplung eingebaut. Zur Unternehmensgruppe gehören außer dem Stammwerk Bühl (1985 800 Mitarbeiter; 1999 über 1 500) vier Inlands- und 15 Auslandsunternehmen.

Die zunehmende Nachfrage nach Arbeitsmaschinen begünstigte das Aufkommen auch kleinerer Maschinenbaubetriebe in Kundennähe seit Beginn des 20. Jh. Aus dem Eisenhandel ging die spätere Maschinenfabrik Wolf, Netter & Jacobi (Jauchepumpen, Armaturen u.a.), Bühl, hervor, die in der NS-Zeit arisiert wurde. Die 1922 gegründete Landwirtschaftliche Maschinenfabrik Hermann Rauch in Sinzheim (mit Zweigwerk Bühl), die ursprünglich verschiedene landwirtschaftliche Geräte herstellte, spezialisierte sich in neuerer Zeit auf die Produktion von Dünger- sowie von Salz- und Sandstreuern für Straßendienste und erwirtschaftete 1999 mit 260 Beschäftigten einen Umsatz von ca. 50 Mio. DM, von denen 65 Prozent im Export erzielt wurden.

Strukturwandel. – Im Verarbeitenden Gewerbe des Landkreises markierten 1996 die Investitionen je Beschäftigten mit 21 790 DM den bis dahin nie erreichten Höchststand in Baden-Württemberg (Landesdurchschnitt 12 120 DM). Ein sich verschärfender globaler Wettbewerb zwang zur Rationalisierung mit hohem Flächen- und Kapitaleinsatz. Als bis zu Beginn des 20. Jh. südlich von Karlsruhe im Gebiet von Murg und Oos bis hin zur Acher Industrieräume erwuchsen, kam der Verbrauchs- sowie Nahrungs- und Genußmittelindustrie hinsichtlich der Zahl der Unternehmen eine wesentlich größere Bedeutung zu als heute. Namentlich im Raum Bühl bot sich die Verarbeitung von Erzeugnissen der Landwirtschaft und des Obstbaus an. Es entstanden Obstbrennereien, Konservenfabriken (1938 3, heutiges Kreisgebiet), Tabak- und Zigarrenfabriken (1938 12), Stärke- und Teigwarenfabriken usw. Die Getreidemühlen nicht eingerechnet, existierten 1938 innerhalb der Grenzen des heutigen Landkreises Rastatt insgesamt 37 Fabriken der Nahrungs- und Genußmittelindustrie und wei-

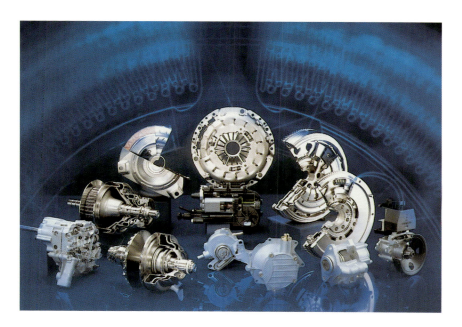

Kupplungen und Zweimassenschwungräder aus der Produktion der Firma LuK in Bühl.

tere 16 Unternehmen der Bekleidungsindustrie (Kleider- und Schuhfabriken u.a.). Von nur kurzlebiger Dauer waren die Rübenzucker- und die Zichorienfabrikation. Dagegen zählen zu den ältesten, heute noch bestehenden Unternehmen der Nahrungs- und Genußmittelindustrie die Brauereien (1938 4): in Rastatt die Privatbrauerei C. Franz GmbH, seit 1842, und das Hofbrauhaus Hatz AG, seit 1863, sowie in Gaggenau die Murgtalbrauerei AG, vormals Alois Degler, seit 1852.

Die Industrie ist nicht gleichmäßig über das Kreisgebiet verteilt, vielmehr ist noch heute ein deutliches Nordsüdgefälle im Industriebesatz zu erkennen. Industrialisierungsdefizite im Altkreis Bühl waren wesentlich auf dessen Grenzlandsituation von 1918 bis Anfang der 1950er Jahre zurückzuführen. Das Absatzgebiet jenseits des Rheins war versperrt. Der Versailler Vertrag verbot die Ansiedlung neuer Industrien. Auch von der Beschäftigungs- und Rüstungspolitik des NS-Staates gingen wegen der Grenznähe keine Industrialisierungsimpulse aus. Im UHU-Werk, in Schweizers Stumpenfabrik, in zwei Spankorbfabriken und in der Verlagsdruckerei Konkordia fanden Anfang der 1950er Jahre etwa 60 Prozent aller in der Industrie der Stadt Bühl tätigen Arbeitnehmer Beschäftigung. Noch im Jahr 1970 belief sich der Bevölkerungsanteil der Industriebeschäftigten im Altkreis Bühl auf nur 10,2 Prozent, im Altkreis Rastatt dagegen auf 19,3 Prozent. Er bewegt sich gegenwärtig im Landkreis Rastatt bei 16 Prozent.

Bühl wurde jedoch zur Wiege der Chemie-Industrie in Mittelbaden, als dort 1884 der Apotheker Ludwig Hoerth eine Chemische Fabrik (Tintenfabrik) eröffnete, die 1905 von seinem erfolgreicheren Nachfolger, dem Apotheker August Fischer, fortgeführt wurde. 1932 brachte er den selbstentwickelten, alsbald weltbekannten Klebstoff UHU heraus. Seit den 1970er Jahren entwickelte sich das UHU-Werk über verschiedene Zwischenstationen zu einer hundertprozentigen Tochter der englischen Beecham Group, Brentford. Betriebe der Chemie-Industrie sowie mehrere Kunststoff-Hersteller haben ihren Standort hauptsächlich im südlichen Teil des heutigen Landkreises Rastatt, in Bühl (Beecham-Gruppe u.a.), Lichtenau, in Rheinmünster (Dow Deutschland Inc., Pourelle Cosmetics) und in Sinzheim (Dr. Wolman GmbH, eine hundertprozentige Tochter der BASF, Ludwigshafen). Schon 1966 begann der amerikanische Dow-Konzern in Greffern am Rhein mit der Herstellung chemischer Produkte (heute Forschung und Entwicklung, Bau- und Verpackungsmaterialien). Zum Dow-Konzern gehört der Hersteller von Kunststoff-Verpackungen RAKU, Rastatt (1999 ca. 100 Beschäftigte).

Insbesondere die Entwicklung der Industrie im Landkreis Rastatt zeichnet sich in jüngster Zeit durch ihre zunehmenden internationalen Verflechtungen aus, sowohl durch eine verstärkte Exportorientierung, den Ausbau von Auslandsniederlassungen und den Aufbau von Produktionsstätten im Ausland, als auch durch das sich vergrößernde Kapitalengagement von Auslandsfirmen, die Übernahme von Unternehmen durch ausländische Konzerne bzw. ihre Einbindung in deren Holding-Gesellschaften. Das spricht im Grunde für die Standortattraktivität des mittelbadischen Raums südlich von Karlsruhe im Rahmen der sich umstrukturierenden, globalisierten Wirtschaft.

Verarbeitendes Gewerbe im Landkreis Rastatt 1998 (Betriebe von Unternehmen mit 20 und mehr Beschäftigten)

Wirtschaftszweig	Betriebe	Beschäftigte	Bruttolohn- und Gehaltssumme in 1 000 DM
Ernährungsgewerbe	17	992	37 821
Textil- und Bekleidungsgewerbe	1	–	–
Holzgewerbe (ohne Möbelherstellung)	12	–	–
Papier-, Verlags- und Druckgewerbe	29	4 131	270 361
Chemische Industrie	9	1 729	148 963
Herstellung von Gummi- und Kunststoffwaren	9	–	–
Glasgewerbe, Keramik, Steine und Erden	14	948	66 902
Metallerzeugung und -bearbeitung, Herstellung von Metallerzeugnissen	16	–	–
Maschinenbau	18	–	–
Herstellung von Büromaschinen, Datenverarbeitungsgeräten, Elektrotechnik, Feinmechanik, Optik	18	–	–
Fahrzeugbau	13	–	–
Herstellung von Möbeln, Schmuck, Sportgeräten, Spielwaren etc.; Recycling	10	–	–
insgesamt	166	35 432	2 491 108

Werk der Firma Uhu in Bühl.

7. Handel und Dienstleistungen

Der gesamte Handel, die auf den Warenumsatz bzw. die Gütervermittlung und -verteilung zwischen Erzeugung und Verbrauch gerichtete wirtschaftliche Tätigkeit, erfuhr im 20. Jh. einschneidende Veränderungen. Die Ausgangssituation des Handels in den ersten Jahrzehnten des 19. Jh. entsprach im mittelbadischen Raum weitgehend den Zuständen in vorindustrieller Zeit, während der die Versorgung der Bevölkerung in Landstädten und Dörfern hauptsächlich unmittelbar durch das Handwerk bzw. die Produzenten erfolgte. Etwa seit den 1860er Jahren mit Überwindung des vorindustriellen Pauperismus, mit dem eingetretenen starken Bevölkerungswachstum, der Zunahme der nichtlandwirtschaftlichen Bevölkerung, dem Vordringen industrieller Erzeugnisse auf den Verbrauchsgütermärkten stieg letztlich als Folge der wachsenden Arbeitsteilung die Zahl der Handelsbetriebe und der Erwerbstätigen im Handel. 1895 kamen im heutigen Kreisgebiet etwa zwanzig im Handel Beschäftigte auf tausend Einwohner und 1939 im Altkreis Rastatt 25 bzw. 11,5 Handelsbetriebe. Zum Wesenszug in der Entwicklung des Groß- und Einzelhandels wurde im 19./20. Jh. seine zunehmende Differenzierung zum Spezial- oder Fachhandel.

Einzelhandel. – Noch um die Mitte des 20. Jh. war zumindest in den Landgemeinden des heutigen Kreisgebiets gewissermaßen die »Urform« des Einzelhandels, die sogenannte gemischte Handlung, weit verbreitet und offensichtlich nicht zu entbehren. Gemischtwarenhandlungen stellten 1938 mit 424, häufig von Frauen geführten Geschäften (»Tante Emma-Läden«) in den damals 58 Gemeinden des heutigen Kreisgebiets nach wie vor die zahlenmäßig stärkste Gruppe unter den insgesamt annähernd tausend Einzelhandelsunternehmungen dar. Gemischtwarenhandlungen führten in ihrem Sortiment fast alle Erzeugnisse, wenngleich nur in wenigen Varianten, um die Grundbedürfnisse der ortsansässigen Bevölkerung insbesondere an sogenannten Kolonial- und Manufakturwaren zu befriedigen. Vielfach wurde der Laden nicht um des Gewinns, sondern um des Geschäfts Willen betrieben, so daß es nicht verwunderlich ist, daß Gemischtwarenläden in über vierzig Landgemeinden mit teilweise mehr als tausend Einwohnern dem von den Städten ausgegangenen Trend zum sich ausbreitenden Fachgeschäft trotzten. Bis 1938 waren sie nur in den Städten Bühl, Gaggenau, Gernsbach, Lichtenau und Rastatt sowie in einigen Landgemeinden von der Bildfläche verschwunden.

Eine Spezialisierung des Detailhandels, wenn auch zunächst in wenigen Branchen, war schon zu Beginn des 19. Jh. in größeren Städten gegeben. Erst seit der zweiten Hälfte des 19. Jh. verbreitete sich die Branchenvielfalt in den Städten namentlich vor dem Hintergrund wachsender Kaufkraft und eines vermehrten Angebots an industriellen Fertigprodukten. Es entstanden neben den älteren Ledergeschäften und in Konkurrenz zum Schuhmacherhandwerk Schuhhandlungen und neben den älteren Tuchgeschäften verschiedene Fachgeschäfte für Bekleidung. Schuhe, Konfektion, Wäsche, Hüte sowie Mode- und Galanteriewaren waren zu billigen Fabrikerzeugnissen geworden und verdrängten über den Einzelhandel die handwerkliche Konkurrenz. Ein 1872 gegründetes Weißwarengeschäft war der Ursprung der heutigen Ertel Textilhandel GmbH, Rastatt. Aus dem älteren Eisenwarenhandel erwuchsen Eisen- und Stahlwaren, Haus- und Küchengeräte sowie Fahrradhandlungen. Als nach 1900 das Fahrrad in den privaten Haushalten zum unentbehrlichen Verkehrsmittel avancierte, siedelten sich auch in vielen Landgemeinden Fahrradhandlungen an. Die Kolonialwarengeschäfte des ausgehenden 19. Jh., deren Hauptprodukte Kaffee, Tee, Kakao, Rohrzucker und Gewürze waren, wurden im 20. Jh. zu Lebensmittel-, Feinkost- und Delikateßgeschäften oder entwickelten sich zu Kaffee-, Tee- und Zuckerhandlungen bzw. Schokoladen- und Zuckerwarenhandlungen (1938 4 im Landkreis Rastatt). Der Industrialisierungsfortschritt, der wachsende Massenkonsum und der gleichzeitige Trend zur Spezialisierung des Handels vermehrten fast kontinuierlich die Zahl der Unternehmen des Groß- und Einzelhandels sowie ihre Beschäftigung. Bis 1938 stieg die Zahl der auf dem Gebiet des heutigen Landkreises ansässigen Einzelhandelsbranchen auf etwa fünfzig an. Ungefähr 75 Prozent des Einzelhandelsumsatzes entfielen in den 1920er Jahren auf die nicht zu einer Gruppe oder Kette gehörenden Einzelhandelsgeschäfte.

7. Handel und Dienstleistungen

Betriebe der wichtigsten Branchen des Groß- und Einzelhandels 1938 (heutiges Kreisgebiet)

Branche	Anzahl	Branche	Anzahl
Gemischtwaren	242	Bier	14
Kolonialwaren	168	Kraftfahrzeuge	13
Manufaktur- und Modewaren	68	Möbel	13
Obst und Gemüse	45	Bücher	11
Brennmaterial	41	Weißwaren	11
Landesprodukte	33	Bekleidung	9
Fahrräder	28	Papier und Schreibwaren	8
Tabakwaren	25	Futtermittel	7
Vieh	23	Butter und Käse	7
Wein	22	Tapeten	5
Eisen und Stahl	18	Holz	5
Drogerien	16	Glas und Porzellan	5
Milch	16	Haus- und Küchengeräte	5

Als neue Geschäftsform des Einzelhandels entstanden seit dem ausgehenden 19. Jh. die nicht allein auf Großstädte beschränkten Kaufhäuser, später auch Warenhäuser genannt. In Au am Rhein firmierte 1938 eine größere Gemischtwarenhandlung als Kaufhaus. In Rastatt waren damals zwei größere Geschäfte des Textileinzelhandels als Kaufhäuser ins Handelsregister eingetragen. Kleidung, Wäsche, Küchengeräte und Möbel gehörten in der Regel zur Angebotspalette der modernen Warenhäuser. Moderne größere Warenhäuser, eher schon von großbetrieblichen Strukturen geprägt, boten ihr vielfältiges, preisgünstiges Sortiment auf größerer Fläche an und übten sowohl geschmacksbildende als auch konsumfördernde Effekte aus. Dennoch erreichte ihr Umsatz wie auch der der Konsumgenossenschaften in den 1920er Jahren nur einen Anteil von wenigen Prozent. Bis zur Arisierung durch die NS-Gewaltherrschaft bestand in Rastatt eine Filiale des namhaften Warenhauses Geschwister Knopf, Karlsruhe. Zahlreiche jüdische Familien waren im Textil- und Viehhandel engagiert.

Großhandel. – Wie stark die Güterverteilung durch Handel ständig im Wandel begriffen war, zeigte insbesondere der neu aufgekommene Großhandel, der sich in lenkender und verteilender Funktion als Mittler zwischen Fabrikanten bzw. Produzenten und Einzelhändler schob. Im ausgehenden 19. Jh. sind zwischen Oos und Achern aus größeren Produktionsfirmen und kapitalstärkeren Einzelhandelsgeschäften erste Großhandelsunternehmen erwachsen (u. a. Bier-, Wein-, Holz-, Zigarren-, Obst- und Kolonialwaren-Großhandlungen). 1885 wurde die Bühler Frühzwetschge erstmals im Eisenbahnwaggon nach Köln verfrachtet. Die große Nachfrage nach Bühler Zwetschgen ließ in der Folgezeit einen bedeutenden Groß- und Versandobsthandel entstehen, der vor dem Ersten Weltkrieg in den Händen heimischer Händler und auswärtiger Aufkäufer aus Köln, der Schweiz, Bayern, Hamburg, Berlin und anderen Orten lag. Mit der 1919 gegründeten Obstabsatzgenossenschaft der Bauernvereine Mittelbadens zu Bühl eGmbH trat nunmehr der genossenschaftliche Sektor als Handelspartner auf den Märkten in Erscheinung. Nach der Bahnstatistik von 1920 wurden 150 000 dz Bühler Zwetschgen in den Handel gebracht. Von Bühl aus verkehrten 1933 Obstsonderzüge der Reichsbahn. Hauptabnehmer des mittelbadischen Frühobstes waren damals Berlin mit einem Anteil von 24,5 Prozent und das Rheinland mit 21,6 Prozent. Im Jahr 1938 bestanden fünf Obstgroßhandlungen in Altschweier, drei Obst- und Gemüsegroßhandlungen in Bühlertal, acht Obstversandgeschäfte in Ottersweier, eines in Unzhurst, zwei Obst- und Gemüseversandgeschäfte in Sinzheim und drei Meerrettichversandgeschäfte in Niederbühl. Der Meerrettichanbau in Niederbühl hatte Tradition. Seit 1935 konzentrierte sich der Obsthandel in Bühl in der mit Hilfe der Stadt erbauten Obstmarkthalle. Eine neue Markteinrichtung entstand mit Hilfe beträchtlicher öffentlicher Zuschüsse durch den im Industriegebiet von Bühl 1975 errichteten modernen Erzeuger-Großobstmarkt. Damals belief sich die Marktleistung der mittelbadischen Obstmärkte auf einen wertmäßigen Umsatz von rund 50 Mio. DM.

Kennzeichnend für den im Landkreis Rastatt ansässigen Großhandel war seit dem ausgehenden 19. Jh., daß sich die Mehrzahl der Unternehmen um den Absatz heimischer, überwiegend landwirtschaftlicher Erzeugnisse bemühte. Von Anbeginn war er auf bestimmte Warengattungen spezialisiert und gab durch sein Vorbild und Sortiment zusätzliche Anstöße zur Herausbildung des Facheinzelhandels. Dem Großhandel war wesentlich die Absatzsteigerung im Handel sowie seine Intensivierung zuzuschreiben. Auch in der zweiten Hälfte des 20. Jh. dominierte im stark expandierten, nach wie vor mittelständischen Großhandel (1978 285 Arbeitsstätten und 1940 Beschäftigte) der Konsumgütergroßhandel. Trotz anhaltender Konzentrationsprozesse und neuer Vertriebs- und Betriebsformen (Zentrallager, Cash- und Carry-Lager) wuchsen über Jahrzehnte Beschäftigung und durchschnittliche Betriebsgrößen im Groß- und Einzelhandel kontinuierlich. Sie beliefen sich bei Einzelhandelsgeschäften 1939 im Altkreis Rastatt auf 2,1 Beschäftigte (deutscher Durchschnitt 3,3) und im Großhandel auf 3,7 und entsprechend für 1970 (heutiges Kreisgebiet) auf 5,0 Beschäftigte je Arbeitsstätte (Landesdurchschnitt 5,2) bzw. 6,3 (Landesdurchschnitt 9,7). Neben dem Großhandel gewannen als Absatzvermittler zwischen Industrie und Handel die Handelsvertreter, die »Männer mit dem Musterkoffer«, seit der Mitte des 20. Jh. eine zunehmende Bedeutung (1938 34 Handelsvertreter; 1978 171 Unternehmen der Handelsvermittlung mit 336 Beschäftigten).

Neue Formen der Vermarktung. – Begünstigt in den 1950er Jahren durch den Warenhunger der Verbraucher nach vorangegangenen Armutsjahren herrschte im Einzelhandel nach wie vor der tradierte familiengebundene Klein- und Kleinstbetrieb, der Nachbarschaftsladen, in Stadt und Land vor, obwohl häufig erstaunlich niedrige Jahresumsätze erzielt wurden. Die stürmische Umsatzentwicklung seit Mitte der 1950er Jahre kam weniger ihnen zugute, brachte aber neue Umstellungsprozesse im Handel in Bewegung. Mit Anbruch der Wohlstandsgesellschaft, als Arbeitskräfte zudem knapp und teurer wurden, verlangte der Verbraucher ein vergrößertes, verfeinertes und verbessertes Warensortiment. Nun genügte nicht mehr das herkömmliche Einzelhandelsgeschäft mit einem auf bescheidener Grundfläche begrenzten Sortiment. Eine sprunghafte Bevölkerungszunahme und der wachsende Massenkonsum verlangten nach neuen Formen der Vermarktung. Das Beispiel der USA machte Schule. Die nun entstandenen Discount-Läden und tausende von Quadratmetern umfassenden Supermärkte oder auf grüner Wiese errichteten Shopping-Centers boten größere Ladenflächen und größere Sortimente, die zudem den verkaufspsychologisch günstigen Eindruck der Warenfülle vermittelten, erforderten aber erhebliche Investitionen, steigerten die Fixkostenquote und verminderten die Elastizität.

Vorreiter dieser Entwicklung wurde im Landkreis Rastatt, noch die Struktur des modernen Warenhauses bevorzugend, der 1963 eröffnete Neubau des Kaufhauses Schneider in Rastatt, ergänzt 1993 durch das obligate Parkhaus. Das Kaufhaus Schneider bietet auf 6500 m² Verkaufsfläche ein Vollsortiment. 1993 bestanden im Landkreis zwei Waren-

E-Center in Oberndorf.

7. Handel und Dienstleistungen

häuser (Karstadt AG, Muggensturm), drei SB-Warenhäuser und 354 Ladengeschäfte, die Waren verschiedener Art anboten. Den höchsten Umsatz je Quadratmeter Verkaufsfläche machten die Supermärkte. 1976 betrug die Verkaufsfläche von Supermärkten mit mehr als tausend Quadratmetern Verkaufsfläche im Landkreis Rastatt 55 000 m², so daß auf einen Quadratmeter nur 4,3 Einwohner entfielen (Landesdurchschnitt 9,2). Insgesamt verfügte der Einzelhandel im Landkreis 1993 über eine Verkaufsfläche von 231 000 m² und erzielte einen Jahresumsatz von 1,52 Mrd. DM (1984 1,1 Mrd.), darunter die 31 Supermärkte 185,4 Mio. DM.

Während zahlreiche Supermärkte an den Peripherien städtischer Mittelzentren auf der »grünen Wiese« zumeist an Bundesstraßen und in der Nähe von Autobahnanschlüssen sich ausbreiteten (u.a. Rastatt-Rauental, Kuppenheim-Oberndorf, Bühl-Vimbuch), liefen seit Ende der 1960er Jahre unter dem Motto »Rettet die Innenstädte jetzt« die verschiedenen, im ganzen erfolgreichen Bestrebungen, um die Innenstädte als Wohn- und Einkaufszentrum attraktiv zu erhalten. Trotz des erneuten Strukturwandels im modernen Handel letztlich zugunsten des Verbrauchers bewegte sich die Handelsdichte (Betriebe bezogen auf 1 000 Einwohner) im Landkreis Rastatt leicht unter den Landesdurchschnitten. Obwohl sich gegenüber der ersten Jahrhunderthälfte mit den veränderten Konsumstrukturen auch die Vertriebsmethoden und -strukturen im Handel wandelten, dominiert das Fachgeschäft, 1993 vertreten durch 961 Geschäfte mit 5 051 Beschäftigten und auf sie entfallende 75 Prozent des Gesamtumsatzes aller Ladengeschäfte.

Zu den Gewinnern auf der Prioritätenliste der Verbraucher zählt das Automobil. An die Stelle der älteren Kraftfahrzeughandlungen (1938 12) sind moderne, attraktive Autohäuser getreten (1999 62), allein in Rastatt zwanzig, spezialisiert zumeist auf die weltweit führenden Automobilmarken. Erste Kraftfahrzeughandlungen wurden in den 1920er Jahren ins Leben gerufen. Die wohl älteste im Landkreis, Auto-Kühn, Rastatt (Firmengründung 1920), eröffnete 1925/26 die erste Straßentankstelle und übernahm gleichzeitig die Untervertretung der Marken Opel und Hanomag. Das Rastatter Autohaus Weber besteht seit 1928. Nach dem frühen Tod des Firmengründers Tobias Kühn führte seine Witwe Emilie Kühn von 1931 bis 1952, bis zur Übernahme durch den Sohn das Unternehmen weiter, war seit 1938 ins Handelsregister eingetragen und nachweislich erste Chefin eines Autohauses. Nicht wenige mittelständische Familienunternehmen im Landkreis Rastatt verdankten der »interimistischen Geschäftsführung« von Frauen ihren Fortbestand. Im Unterschied zu den Umsatzeinbrüchen bei den meisten Einzelhandelsbranchen seit 1992 entwickelte sich der Umsatz der Autohäuser, die in der Regel um die zwanzig Mitarbeiter beschäftigten, 1995/96 überdurchschnittlich günstig. Die teilweise starken Umsatzrückgänge im Einzelhandel und insbesondere bei Supermärkten sowie Kauf- und Warenhäusern seit 1992 lösten einen Trend zur Rationalisierung durch Einsparung von Personal aus, bei gleichzeitigem Anstieg der durchschnittlichen Zahl der Beschäftigten je Ladengeschäft (1987 5,0; 1993 6,3).

Gastgewerbe. – Kleinere Betriebsgrößen herrschen im Gastgewerbe in Vergangenheit und Gegenwart vor. In der Dienstleistungswirtschaft stellt das Gastgewerbe dennoch die beschäftigungsstärkste Branche, zudem mit der größten Zahl der Arbeitsstätten dar. Zwischen 1985 und 1993 erlebte es allgemein einen außerordentlich kräftigen Beschäftigungszuwachs bei einem Umsatzanstieg bis 1992 auf 226 Mio. DM. Der durchschnittliche Umsatz je Arbeitsstätte (375 415 DM) lag jedoch um 10 Prozent unter dem Landesdurchschnitt (415 649 DM), was sicher auch damit zusammenhängt, daß der strukturstarke Industriekreis Rastatt nur in seinen südlichen Teilräumen ein großflächigeres Fremdenverkehrsgebiet darstellt. Das mittelständische Gastgewerbe im Landkreis blickt auf bis in die frühe Neuzeit reichende Traditionen zurück, an die noch viele alte Wirtshausnamen erinnern. Es mußte jedoch in den letzten Jahrzehnten erhebliche Modernisierungs- und Rationalisierungsinvestitionen vornehmen, um mit dem Strukturwandel Schritt zu halten. Viele alte Gasthöfe wurden aufgegeben. Das Angebot von Fast-Food nach amerikanischem Vorbild setzte sich durch. Imbißhallen ohne ausreichende Sitzgelegenheit und mit nur eng begrenztem Sortiment durchliefen eine außerordentlich steile Karriere.

Handelsdichte im Landkreis Rastatt
(Arbeitsstätten je 1 000 Einwohner)

Jahr	Arbeitsstätten	Handelsdichte	Landesdurchschnitt
1939 (Altkreis Rastatt)	1 059	11,5	11,1
1987	2 170	11,2	11,4
1993 (nur Ladengeschäfte)	997	4,7	

Statistik des Gastgewerbes im Landkreis Rastatt 1895 bis 1993

Jahr	Branchen	Arbeits-stätten	Beschäf-tigte	je Betrieb
1895 (ohne Loffenau)	Beherbergung und Erquickung	408	1112	2,7
1987	Gastgewerbe	634	2966	4,7
1993	Gastgewerbe	602	3438	5,7

Dienstleistungssektor. – Innerhalb des sich im Verlauf des 19./20. Jh. stark ausweitenden Dienstleistungssektors (tertiärer Sektor), dem der Handel, Verkehr, häusliche Dienste, die Kredit- und Versicherungswirtschaft, das Gastgewerbe, die Reinigungswirtschaft, Bildung, Kultur, Sport, Information, Unterhaltung, das Gesundheits- und Veterinärwesen, die Beratungswirtschaft, der Öffentliche Dienst und anderes zugeordnet werden, expandierte – bezogen auf die Einwohnerzahl – der Anteil der Beschäftigten kontinuierlich, ohne daß sich wegen der zumeist geringen Produktivitätsverbesserungen bis ins 20. Jh. der Anteil der Wertschöpfung entsprechend erhöhte.

1974 entfiel auf die versicherungspflichtig Beschäftigten des Sekundärsektors im Landkreis Rastatt ein Anteil von 71,5 Prozent und auf die des Tertiärsektors von nur 27,5 Prozent. Je höher aber im Verlaufe der zweiten Hälfte des 20. Jh. die Produktivität im Sekundärsektor stieg, um so mehr dehnte sich bei hohem Pro-Kopf-Einkommen der Tertiärsektor aus und nahm sein Anteil an der Bruttowertschöpfung trotz mancher konjunktureller Schwankungen zu. Zum Wachstumsmotor im Tertiärsektor entwickelte sich der Bereich Dienstleistungsunternehmen, die teilweise aus Industriebetrieben ausgegliedert und verselbständigt wurden. Wachstumsimpulse gingen in diesem Dienstleistungsbereich vor allem vom Gastgewerbe sowie von der steigenden Zahl der Rechts-, Steuer- und Unternehmensberater aus.

Eine zweite starke Säule im Tertiärsektor bildete das Beschäftigungspotential des Öffentlichen Dienstes und der Organisationen ohne Erwerbszweck (Bahn, Post, Behörden, Gemeindeverwaltungen, Zweckverbände, Sozialversicherungsträger u.a.). In den Altkreisen Bühl und Rastatt wurden die im Öffentlichen Dienst und in den privaten Dienstleistungen Beschäftigten 1939 auf 4754 beziffert (10,3% der im Sekundär- und Tertiärsektor Beschäftigten)

Der Tertiäre Sektor im Landkreis Rastatt nach der Arbeitsstättenzählung vom 25. 5. 1987

Branchen	Arbeits-stätten	Beschäf-tigte	%
Handel	2170	10490	28,3
Großhandel	345	2162	
Handelsvermittlung	252	485	
Einzelhandel	1573	7843	
Verkehr und Nachrichtenübermittlung	407	2625	7,1
Kreditinstitute und Versicherungsgewerbe	371	1973	5,3
davon Kreditinstitute	158	1614	
Dienstleistungen	2432	10822	29,2
Gastgewerbe	634	2966	
Wäscherei, Körperpflege, Fotoateliers etc.	320	1107	
Gebäudereinigung, Abfallbeseitigung etc.	60	767	
Bildung, Wissenschaft, Kultur, Sport, Unterhaltung	197	584	
Verlagsgewerbe	21	204	
Gesundheits- und Veterinärwesen	383	1891	
Rechts- und Steuerberatung etc.	628	2764	
Dienstleistung für Unternehmen	185	462	
Organisationen ohne Erwerbszweck	186	1578	4,3
Gebietskörperschaften und Sozialversicherung	440	9582	25,8

Bruttowertschöpfung (unbereinigt) zu Marktpreisen im Landkreis Rastatt nach Wirtschaftsbereichen in Prozent

Jahr	Handel und Verkehr	Dienstleistungsunternehmen	Staat, Privathaushalte, Organisationen ohne Erwerbszweck	insgesamt
1970	10,7	12,7	7,7	31,1
1996	9,6	33,3	7,9	50,8
Landesdurchschnitt 1996	12,3	34,5	12,8	59,6

7. Handel und Dienstleistungen

Parkhotel in Gaggenau.

und die im Handel und Verkehr, der dritten starken Beschäftigungssäule, auf 8 895 (Anteil 19,2%). Handel und Verkehr sowie das Kredit- und Versicherungswesen, also die traditionellen Dienstleistungen, sind teils eng mit dem Warenhandel verknüpft oder kompensieren Elemente des Warenhandels (Leasing, Lizenzen u.a.), aber werden auch unabhängig von den Warenströmen tätig und sind insofern weniger konjunkturabhängig. Nach den Arbeitsstättenzählungen war die Beschäftigung im Produzierenden Gewerbe (Sekundärsektor) zwischen 1970 und 1987 rückläufig, während im Tertiärsektor fast 8 000 neue Arbeitsplätze geschaffen wurden (1998 28 211, nur sozialversicherungspflichtig Beschäftigte), obwohl in den älteren Dienstleistungsbereichen bereits ein Arbeitsplatzabbau durch Rationalisierungen stattfand. Von den krisenbedingten, kräftigen Beschäftigungseinbußen seit 1993/94 wurde jedoch der Dienstleistungssektor stärker betroffen als das Produzierende Gewerbe. Nur die »Dienstleistungsunternehmen« zeichneten sich zwischen 1987 und 1998 durch eine kräftige Beschäftigungsdynamik aus. Ob diese Bilanz bereits als Beweis für eine positive Bewältigung des Strukturwandels in Richtung auf eine künftige Dienstleistungsgesellschaft zu interpretieren ist, muß dahingestellt bleiben. Der Anteil der Beschäftigten im Tertiärsektor machte per 31. März 1999 an der Gesamtzahl der Beschäftigten 39,0 Prozent aus und lag damit weit unter dem Landesdurchschnitt von 53,7 Prozent.

Entwicklung des Tertiärsektors im Landkreis Rastatt 1895 bis 1997

Jahr	I Handel, Verkehr, Kreditinstitute, Versicherungsgewerbe		II Dienstleistungsunternehmen, freie Berufe		III Staat, Gebietskörperschaften, Organisationen, Privathaushalte	
	Arbeitsstätten	Beschäftigte	Arbeitsstätten	Beschäftigte	Arbeitsstätten	Beschäftigte
1895 (ohne Loffenau)	857	1596				
1970	4098	17682	1525	5990	518	6132
1987	2948	15088	2432	10822	626	11160
1997 (30.6.)	–	11261	–	12085	–	4867

8. Banken

Privatbanken. – Der Gründung von Sparkassen im 19. Jh. ging bereits die von ersten Privatbanken voraus, die anfangs teilweise mit Waren- und Speditionsgeschäften verbunden waren. In der Stadt Gernsbach, Zentrum der Murgschifferschaft und wirtschaftlicher Mittelpunkt des Murgtals, bestand von 1806 bis 1919 die Privatbank Jacob Dreyfuss. Sie wurde 1919 Filiale der Rheinischen Creditbank, Mannheim, und firmierte 1938 als Zweigstelle der Deutschen Bank und Disconto-Gesellschaft AG. Auch in Rastatt diente eine Privatbank als Basis für eine dortige Zweigstelle der Deutschen Bank und Disconto-Gesellschaft. Zu den Förderern der 1838 in Rastatt gegründeten »Ersparnißgesellschaft« gehörten die Privatbankiers Franz Simon Meyer und Franz Schöttle. Als Inhaber der Privatbank Wilhelm Kellers Nachfolger, Rastatt, war 1938 Wilhelm Graf ins Handelsregister eingetragen.

Sparkassen. – Nach dem erfolgreichen Start der öffentlichen Sparkassen in Karlsruhe, Mannheim und Freiburg im Breisgau regte erstmals 1827 die Großherzogliche Staatsregierung mit Nachdruck über die Oberämter die Errichtung von Sparkassen in den Städten an. Doch das staatliche Drängen fand eher ein zurückhaltendes Echo. In Baden-Baden wurde schließlich 1837 die Städtische Sparkasse ins Leben gerufen. Den engagierten Bemühungen des Hofgerichtsrats Johann Gottfried Camerer um die Verbreitung der Sparkassenidee war es wesentlich zuzuschreiben, daß Ende 1837 in Rastatt die Gründungsversammlung zur Errichtung einer »Ersparnißgesellschaft« stattfand, die ab 1. Januar 1839 ihren Geschäftsbetrieb aufnahm. Zweck der Sparkasse war es, kleine Ersparnisse ihrer im Oberamtsbereich Rastatt wohnenden Mitglieder *zu sammeln, sicher anzulegen und durch zeitweise Zuschüsse sowie durch Zinsen und Zinseszinsen zu vermehren.* Zeitüblich war die Limitierung der Einlagen auf 30 Kreuzer als Mindest- und 1 000 Gulden als Höchsteinlage. Die Sparkasse der Mitte des 19. Jh. verstand sich vorwiegend als soziale Einrichtung für »kleine Leute«. Zur Verzinsung der Spargelder war bei der Rastatter Spargesellschaft die Anlage in Ersthypotheken, gegen Pfänder und bereits als Kontokorrent bei einem befreundeten Privatbankier vorgesehen. Im ersten Geschäftsjahr belief sich der Einlagenbestand der 204 Mitglieder der »Ersparnißgesellschaft«, darunter 86 Dienstboten, 93 Kinder und 15 Handel- und Gewerbetreibende, auf 9 867 Gulden. Im Jahre 1847 wurde die Sparkasse, die im Krisenjahrzehnt zwischen 1844 und 1853 eine stark rückläufige Umsatzentwicklung überstehen mußte, wenn auch mit einigem Widerstreben von der Stadt Rastatt übernommen.

Den zahlreichen Sparkassengründungen in den 1850er Jahren gingen erneute Initiativen von Staat und Ämtern voraus. In Rheinbischofsheim, einst Amtssitz im Hanauerland, wurde 1851 eine Bezirkssparkasse errichtet, in der Stadt Bühl 1854 und im benachbarten Bezirksamt Gernsbach 1857. Damals glaubte man offenbar, in den Sparkas-

Sparkasse Gaggenau-Kuppenheim, Hauptstelle Gaggenau.

8. Banken

sen eine Art Instrument der Krisenbewältigung zu besitzen. In einem Schreiben von 1857 an Gemeinderäte und Pfarrämter gab Freiherr Göler von Ravensburg, Vorsitzender des Bezirksamts Gernsbach und in Personalunion Stadtdirektor der gleichnamigen Stadt, der Hoffnung Ausdruck, daß die Sparkassen die *Ersparnisse des Fleißes [...] insbesondere der ärmeren Klasse sichern und vermehren und manchen durch die Schaffung eines Besitzes der Sittlichkeit und Gesetzlichkeit wieder zuwenden* würden.

Einlagenentwicklung der Sparkassen 1875 und 1910

Sparkasse	1875		1910
	Gulden	Mark	Mark
Rastatt	165 313	282 685,23	11 443 953
Bühl	230 582	395 285	5 514 000
Gernsbach	67 005	114 578,55	5 588 500

Das relativ geringe Einlagenaufkommen der mittelbadischen Sparkassen bis in die 1860er Jahre vor dem Hintergrund eines krisenhaften Wirtschaftsverlaufs im Handwerk und in der Landwirtschaft enttäuschte gehegte Erwartungen. Der Wirtschaftsaufschwung im Zuge der fortschreitenden Industrialisierung kam zuerst der Sparkasse Rastatt zugute, während die Bezirkssparkasse Gernsbach auf den kräftigen Anstieg der Spareinlagen bis in die 1870er Jahre wartete. Mit der gestiegenen, anhaltenden Sparfähigkeit der Bevölkerung seit dem ausgehenden 19. Jh. und dem gleichzeitigen sozialen Aufstieg der Sparkassenkundschaft wurden wesentliche Änderungen des Satzungsrechts erforderlich. Das ›Badische Gesetz über die Rechtsverhältnisse und die Verwaltung der mit Gemeindebürgschaft versehenen Sparkassen‹ von 1880, die erste gesetzliche Regelung des Sparkassenwesens im liberalen Baden, erweiterte die Kapitalanlagemöglichkeiten der Sparkassen, indem der Ankauf inländischer Staatspapiere für die Eigenanlage genehmigt wurde. Neuregelungen bezüglich der Beleihungsfähigkeiten von Wertpapieren im Rahmen des zunehmenden Kreditgeschäfts und hinsichtlich der Beleihungsgrenzen im Kredit- und Darlehensgeschäft sowie für die Mindest- und Höchsteinlagen trugen besonders den Ansprüchen des sich vergrößernden mittelständischen Kundenkreises Rechnung. Während sich der Geschäftsbereich der Bezirkssparkassen Gernsbach und Rheinbischofsheim von Anbeginn über alle Gemeinden erstreckte, die zugleich ihre Gewährträger waren, führten die allein von der Bezirksstadt garantierten Sparkassen Bühl und Rastatt, obwohl ihre Geschäftsbereiche über die Stadtgrenzen hinausreichten, die Bezeichnung Städtische Sparkasse. Damit stellte sich das Problem, die Gemeinden des Bezirks in eine Garantiegemeinschaft für die Sparkasse der Bezirksstadt einzubeziehen. Nachdem sich die Bezirksgemeinden von Rastatt mehrheitlich dafür ausgesprochen hatten, bildeten Ende 1930 in der Weltwirtschaftskrise 14 Gemeinden einen Gewährträgerverband, der sich bis 1942 um weitere vier Gemeinden vergrößerte, fast alles Ortschaften, in denen bereits genossenschaftliche Spar- und Darlehenskassen ansässig waren.

Bilanzsummen der Sparkassen zum 31.12.1937

Sparkasse	in Mio. Reichsmark
Bezirkssparkasse Rastatt	13,16
Bezirkssparkasse Gernsbach	10,22
Bezirkssparkasse Bühl	9,40
Städtische Sparkasse Gaggenau	2,55

Auch wegen der angedeuteten Konkurrenzsituation zwischen öffentlich-rechtlichen und genossenschaftlichen Kreditinstituten in den Landgemeinden ging der Auf- und Ausbau des Zweigstellennetzes in den Gewährträgergemeinden während der ersten Hälfte des 20. Jh. nur zögernd voran. Erste Kassenstellen eröffnete die Bezirkssparkasse Gernsbach 1902 in Gaggenau und 1903 in Forbach, denen dann in der zweiten Hälfte des 20. Jh. eine größere Anzahl von Filialgründungen folgte. Ähnliches galt für die Bezirkssparkasse Bühl, die vor Ausbruch des Zweiten Weltkriegs eine Zweigstelle in Achern unterhielt. Mehr Kundennähe verschaffte sich nur die nunmehrige Bezirkssparkasse Rastatt, indem sie in den 1930er Jahren gleich vier, wenn auch nicht ganztags geöffnete Zweigstellen einrichtete. Zu erwähnen sind jedoch auch zwei Sparkassenneugründungen in der Zeit zwischen den beiden Weltkriegen, 1921 die der Gemeindesparkasse Gaggenau und 1938 die der Bezirkssparkasse Kuppenheim (mit Bischweier und Oberweier), damals eine gewerbereiche Gemeinde mit 3000 Einwohnern. Mit Erhebung Gaggenaus zur Stadt 1922 wurde aus der Sparkasse eine Städtische Sparkasse und 1940 nach dem Beitritt von Rotenfels als Gewährsgemeinde die Bezirkssparkasse Gaggenau. Von der Gemeinnützigkeit der Städtischen Sparkasse Gaggenau zeugte ihre satzungsmäßige Verpflichtung, Überschüsse für Schul- und Armenzwekke zu verwenden. Ein anderes löbliches soziales Bemühen, das sich mit der 1860 erfolgten Gründung einer Fabriksparkasse in der Rastatter Tabakfabrik von Rheinbold verknüpfte, fand keine Resonanz.

Genossenschaftsbanken. – Es vergingen einige Jahre, bis die ersten von Hermann Schulze-Delitzsch nach Maßgabe seines bekannten Werks ›Vorschuß- und Kreditvereine als Volksbanken‹ (1856) initiierten Genossenschaftsbanken auch in Mittelbaden Fuß faßten. Sie pflegten den für Handwerker, Kleingewerbe und Einzelhandel wichtigen kurzfristigen Kredit (Kontokorrentkredit). Die Vorschuß- und spätere Vereinsbank Rastatt wurde 1867 gegründet. Es folgten 1869 die Vorschuß- bzw. Kreditvereine in Baden-Baden, Bühl, Bühlertal, Gernsbach und 1882 in der Stadt Lichtenau. Auch in Landgemeinden fanden noch bis ins 20. Jh. hinein Gründungen von Schulze-Delitzsch-Genossenschaftsbanken statt (Kuppenheimer Spar- und Darlehenskassenverein, Darlehenskassenverein Neusatz, Vereinsbank Sinzheim). Als 1923 vor allem von Handwerkern und Gewerbetreibenden in Freistett die Initiative zur Gründung eines Vorschußvereins ausging, aber eine Verschmelzung mit dem Ländlichen Kreditverein nicht zu erreichen war, entschloß sich die Vorschuß-Bank Bühl zur Neugründung einer Filiale. In der Grenzstadt Kehl hatte sie zuvor eine Zweigniederlassung errichtet, ebenso in Lichtenau 1924 durch Übernahme des dortigen Vorschußvereins. Insgesamt verfügten die drei Vorschuß- bzw. Vereinsbanken Bühl, Gernsbach und Rastatt vor dem Zweiten Weltkrieg über sechs Filialen. Ursprünglich waren sie allesamt Vereine mit unbeschränkter Haftpflicht (eGmuH). Nach Zulassung der beschränkten Haftpflicht im Genossenschaftsgesetz von 1889 gewann diese in Rücksicht auf vermögende Mitglieder langsam an Boden.

Richtungsweisend für die Entwicklung von Kreditgenossenschaften in ländlichen Bereichen, um die Kreditnot der Landbevölkerung zu lindern, war das Wirken und Beispiel von Friedrich Wilhelm Raiffeisen. In Anlehnung an das hessische Vorbild entstanden in Baden seit den ausgehenden 1860er Jahren die ersten Ländlichen Credit- und Sparvereine eGmuH (seit den 1920er Jahren Spar- und Darlehenskassen). Auf dem heutigen Gebiet des Landkreises Rastatt wurde die Mehrzahl der Raiffeisen-Kassen nach Inkrafttreten des Genossenschaftsgesetzes von 1889 errichtet. In den 1930er Jahren erreichten die Institute mit 30 Spar- und Darlehenskassen in damals 59 selbständigen Gemeinden ihre Höchstzahl. Landgemeinden mit weniger

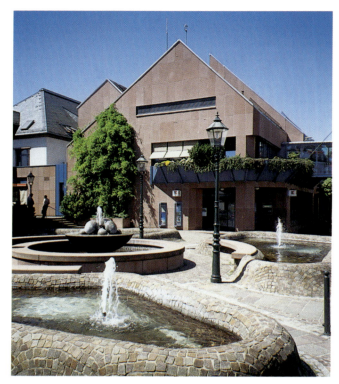

Volksbank Bühl.

als tausend Einwohnern entbehrten gewöhnlich des eigenen genossenschaftlichen Kreditinstituts. Raiffeisenkassen gewährten erstmals längerfristige ländliche Personalkredite, waren aber durch ihre Zersplitterung in ihrer Entwicklung stark gehemmt. Die Entscheidung für die beschränkte Haftung fiel teilweise erst in den 1950er Jahren (Eisental 1955).

Starker Widerstand regte sich bei allen Kreditinstituten insbesondere gegen den Kontokorrentverkehr, da er sie zur Liquiditätshaltung zwang und daher eine erhebliche Umwälzung im Geschäftsbetrieb darstellte. Die Notwendigkeit einer zu errichtenden zentralen Geldausgleichstelle wurde zuerst von den Genossenschaften erkannt. Seit 1899 diente die Badische Landwirtschaftsbank (Bauernbank) eGmbH (seit 1966 Raiffeisen-Zentralbank Baden) dem Geldausgleich, den die Schulze-Delitzsch-Banken bis zur Gründung der Badischen Landesgewerbebank AG, Karlsruhe (1939 Zentralkasse Südwestdeutscher Volksbanken) im

Jahre 1923 über Groß- und Privatbanken abwickelten. Für den Überweisungs- und Verrechnungsverkehr bestand für die süddeutschen Schulze-Delitzsch-Vereine eine Kommandite in Frankfurt am Main. Die Aufnahme des Scheck-, Giro- und Kontokorrentverkehrs erfolgte bei der Bezirkssparkasse Gernsbach im Jahre 1920. Mit der Pflege des unbaren Zahlungsverkehrs erhielt der Mittelstand auch von den Sparkassen kurzfristige Finanzierungshilfen. Für den Wechseldiskont bestanden seit 1906 Reichsbanknebenstellen in Rastatt und Bühl (seit 1947 Zweigstellen der Landeszentralbank Baden-Württemberg).

Expansion und Konzentration. – Der Ausbau des Zweigstellennetzes der Kreditinstitute, um einer kundennahen Betreuung besser zu entsprechen, war bis 1958 durch die geforderte Bedürfnisprüfung erheblich erschwert. Vor allem das Bevölkerungswachstum in der zweiten Hälfte des 20. Jh., das Entstehen neuer Wohnviertel, die Ausweitung des Zahlungsverkehrs und der Kreditpflege machten die Einrichtung neuer Zweigstellen immer vordringlicher. Die Zahl der Geschäftsstellen der Bezirkssparkasse Gernsbach erhöhte sich zwischen 1938 und 1982 von drei auf 18, die der Bezirkssparkasse Rastatt im gleichen Zeitraum von fünf auf 22 und die der Sparkasse Bühl ebenfalls auf 22, die sich in den letzten Jahren durch die Schließung von vier halbtags besetzten Zweigstellen auf 18 reduzierten. 1951 ging die Bezirkssparkasse Rheinbischofsheim in der Sparkasse Hanauerland mit Hauptsitz Kehl auf und mit ihr die Filialen Lichtenau und Scherzheim im heutigen Landkreis Rastatt. Heute befinden sich in der Stadt Lichtenau und in drei ihrer Ortsteile insgesamt vier Geschäftsstellen der Sparkasse Hanauerland.

Die Geschäftsstellenpolitik der Genossenschaftsbanken, deren Spitzenverbände 1972 in einem gemeinsamen Dachverband zusammengeführt wurden, stand unter anderen Vorzeichen als die der Sparkassen. Hier ging es seit den 1960er Jahren um Konzentrationsprozesse im Hauptstellenbereich, um die Größenstrukturen innerhalb der zersplitterten genossenschaftlichen Kreditorganisation zu verbessern. Durch Fusionen erhöhte sich die Zahl der Zweigstellen und verminderte sich gleichzeitig die der selbständigen Kreditgenossenschaften. Etwa 26 Filialen der im Landkreis Rastatt ansässigen zehn Volksbanken und Raiffeisenbanken sind aus der Fusion mit benachbarten Spar- und Darlehenskassen hervorgegangen. 1963 vereinigte sich die Raiffeisenbank Elchesheim-Illingen, die im Jahr zuvor die Bilanzsumme von 1 Mio. DM überschritten hatte, mit der Raiffeisenkasse Au am Rhein. 1970 folgte deren Fusion mit der Raiffeisenbank Durmersheim, die seit 1976 gemeinsam als Raiffeisenbank Südhardt eG firmieren. Infolge des gestiegenen Kundenaufkommens waren Verschmelzungsprozesse gewöhnlich auch von der Einrichtung neuer Bankstellen begleitet. Über dreißig der derzeit insgesamt siebzig Geschäftsstellen der Volksbanken und Raiffeisenbanken im Landkreis Rastatt stellen Neugründungen seit den 1960er Jahren dar. Die Volksbank Bühl eröffnete seither fünf neue Zweigstellen und führte die Verschmelzung von vier Kreditgenossenschaften durch. Die jüngste Bankenverschmelzung wurde im April 1999 mit der Fusion der Raiffeisenbank Iffezheim mit der Spar- und Kreditbank Sinzheim und der Raiffeisenbank Haueneberstein rechtskräftig. Es entstand eine neue Raiffeisenbank mit einer Bilanzsumme von 630 Mio. DM und nunmehr zehn Geschäftsstellen. Auch vom jüngsten Zusammengehen von drei Genossenschaftsbanken werden u.a. Kosteneinsparungen, eine intensivierte Kundenbetreuung und eine verbesserte Eigenkapitalbasis erwartet.

Bilanzsummen und Geschäftsstellen der Kreditinstitute im Landkreis Rastatt 1998

Kreditinstitut	Zahl der Geschäftsstellen	Bilanzsumme in Mio. DM
Sparkasse Rastatt-Gernsbach	43	2 414,7
Sparkasse Hanauerland	31	1 719,0
Sparkasse Bühl	19	1 285,2
Sparkasse Gaggenau-Kuppenheim	11	1 233,0
Volksbank Baden-Baden-Rastatt	36	3 127,9
Volksbank Bühl	33	1 500,9
Raiffeisenbank Südhardt eG	8	440,8
Volksbank Muggensturm	6	424,7
Raiffeisenbank eG Iffezheim	5	301,5
Spar- und Kreditbank eG Ottersweier	2	238,0
Spar- und Kreditbank Sinzheim eG	2	211,9
Spar- und Kreditbank Eisental eG	1	97,0
Spar- und Kreditbank Bühlertal eG	2	81,0
Raiffeisenbank Altschweier eG	1	74,0

Die Bilanzsummen der Sparkassen und der Volksbanken im Landkreis Rastatt bewegen sich in Milliardenhöhe und die der Raiffeisenbanken nach dem Stand von 1999 zwischen 74 und 441 Mio. DM. Nur drei von ihnen, seit ihrer Gründung beschränkt auf ihren ursprünglichen lokalen Geschäftsbereich, bilanzierten weniger als 100 Mio. DM. Im Durchschnitt erwirtschafteten 1998 die 133 badischen Kreditgenossenschaften je Institut eine Bilanzsumme von 642,5 Mio. DM. Gegenüber dem Stand von 1938 hat sich auf dem heutigen Kreisgebiet bis 1987 die Zahl der Arbeitsstätten im Kreditgewerbe knapp verdreifacht und die der Beschäftigten ungefähr verdoppelt (1987 158 Arbeitsstätten und 1614 Beschäftigte, davon 662 männliche Mitarbeiter). In der Personalstruktur dominieren die weiblichen Voll- und Teilzeitbeschäftigten. Der Einsatz modernster Technik auch im Selbstbedienungsbereich wurde zur Selbstverständlichkeit.

Bankenmanagement. – Kennzeichnend für das Bankgeschäft bis in die 1990er Jahre waren hohe Zuwachsraten in den Bereichen Wertpapier-, Bauspar-, Versicherungs- und Immobiliengeschäft mit entsprechenden Erträgen. Mit besonderem Engagement widmeten sich die Kreditinstitute den in den letzten Jahren aufgelegten Existenzgründerprogrammen. Inzwischen ist der jährliche Anstieg der Kundeneinlagen sowie der Bilanzsummen keine Selbstverständlichkeit mehr. In der rückläufigen Ertragslage (Betriebsergebnisse) wurde u.a. die Einengung der Zinsspanne spürbar. Auch machte sich die Implementierung eines Kreditrisikomanagements zur weiteren Qualifizierung des sich ausweitenden Kreditgeschäfts notwendig. Gegenüber dem Vorjahr belief sich 1998 das durchschnittliche Wachstum der Bilanzsummen der badischen Volksbanken und Raiffeisenbanken auf 3,3 Prozent. Im Unterschied zu den Sparkassen im Landkreis Rastatt (1998 Bühl 7,1%, Hanauerland 4,4%, Rastatt-Gernsbach 1,4%, Gaggenau-Kuppenheim 0,2%) fiel bei den ausgewiesenen Wachstumsraten der Volksbanken und Raiffeisenbanken von 1998 deren extreme Schwankungsbreite auf. 8,2 Prozent Wachstum erreichte die Spar- und Kreditbank Sinzheim eG und 5,2 Prozent der Fusionspartner, die Raiffeisenbank eG Iffezheim, während die Bilanzsumme der Volksbank Baden-Baden-Rastatt um 5,5 Prozent und die der Spar- und Kreditbank-Raiffeisenbank eG Ottersweier um 3,2 Prozent schrumpfte (Muggensturm +3,4%, Eisental +2,9%, Südhardt +1,3%, Bühl +1,2%). Ein solcher Branchenzeitvergleich der Wachstumsraten erhellt die Stellung der einzelnen Kreditinstitute innerhalb der Branche und ihre Wachstumskraft für 1998. Besondere Hervorhebung verdient die Spar- und Kreditbank Eisental eG, die im hundertsten Jahr ihres Bestehens mit nur einer Geschäftsstelle und acht Mitarbeitern eine Bilanzsumme von rund 100 Mio. DM erzielte; 2001 fusionierte sie mit der Volksbank Bühl.

Raiffeisenbank Südhardt, Hauptstelle Durmersheim.

9. Tourismus

Der Landkreis Rastatt ist im Unterschied zu seinen Nachbarkreisen Calw, Freudenstadt und dem Ortenaukreis kein ausgesprochenes Fremdenverkehrsgebiet; in vielen Gemeinden, vor allem in jenen der Rheinebene, haben sich kaum touristische Aktivitäten entwickelt. Im ganzen sind im Landkreis drei hauptsächliche Tourismusbereiche zu erkennen: Zum einen das Bühler Rebland in der Vorbergzone mit den bekannten Weinorten Affental, Altschweier und Eisental, die heute zur Stadt Bühl gehören, und die Gemeinde Bühlertal. Der zweite Schwerpunkt umfaßt die Barockstadt Rastatt und das Murgtal bis hinauf nach Forbach. Der dritte Bereich ist schließlich das Höhengebiet an der Schwarzwaldhochstraße, also zwischen dem Murgtal und der Rheinebene bei Bühl; auch der Kaltenbronn bei Gernsbach ist hierzu zu rechnen. Vor allem in den Höhengebieten finden Erholungsuchende sowohl im Sommer wie im Winter Angebote und Möglichkeiten zur Entspannung. Bühlerhöhe, Plättig, Hundseck, Unterstmatt, Herrenwies, Rote Lache und Kaltenbronn mit dem Hochmoor sind gute Adressen für einen Urlaub im Nordschwarzwald.

Gästeaufkommen. – Wie aus den Statistischen Berichten zu entnehmen ist, gibt es nur aus acht von 23 Städten und Gemeinden des Landkreises Rastatt touristisch einschlägige Daten. Freilich berücksichtigt die Statistik nur solche Gemeinden, in denen 10000 oder mehr Übernachtungen pro Jahr erreicht werden und mindestens drei Beherbergungsbetriebe vorhanden sind; überdies werden nur solche Betriebe erfaßt, die mehr als acht Betten anbieten, hingegen finden kleinere Häuser und private Vermieter keinen Eingang in die amtliche Statistik. Mit 492008 Übernachtungen im Jahr 1998 ist das im Landkreis Rastatt erzielte Ergebnis gemessen an den Zahlen der Landkreise Calw, Freudenstadt und Breisgau-Hochschwarzwald (Freiburg) recht bescheiden. Das gilt auch für die Bettenauslastung (26,5 %) und die Aufenthaltsdauer (2,3 Tage). Besonders auffällig ist die kurze Aufenthaltsdauer von 1,8 bis 2,8 Tagen. In der Stadt Rastatt besteht zwar eine Bettenauslastung von 36,6 Prozent, aber die durchschnittliche Aufenthaltsdauer beläuft sich dort nur auf 1,8 Tage. Daraus ist zu schließen, daß es sich bei den Rastatter Übernachtungsgästen vor allem um Geschäftsreisende oder Kurzurlauber handelt, die nur für eine Nacht in der Stadt bleiben. Die Bettenauslastung ist in der Kreisstadt freilich auch deshalb so hoch, weil hier nur 684 Betten angeboten wurden, in Bühl dagegen waren es 1998 1044, in Forbach 886. In der Mehrzahl sind die Gä-

Tourismus im Landkreis Rastatt und seinen Gemeinden (Juli 1997)

Bereiche	Ankunft		Übernachtungen		durchschnittliche		Bettenzahl
	gesamt	davon Ausländer	gesamt	davon Ausländer	Bettenauslastung	Aufenthaltsdauer	
Bühl	44329	7871	117037	17757	29,1%	2,6 Tage	1144
Bühlertal	14449	3927	32894	6538	22,1%	2,3 Tage	423
Forbach	27618	1271	77950	3601	23,3%	2,8 Tage	1010
Gaggenau	16336	1512	34642	3194	26,9%	2,1 Tage	366
Gernsbach	22787	1973	61321	4311	28,5%	2,7 Tage	579
Rastatt	54135	8399	92038	14025	40,6%	1,7 Tage	621
Kreis Rastatt	204882	28723	469111	55382	27,3%	2,3 Tage	
Land Baden-Württemberg	11747540	2107677	34958255	4529652	35,1%	3 Tage	

ste Naherholungsuchende aus den Räumen Karlsruhe, Heidelberg und Stuttgart, die verschiedene Gebiete im Landkreis, vor allem das Murgtal und die Schwarzwaldhochstraße, besuchen.

Entwicklung. – Die Entwicklung des Tourismus in diesem Raum wurde von verschiedenen Faktoren beeinflußt. Zum einen ist hier die Wirkung der nahen Kurstadt Baden-Baden zu nennen, zum anderen der Bau der Schwarzwaldhochstraße im Jahr 1930 sowie die späteren Aktivitäten der Wirte an dieser neuen Touristikroute, die sich im Verein der Kurorte an der Schwarzwaldhochstraße zusammengeschlossen haben. Dem Murgtal und der Vorbergzone von Bühl und dem Bühlertal ist es hingegen schon in früheren Zeiten gelungen, Erholungsuchende anzulocken. Vor allem im Murgtal entfaltete sich der Fremdenverkehr schon vor der Jahrhundertwende, und zwar in Bad Rotenfels und in Gernsbach. Einmal war man in Rotenfels 1839 bei Probebohrungen nach Steinkohle auf heilkräftiges Wasser gestoßen, des weiteren wurde 1869 die Murgtalbahn von Rastatt nach Gernsbach fertiggestellt. Dadurch waren für beide Gemeinden die Voraussetzungen zu einer Entwicklung gegeben, die sich heute als Tourismus beschreiben läßt. Seinerzeit bezeichnete man den Aufenthalt von Gästen im Sommer als Kur oder Sommerfrische. Den »Winterbetrieb« im heutigen Sinn hat es damals noch nicht gegeben; Wintersport war fast unbekannt oder steckte noch in den Anfängen.

Rotenfels, seit vielen Jahren mit dem amtlichen Prädikat »Bad« ausgezeichnet, war der ältere der beiden Tourismusorte im Murgtal; es verdankt seine Entstehung und Entwicklung dem Markgrafen Wilhelm von Baden. Dieser ließ die zufällig entdecke Heilwasserquelle sogleich fassen und über dem Heilbrunnen eine erste Trinkhalle errichten. Die lauwarme salinische Mineralquelle aus 99 m Tiefe war der Ursprung des Bads Rotenfels. Bereits 1840 begann die bauliche Entwicklung dieses ersten und einzigen Heilbads im Murgtal. Der Baumeister Johannes Belzer aus Weisenbach plante und baute die älteste Trinkhalle. Die säulengeschmückte Front des Mitteltrakts war nach Nordosten, zum Eichelberg hin, gerichtet. Rechts und links schlossen sich Nebengebäude an, in denen Kabinen sowie Behandlungs- und Versammlungsräume untergebracht waren. Eine offene Liegehalle war ebenfalls vorhanden. Das Rotenfelser Bad und die Elisabethenquelle wurden schnell bekannt und auch hof- und salonfähig. Schon 1843 entstand ein Badhotel, ein dreigeschossiger Bau im Schweizer Landhausstil. Von der günstigen Entwicklung profitierten aber auch die örtlichen Gasthäuser. Nach dem Tod des Markgrafen ließ die Besucherfrequenz nach, und 1887 wurde die gesamte Anlage an Franz Hämmerle aus Bühl verkauft. Es folgten weitere Besitzerwechsel und schließlich wurde 1906 das Inventar versteigert und das Badhotel samt zugehörigen Anlagen abgerissen. Ein einfaches Holzhaus sicherte die Quelle, die erst nach dem Zweiten Weltkrieg aufgrund kommunaler und privater Initiativen wieder genutzt wurde. Inzwischen ist das Thermalbad Rotherma in Bad Rotenfels seit etwa zwanzig Jahren im Landkreis Rastatt und darüber hinaus ein Begriff. Zu einem richtigen Kur- oder Badeort hat sich der Stadtteil von Gaggenau jedoch nicht entwickeln können, da die hierfür notwendigen Einrichtungen wie Sanatorien, Kliniken, Hotels und dergleichen fehlen, und nicht zuletzt ist die Konkurrenz der anderen Kurorte im nördlichen Schwarzwald, namentlich Baden-Badens, allzu groß. So ist Rotherma heute vor allem eine sehr gut angenommene Freizeiteinrichtung mit Therapiemöglichkeiten.

In Gernsbach begann das Bemühen um den Fremdenverkehr 1873 im Gasthaus Zum Löwen. Dort hatte sich nach einem Aufruf im ›Gernsbacher Boten‹ eine Gruppe von Bürgern versammelt, um eine Kommission zu gründen, die sich den Belangen des Fremdenverkehrs annehmen sollte. So enstanden ein »Cur-Comiteé« sowie ein »Fremdenverkehrs- und Verschönerungsverein«. Demnach haben sich in Gernsbach privates Engagement und entsprechende Initiativen der Stadtverwaltung schon früh in fruchtbarer Zusammenarbeit gefunden. Das nahe Baden-Baden und Schloß Neueberstein spielten bei diesen Bemühungen eine große Rolle, zumal seit 1842 die Straße von Müllenbild nach Neueberstein fertig und somit eine direkte Verbindung mit der Kurstadt Baden-Baden hergestellt war. Nunmehr konnten selbst hohe und höchste Herrschaften mit ihren Chaisen von Baden-Baden ins Badhotel nach Gernsbach fahren und die Schönheiten des Murgtals entdecken. Als 1869 die Murgtalbahn bis Gernsbach fertiggestellt war, sorgte auch diese für einen regen Zulauf von Gästen. Diese Gäste haben durchweg den gehobenen Schichten des Bürgertums angehört und sind aus verschiedenen europäischen Ländern gekommen. Bereits 1874 wurde in Gernsbach der erste Kurpark eingerichtet; ein ›Führer für Gernsbach und Umgebung‹ ist im gleichen Jahr erschienen. Die Verkehrsverbindungen wurden laufend verbessert. Bald konnte man nicht mehr allein nach Baden-Baden, sondern auch nach Herrenalb, Wildbad und Schönmünzach fahren. Von und nach Gernsbach gab es

9. Tourismus

Wanderer bei Gausbach.

seit 1871 regelmäßige Pferdepostverbindungen. Mit der ersten fahrplanmäßigen Omnibuslinie Deutschlands setzten die Gernsbacher Bürger ein weiteres Zeichen für die künftige Entwicklung.

Aber auch Naherholung war schon damals üblich. Um 1890 gab es bereits private Zimmervermieter. Ende der 1930er Jahre sorgten Organisationen wie »Kraft durch Freude« dafür, daß Fremde zahlreich ins Murgtal kamen, allerdings wurden diese positiven Ansätze durch den Zweiten Weltkrieg schon bald wieder zunichte gemacht. Danach, vor allem nach der Währungsreform, erfaßte der zunehmende Massentourismus anfangs auch diese Gegend, jedoch ist die Entwicklung seit den 1970/80er Jahren wieder stark rückläufig. Vor allem ins Murgtal waren viele Erholungsuchende aus dem Ruhrgebiet gekommen, die von ihren Betrieben zur Erholung in den Schwarzwald geschickt worden waren. Diese Erholungsmaßnahmen wurden später nach und nach eingestellt; die jungen Menschen wählten für einen Urlaubsaufenthalt bald vorzugsweise den sonnigen Süden. Durch diese allgemeinen Entwicklungen ist der Tourismus namentlich im Murgtal stark zurückgegangen.

Infrastruktur. – Die aufgezeigte Entwicklung im Murgtal hat für den Landkreis exemplarischen Charakter. Daneben gab es natürlich auch im Bühler Raum, in Loffenau und an der Schwarzwaldhochstraße touristische Aktivitäten. Nachdem durch die baden-württembergische Gebietsreform die Räume Bühl und Bühlertal sowie das früher württembergische Loffenau zum neuen Landkreis Rastatt gekommen waren, erfolgte eine Neuorganisation des Fremdenverkehrs. Neben dem Landesfremdenverkehrsverband und Fremdenverkehrsverband Schwarzwald gründete man 1974 die Gebietsgemeinschaft Nördlicher Schwarzwald, eine Werbegemeinschaft, getragen und finanziert vor allem von den Landkreisen Calw, Freudenstadt und Rastatt, dem Enzkreis (Pforzheim) und der Stadt Baden-Baden sowie den in diesen Gebieten beheimateten Fremdenverkehrsgemeinden. Damit wurde versucht, die etwas erlahmten Aktivitäten neu zu beleben. Die gesamte Werbung für den Nordschwarzwald wird seither durch die Gebietsgemeinschaft und ihre Geschäftsstelle in Pforzheim gesteuert. Vor einigen Jahren wurde außerdem die »Touristik Nördlicher Schwarzwald e.V.« geschaffen, welche die notwendigen Werbeaktionen besorgt (jährliche Broschüren mit Gastgeberverzeichnissen, Pauschalangeboten, Informationen und Buchungsmöglichkeiten etc.). Da auch nach 1974 der Erfolg sich nicht in allen potentiellen Fremdenverkehrsgemeinden des Landkreises einstellte, haben im Lauf der Jahre einige von ihnen die Gebietsgemeinschaft wieder verlas-

Bühlot-Bad in Bühlertal.

sen; heute sind nur noch Bühl, Bühlertal, Forbach, Gaggenau, Gernsbach, Loffenau, Rastatt und Rheinmünster Mitglieder. Folgerichtig findet man allein diese Gemeinden in den amtlichen Statistiken. Diese Werbegemeinschaft war jedoch nicht die erste ihrer Art im Landkreis. Bis 1972 war die »Schwarzwaldtälerstraße« aktiv und hat mit eigenen Broschüren für dieses Gebiet geworben. Nicht zu vergessen sind aber auch die seit vielen Jahren unternommenen Bemühungen der Wirte an der Schwarzwaldhochstraße, die den Landkreis Rastatt tangiert.

Angebote. – So sind es heute vor allem die Höhengebiete zwischen dem Bühler Rebland und dem Murgtal, sowie der Kaltenbronn und Loffenau, die dem Tourismus, vor allem aber der Naherholung dienen. Auf den Schwarzwaldhöhen ist das ganze Jahr über Saison: Im Winter wird hier Ski gelaufen, im Sommer gewandert. Eine ganze Reihe gut angelegter und markierter Wanderwege steht den Gästen zur Verfügung, ebenso wie im Winter viele Langlaufloipen, Skipisten und Lifte der »Skiarena Nordschwarzwald«. Doch gibt es außerdem noch viele andere interessante Ziele, die einen Besuch lohnen. So führen beispielsweise Radtouren auf beschilderten Wegen bis hinüber nach Frankreich, in Rastatt kann man Golf spielen, in Gaggenau-Moosbronn reiten, in Loffenau Drachenfliegen, in Bühl-Oberbruch in Seen baden oder bei Forbach die Schwarzenbach-Talsperre bewundern; auf Burg Alt-Windeck über Bühl oder auf Schloß Neueberstein über Gernsbach wird Geschichte lebendig; in Affental und Bühlertal sowie entlang der Badischen Weinstraße kommt der Feinschmecker ebenso auf seine Kosten wie entlang der Badischen Spargelstraße; die Schwarzwaldhochstraße, die Deutsch-Französische Touristikstraße (durch das Elsaß in die Pfalz) oder das Murgtal bieten vielerlei natur- und kulturlandschaftliche Reize.

Perspektiven. – Daß alle Beteiligten im Landkreis und in den Gemeinden ständig um Verbesserungen und um eine Steigerung der Attraktivität bemüht sind, zeigt das 1998 erschienene ›Touristische Leitbild für das Murgtal‹, das im Rahmen eines Modellprojekts des Landes Baden-Württemberg vom Internationalen Institut für Tourismus- und Kurortberatung Reppel und Partner in enger Zusammenarbeit mit allen Beteiligten erarbeitet worden ist. Man war sich einig, daß die touristische Attraktivität des Murgtals und damit des Landkreises Rastatt nur dann gesteigert werden kann, wenn man neue Ideen entwickelt und diese auch in die Tat umsetzt.

10. Versorgung und Entsorgung

So wie jedes Individuum zum Leben Stoffe und darin gespeicherte Energie aufnehmen und die veränderten, energieärmeren Stoffe wieder abgeben muß, muß auch die menschliche Gesellschaft mit Stoffen und Energie versorgt werden und die entstehenden Abfälle, Abwässer, Abluft und Abwärme entsorgen. Bedingt durch unsere hohe Siedlungsdichte, die Synthese immer neuer Verbindungen und den übermäßigen Verbrauch an fossilen Energieträgern werden die Ökosysteme stark belastet. Gesetzliche Regelungen sollen helfen, Schadstoffe zu vermeiden oder zu vermindern, Energie zu sparen sowie Roh- und Wertstoffe in Kreisläufe zu führen. Insofern nutzen Umweltschutz und Ökologie (Haushalt der Natur) auch der Ökonomie (Wirtschaftlichkeit) und verbessern damit unsere Lebensbedingungen.

Wasserversorgung. – Im Landkreis Rastatt gab es immer genügend sauberes Trinkwasser. Im niederschlagsreichen Nordschwarzwald wurden überwiegend Quellen gefaßt, in der Rheinebene dagegen konnte schon aus geringer Tiefe Grundwasser gefördert werden. Noch Mitte des 19. Jh. versorgten sich die Menschen selbst mit Trink- und Brauchwasser, das sie aus privaten oder öffentlichen Brunnen oder aus offenen Gewässern schöpften. Im ländlichen Raum hatten oft zwei oder drei Bauernhöfe einen gemeinsamen Zieh- oder Schöpfbrunnen, für dessen Unterhalt sie gemeinsam zuständig waren. Diese Einzelwasserversorgung war nicht unproblematisch; immer wieder brachen Seuchen aus, weil undichte Fäkaliengruben und kotverschmutzte Straßen das Trinkwasser verunreinigten.

Die zentrale öffentliche Wasserversorgung über ein Leitungsnetz unter Nutzung ergiebiger Quellen oder Grundwasservorräte außerhalb der Gemeinden, wie sie heute etwa 99 Prozent der Landkreisbevölkerung zur Verfügung steht, wurde in den meisten Gemeinden erst zwischen 1897 und 1977 eingerichtet. Allein Gernsbach hatte schon im 16. Jh. öffentliche Laufbrunnen, die über hölzerne Wasserleitungen (Deichel) bedient wurden. Bemerkenswert ist auch das herrschaftliche Brunnenhaus in Rastatt, das, im frühen 18. Jh. erbaut, der Versorgung von Schloß und Schloßgarten diente. In den 1770er Jahren versorgte die erste Fernwasserleitung vom Eichelberg den Rastatter Bernhardusbrunnen mit Trinkwasser. Erst seit 1901 förderten die Rastatter ihr Wasser bei Rauental und speisten es über einen neuen Wasserturm neben der Pagodenburg ins öffentliche Leitungsnetz ein.

In vielen Städten und Gemeinden wurden um die Wende zum 20. Jh. öffentliche Wasserversorgungseinrichtungen mit Quellfassungen oder Grundwasserpumpwerken, Wasserspeichern und Wasserleitungen angelegt. Als letzte erhielten Ottersdorf, Plittersdorf und Winterdorf 1977 einen Anschluß ans öffentliche Wasserversorgungsnetz der Stadt Rastatt. Dennoch gab es in den Häusern dieser Orte schon davor fließendes Wasser, denn nach dem Zweiten Weltkrieg waren die privaten Ziehbrunnen nach und nach mit elektrischen Pumpen versehen worden. Lediglich in Bühlertal, dessen Wohnplätze weit verstreut liegen, gibt es noch sieben kleinere Wassergemeinschaften, die gemeinsam eigene Quellen nutzen. Daneben existieren im Landkreis acht private Brunnen für vereinzelt liegende Gaststätten, Häuser oder kirchliche Einrichtungen.

Um das kostbare Trinkwasser vor Verunreinigung zu schützen, wurde Brunnenvergiftung schon in alter Zeit hart bestraft. Das baden-württembergische Innenministerium erließ 1967 eine Verordnung zur Kennzeichnung von Wasserschutzgebieten. Wegen der immer bedrohlicheren Gefährdung der Grundwasservorkommen durch Schadstoffe ordnete die Landesregierung sieben Jahre später an, für alle bisher nicht geschützten, der öffentlichen Versorgung dienenden Wasservorkommen beschleunigt Wasserschutzgebiete auszuweisen. Heute werden großräumige Schutzgebiete mit abgestuften Standards ausgewiesen, die das Einzugsgebiet der Wasserfassungen abdecken. Grundlage sind umfangreiche hydrogeologische Untersuchungen über Grundwasserfließrichtungen und Grundwasserstockwerke. Im Landkreis Rastatt liegen 68 Wasserschutzgebiete zur Trinkwassergewinnung mit einer Gesamtfläche von 11 451,3 ha, das entspricht 15,5 Prozent der Landkreisfläche; dazu kommt noch ein Heilquellenschutzgebiet, und neun Trinkwasserschutzgebiete aus benachbarten Landkreisen erstrecken sich in den Kreis Rastatt hinein. Et-

Öffentliche Wasserversorgung der Gemeinden im Landkreis Rastatt

Gemeinde	öffentliche Wasserversorgung seit
Au am Rhein	1960
Bietigheim	1951, seit 1987 vom Rheinwaldwasserwerk (Stadtwerke Karlsruhe)
Bischweier	1930, jetzt von den Stadtwerken Gaggenau
Bühl	1902 (10 Quellen)
Bühlertal	1928
Durmersheim	1928 altes Wasserwerk, 1965 Wasserwerk Winkelsloh; Würmersheim vom Rheinwaldwasserwerk (Stadtwerke Karlsruhe)
Elchesheim-Illingen	von den Stadtwerken Karlsruhe, seit 1977 vom Rheinwaldwasserwerk
Forbach	1906; Ortsteile später
Gaggenau	1903; Freiolsheim und Moosbronn 1935
Gernsbach	(16. Jh.) 1898; Staufenberg 1897; seit 1967 zusätzlich Wasserversorgungsverband Unteres Murgtal (Gernsbach, Gaggenau, Kuppenheim, Rastatt)
Hügelsheim	1953
Iffezheim	1953
Kuppenheim	1901; Oberndorf 1928/29
Lichtenau	1961
Loffenau	1898
Muggensturm	1952
Ötigheim	1952
Ottersweier	1901
Rastatt	(1725) 1763 Fernwasserleitung, 1902 neuer Wasserturm; Ottersdorf, Plittersdorf und Wintersdorf 1977 an Rastatt angeschlossen
Rheinmünster	Söllingen und Stollhofen 1954, Greffern und Schwarzach 1961
Sinzheim	1907
Steinmauern	1953, seit 1978 vom Rheinwaldwasserwerk (Stadtwerke Karlsruhe)
Weisenbach	1907; Au im Murgtal 1905

liche Wasserschutzgebiete sind zu klein, weil sie noch nach den alten Anforderungen ausgewiesen wurden; einige von ihnen werden derzeit neu definiert.

Seit Januar 1988 wird in Baden-Württemberg für die Nutzung von Oberflächen- und Grundwasser der sogenannte Wasserpfennig erhoben; davon wird den Landwirten ein Ausgleich für geringere Ernteerträge durch die Düngungseinschränkung in Wasserschutzgebieten bezahlt. Seither werden die Grenzwerte für Nitrat in allen Trinkwasserbrunnen unterschritten. Im Gegensatz zu anderen Landkreisen mit flächenhafter Belastung des Grundwassers durch Intensivlandwirtschaft, werden die Grenzwerte für Nitrat nur lokal begrenzt an drei Grundwassermeßstellen außerhalb von Wasserschutzgebieten geringfügig überschritten. Lediglich die Anwendung von Pflanzenschutzmitteln mit den Wirkstoffen Metalaxyl und Dichlobenyl mußte in zwei Wasserschutzgebieten untersagt werden, weil Grenzwerte überschritten worden waren. Das seit 1991 verbotene Atrazin und dessen Abbauprodukte liegen überall unterhalb der Grenzwerte.

Aufgrund der geologischen Voraussetzungen wird im Schwarzwald sehr weiches Quellwasser gewonnen, aus den Grundwasservorräten des Oberrheingrabens dagegen sehr hartes, kalkreiches Wasser. Das kalkarme Wasser des Schwarzwalds ist bei den Verbrauchern begehrt, weil es beim Tee- und Kaffeekochen dem Aroma nicht schadet, bei Spül- und Waschmaschinen Enthärter spart und in Küche und Bad keine Kalkkrusten hinterläßt. In großen Gemeinden wie Gernsbach ist der Wasserverbrauch so stark gestiegen, daß die Ergiebigkeit der Quellen nur noch für einige Stadtteile reicht. Der Hauptbedarf wird daher seit einigen Jahren auch hier mit kalkhaltigem Grundwasser aus der Rheinebene gedeckt.

Der Reichtum an sauberem Grundwasser wird nicht nur zur Versorgung des eigenen Landkreises verwendet. Knapp die Hälfte des geförderten Trinkwassers (etwa 13 100 000 m^3 pro Jahr) wird im Rheinwaldwasserwerk gefördert und in die Stadt Karlsruhe exportiert. Dafür fließen über den Zweckverband Vorderes Murgtal jährlich schätzungsweise 250 000 m^3 Trinkwasser aus dem Stadtkreis Baden-Baden in den Landkreis Rastatt. Bei 223 529 Kreisbewohnern im Jahr 1999 und einem Trinkwasserverbrauch von 14 700 000 m^3 ergibt das einen durchschnittlichen Verbrauch von 180 l pro Tag und Einwohner. Diese Zahl ist deshalb so hoch, weil darin der Wasserverbrauch von Gewerbe, Landwirtschaft und Kleinindustrie ohne eigene Wasserversorgung enthalten ist.

Stromversorgung. – Elektrizität beherrscht heute nahezu alle Lebensbereiche; fällt die Versorgung mit elektrischer

10. Versorgung und Entsorgung

Wasserförderung im Landkreis Rastatt im Jahr 2000

Verbrauch	Oberflächenwasser in m³ pro Jahr	Grundwasser in m³ pro Jahr
Industrie (Papierfabriken, Kieswerke etc.)	32 792 928	2 630 171
Landwirtschaft	31 180	274 515
Umweltschutz		239 618
Sport (Schwimmbäder etc.)	30 876	125 104
Trinkwasser		26 641 457
insgesamt	32 854 984	29 910 865

Energie aus, dann brechen die wirtschaftlichen Aktivitäten zusammen. Anfangs gab es nur den Schwachstrom für die Telegraphie. Mit der Entdeckung des elektrodynamischen Prinzips gelang es Werner von Siemens im Jahr 1866 elektrischen Strom durch Rotationsbewegung zu erzeugen. Gleichstrom wurde nur in einem kleinen Umkreis um die Erzeugeranlagen verteilt und hauptsächlich für Beleuchtung eingesetzt. In Theatern und Fabriken ersetzten bald elektrische Kohlestab-Bogenlampen die brandgefährlichen Gaslampen, doch erst die Glühlampe, von Thomas Alva Edison 1881 auf der elektrotechnischen Ausstellung in Paris vorgestellt, war für die Beleuchtung kleiner Räume geeignet. Die Entwicklung von Transformator und Drehstromgenerator machte die Fernleitung des elektrischen Stroms ab 1885 endlich wirtschaftlich, indem sie die großen Energieverluste durch hohe Spannung und geringe Stromstärke drastisch verminderte.

Im Landkreis Rastatt wurde das erste Wasserkraftwerk im Murgtal installiert. 1896 ließ die Firma Langenbach und Müller eine Wasserturbine mit Generator zur Stromerzeugung in die Gernsbacher Schloßmühle einbauen und vereinbarte im Mai 1897 mit der Stadt einen Stromliefervertrag zur elektrischen Beleuchtung der örtlichen Straßen. Damit war Gernsbach die erste Murgtalgemeinde mit Stromversorgung. Entlang der Murg bauten immer mehr Sägewerke Wasserturbinen ein und verkauften Strom an benachbarte Gasthäuser oder an die Gemeinden. Das Murgkraftwerk Wolfsheck wurde 1905 fertiggestellt, und in Rastatt dauerte es noch bis 1913, ehe der erste Strom aus dem Kraftwerk Achern floß.

Zunächst war Elektrizität eine luxuriöse Privatangelegenheit. Ab 1899 untersuchte Theodor Rehbock die Ausnutzung der Wasserkräfte von Schwarzwaldflüssen durch die Anlage von Wasserkraftwerken. Zur gleichen Zeit debattierten die Abgeordneten des Badischen Landtags über eine Novellierung des Wasserrechts, um den vielerorts gegründeten Aktiengesellschaften zur Nutzung der Wasserkraft und den Stadtwerken Auflagen zu machen, denn die priva-

Rudolf-Fettweis-Werk in Forbach von Osten.

ten und kommunalen Unternehmen versorgten nur die attraktiven Märkte in den Städten, während der ländliche Raum weitgehend unversorgt blieb. Es dauerte aber noch bis 1912, bis der Staat durch ein neues Wasserrecht die Hand auf die Energie aus Wasserkraft legte. Im gleichen Jahr wurde vom badischen Innenministerium ein staatliches Kraftwerk zur Elektrifizierung des ganzen Landes projektiert, das Murg-Schwarzenbach-Kraftwerk im Landkreis Rastatt.

Im März 1913 begannen die Bauarbeiten für die erste Baustufe des Murg-Hochdruckwerks, des heutigen Rudolf-Fettweis-Werks bei Forbach. Der Erste Weltkrieg verzögerte jedoch die Bauarbeiten, so daß erst im November 1918 der erste Strom in die seit 1914 gebaute 110-kV-Hochspannungsleitung Forbach-Scheibenhardt-Mannheim eingespeist werden konnte.

Die badische Regierung betrachtete die Elektrizitätsversorgung als Teil der Sozialpolitik und damit als Staatsaufgabe; deshalb beschloß sie, die Verteilung und den Verkauf der elektrischen Energie selbst zu übernehmen. Für den »Murgstrom« wurde eine staatliche Vertriebsstelle eingerichtet. Der Landtag stellte beträchtliche Mittel zum Ausbau der Verteiler- und Ortsnetze zur Verfügung und finanzierte das Schwarzenbachwerk. Dennoch hatten die Gemeinden Kostenzuschüsse für den Bau und Betrieb der örtlichen Netze und die Belieferung der Endabnehmer durch Elektrizitätsversorgungsunternehmen zu zahlen. Mit der Verabschiedung eines Gesetzes zur Versorgung Badens mit günstiger Elektrizität stand der Gründung der Badischen Landeselektrizitätsversorgungs-Aktiengesellschaft (Badenwerk) 1921 nichts mehr im Weg. Erst 1970 eröffnete der damalige Alleineigentümer, das Land Baden-Württemberg, per Gesetz dem privaten Kapital den Zugang zu dem Unternehmen, die Mehrheit blieb jedoch beim Land (heute EnBW).

Die zweite Ausbaustufe des Murgwerks zum größten Hochdruckkraftwerk wurde 1922 mit der Schwarzenbachtalsperre in Angriff genommen und 1926 fertiggestellt. Im selben Jahr begann auch der Verbundbetrieb mit der RWE (Rheinisch-Westfälische-Elektrizitäts AG) und die 110-kV-Leitung Scheibenhardt-Offenburg-Villingen-Laufenburg wurde in Betrieb genommen. Damit ist auch der Stromaustausch mit der Schweiz und die preisgünstige Nutzung der Energie aus den Frühjahrsschmelzwassern möglich. Im Verbundbetrieb ist die Versorgung beim Ausfall von Kraftwerken oder Einzelleitungen im Netz besser abgesichert.

Private, staatliche oder kommunale öffentliche Versorgungsunternehmen wie die Stadtwerke oder gemischtwirtschaftliche Unternehmen wie das Badenwerk liefern elektrischen Strom gegen Entgelt an jedermann. Über Durchleitungsentgelte ist es heute dem Verbraucher möglich, Strom auch bei anderen Unternehmen, als den Gebietsversorgern einzukaufen, seien es Stromerzeuger oder Wiederverkäufer. Im Landkreis Rastatt lag der Stromverbrauch im Jahr 1999 bei mindestens 1 319 360 619 kWh.

Elektrische Energie wird dann erzeugt, wenn sie gebraucht wird, deshalb werden wesentlich mehr Kraftwerke vorgehalten, als für den durchschnittlichen Verbrauch nötig wären, schließlich sind die Verbrauchsspitzen abzudecken. Kurzfristig sind Reserven in rotatorischer Energie langfristig in Pumpspeicherwerken wie dem Murg-Schwarzenbach-Werk im Landkreis Rastatt, und als Druckluftspeicherkraft in Kavernen vorhanden. Die Verbundunternehmen besitzen Erzeugungsanlagen und Transportleitungen (Hoch- und Höchstspannungsnetz). Das Badenwerk (EnBW) ist der größte Stromerzeuger in Baden und Eigentümer des Verbundnetzes von Hoch- und Höchstspannungsleitungen.

Bedeutendste Energiequelle ist das 1978 in Betrieb genommene Rheinkraftwerk bei Iffezheim. Vier horizontal angeordnete Kaplan-Rohrturbinen können bei einer mittleren Fallhöhe von 11 m maximal 108 000 kWh Strom erzeugen. Durch die annähernd konstante Stauhöhe nutzen sie nur das durchlaufende Rheinwasser in der Menge, wie es anfällt. Für Spitzenbedarfszeiten ist es nicht möglich, Wasser zurückzuhalten, weil die Schiffahrt auf dem Rhein nicht durch Niedrigwasser gefährdet werden darf. Starkes Hochwasser muß ungenutzt überlaufen, weil es zu teuer wäre, für nur kurze Betriebszeiten im Jahr weitere Turbinen bereitzuhalten.

Der zweitgrößte Stromproduzent im Landkreis, das Rudolf-Fettweis-Werk in Forbach, wird als Speicherkraftwerk zur Deckung des Spitzenbedarfs eingesetzt. Diese bemerkenswerte Stromerzeugungsanlage aus der Gründungszeit des Badenwerks besteht aus einer Reihe verschiedener Anlagen: Stau der Murg bei Kirschbaumwasen (1918), Stau der Murg bei Forbach (1918, Niederdruckwerk), Stau der Raumünzach (1922), Schwarzenbachtalsperre mit Überleitung der Biberach und des Hundsbachs (1926) und Hochdruckturbinenhaus mit Schalthaus in Forbach (1918). Die Schwarzenbachtalsperre mit einem Informationspfad und das Elektromuseum in Forbach sind touristische Anziehungspunkte.

Neben weiteren kleineren Wasserkraftwerken entlang der Murg ist vor allem das Deponiegas-Kraftwerk in Gaggenau-Oberweier erwähnenswert. Bei der mikrobiellen Zersetzung der organischen Bestandteile von Hausmüll entsteht Deponiegas, dessen Hauptbestandteil Methan (CH_4) ist. Durch die Verbrennung in einem Gasmotor mit angeschlossenem Generator wird mit einem Wirkungsgrad von 34 Prozent Strom erzeugt. Ein Teil der Motorabwärme (18% des Energiegehalts des Gases) wird bei der Sickerwasseraufbereitung eingesetzt, so daß der Gesamtnutzungsgrad bei 52 Prozent liegt.

Stromkunden und Verbrauchsmengen 1999

Gemeinde	Versorger	Normaltarif		Sonderkunden	
		Zahl der Anschlüsse	Verbrauch in kWh	Anschlüsse	Verbrauch in kWh
Au am Rhein	EnBW	1 682	8 849 533	12	1 412 895
Bietigheim	EnBW	3 437	16 201 559	28	4 554 378
Bischweier	EnBW	1 754	8 781 297	5	32 136 196
Bühl	SW Bühl	14 800	50 000 000	200	142 642 000
Bühlertal	AFE	4 400	20 860 000	20	5 840 000
Durmersheim	EnBW	7 075	27 864 456	43	6 295 121
Elchesheim-Illingen	EnBW	1 634	8 646 842	6	7 310 364
Forbach	EnBW	3 019	15 903 866	30	2 531 291
Gaggenau Freiolsheim und Oberweier	SW Gaggenau EnBW	1 081	60 301 136 4 714 757	6	52 152 906 1 343 495
Gernsbach	EnBW	8 715	43 096 340	51	114 299 686
Hügelsheim	AFE	2 300	9 120 000	10	1 670 000
Iffezheim	EnBW	2 569	13 394 400	27	18 086 944
Kuppenheim	EnBW	4 357	22 542 069	33	10 583 349
Lichtenau	AFE	2 500	12 250 000	25	18 330 000
Loffenau	EnBW Biberach	1 446	6 064 517	151	1 029 563
Muggensturm	EneRegio	3 757	14 775 868	33	20 524 980
Ötigheim	EnBW	2 264	12 458 323	18	1 811 397
Ottersweier	AFE	3 000	13 070 000	35	11 020 000
Rastatt Ottersdorf, Plittersdorf, Winterdorf	SW Rastatt EnBW	23 993 3 601	77 315 000 18 344 818	23	246 702 000 4 007 449
Rheinmünster	AFE	3 200	15 060 000	25	68 080 000
Sinzheim Leiberstung, Schiftung	GW Sinzheim AFE	500	21 700 000 2 620 000	0	10 100 000 0
Steinmauern	EnBW	1 286	7 542 298	7	6 229 988
Weisenbach	EnBW	1 440	7 338 510	9	11 851 028
Summe		103 810	518 815 589	797	800 545 030

AFE = Aktiengesellschaft für Energiewirtschaft Überlandwerk Achern; EnBW = Energie Baden-Württemberg, ehem. Badenwerk AG; EneRegio = EneRegio Muggensturm, ehem. Gemeindewerke Muggensturm; GW = Gemeindewerke; SW = Stadtwerke

Gasversorgung. – Die großen Erfindungen zur Nutzung der Elektrizität waren noch nicht gemacht, als in der ersten Hälfte des 19. Jh. schon immer mehr große Städte Gaswerke errichteten, um nachts ihre Straßen zu beleuchten oder Gas zum Kochen und Heizen zu nutzen. Die Erfindung des Auerschen Gasglühlichts, das bei geringerem Gasverbrauch ein wesentlich helleres und gleichmäßigeres Licht ergab, und die Entwicklung von Gasmotoren führten ab 1890 zu einem kräftigen Ausbau städtischer Gaswerke, auch wenn sich gleichzeitig durch die bahnbrechenden Erfindungen zur Nutzung der Elektrizität Konkurrenz anbahnte.

Baden-Baden baute schon 1845 ein Steinkohle-Gaswerk mit einer Tagesleistung von 2300 kWh, das immer wieder vergrößert und bis 1965 betrieben wurde. In Rastatt errichtete man 1863 eine Gasfabrik für die Straßenbeleuchtung; sie war 103 Jahre in Betrieb, bevor man sie 1965 stilllegte und auf Ferngas umstellte. 1972 führte man das umweltfreundlichere Erdgas ein; erst in den letzten Jahren wurde das Gaswerk abgerissen. Auch in Bühl und Gaggenau betrieben die jeweiligen Stadtwerke eigene Gasfabriken. Das Gaswerk Bühl war 77 Jahre, von 1886 bis 1963, das in Gaggenau 54 Jahre, von 1911 bis 1964, in Betrieb. Dagegen stand in Durmersheim von 1910 bis 1965 lediglich ein Gasbehälter; die Stadtgas-Versorgung erfolgte durch die Stadtwerke Ettlingen, ab 1930 aus Karlsruhe, wurde aber weiterhin über die Stadtwerke Ettlingen geliefert.

Die Umstellung auf Erdgas 1972 führte noch nicht zur Erweiterung der Gasversorgung. Erst in den 1980/90er Jahren wurden weitere Städte und Gemeinden im Landkreis ans Erdgasnetz angeschlossen. Die Verwendung von Erdgas wird im Rahmen einer CO_2-Bilanzierung positiv bewertet. Gegenüber Ölheizungen lassen sich CO_2-Emissionen um bis zu 30 Prozent reduzieren. Auch der Ausstoß an Stickoxiden, Kohlenmonoxid und Nicht-Methan-Kohlenwasserstoffen sinkt um jeweils ca. 20 Prozent, die Staubemissionen um über 90 Prozent und die Schwefelemissionen sogar um über 99 Prozent. Im Landkreis Rastatt waren 1999 bereits 24 256 Verbraucher an das Erdgasnetz aller Gesellschaften angeschlossen. In den letzten Jahren konnten durchschnittlich 500 Neuanschlüsse pro Jahr erreicht werden. Auch in den kommenden Jahren planen die Gesellschaften die Netzdichte durch Nachverdichtungen zu erhöhen. Zusätzlich werden in Neubaugebieten inzwischen Anschlußdichten von 60 bis 90 Prozent realisiert. Ein weiterer Indikator für die steigende Bedeutung des Erdgasnetzes ist die ständig wachsende Erdgasabsatzmenge. Insgesamt wurden im Jahr 1999 ca. 2,66 Mrd. kWh Erdgas im Landkreis Rastatt abgegeben. Damit stieg der Erdgasabsatz im Vergleich zu 1990 um 25 Prozent.

Ebenfalls stark forciert wurde die Nutzung von Erdgas im Fahrzeugbereich. Derzeit gibt es zwei kommunale und zwei öffentliche Gastankstellen im Landkreis. Die Stadtwerke Gaggenau betreiben bereits seit 1996/97 eine Flüssiggas-Tankstelle; diese deckt allerdings nur den Eigenbedarf der städtischen Fahrzeuge und dient als Notversorgung beim Ausfall der Erdgaszufuhr. Durch die Stadtwerke Bühl wurde an der Autobahnabfahrt Bühl eine öffentliche Tankstelle installiert. Von November 1999 bis Februar 2000 wurden insgesamt 45 000 kWh Erdgas abgegeben. Im Zuge der Einrichtung der Tankstelle rüsteten die Stadtwerke Bühl ihren gesamten Fuhrpark auf Erdgasfahrzeuge um. Im öffentlichen Personennahverkehr der Stadt Rastatt wurde ebenfalls auf Erdgasbusse umgestellt und hierfür eine besondere Tankstelle eingerichtet. Eine weitere Tankstelle zur Nutzung durch private Kraftfahrzeuge wurde in der Nähe der Autobahnabfahrt Rastatt im Oktober 2000 eröffnet. In ihr wird sowohl Erdgas (überwiegend Methan) wie auch Flüssiggas (Propan) angeboten.

Fernwärmeversorgung. – Die Fernwärmeversorgung spielt im Landkreis Rastatt fast keine Rolle. Es sind lediglich kleine Nahwärmenetze in Rastatt, Bühl und Gaggenau in Betrieb. Mit Blockheizkraftwerken wird über einen Verbrennungsmotor mit angeschlossenem Generator Strom erzeugt und die anfallende Abwärme zur Heizung verwendet.

Erneuerbare Energien. – Außer Blockheizkraftwerken, Deponiegasnutzung und Verstromung von Biogas aus den Faultürmen für Klärschlamm in kommunalen Kläranlagen, gibt es im Landkreis Rastatt noch keine weitere öffentliche Nutzung von erneuerbaren Energien. Die Nutzung von Sonnenenergie (Photovoltaik, Warmwasserbereitung), Holzpellet, Biogas und Erdwärme beschränkt sich auf private, teils staatlich geförderte Anlagen. Nach der Ablehnung von Windkraftanlagen im Kaltenbronn-Gebiet aus Naturschutzgründen, sind jetzt Windräder auf dem Deponiegelände in Gaggenau im Gespräch.

Abwasserreinigung. – In älterer Zeit sammelte man Fäkalien in der Jauchegrube, um damit die Äcker zu düngen, oder hinterließ sie an den verschiedensten Stellen; Abwasser wurde einfach weggeschüttet. In den Städten wurde

10. Versorgung und Entsorgung

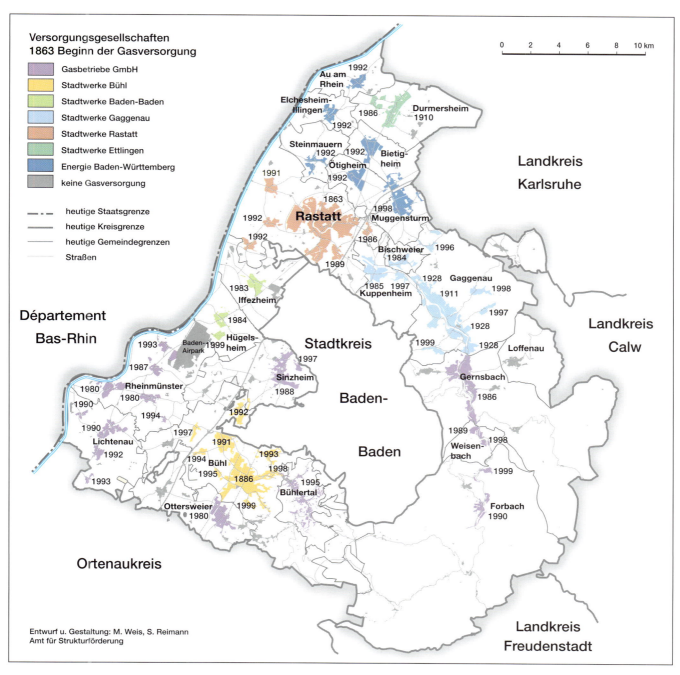

Stadt- bzw. Erdgasversorgung im Landkreis Rastatt.

spätestens mit der öffentlichen Wasserversorgung über Leitungen und der Einführung von Toiletten mit Wasserspülung auch die Entsorgung des Abwassers über Kanäle nötig, die freilich zumeist ins nächstgelegene Gewässer führten. So ließen die rasch zunehmende Bevölkerung, der Einsatz von Spül- und Waschmitteln und die fortschreitende Industrialisierung in den 1960/70er Jahren die Bäche und Flüsse vielerorts zu Abwasserkanälen werden. Schaumberge türmten sich auf, Giftfrachten und die Überdüngung mit Nährstoffen ließen die Fließgewässer vielerorts »umkippen«; alles, was Sauerstoff benötigt, starb in den faulenden und stinkenden Gewässern ab. Einfache Rechen hielten zwar grobe Verunreinigungen zurück, aber gelöste und emulgierte Stoffe konnten das Wasser ungehindert verunreinigen und überdüngen.

Im Landkreis Rastatt begann man in den Städten mit dem Bau von Kanalisationen schon Ende des 19.Jh., in ländlichen Gemeinden dauerte es aber bis in die 1960er Jahre, ehe die oberirdischen Abwasserkanäle verschwanden. Schon Anfang des 20.Jh. waren einfachste Kläranlagen für Schulen, Kasernen, Gaststätten oder Fabriken gebaut worden. Mit der Zeit wurden sie verbessert, neue kommunale Kläranlagen gebaut und immer mehr Anwohner angeschlossen. In den 1970er Jahren begann die Errichtung von modernen Gemeinschaftskläranlagen, an die immer mehr Stadtteile und kleine Gemeinden angeschlossen wurden. Inzwischen sind die Gewässer viel sauberer geworden, haben nicht selten sogar schon wieder gute Qualität. So ist die Murg jetzt wieder fast bis zu ihrer Mündung in Gewässergüte II eingestuft. Ein Problem bleibt freilich ungelöst: Auf etwa 58 Prozent ihrer Länge wird der Murg Wasser zu allerlei Nutzungen entzogen, was im Sommer zu Niedrigwasserständen und sogar zu zeitweiliger Austrocknung führt.

Der Landkreis Rastatt hat rund 222000 Einwohner, die zu 99 Prozent an die öffentliche Kanalisation angeschlos-

Kommunale Kläranlagen im Landkreis Rastatt

Kläranlage	Ausbaugröße (nach Einwohnern)	Jahresschmutzwassermenge in m^3	Reinigungsverfahren
GKA Baden-Baden/Sinzheim	120000 Erweiterung auf 200000 geplant	13 472 381	Pe, N, D
AZV Bühl und Umgebung, KLA Hundseck	500	8844	ST, D
AZV Bühl und Umgebung, KLA Vimbuch	167000	5 898 161	Pe, N, D
AV Mittleres Murgtal, KLA Gernsbach	25000	3 509 900	B, ST, D, bio-Pe
AV Murg, KLA Gaggenau-Rotenfels	60000	7 218 277	Pe, N, D
AV Murg, KLA Rastatt	142000	8 936 030	Pe, N, D
AZV Schwarzwasser, KLA Lichtenau	10000 Erweiterung auf 19000 geplant	ca. 921 100	Pe, N, D
KLA Baden-Airpark Rheinmünster-Söllingen	1660	27 300	ST
GVV Durmersheim, KLA Au am Rhein	30000	3 150 600	Pe, N, D
KLA Forbach-Bermersbach	7000	1 107 800	ST, D
KLA Hügelsheim	6000	478 500	ST
KLA Iffezheim	7000	700 900	ST, D, N
KLA Rheinmünster-Söllingen	13000	425 900	ST, D, bio-Pe
KLA Sinzheim-Leiberstung	700	52 300	ST

AV = Abwasserverband; AZV = Abwasserzweckverband; D = Denitrifikation; GKA = Gemeinschaftskläranlage; GVV = Gemeindeverwaltungsverband; KLA = Kläranlage; N = Nitrifikation; Pe = Phosphat-Elimination; ST = Nitrifikation und Schlammstabilisierung

sen sind, der durchschnittliche Anschlußgrad in Baden-Württemberg liegt bei 94 Prozent; die restlichen Abwässer werden dezentral entsorgt. Pro Jahr fallen ca. 46 657 200 m³ Schmutzwasser an, das in den 14 kommunalen Kläranlagen im Landkreis Rastatt gereinigt und diesen über ein Kanalnetz von 1 445 km zugeführt wird. Abwasser aus Gewerbe und Industrie wird teilweise über öffentliche Kläranlagen in die Gewässer eingeleitet (Indirekteinleiter) bzw. in acht betrieblichen Kläranlagen gereinigt (Direkteinleiter). Daneben gibt es noch einzelne kleinere Kühlwassereinleitungen, die lediglich Wärme in die Gewässer eintragen.

Abfallentsorgung. – Im Landkreis Rastatt sind Abfälle für ein Gebiet von 750 km² mit 23 Gemeinden und rund 220 000 Einwohnern zu entsorgen. Die Abfallentsorgung gehört zu den gesetzlichen Aufgaben des Landkreises. Bis 1991 wurde das Einsammeln und Befördern der öffentlich gesammelten Abfälle an die Städte und Gemeinden delegiert. In Anbetracht der zunehmenden Komplexität der abfallwirtschaftlichen Aufgabe erfolgte zum 1. Januar 1992 in 19 Städten und Gemeinden eine Rückdelegation des Einsammelns und Beförderns an den Landkreis mit Ausnahme der Stadt Rastatt – Ötigheim und Steinmauern sind an die Rastatter Abfuhr angeschlossen – und der Stadt Bühl. Zwischen 1990 und 1993 war der Trend bei den Siedlungsrestabfällen deutlich rückläufig. Die jährlich auf der Hausmülldeponie Oberweier, der bis Ende 1998 zentralen Hausmülldeponie des Landkreises, entsorgte Abfallmenge ist in diesem Zeitraum um mehr als zwei Drittel zurückgegangen. Der Rückgang des Gesamtabfallaufkommens ist auf eine verstärkte Eigenkompostierung sowie eine geringere Inanspruchnahme der öffentlichen Abfuhr durch das Gewerbe infolge des Kreislaufwirtschafts- und Abfallgesetzes zurückzuführen.

Die deponierte Hausmüllmenge ist von 211 kg pro Einwohner im Jahr 1990 auf unter 100 kg pro Einwohner 1998 zurückgegangen. Da absehbar war, daß die Laufzeit der Deponie in Oberweier allenfalls bis 2000 reichen würde, wurde bereits 1990 mit der Standortsuche für eine Nachfolgedeponie begonnen. Die Ergebnisse der Untersuchung zeigten jedoch, daß der Landkreis Rastatt infolge der geologisch strukturellen Gegebenheiten ein sehr ungünstiges Standortpotential für die Errichtung einer Hausmülldeponie hat. Zudem war durch die TA-Siedlungsabfälle und die damit verbundenen Anforderungen an die Ablagerung von Abfällen klar, daß nur durch die vorherige thermische Behandlung des Restabfalls die Zielsetzung erreicht werden

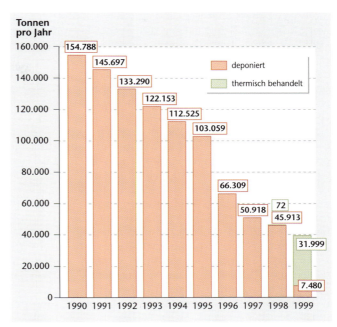

Entwicklung der Siedlungsabfälle im Landkreis Rastatt 1990 bis 1999.

könnte. Daher wurden die weiteren Planungen für den Standort einer Nachfolgedeponie eingestellt.

Für die künftig erforderliche thermische Restabfallbehandlung wurden mehrere Alternativen geprüft. Eine eigenständige Lösung war aus Kostengründen und aufgrund der fehlenden Standortverfügbarkeit nicht realisierbar. Dem Landkreis Rastatt und der Stadt Baden-Baden wurde im Herbst 1996 die Mitbenutzung der geplanten Thermoselect-Anlage der Energie Baden-Württemberg AG Karlsruhe Rheinhafen angeboten. Diese Möglichkeit war aus ökologischer und regionalpolitischer Sicht günstiger zu bewerten als eine externe Lösung und konnte sich auch in finanzieller Hinsicht mit den übrigen Alternativen messen. Daraufhin hat der Landkreis Rastatt 1997 beschlossen, ab dem 1. Januar 1999 thermisch zu behandelnde Restabfälle in der Thermoselect-Anlage Karlsruhe verarbeiten zu lassen. Diese hat eine Kapazität von 225 000 t pro Jahr, wovon bei maximaler Auslastung dem Landkreis Rastatt jährlich 48 000 t zur Verfügung stehen. Der Entsorgungspreis bei Vollauslastung beträgt derzeit ca. 140 Euro pro Tonne bei einem Grundpreis von rund 128 Euro pro Tonne. Damit ist die Entsorgungssicherheit des Landkreises Rastatt zumindest bis ins Jahr 2024 (Laufzeit des Vertrags) gewährleistet. Die Menge der Restabfälle, die weder verwertbar noch thermisch behandelbar sind, wird auf der ehemaligen Zentraldeponie Gaggenau-Oberweier abgelagert. Der Umfang der ohne thermische Vorbehandlung abgelagerten Abfälle beträgt pro Jahr ca. 2000 t. Der Pachtvertrag mit der Stadt Gaggenau läuft bis ins Jahr 2010.

Der Landkreis Rastatt betreibt derzeit noch acht Deponien zur Ablagerung von Erdaushub und Bauschutt. Die dort angelieferten Mengen sind von über 300 000 t im Jahr 1981 auf ca. 90 000 t 1989 und schließlich auf 15 000 t 1996 zurückgegangen. Diesem rückläufigen Aufkommen standen nahezu gleichbleibende Kosten gegenüber, so daß trotz einer geringfügigen Steigerung der Ablagerungsgebühren eine Kostendeckung nicht erreicht werden konnte. Die Erhöhung der Entsorgungsgebühren wiederum führte zu abfallwirtschaftlich erwünschten verstärkten Aktivitäten privater Anbieter, z.B. zur Bauschuttaufbereitung oder zum Einsatz von Erdaushub im Landschaftsbau und in Erdwerken. Diese Entwicklung forderte eine Anpassung der Konzeptionsablagerung nicht verwertbarer Baurestmassen. Zur Anpassung an die wirtschaftlichen Rahmenbedingungen wurde folgendes Konzept für die kostendeckende Entsorgung von Erdaushub und Bauschutt beschlossen: Ab 1998 wurden die Deponien in Forbach und Lichtenau als Bodenaushubdeponien weiterbetrieben; mineralische Abfälle (Bodenaushub und Bauschutt) mit dem Zuordnungswert Z2 können auf den Bodenaushub- und Bauschuttdeponien in Bühl-Balzhofen, Durmersheim, Gernsbach und Rastatt entsorgt werden; zudem gab es Änderungen und Einschränkungen im Betrieb der Deponien.

Wertstoffe folgender Fraktionen aus dem Hausmüll werden derzeit im Rahmen der öffentlichen Abfuhr getrennt erfaßt: 1. Altpapier wird im Landkreis Rastatt über die Papiermonotonne zweiwöchentlich gesammelt; 1999 betrug die gesammelte Altpapiermenge ca. 16 000 t, das entspricht einer durchschnittlichen Menge von 74 kg pro Einwohner. 2. Altglas wird einmal monatlich im Hol-System entsorgt. 1999 wurden aus Haushaltungen über die öffentlichen Sammlungen insgesamt 7 800 t erfaßt; dies entspricht einer durchschnittlichen Menge von ca. 35 kg pro Einwohner. Damit beläuft sich auch bei Altglas die Verwertungsquote auf etwa 90 Prozent. 3. Die DSD Leichtverpackungsfraktion wird im Landkreis Rastatt in der DSD Monotonne (gelbe Tonne) erfaßt, der Abfuhrrhythmus ist einmal monatlich. 1996 wurden im Landkreis ca. 5 100 t Leichtverpackungen über die gelbe Tonne erfaßt; dies entspricht einer durchschnittlichen Menge von ca. 23 kg pro Einwohner, davon werden 60 Prozent einer Verwertung zugeführt. 4. Seit dem April 1996 wird im Landkreis Bioabfall flächendeckend gesammelt und verwertet. Der Anschluß an die Biotonne (braune Tonne) erfolgt auf freiwilliger Basis. Im Einzugsbereich des Landkreises sind derzeit 16 000 Biotonnen aufgestellt; bei einer durchschnittlichen Nutzung jeder Tonne durch zwei Haushalte entspricht das einem Anschlußgrad von 60 Prozent. 1999 betrug die erfaßte Abfallmenge 14 000 t. Zusätzlich hat die Einführung der getrennten Bioabfallerfassung auch zu einer verstärkten Eigenkompostierung geführt, so daß die Mengenreduzierung gegenüber dem Jahr 1995 bei insgesamt 16 000 t liegt; dies entspricht einer Erfassungsquote von 75 Prozent. Seit 1990 werden verwertbare Metalle (Schrott) auf der Hausmülldeponie und der Umladestation getrennt erfaßt. Seit 1992 wird Schrott bei Sperrmüllsammlungen separat behandelt.

11. Verkehr

Hauptverkehrsachsen. – Den großen Nord-Süd-Verkehrsrichtungen im Rheingraben stehen, der Breite und der Siedlungsdichte der Ebene entsprechend, mehrere Hauptachsen zur Verfügung. Nächst dem Rhein, doch immer in gewisser Entfernung dazu, verläuft die Bundesstraße B36 Mannheim–Kehl–Lahr; an ihr liegt das Siedlungsband von Durmersheim bis Scherzheim. Die dem Gebirgsrand nahe B3 Hamburg–Basel führt durch die Kerne von Sinzheim, Bühl und Ottersweier. Durch Rastatt verlaufen B3 und B36 von der nordöstlichen Gemarkungsgrenze bis zur Trennung in die Badener und Kehler Straße vereint. Näher zum Gebirge hin wurde der Fahrweg vom Südrand Muggensturms nach Ettlingen bis 1973 zur modernen L607 ausgebaut. Zwischen der B36 und der B3 führt die Bundesautobahn A5 Hamburg–Frankfurt–Basel. Von Frankfurt aus 1939 bis Karlsruhe/Ettlingen und 1956 bis Baden-Baden fertiggestellt, erreichte sie 1959 die Südgrenze des Kreises. Die Erschließung durch die Rheintalbahn begann 1844 mit der Eröffnung der Teilstrecke Karlsruhe–Offenburg. Im allgemeinen dem Gebirgsrand nahe, wurde bei Rastatt eine deutliche West-Ausbuchtung zur Stadt hin gewählt mit einem fast unmittelbar am Süd-Ost-Rand der Ludwigsfeste gelegenen Bahnhof.

Durch das Murgtal ist der Verkehrsachse von Rastatt und Muggensturm in den Schwarzwald ein zunächst südöstlicher, dann immer mehr südlicher Verlauf vorgegeben. Den meist engen Talweg teilen sich die Murgtalstraße (B462) und die Murgtalbahn.

An überregionalen Ost-West-Achsen hatte der Kreis lange Zeit einen eher geringen Anteil; die entsprechenden Verkehrswege verlaufen auch heute noch vorwiegend über Karlsruhe. Der stetigen Verkehrszunahme auch außerhalb der traditionellen Ost-West-Verkehrswege trägt aber seit geraumer Zeit die Verkehrsplanung in Richtung Elsaß sowie in Richtung des Schwarzwaldkamms Rechnung, wo Verkehrskreuze mit der Schwarzwaldhochstraße entstanden sind.

Straßen und Straßenverkehr. – Die stark frequentierte A5 ist im Kreis von Nord nach Süd seit 1997 bis in die Höhe von Kartung auf drei Fahrspuren je Richtung erweitert; im Frühjahr 2002 wurde die Planfeststellung für die Fortsetzung der Verbreiterung über die südliche Kreisgrenze hinaus eingeleitet. Die B3 erfuhr bislang nur Verbreiterungen ohne Änderung ihres Verlaufs; räumlich und zeitlich verbunden mit dem Ausbau der Rheintalbahn, entsteht sie nun aber zwischen der Kreisgrenze südlich von Ottersweier und dem Südende von Rastatt mit einer Trasse westlich der Bahn völlig neu. Im Zuge der B36 ist eine Ost-Umfahrung von Durmersheim und Bietigheim geplant, wie sie östlich von Ötigheim schon seit jeher besteht.

Die ehemalige Murgtal-Zufahrt von Rastatt (heute L77) umfuhr Oberndorf und wechselte über die Rotenfelser Brücke auf die rechte Seite des Flusses, wo sie auf die von Neumalsch und Muggensturm kommende Zufahrt (heute K3737) stieß. Seit 1958 schuf man eine neue, an der Nordost-Ausfahrt der B3 in Rastatt beginnende Murgtal- bzw. Autobahnzubringerstraße. Sie führt in weitem Bogen um Rauental herum, kreuzt niveaufrei die L67 (Neumalsch–Oos), quert westlich von Bischweier auf die linke Murgseite, um Gaggenau westlich zu umfahren, und trifft in Gernsbach auf der rechten Flußseite auf die alte Straße. Die dort beginnende Talenge sowie der Baubestand beiderseits der Murg zwangen dazu, für die Weiterführung der B462 in moderner Form einen Tunnel (1527 m Länge) zu bauen, der 1998 fertiggestellt wurde. In Langenbrand vermeidet eine westliche Umgehung mit zweimaliger Querung der großen Murgschleife die sehr kurvenreiche Ortsdurchfahrt. Im weiteren Verlauf zwischen Langenbrand und Gausbach erübrigt ein Brückenbau hoch über der Bahnbrücke den dortigen alten und engen Straßentunnel. Richtung Rhein wurde die B462 von der B3 aus als Nordumgehung von Rastatt bis zur L77 weitergebaut, wodurch die neuen Industriegebiete in Rheinau (Oberwald) erschlossen und die Verkehrsmöglichkeiten für Plittersdorf verbessert wurden.

Bau und Ausbau der 1967 zur B500 aufgestuften Schwarzwaldhochstraße Baden-Baden–Alexanderschanze vollzogen sich zwischen 1920 und 1980. Die Lücke zwischen Hundseck und Unterstmatt konnte erst 1930 nach jahrelangem Bemühen von seiten der Stadt Bühl und der Reichspost, aber auch der Stadt Baden-Baden geschlossen

Rheinbrücke zwischen Wintersdorf und Beinheim von Nordwesten.

werden. Der Kreisanteil an ihr reicht nur vom Oberen Plättig (824 m NN) bis Unterstmatt. Über Baden-Baden hat sie Anschluß an die B36 südlich von Iffezheim, Kreuzungsbauwerke mit der B3 und der Autobahnanschlußstelle Baden-Baden schufen dabei auch eine günstige Autobahnanbindung für Sinzheim, und der Bau der Staustufe Iffezheim bot Gelegenheit, die B500 zu einer großzügigen Straßenverbindung ins Elsaß zu erweitern.

Die zunehmende Benutzung der Rheinfähre Seltz-Plittersdorf war eines der Zeichen für den nach dem Zweiten Weltkrieg langsam, aber stetig dichter werdenden Verkehr mit Frankreich. Daher wurde 1960 die unweit der Staustufe Iffezheim gelegene Wintersdorfer Eisenbahnbrücke durch Auflage eines Fahrbahnbelags – jedoch unter Beibehaltung der Bahngleise – für den Straßenverkehr hergerichtet, was wiederum den Anstoß gab zum schrittweisen Bau einer neuen Ost-West-Straße, die das elsässische Beinheim an die B36 anschließt; geplant ist ihre Fortsetzung bis zur B3.

Weitere Ost-West-Straßen führen von der Rheinebene zur Schwarzwaldhochstraße oder ins Murgtal, drei von ihnen weiter ins Enz- bzw. Albtal. Im Süden des Kreises geht die L83 vom Autobahnanschluß Bühl über Bühlertal und Sand an der Schwarzwaldhochstraße zur B462 nach Raumünzach ins Murgtal; die L85 verbindet auch Rheinmünster mit diesem Verkehrsweg. Gleiche Bedeutung besitzen die Route Ottersweier–Neusatz–Bühlertal und die 1962 ausgebaute Zufahrt von Neusatzeck nach Unterstmatt an der Schwarzwaldhochstraße (K3765). Von Forbach führt seit

1906 die sehr kurvenreiche, landschaftlich reizvolle L79 über Bermersbach und den Rhein-Murg-Kamm an der Roten Lache (690 m NN) nach Lichtental. Weiter nördlich gibt es für die vier Straßenvarianten von Gernsbach nach Baden-Baden schon sehr viel niedrigere Übergänge. Die 1863 fertiggestellte L564 Gernsbach–Loffenau–Herrenalb wird erst oberhalb Loffenau bis zum Rennbachtal zur kurvenreichen Bergstraße.

Fährverbindungen mit dem Elsaß und der Pfalz bestanden von alters her zwischen Au am Rhein/Illingen und Lauterburg, Steinmauern und Münchhausen, Plittersdorf und Seltz, Wintersdorf/Iffezheim und Beinheim/Roppenheim, Söllingen und Fort Louis sowie zwischen Greffern und Drusenheim. Nach dem Anschluß von Elsaß-Lothringen an das Deutsche Reich 1871 hat man Schiffbrücken zwischen Plittersdorf und Seltz und Greffern und Drusenheim eingerichtet (1875), die nach dem Zweiten Weltkrieg wieder durch Autofähren ersetzt wurden; die Fährverbindung Au am Rhein-Lauterburg ist nicht wieder zustandegekommen.

Schienenverkehr. – Die Rheintalbahn Mannheim-Basel, die älteste, 1840 begonnene badische Eisenbahnstrecke überhaupt, erreichte 1844 bereits Rastatt (über Ettlingen-Muggensturm). 1846 mit einem zweiten Gleis versehen, wurde sie 1855 bis Basel vollendet und bildet heute wie die Strecke Mannheim-Ulm das Rückgrat des nationalen und internationalen Eisenbahnverkehrs in Baden-Württemberg.

Entstand die Rheintalbahn binnen kürzester Zeit, so brauchte die Murgtalbahn Rastatt-Freudenstadt (58 km) bis zu ihrer Vollendung Jahrzehnte. Schon seit 1858 traten die Gemeinden des Murgtals für eine große Fernbahn über Gernsbach bis zum Bodensee ein, fanden aber, weil die Strecke außerhalb Badens durch eine wenig bevölkerte Gegend geführt hätte, zunächst kein Gehör. Nach Aufbringung der erforderlichen Mittel durch Gernsbach und Gaggenau (über die 1866 konstituierte Murgtaleisenbahngesellschaft) wurde indes bereits 1869 die Strecke Rastatt–Gernsbach als Stichbahn eröffnet. So war die Konkurrenzfähigkeit für die Murgtäler Holzwirtschaft gegenüber jener in den Tälern von Enz und Nagold, für die ein Eisenbahnbau bereits feststand, gesichert; aber auch für die Gaggenauer Glas- und Eisenindustrie war die Bahnanbindung von Vorteil. Ursächlich für den langwierigen Fortgang waren die schwierigen Geländeverhältnisse talaufwärts, notwendige Abstimmungen zwischen Baden und Württemberg

11. Verkehr

Tennetschluchtviadukte im Murgtal bei Bermersbach.

und der Erste Weltkrieg mit seinen Folgen. 1894 erreichte die Strecke Weisenbach, 1910 Forbach-Gausbach und 1915 Raumünzach; 1904 erwarben die Badischen Staatseisenbahnen die Murgtalbahn. Der Lückenschluß zwischen Raumünzach und Klosterreichenbach erfolgte erst 1928 unter der Ägide der Deutschen Reichsbahn Gesellschaft. Die Strecke erlangte nicht nur im Reiseverkehr, sondern durch die technisch mustergültige Erschließung aller wichtigen Gewerbebetriebe mit Gleisanschlüssen, von denen einige die Murg überqueren, auch im Güterverkehr eine große Bedeutung.

Nach der Eröffnung der Rheintalbahn hatte der Verkehr auf der alten Rheinstraße zwischen Rastatt und Kehl sehr zum Leidwesen der Gemeinden im Hanauerland stark abgenommen. Eine als Ausgleich geforderte Rheinuferbahn Rastatt-Kehl ist erst viel später in zwei Etappen als Schmalspurbahn zustandegekommen: 1892 eröffnete die Straßburger Straßenbahngesellschaft (SSB) die mit Dampf betriebene Strecke Kehl–Lichtenau–Bühl; in Schwarzach abzweigend kam 1909 die Fortsetzung nach Rastatt hinzu. In Bühl war die Strecke direkt in den Bahnhof der Vollspurbahn eingeführt; in Rastatt lagen die Gleise für die Personenzüge unmittelbar vor dem Bahnhofsgebäude auf der Straßenseite. Charakteristisch für die Strecken war ein eigener Bahnkörper außerhalb der Ortschaften, der z.T. straßenparallel verlief wie z.B. zwischen Stollhofen und Iffezheim westlich neben der B36; die Fahrt durch die Ortskerne von Lichtenau und Hügelsheim geschah auf der Hauptdurchgangsstraße. Nach dem Ersten Weltkrieg folgte der langwierige Übergang von der SSB, die noch bis 1920 den Betrieb führte, zur Mittelbadischen Eisenbahn AG (Lahr), die, eigens hierfür errichtet, ab 1923 die rechtsrheinischen Schmalspurstrecken betrieb. Nachdem der Abschnitt zwischen Rastatt Staatsbahnhof und Rastatt Mittelbadische Eisenbahn bereits 1938 aufgegeben worden war und nach den großen Stillegungen 1970 und 1972 wurde der verbliebene Abschnitt Bühl–Söllingen 1972 zur Anbindung des Flugplatzes Söllingen und der Dow Chemicals in Greffern für den Güterverkehr auf Normalspur umgebaut.

Bühlertal erhielt 1896 nach einer relativ kurzen Petitions- und Vorbereitungsphase eine nur knapp sechs Kilometer lange Eisenbahn von Bühl nach Oberbühlertal mit den Zwischenstationen Kappelwindeck, Altschweier und Bühlertal. Diese normalspurige Bühlertalbahn zweigte südlich des Bahnhofs Bühl in einem langgestreckten Bogen Richtung Schwarzwald ab. Die zuletzt durch die Deutsche Eisenbahn Betriebs-Gesellschaft AG (Hameln) bediente, 1957 stillgelegte Stecke hatte vor allem in den ersten Betriebs-Jahrzehnten dank der Sägewerke und des Schwarzwald-Tourismus in Verbindung mit den Postbussen höhere Einnahmen als erwartet.

Durmersheim war seit 1890 Endstation der meterspurigen Karlsruher Lokalbahnstrecke. Trotz der unbestreitbaren Bedeutung dieser Strecke für den Berufs- und Marktverkehr wurde der Betrieb auf ihr 1936/37 schrittweise eingestellt. Als moderne Karlsruher Stadtbahn erreichte die Strecke in Richtung Durmersheim schon 1991 wieder das Südende von Mörsch, von wo aus für eine Fortsetzung nach Durmersheim noch die beste Linienführung zu finden ist.

Ein weiteres größeres Bahnprojekt tangierte während des Bismarck-Reichs den Kreis. Es handelt sich um die (zweigleisige) Hauptbahn Graben–Neudorf–Karlsruhe–Ötigheim–Rastatt–Wintersdorf–Rheinbrücke–Röschwoog. Nachdem bis ins Jahr 1871 zurückgehende private und kommunale Initiativen für eine Eisenbahnverbindung über den Rhein in Höhe von Rastatt erfolglos geblieben waren, gaben vorwiegend strategische Reichsinteressen den Anstoß zu ihrer Ausführung; sie wurde nach nur kurzer Planungs- und Bauzeit 1895 dem Verkehr übergeben. Mit ihr wurde auch der Bahnhof Rastatt an seinen gegenwärtigen Standort verlegt. Während sie zwischen Graben-Neudorf und Rastatt sogleich in den Rheintalbahnbetrieb integriert wurde, gab es ein nennenswertes Verkehrsaufkommen auf dem Abschnitt zwischen Rastatt und Röschwoog nur während der Zugehörigkeit des Elsasses zu Deutschland. Nach 1945 wurde der öffentliche Verkehr mit Frankreich nicht wieder aufgenommen. Abzweigend von der Wintersdorfer Strecke wurde etwa zeitgleich mit ihr noch eine Stichstrecke zur Iffezheimer Rennbahn angelegt; 1956 wurde diese wieder abgebaut.

Nach dem Ausbau für den Straßenverkehr blieb die Wintersdorf-Beinheimer Eisenbahnbrücke für den Schienenverkehr technisch erhalten, um bei Bedarf für militärische Eisenbahntransporte zur Verfügung zu stehen. Eine militärische Nutzung besteht freilich schon seit geraumer Zeit nicht mehr, hingegen wächst das allgemeine verkehrliche Interesse an einer Schienenverbindung über den Rhein. Im Güterverkehr erleichterte der Bestand der Strecke die Anbindung der Industrie- und Gewerbegebiete im Westen Rastatts über ein neues Industriestammgleis, das von der Wintersdorfer Strecke abzweigt; es wird seit 1997 vornehmlich durch DaimlerChrysler genutzt, im übrigen haben hier die Rastatter Eisenhandel GmbH und die Stierlenwerke AG Anschlußgleise. Eine künftige Nutzung dieser Strecke im Personenverkehr ist nicht ausgeschlossen. – Ein zu Beginn des 20. Jh. jahrelang vor allem von Gernsbach gehegtes Projekt einer schmalspurigen elektrischen Adhäsionsbahn über Müllenbild nach Baden-Baden kam nicht zum Tragen.

Für die Rheintal- und die Murgtalbahn ist Rastatt gemeinsamer Bahnhof. Im Kreis bestehen an der Rheintal-

Bahnhof Forbach-Gausbach an der Murgtalbahn.

bahn außerdem die Bahnhöfe bzw. Haltepunkte Durmersheim-Nord (seit 2000), Durmersheim, Bietigheim, Ötigheim, Muggensturm (an der Gebirgsrandlinie) und Bühl, früher auch Sinzheim und Ottersweier. An der Murgtalbahn folgten nach Rastatt die Bahnhöfe Kuppenheim, Bischweier, Bad Rotenfels, Gaggenau, Gaggenau-DaimlerChrysler-Werk (Haltepunkt), Hörden-Ottenau, Gernsbach, Obertsrot, Hilpertsau-Obertsrot, Weisenbach, Langenbrand-Bermersbach und Forbach-Gausbach; aufgegeben waren seit langem die Haltepunkte Au im Murgtal, Raumünzach und Kirschbaumwasen. Am 15. Juni 2002 wurde auf der Murgtalbahn der elektrische Stadtbahnbetrieb durch die Albtal-Verkehrs-Gesellschaft (AVG) aufgenommen; dabei traten zu den bereits genannten noch neun neue Haltepunkte hinzu. An der Rheintalbahn wird Sinzheim wieder einen Haltepunkt erhalten.

Im Landkreis ist Rastatt die einzige Schnellzugstation. Hielten hier früher (z.B. 1931 und 1956) je vier Schnellzugpaare, so bestanden zuletzt bis 2001 tagsüber in jeder Richtung sieben InterRegio-Zug-Halte im Zwei-Stunden-Takt, die größtenteils durch InterRegioExpress-Züge Karlsruhe–Konstanz abgelöst wurden. Jeweils mindestens im Stundentakt bedienen Regionalzüge zwischen Offenburg und Karlsruhe über Muggensturm und Stadtbahnen zwischen Baden-Baden und Karlsruhe über Ötigheim–Durmersheim die Bahnhöfe der Rheintalbahn. Für das Murgtal wurden schon vor der Modernisierung Züge zwischen Karlsruhe und Freudenstadt im angenäherten Stundentakt angeboten; die Stadtbahn brachte eine Verdichtung auf einen Halbstundentakt.

Von den Betrieben im ausgedehnten traditionellen Rastatter Gewerbegebiet östlich des Bahnhofs (im Gewann Lochfeld) findet über die vorhandenen Gleisanschlüsse derzeit nur ein geringer Bahngüterverkehr statt; früher profitierte dort vor allem die Waggonfabrik. Das Bühler Gewerbegebiet im südlichen Ehlert westlich der Rheintalbahn erhielt 1968/71 ein Industriestammgleis; an sie sind Firmen wie die LuK Lamellen- und Kupplungsbau GmbH und die Mannesmann Handel AG angeschlossen. In Muggensturm verbindet seit 1988 ein Gleisanschluß das Lager der Karstadt AG mit der Rheintalbahn. Von neueren Anlagen ist das Industriestammgleis für das Gewerbegebiet auf den Gewannen Holderwäldele und Wissig nördlich von Bad Rotenfels als vorbildlich hervorzuheben, an das sich mehrere Betriebe angeschlossen haben. Für ihr modernes Säge- und Spanplattenwerk westlich Bischweier erhielt die Firma Gruber & Weber 1988 einen eigenen Gleisanschluß. Das höchste Güteraufkommen auf der Schiene erreicht im Kreis die DaimlerChrysler AG mit ihren Werken in Gaggenau und Rastatt, die auch jeweils über eine Gleisanschlußinfrastruktur verfügen.

Der Abschnitt Karlsruhe–Basel der Rheintalbahn ist im Bedarfsplan für die Bundesschienenwege als vordringliche Ausbau- und Neubaustrecke ausgewiesen. Mit der Hochgeschwindigkeitslinie Paris-Straßburg (TGV Est), deren Bau 2001 begann, und ihrem Anschluß an die Rheintalbahn über Kehl und Appenweier Richtung Karlsruhe–Stuttgart nimmt ihre Bedeutung noch zu. Der Abschnitt Rastatt–Offenburg wird bis 2004 viergleisig in Betrieb gehen; nördlich von Rastatt wird es noch etwas länger dauern, bis die neuen Gleise für den Schnellverkehr – in Bündelung mit der neu zu bauenden B36 – östlich der bestehenden Strecke zwischen Rastatt und Durmersheim fertig werden. Im Bereich von Rastatt ist als Endzustand die Unterfahrung in einem zweiröhrigen Tunnel östlich der alten Strecke geplant.

Öffentlicher Personennahverkehr. – Der Landkreis und die Stadt Baden-Baden traten 1994 dem Karlsruher Verkehrsverbund (KVV) bei, der Tarifverbund wurde 1996 eingeführt. Von den zur Zeit etwa zwanzig den KVV tragenden Verkehrsbetrieben sind nicht weniger als sieben im Kreis ansässige Unternehmen, allen voran die Verkehrsgesellschaft Rastatt VERA und die Walz-Omnibusreisen GmbH; der überragende Anteil der im Kreis angebotenen Verkehrsleistungen wird von den Unternehmen DB Regio AG, AVG Karlsruhe und der RVS Regionalbusverkehr Südwest GmbH (Südwestbus), Karlsruhe, erbracht. Im Kreis bestehen zusätzlich zu den Schienenlinien mehr als vierzig Buslinien des KVV, davon 16 über das Kreisgebiet hinaus. Auf zwölf der Buslinien wird bereits ein Taktverkehr (Stundentakt) angeboten, darunter auf fünf Linien der Baden-Baden-Linie (BBL), drei Linien der VERA und zwei Linien der Firma Zeller, Bühl.

Kern des zukunftweisenden Regionalverkehrssystems wird jedoch immer stärker das Schienennetz auf der Grundlage des vorbildlichen, von den Verkehrsbetrieben Karlsruhe (VBK) und AVG entwickelten sowie von der DB AG und nicht zuletzt den Gebietskörperschaften unterstützten Karlsruher Modells, dessen Grundvoraussetzungen erfüllt sind: Zweisystem-Stadtbahnwagen können sowohl auf dem Karlsruher Tram- und Albtalbahnnetz mit Gleichstrom 750 Volt als auch auf dem DB-Netz mit Wechselstrom 15 000 Volt 16 2/3 Hertz verkehren; entsprechende Fahrzeuge sind seit 1992 im Einsatz. Außerdem besteht

Stadtbahn im Murgtal bei Obertsrot.

Routenflexibilität, d.h. die Möglichkeit, eine Vielzahl von Fahrtzielen direkt durch die Verknüpfung von Tram- und Eisenbahn-(DB-)Netz für durchgehende Züge (Stadtbahnen) zu erreichen. So kann zum einen die Karlsruher Innenstadt von Bahnhöfen im Kreisgebiet umsteigefrei erreicht werden; zum anderen sind zügige und sehr schnelle Querverbindungen über Karlsruhe Hauptbahnhof zwischen dem Landkreis und über Karlsruhe hinaus gelegenen Gebieten, die an das Stadtbahnnetz angeschlossen sind oder es noch werden, möglich. Die erste Stadtbahn dieser Art im Landkreis stellte die Linie Baden-Baden–Rastatt–Durmersheim–Karlsruhe Innenstadt–Bretten–Eppingen–Heilbronn dar (seit 2001 in die Innenstadt von Heilbronn und ab 2003 bis nach Öhringen), gefolgt von der Stadtbahn Raumünzach–Rastatt–Bretten (seit 15. Juni 2002).

Für den Öffentlichen Personenverkehr auf der Straße eröffnete 1905 eine Firma Automobilverkehr Gernsbach GmbH eine zunächst nur im Sommer betriebene Omnibuslinie von Gernsbach über Müllenbild nach Baden-Baden; später folgten Linien nach Herrenalb, Wildbad und Freudenstadt. Ab 1912 betrieb der Bühler Jakob Hatz über die Straße Bühlertal-Sand eine Omnibuslinie zwischen Bühl und den Höhenkurorten. Heute bietet das im Kreis von mehreren Unternehmen betriebene Netz ein insgesamt homogenes Angebot. Das komplexe ÖPNV-Angebot orientiert sich an der vielfältigen Siedlungsstruktur im Kreis. Seine Nutzung wird durch das übersichtliche Informations- und Fahrplanmaterial des KVV – Kursbuch mit Gesamtnetz, einen großmaßstäblichen Regioplan sowie verschiedene Einzelpläne – ganz wesentlich erleichtert.

Ausstrahlung und Anziehungskraft Karlsruhes als Oberzentrum der gesamten Region Mittlerer Oberrhein erstrecken sich in alle Richtungen, mit einem entsprechend hohen Verkehrsaufkommen; freilich bedeutet das keine Einbahnstraße, denn umgekehrt besteht auch ein intensiver Verkehr aus dem Zentrum in die Region, beispielsweise im Ausflugsverkehr. Die Verkehrsbeziehungen über den Rhein – mit Rastatt und dem Landkreis sowohl als Aufkommens- wie als Durchgangsgebiet – nehmen nach der Überwindung alter politischer Barrieren, die seit dem Ersten Weltkrieg alle positiven Ansätze für ein oberrheinisches Regionalschienennetz lange Zeit zunichte machten, stark zu. An den entsprechend notwendigen Problemlösungen unter stärkerer Beteiligung des öffentlichen Nah- und Regionalverkehrs wirkt der Kreis mit. Insbesondere die Dynamik der VBK/AVG hat zu einem mittlerweile schlüssigen und finanzierbaren Konzept mit der Stadtbahn als Kern geführt, das den Raum des Landkreises voll einschließt; mit seiner Verwirklichung können alle Voraussetzungen erfüllt werden, eine am Gebot der Nachhaltigkeit orientierte Ausgewogenheit zwischen individuellem und öffentlichem Verkehr zu erreichen. Vorgesehen sind in diesem Rahmen Stadtbahnverbindungen auf neuen Strecken von Rheinstetten nach Durmersheim, von Ettlingen über Muggensturm nach Rastatt sowie über die Rastatter Innenstadt, Iffezheim und Hügelsheim zum Baden Airpark (Flughafen Karlsruhe/Baden-Baden); desgleichen soll die alte Strecke von Rastatt über Wintersdorf ins Elsaß eines Tages wieder in Betrieb genommen und von der Stadtbahn bedient werden. Die Anbindung der Baden-Badner Innenstadt an das Stadtbahnnetz bleibt nach einer ablehnenden Entscheidung des örtlichen Gemeinderats (1999) fürs erste offen.

Entwicklung des Fahrgastaufkommens im Karlsruher Verkehrsverbund 1995 bis 2001

Jahr	1995	1997	1999	2001
Fahrgäste in Mio.	102,1	123,6	135,9	149,0

Baden-Airpark von Südwesten.

Luftverkehr. – Neben den traditionellen Flugplätzen Baden-Baden-Oos und Karlsruhe-Forchheim errichteten die Franzosen 1951/52 unter Verlegung der B36 und der Kleinbahn Rastatt–Schwarzach zwischen Hügelsheim und Stollhofen auf den Feldfluren Niederfeld und Kalkgrübel den Militärflugplatz Söllingen, der schließlich bis 1993 den Kanadiern als NATO-Flugplatz gedient hat. Wegen seiner im Vergleich mit den benachbarten Verkehrslandeplätzen besseren Flugsicherungsanlagen und längeren Startbahn wurde er für den Ausbau zum Regionalflughafen (mit Gewerbe- und Industriepark) für die Region Mittlerer Oberrhein ausgewählt. Im Mai 1997 nahm er als Flugafen Karlsruhe/Baden-Baden den Flugbetrieb mit Instrumentenlandesystem auf. Die Flugpassagiere verteilten sich 2001 (Vergleichswerte für 1998 in Klammern) auf die Verkehrsarten wie folgt: Pauschalflugreiseverkehr 63,8 Prozent (76,2), Linienverkehr 17,1 Prozent (3,0) und Geschäftsreise- und Werkverkehr 19,1 Prozent (20,8). In den Ausbau dieses Flughafens werden über den Landkreis hinaus große Hoffnungen gesetzt.

Entwicklung der Passagierzahlen auf dem Flughafen Karlsruhe/Baden-Baden

Jahr	1997	1998	1999	2000	2001
Passagiere	20544	58119	120433	186138	188835

Rheinschiffahrt. – Auf dem Rhein fahren heute beinahe die ganze Schiffsfracht und der ganze Passagierverkehr an der westlichen Kreisgrenze vorbei. Die nächsten Häfen für den Umschlag von Gütern aller Art sind Karlsruhe und Kehl. In Greffern und Iffezheim dienen Hafenbecken den Motorjachten, dasjenige in Greffern auch dem Ladebetrieb des dortigen Kieswerks. Am Nord-West-Rand von Greffern befindet sich ein besonderes Hafenbecken der Firma Dow Chemicals für Tankschiffe. Mit dem Bau der Staustufen bei Freistett/Gambsheim und bei Iffezheim/Beinheim ist seit 1977 der zwischen Kehl/Straßburg und Neuburgweier/Lauterburg gemeinschaftliche deutsch-französische Ausbau des Flusses für das Kreisgebiet zunächst einmal abgeschlossen.

Abflugterminal auf dem Flughafen Karlsruhe/Baden-Baden.

VI. ÖFFENTLICHES UND KULTURELLES LEBEN

1. Politisches Leben

Politische Teilhabe und Mitwirkung. – Mit der zunächst staatsabsolutistisch oktroyierten, dann ständisch sanktionierten Verfassung erhielt Baden 1818 eine liberale Gesellschaftsordnung, die als die modernste im frühkonstitutionellen Deutschland galt. Auf dieser Grundlage überwand das Großherzogtum den bürokratischen Absolutismus der Rheinbundzeit, der durch einen rigiden Zentralismus nach französischem Vorbild die neuerworbenen Gebiete zusammenfügen wollte, zugunsten einer konstitutionellen Monarchie, die im Deutschen Bund ein fortschrittliches Musterland darstellte. Wählen konnten nur Männer – jeder evangelische oder katholische Staatsbürger, der das 25. Lebensjahr vollendet hatte und in seinem Wahlbezirk als Bürger seßhaft war, mit Ausnahme der Hintersassen, Gewerbsgehilfen, Bedienten und des Gesindes. Damit gab die Verfassung rund einem Sechstel der Bevölkerung, über zwei Dritteln der potentiell wahlfähigen Männer über 25 Jahren oder vier Fünfteln der Familienvorsteher, das Stimmrecht. 1831 erweiterte sich der Kreis der Stimmberechtigten formal, da die Gemeindeordnung den Schutzbürgerstatus aufhob. 1846 lag der Anteil der Wahlberechtigten an der Einwohnerschaft zwischen 16,4 Prozent in Schwarzach und 18,3 Prozent in Gernsbach.

Gewählt werden konnte, wer das 30. Lebensjahr erreicht hatte und ein dauerhaft hohes Einkommen von 1 500 Gulden jährlich oder Vermögen in Höhe von 10 000 Gulden nachweisen konnte, ein im Vergleich zu Württemberg niedrigerer Zensus. Aber angesichts des geringen Anteils an wählbaren Bürgern unter der besitzbürgerlichen Oberschicht – Berechnungen gehen von weniger als einem Prozent aus – konnte mancher Bezirk bei den Abstimmungen zum Unterhaus keinen ansässigen Kandidaten aufbieten. 1819 lehnten zehn Gernsbacher Bürger den Sinzheimer Vogt als Auswärtigen ab und erachteten dessen *sonst achtungswerthe, aber doch nur landwirtschaftliche Kenntnisse* für die gewerblich geprägte Schifferstadt als *nicht ersprießlich*.

Den Ämterwahlkreis Rheinbischofsheim und Kork, wozu die Gemeinden des Hanauerlands zählten, vertraten zwischen 1819 und 1870 acht Abgeordnete, von denen drei nicht aus dem Stimmbezirk stammten; im Wahlkreis für die Ämter Achern und Bühl standen drei auswärtige sieben einheimischen Deputierten gegenüber. Knapper war das Verhältnis im Ämterwahlbezirk Rastatt und Ettlingen (fünf zu vier), während im Ämterwahlkreis Baden, Gernsbach und Steinbach die Zahl der externen Delegierten (fünf zu vier) überwog. Einzig den Wahlbezirk der Stadt Rastatt vertraten bis 1867 ausnahmslos Ortsansässige. Gegen Ende des Vormärz nahm die Abgeordnetenmobilität zu; darüber hinaus löste der juristisch geschulte Akademiker, ob als Beamter oder Freiberufler, den ortsansässigen Kaufmann, Land- oder Gastwirt ab.

Das Wahlrecht war neben dem Geschlecht an die Leistungskraft des einzelnen im Staat gebunden. Der Grundsatz des Steuerkapitals pro Kopf der Einwohnerschaft bestimmte auch die Wahlkreiseinteilung. Sie begünstigte die in der Regel vermögenderen Stadtbewohner gegenüber der Landbevölkerung. Gegenüber dem Umland wurde die Stadt Rastatt bevorzugt, wo die Mitsprachemöglichkeiten größer waren. Dort repräsentierte 1818 ein Abgeordneter rund 4 513 Einwohner und hochgerechnet 1 000 Wahlberechtigte. Im Wahlkreis der beiden Rastatter Landämter und des Amts Ettlingen vertrat ein Abgeordneter rund 30 000 Menschen. Ferner waren die Städte steuerlich im Vorteil. Während die 30 090 Einwohner der Landämter Rastatt und Ettlingen 1818 Abgaben in Höhe von 19 921 970 (je Einwohner 662) Gulden entrichteten, zahlten 4 513 Rastatter Stadtbewohner nur ein rundes Achtel davon (2 578 880 Gulden, pro Kopf 571). Noch 1864 führten 7 579 Rastatter 3 837 375 (im Schnitt 506) Gulden an den Staat ab, wogegen die 47 824 Köpfe starke Bevölkerung des Wahlbezirks Rastatt und Ettlingen 28 968 245 (im Mittel 605) Gulden dem Fiskus überwies. Auch die Wahlrechtsreform 1904, die die direkte Wahl einführte, beseitigte das Gefälle nicht gänzlich. Rastatt stellte mit 1 529 Wahlberechtigten landesweit den kleinsten Wahlbezirk.

Die Orientierung an der Steuerkraft schürte auch den konfessionellen Konflikt. Der Vorrang der Städte erhärtete die Trennlinie zwischen reich und arm und berührte das Verhältnis von Protestanten und Katholiken. Letztere stellten landesweit zwei Drittel der Einwohner, jedoch nur rund die Hälfte der Wahlberechtigten. Hier deutet sich systembedingt der durch Inferioritätsgefühle der katholischen Einwohner und den liberal-protestantischen Führungsanspruch hervorgerufene konfessionelle Konflikt an, der im badischen Kirchenstreit (1852/60) und im Kulturkampf (1871/87) aufbrechen sollte.

Vormärz und Revolution 1848/49. – Die Urabstimmungen zum badischen Unterhaus zwischen 1819 und 1846 zeichneten sich durch eine auffallend hohe Wahlbeteiligung aus, die in den folgenden Land- oder Reichstagswahlen nicht durchgehend erreicht wurde. Sie schwankte zwischen gut neun Zehnteln 1819 und mehr als drei Vierteln 1846. Die hohe Partizipation hatte mehrere Ursachen: eine allgemeine Verfassungseuphorie, Hoffnungen auf die politische Rolle der Kammer, die in der öffentlichen Meinung überbewertet wurde, und nicht zuletzt die soziale Kontrolle, die die gemeindebezogenen Abstimmungen auf den Einzelnen ausübten. Generell wurzelte die beachtliche Wahlbeteiligung, die in kleinen Gemeinden am höchsten ausfiel (z.B. 1830/31 in Oberweier bei Bühl und in Leiberstung 100%), eher in der Tradition eines pflichtschuldigen Untertanengeists als im Bewußtsein eines staatsbürgerlichen Rechts. Paradoxerweise war die zunehmende Wahlenthaltung im Vormärz eine Form staatsbürgerlicher Emanzipation.

Waren die Urwahlen primär Persönlichkeitswahlen, so verfestigte sich in den 1840er Jahren bei der von den Wahlmännern vorgenommenen Abgeordnetenauslese die Parteibildung zwischen der Regierungspartei einerseits, die sich aus dem konservativen Lager, vor allem aber der liberalen Mitte und dem katholischen Lager zusammensetzte, und der Opposition andererseits, die sich von konstitutionellen über doktrinäre Liberale bis hin zu radikalen Demokraten erstreckte. Der Stadtwahlkreis Rastatt mit seiner Prägung durch Handel und frühe Industrie erwies sich seit Beginn des Jahrzehnts ebenso als Hochburg der Opposition wie der Ämterwahlkreis Rastatt/Ettlingen, den von 1841 bis 1846 einer der führenden liberalen Oppositionellen, Johann Adam von Itzstein, vertrat. Das Umland mit seinen vielen Klein- und Nebenlandwirten sowie Handwerkern und Kleingewerbetreibenden indes schwankte zwischen den Lagern; vor allem der Wahlkreis Rheinbischofsheim wechselte häufig die Seiten. Den Ämterwahlkreis Bühl/

Freischärler an der Murgbrücke bei Kuppenheim im Juni 1849.

Achern vermochte die Regierungspartei zu erobern, nachdem ihn von 1831 bis 1842 zwei Oppositionelle vertreten hatten. Der Wahlbezirk Baden/Gernsbach/Steinbach fiel 1845 an das gouvernementale Lager. Der Wahlkreis Baden wiederum, zu dem auch Sinzheim gehörte, wurde von der Regierungspartei klar gehalten.

Angesichts des sich verschärfenden Gegensatzes zwischen ministerieller Regierungspartei und liberaler bzw. demokratischer Opposition kam es auch zu behördlichen Wahlbeeinflussungen, von denen neben 1824/25 die Urnengänge zu Beginn der 1840er Jahre am stärksten betroffen waren. 1846, im Zeichen des Zweckbündnisses mit den konservativen Katholiken, übte die Regierung massiven Druck bereits auf die Urwähler aus; im Ämterwahlbezirk Rastatt/Ettlingen wurde 1846 der gouvernementalen Wahlkampfführung vorgeworfen, einen Steinmaurer Wirt angewiesen zu haben, Freibier an die Urwähler der konservativen Regierungspartei auszuschenken, um so die Wahl des Oppositionellen von Itzstein zu verhindern.

Vor allem die Radikaldemokratisierung eines Teils der Landtagsopposition bereitete mit ihren Forderungen – von durchgreifenden Reformen bis hin zum Umsturz – der Revolution 1848/49 ebenso den Boden wie die sozioökonomischen Strukturkrisen. Die Mißernten 1845/46 und die nachfolgenden Teuerungen und Hungersnöte 1846/47 (Brotkrawalle) kennzeichnen die »hungrigen Vierziger« als letzte Krise vorindustriellen Typs. Die Überbesetzung im Handwerk und die Überzahl der Ein-Meister-Betriebe versperrten Handwerksgesellen den sozialen Aufstieg genauso wie die materielle Absicherung.

Die Radikaloppositionellen, die sich seit den 1840er Jahren von den von ihnen als »Maulliberale« oder »Halbe« bezeichneten gemäßigteren Liberalen getrennt hatten, suchten nun das Bündnis mit der ihren sozialen Abstieg fürchtenden Bevölkerung. Durch ihr Selbstverständnis als Teil einer Volksbewegung, die über den engeren Kammerrahmen in die Ämter und Gemeinden hinein agierte, sprachen die Radikaldemokraten vor allem das ländliche und akademisch-freiberufliche Protestpotential an und mobilisierten dieses. Wie die kooperationsbereite liberale Landtagsopposition lehnten sie das System staatlicher Repression ab, das wie im Bezirksamt Bühl autokratische Amtmänner auf unterer Ebene verkörperten. Als bedrohliche Brandherde erwiesen sich zudem die offene nationale Frage und die in der Volksvertretung versäumte Behandlung der sozialen Frage, vor allem die nicht geregelten Ansprüche der Standes- und Grundherren bezüglich ihrer bäuerlichen Hintersassen. Als der Funke der französischen Februarrevolution über den Rhein sprang, befand sich Baden in einer Legitimations- und Partizipationskrise.

Diese Krisenkomplexe traten in den agrarisch-gewerblichen Mischgebieten besonders deutlich zu Tage und verstärkten die Bereitschaft zum Umsturz. Daher war in dem von Landwirtschaft und Kleingewerbe geprägten mittleren Murgtal der Anteil der Revolutionäre an der Bevölkerung außerordentlich hoch. Lag – gemessen an der über 14 Jahre alten männlichen Bevölkerung von 1855 – der Beteiligungsgrad in den anderen Ämtern des Kreisgebiets deutlich unter 10 Prozent, so traten im Amt Gernsbach knapp zwei Drittel der erwachsenen Männer für Freiheit und Gleichheit ein. Am höchsten war der Anteil der Aufständischen in der Stadt Gernsbach (mehr als 80%). Dort gärte seit 1819 der Unmut über die Wahlkreiseinteilung, dort mußte man wie in Rastatt Suppenanstalten einrichten, um die Not der pauperisierten Einwohner zu mildern; schließlich bildete sich mit den Murgschifferfamilien ein selbstbewußtes Bürgertum aus. Viele Revolutionäre waren Mitglied im Turnverein oder der 1847 gegründeten Lesegesellschaft, der Keimzelle der Gernsbacher Demokratiebewegung. Aus den umliegenden Dörfern erhoben sich zwischen vier Zehnteln (Obertsrot) und über zwei Dritteln der Männer. Murgaufwärts nahmen ebensoviele an dem Umsturzversuch teil, in Bermersbach, Forbach, Gausbach und Langenbrand zwischen der Hälfte und zwei Dritteln, in Au im Murgtal und Weisenbach mehr als jeder Zweite.

Die anderen Ämter des heutigen Kreises verzeichneten weitaus weniger Widersetzliche. Im Amt Bühl lag der Anteil bei vier Prozent, am höchsten noch in Hildmannsfeld mit gut einem Zehntel. In Sinzheim beteiligte sich nur ein Prozent, und in den Hanauerland-Gemeinden (Amt Rheinbischofsheim) schwankte der Partizipationssatz zwischen drei (Grauelsbaum) und neun Prozent (Scherzheim). Im Oberamt Rastatt wiederum, bezeichnenderweise am Talausgang der Murg, lag das revolutionäre Potential weit darüber, zwischen einem Zehntel (Stadt Gaggenau) und über drei Vierteln (Freiolsheim) der Männer. In Rastatt stand knapp ein Zehntel der Einwohner auf, in Rauental sogar ein Viertel.

In der ersten revolutionären Phase im März 1848, den Agrarunruhen, wurden in vielen Kreisgemeinden die Repräsentanten des restaurativen »Regiments« aus ihren Ämtern vertrieben wie der mit Großherzog Leopold befreundete Bühler Amtmann, dessen selbstherrliche Amtsausübung ihm den Vorwurf des »Metternichianismus« einbrachte. Die Märzerhebungen 1848 entluden sich auch in ökonomisch motivierten und im Brauchtum wurzelnden antijüdischen Ausschreitungen. Aus Angst vor der Gleichstellung der Juden mit den Christen fürchteten letztere wie bei den Hep-Hep-Krawallen 1819 um ihren Allmendanteil. In Kuppenheim schlugen Bewohner am 13. März 1848 Fensterscheiben jüdischer Häuser ein. In Bühl plünderten sie in der Nacht zum 31. März die Häuser wohlhabender Juden und zertrümmerten deren Mobiliar. Um die öffentliche Ordnung wiederherzustellen, mußte ein Dragonerregiment einrücken. Danach zwang eine Bürgerversammlung 15 Juden zum Verzicht auf ihren mutmaßlichen Bürgergenuß, was jedoch 1850 für ungültig erklärt wurde. Wenngleich der Landtag die später zurückgenommene staatsbürgerliche Gleichstellung der Juden am 13. Mai 1848 annahm, fanden noch im September in Lichtenau wirtschaftlich begründete Übergriffe auf Juden statt.

Bei der Wahl zur Verfassunggebenden Versammlung in Baden im Juni 1849 wurde das Wahlrecht nach der Vorlage der Reichsverfassung weiter demokratisiert. Abstimmen durfte jeder Mann ab dem 21. Lebensjahr ungeachtet seines Bekenntnisses, Vermögens oder Einkommens. Zur nötigenfalls auch gewaltsamen Durchsetzung der Paulskirchenverfassung riefen die Radikaldemokraten im Zuge ihrer Massenmobilisierungsstrategie Volksvereine ins Leben – u.a. in Bühl, Gernsbach, Kuppenheim, Lichtenau und Rastatt –, wo vorrangig Kleinbürger, Bauern, Handwerker und die zumeist freiberuflich-bürgerliche Intelligenz sich erhoben, während in den Vaterländischen Vereinen in Gernsbach oder Rastatt die gemäßigt Liberalen aus dem mittleren Bürgertum und der städtischen Honoratiorenschicht zusammenfanden. Wie im Landtag war auch in den Gemeinden das Bürgertum gespalten.

Nachdem die auf Massenmobilisierung ausgerichteten Kampagnen von 1848, der Heckerzug und Struveputsch, in den Kreisgemeinden wenig Widerhall gefunden hatten, führte die dritte Radikalisierungsphase nach der Ablehnung der Paulskirchenverfassung am 28. März 1849 zum badischen Volksaufstand. Während der Reichsverfassungskampagne von Mai bis Juli 1849 wurden wie in Elchesheim, Greffern und Illingen Bürgermeister ihres Amts enthoben und Gemeinderäte entlassen, z.B. in Bietigheim, Gernsbach und Stollhofen. Auch flohen, wie in Hügelsheim, Pfarrer aus ihren Gemeinden. In vielen Orten wurden militärische Aufgebote ausgehoben; Arbeitervereine schlossen sich wie in Bühl und Gernsbach den Bürgerwehren an. Waffengewalt mußte über Wohl und Weh der dritten Revolutionswelle entscheiden.

Im Kreisgebiet fand nicht nur die badische Volkserhebung ihr Ende, vielmehr wurde hier das Schicksal der Revo-

Aufruf an die Besatzung der Festung Rastatt im Juli 1849.

1. Politisches Leben

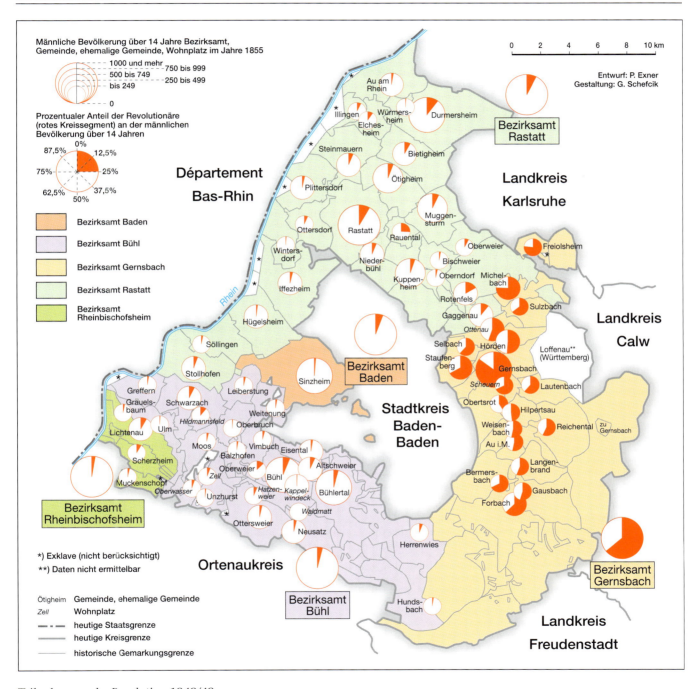

Teilnahme an der Revolution 1848/49.

lution überhaupt besiegelt. Nach der Niederlage bei Waghäusel am 21. Juni 1849 versuchte die Revolutionsarmee eine neue Verteidigungslinie an der Murg aufzubauen, wo die Volkswehr an der Kuppenheimer Brücke den Rückzug der Revolutionsarmee ins Oberland decken sollte. Die preußisch geführten Bundestruppen umgingen die Abwehrfront jedoch von Osten her. Preußisches und mecklenburgisches Militär rückte über das württembergische Loffenau heran und brach am 29. Juni 1849 in Gernsbach entscheidend durch. Dadurch war die Stellung an der Kuppenheimer Murgbrücke, wo sich 1000 Mann Bürgerwehr verschanzt hatten, nicht mehr zu halten, zumal tags zuvor die konterrevolutionären Truppen im Norden Muggensturm eingenommen hatten. Heftig umkämpft waren Rotenfels, wo die III. Revolutionsdivision ihr Hauptquartier aufgeschlagen hatte, und Oberweier, das die Preußen zweimal erobern mußten. Zwischen Muggensturm und Oberweier soll am 29. Juni 1849 ein Bildstock Kronprinz Wilhelm von Preußen, den späteren Kaiser Wilhelm I., vor Freischärlergeschossen geschützt haben. Am 30. Juni überquerten die Interventionstruppen die Murg bei Kuppenheim und marschierten nun aus zwei Richtungen auf Rastatt zu. In der Bundesfestung hatten badische Soldaten am 11. Mai 1849 gegen ihre Offiziere rebelliert. Die Stadt wurde belagert und seit 6./7. Juli von Bundestruppen beschossen. Am 23. Juli mußten die Eingeschlossenen sich ergeben.

Wahlen in der Reaktionszeit, in der Neuen Ära und im Kaiserreich. – Nach der Revolution kennzeichneten zwei Faktoren die Wahlen zur Zweiten Kammer. Zum einen ging die Professionalisierung des Politikerdaseins wieder zurück und der vormärzliche Abgeordnetentypus aus der kommunalen Honoratiorenelite setzte sich erneut durch, wie die Zahl der Bürgermeister unter den Mandatsträgern belegt. Zum anderen sank der Anteil der auswärtigen Abgeordneten, wofür wiederum die Bürgermeister standen. Jedoch hielt dies nur bis in die 1860er Jahre vor. Durch den Bedeutungsgewinn der Parteizugehörigkeit, den der Aufstieg des Zentrums und der Sozialdemokratie nach sich zog, verschwand spätestens mit der Wahlrechtsreform 1904 dieser nationalliberale Abgeordnetentypus zugunsten von Berufspolitikern. Zuvor hatte die Verfassungsreform 1869/70 erreicht, daß für das aktive wie für das passive Wahlrecht die gleichen Bestimmungen galten. In dieser liberalen Neuen Ära kehrten auch ehemalige Revolutionäre in die Politik zurück.

Der für das mehrheitlich katholische Kreisgebiet typische Gegensatz zwischen Mehrheitsliberalen und katholischer Partei kennzeichnete die Unterhauswahlen im Kaiserreich. In den 1860er Jahren vermochte der regierende Liberalismus (seit 1869 Nationalliberale Partei, NLP), durch das indirekte Wahlrecht begünstigt, seine Reformarbeit wieder aufzunehmen, sah sich aber einer neuen Massenopposition gegenüber, der zeitgleich gegründeten Katholischen Volkspartei, die sich 1888 in Anlehnung an die Reichsstrukturen in Badische Zentrumspartei umbenannte. Der politische Katholizismus mobilisierte die Landbevölkerung und das städtische Kleinbürgertum im Kirchen- (1852/60) ebenso wie im Schulstreit (1864), erst recht im Kulturkampf (1871/88), der im Bühler Glockenkrieg vom November 1874 einen markanten Höhepunkt erfuhr.

Als nationalliberale Hochburgen erwiesen sich der Wahlbezirk Kehl mit den vier Hanauerland-Gemeinden des heutigen Kreisgebiets sowie die Stadt Rastatt, deren Bewohner 1895 zu einem Drittel evangelisch waren. Im Kehler Wahlkreis zählten alle vier Kandidaten, die zwischen 1871 und 1904 17 Legislaturperioden bestritten, zum regierenden Nationalliberalismus. In Rastatt gehörten ihm sechs von sieben Delegierten an; 15 der 17 Sitzungsperioden gingen an Mehrheitsliberale. Unumstößliche Zentrumshochburgen waren dagegen die Wahlkreise Achern/Bühl und Baden/Bühl/Rastatt, die einzig von Zentrumsangehörigen repräsentiert wurden, sowie Rastatt/Ettlingen, wo auf einen Nationalliberalen, der es lediglich auf zwei Amtszeiten (vier Jahre) brachte, drei katholische Abgeordnete mit 15 Sitzungsperioden (30 Jahre) kamen. Hier offenbaren sich auch Kontinuitäten zwischen den in der Revolution aktiven Gemeinden und Hochburgen der katholischen Opposition gegen den regierenden Liberalismus seit den 1860er Jahren – in der Ebene, besonders im Wahlbezirk Rastatt/Ettlingen, und im mittleren Murgtal, im Wahlkreis Rastatt/Gernsbach, wo rund zwei Drittel der Männer für die Revolution gestritten hatten. Nach 1871 war der letztere Wahlkreis umkämpft; die nationalliberale Seite stellte den Abgeordneten zehn Jahre lang in sechs Amtszeiten, das Zentrum in elf Legislaturperioden für 24 Jahre.

Neben den Wahlmännergremien kam es auch unter den Delegierten der sechs Wahlkreise zu bemerkenswerten personellen Kontinuitäten. Wie bereits im Vormärz stammten bei den Kammerwahlen bis 1870 mehr Kandidaten aus den Stimmbezirken als von auswärts. Im Wahlkreis Kehl wohnten drei von vier, im Wahlbezirk Baden/Bühl/Rastatt alle drei, in der Stadt Rastatt vier von sieben und im Ämterwahlkreis Rastatt/Ettlingen drei von vier Mandatsträgern. Nur die Stimmbezirke Achern/Bühl und Rastatt/Gernsbach vertrauten mehrheitlich ortsfremden Volksvertretern.

Aufgrund der Wahlkreisneueinteilungen und der Verfassungsreform 1904 brachte die Landtagswahl 1905 organisatorische und inhaltliche Neuerungen mit sich. Abstimmen durfte jeder badische Staatsbürger ab 25 Jahren; wählbar war jeder Mann, der 30 Jahre und älter war. Die Zahl der das Kreisgebiet berührenden Wahlbezirke erhöhte sich von sechs auf sieben. Während die Gemeinden des Hanauerlands im Amt Kehl blieben, wurden der Bühler und der Rastatter Amtsbezirk auf drei Wahlkreise (33, 34 und 38) aufgeteilt und dabei mit den Gemeinden der Ämter Baden, Ettlingen und Karlsruhe zusammengelegt. Gegen eine befürchtete ultramontane Mehrheit schlossen sich 1905 NLP, Freisinnige und Demokraten zusammen. Wegen der hohen Zentrumsresultate im ersten Wahlgang suchte der liberale Kleinblock – über alle ideologischen Differenzen hinweg und gegen den Willen des Großherzogs und seiner Regierung – sogar ein Stichwahlabkommen mit den bislang verketzerten Sozialdemokraten, den Großblock. Was lan-

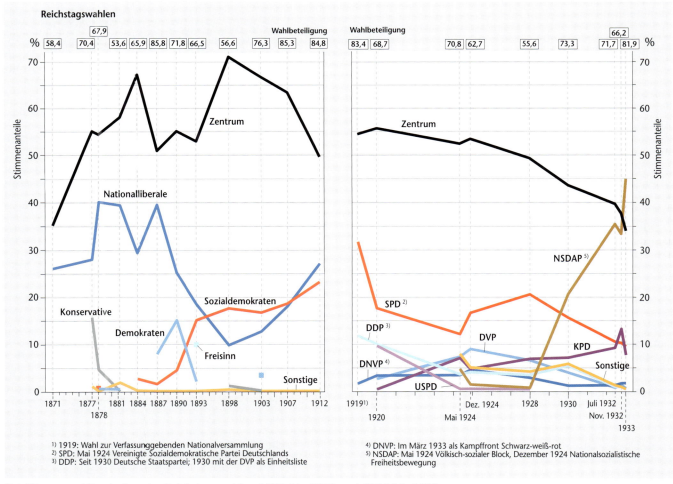

Beteiligung und Ergebnisse der Reichstagswahlen 1871 bis 1912 und 1919 bis 1933.

desweit von Erfolg gekrönt war, vermochte im Kreisgebiet die Vorherrschaft der katholischen Partei in fünf der sieben Wahlbezirke aber nicht zu brechen. Lediglich in der Stadt Rastatt griff die Absprache unter den »ungleichen Brüdern«, als in der Stichwahl die Sozialdemokraten zugunsten der Mehrheitsliberalen verzichteten und damit eine Stimmenmehrheit der katholischen Partei verhinderten. Daher gelang es der Sozialdemokratie auch 1905 nicht, einen erfolgreichen Bewerber aufzustellen, wenngleich die Arbeiterbewegung 1905 Ergebnisse zwischen rund vier (Wahlkreis Bühl/Baden) und rund zwanzig Prozent (Wahlkreis Ettlingen/Rastatt/Karlsruhe) erringen konnte. 1905 konnte erstmals ein Arbeiter ein Landtagsmandat erringen – allerdings ein Zentrumsmann.

Die Reichstagswahlen lösten die Kammerwahlen rasch in der öffentlichen Aufmerksamkeit ab. Die Urnengänge erfolgten nach dem allgemeinen, gleichen, geheimen und direkten (Mehrheits-)Wahlrecht. Wählen durften alle Männer ab 25 Jahre, mithin ein Fünftel der Bevölkerung. Die Wahlbeteiligung entwickelte sich im Kreis in Form von drei Aufwärts- und zwei Abwärtswellen. Ausgelöst wurden die Spitzenwerte durch die politische Großwetterlage. Für die ersten beiden Aufschwünge zeichnete die Wählermobilisierung während des Kulturkampfs verantwortlich; den letzten Anstieg während der Fundamentalpolitisierung des öffentlichen Lebens begleitete die Großblockpolitik, als die entschiedene Abgrenzung gegen das Zentrum die Wähler beider Lager an die Urnen rief.

Wie schon die Abstimmung zum Zollparlament 1868 kennzeichnete die Reichstagswahlen der Zwiespalt zwischen Regierungsliberalismus und katholischer Opposition. Über den gesamten Zeitraum betrachtet, blieben beide Parteien die bedeutendsten politischen Kräfte im Kreisgebiet. Erst in den 1890er Jahren, als sich die NLP in der Defensive sah, machte ihr die Sozialdemokratie den zweiten Rang streitig. Den Dualismus zwischen katholischer und nationalliberaler Partei veranschaulicht exemplarisch die 1884er Wahl. Über ihr lag der Schatten des Kulturkampfs zwischen dem ultramontanen und restaurativen sowie dem nationalen und liberal-fortschrittsfreundlichen Lager. Das Zentrum stellte flächendeckend im Kreis, in 50 von 65 Gemeinden, die Mehrheit; lediglich in den evangelischen Orten des Murgtals oder Hanauerlands, aber auch im katholischen Au im Murgtal, Bermersbach, Freiolsheim, Herrenwies und Hundsbach, Hörden, Reichental und Sulzbach rückten die Nationalliberalen auf den ersten Rang vor.

Das Kreisgebiet war eine Zentrumshochburg. Im Schnitt fielen deren Ergebnisse im Kreisgebiet, wo die katholische Partei mit Ausnahme von 1912 (49,6%) stets die absolute Mehrheit errang, doppelt so hoch aus wie im Großherzogtum. Vor allem der Wahlkreis 8 Achern/Baden-Baden/Bühl fiel von 1872 bis zu dessen Tod 1913 fortwährend an denselben Zentrumsmann. Das Zentrum dominierte in ländlich-agrarischen Gemeinden, in denen eine große Kirchenbindung bestand, unangefochten und erreichte über den gesamten Zeitraum Spitzenresultate, besonders im Bühler Raum. Die kirchliche Sozialisation und die Wahlempfehlungen der Ortsgeistlichen mobilisierten die katholische Wählerschaft in einem gleichbleibend hohen Maß und lieferten die Grundlage der Zentrumsdominanz. Auch der Anstieg der Wahlbeteiligung 1877, 1887 sowie 1903 und 1907 bescherte offensichtlich keinen Stimmenzuwachs. Dies spricht für den Befund, daß das katholische Milieu in sich gefestigt war. Zumindest bis zum Beginn des 20. Jh., als es sich in den Nationalstaat integrierte, sah es sich für lange Zeit einem Außendruck gegenüber. Allerdings war die Identifikation mit dem Zentrum nicht lückenlos; landesweit sprach es lediglich jeden zweiten Katholiken an, im Kreisdurchschnitt war der Prozentsatz aufgrund der stärkeren katholischen Prägung höher. Daher lag der Anteil der bürgerlichen Mittelparteien ebenso jenseits des konfessionellen Kräfteverhältnisses wie die Quote der Konservativen oder der Sozialdemokraten.

Die NLP bewegte sich wie auf Landesebene bis zur Kartellwahl 1887 in ständigem Auf und Ab zwischen zwei Fünfteln und einem guten Viertel der Stimmen; von da an sank ihr Anteil auf fast ein Sechstel (1898) und fiel hinter die SPD zurück. Erst zu Beginn des 20. Jh. erholten sich die Nationalliberalen wieder und übertrafen 1912 mit mehr als einem Viertel der Voten sowohl die SPD als auch das Landesmittel (22,5%). Die NLP sprach die Wähler auch in den katholischen Städten und Gemeinden an. In Rastatt erzielte sie 1871 bei einem Protestantenanteil von rund einem Viertel über 70 Prozent der Stimmen; in Illingen mit 99,2 Prozent Katholiken kam sie 1881 auf 95,7 Prozent. Hochburgen aber bildeten die Hanauerland-Gemeinden, wo die Mehrheitsliberalen analog zu den Zentrumsschwerpunkten mehrfach ausnahmslos alle Stimmen erhielten. In den evangelischen Orten des Amtsgerichtsbezirks Gernsbach erzielte die NLP Resultate von mehr als vier Fünfteln.

Im Murgtal standen die Nationalliberalen eher mit den Konservativen in Konkurrenz. Diese erzielten 1877 mit 15,7 Prozent ihr bestes Ergebnis, das gegenüber dem badi-

1. Politisches Leben

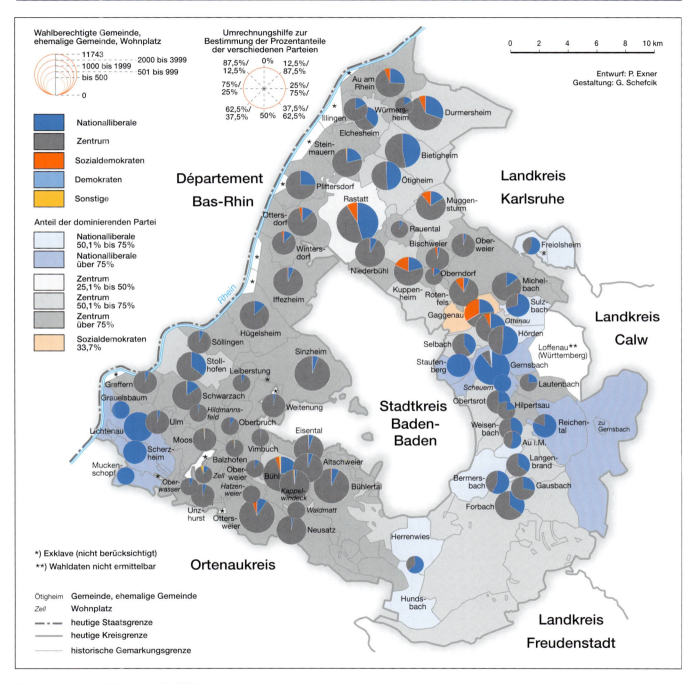

Ergebnisse der Reichstagswahl 1884.

schen Gesamtergebnis (7,3%) mehr als doppelt so hoch ausfiel. Vornehmlich im Wahlkreis 9, zu dem der alte Amtsbezirk Gernsbach zählte, profitierten sie von der kirchen- und wirtschaftspolitischen Zusammenarbeit mit dem Zentrum, das im Jahr darauf zur Wahl des konservativen Kandidaten aufrief. Bei den übrigen Wahlen versanken die Konservativen in Bedeutungslosigkeit.

Den Linksliberalen gelang es nur sporadisch, Stimmen zu gewinnen. Die Demokraten waren 1878 besonders erfolgreich in den evangelischen Orten des Hanauerlands. Auch sie zogen aus Zentrumsabsenzen ihren Vorteil; 1887 errangen sie im ehemaligen Gernsbacher Amt weit über ein Drittel der Stimmen, in Michelbach sogar 85,8 Prozent, wogegen das Kreismittel bei 7,9 Prozent lag. 1890 verbuchten sie ihr bestes Ergebnis (15,1%). Auch der bildungs- und besitzbürgerliche Freisinn profitierte 1903 (10,3%) von einem fehlenden katholischen Kandidaten. Er erzielte seine Spitzenresultate ebenso im mittleren Murgtal; in Hörden kam er sogar auf drei Viertel der Stimmen.

Doch vom Ende der 1880er Jahre an verloren alle Parteien Stimmen an die 1890 aus der Sozialistischen Arbeiterpartei hervorgegangene Sozialdemokratische Partei Deutschlands. Die SPD konnte ihr Resultat von 2,7 auf 15,1 Prozent (1884 bis 1893) und zwischen 1907 und 1912 von 18,6 auf 23,2 Prozent zweimal sprunghaft steigern und lag 1887 und 1890 sowie in den ersten beiden Wahlen des 20. Jh. über dem Landesdurchschnitt. Die Genossen fanden ihre Anhänger besonders in den Arbeiterwohngemeinden. Stärkste Fraktion waren sie 1893 und 1898 in Illingen, Muggensturm (1893) und Durmersheim (1898), wo die Arbeiterbewegung schon 1887 mehr als ein Sechstel der Stimmen erhalten hatte. Traditionell groß war der Zuspruch in Industriestandorten wie Gaggenau und im Wahlkreis 9 mit dem ehemaligen Gernsbacher Amt, wo die SPD von 1898 bis 1907 sogar den Abgeordneten stellte.

Milieus und Vereinswesen. – Den gesellschaftlichen Hintergrund der Reichs- und Landtagswahlen lieferten die sozialen Milieus. Schon im Umfeld der Revolution 1848/49 bekundete die Vereinsidee den Glauben an die Macht der Selbsthilfe und den Autonomiewillen der Bürger wie der Arbeiter. Dadurch wirkten ihre freiwilligen Zusammenschlüsse politisierend und übten die demokratische Willensbildung ein, vor allem im Übergang zum politischen Massenmarkt seit den 1890er Jahren. Ihren Mitgliedern waren sie Orte der Vergemeinschaftung und Sozialisation und bildeten so einen Kern der sozialen Milieus.

Am ausgeprägtesten trat im Kreisgebiet, aufgrund der konfessionellen Verhältnisse, das katholische Milieu in Erscheinung, das sich nach der Revolution 1848/49 ausbildete und im Kulturkampf verfestigte. Seinen politischen Arm besaß es zunächst in der Casinobewegung, der Katholischen Volkspartei (1869) und ab 1888 in der Badischen Zentrumspartei. Die Ortsgeistlichen erfüllten die wichtige Funktion von Verbindungsmännern zwischen Leitung und Basis und vermochten so die katholischen Wähler zu mobilisieren. Kulturell definierte sich das Milieu durch ein Netz sinnstiftender und mentalitätsprägender Ideen und Werte und eine allen Angehörigen gemeinsame Weltsicht. Sozial zeigte es sich in der Vergemeinschaftung und Sozialisation seiner Mitglieder – in Verbänden und Vereinen, die dazu dienten, Gruppeninteressen nach außen zu formulieren und zu vertreten. Dabei spielten Borromäusvereine als Bildungseinrichtungen eine ebenso bedeutende Rolle für das praktische Leben wie die karitativen Vinzentiusvereine. Die Diasporaeinrichtungen der Bonifatiusvereine dienten gleichermaßen als Sinnstiftungsinstitutionen wie die pastoralen Vereinigungen, die Jungfrauen- und Jungmännerkongregationen, Müttervereine und Männerapostolate. Dies galt auch für Gebetsvereine wie die Rosenkranz- und Herz-Jesu-Bruderschaften. Das Bedürfnis nach Geselligkeit befriedigten Singgemeinschaften wie die Cäcilienvereine.

Beispielhaft prägt sich dieses kulturell und religiös konstituierte Subsystem im Süden des Kreises aus. In Bühl verfügte das katholische Milieu über eine eigene Presse, den 1893 ins Leben gerufenen ›Acherboten‹, später ›Acher- und Bühler Boten‹, sowie den 1898 als Nachklang des Kulturkampfs gegründeten Verlag Unitas, die beide bezeichnenderweise von einem Geistlichen geleitet wurden. Zentraler Versammlungsort der katholischen Vereine war der 1899 eröffnete Friedrichsbau, der zugleich Heimstätte des Unitasverlags war, der dort seine Druckerzeugnisse verkaufte. Hier wurden auch das Verbandsblatt des katholischen Arbeitervereins, die ›Arbeiterzeitung‹, und das ›Christliche Familienblatt‹, eine Beilage diverser Zentrumszeitungen, gedruckt.

Das bürgerlich-liberale Milieu, das wie das konservative vornehmlich im Protestantismus wurzelte, war im Kreis schwächer vertreten. Lediglich in den Hanauerland-Gemeinden und den Städten mit evangelischer Bevölkerung vermochte es sich auszubilden. Gesang-, Schützen- und Turnvereine waren seine gesellschaftliche, Schleswig-Holstein- und Flotten-Vereine seine politische Plattform. Auf

1. Politisches Leben

kirchlicher Seite entwickelten sich die Innere Mission und Gustav-Adolf-Vereine für den Einsatz in der Diaspora.

Das dritte Milieu, das sich im Kreisgebiet erst an der Wende vom 19. zum 20. Jh. entfaltete, war das sozialistische. Die Arbeiterbewegung faßte anfänglich nur in Gewerbegemeinden wie Gaggenau und Kuppenheim Fuß oder in den Arbeiterpendlerorten des dortigen oder Karlsruher Speckgürtels wie Au am Rhein, Durmersheim, Illingen und Muggensturm. Gesellschaftliche Sozialisationsinstitutionen waren Arbeiterbildungsvereine; ihre Freizeit organisierten die Arbeiter in Turn- und Fußballvereinen. Politische Heimat dieses Milieus war die SPD, später auch die KPD, die in Ottenau, Plittersdorf und Rastatt eigene Zeitungen herausgab.

Kennzeichnend für die Gesellschaft vom Kaiserreich bis zum Ende der Weimarer Republik war ihre Versäulung. Die einzelnen Milieus bewegten sich zwischen Konfrontation und Koexistenz. Als gesellschaftliche Subsysteme bestanden sie bestenfalls unvermittelt nebeneinander. Da die einzelnen Milieus von der Verknüpfung positiver Deutungsmuster und negativer Außenabgrenzung lebten, war eine Kooperation die Ausnahme, wie der Kulturkampf und die Sozialistengesetze im Kaiserreich oder die zeitweilig bürgerkriegsähnlichen Auseinandersetzungen in Weimar verdeutlichen.

Revolution 1918/19. – Die Revolutionäre drängten auf einen tiefgreifenden Systemwechsel. Arbeiter- und Soldatenräte entstanden vor allem in den Städten. Mit den Wahlen zu den Verfassunggebenden Versammlungen im Reich und in Baden im Januar 1919 sahen sie ihre Aufgabe als erledigt an. Aus dem Kaiserreich wurde eine demokratische Republik; Träger der Staatsgewalt war nun das Volk. Aus dem Mehrheits- wurde ein absolutes Verhältniswahlrecht. Nunmehr konnten alle Männer und Frauen ab 21 Jahren wählen; gemäß der Verfassung des Freistaats Baden galt die Ausübung des Wahlrechts fortan als Bürgerpflicht.

Reichs- und Landtagswahlen. – Die Beteiligung an den Reichstagswahlen war in den Krisenzeiten zu Beginn und am Ende der Republik am höchsten. Die Krisenphänomene 1919 und 1933 mobilisierten einen Großteil der Wähler und deuten auf eine Polarisierung der politischen Landschaft hin. Demgegenüber sank die Abstimmungsfreudigkeit in den Konsolidierungsjahren der Republik. Bestimmende politische Kraft blieb das Zentrum. Aus dem »unsicheren Kantonisten« des jungen Kaiserreichs wurde in Weimar eine der drei staatstragenden Parteien. Katholische Politik nach 1918 hieß Engagement für die Republik. Bereits seit der Jahrhundertwende hatte sich das Profil des Zentrums gewandelt. Durch die Stärkung und Emanzipation der Laien in den Verbands- und Vereinsstrukturen hatte sich der Katholizismus gesellschaftlich geöffnet; er vertrat seinen Ultramontanismus und Traditionalismus nun nicht mehr defensiv-aggressiv, sondern war auf sozialen und demokratischen Wandel ausgerichtet. Im Kreisgebiet war die katholische Partei stärker als im Land. Erst bei der halbdemokratischen Märzwahl 1933 verlor sie die Mehrheit an die NSDAP; bis 1928 verfügte sie sogar über die absolute Majorität. Hochburgen mit mehr als neun Zehntel der Stimmen besaß das Zentrum wie im Kaiserreich im Süden des Kreises; im Murgtal erreichte es teilweise mehr als vier Fünftel der Wähler.

Die zweite republikbejahende Kraft waren die Sozialdemokraten. Sie hatten ihre Schwerpunkte in den industrialisierten Städten oder den umliegenden Pendlerorten und war dabei konfessionell nicht festgelegt. Kreisweit erzielte die SPD 1919 mit 31,8 Prozent ihr Spitzenresultat; lediglich zwischen Dezember 1924 und 1928 verzeichnete sie nochmals ein Hoch (16,7 bzw. 20,7 %). Zur Zeit der Präsidialkabinette verlor sie weiter an Boden und war im März 1933 unter den Drohungen der Nationalsozialisten auf ihrem tiefsten Stand angelangt, als nicht einmal ein Zehntel der Wähler für sie votierte.

Die Deutsche Demokratische Partei, 1919 entstanden aus dem Zusammenschluß von Fortschrittlicher Volkspartei und NLP, komplettierte die Weimarer Koalition. Die linksliberale DDP fiel auch durch die Konkurrenz der Deutschen Volkspartei ab 1920 von 11,9 auf 3,6 Prozent (1928), und nur der Schulterschluß mit der DVP in der Einheitsliste 1930 brachte ein Resultat über fünf Prozent. Als sie zeitgleich als Deutsche Staatspartei antrat, um ihre Verbundenheit mit dem Verfassungswerk zu demonstrieren, sank sie unter ein Prozent.

Das Unheil Weimars dokumentieren die Urnengänge: die Basis der Republikanhänger wurde im Laufe der Zeit immer kleiner. Die Weimarer Koalition, die sich schon 1917 im Interfraktionellen Ausschuß des Reichstags angebahnt hatte, schwand in dem Maß, wie ihre Träger an Wählergunst einbüßten von 98,2 Prozent (1919) auf gut die Hälfte der Abstimmenden (Juli 1932) bzw. 44,1 Prozent (1933). Die republikfeindlichen Kräfte dagegen erfuhren seit den Präsidialkabinetten zu Beginn der 1930er Jahre Zulauf und steigerten sich von einem knappen Drittel (1930) auf über die Hälfte der Wähler (1933), nachdem sie in den »goldenen Zwanzigern« noch bei 6,9 Prozent (Dezember 1924) gelegen hatten. In den Geburtswehen der Republik wollte die Unabhängige Sozialdemokratische Partei Deutschlands die Revolution fortführen und sprach damit knapp jeden zehnten Wähler an. Ihre Klientel nahm die Kommunistische Partei Deutschlands auf, die bei den beiden 1932er Wahlen ihre besten Ergebnisse (9,3 und 13,3%) errang.

Am rechten Rand agierte die monarchistische Deutschnationale Volkspartei in scharfer Republikgegnerschaft. Die DNVP, die sich agrarische Interessen auf ihre Fahnen geschrieben hatte, sprach die protestantische Landbevölkerung ebenso an wie den gewerblichen Mittelstand, der seit 1920 von der DDP über die DVP zu ihr abwanderte. Die DNVP besaß ihre Schwerpunkte in den evangelischen Orten des Murgtals und des Hanauerlands; sie verlor aber ihre Klientel an die aufkommende Nationalsozialistische Arbeiterpartei Deutschlands.

Von erfolglosen völkischen Vorläufern abgesehen, löste sich die NSDAP bei der Reichstagswahl 1930 vom Status einer Splittergruppe und erlangte ein Fünftel der Stimmen. Bei der Erdrutschwahl im Juli 1932 steigerte sie ihren Anteil auf mehr als ein Drittel, fiel aber im November desselben Jahres um zwei Prozentpunkte zurück. Das KPD-Verbot und die Einschüchterung der Weimarer Koalitionsparteien bescherten der Hitlerbewegung im März 1933 45 Prozent; zusammen mit den Deutschnationalen verfügte sie über die absolute Mehrheit im Kreis. Betrachtet man den Aufstieg und die Hochburgen der braunen Bewegung, so erweist sich die Konfession der Wähler als das entscheidende Kriterium für den Zeitpunkt und das Ausmaß des NS-Wahlerfolgs. Protestanten wandten sich im Mittel doppelt so häufig der NSDAP zu wie Katholiken. Frühe Erfolge erzielte die völkische Bewegung demnach in den evangelischen Kommunen. Im Mai 1924 machte ein gutes Siebtel der Gernsbacher Wähler den Völkisch-Sozialen Block zur zweitstärksten Partei; ein knappes Fünftel tat dies allerdings auch in Weisenbach und Wintersdorf. Dennoch erzielte die NSDAP ihre aufsehenerregendsten Erfolge in den protestantischen Orten des Murgtals und vor allem des Hanauerlands. 1930 avancierte sie bis auf Scheuern in allen evangelischen Orten zur stärksten politischen Kraftt. Unter den 67 katholischen Gemeinden fielen nur Altschweier, Kappelwindeck, Stollhofen und Steinmauern an die Nationalsozialisten.

Die Rolle der katholischen Konfession als negative Wahlnorm gegen den Nationalsozialismus belegt der Blick auf die Reichstagswahl im Juli 1932 vor dem Hintergrund der konfessionellen Verhältnisse im Kreisgebiet. Bei dieser Erdrutschwahl befanden sich unter den Orten mit absoluter NSDAP-Mehrheit sieben der acht protestantischen Gemeinden, lediglich in Gernsbach erzielte die NSDAP nur eine relative Mehrheit (48,6%). Dagegen sicherte sich das Zentrum in knapp der Hälfte aller katholischen Orte die absolute Majorität; knapp drei Viertel aller Kommunen verfügten dank eines hohen Zentrumsergebnisses über eine republikanische Mehrheit. Erst mit den Märzwahlen 1933 weichte der konfessionelle Damm gegen die NSDAP auf. In knapp der Hälfte aller Gemeinden wählte die Mehrheit die braune Bewegung, in 27 von 35 Kommunen mit absoluter Majorität, darunter alle evangelischen Orte. Dennoch blieb auf katholischer Seite mehr als jede zweite Gemeinde der katholischen Partei treu. Für die Haltung gegenüber der NSDAP erwies sich die katholische Konfession als starker Resistenzfaktor.

Die parlamentarischen Verhältnisse in Baden waren stabiler als im Reich. Im Landtag hatten die republiktragenden Parteien Zentrum und SPD, von 1919 bis 1929 um die DDP verstärkt, stets die Mehrheit hinter sich, wenngleich die politische Meinung sich zu Beginn der 1930er Jahren radikalisierte. Baden hätte bei der anstehenden Landtagswahl im Herbst 1933 mutmaßlich einen politischen Erdrutsch erlebt, doch zu diesem Urnengang kam es nicht mehr. Das Parlament wurde nach dem Ergebnis der Märzwahl in Baden (NSDAP 45,4%, DNVP 3,6%) »gleichgeschaltet«.

Nationalsozialismus und Gewaltherrschaft. – Das »Dritte Reich« war ein Doppelstaat, in dem der Maßnahmenstaat der braunen Bewegung den offiziell weiterbestehenden Weimarer Rechtsstaat immer mehr aushöhlte. Seit dem Frühjahr 1933 griffen die Nationalsozialisten nach der Macht in den Rathäusern. In Durmersheim wurden die demokratischen Gemeinderäte aus ihren Ämtern entfernt und die Kommunisten auf Lastwagen abtransportiert. In Gaggenau und Bühl ersetzten NS-Funktionäre die bisherigen Amtsträger, und der Rastatter Landrat wurde in den Ruhestand gedrängt. Die Deutsche Gemeindeordnung vom 30. Januar 1935 beseitigte die kommunale Selbstverwaltung und setzte an deren Stelle das Führerprinzip. Die Gemeinderäte wurden nun nicht mehr gewählt, sondern auf Vorschlag des NSDAP-Kreisleiters nach »Zuverlässigkeit« und Parteimitgliedschaft bestimmt.

Der »Gleichschaltung« des öffentlichen Lebens fielen auch die für das Arbeiter- und katholische Milieu konstitu-

1. Politisches Leben 295

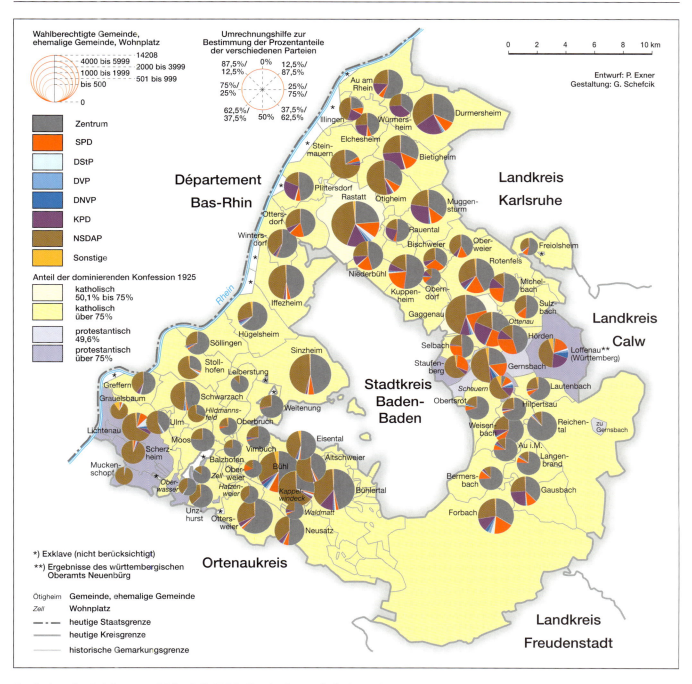

Ergebnisse der Reichstagswahl im Juli 1932, Konfessionsverhältnisse 1925.

tiven Verbände und Vereine zum Opfer. Die Organisationen der Arbeiterbewegung wurden bis Frühsommer 1933 gewaltsam aufgelöst, in Kuppenheim die SPD-Ortsgruppe und der Arbeitergesangverein, während die katholische Kirchenleitung den Nationalsozialisten ihre Verbände, Vereine und Presse als Preis für das Reichskonkordat vom 20. Juli 1933 übergab, das die Ära des Verbands- und des politischen Katholizismus im Kreis beendete. So wurden alle Ortsgruppen des vermögenden Volksvereins für das katholische Deutschland liquidiert und alle Jugendorganisationen der Hitlerjugend einverleibt. Auch die Sportvereine der Deutschen Jugendkraft mußten sich dem gesellschaftlichen Totalanspruch unterwerfen. In Bühlertal und Sinzheim konnten sie nur durch Umbenennung in FC weiterbestehen; Repressionen hatten auch die aus dem Arbeitersport hervorgegangenen FC Phönix Durmersheim und FV Germania Würmersheim zu erdulden.

Die Presse wurde gleichfalls im Sinne des nationalsozialistischen Propagandamonopols umgestaltet. In Bühl mußte 1933 der katholische Badische Lehrerverein seine Aktienmehrheit am Druck- und Verlagshaus Konkordia an den Nationalsozialistischen Lehrerbund abtreten. 1935 fiel das Christliche Familienblatt der Gestapo-Zensur zum Opfer; ein Jahr später mußte das Sprachrohr des katholischen Milieus, der ›Acher- und Bühler Bote‹, mit zwei weiteren Tageszeitungen zum Mittelbadischen Boten, Einheitsorgan der NS-Presse, fusionieren. Der katholische Arbeiterverein Bühl ging ebenso unter wie dessen Verbandsblatt, das der Unitasverlag druckte; dieser wiederum vermochte nur durch die Umwandlung in eine Privatfirma im »Dritten Reich« zu überwintern.

Bei den sogenannten Volksabstimmungen in der NS-Zeit war das Bekenntnis weiterhin der ausschlaggebende Punkt für den Grad der Ablehnung bzw. des Einverständnisses. Allgemein weisen die hohen Zustimmungsergebnisse auf die spezifischen politischen und psychologischen Bedingungen der voll entfalteten NS-Diktatur, auf Verführung und Gewalt, hin. Allein die bislang unerreicht hohen Wahlbeteiligungen veranschaulichen den hohen Mobilisierungsgrad und den Gruppenzwang auf jeden Einzelnen.

Bei der Volksabstimmung im November 1933 stimmten 96,2 Prozent (im Land 95,1%) für den Austritt aus dem Völkerbund und nur 2,3 Prozent dagegen. Rechnet man die ungültigen Stimmen, die sich gegenüber den Vorwahlen auffallend häuften, zu den Nein-Stimmen, so erhöht sich das Ausmaß bewußter Verweigerung auf 4,8 Prozent (im Land 5,9%). Die meisten Nein-Stimmen gab es in der KPD-Hochburg Würmersheim (6,1%), in Muggensturm (6,7%) und Bietigheim (8%). Zusammen mit den ungültigen Voten lag der Verweigerungsgrad in den beiden letzten Orten bei rund einem Zehntel. In den evangelischen Gemeinden erreichten die Nationalsozialisten eine überdurchschnittlich hohe Billigung zwischen 97,3 (Gernsbach) und 100 Prozent (Muckenschopf); absolutes Einverständnis herrschte auch in Au im Murgtal, Bermersbach, Hatzenweier, Oberbruch und Oberwasser. Beim Diktatorreferendum im August 1934 fiel die Absage an das NS-Regime höher aus. Lediglich 89,4 Prozent (88,3% im Land, 89,9% im Reich) stimmten für die Ernennung Hitlers zum Reichskanzler und Führer. Mit den ungültigen Voten (2,9%) verweigerte sich mehr als ein Zehntel der Wähler. Die Ablehnungsquote war in der Zentrumshochburg Moos (19,5%) und in Ottersdorf (24,3%) am deutlichsten; zusammen mit den annullierten Stimmen versagte sich dort ein Viertel bis ein Drittel. Dagegen bejahten in den protestantischen Gemeinden zwischen 94 (Gernsbach) und 99,6 Prozent (Muckenschopf) die Vereinigung der Verfassungsämter des Reichspräsidenten und des Reichskanzlers. Trotz der offiziellen Gleichschaltung widerstanden einzelne Bürger, privat oder in öffentlicher Funktion wie der Kuppenheimer Bürgermeister und der Stadtpfarrer, dem Zwang zur Systemkonformität.

Beginnend mit dem Boykott jüdischer Geschäfte steigerte sich die Verfolgung der Juden vom Boykott am 1. April 1933 über die Entrechtung durch die Nürnberger Rassegesetze vom 15. September 1935 und die Pogromnacht des 9./10. November 1938 bis zur Vertreibung und Ermordung. Wie in Kuppenheim zerstörten bei dem Judenpogrom 1938 nicht selten auswärtige Nationalsozialisten, hier der Gaggenauer SA-Zug, die Synagogen und jüdischen Einrichtungen, ebenso in Gernsbach, Rastatt und Bühl, wo das Bezirksrabbinat angesiedelt war. In Lichtenau wurde das Bethaus, obwohl unzerstört, abgetragen und der Platz eingeebnet; die jüdischen Männer wurden nach Dachau verschleppt. Viele versuchten, sich durch Flucht oder Emigration der Verfolgung zu entziehen; aus Rastatt wanderten über zwei Drittel der jüdischen Bürger aus. Am 22. Oktober 1940 vertrieb die Gestapo die Juden aus den Kreisgemeinden und schob sie in Eisenbahnwaggons über die Demarkationslinie ins unbesetzte Frankreich ab; die Vermögenswerte der Deportierten wurden beschlagnahmt und, wie in Kuppenheim, öffentlich versteigert. Die Vichy-Regierung internierte die Vertriebenen in dem südfranzösischen Lager Gurs, bevor sie im Sommer 1942 in die Vernichtungslager verbracht wurden. Aus den Kreisgemeinden kamen mindestens 139 jüdische Bürger ums Leben.

In der Ottersweirer Kreispflegeanstalt Hub wurden geistig behinderte Pfleglinge im Gefolge des Gesetzes zur Verhütung erbkranken Nachwuchses vom 1. April 1933 zwangssterilisiert. Auch wies die Hub von allen mittelbadischen Kreispflegeanstalten die meisten Opfer der sogenannten Euthanasie auf; von den 1940 und 1941 in die Tötungsanstalt Grafeneck gebrachten 532 Pfleglingen kehrten lediglich acht in die Hub zurück. Weitere ermordete Patienten stammten aus der Staatlichen Heil- und Pflegeanstalt in Rastatt, wo rund 15 000 Patientenmeldebögen für diese Aktion begutachtet wurden.

In vielen Orten mußten Zwangsarbeiter und Kriegsgefangene in der Landwirtschaft oder in Rüstungsbetrieben arbeiten, allein in Gaggenau über 2 000. In Altschweier wurde aus einem Ruhelager für Westwallarbeiter und Wehrmachtssoldaten ein Kriegsgefangenenlager; in Lichtenau befand sich im Gewann Rumpelsbühn ein Lager für 130 Zwangsarbeiter, in Bühlertal eines für rund 200 sogenannte Zivilarbeiter. In Iffezheim gab es seit Oktober 1943 ein Außenkommando des Natzweiler Konzentrationslagers, in Rotenfels wurde im Spätsommer 1944 ein Konzentrationslager mit zirka 1 000 Inhaftierten errichtet. Im November 1944 erschoß im Gaggenauer Erlichwald ein Hinrichtungskommando Kriegsgefangene, Widerstandskämpfer der Bordelaiser Gruppe Alliance, elsässische Zivilisten und französische Pfarrer, insgesamt 26 Männer und eine Frau, deren Leichen in zwei Bombenkratern verscharrt wurden.

Die Verfolgungsmaßnahmen steigerten sich zum Schluß des NS-Regimes in offenen Terror, auch gegen die übrige Bevölkerung. Nach der Politik der verbrannten Erde, die den vorrückenden Alliierten möglichst wenig intakte Infrastruktur erhalten sollte, wurde am 16. April 1945 aus Berlin die Sprengung der Schwarzenbachtalsperre befohlen, was für die Bewohner des Murgtals unabsehbare Folgen gehabt hätte. Der rasche Vormarsch der französischen Truppen verhinderte den Vollzug des sogenannten Nero-Befehls.

Bereits nach dem Einmarsch der Wehrmacht in die entmilitarisierte Zone 1936 waren die Kreisgemeinden in die Wiederaufrüstung einbezogen worden. 1937 hatte man mit dem Bau des sogenannten Westwalls begonnen. Für dieses Gegenstück zur französischen Maginotlinie waren in den grenznahen Orten nahezu 6 000 Arbeiter in elf RAD- und sechs Westwall-Lagern untergebracht; in Wintersdorf kamen 1938/39 auf 1 112 Einwohner rund 1 200 Westwallarbeiter und RAD-Männer. Allein in Rastatt entstanden 72 Mannschafts-, 117 Kampf- und Beobachtungsbunker sowie acht Artillerie- und zwölf Flakstellungen. Mit der Entfesselung des Zweiten Weltkriegs geriet das Kreisgebiet in das Schußfeld der Kampfhandlungen. In vielen grenznahen Kommunen mußte die Bevölkerung wie in Lichtenau zweimal, 1939 und 1944, evakuiert werden. Durch Luftangriffe und Artilleriebeschuß wurden viele Orte getroffen, am stärksten die Gemeinden mit Rüstungsindustrie wie Gaggenau, wo vier Zehntel der Wohnungen zerstört wurden und über 200 Menschen ihr Leben lassen mußten. Im April 1945 besetzte die I. Französische Armee von Norden her das Kreisgebiet. Nachdem sie am 9./10. April Freiolsheim erobert hatte, das zur Hälfte zerstört worden war, rückte sie ins Murgtal vor, um die Oberrheinfront von hinten zu Fall zu bringen. In Bermersbach wollten SS-Verbände am 13. April den Vormarsch aufhalten, wobei ein Fünftel der Häuser im Unterdorf vollständig niederbrannte. In der Rheinebene besetzten die Franzosen am gleichen Tag Rastatt, tags darauf nahmen sie Bühl und Ottersweier ein. Plünderungen und Vergewaltigungen folgten der Besetzung.

Demokratischer Neubeginn und Gründung des Landes Baden-Württemberg. – Im Norden des Kreisgebiets, von Au am Rhein nach Durmersheim, verlief seit Juli 1945 die Grenze zwischen der amerikanischen und der französischen Besatzungszone. Der Neuanfang nach dem katastrophalen Untergang des NS-Regimes erfolgte unter der Kontrolle der französischen Militärregierung. Requisitionen und Reparationen bestimmten den Alltag unmittelbar nach Kriegsende. Zunächst bildeten sich antifaschistische Ausschüsse, deren Mitglieder ihre Legitimation aus ihrem Widerstand gegen die Nationalsozialisten bezogen. Neben unbelasteten Demokraten ernannten die Franzosen auch Kommunisten zu Bürgermeistern und Landräten. Die in der französischen Besatzungszone épuration genannte Entnazifizierung entfernte Nationalsozialisten aus ihren Ämtern. Die als Nationalsozialisten oder Militaristen Eingestuften wurden wie der Bühler Bürgermeister im Altschweirer Straflager interniert; Verbrechen wider die Menschlichkeit oder wegen der Synagogenschändung 1938 wurden 1947 mit Strafverfahren geahndet.

Im August 1945 erschien das ›Badische Tagblatt‹ als erste Lizenzzeitung in Mittelbaden, anfänglich unter der Aufsicht eines Besatzungsoffiziers. Ende 1945 erhielten die Gewerkschaften ihre Lizenzzusage – noch vor den Nachkriegsparteien, denen anfangs der strikte Bezug auf Baden gemeinsam war. Am 13. Dezember wurden die Badische Christlich-Soziale Volkspartei, die Vorgängerin der im November 1947 gegründeten CDU, die Sozialistische Partei Badens, die als Gesamtpartei die Einheit der Arbeiterbewegung herstellen sollte, was aber die Gründung der KP im Februar 1946 konterkarierte, und später die Demokratische Partei zugelassen.

Die für Südbaden geltende Verfassung vom 19. Mai 1947 setzte die Tradition einer vorbildlichen Verfassung fort, hatte sie doch in vier Punkten Beispielcharakter für das Grundgesetz. Zum einen stellte sie die Grundrechte an den Anfang, zum anderen thematisierte sie erstmals ein Recht auf Kriegsdienstverweigerung, schließlich formulierte sie den Grundatz der wehrhaften Demokratie und setzte das Völkerrecht als verbindlichen Bestandteil des Landesrechts fest.

Für den erneut politisch geteilten Südwesten sah das Grundgesetz ein Volksbegehren zur Neubildung der Länder vor (Artikel 29 und 118). In der lebhaft und leidenschaftlich geführten Debatte um die Gründung eines Südweststaats erwies sich der Süden des Kreises um Bühl als badische Hochburg, und erneut kam der Konfession besondere Bedeutung zu. Vor allem die katholisch-agrarischen Gemeinden wie Moos und Leiberstung (97 bzw. 96,6%) sprachen sich für eine Wiederherstellung Badens aus. Der Auszählungsmodus und das Gesamtergebnis führten schließlich zur Gründung Baden-Württembergs. Die Verfassung des Südweststaats trat im November 1953 in Kraft.

Parlamentarisches System. – Wie sich schon 1946 und 1947 bei den Gemeinde- und Kreisratswahlen sowie bei der Landtagswahl abzeichnete, behaupteten sich die traditionellen Orientierungsmuster beim Wahlverhalten auch bei den großen Wahlen. Die Bundestagswahl 1949 stellte nach der NS-Diktatur eine Richtungswahl dar, und es ist eine weitgehende Entsprechung zu den Wahlergebnissen von 1928 bis 1932 festzustellen. Die konfessionsübergreifende Union knüpfte als Nachfolgerin des katholischen Zentrums an dessen Erfolge an. In den alten Zentrumshochburgen im Süden des Kreises, Leiberstung (96,5%), Oberbruch (92,7%) und Moos (92,2%), aber auch in den katholischen Gemeinden des Murgtals (Reichental 94,6%) und der Rheinebene (Ulm 95,4%) setzten sich die althergebrachten Wählerpräferenzen fort. Bei den Parteien der Arbeiterbewegung sind ebenfalls Kontinuitäten auszumachen. Die SPD erzielte ihre Spitzenresultate erneut in den Arbeitergemeinden und an Pendlerstandorten, in Muggensturm und Bischweier (39,2%), nun aber auch in den evangelischen Orten Grauelsbaum (52,3%) und Scherzheim (41,8%). Die KPD war wiederum in Würmersheim mit einem knappen Viertel der Wähler am stärksten. Die FDP setzte als liberales Sammelbecken Traditionen in Bühl (32,7%) fort, konnte aber auch ehemalige deutschnationale Wähler und Nationalsozialisten für sich gewinnen, wie die Ergebnisse in Muckenschopf (31,3%), Lichtenau (27,1%) und Gernsbach (24,1%) zeigen.

Die 1949 eingeschlagene Richtung prägte alle folgenden Bundestagswahlen. Die Union dominierte die Urnengänge bis 1994 mit absoluter Mehrheit; 1998 erzielte sie mit 43,4 Prozent ihr schlechtestes Ergebnis. Auch nach der Kommunalreform hatte sie ihre Hochburgen im Süden; so erzielte sie bei ihrem Zwischenhoch 1983 in Ottersweier und Rheinmünster nahezu drei Viertel der Voten. Die SPD steigerte ihren Stimmenanteil in den 1970er Jahren, fiel aber mit dem Regierungswechsel 1982 ab, ehe sie mit dem Wahlsieg 1998 diesen Spitzenwert wieder erreichen konnte. Nach der Gebietsreform lagen ihre Schwerpunkte abermals in Muggensturm (1980: 44,6%) und Bischweier (42%) sowie in Loffenau (42,9%). Die Schwerpunkte der Freien Demokraten, die außer 1949 und 1961 klar unter zehn Prozent verharrten, lagen bis in die 1970er Jahre in Gernsbach und den Hanauerland-Gemeinden, danach vereinheitlichte sich das FDP-Ergebnis in den Kommunen.

In der Nachkriegszeit bildete sich eine Fünf-Parteien-Landschaft heraus, deren Kern aus den drei genannten Fraktionen bestand. Die anderen Parteien waren kurzlebiger. Die KPD konnte nach 1949 nur noch 1953 (2,3%) antreten, ehe sie verboten wurde. Der Block der Heimatvertriebenen und Entrechteten stellte sich dreimal zur Wahl und verlor seit 1953 (3,6%) an Stimmen. Die Ergebnisse der Vertriebenenvereinigung lagen bis zu einem Drittel unter dem Landesmittel. Die NPD schließlich sammelte in den 1960er Jahre rechtsradikale Protestwähler und erzielte 1969 ihre Rekordresultate in den ehemaligen NSDAP-Zentren Steinmauern (9,3%) und Muckenschopf (20,1%). Das Parteienspektrum von CDU, SPD und FDP bestimmte die 1970er Jahre, ehe die Grünen sich von 1980 an etablierten. Die aus der Ökologie- und Friedensbewegung hervorgehende Partei lag mit ihren Kreisergebnissen unter dem Landesdurchschnitt. In den 1990er Jahren traten die Republikaner auf, die im Kreis ebenso leicht unterdurchschnittliche Wahlerfolge verbuchten und ihre Erfolge in den Orten

1. Politisches Leben

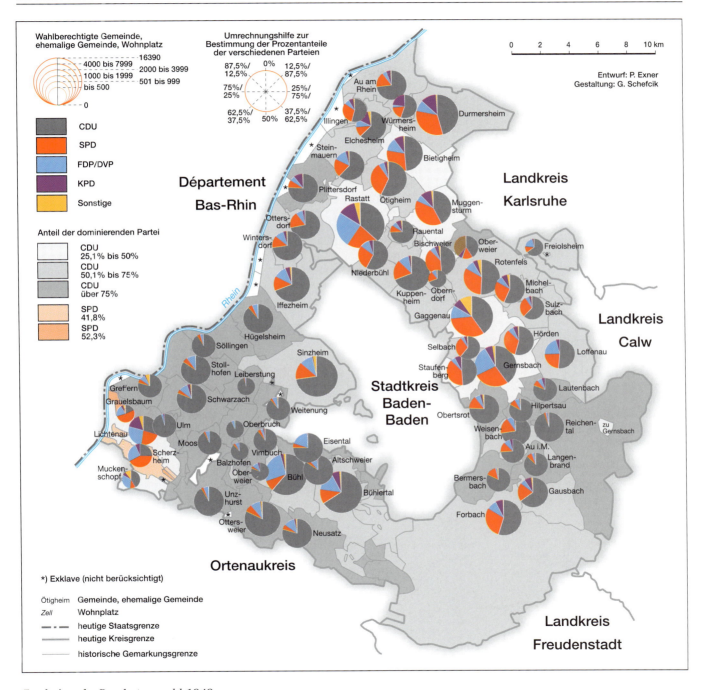

Ergebnisse der Bundestagswahl 1949.

mit ehemals starken NPD-Anteilen erzielten wie in Steinmauern (1990 7,1%).

Seit den 1990er Jahren zeichnet sich wieder eine »Weimarisierung« der Parteienlandschaft ab, wie der ansteigende Stimmenanteil der sonstigen Parteien dokumentiert. Deren Anteil war zu Beginn der Bundesrepublik ähnlich hoch wie im letzten Jahrzehnt des 20. Jh., tendierte jedoch vom Ende der 1960er Jahre bis Anfang der 1980er Jahre gegen Null. Die Wahlbeteiligung unterstreicht diesen Trend. Abgesehen von der ersten Bundestagswahl nahmen jeweils über vier Fünftel der Stimmberechtigten von ihrem Recht Gebrauch. In den 1990er Jahren aber verringerte eine sogenannte Politikmüdigkeit die Bereitschaft zum Urnengang.

Dies trifft auch auf die Beteiligung an den Wahlen zum Landtag von Baden-Württemberg zu, die im Mittel geringer ausfiel und 1952, unter dem Eindruck der Südweststaat-Abstimmung, sowie 1960 und 2001 sogar unter 60 Prozent rutschte. Jedoch ergeben sich Parallelen zu den Bundestagswahlen, nicht nur was die Entwicklung der Parteienlandschaft und die Hochburgen betrifft, sondern auch die Parteiergebnisse. Bestimmende Kraft war auch bei den Landtagswahlen die CDU, die 1976 ihr bestes Ergebnis errang, als ihr fast zwei Drittel der Wähler das Vertrauen aussprachen. Im Unterschied zur Bundesentwicklung konnte die Union im Land den Verlust der absoluten Mehrheit 1992 ausgleichen; 2001 erhielt sie wieder mehr als jede zweite Stimme. Die SPD schnitt im Unterschied zu den Bundestagswahlen bereits in den frühen 1960er Jahren am besten ab und erreichte diese Marken nur noch 1972 und 2001. Die FDP präsentierte sich in den 1950er und 1960er Jahren stabiler, fiel aber wie bei den Bundestagswahlen seit den 1980er Jahren viermal unter fünf Prozent. Die kleineren Parteien erzielten lediglich begrenzte Erfolge. Die KPD verharrte bei den ersten beiden Urnengängen ebenso unter fünf Prozent wie der BHE, der nur 1960 (8,5%) mehr Zuspruch fand. Wie auf Bundesebene behaupteten sich die Grünen seit 1980 und holten nur bei dieser Wahl und 2001 weniger als fünf Prozent. Die Republikaner traten 1992 mit einem zweistelligen Ergebnis auf, fielen aber bis 2001 auf 3,4 Prozent ab.

Auf dem Weg in die Europäische Union. – Aus der Idee, Europa auch auf kommunaler Ebene zusammenwachsen zu lassen, entstanden die vielen Partnerschaften, die die Kreisgemeinden seit den 1960er Jahren eingingen. Ein primäres Anliegen dabei war die Aussöhnung mit Frankreich. Einer der ersten Orte, auch bundesweit, der diese suchte, war das im Krieg stark zerstörte Bermersbach, das sich 1963 mit Andilly bei Toul verband, dem Gernsbach und Baccarat im Jahr darauf nacheiferten. Inzwischen unterhält rund die Hälfte der heutigen Kommunen, zum Teil über ihre vormals selbständigen Ortsteile, Kontakte zu linksrheinischen Orten. Bereits seit 1962 pflegt Ottersweier Kontakte zum belgischen Tongerlo; im selben Jahrzehnt begründete Weitenung eine Partnerschaft mit dem österreichischen Mattsee. Weitere Kontakte wuchsen zu Gemeinden in England, dem ehemaligen Jugoslawien, Spanien und der Schweiz.

Diesen Entwicklungen 1995 trug auch die Änderung der Landesverfassung Rechnung. Sie nahm ein Bekenntnis zu Europa in die Präambel auf, sprach EU-Bürgern das kom-

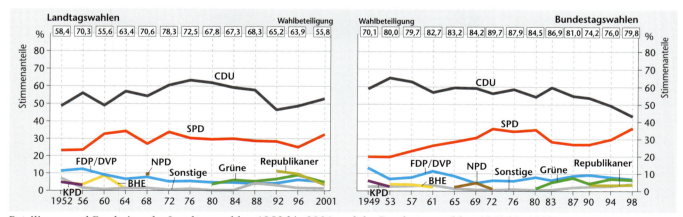

Beteiligung und Ergebnisse der Landtagswahlen 1952 bis 2001 und der Bundestagswahlen 1949 bis 1998.

Friedensbogen in Bermersbach (1952).

munale Wahlrecht zu und formulierte hinsichtlich der Kompetenzverlagerung, daß der Landtag von EU-Vorhaben unterrichtet und beteiligt werde.

Besondere Beziehungen entwickelten sich zu Italien. Angeregt durch die Freundschaft zwischen Rastatt und dem Adriaort Fano (1985), verband sich der Landkreis im Oktober 1996 mit der italienischen Provinz Pesaro e Urbino, nicht zuletzt wegen der vielen historischen Bezüge. Unter diesem Dach freundeten sich weitere Kreisgemeinden mit einem italienischen Partner an. Seit Anfang der 1990er Jahre besteht die Arbeitsgemeinschaft PAMINA zwischen den Regionen Südpfalz (Palatinat), Mittlerer Oberrhein und Nordelsaß (Nord Alsace). Da der Kreis als Herzstück die längste gemeinsame Grenze aufweist, koordiniert er die grenzüberschreitenden Wirtschafts-, Umwelt- und Kulturprojekte wie den PAMINA-Rheinpark, ein mit Radwegen erschlossenes, räumliches Museum. Der Rhein, lange Zeit die trennende Grenze, wird so zur kulturellen und persönlichen Begegnungsstätte seiner Anwohner.

2. Verfassung, Organisation und Aufgaben des Landkreises

Der Landkreis Rastatt umfaßt im wesentlichen Gebiete der einstigen Markgrafschaft Baden-Baden sowie der Grafschaft Eberstein, einen Raum, der mit Ausnahme von Loffenau seit dem frühen 19.Jh. badisch war. Seine heutige Gestalt hat er mit dem 1. Januar 1973 in der baden-württembergischen Gebietsreform angenommen, als der alte Landkreis Rastatt (ohne Waldprechtsweier, Ebersteinburg, Haueneberstein und Sandweier), die nördlichen Gemeinden des aufgelösten Kreises Bühl (ohne Neuweier, Steinbach und Varnhalt), die Stadt Lichtenau mit den Ortsteilen Grauelsbaum, Muckenschopf und Scherzheim aus dem vormaligen Landkreis Kehl sowie schließlich das ehemals württembergische Loffenau zu einer neuen Einheit zusammengeschlossen wurden.

Organe des Landkreises. – Organe des Landkreises sind der Kreistag und der Landrat. Der unmittelbar von der Bevölkerung gewählte Kreistag hat in der gegenwärtigen Wahlperiode (November 1999 bis Oktober 2004) 63 Mitglieder; hinzu kommt als Vorsitzender der Landrat. Dem Kreistag gehören drei Fraktionen an, CDU, SPD und FWG/FDP, sowie Bündnis 90/Die Grünen, die allerdings nicht den Status einer Fraktion haben. Derzeit besteht folgende Sitzverteilung (Stand März 2000): CDU 32 Kreisräte, SPD 16, FWG/FDP 12 und Bündnis 90/Die Grünen 3. Der Kreistag ist zum einen die Vertretung der Kreisbewohner, zugleich aber auch das Hauptorgan des Landkreises. Er legt die Richtlinien für die Verwaltung fest und entscheidet über alle Angelegenheiten des Kreises, soweit nicht kraft Gesetzes der Landrat zuständig ist oder er diesem bestimmte Aufgaben durch Mehrheitsbeschluß übertragen hat. Jedes Jahr finden an wechselnden Orten des Landkreises etwa zehn Kreistagssitzungen statt. Die Kreisräte üben ein freies Mandat aus. Sie sind nur ihrem Gewissen und dem Wohl des Kreises verpflichtet (§ 26 III Landkreisordnung); damit steht fest, daß ein Mandatsträger im Konfliktfall nicht die Spezialinteressen seiner Partei oder Fraktion, seines Wahlkreises oder seiner Herkunftsgemeinde zu vertreten hat, sondern allein das Gesamtwohl des Kreises und seiner Bewohner. Der Kreistag hat sechs Ausschüsse, die etwa dreißigmal im Jahr tagen; im einzelnen sind dies die Ausschüsse für Verwaltung und Finanzen (AVF), für Umwelt, Bau und Technik (AUBT), für Soziales und Kultur (ASK), zwei Betriebsausschüsse, nämlich der des Eigenbetriebs Kliniken und Pflegeeinrichtungen (BKP) und der des Abfallwirtschaftsbetriebs (BAW) sowie der Jugendhilfeausschuß (JHA).

Der Landrat wird in Baden-Württemberg vom Kreistag gewählt. Er leitet das Landratsamt und vertritt den Landkreis nach außen; damit ist ihm sowohl der Vorsitz im Kreistag und seinen Ausschüssen als auch die Leitung der Verwaltung übertragen. Er bereitet die Kreistags- und Ausschußsitzungen vor und leitet sie. Nach jedem Redebeitrag kann er das Wort ergreifen und ist als Chef der Verwaltung stets umfassend zu unterrichten. Eine Abwahl des Landrats nach der Neuwahl des Kreistags ist auch bei veränderten Mehrheitsverhältnissen nicht möglich. Gemäß der Landkreisordnung hat der Landrat den Kreistag über alle wichtigen Angelegenheiten zu informieren. Haben die Mitglieder des Kreistags oder seiner Ausschüsse nach Unterrichtung durch die Verwaltung und nach vorangegangener Beratung entschieden, vollzieht der Landrat die Beschlüsse. Die innere Organisation des Landratsamtes obliegt ihm als Behördenleiter; dabei ist er nicht nur Vollzugsorgan, sondern hat einen eigenen Zuständigkeitsbereich, in den der Kreistag nicht eingreifen kann.

Staatliche Aufgaben. – Als untere staatliche Verwaltungsbehörde ist das Landratsamt im Bereich der Ordnungsaufgaben tätig; dies umfaßt das Bauplanungs- und Ordnungsrecht, den Natur- und Umweltschutz, die Wasserwirtschaft, das Gesundheits- und Veterinärwesen sowie die Lebensmittelüberwachung; darüber hinaus ist es Straßenverkehrsbehörde, Straßenzulassungsbehörde, Ausländer- und Staatsangehörigkeitsbehörde. Im Bereich der staatlichen Ordnungsaufgaben sind für ihre Gebiete die großen Kreisstädte teilweise als untere Verwaltungsbehörde zuständig, wobei das Landesverwaltungsgesetz allerdings Aufgaben ausnimmt, die ausschließlich der Landkreisverwaltung vorbehalten sind. Dazu zählen das Staatsangehörigkeitswesen, die Aufsicht im Personenstandswesen, Aufgaben als Abfallrechtsbehörde, das Tierkörperbeseitigungsrecht, der Immissionsschutz, der Katastrophenschutz, die

2. Verfassung, Organisation und Aufgaben des Landkreises

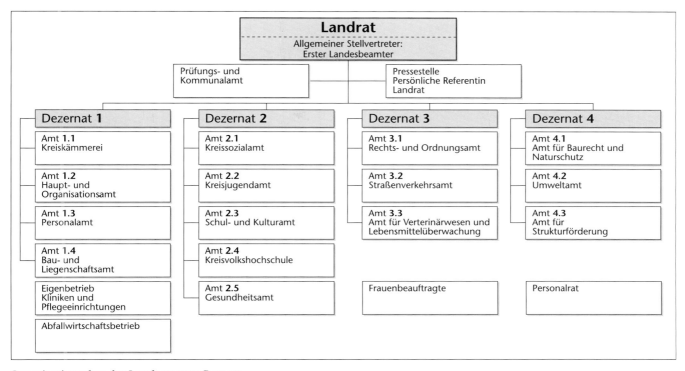

Organisationsplan des Landratsamts Rastatt.

zivile Verteidigung, das öffentliche Gesundheitswesen, das Veterinärwesen, das Wasserrecht und die Wasserwirtschaft, Aufgaben des Naturschutzes sowie die Zulassung zum Straßenverkehr. Die Landesbauordnung legt eine weitere Dezentralisierung im Bereich der Baurechtsbehörden fest. So können neben dem Landratsamt auch Gemeinden mit mehr als 8 000 Einwohnern unter gewissen Voraussetzungen selbst untere Baurechtsbehörde sein. Im Landkreis Rastatt sind das die Städte Bühl (mit Ottersweier und Bühlertal), Gaggenau, Gernsbach und Rastatt (mit Iffezheim, Steinmauern und Ötigheim).

Das Landratsamt führt die Rechtsaufsicht über die Gemeinden des Landkreises mit Ausnahme der Großen Kreisstädte Bühl, Gaggenau und Rastatt. Diese Aufsicht wird vor allem als Beratung, Unterstützung und Information zum Nutzen der Kommunen verstanden. Sie stellt vor allem den ordnungsgemäßen Ablauf der Finanzwirtschaft der Gemeinden sicher. Das Landratsamt ist Widerspruchsbehörde bei allen Abgabebescheiden der Gemeinden. Im Rahmen der Kommunalaufsicht obliegt ihm die Vorbereitung, Durchführung und Organisation aller Wahlen (Bundestags-, Landtags- und Kommunalwahlen).

Selbstverwaltungsaufgaben. – Der Landkreis als Selbstverwaltungskörperschaft erfüllt eine Vielzahl von Aufgaben aus dem Bereich der Daseinsvorsorge; dabei handelt es sich um Leistungen, die die Möglichkeiten einzelner Gemeinden übersteigen. Unterteilt sind diese nach weisungsfreien Pflichtaufgaben und freiwilligen Leistungen einerseits sowie Weisungsaufgaben andererseits. Zu den weisungsfreien Aufgaben zählen die Sozial- und Jugendhilfe, das Krankenhauswesen, die Schulträgerschaft für Berufliche Schulen und Sonderschulen, der Bau und die Unterhaltung von Kreisstraßen, der öffentliche Personennahverkehr, die Abfallwirtschaft und die Kulturförderung. Weisungsaufgaben sind beispielsweise die Ausbildungsförderung, das Wohngeld, die Unterhaltssicherung für Wehrpflichtige und der Lastenausgleich.

Landratsamt und Rossi-Haus in der Rastatter Herrenstraße.

Einen Aufgaben- und Ausgabenschwerpunkt bilden die sozialen Leistungen, die sich aus der Verpflichtung des Landkreises als Sozial- und Jugendhilfeträger ergeben. Neben der Leistungsgewährung im Rahmen der Sozialhilfe unterhält und fördert der Kreis soziale Einrichtungen der Behinderten- und Altenhilfe, unterstützt in schwierigen Lebenslagen (z.B. Eingliederungshilfe für Behinderte, Krankenhilfe), ist zuständig für die Kreispflegeplanung und Betreuung von Asylbewerbern oder Aussiedlern, fördert Beschäftigungsinitiativen und hilft arbeitslosen Sozialhilfeempfängern im Rahmen eines umfangreichen Programms bei der Wiedereingliederung in das Arbeitsleben. Als Träger der Jugendhilfe bietet der Landkreis eine breite Palette von Leistungen der Erziehungshilfe im Einzelfall an. Zudem ist er verantwortlich für die Jugendarbeit (Kreisjugendpflege); er betreibt eine eigene psychologische Beratungsstelle für Eltern, Kinder und Jugendliche.

Ein anderer Schwerpunkt der Kreisverwaltung ist das Krankenhauswesen. Mit den Kreiskrankenhäusern Rastatt, Bühl und Forbach unterhält der Landkreis drei Akutkliniken mit insgesamt 618 Betten. Im Verbund mit diesen Einrichtungen ist die Geriatrische Klinik in Gernsbach (55 Betten) zu erwähnen. Daneben betreibt der Landkreis das Kreispflegeheim Hub, ein Alters- und Pflegeheim, sowie eine Krankenpflegeschule, die Krankenschwestern und -pfleger ausbildet.

Im schulischen Bereich ist der Landkreis Träger von 16 Schulen, nämlich einem allgemeinbildenden Gymnasium, vier Gewerbeschulen, drei Handelslehranstalten, zwei hauswirtschaftlichen Schulen und sechs Förderschulen, sowie einem Sonderschulkindergarten. Insgesamt besuchen 8275 Schüler die kreiseigenen Schulen (Stand Juli 2001). Damit deckt der Landkreis einen breiten Bereich schulischer Einrichtungen ab.

Eine wichtige Aufgabe ist die Gewährleistung der Abfallentsorgungssicherheit für die Landkreisbevölkerung. Der Kreis unterhält dafür drei Bauschuttdeponien in Gernsbach, Bühl-Balzhofen und Durmersheim, dazu eine Aushubdeponie in Forbach. Neue Wege geht der Abfallwirtschaftsbetrieb mit der Weiterverwertung bestimmter Abfälle (Altholz, Reisig, Kühlgeräte, Elektronikschrott, Altreifen, Papier etc.). Seit 1999 unterhält der Landkreis eine Bioabfallkompostierungsanlage in Iffezheim, die eine Gesamtjahreskapazität von 14 500 Tonnen hat; außerdem betreibt er eine Hausmülldeponie in Gaggenau-Oberweier. Von den jährlich dort angelieferten etwa 40 000 Tonnen Abfall werden nur die thermisch nicht behandelbaren Abfälle (ca. 2 000 Tonnen) deponiert; der weitaus größte Teil wird einer thermischen Behandlung zugeführt. Zudem besteht in Bühl eine Müllumladestation.

Der Landkreis verfügt über ein modern ausgebautes Verkehrsnetz. Die Hauptschlagader ist die BAB5, die den Landkreis von Nord nach Süd durchzieht. Das Landratsamt ist für den Bau und Unterhalt der Kreisstraßen (227,98 km, Stand 1. Januar 2000) zuständig, außerdem ist es Aufgabenträger im Bereich des Busverkehrs laut ÖPNV-Gesetz des Landes Baden-Württemberg, und es obliegt ihm die Koordination des Schienenverkehrs in Abstimmung mit den Karlsruher Verkehrsbetrieben (KVV). Weiter ist die Kreisverwaltung für die Sicherstellung des Schülerverkehrs, für die Planung von Radwegen und für Genehmigungen im Taxi-Verkehr zuständig.

Der Landkreis hat schließlich einen nicht unwesentlichen Anteil am kulturellen Leben im Landkreis. Er organisiert die Schwarzacher Münsterkonzerte und Kunstausstellungen und ist Herausgeber eines seit 1961 erscheinenden Heimatjahrbuchs, einer der erfolgreichsten Buchreihen dieser Art in Baden-Württemberg. Außerdem unterhält er ein Kreisarchiv, eine Fahrbücherei und eine Kreisbildstelle.

Die Verwaltung des Landkreises Rastatt gehört zu den größten Arbeitgebern der Region; insgesamt beschäftigt sie (Stand Februar 2002) 2663 Personen. Davon entfallen auf das Landratsamt rund 768 Mitarbeiter, auf den Eigenbetrieb Kliniken und Pflegeeinrichtungen 1895 (Zentrale Verwaltung 65 Mitarbeiter, KKH Bühl 420, KKH Forbach 145, Klinik Gernsbach 80, Pflegeheim Hub 415, Alters- und Pflegeheim Kuppenheim 100, KKH Rastatt 670).

3. Sozialwesen

Die soziale Sicherung der Einwohner gehört zu den wichtigsten Aufgaben des Landkreises sowie seiner Städte und Gemeinden. Dabei sind die sozialen Leistungen und Dienste des Landkreises geprägt durch die gesetzlich normierte Aufgabenstruktur. Im Vordergrund steht die gezielte Unterstützung der Bürgerinnen und Bürger im Sinne der »Hilfe zur Selbsthilfe«. Die Zuständigkeiten des Landkreises ergeben sich u.a. aus dem Bundessozialhilfegesetz sowie den Ausführungen des Kinder- und Jugendhilfegesetzes. Danach ist der Landkreis verpflichtet, bestimmte soziale Dienste bzw. Einrichtungen entweder selbst vorzuhalten, oder darauf hinzuwirken, daß solche Angebote von freien, gemeinnützigen oder privaten Trägern übernommen werden. Zur Erreichung dieser Ziele arbeitet der Landkreis eng mit den Kirchen und den Trägern der freien Wohlfahrtspflege zusammen. Auf der Grundlage des Subsidiaritätsprinzips ist ein bedarfsgerechtes Netz von Initiativen, Einrichtungen, Maßnahmen und Hilfen in öffentlicher und freier Trägerschaft entstanden. Darüber hinaus besteht mit der Stadt Baden-Baden eine enge Zusammenarbeit. Unter anderem wurden gemeinsame Dienstleistungen und Einrichtungen verwirklicht, z.B. bei den Hilfen für psychisch Kranke, für Nichtseßhafte und durch das gemeinsame Frauen- und Kinderschutzhaus für mißhandelte Frauen und ihre Kinder. Jüngstes Beispiel dieser Zusammenarbeit ist die 1999 fertiggestellte Klinik für geriatrische Rehabilitation in Gernsbach, in der 55 Rehabilitationsplätze für ältere Menschen zur Verfügung stehen.

Freie Wohlfahrtspflege. – Große Bereiche der sozialen Aufgaben werden mit finanzieller Unterstützung des Landkreises Rastatt von den Verbänden der freien Wohlfahrtspflege und den ihnen angeschlossenen Diensten und Einrichtungen übernommen. Im Landkreis sind sieben Verbände der freien Wohlfahrtspflege tätig. Dies sind der Kreisverband der Arbeiterwohlfahrt, die Kreisverbände des Deutschen Roten Kreuzes in Rastatt und Bühl, der Caritasverband Rastatt, das Diakonische Werk des evangelischen Kirchenbezirks, der Kreisverband des Deutschen Paritätischen Wohlfahrtsverbandes sowie der Arbeiter-Samariter-Bund. Die Dienstleistungen der freien Wohlfahrtspflege umfassen u.a. Hilfen für Familien, Mütter, Kinder und Jugendliche, Mobile Soziale Dienste, Altenhilfe, Kuren und Freizeiten, Schwangerschaftsberatung, Suchtkrankenhilfe, Pflegehilfen, Familienpflege, Rettungsdienste und Katastrophenschutz, Behindertenhilfe, Fahrdienste, Unterstützung für Wohnungslose und Nichtseßhafte sowie die Beratung und Begleitung von Menschen in besonderen Notsituationen wie z.B. psychisch Kranken oder Aussiedlern. Darüber hinaus sind die Verbände der freien Wohlfahrtspflege Träger stationärer Wohn- und Pflegeeinrichtungen für Kinder, Jugendliche, Behinderte, psychisch Kranke und ältere Menschen.

Sozial- und Jugendamt. – Zur Erfüllung seiner Aufgaben besitzt der Landkreis als örtlicher Träger der Sozial- und Jugendhilfe in Rastatt ein Sozial- und Jugendamt. Das Kreissozialamt leistet u.a. die Bearbeitung von Sozialhilfeanträgen, Hilfen für Aus- und Übersiedler, Unterbringung und Betreuung von Asylbewerbern, Schuldnerberatung, Gewährung von Leistungen nach dem Flüchtlingsaufnahmegesetz, Ausbildungsförderung, Wohngeld, Kriegsopferfürsorge, Unterhaltssicherung für Wehrpflichtige und Zivildienstleistende, Befreiung von der Rundfunkgebührenpflicht sowie die Beratung in Altenhilfe- und Schwerbehindertenangelegenheiten. Im Kreisjugendamt erfolgt die Bearbeitung der Jugendhilfeangelegenheiten, die Klärung von Pflegschaften und Vormundschaften, die Gewährung von familienorientierten und persönlichen Hilfen, Beratung und Hilfe zur Unterhaltssicherung und bei Umgangsrechten, das Programm »Mutter und Kind«, Jugendschutz, die Gewährung von Erziehungsmitteln, die Vermittlung von Pflegekindern und Adoptionen, Jugendgerichtshilfe sowie Beratung in Familien- und Erziehungsfragen. Den Ämtern sind zusätzliche Aufgabenbereiche wie die Jugendhilfe- und Kreispflegeplanung, die Jugendpflege, das Gesundheitsamt und die Übernahme von Betreuungen nach dem Betreuungsgesetz zugeordnet. Weitere Hilfen in Lebensfragen erhalten die Bürgerinnen und Bürger durch die regional gegliederten Allgemeinen Sozialen Dienste sowie die Psychologische Beratungsstelle des Landkreises.

3. Sozialwesen

Sozialhilfe. – Die Leistungen der Sozialhilfe und die Zahl der Hilfeempfänger haben zwischen 1995 und 1997 stark zugenommen. Insgesamt 4 805 Menschen (über zwei Prozent der Kreisbewohner) waren 1998 auf offene Hilfen nach dem Bundessozialhilfegesetz angewiesen. Noch 1985 mußte der Landkreis für lediglich 1 966 Einwohner Sozialhilfeleistungen aufbringen.

Der Bruttogesamtaufwand des Kreissozialamtes einschließlich der Leistungen nach dem Asylbewerberleistungsgesetz und dem Flüchtlingsaufnahmegesetz betrug im Jahr 1998 rund 59 Mio. DM. Die gesamten Sozialleistungen einschließlich Wohngeld, Ausbildungsförderung, Unterhaltssicherung sowie Förderleistungen für die freien Wohlfahrtsverbände und Selbsthilfegruppen ergaben 1998 einen Gesamtbetrag von 62,4 Mio. DM. Hiervon mußte der Landkreis 35,5 Mio. DM als Eigenanteil aufbringen. Dem durch die gesamtwirtschaftliche Lage und gesetzliche Regelungen bedingten Anstieg der Sozialhilfeaufwendungen begegnete der Kreis mit großen Bemühungen, den Kostenanstieg zu bremsen. Erstmals war 1998 wieder ein leichter Rückgang der Zahl der Hilfeempfänger zu verzeichnen. Im Jahr 1999 waren nur noch 3 338 Empfänger auf Sozialhilfe außerhalb von Einrichtungen angewiesen.

Jugendliche und Familien. – Die Jugendhilfe hält sowohl Hilfeleistungen für Kinder und Jugendliche in schwierigen Lebenslagen bereit, als auch Angebote zur Förderung von Entwicklungs-, Erziehungs- und Bildungsprozessen von jungen Menschen. In Zusammenarbeit des Kreisjugendamts und freien Trägern ist ein breites Angebot von Einrichtungen und Diensten entstanden, das Hilfestellung je nach Problemlage anbietet (z.B. Erziehungsberatung, Familienhilfe, Tages- und Vollzeitpflege, Jugendgerichtshilfe, wirtschaftliche Hilfen und Vormundschaftswesen). Der Schwerpunkt der Hilfen wird dabei auf präventive Ansätze gelegt. Der Allgemeine Soziale Dienst des Landkreises ist bürgernah in den Städten Bühl, Gaggenau und Rastatt tätig. Eine wichtige Unterstützung von Familien und Alleinerziehenden erfolgt durch die Psychologische Beratungsstelle des Landkreises. Entsprechend der Jugendhilfeplanung des Landkreises und der Stadt Rastatt besteht ein flächendeckendes Kindergartennetz mit mehr als 9 300 Plätzen. Damit ist der Rechtsanspruch auf einen Kindergartenplatz im Landkreis und in der Stadt Rastatt erfüllt. Im

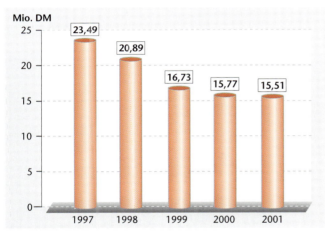

Nettoaufwand Hilfe zum Lebensunterhalt im Landkreis Rastatt (ohne Kontingentflüchtlinge) 1997 bis 2001.

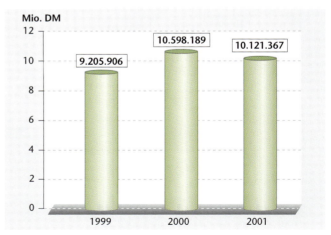

Entwicklung der Jugendhilfe-Nettoaufwendungen des Landkreises Rastatt 1999 bis 2001.

Sozialhilfeentwicklung im Landkreis Rastatt 1997 bis 2001

Sozialhilfeempfänger	1997	1998	1999	2000	2001
Gesamtfälle »Hilfe zum Lebensunterhalt« (ohne Kontingentflüchtlinge)	3 632	3 353	2 963	2 786	2 775
Personen in Pflegeheimen zu Lasten der Sozialhilfe bzw. Kriegsopferfürsorge	753	670	667	630	597
Gesamt	4 385	4 023	3 630	3 416	3 372

Jahr 1999 wurden vier Kindergärten in freier Trägerschaft, 69 von Kirchen und 41 von Einrichtungen in kommunaler Trägerschaft betrieben.

Mit den auf Kreisebene sowie in den Städten und Gemeinden tätigen Jugendbeiräten wurde eine Lobby für Jugendarbeit geschaffen. Neben den Trainings-, Schulungs- und Freizeitangeboten der Jugendpflege des Landkreises und freier Träger führen viele Kommunen eigene Ferienprogramme durch. Der seit 1967 bestehende Jugendaustausch mit der finnischen Stadt Vantaa ist ein lebendiger Beitrag zur Völkerverständigung in Europa. Ein weiterer Jugendaustausch erfolgt seit 1996 mit Pesaro e Urbino, der italienischen Partnerregion des Landkreises. Ein bundesweit modellhafter Weg wird seit 1997 im Projekt »Jugend und Ehrenamt – Das bringt's!« beschritten, mit dem der Landkreis junge Menschen auszeichnet, die sich in besonderer Weise ehrenamtlich engagieren.

Behinderte. – Für körperlich und psychisch behinderte Menschen besteht ein abgestuftes Netz an Beratungsmöglichkeiten, Förderkindergärten, Förderschulen, familienentlastenden Diensten, Wohnheimen, Außenwohngrup-

Seniorenzentrum und altes Krankenhaus in Bühlertal.

pen, Kurzzeitplätzen und Werkstätten. Eine Besonderheit stellt die Musikschule für Behinderte in Rastatt dar. Neben dem Fahrdienst für Behinderte beteiligt sich der Landkreis an der Finanzierung des Sozial-Psychiatrischen Dienstes für psychisch kranke Menschen. Im Kreispflegeheim Hub in Ottersweier bestehen 136 Heimplätze für pflegebedürftige und körperlich bzw. geistig behinderte Menschen sowie 219 Pflegeplätze für chronisch psychisch kranke Menschen. Gleichzeitig ist der Landkreis Schulträger von fünf Förderschulen für Lernbehinderte und Geistigbehinderte sowie der Astrid-Lindgren-Schule und des Schulkindergartens für sprachbehinderte Kinder und Jugendliche in der Gemeinde Iffezheim. Darüber hinaus bestehen 420 Arbeitsplätze in Werkstätten für Behinderte, die von den Kreisvereinigungen Bühl und Rastatt/Murgtal der »Lebenshilfe für Menschen mit geistiger Behinderung« getragen werden. Weitere 90 Reha-Werkstattplätze für Menschen mit psychischen Erkrankungen wurden im Jahr 1999 in Rastatt eingerichtet. Neben dem therapeutischen Wohnheim für psychisch erkrankte Menschen bieten der Caritasverband Rastatt sowie die Kreisvereinigungen der Lebenshilfe insgesamt 241 betreute Wohnplätze für Behinderte in Form von Wohngemeinschaften oder Einzel- und Paarwohnen. Gleichzeitig erhalten die Behinderten und chronisch Kranken Unterstützung von über 90 Selbsthilfe- und Angehörigengruppen. Zur Beratung in Fragen der psychiatrischen Versorgung und Behindertenangelegenheiten wurden im Landkreis Arbeitsgemeinschaften gebildet. Neu eröffnet wurde Anfang des Jahres 2000 eine Tagesstätte für psychisch Kranke in Rastatt.

Senioren. – In den Gemeinden und Städten des Landkreises bestehen 110 Seniorenvereinigungen sowie 80 Gymnastik- und Hobbygruppen, die jährlich über 4000 Veranstaltungen »von Senioren für Senioren« durchführen. Neue Wege im Rahmen des bürgerschaftlichen Engagements in der Stadt Bühl beschreitet der Bürgertreffpunkt Interkontakt e.V., der sich aus einem Modellprojekt des Sozialministeriums Baden-Württemberg entwickelte. Bei Hilfs- und Pflegebedürftigkeit leisten 22 Pflegedienste, darunter acht Dienste in privater Trägerschaft, eine häusliche Hilfe nach Maß. Ergänzt werden diese Pflegeeinrichtungen von mobilen sozialen Hilfen wie Mahlzeitendiensten, Hausnotruf, Familienpflege, Nachbarschaftshilfen, Pflegekursen sowie Angehörigen- und Hospizgruppen. Entlastung für Angehörige von Alzheimerkranken bieten zwei ambulante Betreuungsgruppen für gerontopsychiatrisch Erkrankte. Darüber hinaus wurden im Landkreis mehr als tausend altengerechte Wohnungen errichtet. Nach dem Kreispflegeplan von 1997 sind die Bedarfswerte für teilstationäre und stationäre Pflegeeinrichtungen erfüllt. Aktuell bestehen insgesamt 18 Pflegeeinrichtungen mit 1084 Dauer-, 45 Kurzzeit- und 69 Tagespflegeplätzen. Stationäre Altenpflegeplätze in Trägerschaft des Landkreises werden im Alten- und Pflegeheim in Kuppenheim sowie im Kreispflegeheim in Ottersweier vorgehalten. Über die wohnortnahen Hilfen und Angebote informieren örtliche Broschüren und der ›Wegweiser Senioren‹ des Landkreises Rastatt.

Neue Initiativen. – Nachdem sich infolge des weitreichenden gesellschaftlichen Wandels im Sozialwesen neue Herausforderungen stellen, ist es erforderlich, in Zusammenarbeit der Träger sozialer Arbeit neue zeitgerechte und tragfähige Lösungskonzepte umzusetzen. In dem vom Kreissozialamt 1997 erfolgreich begründeten Projekt »Arbeit statt Sozialhilfe« werden durch intensive Beratung und Begleitung Sozialhilfeempfänger in ein sozialversicherungspflichtiges Beschäftigungsverhältnis vermittelt. Dabei gewährt das Kreissozialamt Lohnkostenzuschüsse an Arbeitgeber. Einen weiteren neuen Ansatz verfolgt die 1999 begründete »Ehrenamtsberatung« des Landkreises. Die Beratungs- und Vermittlungsstelle für bürgerschaftliches und ehrenamtliches Engagement informiert über freiwillige Tätigkeits- und Mitwirkungsmöglichkeiten im Landkreis Rastatt.

4. Gesundheitswesen

Ärztliche Versorgung. – Der Landkreis Rastatt ist ein ländlicher Flächenkreis; Schwerpunkte der ärztlichen Versorgung, sowohl ambulant wie stationär, sind die großen Kreisstädte Rastatt und Bühl. Im Kreiskrankenhaus Rastatt stehen 317, im Kreiskrankenhaus Bühl 210 und im Kreiskrankenhaus Forbach 91 Planbetten für die Patienten zur Verfügung.

Fachärztliche Abteilungen der Krankenhäuser im Landkreis Rastatt 2001

Fachärztliche Abteilung	Zahl der Betten
Innere Medizin	263
Chirurgie	234
Gynäkologie	60
Geburtshilfe	40
Hals-Nasen-Ohren	12
Urologie	15
Summe	624

Weitere stationäre Einrichtungen sind die Klinik für Geriatrische Rehabilitation in Gernsbach (ehem. Kreiskrankenhaus) mit 55 Betten für die geriatrische Rehabilitation und 28 Betten für internistische Akutpatienten, die vom Kreiskrankenhaus Rastatt mitversorgt werden, die Max-Grundig-Klinik Bühlerhöhe mit 65 Betten und das Herz-Kreislauf-Zentrum in Gernsbach mit 140 Betten.

Die ambulante Patientenversorgung ist flächendeckend durch 254 niedergelassene Ärzte gewährleistet, darunter sieben Chirurgen, 36 Internisten, 21 Frauenärzte, neun Orthopäden und elf Kinderärzte. Die zahnärztliche Versorgung wird von 152 Zahnärzten wahrgenommen. 63 Apotheken garantieren eine gute Medikamentenversorgung – Zentren sind Rastatt mit zehn, Gaggenau mit neun und Bühl mit acht Apotheken. Die anderen Apotheken verteilen sich gleichmäßig auf das Kreisgebiet.

Der Druck der sogenannten Ärzteschwemme macht sich im Kreisgebiet weniger bemerkbar als in den Ballungsgebieten und Universitätsstädten; statistisch kommt auf 871 Einwohner ein niedergelassener Arzt in freier Praxis (in Stuttgart 564, in Freiburg 298). Bei den Zahnärzten sind die Relationen ähnlich; auf einen Zahnarzt in freier Praxis kommen 1 455 Einwohner, in Stuttgart 1 007 und in Freiburg 666.

Ärzte, Krankenpflegepersonen, Hebammen und sonstiges Personal der Krankenhäuser (1997)

Personengruppe, Berufsbezeichnung	Anzahl
Ärzte	98
Pflegedienst	507
darunter Krankenschwestern/-pfleger	361
Hebammen	15
Medizinisch-technischer Dienst	143
darunter medizinisch-technische Radiologie-Assistentinnen	20
darunter medizinisch-technische Labor-Assistentinnen	22
Funktionsdienst	75
darunter Personal im Operationsdienst	24
darunter Personal in der Anästhesie	12
darunter Personal in der Funktionsdiagnostik	16
Wirtschafts- und Versorgungsdienst	211
darunter Verwaltungsdienst	65
darunter Personal im Küchenbereich	78

Gesundheitsamt und Gesundheitsfürsorge. – Das Gesundheitsamt Rastatt mit seinen beiden Außenstellen Baden-Baden und Bühl wurde 1995 in das Landratsamt eingegliedert. Sein vergleichsweise breites und vielschichtiges Aufgabenspektrum reicht von amtsärztlichen Aufgaben über den Gesundheitsschutz bis hin zur Kinder- bzw. Jugendgesundheitspflege und Prävention. Entsprechend den Aufgaben setzt sich auch das Personal aus verschiedenen Berufsgruppen zusammen, Ärzten und Ärztinnen, Sozialmedizinischen Assistentinnen, Sozialarbeiterinnen und Gesundheitsaufsehern.

4. Gesundheitswesen

Kreiskrankenhaus Rastatt.

Bei der Durchführung der hygienischen Überwachungsaufgaben stehen dem Amtsleiter zwei Gesundheitsaufseher zur Verfügung, die u.a. regelmäßig die Trinkwasserqualität von 24 öffentlichen Versorgungsanlagen und rund 250 Privatbrunnen sowie die Hygiene und Badewasserqualität in 22 öffentlichen Schwimmbädern, 27 Hotel-, zwei Sanatoriums- bzw. Klinik- und zwei Altenheimschwimmbädern überprüfen. Von Mai bis September werden bei 13 Badeseen in vierzehntägigem Abstand die Wasserqualität und Ortshygiene überprüft. Im Rahmen der Hygieneverordnung werden einmal jährlich die Friseure, Tätowierer und Piercer sowie die Solarien überprüft. Zunehmend sind Beratungen von Bürgern notwendig, die sich über wohnungshygienische Mängel beschweren, z.B. Schimmelpilze, Holzschutzmittel, Parkettkleber und anderes.

Eine AIDS-Fachkraft bietet in regelmäßigen Sprechstunden anonyme Beratungen zu Fragen des erworbenen Immunschwächesyndroms einschließlich anonymer Tests an. Die Tests sind kostenlos.

Zwei Sozialarbeiterinnen informieren behinderte und von Behinderung bedrohte Menschen, chronisch Kranke, psychisch Kranke und Suchtkranke über bestehende Hilfsmöglichkeiten, Beratungs-, Betreuungs- und Versorgungsangebote und beraten sie bei der Wahrnehmung dieser Angebote. Ebenso werden Schwangere über Hilfsmöglichkeiten informiert. Die Sozialarbeiterinnen wirken auch bei der Prävention und Gesundheitsförderung mit.

Der schulärztliche Dienst untersucht jährlich etwa 3 000 zur Schule angemeldete Kinder (Einschulungsuntersuchungen). Eine Durchsicht der Impfbücher sowohl der einzuschulenden wie der bereits zur Schule gehenden Kinder hat gezeigt, daß im Kleinkindalter eine ausreichende Impfrate erreicht wird, während bei den 11- bis 15jährigen wegen fehlender Auffrischimpfungen erhebliche Impflücken bestehen. So haben nur 36,6 Prozent der Schülerinnen und Schüler dieser Altersgruppe einen vollen Impfschutz gegen Tetanus, 32,6 Prozent gegen Diphtherie, 14,8 Prozent gegen Masern, 11,9 Prozent gegen Mumps und 13,7 Prozent gegen Röteln. Dies führt zu Überlegungen, ob neben intensiver Öffentlichkeitsarbeit künftig auch wieder Impfungen durch das Gesundheitsamt angeboten werden sollen.

Die Arbeitsgemeinschaft Jugendzahnpflege (AGZ) wurde am 1. Januar 1990 durch das Gesundheitsamt, die gesetzlichen Krankenkassen der Region und die Kreiszahnärzteschaft gegründet. Ihre Aufgabe ist die Erhaltung bzw. Verbesserung der Zahngesundheit aller Kinder vom dritten bis zum zwölften Lebensjahr. Die Reihenuntersuchungen und Gruppenprophylaxemaßnahmen werden von der Zahnärztin des Gesundheitsamts und drei bei der AGZ angestellten Prophylaxehelferinnen durchgeführt. In den Kindergärten wird die AGZ durch etwa 40 niedergelassene Zahnärzte aus dem Landkreis unterstützt. Im Rahmen von Aktionstagen werden Eltern und Kinder auch über gesunde Ernährung aufgeklärt. 1998 wurden 17 980 Kinder in Schulen und Kindergärten durch die AGZ untersucht. Die erfolgreiche Arbeit der AGZ führte dazu, daß von 1995 bis 1998 der Anteil der naturgesunden Gebisse der Grundschüler um 10 Prozent auf 57 Prozent angestiegen ist.

Zahngesundheit der Grundschüler 1995 bis 1998

Zustand	1995	1996	1997	1998
naturgesund	47%	53%	54%	57%
saniert	34%	28%	28%	25%
kariös	20%	20%	18%	18%

Die 13 Alten- und Pflegeeinrichtungen im Landkreis werden regelmäßig zusammen mit der Heimaufsichtsbehörde, dem Altenhilfe-Fachberater des Sozialamts und einer Pflegekraft überprüft. Überwachungsschwerpunkte sind die personelle und materiele Ausstattung und der Pflegezustand der Heimbewohner. Unter dem Diktat der Pflegeversicherungen wird es für die Heimleitungen immer schwieriger, für die Heimbewohner zusätzlich Freizeit- und Beschäftigungsangebote aufrechtzuerhalten. In acht Pflegeheimen werden insgesamt 45 Kurzzeitpflegeplätze angeboten.

Seuchenbekämpfung. – Die Seuchenbekämpfung ist eine traditionelle Aufgabe des öffentlichen Gesundheitsdienstes. Die meldepflichtigen Erkrankungen nach dem Infektionsschutzgesetz werden dem Gesundheitsamt hauptsächlich von Laborärzten, niedergelassenen Ärzten und Krankenhausärzten gemeldet. Die Salmonellosen bildeten im Lauf der Jahre einen Erkrankungsschwerpunkt; 1995 wurden sie erstmals durch die übrigen Formen der infektiösen Darmerkrankungen, hier vor allem Campylobacter jejuni, übertroffen. Anhand der Salmonellosen kann aufgezeigt werden, daß intensive Aufklärungsarbeit etwas zu bewirken vermag; der Höhepunkt der Salmonellosen war 1991 und 1992. 1992 hat das Gesundheitsamt zusammen mit dem Veterinäramt und dem Wirtschaftskontrolldienst bei Kontrollen in den Küchen das Personal über hygienische Gefahren und den richtigen Umgang vor allem mit Geflügel- und Eierprodukten informiert und auf Schwachstellen in den jeweiligen Betrieben hingewiesen. Gleichzeitig wurde die Bevölkerung über die Medien und bei Aktionstagen informiert. Seither hat sich die Zahl der Erkrankungen durch Salmonellen fast halbiert.

Erkrankungen wie Tetanus, Diphtherie und Polio spielen dank der Anwendung wirksamer Impfstoffe und der in der Vergangenheit durchgeführten flächendeckenden Impfaktionen des öffentlichen Gesundheitsdienstes heute keine Rolle mehr.

Bei der in der Bevölkerung zu beobachtenden Impfmüdigkeit ist es eine wichtige Aufgabe der Gesundheitsämter, durch massive Aufklärung und – wenn nötig – Impfaktio-

Kreiskrankenhaus Bühl.

nen ein Wiederaufflackern beinahe vergessener Infektionskrankheiten zu verhindern.

In der Beratungsstelle für Geschlechtskrankheiten werden jährlich etwa 2000 Prostituierte untersucht. Einen breiten Raum nimmt die Beratung in gesundheitlichen und sozialen Fragen ein.

Regionale Arbeitsgemeinschaft Gesundheitsförderung. – »Die Verhütung von Krankheiten durch Gesundheitsvorsorge und durch Stärkung der Eigenverantwortung der Bürgerinnen und Bürger für ihre Gesundheit sowie die Verankerung gesundheitsfördernder Strukturen im Gemeinwesen sind wesentliche Aufgaben einer modernen Gesundheitspolitik«. Mit diesem Satz beginnt die Präambel der Neufassung der Richtlinien des Sozialministeriums Baden-Württemberg über die Regionalen Arbeitsgemeinschaften für Gesundheit vom 31. März 1998. Die alte Fassung stammt aus dem Dezember 1987; auf ihrer Grundlage ist im Landkreis Rastatt die »Arbeitsgemeinschaft für Gesundheitserziehung« gegründet worden, die auf Wunsch ihrer Mitglieder seit 1995 »Regionale Arbeitsgemeinschaft für Gesundheitsförderung« heißt. Mitglied können alle mit der Gesundheitserziehung und Gesundheitsbildung befaßten Institutionen werden, z.B. die Ärzteschaft, Krankenkassen, Krankenhäuser, Selbsthilfegruppen, Wohlfahrtsverbände usw. Die Arbeitsgemeinschaft hat den Zweck, Maßnahmen und Aktionen, die das Gesundheitsbewußtsein und die Eigenverantwortung der Bevölkerung auf breiter Grundlage fördern, durchzuführen und Aktivitäten einzelner Mitglieder zu koordinieren. Die Geschäftsführung liegt beim Ge-

Meldepflichtige Erkrankungen im Landkreis Rastatt 1991 bis 2001

Erkrankungen	1991	1992	1993	1994	1995	1996	1997	1998	1999	2000	2001
Salmonellen	721	651	375	338	268	285	289	206	304	205	240
übrige Formen	132	108	130	84	288	319	231	223	254	245	474
Shigellenruhr	3		3	1		1	9	1	5	5	9
Typhus abdominalis			1	1							1
Meningokokken	1	4	2		2			2	1	1	4
andere bakterielle Meningitiden	9	4	1	2	3		2	1	7	3	
Virus-Meningo-encephalitis	2	6		4	2		2	2	2	5	1
Hepatitis A	3	14	5	9	3	10	17	5	11	3	1
Hepatitis B	6	9	6	2	4	1	10	11	11	15	13
Hepatitis C		2	3	2	2	8	23	20	39	27	19
Tularämie						1		1			
Tetanus				1							
Listeriose		1								1	1
Fleckfieber				1							
Lepra	1										1
Malaria	2	1		2	1	1	1	2		4	
Haemorrhagisches Fieber	1		1								1
Leptospirose	1		1						1		
Ornithose									1		
Q-Fieber				1							
Tuberkulose	48	41	47	32	27	35	38	23	31	19	16

sundheitsamt. In den vergangenen Jahren wurden gemeinsam Aktionstage im Rahmen der »Herzwoche« und zu den Themen bakterielle Lebensmittelvergiftungen, Innenraumgifte, Lärm, Allergie u.a. abgehalten.

Kreiskrankenhaus Forbach.

5. Schulwesen

Gesetzliche Grundlagen. – Nach Artikel 7 (1) des Grundgesetzes steht das gesamte Schulwesen unter der Aufsicht des Staates. Die Bundesländer sind für die Umsetzung dieses Verfassungsauftrags zuständig. In den Artikeln 11 bis 22 der Verfassung von Baden-Württemberg sind die Grundlagen, Ausführungen und Ziele für die Erziehung und den Unterricht festgelegt. Weitere Einzelheiten hierzu ergeben sich aus dem Hochschulgesetz und aus dem Schulgesetz des Landes. Danach werden Gemeinden, Städte und Landkreise zu Trägern für genau bezeichnete öffentliche Schulen bestimmt. Das Schulgesetz legt auch die Schularten fest und regelt die Schulaufsicht. Ferner werden der »innere« und der »äußere« Schulbetrieb geregelt. Zum inneren Bereich gehören unter anderem der Lehrplan, der Lehrereinsatz, die Schulpflicht sowie die Stellung des Schulleiters; die Dienstaufsicht geht über das Staatliche Schulamt und das Oberschulamt zum Kultusministerium. Der äußere Schulbetrieb umfaßt den Schulhausbau, den Unterhalt der baulichen Anlagen, sämtliche Einrichtungen, das nicht lehrende Personal und alle Ausgaben, die mit dem Schulbetrieb verbunden sind. Hier ist der Schulträger in der Pflicht, in seinem Haushaltsplan stellt er die erforderlichen personellen und sächlichen Mittel zur Verfügung. Dafür erhält er vom Land einen gesetzlich festgelegten Sachkostenbeitrag, der sich an der Schulart und an den Schülerzahlen orientiert. In diesem Bereich untersteht der Schulleiter der Rechts- und Fachaufsicht des Schulträgers.

Schulpflicht. – Nach Paragraph 72 des Schulgesetzes für Baden-Württemberg besteht Schulpflicht für alle Kinder und Jugendlichen, die in diesem Bundesland ihren Wohnsitz oder gewöhnlichen Aufenthalt oder ihre Ausbildungs- und Arbeitsstätte haben. Sie gliedert sich in die Pflicht zum Besuch der Grundschule beziehungsweise einer auf dieser aufbauenden Schule, der Berufsschule sowie einer Sonderschule. Die Pflicht zum Besuch der Grundschule erstreckt sich über mindestens vier, die zum Besuch einer weiterführenden Schule auf fünf Jahre. Nach Ablauf dieser Zeit beginnt dann die Pflicht zum Besuch einer Berufsschule. Diese dauert in der Regel drei Jahre und endet mit dem Ablauf der Lehrzeit. Wird über das neunte Schuljahr hinaus eine weiterführende Schule besucht, so ruht die Berufsschulpflicht; sie endet mit Ablauf des Schuljahres, in dem das 18. Lebensjahr vollendet wird.

Öffentliche und private Schularten und Schülerzahlen im Landkreis Rastatt

Allgemeinbildende Schulen	Anzahl der Schulen 1999/2000	Anzahl der Schüler 1989/1990	Anzahl der Schüler 1999/2000
Schulkindergarten	1	35	35
Grundschulen	62	8 092	10 370
Hauptschulen	29	3 919	4 779
Sonderschulen	9	740	904
Realschulen	10	3 469	4 713
Gymnasien	6	3 398	4 813
Freie Walldorfschule	1	–	91
insgesamt (ohne Schulkindergärten)	117	19 618	25 670
Abendrealschule	1	20	20
Abendgymnasium	1	20	20
Berufliche Schulen			
Berufsschulen	13	4 534	3 743
Ber. Grundbildungsjahr (BGJ)	2	219	65
Ber. Vorbereitungsjahr (BVJ)	5	80	201
Berufsfachschulen	10	951	1 173
Berufskolleg	8	563	739
Fach- und Technikerschulen	2	214	132
Berufsoberschulen	–	21	–
Berufliche Gymnasien	5	727	898
Krankenpflegeschule	1	69	49
Telekolleg II	1	22	12
insgesamt (ohne Telekolleg II)	46	7 378	7 000
insgesamt (alle Schulen)	163	26 996	32 670

Schulverwaltung. – Für den Landkreis Rastatt ist das Staatliche Schulamt Baden-Baden die erste zuständige Fachbehörde. Deren Schulaufsicht erstreckt sich auf die Grund-, Haupt-, Real- und Sonderschulen sowie auf die Schulkindergärten und Grundschulförderklassen. Das Oberschulamt Karlsruhe ist die vorgesetzte Behörde des Staatlichen Schulamts und hat die direkte Schulaufsicht über die Gymnasien und alle beruflichen Schulen.

Grund- und Hauptschulen. – In den 23 Städten und Gemeinden des Landkreises Rastatt bestanden im Schuljahr 1999/2000 62 Grund- und 29 Hauptschulen, mehrheitlich mit einem Werkrealschulzug. Sie werden von 15 149 Kindern besucht; im Grundschulbereich (Klassen 1–4) sind dies 10 370, bei den Hauptschulen (Klassen 5–9) 4 779. Grundschulen gibt es in allen Haupt- und Teilorten, ausgenommen Rastatt-Winteredorf und Rheinmünster-Söllingen. Mit Ausnahme von Bischweier und Loffenau gibt es in allen Städten und Gemeinden Hauptschulen; in Städten und größeren Gemeinden mit Teilorten sind in der Regel sogar mehrere Hauptschulen eingerichtet. Diese Schulen stehen alle in der Trägerschaft der jeweiligen Standortgemeinde. Daneben gibt es seit Sommer 1997 in Rastatt eine freie Walldorfschule. Zusätzlich bestehen in Bühl und Rastatt Grundschulförderklassen. Dort werden die Schulanfänger auf den Unterricht der Grundschule vorbereitet, wenn sie zum Einschulungszeitpunkt zurückgestellt waren.

In den Bereichen Grundschule und Grundschulförderklasse zeichnen sich grundlegende Änderungen ab, nachdem in Baden-Württemberg zum Schuljahresbeginn 1997/98 drei verschiedene neue Modellversuche gestartet wurden; zwei dieser Modelle sind auch im Landkreis Rastatt eingerichtet. Die Johann-Peter-Hebel-Schule in Rastatt gehört zu den 39 Teilnehmern des Modells A. Hier werden die ersten beiden Schulklassen aufgehoben, statt dessen sollen begabte Kinder schon nach einem Jahr in die dritte Klasse wechseln können. Kinder mit Lern- oder anderen Problemen haben wie bisher zwei Jahre Zeit, bevor sie in die dritte Klasse wechseln. Die bisherigen Förderklassen sind dann entbehrlich. Die Hans-Thoma-Grundschule in Gaggenau und die Hansjakob-Schule in Rastatt nehmen am Modellversuch B teil. Hier soll die Grundschulförderklasse beibehalten werden. Ein Wechsel in die Grundschule wird diesen Kindern jedoch während des Schuljahrs ermöglicht. In einer dritten Variante soll eine Vielzahl von pädagogischen Einzelmaßnahmen die Förderklassen ersetzen. Welche der Varianten schließlich im Grundschulbereich in Baden-Württemberg eingeführt wird, ergibt die Auswertung der Ergebnisse der 169 Modellversuche im Land.

Mit dem Schuljahr 1999/2000 wurde die verläßliche Grundschule eingeführt; sie soll sicherstellen, daß die Kinder für eine genau festgelegte Zeit des Schultags in der Schule betreut werden. Die Schulen entscheiden gemeinsam mit der Gemeinde als Schulträger und den Eltern, ob dieses neue Angebot in ihrer Gemeinde bzw. Stadt realisiert wird. Für diese zusätzliche Leistung setzt der Schulträger eine besondere Gebühr fest, im Landkreis Rastatt derzeit zwischen DM 30 und 120 monatlich. Am Modellversuch »Fremdsprache in der Grundschule« nimmt aus dem Landkreis keine Schule teil. 2004 soll ein entsprechendes Angebot im Land flächendeckend eingeführt werden.

Weiterführende Schulen. – Am Ende der Klassenstufe 4 der Grundschule müssen die Eltern für ihre Kinder entscheiden, ob diese in der Hauptschule bleiben und mit dem Abschluß die Grundlage schaffen für eine Berufsausbildung oder für eine weiterführende Schule oder ob sie direkt in eine weiterführende Schule wechseln. Eine weiterführende Schule ist zunächst die Realschule. Sie baut auf der Grundschule auf und vermittelt in sechs Schuljahren eine erweiterte allgemeine Bildung mit Realschulabschluß. Dieser Abschluß erleichtert den Zugang zu einer Berufsausbildung in Handwerk und Industrie. Schulstandorte sind Bühl, Bühlertal, Durmersheim, Gaggenau, Gernsbach, Iffezheim, Kuppenheim, Rastatt, Rheinmünster-Schwarzach und Sinzheim. Im Schuljahr 1999/2000 besuchten 7 713

Grund- und Hauptschule in Au am Rhein.

Tulla-Gymnasium in Rastatt.

Schülerinnen und Schüler diese zehn Realschulen. Eine weitere Möglichkeit bietet die Abendrealschule bei der Kreisvolkshochschule in Rastatt. Dort kann man neben dem Beruf in drei Jahren den mittleren Bildungsabschluß erlangen.

Sechs Gymnasien in Bühl (Windeck-G.), Durmersheim (Wilhelm-Hausenstein-G.), Gaggenau (Goethe-G.), Gernsbach und Rastatt (Ludwig-Wilhelm-G. und Tulla-G.) führen die rund 4813 Schülerinnen und Schüler nach neun Jahren zum Abitur, das den Weg zum Studium an einer Universität eröffnet. Seit einigen Jahren gibt es am Rastatter Tulla-Gymnasium auch die Möglichkeit für besonders begabte junge Leute, das Abitur bereits nach acht Jahren zu erreichen. Die Gymnasien gliedern sich in die drei Typen altsprachlich, neusprachlich und mathematisch-naturwissenschaftlich.

In Rastatt besteht daneben bei der Kreisvolkshochschule ein Abendgymnasium. Hierbei handelt es sich um ein Angebot im sogenannten zweiten Bildungsweg. Voraussetzung für den Besuch dieses Abendgymnasiums sind die Mittlere Reife und eine abgeschlossene Berufsausbildung. Darüber hinaus werden im Landkreis Rastatt fünf berufliche Gymnasien angeboten. Wirtschaftsgymnasien und technische Gymnasien gibt es in Bühl und Rastatt. Ein ernährungswissenschaftliches Gymnasium besteht in der Anne-Frank-Schule in Rastatt. Rund 900 junge Menschen haben sich für diesen zusätzlichen Ausbildungsweg entschieden, der für einige Berufe verbesserte Einstiegsvoraussetzungen schafft. Doch auch der Zugang zu Universitäten und Fachhochschulen sowie zur Berufsakademie wird nach drei Jahren Vollzeitunterricht und bestandener Abiturprüfung ermöglicht.

Sonderschulen. – Die Sonderschulen dienen der Erziehung und Ausbildung von Kindern und Jugendlichen, die zwar schulfähig sind, aber infolge körperlicher, geistiger oder seelischer Besonderheiten in den allgemeinbildenden Schulen nicht die ihnen gemäße Erziehung und Ausbildung erfahren können. Die verschiedenen Schulen führen je nach Förderungsfähigkeit der Kinder zu den Bildungszielen der übrigen Schularten, soweit die besondere Förderungsbedürftigkeit nicht eigene Bildungsgänge erfordert. Sonderschulen bestehen zum Beispiel für Blinde, Gehörlose, Geistigbehinderte, Körperbehinderte, Lernbehinderte und Sprachbehinderte, aber auch für Kranke und als Erziehungshilfe. Im Landkreis Rastatt stehen mit wenigen Ausnahmen alle Sonderschulen in der Trägerschaft des Landkreises. In privater Trägerschaft steht die Schule für Geistigbehinderte der Lebenshilfe Bühl e.V. in Ottersweier, der auch ein Schulkindergarten angegliedert ist. Eine weitere private Sonderschule findet man in Rheinmünster-Schwarzach; dort besteht eine Schule für Erziehungshilfe im Franziskusheim. Im Kloster Maria-Hilf in Bühl gibt es schließlich noch eine Sonderberufsschule, die St. Hedwig-Schule. In Trägerschaft des Landkreises sind die Förderschulen in Bühl (Rheintalschule), Durmersheim (Hildaschule), Gaggenau (Erich-Kästner-Schule) und Rastatt (Sibylla-Augusta-Schule). In Rastatt besteht dazu für den gesamten Landkreis auch eine Schule für Geistigbehinderte (Pestalozzi-Schule). Die Schule für Sprachbehinderte – Grundstufe – mit einem angeschlossenen Schulkindergarten befindet sich in Iffezheim (Astrid-Lindgren-Schule). Andere Behinderte, die in diesen Schulen nicht aufgenommen werden können, besuchen die entsprechenden Sonderschulen im Raum Karlsruhe. Der Landkreis beteiligt sich in Relation zur Zahl der Schüler aus seinem Bereich an den Betriebskosten dieser Schulen. Auf der anderen Seite stehen die Schule für Sprachbehinderte und der Schulkindergarten in Iffezheim auch den Kindern aus dem Stadtkreis Baden-Baden zur Verfügung; die Stadt beteiligt sich hier in gleicher Weise an den Kosten.

Berufliche Schulen. – Die berufliche Bildung hat in den letzten Jahren aufgrund der besonderen Situation auf dem Arbeitsmarkt einen höheren Stellenwert erhalten. Die moderne Technik und vor allem der rasche Fortschritt bei der elektronischen Datenverarbeitung verlangen von den jungen Menschen heute eine immer höher qualifizierende schulische Ausbildung, um im Beruf bestehen zu können. Auch das Fehlen von genügend Ausbildungsplätzen zwingt die Schulen zu neuen, weiteren Bildungsmöglichkeiten für all diejenigen, die nach Beendigung der Schulpflicht noch keinen Ausbildungsplatz erhalten haben. Eine enge Zusammenarbeit von Berufsschule, Wirtschaft und Arbeitsverwaltung ist zwingend geboten, um ein gutes Funktionieren des dualen Ausbildungssystems sicherzustellen. Innerhalb dieses Systems haben die Berufsschulen die Aufgabe, im Rahmen der Berufsausbildung vor allem fachtheoretische Kenntnisse zu vermitteln und die allgemeine Bildung zu vertiefen und zu erweitern. Der Unterricht wird in diesem Schulzweig in der Regel als Teilzeitunterricht mit etwa 1,5 Unterrichtstagen pro Woche erteilt. Bei einigen Berufsfeldern, wie zum Beispiel bei Forstgehilfen oder Papiermachern, werden die Auszubildenden für mehrere Wochen im Jahr zum Blockunterricht an einer zentralen Schule zusammengefaßt. Dies ist angezeigt bei den Berufen, für die sich eine Fachklasse auf Kreis- oder Bezirksebene wegen der geringen Schülerzahlen nicht lohnen würde. Der Blockunterricht ist oft gekoppelt mit einer gemeinsamen Unterbringung der auswärtigen Schüler in einem Internat, wie dies auch in Gernsbach der Fall ist. Das dortige Internat ist Teil eines breitgefächerten, umfangreichen Bildungszentrums der Papierindustrie.

Die beruflichen Schulen werden in drei große Kategorien eingeteilt: gewerbliche, kaufmännische, hauswirtschaftliche und landwirtschaftliche Berufsschulen. Das Angebot an beruflichen Schulen, die nach den Bestimmungen des Landesschulgesetzes alle in der Trägerschaft des Landkreises stehen, ist sehr mannigfaltig, vor allem weil der Land-

Gewerbeschule in Bühl.

kreis bei der Kreisform im Jahre 1972 den Schulstandort Bühl erhalten hat. So gibt es heute Gewerbeschulen in Bühl, Gaggenau und Rastatt; die drei Handelsschulen sind in Bühl, Gernsbach und Rastatt eingerichtet; hauswirtschaftlich-sozialpädagogische Schulen findet man in Bühl und Rastatt. Eine Besonderheit stellt die Papiermacherschule in Gernsbach dar, die allen Auszubildenden und angehenden Meistern der deutschen und der schweizerischen Papierindustrie offensteht. Sie ist als Landkreisschule zugleich ein Teil des großen und modernen Bildungszentrums der Papierindustrie. An den Berufsschulen werden die Auszubildenden der einzelnen Berufsfelder in Fachklassen zusammengefaßt. Die Palette der Berufe ist umfangreich, bunt und vielfältig; sie reicht von der Apothekenhelferin über den Bankkaufmann, den Fernsehtechniker und die Friseurin bis hin zur Zahnarzthelferin. Aufgrund der Wirtschaftsstruktur des Landkreises spielen die metallverarbeitenden Berufe, das Kraftfahrzeughandwerk und die Papiermacher eine besondere Rolle. Insgesamt werden an den neun beruflichen Schulen ca. 4 000 Berufsanfänger innerhalb des dualen Systems schulisch ausgebildet und auf die entsprechende Abschlußprüfung vorbereitet.

In den zurückliegenden Jahren hat es vor allem in den handwerklichen Berufen einen starken Rückgang an Ausbildungsplätzen und damit auch an Schülern gegeben. Daher mußten einige Fachklassen im Landkreis ganz aufgegeben werden, weil die Mindestschülerzahlen nicht mehr erreicht wurden. Die wenigen verbliebenen Auszubildenden müssen in diesen Fällen die nächstgelegene Schule in Karlsruhe besuchen. Dies gilt beispielsweise für die Metzger und Fleischfachverkäufer sowie für die Textilverarbeitung. Die geringere Zahl an Schülern hat aber auch zu Strukturveränderungen an den beruflichen Schulen geführt. Zum einen haben dabei gewisse »Übergangsklassen« wie das Berufsvorbereitungsjahr (BVJ) an Bedeutung gewonnen. Sie sind grundsätzlich für solche Jugendliche verpflichtend, die nach Erfüllung der allgemeinen Schulpflicht kein Ausbildungsverhältnis nachweisen können; solche BVJ-Schüler werden an den Berufsschulen in Bühl und Rastatt geführt. Zum anderen nehmen die verschiedenen Weiterbildungsmöglichkeiten in Form von Vollzeitschulen innerhalb der beruflichen Schulen einen immer größeren Raum ein, denn höhere berufliche Qualifikation ist stark gefragt.

Die Palette der Berufsfachschulen, die als einjährige oder zweijährige Vollzeitschulen angeboten werden, ist mannigfaltig. Die einjährige Berufsfachschule soll durch Vermittlung von Grundkenntnissen und Grundfertigkeiten auf eine berufliche Tätigkeit vorbereiten. Sie ersetzt das erste Ausbildungsjahr im dualen System. Die zweijährige Berufsfachschule soll insbesondere im gewerblich-technischen Bereich Aufstiegsmöglichkeiten für Hauptschüler eröffnen. Sie kann zur Fachhochschulreife (Mittlere Reife) führen. Dieser Schulzweig hat allerdings etwas an Bedeutung verloren, nachdem zu Beginn der 1990er Jahre die Werkrealschule geschaffen wurde, die einen gleichwertigen Abschluß bietet. Eine Besonderheit ist die dreijährige Berufsfachschule Altenpflege, die um 1990 landesweit neu eingerichtet wurde, um den größer werdenden Bedarf an fachlich qualifizierten Altenpflegerinnen und Altenpflegern sicherzustellen. Der Landkreis Rastatt hat an der Anne-Frank-Schule in Rastatt eine solche Berufsfachschule eingerichtet; eine Privatschule dieser Fachrichtung gibt es in Bühl beim Erich-Burger-Heim.

Die Berufskollegs bieten weitere Möglichkeiten, im Beruf eine bessere Stellung zu erreichen. Im Landkreis Rastatt werden insgesamt zehn solcher Berufskollegs an verschiedenen Standorten angeboten. Hier werden junge Menschen mit einer abgeschlossenen Berufsausbildung zur Fachhochschulreife geführt. Dieser Schulzweig baut auf der Fachschulreife, der Mittleren Reife oder einem gleichwertigen Bildungsstand auf. Durch Zusatzunterricht oder einen besonderen einjährigen Bildungsgang kann ein Berufskolleg auch zur Fachhochschulreife führen.

Darüber hinaus gibt es sechs verschiedene Fachschulen im Landkreis. Sie haben die Aufgabe, nach abgeschlossener Berufsausbildung und praktischer Bewährung oder nach einer geeigneten beruflichen Tätigkeit von mindestens fünf Jahren eine weitergehende fachliche Ausbildung zu vermitteln; dazu gehören beispielsweise die Techniker- oder Meisterschulen, wie sie an der Papiermacherschule in Gernsbach bestehen. Als Vollzeitschule dauert der Besuch einer Fachschule in der Regel ein Jahr. Lehrgänge bei Abend- oder Wochenendunterricht dauern entsprechend länger. Diese Schulen fallen allerdings nicht unter die Schulgeld- und Lernmittelfreiheit. Dies bedeutet, daß der Landkreis als Schulträger bei diesen Fachschulen dann Schulgeld beziehungsweise Semestergebühren verlangen muß, wenn das Land keine Sachkosten erstattet. Schließlich kann auch das Abschlußzeugnis (Abitur) an einem der fünf beruflichen Gymnasien bessere Voraussetzungen für einen Einstieg in die Berufsausbildung schaffen.

Der Anteil der ausländischen Schüler an allgemeinbildenden Schulen lag im Jahr 2000 mit 8,9 Prozent unter dem Landesdurchschnitt von 13 Prozent. Rund 80 Prozent aller nicht deutschen Schüler sind in den Grund- und Hauptschulen. In den beruflichen Schulen waren es 10,2 Prozent und damit auch 3,2 Prozent weniger als im Land; mit 56,7 Prozent hiervon entfällt der größte Ausländeranteil auf die Berufsschulen.

Angebote der Beruflichen Schulen im Jahr 2001

Schulen/Schularten	Bühl	Gaggenau	Gernsbach	Rastatt
Berufliche Gymnasien				
Technisches Gymnasium	*			*
Wirtschaftsgymnasium	*			*
Ernährungswissenschaftliches Gymnasium				*
Berufsschulen (BS)				
Gewerbliche BS	*	*	*	*
Kaufmännische BS	*		*	*
Landwirtschaftliche BS	*			
Hauswirtschaftliche BS	*			*
Berufsgrundbildungsjahr BGJ, Elektrotechnik				*
Berufsgrundbildungsjahr BGJ, Metalltechnik		*	*	
1-jähr. Berufsvorbereitungsjahr BVJ	*	*		*
Berufsfachschulen (BF)				
1-jähr. BF Elektro-, Energietechnik	*			*
1-jähr. BF Metall-, Fertigungstechnik	*			*
1-jähr. BF Metall-/Kfz-Technik	*	*		
1-jähr. BF Elektro-, Radio- u. Fernsehtechnik				*
1-jähr. BF Holz				*
2-jähr. BF Metall	*			*
2-jähr. BF Elektrotechnik	*			*
2-jähr. BF Wirtschaft und Verwaltung	*		*	*
2-jähr. BF für Bürotechnik				*
2 jähr. BF Wirtschaft und Fremdsprachen	*			
1-jähr. BF für Hauswirtschaft	*			*
1-jähr. BF für Hauswirtschaft (Lernbehinderte)				*
2-jähr. BF für Hauswirtschaft und Sozialpädagogik	*			*
2-jähr. BF für Gesundheit und Pflege	*			*
2-jähr. BF für Kinderpflegerinnen				*
2-jähr. BF für Sozialpädagogik	*			*
2-jähr. BF für Haus- und Familienpflege				*
3-jähr. BF Altenpflege				*
Berufskolleg (BK)				
1-jähr. BK gewerblich (zur FH-Reife)	*	*		
1-jähr. BK Technische Kommunikation				*
1-jähr. BK Technik und Medien				*
Kaufmännisches BK I			*	*
Kaufmännisches BK II			*	
1-jähr. BK Betriebswirtschaft (zur FH-Reife)			*	
1-jähr. BK Biologie (zur FH-Reife)	*			
BK I für Ernährung und Hauswirtschaft	*			*
Berufsoberschulen				
1-jähr. Gewerblich-technische Berufsaufbauschule				*
Telekolleg I				*
Fachschulen				
Papiererzeuger			*	
Papierverarbeiter			*	
Hauswirtschaft				*
Organisation und Führung	*			
Maschinentechnik, Fertigung		*		
Elektrotechnik, Datenelektronik				*

Weitere Bildungseinrichtungen. – Die Kreisvolkshochschule, eine Einrichtung des Landkreises Rastatt, wurde im Jahr 1957 zunächst als Jugend- und Volksbildungswerk gegründet. Sie ist heute eine moderne Bildungseinrichtung, die jedermann offensteht. Sie bietet flächendeckend für alle 23 Städte und Gemeinden Weiterbildungsmöglichkeiten und Kurse aus vielfältigen Interessengebieten an. Seit vielen Jahren werden auch eine Abendrealschule und ein Abendgymnasium von der Kreisvolkshochschule angeboten. Beim Krankenhaus Rastatt besteht seit langem eine Krankenpflegeschule. Dort werden in drei Klassen etwa fünfzig angehende Krankenschwestern und Krankenpfleger ausgebildet und auf die Prüfung zur staatlichen Anerkennung vorbereitet. Die Schule dient vor allem dem Nachwuchs in den Pflegebereichen der Kreiskrankenhäuser in Bühl, Forbach und Rastatt. Die Jugendmusikschulen in Bühl, Gaggenau, Gernsbach und Rastatt stehen in städtischer Regie. In der Arbeitsgemeinschaft für berufliche Fortbildung ist eine Vielzahl verschiedener Bildungsträger vertreten, darunter auch die Kreisvolkshochschule und die beruflichen Schulen. Das Angebot umfaßt insbesondere den kaufmännisch-betriebswirtschaftlichen und den gewerblich-technischen Bereich.

Die Kreisbildstelle in Bühl stellt vor allem den Schulen die erforderlichen audiovisuellen Unterrichts- und Bildungsmedien zur Verfügung. Darüber hinaus berät sie Schulen und Lehrkräfte bei der Beschaffung und dem Einsatz der modernen Medien und sichert in Zusammenarbeit mit der Landesbildstelle den Informationsfluß und die Fortbildung der Lehrkräfte. Neben Filmen, Videos und Aufzeichnungen von Sendungen des Schulfernsehens nimmt künftig der Einsatz von Computerprogrammen im Schulunterricht einen immer größeren Raum ein. Daher wird die Softwareberatung für den didaktischen Einsatz eine wichtige Zukunftsaufgabe der Bildstelle sein.

Hardt-Schule in Durmersheim.

6. Kirchen

Das Gebiet des Landkreises Rastatt ist von alters her im wesentlichen katholisch; nur Loffenau und Lichtenau sind überwiegend, Gernsbach ist teilweise evangelisch. Erst nach dem Zweiten Weltkrieg kam es – vor allem in den Städten und industriell geprägten Orten – zu einer stärkeren konfessionellen Durchmischung, aber noch heute gibt es Gemeinden wie etwa Eisental oder Forbach, in denen mehr als 90 Prozent der Bevölkerung katholisch sind; ansonsten liegt der Anteil der Katholiken gewöhnlich zwischen 70 und 90 Prozent, nur in Gernsbach bei etwas mehr als 60 Prozent. Die kleineren christlichen Kirchen spielen im Kreis quantitativ kaum eine Rolle. Die Altkatholiken, die sonst in Baden während der 1870/80er Jahre eine durchaus beachtliche Minderheit gestellt haben, konnten hier nie richtig Fuß fassen, und auch keine der evangelischen Freikirchen und sonstigen protestantischen Kirchen hat hier eine ins Gewicht fallende Mitgliederzahl.

Die heute bestehenden Verwaltungsgliederungen beider großen Kirchen basieren im wesentlichen auf im früheren 19. Jh. getroffenen Neuordnungen, mit denen die kirchlichen Verwaltungsgrenzen tendenziell den staatlichen angepaßt wurden.

Im Großherzogtum Baden hat sich während des 19. Jh. aber auch hinsichtlich der Rechtsstellung der Juden ein Wandel vollzogen. Daß sie seit 1807 als »Kirche« geduldet und in mehreren Schritten den christlichen Kirchen rechtlich gleichgestellt wurden (1862, 1919), bewirkte zunächst eine größere Sicherheit und eine gewisse soziale Anerkennung. Selbständige jüdische Gemeinden bestanden 1827 in Bühl, Gaggenau, Gernsbach, Hörden, Kuppenheim, Lichtenau, Muggensturm, Rastatt, Rotenfels, Schwarzach und Stollhofen; nur die beiden letzteren existierten 1933 nicht mehr. Zur Neugründung jüdischer Gemeinden nach der Shoa ist es im Landkreis bislang nicht gekommen.

Katholische Kirche. – Nachdem die Mehrzahl der alten Diözesen Südwestdeutschlands in napoleonischer Zeit untergegangen war und die neuen Mittelstaaten entsprechend einem schon im Zeitalter der Aufklärung verfolgten Ziel auf der Errichtung von Landesbistümern beharrten, erließ der Heilige Stuhl am 6. August 1821 die Bulle ›Provida solersque‹, mit der die Freiburger bzw. Oberrheinische Kirchenprovinz begründet und das Gebiet des Großherzogtums Baden samt den hohenzollerischen Fürstentümern in der Erzdiözese Freiburg zusammengefaßt wurde. Ihre staatliche Anerkennung fanden diese Zirkumskriptionsbulle und die ergänzende Bulle ›Ad Dominici gregis custodiam‹ mit der Publikation im badischen Regierungsblatt am 16. Oktober 1827; der erste Erzbischof wurde am 21. Oktober desselben Jahres konsekriert und inthronisiert. In den Jahrzehnten davor wurde das Kreisgebiet nördlich der Oos noch von dem vormals speyrischen Vikariat in Bruchsal administriert; das davor zur Straßburger Diözese gehörige Gebiet war 1808 dem damals noch bestehenden Bistum Konstanz zugeschlagen worden.

Mit Ausnahme von Au a. Rh., Durmersheim und Moosbronn (Dekanat Ettlingen) gehörten die Pfarreien des Landkreises damals sämtlich zu den Dekanaten Gernsbach und Ottersweier, welche die Erzdiözese ungeachtet der teilweise stark abweichenden Amts- und Oberamtsgrenzen noch für lange Zeit beibehielt; eine staatlicherseits bereits 1810 verfügte und de iure bis 1853 aufrechterhaltene Dekanatseinteilung wurde kirchlicherseits ignoriert. So hatte die alte Einteilung der Landkapitel abgesehen von marginalen Änderungen bis 1929 Bestand, und noch danach blieb das Murgtaldekanat »Gernsbach« erhalten, wurde aber künftig nach seiner größten Stadt und Pfarrei »Rastatt« genannt. Desgleichen bewahrte man im wesentlichen den Zuschnitt des bisherigen Dekanats »Ottersweier«, das fortan »Bühl« hieß; lediglich Iffezheim, Ottersdorf, Plittersdorf und Wintersdorf wurden von dort nach Rastatt umgegliedert.

Eine stärkere Übereinstimmung der Dekanatsgrenzen mit den staatlichen Verwaltungsgrenzen kam erst im Zusammenhang mit der baden-württembergischen Gebietsreform Mitte der 1970er Jahre zustande. Dabei spielten nicht zuletzt die neuen Anforderungen an Seelsorge und Pastoral infolge des Zweiten Vatikanischen Konzils eine Rolle sowie der immer deutlicher hervortretende Priestermangel. Hinsichtlich einer Angleichung an die politischen Verwaltungsgrenzen wurde das Ziel indes auch diesmal nur teilweise erreicht; von 49 katholischen Pfarreien im Land-

Bernhardus-Kirche (alte Pfarrkirche) in Rastatt.

kreis gehören 32 zum neuen Dekanat Murgtal, die übrigen 17 zum Dekanat Baden-Baden, und die Katholiken von Loffenau sind nach Bad Herrenalb gepfarrt, d.h. sie sind Angehörige der Diözese Rottenburg-Stuttgart (Dekanat Calw). Andererseits liegen fünf von 37 Pfarreien des Dekanats Murgtal und 16 von 33 des Dekanats Baden-Baden außerhalb des Kreises Rastatt.

Als neue kirchliche Mittelinstanz gibt es seit gut einem Vierteljahrhundert neben den Dekanaten die Regionen. Die Dekanate Baden-Baden und Murgtal bilden zusammen mit denen von Bretten, Bruchsal, Ettlingen, Karlsruhe, Pforzheim und Philippsburg die Region Mittlerer Oberrhein-Pforzheim. Sitz des entsprechenden Regionalbüros ist Karlsruhe; an seiner Spitze steht der Regionaldekan, ein zugleich in der Gemeindeseelsorge tätiger Priester.

Die seit 1827 stark angewachsene Zahl der Katholiken machte die Errichtung neuer Pfarreien erforderlich. Schon 1826/38 wurde die ehemalige Steinbacher Filiale Eisental zur Pfarrei erhoben; mit der Pfarrei Altschweier (1866/70) und den Pfarrkuratien Gaggenau-St. Joseph (1891, Pfarrei 1905) und Gernsbach-Reichental (1898, Pfarrei 1913) kamen drei weitere hinzu. Bis zum Ende des Zweiten Weltkriegs wurden noch Forbach-Langenbrand (1909/42) und Gernsbach-Obertsrot (1911/45) zu Pfarreien erhoben; in Weitenung (1902, Pfarrei 1954), Gaggenau-Hörden (1903, Pfarrei 1956), Gaggenau-Sulzbach (1908), Bühlertal-Obertal (1908, Pfarrei 1954), Rastatt-Herz-Jesu (1930, Pfarrei 1955), Forbach-Bermersbach (1933, Pfarrei 1964) wurden Kuratien errichtet. Nach dem Zweiten Weltkrieg folgten schließlich noch die Pfarreien Bischweier (1946/61), Durmersheim-St. Bernhard (1965/90), Gaggenau-St. Marien (1968/75), Rheinmünster-Greffern (1946/66), Rastatt-Zwölf Apostel (1956/83) und Rastatt-Hl. Kreuz (1976/86) sowie die Kuratie Rastatt-Rauental (1947).

1827 unterstanden alle Pfarreien dem Patronat des Landesherrn. Aus Sicht der Kirche war das ein durch nichts gerechtfertigter Eingriff in ihre Angelegenheiten, zumal dem Erzbischof dadurch eine wesentliche personalpolitische Gestaltungsmöglichkeit vorenthalten wurde. Erst 1861, im Zuge einer grundlegenden Reform des Verhältnisses zwischen Staat und Kirche, überließ der Großherzog einige Patronate dem Diözesanbischof. Für die Pfarreien (Bad) Rotenfels, Eisental, Kuppenheim und Vimbuch hatte dieser die Patronatsrechte nun uneingeschränkt inne, für Elchesheim, Iffezheim, Niederbühl, Ötigheim, Schwarzach, Sinzheim, Steinmauern und Unzhurst wurde das Patronatsrecht nach dem sogenannten Terna-Verfahren zwischen Kirche und Großherzog geteilt, d.h. der Großherzog wählte aus einer vom erzbischöflichen Ordinariat vorgeschlagenen Dreierliste einen ihm genehmen Kandidaten aus. Mit dem Ende der Monarchie entfiel der landesherrliche Patronat ganz; privatrechtlich begründete Patronate haben im heutigen Kreis Rastatt bereits am Ende des Alten Reiches nicht mehr bestanden.

Wenngleich in der säkularisierten Welt um die Wende des 20. Jh. der Konfession kaum noch eine identitätstiftende Funktion zukommt, weist der Landkreis doch nach wie vor eine deutlich wahrnehmbare katholische Prägung auf.

Vor allem in der traditionell besonders »katholischen« Gegend um Bühl, aus der allzeit auffällig viele Priester- und Ordensleute hervorgegangen sind, ist das religiöse Brauchtum vielerorts noch lebendig. Eine große Rolle spielen dabei Wallfahrten. Deren Ansehen in der Theologie und ihre Bedeutung für die Religionsausübung waren immer Konjunkturen unterworfen. Wurden sie von der katholischen Aufklärung mitunter vehement bekämpft und fast ganz zum Erliegen gebracht, so ist um die Mitte des 19. Jh. eine Trendwende zu beobachten; zahlreiche Wallfahrten sind damals wiedererwacht oder völlig neu entstanden. Ähnliche Phänomene lassen sich auch im ausgehenden 20. Jh. beobachten. Von den Wallfahrtsorten im Landkreis sind namentlich Maria Bickesheim, Maria-Hilf in Moosbronn und Maria Linden in Ottersweier von überregionaler Bedeutung. Auch die Kapelle St. Antonius von Padua in Au a.Rh., die im Volksmund als »Adenauerkapelle« bezeichnete Kapelle Maria Frieden auf der Bühlerhöhe sowie die Wallfahrt zum Rufinenschrein in Schwarzach haben in jüngerer Zeit wieder an Attraktivität gewonnen. Unter den Ordensniederlassungen im Landkreis stehen das 1926 gegründete Redemptoristenkloster in Bickesheim sowie das heute an die Stelle der seit 1936 existierenden Kapuzinerniederlassung getretene Augustiner-Chorherrenkloster Maria Linden in Ottersweier in unmittelbarem Zusammenhang mit Wallfahrten. Weitere Ordensniederlassungen bestehen mit der Kongregation der Schwestern vom Göttlichen Erlöser in Bühl, der Kongregation der Schwestern vom Dritten Orden des heiligen Dominikus in Neusatzeck und dem Franziskanerkloster in Rastatt.

Nimmt man das Wallfahrtswesen als Indiz, so scheint sich der Prozeß der Säkularisierung der Gesellschaft zu verlangsamen. Ungebrochen ist hingegen die Tendenz zu einer immer geringeren Teilnahme am Gottesdienst. Gezählt werden die Gottesdienstbesucher an zwei Sonntagen im Jahr, einmal während der Fastenzeit, ein weiteres Mal im Herbst. Mögen auch statistische Ausreißer das Bild etwas verfälschen, so ist der Trend doch eindeutig. Lag die durchschnittliche Zahl der Kirchenbesucher in der Erzdiözese Freiburg noch 1984 bei 23,8 Prozent, so ist sie bis 1998 kontinuierlich auf 15,5 Prozent zurückgegangen. Im Landkreis Rastatt liegen die Werte traditionell etwas höher, so 1998 bei 16,3 Prozent im Dekanat Baden-Baden und bei 16,2 Prozent im Dekanat Murgtal. Auf Ortsebene weichen die Zahlen teilweise deutlich ab, allerdings ist bei Rückschlüssen von diesen Zahlen auf den Zustand der Pfarrgemeinden Vorsicht geboten. Kirchenbesucherzahlen von 85,5 Prozent in Moosbronn oder gar 101,4 Prozent auf der Bühlerhöhe sind ebenso wie 30,2 Prozent in Bickesheim oder 31,2 Prozent in Ottersweier-St. Johann durch die Wallfahrten zu erklären. Umgekehrt beweist ein Wert von 7,1 Prozent in Michelbach nicht etwa eine besonders weit vorangeschrittene Entchristlichung an diesem Ort, sondern legt die Vermutung nahe, daß dort viele Gemeindemitglieder am Zählsonntag den Gottesdienst in Moosbronn besucht und damit die Werte hier wie dort verfälscht haben.

Fragwürdig erscheint auch, die Zahl der Kirchenaustritte als Indiz abnehmender Religiosität zu deuten. Zu groß ist die Rolle, die in dieser Hinsicht die allgemeine Steuer- oder

Katholische Pfarrkirche zum Heiligen Kreuz in Bietigheim.

Abgabenbelastung spielt. Die entsprechenden Werte für die Dekanate Baden-Baden und Murgtal liegen gewöhnlich nah an den Durchschnittswerten der Erzdiözese. So verließen 1988 im Bistum 0,275 Prozent der Katholiken die Kirche, im Dekanat Baden-Baden 0,218 Prozent und im Dekanat Murgtal 0,211 Prozent; 1998 lagen die Werte bei 0,434 für die Erzdiözese, bei 0,467 für Baden-Baden und bei 0,420 für das Murgtal.

Traditionell manifestiert sich Kirche zuallererst in der Pfarrgemeinde; der Bischof tritt nur selten in Erscheinung, der Dekan wird von den Gläubigen kaum wahrgenommen und von den Geistlichen als ein mit erweiterten Kompetenzen ausgestatteter Mitbruder angesehen. Überörtliche kirchliche Einrichtungen oder weitere Zwischeninstanzen hat es früher praktisch nicht gegeben. Im Zuge der zunehmenden Bürokratisierung der Kirche, die mit einem immer spürbarer werdenden Priestermangel einhergeht, wurden mehr und mehr Aufgaben von zentralen Stellen wahrgenommen. Motive dafür waren der Wunsch, die Geistlichen von Aufgaben zu entlasten, zu deren Erfüllung es keiner Weihe bedarf, weiterhin die zunehmend spezialisierte Verwaltung und schließlich das Bestreben der Zentrale, in die pastoralen, liturgischen, caritativen und administrativen Belange der Pfarrverwaltung reglementierend einzugreifen.

Ein Beispiel für derartige Zwischeninstanzen sind die Verrechnungsstellen für katholische Kirchengemeinden in Bühl und Rastatt. Ihre originäre Aufgabe war die Haushalts- und Rechnungsführung, doch nahmen sie im Laufe der Zeit immer mehr solcher Aufgaben wahr, die kaufmännisches Wissen oder Verwaltungsfachkenntnisse erfordern. Künftig werden sie sich wohl zunehmend zu überpfarrlichen Verwaltungs- und Dienstleistungszentren entwickeln. Auf dem Gebiet der Kirchenmusik trägt der Bezirkskantor der Dekanate Baden-Baden und Murgtal, der in erster Linie für die Pfarrei Rastatt-St. Alexander tätig ist, in Zusammenarbeit mit dem Amt für Kirchenmusik Sorge für die Ausbildung von nebenamtlichen Kirchenmusikern (C-Ausbildung) sowie für überpfarrliche musikalische Aktivitäten. Auch die Weiterbildung der nebenberuflich tätigen Kollegen fällt in seine Zuständigkeit, desgleichen die fachliche Beratung von Geistlichen und Kirchenmusikern und die Orgelinspektion. Der Caritasverband für den Landkreis mit Sitz in Rastatt sowie das diözesane Bildungswerk mit seinem in Bruchsal ansässigen Bildungszentrum für die Region Mittlerer Oberrhein-Pforzheim koordinieren die örtlich angebotenen Aktivitäten im sozial-caritativen Bereich und in der Erwachsenenbildung. Die für den Kreis zuständigen Dekanate haben ihre Dienstsitze in Baden-Baden und Rastatt; mit den bei ihnen angesiedelten Pastoral- und Jugendreferenten übernehmen sie auch Aufgaben der einzelnen Pfarreien. Schwerpunkte ihrer Arbeit sind neben der überpfarrlichen Koordination vor allem die Weiterbildung der in der Jugendarbeit oder im liturgischen und pastoralen Dienst tätigen ehrenamtlichen Mitarbeiter. Schließlich bleiben die katholischen oder ökumenischen Sozialstationen zu nennen, die häufig von mehreren Pfarreien gemeinsam getragen werden; sie leisten Kranken- und Altenbetreuung sowie Haushalts- und Familienhilfe.

Jahrelang kontrovers diskutiert, aber unumgänglich ist die Schaffung von Seelsorgeeinheiten. Die Ursachen für diese Entwicklung, die es ähnlich in fast allen deutschen Bistümern gibt, liegen im Priestermangel, aber auch im theologisch fundierten Streben nach einer kooperativen Seelsorge. Für jede Seelsorgeeinheit, die zwei bis fünf Pfarreien umfaßt, wird ein von einem Priester geleitetes Team gebildet; es besteht aus Pastoralreferenten oder -assistenten, ständigen Diakonen sowie ehrenamtlichen Mitarbeitern. Wenn besondere Aufgaben wie Anstaltsseelsorge, Betreuung von Wallfahrten oder ähnliches hinzukommen, können dem Team weitere Geistliche angehören.

Evangelische Kirche. – Abgesehen vom Hanauerland um Lichtenau sowie von Loffenau und Gernsbach war im Gebiet des Landkreises Rastatt bis zum Ende des Alten Reiches das evangelische Bekenntnis nur in Einzelfällen vertreten. In Rastatt selbst wurde, nachdem seit 1773 von Karlsruhe aus evangelische Gottesdienste – zuerst nur für das Militär, ab 1776 auch für die Evangelischen der Stadt – abgehalten worden waren, erst 1802 eine lutherische Pfarrei (heutige Michaelspfarrei) gegründet. So blieben die verschiedenen (verwaltungstechnischen) Maßnahmen, die schließlich 1821 zur Bildung der Vereinigten evangelisch-protestantischen Kirche in Baden (seit 1958 Evangelische Landeskirche in Baden) führten, zunächst ohne unmittelbare Auswirkungen auf diesen Raum. Weder das 6. Organisationsedikt von 1803 noch die Zusammenlegung des lutherischen und des reformierten Kirchenkollegiums zu einem gemeinsamen Oberkirchenrat im Jahr 1807 wirkten sich hier aus, und auch die badische Union, die 1821 Lutheraner und Reformierte in der Vereinigten evangelisch-protestantischen Kirche zusammenführte, fand mangels entsprechender Gemeindestrukturen kaum eine Resonanz.

Evangelische Stadtkirche (ehem. Franziskanerkloster) in Rastatt.

Die seit Anfang des 19. Jh. ganz langsam einsetzende konfessionelle Durchmischung hatte ihre Ursachen nicht zuletzt in theologischen Entwicklungen. Unter ihnen ist vor allem die Erweckungsbewegung hervorzuheben; ihr wichtigster Exponent in Baden war Aloys Henhöfer. 1815 in Konstanz zum katholischen Priester geweiht, ist er 1823 zusammen mit rund zweihundert Mitgliedern seiner Pfarrgemeinde Mühlhausen bei Pforzheim zur evangelischen Kirche übergetreten; als Prediger und theologischer Schriftsteller hat er bald einen weit überregionalen Einfluß gewonnen und war auch an der Konversion einiger Katholiken aus Durmersheim und Au am Rhein sowie an der Errichtung der evangelischen Kirchengemeinde in Durmersheim 1867 unmittelbar beteiligt.

Gernsbach, Loffenau und Lichtenau – letzteres seit 1983 auch zuständig für die Protestanten in Rheinmünster – haben schon seit den Jahren der Reformation evangelische Pfarreien. Alle anderen evangelischen Kirchengemeinden im Landkreis wurden erst im Lauf des 20. Jh. gegründet, wobei fast ausschließlich Diasporapfarreien mit großem Einzugsgebiet entstanden sind. 1901 erhielt Bühl seine erste Pfarrei (Süd-, heute Johannespfarrei), allerdings hatte dort bereits seit 1865 ein Pastorationsgeistlicher seinen Dienstsitz; seit 1843 wurden die hiesigen Evangelischen von einem Vikar der Illenau betreut, und 1854 wurde Bühl Dienstsitz eines Pfarrverwalters für einen Pastorationsbezirk um den Flecken. 1926 kam ein erstes Vikariat hinzu, das 1957 zur selbständigen Nordpfarrei (Lukaspfarrei) aufgewertet wurde; seit 1965 ist diese mit der Johannespfarrei vereinigt bzw. in eine Pfarrstelle für Bühlertal umgewandelt. 1955 erhielt die Bühler Südpfarrei ein zweites Vikariat mit Dienstsitz in Steinbach (seit 1977 Matthäusgemeinde Baden-Baden). Für Gaggenau wurde 1905 eine Pastorationsstelle, 1911 schließlich eine eigene Pfarrstelle geschaffen (Markusgemeinde); 1972 kam für die Ortsteile Freiolsheim, Michelbach, Moosbronn, Oberweier und Bad Rotenfels die Johannesgemeinde hinzu, 1983 schließlich die Lukasgemeinde für Hörden, Ottenau, Selbach und Sulzbach. In Rastatt wurde um 1951 mit der auch für Rauental zuständigen Johannespfarrei eine zweite Seelsorgestelle errichtet, nachdem die bereits 1937 unternommene Errichtung der Nordpfarrei 1939 am Einspruch der von Nationalsozialisten und Deutschen Christen gelenkten Finanzabteilung beim Oberkirchenrat gescheitert war. 1962 folgte die auch für Niederbühl verantwortliche Thomaspfarrei, die jedoch nur bis zur pfarrlichen Neuordnung der Stadt 1969 Bestand hatte und dann in der durch Teilung der Johannespfarrei neu geschaffenen Petruspfarrei aufging. Fast gleichzeitig mit der zweiten Rastatter Pfarrei entstand 1952 eine Kirchengemeinde in Forbach, wo seit 1953 auch eine aus dem seit 1937 bestehenden Pfarrvikariat in Gernsbach hervorgegangene Pfarrstelle (Pauluspfarrei) existiert. 1980 wurde die Gernsbacher Jakobspfarrei in zwei Pfarrstellen aufgeteilt (bis 1982 als Gruppenpfarramt). Staufenberg erhielt 1973 eine eigene Pfarrstelle, seit 1980 in Verbindung mit der Gernsbacher Jakobspfarrei; 1977 folgte Bietigheim-

Muggensturm, 1979 Kuppenheim-Bischweier, und schließlich entstand 1980 durch Umbenennung der 1979 errichteten Kirchengemeinde Wintersdorf die Pfarrei Iffezheim.

Auch die Organisation der Evangelischen Landeskirche stimmte nur teilweise mit den Grenzen staatlicher und kommunaler Verwaltungseinheiten überein. Von den Gemeinden des Landkreises gehören nur Lichtenau mit Rheinmünster (Kirchenbezirk Kehl, bis 1965 Rheinbischofsheim) und Loffenau (württembergischer Kirchenbezirk Neuenbürg) nicht zum Kirchenbezirk Baden-Baden, der indes auch den selbständigen Stadtkreis Baden-Baden umfaßt. In der Einteilung der Kirchenbezirke hat es im Laufe der Zeit wiederholt Änderungen gegeben. Baden-Baden wurde 1941 aufgelöst; außer Bühl, das man dem Kirchenbezirk Rheinbischofsheim einverleibte, kamen damals alle Gemeinden des heutigen Landkreises zum Kirchenbezirk Karlsruhe. 1953 wurde der Kirchenbezirk Baden-Baden neuerrichtet und im wesentlichen in seinem alten Bestand wiederhergestellt. Als kleinere Änderungen sind zu vermerken: 1975 die Zuweisung von Freiolsheim an den Kirchenbezirk Durlach, die aber bereits 1982 mit der Anbindung Freiolsheims an die Gaggenauer Johannesgemeinde wieder rückgängig gemacht wurde, und die Umgliederung von Moosbronn zur Evangelischen Kirche in Württemberg (Kirchenbezirk Neuenbürg).

Anfangs taten sich die hierzulande stark vereinzelten evangelischen Gemeinden durch ein besonderes Zusammengehörigkeitsgefühl und einen ausgeprägten Glaubenseifer hervor. Evangelische Bewohner Durmersheims besuchten beispielsweise, solange sie keinen eigenen Andachtsraum hatten, häufig den Sonntagsgottesdienst in Henhöfers Pfarrei Spöck nördlich von Karlsruhe, was ihnen für den Hin- und Rückweg einen jeweils sechsstündigen Fußmarsch abverlangte. Ebenso mußten die Evangelischen anderer Orte zum Besuch des Sonntagsgottesdienstes mitunter sehr weite Wege zurücklegen. Diese Diasporasituation hat noch weit ins 20. Jh. hinein dazu beigetragen, das konfessionelle Bewußtsein zu schärfen, aber in jüngerer Zeit ist das Abgrenzungsbedürfnis zwischen den Konfessionen mehr und mehr zurückgegangen; je säkularer die Gesellschaft, desto weniger störend erscheinen die Unterschiede zwischen den Konfessionen, man besinnt sich auf die Gemeinsamkeiten und rückt ungeachtet fortbestehender Differenzen näher zusammen.

Auch in der evangelischen Landeskirche ist ein Rückgang der Kirchenbesucherzahlen zu konstatieren. Dieser scheint sich zwar in den letzten Jahren verlangsamt zu ha-

Evangelische Johannes-Kirche in Bühl.

ben, was aber nicht unbedingt auf eine grundsätzliche Trendwende hindeutet. Lag die jährlich an vier wechselnden, ganz normalen Sonntagen ermittelte Kirchenbesucherzahl 1986 landeskirchenweit bei 24,7 Prozent und erreichte in den Jahren 1988 und 1994 mit jeweils 21,1 Prozent ihre niedrigsten Werte, so war sie 1995 wieder auf 23,0 Prozent angestiegen, was freilich noch ganz im normalen statistischen Varianzbereich liegt. Die relative Zahl der Kirchenaustritte liegt höher als bei den Katholiken; von 1986 bis 1992 ist sie von rund 0,2 Prozent auf 0,9 Prozent angestiegen, seither aber wieder leicht zurückgegangen. Grundsätzlich gilt, daß die Zahlen über Kirchenaustritte und Gottesdienstbesuch zwar mittel- oder langfristige Trends indizieren können, dabei aber nicht überbewertet werden sollten.

Auch in den evangelischen Kirchenbezirken sind manche originären Aufgaben der Pfarreien mittlerweile überörtlichen Stellen delegiert. Die Leitung des Kirchenbezirks obliegt dem Dekan, dem ein Dekan-Stellvertreter und ein Schuldekan beigegeben sind, sowie dem Vorsitzenden der Bezirkssynode; dazu gibt es jeweils einen Bezirkskantor. Die sozial-caritativen Aufgaben werden vom Diakonischen Werk des Kirchenbezirks Baden-Baden im Landkreis Rastatt mit Sitz in Rastatt und einer Außenstelle in Bühl wahrgenommen. Als weitere feste Einrichtung existiert, gleichfalls in Rastatt, ein Evangelisches Jugendbüro. Darüber hinaus gibt es Bezirksbeauftragte mit vielfältigen Koordinierungs- und Beratungsfunktionen für die Bereiche Diakonie, Jugend sowie Blinden- und Sehbehindertendienst, die Erwachsenenbildung, den Evangelischen Bund, die Frauenarbeit, das Gustav-Adolf-Werk, Kindergottesdienste, Kirche und Israel, Kirchenmusik, Lektoren und Prädikanten, Mission und Ökumene, Missionarische Dienste, Pfarrfrauendienst, Polizeiseelsorge, Presse und Öffentlichkeitsarbeit, Sport und Vereine, Verfahrensbeistand der KDV oder Weltanschauungsfragen.

Ökumene. – Die Annäherung der beiden großen Konfessionen, die sich in einer vielfach engen Zusammenarbeit manifestiert – im November 1999 wurde die bereits zwanzig Jahre davor verabschiedete gemeinsame Erklärung des katholischen Erzbischofs und des evangelischen Landesbischofs in erweiterter Form bekräftigt –, dürfte in den Gemeinden bereits weiter vorangeschritten sein als in den Kirchenleitungen. Im Heiratsverhalten spielt die Konfession schon seit geraumer Zeit keine entscheidende Rolle mehr, und auch im Wahlverhalten lassen sich konfessionelle Milieus nicht mehr eindeutig feststellen. Angesichts der Zusammenarbeit zwischen den großen christlichen Kirchen, die sich auch in regelmäßigen Zusammenkünften von Vertretern des Evangelischen Oberkirchenrats und des Erzbischöflichen Ordinariats zeigt, ist die Ökumene längst alltägliche Realität. Sie manifestiert sich nicht nur in gemeinsamen Gottesdiensten, in partnerschaftlich betriebener Bildungsarbeit, in Gesprächs- oder Bibelkreisen sowie in der gemeinsamen Alten- und Krankenbetreuung oder in Besuchsdiensten, sondern auch in Ökumenischen Sozialstationen. Weniger eng und geregelt ist hingegen die Zusammenarbeit der großen Kirchen mit den diversen kleinen Glaubensgemeinschaften, doch gibt es mit der Arbeitsgemeinschaft Christlicher Kirchen in Baden-Württemberg auch hierfür eine Organisationsstruktur.

7. Kulturelles Leben

Der »Ereignisbereich« Straßburg-Baden-Baden-Karlsruhe bildet den Rahmen für das intensive kulturelle Geschehen in den Städten und Gemeinden des Landkreises Rastatt. Museen, Theater, Konzerte, Galerien sind hier »auf dem Land« ebenso zu finden wie in den großen Kreisstädten Rastatt, Gaggenau und Bühl. Diese kulturellen Aktivitäten im Landkreis sind nicht nur von privatem Engagement geprägt, sondern auch von der Arbeit der kommunalen Selbstverwaltungen. Das private Engagement zeigt sich in vielfältigen Aktivitäten zahlloser Vereine, Institutionen und Persönlichkeiten vor allem in den Bereichen Musik, Kunst und Literatur. Die kulturellen Einrichtungen im Rahmen der kommunalen Selbstverwaltung der Städte, der Gemeinden und des Landkreises sind Teil der öffentlichen Daseinsvorsorge, entsprechend den Erfordernissen unserer Gesellschaft. Die entsprechenden Aktivitäten umfassen die Literaturversorgung durch die städtischen Bibliotheken, den Auf- und Ausbau des Museums- und Archivwesens, die Kunstförderung mit Hilfe kommunaler Galerien, Kunstausstellungen oder »Kunst am Bau«, die Pflege des musikalischen Schaffens durch Veranstaltung von Konzerten, die Heranführung der Jugend an die Musik und an das Erlernen von Instrumenten in den Jugendmusikschulen, die quantitative Ausweitung und qualitative Verbesserung des kulturellen Angebots im Bereich Konzert, Theater, Ballett, Musical und Oper durch den Bau moderner, großer Räumlichkeiten mit differenzierten Möglichkeiten, wie es die Badner Halle in Rastatt, die Jahnhalle in Gaggenau, das Bürgerhaus Neuer Markt in Bühl oder das Haus des Gastes in Bühlertal verdeutlichen, die Bewahrung heimatlicher Traditionen durch die Herausgabe von Heimatbüchern und die Durchführung oder Unterstützung von Dorf- sowie Stadtfesten (Zwetschgenfest in Bühl, Gernsbacher Altstadtfest und viele andere), die Inszenierung von Kulturtagen (Straßentheater-Festival Tête-à-tête in Rastatt) sowie die Anbahnung, Betreuung und Pflege von Partnerschaften mit Städten und Gemeinden des europäischen Auslands zum Kennenlernen fremder Menschen und Kulturen.

Museen. – Von überregionaler Bedeutung und großer Attraktivität sind vor allem die Schlösser in Rastatt und Förch (Favorite) mit ihren originalen Ausstattungen und musealen Sammlungen, in Favorite namentlich Fayencen, Gläsern und Porzellanen. Im Rastatter Schloß besteht seit 1974 eine auf Anregung des damaligen Bundespräsidenten gegründete und dem Bundesarchiv unterstellte Erinnerungsstätte für die Freiheitsbewegungen in der deutschen Geschichte. Ihr inhaltlicher Schwerpunkt liegt in der Zeit des Vormärz und der Revolution von 1848/49, anhand einzelner Biographien werden aber auch Opposition und Widerstand gegen die nationalsozialistische Gewaltherrschaft und gegen die SED-Parteidiktatur in der DDR dargestellt. Darüber hinaus beherbergt das Rastatter Schloß seit 1956 ein Wehrgeschichtliches Museum, das von 1969 bis 1996 beim Bundesverteidigungsministerium ressortierte, jetzt aber in eine vom Land Baden-Württemberg, der Stadt Rastatt und einem Förderverein getragene GmbH umgewandelt ist. Die Sammlungen basieren auf älteren badischen Beständen und dokumentieren in Verbindung mit moderner medialer Technik die Militärgeschichte von den napoleonischen Kriegen bis zum Ersten Weltkrieg, unter besonderer Berücksichtigung Badens und Württembergs.

Die Grundidee des sogenannten Rheinparks Pamina fußt auf dem Gedanken, eine ganze Region als Museum zu begreifen. Das beinhaltet nicht nur rein museale Einrichtungen, sondern auch Besonderheiten der Natur beiderseits des Rheins. Pamina ist ein Zusammenschluß der namengebenden Regionen Südpfalz (PAlatinat) MIttlerer Oberrhein und Nordelsaß (Nord Alsace). Die Pamina-Museen umfassen insgesamt zwölf Einrichtungen (davon sind bis dato zehn realisiert) und zahlreiche Naturschutzgebiete. Im Landkreis Rastatt wurden fünf Museen in das Pamina-Programm aufgenommen; sie haben jeweils besondere Schwerpunkte und sind als Ensemble zu betrachten. Das Museum Arbeit am Rhein in Elchesheim-Illingen wurde in der ehemaligen Kirche von Illingen eingerichtet; es stellt die für die rheinnahen Dörfer typischen Erwerbszweige Fischerei, Goldwäscherei, Korbflechten und Holzschuhmacherei dar. Das Hardtmuseum Durmersheim wurde 1991 in einem von der Gemeinde zur Verfügung gestellten Fachwerkhaus eröffnet und widmet sich in Anlehnung an die Wallfahrt nach Bickesheim vor allem der Volksfrömmig-

Schusterstube im Heimatmuseum Bermersbach.

keit. In Ötigheim plant der Arbeitskreis Förderverein Heimatmuseum für das Jahr 2002 die Eröffnung eines Theatermuseums. Zentrale Themen des Riedmuseums in Ottersdorf, eines Zweigmuseums des Stadtmuseums Rastatt, sind der Rhein und seine Auenlandschaften. Im Flößereimuseum Steinmauern werden in einer liebevoll gestalteten Ausstellung Leben und Arbeit der Steinmaurer Flößer veranschaulicht und der Weg nachgezeichnet, den einst die im Schwarzwald geschlagenen Baumstämme die Murg hinunter bis zum Umschlagplatz Steinmauern und von dort weiter nach Holland genommen haben.

Unter den zahlreichen Stadt- und Dorfmuseen ist zunächst das der Stadt Rastatt zu nennen. Es gibt einen anschaulichen Querschnitt durch die Stadtgeschichte von den Anfängen bis zur Gegenwart. Die Ursprünge dieser Sammlungen reichen bis ins Jahr 1895 zurück. Seit 1973 in einem eigenen Gebäude, dem Vogelschen Haus, untergebracht, wurde das Museum 1991 organisatorisch vom Stadtarchiv getrennt. In Kuppenheim sammelt der Historische Verein seit 1989 Materialien zur Stadtgeschichte und präsentiert diese im Erdgeschoß einer bürgerlichen Villa; ein Akzent der Dokumentation liegt hier auf der regionalen Industriegeschichte. Das Bühler Stadtmuseum wurde 1910 gegründet, aber erst 1937 der Öffentlichkeit zugänglich gemacht und 1983 mit neuer Konzeption wiedereröffnet. Seine Ausstellung widmet sich verschiedenen Themen der Stadtgeschichte, der Freiheitsbewegung von 1848/49 sowie dem Fastnachtsbrauchtum und der Vereinsgeschichte. Weitenung hat ein eigenes kleines Heimatmuseum im Dachgeschoß des Rathauses, wo Sammlungen zur Ortsgeschichte gezeigt werden und jährlich wechselnde Präsentationen, etwa über den für das Dorf typischen Hanfanbau. Das Lichtenauer Heimatmuseum ist seit 1999 in einem restaurierten Fachwerkhaus mit Ökonomiegebäude untergebracht; es zeigt bäuerliche Gebrauchsgegenstände aus Haus und Hof sowie Werkzeuge und Produkte des regionalen Handwerks und Gewerbes.

In Gaggenau führte der Erwerb einer seit 1970 zusammengetragenen Privatsammlung von Gaggenauer Glas 1986 zur Einrichtung einer Dauerausstellung im stadtgeschichtlichen Museum bzw. in den Räumlichkeiten der Stadtbibliothek. Bis ins 18. Jahrhundert reichen die gläsernen Schätze, vornehmlich aus der Mittelberger und Gaggenauer Glashütte zurück; ergänzt werden sie durch einen Keramikbestand aus Hafnerware und Steinzeug. Einen weiteren Schwerpunkt der Gaggenauer stadtgeschichtlichen Sammlungen bilden Exponate zur Industriegeschichte, darunter Emailschilder und -produkte. In Michelbach hat der noch junge Heimatverein in einem Einfirstgehöft von 1772 ein modernen didaktischen Grundsätzen entsprechendes »lebendiges« Freilichtmuseum mit betriebsfähigem Backhaus und Heilkräutergarten geschaffen. Der Kultur- und Heimatverein Bad Rotenfels sammelt seit 1994 im Ökonomiegebäude des aus dem 18. Jh. stammenden Hofguts Rotenfels handwerkliche und landwirtschaftliche Gegenstände, mit denen vor allem der Einfluß der Technisierung auf die bäuerliche Wirtschaft dokumentiert werden soll. Der Holzwirtschaft und ihrer Geschichte gilt das 2001 eröffnete Museum in dem 1592/94 erbauten und 1991 renovierten Haus Kast in Hörden.

Im sogenannten Amtshof, der einstigen Amtskellerei des Speyrer Domkapitels, in Gernsbach zeigt die Stadt Sammlungen zu ihrer Geschichte sowie regelmäßig wechselnde

Ausstellung. Die Maler- und Lackiererinnung Murgtal unterhält im Alten Rathaus von Gernsbach eine Zunftstube, in der historische Arbeitsweisen dokumentiert sind, u.a. das Lasieren und Vergolden. Im Dachgeschoß des Staufenberger Rathauses gibt es eine Ausstellung über vorindustrielle Handwerksberufe, und in Reichental ist das bereits 1505 bezeugte, bis 1982 betriebene Gemeindesägewerk als Waldmuseum eingerichtet; dargestellt sind dort die für den Ort ehedem typischen Erwerbszweige, unter denen das Wald- und Holzgewerbe immer eine besondere Rolle gespielt hat. In Weisenbach beherbergt die gemeindeeigene Zehntscheune, in der früher auch gekeltert wurde, ein 1999 eröffnetes Museum mit ortsbezogenen Sammlungen. Das Murgtal-Museum in Bermersbach verdankt seine Entstehung dem Ortsjubiläum von 1986 und birgt umfangreiche, bereits 1959 begonnene Sammlungen zur Wirtschafts-, Sozial- und Bevölkerungsgeschichte des Tals.

Spezielle Technikmuseen bestehen in Bühlertal und Hügelsheim bzw. Söllingen. Die bis 1961 betriebene Geiserschmiede (1767), die letzte von ehedem acht Hammerschmieden im Bühlertal, zeigt seit 2000 die authentische Einrichtung einer Hammerschmiede mit doppeltem Schwanzhammerwerk, transmissionsgetriebener Bohrmaschine und Schleifstein sowie mit einer Schmiedeesse mit zwei Arbeitsplätzen, dazu viele Halbfertig- und Fertigprodukte für die Bedürfnisse der Land- und Forstwirtschaft und sonstiger Gewerbe. Das Deutsch-Kanadische Luftwaffenmuseum in Hügelsheim und Söllingen wurde 1999 gegründet. Der Trägerverein besitzt eine Werkstatt, in der Restaurierungsarbeiten fachkundig ausgeführt werden können. Sein Prunkstück ist eine Fiat G 91 (1963) aus Bundeswehrbeständen, außerdem kann ein Starfighter F 104 G (1966) besichtigt werden sowie technisches Gerät (Navigationsanlagen, Triebwerke, Hydraulikkomponenten und andere Ausrüstungsgegenstände).

Galerien. – Die Städtische Galerie Rastatt wurde 1993 eröffnet und ist in der eigens zu diesem Zweck umgebauten Fruchthalle, einem denkmalgeschützten Gebäude (Markthalle) von 1853 untergebracht. Die seit 1983 getätigten Ankäufe wollen Kunst in Baden nach 1945 dokumentieren und erfolgten u.a. aus Privatsammlungen wie jenen von Alfred Luz, Robert Häusser und Felix Schlenker. Einen wesentlichen Teil der Galerie macht die Druckgrafikstiftung Lütze aus, und einen besonderen Stellenwert hat auch die Sammlung Westermann, die sich seit 1997 im Besitz der Stadt befindet. Gezeigt werden Arbeiten von Künstlerinnen und Künstlern, die in Baden wirken oder gewirkt haben und überregionale Resonanz finden. Vertreten sind dabei so renommierte Künstler wie Otto Dix, Erich Heckel, Karl Hubbuch, HAP Grieshaber, Horst Antes, Georg Baselitz, Markus Lüpperts und Emil Schuhmacher. Hauptwerk der Sammlung ist die großformatige Holzschnitt-Collage ›Wege der Weltweisheit: die Hermannschlacht‹ von Anselm Kiefer. Seit 1976 richtet der Rastatter Kunstverein jeweils im Sommerhalbjahr Ausstellungen in der spätbarocken Pagodenburg aus. Bis zu viermal jährlich finden dort vor allem junge Künstler aus der Region ein Forum für ihre Werke. Zudem werden im Marstall des Schlosses in Koope-

Aus den Schätzen der Historischen Bibliothek des Ludwig-Wilhelm-Gymnasiums in Rastatt: Der reiche Fischfang (Lukas 5,4–11).

ration mit der Stadt Rastatt Kunstausstellungen organisiert.

Der Kunsterzieher und Maler Ernst Schneider in Ottersweier engagiert sich seit vielen Jahren in der regionalen Kunstszene. In seiner Galerie stellt er vornehmlich Arbeiten von Künstlern aus dem Raum zwischen Karlsruhe und Offenburg vor und fördert damit die kulturelle Vielfalt am Oberrhein. Sein Ziel ist es, »unabhängig vom jeweiligen Trend des Kunstmarkts künstlerische Qualität in einer möglichst weit gespannten stilistischen Vielfalt [... zu] präsentieren.«

Im Rahmen der öffentlichen Kunstförderung veranstalten der Landkreis Rastatt (in eigenen Räumlichkeiten und landkreiseigenen Schulen), aber auch viele Städte und Gemeinden des Kreises Kunstausstellungen von großer Anziehungskraft; auch hier liegt der Zweck primär in der Förderung der Kunstschaffenden aus der Region am Oberrhein. Wegen der idealen räumlichen Voraussetzungen werden hierfür vor allem der Marstall am Rastatter Schloß und der Friedrichsbau in Bühl genutzt. Aber auch in zahlreichen anderen Räumen und vor allem in vielen Rathäusern können die Künstler ihre Werke zeigen.

Theater und Musik. – Zwischen Karlsruhe mit seinem Staatstheater und verschiedenen Kleintheatern, Straßburg mit der Opéra du Rhin sowie Baden-Baden mit seinem Stadttheater und neuerdings dem großdimensionierten Festspielhaus liegt in der unmittelbaren Nachbarschaft Rastatts im Wald von Ötigheim eine der schönsten Freilichtbühnen Deutschlands. Gegründet 1906 in einer aufgelassenen Kiesgrube durch den damaligen Ortspfarrer Josef Saier, erlebten die Ötigheimer Volksschauspiele einen eindrucksvollen Erfolg und erzielten erstmals 1910 eine Zuschauerzahl jenseits der Marke von 100000 – beachtlich, wenn man bedenkt, daß bis zum heutigen Tag nur an Wochenenden und nur im Sommer gespielt wird. Monumentale Bauten, die ihr Gesicht von Spielzeit zu Spielzeit verändern, eingebettet in eine zauberhafte Waldlandschaft, breiten sich vor dem Auge des Zuschauers aus, der in einem überdachten, bis zu 4000 Besucher fassenden Halbrund Platz nimmt. Die Breite der Bühne beträgt 174 m, die Tiefe 62 m, die Aufbauten sind fast 20 m hoch.

Naturtheater hatten in den ersten Jahren des 20. Jh. Konjunktur; Pfarrer Saier konnte daher auf mannigfache Erfahrungen zurückgreifen, die andernorts bereits gemacht worden waren. Nach dem durchschlagenden Erfolg des Jahres 1910 kann es nicht überraschen, daß Ötigheim in den Folgejahren seinerseits als Muster für eine Reihe von Naturtheater-Neugründungen im deutschen Südwesten diente. So gehen die 1919 gegründeten Heidenheimer Volksschauspiele auf einen Besuch ihres Gründers in Ötigheim zurück, und 1924 begannen die ebenfalls am Ötigheimer Vorbild orientierten Breisacher Festspiele ihren Spielbetrieb.

Gespielt wird in Ötigheim überwiegend von Laien, gelegentlich findet aber auch eine Verstärkung durch professionelle Kräfte statt. Massenszenen mit bis zu 500 Mitwirkenden, Reiterauftritte, Musik und Tanz vereinigen sich zu einem durchaus eigenen volkstümlichen Spielstil, der seine Eigengesetzlichkeiten, aber auch seinen eigenen Reiz hat. Der Einsatz professioneller Kräfte geht übrigens auf eine zwingende Vorgabe zurück, die in den 1930er Jahren von den damaligen Machthabern im Rahmen eines Arbeitsbeschaffungsprogramms gemacht wurde. Wenngleich damit der ursprünglich Charakter des reinen Laienspiels teilweise verlorenging, hatte dieser Wandel doch den Vorteil, daß nun das Repertoire erweitert werden konnte und das spielerische Niveau eine spürbare Steigerung erfuhr.

Das Ötigheimer Repertoire umfaßt heute sowohl die gängigen Klassiker, von Schiller, Goethe, Kleist, Calderon und Hebbel bis hin zu Shakespeare, als auch eigens für die hiesige Bühne geschriebene Stücke, wie etwa ›Die Passion‹ des Gründers Josef Saier, oder ›Ben Hur‹ und ›Quo Vadis‹. Das Musiktheater mit Operette, Oper und Musical rundet das Spektrum ebenso ab wie ein spezielles Angebot für Kinder und Jugendliche. Spielte man ursprünglich ausschließlich am Nachmittag, sind seit 1938 auch Abendaufführungen üblich. Gerade am Abend und in den frühen Nachtstunden entsteht auf der Bühne ein ganz besonderes Fluidum, das durch geschickte Ausleuchtung einen geradezu suggestiven Zauber gewinnt.

Den Winter hindurch wird in einem Zimmertheater in der Ortsmitte, der »kleinen bühne« der Volksschauspiele, gespielt. Diese Einrichtung ist gleichermaßen Startrampe für den Nachwuchs, wie ein Schauplatz, auf dem erfahrene Akteure ihre darstellerischen Mittel verfeinern und weiterentwickeln können, denn im Mikrokosmos des kleinen Studiotheaters, sind ganz andere Ausdrucksformen gefordert als im Makrokosmos der riesigen Freilichtbühne.

Besondere Erwähnung verdient neben den Ötigheimer Volksschauspielen ein freies privates Theater ganz eigener Art, das SchlossTheater Rastatt, geleitet von Edzard Schoppmann. Ursprünglich tätig in Karlsruhe als »Theater auf Reisen«, hat das ambitionierte Ensemble 1990 seine Zelte in Rastatt aufgeschlagen. Die Theaterarbeit umfaßt

Ben Hur-Aufführung bei den Volksschauspielen Ötigheim, 2001.

ein breitgefächertes Tätigkeitsfeld, das vom Kinder- und Jugendtheater über Tanz- und Bildertheater bis hin zum zeitgenössischen Sprechtheater reicht. Vorstellungen finden sowohl im Rahmen von Freilichtveranstaltungen, im Theaterzelt, als auch in der festen Spielstätte des Kellertheaters statt. Neben der Tätigkeit in Rastatt führt das SchlossTheater Gastspiele im In- und Ausland durch. Zur Bereicherung des Repertoires kooperiert es darüber hinaus mit zahlreichen anderen Theatern und Künstlern. Im Rahmen von Schulveranstaltungen, Kursen, Nachbereitungen und Diskussionen ist das SchlossTheater daneben auch sozial und theaterpädagogisch tätig. Das Ensemble sieht eine grundlegende Aufgabe und den leitenden Gedanken seiner Arbeit darin, persönliche, gesellschaftliche und künstlerische Grenzen zu überwinden: Dieser Weg ist verbunden mit dem Ziel, Brücken zu bauen zwischen Menschen und Völkern, zwischen Tradition und Moderne – der Künstler als Grenzgänger und Brückenbauer, als Visionär und Vernetzer. Dieses Theater versteht sich als ganzheitliches Theater, es will Neues entdecken, Fremdes und Unbekanntes, will Tabus brechen, um Wunden zu heilen; es ist ein Theater auf dem Weg.

Das Bild wird abgerundet durch zwei ehrgeizige Theaterinitiativen, nämlich das von Harald Hemprich geleitete ›Ensemble 99‹ in Rastatt, dessen Vorläufer im Schultheater zu finden sind, und das ›Theater im Kurpark‹ in Gernsbach, gegründet durch Martin Rheinschmidt, einen jungen Theatermacher, der zumeist auch sein eigener Spielleiter und Hauptdarsteller ist. Und schließlich entfaltet seit einigen Jahren eine neue Einrichtung ihre Ausstrahlung weit über die Region hinaus – die in Gaggenau gelegene Akademie Schloß Rotenfels, eine Landesakademie für Schulkunst, Schul- und Amateurtheater. Den Anstoß zur Gründung dieser neuen, auch konzeptionell durchaus neuartigen Akademie hatte die Ende 1989 erstellte Kunstkonzeption der Landesregierung gegeben, die erstmals die Bereiche der professionellen und nichtprofessionellen Kunst wie auch der Schulkunst in ihren wechselseitigen Verflechtungen miteinander darstellte. Heute ist die Akademie in Gaggenau zu einer landesweit angenommenen Stätte der Aus- und Fortbildung geworden, einmal für Lehrer, aber auch für Schüler und freie Amateurensembles und ihre Verbandsorganisationen. Was den Theaterbereich betrifft, ist die Akademie momentan leider noch ein Torso, harrt doch das ursprünglich vorgesehene eigene Theatergebäude immer noch der Verwirklichung. Es bleibt zu hoffen, daß die finanziellen Hürden, die der Vollendung der ursprünglichen Pläne noch im Wege stehen, bald überwunden werden können.

Die Gaggenauer Klag-Bühne bietet seit 1989 in jährlich mehr als achtzig, meist ausverkauften Veranstaltungen ein qualitätvolles Programm von internationalem Zuschnitt in allen Sparten der Kleinkunst (Kabarett, Tanz, Pantomime, Gesang, Jazz, Comedy, Slapstick, A Capella u.a.m.); sie wird vom Amt für Schulen, Kultur und Sport der Stadt Gaggenau betrieben.

Die erste Spielzeit im Hoftheater Scherzheim, dem kleinsten Theater Deutschlands, war im Frühjahr 1982 in der umgebauten Scheune eines Bauernhofs. Bis heute hat der ehemalige Nachrichtensprecher des damaligen Südwestfunks und frühere Chefnachrichtensprecher des Reichssenders Berlin Elmar Bantz diese einzigartige Einrichtung kontinuierlich ausgebaut zu einem Treffpunkt der kulturellen Top-Szene Deutschlands. Alles was Rang und Namen hat, Theaterleute, Rundfunk- und Fernsehstars, Kabarettisten der allerersten Garnitur, kommen Jahr für Jahr, um in Scherzheim ohne Gage, vor nicht mehr als fünfzig Besuchern Elmar Bantz ihre Reverenz zu erweisen.

In Fortführung einer 1968 durch den damaligen Landkreis Bühl begründeten Tradition veranstaltet schließlich seit 1973 der Landkreis Rastatt pro Jahr bis zu vier klassische Konzerte in der Klosterkirche von Schwarzach. Diese Münsterkonzerte haben sich mit dem Engagement bekannter Musiker und Orchester auch überregional einen guten Ruf erworben; pro Veranstaltung ziehen sie bis zu 500 Liebhaber klassischer Musik in ihren Bann.

Bibliotheken und Literatur. – Als einziger Landkreis in Baden-Württemberg unterhält der Landkreis Rastatt eine eigene Fahrbücherei; sie ist 1961 gegründet worden und wird seit 1988 von einem Diplom-Bibliothekar betreut. Aufgrund des großen Erfolgs wurde bereits 1966 ein zweiter Bibliotheksbus angeschafft. Seit 1993 beteiligen sich die Gemeinden zur Hälfte an den Kosten. Über 50 000 Medien, darunter 2 800 Kassetten und 17 Zeitschriften im Abonnement, werden der Kreisbevölkerung, vor allem in den kleineren und mittleren Gemeinden, zur Verfügung gestellt.

Stadtbibliotheken gibt es in Rastatt, Bühl und Gaggenau. Die Rastatter Bibliothek bietet rund 60 000 Medien an und stellt öffentliche Internet-Zugänge zur Verfügung. Der Bestand der Stadtbibliothek von Gaggenau umfaßt etwa 50 000 Titel, sowohl Bücher wie Cassetten, CDs und CD-ROMs. Dem Leser stehen neun Tageszeitungen, darunter zwei Blätter aus der französischen Partnerstadt zur Verfügung; außerdem werden Autorenlesungen, Vorträge, Kleinkunst- sowie Kinderveranstaltungen organisiert.

Eine besondere Kostbarkeit stellt die Historische Bibliothek des Rastatter Ludwig-Wilhelm-Gymnasiums dar. Ihre Anfänge reichen zurück ins Jahr 1716; inzwischen ist sie auf etwa 30 000 Bände angewachsen. Mit wertvollen Handschriften, ca. 160 Inkunabeln, Frühdrucken aus dem 16. Jh. und umfangreichen Beständen aus dem 17. und 18. Jh. stellt sie ein Kulturgut von hohem Rang dar. Immer wieder tritt die Bibliothek mit Publikationen und Ausstellungen über ihre Bestände hervor. Eine Dauerausstellung wird im

Historische Bibliothek des Ludwig-Wilhelm-Gymnasiums in Rastatt.

7. Kulturelles Leben

ehemaligen Refektorium des Piaristen-Kollegs gezeigt, Sonderausstellungen finden von Zeit zu Zeit im Bibliothekssaal des historischen Schulgebäudes statt.

Die Heimatbuchreihe des Landkreises Rastatt ist bereits 1961 unter dem Titel ›Um Rhein und Murg‹ ins Leben gerufen worden. In mehr als vierzig Jahren ihres Bestehens hat sie in besonderem Maße das Zusammengehörigkeitsgefühl im früheren wie im heutigen Landkreis Rastatt gefördert und erscheint seit der Kreisreform als ›Heimatbuch Landkreis Rastatt‹ (1974ff.). Die jährliche Erscheinungsweise ist in besonderem Maße geeignet, das lokale und regionale Geschehen in Vergangenheit und Gegenwart für ein breites Publikum aufzubereiten. Auch die heimatgeschichtliche Forschung nimmt dabei einen wichtigen Platz ein.

Archive. – Im Landkreis Rastatt gibt es mehrere hauptamtlich verwaltete Archive. Unter ihnen ist zunächst das 1987 geschaffene Kreisarchiv im Rastatter Rossi-Haus zu nennen. Es verwahrt die Überlieferung der Bezirks- bzw. Oberämter und ehemaligen Kreise Bühl und Rastatt. Seine Zuständigkeit erstreckt sich auf das Gebiet des heutigen Landkreises und schließt die fachliche Beratung der Kreisgemeinden ein. Die Bestände reichen zurück bis ins 18. Jh., mit Einzelstücken aus Sammlungsgut sogar bis ins 16. Jh. Das seit 1994 im Aufbau befindliche Bildarchiv umfaßt derzeit etwa 12 000 Vorlagen. Das Kreisarchiv erarbeitet eigene Publikationen und produziert gemeinsam mit der Volkshochschule das jährlich erscheinende Heimatbuch des Landkreises. Regional bezogen ist auch der 1998 gegründete und von einem hauptamtlichen Mitarbeiter versehene Archivverbund Südlicher Landkreis; er ist ein Zusammenschluß der Gemeinden Bühlertal, Hügelsheim, Ottersweier, Rheinmünster und Sinzheim sowie der Stadt Lichtenau.

Seine Aufgaben liegen neben der Betreuung der kommunalen Archive vor allem auf dem Feld der Öffentlichkeitsarbeit, der Organisation von Ausstellungen und Führungen, dazu der Herausgabe von heimatgeschichtlichen Publikationen.

Das 1895 gegründete Stadtarchiv Rastatt war zunächst mit den städtischen Sammlungen im Rathaus untergebracht und wurde von 1920 bis 1973 im Südflügel des Schlosses verwahrt; seither liegt es im Vogelschen Haus. Seine Überlieferungen beginnen mit dem ausgehenden 17. Jh., reichen aber mit einzelnen bedeutenden Stücken bis ins 15. Jh. zurück. Neben dem eigentlichen Archivgut werden Sammlungen zur Stadtgeschichte gepflegt. Gernsbach hat ein seit 1976 hauptamtlich besetztes Stadtarchiv. Das Archiv der Stadt Gaggenau war seit 1945 zunächst ehrenamtlich betreut und wird seit 1979 von einer Fachkraft verwaltet. Es ist im Haus am Markt, einem 1979 fertiggestellten Anbau des Rathauses untergebracht und verwahrt auch die Überlieferung der Stadtteile Ottenau, Freiolsheim, Hörden, Michelbach, Oberweier, Bad Rotenfels mit Winkel, Selbach und Sulzbach, die bis ins späte 17. Jh. zurückreichen. Infolge weitreichender Zerstörungen im Zweiten Weltkrieg weist das Stadtarchiv große Lücken auf, die man mittels umfangreicher Dokumentationen aufzufüllen sucht. Das seit 1998 im ehemaligen Wasserschloß Waldsteg (Neusatz) untergebrachte Stadtgeschichtliche Institut Bühl knüpft an ein bereits im 16. Jh. bezeugtes Archiv des Fleckens Bühl an. Seit 1989 hauptamtlich betreut, beschränkt sich das Institut nicht auf die Obliegenheiten eines Archivs, sondern nimmt auch museale Aufgaben wahr, betreut heimatkundliche Veröffentlichungen und veranstaltet Ausstellungen, Führungen, Vorträge und Tagungen.

8. Medien

Trotz der seit einigen Jahren rasant verlaufenden Entwicklung auf dem Gebiet der Medien ist die Tagespresse noch immer der wichtigste Vermittler regionaler und lokaler Nachrichten, auch im Landkreis Rastatt. Die ursprünglich vorwiegend lokal geprägte Presselandschaft hat nach dem Zweiten Weltkrieg einen Konzentrationsprozeß erlebt mit dem Ergebnis, daß heute nur noch zwei große Zeitungen den Raum bedienen. Beim Rundfunk hat sich ein gegenläufiger Prozeß vollzogen; während dort zunächst nur eine öffentlich-rechtliche Anstalt ihre Programme abstrahlte, ist daneben in jüngster Zeit eine Reihe privater Sender mit regionaler Reichweite aktiv.

Frühe Rastatter Zeitungen. – Die Anfänge des Zeitungswesens im Gebiet des Landkreises liegen im Jahr 1717, als Markgräfin Sibylla Augusta dem Rastatter Hofbuchdrucker Franz Georg Tusch das Recht verlieh, den ›Eylfertig-geschwind reithend- und lauffenden Kriegs-und Friedens-Botten oder sehr curieusen und lesenswürdigen Schreib-Calender‹ zu drucken und zu verbreiten; seit 1807 erschien das Blatt unter dem Titel ›Rastatter Hinkender Both‹. 1763 erteilte Markgraf August Georg seinem Hofkammerrat Goldmann ein Privileg zur Herausgabe eines Wochenblatts (›Rastatter Wochen-Blatt oder Nachrichten von allerhand Sachen, deren Bekanntmachung dem gemeinen Wesen nöthig und nutzlich ist‹), das 1771 mit dem bei Macklot verlegten Karlsruher Wochenblatt vereinigt wurde und seit 1775 als ›Allgemeines Intelligenz- und Wochenblatt für sämtliche hochfürstlichen Lande‹ erschien.

Im Zusammenhang mit dem Rastatter Kongreß hat Johann Jakob Sprinzing 1797/98 ein nur über das Kongreßgeschehen berichtendes Wochenblatt, das ›Rastatter Congreß-Blatt und Wöchentliche Nachrichten‹ herausgegeben; von November 1798 bis Ende April 1799 wurde dieses Blatt unter dem neuen Titel ›Rastatter Wöchentliche Nachrichten im dritten Halbjahr des andauernden Friedens-Congresses‹ fortgeführt. Sprinzing ließ aber auch danach von der Idee einer allgemeinen Rastatter Zeitung nicht ab. Ende Juli 1803 konnte er erstmals sein ›Rastatter Wochenblatt‹ vorlegen, mußte dieses aber schon im Spätjahr 1807 wieder aufgeben. Im Januar 1826 erschien sodann die erste Ausgabe eines (neuen) Wochenblatts, dessen Inhalt sich zunächst auf amtliche und private Anzeigen, Politik, Kirchenbuchauszüge und Miscellen erstreckte, jedoch wurde sein Informationsgehalt nach und nach verdichtet und hat zunehmend auch dem Unterhaltungsbedürfnis der Leser Rechnung getragen.

Regionalzeitungen. – Die beiden großen, heute im Landkreis Rastatt gelesenen Regionalzeitungen wurzeln jeweils in mehreren Traditionen. So ist das ›Badische Tagblatt‹ zunächst auf das alte ›Rastatter Wochenblatt‹ zurückzuführen, das nach mehreren Wechseln im Besitz des Verlags 1897 mit dem im Jahr davor gegründeten ›Rastatter Tageblatt‹ vereinigt wurde und sich unter letzterem Namen bald zur größten Tageszeitung Mittelbadens entwickelte. 1933/36 fusionierte das Tageblatt mit dem ›Murgtäler‹, der seinerseits auf den 1870 gegründeten ›Gernsbacher Boten‹ (seit 1874 ›Gernsbacher und Murgtäler Bote‹) zurückgeht, und wurde Ende April 1943 »kriegsbedingt« eingestellt; in Wirklichkeit war die Zeitung ein Opfer der Gleichschaltung geworden und hatte dem nationalsozialistischen ›Führer‹ weichen müssen.

Nach dem Krieg wurde das Blatt schon im Augsut 1945 unter dem Namen ›Rastatter Nachrichten‹ von K.u.H. Greiser in Rastatt wiederbelebt. Nach der Vergrößerung ihres Verbreitungsgebiets nannte sich die zweimal pro Woche mit Teilausgaben für Südwestdeutschland, Rastatt Stadt und Land, das Murgtal und das Hanauerland erscheinende Zeitung seit März 1946 ›Süd-West-Echo‹, mußte aber auf Anordnung der französischen Militärbehörden ihr Erscheinen bald wieder einstellen. Seit September 1947 gab es in Baden-Baden als erste wieder zugelassene Tageszeitung Südwestdeutschlands das ›Badner Tageblatt‹ mit einer Lokalseite für Rastatt und das Murgtal, und schließlich ging 1948 aus dem Zusammenschluß von ›Badner Tagblatt‹ und ›Rastatter Nachrichten‹ das ›Badische Tagblatt‹ (BT) hervor; das Verlagsrecht dieser Zeitung liegt seit 1951 (wieder) bei K.u.H. Greiser. Geschäftsstelle und Redaktion haben ihren Sitz in einem 1980 bezogenen Neubau in der Rastatter Innenstadt. Die Erinnerung an den ›Murgtäler‹ lebt noch heute im Titel des Gernsbacher Lokalteils fort; die Lokal-

Gernsbacher Bote, 1871.

ausgabe für den südlichen Landkreis führt seit 1966 den Untertitel ›Bühlot-Acher-Kurier‹.

Der ›Acher- und Bühler Bote‹ (ABB) ist heute eine Lokalausgabe der seit 1946 in Karlsruhe verlegten ›Badischen Neuesten Nachrichten‹ (BNN, ehem. ›Badische Presse‹). In Bühl erschien seit 1866 das ›Bühler Wochen- und Unterhaltungsblatt‹ (seit 1895 ›Bühler Wochenblatt‹, 1913 ›Bühler Tageblatt‹), daneben der seit Anfang der 1890er Jahre vom Stadtpfarrer Monsignore Wilhelm Röckel gegründete und mit dem seit 1866 bestehenden ›Acherboten‹ verbundene ›Bühler Bote‹; seit 1899 nannte sich die Zeitung ›Acher- und Bühler Bote‹. Im Zuge der nationalsozialistischen Gleichschaltung wurden die ›Acherner Badischen Nachrichten‹ und die beiden Bühler Blätter 1936 zum ›Mittelbadischen Boten‹ verschmolzen, der sein Erscheinen im Frühjahr 1943 zugunsten des ›Führers‹ einstellen mußte. Im Oktober 1949 konnte der ABB erstmals wieder erscheinen; seit 1954 gehört er zu den BNN, die Lokalredaktionen in Baden-Baden (1953) sowie in Bühl und Achern (1955) unterhalten. Schon seit September 1948 haben die BNN Regionalausgaben für Rastatt und Umgebung und für das Murgtal herausgegeben.

Lokale und kurzlebige Zeitungen. – Eine besondere Rolle spielten in der mittelbadischen Zeitungslandschaft jene Blätter, die während der Revolution von 1848/49 erschienen. Am bekanntesten unter ihnen war der im Juli 1849 in Rastatt produzierte ›Festungsbote‹, der täglich erschien, es aber insgesamt nur auf vierzehn Nummern brachte; sein Initiator und verantwortlicher Redakteur Ernst Elsenhans wurde am 7. August 1849 standrechtlich erschossen. Den ›Festungsboten‹ haben die Preußen nach der Niederschlagung der Revolution neuaufgelegt, erwies er sich doch als ein bei Soldaten und Offizieren beliebtes Souvenir. Auch der im Frühjahr 1849 in Rastatt hergestellte ›Murgbote‹ brachte es nur auf 25 Nummern, gedruckt wurde er wohl auf Anregung der Vaterländischen Vereine in Rastatt und Gernsbach. Neben dem selbstgesteckten Ziel, die politische Bildung in den Kreisen des Bürgertums zu befördern, verbreitete er auch alltägliche Nachrichten. Desgleichen wollte ›Der Wächter an der Murg‹ *das Volk über seine Rechte belehren und mit der äußersten Entschiedenheit für dasselbe streiten*; von Oktober 1848 bis Juni 1849 (62 Nummern) erschien er in Gernsbach und war seit der Übernahme der Provisorischen Volksregierung durch Lorenz Brentano offi-

Acher und Bühler Bote, 1968.

zielles Verkündigungsblatt. In Bühl gab es nur im Mai und Juni 1849 den ›Bühler Nachtwächter‹.

In Gaggenau erschien seit 1924 zweimal wöchentlich ein ›Stadt-Anzeiger für Gaggenau, zugleich Wochenblatt für Ottenau, Rotenfels und Umgebung‹ bzw. ›Anzeiger für Gaggenau, Ottenau, Rotenfels und Umgebung – Gemeindeamtliches Verkündigungsblatt für oben genannte Orte‹, herausgegeben von dem Kaufmann Hermann Becker. Bereits im Dezember 1924 wurde das Blatt vom Verlag des ›Rastatter Tageblatts‹ übernommen und als neutrale Tageszeitung ›Gaggenauer Anzeiger‹ bis zur Einstellung 1936 (?) weitergeführt. Ebenfalls seit 1924 erschien mit zahlreichen Unterhaltungsbeilagen die der katholischen Zentrumspartei nahestehende Tageszeitung ›Gaggenauer Zeitung – Ottenauer und Rotenfelser Anzeiger‹, in der Nachrichten des Bezirksamts, der Amtsgerichte sowie sonstiger Reichs-, Landes- und Gemeindebehörden veröffentlicht wurden; das Ende der Weimarer Republik überdauerte sie offenbar nicht. Schließlich bleibt der ›Gaggenauer Bote – Gemeindeamtliches Verkündigungsblatt für Gaggenau, Ottenau, Rotenfels und Michelbach‹ (1924) zu nennen, ein Heimat-

blatt für Gaggenau und Umgebung, das zunächst inhaltsgleich war mit dem Stadt-Anzeiger; es wurde 1933 eingestellt.

In Durmersheim erschien von 1922 bis 1933 täglich der liberale ›Hardt-Anzeiger‹ mit der Funktion eines amtlichen Verkündigungsblatts für die Gemeinden der mittleren Hardt; er verstand sich politisch neutral und stand unter dem Motto »Freies Wort für Jedermann!« Auch Kuppenheim hatte seit 1926 einen ›Gemeindeanzeiger für Kuppenheim und Umgebung‹, zu dessen Verbreitungsgebiet Bischweier, Ebersteinburg, Niederbühl-Förch, Oberweier am Eichelberg, Oberndorf und Rauental gehörten; da das Blatt den nationalsozialistischen Machthabern genehm war, konnte es sich bis in die 1940er Jahre halten. Als kommunistische Parteizeitungen erschienen vorübergehend in Plittersdorf die ›Rote Dorfzeitung‹ (1931) und in Rastatt die ›Rote Sturmfahne‹ (1932/33); Mitherausgeber war in beiden Fällen der erste Rastatter Nachkriegslandrat Pius Uhrig. Desgleichen gab es 1931/33 in Ottenau eine Dorfzeitung der KPD, die vierzehntägig in einer Auflage von 100 Exemplaren erschien.

Badisches Tagblatt, 2002.

Regionale Rundfunksender. – Neben dem seit seiner Gründung im Spätjahr 1945 in Baden-Baden beheimateten öffentlich-rechtlichen Südwestfunk, der seit seiner Fusion mit dem Süddeutschen Rundfunk 1998 als Südwestrundfunk (SWR) firmiert – von Interesse ist hier vor allem das Programm SWR 4 Baden-Radio –, betätigen sich im Gebiet des Landkreises Rastatt mehrere private Rundfunksender. Nur vorübergehend existierte das in Rastatt ansässige ›Radio Merkur‹ (seit 1987), das sich in der Region einer großen Beliebtheit erfreute. Es fusionierte 1992 mit dem damaligen Karlsruher Privatradio ›Welle Fidelitas‹ (dann ›Welle‹), das mit seinen bis in die Pfalz, ins Elsaß und ins Württembergische ausgestrahlten Programmen auch den ganzen Landkreis Rastatt bediente. Im Sommer 2002 mußte die ›Welle‹ ihren Betrieb einstellen. Auf ihrer Frequenz strahlt seit dem 1. August 2002 ›Hitradio RTL‹ ein regional geprägtes Musik- und Wortprogramm für Hörer zwischen 14 und 50 Jahren aus. Die Kernmannschaft des neuen Senders wird von ›Radio 96‹ gestellt, das mit Sitz in Rheinmünster (Baden-Airpark) in der Tradition des kanadischen Militärsenders CFN steht und seit 1998 mit seinem Angebot von vorwiegend lokalen Informationen Hörer zwischen Karlsruhe und Straßburg, Baden-Baden und Hagenau erreicht. Seit 1988 ist das weit überregional ausstrahlende ›Radio Regenbogen‹ (Karlsruhe bzw. Mannheim) zu empfangen, und in den südlichen Kreisgemeinden kann man auch das im Ortenaukreis tätige ›Radio Ohr‹ hören. Der private Fernsehsender B-TV, 1995 in Karlsruhe gegründet und seit 1998 in ganz Baden-Württemberg aktiv, bot ein regional orientiertes Vollprogramm und erreichte sein Publikum im Landkreis Rastatt via Kabel, seit 2000 daneben über Satellit. Ende Juli 2002 stellte der Sender Insolvenzantrag.

B. GEMEINDEBESCHREIBUNGEN

Au am Rhein

1 329 ha Gemeindegebiet, 3 318 Einwohner (31. 12. 2000)

Wappen: In von Blau und Grün durch einen erniedrigten silbernen (weißen) Wellenbalken geteiltem Schild ein silberner (weißer) Reiher mit schwarzen Füßen. – Flagge: Silber-Blau (Weiß-Blau).

A. Naturraum und Siedlung

Natürliche Grundlagen. – Mit einer Reliefenergie von nur wenigen Dezimetern zeichnet sich die Gemarkung der Gemeinde Au am Rhein als Teil der naturräumlichen Einheit Nördliche Oberrheinniederung und im Gesamtgefüge der Rheinauen aus. Der Hochwasserdamm XXV teilt die Gemarkungsfläche in einem Verhältnis von etwa 1 : 2 in eine nasse und eine »trockene« Aue. Diese Einteilung hat sich nach 1826 infolge der Rhein-Korrektur eingestellt. Der nasse Teil der Gemarkung ist noch heute Überschwemmungsgebiet des Rheins und somit auch in seinen Formungsprozessen und der darin ablaufenden Dynamik der jüngsten, noch in Bildung befindlichen Auengeneration des Rheins zuzuordnen. Der 500 bis 800 m breite Streifen verdankt seine heutige Ausprägung der umgestaltenden Tätigkeit des Menschen seit dem ersten Viertel des 19. Jh. Seine ursprüngliche Formung erhielt der Gemarkungsteil durch die unterschiedlich breiten Wasseradern des als Wildstrom dahinfließenden, in viele Wasserläufe aufgespleißten Rheins am Übergang zum mäandrierenden Teil des Flußlaufs. Mit dem 1845 erfolgten Durchstich am Auer Kohlkopf und dem Abschluß der Seitenarme jeweils an ihrem oberen, flußabwärts gelegenen Ende erfolgte als prägender Prozeß die Sedimentation. Die Ablagerung von Feinmaterial führte zur Bildung der nährstoffreichen, feinkörnigen und tiefgründigen Böden mit deutlicher Beeinflussung durch hochstehendes Grundwasser. Es entstanden die typischen Aue-Gleye-Böden mit der Profilfolge Ah-Go-Gr. Als häufigste Bodenart sind schluffige bis tonige Lehme an wechselfeuchten bis nassen Standorten zu finden.

Durch die Baumaßnahmen der Rheinkorrektur ist ein ausgeprägtes Netz von einerseits ständig und andererseits periodisch oder episodisch durchflossenen Wasserrinnen entstanden. Nur an zwei Stellen auf der Gemarkung Au hat dieses Altwassersystem Kontakt zum offenen Rhein. Die Zugänge liegen bei Rhein-Kilometer 362,4 (Unteres Köpfle) mit der Judengasse und bei Rhein-Kilometer 354 am Fuchskopf. Über die Judengasse wird das Gewässernetz der Altrheinarme und Schluten mit dem Rhein verbunden und zusätzlich mit Wasser versorgt. Hauptwasserlieferant ist der oberflächennahe Grundwasserkörper des Oberen Kieslagers. Nur das nördlich gelegene Gewässernetz des Bremengrundes wird richtig von Rheinwasser durchflossen, es besitzt einen Zu- und Ablauf. Im Südteil dagegen führt überwiegend das retrograde Wirken des auf- und ablaufenden Hochwassers des Rheins zu einem stärkeren Wasseraustausch.

Die nahezu 7 km lange Uferlinie des Rheins ist durch Abpflasterungen gegen Ausspülungen durch Wellenschlag gesichert. Die Festlegung des Stromstrichs und die Gewähr einer einheitlich auf 88 m Breite und 2 m unter G/W tiefen Fahrrinne wird durch die seit Beginn der 1930er Jahre eingebauten Buhnen erreicht. In den Feldern zwischen den einzelnen Bauwerken findet im Luv wie im Lee eine selektive Sedimentation statt. Bei Niederwasser fallen die entstandenen Flächen trocken, das abgelagerte Material, Sand und Kies, tritt zutage. In den Buhnenfeldern bei Rhein-Kilometer 349 (Gewann Fahrkopf) ist die Sedimentation so weit fortgeschritten, daß in der amtlichen Topographischen

Karte bereits eine 500 m lange und bis zu 70 m breite Verlandungszone verzeichnet ist. Der östlich des Hochwasserdamms gelegene Gemarkungsteil war bis zu den umfangreichen Bauarbeiten im Zuge der Rheinrektifikation das natürliche Überflutungsgebiet des Rheins. Extreme Hochwasserstände überfluteten vor dem Dammbau das Gemarkungsgebiet. Wie hoch das Wasser danach noch auflief, bekunden einige Hochwassermarken auf der Gemarkung, besonders aus den Jahren 1876 und 1882. Dementsprechend ist die Geländeoberfläche von alten, trockengefallenen Wasserrinnen von 30 bis 40 m Breite durchzogen. Diese werden heute noch bei hochstehendem Grundwasser oder in Folge von Stauwasser deutlich sichtbar; oft haben sich kleine Moore, wie z. B. im Naturschutzgebiet Tiefflach, südlich des Orts gebildet. Bis zu 1,5 m organische Mudde über Kies wird gefunden. Ansonsten zeichnen gering mächtige Böden auf Sand- bzw. Kiesunterlage oder anmoorige Böden die alten Gewässerstrukturen nach. Die trockeneren, meist wenig höher gelegenen Geländepartien sind oft bevorzugte Standorte der landwirtschaftlichen Produktion oder Ansatzpunkte der alten Ortskerne; so ist auch der alte Ortskern von Au an einer verlandeten Altrheinschlinge gelegen. Ursache der erhöhten Standorte sind oberflächennahe Kiesrücken, ehemalige Sandbänke und Flußinseln des verwilderten Rheins.

Die heutigen Fließgewässer innerhalb der Gemarkung sind nach Norden ausgerichtet. Im Süden entwässern Breingraben, Tiefflachgraben, Rottlichgraben und Gießengraben zum Kunzenbach auf der Gemarkung von Durmersheim bzw. in den Federbach. Der Norden entwässert mittels Auergraben und Windschläggraben ebenfalls über den Federbach. Die Oberläufe von Breingraben und Tiefflachgraben sind, soweit sie auf der Gemarkung von Au liegen, in das umgebende Gelände markant eingetieft. Dort wird die Höhendifferenz von 108,75 m NN auf 107,5 m NN beim Naturschutzgebiet am Rottlichgraben durch einen kerbtalförmigen Einschnitt ausgeglichen. Die auf der Gemarkung gelegenen offenen Wasserflächen sind Reste von Kies- und Sandabbau und werden heute u. a. als Einrichtungen der Naherholung (Fischwasser und Badesee im Gewann Ochsenbuckel) genutzt.

Siedlungsbild. – Au am Rhein war ursprünglich ein Haufendorf, dessen Kern sich im Grundriß von den schematisch angelegten Neubaugebieten noch heute deutlich abhebt. Die Gemarkung grenzt im Norden und Westen an den Rhein und ist im Bereich der abgeschnittenen Altwässer in der Rheinniederung mit Auenwald bestockt. Im Kern der Pendlerwohngemeinde gruppieren sich Kirche, Rathaus und Kindergarten; die Post ist nur noch mit einer Filiale in einem Gemüsegeschäft vertreten.

1862 umfaßte die Bebauung den Bereich vom Ortskern um die Kirche bis zum Mittelwörth gegen den Rhein hin. Hauptsiedlungsachsen waren die im Ort sich kreuzenden Straßen von Elchesheim-Illingen nach Neuburgweier (L78a) und von Durmersheim in Richtung Rheinufer (K3721 und K3724) sowie einige davon abzweigende Seitenstraßen. Bis zur Mitte der 1970er Jahre erfolgte sowohl eine bauliche Verdichtung im alten Siedlungsbereich als auch eine sichtbare Erweiterung vor allem im Norden, aber auch westlich des Dorfkerns. Den alten Siedlungskern prägen nach wie vor teils recht große Hofgrundstücke, von denen einige noch heute landwirtschaftlich oder gartenbaulich genutzt werden. Die zwischen 1960 und 1975 entstandenen Straßenzüge zeigen eine deutlich verdichtete und geschlossene Bebauung. Die Erschließung von Neubaugebieten hält unvermindert an. Bis 1993 entstanden Siedlungserweiterungen im Westen zwischen Hans-Thoma- und Elchesheimer Straße sowie im Nordosten zwischen Neuburgweierer Straße und Hebelstraße, die planmäßig und schematisch erschlossen wurden. Einzelne Neubauten entstanden auch am südlichen Ortsrand entlang der Kapellenstraße und an angrenzenden Nebenstraßen bis in die südlich an den Friedhof angrenzenden Fronäcker. Insgesamt ist man bestrebt, die Besiedlung im Osten (Baugebiet Allmend) weiterzuentwickeln und die Risikozone am Rhein zu meiden.

Während in den älteren Siedlungsbereichen noch von einer gewissen baulichen Einheitlichkeit in Stil und Gebäudestellung gesprochen werden kann, herrscht vor allem an den seit den 1980er Jahren bebauten Straßenzügen jene moderne Stilfreiheit vor, die sehr unterschiedliche, aber durchaus das Ortsbild belebende Aufrißgestaltungen ermöglicht. Die alten Fachwerkhäuser sind mittlerweile vielfach restauriert. Ehemalige Bauernhöfe wurden durch Gärten und Freizeitbereiche umgestaltet. Dem Funktionswandel zur Wohngemeinde hat z. T. auch die Neugestaltung und Verkehrsberuhigung von Straßen Rechnung getragen. Während in den altbebauten Straßenzügen Einfamilienhäuser bzw. ehemals bäuerliche Wohnhäuser vorherrschen, treten in den jüngeren Straßen vermehrt auch kleinere Mehrfamilienhäuser auf. Über den Ort verstreut finden sich vorwiegend im Bereich der Hauptverkehrsachsen verschiedene kleinere Geschäfte, aber auch eine Tankstelle und Betriebe des Kraftfahrzeuggewerbes.

A. Naturraum und Siedlung 345

Au am Rhein von Süden.

St. Antonius-Kapelle bei Au am Rhein.

Die durch ihre Größe beeindruckende St. Andreas-Kirche im Ortskern wurde 1838/39 nach Plänen Weinbrenners errichtet und ist ein nüchterner, unverputzter fünfachsiger Bau mit ganz eingezogenem Turm. 1960 wurde ihr Schiff um zwei Achsen und den neuen Chor erweitert; neu sind die Glasüberdachungen über den Seiteneingängen. An der Renovierung Ende der 1990er Jahre war Emil Wachter künstlerisch beteiligt. Das Pfarrhaus, ein zweigeschossiger Walmdachbau mit farblich hervorgehobenen Fenster- und Türlaibungen, liegt auf der Nordseite der Kirche am Anfang eines großen Pfarrgartens, der nicht mehr in Nutzung ist. Südöstlich hinter der Kirche grenzt der Friedhof an, dessen Fläche großzügig erweitert ist. Eine 1956 geschaffene Gedenkstätte erinnert hier an die Gefallenen des Zweiten Weltkriegs, ein Obelisk an jene des Ersten Weltkriegs. Die Aussegnungshalle von 1957/58 ist ein eingeschossiger traufständiger Zweckbau mit flachem Satteldach; den Eingangsbereich bildet eine kleine offene Halle mit bunt verglaster Rückwand. An den Friedhof grenzt die Rückseite des bereits an der Augartenstraße liegenden Kindergartens an, der aus mehreren, zumeist zweigeschossigen Gebäuden unterschiedlichen Stils besteht.

Das Rathaus bei der Kirche ist ein älterer, zweigeschossiger Walmdachbau mit Sandsteinsockel und gelb geklinkerten Eckverbänden; der Eingangsbereich ist mit einer filigranen Stahl- und Glaskonstruktion überdacht. Vor dem Gebäude liegen eine kleine Grünfläche, ein von einer Mauer umgebener Parkplatz sowie ein Brunnen mit zwei bronzenen Reihern, dem Wappentier der Gemeinde. Das 1951 errichtete Feuerwehrhaus liegt an der Abzweigung der Elchesheimer Straße von der Rheinstraße; in seinem Obergeschoß sind u.a. Funktionsräume des Deutschen Roten Kreuzes untergebracht.

Im Westteil des Orts befindet sich das Schulzentrum mit der Grund- und Hauptschule sowie dem Festplatz und der Rheinauhalle. Die Schule ist ein Komplex von mehreren zweigeschossigen Gebäuden, z.T. mit Verbindungsgängen. Die 1953 erbaute, 1974/75 erweiterte Mehrzweckhalle ist ein wuchtiger, schmuckloser Betonbau mit Flachdach und Plattenverblendung und wirkt trotz angepaßter Farbgebung in ihrem Umfeld wie ein Fremdkörper; sie soll in Bälde einem Neubau weichen. Schule und Halle sind mit ihren großen Parkflächen in eine Grünanlage eingebettet, die auch einem Spielplatz Raum gibt.

A. Naturraum und Siedlung

Nördlich des Dorfs, am Rand der Rheinaue im Blaisen, liegen das Heim des Angelsportvereins Goldener Haken e.V. (1969) und die aus mehreren Aufzuchtgebäuden und einem Vereinsheim bestehende Anlage des Kleintierzuchtvereins (1964). Die angrenzende Sportanlage der Deutschen Jugendkraft von 1925 fällt durch ein 1963/64 errichtetes Clubhaus auf; der zweieinhalbgeschossige, in Rot und Gelb gehaltene traufständige Satteldachbau mit massiven Schutzgittern ist teilweise auf den Hochwasserdamm aufgesetzt.

Im Südosten der Gemarkung liegt etwa 0,5 km vom Ortsrand entfernt das Gewerbegebiet Ost, wo sich verschiedene Handwerks- und Handelsbetriebe niedergelassen haben. Baulich ist es durch eingeschossige Werkshallen, zumeist mit großen Metall- und Glasflächen, geprägt, dazwischen stehen Verwaltungsgebäude und einige Wohnhäuser mit bis zu zweieinhalb Stockwerken. Am südlichen Ortsrand liegt am Ende des Kastanienweges die St. Antonius-Kapelle. Sie wurde 1887 im neuromanischen Stil aus gelben Klinkern anstelle eines Vorgängerbaus errichtet.

Am westlichen Ortsrand entwickelte sich, von der Wohnbebauung deutlich abgesetzt, im östlichen Oberwald das Gewerbegebiet Oberwald. Beiderseits der Oberwaldstraße sind hier neben dem Bauhof der Gemeinde verschiedene Betriebe u.a. der Kunststoffabrikation in zumeist eingeschossigen Hallen angesiedelt. Auf einigen Betriebsgrundstücken stehen auch Verwaltungs- sowie Wohngebäude. Wesentliche Bestandteile dieses Baugebiets sind ausgedehnte Sportanlagen, so des Tennisvereins. Das Clubhaus (1962) des Sportvereins SV Au (1919), zwei Sportplätze und das Schützenhaus sind in den östlichen Oberwald eingebettet.

Zur Gemeinde gehört auch der nordöstlich neben der Straße nach Neuburgweier gelegene Wolfswiesenhof. Das 1974/75 ortsfern errichtete, inzwischen aber schon wieder bald eingeholte Anwesen umfaßt mehrere, zumeist eingeschossige Wohn- und Wirtschaftsgebäude mit flachen Satteldächern. Nordöstlich des Hofs liegen an der Straße die Pflanzschule und die Verbandskläranlage Durmersheim mit der dazugehörigen Kompostieranlage.

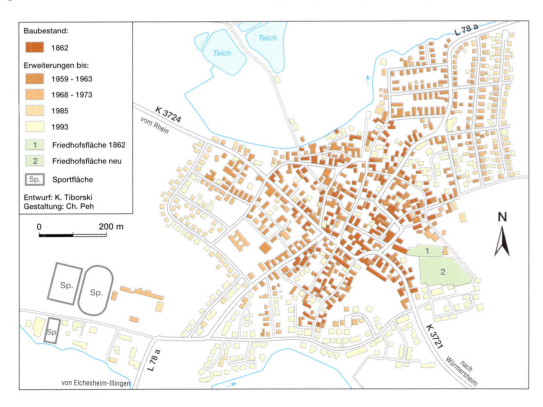

Siedlungsentwicklung von Au am Rhein.

B. Geschichte bis zum Ende des Alten Reiches

Siedlung und Gemarkung. – Au am Rhein hat eine Reihe römerzeitlicher Funde aufzuweisen. Im späteren 19. Jh. ist auf einem Acker gegen Durmersheim (im Billfeld?) eine Art Straßenpflasterung zutage gekommen, deren Interpretation freilich Probleme bereitet. In dem heute vollständig überbauten Gewann Grubenäcker sollen 1898 römische Siedlungsspuren entdeckt worden sein, und in der alten Dorfkirche war bis 1811 ein zu Ehren des Kaisers Elagabal errichteter Leugenstein (um 220 n. Chr.) verbaut. Desgleichen waren in dem nicht mehr bestehenden Beinhaus bei der alten Kirche drei Viergöttersteine eingemauert. Alle diese Zeugnisse befinden sich heute im Badischen Landesmuseum. Sie sind Indizien dafür, daß der Ort bereits in römischer Zeit besiedelt war. Die erste Erwähnung der heutigen Siedlung – die wohl schon seinerzeit nicht unbedeutend war – geschieht in einer hier ausgestellten Urkunde für das elsässische Kloster Weißenburg und datiert von 819 (*Augia*);[1] der Name beschreibt die Lage im feuchten Terrain. 1773 gab es am Ort 171 Wohngebäude und ebensoviele Scheunen, rund 25 M Gärten, 777 M Äcker und über 158 M Wiesen.

Auf der Gemarkung von Au lag ehedem noch der Ort Merfeld. Er wird zwischen 1102 (*Merivelt*) und 1333 erwähnt und ist offenbar noch im 14. Jh. ausgegangen; bereits 1405 wird er als Wüstung bezeichnet. Einen Hinweis auf seine einstige Lage gibt der Flurname Meeräcker an der Gemarkungsgrenze gegen Elchesheim-Illingen. Auch die Wüstung Atenherd ist mit großer Wahrscheinlichkeit auf Auer Gemarkung zu suchen. Um 1080 verfügte das Kloster Hirsau dort über *salica terra*, bestehend aus wenigstens 8 Hufen Land; im 12. Jh. gehörten dem Hirsauer Priorat Reichenbach in Atenherd 10 Hufen. Weder über die Lage noch über das Ende dieser Siedlung besteht Klarheit; möglicherweise ist sie dem Rhein zum Opfer gefallen.

Herrschaft und Staat. – Die frühen Herrschaftsverhältnisse von Au sind unklar; vermutlich haben sie sich aus dem Weißenburger Klosterbesitz heraus entwickelt. Im 12. Jh. waren die Grafen von Vaihingen-Aurich hier begütert, außerdem gibt es zu jener Zeit spärliche Hinweise auf hiesigen (Reichs-) Ministerialenadel. Mitte des 13. Jh. gehörte Au zur Herrschaft der Grafen von Eberstein. Vermutlich ist es 1283 zusammen mit Burg Alt-Eberstein an die Markgrafen von Baden gelangt, in deren Besitz es erstmals 1288 Erwähnung findet (Weißenburger Lehen); seither war der Ort allzeit badisch. Im 16. Jh. gehörte er zum Amt Kuppenheim, später zum Oberamt Rastatt.

Grundherrschaft und Grundbesitz. – Die früheste für Au nachzuweisende Grundherrschaft ist die des Klosters Weißenburg. Sie reicht vielleicht zurück ins 8. Jh., wird aber erst in einer Schenkung von 830 konkret. Dem Codex Edelini zufolge bestand sie am Ende des 10. Jh. aus 4 Hufen Herrenland, 30 fronpflichtigen Wiesen, zwei Kirchen, Zehntrechten und 33 Knechtshufen. Inwieweit die späteren Auer Grundherrschaftskomplexe sich auf den weißenburgischen zurückführen lassen, ist nicht immer leicht zu entscheiden. Vermutlich trifft dieses für den Hirsauer und Reichenbacher Besitz (11./12. Jh.) zu, sicher für die Güter, die im 15. Jh. als markgräfliche Lehen in Händen der von Otterbach waren und bis zum Ende des Alten Reiches als Erblehen in bäuerlicher Hand (Rockenheimer Hof, Schafhof). Im 12. und 13. Jh. ist eine Grangie der Zisterzienser von Herrenalb nachzuweisen, bei der es sich möglicherweise um denselben Hof handelt, der von 1371 bis 1803 als Lehen des Klosters Lichtenthal begegnet. Darüber hinaus findet im 17. Jh. Besitz der (Baden-)Badner Jesuiten Erwähnung.

Gemeinde. – Gerichtsschöffen und Gemeinde von Au treten seit dem Ende des 14. Jh. in Erscheinung, ein Schultheiß 1431; das örtliche Gericht war 1510 mit zwölf Richtern besetzt. Bereits 1520 ist ein Gerichtssiegel belegt (*sigillum awg*); es zeigt in einem Wappenschild ein Auge und war bis 1659 in Gebrauch. Ein Rathaus bestand angeblich schon vor dem 30jährigen Krieg, ist aber erst anläßlich seiner Reparatur 1795 zweifelsfrei bezeugt; es war zweistöckig und aus Holz gebaut. Gemeinsam mit Neuburgweier besaß die Gemeinde 1435 einen Wald, 1631 kaufte sie obendrein vom Markgrafen den Lohwald, um ihn zu roden und dem Ackerbau zuzuführen. Bis zum Verlust ihrer linksrheinischen Besitzungen infolge des Friedens von Lunéville war die Gemeinde wohlhabend; die etwa 148 M Wiesen, die sie als Entschädigung für ca. 800 M Wald, 500 M Wiesen und 120 M Äcker erhielt, waren dafür um so weniger ein Ersatz, als durch den unberechenbaren Rhein immer wieder Flurschäden und damit hohe Kosten verursacht wurden.

Kirche und Schule. – Um die erste Jahrtausendwende hat es in Au zwei weißenburgische Kirchen gegeben, von denen aber offenbar nur eine, nämlich die 1480 mit Andreas-Patrozinium bezeugte, Bestand hatte. Das Patronatsrecht der zweifellos schon im hohen Mittelalter bestehenden Pfarrei war als Weißenburger Lehen in markgräflichem Besitz (1291). Eine Frühmesse (St. Barbara) findet 1483 Erwähnung. Die Reformation blieb in Au wie in der ganzen Markgrafschaft Baden-Baden Episode. Aus den Mitteln einer privaten Stiftung wurde um 1722/23 die Kapelle zu Ehren des hl. Antonius von Padua errichtet; eine Bruderschaft erscheint 1739.

Der Zehnt, ursprünglich Weißenburger Eigentum, ist im späten Mittelalter in verschiedene Hände gelangt. Seit um 1500 gehörte der Großzehnt zur Hälfte dem Ortspfarrer, dem auch der ganze Kleinzehnt zustand; die andere Hälfte ist von denen von Großweier (1484) über die von Seldeneck (1484/93), das Stift Baden(-Baden) und die Riß von Sulzbach (1531/82) an die Markgrafen gelangt und von diesen 1627 wieder in niederadligen Besitz veräußert worden.

Ein Schulmeister zu Au erscheint erstmals 1634; 1683 war er zugleich Mesner und verantwortlich für die Kirchturmuhr.

Bevölkerung und Wirtschaft. – 1683 lebten in Au 81 Familien, d.h. rund 360 Personen. Im späteren 18. Jh. war der Ort stets die einwohnerstärkste Landgemeinde des Oberamts Rastatt. Von mehr als 500 Einwohnern im Jahr 1765 stieg die Zahl rasch auf 626 (1772), 691 (1775), 752 (1788) und 813 (1790); 1795 war sie mit 658 kriegsbedingt vorübergehend wieder rückläufig.

Für den Lebensunterhalt der Auer spielte von alters her der Rhein eine besondere Rolle, namentlich der Fisch- und Entenfang, die Goldwäscherei sowie – wovon ein besonders stattlicher Pferdebestand zeugt (1790 213 Tiere) – das Treideln von Schiffen. Hingegen hatte die Landwirtschaft immer wieder unter der Gewalt des Stroms zu leiden; zu-

St. Andreas-Kirche in Au am Rhein.

mindest aber scheint die Viehzucht floriert zu haben, wurden doch 1788 337 Rinder und 260 Schweine gehalten. 1768 existierten in Au zwei Ölmühlen. Bereits im 16. Jh. sind drei Wirtshäuser bezeugt; 1797 bestanden die Schildrechte zum Lamm, zum Rappen, zum Anker und zum Ochsen.

C. Die Gemeinde vom 19. bis ins 21. Jahrhundert

Bevölkerungsentwicklung. – Zwischen dem Beginn des 19. und dem Ende des 20. Jh. vervierfachte sich die Bevölkerung von Au am Rhein von 814 (1809) auf 3318 im Jahr 2000. Damit lag die Zunahme leicht unter den Wachstumsraten der benachbarten Landgemeinden. Hervorgerufen wurde dieser Unterschied vor allem durch die armutbedingte Massenauswanderung zwischen 1830 und 1870, als Au 250 Einwohner verlor. Erst im letzten Viertel des 19. und in den ersten Jahrzehnten des 20. Jh. kam es wieder zu einer deutlichen Zunahme der Bevölkerung; dieser Trend wurde durch die in den Weltkriegen erlittenen Verluste (Erster Weltkrieg: 63 Gefallene, 3 Vermißte; Zweiter Weltkrieg: 103 Gefallene, 46 Vermißte) vorübergehend abgeschwächt, dann aber durch die Aufnahme von Flüchtlingen und Vertriebenen wieder kompensiert. 1961 waren insgesamt 159 Heimatvertriebene und 16 SBZ-Flüchtlinge in der Gemeinde gemeldet. Infolge des konjunkturellen Aufschwungs und der verbesserten Arbeitsmarktlage in der Region stieg die Bevölkerung von Au seit den 1950er Jahren durch Zuzug stetig an. Die Einwohnerzahl wuchs von 2685 im Jahr 1970 über 2768 (1987) auf 3318 im Jahr 2000, der Ausländeranteil hat in den 1990er Jahren auf drei Prozent zugenommen. 1996 wohnten 93 Ausländer in der Gemeinde.

Soziale Gliederung. – Noch zu Beginn des 19. Jh. war Au ein typisches Fischerdorf, denn der unregulierte Rhein hatte jahrhundertelang eine bedeutendere Landwirtschaft verhindert. Erst mit der Rheinkorrektion hat sich diesbezüglich ein Wandel eingestellt; 1895 waren über 70 Prozent der Erwerbstätigen im primären Sektor tätig. Das Ende der Rheinbauarbeiten war ein tiefer Einschnitt; der Wegfall der damit verbundenen Arbeitsplätze stürzte viele Einwohner in Armut, häufig bedeutete die Auswanderung die letzte Rettung. Entlastung brachte unter anderem der Aufschwung des Kleinhandwerks, das in zunehmendem Maß als Hausindustrie betrieben wurde und 25 Prozent (1895) der Erwerbstätigen ein Auskommen bot. Gleichzeitig verstärkte sich der Trend, daß junge Arbeitskräfte in den umliegenden Industriezentren einer Beschäftigung nachgingen. Als die Hausindustrie langsam zugrundeging, wurden 1929 in Au bereits 200 Pendler registriert. Schließlich waren nach dem Zweiten Weltkrieg mehr Einwohner im sekundären bzw. tertiären als im primären Sektor beschäftigt. Arbeiteten 1950 noch 35,6 Prozent der Einwohner in der Landwirtschaft, so betrug ihr Anteil 1987 verschwindend geringe 2,6 Prozent. Die Mehrheit der Bevölkerung fand demgegenüber Beschäftigung im produzierenden und Dienstleistungsgewerbe bzw. in den übrigen Wirtschaftsbe-

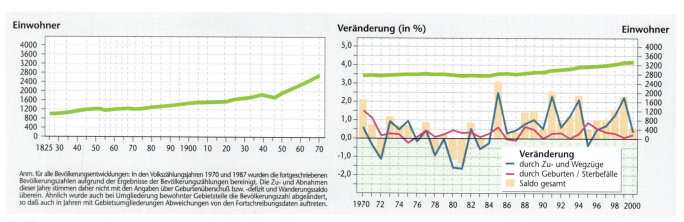

Bevölkerungsentwicklung in Au am Rhein 1825 bis 2000.

reichen, deren Bedeutung seit den 1970er Jahren enorm gestiegen war (1987 52,3%).

Dieser Strukturwandel machte sich auch in der geänderten Stellung der Arbeitskräfte bemerkbar. Die landwirtschaftliche Ausrichtung der Gemeinde wird noch 1950 im hohen Anteil der Selbständigen bzw. der mithelfenden Familienangehörigen (45,7%) deutlich. Aufgrund des Höfe- und Handwerkestrebens in den folgenden Jahrzehnten reduzierte sich ihr Gewicht drastisch – 1987 betrug die entsprechende Zahl gerade noch 7,1 Prozent. Relativ stabil blieb dagegen der Anteil der Arbeiter – 1950 betrug er 48,5 Prozent, 1987 41 Prozent, wenn auch mit abnehmender Tendenz. Sprunghaft wuchs hingegen die Bedeutung der Angestellten und Beamten von 6 Prozent (1950) auf 44,2 Prozent im Jahre 1987. Mit dieser Entwicklung ging der Wandel zu einer ausgesprochenen Pendlergemeinde einher. Die Zahl der Auspendler stieg von 738 (62,3% der Erwerbstätigen) 1970 auf 1016 (76,6%) 1987. Bevorzugte Arbeitsorte für die Auer waren Karlsruhe, Durmersheim und Rastatt. Die Zahl der Erwerbstätigen am Ort selbst sank demgegenüber von 467 (1970) auf 419 (1987), darunter 126 Einpendler von auswärts.

Politik und Wahlverhalten. – Trotz der Nähe zu Rastatt und Karlsruhe spielte die Revolution von 1848/49 in Au nur eine untergeordnete Rolle. Die Obrigkeit hatte 1852 *über die Stimmung im Ort [...] nichts Nachteiliges zu bemerken.*[2] Bedenklich stimmte hingegen das Ergebnis der Reichstagswahlen von 1890, bei denen neben einem hohen Anteil an *ultramontanen Stimmen* (63% für das Zentrum), der angesichts der Konfessionsverhältnisse am Ort zu erwarten war, die SPD großen Zuspruch fand (31%), der vor allem von den Arbeitern in der Heimindustrie herrührte. Ein nur wenig verändertes politisches Kräfteverhältnis ging aus der Wahl zur Weimarer Nationalversammlung 1919 hervor. Neben 9,6 Prozent für die DDP gab es 37,7 Prozent für die SPD und 51,9 Prozent für das Zentrum. Während es jedoch den Katholiken bis 1933 gelang, ihren Wählerstamm zu halten (November 1932 48,6%, März 1933 49,8%), wurde die Sozialdemokratie ein Opfer der Wählerradikalisierung. Lediglich 6,3 Prozent der Stimmen erreichte sie im November 1932 (1933 5,6%), die KPD hingegen 23,8 Prozent (1933 17,2%). Die Nationalsozialisten, die 1928 hier noch keine einzige Stimme erhalten hatten, verbuchten sowohl im November 1932 mit 20,1 Prozent als auch im März 1933 mit 27,1 Prozent unterdurchschnittliche Ergebnisse. Bei sämtlichen Reichstagswahlen während der Weimarer Zeit lag die Wahlbeteiligung in Au deutlich unter der des Kreises (1928 25,9%). Seit 1949 ist die CDU aus allen Bundestagswahlen als stärkste Partei hervorgegangen (1949 73,9%). Der Zusammenhalt des katholischen Milieus sicherte ihr lange Zeit einen Vorsprung vor den übrigen Parteien. 1994 verlor sie erstmals die absolute Mehrheit, 1998 lag sie mit 40,4 Prozent mit der SPD (39,8%) gleichauf. Die Sozialdemokraten, die 1949 lediglich 16,6 Prozent erreicht hatten, verbuchten bis 1998 recht stabile Ergebnisse zwischen 25 und 35 Prozent. Dritte politische Kraft war zumeist die FDP, die zwischen 5 und 10 Prozent der Stimmen verzeichnen konnte. Den Grünen gelang 1987 mit 8,2 Prozent erstmals der Sprung über die Fünfprozenthürde, während die Republikaner mit 4,5 Prozent 1998 knapp an ihr scheiterten.

Land- und Forstwirtschaft. – Bis zur Mitte des 20. Jh. war Au eine überwiegend kleinbäuerliche Gemeinde, wobei 1895 immerhin 43,7 Prozent der Betriebe über mehr als 2 ha Betriebsgröße verfügten. Bedingt durch den Strukturwandel reduzierte sich die Zahl der landwirtschaftlichen Betriebe von 332 (1939) auf 18 im Jahr 1995, wovon lediglich vier noch als Vollerwerbsbetriebe gelten konnten. Einen entsprechenden Rückgang gab es bei der landwirtschaftlich genutzten Fläche, die von 602 ha (1895) auf 283 ha (1995) sank. 1997 gab es auf Auer Gemarkung zwei Aussiedlerhöfe, die beide in den 1970er Jahren gegründet worden sind. Die ursprünglich große Zahl an Kleinbauernstellen hatte mehrere Ursachen: Durch die Rheinkorrektur und die damit verbundene Flächenentwässerung konnte die landwirtschaftliche Nutzfläche im Laufe des 19. Jh. erheblich erweitert werden. Hinzu kam die Allodifizierung der drei großen Erblehnhöfe am Ort und die Umwandlung der Allmende in Privatbesitz. Die freie Verfügbarkeit über Grund und Boden sowie die Anwendung des Realteilungsprinzips im Erbgang hatten eine zunehmende Parzellierung zur Folge. Von der bewirtschafteten Fläche (1895 602 ha) waren 428 ha in Eigen-, 75 ha in Pacht- und 99 ha in Allmendbesitz.

Der Schwerpunkt der Landwirtschaft in Au lag Ende des 19. Jh. auf dem Getreideanbau. Bevorzugte Fruchtsorten waren Gerste, Weizen und Roggen; daneben wurden Kartoffeln angebaut. Als Handelsfrüchte gewannen in bescheidenem Maße Tabak, vor allem aber Obst eine gewisse Bedeutung. Die Gemeinde konnte dabei Einnahmen erzielen, indem sie durch eine Baumschule und die zeitweise Anstellung eines Obstbaumwarts dem Obstbau besondere

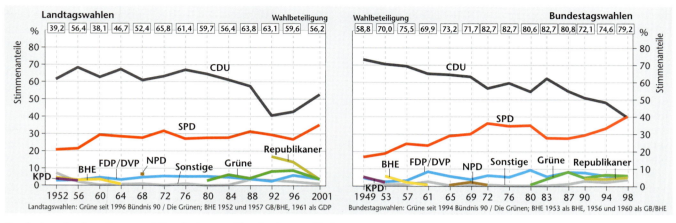

Ergebnisse der Landtags- und Bundestagswahlen in Au am Rhein.

Aufmerksamkeit schenkte. 1902 stellte die Ortsbereisungskommission die wachsende Bedeutung der Viehzucht zu Lasten des Getreideanbaus fest. Wurden 1904 lediglich 15,3 Prozent der landwirtschaftlichen Nutzfläche als Wiesen- und Weideland genutzt, so machte das Grünland 1949 bereits 43,6 Prozent aus. Dieser Anteil ging in der zweiten Hälfte des 20. Jh. kontinuierlich zurück. 1991 bezogen 17 landwirtschaftliche Betriebe ihr Haupteinkommen aus dem Anbau von Marktfrüchten, lediglich drei stützten sich überwiegend auf den Mast- und Futterbetrieb. Der Rinder- und Schweinebestand nahm in Au im Laufe des 19. Jh. zu. Nach einem kurzen Zwischenhoch in den 1920er Jahren verringerte sich der Viehbestand in der Nachkriegszeit beständig. 1996 wurden in Au noch 100 Rinder (1925 719) bzw. 14 Schweine (1925 502) gehalten. Die Pferdezucht hatte demgegenüber nur im 19. Jh. eine gewisse Bedeutung, 1887 wurden 126 Pferde gehalten; sie dienten ausschließlich als Zugtiere und wurden durch die Motorisierung der Landwirtschaft sukzessive verdrängt. Ziegen-, Bienen- und Geflügelzucht waren nur zeitweise von Bedeutung.

Obwohl die Gemeinde 1801 mehr als 200 ha Wald auf der linken Rheinseite verloren hatte und dafür schlecht entschädigt worden war, verfügt sie über vergleichsweise umfangreiche Waldungen. Der Bestand konnte durch die in den 1930er Jahren vorgenommene Entwässerung der Rheinauen und eine Aufforstung von 394 (1905) auf 468 ha (1997) gesteigert werden. Bis heute sind sämtliche Waldungen auf Auer Gemarkung Eigentum der Gemeinde; sie bilden zusammen mit Wäldern auf Elchesheimer Gemarkung das Landschaftsschutzgebiet Rheinwald.

Handwerk und Industrie. – Das Handwerk spielte in der zweiten Hälfte des 19. Jh. in Au eine beachtliche Rolle. 1895 zählte man nicht weniger als 102 handwerkliche Haupt- und 45 Nebenbetriebe. Hiervon wurden 59 in Alleinregie geführt, von den anderen hatte nur einer mehr als fünf Beschäftigte. Der Großteil der Handwerker unterhielt nebenbei einen kleinen landwirtschaftlichen Betrieb. Einen Schwerpunkt des Kleingewerbes bildete das Schreiner- und Schneiderhandwerk – 1902 gab es am Ort allein 26 (Möbel-) Schreinereien, 25 Schneidereien und 16 Korbflechtereien. Die wichtigsten Absatzmärkte waren Karlsruhe und die Garnisonstädte Ettlingen und Rastatt. Die meisten Kleinbetriebe waren im 20. Jh. nicht mehr lebensfähig, ihre Zahl sank von 58 im Jahr 1939 auf 30 im Jahr 1977. Daß 1995 immerhin 35 Handwerksbetriebe mit 208 Beschäftigten in Au ansässig waren, lag vor allem an der gewachsenen Bedeutung des Elektro- und Metallgewerbes, das mit 17 Betrieben knapp die Hälfte der Unternehmen stellte. Herausragend war zudem das Baugewerbe mit neun Betrieben. Zu Beginn des 20. Jh. fanden vorübergehend bis zu sechzig Arbeitskräfte Beschäftigung in zwei Dampfziegeleien, allerdings gingen beide noch vor dem Ersten Weltkrieg wieder ein. In den 1920er Jahren gab es am Ort lediglich ein industrielles Unternehmen, eine Möbelschreinerei, mit Dampfbetrieb (Inhaber Otto Albert); es beschäftigte rund zwanzig Arbeiter. Auch nach dem Zweiten Weltkrieg gab es nur vorübergehend zwei Unternehmen (Chemie und Holz) mit mehr als zwanzig Beschäftigten; 1997 hatte in Au kein Betrieb mehr diese Größenordnung.

Handel und Dienstleistungen. – Der Handel spielte in Au traditionell keine große Rolle. Die am Ort produzierten Handelswaren wurden in den umliegenden Städten feilgeboten, während des Kaiserreichs auch auf elsässischen Märkten. 1895 gab es lediglich 15 Beschäftigte im Handels- und Dienstleistungsbereich. Nach dem Zweiten Weltkrieg nahm die Bedeutung des tertiären Sektors deutlich zu; 1987 bot er 30 Prozent der Arbeitskräfte am Ort ein Auskommen, dabei wurden 39 Handels- und Dienstleistungsunternehmen mit insgesamt 129 Beschäftigten gezählt. Das größte Gewicht kam dem Einzelhandel und dem Gastgewerbe zu. Ende des 19. Jh. gab es sechs Wirtshäuser, 1997 vier Gaststätten und Hotels, wobei aber der Fremdenverkehr keine Rolle spielte. Zwei Kreditanstalten sind in Au ansässig, die Sparkasse Rastatt-Gernsbach sowie die Raiffeisenbank Südhardt eG Durmersheim.

Verkehr. – Au liegt abseits der Eisenbahn und abseits der großen Straßen in einer verkehrsungünstigen Lage. Die drei Kilometer entfernte B36 ist über einen Zubringer zu erreichen. Eine gewisse Bedeutung hatte der Ort im 19. Jh. aufgrund zweier Fährverbindungen über den Rhein nach Lauterburg bzw. nach Neuburg. Das damalige Bestreben, eine Schiffbrücke zu errichten, verlief jedoch im Sande. Die Einrichtung einer regelmäßigen Omnibuslinie scheiterte mehrfach wegen Unrentabilität. Heute ist Au durch Omnibuslinien mit Karlsruhe (über Durmersheim) und Rastatt (über Durmersheim bzw. Elchesheim-Illingen) verbunden.

Gemeinde und Gemarkung. – Au gehört seit dem 19. Jh. zum Verwaltungsraum Rastatt. Ende des 19. und zu Beginn des 20. Jh. umfaßte die Ortsgemarkung 1326 ha. Davon entfielen 690 ha auf landwirtschaftliche und 394 ha auf forstwirtschaftliche Nutzflächen. Die Gemarkungsfläche erhöhte sich 1930 um weitere 60 ha, als der Gemeinde ein Teil des rechtsrheinischen Gebiets des elsässischen Lauterburg zugeteilt wurde. 1997 hatte die gesamte Gemarkung eine Fläche von 1328 ha, wovon im Flächenerhebungsplan 567 ha landwirtschaftlich und 468 ha forstwirtschaftlich ausgewiesen waren. 176 ha waren Wasser-, 100 ha Bau- und Verkehrsflächen.

Der Gemeinderat umfaßte im 19. Jh. vier bis sechs Mitglieder. 1999 gab es zwölf gewählte Gemeinderäte, von denen sechs der Freien Wählergemeinschaft, vier der CDU und zwei der SPD angehörten. Da die Gemeinde seit 1975 zusammen mit Bietigheim, Durmersheim und Elchesheim-Illingen Mitglied des Gemeindeverwaltungsverbands Durmersheim ist, sind einige Kompetenzen an diesen abgetreten. Heute befinden sich neben dem Hauptamt das Personalamt, die Kämmerei, das Grundbuchamt, das Standesamt und das Einwohnermeldeamt am Ort. Als Rathaus

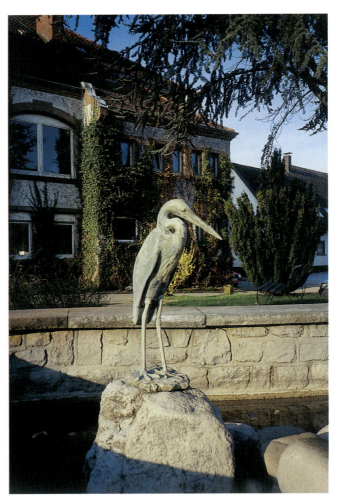

Reiher am Brunnen vor dem Rathaus in Au am Rhein.

diente lange Zeit das alte Schulhaus, erst 1875/76 wurde ein eigenes Gebäude errichtet. 1967 zog die Gemeindeverwaltung in das 1905 erbaute Schulhaus um. Bis zu Beginn des 20. Jh. hatte die Allmende eine große Bedeutung, da die meisten Kleinbauernstellen nur mit ihrer Hilfe überleben konnten. 1895 waren mit 99 ha noch 16 Prozent der gesamten landwirtschaftlichen Nutzfläche Allmendgut; erst zu Beginn des 20. Jh. wurden die entsprechenden Liegenschaften vollständig allodifiziert.

Die Gemeindeeinkünfte kamen im 19. Jh. zum größten Teil aus den Erträgen der Allmendgüter sowie aus der Verpachtung von Fischerei- und Jagdrechten; auf außerordentliche Umlagen konnte zumeist verzichtet werden. Ende der 1920er Jahre aber zwangen die allgemeine wirtschaftliche Rezession und außerordentliche Investitionen (z. B. Kanalisation) wiederholt zur Erhebung von Gemeindeumlagen. In jüngerer Zeit nahm das Steueraufkommen von 290 000 DM im Jahr 1970 auf 5 286 000 DM 1990 zu, und entsprechend stieg die Steuerkraftsumme je Einwohner von 107 DM auf 1 841 DM. Der Anteil an der Einkommensteuer lag 1990 bei 28 Prozent, die Zuweisungen von Bund und Land bei 25 Prozent; die relativ geringe Unternehmensdichte am Ort wird darin deutlich, daß die gleichzeitige Gewerbesteuer nur 11 Prozent ausmachte. Die Schuldenlast nahm von 1990 (592 000 DM) bis 1997 (3 180 400 DM) deutlich zu. Größere Investitionen sind künftig in den Bereichen Wasserversorgung, Abwassersanierung und Verbandskläranlage vorgesehen; darüber hinaus soll eine neue Mehrzweckhalle gebaut werden.

Versorgung und Entsorgung. – Die 1891 gegründete Freiwillige Feuerwehr bildete 1997 mit ihren fünfzig aktiven Mitgliedern zwei Löschzüge. 1951 wurde ein neues Feuerwehrgerätehaus gebaut. Um eine zeitgemäße Wasserversorgung war es in Au lange schlecht bestellt. Bis weit ins 20. Jh. mußte der Wasserbedarf aus mehreren Schöpf- und Ziehbrunnen gedeckt werden. Erst nach dem Zweiten Weltkrieg wurde mit dem Bau von Wasserleitungen und der Errichtung einer zentralen Wasserversorgung begonnen, die 1960 zum Abschluß kam und dem Ort Vollversorgung garantierte. Seit 1920 gibt es in der Gemeinde elektrischen Strom. Insgesamt 250 Haushalte wurden 1996 mit Gas beliefert. Die meisten Ortsstraßen hatten 1880 gepflasterte Abzugsrinnen für die Abwässer; 1930 wurde mit Hilfe von Reichszuschüssen der Bau einer Kanalisation begonnen, der jedoch erst 1956/57 zum Abschluß gebracht werden konnte. Seit den 1980er Jahren bildet die Gemeinde einen Abwasserverband mit Bietigheim, Durmersheim und Elchesheim-Illingen, die gemeinsame Kläranlage liegt auf Auer Gemarkung.

Um das gesundheitliche Wohl der Bevölkerung waren Ende des 19. Jh. zwei Hebammen und zwei als Landkrankenpflegerinnen tätige Ordensschwestern bemüht; gegebenenfalls wurden die in Durmersheim ansässigen Ärzte konsultiert. 1997 gab es am Ort einen Allgemeinarzt, einen Zahnarzt, eine Kinderärztin sowie eine Apotheke. Die Ortsarmen waren bis in die 1920er Jahre in einem Armenhaus untergebracht, das aus einem Stiftungsfonds der Gemeinde unterhalten wurde. Außerdem kümmerten sich in der Zwischenkriegszeit die Schwestern eines 1913 gegründeten Schwesternhauses um soziale Belange. 1954 wurde eine entsprechende Station wieder am Ort eingerichtet und zusammen mit dem neu gegründeten katholischen Kindergarten (1983 erweitert) eingeweiht.

Kirchen und Religionsgemeinschaften. – Au war bis nach dem Zweiten Weltkrieg fast rein katholisch; 1809 wurde ein, 1936 15 Protestanten gezählt. Erst nach 1945 erhöhte sich die Zahl der Evangelischen durch Aufnahme von Flüchtlingen und Vertriebenen sowie durch fortdauernde Zuwanderung. 1987 wurden am Ort 2 432 Katholiken (87,9%) und 278 (10%) Protestanten gezählt. Angehörige anderer Glaubensrichtungen bzw. Konfessionslose gibt es erst seit der Nachkriegszeit, ihr Anteil belief sich 1987 auf 2,1 Prozent der Gesamtbevölkerung. Die katholische Kirchengemeinde gehörte bis 1976 zum Dekanat Ettlingen, seither zum neu gegründeten Landkapitel Murgtal. Die Pfarrkirche St. Andreas wurde 1838 gebaut, 1959/61 erweitert und 1995 umgebaut und ausgemalt. Die wenigen Protestanten waren zunächst der evangelischen Kirchengemeinde Durmersheim eingepfarrt und bilden seit 1983 einen kirchlichen Nebenort von Durmersheim.

Schulen, Bildung und Kultur. – Im 19. Jh. waren Rathaus und katholische Schule in Au unter einem Dach. Den Unterricht für 240 Schulkinder besorgten 1851 ein Haupt- und ein Unterlehrer; zeitweise assistierte eine Industrielehrerin. Diese mißliche Situation wurde erst in den 1870er Jahren verbessert, als ein zweiter Hauptlehrer eingestellt wurde. Die Einrichtung einer Fortbildungsschule scheiterte 1906 am mangelnden Besuch. Daher verfügte 1923 der Bezirksrat den Zusammenschluß von Au, Würmersheim und Durmersheim zu einem gemeinsamen Fortbildungsschulverband mit Sitz in Durmersheim. Damals gab es in

Au 342 Schulkinder, die von fünf Lehrern unterrichtet wurden. Ein Problem war nach wie vor die räumliche Situation. Obwohl erst 1905 ein neues Schulgebäude errichtet worden war, mußte schon in den 1920er Jahren eine Klasse den Bürgersaal des Rathauses beziehen. Die Grund- und Hauptschule ist in einem 1965 errichteten und zwischen 1992 und 1995 sanierten Gebäude untergebracht. 1999 wurden 175 Grund- und 65 Hauptschüler von 19 Lehrkräften unterrichtet. Angegliedert sind Sonderlehrgänge für die Werkrealschule bis einschließlich zur neunten Klasse; die zehnte Klasse kann in Bietigheim absolviert werden. Weitere Bildungsangebote macht die Volkshochschule des Landkreises.

Sport- und Freizeitstätten, Vereine. – 1953 konnte die Gemeinde eine Turn-, Sport- und Festhalle einweihen, die 1974/75 modernisiert wurde. Es gibt vier Fußballplätze, seit 1978 zwei Schießanlagen und seit 1980 vier Tennisplätze. In Au herrscht mit knapp zwei Dutzend Vereinen ein reges Vereinsleben. Am ältesten ist der Gesangverein Fidelia von 1897 mit über 300 Mitgliedern (1996); außerdem gibt es einen Musikverein, einen Harmonika-Club und einen Kirchenchor. Die mitgliederstärksten Vereine sind die drei in der Zwischenkriegszeit gegründeten Sportvereine Deutsche Jugendkraft (ca. 610 Mitglieder), SV Au am Rhein (ca. 280) sowie der Turnverein (ca. 600). Der geographischen Lage der Gemeinde entsprechend kommt dem 1969 gegründeten Angelsportverein Goldener Haken mit über 470 Mitgliedern eine größere Bedeutung zu.

Strukturbild. – Seit Anfang des 19. Jh. vollzog sich in Au am Rhein ein vielschichtiger Strukturwandel, der das Bild der Gemeinde stark veränderte. Durch die Rheinregulierung Mitte des 19. Jh. entwickelte sich das kleine Fischerdorf zu einem primär landwirtschaftlich geprägten Gemeinwesen. Mit dem Beginn des 20. Jh. setzte neuerlich ein Strukturwandel ein: Viele Landwirtschafts- und Handwerksbetriebe erwiesen sich bereits vor 1945 als nicht mehr lebensfähig. Arbeitsplätze boten nunmehr die expandierenden Industriezentren Karlsruhe, Rastatt und Durmersheim. Au entwickelte sich zu einer ausgesprochenen Pendlerwohngemeinde, was nach dem Zweiten Weltkrieg ein rasantes Bevölkerungswachstum zur Folge hatte. Die Infrastruktur des einstigen Fischerdorfs blieb dabei lange zurück. Seit den 1980er Jahren bemühte sich die Gemeinde verstärkt, bestehende Defizite durch Gewerbeansiedlungen, Ortssanierung und Investitionen im Kulturbereich sowie durch die Erschließung von Neubaugebieten auszugleichen. Diese Politik wurde auch in den 1990er Jahren fortgesetzt, wobei die gegebene Kassenlage den Möglichkeiten enge Grenzen setzte.

BISCHOF, Heinz: Heimatbuch Au am Rhein 819–1975. Beiträge zur Ortsgeschichte. Au a.Rh. 1975. – BAUER, Alfred: Geschichtliche Entwicklung, Besitz- und Betriebsverhältnisse der Landgemeinden Au am Rhein, Elchesheim und Illingen im Amtsbezirk Rastatt. Mannheim 1933.

[1] DOLL TW Nr. 127.
[2] GLA 371 Zug. 1911–188 Nr. 175.

Gemarkung von Bietigheim, Ende 19. Jh.

Bietigheim

1390 ha Gemeindegebiet, 5917 Einwohner (31.12. 2000)

Wappen: In Gold (Gelb) ein rotes Mühleisenkreuz, belegt mit einem goldenen (gelben) Herzschild, worin ein roter Schrägbalken. – Flagge: Rot-Gold (Rot-Gelb).

A. Naturraum und Siedlung

Natürliche Grundlagen. – Auf einem nach Westen exponierten Sporn der Nord-Süd verlaufenden Steilstufe der Rheinniederterrasse liegt der alte Siedlungskern der Gemeinde Bietigheim. Der etwa 10 m hohe Geländesprung markiert die Grenze zwischen holozäner und spätglazialer Flußarbeit. Als sich am Ende der Würmeiszeit die Materialzufuhr aus den Alpen verringerte, tiefte der Rhein sich in einem neuen Flußbett in die alte spätglaziale Aue ein. Gleichzeitig lagerte er enorme Mengen von Kiesen und Sanden um. Die Spuren des Aufarbeitens seiner eigenen Sedimente durch neue fluviatile Prozesse sind in der Steilstufe der Niederterrasse noch heute als Bögen im Verlauf der Terrassenkante festzustellen. Mehrere Generationen von Mäandern haben die große Struktur des Terrassenkörpers und die darin überlieferten feinen Nuancen geschaffen. Gleichzeitig sind die Radien der Mäanderbögen Anhaltspunkte der Wasserführung des frühholozänen Rheins. Die vorliegenden Radien auf Gemarkung Bietigheim lassen auf einen durchschnittlichen Abfluß des Stroms von etwa 1000 m³/s schließen. Mit dem fortschreitenden Einschneiden des Flusses in seine eigenen Sedimente und dem gleichzeitigen Ablagern feiner Sedimente mit einhergehender Bodenbildung, fielen die Mäanderböden am Fuß der Niederterrasse trocken und verlandeten. Sie sind meist nur noch an den unterschiedlich ausgebildeten Böden oder geringen Niveauunterschieden zu rekonstruieren. Alte Flußrinnen und Senken werden durch Auelehme nachgezeichnet, die als Naßgley-Böden ausgebildet sind. Die aus schluffigem bis tonigem Lehm über sandigem Kies bestehenden Böden sind 0,6 bis 1,6 m mächtig und kalkhaltig. Die wenige Dezimeter höher gelegenen, inselartig dazwischenliegenden Flächen aus Auensanden, z.T. auch über tonigen Stillwassersedimenten, sind 0,6 bis 2 m mächtigen Auengley-Böden aufgelagert. In der unmittelbar dem Terrassenfuß vorgelagerten Senke, die besonders gut nördlich und südlich des Bietigheimer Sporns ausgebildet und der nachhaltigen Überformung durch den Federbach zuzuschreiben ist, haben sich Niedermoore gebildet.

Wesentlich einheitlicher strukturiert ist dagegen der östliche Teil der Gemarkung auf der Niederterrasse des Rheins. Bis 1500 m von der Terrassenkante entfernt reihen sich Streifen von bis zu 1,8 m tief entwickelten Parabraunerden in West-Ost-Richtung parallel zueinander. Die aus lehmigem Sand bis sandig lehmigem Schluff bestehenden Bodenarten bilden für eine landwirtschaftliche Nutzung beste Voraussetzungen. Schmale Bänder stark humosen, kiesig sandigen Kolluviums sind in die Parabraunerden eingeschaltet. Das abgeschwemmte Material der Niederterrasse zeichnet schmale, langgestreckte Mulden der alten Landoberfläche nach. Dazwischengeschaltet liegen wie Fremdkörper Dünen auf der fluviatil gebildeten Terrassenfläche. Sie zeugen mit den Lößbestandteilen der umgebenen Parabraunerden von den äolischen Umlagerungsprozessen des Hoch- und Spätglazials der Würmeiszeit. Schließlich bilden tief entwickelte podsolige Braunerden die Böden der östlichen Gemarkung. Ihr Ausgangsmaterial, Kiese mit feinkörnigem Sandesandanteil, entstammt Hochflutsedimenten des würmzeitlichen Rheins. Daß diese Sedimente in einer periglazialen Landschaft abgelagert wurden und Umformungen unterzogen waren, zeigen die kryoturbaten Grenzen zwischen den Bodenschichten sowie die bei Aufgrabungen vorzufindenden Eiskeile. Die Formen sind Zeugen dafür, daß Bodenbewegungen und Durchmischungen im Bereich zwischen Gefrieren und Auftauen des Bodens bis in mehrere Dezimeter Tiefe im Umkreis der ständigen Vereisung der Alpen stattfand.

Der mächtige Sand- und Kiesvorrat der Niederterrasse wird im Süden der Gemarkung in großen Abbauflächen wirtschaftlich ausgenutzt. Das Restloch zwischen der B3 und der A5 ist längst rekultiviert und trocken, da der Abbau sehr flach angelegt war. Dagegen reicht der Baggersee (RA 83) mit einer Wasserfläche von 25 ha bis in 28 m Tiefe. Der heterogene Aufbau des Terrassenkörpers wird deutlich am Anschnitt von Sand und Lehm in 20 m Tiefe des Baggersees.

Das Gewässernetz der Gemeinde Bietigheim ist auf den Auenbereich der westlichen Gemarkung beschränkt. Hier bilden Alter Federbach, Federbach und Schmidtbach die nach Norden abfließenden Leitlinien der Gewässer. Sie sind gleichzeitig Vorfluter einer Reihe kleinerer Entwässerungsgräben, besonders aus den Bereichen eines hohen Grundwasserstands und der Niedermoorflächen. Der Schmidtbach wird in einem etwa 7 km langen trapezförmigen Graben geführt. Sein teilweise durch Dämme gefaßter Wasserlauf, der allgemein sehr stark durch Eingriffe des Menschen verändert wurde, wird, wie der Alte Federbach, hauptsächlich durch Grundwasser gespeist. Auch in regenarmen Jahren fallen beide Gewässer nur selten trocken. Unterhalb der Mühle Walz mündet der Bach nach einer Verdolung in den Federbach. Dieser verläuft auf Gemarkung Bietigheim in einem schnurgeraden künstlichen Bachbett. Der Abfluß bei Mittelwasser liegt bei ca. 0,3 m^3/s; im weiteren Verlauf erhöht sich dieser Wert durch die Aufnahme verschiedener Gräben und durch ständigen Grundwasserzufluß (bis 68 % des Gesamtabflusses) auf 1,9 bis 2,8 m^3/s. Oberhalb der Gemarkung von Bietigheim kann der Spitzenabfluß bei Hochwasser wie beispielsweise im Mai 1978 bis auf 3,6 m^3/s ansteigen.

Siedlungsbild. – Bietigheim ist aus einem Straßendorf auf der Niederterrasse hervorgegangen und hat schon früh Siedlungserweiterungen im Tiefgestade ausgebildet. 1860 erstreckte die Besiedlung sich im wesentlichen auf den Bereich des alten Dorfs im Norden der heutigen Gemeinde. Die weitere Ausdehnung erfolgte zunächst in östlicher Richtung bis zur Bahnlinie, dann bis etwa 1960 auch südwärts. Zwischen 1959 und 1985 wurde ein großflächiges Siedlungsgebiet im südlichen Ortsteil bis an die K3737 sowie ein kleineres Gebiet auf der östlichen Seite der Bahnlinie erschlossen. Die Siedlungserweiterung jenseits der Kreisstraße setzte erst Mitte der 1980er Jahre ein. Das Gewerbegebiet im Verlauf der K3737 zwischen B3 und A5 wurde bereits 1943 besiedelt, großflächig aber erst durch die Neubauten bis 1963 erschlossen. Bis heute kamen weitere Einzelgebäude hinzu.

Das Aufrißbild ist geprägt durch die überwiegende Bebauung mit höchstens zweigeschossigen, selten größeren

Federbachkanal im Tiefgestade bei Bietigheim.

A. Naturraum und Siedlung 359

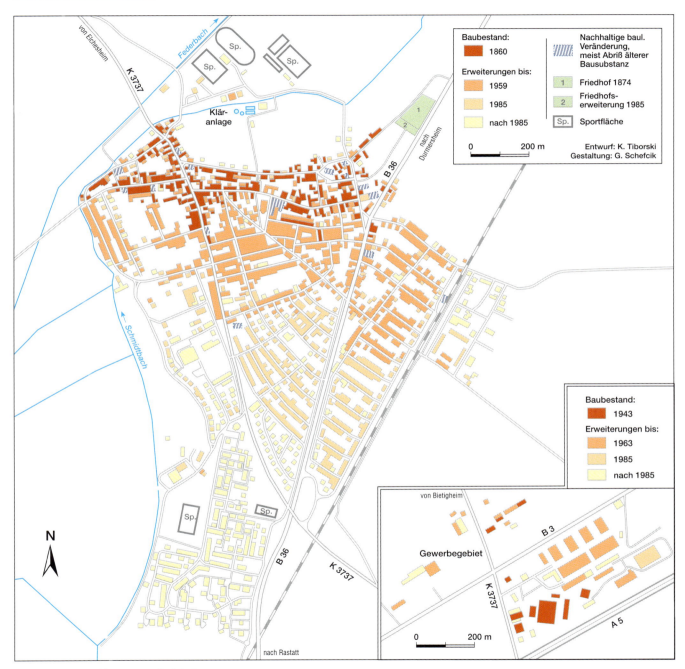

Siedlungsentwicklung von Bietigheim.

Gebäuden. Fachwerkbauten sind vor allem im älteren Ortsteil noch zahlreich vertreten, zum Teil auch verputzt oder verblendet. In den Neubausiedlungen der letzten Dekaden herrscht zunehmende Stilfreiheit vor. Südöstlich befindet sich auf der Gemarkung seit 1960 ein Depotgelände der Bundeswehr.

Außerhalb des bebauten Gebiets liegt am nördlichen Ortsrand, direkt an der B36, der Friedhof. Die 1985 im südlichen Teil erweiterte Anlage ist durch einen Weg mit der alten Kirche und dem danebenliegenden katholischen Gemeindezentrum verbunden. Entlang des Friedhofswegs wurden 1978 die aus der Kirche stammenden alten Kreuzwegbilder aus Lindenholz in wetterfesten Trägern aufgestellt. Hier gibt es auch ein Denkmal für die Opfer des Zweiten Weltkriegs. Im nordwestlichen Teil des Friedhofs steht eine kleine Kapelle (Marienkapelle), die 1712 erbaut, 1952 restauriert und 1980 neu eingedeckt wurde. Die alte Kirche (Hl. Kreuz) dient heute für Trauerfeiern. Sie geht auf einen mittelalterlichen Bau zurück und erhielt 1748/50 ein barockes Langhaus. Der im Kern romanische Westturm zeigt Bauskulpturen aus rotem Sandstein; an seiner West-, Süd- und Nordseite sind Schießscharten zu erkennen.

Südwestlich liegt an der Kirchstraße die 1861/63 nach Plänen von Heinrich Hübsch erbaute katholische Hl. Kreuz-Kirche. Der Kirchplatz wurde zugleich mit dem Rathausumbau 1983 neu gestaltet und der Vorplatz der benachbarten Grundschule mit einer Stahl-Glas-Konstruktion überdacht. Die Grundschule wurde 1953 auf dem Platz eines vorherigen, in den letzten Kriegstagen gesprengten Schulgebäudes als dreigeschossiger Walmdachbau mit großer Eingangs- und Pausenhalle im Erdgeschoß errichtet, genügte aber schon 1959 nicht mehr den wachsenden Schülerzahlen. 1967 wurde eine Turnhalle errichtet. Erst die Trennung von Grund- und Hauptschule sowie die Errichtung eines neuen Hauptschulgebäudes ab 1970 brachten eine Entlastung. Auf der westlichen Seite der Kirche liegt der Kindergarten in einem älteren, zweigeschossigen Gebäude, das durch An- und Umbauten erweitert und angepaßt wurde.

Das Rathaus an der Malscher Straße wurde 1912 im Jugendstil errichtet und 1983 grundlegend saniert und umgebaut. Es präsentiert sich heute als moderner, zweigeschossiger Satteldachbau mit sandsteinverkleidetem Sockel. An sein ursprüngliches Aussehen erinnern die Sandsteinlaibungen der Fassadenfenster und der überdachte Eingangsbereich mit seinem tonnenförmig geschwungenen Dach. Hinter dem Rathaus liegt der moderne, zweigeschossige Neubau des Deutschen Roten Kreuzes. Hier befinden sich auch zwei Fahrzeughallen.

Am südwestlichen Ortsrand wurden 1970/72 die neue Hauptschule und ergänzend dazu 1977/78 eine Mehrzweckhalle erbaut, die der Schule als Sporthalle dient. Die Hauptschule ist ein moderner, dreigeschossiger Flachdachbau mit großzügig verglasten Klassenräumen. Westlich der Schule liegt zwischen der K3737 und der Rheinstraße der Feuerwehrstützpunkt mit einem 1988/90 errichteten anderthalbgeschossigen Funktionsgebäude. Gegenüber befindet sich das evangelische Gemeindezentrum mit Gemeindesaal und Versammlungsraum, ein 1977 in Fertigbauweise errichteter eingeschossiger Bau.

Am östlichen Ortsrand liegt der Bahnhof und ihm gegenüber, auf der anderen Seite der Bahngleise, das seit 1980 erschlossene Gewerbegebiet Langgewann mit rund 4,5 ha Fläche. Ab 1983 erfolgte auch die Erschließung des Gewerbegebiets Obere Hardt an der B3 mit etwa 10 ha Fläche. Nördlich des bebauten Gemeindegebiets ist, schon am Waldrand, ein kleines Gewerbegebiet entstanden, an das sich die Sport- und Vereinsanlagen verschiedener örtlicher Vereine mit zumeist eingeschossigen Gebäuden anschließen. Hier liegt auch die in Holzbauweise errichtete Festhalle.

B. Geschichte bis zum Ende des Alten Reiches

Siedlung und Gemarkung. – Der weit in das Tiefgestade des Rheins hinausragende Niederterrassensporn, auf dem Bietigheim gelegen ist, hat früh dazu eingeladen, hier zu siedeln. Ältestes Zeugnis menschlichen Lebens auf hiesiger Gemarkung ist eine jungsteinzeitliche Feuerstein-Pfeilspitze, die 1982 im Gewann Breitenbaum, an der Grenze gegen Durmersheim gefunden wurde. Von römischer Besiedlung zeugen Fundamentreste, die bereits im 19. Jh. beim alten Friedhof entdeckt worden sein sollen, ein kleiner Münzfund (1.–3. Jh.), allerhand Scherben- und Sigillatafunde sowie zwei vollständig erhaltene bauchige Henkelkrüge aus einem Brandgrab. Die eigentliche Geschichte Bietigheims beginnt freilich erst mit der Merowingerzeit. In diese Periode weisen sowohl der seit dem 10. Jh. bezeugte, von einem Personennamen abgeleitete Ortsname *Buadincheim* oder *Buetinckeim*[1] wie ein 1961 bei Kanalisationsarbeiten in der Badenstraße (Nr. 13) angeschnittenes alamannisches Grab, aus dem Fragmente einer Lanzenspitze geborgen werden konnten.

Das mittelalterliche und frühneuzeitliche Dorf zog sich am nördlichen Rand des Hochufersporns entlang; seinen ältesten, ins frühe Mittelalter zurückreichenden Kern, der nach Art eines Haufendorfs gestaltet war, hat man bei der alten Kirche zu suchen. Ein weiterer Schwerpunkt, der sich möglicherweise erst im Laufe des Hochmittelalters herausgebildet und wohl schon früh in das Tiefgestade (Nieder- oder Brühlhof) ausgegriffen hat, lag auf der Spornspitze, in unmittelbarer Nachbarschaft der einstigen Münchhofgüter. Beide Siedlungskerne waren im 18. Jh. durch einen beidseitig bebauten Weg miteinander verbunden; 1773 bestand das Dorf aus 102 Hofreiten mit ebensovielen Häusern und 93 Scheunen. Im Tiefgestade, im Gewann Burgbühl, wenige hundert Meter westlich der Siedlung, liegt ein auch als Fuchsbuckel bezeichneter, von einem seichten Graben umfaßter ovaler Hügel mit etwa 20 m Durchmesser und 2 bis 3 m Höhe, um den sich mancherlei Sagen ranken. Früher hat man diese künstliche Erhebung für einen Grabhügel, dann für eine Reminiszenz der Römerzeit gehalten; neuere Funde lassen aber darauf schließen, daß es sich um eine mittelalterliche Anlage handelt, vielleicht um die Reste eines Ministerialensitzes entsprechend der Rohrburg in Durmersheim, der freilich im Unterschied zu jener durch schriftliche Quellen nicht bezeugt ist.

Herrschaft und Staat. – Wenngleich die Nachricht vom »Weißenburger Kirchenraub« des Jahres 991 entgegen älterer Auffassung nicht auf diesen, sondern auf den gleichnamigen Ort bei Ludwigsburg bezogen werden muß,[2] ist doch anzunehmen, daß die Entwicklung der Herrschaft in Bietigheim zumindest in Teilen von den vor allem mit der hiesigen Kirche in Zusammenhang stehenden Rechten des Klosters Weißenburg im Elsaß seinen Ausgang genommen hat. Für das 12. und frühe 13. Jh. ist aufgrund des im späten Mittelalter und noch in der frühen Neuzeit bezeugten herrenalbischen und schauenburgischen Besitzes von einer Beteiligung der Herren von Eberstein auszugehen, die ihrerseits durch die Grafen von Malsch vermittelt gewesen sein dürfte. Daß der Ministeriale Sifrit *de Butichheim* (*de Butekeim*) 1207 als Zeuge für einen Herrn von Eberstein, um 1220 aber für den Markgrafen von Baden in Erscheinung tritt, könnte ein Indiz dafür sein, daß das Dorf schon um jene Zeit in badische Hand gelangt ist. Zu einem unbekannten Zeitpunkt haben die Markgrafen Bietigheim an das Zisterzienserinnenkloster Lichtenthal verpfändet und es 1389 wieder zurückgelöst. Fortan gehörte der Ort samt allen orts- und landesherrlichen Rechten dauerhaft zur Markgrafschaft Baden(-Baden), im 16. Jh. als Teil des Amts Kuppenheim, im 18. Jh. schließlich des Oberamts Rastatt und Kuppenheim.

Grundherrschaft und Grundbesitz. – Der Weißenburger Grundbesitz in Bietigheim wird für das 10. Jh. mit 2 Hufen Herrschaftsland, 1 Hufe Kirchengut, 6½ Knechtshufen, 2 Lehnhufen, mehreren unbebauten Hufen und allerlei Wiesen beziffert; sein Zentrum dürfte im Norden des Dorfs, bei der alten Kirche, gelegen haben und hernach im sogenannten Oberhof aufgegangen sein. Zwar ist die Zisterze Herrenalb als Grundherrschaft auf Bietigheimer Gemarkung urkundlich nicht nachgewiesen, aber man darf – weil eine Identifizierung mit einem anderen Kloster nicht in Frage kommt – doch annehmen, daß der seit 1510 bezeugte, auf der Spitze des Niederterrassensporns gelegene Münchhof bis ins späte Mittelalter den Mönchen aus dem Albtal gehörte; von ihm hat, wie es scheint, der westliche Siedlungsteil seinen Ausgang genommen. Dieser in der frühen Neuzeit so genannte Große Münchhof, dazu der mit der Ortsherrschaft verbundene Oberhof (1389), der wahrscheinlich mit dem seit 1510 genannten Vogtshöflein zu identifizieren ist, sowie der Nieder- (1483) oder Brühlhof (1579) waren seit ihren frühesten Erwähnungen markgräfliches Eigentum und zunächst in befristeter Leihe (12 bzw. 25 Jahre), dann als bäuerliche Erblehen vergeben. 1790 umfaßten der Große Münchhof rund 302 M Äcker und 40 M Wiesen (verteilt auf mehr als dreißig Bestäner), der Vogtshof 17 M Äcker und 3 M Wiesen sowie der Brühl- oder Niederhof 143 M Äcker und 16 M Wiesen; dem Niederhof (1497 Unterer Hof) war ursprünglich die 1798 verkaufte herrschaftliche Schäferei mit Weiderechten auf den Gemarkungen von Bietigheim, Ötigheim und Durmersheim angegliedert. Als Grundeigentümer treten ansonsten die örtliche Kirche und Pfarrei in Erscheinung; ihnen gehörten das Heiligenhofgut (23 M Äcker, 2 M Wiesen) und das Pfarrwittumgut (36 M Äcker, 2 M Wiesen).

Gemeinde. – Eine Gemeinde zu Bietigheim tritt in den Quellen erstmals zu den Jahren 1310 (*consortes*) und 1313 (*gebuwerschaft gemainlich*) hervor. Das örtliche Gericht bestand 1510 aus dem Schultheißen und neun Richtern, 1765 gab es nur noch sechs Gerichtspersonen. Ein Gerichtssiegel ist seit 1610 belegt, es zeigt ein Mühleisenkreuz, an dessen oberem Balkenende der badische Wappenschild aufsitzt, die Umschrift ist nicht zu entziffern; vom frühen 18. bis ins 19. Jh. führte das Gericht ein Siegel mit umgekehrter Bildanordnung und der Umschrift *BIETIGHEIM · CUPPENHEIMER AMBTS* (1731). Ein Dorfbuch findet 1578 Erwähnung, ein Rathaus 1781. Gemeindeeigen war offenbar von alters her der auf Bietigheimer Gemarkung gelegene Teil des Hardtwalds; die örtliche Herrschaftsschäferei wurde im späteren 18. Jh. – gemeinsam mit Ötigheim – in kommunaler Regie betrieben.

Kirche und Schule. – Zu dem im 10. Jh. erwähnten Bietigheimer Besitz des Klosters Weißenburg gehörten vor allem die Kirche, für die seit dem 16. Jh. das Patrozinium zum Hl. Kreuz (Inventio) belegt ist, und der Zehnt. Ein Pfarrer, damals zugleich Dechant des Landkapitels Ettlingen, begegnet urkundlich erstmals 1338. Als Patronatsherrschaft lassen sich – aufgrund Belehnung durch den Bischof von Speyer, vermutlich aber doch infolge einer älteren, dann in Vergessenheit geratenen Lehnsbindung zu den Ebersteinern – von der Mitte des 14. bis ins späte 16. Jh. die niederadligen (Höfinger) von Oberkirch bzw. von Schauenburg aus der Ortenau nachweisen; danach haben die Landkapitel Gernsbach und Ettlingen das Recht des Pfarrsatzes alternierend wahrgenommen, bis es 1787/1803 an die Landesherrschaft abgetreten wurde. Das Langhaus der alten Kirche wurde 1748/50 von Johann Peter Ernst Rohrer durch einen Neubau ersetzt; der romanische, aus der Mitte des 12. Jh. stammende Kirchturm blieb seinerzeit erhalten und

Alte Kirche zum Hl. Kreuz in Bietigheim.

ist heute im weiten Umkreis das älteste Baudenkmal. Im Norden vor dem Dorf, unmittelbar am Rand des Hochgestades, stifteten 1753/54 die Eheleute Hans Adam und Magdalena Gantz eine im 19. Jh. erneuerte Kapelle, mit der sie die Hoffnung auf Heilung ihrer taubstummen Kinder verbanden. Eine Todesangst-Christi-Bruderschaft wurde in Bietigheim 1770 gegründet.

Wie das Patronatsrecht waren der große und der kleine Zehnt zu Bietigheim während des späten Mittelalters in niederadligem Besitz; Anteile daran hatten die von Dürrmenz (1381), von Michelbach (1381/1431), von Schauenburg (1422), von Dettlingen (1431) und von Großweier (1465) – allesamt Familien, die dem Ebersteiner Lehnhof zugehörten. Eine Hälfte (groß und klein) gelangte 1465 durch Kauf an die Marien-Kirche zu Gernsbach, 1/6 (groß) 1472 an das Landdekanat Kuppenheim und 2/6 (groß) an das Landdekanat Rastatt; der halbe Kleinzehnt gehörte bereits um 1500 der örtlichen Pfarrei. Im weiteren standen der große und kleine Zehnt je zur Hälfte dem Rastatter Landkapitel (verliehen an den Ortspfarrer) und den geistlichen Verwaltungen in Gernsbach bzw. dem Pfarrer in Bietigheim und dem Kaplan ULF in Gernsbach zu; alle diese Dezimatoren waren zum Kirchenbau verpflichtet und nutzten eine gemeinsame Zehntscheune.

Noch 1683 wurde anläßlich einer kirchlichen Visitation mißbilligend vermerkt, in Bietigheim gebe es keine Schule und keinen Lehrer, die Kinder seien infolgedessen gänzlich unwissend, jedoch konnte diesem Mißstand erst seit dem frühen 18. Jh. abgeholfen werden. Zu Beginn der 1780er Jahre war die Zahl der Schüler schließlich derart groß, daß das bisher benutzte Schulhaus nicht mehr ausreiche und man in den unteren Stock des Rathauses umziehen mußte; ein eigenes Schulhaus konnte allerdings erst im 19. Jh. gebaut werden. 1744 wurde der Schulmeisterdienst gegen eine zusätzliche Vergütung vom Mesner versehen.

Bevölkerung und Wirtschaft. – Im Jahr 1683 gab es in Bietigheim 41 Familien, d.h. knapp 200 Einwohner. Nach den verheerenden Kriegen um die Wende vom 17. zum 18. Jh. nahm die Bevölkerung rasch zu; 1724 umfaßte sie rund 300 Seelen, 1740 sogar 400, reduzierte sich aber bald wieder (1765 und 1772 ca. 350) – wohl nicht zuletzt infolge Auswanderung nach Ungarn, in die Schweiz und nach Ostpreußen –, um dann neuerlich stark anzuwachsen (1775 ca. 440, 1788 ca. 560). Bedingt durch die Revolutionskriege hat das Dorf in den 1790er Jahren noch einmal viele Einwohner verloren (1790 ca. 520, 1795 ca. 300, 1800 ca. 260), aber schon wenige Jahre später wieder eine rapide Bevölkerungszunahme erlebt.

Zwar heißt es immer wieder, in Bietigheim habe man in älterer Zeit vorwiegend von der Viehzucht gelebt, und tatsächlich hat es hier eine stattliche, auf 400 Tiere berechnete Schäferei gegeben; gleichwohl hat der Ackerbau in den drei Fluren Ober-, Klein- und Mittelfeld (1510) stets eine große Rolle gespielt, denn 1773 umfaßte die Ackerfläche auf der Gemarkung immerhin 978 M, wohingegen das im Tiefgestade gelegene Wiesenland sich auf nur 111 M belief. Der Bietigheimer Viehbestand war stattlich und zeugt von einem relativen Wohlstand des Dorfes und seiner Bewohner; 1788 zählte man nicht weniger als 173 Pferde, 194 Rinder, 315 Schafe und 232 Schweine. Den Federbach hatte die Herrschaft als Fischwasser verliehen. Eine Mühle (*molendinum ze Wilegahe subtus Butenchen*) wird in Bietigheim nur einmal 1271 erwähnt; sie war zu jener Zeit im Pfandbesitz des Klosters Herrenalb. An Schildgerechtigkeiten sind bezeugt: Roter Ochsen (1720/48), Adler und Krone (1748), Hirschen (1749), Sonne (1773) und Rebstock (1787/97); 1769 gab es am Ort nebeneinander vier Schildwirtschaften und eine Straußwirtschaft, 1794 hingegen beklagte man, daß bei nur noch zwei vorhandenen Wirtshäusern ein Mangel an Gastwirten bestehe. Ein Kaufladen findet erstmals zum Jahr 1806 Erwähnung.

C. Die Gemeinde vom 19. bis ins 21. Jahrhundert

Bevölkerungsentwicklung. – Trotz der ungemein hohen Zahl von 350 Auswanderern zwischen 1830 und 1870 wuchs die Bietigheimer Bevölkerung binnen hundert Jahren von 1 109 (1825) auf 3 010 Einwohner (1910) um beinahe das Dreifache. Verantwortlich dafür waren der relative Wohlstand und die verkehrsgünstige Lage Bietigheims sowie eine außergewöhnlich hohe Geburtenrate. Deren Rückgang, Kriegsverluste (Erster Weltkrieg 124 Gefallene; Zweiter Weltkrieg 218 Gefallene, 105 Vermißte und 13 tote Zivilisten) sowie weitere 125 Auswanderer Ende der 1920er Jahre führten zu einem nur noch mäßigen Zuwachs der Bevölkerung in der ersten Hälfte des 20. Jh. (1950 3 581 Einwohner). Einen deutlichen Anstieg gab es hingegen in der Nachkriegszeit. Dank der aufgenommenen Vertriebenen und Flüchtlinge (bis 1961 483) und der konjunkturbedingten Zuwanderung stieg die Bevölkerung auf 5 455 Personen im Jahr 1970. Der leichte Anstieg in den 1990er Jahren auf 5 761 Einwohner (1997) ist auf den Zuzug von Ausländern, vor allem aus dem früheren Jugoslawien, zurückzuführen; 1997 wohnten 281 Ausländer in der Gemeinde (4,8 % der Bevölkerung).

Soziale Gliederung. – Bis ins 20. Jh. war Bietigheim eine überwiegend bäuerliche Gemeinde. 1895 fanden 80 Prozent der Erwerbstätigen in der Landwirtschaft Beschäftigung. Der ökonomische Strukturwandel und die damit verbundene Aufwertung des sekundären Sektors auf Kosten des primären blieb jedoch auch hier nicht folgenlos. Binnen weniger Jahrzehnte gingen immer mehr Bietigheimer einer Beschäftigung in den expandierenden Fabriken Karlsruhes und Rastatts nach. 1904 wurden rund 300, 1922 mehr als 900 Auspendler registriert. 1939 war Bietigheim bereits überwiegend von Industrie und Handwerk geprägt, die 57,7 Prozent der arbeitenden Bevölkerung ein Auskommen sicherten. In der Nachkriegszeit stieg der Anteil des sekundären Sektors nur noch unwesentlich, 1970 bot er 61,7 Prozent der Ortsansässigen Arbeit und Brot. Zur völligen Bedeutungslosigkeit sank dagegen die Landwirtschaft herab (1970 1,1 %). Immer mehr Menschen fanden Beschäftigung im Dienstleistungsbereich, der bis 1987 den sekundären Sektor überholte (54,6 %). Analog zu diesem Strukturwandel ist auch eine Veränderung in der sozialen Stellung der Erwerbstätigen festzustellen. Der deutliche Rückgang des Anteils der Selbständigen und der mithelfenden Familienangehörigen von 37,2 Prozent 1950 auf 8,4 Prozent im Jahr 1987 ist auf das Höfe- und Handwerkesterben in der Nachkriegszeit zurückzuführen. Der Umbau der Industrie- zur Dienstleistungsgesellschaft war am Ende des 20. Jh.

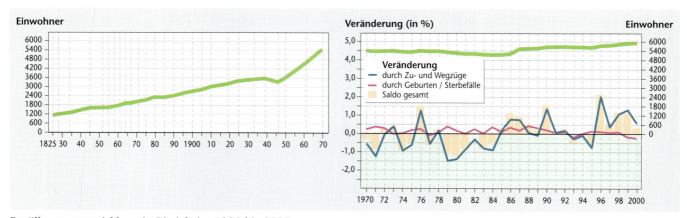

Bevölkerungsentwicklung in Bietigheim 1825 bis 2000.

auch in Bietigheim spürbar, das zeigen die Zunahme der Beamten und Angestellten von 11,9 (1950) auf 46,1 Prozent (1987) und der Rückgang der Arbeiter (1950 88,3%; 1987 38,7%). Ähnlich wie die umliegenden kleineren Ortschaften entwickelte sich Bietigheim zu einer ausgesprochenen Pendlergemeinde. 1987 gingen 1991 Menschen (78,7% der Erwerbstätigen; 1970 66,1%) auswärts einer Beschäftigung nach, vorrangig in Karlsruhe, außerdem in Rastatt und Durmersheim. Die Zahl der Erwerbstätigen am Arbeitsort Bietigheim sank demgegenüber von 962 auf 807, wovon 265 Einpendler waren (1991).

Politik und Wahlverhalten. – Die Revolutionsbewegung von 1848/49 fand in Bietigheim, das eines der größten Rekrutenaufgebote der Hardtdörfer stellte, zahlreiche Anhänger. Durch die Einsetzung eines neuen Gemeinderats suchte die Obrigkeit die Situation zu entschärfen und hatte damit letztlich Erfolg. Bis in die 1920er Jahre ging aus den Reichstagswahlen regelmäßig das Zentrum als mit Abstand stärkste Kraft hervor, wenngleich es ihm schon bald nicht mehr gelang, an das Ergebnis von 1890 (89,8%) anzuknüpfen. Als zweite politische Kraft etablierte sich in den 1890er Jahren die Sozialdemokratie mit rund einem Fünftel der Stimmen. Dieses Zweiparteienspektrum, das noch 1919 bestand (Zentrum 57,8%; SPD 40,5%), differenzierte sich in den 1920er Jahren zu Lasten beider aus. Der Wandel Bietigheims zu einer Industriearbeitergemeinde zeigt sich auch im Aufschwung der KPD, die im November 1933 mit 33,2 Prozent stärkste Partei wurde. Ihr Erfolg ging sowohl zu Lasten des Zentrums (Juli 1932 31,9%; November 1932

24,1%) als auch der SPD (13,3 bzw. 14,9%). Am rechten Rand etablierten sich seit 1930 die Nationalsozialisten, die 1932 25,3 bzw. 25,2 Prozent erlangen konnten. 1933 setzten sie sich mit 40,4 Prozent – womit sie etwa im Kreisdurchschnitt lagen – an die Spitze des Parteienspektrums, gefolgt vom Zentrum (24,6%), der KPD (19,7%) und SPD (14,9%).

Nach dem Zweiten Weltkrieg konnte sich als stärkste Partei in Bietigheim die CDU etablieren. 1949 erreichte sie 48,8 Prozent und erzielte 1953 mit 61,1 Prozent ihr bestes Ergebnis. Bis 1990 konnte sie regelmäßig die absolute Mehrheit der Stimmen gewinnen, 1998 verlor sie erstmals ihre Spitzenposition an die SPD. Diese war 1949 mit 29,1 Prozent gestartet und verbuchte in den folgenden Jahrzehnten meist zwischen 30 und 35 Prozent. Dritte politische Kraft war mit wenigen Ausnahmen die FDP. Den Grünen gelang 1987 erstmals mit 8,1 Prozent der Sprung über die Fünfprozenthürde und die Ausweitung des Drei- zu einem Vierparteienspektrum. 1998 erhielten die SPD 42,8, die CDU 36,2, die FDP 7, die Grünen 6,5 und die Republikaner 3,7 Prozent.

Land- und Forstwirtschaft. – Die Allodifizierung der drei großen Erbhöfe und die sukzessive Umwandlung der Allmende in Privatbesitz hatte eine deutliche Vermehrung der landwirtschaftlichen Betriebe in Bietigheim zur Folge. Ihre Zahl stieg von 497 (1895) auf 628 (1925). Dabei handelte es sich überwiegend um bäuerliche Kleinstellen, die im Nebenerwerb mit Hilfe von Familienangehörigen oder billigen Tagelöhnern bewirtschaftet wurden. 1895 verfügten

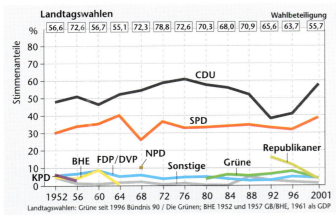
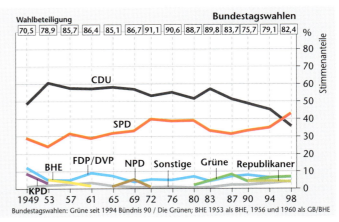

Ergebnisse der Landtags- und Bundestagswahlen in Bietigheim.

66,4 Prozent der Stellen über weniger als 2 ha landwirtschaftliche Fläche. Einen Großbetrieb mit mehr als 10 ha gab es nicht. Von der landwirtschaftlich genutzten Fläche befanden sich 330 ha in Eigen-, 122 in Pacht- und noch 233 in Allmendbesitz. Dabei versuchten die zahlreichen Kleinbetriebe durchaus zusammenzuarbeiten: 1904 waren die meisten in einem landwirtschaftlichen Ortsverein zusammengeschlossen, dessen Aufgabe der gemeinschaftliche Einkauf von Landwirtschaftsartikeln für die Bietigheimer Bauern bzw. der Verkauf ihrer landwirtschaftlichen Produkte war. Es zeigte sich jedoch bald, daß dessen ungeachtet die meisten Höfe kaum noch überlebensfähig waren. Von den 476 Betrieben des Jahres 1949 existierten 1995 lediglich noch acht, davon nur die Hälfte als Vollerwerbsbetriebe. Ein entsprechender Rückgang ist auch bei der landwirtschaftlich genutzten Fläche festzustellen, die sich von 898 ha (1895) auf 403 ha (1995) halbierte.

Anfang des 19. Jh. war der Hanfanbau die Haupteinnahmequelle Bietigheims. Seit etwa 1850 übernahm die Kartoffel diese Rolle; bis ins frühe 20. Jh. wurde sie hauptsächlich im Wechsel mit Roggen angebaut. Andere Feldfrucht- und Getreidesorten spielten dagegen kaum eine Rolle. Der von der Gemeinde verstärkt betriebene Obstanbau scheiterte an der sandigen Bodenbeschaffenheit. Trotz aller intensiven Bemühungen erwies sich Mitte des 20. Jh. der Anbau von Tabak, zu dessen Förderung 1937 ein eigener Verein gegründet wurde, sowie von Spargel als unrentabel.

Neben der Kartoffel warf Ende des 19. Jh. vor allem die Viehzucht Gewinne ab und wurde deswegen forciert. Gleichwohl erlangte sie in Bietigheim nie die Bedeutung wie in den Nachbardörfern – der Anteil des Wiesen- und Weidelands an der landwirtschaftlichen Nutzfläche blieb stets unter einem Drittel. Ende des 20. Jh. spielte die Viehzucht keine Rolle mehr, die verbliebenen Betriebe konzentrierten sich hauptsächlich auf den Anbau von Marktfrüchten. Die Rinder- und Schweinebestände hatten in den 1880er Jahren stetig zugenommen (1887 542 Schweine, 827 Rinder); dieses Niveau konnte bis in die Zwischenkriegszeit gehalten werden, sank dann aber stark ab. 1979 wurden nur noch 66 Schweine und 57 Rinder gezählt. Vor der Motorisierung der Landwirtschaft hatte die Zucht von Pferden als Zugtiere eine gewisse Bedeutung (1925 141 Pferde). Nur zeitweise spielten im Ort die Ziegen-, Bienen- und Geflügelzucht eine Rolle.

Handwerk und Industrie. – Das Handwerk hatte in Bietigheim lange Zeit eine nachgeordnete Bedeutung, produzierte ausschließlich für den örtlichen Bedarf. Dies änderte sich Ende des 19. Jh. Von den insgesamt 95 Hauptbetrieben am Ort (1895) arbeiteten 52 für Karlsruher und Frankfurter Konfektionsschneidereien, zumeist in Heimarbeit und unter Mithilfe von Familienangehörigen. Nachdem lange Zeit gegenseitiges Mißtrauen in der Bevölkerung die Entstehung einer Genossenschaft der Bietigheimer Gewerbetreibenden verhindert hatte, wurde 1902 ein entsprechender Verein gegründet, dessen Aufgabe der Verkauf der produzierten Waren war. Der Großteil dieser Kleinbetriebe, die zusammen gerade einmal 126 Beschäftigte hatten, war im 20. Jh. nicht mehr überlebensfähig. Ihre Zahl sank von 65 im Jahr 1939 auf 45 mit 183 Beschäftigten im Jahr 1977. Der Erschließung neuer Gewerbegebiete in den 1980er Jahren war es zu danken, daß das Handwerk einen gewissen Aufschwung erlebte. 1995 beschäftigten 44 Betriebe am Ort 305 Arbeitskräfte. Einen Schwerpunkt bildete das Elektro- und Metallgewerbe (zwanzig Unternehmen), gefolgt vom Gesundheits-, Chemie- und Reinigungsgewerbe (sieben), Nahrungsmittelgewerbe und Baugewerbe (jeweils sechs). Größere Industrieunternehmen haben sich in Bietigheim zu keiner Zeit niedergelassen, eine Patronenfabrik ging zu Beginn des 20. Jh. wieder ein. 1997 gab es vier Betriebe mit mehr als zwanzig Beschäftigten, an der Spitze ein Entsorgungsunternehmen mit 34.

Handel und Dienstleistungen. – Auch der Handel hatte in Bietigheim keine große Bedeutung. Die über den Eigenbedarf produzierten Güter wurden vor allem in Rastatt und Karlsruhe feilgeboten. 1895 gab es lediglich 28 Erwerbstätige im Handels-, Verkehrs- und Dienstleistungsbereich. Frühzeitig war mit der 1902 gegründeten Spar- und Darlehenskasse ein eigenes Kreditinstitut am Ort; der Filiale des Badischen Spar- und Darlehenskassenverbands mit Sitz in Freiburg blieb freilich kein langes Leben beschieden, sie wurde 1923 ein Opfer der Inflation. Seit dem Zweiten Weltkrieg hat die Bedeutung des tertiären Sektors stetig zugenommen. 1987 boten 123 Arbeitsstätten insgesamt 430 Menschen eine Beschäftigung. Mehr als die Hälfte (55 Betriebe mit 208 Beschäftigten) entfiel dabei auf den Handel, in erster Line den Einzelhandel. Überraschend hoch ist mit 19 auch die Zahl der Rechts- und Steuerberater am Ort. Das Kreditgewerbe ist mit der Sparkasse Rastatt-Gernsbach und zwei Zweigstellen der Raiffeisenbank Südhardt eG vertreten. Parallel zur Bevölkerung ist auch die Zahl der Gastwirtschaften von sieben (1899) auf 13 (1997) gestiegen. Die Verkehrsgunst machte den Ort zuletzt auch für in Karlsruhe stattfindende Kongresse und Tagungen attraktiv, wie die Zahl von 1600 Übernachtungen belegt.

Verkehr. – Die verkehrsgünstige Lage Bietigheims war entscheidend für das Wachstum der Gemeinde verantwortlich. Die ausgebaute B36 verbindet den Ort direkt mit Rastatt und Karlsruhe und bietet somit ideale Voraussetzungen für Berufspendler. Allerdings stellt sie innerorts eine Belastung für die Wohnqualität dar. Seit 1895 besteht eine Bahnanbindung, die den wirtschaftlichen Aufschwung des Orts entscheidend mitgeprägt hat, wie schon die Ortsbereisungskommission feststellte: *Von großer Wichtigkeit für die Gemeindeangehörigen ist der Umstand, daß Bietigheim eine Bahnstation erhalten hat. Dadurch ist noch bessere Möglichkeit geboten, sich Verdienst in Karlsruhe und Rastatt zu verschaffen.*[3] Auch der öffentliche Personennahverkehr ist in den 1990er Jahren ausgebaut worden, indem Bietigheim mit der S-Bahn direkten Zugang zum Karlsruher Stadtbahnnetz erhielt. Eine Omnibuslinie verbindet den Ort mit den umliegenden Dörfern. Bereits im 19. Jh. gab es in Bietigheim eine feste Haltestelle der Fahrpost, seit 1904/05 existiert eine Postagentur.

Gemeinde und Gemarkung. – In der Nutzung der Bietigheimer Gemarkung, die 1996, wie schon 1910, 1390 ha umfaßte, vollzog sich im 20. Jh. ein deutlicher Wandel; die starke Besiedlung bewirkte einen Rückgang der landwirtschaftlichen Nutzfläche von 922 auf 690 ha (inklusive Wiesen und Weideflächen). Demgegenüber nahm die Waldfläche durch Aufforstung von 405 auf 490 ha zu. Die Siedlungsfläche betrug 1996 insgesamt 209 ha.

1997 leiteten der Bürgermeister und 18 Gemeinderäte (6 CDU-, 6 FWG- und 5 SPD-Angehörige sowie 1 Unabhängiger) die Geschicke der Gemeinde. Mitte des 19. Jh. hat es neben dem Bürgermeister nur vier Gemeinderäte gegeben. Ungeachtet ihrer Zugehörigkeit zum Verwaltungsverband Durmersheim unterhält die Gemeinde Bietigheim eigene Behörden wie Haupt-, Grundbuch-, Standes-, Sozial-, Einwohnermelde- und Passamt, dazu einen Bauhof. Das 1912 durch Umbau eines alten Bauernhauses entstandene Rathaus wurde 1983 von Grund auf renoviert und erweitert.

Von der Allmende (233 ha) profitierten 1895 noch insgesamt 489 Berechtigte; die vollständige Allodifizierung der Allmende wurde in den ersten Jahrzehnten des 20. Jh. durchgeführt. Im Osten und Westen seiner Gemarkung verfügt Bietigheim über vergleichsweise umfangreiche Waldungen (1997 490 ha) die nach wie vor Gemeindeeigentum sind. Im 19. Jh. waren die Gemeindefinanzen konsolidiert; außerordentliche Umlagen waren nur bei größeren Investitionen wie dem Schul- oder Rathausneubau notwendig. Den Hauptteil ihrer Einnahmen bezog die

Portal des Rathauses in Bietigheim.

Gemeinde aus der Verpachtung von Äckern und Wiesen bzw. von Fischerei- und Jagdrechten. In der Zwischenkriegszeit kam es inflations- und rezessionsbedingt zu einer Zuspitzung der Lage. Seit dem Zweiten Weltkrieg nahm das Steueraufkommen stetig zu, über 873 000 DM (159 DM pro Kopf) 1970 auf 9 251 000 DM (1 653 DM pro Kopf) im Jahr 1990. Das größte Gewicht unter den Einnahmen kam dabei der Einkommenssteuer (34%) sowie den Zuweisungen von Bund und Land (29%) zu; der geringe Anteil der Grund- und Gewerbesteuer (12%) unterstreicht Bietigheims Rolle als Pendlerwohngemeinde. Der Schuldenstand hat sich zwischen 1990 und 1996 (6 747 000 DM) beinahe verdoppelt, was nicht zuletzt damit zusammenhängt, daß zwischen 1991 und 1997 sowohl die Kanalisation wie die Wasserversorgung saniert werden mußten (ca. 20 Mio. DM).

Versorgung und Entsorgung. – Die 1902 gegründete Freiwillige Feuerwehr erhielt 1990 ein neues Gerätehaus. 1997 bestand sie aus 62 Aktiven, die in drei Löschzügen organisiert waren. Seit den 1920er Jahren bezieht Bietigheim Strom vom Badenwerk bzw. der EnBW, die den Ort auch mit Gas beliefert. Ihren Wasserbedarf mußten die Bietigheimer bis weit ins 20. Jh. aus öffentlichen Brunnen decken, von denen es 1856 nur zwei, 1875 immerhin 18 gab; noch 1913 hat der Gemeinderat die Notwendigkeit einer Wasserleitung verneint. An die moderne Wasserversorgung wurde der Ort erst in der Nachkriegszeit mit dem Bau eines eigenen Wasserwerkes (1951) und der sukzessiven Erweiterung des Leitungsnetzes angeschlossen; seit 1987 erhält Bietigheim sein Wasser von den Stadtwerken Karlsruhe. Zur Abwasserentsorgung wurde in den 1920er Jahren mit dem Bau einer Kanalisation begonnen; ihr weiterer Ausbau erfolgte nach dem Zweiten Weltkrieg. Heute gehört Bietigheim zum Abwasserverband von Elchesheim-Illingen, Au am Rhein und Durmersheim.

Für das gesundheitliche Wohl der Bietigheimer waren Ende des 19. Jh. zwei Hebammen und einige Franziskanerinnen aus Gengenbach tätig; bei Bedarf konnten Ärzte in Rastatt und Durmersheim konsultiert werden, die in Bietigheim regelmäßig Sprechstunden abhielten. 1996 gab es am Ort vier Allgemeinarzt- und drei Zahnarztpraxen sowie zwei Apotheken. Die Krankenpflege obliegt heute der Sozialstation Muggensturm. Für die Armen gab es bis in die 1920er Jahre zwei von der Gemeinde finanzierte Armenhäuser. Der erste Kindergarten am Ort wurde 1907 errichtet und von der Bietigheimer Schwesternstation betreut, 1972 kam ein weiterer – ebenfalls katholischer – hinzu.

Kirchen und Religionsgemeinschaften. – Bis in die 1920er Jahre war Bietigheim eine rein katholische Gemeinde. Seither stieg der Anteil der Protestanten kontinuierlich; gab es 1933 am Ort nur 65 (3,8% der Bevölkerung), so wuchs ihre Zahl – bedingt durch die Aufnahme von Vertriebenen – bis 1961 auf 493 (12%). 1987 wohnten 4 338 (79,4%) Katholiken in Bietigheim, denen 860 (15,7%) Protestanten gegenüberstanden. Andersgläubige und Konfessionslose hatten mit 4,9 Prozent nur eine geringe Bedeutung. Bis 1976 gehörte die katholische Kirchengemeinde Bietigheim zum Dekanat Rastatt, seither zum Dekanat Murgtal. Die Pfarrkirche wurde 1863 neu erbaut und zuletzt in den 1980er Jahren renoviert. Die alte Kirche ist im Besitz der politischen Gemeinde. Die Protestanten waren bis zur Gründung einer gemeinsamen evangelischen Kirchengemeinde im Jahr 1977 – Bietigheim-Ötigheim und Muggensturm mit Sitz in Muggensturm – der Kirchengemeinde Durmersheim (Kirchenbezirk Baden-Baden) eingepfarrt.

Schule. – 1847 wurde in Bietigheim erstmals ein eigenes Schulhaus errichtet, davor fand der Unterricht im Rathaus statt. Waren seinerzeit noch drei Lehrer tätig, so unterrichteten zu Beginn des 20. Jh. vier Haupt-, ein Unterlehrer und zwei Industrielehrerinnen knapp 600 Schüler. Weil das 1908 zusätzlich errichtete Schulgebäude 1945 zerstört worden war, wurde 1953 eine neue Volksschule gebaut, die Vorläuferin der heutigen Grund- und Hauptschule. 1972 erhielt diese ein eigenes Gebäude, in dem 1990 insgesamt 362 Schüler von 25 Lehrern unterrichtet wurden.

Sport- und Freizeitstätten, Vereine. – Bietigheim verfügt über zahlreiche Möglichkeiten zur sportlichen Betätigung. 1996 gab es im Ort u.a. eine Mehrzweck- und eine Turnhalle, ein Fußballstadion, eine Schießanlage, sieben Tennissandplätze und eine Tennishalle. Mehr als drei Dutzend Vereine geben Zeugnis von einem regen Vereinsleben. Einen Schwerpunkt bilden die Musikvereine, die zumeist um 1900 gegründet wurden. Der älteste, der katholische Kirchenchor, datiert von 1875; der größte ist mit rund 500 Mitgliedern der Musikverein Bietigheim. Darüber hinaus gibt es mehrere Sportvereine. Der mitgliederstärkste Verein am Ort ist der Turn- und Sportverein Bietigheim (gegründet 1900, heute ca. 900 Mitglieder). Erwähnung verdient

Denkmal für die Gefallenen des Kriegs von 1870/71 in Bietigheim.

schließlich noch der erst 1988 gegründete Carneval-Club, der 1997 bereits 545 Mitglieder zählte und zu erkennen gibt, welch große Bedeutung die »fünfte Jahreszeit« für Bietigheim hat. Die übrigen Vereine am Ort sind zumeist kleiner.

Strukturbild. – Bietigheim hatte insbesondere im 19. Jh. ein überdurchschnittliches Bevölkerungswachstum zu verzeichnen. Zurückzuführen war dies auf den relativen Wohlstand der Bevölkerung, vor allem aber auf die verkehrsgünstige Lage des Dorfs. Dies hatte zur Folge, daß bereits frühzeitig zahlreiche Bewohner in den umliegenden Industriezentren eine Beschäftigung suchten, wodurch der bisherige Haupterwerbszweig, die Landwirtschaft, zusehends an Bedeutung verlor. Bis heute ist Bietigheim eine typische Pendlerwohngemeinde. Die lokale Infrastruktur hat sich in den vergangenen Jahren deutlich gewandelt. Mit Hilfe von Ortssanierung, Neubau- und Gewerbegebietserschließungen, Straßenerweiterungen sowie Investitionen im sportlich-kulturellen Sektor suchte die Gemeinde in den 1980er und 1990er Jahren, den Bedürfnissen einer gewachsenen Bevölkerung gerecht zu werden.

RUMMEL, Uwe: 1000 Jahre Bietigheim. Aus der Geschichte eines Hardtdorfes. Hg. von der Gemeinde Bietigheim. Bietigheim 1991.

[1] ZEUSS TW S. 291 und 295.
[2] DOLL, Anton: Der Besitz des Klosters Weißenburg. In: Pfalzatlas, Textbd. 4 (Speyer 1994) S. 2204–2236, hier S. 2234.
[3] GLA 371 Zug. 1932–37 Nr. 183.

Bischweier von Nordosten.

Bischweier

459 ha Gemeindegebiet, 3 064 Einwohner (31. 12. 2000)

Wappen: In Silber (Weiß) das rote Ortszeichen in Form eines spiegelverkehrten kleinen h, überhöht rechts oben von einem sechsstrahligen roten Stern.

A. Naturraum und Siedlung

Natürliche Grundlagen. – Die Gemarkung von Bischweier setzt sich aus drei geomorphologisch recht unterschiedlichen Einheiten zusammen; diese bilden die nordöstliche Flanke des aufspringenden Murgtaltrichters und den Ansatzpunkt des Murgschwemmfächers. Zum einen ist dies im Westen ein etwa von Nord nach Süd verlaufender Streifen der Rheinniederterrasse. Das leicht gewellte Gelände besteht im tieferen Untergrund aus Sanden und Kiesen des Rheins aus der letzten Eiszeit. In den oberen Schichten dieses Kieslagers finden sich bereits Sedimentanteile des nahen Schwarzwalds. Auf dieser Unterlage folgen dann die sandig-lehmigen Schluffe und Lehme der Hochwassersedimente, die als tiefe Parabraunerden ausgebildet sind.

Nach Osten folgt der Anstieg zur Vorbergzone des Schwarzwalds, der auf Bischweirer Gemarkung durch Heubühl, Heimenberg/Vogelsand und Altersberg gekennzeichnet ist. Die Geländestufe um die 140 m-Isohypse, im Ort selbst etwa entlang der Murgtalstraße, bildet den Übergang zur Niederterrasse bzw. zur südlich anschließenden Murgaue. Grundlage des heutigen Landschaftsbilds in der Vorbergzone sind die bis zu 2 m mächtigen Lößauflagerungen, die als äolisches Sediment während des Hoch- und Spätglazials der Würmeiszeit aus dem Rheintal ausgeweht und dort abgelagert wurden. Unter diesen Ablagerungen finden sich diluviatile Wanderschuttdecken aus Buntsandstein. Durch den Wechsel von Auftauen und Gefrieren und der damit verbundenen Wasserübersättigung der oberen Bodenschichten ausgelöst, erfolgte ein Verschwemmen der an sich äußerst stabilen und standfesten Lößschicht, die auf den Verebnungen der ausklingenden Niederterrasse abgelagert wurden. Schwemmfächerförmige Ablagerungen aus lehmigem Schluff lagern heute vor den zahlreichen muldenförmigen Tälchen, in denen keine ständig fließenden Wasserläufe vorhanden sind. Ihr oberes Ende ist meist als flache, dellenförmige Mulde, die sich fingerförmig verzweigen kann, ausgebildet. Das größte Tälchen dieser Formengattung liegt zwischen Heimenberg/Vogelsand und Altersberg. Die südost- bzw. nordwestexponierten Hänge sind terrassiert, um landwirtschaftlich optimal genutzt werden zu können. In der Vorbergzone kommt es zur Ausbildung von Hohlwegen. Das am Besten ausgebildete Beispiel dieser Formengruppe ist der Brettweg, dessen untere Verlängerung durch die Eichelberg- und Bahnhofstraße gebildet wird. Der Brettweg selbst verdankt seine heutige Ausgestaltung einer speziellen Eigenschaft des Lösses, nämlich dem Gefügeverlust und der Ausbildung von Hohlwegen bei mechanischer Beanspruchung, wie z.B. durch den Verkehr. Äußeres Kennzeichen der Hohlwege sind immer nahezu senkrechte Wände und schmale, schluchtartige Eintiefungen; bevorzugter Ansatzpunkt ihrer Entstehung ist immer ein Geländeknick, wie dies bei Kleinbolleden der Fall ist.

Die Murgaue bildet den dritten geomorphologische Formenkreis auf Gemarkung Bischweier. Sie liegt im Süden der Gemarkung als ca. 500 m breites Band und besteht aus Braunen Aueböden, die kiesige Ablagerungen der Murg überdecken. Die ebene Geländeform ist heute bevorzugtes

Baugelände, das bereits großflächig der Gemeindeerweiterung diente.

Das Gewässernetz auf Bischweirer Gemarkung beschränkt sich auf einen kurzen Anteil an der Murg sowie an einem seit 1836 betriebenen Gewerbekanal. Die Murg war bis zu ihrer Rektifizierung ab ca. 1770 ein stark verwilderter Fluß der den gesamten Auenbereich ausfüllte; die hernach durchgeführten Flußbaumaßnahmen geschahen zum einen mit Rücksicht auf die Flößerei, zum anderen als Hochwasserschutzmaßnahme.

Siedlungsbild. – Das Gemeindegebiet liegt nördlich des trichterförmigen Austritts der Murg aus dem Nordschwarzwald in die Rheinebene. Der alte Ortskern ist rund um die evangelische Kirche und das Rathaus noch deutlich zu erkennen. 1865 erstreckte sich die Besiedlung weitgehend auf diesen Bereich an der Kreuzung von Kuppenheimer und Rauentaler Straße. Das Wachstum der Siedlung erfolgte bis in die 1950er Jahre vorwiegend in diesem Bereich durch Schließung von Baulücken und erste Ausdehnungen in nördlicher Richtung entlang der Rauentaler sowie in südöstlicher Richtung entlang der Friedrichstraße. Bis 1970 entstand ein weiterer Siedlungskern südwestlich vor dem Bahnhof, bis 1984 wurde das nordöstliche Siedlungsgebiet um Ring- und Scheffelstraße erschlossen. Seitdem sind weitere neue Wohn- und Gewerbegebiete vorwiegend in der Murgaue sowie im Norden und Süden am Hang entstanden. Während im Ortskern die historischen, zumeist bis zu zweieinhalb Geschosse zählenden Fachwerkgebäude dominieren, zeigen die neuen Wohngebiete die typische Siedlungsarchitektur der 1950/60er Jahre bzw. die Stilfreiheit, wie sie ab den 1970er Jahren prägend wurde und zu ei-

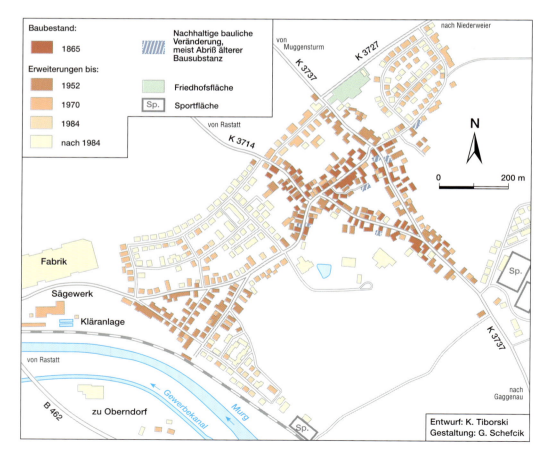

Siedlungsentwicklung von Bischweier.

ner deutlichen architektonischen Belebung der Wohnsiedlungen führte. Darin kommt auch der Strukturwandel zum Ausdruck; die alten Fachwerkgebäude wurden noch überwiegend landwirtschaftlich mitgenutzt, wohingegen die Siedlungsphasen nach dem Zweiten Weltkrieg Ausdruck gewerblicher Erwerbstätigkeit in den größeren Nachbargemeinden sind. Die heute vorhandene Bebauung wurde und wird durch Baulückenschließung weiter verdichtet. Westlich an der Bahnlinie hat sich Industrie angesiedelt. Ein Gemeindezentrum mit Schul- und Sportanlagen wurde im Süden des Orts errichtet.

Die katholische Kirche St. Anna wurde 1900 von Johannes Schroth als neugotisches Bauwerk errichtet, der dafür verwendete Sandstein aus dem nahgelegenen Eichelberg herbeigeschafft. Sie hat vier Portale und ein nur äußerlich angedeutetes Querschiff. Der 38 m hohe Turm, ursprünglich mit steinernem Untergeschoß und einer Glockenstube aus Fachwerk, wurde 1956 umgebaut und vollständig in Stein ausgeführt. Neben der Kirche befindet sich das alte Schwesternhaus, ein teilsanierter zweigeschossiger Walmdachbau mit Eckrisaliten und seitlichem, langgestrecktem Anbau, in dem sich das Foyer und Abstellräume befinden; es wird heute vom Roten Kreuz genutzt. Das Pfarrhaus, ein 1938 errichteter zweigeschossiger Walmdachbau mit Sandsteinsockel, dient nach umfassender Modernisierung und Umbau (1995) auch als Gemeindehaus mit Gruppenraum, Bücherei und Internet-Café. Auf der gegenüberliegenden, westlichen Seite der Murgtalstraße steht die alte, heute von der evangelischen Gemeinde genutzte St. Anna-Kapelle, ein kleiner, durch seinen Turm aber gleichwohl markanter Bau mit Resten gotischer Ausmalung. Die in Fachwerk ausgeführte Glockenstube mit vier Schall-Löchern und achteckigem Zeltdach stammt wohl aus dem 18. Jh. In einer Nische über dem Eingang steht eine spätbarocke Madonna; darunter erinnert eine Inschrift an die mit diversen Umbauten verbundene Renovierung von 1764.

Westlich des Ortszentrums befindet sich an der Kreuzung von Bahnhofstraße und Friedrichstraße das Rathaus. Das zu Beginn des 17. Jh. entstandene Gebäude wurde vielfach umgebaut und erweitert. Eine grundlegende Umgestaltung geschah bereits Ende des 18. Jh., 1951/52 wurde es auf zwei Vollgeschosse aufgestockt und zunächst für Gemeindewohnungen genutzt, schließlich erfolgte Ende der 1970er Jahre die vollständige Adaption für die Verwaltung. Heute präsentiert sich das zweieinhalbgeschossige Bauwerk als modernes, z.T. kupfergedecktes Verwaltungsgebäude. In der Nähe befinden sich auf einem weitläufigen Grundstück zwischen Rauentaler Straße und Sebastian-Kneipp-Straße die alte, als hölzerner Satteldachbau errichtete Obsthalle sowie die modernen, großzügig verglasten Stahlbetonbauten von Markthalle (1993) und anschließendem Feuerwehrgerätehaus (1968) mit vier Fahrzeughallen. Angeschlossen ist in südlicher Richtung ein Garagenkomplex des Roten Kreuzes.

Im Gewann Winkelfeld am südöstlichen Ortsrand wurde nach einem Geländetausch mit der Stadt Gaggenau ab 1970 am dortigen Herrenwiessee ein Schulzentrum mit Kindergarten (1972), Grundschule (1977), Turnhalle und Sportplatz errichtet. In der Nähe gibt es auch eine Eisstockbahn. Am nördlichen Ortsrand liegt der 1797 angelegte Friedhof.

B. Geschichte bis zum Ende des Alten Reiches

Siedlung und Gemarkung. – Wie die nordöstlich gelegenen Nachbarorte Ober- und Niederweier ist Bischweier eine Ausbausiedlung des hohen Mittelalters; seine Gründung erfolgte von Rotenfels her. Der zum Jahr 1288 erstmals überlieferte, möglicherweise sekundär entstandene Name *Bischoviswilre*[1] nimmt Bezug auf den Bischof von Speyer als Herrn des Gebiets um Rotenfels. Zwar gibt es von hiesiger Gemarkung einzelne Streufunde aus der Steinzeit (Heimenberg) und der Urnenfelderzeit (Heubühl) – darunter eine bronzene Lappenaxt –, jedoch haben Siedlungsspuren aus römischer Zeit, die man an verschiedenen Stellen (Heubühl, Enggäßle, Ortsteil Kloster) immer wieder erkennen wollte, keine Bestätigung gefunden. Im Lauf der Jahrhunderte war das ohnehin kleine, erst im 16. Jh. von Rotenfels abgetrennte Gemeindegebiet Bischweiers wiederholt von Einbrüchen der Murg betroffen, die stets mit Verlusten an Ackerland verbunden waren. 1579 zählte man im Dorf rund 40 Hofstätten; 1773 belief sich die Zahl der Häuser auf 59, die der Scheunen auf 53 und die der Hofreiten auf 50.

Herrschaft und Staat. – Das Gebiet des nachmaligen Dorfs Bischweier ist 1041 durch königliche Schenkung mit dem *predium* Rotenfels an die Speyrer Kirche gelangt und anschließend – vermutlich via Kirchenvogtei – unter die Herrschaft der Grafen von Eberstein. Spätestens mit der Veräußerung von Burg Alt-Eberstein (1283) kam der Ort in den Besitz der Markgrafen von Baden, bei denen er seit 1288 nachgewiesen ist. 1392 rührte Bischweier – wohl infolge Auftragung – vom Erzstift Köln zu Lehen, jedoch ist diese Abhängigkeit hernach nicht weiter bezeugt. Den Markgrafen gebührten im Dorf alle orts- und landesherrlichen Rechte; das zuständige Niedergericht hatte seinen Sitz allzeit im benachbarten Rotenfels. Im 16. und noch im 18. Jh. zählte der Ort zum Amt Kuppenheim, schließlich zum Oberamt Rastatt.

Grundherrschaft und Grundbesitz. – Aufgrund seines Ortsnamens darf man annehmen, daß Bischweier ursprünglich ganz der bischöflichen Grundherrschaft von Speyer zugehörte; Reste dieses einst speyrischen Grundeigentums sind in einer 1352 erwähnten Hube der Grafen von Eberstein zu vermuten sowie in Mendelbachs Hof, den 1399 die von Remchingen – Ebersteiner Vasallen – an die Kapelle ULF zu Gernsbach verkauften. Die Rechte an der ebersteinischen Hube gelangten bereits vor 1535 an die Markgrafen von Baden; im 18. Jh. umfaßten sie den Faistenhof (Faistenhube) mit knapp 50 M Äckern und die Westermännischen Hubgüter mit rund 36 M. Darüber hinaus hatten die Markgrafen in Bischweier 5¾ M Wiesen zu verleihen, und 1771 kauften sie auch noch den Fleischhauerhof (ca. 13 J), der davor einer Familie Umgelter gehört hatte. Der vormals remchingische Erblehnhof firmiert im 15. Jh. als ULF Hof, später, weil mit ihm die entsprechende Pfründe in der Gernsbacher Marienkapelle dotiert war, als St. Erhards Hof; Mitte des 18. Jh. bestand dieses Gut aus ca. 155 M Äckern und 7½ M Wiesen, verteilt auf zeitweise mehr als siebzig Inhaber. Schließlich waren auf hiesiger Gemarkung auch noch die Pfarrei Kuppenheim (1433) sowie die Pfarrei (1562 24 J am Vogelsand) und die Frühmesse Rotenfels (1658) begütert.

Inschriftstein am Rathaus mit den Wappen Bischweiers und Badens, 1609.

Gemeinde. – Obgleich Bischweier allzeit unter den Gerichtsstab von Rotenfels gehörte, bildeten sich hier wohl schon seit dem Ende des Mittelalters separate Gemeindestrukturen heraus. Ein eigenes Ortszeichen, das später als Gemeindewappen angenommen wurde, ist als Bauinschrift erstmals 1604 bezeugt; auf einem Gemeindesiegel (*SIGILVM DER GEMEINT ZV BISCHWEYER*) erscheint es nicht vor 1751; davor wurden Bischweirer Angelegenheiten gewöhnlich mit dem Siegel des Gerichts zu Rotenfels beglaubigt. Ein besonderes Rathaus gab es hier freilich schon 1609; in seinem massiven Erdgeschoß war bis ins ausgehende 19. Jh. die Dorfkelter mit drei Trotten untergebracht. Ansonsten scheint die Gemeinde über ein eher unbedeutendes Eigentum verfügt zu haben; während der frühen Neuzeit hatte sie in der Regel den Zehntanteil des Speyrer Domkapitels in Pacht.

Portal der St. Anna-Kapelle in Bischweier.

Kirche und Schule. – Kirchlich war Bischweier von jeher Filialort von Rotenfels. Wiederholte Versuche, die Gemeinde zu verselbständigen, blieben noch lange über das Ende des Alten Reiches hinaus ohne Erfolg. Patrone der spätgotischen, 1504 vollendeten und 1764 erweiterten Filialkapelle waren zunächst die Hll. Stephan und Anna, später St. Anna allein. – Der große und der kleine Zehnt auf der Gemarkung gehörten vom Mittelalter bis ins 19. Jh. zu zwei Dritteln dem Domkapitel von Speyer und zu einem Drittel der Pfarrei Rotenfels. – Den Schulunterricht besuchte die Bischweirer Jugend anfangs im Pfarrdorf Rotenfels. Einen eigenen Schulbetrieb am Ort gibt es offenbar nicht vor der Mitte des 18. Jh., ein besonderes Schulhaus konnte erst Ende der 1780er Jahre gebaut werden.

Bevölkerung und Wirtschaft. – Legt man die Zahl der Hofstätten zugrunde, ist anzunehmen, daß Bischweier im späteren 16. Jh. knapp 200 Einwohner hatte. Danach war die Bevölkerungszahl infolge des Dreißigjährigen Krieges und anderer Nöte stark rückläufig, so daß man 1683 nur noch 26 Familien zählte, d.h. etwa 120 bis 130 Seelen. Im Laufe des 18. Jh. stieg die Einwohnerzahl wieder kontinuierlich an; 1765 hatte das Dorf 53 Bürger (ca. 250 Einwohner), 1775 waren es bereits rund 280 und 1790 325 Einwohner.

Auf einer Ackerfläche von insgesamt wenig mehr als 620 M baute man in den 1770er Jahren die landesüblichen Früchte, daneben Futterkräuter wie Luzerne und Klee, auch Dickrüben, Kürbisse und anderes mehr; auf immerhin 26 M wuchsen Reben und nur 6 M wurden als Wiesen genutzt. Gleichwohl gab es 1788 (1790) im Dorf einen stattlichen Viehbestand – 81 (91) Pferde und 135 (160) Rinder, obendrein 106 (81) Schweine und nur drei Ziegen –, woraus auf einen relativen Wohlstand zu schließen ist. Von alters her beteiligte man sich in Bischweier auch an der Murgfischerei; 1579 gab es hier zwei Fischer. Zum Mahlen ihres Getreides waren die Bischweirer in die Mühle nach Rotenfels gebannt. Eine mit Pferdekraft betriebene Ölmühle findet seit 1772 Erwähnung. An Schildgerechtigkeiten sind bezeugt: Sonne (1716), Kreuz (1749) und Adler (1790), außerdem bestand 1797 eine Straußwirtschaft; 1778 wurde ein Bierschank genehmigt.

C. Die Gemeinde vom 19. bis ins 21. Jahrhundert

Bevölkerungsentwicklung. – Die für das Jahr 1825 mit 524 angegebene Einwohnerzahl stieg bis 1845 auf 618 an, ging dann aber infolge einer starken Auswanderung, vor allem nach Amerika, wieder zurück. Bis 1875 nahm sie auf 660 zu und stieg bis 1910 auf 734. Nach dem Ersten Weltkrieg (15 Gefallene, 4 Vermißte) hielt das Wachstum an (1919 851, 1925 909); 1939 hatte das Dorf 997 Einwohner. Im Zweiten Weltkrieg waren 61 Gefallene und 19 Vermißte zu beklagen. Nach dem Krieg hat die Bevölkerung durch die Aufnahme von 38 Vertriebenen neuerlich zugenommen (1950 1045); bis 1961 stieg der Anteil der Vertriebenen und Flüchtlinge auf 12,3 Prozent, auch der Zuzug von 158 Ausländern trug zum Bevölkerungswachstum bei. Zwischen 1961 und 1970 nahm die Zahl der Einwohner von 1274 auf 1936 zu, das bedeutet eine Zunahme von rund 51%. 1998 belief sich die Einwohnerzahl auf 2958, darunter waren 256 Ausländer, 2000 betrug sie 3064.

Soziale Gliederung. – Die Erwerbsstruktur der Gemeinde war bis Ende des 19. Jh. landwirtschaftlich geprägt. 1895 waren von 315 Erwerbstätigen 225 (71,4%) im Primärsektor tätig, 1939 nur noch 31,4 Prozent. Inzwischen boten Industrie und Gewerbe 62,2 Prozent der Einwohner eine Anstellung. 1950 lag der Anteil der Landwirtschaft bei 29,6 Prozent, 1987 bei 0,5 Prozent. Demgegenüber ist der Anteil der Beschäftigten im sekundären Sektor prozentual nahezu gleich geblieben (1950 57,5%, 1987 58,5%). Die Beschäftigung im tertiären Sektor hat indes stark zugenommen, von 12,9 Prozent 1950 auf 41 Prozent 1987.

Bereits Ende des 19. Jh. mangelte es in Bischweier an Verdienstmöglichkeiten, allerdings boten die Fabriken und Steinhauereien in Gaggenau und Rotenfels Beschäftigung, 1907 bereits für 100 Personen; bis 1923 stieg die Zahl der Pendler auf 150 an. 1950 pendelten 270 Einwohner (48% der Erwerbstätigen) zumeist nach Rastatt und Gaggenau aus, hingegen waren nur zwölf Auswärtige in Bischweier beschäftigt. 1987 pendelten 1013 Personen aus, die Zahl der Einpendler hat sich bis 1987 mit 265 Beschäftigten vervielfacht.

Politik und Wahlverhalten. – Obwohl es am 29. Juni 1849 an der Straße von Muggensturm nach Bischweier zu Kämpfen zwischen Freischärlern und preußischen Truppen gekommen ist, hat die revolutionäre Bewegung auf die Bevölkerung Bischweiers nicht übergegriffen; die großherzogliche Verwaltung beurteilte das politische Klima am Ort als gut. Bei den Wahlen zum Zollparlament 1868 erhielt das Zentrum 96 Prozent der Stimmen, nur 3 Prozent der Be-

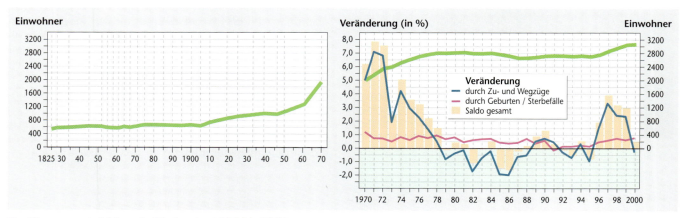

Bevölkerungsentwicklung in Bischweier 1825 bis 2000.

C. Die Gemeinde vom 19. bis ins 21. Jahrhundert

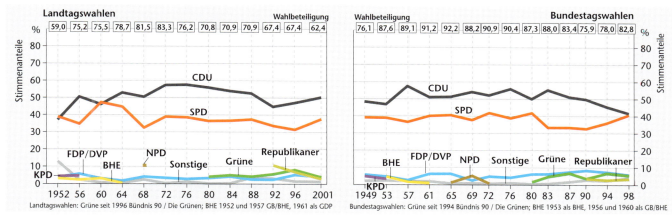

Ergebnisse der Landtags- und Bundestagswahlen in Bischweier.

rechtigten wählten nationalliberal. Dieses Wahlverhalten setzte sich auch im Kaiserreich fort. Die große Mehrheit votierte sowohl bei den Reichstags- wie den Landtagswahlen für das Zentrum, zwischen 1877 und 1898 nie unter 90 Prozent. 1887 erhielt die SPD erstmals 3,6 Prozent der Stimmen. In den folgenden Jahren konnten die Sozialdemokraten ihre Position ausbauen; 1903 erreichten sie 24, 1912 37 Prozent der Stimmen. Das Zentrum vermochte seine beherrschende Position auch während der Weimarer Zeit weitgehend zu behaupten, in den Reichstagswahlen von 1920 erhielt es 56,5 Prozent, 1928 immer noch 51,1 Prozent; die SPD hatte 1928 42,3 Prozent. In den Landtagswahlen erlangte die SPD mit 49,5 Prozent die Mehrheit. 1932 waren die KPD mit 11,8 Prozent und die NSDAP mit 28,3 Prozent der Stimmen beteiligt. Hatte die NSDAP in den Reichstagswahl 1928 noch bei 0,3 Prozent gelegen, so konnte sie 1933 mit 42,7 Prozent sowohl das Zentrum (28,6%) wie die SPD (26,7%) bei weitem übertreffen. In der Bundesrepublik ist es der CDU bei allen Bundestagswahlen von 1949 bis 1998 gelungen, die Mehrheit der Stimmen für sich zu gewinnen, von 1957 bis 1990 stets mit mehr als 50 Prozent; allerdings dominierte bei den Landtagswahlen von 1952 und 1960 die SPD ganz knapp. Erst 1994 sank der Anteil der CDU bei Bundestagswahlen auf 46,7 Prozent (1998 42,7%), lag aber immer noch vor dem der SPD mit 35,1 bzw. 39,5 Prozent. Die FDP erreichte bei Landtagswahlen mit Ausnahme von 1956 (5,7%) und 1996 (5,2%) in Bischweier nie die Fünfprozentmarke, hat aber bei Bundestagswahlen gewöhnlich besser abgeschnitten (1990 8,1%). Die Grünen konnten seit Anfang der 1980er Jahre sowohl

in den Bundes- als auch in den Landtagswahlen eine zwar geringe, aber wachsende Zahl von Stimmen verzeichnen, bei der Bundestagswahl 1994 6,3 Prozent, bei der Landtagswahl 1996 8 Prozent. Die Republikaner erzielten bei den Landtagswahlen 1992 10,6 Prozent und 1996 6,8 Prozent, bei Bundestagswahlen kamen sie hingegen nie über 3 Prozent und fielen auch bei der Landtagswahl 2001 unter 3 Prozent.

Land- und Forstwirtschaft. – Begünstigt durch Böden und Klima, dominierte bis in die Mitte des 19. Jh. der Ackerbau; erst in der zweiten Jahrhunderthälfte wuchs die Bedeutung der Viehwirtschaft. Als Handelsgewächse wurden insbesondere Raps, Hopfen und Hanf angebaut; Ende des 19. Jh. erlangte der Tabak große Bedeutung, allerdings wurde sein Anbau nach 1945 eingestellt. Der noch Mitte des 19. Jh. betriebene Weinbau hat bis zur Jahrhundertwende stark abgenommen. Hingegen wurde der Obstbau durch Baumschulen gefördert und stellte noch in der zweiten Hälfte des 20. Jh. einen wichtigen Zweig der örtlichen Landwirtschaft dar; 1995 waren 4 ha mit Obstbäumen bestanden. Die hiesige Waldwirtschaft war stets von sehr geringer Bedeutung (1855 42,7 ha, 1900 33 ha, 1997 1 ha). Die landwirtschaftlich genutzte Fläche umfaßte 1887 429 ha (93,3% der Gesamtfläche) und wurde im Lauf des 20. Jh. immer geringer; 1950 betrug sie noch 324 ha, 1991 nur noch 31 ha.

Die Viehhaltung wurde seit dem Ende des 19. Jh. verstärkt; deutlich wird dieses vor allem in der Zahl der Schweine (1855 110, 1905 271, 1939 329); 1979 gab es am

Ort noch 14 Schweine, 1996 keines mehr. In der Rinderzucht (1950 320, 1970 67, 1979 12) zeigten sich die erzielten Erfolge vor allem in Staatsprämien; 1996 gab es hier keine Rinder mehr. Desgleichen ist die Pferdehaltung zurückgegangen (um 1850 52, 1887 31, 1950 12, 1968 1), freilich registriert man hier in jüngerer Zeit wieder eine leichte Zunahme (1996 11), die mit dem Rollenwandel des Pferds vom Nutz- zum Freizeittier zusammenhängt.

Gegen Ende des 19. Jh. dominierte eine kleinbäuerliche Betriebsstruktur. 1895 gab es in Bischweier 121 Betriebe, von denen mehr als die Hälfte (66) mit weniger als 2 ha unter die Klein- und Kleinstbetriebe gerechnet werden muß; nur ein Betrieb verfügte über mehr als 10 ha. Bis 1925 nahm die Zahl der landwirtschaftlichen Betriebe auf 168 zu; davon besaßen 118 weniger als 2 ha Land, und keiner der Betriebe war größer als 10 ha. Nach dem Zweiten Weltkrieg ging die Zahl der Betriebe konstant zurück; 1995 bestanden schließlich nur noch 21 Nebenerwerbslandwirtschaften, von denen keine mehr als 10 ha hatte.

Handwerk und Industrie. – Mitte des 19. Jh. deckten die ansässigen, zumeist nebenberuflichen Handwerker nur die örtlichen Bedürfnisse. 1895 bestanden im produzierenden Gewerbe 23 Hauptbetriebe und 13 Nebenbetriebe, die insgesamt 43 Personen beschäftigten. Die durchweg sehr kleinen Betriebe verteilten sich auf alle Branchen. 1939 gab es 23 Handwerksbetriebe, 1950 nur noch 13; danach hat die Zahl wieder zugenommen: 1968 bestanden 18 Unternehmen mit 66 Beschäftigten, 1995 20 Betriebe, in denen zusammen 156 Personen arbeiteten. Die meisten Mitarbeiter pro Betrieb waren im Elektro- und Metallgewerbe (35 %) sowie im Reinigungsgewerbe (26 %) tätig. Bis zu ihrer Zerstörung im Zweiten Weltkrieg war eine 1898 erbaute Dampfziegelei, die etwa 30 Personen beschäftigte, das einzige Industrieunternehmen am Ort, allerdings arbeiteten in ihr fast ausschließlich italienische und polnische Saisonarbeiter. Erst 1969 nahm wieder ein größerer Betrieb, das Industriesägewerk Gruber und Weber, in Bischweier seine Produktion auf.

Handel- und Dienstleistungen. – Der Bereich Handel und Dienstleistungen war im 19. Jh. in Bischweier nur sehr schwach vertreten. 1894 gab es vier Gastwirtschaften, was für einen Ort dieser Größe als ungewöhnlich viel erscheint. Alles in allem war der tertiäre Sektor 1895 mit sieben Betrieben und insgesamt acht Beschäftigten, vertreten. 1961 waren es bereits 33 Unternehmen und 69 Beschäftigte, 1987 45 Unternehmen mit 179 Personen, wovon 41 Prozent in Dienstleistungsbetrieben und 33 Prozent bei Handelsunternehmen arbeiteten, hinzu kamen 198 Freiberufler. Dem Kreditgeschäft diente seit Anfang des 20. Jh. ein Raiffeisenverein, dem 1910 zwei Drittel der Einwohner als Mitglieder angehörten. Heute unterhalten die Sparkasse Gaggenau-Kuppenheim und die Volksbank Muggensturm eG Zweigstellen in Bischweier. 1998 gab es vier Unternehmen im Bereich der Gastronomie (13 Beschäftigte).

Verkehr. – Die wichtigsten Verkehrsanbindungen Bischweiers waren im 19. Jh. die Vizinalstraßen von Muggensturm nach Rotenfels sowie die nach Kuppenheim, Rastatt und Waldprechtsweier. 1904 erhielt der Ort eine Haltestelle an der Murgtalbahn. Im Angebot des öffentlichen Personennahverkehrs sind heute darüber hinaus eine Buslinie zwischen Rastatt und Malsch und eine weitere zwischen Gaggenau und Malsch, die beide über Bischweier verkehren. Seit Juni 2002 ist Bischweier an das Karlsruher Stadtbahnnetz angeschlossen.

Gemeinde und Gemarkung. – Von alters her ist Bischweier dem Oberamt bzw. Landkreis Rastatt zugeordnet. Mit der Stadt Kuppenheim besteht unter der Bezeichnung »Nachbarschaftsverband Bischweier-Kuppenheim« seit 1973 ein Gemeindeverwaltungsverband, der seinen Sitz in Kuppenheim hat. Die Gemarkungsfläche (459 ha) hat sich im 19. und 20. Jh. kaum geändert. Der Bischweierer Gemeindewald liegt auf Gemarkung Rotenfels. Mitte des 19. Jh. bestand die Gemeindeverwaltung aus einem dreiköpfigen Gemeinderat und dem Bürgermeister sowie einer Reihe von Bediensteten. Seit 1870 belief sich die Zahl der Gemeinderäte auf sechs, nach dem Zweiten Weltkrieg wurde sie auf zwölf erhöht. 1998 beschäftigte die Gemeinde 27 Personen.

Einen Allmendgenuß an landwirtschaftlichen Grundstücken gab es schon Mitte des 19. Jh. nicht mehr. Der Armenaufwand war während des 19. Jh. relativ gering, freilich waren auch die Möglichkeiten der Gemeinde bescheiden; bei ihren Vorhaben war sie hauptsächlich auf Umlagen angewiesen, die 1854 41 Prozent der Einnahmen ausmachten. Dennoch war die Gemeinde bis zum Ersten Weltkrieg kaum verschuldet, zeitweise sogar ganz schuldenfrei. Später stiegen die Verbindlichkeiten ständig an; 1990 lag die Schuldenlast mit 1 416 DM pro Einwohner fast doppelt so hoch wie im Kreismittel (793 DM). Danach konnte die Verschuldung wieder deutlich reduziert werden (1996 905 DM, Kreismittel 921 DM).

Versorgung und Entsorgung. – Der Wasserversorgung von Bischweier dienten noch um die Wende zum 20. Jh. Brunnen; erst Ende der 1920er Jahre wurde mit dem Bau einer Wasserleitung begonnen, 1928 mit der Stadt Gaggenau ein Abkommen bezüglich der Wasserentnahme aus der Fernwasserleitung geschlossen. 1959 erfolgte der Bau der Kanalisation, 1960 die Inbetriebnahme einer biologischen Kläranlage. Seit Beginn der 1980er Jahre gehört die Gemeinde zum Abwasserverband Murg bzw. zum Gruppenklärwerk Rastatt. Elektrischer Strom ist seit 1916 vorhanden; bis 1921 wurde er von der Firma Heinrich Degler geliefert, danach vom Badenwerk Murg und von der Badenwerk AG Ettlingen. Heute wird die Gemeinde von den Stadtwerken Gaggenau sowohl mit Strom wie mit Gas versorgt.

Für die Gesundheitsversorgung gab es im 19. Jh. eine Krankenstation und eine Schwester, der nächste Arzt war 1907 in Gaggenau. Heute sind eine Apotheke, ein Allgemeinmediziner und ein Zahnarzt am Ort ansässig. 1970/72 wurde ein Gemeindekindergarten gebaut. Bereits im 19. Jh. hatte Bischweier eine organisierte Feuerlöschmannschaft; gleichwohl wurde eine Freiwillige Feuerwehr erst 1940 gegründet, sie zählt heute rund 40 Aktive und etwa 20 Jugendfeuerwehrangehörige. Ein Feuerwehrgerätehaus konnte 1968 bezogen werden.

Kirchen und Religionsgemeinschaften. – Noch Ende des 19. Jh. war Bischweier rein katholisch. Daran hat sich auch in der ersten Hälfte des 20. Jh. nicht viel ändert. 1925 waren nur 1,5 Prozent der Einwohner evangelisch, 1950 etwa 4,7 Prozent. Durch den Zuzug von Vertriebenen und Flüchtlingen stieg der Anteil der Protestanten bis 1961 auf 12,3 Prozent. Bei der Volkszählung 1987 waren 72,4 Prozent der Einwohner katholisch, 20 Prozent protestantisch.

Die katholische Gemeinde erhielt 1946 eine Pfarrkuratie, verblieb jedoch bis zur Errichtung einer eigenen Pfarrei 1961 im Verband der Pfarrei Rotenfels. Die katholische Kirche St. Anna wurde 1905 konsekriert. Die alte St. Annen-Kapelle war im Lauf des 19. Jh. für die Katholiken zu klein geworden; 1974 der evangelischen Gemeinde übereignet, dient sie dieser heute als Gotteshaus. Bis 1936 gehörten die Protestanten zur Pfarrei Gaggenau, seither zu Kuppenheim.

Schule. – In der Bischweirer Schule unterrichtete 1851 ein Lehrer 114 Kinder. 1876 wurde ein neues Schulhaus bezogen, das bis 1972 genutzt und dann durch einen Neubau (Grundschule) ersetzt werden konnte. Die Haupt- und Realschüler werden in Kuppenheim unterrichtet.

Neues katholisches Gemeindezentrum in Bischweier.

Sport- und Freizeitstätten, Vereine. – Die Gemeinde verfügt über einen Fußball- und Eisstockplatz sowie über Schulsport- und Tennisanlagen, die auch von den örtlichen Sportvereinen genutzt werden. Zu den zwanzig 1999 bestehenden Vereinen gehören u.a. der 1896 gegründete Turnverein, der seit 1919 bestehende Verein für Rasenspiele, ein Tennisclub (1973), ein Ski-Club (1950), ein Angelsportverein (1975) und die Narrenzunft Kirschdeschdorre. Musik pflegen der Gesangverein Liederkranz (1877), die Musikkapelle Bischweier (1905) und ein Akkordeon-Club.

Strukturbild. – Bischweier hat seinen Charakter als Bauerngemeinde mit kleinbäuerlicher Betriebsstruktur bis in die Mitte des 20. Jh. bewahrt. Der grundlegende Wandel zur Pendlergemeinde setzte bereits um die Wende des 19. Jh. ein, aber dessen ungeachtet bestimmten die Nebenbetriebslandwirtschaften noch lange das Ortsbild. Schließlich beschleunigte die Ausweisung neuer Baugebiete nach dem Zweiten Weltkrieg den Strukturwandel der Gemeinde. Der tägliche Bedarf wird durch Lebensmittelgeschäfte, darunter zwei Bäckereien und eine Metzgerei, gedeckt; die Möglichkeit eines örtlichen Markts wird derzeit geprüft. Zu den Projekten der Gemeinde zählen auch eine Erweiterung des Gewerbegebiets und die Erschließung eines neuen Wohngebiets; zudem ist der Bau eines Dorfhauses geplant.

RÜMMELE, Ernst: Bischweier. Geschichte eines Dorfes. Hg. von der Gemeinde Bischweier. Bischweier 1983.

[1] RMB 1 Nr. 576.

Bühl

7 321 ha Gemeindegebiet, 28 690 Einwohner (31. 12. 2000)

Wappen: In Blau drei (2, 1) goldene (gelbe) Bühel (Hügel). – Flagge: Blau-Gold-Blau (Blau-Gelb-Blau).

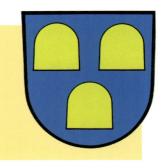

A. Naturraum und Siedlung

Natürliche Grundlagen. – Die Gemarkung der Stadt Bühl hat Anteil an verschiedenen großen morphologischen Einheiten, im Westen an der Niederterrasse des Rheins mit überwiegendem Anteil an der Kinzig-Murg-Rinne (Vimbuch, Oberbruch, Moos, Balzhofen, Oberweier, Weitenung), sodann am Hügelland der Vorbergzone (Eisental, Altschweier, Neusatz) und schließlich im Osten am Nördlichen Talschwarzwald und Grindenschwarzwald, der weitgehend siedlungsfrei ist.

Die Geschichte der Oberflächengestalt der Gemarkung ist eng verbunden mit der Geschichte der Ausbildung der Oberrheinischen Tiefebene durch geologische wie fluviatil geprägte Prozesse. Die Taphrogenese des Rheingrabens seit dem Oligozän legte die Großformen der Gemarkung fest. Zum einen war dies das Absinken großer Bereiche des Grabeninneren, die Ablagerung mannigfaltiger Sedimente maritimen und terrestrischen Ursprungs und schließlich die anschließende Überprägung und endgültige Formung durch das fluviatile Geschehen in, zwischen und nach den Eiszeiten. Die synchron mit dem Absinken des Grabens einhergehende Hebung der östlichen Grabenschulter hatte die Bildung des Schwarzwalds zur Folge. Dieser wurde im Laufe der letzten Entstehungsphase, die mindestens 18000 Jahre anhielt und durch die Erosionsarbeit der Flüsse und Bäche geprägt war, zertalt und gegliedert. Im Fall der Gemarkung von Bühl erfolgte die Modellierung zum einen durch die Murg und ihre linken Nebenbäche und zum anderen vor allem durch das Gewässernetz der Bühlot, die das Gebirge von Westen her erosiv erschloß. Letztlich waren jedoch die Bildungs- und Formungsvorgänge nie monokausal, sondern immer ein Kanon von Prozeßabläufen, die nicht nur räumlich und zeitlich verschieden waren, sondern auch in ihrer Intensität starken Schwankungen unterlagen.

Mit der veränderten Wasser- und Sedimentführung des Rheins am Ende der letzten Eiszeit und unter dem Einfluß des endgültigen Rückzugs des Gletschereises in den Alpen, veränderte sich auch das Bild der Landschaft im Bereich der heutigen Gemarkung von Bühl. Bis etwa zur Murgmündung war der Fluß durch umfassende Sedimentation gekennzeichnet und in ein weitgefächertes braded system aufgelöst. Sand- und Kiesbänke, schmale und breite Wasserläufe kennzeichneten die Abflußrinnen des Rheins.

Verursacht durch eine quer zur Hauptrichtung des Rheingrabens liegende Absenkungszone in Höhe der Murgmündung, begann der Rhein zu mäandrieren und in einem mehr oder weniger geschlossenen Flußbett abzufließen. Mit nachlassender Sedimentfracht des Stroms – das Zungenbecken des heutigen Bodensees diente mehr und mehr als Sedimentfalle – begann der Fluß, sich immer stärker in sein eigenes Sedimentbett einzutiefen und die keilförmig nach Norden aufgebaute Niederterrasse aus Sanden und Kiesen herauszumodellieren. Es entstand die Niederterrasse, die in Höhe Stollhofen/Söllingen nur einige hundert Meter vom heutigen Rhein entfernt und nur wenig über der Aue beginnt und nach Norden die Rheinaue immer mächtiger überragt. Auf dieser Fläche hat sich innerhalb eines eigenen, stark verzweigten Gewässernetzes eine weitere fluviatile Überformung abgespielt. Der Ursprung des Systems liegt am Wechsel von Würm I zu Würm II. Das Ende der aktiven Phase dieser Landformung, insbesondere der Bildung der zwischen den Wasserläufen liegenden Landrücken (Hurste), begann vor ca. 10000 bis 11000 Jahren in den Rinnen des Abtsmoors, nordöstlich von Oberbruch und flächendeckend im Atlantikum vor ca. 7000 Jahren und war vor etwa 4000 Jahren endgültig abgeschlossen. Der Nachweis der chronologischen Abfolge von der aktiven fluviatilen Formungsphase zur Verlandungsphase konnte anhand von Pollenanalysen erbracht werden. Der Beginn der räumlich übergreifenden Verlandungsphase wird durch das Auftreten von Blütenpollen in dem eigentlich von Waldpollen dominierten Pollenspektrum angezeigt. Morphologisch und hydrologisch beginnt die Verlandungsphase mit dem etwa zeitgleich auftretenden Durchbruch der Schwarzwaldbäche durch die Niederterrassenkante zum Rhein hin. Mit diesem Durchbruch wurden dem Kinzig-Murg-System erhebliche Mengen Wasser entzogen, viele der Gewässerrinnen fielen trocken und vermoorten.

Es entstanden folgende Moore als Verlandungs- bzw. Versumpfungsmoore: 1. Das Abtsmoor mit Kinzhurst nordöstlich von Oberbruch; mit zwei Teilflächen nimmt es insgesamt 18,5 ha Fläche ein, seine Torfmächtigkeit liegt bei 2,2 m. Es ist von einem Damm umgeben und kann bei Hochwasser als Rückhaltebecken genutzt werden. 2. Das Ehlet südwestlich von Weitenung mit einer Fläche von 1,8 ha; seine Torfmächtigkeit liegt bei 0,6 m. 3. Das Balzhofener Hägenich nordwestlich von Balzhofen mit einer Fläche von 1,1 ha; die Torfmächtigkeit beträgt hier 1,3 m. 4. Das Waldhägenich westlich von Bühl, das in drei Teilgebieten 19,4 ha umfaßt; die Torfmächtigkeit liegt dort bei 0,8 m; dieses Gebiet wird ebenfalls als Wasserrückhaltebecken eingesetzt.

Genetisch beginnt die Entwicklung der Kinzig-Murg-Rinne mit der verstärkten Eintiefung des Rheins in sein eigenes Sedimentbett. Seine Nebenflüsse konnten mit der Tiefenerosion nicht Schritt halten, so daß ihre Unterläufe unmittelbar nach Verlassen des Gebirges in ein gebirgsrandnahes Gerinnesystem im Bereich der östlichen Randsenke geleitet wurden. Dieses wird als Kinzig-Murg-Rinne

Rückhaltebecken Waldhägenich von Westen.

A. Naturraum und Siedlung

bezeichnet. Das in viele einzelne Gerinne aufgelöste System war unterschiedlich breit und mündete bei Hockenheim in den Rhein. Es war über lange Zeit ein rheinparalleles Gewässersystem mit einer dem Neckar vergleichbaren Wasserführung. An einigen Stellen war das Hochgestade der Niederterrasse durchbrochen und eine Verbindung zum Rhein hin vorhanden. Diese Verbindungen waren insbesondere bei hohem Wasserstand von Bedeutung, denn jetzt konnten die Wassermassen aus dem Schwarzwald direkt dem Rhein zufließen, aber auch Rheinwasser mit in das System eindringen. Entsprechend dem nordnordöstlichen Verlauf des Rheins bildeten sich innerhalb der Kinzig-Murg-Rinne fluviatile Strukturen aus. Es entstanden in Strömungsrichtung liegende, als Hurste bezeichnete Landrücken (Inseln) als Reste der alten Niederterrassenlandschaft. Deshalb bestehen diese Hurste aus hoch- bis spätwürmzeitlichen Löß- und Schwemmlößablagerungen sowie Hochflutsedimenten des Rheins. Sie liegen auf den würmzeitlichen Schottern und Sanden der Niederterrasse. Die Mächtigkeit der herauspräparierten Rücken liegt bei 1,5 bis 2 m. An Böden haben sich mäßig tief bis tief entwickelte Parabraunerden gebildet, die im oberflächennahen Untergrund oft Vergleyungsspuren aufweisen. Deren Gemeinsamkeit ist jedoch immer ein charakteristischer Anteil an Feinsand, dem in bestimmten Lagen auch Kies beigemengt sein kann.

Die feuchten Niederungen stellen das ehemalige Gewässernetz der Kinzig-Murg-Rinne dar. In Abhängigkeit zur unterschiedlichen Wasser- und Sedimentführung der einmündenden Schwarzwaldflüsse während der verschiedenen Warm- und Kaltphasen des Holozäns und zu den bereits erwähnten Verbindungen zum Rhein entstand ein unterschiedlich breites Gerinnebett. Darin bildeten sich überwiegend 0,8 bis 1,1 m mächtige Auengleyen unterschiedlicher Entwicklungsstufen aus schluffig-sandigem bis tonigem Lehm (Auenlehm) auf Sanden und Kiesen der Schwarzwaldbäche. Die Fruchtbarkeit der Böden auf den Hursten bietet gute Voraussetzungen für die Landwirtschaft und Ansatzpunkte für Siedlungen, deren alte Kerne stets auf den trockenen Hursten liegen, während die Neubaugebiete auch in die feuchten Niederungen mit überwiegend Grünlandnutzung ausgreifen. Bei näherer Betrachtung der Siedlungslagen der Teilorte im Bereich der Kinzig-Murg-Rinne, ergeben sich folgende Befunde:

Balzhofen liegt auf dem nordöstlich auskeilenden Ende mehrerer kleiner, wenig erhöhter Reste der durch die Kinzig-Murg-Rinne modellierten Niederterrasse. Der Untergrund besteht aus würmzeitlich verschwemmtem Sandlöß über Niederterrassenschottern. – Moos liegt auf einem kleingekammerten, durch Kinzig-Murg-Rinnen-Gewässer geschaffenen Niederterrassenrest, an dessen östlicher Seite der Acherner Mühlgraben verläuft; er bildet die Siedlungs-

Feuchtwaldgebiet Abtsmoor nördlich von Oberbruch.

grenze nach Osten. Der tiefere Untergrund besteht aus Schottern und Sanden der Niederterrasse. – Oberbruch liegt in Randlage auf einem typischen Hurst. Die durch Kinzig-Murg-Rinnen-Gewässer geschaffene Landform liegt in nördlicher Richtung zwischen tieferen, feuchteren Auenarealen, westlich des Orts bildet der Laufbach eine weitere Siedlungsleitlinie und Begrenzung. – Oberweier liegt an der Grenze zwischen der Randniederung und einem Hurstrücken der Niederterrasse. Die Böden westlich des Orts bestehen aus mäßig tief bis tief entwickelten Parabraunerden aus lehmigem Schluff, der würmzeitlichen Lößablagerungen entstammt und verschwemmt ist, darunter lagern Sande und Kiese der Niederterrasse des Rheins. Westlich des Orts herrschen Auengleye-Böden vor; sie bestehen aus schwach kiesigem, schluffig-sandigem bis tonigem Lehm aus Ablagerungen eines Wasserzugs der Kinzig-Murg-Rinne innerhalb der östlichen Randsenke. – Die Lage des historischen Ortskerns von Vimbuch zeichnet in etwa die Grenze zwischen der östlichen Randsenke und einem Hurst nach. Dabei liegen die neueren Wohnhausbauten des Orts überwiegend auf Parabraunerde mäßig tiefer bis tiefer Entwicklung. Dagegen liegt das Gewerbegebiet östlich des Sandbachs im Bereich von Auengleye-Böden. Deren Grundwasserstand schwankt zwischen 0,1 und 0,8 m unter Flur, kann aber bis etwa 2 m unter Flur reichen. Genetisch sind beide Geländeformen der fluviatilen Arbeit der Gewässer der Kinzig-Murg-Rinne zuzuordnen, der tiefere Untergrund jedoch als Niederterrassenkörper aus Sand und Kies der Akkumulationsarbeit des Rheins. – Weitenung liegt mit seinem älteren Teil entlang der Kante eines Hursts zwischen dem Sandbach im Osten und der wenige Meter höher gelegenen Fläche im Westen. Die Auengleyeböden eines alten Flußbetts der Kinzig-Murg-Rinne werden von der Siedlung gemieden. Der Sandbach bildet eine natürliche Entwicklungsgrenze. Der Neuausbau des Orts entwickelt sich nach Westen auf die trockenen Flächen mit mäßig tief bis tief entwickelter Parabraunerde auf Sand und Kies der Niederterrasse des Rheins. Die Hurstfläche wird im Westen durch einen früh verlandeten Gewässerarm, heute mit einem Niedermoor ausgestattet, durchbrochen.

Mit etwa 1,5 bis 2 km Breite ist zwischen die Niederterrasse mit der Kinzig-Murg-Rinne und den Schwarzwaldhöhen die Vorbergzone eingeschaltet. Der geologische Untergrund ist aus einem kleinräumigen Mosaik von Schollen gebildet, die im Zuge der Absenkung des Rheingrabens als Staffelbrüche ausgebildet wurden. Sie bestehen aus Folgen triassischer und tertiärer Gesteine sowie verschiedener Tiefengesteine in unterschiedlicher Stellung. Damit stellen sie ein Bindeglied zwischen der Bruchstruktur des Rheingrabens und dem geschlossenen Verbreitungsgebiet des Buntsandsteins östlich des Rheins dar. Dieser Übergangssaum hat im Lauf seiner Entwicklung zwei wesentliche Phasen der Überformung erfahren. Dies ist zum einen die mächtige Auflagerung von Löß im Hoch- und Spätglazial der letzten Eiszeit. In historischer Zeit erfolgte dann unter dem Einfluß des Weinbaus in weiten Teilen eine Terrassierung, intensives Rigolen der Böden und damit die nachhaltige Veränderung der Hangprofile. Dazu trug vor allem der intensive Wegebau bei. Grundlage des Weinbaus ist neben den klimatischen Faktoren und topographischen Lagebeziehungen der Boden. Er besteht im Bereich der Schwarzwaldrandzone in der Regel aus lehmigem Schluff oder schluffigem Lehm aus würmzeitlichem Löß. An Bodengesellschaften finden sich mittlerer bis mäßig tiefer Pararendzina-Rigosol (oberhalb der B3) sowie mittlerer bis mäßig tiefer Parabraunerde-Rigosol (oberhalb der L83b), im Erling bzw. um den Fußberg.

In einem ca. 300 m breiten Streifen entlang der B3 hat sich mittleres bis tiefes Kolluvium abgelagert, das sich nach Westen bis zur Eisenbahnlinie in Gley-Kolluvium unter dem hydrologischen Einfluß der nahen Randsenke umgewandelt hat. Verantwortlich für die Umwandlung des Lösses in Schwemmlöß und das Kolluvium sind kräftige Verschwemmungs- und Versatzerscheinungen durch Solifluktion, Bodenfließen in Abhängigkeit von Gefrieren und Auftauen des Bodens im Periglazial. Dazu kommen wassergebundene Bewegungen in muldenförmigen Tiefenlinien. Diese entwickeln sich fingerartig den Hang hinauf und sind heute meist trocken.

Das Ausgangsmaterial dieser Bewegungen am Hang wurde während des Hoch- und Spätglazials durch die von Südwesten kommenden Winde aus nahezu vegetationslosen Gebieten, wie z.B. den nahegelegenen Flußlandschaften des Rheins, aber auch aus weiter westlich liegenden Gebieten (Massiv Central) ausgeweht und hier am östlichen Grabenrand abgelagert. Hauptbestandteil des Lösses sind Quarzkörnchen und verschiedene Silikate mit Korndurchmessern von 0,005 bis 0,01 mm. Bemerkenswert ist der in ungestört gelagertem Löß vorhandene Kalkgehalt von 8 bis 20 Prozent und der ausgezeichnete Wasserhaushalt im Kapillarsystem. Aufgrund seiner Ablagerungseigenschaften besitzt Löß eine hohe Standfestigkeit. Er neigt zu steil stehenden Wänden, die plattig abschuppen. Wird Löß jedoch in seinem Verbund gestört und die Struktur

A. Naturraum und Siedlung

Lößaufschluß in der Vorbergzone bei Altschweier.

verändert, reagiert das Material mehl- bzw. puderartig; eine typische Erscheinungsform sind Hohlwege. Im Kerngebiet des Grenzsaums liegen Mächtigkeiten von mehreren Metern vor, zum Gebirge hin keilen die Ablagerungen aus, bis sie schließlich nur noch Beimengungen anderer Verwitterungsreste, z.B. des Verwitterungsgruses aus Granit sind.

Weiter wird die Landschaftseinheit durch Talausgänge aus dem Gebirge gegliedert. Dabei liegen die Ursprünge dieser Talausgänge zum einen in der Formungsgeschichte des Periglazials begründet, indem periglazifluviale Prozesse, nämlich linienförmiger Wasserabfluß aus dem Solifluktionsbereich der Übergangszone und weitere Verschwemmungen des Löß zu den meist muldenförmigen Tal- bzw. Tälchenformen geführt haben. Heute sind diese Täler ohne Fließgewässer. Andererseits formen die heute vorhandenen Gewässerrinnsale echte, aktive Tälchen aus. Hier ist der gesamte fluviatile Formenschatz zu beobachten. Hier werden dann auch trichterförmige Talausgänge geformt, die, durch mehr oder weniger große Schwemmkegel abgeschlossen, an der Stelle des Gefällswechsels gebildet sind. Die Schwemmkegel sind oft Standorte von Siedlungen; so liegt beispielsweise die Stadt Bühl auf dem Schwemmkegel der Bühlot. Insgesamt bewirken die Eigenschaften des Löß, die Talausgänge und die Tiefenlinien ein sehr wechselvolles Kleinrelief im Übergang zum Mittelgebirge.

Der Mittelgebirgsanteil der Gemarkung Bühl ist geprägt durch den freigelegten Granit (Oberkirch- und Forbachgranit) des Grundgebirgssockels. Reste oder Spuren des Deckgebirges des Schwarzwalds aus Buntsandstein fehlen. Sie wurden durch die Bühlot, den Hauptfluß der Gemarkung, erodiert.

Mit dem Einsinken des Rheingrabens seit dem Tertiär begann auch der Aufbau und zugleich der Abbau des Schwarzwalds als Mittelgebirge. Entlang von Haupt- und Sekundärverwerfungen des Grabensystems traten Tiefengesteine, überwiegend Granite, auf und bildeten so den Sockel des Gebirges. Das weitere Heraushebung der Grabenschultern gab das Gebirge einer verstärkten Erosion preis. Entlang der sich ausdehnenden Flußsysteme aus dem Westen, also der unmittelbar rheintributären Bäche, wurde zunächst das Deckgebirge abgetragen und der Granit freigelegt. Es erfolgte die extrem aggressive Zertalung und der flächenhafte Abtrag des Deckgebirges von der Rheinseite her. Dieser Vorgang war so intensiv, daß ein breiter Gürtel der Buntsandsteindecke entlang der Hauptverwerfung des Rheingrabens abgetragen wurde. Das bedeutete gleichzeitig die ungemein schnelle und nachhaltige Zurücklegung der Buntsandsteinstufe im System des Südwestdeutschen Schichtstufenlands, dessen unterstes Gesteinspaket, der Untere Buntsandstein, als schmale Leiste (Schichtstufe) zwischen Vorfeldkopf und Hochkopf in etwa auch die

Grenze der Gemarkung Bühl im Osten nachzeichnet und den Beginn der Stufenlandschaft darstellt. Dabei bilden auch kleinere Gesteinsbänder, wie z.B. das Eck'sche Konglomerat im Mittleren oder Hauptbuntsandstein, eine eigene Stufe.

Durch die stark ausgeprägte rückschreitende Erosion des Bühlot-Systems wurde die Buntsandsteinschicht so weit abgetragen, daß bereits die Einzugsgebiete der linken Nebenflüsse der Murg (Schwarzenbach und Raumünzach) in Mitleidenschaft gezogen wurden. Es entstanden die Sattel- bzw. Paßregionen um Sand (826 m NN) zwischen dem Schwarzenbach und Wiedenbach/Gertelbach sowie um Hundseck (884 m NN) zwischen Greßbach und Unterstmatt (927 m NN) und zwischen Hundsbach und Laufbach. Geht man davon aus, daß die Buntsandsteinschichten ehemals weiter nach Westen reichten und damit auch die Täler von Schwarzenbach, Greßbach und Hundsbach ihren Anfang weiter im Westen hatten, kann man diese Situation auch als »geköpfte Täler« bezeichnen, da die zurückverlegte Stufe des Unteren Buntsandsteins die obersten Talanfänge verloren hat. Die gedachte Verbindungslinie zwischen den drei Sattelregionen stellt gleichzeitig die Wasserscheide zwischen Rhein und Murg dar. Die morphologische Weiterentwicklung wird, nach einer weiteren Zurückverlegung der Stufenkante, jeweils ein durchgehender Talzug sein. Dieser wird die genannten Wasserläufe des Murgsystems an sich ziehen und nach Westen zum Rhein leiten, da hier die tiefergelegene und damit bedeutendere Erosionsbasis liegt. Die Gewässerumlenkung wird auch auf das Murgsystem weitreichende Folgen haben.

Morphologische Prozeßspuren liegen auf der Gemarkung Bühl in mannigfaltiger Form vor. Neben der Großformen bildenden und die Landschaft prägenden Stufenrückverlegung im Buntsandstein lassen sich Formen der glazialen wie periglazialen Prozeßgruppe ebenfalls flächendeckend nachweisen. So finden sich am Kohlberg, Mehliskopf und Riesenkopf Kare, deren Entstehung eindeutig der Würmeiszeit zuzuordnen ist. Allerdings darf man keinesfalls die im Nordschwarzwald identifizierten Kare und karähnlichen Formen dem Formenschatz alpiner Prägung gleichsetzen. Es ist eindeutig erwiesen, daß die Vereisungen im Nordschwarzwald engumgrenzte, nahezu punktförmige Erscheinungen waren; ihre Kare sind überwiegend nach Norden und Nordosten ausgerichtet. Sie ähneln eher ausgeprägten Nivationswannen aus Firn an der Schneegrenze des Nordschwarzwalds zur Würmeiszeit. Dennoch können einige weitere, wenn auch nur schwach ausgebildete glaziale Formen, wie Moränen, auch im Nordschwarzwald nachgewiesen werden; Hauptform des glazialen Formenschatzes ist jedoch das Kar.

Im Gegensatz dazu ist das Periglazial flächendeckend im Gebirge nachzuweisen. Die Verwitterung hat mehrere Meter dicke Verwitterungsreste entstehen lassen, die unter dem Einfluß von Gefrieren und Auftauen einer erhöhten Dynamik unterlagen. Zum einen haben sich dort intensive Prozesse unter tiefen Temperaturen (Frostsprengung) abgespielt. Zum anderen wurden in den Auftauphasen der Interstadiale und nach der Eiszeit diese aufgearbeiteten Materialien hangabwärts transportiert und entsprechend eingeregelt. Da gleichzeitig der Verwitterungsprozeß weiter vonstatten ging, schwammen die überwiegend kantigen Bruchstücke in ihrer Verwitterungsmatrix.

Die heute an der Oberfläche sichtbaren Blöcke gehen auf verschiedene genetische Ausgangssituationen zurück. Zunächst ist da die intensive Tiefenverwitterung der Gesteine (Buntsandstein und Granit) unter dem Einfluß tertiärer Klimaverhältnisse zu nennen. Dabei erfolgt die Auflösung des Gesteinsverbundes entlang von Klüften, Spalten und Rissen in Blöcke. An deren Kanten greift die Verwitterung weiter an, so daß der Gesteinsverbund in einzelne Partien zergliedert wird und gerundete Kanten die Blöcke begrenzen. Der gesamte Vorgang spielt sich unter der immer stärker anwachsenden Verwitterungsschuttdecke ab. Der Nachweis der tertiären Entstehung der Blöcke unter feuchtheißen, wechselfeuchten bis warmen Klimabedingungen gelingt anhand roter Verwitterungsnester um die einzelnen Blöcke und der verwitterungsbedingten Schalen- und Bleichzonenbildung um einen Kern. In keinem der dem Tertiär folgenden Klimate könnten solche Verwitterungsformen und -spuren entstanden sein. Denudative Abtragungsvorgänge haben die Spitzen der wie Wollsäcke übereinanderliegenden Gesteinspartien freigelegt, wobei die wie ein Deckel über großen Blöcken liegenden kleineren Blöcke zuerst aus ihrem Verwitterungsgrus freigelegt wurden. Unter dem Einfluß der Schwerkraft bzw. unter den frost- und auftaubedingten Bewegungen der 1 bis 1,5 m mächtigen Solifluktionskörper innerhalb der äußerst mobilen diluvialen Wanderschuttdecken erfolgte ein Herauspräparieren der Felsformation unter dem nahezu restlosen Verschwinden der darüberliegenden tertiären roten Verwitterungsdecken (Lehme). Nur unter den pleistozänen Vereisungskappen oder Firnfeldern blieben sie erhalten. Durch das Freilegen des Felsens entstanden die bekannten Felsburgen, die nadelförmig in der Landschaft stehen, oder

Brockenfelsen südwestlich der Bühlerhöhe.

aber als geschlossene Felsmauer oder isoliert stehende Felsburgmassive die Landschaft prägen. Alle Formen finden sich südwestlich der Bühlerhöhe im Kohlberg-, Falken-, Brockenfelsen, aber auch im Eulen- und Marienstein, sowie im Wieden- und Bärenfelsen im Forbachgranit. Die weitere Auflösung der gelockerten Felsformation führte nach dem Ausspülen des Feinmaterials zu den Erscheinungsbildern der Blockmeere und Blockströme, die die Hänge oft weitflächig überziehen. Die eigentliche Freilegung der einzelnen Blöcke muß mit dem unmittelbaren Ende der letzten Eiszeit (Jüngere Tundrazeit) eingesetzt haben, da eine schützende Vegetationsdecke auf dem Solifluktionskörper nicht vorhanden war und bedeutende Wassermengen frei wurden.

Zu Blockstreu oder Blockmeeren kann auch die Auflösung der Schichtstufe führen. So ist die Blockansammlung am Hochkopf auffallend auf das Verbreitungsgebiet des Eck'schen Konglomerats (smc1) konzentriert. Das könnte bedeuten, daß die zurückschreitende Schichtstufe im Mittleren Buntsandstein auch gravitativ aufgelöst wird und die Blöcke nicht solifluvial transportiert oder durch Wasser herauspräpariert wurden, sondern mehr oder weniger in situ dort lagern und den heutigen Verwitterungsprozessen unterliegen.

Auf der Gemarkungsfläche hat auch die intensive Nutzung der Landschaft ihre Spuren hinterlassen. Straßen und Wege besitzen überall dort hohe Böschungen, wo die Hangneigung im Verhältnis zu ihrer Ausbaubreite hoch ist. Beispiele finden sich an der Straße zum Omerskopf, an Hirschwasen und Erlenmatt sowie entlang der Straße vom Bismarckstein nach Bühlertal. Ganz ausgeprägt sind hohe Wegböschungen am Wintereckkopf, wo die Erschließung des Forsts mit LKW-befahrbaren Wegen zu hohen Böschungen geführt hat. Diese Böschungen sind einerseits Aufschlüsse und gewähren einen Einblick in den Aufbau des Hangs, andererseits verändern sie die Hangdynamik durch Unterbrechung der morphologisch wirksamen Hanglänge.

Für die Gestaltung der Böden sind die Ausgangsgesteine von grundlegender Bedeutung. Der anstehende Granit liefert in der Regel flache, lehmig-grusig-steinige Böden. Der Boden ist kalkarm, aber als Ergebnis der Verwitterung der vorhandenen Glimmer und Feldspate mineralreich, besonders kalihaltig. In Verbindung mit der heutigen Vegetation neigen die Böden zur Versauerung, so daß zusätzliche Kalkungen z.T. erforderlich werden. Der anstehende Buntsandstein liefert einen sandigen bis steinigen, schwach lehmigen, armen Boden, der kalkfrei ist; der Lehm- und Tonanteil variiert entsprechend dem Ausgangssubstrat. Überall dort, wo die Anreicherung von Huminsäuren zur Sättigung und damit Abdichtung des Untergrunds durch Klebsande führt, entstehen ständig feuchte Rohhumuslager, Missen, wie z.B. auf der Mittleren Buntsandstein-Fläche des Hochkopfs.

Hauptproblem dieser Böden ist die Neigung zur Ortsteinbildung. Dabei werden aus den Humusauflagen durch die reichlichen Niederschläge Säuren ausgewaschen und mitversickert. Diese lösen auf ihrem Weg in die tieferen Schichten der Verwitterungsdecke Mineralien aus und reichern sich als harte, undurchdringliche Schicht an. Die Mächtigkeit der Ortsteinschicht und deren Lage ist oft ein begrenzendes Element der Wasserversickerung und der Durchwurzelung. Oberhalb der Ortsteinschicht ist die verbleibende mineralische Schicht humusarm, grau und ausgebleicht. Besonders auf Buntsandsteinböden fällt die farbliche Veränderung des Substrats vom Rot-Lilarot des Buntsandsteins zum Grau-Schwarz der Bleichsande und zum Karminrot des Ortsteins auf. In Bereichen mit ehemals intensiver Waldweide ist die Bleichung der Verwitterungssande durch das erhöhte Vorhandensein gelöster Huminsäuren stärker ausgeprägt.

Zu einer speziellen Überformung der Oberfläche führen die Spuren der Aktivitäten des Menschen im Zuge der Gewinnung von Rohstoffen. Es sind dies z.B. die in Produktion befindlichen Steinbrüche am nördlichen Nickersberg oder die offengelassenen Brüche am westlichen Heidekopf. Spuren alter bergmännischer Aktivitäten in Form von Pingen und Halden finden sich im Bereich Alte Erzgrube nordwestlich von Unterstmatt.

Zum Gewässernetz: Am Westhang des Hochkopfs entspringt in 856 m Höhe die Bühlot, der Hauptfluß auf der Gemarkung Bühl. Von den ca. 31 km² ihres Einzugsgebiets liegen etwa 18 km² auf der Gemarkung Bühlertal. Die Bühlotquellen entspringen an der Grenze des Granits zum darüberliegenden Buntsandstein. Seit 1902 sind die Quellen für die Wasserversorgung von Bühl gefaßt. Mit dem wichtigsten Nebenfluß, dem Wiedenbach, der ebenfalls an der Gesteinsgrenze zwischen Granit und Buntsandstein entspringt, liegt die Bühlot in ihrem Gebirgslauf vollständig im Granit. Mit dem Austritt in die Oberrheinische Tiefebene ändern sich der Charakter des Flusses und sein Name. Von hier aus wird das Gewässer Sandbach genannt. Auf etwa 21 km Lauflänge werden noch 21 m Gefälle überwunden. Dies ist auch der Abschnitt mit dem höchsten Maß an anthropogenen Eingriffen zur Herstellung von Hochwassersicherheit und zur Trockenlegung weiter Gemarkungsteile.

Die frühesten wasserbaulichen Maßnahmen wurden 1741 mit der Floßbarmachung für die Scheitholztrift an der Bühlot eingeleitet. Dazu wurden auch Schwallungen, Staueinrichtungen zur Wasserbereitstellung für den Schwall- bzw. Flößvorgang, errichtet (Hauptschwallung am Wie-

Düker bei Moos.

denbach in der Schwellimatt, am Gertelbach bei der Schwellmannsbrücke). Die Flößerei wurde 1848 eingestellt und der ehemalige Holzgarten in Bühl seit 1905 als Stadtgarten genutzt. Maßnahmen zum Hochwasserschutz am Sandbach sind bereits seit dem frühen 18. Jh. belegt. Sie waren erforderlich, weil das Gelände auf der heutigen Gemarkungsfläche Bühl ständigen Überschwemmungen ausgesetzt war.

Mit dem Gesetz zur Verbesserung der wasserwirtschaftlichen Verhältnisse in der Rheinebene zwischen der Kinzig und dem Sandbach (Acher-Rench-Korrektion) von 1936 wurde die rechtliche Grundlage für einschneidende Baumaßnahmen zur Herstellung der Hochwassersicherheit geschaffen. Gleichzeitig sollten mit den Baumaßnahmen die schadenträchtigen hohen Grundwasserstände, unzulängliche Vorfluten und Entwässerungsmöglichkeiten für vernäßte bzw. versumpfte Flächen sowie die nahezu jährlichen Überschwemmungen zugunsten einer verbesserten landwirtschaftlichen Nutzung mit Bewässerungseinrichtungen beseitigt werden. Die Bauarbeiten begannen im Juli 1936, wurden durch den Krieg unterbrochen und im Sommer 1949 wieder aufgenommen. Die im Zuge der Baumaßnahmen angelegten Entwässerungsgräben und ausgebauten Bachläufe Scheidgraben, Laufbach, Sulzbach und Sandbach verlaufen zunächst nahezu in parallelem Abstand nach Norden, um noch auf der Gemarkung Bühl nach Nordwesten zum Vorfluter Rhein abzubiegen. Die Gewässerläufe folgen dabei den örtlichen Gegebenheiten indem sie in den ehemaligen Gewässerrinnen der Kinzig-Murg-Rinne verlaufen. In Höhe des Friedhofs Vimbuch zweigt der Sandbach-Flutkanal vom Sandbach ab, führt über das Gewann Ehlert der Gemarkung Steinbach ins Abtsmoor, um dort als Vorflutgraben zu dienen und schließlich über den Scheidgraben zum Rhein zu gelangen. Mit Hilfe von Dükern werden der Rohrgraben, der Sulzbach und schließlich auch der Laufbach gequert. Die Profilierung der im Ausbauverfahren erstellten Gräben wurde so angelegt, daß z.B. der Scheidgraben eine Abflußleistung von 11,5 bis 30,0 m^3/s besitzt und im Sulzbach ca. 9,0 m^3 Wasser abgeführt werden können. Der Sandbach-Flutkanal ist in der Lage, 35,0 bis 42,0 m^3 abzuleiten. Damit können die Hochwasserspitzen aus der Bühlot in das Abtsmoor geleitet werden, das als Rückhaltebecken dient. Das dortige Gelände kann, für die Vegetation schadlos, 2 m hoch für fünf bis zehn Tage eingestaut werden. Im Abtsmoor lassen sich dann ca. 2 Mio. m^3 Wasser zurückhalten. Die Entwässerung erfolgt über ein engmaschiges Netz von kleineren Entwässerungsgräben. Gleiches gilt für das Gewann Hägenich, in dem ca. 1,4 Mio. m^3 Wasser zurückgehalten werden können. Das Wasser kommt überwiegend aus der Gemarkung Ottersweier über den Sasbach-Laufbach-Roderbach-Flutkanal.

Mit der Struktur des Abflußverhaltens gehört die Bühlot, wie alle anderen Schwarzwaldflüsse, dem pluvio-nivalen Abflußregime an. Das bedeutet, daß das Abflußverhalten durch Regen und Schneeschmelze bestimmt wird. So liegen die höchsten Abflußdaten der Bühlot, gemessen am Pegel Altschweier, gemittelt über den Zeitraum 1948/93 (MHQ), mit 6,7 m^3/s im Juni und der bisher höchste Wert mit 46,0 m^3/s Hochwasserabfluß am 24. Mai 1978. Unter den zehn bedeutendsten gemessenen Hochwasserereignissen im Beobachtungszeitraum 1948/93 haben acht im ersten Halbjahr stattgefunden, wobei der Mai dreimal, der Juni viermal und der Januar einmal vertreten waren. Historisch belegt sind Hochwasserereignisse meist durch Hochwassermarken in Bühl aus den Jahren 1721, 1779, 1824 und 1851. Von den durch Pegelmessungen belegten Hochwässern liegen vier Ereignisse in den 1980er Jahren sowie je zwei in den 1950er und 1970er Jahren. Die Abflüsse lagen überwiegend in den ersten sechs Monaten eines Jahres. Auch hier fällt die Häufung der großen Hochwässer seit den 1970er Jahren auf, was auch als Beleg für die Zunahme extremer Niederschlagswetterlagen seit den 1970er Jahren gewertet werden kann.

Der niedrigste gemittelte Abflußwert (Beobachtungszeitraum 1948/93), liegt bei 0,198 m^3/s im August. Ansonsten liegen die Werte zwischen 0,209 m^3/s (September) und 0,466 m^3/s (April). Der niedrigste Abflußwert überhaupt wurde mit 0,027 m^3/s am 7. August 1949 gemessen. Im Mittel laufen über die Bühlott 0,754 m^3/s Wasser dem Rhein zu, wovon durchschnittlich 0,923 m^3/s im Sommer- und 0,587 m^3/s im Winterhalbjahr abfließen.

Der Sandsee zwischen Sand und Herrenwies staut zum ersten Mal die Zuflüsse des Schwarzenbachs. Er wurde im 18. Jh. künstlich angelegt und als Schwallung für die Flößerei genutzt. Die auf dem westlichen Teil der Gemarkung gelegenen Baggerseen sind Reste ehemaliger oder heutiger Kiesausbeute in der Niederterrasse. Der Baggersee westlich Weitenung (RA 108/1) hat eine Fläche von 11 ha und eine maximale Wassertiefe von 46 m; er ist der einzige Baggersee auf der Gemarkung Bühl, der durch weiteren Abbau noch vergrößert wird. In allen anderen Baggerseen ist der Kiesabbau eingestellt. Das Freizeitzentrum Bühl-Oberbruch (RA 111), ebenfalls ein Restloch der ehemaligen Kiesausbeute, ist 7 ha groß. Seine Tiefe liegt bei ca. 22 m. Die beiden Baggerseen RA112/1 und 2 westlich Oberweier sind 7 bzw. 1 ha groß. Ihre Tiefe liegt bei ca. 20 bzw. 4 m.

Siedlungsbild. – Das ausgedehnte Stadtgebiet von Bühl umschließt eine Vielzahl von Dörfern, Weilern und sonstigen Wohnplätzen von der Rheinebene über die Vorbergzone bis hinauf auf den Schwarzwald. Die Kernstadt ist aus einem alten, unmittelbar vor dem Hangfuß der Vorberge auf dem Schwemmfächer der Bühlot gelegenen Marktflecken hervorgegangen. Die von Norden nach Süden verlaufende breite Hauptstraße (B3) ist als Leitlinie der Bebauung gut zu erkennen. Die Siedlungserweiterungen des 19. und 20. Jh. mit überwiegender Einzelhausbebauung erstrecken sich vorwiegend hangaufwärts nach Osten und flächig mit einem deutlich erkennbaren rechtwinkligen Straßennetz nach Westen zum Bahnhof. Nach dem Zweiten Weltkrieg entstanden im Süden und Westen größere geschlossene Wohngebiete, z.T. auch mit Wohnblöcken auf schematischem Grundriß. Westlich der Bahnlinie wurden zu Beginn der 1960er Jahre zwei Industriegebiete (Bühl Nord und Bühl Süd) erschlossen, deren Erweiterungen inzwischen auch den Ortsteil Vimbuch berühren, wo ebenfalls ein größeres Gewerbegebiet entstanden ist. In der Stadt und ihren Ortsteilen sind mehrere große Industrieunternehmen ansässig. Die lockere, teils villenartige Bebauung an den Hängen der Vorberge im Osten hat sich mittlerweile ausgeweitet und die früh eingemeindeten Dörfer und Weiler von Kappelwindeck bis Riegel eingeschlossen.

Zentrale Verkehrsachse der Stadt ist die von Norden nach Süden verlaufende Hauptstraße, deren Seitenstraßen z.T. zu Fußgängerzonen umgestaltet wurden. Hier sind noch zahlreiche alte villenartige Bauten erhalten, die vielfach als Kanzlei- oder Praxisräume genutzt werden. An der Hauptstraße sowie an der sie querenden Eisenbahnstraße liegen die wesentlichen Verwaltungs- und Versorgungseinrichtungen. Ein neueres Zentrum ist im Bereich nördlich der Eisenbahnstraße mit Parkflächen, dem Bürgerhaus Neuer Markt, der Diathek bzw. Bücherei, Schule für Musik und Darstellende Kunst etc. im Entstehen. Der gesamte Bereich ist baulich durch ein Neben- und Miteinander sowohl alter wie neuer Architektur gekennzeichnet. Dies kommt deutlich im Gebäudekomplex der Volksbank (gegr. 1871) zum Ausdruck, die einen älteren Bau harmonisch mit neueren Anbauten kombiniert. Das Bürgerhaus Neuer Markt ist ein zweigeschossiger, weiß geputzter flacher Hallenbau mit vollflächig verglaster Front zu dem davor liegenden Platz. An der nördlichen Rückseite gliedert sich im gleichen Stil die Schule für Musik und Darstellende Kunst an. Die westlich davon gelegene städtische Mediathek und Bibliothek ergänzt als modernes Flachdachgebäude mit schlichtem, zugleich großzügig wirkendem Äußeren das Bürgerhaus. Über die gesamte, nach Süden ausgerichtete Front der oberen Etage des dreigeschossigen Gebäudes erstreckt sich eine großzügige Loggia, die mit Sitzgruppen den Besuchern des Hauses zur Verfügung steht.

Amtsgericht und Amtsgebäude im nördlichen Teil der Hauptstraße bilden ein Ensemble. Das Amtsgebäude entstand 1791/93 und lag damals noch außerorts vor dem unteren Tor auf den sogenannten Glockenhüttenäckern. Es ist ein dreigeschossiger verputzter Walmdachbau im Louis-Seize-Stil mit rustiziertem Untergeschoß und Ecklisenen. Die reich gegliederte Straßenfassade weist sieben Achsen mit querrechteckigen Holzsprossenfenstern in Werksteinfassungen auf. Die drei mittleren Achsen mit dem früheren Haupteingang werden durch einen giebelbekrönten Risalit hervorgehobenen. In dem Gebäude sind Polizei, Straßenbauamt und Zulassungsstelle untergebracht. Das Amtsgericht (früher Oberamtsgericht) auf der gegenüberliegenden Straßenseite wurde 1847/49 zunächst zweigeschossig errichtet und 1896 um eine Etage erhöht, um Platz für die Kanzlei und Registratur des großherzoglichen Gerichtsnotars zu schaffen. Der dreigeschossige historisierende Massivbau trägt ein Walmdach. Auch hier wird die Straßenfassade durch fünf Achsen mit gekuppelten Fenstern gegliedert, während Seiten- und Rückfassade schlicht gehalten sind. Die Fenster des Untergeschosses sind rundbogig, die des ersten Geschosses übergiebelt und die des zweiten mit einem Sturz bekrönt. Das Rundbogenportal liegt in der Gebäudemitte. Hinter dem Amtsgericht und mit diesem durch einen gemeinsamen Hof verbunden liegt das Gefängnis, das durch architektonisch nicht sehr ansprechende Erweiterungen modernen Sicherheitsbedürfnissen angepaßt wurde.

Das Kloster Maria Hilf des Ordens der Niederbronner Schwestern wurde ab 1923 in zwei Bauabschnitten als neubarocke Anlage nach einem Entwurf des Bühler Architekten Hans Vierling erbaut. Die Klosterkirche ist ein Saalbau mit nach innen gezogenen Strebepfeilern. Das fünffachsige Langhaus endet in einem eingezogenen, tonnenüberwölbten Chor mit dreiseitigem Schluß. Am Übergang zwischen Langhaus und Chor erhebt sich ein Dachreiter mit Zwiebeldach. An der westlichen Giebelfassade ist das Hauptportal. An der Südseite der Kirche schließt ein dreigeschossiger Klosterflügel auf hohem Untergeschoß an. Er wird im Sü-

A. Naturraum und Siedlung

Bühl von Süden.

den durch einen kurzen, quergelagerten Trakt mit vier Geschossen begrenzt. Beide Flügel haben hohe, hölzerne Sprossenfenster in Werksteinfassung und Mansarddächer mit Gauben. Spätere Bauten haben die Anlage deutlich erweitert und verändert.

Die Stadtkirche St. Peter und Paul wurde 1872/77 nach Plänen von Karl Dernfeld im neugotischen Stil erbaut; die Fenster von Albert Burkhart stammen aus den 1950er Jahren. Es handelt sich um eine dreischiffige Pfeilerbasilika aus rotem Sandstein mit Querhaus und fünfseitigem Chor. Der fünfgeschossige Turm hat ein achteckiges Pyramidendach in durchbrochenem Maßwerk.

Das Rathaus (Rathaus I), ein Bau der Neorenaissance, bewahrt Teile der alten Kirche, aus der es 1879/82 durch Umbau entstanden ist. Der spätgotische, achteckige Turm, 1514/24 durch Hans von Maulbronn errichtet, trägt eine Fischblasenmaßwerk-Balustrade und ein oktogonales Glockengeschoß mit spitzbogigen Maßwerkfenstern; er wurde aus rotem Sandstein über quadratischem Grundriß erbaut. Darüber erhebt sich ein flaches, achtseitiges Pyramidendach mit barocker Laterne. Die Seitenfassaden des schon 1773 errichteten zweigeschossigen Baus (ehemals Langhaus) werden durch fünf Fensterachsen gegliedert, im Untergeschoß zweibahnige Maßwerkfenster, im Obergeschoß rechteckige Fenster mit Sandsteinfassung und Dreieckgiebel. An die Stelle des 1879 abgerissenen Chors trat eine zweigeschossige giebelbekrönte Sandsteinfassade mit Balkon im Stil der Renaissance. Die Seiteneingänge wurden 1926 zu Fenstern umgestaltet. Das Rathaus II entstand 1824 als Schul- und Rathaus. Nach dem Umzug der Verwaltung in das neue Rathaus 1879/82 war hier nur noch die Schule untergebracht. Mit dem Neubau von Schulgebäuden konnte der Bau seit dem Ende des Zweiten Weltkrieges wieder für Verwaltungszwecke genutzt werden. Der ursprünglich zweigeschossige, klassizistische Bau wurde 1866/67 um ein Stockwerk erhöht. Er trägt ein Satteldach. Die repräsentative, fünfachsig gegliederte Giebelfassade mit dreiachsigem Mittelrisalit und Balkon ist der Hauptstraße zugewandt. Während das Erdgeschoß Rundbogenfenster in gleichartigen Nischen aufweist, hat das erste Geschoß Rechteckfenster mit Werksteinfassungen und Überdachungen, das zweite und das Dachgeschoß haben nur einfache Rechteckfenster. Bei den anderen Hausseiten wurde auf eine aufwendige Gestaltung verzichtet.

Der Badische Hof auf der Ostseite der Hauptstraße steht auf den Resten einer kleinen, ehemals mit Mauer und Graben umgebenen Tiefburg, dem sogenannten Schloßhof; an der Straßenfront zeigt er ein Allianzwappen Windeck-Reinach (1563). Das heutige zweigeschossige Hauptgebäude mit Mansarddach entstand erst um 1800. Der verputzte Bau paßt sich mit seinem trapezförmigen Grundriß dem Verlauf der Bühlot an. 1900 wurde die Gaststätte durch einen rückseitigen neugotischen Anbau zum Hotel erweitert.

Der Friedrichsbau an der Friedrichstraße wurde ab 1898 auf einem großen Grundstück errichtet. Bauherr war die Gesellschaft Unitas, ein Zusammenschluß katholischer Vereine, die ein gemeinsames Vereinshaus wollten. Das zu Ehren Großherzog Friedrichs benannte Gebäude ist ein zweigeschossiger, traufständig ausgerichteter neugotischer Putzbau mit Eckquadern und Satteldach mit Gauben. Zwischen den Geschossen verläuft ein Sandsteinsims. Haupteingang und Tordurchfahrt sind mit Sandstein eingefaßt, der Schlußstein über dem Tor trägt die Jahreszahl 1898. Auf der Rückseite ist ein dreischiffiger Saal mit halbrundem Abschluß angefügt. Bis auf die Außenwände der Seitenschiffe besteht der Bau aus Fachwerk. 1941 gelangte der Friedrichsbau mit der Stadthalle in kommunalen Besitz; 1991/92 wurde sein ursprünglicher Zustand wiederhergestellt. Heute dient er als Sitzungssaal des Gemeinderats. Im Hauptgebäude an der Friedrichstraße sind überdies Teile der Verwaltung untergebracht. Benachbart, an der Eisenbahnstraße, liegt das 1976 errichtete Gebäude der Sparkasse. Der große, moderne Flachdachbau gliedert sich in insgesamt vier Ebenen, die durch umlaufende helle Bänder getrennt werden.

Der Stadtgarten, westlich der Pfarrkirche zwischen Bühlot und Eisenbahnstraße gelegen, wurde 1905 nach Plänen des Landschaftsgärtners Kanders angelegt. Ursprünglich befanden sich auf dem Gelände der Amtsgarten und ein Holzlagerplatz für die früher auf der Bühlot betriebene Flößerei. Kern der als Landschaftsgarten konzipierten Anlage ist ein Brunnen mit dem Denkmal Großherzog Friedrichs I. (1909). Im Stadtgarten befindet sich auch das Kriegerdenkmal (1930), das vom Kirchplatz hierher versetzt wurde. Der Bahnhof ist mit dem Bau der Eisenbahnlinie Oos–Offenburg 1845 nach Plänen des Architekten Paniani entstanden. Sein Empfangsgebäude ist ein zweigeschossiger Massivbau mit einem Kniestock aus Fachwerk und wird von einem Walmdach gedeckt. An das Hauptgebäude schließen zwei kurze Seitenflügel mit Walmdächern an. Die Fassade ist durch drei Achsen mit sandsteingefaßten Fenstern gegliedert. Die mittlere Achse ist als übergiebelter Risalit gestaltet.

An der Johannesstraße im östlichen Stadtgebiet liegt die 1967/68 erbaute evangelische Johannes-Kirche mit ihrem

A. Naturraum und Siedlung

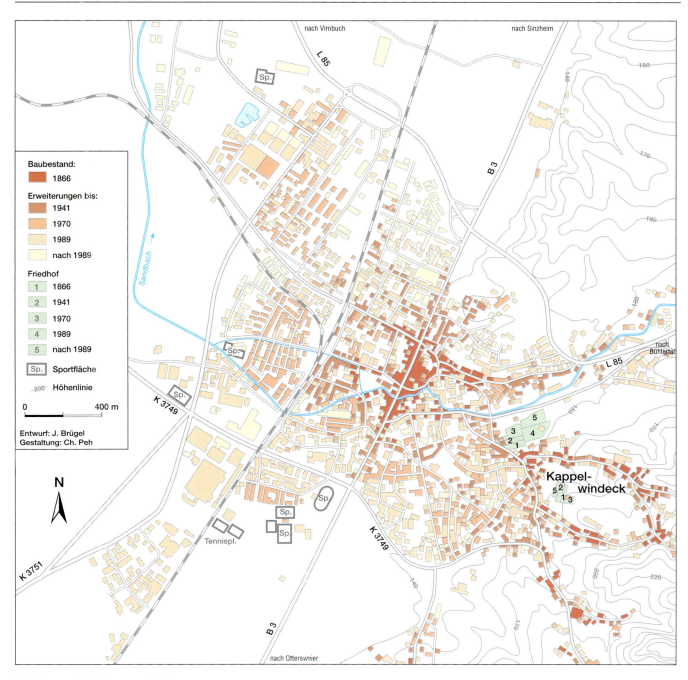

Siedlungsentwicklung von Bühl.

campaniteartig abgesetzten viergschossigen Turm aus Betonfertigteilen. Er ergänzt ein in Backsteinmauerwerk mit treppenartig abgestuftem steilem Satteldach errichtetes Langhaus, das baulich mit dem angrenzenden Gemeindehaus und Kindergarten verbunden ist. Vom Haupteingang der Kirche führt ein überdachter Weg zum Pfarrhaus. Von der alten evangelischen Stadtkirche, die von 1856 bis 1969 in der nahegelegenen Krempengasse stand, sind das Turmkreuz (1893), der Taufstein (1929) und die Kinderglocke (1922) erhalten und werden vor der Kirche auf einer Betonplatte gezeigt. In der Mühlenstraße befindet sich das älteste Gebäude der Stadt, die Lindenmühle, eine ehemalige Getreidemühle; nach einem Brand 1987 wurde das Haus umfassend saniert und wiederhergestellt. Das staatliche Forstamt liegt an der Ecke Hauptstraße/Robert-Koch-Straße. Der zweigeschossige Satteldachbau mit Anbau ist durch Eckrisalite gegliedert.

Der jüdische Friedhof in der Karl-Netter-Straße wurde 1833 durch den Rechtsanwalt Herz Netter gekauft und angelegt. 1938 wurden die Grabmäler geschändet, 1941 der Friedhof geschlossen und 1942 alle Metallteile für Kriegszwecke geraubt. 1958 begannen Schüler des Windeck-Gymnasiums mit der Wiederherstellung der Anlage, an der sich seit 1961 auch die Stadt beteiligte. Die rund 350 Grabsteine stammen überwiegend aus dem 19. und der ersten Hälfte des 20. Jh. Die ältesten datieren vor 1850 und orientieren sich an mittelalterlichen Vorbildern; sie sind schlicht und geprägt von historisierenden Formen. Die ausschließlich hebräischen Inschriften deuten auf eine gewisse Abgeschiedenheit der Gemeinde hin. Seit der zweiten Hälfte des 19. Jh. tragen die Steine auf der Rückseite auch deutsche Inschriften. Von der Neugotik bis zum Neoklassizismus sind alle Stilrichtungen vertreten. Im frühen 20. Jh. kamen Steine in Jugendstil und Art-Deco hinzu, während die Denkmäler der 1930er Jahre schlicht und unauffällig gestaltet sind. Im nördlichen Bereich befinden sich die Gräber der Frauen, im südlichen, durch einen Weg getrennt, die der Männer.

Der Friedrichsturm am Affentaler Weg wurde 1902 als Stiftung der Kaufleute Adolf und Karl Netter errichtet. Es handelt sich um eine dreigeschossige, etwa 10 m hohe Konstruktion aus Eisenfachwerk über quadratischem Grundriß, die heute vom Schwarzwaldverein betreut wird.

Das Pumpwerk am südlichen Ortsrand, in der Nähe des Schwarzwaldbads, wurde 1925/26 als neubarocker, achtseitiger Pavillon errichtet. Die Wandflächen des Walmdachbaus sind durch Blendarkaden mit Pilastern gegliedert. Dazwischen befinden sich korbbogige Türöffnungen und schlüssellochartige Fenster. 1985 wurde das Gebäude modernisiert und zugleich um eine Blendarkade verlängert. Im Gewann Landmatt liegt das Sportzentrum. Hier befinden sich die Anlagen des Sportvereins Bühl, aber auch die eher schmucklosen, wenig auffälligen Betonbauten der Schwarzwaldhalle (1974) und des Hallenfreibads (1974/81) sowie das Stadion. Am südwestlichen Ortsrand, an der Straße nach Oberweier, wurden die ausgedehnten Flachdachgebäude eines Schulzentrums errichtet (Rheintalschule, Berufsschulzentrum, Technisches Gymnasium, Ausbildungszentrum Bau).

Am südöstlichen Ortsrand liegt an der Rungsstraße der Gebäudekomplex des 1966 errichteten Kreiskrankenhauses mit Klinikgebäude und Schwesternhäusern in einer kleinen Parkanlage. Den modernen, weiß verkleideten, dreigeschossigen Zweckbauten mit Flachdächern sind große Parkflächen vorgelagert.

Die barocke, von Mauer und Hof umgebene Marienkirche im Ortsteil Kappelwindeck wurde 1763/66 mit dreijochigem Langhaus auf den Resten mehrerer Vorgängerbauten errichtet. Sie gilt als einer der bedeutenden Sakralbauten des Rokoko im Südwesten. Ursprünglich handelte es sich um einen Saalbau mit Westturm und eingezogenem Chor. 1907/12 wurde die Kirche von Johannes Schroth in neubarocken Formen erweitert. Dabei entstanden im Osten ein Querschiff und ein dreiseitiger Chor. Der auf der Westseite gelegene, risalitartig vorspringende Turm trägt eine Zwiebelhaube und in einer Nische des zweiten Turmgeschosses unterhalb der Uhr eine Statue der Muttergottes. Eingerahmt wird das zweite Turmgeschoß von einem geschwungenen Giebel über dem Langhaus; die Giebelwand ist von Pilastern flankiert. Über den Pilastern erheben sich die Figuren der Hll. Silvester und Nikolaus. Das oberste Turmgeschoß ist achteckig und wird von vier Engeln flankiert.

Vor der Kirche steht die 1737 gepflanzte Ortslinde, die mit Hilfe eines umlaufendes Holzgerüsts »geleitet« und für ihre einstigen Funktionen im dörflichen Leben zugerichtet ist. Auf dem Kirchhof steht die 1503 als Grablege der Adligen von Bach errichtete spätgotische Friedhofskapelle, die seit 1738 St. Johannes-Nepomuk geweiht ist. Sie hat einen rechteckigen Grundriß, einen eingezogenen dreiseitigen Chor und trägt einen Dachreiter. An der nördlichen Außenmauer zeigt sie ein Fresko mit der Kreuzigungsszene, an der Westseite mehrere Grabsteine des 18. und 19. Jh. sowie einen alten Wappenstein der Familie von Windeck. Das neben der Kirche stehende Gasthaus zur Traube ist das alte, 1498 errichtete Pfarrhaus; 1873 wurde der zweigeschossige Fachwerkbau zum Wirtshaus umgebaut.

Auf dem am nördlichen Rand von Kappelwindeck gelegenen Friedhof Maria zum Troste entstand 1881/82 die neuromanische Alban-Stolz-Kapelle nach Plänen von Karl Hörth; sie ist ein Sandsteinbau mit der Grundrißform des griechischen Kreuzes. Über den kurzen Querschiffen befinden sich Dreiecksgiebel mit Rundbogenfriesen. Der westliche und der östliche Querarm haben je eine Apsis. Über der Vierung erhebt sich eine Kuppel mit Dachreiter. Die östliche Apsis dient heute als Sakristei.

Alban-Stolz-Kapelle auf dem Friedhof Kappelwindeck.

Die Burgruine Altwindeck auf einem Bergsporn (376 m) oberhalb von Kappelwindeck hat einen ovalen Grundriß und zwei mächtige Türme an der südöstlichen und nordwestlichen Schmalseite; im Nordwesten liegt die halbkreisförmige Vorburg, im Südosten ein Zwinger. Jedem der beiden Türme war ein Palas zugeordnet. Das Haupttor liegt im Osten der Anlage. Neben der Burg wird ein modernes Hotel betrieben.

Der in exponierter Lage an der Buntsandsteinstufe des Schwarzwalds angelegte Wohnplatz Bühlerhöhe ist aus einem 1911/14 auf einem 15 ha großen Areal erbauten Offiziserholungsheim hervorgegangen, das später in ein Kurhaus umgewandelt wurde. 1919 wurden Kurhaus und Sanatorium an eine Gesellschaft unter Führung des Kurhauses St. Blasien veräußert und ein Kurbetrieb aufgebaut. Das neubarocke, schloßartige Gebäude ist ein dreigeschossiger Massivbau mit Mansarddach, der sich über der Talseite auf einem hohen Sockelgeschoß erhebt. Die zwei, in stumpfem Winkel zueinander stehenden Flügel des Hauptgebäudes sind durch einen dreieinhalbgeschossigen Rundbau mit Kegeldach verbunden. Davor befindet sich eine Terrasse. Die Seitenflügel sind durch jeweils fünf Achsen gegliedert. Die eingeschossigen, zangenförmig angeordneten Wirtschaftsgebäude liegen an der Eingangsseite. Einen Kontrast zur Schloßarchitektur bildet der Haupteingang an der Hofseite. Vor dem zentralen Rundbau befindet sich eine durch horizontale Werksteinbänder gegliederte Fassade mit einem rundbogigen, übergiebelten Portal in der Mitte. Eine ähnliche Gliederung hat auch das übergiebelte Tor des Schloßhofs. Mit der Übernahme des Hotelkomplexes durch die Max-Grundig-Stiftung wurde die Anlage um einige Nebengebäude erweitert. Heute befinden sich hier außer dem Hotel Bühlerhöhe mit großzügiger Parkanlage auch die direkt benachbarte Max-Grundig-Klinik, darüber hinaus in der Nähe weitere Unterkünfte (Kurhaus bzw. Hotel Plättig, 1883).

Das Schloß im Ortsteil Rittersbach stammt von 1838, geht im Kern aber auf eine mittelalterliche Tiefburg zurück. Der dreigeschossige Walmdachbau ist aus Bruchsteinen errichtet. Zur Hofseite gliedert sich die Fassade in sieben Achsen, die Mittelachse tritt als Risalit mit Dreiecksgiebel hervor. Der nördliche, in den Berg hineingebaute Flügel hat nur zwei Geschosse. 1838 wurde das Gebäude um ein Geschoß erhöht und der alte Schloßturm zum Treppenrisalit umgestaltet.

An der Stelle des heutigen Kurhauses Sand stand ursprünglich nur eine 1854 errichtete Schutzhütte mit

Schankerlaubnis für Waldarbeiter und Fuhrleute. Mit der Zunahme des Fremdenverkehrs im Schwarzwald in der zweiten Hälfte des 19. Jh. genügte der Bau den Bedürfnissen nicht mehr; an seine Stelle trat ein Neubau mit Gastwirtschaft und Stallungen. Dieser wurde 1891/97 zu einem modernen Kurhaus mit internationalem Renommee ausgebaut, in dem u.a. die niederländische Königin Wilhelmine logierte. An der Nordseite des alten Gasthauses, das im Kern kaum noch zu erkennen ist, entstand ein dreieinhalbgeschossiger Trakt mit Speisesaal, Zimmern und Verandavorbau an der Westseite. Der Altbau wurde aufgestockt und dem Neubau äußerlich angeglichen. Die Südfassade des Altbaus ist durch übereinandergestaffelte Balkone mit reichem Holzdekor gegliedert. Darüber erheben sich zwei Giebel mit Krüppelwalmdach. Die Westfassade hat giebelbekrönte Seitenrisalite.

Das unregelmäßige Dorf Altschweier entlang der Bühlot zeigt eine dichte Bebauung im alten Kern entlang des Bachs sowie an der Straße ins Bühlertal. Dazwischen sowie in den nördlich und südlich anschließenden Siedlungserweiterungen herrscht aufgelockerte Bebauung vor. Die neuromanische Pfarrkirche St. Gallus wurde 1863/66 von Heinrich Hübsch in grauen und roten Sandsteinquadern errichtet. Es handelt sich um eine einschiffige Wandpfeilerkirche mit viergeschossigem Turm und eingezogenem Chor mit Apsis. In der als Turmfassade ausgebildeten Eingangsseite befindet sich das rundbogige, von zwei Säulen flankierte Portal. Das vierte Turmgeschoß über der von Lisenen eingerahmten Fassade hat einen achteckigen Grundriß und wird von einem achteckigen Pyramidendach gedeckt. Langhaus und Chorwände sind durch Strebepfeiler und rundbogige Fenster gegliedert. Neben der Kirche steht das Pfarrhaus, ein zweigeschossiger traufständiger Satteldachbau mit einer Statue über dem Portal. Hinter der Kirche liegen links der Kindergarten und die Reblandhalle, eine eingeschossige Mehrzweckhalle mit flachem Satteldach. An der Rathausstraße steht die 1909 erbaute zweigeschossige Grundschule, zu der auch ein moderner Anbau mit verglastem Eingangsbereich und eine in neuerer Zeit errichtete Turnhalle gehören. Neben der Schule steht das Rathaus, das 1834 als Schul- und Rathaus erbaut wurde und seit 1973 nur noch die Ortsverwaltung und den Verkehrsverein beherbergt.

Das aufgelockerte Straßendorf Balzhofen liegt im Niederungsstreifen zwischen Niederterrassenresten; in unmittelbarer Nähe verläuft die Autobahn. Südlich des Orts liegt ein ausgedehntes, teilweise die Gemeindegrenzen überschreitendes Naturschutzgebiet um einen Baggersee. Im kleinen Ortszentrum liegen Kapelle, Ortsverwaltung, Festplatz und Kindergarten. Die Annen-Kapelle wurde 1776 errichtet, ihre Sakristei allerdings erst um 1962 hinzugefügt. Rechts daneben ist das Gemeindehaus Haus Harmonie erbaut worden. Hier befindet sich im ehemaligen Schulhaus, einem zweigeschossigen Walmdachgebäude auf hohem Sandsteinsockel, die Ortsverwaltung. 1912/18 erbaut, diente es bis 1987 als Volks- und Fortbildungsschule und wird seither als städtische Verwaltungsstelle genutzt. An der Straßenfront ist ein Ehrenmal für die Gefallenen in die Fassade eingelassen. Das Haus Harmonie ist mit dem alten Schulhaus verbunden und im Stil angepaßt. Der ein- bis zweigeschossige, winkelförmige Bau ist gelblich verputzt.

Das ursprünglich nur im Kern verdichtet bebaute Haufendorf Eisental liegt in einem kleinen Tal am Westhang des Schartenbergs. Oberhalb befinden sich ausgedehnte Rebflächen. Neubauten sind vorwiegend an den Talhängen im Westen und Süden entstanden. Kurz hinter der Ortseinfahrt steht die 1752 erbaute barocke Wendelin-Kapelle. Die Fassade zeigt Statuen der Muttergottes, der hl. Familie und des hl. Johannes. Der Dachreiter trägt einen kleinen Zwiebelturm. Ungefähr im Ortsmittelpunkt steht die alte Halle der Winzergenossenschaft, die längst ein neues Domizil an der B3 bezogen hat. Gegenüber liegen die zweigeschossige Schule und rechterhand die Schartenberghalle mit dem Festplatz. Die Halle ist ein überwiegend zweigeschossiger, mehrteiliger Gebäudekomplex in Skelettbauweise mit großen Verglasungen. Die katholische Kirche St. Matthäus mit Rundbogenfenstern wurde 1828 nach Plänen von Johann Ludwig Weinbrenner erbaut. Es handelt sich um einen Saalbau mit eingezogenem dreiseitigem Chor. Das Langhaus hat ein Satteldach mit Dachreiter über der Westfassade. Die Sakristei ist an der Südwestseite zwischen Chor und Langhaus angefügt. Die zweigeschossige westliche Giebelfassade ist durch drei Blendbogen gegliedert. In den Nischen der beiden äußeren Blenden stehen barocke Heiligenfiguren (18. Jh.), die 1885 aus der Kirche von Hilzingen (bei Konstanz) erworben wurden. Links und Rechts des Portals sind Gedenktafeln für die Gefallenen des Ersten Weltkriegs angebracht. Teile der Innenausstattung stammen aus dem ehemaligen Kloster Fremersberg. Das Pfarrhaus, ein zweigeschossiger Massivbau mit Walmdach über einem hohen Kellergeschoß wurde gleich nach der Kirche ebenfalls nach Plänen Weinbrenners erbaut.

Das kleine Haufendorf Affental im Talschluß eines nach Westen fließenden Bachs liegt südlich von Eisental

Verwaltungs- und Verkaufsgebäude der Affentaler Winzergenossenschaft.

und ist vornehmlich wegen seines Weins bekannt. Die Affentaler Winzergenossenschaft hat mittlerweile ein zentrales Gebäude mit Weinverkauf an der von Bühl kommenden Bundesstraße errichtet. Die Bebauung hat sich entlang der Affentaler Straße inzwischen mit Eisental vereinigt. Die im Ort gelegene barocke Bartholomäus-Kapelle wurde 1754 erbaut.

Moos liegt randlich zur Mühlbachniederung auf einem Niederterrassennest. Seine ursprüngliche Struktur als kurzes Straßendorf mit platzartiger Erweiterung ist noch heute erkennbar, wenngleich die Bebauung stark verdichtet wurde. Im Zentrum des Dorfs liegen Kirche, Ortsverwaltung, Schule und Feuerwehrgebäude dicht beieinander. Die 1784/88 im Barockstil errichtete Kirche St. Dionysius wurde 1910/12 nach Plänen von Johannes Schroth erweitert. Es handelt sich um einen Saalbau mit flachem Satteldach und risalitartig vor die Fassade tretendem dreigeschossigem Westturm mit achtseitiger Haube und Laterne. Im dritten Geschoß verändert sich der Grundriß von der Rechteck- zur Achteckform. Über dem segmentbogigen Hauptportal befindet sich eine Rundbogennische mit einer fast lebensgroßen Figur der Jungfrau Maria. Beim Umbau 1910 wurde das ursprünglich etwa 24 m messende Langhaus auf das Doppelte verlängert und an der Ostseite eine Sakristei angefügt. Das gegenüberliegende Pfarrhaus ist ein zweigeschossiger Walmdachbau auf hohem Sockel mit Dachgauben.

Neben der Kirche stehen die Gebäude von Ortsverwaltung und Feuerwehr, die sich als schlichte, weiß verputzte Häuser dem Stil der umgebenden Bebauung anpassen. Die Verwaltungsstelle ist in einem neuen, zweigeschossigen, traufständigen Satteldachgebäude untergebracht, in dem sich auch die Sparkassenfiliale befindet. Die Fassade ist mit überlebensgroßen farbigen Darstellungen eines ländlichen Paares geschmückt. Auf der anderen Straßenseite liegt das alte Schulhaus von 1885/86, ein auf einem hohen Sandsteinsockel ruhendes zweigeschossiges Gebäude mit Dachgauben; Fenster und Türen sind mit Steinlaibungen hervorgehoben. Der einstige Bahnhof von 1891/92 ist eines der wenigen erhaltenen Denkmale der Mittelbadischen Eisenbahn, ein Beispiel für die kleinen Landbahnhöfe des späten 19. Jh. Er wurde im Zuge des Ausbaus der Bahnstrecke von Kehl nach Bühl durch die Mittelbadische Eisenbahn AG errichtet. Neben dem zweigeschossigen Haupttrakt stehen zwei kurze, niedrige Seitenflügel. Das Erdgeschoß ist aus Stein, das Obergeschoß aus verputztem Fachwerk. Alle Gebäudeteile tragen niedrige Satteldächer, die Giebel sind mit Holz verblendet. Am östlichen Ortsrand steht die Karl-Reinfried-Halle, eine kleine Mehrzweckhalle mit flachem Satteldach und teilverglaster Frontseite; das Dach trägt vier auffallend große Lichthauben.

Der Ortsteil Neusatz besteht aus einer Kette kleiner Dorfkerne, lockerer Weiler und Höfe entlang der L83a im Mühlbachtal an der Nordflanke des Omerskopfs sowie davon abgesetzt aus am Hang liegenden Hofgruppen und Gehöften. Größere Neubaugebiete sind nur in günstigen Lagen (Waldsteg, Gebersberg, Neusatzeck) entstanden und werden durch Einzelhausbebauung, z.T. Wochenend- und Ferienhäuser, ergänzt. Die Pfarrkirche St. Karl Borromäus wurde erst 1911/13 von Johannes Schroth als Hausteinbau mit campanileartigem Fassadenturm auf einer künstlichen Terrasse oberhalb der Schwarzwaldstraße errichtet und ist über eine Treppenanlage zugänglich. Die neuromanische Wandpfeilerkirche zeigt Jugendstilanklänge. Sie hat fünf Joche, einen dreischiffigen Westbau und eine östliche Apsis sowie an der Giebelfassade ein rundbogiges, säulengerahmtes Hauptportal. Der Glockenturm hat Staffelgiebel. Direkt neben der Pfarrkirche, aber bereits am Fuß der Terrasse liegt der große St. Borromäus-Kindergarten mit Spielplatz.

Das Rathaus an der Schwarzwaldstraße wurde 1836 als zweites Schulgebäude errichtet. 1843/44 hat man den ursprünglich zweigeschossigen Bau aufgestockt. 1881 wurde ein weiteres Schulgebäude notwendig, das hinter dem jetzigen Rathaus steht. Heute werden beide Bauten als Ortsverwaltung genutzt. Das Rathaus ist ein verputzter Massivbau über einem hohen rustizierten Sokelgeschoß. Die zur Schwarzwaldstraße ausgerichtete Südfassade des Walmdachbaus wird durch sechs Achsen mit hochrechteckigen Fenstern in Werksteinfassung gegliedert. Die ehemals vorhandenen Holzsprossen sind durch eine moderne Vollverglasung ersetzt, die Fenster mit Schlagläden ausgestattet. In der Mitte des Sockelgeschosses befindet sich der Rundbogeneingang mit dem Wappen des Stadtteils. Hinter dem Rathaus erhebt sich das wesentlich kleinere und schlichtere Schulgebäude von 1881, ein zweigeschossiger Satteldachbau. Beide Gebäude sind an ihren schlichten rückseitigen Fassaden über ein modernes Brückengeschoß miteinander verbunden. Im dahinter liegenden Areal zwischen Schwarzwald- und Otto-Stemmler-Straße befinden sich die Schule, das Stadthistorische Institut und die Schloßberghalle.

Das weißgetünchte, schmucklose zweigeschossige Schloß Waldsteg mit Teilen aus dem 15. Jh. wurde seit dem späten 18. Jh. als Pfarrhaus genutzt und diente nach 1962 als Verwaltungsgebäude, Sonderschule und Arztpraxis; heute beherbergt es das Bühler Stadtgeschichtliche Institut (Stadtarchiv). Ursprünglich bestand die im Kern spätgotische Anlage wohl nur aus einem Wohnturm mit kleinem Hof. Heute präsentiert sie sich als zweigeschossiger, rechteckiger Walmdachbau aus verputztem Bruchstein von 12 mal 18 m mit einem an der Nordseite vorgelagerten Zwinger. Der Innenhof zwischen Mauer und Gebäude ist mit einem Glasdach versehen und dient als Ausstellungsraum des Stadtmuseums. Die Schloßberghalle ist ein moderner, zweigeschossiger, weitgehend in Backsteinbauweise ausge-

Kloster in Neusatzeck.

führter flacher Bau, der sich einerseits an den sanft aufsteigenden Hang schmiegt, andererseits den baulichen Übergang zu den benachbarten Bauten der Schule und des Schlosses herstellt.

Der Wohnplatz Gebersberg ist ein ursprünglich unregelmäßiger Weiler auf einer Verebnung des westlichen Omerskopfhangs, abgesetzt von der Siedlungskette am Talhang. Er bildet heute einen der Ortskerne von Neusatz, die durch Neubauten erweitert wurden. – Neusatzeck ist eine lockere Siedlungsreihe im obersten Mühlbachtal mit Klosteranlage und Altenheim; die Verdichtung durch neuere Wohnbauten ist gering. Das Kloster des Dritten Ordens der Dominikanerinnen wurde 1855 gegründet, die Klosterkirche St. Agnes 1860 erbaut und 1864 geweiht. Die Kirche ist ein neuromanischer Saalbau aus Sandstein mit dreiseitigem, eingezogenem Chor. Im Erdgeschoß der Westfassade stehen drei Blendbögen mit dem Hauptportal in der Mitte; darüber befindet sich ein großes Rundbogenfenster. Den oberen Abschluß bildet ein Dreiecksgiebel mit Rundbogenfries, das Satteldach ist mit einem Dachreiter bekrönt. 1864/65 wurden zwei zweigeschossige, ebenfalls neuromanische Seitenflügel hinzugefügt; der südliche, der als Schwesternhaus dient, wurde 1949 auf zweieinhalb Geschosse aufgestockt. Eine zweigeschossige Arkadengalerie verbindet die Klostergebäude mit der Kirche. 1895 wurde der Anlage ein als Exerzitienhaus geplanter vierter Trakt hinzugefügt.

Die Siedlung Waldmatt liegt im Sattel zwischen Altwindeck und Hardberg. Das ehemalige Schul- und Rathaus wurde 1912 erbaut. Auf einem Sockelgeschoß am Hang erhebt sich ein zweigeschossiges Mansarddachgebäude mit überdachter Eingangstreppe. An der Fassade ist eine Ehrentafel für die Gefallenen des Kriegs von 1870/71 angebracht, auf dem Dach befindet sich ein kleiner achteckiger Dachreiter.

Der Ortsteil Oberbruch ist ein langgezogenes Reihendorf an einer leicht geschwungenen Straße mit breiten Hofreiten in Hurstrandlage. Nördlich der Siedlung liegt ein Baggersee mit Campingplatz, Wochenendhäusern und Freizeitzentrum. Die seit dem 18. Jh. bezeugte Wendelin-Kapelle wurde 1857 erneuert, schließlich 1956 umgebaut und um eine Sakristei erweitert. Das links neben der Kapelle gelegene zweigeschossige Rathaus auf hohem Sandsteinsockel wurde 1904 als Schul- und Rathaus erbaut. Seit 1972 wird es als städtische Verwaltungsstelle genutzt, 1975 erfolgte der Anbau des eingeschossigen Bürgersaals. Neben dem Haupteingang des älteren Gebäudeteils befindet sich eine Gedenktafel für die Gefallenen des Kriegs von 1870/71.

Das hufeisenförmig angeordnete Dorf Oberweier liegt an der Grenze der Randniederung zur Niederterrasse. Die in der Ortsmitte gelegene Maria-Hilf-Kapelle wurde schon 1720 wohl aus Holz gebaut, in ihrer heutigen Form entstand sie freilich erst 1854 auf einem Bruchsteinfundament. 1896 wurde sie um etwa 5 m verlängert und mit neugotischen Fenstern versehen; um 1960 kam eine Sakristei hinzu. Das ursprünglich vor der Kapelle stehende Steinkreuz von 1763 wurde 1930 unmittelbar an die Wand neben dem Eingang versetzt. Neben der Kirche steht das 1902 errichtete alte Rathaus, ein zweigeschossiger Walmdachbau, in dem auch die Feuerwehr untergebracht ist. Auf der Straßenseite gegenüber befindet sich das Kriegerdenkmal, ein großer, mit einer Gedenkplatte versehener Granitklotz. Das alte Schulhaus (1914/19) dient seit 1970 als Bürgersaal. Der auf hohem Kellersockel errichtete zweigeschossige Walmdachbau weist an der linken Seite einen überdachten Eingangsbereich auf. An der Fassade sind die Ortswappen angebracht.

Das einstige Straßendorf Vimbuch in Grenzlage zwischen Niederung und Niederterrassen hat sein Erscheinungsbild in den letzten Jahrzehnten grundlegend gewandelt. Die Ausweisung großer Neubauflächen sowohl zur Gewerbe- und Industrieansiedlung als auch für Wohnbauten im Norden, Osten und Westen haben erheblich zur Vergrößerung des Stadtteils beigetragen. Entsprechend wird das Ortsbild vielfach durch neuere Bauten geprägt. Fachwerk sieht man nur noch vereinzelt im Zentrum. Zu erkennen sind die bis an die L85 im Norden und an die Kernstadt im Osten heranreichenden, z. T. hochverdichteten Bereiche an ihren regelmäßigen Grundrissen. Der alte Ortskern ist saniert, die innerörtlichen Straßen durch bauliche Maßnahmen teilweise verkehrsberuhigt. Gelegentlich finden sich kleinere Geschäfte. Im alten Ortsmittelpunkt um Kirche und Rathaus sind einige Betriebe des Einzelhandels und der Gastronomie ansässig. Am Nordrand des Orts hat sich ein großer Einzelhandelsbetrieb niedergelassen. Dem typischen Flachdachbau sind ausgedehnte Parkflächen, Tankstelle etc. vorgelagert. Am Westrand entstand in Richtung Forlenhof ein Schul- und Sportzentrum.

Die neugotische Pfarrkirche St. Johannes der Täufer wurde 1889 erbaut und 1891 geweiht. Die dreischiffige Basilika aus rotem Sandstein hat einen viergeschossigen Westturm mit achtseitigem Pyramidendach. An das Mittelschiff schließt im Norden ein niedriger, eingezogener Chor an.

Pfarrhaus in Vimbuch.

Die Wände der Seitenschiffe sind durch Spitzbogenfenster zwischen den Strebepfeilern gegliedert. Der Chor hat zweibahnige Maßwerkfenster mit Dreipaß. Neben der Kirche stehen das zweigeschossige Gemeindehaus mit einem Eine-Welt-Laden und – als flacher eingeschossiger Anbau diesem vorgesetzt – dem Kindergarten. Das Pfarrhaus wurde bereits 1732, vermutlich nach Plänen von Peter Thumb, errichtet. Der zweigeschossige massive Bau weist ein Mansardwalmdach und historisierende Risalite am nördlichen Teil auf; er gilt als eines der bedeutendsten Bauwerke dieses Typs in Mittelbaden. Auffällig ist ein Seitenrisalit mit Schweifgiebel und Zwillingsfenstern an der Westfassade sowie ein Treppenhausrisalit an der Nordostfassade. Die in fünf Achsen gegliederte Südseite, an der sich auch das Portal befindet, zeigt neben rechteckigen Fenstern mit Werksteinfassung eine Wappentafel über dem Eingang, die den Bauherrn und das Baudatum nennt. Teil des Areals ist auch der Pfarrgarten, der 1755/60 ummauert wurde. Unterbrochen wird die Gartenmauer durch die eingeschossige Pfarrscheuer aus Steinmauerwerk und Fachwerk. Dem Pfarrhaus gegenüber, auf der anderen Straßenseite, steht das 1859 erbaute Rathaus.

Bühls nördlichster Stadtteil Weitenung liegt am Rand eines Niederterrassenrestes zur Sandbachniederung und ist aus einem Straßendorf mit gebrochener Linienführung hervorgegangen. Die im Nordwesten und Süden des Orts entstandenen Neubaugebiete mit Einzelhaus- und Blickbebauung haben die Siedlungsfläche des alten Dorfs vervielfacht und die Bebauung stark verdichtet; jüngere Aus- und Umbauten haben das Erscheinungsbild des alten Kerns stark verändert. Die neubarocke katholische Pfarrkirche Hl. Blut wurde 1923/25 durch Johannes Schroth erbaut. Es handelt sich um einen schlichten, auch äußerlich schmucklosen Saalbau mit niedrigem Chor. Der dreigeschossige Westturm hat ein vierseitiges Pyramidendach. Das Rathaus entstand 1842/43 als zweigeschossiger Walmdachbau mit Zwerchgiebel über den drei mittleren, als Risalit ausgebildeten Achsen der Straßenfassade. Im Zwerchhaus sind fünf Rundbogenfenster mit Werksteinfassung eingelassen, während alle anderen Fenster rechteckige Formen aufweisen. Bis 1962 wurde es als Schulhaus genutzt, seit 1973 dient es der Ortsverwaltung. Daneben steht das Feuerwehrgebäude, ein zweigeschossiger giebelständiger Satteldachbau mit zwei Fahrzeugtoren und Schlauchturm.

Die ehemalige Gehöftgruppe Elzhofen, in Hurstrandlage westlich von Weitenung, ist durch die fortschreitende Bebauung mit dem Ort verschmolzen, desgleichen der einstige Weiler Mühle. Die ehemalige Gehöftgruppe Ottenhofen ist schon früh entlang der Straße zum Dorf gewachsen und präsentiert sich heute ebenfalls als Teil von Weitenung. Der Weg zum Wohnplatz in der Witstung führt zunächst über Äcker und Obstwiesen sowie durch den Großen Bruchwald. Am Eingang zur Siedlung liegt rechts, leicht erhöht die moderne eingeschossige Kapelle mit umlaufendem Gang aus hölzernen Tragsäulen; der kleine Glockenturm ist kaum mannbreit. Diese Kapelle wurde 1990/91 nach Plänen des Architekten Volker Bergmaier (Baden-Baden) durch einen Förderverein der Ortsbürger errichtet.

B. Geschichte der Stadtteile bis zum Ende des Alten Reiches

Altschweier

Siedlung und Gemarkung. – Als *Algeswilre* wird der Ort um 1265 im Hofrecht für Ottersweier erstmals erwähnt;[1] ein bislang hierher bezogener Eintrag (*Alineswilare*) im Schenkungsbuch des Klosters Reichenbach meint nicht Altschweier, sondern das abgegangene Elisweier bei Oberkirch. Es handelt sich um einen Ausbauort des hohen Mittelalters, dessen Name von einem Personennamen abgeleitet ist. Abgesehen von einem vielleicht römerzeitlichen Inschriftenfragment, das 1974 beim Abriß der Mattenmühle entdeckt wurde, liegen archäologische Befunde von hiesiger Gemarkung nicht vor. Zum Bann von Altschweier gehörten neben dem Dorf und der Mattenmühle noch die Höfe Obere und Untere Krautenbach (1267) im Westen sowie Haubach im Südosten der Gemarkung. Von alters her wurde das Dorf durch den Bühlotbach in zwei ungleiche Hälften geteilt. Südlich des Bachs, in dem »windeckischerseits« gelegenen größeren Ortsteil gab es 1788 76 Häuser, vier Pferde-, 80 Rinder- und 106 Schweineställe sowie 56 Scheunen; im nördlichen Ortsteil (»kirchspielseits«) zählte man zur gleichen Zeit 57 Häuser, zwei Pferde-, 61 Rinder- und 98 Schweineställe, dazu 52 Scheunen. Windeckischerseits waren damals sieben Häuser zweistöckig, 28 anderthalbstöckig und 41 einstöckig, kirchspielseits waren nur zwei Häuser zweistöckig, 28 anderthalbstöckig und 27 einstöckig.

Herrschaft und Staat. – Das eingangs erwähnte Hofrecht von Ottersweier deutet auf ältere Rechte der Grafen von Eberstein, die wohl als Grundlage der hiesigen Herrschaftsentwicklung gelten dürfen. Noch die Verhältnisse während des späten Mittelalters liegen weithin im dunkeln, allerdings läßt die Zugehörigkeit zum Gerichtsstab von Bühl darauf schließen, daß die obrigkeitlichen Strukturen sich hier ähnlich wie dort unter niederadliger Beteiligung herausgebildet haben. So ist anzunehmen, daß die zwischen 1267 und 1292 bezeugten Ritter von Krautenbach (Berthold, Burkhard, Dietrich) der ebersteinischen Ministerialität entstammten; bei dem in einer Beschreibung von 1702 erwähnten *alten Gemeuer, so vor dießem ein Schlößlen gewesen*,[2] dürfte es sich um ihren Sitz gehandelt haben. Ein weiterer Niederadelssitz (Wasserhaus) bestand in der Haubach; er rührte vom Kloster Schwarzach zu Lehen und gehörte vor 1457 denen von Ditzingen, danach den Rödern von Neuweier. Im 16. Jh. war die markgräflich badische Orts- und Landesherrschaft in Altschweier allem Anschein nach unbestritten; der Ort gehörte zum Amt Bühl (und Großweier), wurde aber gelegentlich auch zum Amt Steinbach gerechnet (1510, 1582) und war schließlich Teil des Oberamts Yburg.

Grundherrschaft und Grundbesitz. – Die einst ebersteinischen Gerechtsame zu Altschweier sind bereits im 13. Jh. an das Kloster Herrenalb gelangt, zum Teil aber wohl auch in den Besitz niederadliger Vasallen. So erscheinen hier seit dem 13. Jh. als Besitzer von Gütern und Gülten vor allem die von Krautenbach (1283), die Judenbreter (1325) und Ottfriedrich (1471) aus Straßburg, die von Rust (1330), von Windeck (1409) und die Röder von Rodeck bzw. von Tiefenau (1337); auch die von Bach müssen hier begütert gewesen sein, denn 1547 bezogen die Inhaber des Unterschlosses Neuweier Einkünfte aus Altschweier. Als Lehnleute der Markgrafen von Baden begegnen vom 15. bis ins 17. Jh. die Pfau von Rüppurr mit dem Anspruch auf diverse Geld- und Naturalzinse, desgleichen 1629/70 die in badischen Diensten stehende Familie Schmalkalder und 1785 die Brombach von Tiefenau. Die Rebhöfe Ober- und Unterkrautenbach wurden 1572 von dem markgräflichen Rat Johann Hirschmann an Melchior von Schauenburg zu Bach verkauft. Den Markgrafen selbst stand in Altschweier eine Vielzahl von Güterzinsen und sonstigen Einkünften zu, darüber hinaus hatten sie die Weißensteiner (1626) und Krautenbacher (1702) Reb- und Meiereihöfe zu verleihen.

Außer dem hiesigen Besitz der Zisterzienser von Herrenalb reichte auch jener der Benediktiner von Schwarzach ins 13. Jh. zurück; im Laufe des 15. Jh. wurde er noch verschiedentlich durch Schenkungen vermehrt, im 16. und 17. Jh. wiederholt mittels Kauf oder Tausch, u.a. in der Haubach und in der Krautenbach. In der Haubach erwarb 1471 auch das Kloster Reichenbach im Murgtal Güterbesitz. 1337 kaufte das Straßburger Stift Jung St. Peter Einkünfte von ei-

Altschweier von Südwesten.

nem Hof zu Altschweier, die es noch Mitte des 18. Jh. in Besitz hatte. Zinse des Klosters Allerheiligen auf dem Schwarzwald sind von 1367 bis ins 16. Jh. bezeugt, und die Zisterzienserinnen von Lichtenthal erlangten 1446 durch eine Konventualin aus der Familie von Rust hiesigen Weinbergbesitz. Das Kollegiatstift (1546) und die Jesuiten von (Baden-)Baden (1660/65) bezogen aus Altschweier Geldzinse, und schließlich verfügten hier die Kirchenfonds von Steinbach (1320), Ottersweier (1468), Kappelwindeck (1527) und Bühl (1664) über allerlei Gerechtsame.

Gemeinde. – Die Gemeinde zu Altschweier tritt 1283 unter der Bezeichnung *universitas ville in Alßwilre* erstmals in Erscheinung. Ihre Vertreter waren anfangs der Heimbürge (1514) und die Viermänner; ein Bürgermeister wird um 1720 genannt. Ein Bürgerhaus gab es bereits 1533 am Allmendweg, dorthin mußten sich die Dorfbewohner begeben, wenn die Sturmglocke geläutet wurde. Seit 1753 fanden die Zusammenkünfte der Gemeinde im Laubenwirtshaus statt. Die althergebrachte Zugehörigkeit zum Gerichtsstab von Bühl fand um 1788/89 ihr Ende; der Ort erhielt sein eigenes Gericht und ließ sich ein Siegel schneiden, das ein Rebmesser unter einem an einem Bügel erzogenen Rebstock zeigt und die Inschrift *ALTSCHWEIRER GEMEINDS INSIGILL 1789* trägt. Heimbürge und Gemeinde zu Altschweier waren für den Unterhalt von Straßen, Stegen und Wegen von der Hessenbach bis an die Serre (Zauntor) in Freienhöfen (Bühlertal) verantwortlich; häufig wurden diese Wege durch Hochwasser in Mitleidenschaft gezogen.

Kirche und Schule. – Eine eigene Pfarrei hat Altschweier erst im späten 19. Jh. erhalten. Ursprünglich gehörte der Ortsteil rechts der Bühlot zum Kirchspiel von Steinbach, dann zu jenem von Bühl, die Siedlungsteile links des Bachs zur Pfarrei Kappelwindeck. Bei der Allmende gab es eine aus Holz gebaute Kapelle; einer Nachricht von 1717 zufolge war dieses damals neuerbaute Kirchlein St. Gallus geweiht. Der Nachfolgebau hatte 1780 das Patrozinium des Hl. Kreuzes.

Die in Altschweier bestehenden Zehntberechtigungen waren diesseits und jenseits des Bühlotbachs verschieden. Auf der Steinbacher Seite teilten sich in den Weinzehnt das Kloster Lichtenthal zur Hälfte sowie der Markgraf von Baden und die Röder je zu einem Viertel; auf der anderen Seite waren die von Enzberg (dann Baden) und das Kloster Reichenbach im Murgtal zu je einem Viertel und die von Ampringen (dann Reichenbach) zur Hälfte beteiligt.

Den Schulunterricht besuchte die Altschweirer Jugend in Bühl. 1738 baten einige Ortsbürger um die Bewilligung eines eigenen Schulmeisters. Später diente ein Gebäude an der Büllot als Schulhaus; in ihm waren sowohl der Schulraum wie die Wohnung des Lehrers untergebracht (1772).

Gemarkung von Altschweier, 1784.

Bevölkerung und Wirtschaft. – Eine Zinserneuerung von 1432 nennt acht Höfe, in einem Hofstättenzinsverzeichnis von 1533 sind nur wenige Häuser und Güter aufgeführt; aber solche Angaben sind zu vage, um sie zu bevölkerungsstatistischen Zwecken hochzurechnen. Um 1738 wird eine Zahl von 80 bis 90 Bürgern angegeben, woraus man auf eine bei etwa 400 oder 450 liegende Gesamteinwohnerzahl schließen darf; 1765 belief sich die Zahl auf rund 500 (101 Bürger und neun Hintersassen). 1772 betrug die Seelenzahl 568; in den folgenden Jahren stieg sie beinahe kontinuierlich weiter an – 1778 590, 1781 610, 1788 697 – und erreichte 1790 736, womit das rasche Wachstum fürs erste ein Ende hatte. Zum Jahr 1800 ist bereits wieder ein leichter Rückgang (714) zu konstatieren.

Der Weinbau stellte für Altschweier schon im Mittelalter die hauptsächliche Erwerbsquelle dar, was sich nicht zuletzt darin zeigt, daß neben dem Weinzehnt der Zehnt von anderen Früchten hier praktisch keine Rolle spielte. Die einzelnen Rebhöfe waren mit Keltern ausgestattet und wurden erblehnweise, nicht selten um den halben Ertrag verliehen. Die örtliche Viehhaltung profitierte von den Weiderechten, welche die Altschweirer Bürger je nach ihrer Pfarreizugehörigkeit im Steinbacher Kirchspielswald und in den Windecker Waldungen hatten. Der Viehbestand belief sich 1788 auf insgesamt 15 Pferde, 307 Rinder, 247 Schweine und 14 Ziegen.

Vom Wasser der Bühlot wurden auf hiesiger Gemarkung mehrere Mühlen angetrieben; die am frühesten erwähnte war 1337 zu Erblehen vergeben. 1476 unterschied man eine untere und eine obere Mühle, erstere gehörte noch im 18. Jh. zum markgräflichen Lehen der Pfau von Rüppur. 1702 und 1771 existierten neben der Unteren (oberschlächtig) noch drei weitere Mühlen mit jeweils zwei Mahlgängen und einem Schälgang: die oberschlächtige Mattenmühle (Erblehen), die unterschlächtige Kleine- oder Maulschellenmühle (Eigentum) und die oberschlächtige Holzmühle (Erblehen); die 1533/98 erwähnte Röschenmühle wird 1626 als abgebrannt bezeichnet. Die von 1527 bis ins 19. Jh. nachweisbare Holzmühle gehörte den Windeckern bzw. ihren Erben, schließlich den Markgrafen von Baden und hatte 1598 vier oberschlächtige Wasserräder, drei Mahlgänge und einen Gerbgang. Eine nicht näher bezeichnete Mahlmühle – vielleicht die Kleine Mühle – wurde 1654 vom Kollegiatstift (Baden-)Baden an das Kloster Allerheiligen und von diesem 1673 in private Hand verkauft. 1504 verlieh das Kloster Reichenbach einen Platz zum Bau einer Schleif- und Gerbmühle am Hugsbach; eine andere Schleifmühle bestand zu Beginn des 18. Jh. bei der Mentzlach, oberhalb der Holzmühle. Am Lampertsberg wurden 1547 eine Mahl- und vor 1622 eine Papiermühle betrieben, um 1772 gab es überdies eine Tabakmühle, die dem Bühler Adlerwirt gehörte. Zum besseren Betrieb der Altschweirer und der weiter unterhalb gelegenen Bühler Mühlen wurde zwischen 1509 und 1534 parallel zur Bühlot ein Mühlkanal angelegt.

Eine Hammerschmiede mit Schmelzofen und Gießhäuslein entstand in Altschweier 1681, allerdings währte ihr Betrieb offenbar nur wenige Jahre. 1690 wurde die Rennschmiede samt Wohnung und Inventar auf drei Jahre an einen Hammermeister aus Freudenstadt unter der Bedingung verliehen, daß er abzutreten habe, falls die Herrschaft das Bergwerk wieder selbst anfangen wolle. Einem Bericht von 1686 zufolge stand damals auf dem Holzmühlplatz eine große Hammerschmiede mit einem Bleiofen; auf dem dortigen Allmendplatz ist davor eine Ölmühle betrieben worden.

Im 18. Jh. existierte in Altschweier eine kleine Spezereihandlung. Ein Wirtshaus ohne Schild gab es bereits 1616; um 1797 bestanden die Schildrechte zur Laube, wo die Gemeindeorgane tagten, und zum Yberg.

Balzhofen

Siedlung und Gemarkung. – Balzhofen ist vermutlich aus einer Einzelhofsiedlung des frühen Mittelalters hervorgegangen. Als *Baldeltzhofen* 1325 erstmals urkundlich nachgewiesen,[3] geht der Ortsname mit seinem Bestimmungswort auf einen Personennamen zurück. Archäologische Befunde sind, abgesehen von drei steinzeitlichen Absplissen, die 1950 westlich des Muhrwaldes aufgelesen wurden, von hiesiger Gemarkung nicht bekannt. Nordöstlich von Balzhofen, gegen Vimbuch lag im späten Mittelalter der Weiler Henkhurst oder Henchhurst (1350/60 *Hamchenhurst*, 1475 *Emychenhurst*, von PN Emicho), der offenbar bereits im 17. Jh. wieder ausgegangen ist.

Herrschaft und Staat. – Von alters her gehörten Balzhofen und Henkhurst zum unmittelbaren Immunitätsbezirk des Klosters Schwarzach, des näheren zum Gerichtsstab von Vimbuch. Mithin lag die Ortsherrschaft samt der niederen Gerichtsbarkeit beim Abt und seinem Konvent. Die Landesherrschaft und Landeshoheit mit dem Recht auf Steuern, Schatzungen und dergleichen war bis zum Ende des

Gemarkung von Balzhofen, 1784.

Alten Reiches zwischen dem Kloster und den Markgrafen von Baden umstritten, wurde aber faktisch vom Markgrafen als Inhaber der Kastenvogtei ausgeübt. Einen eigenen Adel hatte Balzhofen entgegen verbreiteter Meinung nicht; entsprechende Namensträger stammten vielmehr vom Balzhof (abgeg.) bei Cleebronn im Zabergäu.

Grundherrschaft und Grundbesitz. – Weitaus der meiste Grundbesitz in Balzhofen und Henkhurst war dem Kloster Schwarzach verpflichtet und rührte von diesem zu Erblehen. Zumeist dürften diese Güter in die frühe Zeit des Klosters zurückreichen, jedoch sind auch für das späte Mittelalter noch Erwerbungen zu verzeichnen, so beispielsweise ein hernach gewöhnlich als Seelgerät bezeichnetes Gut, das auf eine entsprechende Stiftung des Edelknechts Heinrich von Rittersbach (1325) zurückging. Die Markgrafen von Baden hatten den sogenannten Grafenhof (1480) und das Ossergut (1533) zu verleihen, Bauerngüter, die ihre Namen von einstigen Inhabern trugen. Auch die Herren von Bach waren hier mit einem Hof begütert, der noch im späteren 18. Jh. zum Unterschloß in Neuweier gehörte; weiteren Grundbesitz mutmaßlich gleicher Provenienz haben 1597 die von Schauenburg bestandsweise verliehen. Schließlich verfügten 1666/67 die von Hüffel als Erben der Windecker (1492) über einen Erblehnhof mit 17 J Äckern und 12 Tw Matten, dessen Eigentum im 18. Jh. bei den Markgrafen lag.

Gemeinde. – Als Vertreter der Gemeinde ist für Balzhofen 1431 ein Heimbürge bezeugt, um 1751 wird er als Bürgermeister bezeichnet. Erste Instanz in niedergerichtlichen Sachen war der Stab in Vimbuch. In das zweitinstanzliche Gericht, das Salgericht des Klosters in Schwarzach, wurden 1454 und vermutlich auch sonst immer wieder Angehörige der hiesigen Gemeinde als Schöffen berufen. Die Gemeinsleute hatten Anteil an der Weide im Wald Hägenich, in der Großweirer Mark sowie in den Windecker Waldungen und konnten die entsprechenden Rechte auch im 16. Jh., als man versuchte, sie davon auszuschließen, behaupten.

Kirche und Schule. – Kirchlich gehörte Balzhofen zur Pfarrei Vimbuch. Seit um 1701 gab es am Ort eine aus Holz errichtete Kapelle St. Maria Magdalena, in der nach dem Brand der Vimbucher Kirche von 1703 bis etwa 1715 der Pfarrgottesdienst beider Gemeinden stattfand. Danach gab es hier nur noch gelegentlich am Fest der hl. Anna Privatmessen; 1761 wurde die Kapelle mit Zelebrationsverbot belegt. An ihre Stelle trat ein 1776 aus Stein errichteter und 1784 geweihter Neubau.

Der Zehnt zu Balzhofen stand allein dem Kloster Schwarzach zu und wurde von diesem schon im 15. Jh. immer von neuem auf ein oder mehrere Jahre in Pacht verliehen.

1769 hielt in Balzhofen ein Schulmeister Winterschule, 1771 auch Sommerschule. Der Lehrer unterstand der unmittelbaren Aufsicht des Klosters Schwarzach und hatte 1789 nach der österreichischen Normalmethode zu unterrichten. Der Bau eines Schulhauses war 1789/90 geplant.

St. Anna-Kapelle in Balzhofen.

Bevölkerung und Wirtschaft. – Um 1540 belief sich die Zahl der Balzhöfer Bürger auf etwa 14 bis 16, was auf eine Gesamteinwohnerzahl zwischen 50 und 70 schließen läßt. Vor dem Ausbruch des Dreißigjährigen Krieges lebten in Balzhofen und Henkhurst 33 Bürger, d.h. ungefähr 140 Personen, 1633 waren es nur noch zwei Bürger bzw. nicht mehr als ein Dutzend Leute. 1773 hatte der Ort – Henkhurst war inzwischen ausgegangen – 238 Einwohner; in den folgenden Jahren ging die Zahl leicht zurück (1774/75 ca. 220, 1777/78 217), nahm dann aber wieder merklich zu (1788 277) und lag 1789 bei 296.

Zu Beginn des 18. Jh. errichtete das Kloster Schwarzach an dem bei Balzhofen vorbeifließenden Laufbach eine Pleuelmühle mit drei Stampfen zur Verarbeitung des hier vorzugsweise angebauten Hanfs. Diese Mühle war mit schuld, wenn bei Hochwasser Teile des Hägenichwalds überschwemmt wurden, so daß, um Abhilfe zu schaffen, der Betrieb zeitweise stillgelegt werden mußte. Maßnahmen gegen Hochwasser waren allerdings schon im 16. Jh. notwendig, weil man ein Bächlein, das bei Großweier und Michelbuch in das Schwarzwasser geflossen war, in den Laufbach geleitet hatte, wodurch dessen Wasserstand oft rasch anwuchs und die bei Balzhofen liegenden Matten, Weiden und Äcker in einen See verwandelte. Deshalb baten die Balzhöfer und Henkhurster ihre Kappelwindecker und Ottersweirer Markgenossen 1540 um Mithilfe zur Anlage eines Grabens durch die Allmende. 1773 wurden die Dorfbewohner vom Mühlzwang in Zell befreit. Der Viehbestand am Ort war zu Ende des 18. Jh. bemerkenswert. 1771 wurden nicht weniger als 103 Pferde, 146 Rinder und 30 Schweine gezählt; 1780 waren es sogar 119 Pferde, aber nur noch 133 Rinder und inzwischen 55 Schweine; 1804 – vielleicht infolge der Revolutionskriege – gab es nur noch 78 Pferde, 97 Rinder und 32 Schweine. In Henkhurst ist bereits 1551 ein Wirt nachzuweisen; in Balzhofen erlangten die Wirtshäuser zum Rössel und zur Krone in den Jahren 1765/68 Schildrechte.

Bühl

Siedlung und Gemarkung. – Das heutige Stadtgebiet von Bühl war bereits in vorgeschichtlicher Zeit besiedelt. Neben vielen anderen Funden zeugen davon eine Klinge aus Grand-Pressigny-Feuerstein aus der Jungsteinzeit, die im Gewann Ehlet gefunden wurde, sowie grobe, frühgeschichtliche Wandscherben und ein Silexabschlag aus dem Gewann Waldhägenich, aber auch verschiedene Kleinfunde vom Schänzel bei Kappelwindeck am Rand der Vorbergzone. Zwei Meilensteine – darunter der sogenannte Immenstein zwischen Bühl und Müllenbach –, einige Münz- und Keramikfunde im Hänferdorf sowie das Fragment einer aus einem Keller im Dorfkern (Schwanenstraße) geborgenen Götterstatue dokumentieren hiesiges Leben in römischer Zeit, freilich ohne daß es bislang gelungen wäre, Gebäudereste aus jener Periode nachzuweisen.

Schriftliche Zeugnisse zur Bühler Geschichte liegen erst seit dem hohen Mittelalter vor. In der problematischen, auf 1148 datierten Gründungsurkunde des Klosters Herrenalb erscheint unter den Zeugen ein *L. de Bvhel*.[4] Die Frage, ob das dort genannte Bühl mit dem hiesigen oder mit Niederbühl (Stadt Rastatt) zu identifizieren ist, muß ebenso offen bleiben, wie die entsprechende Überlieferung im ganzen zweifelhaft ist. Die erste zuverlässige Erwähnung des Ortes (*Bühel*) geschieht 1283 in einer Urkunde des Klosters Schwarzach.[5] Der auch anderwärts häufig vorkommende Ortsname bezeichnet eine kleine Anhöhe oder einen Hügel (ahd. *buhil*, mhd. *bühel*); der Name des durch Bühl fließenden Baches Bühlot (Büllot, Bühloterbach) ist vom gleichen Begriff her zu erklären. Zur Unterscheidung von Bühl bei Rastatt (Niederbühl) bzw. Bühl bei Offenburg wurde das hiesige Bühl bisweilen auch als Oberbühl oder als Bühl unter Windeck bezeichnet.

Schon im späten Mittelalter scheint Bühl ein ansehnlicher Ort gewesen zu sein. Um 1400 wurden hier wiederholt Tagsatzungen und Verhandlungen zwischen Gesandten des Markgrafen von Baden und der Stadt Straßburg gehalten, und im 16. Jh. zählte Sebastian Münster in seiner Weltbeschreibung den Flecken unter die drei großen Dörfer der Ortenau. Der älteste Siedlungskern Bühls entstand an der schon zur Zeit der Römer benutzten Straße entlang dem Rand der Vorbergzone, unmittelbar am Übergang über die Bühlot. Das mittelalterliche und frühneuzeitliche Dorf war im Norden und Osten von einem Graben umschlossen (Grabenstraße), Anwesen und sonstige Gebäude gruppierten sich nördlich der Bühlot, im Ortsteil Unterbrück, zu beiden Seiten der Straße; hinzu kamen noch einige Häuser in dem südlich des Bachs gelegenen Oberbrück, im Bereich des ehemaligen Windecker Hofs (Hotel Badischer Hof). 1788 machten Unterbrück etwa vier Fünftel (181 Häuser) und Oberbrück etwa ein Fünftel (49 Häuser) des Fleckens aus; die Bebauung war überwiegend zweistöckig, seltener einstöckig und nur ausnahmsweise einmal dreistöckig. Entlang eines in Altschweier von der Bühlot abzweigenden

Mühlkanals (1514 *Bluwelbach*) lagen im sogenannten Hänferdorf, östlich der Hauptstraße, zahlreiche Mühlen und Pleuel. Gegen Norden und Süden war der Marktflecken im 16. Jh. durch zwei Tore gesichert. Zwei Holzbrücken beim unteren Tor, die steinerne Brücke über die Bühlot innerorts und eine weitere beim Südtor führten über die den Ort umschließenden Gräben sowie über den Bach. Bei dem 1622 erbauten Torturm im Süden des Fleckens – wohl identisch mit dem später sogenannten Hexenturm – befand sich eine Schanze zur besseren Verteidigung. Während des kriegerischen 17. Jh. wurde Bühl wiederholt nahezu vollständig niedergebrannt (1622 und 1689) und während des Dreißigjährigen Kriegs sowie zwischen 1674 und 1678 mehrfach ausgeplündert.

Einer Beschreibung von 1576 zufolge begann der Bezirk des gemeinen Gerichtsstabs von Bühl beim sogenannten Immenstein nördlich der Siedlung (an der B3) und führte in östlicher Richtung über das Steinloch gegen Altschweier bis an den Sternenberg, dann hinauf über den Grenisberg (Bühlertal) zum Wintereck, Schwanenwasen und Plättig, unter dem Burgstadel Bärenstein entlang in westlicher Richtung bis an den Sickenwald oberhalb von Bühlertal und von dort hinunter bis unterhalb des Immensteins bei Neusatzeck und den Burgweg entlang in Richtung Altwindeck. Bezüglich des weiteren Grenzverlaufs gab es immer wieder Differenzen zwischen den Herren von Windeck und den Markgrafen von Baden. Im Süden grenzte der Bühler Stab an den Ottersweirer Bann. Die einzelnen Grenzen innerhalb des gemeinen Bühler Stabs, des näheren die Gemarkungsgrenzen von Kappelwindeck, Altschweier und Bühlertal, waren das Ergebnis spätmittelalterlicher und frühneuzeitlicher Entwicklungen. Über den beschriebenen Bann hinaus hatte Bühl zusammen mit Vimbuch und Sinzheim Anteile an den sogenannten Steinbacher Kirchspielwaldungen sowie gemeinsam mit den Kirchspielen Kappelwindeck, Ottersweier und Sasbach an den Windecker Waldungen, u.a. am Hägenichwald.

Herrschaft und Staat. – Die Hofgüter der Grafen von Eberstein und die ihrer Lehnleute, namentlich der Herren von Windeck, stellen die ältesten urkundlich faßbaren Grundlagen der hiesigen Herrschaft dar. Sie waren Pertinenzen der Burg Windeck und hatten ihren Ursprung möglicherweise in der Grundherrschaft des Klosters Schwarzach; noch im 17. Jh. mußten die Bühler am Eichgeschirr des Klosters Maß nehmen. 1302 umfaßten die Ebersteiner Lehen der Windecker Burg Windeck (*Eberhards Burg*), das Dorf Kappelwindeck samt dem Kirchensatz, das Dorf Bühl mit Gericht und Leuten sowie Rittersbach. 1404 fiel die seit 1387 gemeinschaftliche ebersteinisch-badische Lehnshoheit über Bühl ganz an Baden, jedoch ist es dabei nicht geblieben. Nachdem die Markgrafen sich von den wirtschaftlich bedrängten Windeckern bereits 1347 die Vorderburg Altwindeck hatten öffnen lassen und bald auch zugehörige Rechte erlangen konnten, fielen ihnen im Laufe des 15. Jh. nach und nach weitere Teile der bislang windeckischen Gerechtsame zu. Nach dem Aussterben der Altwindecker Linie und im Zuge der Beilegung von Streitigkeiten im Kondominat wurde 1459 eine Vereinbarung dahingehend getroffen, daß Baden fortan die Hälfte des Gerichts sowie ein Viertel am Zoll und Ungeld, die von Windeck zu Neuwindeck aber den Rest (das halbe Gericht, drei Viertel an Zoll und Ungeld) besitzen sollten. In der folgenden Generation verkauften die von Windeck 1486/87 noch einmal Teile der Ortsherrschaft an die Markgrafen, darunter auch Rechte in dem südlich der Bühlot gelegenen Ortsteil Oberbrück, den die Windecker um 1400 dem Reich zu Lehen aufgetragen hatten. Der Ortsteil nördlich der Bühlot war spätestens seit dem ausgehenden 15. Jh. offenbar ganz markgräflich badisch. Mit dem Erlöschen des Windecker Stammes 1592 folgten als Erben die von Hüffel und von Fleckenstein, und schließlich fielen deren verbliebene Befugnisse teils durch Kauf (1679), teils durch Lehnsheimfall (1720) an Baden. Das einstige Windecker Reichslehen gelangte über die von Senftenau, von Hornstein (1601), von Sötern (1614) und von Walderdorff (1682) freilich erst 1767 an den Markgrafen von Baden-Durlach. Damit war Bühl seit dem späten 18. Jh. endlich ganz badisch, allerdings verblieben das Steuer- und das Waffenrecht im Ortsteil Oberbrück noch bis zum Ende des Alten Reiches bei der Ortenauer Reichsritterschaft.

Während der Zeit der Kondominatsherrschaft, die sich auf den ganzen Bezirk des gemeinen Stabs erstreckte, erließen die Markgrafen von Baden zusammen mit den Windeckern und ihren Erben als Vogtsherren des Amts und Fleckens Bühl wiederholt Polizeiordnungen, mit denen sie die rechtlichen, wirtschaftlichen und bürgerlichen Verhältnisse regelten. Vielfach wurde dabei altes Herkommen aufgezeichnet, erneuert und ergänzt, aber auch durch neue, in andern Teilen des badischen Territoriums gebräuchliche Verordnungen ersetzt. Mitunter lassen einzelne Passagen dieser Texte eine Reaktion auf das Zeitgeschehen erkennen, etwa auf den Aufruhr des Bastian Gugel im Zuge des Armen

B. Geschichte der Stadtteile bis zum Ende des Alten Reiches

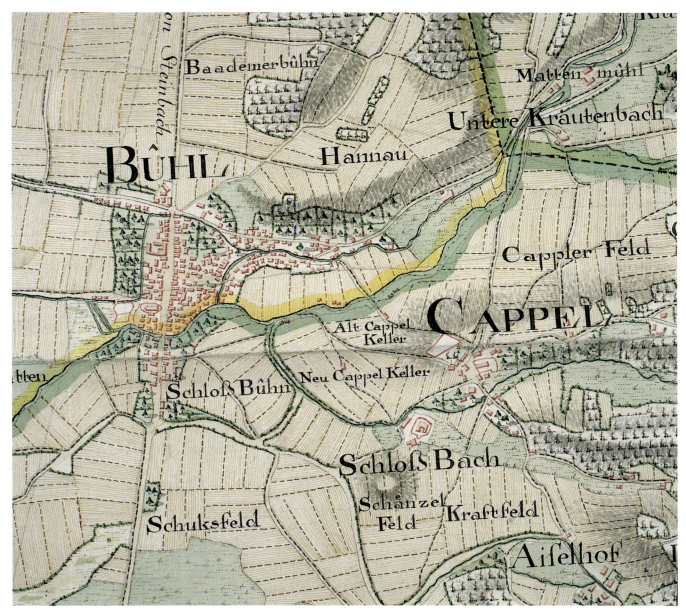

Bühl, Kappelwindeck und Schloß Bach, 1784.

Konrad (1514) oder auf den Bauernkrieg (1525), auf den konfessionellen Wechsel oder auf Kriege und ihre Folgeerscheinungen. Ergänzt wurden diese Ordnungen gewöhnlich durch Vereinbarungen zwischen beiden Herrschaften, mittels deren die minder mächtigen Windecker und ihre Nachfolger ihre Rechte als Mitherren zu wahren suchten, indem sie beispielsweise immer wieder darauf beharrten, Verfügungen und Mandate im Namen beider Herrschaften ergehen zu lassen. Gleichwohl nahm das eigenmächtige Handeln der badischen Seite im Laufe des 17. Jh. immer mehr zu, gab es doch zeitweise nicht einmal einen söterischen Amtmann am Ort, auch suchte die ritterschaftliche Seite den offenen Konflikt mit dem viel mächtigeren Baden zu vermeiden. Dennoch kam es mitunter zu gewaltsamen Auseinandersetzungen zwischen den beiderseitigen Amtleuten. Besonderen Wert legte man badischerseits naturgemäß auf alles, was den landesfürstlichen Regalien und der hohen Obrigkeit zuzuordnen war, so auf die Jagd, die Kriminaljurisdiktion – das Hochgericht stand auf dem Galgenbuckel an der nördlichen Gemarkungsgrenze gegen Steinbach – und das Recht zur Entscheidung über die Konfession. Insofern wurden Amt und Flecken Bühl faktisch schon seit dem 16. Jh. als Teil des badischen Territoriums behandelt, was sich nicht zuletzt an den mit benachbarten Herrschaften geschlossenen Verträgen ablesen läßt. Vertreter der Obrigkeit waren badischerseits ein Vogt, der zeitweise auch als Obervogt bezeichnet wurde, und windeckischerseits ein Verwalter sowie der von beiden Herrschaften gemeinsam bestellte Schultheiß mit seinen Amtsknechten.

Im 16. Jh. verteilten sich die Nutzungen und Gerechtsame unter den Bühler Kondominatsherren wie folgt: An Freveln und Bußen hatten Baden $^{13}/_{18}$ und Windeck $^{5}/_{18}$, am Landzoll und Ungeld Baden $^{7}/_{12}$ und Windeck $^{5}/_{12}$. Das Recht des Bannweinausschanks war dahingehend geregelt, daß am Sonntag nach Martini (11. November) der Markgraf und Windeck je ein Fuder legen durften, am Sonntag nach Lichtmeß (2. Februar) der Markgraf allein ein Fuder; am Sonntag nach Vocem Jocunditatis (im Frühjahr) legten der Markgraf ein halbes und die von Windeck ein ganzes Fuder. Zu den Rechten der Herrschaft gehörte darüber hinaus der Anspruch auf Hand- und Spanndienste der Untertanen, wovon allein die Amtleute wie der gemeinschaftliche Schultheiß, der Gerichtsschreiber, Bote und Mesner sowie der Amtsknecht befreit waren. Im Kriegsfall und bei entsprechenden Gelegenheiten bestand insofern Dienstpflicht, als die Ämter Bühl und Großweier gemeinsam einen gerüsteten Wagen mit vier Pferden zu stellen hatten; dabei führte das Amt Bühl die Kriegsfahne. Als Neubürger wurde nur angenommen, wer sein bisheriges Untertanenverhältnis abgelegt hatte und bereit war, einem der beiden Bühler Herren nach eigener Wahl zu huldigen. Der Anspruch auf die sogenannte Güterbede, der Austausch von Leibeigenen und das Recht an Wildfängen sowie die Nutzung des Walds und der örtlichen Fischwasser bedingten ständige Differenzen zwischen beiden Herrschaften.

1788 wurde Bühl Sitz des markgräflich badischen Amts Yburg, das von Söllingen und Stollhofen am Rhein bis nach Herrenwies und Hundsbach auf dem Schwarzwald reichte.

Wappen der von Windeck, 15. Jh.

Grundherrschaft und Grundbesitz. – Der gegenüber der einstigen Kirche (heute Rathaus) unmittelbar neben der Brücke über die Bühlot gelegene Windecker Hof (heute Hotel Badischer Hof) ist das wohl älteste Anwesen im Flecken Bühl überhaupt und bildete vielleicht ursprünglich das Zentrum einer hiesigen Grundherrschaft des Klosters Schwarzach. Im späten Mittelalter gehörte dieser Hof den Adligen von Windeck, zunächst als Lehen der Grafen von Eberstein, dann der Markgrafen von Baden (1422). Nach dem Aussterben der Windecker folgten in seinem Besitz je zur Hälfte die von Fleckenstein und von Hüffel. 1721 gelangte der ganze, damals hüffelische und crailsheimische Komplex durch Kauf an das Haus Baden-Baden, 1777 schließlich in bürgerliche Hand. Darüber hinaus begegnen die Windecker und ihre Erben durch die Jahrhunderte vielfach als Grundbesitzer und Grundherren sowie mit allerlei Berechtigungen auf hiesiger Gemarkung, u.a. mit dem sogenannten alten Windecker Hof am Rand des Dorfs, der zu Beginn des 16. Jh. infolge Erbschaft vorübergehend der aus dem Speyergau stammenden Familie von Altdorf gen. Wollenschlager gehört hat.

Auch die Markgrafen von Baden haben spätestens mit ihrem sukzessiven Eindringen in die Ortsherrschaft grundherrliche Gerechtsame in Bühl erlangt und diese vom 16. bis ins 18. Jh. durch Zukäufe und heimgefallene Lehen immer weiter zu mehren gewußt, so etwa um das Amtshaus im Ort, um die Güter der Familie Schmalkalder (1657) und um die ehedem von seldeneckischen Eigengüter (1683). Um 1700 wurden von der markgräflichen Verwaltung zu Bühl folgende Rebhöfe samt Trotten am Ort selbst und in der nächsten Umgebung verliehen: der Höllhof (ca. 40 Sth Reben, 2 J Büsche, 6½ Tw Matten, 1 J Acker), der Weißensteiner Hof (ca. 40 Sth Reben, 8½ Tw Matten, 2 Büsche), der Obere (ca. 25 Sth Reben, 4 Tw Matten, Büsche), Mittlere (ca. 33 Sth Reben, 5½ Tw Matten, ein Wäldchen) und Untere Krautenbacher Hof (ca. 26 Sth Reben, 4 Tw Matten, 1 Vtl Acker), der Vorder- und Hinterguckenhof (78 Sth Reben, 4 J Äcker, 4½ J Büsche, 11½ Tw Matten) sowie die Krautenbacher Meierei, ein *altes gemäuer, so vor diesem ein schlößlein geweßen*[6] (20½ J Äcker, 5¾ Tw Matten, Büsche); Bodenzinse bezog die Herrschaft Baden damals von 44 Hofstätten in Bühl. 1778 war der Markgraf hier und in Kappelwindeck Eigentümer von rund 175 M Äckern verschiedener Herkunft.

Außer diesen im engeren Sinn herrschaftlichen Begüterungen gab es vom Mittelalter bis ins 19. Jh. noch vielfältigen Besitz des oberrheinischen, meist ortenauischen Adels und der aus bürgerlichen Schichten aufgestiegenen markgräflichen Beamtenschaft, aber auch einzelner Straßburger Bürger (14./15. Jh.). So finden seit 1322 Güter (badisches Lehen) der Röder von Neuweier Erwähnung, die später an die Nix von Hoheneck gen. von Enzberg vererbt und 1515 dem baden-badischen Landschreiber Georg Hose verkauft wurden; die Kolb von Staufenberg hatten als badische Lehnleute in Bühl diverse Einkünfte (1337/1421), die Wiedergrün von Staufenberg ebenso als Vasallen der Herrschaft Lahr (1508). Das hiesige Lehen der Helt von Tiefenau (1432/76) gelangte auf unterschiedlichen Wegen über die Röder (1495), Landschad von Steinach (1511/74), von Aschmann (1581) und Datt (vor 1707) an die Brombach von Tiefenau (1707/73) bis es schließlich 1785 an Baden heimfiel; ein anderes Lehen, das die Landschaden im 16. Jh. hier hatten, gehörte später denen von Hauthumb (1627), dann von Hinderer (1671/1787). Die Pfau von Rüppurr legten 1476 ein badisches Manngeld auf Gerechtsamen zu Bühl an und trugen diese noch im 18. Jh. von den Markgrafen zu Lehen. Über die Herkunft und das Alter des bachischen Allodialbesitzes (1505), darunter etwa 30 bis 35 J Matten und Äcker, ist im einzelnen nichts bekannt; später findet er sich zum Teil in Händen der Schloßherren zu Neuweier (Unterschloß), zum Teil in Händen der von Schauenburg (1586/97) und schließlich der Markgrafen von Baden (1778 ca. 112 M Äcker). Zu guter Letzt berichten die Quellen noch von Besitz der Bademer von Rohrburg (1682) und von einem badischen Lehen der Familie von Kinningen (1760/1820), das später an die von Berstett gelangt ist. All dieses dokumentiert, wie die Markgrafen von Baden sowohl ihre »altadlige« wie ihre neuadlige Klientel über Jahrhunderte hinweg immer wieder mit Gütern und Einkünften in Bühl ausgestattet haben, vermutlich in der Absicht, ihre niederadligen Mitherren auch auf diesem Wege zu marginalisieren.

Ein großer Teil des geistlichen Besitzes in Bühl ist zweifellos auf Stiftungen des hier in großer Zahl begüterten Adels zurückzuführen, auch jener des Klosters Schwarzach, soweit er für das späte Mittelalter und die frühe Neuzeit überliefert ist; den ursprünglich Schwarzacher Besitz in Bühl und Umgebung dürften sich im Laufe des hohen Mittelalters die Klostervögte angeeignet haben. Außerdem erscheinen mit hiesigen Berechtigungen – meist Gülten und Zinsen – das Stift St. Peter zu Straßburg (1375) und das Kollegiatstift zu (Baden-)Baden (1461/1586), die Klöster St. Stephan (um 1300) und jenes der Augustiner (1369) in Straßburg, Allerheiligen (1367/1555) und Herrenalb (1395) im Schwarzwald sowie Königsbrück im Elsaß (1481), das Jesuitenkolleg in (Baden-)Baden (1642/ 1771) und die Franziskaner auf dem Fremersberg (1776). Schließlich zählten Rechte und Einkünfte in Bühl zur Ausstattung der Burgkaplanei auf Hohenbaden (1373), der Burgkapelle auf Altwindeck (1408), der St. Nikolaus-Pfründe in der Pfarrkirche von Ottersweier (1368) und der Kirche zu Kappelwindeck (1703).

Gemeinde. – Infolge der mit einer Jahrhunderte währenden Kondominatsherrschaft unvermeidlich einhergehenden Konflikte, aber auch entsprechend der relativen Bedeutung, die Bühl frühzeitig erlangt hat, ist die Gemeindeverfassung des Fleckens vergleichsweise gut dokumentiert. Die Zwölfer des Gerichts – ein Schultheiß und elf Richter – treten bereits 1324 in Erscheinung; ihre Zuständigkeit (Gerichtsstab) erstreckte sich neben dem Gerichtsort Bühl auch auf die Dörfer, Weiler und Höfe Kappelwindeck, Riegelhof, Rittersbach, Altschweier, Bühlertal, Liehenbach, Längenberg, Sickenwald, Hagenberg, Schönbuch, im Hof und Hubspruch (1702). Mittels Zuwahl ergänzte sich das Gericht im Bedarfsfall selbst, jedoch mußte seine Zusammensetzung stets das Kräfteverhältnis im Kondominat widerspiegeln; deshalb waren schließlich neun Schöffen aus dem Kreis der badischen und drei aus dem Kreis der windeckischen Untertanen zu wählen. Die Sitzungen fanden vierzehntäglich dienstags statt; außerordentliche Gerichtstermine durften nur im Einverständnis mit der Herrschaft anberaumt werden. Protokoll führte der Gerichtsschreiber, der 1609 auch als Stadt- und 1625 als Amtsschreiber bezeichnet wird. Den gemeinschaftlichen Schultheißen bestellte der Markgraf mit Wissen und Willen der Herren von Windeck respektive ihrer Erben; den Schreiber hatte zweimal hintereinander Baden zu ernennen, das dritte Mal Windeck; die Bestellung des Gerichtsboten fiel in die Zuständigkeit der Windecker, erforderte allerdings den Konsens der badischen Mitherrschaft.

Für die Angelegenheiten der Gemeinde im engeren Sinn waren der Heimbürge bzw. Bürgermeister und die wohl als Ratsgremium fungierenden Viermänner zuständig. Ursprünglich wurden alle fünf jährlich neu gewählt, jedoch ging man im 16. Jh., wohl mit Rücksicht auf eine kontinuierliche Amtsführung, dazu über, pro Jahr nur zwei der Viermänner zu ersetzen, so daß deren Amtszeit fortan zwei Jahre dauerte; der Heimbürge wechselte weiterhin jedes Jahr und mußte wie der Gerichtsschreiber im Verlauf von drei Jahren zweimal aus den badischen und einmal aus den windeckischen Untertanen gewählt werden. Außer den gewöhnlichen Gerichtssitzungen wurde jährlich am Mitt-

Allianzwappen von Windeck und von Reinach am Badischen Hof (ehem. Windecker Hof) in Bühl, 1563.

woch nach Dreikönig Rüggericht gehalten; dabei hatte jeder Einwohner anzuzeigen, was ihm an Verstößen gegen das örtliche Recht bekannt geworden war. Ein eigenes Siegel des Bühler Gerichts ist schon 1398 bezeugt und aus dem Jahr 1409 erstmals überliefert. Es zeigt das noch heute gültige Bühler Wappen und trägt die Umschrift + S[igillum] . VILLE . BVHEL . APVD . Wi[n]DECKE.

Ein Rathaus findet erstmals 1507 ausdrückliche Erwähnung, existierte aber offensichtlich bereits um die Mitte des 15. Jh. In seinem Erdgeschoß – *under der louben* (1454) – standen die Verkaufsstände der Metzger (Fleisch- oder Metzelbänke), und es erklärt sich wohl daher, daß der Metzelbankzins 1702 der Bürgermeisterei zustand. Darüber hinaus gehörte der Gemeinde das sogenannte Schießhaus, das 1722 wiederhergestellt werden sollte, an dessen Stelle einige Jahre später jedoch ein privates Anwesen errichtet wurde. Während das ehemalige Gutleuthaus (Sondersiechenhaus) wohl außerhalb des Orts lag, stand das kommunale Spital (1598) oder Gutleuthaus hinter dem Rat- und Schulhaus; 1742 hat es einen Neubau erhalten. Seine Pfleger hatten jährlich vor beiden Herrschaften Rechnung zu legen, und immer wenn vier Jahre lang ein markgräflicher Untertan die Spitalpflege versehen hatte, folgte darauf in den beiden nächsten Jahren ein Windecker. Ein Judenspital bestand 1778 am Kirchweg und diente der Aufnahme der armen Betteljuden. Des weiteren gehörte der Gemeinde ein Kornhaus (1732), dessen Speicher auch die Herrschaft zur Aufbewahrung ihrer Frucht nutzte, sowie ein Waaghaus für den Hanf (1700), und schließlich war sie im Besitz diverser Grundstücke und Allmenden sowohl im Dorf wie in dessen Gemarkung. Von großer Bedeutung war für die Gemeinde allzeit die Teilhabe an der vielfältigen Nutzung der sehr ausgedehnten Windecker Waldungen und des Steinbacher Kirchspielwalds sowie an Weide- und Viehtriebrechten im Gebiet des sogenannten Vimbucher Sees und des Waldhägenichs. Mit den Bühler Rechten im Windecker Wald hängt das um die Mitte des 18. Jh. von der Gemeinde betriebene Projekt einer Holzflößerei und Schwallung auf der Bühlot zusammen. Wegen des mit Kappelwindeck gemeinsam beanspruchten Fisch- und Krebsfangs im Sulzbach gab es wiederholt Differenzen mit dem Kloster Schwarzach (1698/1713). 1454 stiftete die Gemeinde gemeinsam mit ihrer Herrschaft eine Pfründe in der Pfarrkirche, und auch später beteiligte sie sich wiederholt an kirchlichen Investitionen, an der Beschaffung einer neuen Orgel, einer neuen Glocke oder an den Baulasten für Kirche und Pfarrhaus.

Zu den Pflichten der Gemeinde gehörte die Mitwirkung an der Pflege der Wege und Straßen. So mußten die Bühler den Weg von der Bühlot bis zur Rügeiche gegen Ottersweier hin und innerorts die steinerne Brücke über die Bühlot instandhalten sowie 1518 im Windecker Wald gemeinsam mit anderen Gemeinden des Amtes eine Brücke über die Raumünzach bauen. Hinzu kam die Zuständigkeit für einen Teil des Wegs bei Balzhofen, für das Brücklein zur Mooser Speck sowie für einige Stege über die Bühlot. Aufgrund kaiserlicher Anordnung mußten 1721 alle Untertanen die Landstraße (Bergstraße) in solcher Breite ausbauen, daß zwei Wagen einander ausweichen konnten, sie mit Kies beschütten und zu beiden Seiten Gräben anlegen.

Teile der Gemeinde empörten sich im Zuge des Armen Konrad 1514 unter Führung des Steinmetzen Bastian Gugel gegen ihre verschiedenen Herren, und im Bauernkrieg 1525 zogen die Bühler gemeinsam mit Untertanen aus den Abtsstäben nach Schwarzach und bedrängten das Kloster. In den Kriegen nach der Französischen Revolution hingegen wurden die Bühler für die patriotische Gesinnung, die sie unter Beweis gestellt hatten, von ihrer Obrigkeit ausdrücklich belobigt (1797).

Kirche und Schule. – Kirchlich war Bühl lange Zeit geteilt. Nördlich der Bühlot gehörte es zur Pfarrei Steinbach und hatte daher noch in der Neuzeit teil an den dortigen Kirchspielwäldern. Der Ortsteil Oberbrück, südlich des Bachs, war hingegen ursprünglich nach Ottersweier, seit dem 13. und bis ins 19. Jh. nach Kappelwindeck gepfarrt. Einer chronikalischen, urkundlich nicht bestätigten Nachricht zufolge soll der Flecken – dabei kann es sich freilich nur um den Teil nördlich der Bühlot handeln – bereits 1311 eine eigene Pfarrei erhalten haben, jedoch geschieht deren früheste zweifelsfreie Erwähnung erst 1488. Die Frühdatierung gewinnt indes dadurch an Wahrscheinlichkeit, daß der Ottersweirer Pfarrer Reinhard von Windeck in der Kapelle zu Bühl bereits vor 1319 eine Frühmesse stiftete. Zum Bühler Kirchspiel gehörten im folgenden die nördlich der Bühlot gelegenen Teile von Altschweier und Bühlertal (bis 1763), aber auch der Weiler Rittersbach und die Kapelle auf Burg Altwindeck. Das Recht des Pfarrsatzes war als Ebersteiner (1386), dann Badner Lehen (1403) zunächst im Besitz der von Windeck; nach deren Aussterben wurde es vom Markgrafen selbst wahrgenommen. Neben jener in Ottersweier diente den Windeckern auch die hiesige Kirche als Grablege und war an Wänden, Fenstern, Gestühl und Meßgewändern vielfach mit deren Wappen geschmückt.

Diese alte Pfarrkirche St. Peter und Paul (1514) stand wie vermutlich bereits die vorherige Kapelle an der Stelle des heutigen Rathauses; dessen spätgotischer Turm ist der einstige Kirchturm. Neben der Pfarrpfründe gab es zwei weitere, durch Angehörige der Familie von Windeck gestiftete Kaplaneipfründen, zum einen die bereits erwähnte Frühmesse zu Ehren der hl. Katharina (1454), zum anderen die St. Margarethen-Pfründe (1417), die zur Zeit der Reformation von den Nachkommen der Stifter säkularisiert und später als Hl. Kreuz-Pfründe (1601) wiedergegründet wurde; die Verleihung beider Pfründen oblag den Herren von Windeck und ihren Erben. Da die alte Frühmesse offenbar im Laufe des 17. Jh. der Pfarrpfründe inkorporiert worden war, stifteten 1758 Johann Joseph Meier und seine Ehefrau mit 4000 Gulden Kapital eine neue, die sogenannte Meiersche Frühmesse und verfügten dabei ausdrücklich, diese sollte niemals mit der Pfarrpfründe vereinigt werden. Schon vor der Reformation bestand in der Pfarrei Bühl eine St. Jakobs-Bruderschaft, und im Zuge der Gegenreformation, als die örtliche Pastoration von den (Baden-)Badner Jesuiten besorgt wurde, entstanden in den 1660er Jahren eine Rosenkranz- und eine Todesangst-Christi-Bruderschaft; letztere ist noch 1774 bezeugt. Zu jener Zeit war die Pfarrkirche auch im Besitz von Reliquien der hl. Rufina (1683), des Kreuzes Christi (1755) und des hl. Prudentius (1776).

Die Reformation hatte in Bühl seit 1555 vor allem unter dem Einfluß der Windecker Eingang gefunden und war zur Zeit der Oberbadischen Okkupation auch markgräflicherseits begünstigt worden, hat aber das Ende der Durlacher Herrschaft in Baden-Baden nicht überdauert. Zu Beginn des 17. Jh. wurde in der Bühler Kirche sowohl evangelischer wie katholischer Gottesdienst gefeiert.

Die vermutlich zu Beginn des 16. Jh. erneuerte Kirche wurde 1622 durch Brand vernichtet, aber schon wenige Jahre später wiederhergestellt. 1725 fand eine umfassende Renovierung bei gleichzeitigem Neubau des Chores statt; das Kirchenschiff erfuhr 1771/73 eine Erweiterung. Der alte Kirchhof wurde gegen Ende des 18. Jh. zwecks Erweiterung des Marktplatzes eingeebnet; ein neuer Begräbnisplatz war bereits in den 1570er Jahren in Kappelwindeck angelegt worden.

Die Zehntverhältnisse auf Bühler Gemarkung waren von alters her besonders kompliziert und unübersichtlich. Im wesentlichen orientierten sie sich an den hergebrachten Kirchspielgrenzen, wiesen dabei aber eine Vielzahl von separaten Distrikten und sonstigen Besonderheiten auf. Der Großzehnt im Gebiet der Bühler Pfarrei nördlich der Bühlot gehörte im 16. Jh. zu drei Vierteln denen von Windeck und – vermutlich aufgrund einer alten Ebersteiner Stiftung – zu einem Viertel der Frühmesse in der oberen Kirche zu Gernsbach; der windeckische Anteil gelangte hernach in markgräflichen Besitz. Im späten Mittelalter hatten die von Windeck Teile ihres Zehnten an niederadlige Vasallen weiterverliehen, diese aber später durch Kauf und Lehnsheimfall wieder in ihre Hand gebracht. Später begegnen unter den Zehntberechtigten die von Göllnitz, von Brombach und Knebel von Katzenelnbogen (Unterschloß zu Neuweier). In dem zum Kappelwindecker Kirchspiel gehörigen Gemarkungsteil stand am Ende des 16. Jh. der Weinzehnt zur Hälfte dem Kollegiatstift (Baden-)Baden sowie zu je einem Viertel dem Markgrafen und dem Kloster Reichenbach im Murgtal zu, der Frucht-, Hanf- und Flachszehnt hingegen mit 25/29 dem Stift Baden und mit 4/29 denen von Windeck; den Heuzehnt bezog allein der Pfarrer von Kappelwindeck.

Von alters her gehörte es zu den Aufgaben des Bühler Gerichtsschreibers, den örtlichen Schulunterricht zu halten;

Turm der alten Bühler Kirche, heute Rathaus I.

erste Hinweise darauf finden sich schon in vorreformatorischer Zeit. Immerhin verzeichnen die Matrikeln verschiedener Universitäten bereits im 15. und 16. Jh. einige Bühler Namen. Im späten 16. Jh. wurde das Amt des Schulmeisters von jenem des Schreibers getrennt. Die Besoldung des Lehrers erfolgte zum Teil aus Einkünften der Hl. Kreuz-Pfründe. Bereits im 17. Jh. gab es in Bühl ein Schulhaus, das 1689 bei der Zerstörung des Fleckens mit unterging, in den Jahren zwischen 1701 und 1730 aber wieder aufgebaut wurde. Im 18. Jh. war der Bühler Schulbetrieb offenbar schon fest institutionalisiert. Eine Judenschule und Synagoge befand sich im 18. Jh. im Flecken oben bei der Eich (Johannesplatz).

Bevölkerung und Wirtschaft. – Ein Verzeichnis aus dem Jahr 1585 berichtet von insgesamt 192 erwachsenen Einwohnern zu Bühl (107 Frauen, 85 Männer); demzufolge dürfte sich die Bevölkerung des Fleckens seinerzeit auf etwa 400 bis 500 Seelen belaufen haben. Anläßlich der Landeshuldigung von 1765 zählte man 189 Bürger und 17 Hintersassen, d.h. die Einwohnerzahl hatte sich inzwischen etwa verdoppelt, und in den folgenden Jahren hat sie weiter zugenommen; 1781 hatte Bühl bereits 1044 Einwohner, 1788 1185 und 1790 1215. An der Schwelle zum 19. Jh. nahm die Bevölkerung noch einmal geradezu dramatisch zu und erreichte im Jahr 1800 die Zahl 1822; in dieser Entwicklung dürften sich zum einen die von alters her bestehenden und gerade in jener Zeit weiter ausgebauten zentralörtlichen Funktionen Bühls widerspiegeln, zum anderen aber auch eine größere Mobilität bedingt durch Kriegsläufte und Wirren im Gefolge der Französischen Revolution. Im späten Mittelalter und in der frühen Neuzeit waren die Bewohner Bühls ganz überwiegend Leibeigene der Windecker und der Markgrafen von Baden; nur vereinzelt kommen daneben auch Eigenleute des Klosters Schwarzach, der Grafen von Hanau-Lichtenberg und der benachbarten Ritterschaft vor. Im 14. und 15. Jh. begegnet unter dem Namen von Bühl eine ganze Reihe Straßburger Handwerker und Bürger, deren Herkunft aus dem hiesigen Bühl zumindest nicht unwahrscheinlich ist.

Juden haben sich hier spätestens seit dem 16. Jh. niedergelassen, sowohl unter windeckischer wie unter badischer Herrschaft; 1605 gab es noch fünf Familien, aber schon 1622 keine einzige mehr. Erst nach dem Dreißigjährigen Krieg siedelten sich neuerlich Juden im Flecken an; 1688/89 zählte man vier Familien, 1698 elf Haushaltungen mit 90 Köpfen und 1721 sogar 17 Familien, die jedoch in ungünstigen wirtschaftlichen Verhältnissen lebten. Ein Judenschultheiß ist 1699 erstmals bezeugt. 1778 findet ein besonderes Judenspital Erwähnung.

An der seit römischer Zeit als Nord-Süd-Verbindung wichtigen Bergstraße (B3) gelegen, zudem am Übergang von der Markgrafschaft Baden zur Reichslandvogtei Ortenau, konnte Bühl, auch ohne über Stadtrechte zu verfügen, schon früh zentralörtliche Bedeutung erlangen. Nicht zuletzt sind während des späten Mittelalters in vielen Bereichen Verbindungen nach Straßburg zu erkennen. Ihren Ausdruck findet die Mittelpunktfunktion Bühls namentlich in einem bereits 1403 königlich privilegierten, in seinem Bestand aber möglicherweise noch älteren Wochenmarkt, der bis ins 19. Jh. jeweils montags veranstaltet wurde und den Markt in der benachbarten Stadt Steinbach an Bedeutung bei weitem übertraf. Daneben entwickelten sich im Laufe der Zeit mancherlei außerordentliche Märkte, die jedoch, soweit sie an Sonn- und Feiertagen stattfanden, 1585 herrschaftlicherseits wegen Vernachlässigung des Gottesdienstes verboten wurden. An Pfingstmontag gab es einen Jahrmarkt (1598), der so erfolgreich war, daß man später noch einen weiteren am Ostermontag (1700) abhielt und schließlich zu Beginn der 1780er Jahre der Markgraf nicht weniger als vier jährliche Krämer- und Viehmärkte zuließ, für die Zoll- und Geleitsfreiheit gewährt wurde. Das Standgeld der Bühler Märkte kam der Gemeinde zugute (1598), die Erträge der 1700 errichteten Waage fielen nur zu einem Drittel an die Gemeinde, zu zwei Dritteln aber an die Herrschaft.

Der Markt wurde wie noch heute bei der Kirche und in den umliegenden Gassen abgehalten. Nachdem gegen fremde Händler Klagen erhoben worden waren, legten Stabhalter und Bürgermeister 1779 die jeweiligen Standplätze im einzelnen fest. Demnach hatten oben bei der Kirchgasse die Stricker ihren Platz, denen sich die Kurzwaren- (19) und Tuchhändler (6) anschlossen. Auf der linken Seite befanden sich die Stände der Hutmacher, Schmiede, Schlosser, Nagelschmiede und Seiler. Bei der Schwanengasse standen die Kübler und Kupferschmiede, an der Kirchgasse und bei der Kirche die Bäcker und Leintuchhändler. An der Metzig boten die Ölhändler ihre Waren feil, die Weißgerber beim Wirtshaus zum Storchen ebenso wie die Obsthändler, die weiterhin jenseits der Brücke standen. Dort, beim Kronenwirtshaus, wurde auch Schweinemarkt gehalten. Darüber hinaus gab es auf dem Bühler Markt Trödler, Mehlhändler und Hafner sowie schließlich Kraut- und Hanfhändler. Zu den hier verkauften Waren gehörten auch gesalzene Fische, Heringe, Erbsen, Linsen, Kraut, Rüben, Korn, Hafer, Gerste, Hirse, Bohnen, Zwiebeln und Salz.

Für die zentralörtlichen Funktionen Bühls spricht nicht zuletzt die vergleichsweise große Zahl der seit dem 15. Jh. hier bezeugten Wirtshäuser. Namentlich erscheinen zuerst die Häuser zum Sternen und zur Krone (1533), die beide im Ortsteil Oberbrück lokalisiert waren; daneben finden 1613/14 die Gasthäuser zur Sonne, zum Ochsen, zum Schwanen, zum Adler, zum Pfauen, zum Storchen und zum Bären Erwähnung sowie 1616 ein Bierwirt. Später begegnen noch der Hirschen (1659) und der Rappen (1702) sowie die an der Hauptstraße gelegenen Häuser zur Kanne (1696) und Fortuna (1718, Posthalterei). Dem 1722 wieder hergestellten Schießhaus wurde die Schildgerechtigkeit zum Schützen erteilt. 1799 waren in dem Flecken die Schilder zum Badner Hof, zum Engel, zum Lamm und zum Rindfuß konzessioniert.

Das rege gewerbliche Leben am Ort spiegelt sich auch in vielerlei Ordnungen, die seit dem ausgehenden 15. Jh. überliefert sind. Sie regelten die Tätigkeit der Bäcker (1488), der Würzkrämer (1515), der Müller, Metzger und Wirte (1515/30), der welschen Plattengießer (1549) und Küfer (1598). Im 18. Jh. wurden Ordnungen für folgende Zünfte erlassen: für die Schuhmacher (1716), Schmiede und Wagner (1717), Hutmacher (1717), Schreiner (1717), Stricker (1718), Krämer- und Händler (1720), Weber (1728), Maurer, Steinhauer und Zimmerleute (1729), Rot- und Weißgerber, Sattler und Dreher (1770), Seiler (1782) und Nagelschmiede. 1799 werden in Bühl folgende Handwerke als zünftig erwähnt: Steinhauer, Maurer, Zimmerleute, Bild- und Leinenweber, Schuhmacher, Bäcker, Metzger, Hänfer, Schneider, Stricker, Weiß- und Rotgerber, Säckler, Nagel- und Hufschmiede, Wagner, Küfer, Kübler, Müller, Hafner, Sattler, Schreiner, Seiler, Dreher und Hutmacher; der Tabak-, Essig-, Öl-, Seifen- und Lichterhandel war nicht zünftig. Eine Apotheke findet bereits 1622 Erwähnung, eine neue wurde 1786 gegründet; ein praktischer Arzt ließ sich um 1804 nieder.

Ein besonders wichtiges Gewerbe- und Handelsgut war in Bühl und Umgebung der Hanf; von seinem Anbau und seiner Verarbeitung ernährten sich um 1540 in Bühl, Oberweier, Vimbuch und Oberbruch mehr als zweihundert Personen. Die Hanfrötzen lagen unterhalb von Bühl. Die Hänfer betrieben zum Teil selbst Hanfpleueln und waren im sogenannten Hänferdorf ansässig. Nach einer Verordnung durften sie jeweils nur soviel Hanf kaufen, wie sie im Jahr mit ihrem Gesinde (4 Personen) verarbeiten konnten. Zwei geschworene Fasser überwachten die Qualität und sorgten dafür, daß fremder Hanf vom Bühler getrennt blieb; 1614

Schwanenstraße in Bühl mit Blick zum Rathaus, 1907.

B. Geschichte der Stadtteile bis zum Ende des Alten Reiches 417

wurde das eigene Produkt auf Bitten der Hänfer mit dem Zeichen des Fleckens versehen.

Die Bühler Mühlen lagen entlang dem Mühlbach, einem Gewerbekanal, der wohl identisch ist mit dem 1514 erwähnten *Bluwelbach*. Von Altschweier kommend wurde er durch das Hänferdorf geführt und mündete beim Johannesplatz wieder in die Bühlot. Im einzelnen werden folgende im Flecken selbst gelegene Mühlen genannt: die Hallen- und die Flossenmühle (seit 1432) sowie die Landows- und die Stephans- oder Werthmühle (seit 1533); die sogenannte Untere Mahlmühle, die wohl in unmittelbarer Ortsnähe lag (1598), ist im 17. Jh. untergegangen. Unterhalb des Lampertsbergs bestand in der ersten Hälfte des 17. Jh. eine Papiermühle (1622 abgebrannt). Schließlich gab es im Bereich des Bühler Gerichtsstabes eine Vielzahl von Schleif-, Öl-, Walk-, Loh- und Sägemühlen sowie zahlreiche Hanfpleuelmühlen. Diese Mühlen waren teils oberschlächtig, teils unterschlächtig, und meist verfügten sie über mehrere Gänge.

Die Bühler Landwirtschaft brachte vor allem die landesüblichen Getreidesorten sowie Erbsen, Linsen, Hanf, Flachs und Heu hervor. Der Weinbau hat hier um die Mitte des 18. Jh. derart überhandgenommen, daß der Hofrat in Rastatt die Anlage von neuen Weingärten dort verbieten mußte, wo das Gelände vor allem zum Ackerbau geeignet war. Der Viehbestand in beiden Ortsteilen diesseits und jenseits der Bühlot belief sich 1788 auf 67 Pferde, 431 Rinder, 420 Schweine und 27 Ziegen. Dennoch war die Teilhabe an der Nutzung der Windecker Wälder und der Steinbacher Kirchspielswaldungen für die Bühler Wirtschaft keineswegs nur hinsichtlich der Waldweide ihres Viehs wichtig. Vielmehr suchten die Gemeinde und ihre Bürger über die Deckung ihres Eigenbedarfs hinaus auch vom Holzgeschäft zu profitieren. Bereits 1474 erscheinen auf einem Zettel des Rheinzolls bei Schröck (Leopoldshafen, Lkr. Karlsruhe) 2000 *langer borte, genant Büheler borte*,[7] und um 1741 plante man die Einrichtung einer Holzflößerei und Schwallung auf der Bühlot. Freilich verursachte die zum Teil unbefugte Übernutzung der Wälder von alters her und immer wieder langwierige Auseinandersetzungen zwischen den berechtigten Gemeinden und Anliegern. Insbesondere die Wald- und Allmendgebiete in der Rheinebene (Hägenich und Ehlet) waren seit dem Bau der Bühl-Stollhofer Linien großenteils ausgestockt und ruiniert worden. Um das Gelände wieder besser nutzbar zu machen, begann man 1772 mit der Trockenlegung und Aufteilung der Allmende im Ehlet.

Kappelwindeck. – Kappelwindeck erscheint urkundlich erstmals 1291 (*in villa Cappell*).[8] Zur Unterscheidung von anderen gleichnamigen Orten der Umgebung, vor allem von dem nicht weit entfernten Kappelrodeck, findet sich – mit Bezug auf die beherrschend über dem Ort thronende Burg – in den Quellen gewöhnlich der Zusatz *under Windeck* und gelegentlich auch die Bezeichnung *nyder Cappel Buheler ampts* (1493). Die zahlreichen Zinken des als Streusiedlung im weiten Umkreis der namengebenden Kapellenkirche entstandenen Dorfes entwickelten sich aus Einzelhöfen. Der Einsiedelhof, heute eine Gastwirtschaft, wird 1320 (*Einsidel*) erstmals genannt. Der Zinken Riegel bestand ursprünglich aus dem Vorderen und dem Hinteren Riegelhof (1296, *Rigol*); der Zinken Guckenhof (1432; Vorderer- und Hinterer-) ist aus einem herrschaftlichen Rebhof hervorgegangen, desgleichen handelt es sich beim Höllen- (1350), Münch- (1373) und Brombachhof (1492, ins Hubgericht Lauf gehörig) um alte Rebhöfe; hinter der Kirche lag der Fügen- oder Feigenhof (1342). 1788 zählte man in Kappelwindeck und seinen Zinken insgesamt 151 Häuser und 124 Scheunen.

Südwestlich der Kirche stand ehedem das von einem nassen Graben umgebene Schloß Bach (1311), ein Niederadelssitz des späten Mittelalters; seit dem 15. Jh. wechselte es mehrfach die Besitzer (von Enzberg, von Schauenburg, von Traxdorf u. a.), gelangte 1651 an den badischen Kanzler Krebs (von Bach) und schließlich 1727 in markgräfliche Hand; zeitweise war hier der Sitz der Bühler Domanialverwaltung. Am Ende des 18. Jh. wurde Schloß Bach auf Abbruch verkauft und ist danach alsbald restlos verschwunden.

Unterhalb des ehemaligen Kurhauses Sand liegt auf einem Granitfelsen die kleine, wohl aus dem 12. oder 13. Jh. stammende Burg Bern- oder Bärenstein, von der heute nur noch spärliche Mauerreste erhalten sind. Einer fälschlicherweise auf die gleichnamige Burg im Elsaß bezogenen Urkunde zufolge war diese Burg 1426 zur Hälfte im Besitz Bechtolt Knoblochs und seines Schwagers Burkhard von Windeck. Unterhalb der Burgstelle wurden 1987 venezianische Münzen aus der Zeit um 1300 gefunden.

Die Orts- und Gerichtsherrschaft in dem von alters her zum Bühler Gerichtsstab gehörigen Kappelwindeck lag 1302 als Ebersteiner Lehen allein bei den Herren von Windeck. Später jedoch drängten wie in Bühl auch hier die Markgrafen von Baden über den Erwerb von Gütern und Gerechtsamen immer stärker in die Herrschaft hinein. Die Befugnisse der niederadligen Mitherren wurden im Zuge des Ausbaus der badischen Landesherrschaft und Landeshoheit, namentlich nachdem die Windecker ausgestorben waren, immer weiter eingeschränkt und zurückgedrängt, bis schließlich die Markgrafen die alleinigen Herren am Ort waren.

Die auf dem gleichnamigen Schloß gesessenen Herren von Bach (Wappen: in Blau eine von Silber und Rot viermal geteilte, unten goldbordierte Meerschnecke) waren an der Kappelwindecker Ortsherrschaft nicht beteiligt. Mit Berthold von Bach treten sie 1311 erstmals in Erscheinung, hatten aber offenbar bereits wenig später ihren Sitz vorzugsweise in Neuweier bei Baden-Baden (Unterschloß); ihre Herkunft bleibt unklar, dürfte indes wie jene der Herren von Windeck im Umkreis der Grafen von Eberstein zu suchen sein. Von diesen, außerdem von den Markgrafen von Baden, den Bischöfen von Straßburg und den Herren von Geroldseck trugen sie ihre ältesten nachweisbaren Lehen, später waren sie überdies Vasallen der Kurfürsten von der Pfalz und der Bischöfe von Speyer. Während des 14. Jh. erscheinen sie noch ganz überwiegend in Diensten der Markgrafen, jedoch verpflichtete sich ein Zweig der Familie seit dem frühen 15. Jh. auch den Speyrer Bischöfen und den Pfälzer Kurfürsten und bekleidete in deren Territorien über Jahrzehnte hinweg hohe Hof- und Verwaltungsämter. Lag der anfängliche Besitz des Geschlechts noch ganz im Umkreis seines Stammsitzes (Bühl, Bühlertal, Hatzenweier, Leiberstung, Neusatz, Neuweier, Ottersweier, Sinzheim, Steinbach, Stollhofen, Unzhurst, Würmersheim etc.), in der Ortenau (Altdorf, Appenweier, Binzburg, Hofweier, Niederschopfheim, Orschweier, Schutterwald, Waldulm etc.) und in den nördlichen Teilen der Markgrafschaft (Niefern, Pforzheim), so kamen infolge des speyrischen und pfälzischen Engagements alsbald noch umfangreiche Güter und Gerechtsame im Speyergau (Billigheim, Deidesheim, Diemerstein, Freimersheim, Freinsheim, Großfischlingen, Mühlhofen etc.) sowie im Kraichgau (Eichtersheim) hinzu; allerdings führte der Pfälzer Dienst die Familie über die Landvogtei im späteren 15. Jh. auch wieder zurück in die Ortenau. Verschiedentlich treten die von Bach mit namhaften Summen als Gläubiger der Grafen von Württemberg, der Markgrafen von Baden und der Kurfürsten von der Pfalz, einmal sogar eines Erzbischofs von Trier in Erscheinung. Ihr gesellschaftlicher Rang kommt nicht zuletzt darin zum Ausdruck, daß sie mit den prominentesten Geschlechtern des ritterschaftlichen Adels am Ober- und Mittelrhein verschwägert waren, u.a. mit denen von Bubenhofen, von Cronberg, den Kämmerern von

Wappen der von Bach, 15. Jh.

Worms gen. von Dalberg, von Handschuhsheim, von Schauenburg, von Selbach, von Sickingen, von Weingarten und von Windeck. Im geistlichen Stand begegnen – auch dies ein Zeugnis ihrer weitgespannten Beziehungen – Ort von Bach († 1497) als Domherr zu Trier, Speyer und Mainz, Heinrich als Kanoniker des Stifts St. Paul zu Worms sowie zwei Töchter als Priorinnen im Kloster Himmelskron zu Hochheim bei Worms. An die bereits 1538 im Mannesstamm erloschene Familie erinnern noch heute Kunstwerke von zum Teil bedeutendem Rang in Bretten, Deidesheim, Lautenbach im Renchtal, Ottersweier, Offenburg und Steinbach.

Über grundherrliche Gerechtsame, allerlei Gülten und Güterzinse zu Kappelwindeck verfügten im Mittelalter selbstverständlich die Ortsherren von Windeck und dann auch die Markgrafen von Baden; als Erben der Windecker waren seit dem ausgehenden 16.Jh. die von Hüffel und von Sötern hier begütert. Im 14.Jh. sind außerdem die von Einsiedel als Grundbesitzer bezeugt, im 15. und 16.Jh. auch die Spachbach, von Stein vom Reichenstein und von Eckendorf (aus Straßburg). Als Nachfolger der von Bach hatten im 18.Jh. die Knebel von Katzenelnbogen aus Neuweier hiesige Berechtigungen; der zum Schloß Bach gehörige Grundbesitz umfaßte 1711 68 J Äcker. Schon um die Mitte des 16.Jh. gehörten zum Schloß Neuweier der Danngrabenhof in Riegel, bestehend aus zwei Rebhöfen mit Trotte und etwa 80 Sth Reben, der Lerkopf-Rebhof mit Trotte und 18 Sth sowie der Edenhof (Södenhöfen) mit 20 Sth. Als Lehnleute der Markgrafen erscheinen am Ende des 18.Jh. darüber hinaus die von Kinningen, von Berstett und von Ow mit Begüterungen in Kappelwindeck.

Unter den geistlichen Inhabern grundherrlicher Rechte ist zunächst die örtliche Pfarrkirche zu nennen; ihr standen neben diversen Zehnten und Zinsen ein Wittumgut mit 7¼ J Äckern und einigen Wiesen (1577) sowie die Erträge des seitens der Patronatsherrschaft verliehenen Feigenhofs zu. Auswärtige Grundeigentümer waren die Klöster Herrenalb (1311), Schwarzach (1350) und Frauenalb (1560); letzterem gehörte der Hof Einsiedel, der 1720 74 Sth Reben, 24 J Äcker und 4 Tw Matten umfassen sollte, tatsächlich aber nur aus 13 J Äckern und 3 Tw Matten und gar keinen Reben bestand. Kloster Reichenbach im Murgtal vertauschte seinen Kappelwindecker Besitz 1583 an den Markgrafen von Baden-Baden, und die Prämonstratenser von Allerheiligen auf dem Schwarzwald verkauften 1655 ihren hiesigen Rebhof an das Kloster Schwarzach. Das Kollegiatstift (Baden-)Baden erwarb 1677 ein paar Matten, und im 18.Jh. bezogen die (Baden-)Badner Jesuiten einige Zinsen.

Mit dem Heimbürgen (*tribunus*) ist 1445 erstmals ein Organ der Kappelwindecker Gemeinde zu fassen (1765 Bürgermeister). Seine sowie der Vierleute Aufgaben und Rechte werden in einer Satzung von 1666 näher bestimmt. Den beiden Gerichtsherren hatten die Gemeindevertreter jährlich Rechnung zu legen, außerdem oblag ihnen die Regulierung der den Ortsherren geschuldeten Frondienste sowie die Sorge für die Herstellung und Reparatur von Wegen, Stegen, Brücken, Bächen und Durchlässen. Ein Bürgerhaus ist 1714 bezeugt; ihren Versammlungsplatz hatte die Gemeinde bei der 1737 neu gepflanzten Kappler Linde vor der Kirche. Seit 1762 führte die Gemeinde ein eigenes, ovales Siegel; es zeigt im reichverzierten Schild das Ortszeichen in Form von zwei Dreiecken, die mit der Spitze aufeianderstehen, und trägt die Umschrift *CAPPELL UNTER WINDECK*. Zusammen mit dem Kirchspiel Ottersweier war die Gemeinde Kappelwindeck Eigentümer des Hägenichwalds, eines großen und zusammenhängenden Wald- und Weidegebiets zwischen Ottersweier und Bühl. Die Heimbürgen und jeweils zwölf Männer aus beiden Gemeinden (die Vierundzwanziger) waren befugt, für diesen Wald Gebote und Verbote zu erlassen. Schirmer war der jeweilige Inhaber des Schlosses Altwindeck. Die wenigstens ins frühe 15.Jh. zurückreichende Satzung (Waldspruch) zur Regelung des Holzbezugs, der Waldweide und der Wasserrechte im Hägenich wurde wiederholt erneuert, geändert und ergänzt. Um 1770 nur noch vereinzelt aus Gehölz bestehend, wurde das Waldhägenich zwischen 1772 und 1792 unter den berechtigten Gemeinden aufgeteilt. Darüber hinaus hatte die Gemeinde zu Kappelwindeck gemeinsam mit den Kirchspielen Sasbach, Ottersweier und Bühl Anteil an den sogenannten Windeckischen Genossenschaftswaldungen, deren ausgedehnte Waldweide und Holzreichtum ein wichtiges und oft umstrittenes Wirtschaftsgut darstellte.

Aus der Tatsache, daß 1291 anläßlich der Stiftung einer Frühmesse in der Kirche des Dorfes (1432 ULF) ein Pfarrer von Kappelwindeck erwähnt wird, darf man schließen, daß die hiesige Pfarrei bereits davor, vielleicht schon um die Wende vom 12. zum 13.Jh. gegründet worden ist, wahrscheinlich von Ottersweier her. Als ihre Urheber sind die Herren von Windeck zu vermuten. Das Kappeler Kirchspiel umfaßte neben dem Pfarrort samt dem Oberdorf das ganze Gebiet südlich der Bühlot und der Grenze zur Pfarrei Ottersweier, d.h. die entsprechenden Teile von Bühl, Altschweier und dem Bühlertal; 1755 gehörte dazu auch Hatzenweier. Den Kirchensatz trugen die Herren von Windeck von den Ebersteinern zu Lehen (1302); im 15.Jh. gelangte er an die Markgrafen von Baden und diente diesen 1453 neben anderem zur Dotation des Kollegiatstifts (Baden-)Baden. 1498 wurde die Pfarrei dem Stift inkorporiert. Im folgenden oblag das Präsentationsrecht (*ius nominandi*) auf die Pfarrpfründe dem Markgrafen, das Recht der Einsetzung (*ius conferendi*) dem Dechanten und Kapitel des Stifts. Im 16.Jh. gab es in der Kirche fünf Kaplaneipfründen auf den Altären der Hll. Nikolaus (Frühmesse), Silvester (gestiftet vor 1366), Erhard (auch Johannes Baptista, Laurentius, Petrus Martyr, Anton und Barbara, 1406) und Maria Mag-

Kirche St. Maria in Kappelwindeck.

dalena (1478) sowie des Hl. Kreuzes und der Zehntausend Märtyrer (1338); 1535 findet außerdem einmalig eine St. Gervasien-Pfründe Erwähnung. Von einer Kappler Bruderschaft berichtet die Überlieferung erstmals 1468, jedoch bleibt unklar, um welche der drei vom 16. bis ins 18. Jh. vorkommenden Bruderschaften – ULF, St. Jakob, Hl. Kreuz – es sich dabei handelt. Die baufällige Kirche wurde um 1445 repariert und 1514/24 durch einen Neubau ersetzt. Der heutige barocke Kirchenbau entstand in den Jahren 1762 bis 1767. In der alten Kirche hatten die Herren von Windeck das Begräbnisrecht, in der ehedem unmittelbar angebauten Kapelle St. Johannes Nepomuk die von Bach. Zur Pfarrei gehörten obendrein die Kapelle St. Michael auf der Burg Altwindeck und eine weitere beim Hennegrabenhof unterhalb der Burg (1598).

Die Zehnten im Kappelwindecker Kirchspiel verteilten sich während der frühen Neuzeit wie folgt: Den Weinzehnt bezogen zur Hälfte das Kollegiatstift (Baden-)Baden und je zu einem Viertel der Markgraf von Baden und das Kloster Reichenbach im Murgtal; der Frucht-, Hanf- und Flachszehnt stand mit 25/29 dem Stift und mit 4/29 den Herren von Windeck, hernach den Markgrafen zu; den Klein- und Heuzehnt bezog der Ortspfarrer allein. Darüber hinaus bestanden seit dem Mittelalter allerlei Sonderzehntdistrikte und -berechtigungen; unter deren Inhabern erscheinen das Kloster Gengenbach (1271–1803), die Niederadligen von Neulingen (1410) und Röder von Neuweier (1491), die Kirchen zu Steinbach (1491/93) und Ottersweier (1498) sowie aufgrund von Stiftungen der Windecker die St. Erhard-Pfründe in der Pfarrkirche (1406) und die Burgkapelle zu Neuwindeck (1377).

Schulunterricht wurde in Kappelwindeck um 1613 von einem evangelischen Lehrer versehen. Das örtliche Schulhaus wurde um 1788/91 erweitert.

1585 lebten in Kappelwindeck 153 erwachsene Männer und Frauen, woraus man schließen darf, daß die Gesamteinwohnerzahl sich zu jener Zeit auf etwa 300 belaufen hat; ganz überwiegend handelte es sich dabei um markgräfliche Leibeigene, nur drei Personen waren den Grafen von Eberstein, denen von Windeck oder denen von Dalberg (Schloß Neuweier) verpflichtet. 1765 gab es am Ort 88 Bürger und 10 Hintersassen, d.h. rund 450 Einwohner. In den folgenden Jahren ist für den Ort und seine Zinken ein rapides Bevölkerungswachstum zu verzeichnen. Innerhalb kürzester Frist führte es von 600 Personen (1772) auf 674 (1778) und erreichte 1781 sogar 808; anschließend ist wieder ein leichter Rückgang zu beobachten (1789 760), der allerdings bis zum Jahr 1800 (832) wieder aufgeholt werden konnte.

Die hauptsächliche Erwerbsquelle der hiesigen Bevölkerung war von alters her der Weinbau. Die sonstige Landwirtschaft spielte stets eine geringere Rolle, freilich profitierte die Viehhaltung von der Teilhabe der Gemeinde an der umfangreichen Allmende im Hägenich und im Windecker Wald. Der örtliche Viehbestand belief sich 1788 auf fünf Pferde, 397 Rinder, 291 Schweine, 37 Ziegen und vier Schafe. Ein Jahrmarkt zu Kappelwindeck findet erstmals 1576 Erwähnung; mit dem nahen und sehr viel verkehrsgünstiger gelegenen Markt von Bühl konnte er zwar nicht konkurrieren, hat sich aber offensichtlich doch behauptet. Markttag war ursprünglich Montag nach Neujahr, im ausgehenden 16. Jh. Montag nach Mariä Geburt (September) und seit 1778 das Fest der Apostel Simon und Judas (28. Oktober). Krämer und Handwerker, die diesen Markt besuchten, waren aufgrund eines markgräflichen Privilegs aus dem Jahre 1700 vom Pfundzoll befreit.

Rittersbach. – Der Weiler Rittersbach, der wie die anderen Streusiedlungen seiner Umgebung hoch- bis spätmittelalterlichen Ursprungs ist, wird urkundlich erstmals 1248 (*Ru-*

densbach) erwähnt;[9] die Deutung seines Namens ergibt sich möglicherweise unter Bezug auf einen Personennamen. Herrschaftlich gehörte der Ort unter den Gerichtsstab des Marktfleckens Bühl (Amt Bühl bzw. Oberamt Yburg), dessen Pfarrei er auch zugeordnet war (1391).

Als Inhaber von Gütern und allerlei Gerechtsamen treten hier wie in der unmittelbaren Umgebung vor allem die Herren von Windeck (1302) und die Markgrafen von Baden (1533) in Erscheinung. Zwischen 1325 und 1432 war eine niederadlige Familie hier gesessen, die von Rittersbach (auch von Tigesheim) den Namen führte und zumindest anfangs in Diensten des Klosters Schwarzach stand. Daraus und aus der unmittelbaren Erwähnung hiesigen Klosterbesitzes (1333) darf man wohl schließen, daß die Benediktiner aus der Rheinebene unter die ältesten Grundbesitzer am Ort zu rechnen sind; im 17. und 18. Jh. hat Schwarzach seine hiesigen Güter und Rechte verschiedentlich durch Zukauf vermehrt. Adelsbesitz ist im späten Mittelalter für die Familien Berschin von Achern (1327), Spet von Bach (1338), Judenbreter aus Straßburg (1371), Kolb von Staufenberg (1407) aus der Ortenau und Pfau von Rüppurr (1444) aus dem nördlichen Ufgau nachzuweisen, später auch – das »Rittersbacher Schlößchen« – für die Inhaber des einst von bachischen Schlosses in Neuweier (1705). Geistliche Begüterungen bestanden überdies seitens der St. Silvester-Pfründe zu Kappelwindeck (1507), der St. Nikolaus-Pfründe zu Ottersweier (1535), des Klosters Allerheiligen auf dem Schwarzwald (1664) sowie des Kollegiatstifts (1674) und des Jesuiten-Kollegs (Baden-)Baden (1681).

Am Weinzehnt zu Rittersbach waren vom Ausgang des Mittelalters bis zum Ende des Alten Reiches die Pfarrei Ottersweier mit 2/3, die Markgrafen von Baden mit 2/9 sowie die Herren von Windeck respektive ihre Erben und das Kloster Reichenbach im Murgtal mit jeweils 1/18 beteiligt. Den Obstzehnt hatten die Rittersbacher nach Bühl, den Nußzehnt nach Ottersweier zu entrichten (1515).

Burg (Alt-) Windeck. – Unter den einstigen Herrschaftssitzen auf der Stadtgemarkung von Bühl ist die zum Jahr 1212 erstmals erwähnte Burg (Alt-)Windeck[10] der bei weitem bedeutendste. In 376 m NN auf einem Sporn gelegen, ist die Ruine mit ihrem ovalen Bering und ihren beiden markanten, aus Granitquadern gemauerten Bergfrieden weithin sichtbar. Vermutlich im 12. Jh. gegründet, war die Burg ursprünglich Sitz eines edelfreien Geschlechts, dann einer Ministerialenfamilie; beide führten nach ihr den Namen, ob sie auch genealogisch zusammenhängen, ist bislang ungeklärt. Zunächst ging Windeck von den Grafen von Eberstein zu Lehen, seit 1387 teilweise und seit 1404 ganz von den Markgrafen von Baden; bereits 1347 hatten diese das Öffnungsrecht erlangt. Unter mehreren Ganerben aufgeteilt, entwickelten sich im Laufe der Zeit eine vordere und eine hintere Burg. Zum Herrschaftsbereich der Burgherren gehörten neben Waldmatt, Bühl und Kappelwindeck auch die ausgedehnten Waldungen im Osten der alten Ottersweier-Sasbacher Mark (Windecker Wald). In einer Fehde gegen die Stadt Straßburg wurde Windeck 1370 vergeblich belagert. Nach dem Aussterben der hier gesessenen Linie der gleichnamigen Familie wurde die Burg zunächst noch instandgehalten, verfiel aber gegen Ende des 16. Jh. immer mehr und diente schließlich nur noch als Steinbruch, u.a. für den Bau der Kappler Kirche. In der Zeit der Romantik nahm sich ein Freundeskreis, die Windecker Burgmannschaft (seit 1811/12), des alten Gemäuers an, machte den hinteren Turm wieder zugänglich, führte Reparaturen durch und richtete einen Saal ein. Vom nahen Hubbad unternahmen seinerzeit illustre Gäste Ausflüge zu der sagenumwobenen Feste und trugen sich ins Gästebuch der kleinen Burgschenke ein. Aus Staatsbesitz gelangte Windeck zuerst 1958 an die Stadt Bühl und dann in Privatbesitz.

Die adlige Familie, die seit 1212 ihren Namen nach (Alt-)Windeck führte, zählte zu den ältesten und am reichsten begüterten Geschlechtern des Ortenauer Ritteradels. Sie ist aus der Ministerialität der Grafen von Eberstein hervorgegangen und war vermutlich gleichen Ursprungs wie die von Ottersweier. In der Kirche zu Ottersweier hatten die Windecker bis zu ihrem Erlöschen ihr Erbbegräbnis; auf einigen dort erhaltenen Grabsteinen ist noch heute ihr Wappen zu erkennen, im blauen Schild ein goldener Schrägbalken und links oben ein silbernes Lichteck. Grundlage der Windecker Herrschaftsbildung in und um Bühl war offenbar vor allem die von ihnen bis ins frühe 15. Jh. innegehabte Schirmvogtei über das Kloster Schwarzach. Im Raum um Bühl und Schwarzach konzentrierte sich denn auch der windeckische Besitz, der im übrigen bis nach Haslach im Kinzigtal und Herbolzheim in der Ortenau reichte sowie nach Straßburg und Rosheim im Elsaß. Der von Fehden (u.a. mit der Stadt Straßburg) und Güterverkäufen begleitete Niedergang des Geschlechts setzte im Laufe des 14. Jh. ein und ging nicht zuletzt mit der schrittweisen Veräußerung von Gerechtsamen in Bühl und Kappelwindeck einher. Um 1300 teilte sich die Familie in die beiden Linien zu Altwindeck und Neuwindeck (bei Lauf); erstere ist im Man-

Burgruine Altwindeck.

nesstamm um 1465 erloschen, letztere – und mit ihr das ganze Geschlecht – 1592. Lehen trugen die Windecker insbesondere von den Grafen von Eberstein, den Markgrafen von Baden, den Bischöfen von Straßburg und den Kurfürsten von der Pfalz; in Diensten standen sie u.a. bei den Markgrafen und den Straßburger Bischöfen. Ihr Konnubium zeigt sie in Verbindung mit den bedeutendsten Geschlechtern des Ortenauer, Elsässer, Kraichgauer und Speyergauer Adels. Pfründen an den Dom- und Stiftskapiteln der Nachbarschaft scheinen die von Windeck trotz ihrer einflußreichen Verwandtschaft nicht erlangt zu haben; als Zölibatäre sind aus der Familie neben einem Abt von Schwarzach (1340/57) nur mehrere Pfarrer von Ottersweier bekannt.

Eisental

Siedlung und Gemarkung. – Eisental ist erstmals in einer Steinbacher Urkunde von 1320 zu fassen, in der die Reben eines *Ybecher von Einsidel an den Eichgeren* Erwähnung finden.[11] Im Mittelalter hieß die kleine, offensichtlich aus einem Einzelhof hervorgegangene Siedlung, die im Zuge des hoch- und spätmittelalterlichen Landesausbaus auf der alten Gemarkung von Steinbach entstanden ist, Einsidel; entsprechende Nachweise liegen aus dem 15. und frühen 16. Jh. mehrfach vor. 1520 begegnet dann zum ersten Mal die Namensform *Eynsendal*, und 1535 ist von einem Kastanienwald im *Eichgern bey Einsethal* bzw. zu *Einsenthal* die Rede. Schließlich brachten der Schwund von n vor s und die Kontraktion der unbetonten Mittelsilbe die heute gültige Namensform hervor; das Grundwort -tal wurde demnach erst zu Beginn des 16. Jh. hinzugefügt. Seither ist der Ort in den Schriftquellen leichter von dem Hof Einsiedel bei Kappelwindeck zu unterscheiden. Die kommunale Verselbständigung Eisentals erfolgte erst im frühen 19. Jh.

Herrschaft und Staat. – Von jeher gehörte Eisental hinsichtlich Herrschaft (Amt) und Gericht nach Steinbach und bildete zusammen mit Müllenbach und Affental ein Heimbürgentum (*Heimbertum*). Mithin darf man annehmen, daß auch Eisental ursprünglich zum Gebiet der Herren von Eberstein gehörte und um die Wende vom 12. zum 13. Jh. zusammen mit der Yburg und Steinbach an die Markgrafen von Baden gelangt ist; seit jener Zeit hatten die Markgrafen hier alle hohe und niedere Obrigkeit zu beanspruchen.

Grundherrschaft und Grundbesitz. – Als Grundeigentümer und Inhaber sonstiger Gerechtsame zu Eisental treten die Markgrafen von Baden (1510), das Kollegiatstift (Ba-

B. Geschichte der Stadtteile bis zum Ende des Alten Reiches

den-)Baden (1520), die Klöster Lichtenthal (1493/1601) und Schwarzach (1674) sowie die Kirchen zu Steinbach (1559) und Kappelwindeck (1684) in Erscheinung. Zum Schloß Neuweier (ehem. von Bach) gehörte der Rebhof Untere Horbach, der 1784 34¼ Sth Reben, 8 Tw Matten und 2 J Äcker und sonstiges Gelände umfaßte; ein weiterer Hof in der Horbach war 1608 im Besitz der vom Stein, später der von Türckheim (1787). Bereits 1363 (*Horbach*) waren die Röder hier begütert.

Kirche und Schule. – Ebenso wie herrschaftlich gehörte Eisental kirchlich von alters her nach Steinbach. Eine eigene Pfarrei hat es erst im 19. Jh. erhalten, jedoch bestand schon im 18. Jh. eine St. Matthäus-Kapelle, die 1788 baufällig war und an geeigneterer Stelle neu gebaut werden sollte. Die Zehntverhältnisse entsprachen im allgemeinen jenen in Steinbach. Bemerkenswerterweise hatte Eisental bereits um 1760 einen eigenen Schulbetrieb; 1781 galt der Schulmeister neben dem von Steinbach als der beste im ganzen Kirchspiel.

Bevölkerung und Wirtschaft. – Die Einwohnerzahl Eisentals pendelte während der 1770er Jahre zwischen 220 und 250, bis 1790 stieg sie auf 323; hinzu kamen zwischen 20 und 25 Seelen im Zinken Horbach.

Der Weinbau und daneben die Viehhaltung (1790 93 Rinder und 36 Schweine) bildeten stets die Haupterwerbsquelle der Einwohner von Eisental. 1715 erfolgte die erste Verleihung eines Schildrechts, 1746 eine weitere. Freilich erwies sich die Konkurrenz mehrerer Wirte um die Mitte des 18. Jh. als ruinös, waren doch die Bewohner Eisentals, Affentals und Müllenbachs beinahe alle Rebleute und damit Selbstversorger. So ist das Wirtshaus zum Rebstock um 1776 eingegangen und wurde erst 1807 wieder eröffnet.

Affental. – Das im Talschluß gelegene Affental erscheint urkundlich erstmals 1320 (*an Affental*)[12] im Zusammenhang mit Weinbergbesitz des Klosters Lichtenthal. Die Zeit seiner Entstehung ist ebensowenig geklärt wie die Genese seines Namens, der wohl doch eher mit Bezug auf einen Personennamen als auf die Marienverehrung der Lichtenthaler Zisterzienserinnen (»Aven-Tal«) zu deuten ist. Wie Eisental, mit dem es und Müllenbach in älterer Zeit zusammen ein Heimbürgentum bildeten, gehörte Affental von jeher zum Gericht und markgräflich badischen Amt Steinbach (Yburg).

Unter den Grundeigentümern auf Affentaler Gemarkung kommt dem Zisterzienserinnenkloster Lichtenthal allzeit eine besondere Bedeutung zu. Außer den 1320 und 1359 genannten Liegenschaften verfügte es 1474 auch über einen Fischweier; in der frühen Neuzeit umfaßten die den Nonnen gehörigen Reben mehr als 100 Sth und waren gegen den halben Ertrag an mehrere Rebleute erblich verliehen. Im 16. und vor allem im 17. Jh. hat das Kloster seinen Affentaler Weinbergbesitz noch wiederholt durch Zukäufe vermehrt; die Inhaber der Sinzheimer und Haueneberbsteiner Klosterhöfe waren verpflichtet, das begehrte Gewächs jährlich im Frondienst nach Lichtenthal zu führen (1444/64). Auch die Markgrafen von Baden hatten hier schon während des späten Mittelalters Weinbergbesitz, den sie gleichfalls erblich verliehen hatten, und auch sie tätigten im 17. und 18. Jh. mehrfach Zukäufe, darunter den sogenannten Retzerschen Hof (1656/57) sowie Weingärten in der Sommer- und in der Winterhalde, im Eich(g)eren (1639), im Altenberg und im Russert (1640). Als Markgraf Ludwig Georg 1749 in das Piaristenkolleg zu Rastatt eine Professur für Philosophie stiftete, dotierte er sie u.a. mit einem Weinzins von seinem eigenen Rebhof in Affental, zu dem um 1758 neben Haus, Stall, Kelter und Baumgarten 27 Sth Reben, 5 Sth Vorgelände, 6¾ Tw Matten sowie ein kleiner Kastanienwald gehörten. Am Ende des Alten Reiches umfaßten die hiesigen Reben der Landesherrschaft weit mehr als 50 Sth. Mit Wein- und Geldzinsen waren darüber hinaus die Pfarrkirche von Steinbach (1320), das Kollegiatstift (Baden-)Baden (1520) und das Unterschloß zu Neuweier (1547) hier begütert.

Affental gehörte in Mittelalter und früher Neuzeit zum Kirchspiel von Steinbach. Eine Filialkapelle (St. Bartholomäus) wurde hier erst zwischen 1750 und 1754 errichtet; zu ihrer Ausstattung mit einem Altar und einer Glocke veranstaltete man 1755 eine Sammlung. Der Weinzehnt in Affental gehörte ähnlich wie der in Steinbach (unterer Weinzehnt) zur Hälfte dem Kloster Lichtenthal; in den Rest teilten sich das Stift Baden, die Röder und die von Ow.

Während der 1770er Jahre pendelte die Zahl der Einwohner von Affental um 220; 1789 lag sie bei 254, 1790 bei 263. – Grundlage der örtlichen Wirtschaft war zu allen Zeiten der schon ehedem weithin berühmte Affentaler Rotwein, dessen Anbaufläche im Laufe der Generationen immer weiter ausgedehnt wurde; 1730 waren 63 Sth Neubruchland mit Reben bepflanzt, 1777 bereits 140. Der Viehbestand wurde 1790 mit 70 Rindern und 24 Schweinen notiert. Hinsichtlich seines Steueraufkommens lag Affental um die Mitte des 18.Jh. etwa gleichauf mit Neuweier.

Müllenbach. – Müllenbach, das bereits um 1070/90 im Hirsauer Codex genannt wird (*ad Mulenbach*),[13] scheint unter den Ortsteilen von Eisental der älteste zu sein. Dem entspricht die Lage der Siedlung an der alten, vielbefahrenen Bergstraße (B3), die es allerdings auch mit sich brachte, daß das Dorf während der Neuzeit wiederholt von militärischen Einquartierungen heimgesucht wurde. Der Ortsname ist auf eine ehemalige Mühle am Krebsbach zurückzuführen.

Müllenbach gehörte mit Eisental und Affental zum Gericht und Amt Steinbach, d.h. unter markgräflich badische Orts- und Landesherrschaft. Die 1320 und 1363 erwähnten Edelknechte Burkhard und Jakob gen. Hüne von Müllenbach sind vermutlich der Ministerialität der Markgrafen zuzuordnen. Durch eine Schenkung Bertholds, eines Bruders des Grafen Burkhard von Staufenberg aus der Ortenau, erwarb im späten 11.Jh. das Kloster Hirsau hier eine halbe Hube. 1277 trugen die Röder von Neuweier ihre hiesigen Güter dem Kloster Selz im Elsaß zu Lehen auf. Dabei handelte es sich um einen Hof mit Gütern zwischen der Landstraße, der Allmende und dem Dorfweg, der 1752 – infolge Reformation und Säkularisation längst in kurpfälzischer Gewalt – rund 55 M Äcker und 4 M Matten umfaßte; 1790 gelangten diese Güter durch Tausch an die Grafen von Sickingen-Sickingen. Die Markgrafen von Baden bezogen am Ort diverse Geld- und Naturalzinse (1510), desgleichen die Spet von Bach (1338), die Herren von Windeck (1517), die von Bach respektive ihre Erben auf Schloß Neuweier (1547), die von Ow (1738, davor Helt von Tiefenau) und von Valoreille (1765). 1360 verkaufte Albrecht von Kindweiler seinen hiesigen Hof, genannt *Kůdoszhǒf*, an die Kapelle zu Neuweier. Begütert waren in Müllenbach außerdem die Kirchen und Kapellen zu Steinbach (1320), Kappelwindeck (1338), Weitenung (1384) und Altwindeck (1572), die herrenalbische Pflege Ottersweier (1583) sowie das Kollegiatstift (1520) und das Jesuitenkolleg in (Baden-)Baden (1673/82).

Innerhalb des Gerichtsstabs von Steinbach bildete Müllenbach zusammen mit Eisental und Affental eine Vogtei bzw. ein Heimbürgentum. 1791 betrieben die Müllenbacher wegen großer Schulden, eines von ihnen nicht gebilligten Waldtauschs und anderer Beschwerden die Auflösung dieser Gemeinschaft, hatten damit aber keinen Erfolg.

Müllenbach gehörte von jeher zur Pfarrei Steinbach; ein Heiligenhäuslein (Kapelle) am Ort findet bereits im 16.Jh. Erwähnung. Zu Beginn der 1750er Jahre wurde eine neue Kapelle errichtet und 1755 zu Ehren des hl. Wendelin geweiht. Schon zehn Jahre davor hatten die Müllenbacher in Straßburg eine Glocke zum Ave-Maria-Läuten gekauft. Im 18.Jh. gab es am Ort ein zweistöckiges Schulgebäude.

Während der 1770er Jahre war die Zahl der Einwohner von Müllenbach merkwürdigerweise stark rückläufig (1772 224, 1773 162, 1778 145) und nahm erst im folgenden Jahrzehnt wieder zu (1781 155, 1788 172, 1789 205, 1790 210). Ihren Broterwerb fanden die Bewohner des Dorfs im Wein- und Ackerbau sowie in der Viehhaltung (1790 74 Rinder und 23 Schweine), die von der Teilhabe an den Weiderechten im Steinbacher Kirchspielwald profitierte. 1799 ist ein Wirtshaus zum Rebstock bezeugt.

Moos

Siedlung und Gemarkung. – Vermutlich ist Moos eine Siedlung hochmittelalterlichen Ursprungs. Erwähnt wird der Ort (*in banno Mose*) aber erst 1325 in einer Urkunde des Klosters Schwarzach.[14] Sein Name nimmt Bezug auf die Lage im sumpfigen Gebiet der Niederterrasse. Zwischen 1941 und 1951 wurden an verschiedenen Stellen auf Mooser Gemarkung mehrere steinzeitliche Absplisse sowie vorrömische Scherben aufgelesen; ansonsten liegen archäologische Funde nicht vor. Im Gebiet von Moos gab es während des späten Mittelalters und der frühen Neuzeit eine Reihe von Höfen, die freilich zumeist längst wüstgefallen sind: den Birnhof im Fünfheimbürgerwald (bezeugt von 1325 bis 1614), den Hof Hohenhurst (1328/1527), den Mooshursthof zwischen Moos und Ulm, den Warmesbrucher Klosterhof im sogenannten Muhr gegen Oberwasser (1732/1812, 30 J Äcker und mehr als 10 Tw Matten) und den Hof Winzhurst zwischen Moos und Hildmannsfeld.

Herrschaft und Staat. – Moos liegt im alten Schwarzacher Immunitätsbezirk. Als Grundlage der örtlichen Herrschaftsentwicklung ist ein klösterlicher Meierhof anzusprechen, der in der Nähe der heutigen Kirche gelegen hat. Innerhalb des äbtischen Gebiets war das Dorf dem sogenannten Äußeren oder Vimbucher Gerichtsstab zugeordnet. Die Ortsherrschaft mit der Befugnis zu gebieten und zu verbieten stand ebenso wie die niedere Gerichtsbarkeit dem Kloster zu. Als Landesherrschaft etablierten sich seit dem aus-

B. Geschichte der Stadtteile bis zum Ende des Alten Reiches 425

Moos von Nordosten.

gehenden Mittelalter die Markgrafen von Baden, in deren Hoheitsbereich Moos zum Amt Bühl und schließlich zum Oberamt bzw. zur Amtskellerei Yburg zählte.

Grundherrschaft und Grundbesitz. – Ohne Zweifel war das Kloster Schwarzach von alters her der bei weitem größte Grundbesitzer im Dorf und seiner Gemarkung. Freilich geriet der ursprüngliche Fronhof, dessen Zugehörungen längst in bäuerliche Erbleihe vergeben waren, im Laufe des späten Mittelalters immer mehr in Auflösung und bestand bald nur noch als ideelle Einheit fort (1460 Hof, 1476 Hube zu Moos); der alte Charakter der Güter kam allerdings noch im 15. Jh. darin zum Ausdruck, daß ihre Inhaber gezwungen waren, im Verband der Schwarzacher Eigenleute zu heiraten. Ansonsten bezog das Kloster am Ort nur noch Natural- und Geldrenten, die von den Pflichtigen alljährlich mittwochs nach Martini (11. November) entrichtet werden mußten. Bereits 1399 ist von zwei klösterlichen Lehngütern die Rede und 1719 waren es zwölf Lehen mit einem Gesamtumfang von weit mehr als 80 J Äckern und 20 Tw Matten. Inwieweit der in Spätmittelalter und Frühneuzeit hier bezeugte Adelsbesitz sich auf ältere Schwarzacher Rechte zurückführen läßt, ist nur teilweise zu erkennen, so zum Beispiel im Falle der Güter (Haus und Hof, 42 J Äcker, 11 Tw Matten), welche die Helt von Tiefenau (1437/57) von dem Kloster zu Mannlehen trugen; diese Liegenschaften gelangten später an die Röder von Neuweier (1457/1561) und schließlich über Simon Peter Luon (1601) und Johann Christoph Staud, beide österreichische Vögte zu Achern, zurück in klösterlichen Besitz (1667). Desgleichen könnte es sich bei den Mooser Gütern des Edelknechts Heinrich von Rittersbach (1325) um ein Schwarzacher Lehen gehandelt haben. Vermutlich infolge ihrer einstigen Vogteirechte hatten auch die von Windeck bzw. ihre Erben von Hüffel Geld-, Frucht- und Geflügelzinse in Moos (1702). Unklar bleiben die Provenienz und das Alter von Korngülten, die das Schloß Neuweier hier zu beanspruchen hatte (1705/21). Die Markgrafen von Baden hatten um die Wende vom 16. zum 17. Jh. diverse Einkünfte in Moos, Markgräfin Maria Franziska schenkte 1685 eine eigens hier gekaufte Korngült an das Hl. Grab-Kloster zu (Baden-)Baden. Zu guter Letzt gehörten 1507 zum Einkommen des Pfarrers von Hügelsheim auch Zinse in Moos.

Gemeinde. – Vertreter der Gemeinde waren der Heimbürge und die Vierleute. 1562 und 1667/73 werden Bürgermeister erwähnt, deren Amtszeit jeweils ein Jahr währte. 1774 ist von einer *Laub oder Rathaus* die Rede, 1799 von einer Bürgerstube. Mit dem im 19. Jh. als Gemeindewappen adaptierten Hufeisen – ein Hinweis auf die örtliche Viehzucht – waren bereits in älterer Zeit die Mooser Grenzsteine gekennzeichnet. Wichtigster Besitz der Gemeinde war ihre Teilhabe an der mit Schwarzach, Scherzheim, Ulm und Greffern gemeinschaftlichen Nutzung – vornehmlich zu Weidezwecken – des Scherzheimer Waldes (Fünfheimbürgerwald, Oberwald), die im Laufe der Jahrhunderte immer wieder zu Konflikten führte; erst 1800/01 wurde der Wald unter den berechtigten Gemeinden aufgeteilt. Die Gemeindebürger von Moos waren verpflichtet, die Straßen und Bäche in ihrem Gebiet zu pflegen und gegebenenfalls auszubessern.

Kirche und Schule. – Von jeher gehörte Moos ins Kirchspiel von Schwarzach, jedoch bestand hier, an der Stelle der heutigen Kirche, schon 1358 eine Kapelle zu Ehren der Hll. Nikolaus, Erhard, Theobald, Leonhard und Katharina, der im genannten Jahr sowie 1491 Ablässe verliehen wurden. In dieser Filialkirche, die mehrfach erneuert bzw. repariert wurde, fanden gelegentlich Privatmessen statt, sonntags Kinderlehre durch einen Pater aus Schwarzach. Wegen des weiten und infolge häufiger Überschwemmungen nicht selten beschwerlichen Wegs zur Pfarrkirche in Schwarzach betrieb die Gemeinde einen Aus- respektive Neubau ihrer Kirche und erreichten schließlich in den Jahren 1784/88 dessen Realisierung; die Glocke wurde in Straßburg gegossen (1785). Fortan fand der sonntägliche Gottesdienst abwechselnd in Moos und in Schwarzach statt, Hochzeiten und Begräbnisse wurden aber nach wie vor in Schwarzach gehalten; Kindtaufen konnten bei *rauher Witterung* auch in der Filialkirche vorgenommen werden.

Der Zehnt zu Moos war ganz in Händen des Klosters Schwarzach und wurde von diesem bereits im 15. Jh. jahrweise, mitunter auch für mehrere Jahre verpachtet.

Die Mooser Jugend wurde seit 1750 in einer örtlichen Winterschule unterrichtet; der Winterschulmeister hatte seine Wohnung im Gemeindehaus und wurde von den Eltern seiner Schüler verköstigt (1761). Seitens des Klosters Schwarzach wurde schließlich verfügt, daß eine Ganzjahresschule – mit Ausnahme der Heu- und Erntezeit – zu betreiben, der Schulmeister ordentlich unterzubringen und zu besolden sowie der Unterricht auch für arme Kinder zu ermöglichen sei, allerdings stießen diese Neuerungen in der Gemeinde auf mancherlei Widerstände. Wie ander-

St. Dionysius-Kirche in Moos.

wärts hatte auch der Mooser Lehrer den Mesnerdienst zu versehen. 1804 befand sich die Schulstube auf dem Rathaus.

Bevölkerung und Wirtschaft. – Während des Dreißigjährigen Krieges soll Moos acht Jahre lang ganz entvölkert gewesen sein; 1633 waren 26 Gebäude ruiniert. Allerdings berichtet ein Visitationsprotokoll von 1661 bereits wieder von 80 Kommunikanten bzw. 162 Seelen, und 1717 war die Einwohnerzahl noch ebenso groß (ca. 167). Ein halbes Jahrhundert später hatte sie sich bereits mehr als verdoppelt (1761 337, 1773 343), ging aber im folgenden kurzfristig wieder zurück (1774 293, 1775 292), um alsbald neuerlich zu steigen (1777 364) und die frühere Größe noch zu übertreffen (1788 392, 1789 394).

In der Landwirtschaft verlegten sich die Mooser schwerpunktmäßig auf den Hanfanbau. Die entsprechenden Rötzen lagen entlang des Mooser Bachs im Gewann Geschweng. Eine Hanfwaage ist 1624/25 bezeugt. Ihre Pleuelmühle mußten die sieben überlebenden Bürger von Moos 1639 schuldenhalber dem Kloster Schwarzach überlassen. Wenn die eigene, die Zeller und die Balzhofer Mühlen wegen Wassermangels nicht betrieben werden konnten, mußten die Mooser nach Unzhurst, Altschweier oder gar nach Achern ausweichen. Von besonderer Bedeutung für Moos war freilich die durch die ausgedehnten Weiderechte im Fünfheimbürgerwald begünstigte Viehzucht. Die Zahl der am Ort gehaltenen Pferde schwankte am Ende des 18. Jh. zwischen 146 (1771) und 175 (1775) Tieren, erreichte 1780 mit 182 einen Höhepunkt und sank erst durch die Folgen der Französischen Revolution wieder auf 121 (1804) ab; der Rinderbestand bewegte sich im gleichen Zeitraum zwischen 142 (1771) und 220 (1803), die Zahl der Schweine zwischen 21 (1771) und 106 (1803, 1804 23); Ziegen gab es nur in sehr geringer Zahl. Der stets weit überdurchschnittlich große Bestand an Pferden bei gleichzeitig vielen Rindern und nur ganz wenigen Ziegen läßt auf einen beachtlichen Wohlstand schließen und steht auch damit in Einklang, daß das kleine Moos 1790/99 zwei Schildwirtshäuser hatte, das eine zum Engel, das andere zum Kreuz.

Neusatz

Siedlung und Gemarkung. – Der 1248 erstmals nachgewiesene Name Neusatz (*Nivsatz*),[15] der sowohl eine Rodung wie eine Neuanpflanzung meinen kann, bezeichnet hier nicht allein einen einzelnen Wohnplatz, vielmehr dient er von alters her als Sammelbezeichnung für eine ganze Reihe von Gehöft-, Weiler- und Dorfsiedlungen, die sich im gleichnamigen Tal und in dessen kleineren Seitentälern von der Vorbergzone in der Rheinebene bis hinauf zur Höhe bei (Neusatz-) Eck aneinanderreihen. Von unten nach oben handelt es sich dabei um die Plätze Waldsteg (1294 *Walhestege*, 1407 *Waltstege*), Schugshof, Gebersberg (1335, 1533 *Germersberg*), Kirchbühl, Bach, Wörth, Fischerhöfe, (Neusatz-) Eck und Schönbrunn, unter denen Waldsteg vermutlich der älteste ist und als Hauptort des Tals oft überhaupt nur unter dem Namen Neusatz erscheint. 1936 wurde auch das zuvor selbständige Waldmatt mit den Wohnplätzen Hard, Hennegraben, Schweighof und Krumbäch nach Neusatz eingemeindet. Archäologische Befunde liegen aus dem zweifellos erst hochmittelalterlich besiedelten Neusatzer Tal nicht vor. 1788 gab es in Neusatz (ohne Waldmatt) 128 Häuser, von denen sieben zweistöckig, 69 anderthalbstöckig und 52 einstöckig waren, sowie 117 Scheuern und nahezu vierhundert Ställe.

Herrschaft und Staat. - Im hohen Mittelalter haben Neusatz, Waldsteg und Gebersberg, die allzeit in einer Gerichtsgemeinde zusammengeschlossen waren, wahrscheinlich zum Herrschaftsbereich der Herren bzw. Grafen von Eberstein gehört; in jene Zeit reichen wohl auch hiesige Ansprüche der Reichslandvogtei in der Ortenau zurück, die freilich kaum noch im einzelnen zu bestimmen sind. Seit dem 13. Jh. ist es den Markgrafen von Baden zunehmend gelungen, Neusatzer Gerechtsame zu erwerben und die Ebersteiner, deren Rechte am Ende nur noch auf dem Wildbann und einigen wenigen Aktivlehen beruhten, nahezu vollends zu verdrängen. Nach einem 1530 mit dem Bischof von Straßburg als Inhaber der Reichslandvogtei Ortenau vereinbarten Tausch waren die Markgrafen alleinige Herren des Neusatzer Tals mit allen seinen Flecken und Zinken. Einem Lagerbuch von 1533 zufolge stand ihnen dort alle Landes-, Gerichts- und Stabherrschaft zu, d.h. die hohe und die niedere Gerichtsbarkeit, Gebot und Verbot sowie Fronden, Steuern und Abgaben, nicht jedoch der nach wie vor ebersteinische Wildbann in den Hochwäldern; 1599 waren schließlich auch die Forsthoheit, der Wildbann und das Jagdrecht in badischem Besitz. 1681/86 überließ Markgraf Ludwig Wilhelm diese Rechte mit Ausnahme der Landeshoheit als Kunkellehen an den in seinen Diensten stehenden Freiherrn von Blittersdorff, der den Besitz aber schon 1722 wieder an Baden-Baden zurückverkaufte. Seither blieb das Tal als Teil des Amts Bühl und Großweier bzw. des Oberamts Yburg ohne weitere Unterbrechung in badischer Hand.

Als Ministerialen und Lehnleute der Grafen von Eberstein, hernach der Markgrafen von Baden, ist seit dem späten Mittelalter nacheinander eine Reihe von niederadligen Familien mit Sitz auf dem Schlößlein (Haus bzw. Wasserhaus) zu Waldsteg bezeugt, jedoch hatten diese Adligen schon im 15. Jh. nur noch Befugnisse im Bereich ihrer eigenen Grundherrschaft und nicht (mehr?) auf dem Gebiet der Ortsherrschaft. Zuerst erscheinen in dieser Reihe 1294 der Ritter Berthold gen. *Cumber* und sein Sohn Hugo *de Walhestege*; im 14. Jh. folgten als Inhaber der kleinen Burg möglicherweise die von Windeck und zu Beginn des 15. Jh. – allem Anschein nach aufgrund weiblicher Erbfolge – die Kolb von Staufenberg aus der Ortenau (1407/21). Vom 15. bis ins 18. Jh. wechselte der nunmehr von den Markgrafen zu Lehen rührende Ansitz teils auf dem Erbweg, teils durch Kauf noch oft die Inhaber; 1457/79 gehörte er denen von Zeutern aus dem Kraichgau, 1481 den Wiedergrün von Staufenberg aus der Ortenau, 1501/28 denen von Wittstatt gen. von Hagenbuch aus dem Bauland, dem markgräflichen Kanzler Hieronymus Veus (1528/31), Dr. Jakob Kirser (1531/45), (vor) 1558 Hans Bernhard Kümelin, 1599 denen von Karpfen aus Württemberg, (vor) 1681 denen von Merlau aus Hessen bzw. aus Württemberg und von 1681 bis 1722 den Freiherren von Blittersdorff vom Niederrhein. Zusammen mit dem Ort gelangte das Schlößlein sodann in den unmittelbaren Besitz der Markgrafen und schließlich samt zugehörigem Grundbesitz über den Schultheißen Matthias Falk 1788 durch Kauf an die örtliche Pfarrei, die es bis in die 1960er Jahre als Pfarrhaus nutzte; heute ist es Eigentum der Stadt Bühl und beherbergt deren Stadtarchiv.

Grundherrschaft und Grundbesitz. – Grundherrschaft und Grundbesitz zu Neusatz scheinen am Ende des Hochmittelalters ganz überwiegend in ministerialischer bzw. niederadliger, vornehmlich wohl in Windecker Hand gewesen zu sein. Dem widerspricht es nicht, wenn die älteste einschlägige Überlieferung hiesige Einkünfte des Klosters Allerheiligen auf dem Schwarzwald bezeugt (1248). Die Herren von Windeck hatten in dem Tal Anspruch auf allerlei Grundrenten und Zinse (1325) von einem Hof zu Waldsteg (1450/1590) und waren ebenso wie noch ihre Erben, die von Hüffel (1702), Teilhaber am örtlichen Hubgericht; vor 1732 sind die entsprechenden Gerechtsame an die badische Landesherrschaft veräußert worden. 1335 erscheint der Straßburger Bürger Berthold von Söllingen als Besitzer von Gütern und Zinsen im Neusatzer Tal; später gelangten diese über die Familie von Rust (1435) an das Kloster Lichtenthal (1446/48) und blieben bei dem dortigen Konvent bis zur Säkularisation 1802/03. Dabei handelte es sich aber nur um die Hälfte eines älteren grundherrschaftlichen Komplexes, mit dem auch das Kloster am Hubgericht auf dem Gebersberg beteiligt war. Die andere Hälfte des Komplexes hatten die Röder von Neuweier als badisches Lehen inne (1432); sie gelangte erst 1497 über den Stollhofer Vogt Hans von Ramberg an Lichtenthal. 1586 erstreckten sich

Schloß Waldsteg und Weilersiedlungen im Tal von Neusatz, 1580.

die hiesigen Rechte der Zisterzienserinnen auf die vier Lehen zu Gebersberg und im Tal. Mit Einkünften von einem anderen, ebenfalls von Baden lehnbaren Gut waren die Röder bereits 1381 in Neusatz begütert, jedoch stellten sie diesen Besitz 1524 dem Lehnsherrn wieder zurück. Und schließlich waren von den Markgrafen 1381 auch die von Bach mit hiesigen Zinsen belehnt, die noch zu Beginn des 18. Jh. zum Besitz des Unterschlosses in Neuweier gehörten. Im späteren 17. Jh. finden Geld- und Naturalzinse Erwähnung, die einst den Herren von Seldeneck, d.h. ursprünglich denen von Großweier zustanden. Selbstverständlich zählten auch die jeweiligen Schloßherren zu Waldsteg unter die örtlichen Grundbesitzer, so bereits die Kolb von Staufenberg (1407/21) und später die von Blittersdorff, die

in den 1690er Jahren das bestehende Schloßgut (knapp 18 M Reben) mittels zahlreicher Zukäufe weiter vermehrten, u.a. um den Hof der Krebs von Bach zu Waldsteg mit knapp 20 M Reben, Matten, Gärten etc.

An geistlichen Institutionen, die aus Neusatz Zinse und Renten bezogen, sind die Pfarreien Bühl (1497) und Ottersweier (1431) sowie das Kloster Frauenalb (? 16. Jh.) und die (Baden-)Badner Jesuiten (1771) zu nennen. Nicht zuletzt finden seit dem ausgehenden 15. Jh. immer wieder Gerechtsame der Markgrafen von Baden Erwähnung, unter die namentlich zwei Rebhöfe in Waldsteg (unterer, 64 Sth Reben, 8 Tw Matten; oberer, 44 Sth Reben, 6 Tw Matten) sowie Bodenzinse, die von den Grafen von Eberstein bzw. ihren Erben, den Grafen von Gronsfeld und von Wolkenstein, herrührten (1760), zu rechnen sind. Durch den Heimfall von Lehen sowie durch Kauf erhielt der markgräfliche Besitz im Laufe der Zeit immer weiteren Zuwachs, jedoch wurde er im 18.Jh. durch Verkauf (Schugshof) auch wieder dezimiert.

Gemeinde. – Die Gebauerschaft des Neusatzer Tals und Gebersbergs wird in einem Vergleich mit jener im benachbarten Lauf 1494 erstmals aktenkundig; ihre Vertreter waren die Heimbürgen, die jährlich gewählt wurden und für die Instandhaltung von Stegen, Wegen, Brücken und Gattern verantwortlich waren. Zum örtlichen Gericht durfte der Markgraf als dessen Herr, wenn es ihm nötig erschien, Schöffen aus Bühl oder Unzhurst abordnen; desgleichen bediente man sich im 16.Jh. des Gerichtsschreibers aus Bühl. Bereits 1584 führte das hiesige Gericht ein eigenes Siegel, das im gespaltenen Wappenschild vorn den badischen Schrägbalken, hinten ein Rebmesser zeigt, und die Umschrift *SIGILLVM ... ACZS* trägt. Das von »Ausländern« erhobene Bürgerannahmegeld wurde zwischen Herrschaft und Gemeinde hälftig geteilt. Zum kommunalen Besitz gehörten im 18.Jh. das Schulhaus, die alte Kapelle St. Carolus, zwei Stiermatten und einige kleinere Buschstücke sowie weitere 50J Büsche, die 1771 der Gemeinde zugesprochen worden sind, und 3J Allmendplätze. Die Neusatzer hatten Anteil an den Hochwaldungen und am Waldhägenich, Weidgangsrechte standen ihnen bei der Burg Windeck, im Hägenich und auf dem Schenkenwasen zu.

Kirche und Schule. – Ursprünglich zählte das ganze Neusatzer Tal zur Pfarrei Ottersweier. Angesichts des für viele Gläubige, zumal für jene aus dem oberen Tal sehr weiten Wegs zur Kirche plante der Freiherr von Blittersdorff bereits um 1688 zur Spendung der Sakramente sowie für den christlichen Unterricht einen eigenen Geistlichen aus der Jesuitenniederlassung in Ottersweier anzustellen und erhielt dafür 1713 auch die Genehmigung von seiten des Straßburger Generalvikars. Seit 1716 erteilten Jesuitenpatres aus Ottersweier hier alle zwei Wochen Christenlehre, und 1718 wurde unter Beihilfe der Herrschaft eine Hl. Kreuz-Kapelle (seit 1719 St. Karl Borromäus) errichtet, in der seit 1722 an Sonntagen, jedoch mit Ausnahme kirchlicher Festtage, die Messe gelesen wurde, und seit 1761 diente das Kirchlein auch der Taufe von Kindern. Nach langem Bemühen um einen eigenen Pfarrer wurde schließlich 1783 die Pfarrei Neusatz gegründet und die bisherige Kapelle zur Pfarrkirche erhoben. Unmittelbar danach nahm

Schloß Waldsteg.

man eine Erweiterung des Gotteshauses in Angriff und vollendete sie 1788; als Pfarrhaus wurde damals das in Verfall begriffene Schlößchen Waldsteg hergerichtet.

Sämtliche Zehnten im Neusatzer Tal und auf dem Gebersberg gebührten seit dem Mittelalter allein dem Pfarrer von Ottersweier; 1533 wurde diesem auch der Novalzehnt von Neubruchland zugerechnet, jedoch konnte diesbezüglich die Landesherrschaft späterhin ihre Ansprüche durchsetzen.

1753 wird erstmals ein Schulmeister in Neusatz erwähnt. Er wohnte in einem Haus bei der Kapellenkirche in Waldsteg und hielt dort auch seinen Unterricht; mit dem Bau eines neuen Schulhauses wurde 1790 begonnen. Mit Rücksicht auf die winterliche Beschwerlichkeit des Weges von Neusatzeck ins Tal haben die 28 dort wohnenden Familien aus eigenen Mitteln ein Haus gekauft, in dem für ihre Kinder Schule gehalten werden sollte. Trotz großer Bedenken hinsichtlich der zu geringen Schülerzahl (ca. 45 bis 50) wurde diese Filialschule 1806 genehmigt.

Bevölkerung und Wirtschaft. – 1720 hatten im Tal von Neusatz 69 Familien Bürgerrecht, d.h. die Zahl der Einwohner dürfte sich auf etwa 320 belaufen haben. Eine Huldigungsliste von 1765 nennt die Namen von 78 Bürgern und zwei Hintersassen, woraus auf eine Gesamteinwohnerzahl von rund 360 zu schließen ist. In den folgenden Jahren nahm die Bevölkerung hier wie anderwärts stark zu. Bereits 1772 zählte man 472 Personen, bis 1775 stieg die Zahl der Seelen auf 525, ging anschließend leicht zurück (1781

498), lag aber 1788 wieder bei 545 und im Jahre 1800 sogar bei 631.

In den unteren Tallagen war neben der Viehhaltung – 1788 elf Pferde, 340 Rinder, 232 Schweine, 123 Ziegen, elf Schafe – und dem Ackerbau auch der Weinbau von einiger Bedeutung, was nicht zuletzt durch die Existenz mehrerer herrschaftlicher Rebhöfe dokumentiert ist; zu Beginn des 19. Jh. werden zudem die im Tal wachsenden Kastanien und das hier gebrannte Kirschwasser hervorgehoben. Eine Mühle bei Waldsteg, von der Orts- und Landesherrschaft erblehnbar, hat es wohl schon im späten Mittelalter gegeben; um die Mitte des 16. Jh. als abgegangen bezeichnet, wurde sie später wieder instandgesetzt und 1599 als Mahl-, Öl- und Würzmühle betrieben. Eine Sägemühle zu Waldsteg ist bereits 1407 bezeugt. Um 1730 wurde ein neues Mühlgebäude samt Ölmühle errichtet, 1739 und noch einmal 1775 die herrschaftliche Sägemühle erneuert. Die Erblehnmühle war 1771 oberschlächtig und hatte einen Mahl- und einen Gerbgang. Die Errichtung einer dritten Mühle mit Öl- und Hanfstampfe wurde aus Rentabilitätsgründen abgelehnt. Als 1741 für Waldsteg der Mühlenzwang auf die herrschaftlichen Lehnmühlen am Ort und in der Hub eingeführt werden sollte, erregte dieses den Protest der Gemeinde. 1584 wurde bei Waldsteg eine Ziegelhütte betrieben, ein Steinbruch bestand am Hardberg sowohl auf badischer wie auf Ortenauer Seite. Am Wolfshag gab es 1777 eine Eisenerzgrube, bei der mehrere Bergleute beschäftigt waren. Bereits um 1540 hatte Waldsteg einen Weinschank; auch die Schildrechte der Wirtshäuser zur Laube und zur Krone haben eine lange Tradition.

Waldmatt. – Die ehedem selbständige Gemeinde Waldmatt (1386 *gen Walmatten*)[16] deren Name als Matte bzw. Wiese am Wald zu deuten ist, entwickelte sich aus der herrschaftlichen Zusammengehörigkeit der Höfe Hard, Hennegraben (1386, *un dem Heningraben*), Schweighof und Krumbäch (1327); die gleichfalls hierher gehörige, im 14. und 15. Jh. bezeugte Siedlung Lerchenkopf ist offenbar schon früh wieder wüstgefallen. Aus der Tatsache, daß die im Volksmund auch als Waldmatter Schloß bezeichnete Burg (Alt-) Windeck ehedem zur hiesigen Gemarkung gerechnet wurde, und aus den Rechtsverhältnissen des örtlichen Grundbesitzes darf man schließen, daß der Ort und seine Mark seit dem hohen Mittelalter aus dem zur Versorgung des Herrschaftssitzes angelegten Gutsbetrieb erstanden sind. 1788 gehörten zu Waldmatt 20 Häuser, je zur Hälfte anderthalb- und einstöckig, 18 Scheunen sowie 22 Rinder- und 31 Schweineställe.

Die Herrschaftsentwicklung zu Waldmatt hat sich im Zusammenhang mit Burg (Alt-) Windeck vollzogen. Der Anspruch auf die Herrschaft über das örtliche Gericht war noch zu Ende des Mittelalters (1472) zwischen den Markgrafen von Baden und der Reichslandvogtei in der Ortenau umstritten und gelangte erst 1530 vollständig in badische Hand. Seither waren die Markgrafen alleinige Orts- und Landesherren zu Waldmatt, das im 18. Jh. zum Amt Bühl und Großweier, schließlich zum Oberamt Yburg gehörte.

Die Grundherrschaft in Waldmatt hat ursprünglich wohl allein den Herren von Windeck gehört; erst durch die Aussteuerung von Töchtern scheinen hier im Laufe des späten Mittelalters auch andere Adelsgeschlechter Fuß gefaßt zu haben. 1396 trugen Albrecht von Enzberg gen. Schühelin und seine Ehefrau Ursula Spet von Bach dem Kurfürsten von der Pfalz ihren Hof Waldmatt zu Lehen auf; 1397 verkauften sie diesen Besitz an Hans Spet von Bach. Auch die Röder von Neuweier bezogen 1432/54 Renten zu Waldmatt. Im übrigen sind vom 14. bis ins 16. Jh. allein die von Windeck mit örtlichem Grundbesitz bezeugt, darunter mit den Höfen Schweighof (1368), Hennegraben (1386), Krumbäch sowie mit Haus und Hof, die von der Herrschaft Lichtenberg zu Lehen rührten (1542). Später waren die Berechtigungen stärker diversifiziert. Neben denen von Fleckenstein und von Hüffel als Windecker Erben erscheinen dann auch das Kollegiatstift (Baden-)Baden (1517), die Inhaber des Unterschlosses zu Neuweier (1547) mit Gütern teils windeckischer teils bachischer Provenienz, vor allem den Höfen Schweighof (ca. 64 Sth Reben, 6 Tw Matten, 4 J Äcker und Büsche) und Waldmatt (ca. 45 Sth Reben, 5½ Tw Matten, 2 J Äcker und Büsche), und die Markgrafen von Baden mit allerlei Einkünften (1598) sowie als Herren der Höfe Hennegraben (ca. 25 M) und Krumbäch (ca. 24 M). Als Zinsberechtigte begegnen aufgrund von frommen Stiftungen und Darlehnsgeschäften die Kirchen zu Ottersweier (1449) und Kappelwindeck (1703) und das Kloster Schwarzach (1574). Waldmatt hatte zusammen mit der Hub ein Hubgericht, zu dem 1553 zwölf Huber gehörten; der erste von jährlich zwei Gerichtsterminen wurde hier gehalten.

1765 hatte das kleine Waldmatt einen eigenen Bürgermeister; ihm oblag das Führen der Gemeinderechnung und die Repartierung von Steuern, Abgaben und sonstigen Lasten. Die Gemeinde war Teilhaberin an den Waldgenossenschaften im Windecker Wald und im Hägenich und verfügte im letzteren Revier auch über eine eigene Matte.

In älterer Zeit gehörte Waldmatt zum Kirchspiel von Ottersweier, 1783 zur neu errichteten Pfarrei Neusatz. Den Frucht- und Weinzehnt hatte stets die Kirche in Ottersweier zu beanspruchen.

Im Jahre 1765 gab es in Waldmatt elf Bürger und sechs Hintersassen, d.h. insgesamt etwa 70 bis 80 Einwohner; bis 1778 stieg die Zahl auf 108, ging aber anschließend wieder auf 89 (1788) zurück und hielt sich auf diesem Stand bis ins 19. Jh. Ihren Broterwerb fand die hiesige Bevölkerung von alters her im Weinbau und in der Viehzucht (Schweighof); 1788 zählte man immerhin 65 Rinder, 45 Schweine, 29 Ziegen und 18 Schafe. Der Viehweide diente, solange er noch nicht gerodet war, der Wolfhag, daneben die Windecker Waldungen, in denen auch Nutzholz gewonnen wurde. Im 18. Jh. wurde bei Waldmatt, im Orthalder Wald, in mehreren Gruben nach Eisenerz gegraben, zuletzt in dem zum Schweighof gehörigen Gewann Orthald (1773/78). Bereits um die Mitte des 16. Jh. gab es in Waldmatt einen Weinschank, jedoch wird später kein Wirtshaus mehr erwähnt.

Oberbruch

Siedlung und Gemarkung. – Das Dorf Oberbruch mit dem ursprünglich selbständigen, aber doch immer eng verbundenen Weiler Kinzhurst (1803 10 Häuser) als Annex an seinem nördlichen Ortsende liegt entlang dem Laufbach im Feuchtgebiet der Kinzig-Murg-Rinne. Seine Gemarkung ist im Osten vom Sulzbach, im Westen vom Mühlbach eingeschlossen und grenzt im Norden an das einst sumpfige Waldgebiet Abtsmuhr, im Süden an das alte Wald- und Weidegebiet Hägenich. In diesem Raum wurden an verschiedenen Stellen zahlreiche steinzeitliche Abschlisse und vorrömische Scherben gefunden. Der Name Oberbruch erscheint urkundlich erstmals 1333 gelegentlich einer Anniversarienstiftung ins Kloster Schwarzach (*Vberbrůch*)[17] und beschreibt die Lage der Siedlung an einem Sumpf (Bruch). Kinzhurst ist seit 1360 (*Kienechtenhurst*) nachgewiesen und bezieht sich mit seinem Namen auf ein Gebüsch von Kienholz. Auch zahlreiche Flurnamen charakterisieren die noch heute von Gräben durchzogene und von Gebüsch bewachsene Landschaft um Oberbruch als sumpfiges und von Wald bestandenes Gebiet. Zu Beginn des 17. Jh., vor Ausbruch des Dreißigjährigen Krieges, gab es am Ort (mit Kinzhurst) etwa 20 bis 25 Häuser.

Herrschaft und Staat. – Oberbruch und Kinzhurst gehörten von alters her zu dem bis ins 15. Jh. von den Herren von Windeck bevogteten Immunitätsbezirk des Klosters Schwarzach und innerhalb dessen zum Äußeren oder Vimbucher Gerichtsstab. In der Neuzeit wurde die Landesherrschaft bzw. Landeshoheit, mit allen ihren Pertinenzen von

Oberbruch von Südwesten.

den Markgrafen von Baden beansprucht; Ortsherrschaft und niedere Gerichtsbarkeit sowie Gebot und Verbot oblagen bis zur Säkularisation dem Kloster.

Grundherrschaft und Grundbesitz. – Infolge der althergebrachten Zugehörigkeit zum Klostergebiet lagen die grundherrschaftlichen Befugnisse auf der Gemarkung von Oberbruch und Kinzhurst so gut wie ausschließlich bei den Schwarzacher Benediktinern, neben denen vom Mittelalter bis zum Ende des Alten Reiches kein anderer Leiheherr in Erscheinung tritt. Unter den vom Kloster gewöhnlich zu Erblehen vergebenen Höfen ist zuerst der Über- bzw. Oberwasserhof (1307) zu nennen; er lag zwischen Abtsmuhr und Abach, wird bereits 1599 als öd bezeichnet und bestand 1802, als die zugehörigen Güter längst einzeln verliehen waren, aus rund 141 J Land. Der 1384 erstmals erwähnte Strütthof wurde vor 1420 mit einem kleineren Leihegut zusammengelegt und firmierte fortan unter dem Namen Bonnenlehen; 1665 wird dessen Umfang mit 20 Äckern und 6¼ Tw Matten beziffert (5 Anteile). Zum Kinzhurster Hof (1414), der auch als Hube oder als Erblehen bezeichnet wird, gehörten zur gleichen Zeit 19¼ J Äcker und 7 Tw Matten. Ein Münchlehen begegnet seit 1439 und hatte um die Mitte des 17. Jh. 13 J Äcker, 3 Tw Matten und Anteil am örtlichen Heuzehnt. Das sogenannte Bannwartlehen (1474), identisch mit dem schon früher bezeugten Dürkaufgut (1445), umfaßte etwa 70 J Äcker und 10½ Tw Matten. Des weiteren gab es hier Güter der Klosterkantorei (1414), ein Kleinhöflein (1432, 1665 ca. 5½ J Äcker und 2½ Tw Matten), ein Roßhanslehen (1453) und eine Hube (1476). Die der klösterlichen Grundherrschaft geschuldeten Güterzinse waren jährlich am Dienstag nach Martini (11. November) zu entrichten. Die ansonsten erwähnten Zinsberechtigungen erscheinen dagegen eher geringfügig. Soweit sie den Herren von Windeck (1508) zustanden, sind sie vermutlich auf deren einstige Vogteirechte zurückzuführen, ebenso wie die Ansprüche der Markgrafen von Baden (1564) auf deren landesherrliche Kompetenzen. Das Kollegiatstift (1677) und die Jesuiten zu (Baden-)Baden (1771) bezogen in Oberbruch Renten aus Darlehnsgeschäften.

Gemeinde. – Die Gemeinde zu Oberbruch tritt seit den 1420er Jahren in Erscheinung, meist im Streit mit ihrer Herrschaft und mit Nachbargemeinden wegen Weidgangsrechten in der näheren und weiteren Umgebung, im Abtsmuhr, im See, im Stöckig bei Oberweier und im Hägenich, aber auch in den Windecker Waldungen; die Teilhabe an der Nutzung der letzteren wurde ihr 1560 in einem reichskammergerichtlichen Prozeß gegen die von Windeck ausdrücklich bestätigt. Vertreter der Gemeinde war der seit 1454 bezeugte Heimbürge, im 18. Jh. der Bürgermeister. In kommunalem Besitz waren neben den vorerwähnten Weiderechten im 18. Jh. noch ein Hirten- und ein Schulhaus sowie eine Hanfpleuel. Wie begrenzt die gemeindlichen Kompetenzen waren, zeigt sich darin, daß der Bürgermeister alle Geschäfte, deren Wert über 5 Gulden lag, beim klösterlichen Schaffnereiamt in Schwarzach anzeigen und ratifizieren lassen mußte.

Kirche und Schule. – Oberbruch und Kinzhurst gehörten zur Pfarrei Vimbuch, wurden aber in der frühen Neuzeit wiederholt auch von Schwarzach aus seelsorglich versehen. Eine dem hl. Wendelin geweihte Kapelle bestand

St. Wendelin-Kapelle in Oberbruch.

schon um 1661; ihre Glocke wurde 1690, als eine französische Armee hier lagerte, gestohlen und erst 1759 durch eine neue, in Straßburg gegossene ersetzt. Sämtliche Zehnten zu Oberbruch und Kinzhurst standen dem Kloster Schwarzach zu und wurden schon im ausgehenden Mittelalter in Zeitpacht verliehen.

Eine Sommer- und Winterschule hatte Oberbruch bereits 1761. Aus dem Jahre 1796 ist ein Anstellungsvertrag zwischen der Gemeinde und einem Schulmeister überliefert; demnach erhielt der Lehrer für den Unterricht, den er ganzjährig erteilte, 85 Gulden an Geld, 2 Klafter Brennholz, eine Matte und zwei kleine Gärten zur Nutzung sowie einen Stall. Ein besonderes Schulhaus wurde erst um 1808 errichtet.

Bevölkerung und Wirtschaft. – Vor dem Dreißigjährigen Krieg gab es in Oberbruch 25 Bürger, d.h. etwa 110 bis 120 Einwohner; 1633 waren davon nur noch vier (ca. 15–20 Einwohner) übrig, aber bereits zehn Jahre später hatte sich die Zahl wieder mehr als verdoppelt (42). In Kinzhurst zählte man 1661 29 Seelen, 1717 noch etwa ebensoviel und 1761 61. Während der 1770/80er Jahre schwankte die Einwohnerzahl von Oberbruch (zusammen mit Kinzhurst) zwischen 175 und 195.

Ihre Haupterwerbsquelle hatte die Bevölkerung von Oberbruch und Kinzhurst – davon zeugt nicht zuletzt das Patrozinium der Kapelle St. Wendelin – in der Viehhaltung, zu der die ausgedehnten Weiderechte der Gemeinde genutzt wurden. Entsprechend groß war der Viehbestand in beiden Orten. 1775 lag er bei nicht weniger als 120 Pferden, 126 Rindern und 28 Schweinen; später, vor allem infolge der Kriegsläufte nach der Französischen Revolution, ging er etwas zurück (1804 76 Pferde, 104 Rinder, 63 Schweine), blieb aber in Relation zur Bevölkerungszahl noch immer sehr beachtlich. Die sonstige Landwirtschaft spielte demgegenüber wohl nur eine untergeordnete Rolle. Den einstigen Anbau von Hanf bezeugen der Flurname Hanfrötze und die Errichtung einer Hanfpleuel (1800). Vom Mühlzwang auf die Zeller Mühle wurden die Oberbrucher und Kinzhurster 1773 befreit. 1799 bestand in Oberbruch ein Gasthaus zur Krone.

Oberweier

Siedlung und Gemarkung. – Mit seiner von jeher besonders kleinen Gemarkung liegt das bereits im ausgehenden 18. Jh. hufeisenförmig gebildete Dorf Oberweier am Sandbach zwischen dem Hägenich und Vimbuch. Seine erste Erwähnung als *Oberwilre* datiert aus der Mitte des 14. Jh. und geschieht in einem Zinsrodel der Kirche von Kappelwindeck.[18] Mit dem Grundwort seines Names ist der Ort unter die Weilersiedlungen zu rechnen, das Bestimmungswort stellt einen räumlichen Bezug her, vermutlich zu dem »unterhalb« gelegenen Villikations- und Pfarrort Vimbuch. Bereits der Dreißigjährige Krieg hat Oberweier stark in Mitleidenschaft gezogen, und im Spanischen Erbfolgekrieg wurde der Ort 1703 noch einmal niedergebrannt.

Herrschaft und Staat. – Oberweier lag am südlichen Rand des Schwarzacher Niedergerichtsterritoriums und gehörte innerhalb dessen vom Mittelalter bis zur Säkularisation zum Äußeren oder Vimbucher Stab. Dem Kloster gebührte hier die Ortsherrschaft mit Gebot und Verbot; die Markgrafen von Baden beanspruchten aufgrund ihrer Kastenvogtei seit dem 15. Jh. die Landesherrschaft, später die Landeshoheit mit Steuern, Schatzungen und anderen zugehörigen Kompetenzen.

Grundherrschaft und Grundbesitz. – Als Ortsherr war das Kloster Schwarzach in Oberweier zugleich der größte Grundherr und bezog als solcher die meisten Bodenzinse. Namentlich hatte der Abt den sogenannten Niederhof, der auch unter dem Namen Wittumgut erscheint, als Erblehen zu vergeben; 1564 umfaßte dieses als Vorträgerei bewirtschaftete Gut ca. 28 J Äcker und 9¼ Tw Matten. Ein weiteres Klostergut an der Hube umfaßte zu Beginn des 15. Jh. etwa 30 J Äcker und 3 J Feld. Ansonsten gab es den Höttlerhof (1396) sowie einen Hof, an dem die von Windeck Berechtigungen hatten; letzterer wurde 1432 zusammen mit anderen Gerechtsamen an die Markgrafen von Baden verkauft, umfaßte 1533 35 M Äcker und 11 Tw Matten und erscheint noch im 17. Jh. als von Baden erblehnbares Vorträgereigut. Gülten bezogen hier auch die St. Silvester-Pfründe zu Kappelwindeck (1565) und Straßburger Bürger (1627). Die drei Kapplwindecker Rebhöfe des Unterschlosses zu Neuweier hatten auf der 23 Tw großen Seematte zu Oberweier Heurechte.

Gemeinde. – Von der Gemeinde zu Oberweier ist nur wenig bekannt. Sie war mit Eigentumsrechten am Wald Hägenich beteiligt und hatte darüber hinaus Anteil am Viehtrieb in das beim Ort gelegene Stöckig sowie in die Windeker Waldungen.

Kirche und Schule. – Oberweier gehörte stets zum Kirchspiel von Vimbuch. Eine Kapelle (Maria Hilf) wurde in den Jahren 1717/20 auf der Allmende gebaut, die Baukosten trug die Gemeinde. Der Zehnt stand allein dem Kloster Schwarzach zu und wurde von alters her in Zeitpacht verliehen. Ein Schulmeister ist seit 1771 bezeugt.

Bevölkerung und Wirtschaft. – Von 19 Bürgern, d.h. etwa 90 Einwohnern, die Oberweier vor dem Ausbruch des Dreißigjährigen Krieges hatte, waren im Jahr 1633 nur noch zwei (ca. 8–10 Einwohner) geblieben. 1643 lebten am Ort 14 Personen. 1703 scheint ein Teil der Dorfbewohner vor den Kriegsläuften in den Kappelwindecker Wald geflohen zu sein. Während der 1770er Jahre schwankte die Einwohnerzahl Oberweiers zwischen 106 und 124, 1788/89 lag sie bei rund 160 Personen.

Um 1540 bestanden in Oberweier drei Hanfrötzen, die mit Wasser aus der Bühlot gefüllt wurden. Die Bevölkerung lebte vornehmlich von der Viehzucht und hielt während der letzten drei Dezennien des 18. Jh. in der Regel 40 bis 60 Pferde, 1780 sogar mehr als 70; der Rinderbestand hatte zur gleichen Zeit etwa dieselbe Größe (1771 76); der Bestand an Schweinen bewegte sich zwischen 16 und 35. 1803 und 1804 gab es nur noch 36 bzw. 32 Pferde, 83 bzw. 50 Rinder und 31 bzw. zehn Schweine. 1799 hatte Oberweier ein Wirtshaus ohne Schild.

Vimbuch

Siedlung und Gemarkung. – Das nordwestlich von Bühl, im Bereich der Kinzig-Murg-Rinne gelegene Dorf Vimbuch ist eine Ausbausiedlung des frühen bis hohen Mittelalters und hat sich offenbar aus einem Fron- bzw. Dinghof des Klosters Schwarzach entwickelt. Als *Uintbŏch* 1154 erstmals urkundlich bezeugt,[19] ist der Ortsname nicht zweifelsfrei zu deuten; eine ältere, wenig glaubwürdige Interpretation des Bestimmungswortes nimmt Bezug auf den Volksnamen der Wenden; das Grundwort bezeichnet einen Buchenwald. Im Laufe des Mittelalters entfaltete sich der langgezogene Ort zwischen dem Sand- und dem Dorfbach, griff aber schon früh nach Westen über letzteren hinaus. Den Ortskern bildeten 1762 die Kirche mit dem Kirchhof und dem Pfarrhof, dem Rat- und Schulhaus sowie einer Straußwirtschaft; westlich davon, am Dorfbach, gab es einen »Bürgerplatz«, auf dem einst das alte, vermutlich 1703 zerstörte Rathaus gestanden hatte. Das stattliche Areal des Schwarzacher Klosterhofs lag zwischen beiden Bächen und schloß unmittelbar nördlich an die Kirche und den Pfarrhof an; fünf klösterliche Erblehngüter lagen in einigem Abstand südlich der Kirche, weitere vier jenseits des Dorfbachs. Ein größerer Komplex von Allmendgütern, zum Teil überbaut (u.a. mit dem Hirtenhaus), beschloß den Ort nach Norden, sonstiger Allmendbesitz, darunter die Wege und Gassen, verteilte sich über die ganze Siedlung. Archäologische Befunde liegen allein aus der Steinzeit vor. Den nur 1285/93 erwähnten Weiler Hagebuchenhurst, der freilich bereits im späten Mittelalter wieder wüstgefallen ist, hat man vielleicht im Gewann Steinfeld, gegen Oberweier, oder im Gewann Hurst zu suchen.

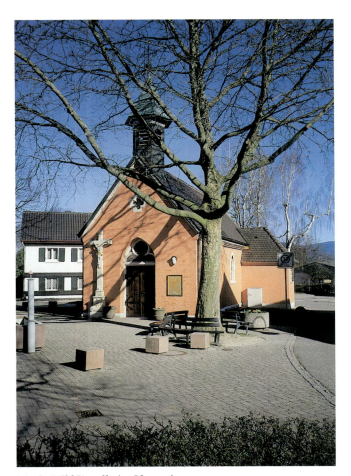

Maria-Hilf-Kapelle in Oberweier.

Herrschaft und Staat. – Vimbuch liegt am östlichen Rand des einstigen Schwarzacher Klosterterritoriums und war Sitz eines klösterlichen Niedergerichts, des sogenannten Äußeren Klosterstabs, zu dem neben dem Gerichtsort selbst noch die Dörfer und Weiler Balzhofen, Henkhurst, Kinzhurst, Moos, Oberbruch, Oberweier und Zell gehörten. Die Ortsherrschaft mit Gebot und Verbot sowie der niederen Gerichtsbarkeit und zugehörigen Gerechtsamen lag beim Abt und seinem Kloster, die auch von allen hier verstorbenen Personen, ungeachtet ihrer leibrechtlichen Zugehörigkeit, den Todfall bezogen. Die Landesherrschaft, dann Landeshoheit mit dem Steuer- und Waffenrecht samt anderen einschlägigen Kompetenzen übten die Markgrafen von Baden aus, denen seit dem 15. Jh., nachdem sie die Windecker aus dieser Funktion verdrängt hatten, die Kastenvogtei über Schwarzach zukam.

Gericht wurde dreimal jährlich im Dinghof des Klosters gehalten, jeweils donnerstags nach dem 13. Januar, nach dem 1. Mai und nach St. Adolf (29. August). Den Vorsitz führten dabei der Schultheiß und der Vogt oder dessen Vertreter, die zwölf urteilenden Schöffen kamen aus dem ganzen Gerichtssprengel; Appellationsinstanz war das klösterliche Salgericht zu Schwarzach. Entsprechend dieser gerichtlichen Zentralfunktion im Rahmen der einstigen Villikation gab es in dem Hof des Klosters ein Gefängnis, aber auch das Eichgeschirr für das Dorf und den ganzen Gerichtsstab wurde dort verwahrt.

Grundherrschaft und Grundbesitz. – Vom Mittelalter bis zum Ausgang des Alten Reiches war das Kloster Schwarzach in Vimbuch nicht allein Ortsherr, sondern auch der bei weitem größte Grundherr; sein hiesiger Herren- bzw. Fron- oder Dinghof (*curia dominicalis*), zu dem auch eine Kapelle gehörte, ist seit 1154 bezeugt. Außer den gerichtlichen Funktionen, die dieser später als Großer Hof oder Klostergut bezeichnete Hof, bis in die Neuzeit bewahrt hat, kam dem jeweiligen Inhaber oder Klostermeier allzeit auch die Pflicht zu, für die Gemeinde das Faselvieh zu halten, einen Hengst, einen Farren und einen Eber. Freilich stellte dieses Gut, das mit seinen Pertinenzen den größten Teil der Gemarkung einnahm, schon am Ende des Mittelalters nur noch eine ideelle Einheit dar und wurde als Vorträgerei bewirtschaftet; das zugehörige Acker- und Wiesenland war mit der Zeit infolge ständig vorgenommener und noch in der Neuzeit fortgeführter Erbteilungen in eine immer größere Zahl von Händen gelangt. Neben dem Fronhof hatte das Kloster in Vimbuch noch eine Reihe von bäuerlichen Erblehen zu vergeben, darunter das sogenannte Münchslehen, das Kellerlehen, das Bronnenlehen und das Hochhurster oder Riegler Lehen. Ihren Bodenzins hatten die Vimbucher Bauern dem Kloster jährlich am Tag nach Martini (11. November) zu entrichten.

Als Vögte des Klosters Schwarzach und Beisitzer im örtlichen Gericht waren von alters her auch die Herren von Windeck in Vimbuch begütert. Auf ihrem Hof haben die Windecker den Klöstern Lichtenthal (1276/81) und Herrenalb (1281) Seelgerätstiftungen verschrieben; 1369 gelangte das Anwesen (Jakobinhof) ganz an die Nonnen von Lichtenthal und blieb, zu Erblehen vergeben, bis zur Säkularisation in deren Eigentum (1723 37½ J Äcker und 7¼ Tw Matten). Mit der Veräußerung des Jakobinhofes hatten die von Windeck indes nicht allen ihren Besitz in Vimbuch aufgegeben; ihre Erben bezogen noch zu Beginn des 18. Jh. Zinse aus einer hiesigen Vorträgerei, die später an das Haus Baden veräußert wurden. Allerdings hatten die Markgrafen schon 1533 Anspruch auf Zinse aus einer anderen Vimbucher Vorträgerei. Güterzinse auf hiesiger Gemarkung hatten außerdem die Spet von Bach bzw. die Pfarrei Kappelwindeck (1338/96), die von Bach bzw. das Unterschloß (1547) sowie das Oberschloß zu Neuweier (18. Jh., vormals Röder) zu beziehen. Darüber hinaus sind die Straßburger Kirchenfabrik (1289/93), das Kloster Allerheiligen auf dem Schwarzwald (1681), die Hl. Kreuz-Pfründe in der Bühler Pfarrkirche und die Jesuiten von Ottersweier mit Zinsberechtigungen nachzuweisen.

Gemeinde. – Zwar führte das Gericht zu Vimbuch bereits 1663 ein eigenes Siegel – es zeigt das Schwarzacher Klosterwappen mit gekreuztem Schwert und Schlüssel und trägt die Umschrift DES STABS VINBUCH GERICHTS INSIGEL –, jedoch treten die Repräsentanten der Gemeinde nur selten in Erscheinung. Die Rechte der Vimbucher Gerichtsgenossen werden in dem aus dem Mittelalter stammenden Weistum in einem besonderen Kapitel gewürdigt, allerdings geht es dabei weniger um kommunale Kompetenzen als um die Beschränkung des herrschaftlichen Zugriffs. Gleichwohl hatte Vimbuch bereits im ausgehenden 17. Jh. ein am Dorfbach gelegenes Rathaus (später Bürgerplatz), das 1703 im Spanischen Erbfolgekrieg zerstört worden und hernach durch ein neues Rathaus am Kirchplatz ersetzt worden ist. Des weiteren hatte die Gemeinde bereits im frühen 16. Jh. ein Gutleut- oder Sondersiechenhaus am Steg bei Henkhurst, und 1590 beteiligte sie sich an dem von den Schwarzachern und Stollhofern gemeinsam unternomme-

Dorf und Gemarkung Vimbuch, 1761.

nen Neubau eines neuen Siechenhauses. Außerdem gehörten zum Gemeindebesitz das Schulhaus und das Hirtenhaus. Die Vimbucher hatten Anteil an der Wald- und Weidegenossenschaft im Ehlet östlich ihres Dorfes sowie am Steinbacher Kirchspielwald. Im späten 18. Jh. wurde das bisher gemeinschaftliche Ehlet trockengelegt und unter den berechtigten Gemeinden aufgeteilt.

Kirche und Schule. – Eine Kapelle in Vimbuch findet erstmals 1154 als Pertinenz des Schwarzacher Fronhofs Erwähnung; vermutlich handelte es sich dabei um eine Filialkirche der Pfarrei Steinbach. Ein eigener Pfarrer zu Vimbuch ist seit 1259 bezeugt, woraus man schließen darf, daß der Ort damals bereits von der Mutterkirche verselbständigt war. Zum Kirchspiel gehörten Balzhofen, Kinzhurst, Oberbruch und Oberweier. Das Patronatsrecht oblag dem Kloster Schwarzach, das 1412 schließlich auch die Inkorporation der Kirche und ihrer Güter in das Klostervermögen erreichte. Seit 1490 gab es in Vimbuch eine Bruderschaft zu Ehren Gottes und Mariens sowie der Hll. Wendelin, Marzolf und Barbara, die 1658 im Zuge der katholischen Reform erneuert wurde. Von der Mitte der 1520er bis in die 1560er Jahre haben an der hiesigen Kirche mehrere lutherische Pfarrer gewirkt, jedoch fand dieses Intermezzo mit der Gegenreformation in der Markgrafschaft Baden-Baden sein Ende. Das St. Johannes Baptista geweihte Gotteshaus (1666) hatte drei Altäre und ist, nachdem Markgraf Ludwig Wilhelm es 1702 beim Bau der Bühl-Stollhofer Linien zu Verteidigungszwecken hatte befestigen lassen, 1703 durch Kriegseinwirkung zerstört worden; Gemeindegottesdienst wurde anschließend bis 1715 in der Kapelle zu Balzhofen gefeiert. Der Neubau der Kirche war um 1745 mit dem Turm vollendet.

Der Zehnt auf Vimbucher Gemarkung stand ganz dem Kloster Schwarzach zu und wurde von diesem gewöhnlich in Zeitpacht verliehen. Ein Teil des Schmal- bzw. Kleinzehnten gehörte ins örtliche Klostergut. In Hagebuchenhurst waren 1285 auch die von Windeck am Zehnt beteiligt.

Der Schulunterricht zu Vimbuch wurde 1650 seitens der klösterlichen Ortsherrschaft reorganisiert, d.h. es muß bereits vor dem Dreißigjährigen Krieg zumindest gelegentlich Schule gehalten worden sein. 1762 bestand am Kirchplatz ein eigenes Schulhaus.

Bevölkerung und Wirtschaft. – Von 48 Bürgern, d.h. etwa 200 oder 220 Einwohnern, vor dem Dreißigjährigen Krieg sind in Vimbuch bis 1633 nur drei bzw. zwölf bis 15 geblieben; die einstige Bevölkerungszahl wurde erst gegen Ende des 18.Jh. wieder erreicht, dann aber auch bald überschritten. 1773 hatte der Ort 190 Einwohner, 1775 206, 1777 220, 1788 237 und 1789 sogar 255; zu Beginn des 19.Jh. ging die Zahl wieder leicht zurück.

Wie in den anderen Dörfern im Bereich der Niederterrasse widmete man sich auch in Vimbuch neben dem Ackerbau vor allem der von der Teilhabe an ausgedehnten Allmendweiden in der Umgebung begünstigten Viehzucht. Der Bestand an Pferden lag während des späten 18.Jh. meist um hundert und erreichte 1780 sogar die Zahl 130; der Rinderbestand bewegte sich zur gleichen Zeit zwischen 120 und 150, stieg aber bis 1803 auf immerhin 181; Schweine wurden gewöhnlich in sehr viel geringerem Umfang gehalten (ca. 30–35); Schafe und Ziegen hat es in Vimbuch offenbar nur ausnahmsweise gegeben. Um 1540 konnten die Vimbucher zur Verarbeitung des von ihnen angebauten Hanfs vier Rötzen aus der Bühlot füllen. Eine eigene Mühle gab es am Ort nicht, vielmehr wurde auf der klösterlichen Bannmühle in Zell gemahlen, und seit 1717 durften auch die Dienste des badischen Erblehnmüllers zu Bühl in Anspruch genommen werden. Noch 1762 gab es in Vimbuch nur eine Straußwirtschaft am Kirchplatz; 1790 bestand ein Wirtshaus zum Grünen Baum, 1799 ein weiteres zum Engel.

Weitenung

Siedlung und Gemarkung. – Weitenung zählt unter den Siedlungen des Landkreises Rastatt zu den urkundlich am frühesten bezeugten; seine erste Erwähnung geschieht 884 als *Uuidendunc*[20] in einem Diplom Kaiser Karls III. für das ehemals auf einer Rheininsel nördlich von Straßburg gelegene Schottenkloster Honau (auch Rheinau). Bei dem Dorf handelt es sich um einen frühen, um einen Fronhof entstandenen Ausbauort innerhalb der alten Steinbacher Mark; sein Name ist im ersten Teil entweder von dem Personennamen Wido abgeleitet oder vom Weidenstrauch und bezeichnet in seinem zweiten Teil mit dem für die Region charakteristischen Grundwort -tung eine flache Bodenerhebung im feuchten Gelände.

Zu Weitenung gehören von jeher die wohl sämtlich aus separaten grundherrschaftlichen Komplexen des hohen bis späten Mittelalters hervorgegangenen Weiler und Zinken Elzhofen (1456 *zu Etzicheshoffen*), Ottenhofen (1384 *de Hottenhofen*) und – auf einer separaten Rodungsinsel – Witstung (1337 *an deme hove vnd gůten [...] die Widehenstung*); eine weitere Siedlung, ganz im Nordosten der Gemarkung, war das zwischen 1320 und 1654 erwähnte Ristung, das offenbar bereits im späten 17.Jh. wüstgefallen war und seither nur noch als Flurname präsent ist. Im Bruchwald, nordwestlich von Witstung, nicht weit vom Schinlingraben liegt eine kleine Burgstelle (Motte), deren Entstehung und Geschichte gänzlich ungeklärt sind. Rätselhaft bleibt auch die Deutung des seit 1509 unmittelbar westlich von Weitenung nachzuweisenden Gewannamens Burgweg. An archäologischen Befunden liegen aus verschiedenen Gewannen zahlreiche steinzeitliche Silices, einige vorrömische Scherben sowie ein nach dem Fund verschollenes Steinbeil (Gewann Neue Äcker) unbekannter Zeitstellung vor.

Herrschaft und Staat. – Die Herrschaftsentwicklung in Weitenung hat ähnlich wie in Vimbuch ihren Ausgang von einem Fronhof genommen; ganz offensichtlich handelte es sich dabei um den bereits 884 erwähnten Besitz des Klosters Honau, das 1290 nach Rheinau bei Straßburg und 1398 nach Alt-St. Peter in Straßburg verlegt worden ist. Die zugehörigen Vogteirechte sind vermutlich im 13.Jh. zusammen mit der Yburg und Steinbach an die Markgrafen von Baden gelangt, denen hier im folgenden alle hohe und niedere Obrigkeit zukam. Gelegentliche Abtretungen an Ministerialen und Niederadel (1368 Stoll von Staufenberg) bzw. an das Kollegiatstift (Baden-)Baden, umfaßten zwar ein eigenes Hubgericht (1587), erstreckten sich aber doch nur auf die einstigen Fronhofgüter und nicht auf übergreifende Herrschaftsrechte. Zusammen mit den auf der Gemarkung gelegenen Weilersiedlungen unterstand Weitenung ganz der markgräflichen Orts- und Landesherrschaft und bildete ein ins Gericht und Amt Steinbach gehöriges Heimbürgentum.

Grundherrschaft und Grundbesitz. – Die Struktur von Grundherrschaft und Grundbesitz in Weitenung und den zugehörigen Weilern ist von einer beinahe verwirrenden Vielfalt; im ganzen hat man wohl davon auszugehen, daß der ehedem Honauer bzw. Rheinauer Fronhof mit abhängigen Gütern ganz im Dorf selbst zu suchen ist, während die umliegenden Gehöftsiedlungen auf ministerialischen Besitz zurückgehen dürften. Der Fronhof gelangte über den Sinzheimer Pfarrer Johann Stoll von Staufenberg (1362) und die vier Priesterpfründen bei der Stadtkirche zu (Baden-)Baden an das 1453 gegründete Kollegiatstift; sein Umfang wird 1373 auf 85 J Äcker und 7 Tw Matten beziffert. 1654 war das Stift offenbar mit weitem Abstand der größte Grundherr am Ort und hatte neben dem Fronhof noch fünf weitere Höfe und den sogenannten Fronlehnhof erblehnsweise zu vergeben (Gutleut- oder Huberhofgut, Dr. Kirser-Hof, Leppertshof, Kindweilerhof, St. Maria Magdalenen-Pfründgut, Lauferhof), dazu den Spitalhof in Witstung.

Teils neben dem Stift, teils als Vorbesitzer von Gütern, die später an dieses gelangt sind, erscheinen im Laufe der Zeit zahlreiche Angehörige des niederen Adels aus der Umgebung der Grafen von Eberstein bzw. der Markgrafen von Baden als Inhaber grundherrlicher Gerechtsame zu Weitenung und auf dortiger Gemarkung. Die Röder von Neuweier verkauften zwar 1337 den Hof Witstung samt Gütern an einen Steinbacher Bürger und 1438 den Pfifferhof zu Ottenhofen an die von Enzberg (später über die Truchseß von Bichishausen und die von Baustetten an das Stift Baden), trugen aber noch um die Mitte des 15. Jh. vom Kloster Schwarzach einen Hof in Elzhofen zu Mannlehen, der davor im Besitz der von Ditzingen war. Die von Kindweiler hatten einen Hof zu Ottenhofen, von dem sie Zinse 1362 an das Kloster Lichtenthal und 1400 (Buigels Gut) an den Kaplan zu Neuweier verkauften. Ein Erblehnhof in Elzhofen war am Ende des 15. Jh. Eigentum der Nix von Hoheneck gen. von Enzberg und wurde 1518 von den Markgrafen, 1574/1627 von denen von Botzheim verliehen. Ein weiterer Gülthof in Elzhofen und einer in Ottenhofen gelangten vor 1528 von den Mollenkopf vom Ries an die von Zeiskam aus dem Speyergau und danach an das Kloster Allerheiligen auf dem Schwarzwald (1671). Die Inhaber des Unterschlosses zu Schloß Neuweier (ehem. von Bach) hatten einen Kornhof in Weitenung zu verleihen und bezogen darüber hinaus Zinse aus Elzhofen und Ottenhofen (1547/1721). 1654 findet ein stotzheimischer Hof in Ottenhofen Erwähnung.

An geistlichen Berechtigungen bleiben schließlich zu erwähnen: auf seiten des Klosters Schwarzach ein Erblehnhof in Witstung (1481) und diverse Mattenzinse in Weitenung (15./16. Jh.) sowie auf seiten des Klosters Lichtenthal (1493/1601) und der Pfarrkirchen zu Steinbach (1320/1722) und Kappelwindeck (1703) allerlei Zinseinkünfte.

Gemeinde. – Der Heimbürge und die Vierleute (1547) sowie der Schultheiß des Stifts (Baden-)Baden waren Vertreter und Vorgesetzte der Gemeinde. 1693 verteidigten erstere das Fischwasser zu Weitenung gegen die Herrschaft als Gemeindeeigentum. Wegen der Befugnisse der jeweiligen Amtsträger kam es wiederholt zu Auseinandersetzungen zwischen dem Stift und der Landesherrschaft. Weitenunger Rechtsgeschäfte wurden bis ins beginnende 19. Jh. vom Gericht zu Steinbach beurkundet.

Kirche und Schule. – Eine Kapelle scheint bereits zum Weitenunger Fronhof des Klosters Honau gehört zu haben. Sie war den Hll. Katharina und Brigitte geweiht, war eine Filiale der Pfarrei Steinbach und erhielt 1384 durch eine Stiftung des dortigen Pfarrers eine eigene Kaplaneipfründe, deren Inhaber dreimal wöchentlich die Messe feiern sollte. Das Präsentationsrecht auf die Pfründe stand dem jeweiligen Pfarrer von Steinbach zu, die Kollatur dem Markgrafen (1483). Die Reparatur des 1474 neugebauten Kirchleins war im Laufe der Jahrhunderte immer wieder Gegenstand von Erörterungen zwischen der Gemeinde, dem Kloster Lichtenthal als Zehntherrn, der geistlichen Verwaltung und der badischen Landesherrschaft. Als 1763 der Weihbischof von Straßburg im Anschluß an eine Visitation das Feiern von Gottesdiensten wegen Baufälligkeit der Kapelle untersagte, sah sich die Gemeinde außerstande, die Kosten für eine Renovierung allein zu tragen und wandte sich an den Markgrafen um Hilfe. 1775 war erneut die Ausbesserung des Dachwerks erforderlich. In Ottenhofen bestand um 1761 eine eigene Marien-Kapelle.

Den Großzehnt von Weitenunger Gemarkung beanspruchte in der frühen Neuzeit zu zwei Dritteln das Kloster Lichtenthal und zu einem Drittel die Vierherrenpfründe am Kollegiatstift zu (Baden-)Baden; in den Kleinzehnt teilten sich der Pfarrer zu Steinbach (½) sowie das Kloster Lichtenthal und der Amtmann zu Steinbach (je ¼). Für die Güter des Fronhofs bestanden Sonderkonditionen. In Witstung hatte das Stift Baden das alleinige Zehntrecht.

Schulbetrieb ist in Weitenung seit 1760 nachzuweisen. Ein besonderes Schulhaus sollte um 1799/1800 auf Kosten der Gemeinde gebaut werden; davor wurde offenbar in der Wohnung des Lehrers unterrichtet.

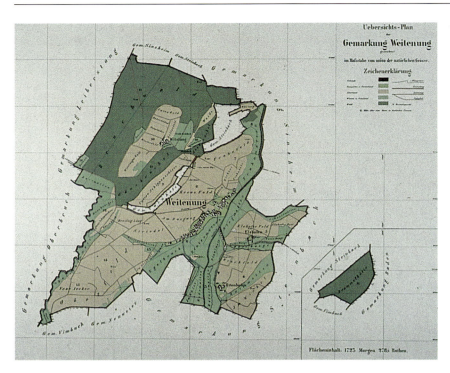

Gemarkung von Weitenung, Ende 19. Jh.

Bevölkerung und Wirtschaft. – Nachrichten über die Zahl der Einwohner von Weitenung und den zugehörigen Weilern liegen erst für die letzten drei Dezennien des 18. Jh. vor; sie geben ein im wesentlichen stetiges, jedoch nicht besonders auffälliges Wachstum zu erkennen:

	Zahl der Einwohner in			
	Weitenung	Elzhofen	Ottenhofen	Wistung
1772	275	22	24	30
1773	241	24	26	33
1775	312 (incl.)			
1777	285	30	24	34
1778	290	20	18	31
1781	295	23	26	44
1788	345 [?]	40	32	36
1789	305	35	35	39
1790	304	35	37	39
1800	411 (incl.)			

Ihren Lebensunterhalt fand die hiesige Bevölkerung vornehmlich im Acker- und Obstbau sowie in der Viehzucht; die Qualität des Weitenunger Hanfs wurde in älterer Zeit besonders gerühmt. Der zum Jahr 1790 ermittelte Viehbestand ist beachtlich:

	Viehbestand in			
	Weitenung	Elzhofen	Ottenhofen	Witstung
Pferde	105	7	17	22
Rinder	117	12	6	18
Schweine	22	3	–	5

Zu Beginn des 16. Jh. gab es in Weitenung eine von Fall zu Fall durch Versteigerung verpachtete Mühle; um die Mitte des 18. Jh. und danach klagten die Müller immer wieder über den Mangel an Wasser, das ihnen durch die Inhaber der Ehletwiesen entzogen wurde. Ein Weinausschank, für den die Ordnung der Stadt Steinbach gelten sollte, ist hier bereits 1520/29 bezeugt. In den örtlichen Hubregistern sind zahlreiche Händel dokumentiert, die im Weitenunger Wirtshaus ihren Ausgang genommen haben. 1731 wird ein Schildrecht zum Engel erwähnt, 1799 die Gasthäuser zum Rössel und zum Grünen Baum.

C. Die Stadt vom 19. bis ins 21. Jahrhundert

Bevölkerungsentwicklung. – Die demographische Entwicklung Bühls ist von einer stetigen Zunahme gekennzeichnet. Das Wachstum in den ersten Jahrzehnten des 19. Jh. ergab sich aus einer verbesserten medizinischen Versorgung und veränderten Nahrungsgrundlage. Vor allem die Kartoffel als Massenernährungsträger befreite klein- und unterbäuerliche Schichten von der alleinigen Abhängigkeit vom Getreide und sorgte für eine ausreichende Verpflegung der rasch wachsenden Bevölkerung.

Bis Mitte der 1840er Jahre nahm die Bevölkerung mit Ausnahme der Gemeinden Balzhofen und Kappelwindeck, wo die Einwohnerzahl kurzfristig von 374 (1825) auf 347 (1834) bzw. von 1205 auf 1183 sank, zu. Dem allgemeinen Anstieg folgte ein Rückgang durch Auswanderung; deren Ursachen sind in Mißernten und Teuerungskrisen, in der Reaktionszeit nach der gescheiterten Revolution von 1848/49 sowie im Übergang von der Agrar- zur Industriegesellschaft zu suchen. Auch die Gewerbekrise und die Realteilung in der Landwirtschaft bewirkten, daß besonders Klein- und Parzellenbauern ebenso wie unterbäuerliche Heimarbeiter, Kleingewerbetreibende und Handwerker ihr Glück in Amerika suchten. Zwischen 1850 und 1855 kehrten 2310 Personen (1852 2,3 % der Einwohner) im Bezirksamt Bühl der Heimat den Rücken. Die überwältigende Mehrheit der Auswanderer (99,2 %) ging nach Nordamerika, der Rest zog in andere Überseegebiete oder nach Algier. Den Fortzug stoppte hernach eine anhaltende Wachstumsperiode, die bis zum Ersten Weltkrieg andauerte. Insgesamt wanderten aus Bühl (heutiger Gebietsstand) 1801 amtlich erfaßte Personen aus, die meisten aus der Stadt Bühl (450) und aus Neusatz (370); hinzu kommen wohl noch einmal halb so viele illegale Auswanderer.

Abgesehen von der Dekade zwischen 1880 und 1890 nahm die Bevölkerung in der zweiten Hälfte des 19. Jh. wieder zu. Die Einwohnerzahl stieg am stärksten in Kappelwindeck von 1317 (1855) auf 1807 (1900), in der Stadt Bühl von 2800 auf 3306. Die beginnende Industrialisierung zog eine Binnenwanderung in die Stadt Bühl nach sich. In den gewerbeschwachen Landgemeinden wie Oberbruch dagegen hob eine Landflucht an. Dort ging die Bevölkerung von 344 (1864) auf 294 (1900) zurück, in Moos von 555 auf 545 und in Eisental von 1409 (1880) auf 1358 (1900).

Bis zur Entfesselung des Zweiten Weltkriegs nahm die Bevölkerungszahl weiter zu. In Bühl und Neusatz schnellte sie nicht zuletzt durch die Eingemeindung Kappelwind-

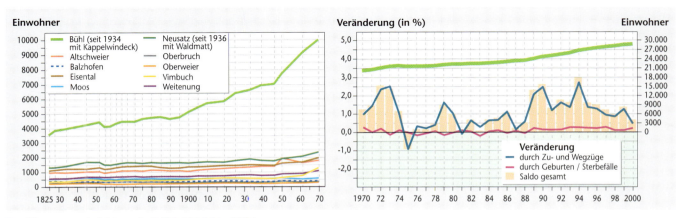

Bevölkerungsentwicklung in Bühl 1825 bis 2000.

ecks von 3640 (1910) auf 6932 (1939) bzw. Waldmatts von 1460 auf 1796 Einwohner hoch. Erneut hatten strukturschwache Landgemeinden wie Balzhofen (von 399 auf 348), Moos (von 573 auf 559), Oberbruch (von 333 auf 318) und Oberweier (von 222 auf 210) Abgänge zwischen 12,8 und 4,5 Prozent zu verzeichnen. Neben kurzfristigen Wellenbewegungen durch Evakuierung und Kinderlandverschickung brachten beide Weltkriege Populationsverluste mit sich; die einschneidenderen verursachte der Zweite Weltkrieg. Nach den 1949 ermittelten Verlustzahlen hatte die Stadt Bühl mit 292 absolut, die Gemeinde Oberbruch mit 6,3 Prozent relativ die größten Einbußen zu beklagen; mit Ausnahme von Altschweier, Moos und Vimbuch lagen die Verluste aller Orte über dem Mittel des Kreises Bühl (4,2% der 1939 ortsansässigen Bevölkerung). Demgegenüber waren die Gefallenenzahlen des Ersten Weltkriegs mit rund 350 Toten geringer ausgefallen. Die größten Verluste hatte Bühl mit 91 Gefallenen, die geringsten Oberbruch mit acht Toten zu beklagen; in Weitenung mußten 10 Prozent der Bevölkerung ihr Leben lassen.

Nach dem Zweiten Weltkrieg verursachte der Zuzug von Flüchtlingen und Vertriebenen eine Populationszunahme. Die Neuankömmlinge wurden vor allem in den weniger von den Kriegsereignissen betroffenen Landgemeinden einquartiert, wo auch die Ernährungslage besser gesichert schien. In Altschweier, wo die Bevölkerung gegenüber dem Vorkriegsstand um die Hälfte zunahm, bestand ein Flüchtlingslager, das im Krieg als Ruhelager für Soldaten der Westwallbunker, für Angehörige des Reichsarbeitsdienstes und als Kriegsgefangenenlager, danach als Internierungscamp für NSDAP-Mitglieder gedient hatte. Das Vertriebenenlager, das auch einen Kindergarten besaß, bestand bis 1955. 1950 lag der Anteil der Neubürger dort bei 14 und in Moos bei 10,3 Prozent, während Bühl mit 4,3 Prozent die geringste Quote aufwies. Elf Jahre später hatten sich die Verhältnisse durch die Anziehungskraft der Stadt gewandelt. In Bühl stellten die Vertriebenen und SBZ-Flüchtlinge 13,4 Prozent der Einwohnerschaft, wogegen deren Anteil in Altschweier und Moos auf je 5,4 Prozent gefallen war. Der Vertriebenenanteil im Kreis Bühl war mit 7,7 Prozent der geringste im ganzen Regierungsbezirk Südbaden.

Zwischen 1946 und 1970 stieg die Bevölkerungszahl vor allem in Bühl von 7027 auf 10013 um knapp die Hälfte (42,5%) und in Neusatz von 1762 auf 2362 um ein gutes Drittel (36,8%) an. Im Unterschied zur Vorkriegszeit wurden jetzt auch die Dörfer von diesem Aufwärtstrend erfaßt. In Vimbuch verdoppelte sich die Einwohnerzahl von 549 auf 1279, in Weitenung stieg sie um mehr als ein Drittel von 786 auf 1100, während in Balzhofen, Oberbruch und Oberweier die Zunahme nur geringfügig war. Die Landgemeinden wandelten sich unter dem Zuzug bauwilliger Neubürger von Bauerndörfern zu urbanisierten Wohngemeinden. Nach der Kommunalreform hielt der Aufwärtstrend unvermindert an. Die Einwohnerzahl der neuen Stadt Bühl stieg von 21799 (1974) auf 28496 (1999), bei einer jährlichen Zuwachsrate von rund 450 Personen. Das ergab einen kontinuierlichen Bevölkerungsgewinn auch in Zeiten, in denen der Landkreis eine rückläufige Entwicklung zu verzeichnen hatte.

Fremde hielten sich in Bühl und Umgebung Mitte des 19. Jh. beim Bau der Eisenbahn auf, ließen sich aber nicht nieder, anders als die italienischen Arbeiter, die nach dem Bau der Bühlertalbahn 1895/97 blieben. Zur Aufrechterhaltung der Produktion in der Landwirtschaft wie in der Industrie verpflichteten die Nationalsozialisten Kriegsgefangene und Zwangsarbeiter. Während des Zweiten Weltkriegs lebten 67 Franzosen, 81 Engländer, 43 Russen sowie 98 russische Arbeiterinnen in Bühl, letztere mußten u.a. in der Spankorbfabrik Friedrich Kern arbeiten. Im August 1945 wurden 403 Ausländer gezählt, darunter etliche Displaced Persons aus Osteuropa. Neben Angehörigen der französischen Armee in Bühl ließen sich Kanadier in Weitenung nieder. In der Nachkriegszeit kamen Arbeitskräfte vor allem aus Südeuropa; ihre Zahl hat sich von 1970 (692) bis 1987 (1566) mehr als verdoppelt, ihr Bevölkerungsanteil lag mit 3,4 und 6,7 Prozent jeweils knapp über dem Kreismittel (3,1 bzw. 6,5%). Der Großteil der erwerbstätigen Ausländer war 1987 im Produzierenden Gewerbe beschäftigt (74,8%), ein knappes Drittel davon Frauen. Unter den Asylbewerbern stellten 1989 31 Iraner fast die Hälfte von insgesamt 74 Antragstellern. 1997 bildeten die Türken, die in den 1980er Jahren einen Türkischen Verein gründeten, mit 613 Personen die größte Gruppe der Ausländer, gefolgt von den Italienern (412), Jugoslawen (396) und Franzosen (274). Insgesamt wohnten in Bühl 1997 2791 Ausländer (10,1% der Bevölkerung) aus 94 Staaten.

Die Bevölkerungsdichte unterstreicht die Entwicklung Bühls zu einem urbanen Ballungsraum. 1834 zeigte lediglich Bühl selbst mit über 250 Einwohnern pro Quadratkilometer ein städtisches Wesensmerkmal. Die Landgemeinden hingegen wiesen nur eine geringe Einwohnerdichte auf, in Oberbruch, Vimbuch und Weitenung lag sie zwischen 51 und 100 Einwohnern je Quadratkilometer. Die Verdichtung nahm vor allem in der Zeit nach dem Zweiten

Weltkrieg erheblich zu. Ausgehend vom Stand nach der Gebietsreform lebten 1939 180 Personen, 1950 aber bereits 224 und 1970 277 Bewohner auf einem Quadratkilometer. Zwischen 1987 und 1999 erhöhte sich die Bevölkerungsdichte von 318 auf 389 Einwohner pro Quadratkilometer. Damit lag Bühl an zehnter Stelle unter den 23 Gemeinden des Landkreises.

Die Altersstruktur der Bühler Bevölkerung weist eine zunehmende Überalterung auf. Der Anteil der unter 14jährigen fiel in Oberbruch von 42,2 (1858) auf 27,2 Prozent (1900), die Quote der über 70jährigen dagegen lag dort mit 4,8 Prozent am höchsten. Im 20. Jh. sank der Anteil der unter 14jährigen weiter. Im Bühl der kommunalen Neugliederung fiel er von 25,1 (1939) auf 22,9 Prozent (1961), am deutlichsten wiederum in den Dörfern Moos (von 30,2 auf 24,2%) und Oberbruch (von 27 auf 19,9%) 1987 machten die unter 15jährigen nur noch 15,8 Prozent aus. Der Prozentsatz der über 65jährigen nahm demgegenüber beständig zu; stellten sie 1939 noch 8,4 Prozent der Einwohnerschaft, so hatte sich ihr Anteil 1987 (14,2%) nahezu verdoppelt.

Die Zahl der Wohngebäude war in der zweiten Hälfte des 19. Jh. infolge der Auswanderungen rückläufig (1864 1633 Häuser, 1873 1567), jedoch bewirkte der Bauboom der Gründerzeit einen neuerlichen Anstieg (1905 1967 Häuser). Im 20. Jh. stieg die Anzahl der Wohngebäude auf 2618 (1925) zunächst an, ehe ein kriegsbedingter Rückgang auf 2493 (1950) zu beklagen war. Bei den Bombenabwürfen am 6. September 1943, 1. Dezember 1944 und bei weiteren Angriffen bis April 1945 sowie durch den Beschuß bei der Einnahme 1945 waren rund 22 Prozent der Häuser in Bühl zerstört oder beschädigt worden. Die Zahl der Totalschäden betrug insgesamt 43; 27 Gebäude waren schwer- und 130 mittelschwer beschädigt. Durch die Verrebenenzuweisungen wurde die so entstandene Wohnungsnot verschärft. Erst durch den öffentlich geförderten Flüchtlingswohnungsbau, aus dem in Bühl die Hägenich-Siedlung hervorging, konnten die Engpässe behoben werden. 1949 wurde die gemeinnützige Bühler Wohnungsbaugenossenschaft gegründet. In der Nachkriegszeit verdoppelte sich der Häuserbestand infolge der Bevölkerungsvermehrung und des wirtschaftlich bedingten Zuzugs auf 5134 (1987).

Diesen Befund bestätigt auch die Entwicklung der Haushaltungen. Ihre Zahl stieg kontinuierlich von 2042 (1864) auf 3685 (1939) und mit einem Zuwachs von über 80 Prozent rascher als die Zahl der Wohngebäude. Diese Entwicklung belegt den seit dem 19. Jh. in ganz Deutschland ein-

Bronzeplastik »Humanitas« von Walter Fischer am Kreiskrankenhaus in Bühl.

setzenden Trend zur Mietwohnung. Durch die Vertriebenenansiedlung nahm die Zahl der Haushalte in der Nachkriegszeit weiter zu. Verzeichnete Bühl 1946 noch 3800 Haushalte, so waren es 1950 bereits 4856. Analog zum Anstieg der Wohngebäude und der Bevölkerungszunahme in der Nachkriegszeit erhöhte sich die Zahl der Haushaltungen um mehr als 82 Prozent auf 8872 (1987). Daß das Wohneigentum nicht nur bei Häusern, sondern auch bei Wohnungen rückläufig war, verdeutlicht der Blick auf die Eigentümerwohnungen. Ihre Zahl verdoppelte sich in der

Nachkriegszeit zwar aufgrund der Bevölkerungszunahme von 2110 (1950) auf 4444 (1987), aber der Anteil an den Gesamtwohnungen fiel um ein Zehntel von 56,4 auf 51,4 Prozent.

Darin wird als Teil des Modernisierungsprozesses die Individualisierung der Lebens- und Wohnformen offenbar. Der Anteil der Single-Haushalte belief sich 1873 in Bühl, gemessen am Gebietsstand der Kommunalreform, auf 3,5 Prozent; ihn machten nahezu ausschließlich verwitwete Ruheständler oder Bewohner von Ausgedingehäusern aus. In der Folgezeit stieg der Anteil der Einzelhaushalte auf 6,8 Prozent (1939) und nahm vor allem in der Nachkriegszeit auf 25,1 Prozent (1987) zu; dagegen ging die Zahl der Mehrpersonenhaushalte kontinuierlich zurück, von 93,3 Prozent (1946) auf 74,9 (1987). Die Single-Kultur steht für eine Ablösung kollektiver Arbeits- und Lebensformen, die in der Stadt Bühl eine ältere Erscheinung darstellt, in den Landgemeinden aber vor dem Strukturwandel der Nachkriegszeit unbekannt war. Ein weiteres Moment des Modernisierungsprozesses stellt die Verringerung der Personenzahl je Haushalt und Wohnung dar und damit die Steigerung des zur Verfügung stehenden Raumes je Haushaltsmitglied. 1864 lebten in einem Haushalt 5,5 Personen, 1987 nur noch 2,6; Ende der 1980er Jahre standen jedem Einwohner von Bühl durchschnittlich 1,8 Räume und 37,1 m² Wohnfläche zur Verfügung. Die Zahl der kleineren Wohnungen mit ein bis drei Räumen erhöhte sich dem Trend zufolge zwar absolut, ihr Anteil jedoch war rückläufig.

Soziale Gliederung. – In der Erwerbsstruktur zeigen sich wiederum gravierende Unterschiede zwischen der Stadt Bühl und den umliegenden Landgemeinden. Dies verdeutlicht vor allem der Erwerbstätigenanteil im Agrarsektor, der 1895 in Bühl nur 9,8 Prozent ausmachte, während er in den meisten der benachbarten Dörfer über vier Fünfteln lag, in Eisental sogar bei 90,8 Prozent. Diese hohe Quote ist zum einen auf die geringe Industrialisierung der Landgemeinden zurückzuführen, zum anderen auf die in der Landwirtschaft übliche Mitarbeit familieneigener Arbeitskräfte. Im 20.Jh. fiel der Erwerbstätigenanteil in Bühl nach der Reagrarisierungswelle der unmittelbaren Nachkriegszeit von 17 (1950) auf 4,8 Prozent (1970). Aber auch in den Landgemeinden setzte dieser Trend mit zeitlicher Verzögerung ein. In Balzhofen fiel der Erwerbstätigenanteil von 75,9 auf 26,9 Prozent, in Weitenung von 63,7 auf 18 Prozent. Gemessen am Gebietsstand der Kommunalreform fiel die Erwerbstätigenquote im Ursektor insgesamt von 48,3 (1946) auf 1,9 Prozent (1987), womit die Landwirtschaft als Erwerbsfeld faktisch ausfiel.

Im Produzierenden Gewerbe liegen die Verhältnisse gerade umgekehrt. Bühl hob sich mit 44 Prozent der Erwerbstätigen 1895 deutlich von den Landgemeinden ab, in denen ein Gutteil weniger als 10 Prozent aufwies, die Gemeinde Eisental mit 4 Prozent den niedrigsten Wert. Zwischen 1950 und 1970 stieg die Erwerbstätigenquote neben Bühl (von 32,6 auf 42,4%) auch in einigen Landgemeinden: in Oberbruch und Vimbuch verdoppelte sie sich von 16,2 auf 33,8 bzw. von 31,7 auf 60,8 Prozent. Legt man den Gebietsstand nach der Gebietsreform zugrunde, kletterte der Anteil von 21,1 (1946) auf 48,8 Prozent (1987), womit Bühl unter dem Kreismittel (52,3%) blieb.

Die Entwicklung im Primär- und Sekundärsektor läßt den Schluß zu, daß die Entwicklung der Erwerbstätigkeit in der Stadt Bühl in der Nachkriegszeit den Übergang zur Dienstleistungsgesellschaft widerspiegelt, während in den Landgemeinden die zweite Industrialisierungsphase mit Entfaltung des Produzierenden Gewerbes ablief. Ein Blick auf die Zahlen bestätigt diesen Befund. 1895 arbeiteten in Bühl 24,3 Prozent im Bereich Handel, Verkehr und Nachrichten, während 20,5 Prozent einer Beschäftigung im Dienstleistungsgewerbe nachgingen. In den Landgemeinden Altschweier und Eisental waren mit 1,2 bzw. 6,8 sowie mit 1 bzw. 4 Prozent nur sehr wenige Erwerbspersonen tätig; lediglich Neusatz, wo 18,6 Prozent im öffentlichen Dienst oder als Freiberufler arbeiteten, und Kappelwindeck, wo 27 Prozent im Bereich Handel, Verkehr und Nachrichten einer Beschäftigung nachgingen, zeigten Ansätze eines Wandels zu urbanen Strukturen. Gemessen am Gebietsstand der Gemeindereform nahm in Bühl in der zweiten Hälfte des 20.Jh. die Erwerbstätigenquote im Tertiärsektor weiter zu und belief sich 1987 in der neu formierten Stadt auf 14,7 Prozent in Handel, Verkehr und Nachrichten (1950 10,1%) und auf 34,5 Prozent im öffentlichen Dienst (1950 21,9%).

Der Anteil der Erwerbstätigen an der Bevölkerung insgesamt variierte seit Ausgang des 19.Jh. und zeigte im 20.Jh. eine rückläufige Tendenz. Die Erwerbstätigenquote in Bühl, bezogen auf den Gebietsstand der Kommunalreform, lag 1895 bei 50,3 Prozent. Im Zeichen des bundesrepublikanischen Wirtschaftsaufschwungs stieg sie auf 54,1 Prozent und erreichte 1961 mit 55,6 Prozent ihren Höchststand; 1987 sank sie auf 46,9 Prozent.

Politik und Wahlverhalten. – Nach einer ruhigen Phase im Vormärz brach der Unmut über die politischen Verhältnisse im März 1848 los. Er entlud sich zum einen gegenüber dem patriarchalisch-autokratischen Amtsvorsteher Franz Josef Häfelin und seinem als »Metternichianismus« bezeichneten Herrschaftsstil, zum anderen in antijüdischen Ausschreitungen, die wie die Hep-Hep-Krawalle von 1819 nicht zuletzt in der Angst der christlichen Mehrheit um ihren Allmendanteil wurzelten. Beide Radikalisierungen gingen vornehmlich vom Kleinbürgertum aus, hauptsächlich von Handwerkern. Von seiten der bürgerlichen Führungsschicht agierte der Otterweiler Altbürgermeister Joseph Weber, Wundarzt und Chirurg, in Opposition gegen den Oberamtmann für die Revolution. Zudem schaltete sich der 1847 gegründete Bühler Turnverein ein, als dessen Vorsitzender, Gustav von Rotteck, ein Sohn des liberalen Politikers, für den Anschluß der Bühler an die Märzerhebung warb und die Bewaffnung der Turner verlangte. Eine weitere revolutionäre Kraft stellten die Mitglieder des Singvereins, des späteren Männergesangvereins Harmonie dar; später büßte der Verein sein Engagement mit dem Verbot. In Neusatz hob Ende August 1848 Pfarrer Josef Eäder, der Gründer der »Rettungsanstalt für sittlich verwahrloste Kinder« (1855), den Katholischen Verein aus der Taufe, der eine Petition an die Frankfurter Nationalversammlung richtete; der Deutschkatholizismus, für der ein Prediger in Bühl auftrat, fand allerdings keinen Zuspruch.

In der Nacht zum 31. März 1848 wurden die Häuser wohlhabender Juden geplündert, ihr Mobiliar und Weinfässer zerschlagen. Die ökonomisch motivierten und in antijüdischem Brauchtum wurzelnden Übergriffe dauerten bis 4. April, als ein Dragonerregiment zur Aufrechterhaltung der öffentlichen Ordnung in Bühl einrückte. Am folgenden Tag nötigte eine Bürgerversammlung 15 Juden zum Verzicht auf ihren mutmaßlichen Allmendgenuß, Anfang April verließ ein Teil der Minderberechtigten die Stadt. Die wenigen Juden, die zuvor ausnahmsweise zum Bürgernutzen berechtigt waren, erstritten ihr Recht im Sommer 1849 zurück; die erzwungene Verzichtserklärung wurde 1850 für ungültig erklärt.

Der Anschluß an die revolutionäre Gesamtentwicklung erfolgte erst im Juni 1848 mit der Wahl zur Frankfurter Nationalversammlung und Ende November bei den Trauerfeiern anläßlich der Ermordung Robert Blums. Im Frühjahr 1849 bildeten sich in Altschweier und Bühl Volksvereine zur Durchsetzung der Paulskirchenverfassung. Im Mai 1849 wurde eine Bürgerwehr aufgestellt, darunter viele Turner; ein Schießplatz wurde im Kappelwindecker Gewann Stadtbühn errichtet. Lediglich in Balzhofen waren bereits im April 1848 drei militärische Aufgebote ausgehoben worden. An der Offenburger Volksversammlung am 12./13. Mai 1849 und dem dortigen Landesausschuß der Volksvereine nahm eine Abordnung der Turner und der Vorsitzende des Bühler Volksvereins teil. In die Monate Mai und Juni fiel auch das Erscheinen des ›Bühler Nachtwächters‹, der ersten hiesigen Lokalzeitung. Am 1. Juli übernahmen preußische Truppen das Kommando in der Stadt; über die Revolutionäre wurde Gericht gehalten. Dennoch lebte die liberale, demokratische und nationale Gesinnung fort, 1851 diagnostizierte der Bezirksamtmann *eine Anzahl ehemaliger Radikaler* unter den Einwohnern.[21]

Bei der Abstimmung zum Zollverein 1868 kamen die Nationalliberalen in Bühl auf 45,5 Prozent und blieben damit knapp hinter dem Zentrum mit 54 Prozent. Neben dem für die katholischen Regionen Badens typischen Dualismus zwischen der nationalliberalen und katholischen Partei charakterisierte der Stadt-Land-Unterschied das Wahlverhalten. Während Bühl mit seiner Sozialstruktur – Besitz- und Bildungsbürgertum, gewerblicher Mittelstand, Bauern und Kleinbürger – über eine nationalliberale Plattform verfügte, votierten die Bewohner der Agrardörfer mit überwältigender Mehrheit für das Zentrum. So erreichte der politische Katholizismus schon bei der Zollvereinswahl mit Ausnahme von Weitenung (88,9%) in keinem Dorf weniger als 90 Prozent und erzielte in Kappelwindeck mit 99,6 Prozent den Spitzenwert.

Bei den Reichstagswahlen behauptete sich 1871 das Zentrum mit wenigstens vier Fünfteln der abgegebenen Stimmen, in Waldmatt sogar mit hundertprozentigem Erfolg; lediglich in Altschweier konnten die Nationalliberalen mit 53,3 Prozent vor der katholischen Partei (46,7%) die Mehrheit stellen. Der Dualismus zwischen Zentrum und Nationalliberalen bestand bis 1890 fort, als Demokraten und Sozialdemokraten das Parteienspektrum erweiterten, jedoch außer der SPD in Altschweier (8,5%) keine nennenswerten Ergebnisse verbuchen konnten. Die Dominanz des Zentrums blieb ungebrochen: In Vimbuch und Waldmatt wurde es als einzige Partei gewählt, in Balzhofen und Oberweier kam es auf 96,7 bzw. 96,9 Prozent; die Dreiviertelmehrheit in Oberbruch bedeutete den geringsten Erfolg. Die Nationalliberalen andererseits erlangten nur in Oberbruch (21,3%), Moos (20%) und Weitenung (11,2%) zweistellige Resultate. 1912, bei der letzten Reichstagswahl des Kaiserreichs, konnten Sozialdemokraten und Nationalliberale auf Kosten des Zentrums Stimmengewinne verbuchen. Die SPD verzeichnete in Neusatz (13,1%) und Vimbuch

Bürgerzentrum Neuer Markt in Bühl.

(12,7%) ihre bis dahin besten Ergebnisse. Die Nationalliberalen wurden in allen Dörfern gewählt, am häufigsten in Oberbruch mit 15,6 Prozent. Das Zentrum blieb aber nach wie vor die dominierende Kraft, sank doch sein Stimmenanteil in keiner Landgemeinde unter 83 Prozent; mit 97,8 bzw. 97,5 Prozent in Balzhofen und Moos erzielte es Resultate, die am Grad seines politischen Einflusses keinen Zweifel ließen.

In Bühl hingegen konnten sich die Nationalliberalen gegenüber dem Zentrum aufgrund des anderen sozialen und konfessionellen Gefüges besser behaupten. Von einem hohen Zuspruch bei der Reichstagswahl 1871 mit 43,3 Prozent ausgehend, sank aber ihr Stimmenanteil 1890 auf 25,8 Prozent. Zugleich verbesserte sich das Zentrum von 61,7 auf 66,7 Prozent. 1890 traten als weitere Parteien die Demokraten und die SPD hinzu, die 5,8 bzw. 2,3 Prozent der Stimmen auf sich vereinen konnten. Zu Beginn des 20. Jh. erfuhr das nationalliberale Lager wieder einen Auftrieb und vermochte seinen Stimmenanteil von 20,6 (1903) auf 31,7 Prozent (1912) zu steigern. Umgekehrt verringerte sich der Zentrumsanteil bei den genannten Reichstagswahlen von 69,3 über 62,3 auf 59,4 Prozent, während die SPD ihre Wählerstimmen von 5,2 (1903) auf 8,5 Prozent (1912) erweiterte, so daß sich am Vorabend des Ersten Weltkriegs eine Dreiparteienlandschaft etabliert hatte, bei der das Zentrum die stärkste politische Kraft stellte. Illiberal-reaktionäre Vereinigungen wie die Konservativen und der Bund der Landwirte fanden keinen, die bürgerlich-demokratische und linksliberale Deutsche Volkspartei (1868–1910) und Fortschrittliche Volkspartei (1910–1918) nur geringen Zuspruch unter den Wählern.

Der Kulturkampf äußerte sich im Bühler »Glockenkrieg« vom November 1874. Wie in Altschweier und Moos, wo die Reibungen bei den Kommunal- und Bürgermeisterwahlen in den 1870er Jahren aufbrachen, spielte die Haltung der Ortsgeistlichen zum Ultramontanismus eine entscheidende Rolle.

Die Beteiligung an den Wahlen im Kaiserreich war durchweg hoch. Bezogen auf den heutigen Gebietsstand schwankte sie zwischen 57 (1898) und 89,6 Prozent (1887); meist bewegte sie sich zwischen 70 und 85 Prozent. In der Weimarer Republik war die Wahlbeteiligung in Krisenzeiten (1919 81,3%) und in der Agonie der Präsidialkabinette (1933 82,7%) einerseits am höchsten, andererseits ging der

Gebrauch des Wahlrechts in der Konsolidierungsphase (1928 55,9 %) spürbar zurück. Die hohe Wahlbeteiligung ist also als Symptom für die Mobilisierung polarisierter politischer Lager zu deuten.

Nach dem Zusammenbruch der Monarchie bildete sich am 11. November 1918 ein Soldatenrat, der sich nach der Gründung eines Arbeiterrats in Volksrat umbenannte und eng mit der Stadtverwaltung kooperierte, bevor er sich am 3. Januar 1919 auflöste. Die Revolution 1918/19 hatte nicht nur eine neue Staatsform etabliert, sondern auch das Wahlrecht erneuert und erweitert, so daß nunmehr alle Männer und Frauen über 21 Jahre wählen konnten; nach der Verfassung des Freistaats Baden galt die Ausübung des Wahlrechts als Bürgerpflicht. Der neue Demokratieversuch war anfänglich von einer hohen Zustimmung der Bürgerinnen und Bürger getragen, erzielte doch die Weimarer Koalition, bestehend aus Zentrum, SPD und DDP, 1919 in Bühl 95,6 Prozent und in keiner der Landgemeinden unter 98 Prozent.

Dabei behielten die traditionellen Ausrichtungen ihre Gültigkeit bei. Das Zentrum, das seine Wählerbindung im katholischen Milieu bruchlos in die Republik überführen konnte, erzielte seine besten Ergebnisse mit Resultaten von über drei Vierteln der Stimmen nach wie vor in den Landgemeinden. Sein Sprachrohr war der ›Acher- und Bühler Bote‹, aber auch Geistliche nutzten die Kirchenkanzel zu Wahlaufrufen. Dabei zogen sich Spitzenergebnisse von 97,8 Prozent 1920 in Moos bis 1932 wie ein roter Faden durch die Urnengänge. Bei der als Erdrutschwahl bezeichneten Juliwahl dieses Jahres erhielt nicht nur die NSDAP lawinenartigen Zulauf, sondern es bröckelte auch die bis dahin so stabile katholische Sozialisation als Wahlkriterium. In allen Dörfern hatte das Zentrum auffallende Verluste zwischen 15 und 30 Prozent hinzunehmen. Trotz eines Katholikenanteils von 97,3 Prozent (1925) verlor es bei 41,7 % Prozent in Altschweier und 28,7 Prozent in Kappelwindeck seine althergebrachte Rolle als führende politische Kraft an die Nationalsozialisten. Nach leichten Zugewinnen bei der Novemberwahl 1932 offenbarte die Märzwahl 1933 eine weitere Lockerung der Zentrumsbindung. Neben Altschweier und Kappelwindeck verlor die katholische Partei die Majorität in Eisental, Neusatz und Oberbruch. Dominierende Partei mit mehr als der Hälfte der Stimmen war das Zentrum noch in Balzhofen, Moos, Oberweier, Vimbuch, Waldmatt und Weitenung. In der Stadt Bühl hingegen hatte das Zentrum stabilen, wenngleich geringeren Zuspruch. Auch hier ist 1920 ein hohes Ausgangsniveau von 63,5 Prozent zu konstatieren, das bis in die Zeit der Präsidialkabinette andauerte. Wie in den meisten Dörfern bewahrte die katholische Partei die Mehrheit auch bei beiden Wahlen 1932 mit knapp über 50 Prozent, und ebenso behauptete sie sich bei der Märzwahl 1933 mit 43,8 Prozent vor der NSDAP.

Die zweite Kraft innerhalb der Weimarer Koalition, die SPD, hatte ihren größten Rückhalt in der Stadt Bühl, wo eine größere Anzahl Arbeiter lebte. Doch schmolz die Anhängerschaft sukzessive von 22,6 (1919) auf 4,9 Prozent (1933). Nennenswerte Ergebnisse erzielten die Sozialdemokraten noch in Kappelwindeck und Neusatz, wo sie sich nach den Rekordresultaten von knapp 20 Prozent 1919 im einstelligen Bereich um fünf Prozent einpendelten. In den anderen Landgemeinden war die Zustimmung noch spärlicher. Einzige Ausnahme bildete Oberweier, dessen Wähler der Sozialdemokratie die gesamte Republik über die Treue hielten – und dies auf hohem Niveau: zwischen 14 (1919) und 30,9 Prozent (1928). Allein dort erreichte die SPD noch im Juli und November 1932 mit 13,7 bzw. 17,1 Prozent beachtliche Erfolge und wies mit 8,7 Prozent ihre beste Bilanz im März 1933 auf. Die weiteren Parteien der Arbeiterbewegung fristeten eine Randexistenz. Der USPD gelang 1920 in Bühl mit 7,5 Prozent ihr bestes Ergebnis, die KPD erzielte mit 13,5 Prozent im November 1932 in Waldmatt ihr Spitzenresultat.

Die dritte staatstragende Partei, die DDP, erlebte einen stetigen Stimmenschwund von 19,3 (1919) auf 1,6 Prozent (November 1932); ihre Wählerschaft saß vorrangig in Bühl. Auch die Umbenennung zur Deutschen Staatspartei, die 1930 aus Loyalität zur Weimarer Verfassung erfolgte, konnte ihren Niedergang nicht aufhalten.

Die übrigen bürgerlichen Parteien hatten ihre soziale Basis ebenfalls in der Stadt Bühl. Einhergehend mit dem Niedergang der DDP erzielte die rechtsliberale und ebenso verfassungskonforme DVP im Dezember 1924 ihr bestes Ergebnis: 18 Prozent. Danach ging auch ihr Stimmenanteil merklich zurück; 1933 verzeichnete sie 1,6 Prozent. Die monarchistische und damit republikfeindliche DNVP konnte sich hingegen länger behaupten. Da sie auch das Feld der Agrarpolitik besetzte, genoß sie bei der ländlichen Bevölkerung Sympathien und erzielte mit 5,8 Prozent in Oberbruch (1920) und 4,1 Prozent in Vimbuch (Mai 1924) ihre besten Ergebnisse. Seit der Novemberwahl 1932 stellte die DNVP die einflußreichste bürgerliche Partei dar und erreichte 1933 mit 5,9 Prozent ihr bestes Ergebnis in Bühl.

Die Nationalsozialisten betraten die politische Bühne erst spät. Davor hatten völkische Gruppierungen bei der Maiwahl 1924 in Eisental (10,5 %) ein zweistelliges Ergebnis aus dem Stand erzielen können. Die NSDAP wurde erstmals 1928 gewählt, als Wähler in sieben der zwölf Gemeinden für sie votierten, am zahlreichsten in Altschweier mit 2,4 Prozent. Wie die KPD profitierte auch die NSDAP von der Radikalisierung der Weimarer Parteienlandschaft. 1932 erzielte sie in Altschweier und Kappelwindeck einen erdrutschartigen Erfolg, als sie mit 51,8 bzw. 64,1 Prozent die Mehrheit in diesen traditionellen Zentrumshochburgen eroberte. In den übrigen Gemeinden konnte sie dem Zentrum zwar nicht die Mehrheit streitig machen, erzielte aber massive Stimmengewinne zwischen 16,8 Prozent in Oberweier und 40,9 in Eisental. Zwar brachte die Novemberwahl 1932 eine Einbuße in der Wählergunst, doch verblaßte die katholische Konfession, die sich bis dahin als starker Resistenzfaktor und negative Wahlnorm gegen den Nationalsozialismus bewährt hatte, im März 1933 auf breiter Front. Bei diesem Urnengang, bei dem die linken Parteien faktisch ausgeschaltet waren und auch das Zentrum sich dem offenen Terror der Nationalsozialisten ausgesetzt sah, schwenkten die Wähler in Scharen zur NSDAP über. Diese erreichte ihre Höchstwerte in Kappelwindeck (72,5 %) und Altschweier (67,3 %). Danach hielten sich Ansätze der alten Orientierungsmuster. Beim Scheinplebiszit vom 19. August 1934 über das Staatsoberhaupt trafen die braunen Machthaber in Moos mit 24,4 Prozent (inklusive der ungültigen Stimmen) auf die höchste Ablehnungsquote im Bezirk; dies ist auch auf die Absetzung der alten Zentrumseliten zurückzuführen.

Beim Zusammenbruch des nationalsozialistischen Regimes nahmen französische Truppen am 14. April 1945 Bühl ein, nachdem die männliche Bevölkerung sich auf dem Rathausplatz versammelt hatte, um eine kampflose Übergabe der Stadt zu erreichen. Trotz der Erschießung eines Mannes durch einen Wehrmachtsoffizier konnten die Panzersperren beseitigt werden.

Die Parteienlandschaft in der Bundesrepublik reduzierte sich in den 1950er Jahren auf eine Dreiparteienstruktur. Die Union sprach als überkonfessionelle Zentrumserbin auch die Wähler der bürgerlichen Parteien Weimars an und erhielt bis Ende der 1960er Jahre wachsenden Zuspruch. Der Übergang zur CDU bedeutete keinen Bruch, erweisen sich doch die althergebrachten Zentrumsdörfer als neue Hochburgen der Union bzw. ihrer Vorgängerin bis 1948, der Badischen Christlich-Sozialen Volkspartei. Dies belegen die Resultate 92,7 Prozent 1949 in Oberbruch und 92,8 Prozent 1953 in Moos. Erst seit 1969, als die SPD erstmals die Bundesregierung stellen konnte, kam die CDU in keiner Landgemeinde mehr auf über 90 Prozent, band aber wie 1972 noch mindestens zwei Drittel der Wähler an sich, während sie in der Stadt Bühl 1949 mit einer knappen absoluten Mehrheit von 55,8 Prozent begann und in der Adenauerära ihren Stimmenanteil steigern konnte (1953 65,6 %), ehe sie 1969 wieder auf den Ausgangswert von 56,9 Prozent zurückfiel.

Eine umgekehrte Entwicklung durchlief die FDP, die als klassische Mittelstandspartei bürgerlich-agrarische Tradi-

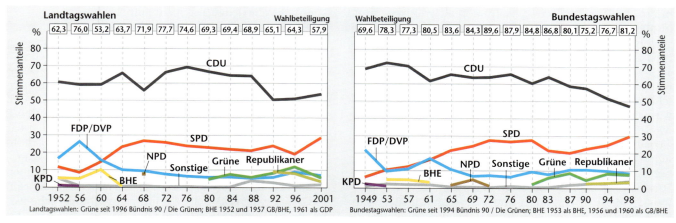

Ergebnisse der Landtags- und Bundestagswahlen in Bühl.

tionen fortsetzte, als links- wie rechtsliberales Sammelbecken aber auch neue Pfade beschritt. 1949 eroberte sie in Bühl fast ein Drittel der Stimmen. Bei Landtagswahlen konnten die Freidemokraten vor allem in Bühl als zweitstärkste Kraft ihr hohes Niveau bis Anfang der 1970er Jahre halten, bei den Bundestagswahlen dagegen verloren sie Wähler an die Union und bewegten sich in den meisten Gemeinden um die fünf Prozent.

Die Sozialdemokratie erzielte in den ersten Wahlen zum Bundestag lediglich in Bühl und Neusatz zweistellige Ergebnisse (1953 12,6 bzw. 10,6%) und nahm in diesen Gemeinden 1965 erstmals die 20-Prozent-Marke (26,5 bzw. 20,7%). Zur Zeit des Regierungswechsels 1969 erreichte sie in allen Kommunen durchschnittlich ein Viertel der Wähler. Lediglich das Ergebnis in Moos fiel deutlich ab, während 29,6 Prozent in Bühl das beste Resultat darstellten.

Andere Formationen traten nur kurzfristig auf. 1949 zog die KPD bei 3,8 Prozent in Oberweier einen gewissen Vorteil aus ihrem Widerstand gegen den Nationalsozialismus. Der Block der Heimatvertriebenen und Entrechteten vermochte sich lediglich von 1953 bis 1961 zu behaupten. Zeitgleich konstituierte sich in Bühl eine Ortsgruppe des Bundes der Vertriebenen. Allerdings sprach der BHE nicht alle Flüchtlinge an, denn ihr Bevölkerungsanteil in den Gemeinden lag zwischen 3,2 und 23,1 Prozent (1961), die BHE-Wahlresultate aber nur zwischen 2,7 bis 7,3 (1953) bzw. 0,8 bis 4,4 Prozent (1961). Die NPD, deren rechtsextremistische Wähler sich in Opposition zum Regierungswechsel 1969 und zur Großen Koalition im Land formierten, erreichte 1969 in allen Gemeinden bis auf Oberweier 2,6 bis 7,6 Prozent; bei der Landtagswahl ein Jahr davor hatte sie mit 11,8 Prozent in Altschweier und 10,2 Prozent in Vimbuch noch höhere Resultate eingefahren.

Nach der kommunalen Neugliederung blieb in der neuzugeschnittenen Stadt Bühl das Drei-Parteien-Gefüge bestehen. Die CDU behauptete ihre herkömmliche Mehrheit bei Ergebnissen im Bund zwischen 66,2 (1976) und 52,1 Prozent (1994). Vier Jahre danach büßte die Union ihre langwährende absolute Mehrheit ein und fiel auf 47,4 Prozent zurück. Bei Landtagswahlen zeichnete sich ein ähnlicher Stimmenschwund von 69,3 (1976) auf 51,1 (1992) ab, allerdings ohne den Verlust der absoluten Mehrheit. Die SPD band in den 1970er Jahren auf Bundesebene über ein Viertel der Wähler an sich, fiel aber in den 1980er Jahren mit dem Regierungswechsel auf ein Fünftel der Stimmen zurück und erreichte 1987 mit 20,2 Prozent einen Tiefstand. Danach konnte sie ihre Ergebnisse auf einen Spitzenwert von 29,9 Prozent (1998) steigern. Die FDP hatte sich seit Mitte der 1970er Jahre knapp oberhalb der Fünf-Prozent-Hürde eingerichtet, die sie 1980 mit 9,3 Prozent klar überschreiten konnte. 1987 und 1990 erzielte sie mit 10,5 Prozent ihre besten Ergebnisse, ehe sie acht Jahre später auf 8,4 Prozent zurückfiel.

Die bedeutendste Veränderung nach der Kommunalreform war die Erweiterung der Parteienlandschaft durch die Gründung der Grünen und der Republikaner. Der Ökologie- und Friedensbewegung der 1970er Jahre entspringend, erhielten die Grünen erstmals 1980 bei den Wahlen zum Bundestag 1,9 Prozent und zum Landtag 4,5 Prozent. Drei Jahre später überwanden sie bei der Bundestagswahl mit 5,7 Prozent die Fünf-Prozent-Hürde, 1990 scheiterten sie an dieser Barriere; 1998 erreichten sie 7,4 Prozent, vermochten jedoch nicht zur drittstärksten Partei aufzusteigen. Auf Landesebene zogen die Grünen 1992 und 1996 mit 8,1 und 11,8 Prozent an den Freidemokraten vorbei. Im Gegensatz zu den Grünen gelang es den Republikanern bei Bundestagswahlen nicht, die Fünf-Prozent-Hürde zu nehmen. Lediglich bei den Landtagswahlen 1992 und 1996 zogen sie mit 8,9 bzw. 7,9 Prozent in den Landtag ein – dies war 14 Jahre davor der NPD mit 7,5 Prozent gelungen, kamen 2001 aber nur auf 3 Prozent.

Die Beteiligung an Bundestagswahlen lag, gemessen am Gebietsstand der Kommunalreform, durchschnittlich höher als bei Landtagswahlen. Zwar stellten die 69,6 Prozent 1949 den niedrigsten Wert bei allen Bundestagswahlen dar, doch kletterte hernach der Beteiligungsgrad auf rund drei Viertel der Stimmberechtigten. 1976 erreichte er mit 87,9 seinen Höhepunkt. Nach einem Rückgang 1990 stieg er in der Folgezeit wieder auf 81,2 Prozent (1998) an.

Die Beteiligung an den Landtagswahlen fiel geringer aus, wobei einige Parallelen zur Stimmabgabe auf Bundesebene offen zu Tage treten. Auch bei der ersten Landtagswahl wurde mit 62,3 Prozent ein niedriger Wert erzielt, der nur 1960 mit 55,6 Prozent unterboten wurde. Die meisten Wähler ließen sich Ende der 1960er und in den 1970er Jahren mobilisieren, als mit 78,1 (1968) die bislang höchste Teilnahme erreicht wurde. Die danach rückläufige Beteiligung pendelte sich 2001 bei 57,9 Prozent ein.

Bei der Kommunalwahl 1999 verfehlte die CDU die absolute Mehrheit (49,8%, 21 Sitze) nur knapp; hinter ihr plazierte sich die Freie Wählervereinigung (20,8%) vor der SPD (19,1%), die beide auf acht Sitze kamen. Die vierte kommunalpolitische Kraft stellen die Grünen (10,3%, vier Sitze). Der CDU-Stadtverband gliedert sich in die fünf,

1946 gegründeten Ortsverbände Bühl, Altschweier, Eisental, Neusatz und Vimbuch mit insgesamt 371 Mitgliedern (1997). Der 1962 gegründeten Jungen Union gehören 38 Mitglieder an. Ebenfalls 1946 wurde der Bühler SPD-Ortsverein, der 96 Genossen zählt, und der FDP-Stadtverband ins Leben gerufen, der sich auf 30 Mitglieder stützt. 1981 konstituierte sich der Ortsverband Bühl-Lichtenau der Grünen, der sich 1985 spaltete. Dem Bühler Ortsverband gehören neun, der 1984 gegründeten Grün-Alternativen-Liste 48 Mitglieder an.

Allgemeine Wirtschaftsentwicklung. – Während in den Landgemeinden bis in die zweite Hälfte des 20. Jh. die Landwirtschaft der ökonomische Leitsektor war, wies die Stadt Bühl schon im 19. Jh. eine größere Dichte an gewerblichen und industriellen Betrieben auf. Die Zahl der nichtlandwirtschaftlichen Arbeitsstätten war in der Stadt 1939 mit 512 Betrieben höher als in den umliegenden Dörfern zusammen. Die Anzahl der nichtagrarischen Arbeitsstätten nahm in der Nachkriegszeit auf 601 (1961) zu, ehe sie 1970 auf 532 zurückging, während die Zahl der dort Beschäftigten von 3 448 (1950) auf 7 740 (1970) kräftig anstieg. Hier spiegelt sich der Konzentrationsprozeß zu größeren Produktionseinheiten. Arbeiteten 1950 in Bühl noch 6,4 Personen in einem Betrieb, so waren es 1970 bereits 14,5 Beschäftigte. In den Landgemeinden schwankte 1950 die Zahl der nichtagrarischen Arbeitsstätten zwischen zehn in Oberbruch und 73 in Neusatz, 20 Jahre später zwischen neun und 68. Pro Betrieb waren dort deutlich weniger Personen als in der Stadt beschäftigt: 1950 zwischen 1,5 in Balzhofen und 3,4 in Altschweier sowie 1970 zwischen zwei in Oberweier und 9,6 in Vimbuch. In den Landgemeinden bestanden also noch Kleinbetriebe, als in der Stadt bereits größere Produktionsstätten aufgebaut wurden.

Die Zahl der Pendler steht in engem Zusammenhang mit der Entwicklung der Beschäftigtenzahl im Produzierenden bzw. Dienstleistungs-Gewerbe. Da in den Landgemeinden keine Industriebetriebe ansässig waren, mußten die im Sekundärsektor Arbeitenden zu ihren Arbeitsplätzen auspendeln. Dies geschah in größerem Maß freilich erst nach dem Zweiten Weltkrieg und wurde durch die wachsende Individualmotorisierung möglich. Bezogen auf den Gebietsstand der Kommunalreform zählte Bühl 1900 124 Auspendler, die meisten aus Kappelwindeck (65), und 140 Einpendler, die 1895 lediglich 2,2 Prozent der Erwerbspersonen stellten. Naturgemäß stammten die Auspendler aus den Landgemeinden. 1950 gingen in Oberweier 35,9 Prozent und in Neusatz 33 Prozent der Erwerbspersonen einer Beschäftigung außerhalb der Gemeinde nach. 1970, am Vorabend der kommunalen Neugliederung, wiesen Weitenung und Balzhofen mit 66,4 bzw. 59,9 Prozent der Erwerbstätigen die höchsten Auspendleranteile auf.

Alte Obstmarkthalle in Bühl.

Entwicklung der Ein- und Auspendlerzahlen in Bühl zwischen 1900 und 1987

Jahr	Auspendler	Einpendler	Saldo
1900	124	140	16
1925	124		
1950[1]	1 617 (18,3 %)	1 967	350
1961[1]	2 696 (27,5 %)	2 720	24
1970[2]	4 260 (32,6 %)	4 848 (41,3 %)	588
1987[2]	4 596 (32 %)	7 612 (49,5 %)	3 016

[1] Prozentangabe bezeichnet den Anteil der Auspendler an den Erwerbstätigen am Wohnort. – [2] Absolute Zahl erfaßt unter den Aus- und Einpendlern die Berufs- und Ausbildungspendler; Prozentangabe betrifft den Anteil der erwerbstätigen Auspendler an den Erwerbstätigen am Wohnort bzw. den Anteil der Einpendler an den Erwerbstätigen am Arbeitsort.

Demgegenüber wies die Stadt Bühl bereits 1950 einen deutlichen Saldo zugunsten der Einpendler auf: 1 826 Ein- standen 383 Auspendler (9,8 % der Erwerbspersonen) gegenüber. 1970 war der Pendlersaldo auf 2 579 Berufspendler angestiegen. 961 Auspendler (21,1 % der Erwerbstätigen) standen 3 554 Einpendler gegenüber, die knapp die Hälfte aller in Bühl Arbeitenden ausmachten. Aufgrund ihrer Zentralität wies die Stadt einen beachtlichen Anteil von einpendelnden Auszubildenden auf. 676 Lehrlinge und Schüler fuhren täglich nach Bühl, das waren 31,4 Prozent der dort Lernenden. Umgekehrt hatten die Landgemeinden außer Vimbuch und Weitenung nur eine geringe Zahl von einpendelnden Auszubildenden aufzuweisen; in Oberbruch waren es 2,9 Prozent, nach Altschweier, Balzhofen, Eisental und Moos fuhren überhaupt keine Lernenden. Demgegenüber fällt der Anteil der Auspendler unter den Auszubildenden auf, der sich zwischen 17,6 Prozent in Neusatz und 60,7 Prozent in Altschweier bewegte.

Nach der Gebietsreform versechsfachte sich der Pendlersaldo von 588 (1970) auf 3 016 (1987), da die 4 596 Auspendler von 7 612 Einpendlern übertroffen wurden. Aufgrund der wirtschaftlichen Anziehungskraft Bühls war die Zahl der Berufseinpendler um mehr als die Hälfte von 4 041 (41,3 % der am Ort Tätigen) auf 6 608 (49,5 %) angestiegen. Die meisten pendelten aus der näheren Umgebung ein; 1 594 (20,9 %) aus Bühlertal, 897 aus Ottersweier (11,8 %), gefolgt von 801 Personen aus Achern (10,5 %) und 781 aus Baden-Baden (10,3 %). Von den auspendelnden Bühlern arbeiteten die meisten in Baden-Baden (1 451, das waren 31,6 % der Bühler Erwerbstätigen), 552 in Bühlertal (12 %) und 420 in Ottersweier (9,1 %). Unter den Ausbildungspendlern fiel die Zahl der Auspendler von 732 (1970) auf 613 (1987), das waren nur noch 19 Prozent aller Bühler Lernenden, derweil die von auswärts nach Bühl einpendelnden Auszubildenden von 807 auf 1 004, ein knappes Drittel aller in Bühl Unterrichteten stellten. Auch diese Entwicklung verdeutlicht die zentrale Stellung Bühls für seine Umgebung und die Attraktivität seines wirtschaftlichen und schulischen Angebots.

Land- und Forstwirtschaft. – Die überwiegend günstigen Anbaubedingungen für eine ertragreiche Land- und Forstwirtschaft, besonders für Sonderkulturen in der fruchtbaren Ebene und an den Hängen, werden durch den Höhenunterschied von rund 150 Metern auf dem Gebiet der Flächengemeinde erschwert, andererseits eignen sich die Hanglagen wegen der intensiveren Sonneneinstrahlung und der günstigen Belüftung durch Winde in hervorragender Weise für den Anbau von Sonderkulturen wie Wein. Die Bedeutung der Agrarwirtschaft verdeutlicht der Anteil der 3 161 ha (1989) Landwirtschaftsfläche (43,2 Prozent der Bodenfläche). Damit lag Bühl um mehr als ein Viertel über dem Kreisdurchschnitt von 34,1 Prozent. Einen besonders hohen Anteil der Landwirtschaftsfläche weisen die Ackerbaugemeinden in der Rheinebene auf; in Oberweier lag der Anteil bei 84 Prozent, in Moos bei 73,4 Prozent und in Balzhofen bei 61,9 Prozent.

Die Verbesserung der alten Dreifelderwirtschaft durch den Wechsel von Halm- und Blattfrüchten führte im 19. Jh. zu einer Steigerung der Produktion und Produktivität. Bezogen auf den Gebietsstand der Kommunalreform fiel die landwirtschaftlich genutzte Fläche von 3 833 (1895) auf 3 788 ha (1925), ehe sie nach einem kräftigen Anstieg durch die Reagrarisierungswelle in der unmittelbaren Nachkriegszeit (1948 3 969 ha) wieder stetig auf einen bislang nicht gekannten Tiefstand von 1 973 (1983) sank, bis sie 1987 durch verstärkten Anbau von Sonderkulturen auf 2 891 ha kurzfristig wieder zunahm, um 1995 erneut auf 1 898 ha zu fallen. Dabei vollzog sich der Schwund nicht nur in der Stadt Bühl, wo die agrarisch genutzte Fläche zwischen 1895 und 1995 um rund die Hälfte schrumpfte, sondern auch in den traditionell agrarisch verfaßten Landgemeinden. Dort fiel die landwirtschaftlich genutzte Fläche zwischen einem Viertel in Neusatz und zwei Dritteln in Oberbruch und Weitenung; andererseits war in Moos eine Zunahme um 31,6 Prozent festzustellen. Bezeichnenderweise nahm die agrarisch genutzte Fläche am stärksten dort ab, wo wenig Sonderkulturen existierten. Umgekehrt standen der Anbau von Wein und Obst in engem Zusammenhang mit einem moderaten Rückgang der landwirtschaftlich genutzten Fläche.

Den größten Rückgang verzeichnete das Dauergrünland, das hauptsächlich aus Wiesen bestand. Diese belegten 1971 97,9 Prozent des Grünlands, wogegen die Mähweiden (1,2%) ebenso wie die Weiden (0,9%) zu vernachlässigen waren. Insgesamt schwand das Grünland innerhalb hundert Jahren von 1 802 (1895) auf 462 ha (1995) um 74,3 Prozent; sein Anteil an der landwirtschaftlich genutzten Fläche sank um die Hälfte von 47 auf 24,3 Prozent. Vor allem in der Nachkriegszeit ging die Fläche von 1 377 (1960) auf 568 (1983) massiv zurück. Wie bei der agrarisch genutzten Fläche bedeutete dies einen Tiefstand, ehe 1987 mit 788 ha eine Vergrößerung der Grünfläche erreicht wurde, die aber in den 1990er Jahren wieder um knapp die Hälfte zurückging. Ausgesprochene Grünlandzentren waren die Gemeinden in der Rheinebene wie Balzhofen, Moos und Oberbruch, bei denen der Grünlandanteil 1895 über 50 Prozent der landwirtschaftlich genutzten Fläche ausmachte. Hundert Jahre später war der Anteil dort auf rund ein Viertel gesunken. Eine hohe Grünlandquote wies 1995 Neusatz mit 58,3 Prozent auf.

Auch das Ackerland ging von 1 673 (1895) auf 967 ha (1995) zurück. Gleichwohl nahm sein Anteil an der agrarisch genutzten Fläche von 43,7 auf 50,9 leicht zu. In der ersten Hälfte des 20.Jh. nahm die Anbaufläche für Getreide, Hackfrüchte und Feldfutter auf 1 981 ha (1940) zu, fiel aber in der Nachkriegszeit auf 1 057 ha (1983). Darauf setzte bis 1987 ein Ausbau auf 1 269 ha ein, dem jedoch ein Rückschritt auf unter 1 000 ha folgte. Starker Feldbau mit über der Hälfte der landwirtschaftlich genutzten Fläche wurde 1895 vor allem in Bühl, Oberweier und Weitenung betrieben. 1995 waren in Balzhofen, Oberweier und Weitenung zwei Drittel dieser Fläche Ackerland, in Moos und Oberbruch drei Viertel und in Vimbuch sogar 84,4 Prozent. Dieses waren allesamt Gemeinden, die eine geringe Fläche für Sonderkulturen bereit hielten.

Getreide nahm auf dem Feld den größten Raum ein. 1895 belegte das Korn 57,7 Prozent des Ackerlands, hauptsächlich Roggen, 100 Jahre später 60,6 Prozent. Lediglich Mitte des 20.Jh. war der Getreideanteil am Ackerland auf 39,9 Prozent (1950) gefallen, erholte sich aber in den folgenden Jahrzehnten und hatte 1971 wieder 65,5 Prozent. Ende der 1970er Jahre erreichte der Kornanteil mit 73,5 Prozent seinen Höchststand. Ausgeprägten Feldfruchtbau betrieben die Bauern in Balzhofen (1895 64,8% des Ackerlands, 1995 83,9%) und Vimbuch (87,2 bzw. 70,2%).

Hackfrüchte wuchsen wegen der verbreiteten Subsistenzwirtschaft vor allem kleinerer Betriebe 1895 auf einem knappen Drittel der Feldflur, am Ende des 20.Jh. betrug ihre Quote nur noch 6,3 Prozent. Dieser Einbruch ist zum einen auf den rückläufigen Zuckerrübenanbau nach dem Ersten Weltkrieg zurückzuführen, zum anderen auf einen Wandel der Ernährungsgewohnheiten und Konsumvorlieben in der Bundesrepublik, der zu einer sinkenden Nachfrage nach Kartoffeln führte. Zudem war der Hackfruchtbau äußerst arbeitsintensiv, wohingegen die Grünlandwirtschaft extensiv betrieben werden konnte.

Auch Feldfutter wurde immer weniger angebaut, allerdings war die Abnahme von 13,2 (1895) auf 9,9 Prozent (1995) des Ackerlands weniger drastisch als bei den Hackfrüchten. 1950 hatte sich der Anteil der Futterpflanzen auf 24,8 Prozent ausgedehnt, doch bereits 1971 war er mit 12 Prozent wieder auf dem Ausgangsniveau. Von da an nahm er kontinuierlich ab. Der Rückgang des Feldfutters steht in engem Zusammenhang mit der Spezialisierung auf Sonderkulturen einerseits und der Abnahme der Viehbestände, vor allem der Lasttiere, andererseits, die wiederum eine Folge der Motorisierung der landwirtschaftlichen Erzeugung darstellt.

Diese industrielle Revolution der Agrarproduktion belegt der Traktorenbestand von 646 Zugmaschinen 1960. Danach war die Schlepperzahl rückläufig. Im Wirtschaftsjahr 1971/72 wurden nur noch 522 Traktoren in der Bühler Landwirtschaft eingesetzt, was als Indiz für den Bedeutungsverlust des Agrarsektors als hauptberufliches Arbeitsgebiet zu werten ist. Gleichzeitig weist die deutlich höhere Verbreitung von leistungsschwächeren Schleppern mit weniger als 35 PS, die 1971/72 99,2 Prozent des Bestands ausmachten, auf die Verwendung im kleinbäuerlichen Produktionszusammenhang, im Nebenerwerb mit ausgeprägtem Standbein in den Spezialkulturen, Obst- und Weinbau, hin.

Allein die Sonderkulturen, die in den 1980er Jahren in den Ortsteilen der Vorbergzone ein Viertel bis die Hälfte der landwirtschaftlich genutzten Fläche belegten, verzeichneten eine Zunahme ihrer Anbaufläche. 1895 – hierbei wurde allerdings nur der Wein erfaßt – belegten sie 358 ha (9,3% der landwirtschaftlich genutzten Fläche), 100 Jahre später 458 ha, die mittlerweile ein Viertel der agrarisch genutzten Fläche ausmachten. Den markanten Ausbau der Spezialkulturen in den 1980er Jahren mit dem Flächenhöchststand

Rieslingtrauben.

von 690 ha (1987) begünstigten zum einen die besonderen klimatischen und geologischen Anbaubedingungen in der Bühler Gegend, zum anderen versprach der Verkauf von Obst und Trauben bessere Verdienstmöglichkeiten. Durch die besseren Erwerbschancen trug der Anbau der Sonderkulturen mit zum Erhalt der kleinbäuerlichen Betriebsstruktur bei und ermöglichte damit ein Festhalten an dem ererbten Familienbesitz, der im Nebenerwerb auch weiterhin bewirtschaftet werden konnte.

In der rund vier Kilometer breiten Vorbergzone zwischen Schwarzwald und Rheingraben wird Weinbau betrieben, der in der Südabdachung durch eine intensive Sonneneinstrahlung an den Hanglangen und eine vorteilhafte Belüftung der Rebhänge mittels Winden begünstigt wird. Wein aus Bühl war schon zu Beginn des 19. Jh. ein Qualitätsbegriff; in Altschweier galt der Weinbau als *die vorzügliche Nahrungsquelle der Einwohner*, und der dort erzeugte Rotwein soll *dem bekannten Affenthaler wenig an Güte* nachgestanden haben. Auch in Eisental ernährten sich die Einwohner aus dem Weinbau, und in Bühl wurde der Ortsteil Affental hervorgehoben, *wo der rote Burgunder Wein am vorzüglichsten wächst*. Neben Kappelwindeck wies auch Neusatz *guten Frucht- und Weinbau, viele Kastanien und vorzügliches Kirschenwasser* auf. Der Bühler Amtsbezirk genoß den Ruf, *einer der weinreichsten des Großherzogthums* zu sein. Mitte des 19. Jh. war der dort erzeugte Rotwein stark nachgefragt, *worunter vorzüglich der von Affental sich an Geschmack an die bessern Sorten Burgunders anschließt und kaum durch den jährlichen Ertrag die Nachfrage deckt.*[22]

Baute man bis Mitte des 19. Jh. althergebrachte Massenträger wie Elbling, Räuschling, Faktor und Elsässer mit Arbst, einer Mutation des Spätburgunders, im traditionellen Mischsatz an, so pflanzte man danach Riesling, Traminer, Ruländer, Clevner und Silvaner im reinen Satz. Die Umstellung auf sogenannte Amerikanerreben Ende des 19. Jh. nach dem Auftreten des echten und falschen Mehltaus und der Blattfallkrankheit mußte nach dem Anbauverbot 1905 zurückgenommen werden, da die Taylorreben die Verbreitung der Reblaus unter den europäischen Edelreisern förderten. Einzelne Gemeinden wie Waldmatt setzten Reblauskommissionen ein. Die Weingärten wurden mit Pfropfreben bestockt, bei denen auf die reblausresistente oder -tolerante Unterlagrebsorte, den aus Kreuzungen amerikanischer Wildarten hervorgegangenen Würzling, eine europäische Edelrebe aufgepfropft wurde. Somit konnte der Weinbau auch mit den an sich reblausgefährdeten Europäerreben überstehen, die qualitativ höherwertige Weine lieferten als die amerikanischen Reiser. Durch diese qualitätsfördernden Maßnahmen stieg unter den Weißweinen der Riesling gleichermaßen zu den führenden Reben auf, wie unter den roten der Blaue Spätburgunder, der den Blauen Arbst verdrängte.

Die 1844 bestockte Rebfläche nahm das Drei- bis Vierfache des Ausmaßes der 1980er Jahre ein; allerdings war der Ertrag damals bedeutend niedriger. In der ersten Hälfte des 20. Jh. ging die Rebfläche von 363,7 ha (1909) auf 116,2 ha (1951) zurück; viele Erzeuger wandten sich vom Weinbau ab und dem Obstbau zu. 1998 standen wieder 297 ha unter Reben, wodurch Bühl kreisweit die größte Rebfläche aufwies und im Land unter den Kommunen mit Rebfläche an 25. Stelle rangierte. Dafür, daß der Flächenschwund nicht mit einem Produktionsrückgang einherging, sorgte zum einen die Einführung neuer Anbaumethoden. Zum anderen ermöglichten Flurbereinigungen seit 1962 außer in Kappelwindeck eine bessere Bewirtschaftung der infolge Realteilung parzellenartigen Weingärten. Im Rebgelände erschwerten auch steile und gesundheitsgefährdende Fußpfade die Arbeit, so daß die Flurbereinigung mit dem Feldwegebau einhergehen mußte. Seit 1955 wurden zunächst in Eisental auf 115 ha, dann im Altschweirer Sternenberg, wo die Zahl der Eigentümer von 410 auf 270 abnahm, sodann im Bühler Wolfhag und im Neusatzer Ralschbach Umlageverfahren verwirklicht.

Um die eigene Marktposition gegenüber den Weinhändlern zu stärken, taten sich 1908 24 Weinbauern im Affentaler Naturweinbauverein zusammen, aus dem die Winzergenossenschaft hervorging. 1938 fusionierte sie mit der Eisentaler Kooperative. 1960 verbanden sich die Winzergenossenschaften von Kappelwindeck und Altschweier; letztere war 1952 aus der Taufe gehoben worden. 1973 schlossen sich alle vier zur Affentaler Winzergenossenschaft Bühl zusammen, die 2000 950 Winzer vereinte. Sie verarbeitet auch das Lesegut der rund 10 ha großen Rebfläche des kreiseigenen Aspichhofs in der Hub und von rund 30 Winzern aus Weisenbach. 1997 erreichte die Genossenschaft einen Umsatz von 15 Mio. DM bei einem Kapital von 9 Mio. DM und beschäftigte 32 Mitarbeiter. Auf einer Rebfläche von 220 ha (2000) erzeugte sie 2,2 Mio. Liter Wein. Dabei stellte der Riesling mehr als jede zweite Rebe und rangierte weit vor dem Spätburgunder (33%) und dem Müller-Thurgau (9%); Traminer sowie Grauer und Weißer Burgunder rundeten den Rebsortenspiegel ab. 1999 erhielt die Genossenschaft ihren vierten Bundesehrenpreis in Bronze.

Insgesamt betrieben in Bühl 1989/90 782 Betriebe mit 266 ha Rebfläche Weinbau, das war mehr als die Hälfte aller Weinbaubetriebe im Landkreis. Daß die meisten Betriebe im Nebenerwerb geleitet wurden, zeigt die geringe Zahl von 51 (6,5%) Winzern, die ihr Einkommen überwiegend aus dem Weinbau bestritten. Für diesen Befund spricht auch die Tatsache, daß 347 Weinbauern (44,4%) eine bestockte Rebfläche von lediglich 0,2 ha und weitere 306 Weingärtner (39,1%) ein Areal zwischen 0,2 und 0,5 ha bewirtschafteten. 774 (99%) Betriebe mit einer bestockten Rebfläche von 268 ha (98,9%) bauten ihre Trauben nicht selbst zu Wein aus, sondern lieferten sie ab. Nur acht Winzer mit einer Rebfläche von 3 ha waren Selbstvermarkter.

Neben dem Wein wurde auch der Obstreichtum in Bühl, Kappelwindeck und Neusatz gerühmt. Steinobst, auch Topinambur, wurde vielfach zu Schnaps verarbeitet, vor allem im Bühler Hänferdorf gab es viele Kleinbrenner. 1921 wurden 2 560 Gesuche um Brennerlaubnis im Amtsbezirk eingereicht. Aufgrund der kleinbäuerlichen Besitzstruktur schlossen sich viele Obsterzeuger in der 1919 gegründeten Obstabsatzgenossenschaft zusammen, die 1935 ihre erste Großmarkthalle in der Bühler Weststadt errichtete. Eine besondere Stellung nimmt die Frühzwetschge ein.

Die Bühler Frühzwetschge

In Kappelwindeck wuchs um 1840 der erste Baum der Bühler Frühzwetschge, mutmaßlich eine Kreuzung zwischen Pflaume und Spätzwetschge, heran. Diese zunächst als »Kappler Zwetschge« bezeichnete Frucht entwickelte sich zu einem bedeutenden Wirtschaftsfaktor, weil sie reiche und sichere Erträge versprach. In dem extrem strengen Winter 1879/80, der den Zwetschgenbaumbestand in Baden um ein Drittel und den gesamten Obstbaumbe-

Gärtanks in der Kellerei der Affentaler Winzergenossenschaft.

stand um die Hälfte reduzierte, bewies die Sorte ihre Frostbeständigkeit. In Bühl soll nicht ein einziger Baum erfroren sein, wohingegen etwa die Kirschbäume in Moos der Kälte zum Opfer fielen. Solche Vorzüge beförderten die Verbreitung der Bühler Frühzwetschge. Zur Ausdehnung des Obstbaus kauften 1843 die Bürgermeister des Amtsbezirks in Frankreich 125 Obstbäume, und die Stadt legte 1859 im Holzgarten eine Baumschule an, die unter der Aufsicht des Hauptlehrers stand. In Kappelwindeck wurde der Obstbaumbestand vor allem an Frühzwetschgen durch Pflanzung von 2000 Stück in nur zwei Jahren (1883/84) verdoppelt, so daß der Amtmann bei seiner Visitation feststellte: *Der Ort gleicht jetzt schon fast einem Obstbaum-Wald.*[23] Schädlinge bekämpfte man mit Klebgürteln, d.h. mit Pergamentpapier, das mit Leim bestrichen war. Aus dem ersten Versand der Frühzwetschge mit der Bahn nach Basel 1870 ging ein weitverzweigter Exportgroßhandel in die Großstädte und ins europäische Ausland hervor. Die Obstabsatzgenossenschaft und die Großmarkthalle erleichterten den Absatz und Vertrieb der Früchte. 1951 wurden mehr als 300 000 Zentner Frühzwetschgen versandt. 1975 wurde die Obstmarkthalle aus dem Zentrum an die Draisstraße in das Gewerbegebiet Süd verlegt. 1996 entstand die Obstbaugenossenschaft Mittelbaden. Seit 1927 feiert Bühl ein Zwetschgenfest, das neben dem Erntedank auch der Heimatpflege verpflichtet ist. Bei der dabei veranstalteten Morgenfeier halten auswärtige und Bühler Prominente Festansprachen.

Neben Obst und Wein wurde im 19. Jh. die Edelkastanie als Handelsfrucht gepflegt und bis in die Niederlande exportiert. Anfang des 20. Jh. hatten die Kastanienpreise unter italienischer Konkurrenz zu leiden. Auch Hanf gedieh in der Bühler Gegend gut und bescherte der starken Nachfrage wegen *einen Gewinn [...], der nicht leicht durch ein landwirthschaftliches Erzeugnis überboten wird.*[24] 1840 wurde er auf rund 125 ha angebaut und erzielte einen Ertrag von 1 310 Zentnern. Vor allem in Balzhofen und Weitenung wuchs ein vortrefflicher Hanf, der auf den Wochenmärkten in Bühl, einem der bedeutendsten badischen Hanfmärkte, und Achern umgeschlagen wurde. Bühler Hanf galt den Händlern bis nach Holland als Markenartikel, der mit einem eigenen Qualitätszeichen versehen wurde. In der zweiten Hälfte des 19. Jh. erlag er der Konkurrenz der Baumwolle, und sein Anbau wurde zugunsten des Tabakanbaus aufgegeben. Der Anbau von Havanna, Geudertheimer und Virginia, auch als Bühlertäler Tabak bezeichnet, lieferte der starken badischen Tabakindustrie zu, wo man sich auf die Erzeugung von Zigarren konzentrierte. Neben dem Preisverfall am Weltmarkt und der Blauschimmelkrankheit 1960 führte das gewandelte Konsumverhalten zugunsten industriell hergestellter Zigaretten in den 1960er Jahren zum Rückgang der Anbaufläche. 1987 bestritten nur noch einige Marktfruchtbetriebe einen Teil ihrer Standarddeckungsbeiträge mit Tabakanbau. Ein Handelsgewächs, das im 19. Jh. verstärkt angebaut wurde, war die Zichorie. Der Kaffeersatz stellte 1871 in Oberbruch die Haupthandelspflanze.

Bei der Viehhaltung sind zwei gegenläufige Tendenzen auszumachen; die Lasttierbestände nahmen ab, während die Bestände an Nutztieren größer wurden. Für Fortschritte in der Veterinärmedizin trat der Bühler Tierarzt August Lydtin ein, seit 1871 Hoftierarzt und Referent für Veterinärwesen im Innenministerium. Sein Einsatz galt neben der Rindviehzucht mit dem Simmentaler Schlag und der Bekämpfung von Tierseuchen einer geregelten Fleischbeschau und Kontrolle des Milchverkehrs. Auf seine Initiative gingen 1892 auch die Gründung der Rindviehzuchtgenossenschaft Bühl und die Einrichtung einer Jungviehweide in Bühl zurück, die bis 1973 bestand.

Bezogen auf den Gebietsstand der Kommunalreform blieb die Zahl der Pferde in der zweiten Hälfte des 19. Jh. konstant bei über 300 Tieren. Im 20. Jh. ging der Bestand beträchtlich zurück, zunächst durch Zwangsrequirierungen in den beiden Weltkriegen, dann seit den 1950er Jahren wegen der Verdrängung des Pferds als Zugtier durch die Traktoren. 1988 zählte man nur noch 46 Tiere, doch setzte mit dem Funktionswandel des Pferds wieder eine Bestandsaufstockung auf 79 Tiere (1996) ein. Das Pferd avancierte vom Nutztier zum Freizeitfreund. Dies belegt seine Verbreitung; waren vom 19. Jh. bis 1961 starke Pferdebestände in den Ackerbaugemeinden Moos, Oberbruch und Balzhofen anzutreffen, so fand man 1996 allein rund die Hälfte des Bestands in der Stadt Bühl.

Der Rinderbestand war Wellenbewegungen ausgesetzt, die teils konjunkturellen Ursprungs waren, teils im Zusammenhang mit grundsätzlichen Änderungen in der Wirtschaftsweise standen. Mitte des 19. Jh. ging man von der Viehhaltung zur Viehzucht über. Dadurch stieg die Rinderzahl von 3 688 (1855) auf 4 089 (1887) mit Schwerpunkten in Weitenung, dessen Hornviehbestand als der schönste des ganzen Bezirks galt. Im Zusammenhang mit diesem Wandel stand die Einführung der Stallhaltung, verbunden mit dem Verbot der früher gebräuchlichen Weiden. Um die

Verladebetrieb in der alten Obstmarkthalle in Bühl.

Jahrhundertwende setzte der Übergang von der Schlachtviehhaltung zur Milchwirtschaft ein. Großabnehmer wie das Sanatorium Bühlerhöhe bescherten dem Eisentaler Milchproduzentenverein guten Absatz. Nach dem zwischenzeitlichen Höchstwert von 4178 (1925) fiel die Zahl der Rinder auf 3439 (1949); allein in Bühl betrug der Milchkuhanteil wegen der günstigen Marktstellung 86,3 Prozent. In der zweiten Jahrhunderthälfte sank der Hornviehbestand von 3251 (1961) auf 441 Tiere (1999), der Milchkuhanteil fiel dabei von zwei Dritteln auf ein gutes Drittel.

Auch die Schweinehaltung profitierte von den Zuchtbemühungen in der zweiten Hälfte des 19.Jh. Die Zahl der Borstentiere konnte von 1183 (1855) auf 2401 (1887) mehr als verdoppelt werden. Führende Gemeinde war Moos mit 352 Schweinen; dort wurde auch 1996 noch mehr als ein Drittel des Bestands gehalten. Der Schweinemord im Ersten und die Zwangsrekrutierungen im Zweiten Weltkrieg reduzierten den Bestand auf 1857 (1949). Auf diesem Niveau hielt er sich bis Anfang der 1980er Jahre, bevor er von 1197 (1983) auf 454 (1999) zurückging.

Als »Kuh des kleinen Mannes« spielte die Ziege in der Subsistenzwirtschaft der Kleinstbetriebe eine Rolle. 1925 erreichte der Bestand mit 669 Tieren seinen höchsten Stand. In der zweiten Hälfte des 20.Jh. verloren Ziegen immer mehr an Bedeutung; schließlich tauchen sie in den Statistiken gar nicht mehr auf. Umgekehrt verhält es sich mit den Schafen. 1855 zählte man 69 Tiere, nahezu ausschließlich in Neusatz, 1939 trotz der Autarkieanstrengungen der Nationalsozialisten nur noch neun. Jedoch erfuhr die Schafzucht später einen Auftrieb. 1983 verzeichnete man 104, 13 Jahre später 179 Tiere. Die Geflügelzucht ist ein Merkmal des 20.Jh. und hatte einen Schwerpunkt in der Stadt Bühl. 1939 zählte man 20493 Hühner; bis 1996 war der Bestand auf 3033 Tiere gefallen.

Bäuerliche Betriebe ohne Last-, Zucht- oder Schlachtvieh waren im 19.Jh. eindeutig in der Minderheit. Doch verringerte die Maschinisierung der Agrarproduktion die Zahl der Viehhalter von mehr als vier Fünfteln (1873) auf ein Fünftel (1999). Dabei fiel vor allem die Zahl der Nutztierhalter, während die Zahl der Halter von Reittieren zunahm.

Gegenüber der Landwirtschaft spielte die Forstwirtschaft eine untergeordnete Rolle. Nach dem übermäßigen Raubbau im 18.Jh. widmete man sich im frühen 19.Jh. dem Wiederaufbau der Wälder nach dem zuvor gefaßten Beschluß, die Genossenschaftswaldungen in kommunalen Waldbesitz zu überführen. Die zunächst freiwilligen Aufforstungen wurden durch das Forstgesetz von 1833 zur Pflichtaufgabe. Der Bühler Stadtwald Sand setzte sich aus Teilen von vier alten Waldgemeinschaften zusammen, dem Windecker Genossenschaftswald, dem Kirchspielswald Steinbach, dem Waldhägenich und dem Fünfheimbürger Wald, auch Scherzheimer Wald genannt. Im 19.Jh. waren die hauptsächlichen Holzarten Tannen mit Kiefern bzw. Forlen und Fichten in der Betriebsart Hochwald. Zu Beginn des 20.Jh. stellten im Forstbezirk Bühl Tannen 45, Fichten 25, Forlen 13, Buchen 5 und Legforlen 2 Prozent der bestockten Waldfläche. Bei der ertragfähigen Waldfläche lag Bühl mit 677,5 ha vor Neusatz mit 366,7 ha. In beiden Gemeinden dominierten Tannen und Fichten. In der Besatzungszeit wurde der Waldbestand durch Holzeinschlag für die Besatzungsmacht verringert. Nach den Mehreinschlägen infolge der nationalsozialistischen Autarkiebestrebungen und den sogenannten Franzosenhieben für die Besatzungsmacht, für die allein in Altschweier 15000 Festmeter Stammholz geschlagen wurden, sorgte auch die jahrelange Ernährungs- und Wohnraumnotlage für eine vermehrte Abholzung, die den Nadelholzbestand reduzierte. Die Waldfläche belief sich 1989 auf 2865 ha; ihr Anteil an der Bodenfläche lag mit 39,1 Prozent deutlich unter dem Kreismittel von 50,4 Prozent. Naturgemäß wies der höchstgelegene Ortsteil Neusatz den größten Waldanteil (56,8%) auf; die absolut größte Waldfläche hatte das Stadtgebiet von Bühl mit 1065 ha. Oberweier lag mit 4 ha (3,4%) am unteren Ende der Skala.

Die vorwiegend kleinbäuerliche Betriebsstruktur mit nur wenigen großbäuerlichen Höfen hat sich bis heute gehalten. Hierbei spielte zum einen der Anbau von Sonderkulturen eine prägende Rolle. Er erlaubte vielfach eine Nebenerwerbswirtschaft, die wiederum das kleinbäuerliche Betriebsgefüge stützte. Genau in diesen Gemeinden war auch die geringste landwirtschaftlich genutzte Fläche pro Betrieb anzutreffen. Während sie 1971 in den Weinorten Eisental und Altschweier bei 1,4 bis 1,6 ha lag, erreichte sie in den Ackerbaugemeinden Moos und Vimbuch mit 5,4 bzw. 5,8 ha die höchsten Werte. Zum anderen kam es durch die Vererbungstradition der Realteilung zu einer Parzellierung der Betriebe. Während Mitte des 20. Jh. in Altschweier, Balzhofen und Neusatz eine Mischform bestand, herrschte in Bühl, Eisental, Oberbruch, Oberweier, Vimbuch und Weitenung die herkömmliche Realteilung. Diese zeichnete sich durch eine gleichmäßige Verteilung des Bodens und Betriebsinventars unter den Erben aus; die Wohn- und Wirtschaftsgebäude fielen einem Erben zu, der die übrigen durch ein Gleichstellungsgeld auszubezahlen hatte. Die Mischform dagegen stellte eine Lockerung der gleichmäßigen Verteilung dar, wobei der größte Teil des Betriebs an einen Erben ging, während die anderen nur Einzelgrundstücke erhielten. Eine Sonderform nahmen Oberbruch und Moos ein. Dort dominierte die verdeckte Realteilung, eine Zwischenform zwischen geschlossener Vererbung und Realteilung. Hier verpachteten die nicht in der Landwirtschaft bleibenden Erben ihren Erbteil an den Hofbetreiber; später verkauften sie ihr Erbe. Die verdeckte Realteilung stellte also eine Abkehr von der realen Boden- und Inventarteilung dar und entsprach in ihren kulturlandschaftlichen Folgen der geschlossenen Vererbung. Nicht von ungefähr wies Moos, wo noch zu Beginn des 20. Jh. die traditionelle Realteilung vorgeherrscht hatte, die größte landwirtschaftlich genutzte Fläche je Betrieb auf.

In der Konsequenz führte die überwiegend praktizierte Realteilung bis ins 20. Jh. zu Hofteilungen und damit zur Betriebsvermehrung. Die Zahl der land- und forstwirtschaftlichen Betriebe stieg von 1881 (1873) auf 2213 (1925). Danach aber sank die Hofzahl kontinuierlich auf 1405 (1949). In den 1960er Jahre fiel rund die Hälfte der Betriebe dem Höfesterben zum Opfer; 1970 wurden nur noch 737 Anwesen bewirtschaftet. Nach einer Konsolidierung in den 1980er Jahren fand erneut ein Abbau auf 442 Höfe (1999) statt. Den stärksten Rückgang zwischen 1895 und 1995 verzeichneten die Betriebe in Weitenung um 84,8 Prozent und in der Stadt Bühl um 84,1 Prozent. Demgegenüber wiesen Altschweier und Eisental, bezeichnenderweise zwei Weinorte, mit einem Höferückgang von rund der Hälfte und einem Drittel den geringsten Schwund auf.

Die Realteilung hatte zur Folge, daß die Betriebsgrundlage immer mehr verkleinert wurde. Daher bestimmten die klein- und kleinstbäuerlichen Höfe das Erscheinungsbild der Landwirtschaft um Bühl. Bezogen auf den Gebietsstand der Kommunalreform, stellten die Betriebe bis 10 ha 1895 99,2 Prozent der Höfe, hundert Jahre später machten sie noch 93,8 Prozent aus. Der Anteil der Parzellenbetriebe bis 2 ha vergrößerte sich zwischenzeitlich von 65,7 (1895) auf 76,8 Prozent (1925). 1960 machten diese Kleinstbetriebe aber nur noch 55,9 Prozent aus, die Kleinbetriebe von 2 bis 5 ha 35,4 Prozent. Die mittelbäuerlichen Betriebe von 5 bis 20 ha wiederum waren bei 89 (1949) und 85 (1979) der Zahl nach nur minimal rückläufig; ihr prozentualer Anteil hat sich von 5,6 auf 13,2 sogar mehr als verdoppelt. Die großbäuerlichen Betriebe über 20 ha legten hingegen deutlich zu. Zwei Anwesen im Jahr 1895 standen hundert Jahre später 17 Betriebe gegenüber; ihr Anteil hatte sich von 0,1 auf 3,2 Prozent erhöht. Die von ihnen landwirtschaftlich genutzte Fläche hatte sich allein zwischen 1960 und 1979 von 2,4 auf 19,2 Prozent verachtfacht. Der Anteil der von den Kleinbetrieben bis 5 ha genutzten Agrarfläche halbierte sich demgegenüber von 76,6 auf 31,6 Prozent, und derjenige der Mittelbetriebe von 5 bis 20 ha fiel um ein Viertel von 44,8 auf 34,1 Prozent. Wegen der räumlichen Enge und im Zusammenhang mit der Flurbereinigung kam es zur Aussiedlung von vier Höfen, zweien in Moos (1968) so-

Tabakschuppen bei Moos.

wie je einem in Eisental (1967) und Vimbuch (1969). 1977 entstand ein weiterer Aussiedlerhof in Eisental, ein Jahr später einer in Weitenung.

Die Betriebssystematik 1987 ergab folgende Typisierung: Unter den land- und forstwirtschaftlichen Betrieben mit Betriebsbereich Landwirtschaft (572 mit 1 773 ha Landwirtschaftsfläche) stellten die 405 Dauerkulturbetriebe die größte Gruppe; bei ihnen betrug der Anteil des Standarddeckungsbeitrages aus der Dauerkultur, z.B. Rebland oder Obstanlagen, über 50 Prozent. Die 596 ha landwirtschaftlich genutzter Fläche dieser 405 Betriebe verdeutlicht einmal mehr den engen Zusammenhang von Sonderkulturen und Kleinbetrieben, stehen doch im Schnitt jedem Betrieb weniger als 1,5 ha zur Verfügung. Danach folgten die Marktfruchtbetriebe (91 mit 560 ha Landwirtschaftsfläche); hier leistete der Anteil der Marktfrüchte (Getreide, Hülsen- und Ölfrüchte, sonstige Handelsgewächse, Kartoffeln, Zuckerrüben, Tabak und Feldgemüsebau) über 50 Prozent am Standarddeckungsbeitrag.

Die Prägung durch die Nebenerwerbslandwirtschaft veranschaulicht eine sozialökonomische Betriebstypisierung. Von den 626 Betrieben im Jahre 1987 bestritten 71 (11,3%) ihren Verdienst vorherrschend innerbetrieblich und 539 (86,1%) mit außerbetrieblichem Einkommen. Deren Anteil hatte sich 1995 noch vergrößert. 471 der 531 Höfe wurden von Feierabendlandwirten betrieben (88,7%); ihnen standen nur noch 43 Haupterwerbsbetriebe (8,1%) gegenüber. Damit lag Bühl bei den Feierabendbauern weit über dem Kreismittel von 81,9 Prozent, während der Kreis bei den Vollerwerbslandwirten mit 12,5 Prozent einen um die Hälfte höheren Hundertsatz aufwies.

Handwerk und Industrie. – Den strukturellen Unterschied zwischen der Stadt Bühl und den Landgemeinden verdeutlicht die Verteilung der Beschäftigten auf die Wirtschaftssektoren. Während 1970 in Bühl auf hundert Einwohner 77 Beschäftigte in nichtlandwirtschaftlichen Betrieben kamen, lag deren Anteil in den stärker agrarisch verfaßten Landgemeinden zwischen sechs (Oberweier) und 35 (Oberbruch). Der Blick auf einzelne Wirtschaftsbereiche bestätigt diese strukturelle Differenz. In Bühl kamen auf hundert Einwohner 46 Beschäftigte im produzierenden Gewerbe, in den umliegenden Dörfern aber nur ein (Oberweier) bis 29 (Oberbruch) Arbeiter; während von hundert Bühlern 21 im Bereich Handel, Verkehr und Dienstleistungen beschäftigt waren, lag die Zahl in den Landgemeinden zwischen zwei in Balzhofen und zehn in Eisental.

Das Bühler Handwerk zeichnete sich zu Beginn des 19. Jh. durch seine Verflochtenheit mit dem Agrarsektor, besonders dem Weinbau, aus; 1813 arbeiteten hier elf Branntweinbrenner und acht Küfer. Auch betrieben viele Handwerker zur Sicherung ihrer Existenz Landwirtschaft. Daneben gab es das traditionelle Universalhandwerk zur Verarbeitung von Eisen und Metallen (2 Kupferschmiede, 1 Blechner, 7 Schmiede, 1 Nagelschmied, 3 Schlosser) sowie Holz (2 Wagner, 5 Schreiner, 4 Zimmerleute). Ausgeprägt war außerdem das Bekleidungshandwerk (16 Schneider, 9 Strumpfstricker, 2 Strumpfweber, 8 Leinenweber, 3 Hutmacher) und die Verarbeitung von Tierprodukten durch 31 Schuster, drei Weiß- und sechs Rotgerber, vier Seifensieder und einen Safrangerber. Den insgesamt 222 Handwerkern diente der Wochenmarkt als zentraler Handelsplatz für den Umschlag ihrer Produkte.

Durch die Aufhebung des Zunftzwangs und die Verkündung der Gewerbefreiheit 1862 wurde der Modernisierungs- und Industrialisierungsprozeß im Produzierenden Gewerbe vor allem in der Stadt Bühl angestoßen. In der Folge war eine freie Niederlassung als Handwerker oder Gewerbetreibender möglich. Diese siedelten sich vorrangig in Bühl selbst an, lebten doch 1925 von 158 Handwerksmeistern 104 in der Stadt. Seit der Mitte des 20. Jh. sank die Zahl der Handwerksstätten von 385 (1939) auf 339 (1961). Dieser Schwund betraf zum Großteil das Dorfhandwerk, vor allem die eng mit der Landwirtschaft kooperierenden Universalhandwerker Schmiede und Wagner, denn die Anzahl der Handwerksbetriebe in Bühl sank in diesem Zeitraum minimal von 200 auf 194. Während industrielle Fertigprodukte den Schmieden die Arbeit nahmen, bedeutete für das Wagnerhandwerk die Patentierung des gummibereiften Rades das Aus. Nach einer neuerlichen Zunahme der Handwerksbetriebe auf 239 (1977) sank ihre Zahl bald wieder auf 218 (1995).

Demgegenüber spiegelt die Zunahme der Beschäftigtenzahl von 2 219 auf 2 738 die Konzentration in größeren Betrieben wider. Pro Betrieb stieg die Zahl der Beschäftigten von elf auf 12,6. Die bedeutendste Gruppe stellte das Metallgewerbe mit 75 Betrieben (1995) sowie das Bau- und Ausbaugewerbe mit 66 Unternehmen. In beiden Gruppen war die Zahl der Betriebe seit 1968 nahezu konstant, lediglich die Beschäftigtenzahl ging im Bau- und Ausbaugewerbe von 1 088 auf 854 zurück, während im Metallgewerbe, das 1995 auch das Elektrogewerbe einschloß, sich die Zahl der Mitarbeiter von 481 auf 1 011 mehr als verdoppelte. Eine markante Einbuße mußte die Bekleidungs-, Textil- und

C. Die Stadt vom 19. bis ins 21. Jahrhundert

Oberweier von Südwesten, im Hintergrund das Bühler Industriegebiet.

Lederbranche hinnehmen. In diesem Schwerpunkt des 19. Jh. fiel die Unternehmenzahl von 44 auf sieben, die Zahl der Mitarbeiter von 122 auf 48. Im Nahrungsmittelgewerbe war zwar die Betriebszahl von 47 auf 15 ebenso rückläufig, aber die Beschäftigtenzahl nahm von 210 auf 384 um vier Fünftel zu; hier arbeiteten 26 Mitarbeiter je Unternehmen, mithin doppelt so viele wie im Bau- und Ausbaugewerbe sowie im Elektro- und Metallgewerbe. Die Zusammenlegung zu größeren Produktionseinheiten setzte sich hier am deutlichsten von allen Handwerksgruppen durch und schlug sich im Wandel vom Klein- zum Großbetrieb mit Filialen nieder. Die geringste Beschäftigtenzahl pro Betrieb wiesen das Gewerbe für Gesundheits- und Körperpflege sowie das Bekleidungs-, Textil- und Ledergewerbe mit durchschnittlich sechs bzw. sieben Mitarbeitern auf. In letzterer Handwerksgruppe wurde mit 155 000 DM mehr Umsatz je Beschäftigten erzielt als im Bau- und Ausbaugewerbe (143 000 DM pro Mitarbeiter).

Bevor die Industrialisierung auch den ländlichen Raum erfaßte und die Landbewohner durch die erhöhte Mobilität zu einer Fabrikarbeit pendeln konnten, bot das Heimgewerbe in den strukturschwachen Landgemeinden eine Erwerbsquelle. Bis ins 20. Jh. versprach die Heimarbeit für Blumenfabriken wie Speierer & Cie. in der Bühlertalstraße vor allem kinderreichen Familien die Möglichkeit zum Broterwerb, so war Bühl im Großherzogtum der Schwerpunkt der Blumen-Hausindustrie. Da die Herstellung von künstlichen Blumen für Brautbouquets und Kommunikantenschmuck vorrangig Frauen- und Kinderarbeit war, war der Anteil der unter 14jährigen dort besonders hoch: in Balzhofen, Moos, Neusatz, Oberbruch und Weitenung leisteten ausschließlich Heranwachsende die Heimarbeit. Neben der Blumenfabrikation arbeiteten in Bühl auch Heimarbeiter für die Herrenkonfektion eines Straßburger Unternehmens. In Neusatz war die Stuhlflechterei als Kinderarbeit für eine Sitzmöbelfabrik in Achern weit verbreitet. In Kappelwindeck und Oberweier flickten Heimarbeiterinnen Zement- und Kalksäcke. Zu Beginn des 20. Jh. stellten die hausindustriell Beschäftigten im Amt Bühl 1,9 Prozent der Bevölkerung und die Hälfte des Anteils der Fabrikarbeiter (3,7%). Allerdings lag das Amt mit seiner Quote über dem Mittel in Baden (1,1%). Machten die Heimarbeiter 1906 8,5 Prozent der Arbeiterschaft im Großherzogtum aus, stellten sie im Amt Bühl 34,4 Prozent.

Erste Industrieansiedlungen sind in der ersten Hälfte des 19. Jh. zu greifen. Um 1835 existierten eine Baumwollspinnerei mit Dampfbetrieb und Gasbeleuchtung, eine Trikotfabrik, eine Zichorienfabrik mit Dampfbetrieb, eine Blumenfabrik, vier Gerbereien, darunter eine mit Dampfkraft, und eine Safranfabrik. Die Industrieansiedlungen in der zweiten Hälfte des 19. Jh. erfolgten wegen Agglomerationsvorteilen sowie wegen der Verkehrsgunst und den daraus resultierenden Nachfragepotentialen. Auch nutzbare Wasserkraft war ein Kriterium; 1869 arbeiteten in Bühl drei Ölmühlen auf der Grundlage von Wasserkraft sowie eine Wattefabrik, die nach einem Brand in den 1920er Jahren von der Landwirtschaftskammer wieder aufgebaut wurde. Eine mechanische Werkstätte und eine Dampfpflugfabrik produzierten mit Dampfkraft. Mehr als zwanzig Arbeiter beschäftigte allein die 1818 gegründete Baumwollspinnerei und Färberei Hermann Massenbach & Co. in der Schulstraße, bei der Mitte des 19. Jh. rund 300, in den 1870er Jahren aber nur noch 110 Arbeiter in Lohn und Brot standen, bevor sie der Mühlhausener Konkurrenz erlag. 1895 wies Bühl rund 600 Beschäftigte auf, vor allem in der Industriegruppe Steine und Erde, danach folgten Altschweier und Neusatz mit weniger als hundert Beschäftigten. 1925 wurden neun Fabriken mit mehr als zwanzig Arbeitern gezählt, von denen sich sieben in Bühl niedergelassen hatten und die 187 Personen beschäftigten. Die 1928 gegründete Bühler Spankorbfabrik, die später in LKS Bühler Spankorbfabrik Lörch-Kohler-Schlemmer GmbH & Co. KG umbenannt wurde, produziert Schälfuniere aus Schwarzwälder Buchenholz. Die Exportquote liegt bei 95 Prozent.

Anfang der 1980er Jahre waren 33 Industriebetriebe ansässig, die 4 056 Erwerbstätigen Arbeit boten. Die meisten Industriebetriebe (9) wirtschafteten im Bereich Holz und Papier. Weitere sieben fertigten in der Sparte Eisen und Metall, darunter auch die Firmen Robert Bosch GmbH sowie LuK Lamellen- und Kupplungsbau GmbH & Co.

Bosch fertigt seit 1964 in Bühl und Bühlertal Scheibenwischer und elektronische Kleinmotoren für die Kraftfahrzeugindustrie und errichtete von 1970 an neue Fertigungshallen im Bühler Gewerbegebiet Süd, das seit Anfang der 1970er Jahre im Waldhägenich, einem früheren Allmendland, erschlossen wurde. Dort produziert das Unternehmen, das Ende der 1980er Jahre rund 4 000 Mitarbeiter beschäftigte, Elektromotoren für Sicherheit und Komfort im Kraftfahrzeugbereich.

Seit 1965 produziert die LuK Lamellen- und Kupplungsbau GmbH & Co. Getriebesysteme im Bühler Industriegebiet Nord, das Anfang der 1960er Jahre entstanden war. Die über 1 500 Beschäftigten – das Bühler Personal hat sich gegenüber 1985 mit 800 Beschäftigten fast verdoppelt – fertigten 1998 bei einem Umsatzvolumen von 2 Mrd. DM Automobilkupplungen, Pumpen für hydraulische Anwendungen im Fahrzeug, Komponenten für stufenlose Getriebe und Wandler für Automatikgetriebe. 1998 stattete LuK weltweit jedes vierte Fahrzeug mit einer Kupplung aus. In Deutschland beschäftigte das mit einer Exportquote von 45 Prozent global operierende Unternehmen über 2800, insgesamt über 6000 Mitarbeiter. Weltweit führend ist der Zulieferer der Automobilindustrie in der Anwendung von Zweimassenschwungrädern ebenso bei Lenkhilfepumpen für Nutzfahrzeuge. 1999 entstand in den Fußmatten ein neues Werk für die Fertigung stufenloser Automatikgetriebe.

Die Firma Wolf Netter & Jacobi, aus einer 1833 gegründeten Eisengroßhandlung hervorgegangen, stieg zu einem bedeutenden Hersteller verzinnter und verbleiter Feinbleche auf und fertigte Stahl- und Eisenkonstruktionen für den Hochbau. Die Firmenverlegung 1873 ins elsässische Straßburg mußte nach dem Ersten Weltkrieg ebenso wie das dortige Blechwalzwerk aufgegeben werden. Die an der Ecke Güter- und Rheinstraße angesiedelte Firma spielte bis in die NS-Zeit eine bedeutende Rolle für den örtlichen Arbeitsmarkt. 1938 ging sie im Notverkauf an die Mannesmann-Stahlblechbau AG über, um der drohenden Arisierung zuvorzukommen. Die vormaligen Gesellschafter Ludwig Netter und Dr. Julius Seligsohn-Netter emigrierten im Sommer 1938 in die Schweiz und nach England. Wegen des geringen Anteils der Bühler Niederlassung am Gesamtumsatz schloß Mannesmann das Werk im Januar 1941.

Im Bereich Chemie und Kunststoffe ist vor allem die Lingner & Fischer GmbH, allgemein bekannt als UHU, zu nennen. 1905 ließ sich einer der Firmengründer, der oberschwäbische Apotheker August Fischer, in Bühl nieder und kaufte die chemische Fabrik Ludwig Hoerth auf, die bereits 1884 in der Postgasse die Produktion von Büroartikeln unternommen hatte. Nachdem erstmals 1932 das zum Synonym eines Klebstoffs avancierende Bindemittel hergestellt worden war, siedelte das Unternehmen 1939 auf das Gelände der seit 1881 nach ihrem Besitzer benannten Bergermühle um, die auf die alte Flossenmühle zurückgeht. 1953 wurde ein neues Fabrikgelände gebaut. 1971 ging das Familienunternehmen Fischer & Fischer als Konzerntochter an die englische Unternehmensgruppe Beecham aus Brentford über, drei Jahre später fusionierten die Düsseldorfer Lingner-Werke mit Fischer & Fischer. Die 450 Beschäftigten der 1970 gegründeten GmbH erarbeiteten 1997 einen Umsatz von 160 Mio. DM.

Weitere bedeutende Arbeitgeber waren Ende der 1990er Jahre die französische Romis SA, deren 430 Mitarbeiter (1998) vornehmlich Präzisionsprofile fertigten und einen Umsatz von 53 Mio. DM (1997) erzielten; die 1975 gegründete Lufa Aluminium GmbH setzte 430 Beschäftigte in Arbeit; die seit 1968 bestehende Firma GMT (Gummi-Metall-Technik) bot 1997 180 Arbeitsplätze und kam auf einen Umsatz von 40 Mio. DM; die 205 Angestellten (1998) der

Werk der Firma LuK in Bühl.

Kaba Gallenschütz GmbH, die als einer der größten europäischen Hersteller Drehkreuze, -sperren und -türen sowie Personenschleusen produziert, erwirtschafteten 1997 einen Umsatz von 33 Mio. DM; die Normbau B. Hesse GmbH mit 30 Mio. Umsatz (1995) und die Maurer-, Beton- und Stahlbetonarbeiten verrichtende Albert Eisenbiegler GmbH beschäftigten 1996 200 und 175 Mitarbeiter.

Bedeutendster Vertreter der Tabakindustrie war neben der in Neusatz produzierenden Firma Harter & Engelhardt, die bei einer Belegschaftsstärke von rund 40 Mitarbeitern 1923 schloß, vor allem die Firma August Schweizer, deren Inhaber sich nach Lehrjahren im Sauerland zuerst in Bühlertal niederließ, bevor er seinen Betrieb 1916 in Bühl ansiedelte. Anfänglich mit der Zigarrenfabrikation operierend, gelang es der Firma mit der Produktion von Stumpen, überregionale Kundenkreise zu erschließen und mit »Schweizer's Stumpen« eine eingeführte Marke am Markt zu plazieren. Anfang der 1930er Jahre beschäftigte die Fabrik 170 Arbeitnehmer, weswegen ein Fabrikneubau notwendig wurde. Schweizer setzte bei der Produktion eine von ihm konzipierte Entstaubungsanlage ein. In der NS-Zeit wurden Wikkelmaschinen für die Zigarrenherstellung vernichtet und so die zuvor erfolgte Rationalisierung wieder rückgängig gemacht. Diese Maschinenstürmerei schuf aber nur kurzfristig Arbeitsplätze; Mitte der 1930er Jahre zählte der Betrieb 450 bis 600 Beschäftigte, in der Hauptsache Frauen, da das Wickeln der Tabakblätter als Frauenarbeit galt, die in der Fabrik oder in Heimarbeit geleistet wurde. August Schweizer avancierte als Repräsentant der badischen Stumpenfabrikation in den Arbeitsausschuß des Reichsverbands deutscher Zigarrenhersteller. In den 1960er Jahren jedoch sank die Zigarrenproduktion in die Bedeutungslosigkeit.

Handel und Dienstleistungen. – 1813 beherbergte Bühl 24 Kaufleute, acht Mehl-, fünf Kleider- und drei Eisenhändler. 1835 wurden 31 Kauf- und Handelsleute gezählt. Ein für Bühl bedeutendes Handelszentrum waren die Märkte, allen voran der Wochenmarkt, der Mitte des 19. Jh. als der größte im Großherzogtum galt und einem kleinen Jahrmarkt entsprach. Er bot für den Verkauf von Agrarerzeugnissen und gewerblichen Produkten beste Voraussetzungen. Der Kundenkreis erstreckte sich auf die nähere Umgebung, aber auch aus Rastatt, Karlsruhe und Baden-Baden kamen Käufer. Aus der Thermenstadt versahen sich die dortigen Gastronomen nahezu ausschließlich auf dem Bühler Wochenmarkt mit Lebensmitteln.

Hauptstelle der Sparkasse Bühl.

Nach Aufhebung des Zunftzwangs und Verkündung der Gewerbefreiheit 1862 wurde die Handelsgenossenschaft für die Stadt Bühl und ihre Umgebung ins Leben gerufen, die aus dem 1825 gegründeten Handlungsverein der alten Bühler Krämer- und Handelszunft von 1720 hervorgegangen war. 1880 gründeten 43 Kaufleute und 55 Handwerksmeister einen Handels- und Gewerbeverein als Interessenvertretung, der sich der Aus- und Fortbildung verschrieben hatte. Vier Jahre nach der Gründung vermochte er auf einer Leistungsschau sein Potential und die Leistungsfähigkeit des Bühler Handels und Handwerks zu dokumentieren. Im Jahr des 25jährigen Jubiläums 1905 wurde eine große Ausstellung der drei Bezirke Achern, Baden und Bühl im Stadtgarten abgehalten, die auch vom Großherzogspaar besucht wurde. Regionale Leistungsschauen wurden mit staatlicher Unterstützung ebenso auf dem Gebiet der Agrarwirtschaft ausgerichtet, namentlich Sonderkulturen eigneten sich für Ausstellungen, galt doch Bühl als ein Zentrum des Weinhandels in Baden. Bereits 1872 wurde ein Weinmarkt abgehalten, dessen Tradition 1877 wieder einschlief, 1906 aber wiederbelebt wurde. Ab 1931 wurde er zum Wein- und Edelbranntweinmarkt erweitert. In den 1950er Jahren vermochte sich der Bühler Weinmarkt gegen die bedeutenden Müllheimer und Offenburger Messen zu behaupten. Auch Obstausstellungen wurden seit 1843 regelmäßig veranstaltet. Der Obstmarkt fand traditionell an Laurentius (10. August) statt, was in der Weimarer Zeit zu Terminkollisionen mit dem Verfassungstag am 11. August führte. Regen Zulaufs erfreute sich auch der Hanf- und Flachsmarkt, der sich von allen badischen Hanfmärkten am längsten hielt.

Im Bereich Handel, Versicherung und Verkehr wurden 1895 147 Unternehmen gezählt. Der Großteil entfiel auf die Stadt Bühl mit ihren 120 Firmen und Geschäften sowie den 273 dort Arbeitenden, während in den Landgemeinden Altschweier, Balzhofen, Oberweier und Vimbuch ausschließlich Einpersonenbetriebe ansässig waren. Von den 170 selbständigen Kaufleuten 1925 verbuchte Bühl mit 129 drei Viertel. Unter den 237 Handelsbetrieben der 1980er Jahre befanden sich 44 Groß- und 177 Einzelbetriebe. Dort fanden 1182 Beschäftigte Arbeit. 1997 wurden 204 freiberufliche Unternehmen gezählt, darunter befanden sich 42 Architekten, 39 Rechtsanwälte und 14 Steuerberater.

Die Buchdruckerei Unitas war einer der bedeutendsten Bühler Dienstleistungsbetriebe. Der 1898 gegründete katholische Verlag, ein Produkt des Kulturkampfs, war im katholischen Milieu tief verwurzelt, wo seine Produkte – von Schreibwaren bis zu Druckerzeugnissen – Absatz fanden. Die Unitas ging aus dem von katholischen Vereinen und dem Männergesangverein Harmonie 1897 gegründeten »Vereinshaus zum Hirsch GmbH« hervor und fand ihre Heimstätte in dem zwei Jahre später offiziell eröffneten Friedrichsbau, dem zentralen Versammlungsort der katholischen Vereine. Initiator war der seit 1916 in Bühl investierte Pfarrer Wilhelm Roeckel, der 1926 zum Dekan des Landkapitels Ottersweier bestellt wurde. Roeckel, seit 1909 Landtagsabgeordneter, erwarb 1893 den Acherboten und machte aus ihm ein entschiedenes Zentrumsorgan. 1898 verbanden sich Vereinshaus GmbH und Acherbote zur Unitas, im Jahr danach entstand der Acher- und Bühler Bote. Zu Beginn des 20. Jh. gab Roeckel in Bühl das Christliche Familienblatt heraus, eine Beilage diverser Zentrumszeitungen. In der Endphase der Weimarer Republik lebte die kulturkämpferische Wurzel in der Auseinandersetzung mit der aufkommenden NSDAP wieder auf. Bezeichnenderweise 1936, im Todesjahr Roeckels, wurde der Acher- und Bühler Bote mit zwei weiteren Tageszeitungen zum Mittelbadischen Boten zusammengeschlossen, nachdem das Christliche Familienblatt 1935 erst unter die Zensur der Gestapo geraten und dann verboten worden war. Die Unitas geriet in wirtschaftliche Turbulenzen, an deren Ende der Verkauf des Friedrichbaus und Acherner Druckhauses sowie die Umwandlung in die Firma Lorenz Discher & Cie. stand, woraus in der Nachkriegszeit der Mittelbadische Zeitungsverlag hervorging. Der Acher- und Bühler Bote erschien 1949 wieder, mittlerweile als Lokalausgabe der Karlsruher Badischen Neuesten Nachrichten. Der Friedrichsbau fungierte in bundesrepublikanischer Zeit als Stadthalle, ehe er nach einer umfassenden Sanierung 1992 wieder seinen alten Namen erhielt. Von dem einstigen Misch-Unternehmen Unitas überlebte nur die Schreibwaren- sowie Buch- und Kunsthandlung.

Ein weiteres Unternehmen dieser Branche ist die Konkordia GmbH für Druck und Verlag, die 1881 als genossenschaftlich verfaßtes Unternehmen der badischen Lehrerschaft gegründet wurde. Sie ging zurück auf eine Initiative des Hauptlehrer Gottfried Dühmig, der die aus dem Unternehmen fließenden Erträge dem auch von ihm gegründeten Pestalozziverein zukommen lassen wollte. 1884 erschien die erste Ausgabe des Badischen Lehrerkalenders. 1929 fielen die Setzerei, das Warenlager und ein Teil der Druckerei einem Großbrand zum Opfer. 1933 mußte der Badische Lehrerverein seine Aktionärsmehrheit an den Nationalsozialistischen Lehrerbund abtreten. Nach dem Zweiten Weltkrieg wurde das Unternehmen bis 1956 unter Zwangsverwaltung gestellt und geriet in wirtschaftliche Turbulenzen. 1964 erwarb die in Hannover ansässige Hermann Schroedel Verlag KG die Aktienmehrheit an der Bühler Firma, die sich fortan in ein Druckhaus, einen Verlag und eine Buchhandlung gliederte. Neben ihrem traditionellen Standbein, der Schul- und Jugendbuchproduktion, erwirbt die Konkordia Akzidenzen, Bücher und Broschüren. Die Mitarbeiterzahl stieg von 20 (1900) auf 133 (1997); davon arbeiteten 125 Angestellte im Druck, der Rest im Verlag. Der Umsatz der Druck GmbH betrug Ende der 1990er Jahre 20 Mio. DM, die Verlags GmbH erreichte davon ein Viertel.

Mitte der 1830er Jahre beherbergte Bühl 21 Gaststätten und sieben Brauereien. Ende des 19. Jh. bestanden – bezogen auf den Gebietsstand der Kommunalreform – 63 gastronomische Betriebe mit 218 Beschäftigten, von denen allein die Stadt Bühl jeweils knapp die Hälfte stellte. Im 19. Jh. wurden die Gasthöfe Hotel Burg Windeck und Einsiedelhof (beide 1834), Hanauer Hof (1842), Burg Windeck (1850), zur Grünen Bettlad (1876), Traube (1880) und Blume (1898) eröffnet. Existierten zu Beginn des 20. Jh. vier Fünftel der 20 Gasthäuser in Bühl selbst, so gab es 1997 98 gastronomische Betriebe, davon allein 59 in der Kernstadt mit Kappelwindeck.

Der Fremdenverkehr fußt im Rebland der Vorbergzone und an der 1930 als Panoramastraße gebauten Schwarzwaldhochstraße. 1977/78 wies Bühl 92 320 Übernachtungen auf. 2000 verzeichnete die Gemeinde 50 758 Ankünfte (1996: 54 900) bzw. 115 345 Übernachtungen (152 113) bei einer Kapazität von 1 105 Betten (1 144). Dabei erzielte die Kernstadt 1996 mehr Ankünfte (55%) und Übernachtungen (38,9%) als die Schwarzwaldhochstraße (24,9 bzw. 30,7%). Die durchschnittliche Aufenthaltsdauer der Besucher lag bei 2,8 Tagen (2000 2,3).

Die Weganlagen und Markierungen des Schwarzwaldvereins sorgten bereits Ende des 19. Jh. für einen Zustrom von – zumeist großbürgerlichen – Sommerfrischlern. Weit über die Grenzen hinaus bekannt wurden die drei großen Kurhäuser und Hotels auf der Bühler Waldgemarkung. Das Kurhaus Sand, in dem auch Angehörige des europäischen Hochadels abstiegen, vom badischen Großherzog über Kaiserin Elisabeth von Österreich bis zu Königin Wilhelmine der Niederlande, ging in der Zwischenkriegszeit an Friedrich Huse über, einen Weggefährten der Initiatorin der Bühlerhöhe. Nach dessen Tod Mitte der 1950er Jahre übernahm es die Familie Max Wiedemanns.

Die Bühlerhöhe

Das Schloß Bühlerhöhe war eine Schöpfung Hertha Isenbarts, der Witwe eines preußischen Generalmajors, die 1911 auf einem 15 (ursprünglich 38) ha großen Areal ein Offiziersgenesungsheim errichten lassen wollte. Der örtliche Bürgerausschuß stimmte dem Vorhaben unter der Bedingung zu, daß der Name des Baus die Zugehörigkeit zu Bühl dokumentiere und Bühler Firmen bei den Bauarbeiten berücksichtigt würden. So entstand nach den Plänen des Düsseldorfer Architekten Wilhelm Kreis, der auch den Bau des Leipziger Völkerschlacht-Denkmals plante, ein Kurhaus im Stil des Dresdner Barocks mit Sanatorium, das 1913 als klinische Anstalt für innere und Nervenkrankheiten eröffnet wurde. Im Ersten Weltkrieg wurde aus dem Sanatorium ein Reservelazarett für Offiziere, das Kurhotel blieb ungenutzt. Danach nahmen Kurhaus und Sanatorium ihren Dienst auf. Zuerst beförderten die Omnibusse eines Transportunternehmers der Benzwerke Gaggenau die Kurgäste zur Bühlerhöhe, 1922 richtete die Karlsruher Oberpostdirektion eine Kraftpostlinie zwischen Bühl und den Höhenkurorten ein. Die Bühlerhöhe avancierte zu einem Treffpunkt der nationalen und internationalen Prominenz aus Politik, Wirtschaft und Kultur. Konrad Adenauer (1932/33 und nach 1945) suchte dort vor allem während seiner Kanzlerschaft Erholung. Dabei setzte er sich zusammen mit dem Herrenwieser Pfarrer Rudolf Hemberger beim Freiburger Erzbischof Hermann Seiterich für den Bau der Maria-Frieden-Kapelle ein, die auch als Adenauer-Kapelle bezeichnet wird. Gustav Stresemann und Heinrich Brüning weilten ebenso auf der Bühlerhöhe wie Gustav Gründgens und Martin Heidegger, die dort Vorträge aus ihren Disziplinen hielten. Im Zweiten Weltkrieg wurden beide Häuser als Lazarett benutzt. Nach einem Intermezzo als Stabsquartier der französischen Besatzungsarmee wurde der Kur- und Kulturbetrieb bis 1981 wieder aufgenommen, erneut mit prominenten Gästen; danach bewirkten mehrfache Besitzerwechsel einen Niedergang. 1986 ging die Anlage samt Hotel Plättig im Wege der Zwangsversteigerung an die Max-Grundig-Stiftung. 1988 wurde das Kurhaus als Luxushotel der internationalen Spitzenklasse mit einer ebenso angesehenen Küche wiedereröffnet. Die Hotelbetriebe Bühlerhöhe GmbH & Co. KG boten 1995 230 Beschäftigten Arbeit und erzielten 1994 einen Umsatz von 20 Mio. DM.

Schloßhotel Bühlerhöhe.

1898 gründete Christian Wenk das Luftkurhaus Bärenstein (im Volksmund Bernstein), das bis zum Ersten Weltkrieg ein Hotel war. Nach 1914 wurde es als Friedrich-Hilda-Heim ein weiteres Sanatorium auf der Bühler Waldgemarkung geführt. Das Kaufmannserholungsheim wurde im Zweiten Weltkrieg stark in Mitleidenschaft gezogen, danach aber großzügig wiederhergestellt.

Als erstes Kreditinstitut wurde 1854 die Bezirkssparkasse Bühl ins Leben gerufen, die 1979 ihr 125jähriges Jubiläum feierte. Drei Jahre zuvor hatte sie einen Neubau erhalten. 1869 entstand die Volksbank in Bühl. Um die Jahrhundertwende siedelten sich Geldinstitute auch in den Landgemeinden an: die Spar- und Kreditbank in Eisental (1899) und die Raiffeisenbank in Altschweier (1904). In der Nachkriegszeit eröffneten die Deutsche Bank (1969) und die Dresdner Bank (1978) Zweigstellen in Bühl.

Verkehr. – Bühl profitiert sowohl auf der Straße wie auf der Schiene von dem in nordsüdlicher Richtung verlaufenden Hauptverkehrsfluß. Auf dieser Route verlief in großherzoglicher Zeit die Staatsstraße, die infolge des Eisenbahnbaus vorübergehend zurückgestuft wurde. Die Zahl der täglich passierenden Fuhrwerke stieg von 59 (1850) auf 113 (1860); 1868 waren es bereits 137 Wagen. Quer zur Nord-Süd-Achse bestand die Landstraße Nr. 128 von Bühl nach Greffern, die weniger, aber doch zunehmend frequentiert wurde. Dort stieg die Zahl der Fuhrwerke von 69 (1853/67) auf 89 (1868/73). Die Bühlertalstraße führte als Landstraße Nummer 282 nach Freudenstadt. Einen wesentlichen Aufschwung erlebte der Durchgangsverkehr durch den Automobilverkehr. Das Autobahnbahnprojekt HAFRABA wurde während des Zweiten Weltkriegs bis nach Baden-Baden (1942) realisiert, aber erst in der Nachkriegszeit, zwischen 1955 und 1962, vollendet. Bühl wurde 1958 angeschlossen. Als europäische Fernstraße konzipiert, durchschritt die Autobahn 5 die Gemarkungen von Weitenung, Oberbruch und Balzhofen, während der Regionalverkehr über die alte Staats- bzw. Landstraße, jetzt Bundesstraße (B3), weiterhin durch Eisental, Altschweier und Bühl geleitet wurde. Die B3 stellt eine der am dichtesten befahrenen Bundesstraßen überhaupt dar. Im äußersten Osten der Gemarkung tangiert die B500, die Schwarzwaldhochstraße von Baden-Baden nach Freudenstadt, die Gemarkung. 1925 wurden erste Streckenabschnitte der Schwarzwaldhochstraße von Plättig über Sand nach Hundseck und die Zufahrt von Bühl nach Sand gebaut, 1926 auf dem Sand am Schnittpunkt mehrerer Linien eine Kraftwagenhalle und ein Postamt errichtet. 1953 wurde die Strecke von Sand bis Unterstmatt verbreitert und modernisiert. In westöstlicher Richtung durchlaufen folgende Landstraßen das Gebiet der Großen Kreisstadt: Die L85 verläuft von Greffern nach Bühl auf der Grundlage der alten Landstraße 128. Sie geht zwischen Vimbuch und Altschweier als L85b in die alte Bühlertal- oder Sandstraße über, die mittlerweile L83 heißt und zur Schwarzwaldhochstraße führt. Sie wird von der als Verkehrsspange südöstlich von Bühl über den Buchkopf nach Neusatzeck verlaufenden L83a mit der B3 verbunden. Die L84a verknüpft Altschweier mit Eisental und stellt einen Anschluß an die B3 im Norden her; die L84b verläßt nordöstlich von Eisental die Gemeindegemarkung. Innerorts vermeidet die 1970 geschaffene Bahnunterführung Verkehrsstockungen. Eine Reihe von Kreisstraßen verdichten das Bühler Verkehrsnetz. Dadurch stieg der Anteil der Verkehrsfläche, die sich von 393 auf 436 ha erhöhte, von 5,4 Prozent (1979) auf 6 Prozent (1989). Bühl übertraf damit deutlich das Kreismittel von 4,5 Prozent (1985).

Der Eisenbahnanschluß auf dem am 1. Juni 1844 fertiggestellten, 40 km langen Abschnitt zwischen Oos und Offenburg förderte den Bühler Handel und Wandel. Neben den Gewerbebetrieben profitierten auch die Agrarproduzenten von dem neuen Verkehrsmittel, das erst einen expandierenden Handel mit Sonderkulturen, vor allem den Bühler Frühzwetschgen, ermöglichte. Gegenüber den Pferdefuhrwerken verschaffte der Eisenbahntransport dem Handel einen Wettbewerbsvorteil durch eine Verbilligung der Frachtkosten um 80 und mehr Prozent und förderte damit neue Industrieansiedlungen. So folgte der Industrialisierungsprozeß den Eisenbahnschienen, wiewohl in Bühl nicht ganz in dem Maße wie in anderen Landesteilen. 1957 wurde der Streckenabschnitt zwischen Rastatt und Achern elektrifiziert. Als Ost-West-Tangente war am 7. Januar 1892 die Strecke von Bühl nach Kehl in Anwesenheit Großherzog Friedrichs I. freigegeben worden; die von einer Straßburger Straßenbahngesellschaft gebaute Linie verband den Bühler Raum via Straßburg mit dem Reichsland Elsaß-Lothringen, wovon vor allem der Vertrieb der Sonderkulturprodukte, aber auch Firmen wie Wolf Netter & Jacobi profitierten. Die Streckenführung lief über Schwarzach und tangierte die Gemeinden Vimbuch, Balzhofen, Oberbruch und Moos, die allesamt einen Bahnhof erhielten. Nach zweijähriger Bauzeit wurde am 26. Januar 1897 die Strecke in östlicher Richtung nach Bühlertal verlängert, nicht zuletzt um die dortige Industrie und Sägewerke an das Schienennetz anzubinden. Die Linie verlief von Bühl über Kappelwindeck und Altschweier. 1956 wurde der Personenverkehr, ein Jahr später der Gütertransport auf der Strecke stillgelegt, nachdem das Automobil dem Schienenverkehr den Rang abgelaufen hatte. Diese Entwicklung hatte bereits mit dem Einsatz der Reichspost-Omnibusse 1925 begonnen und setzte sich mit der Individualmotorisierung in der Nachkriegszeit vollends durch.

Gemeinde und Gemarkung. – Mit dem Ende des Alten Reiches 1803/06 wurde der Großteil der zuvor badischen Gemeinden um Bühl und die Dörfer des Klosterstabs Schwarzach dem Amt Bühl zugeschlagen. Balzhofen, Moos und Vimbuch gehörten übergangsweise zum Amt Schwarzach, das 1805 zusammen mit dem Bühler Amt das Oberamt Yburg bildete. 1819 wurde das Amt Schwarzach aufgelöst – die drei Gemeinden fielen an das Bühler Bezirksamt (seit 1813); im selben Jahr kamen nach kurzer Zugehörigkeit zum Amt Steinbach auch Eisental und Weitenung hinzu. Im Zuge der Gemeindeordnung von 1831 erhielt der Marktflecken Bühl 1835 Stadtrechte. Die Gemeindeordnung schrieb die Einrichtung eines Gemeinderats vor und verfestigte damit ein Stück Selbstverwaltung, die Bestätigung des direkt gewählten Bürgermeisters durch das Bezirksamt war aber auch weiterhin erforderlich. Größere kommunale Selbständigkeit bescherte schließlich die Abschaffung der Bürgermeisterbestätigung und des als Kontrollorgan gedachten kleinen Bürgerausschusses (1870). In nationalsozialistischer Zeit kam es zu ersten Veränderungen der Verwaltungszugehörigkeiten. 1934 wurde Kappelwindeck nach Bühl und 1936 Waldmatt nach Neusatz eingemeindet; diese Eingliederung, der man in Waldmatt ablehnend gegenübergestanden hatte, war bereits zu Beginn der Weimarer Republik erörtert worden. 1939 wurde aus dem Bezirksamt der Landkreis Bühl. Die Deutsche Gemeindeordnung vom 30. Januar 1935 richtete das zentralistische und autoritäre Führerprinzip auf und machte der kommunalen Selbstverwaltung ein Ende. Der Gedanke der gemeindlichen Eigenverwaltung lebte erst in der Nachkriegszeit wieder auf, gefördert von der (süd-)badischen Landesregierung, die sich in der Wiederbelebung badischer Traditionen engagierte.

Den tiefsten Einschnitt in der Verwaltungsgeschichte des 19. und 20. Jh. bedeutete die Kommunalreform. Aus neun bisher selbständigen Gemeinden wurden Bühler Stadtteile: 1971 kamen Neusatz und Oberweier zu Bühl, ein Jahr später folgten Balzhofen, Eisental und Oberbruch. 1973 schlossen sich Altschweier, Moos, Vimbuch und Weitenung an. Im selben Jahr wurde der Landkreis Bühl aufgelöst, und die Stadt verlor ihre althergebrachte zentralörtliche Stellung. Dieser Bedeutungsverlust wurde durch die Erhebung zur Großen Kreisstadt des neu verfaßten Landkreises Rastatt aufgewogen, in dem Bühl die Funktion einer unteren Verwaltungsbehörde zukommt. 1975 schlossen sich Bühl und Ottersweier zu einer vereinbarten Verwaltungsgemeinschaft zusammen, wobei Bühl erfüllende Gemeinde wurde. Als eine der ersten Kreisgemeinden füllte Weitenung den Gedanken der europäischen Einigung mit Leben und unterhält seit den 1960er Jahren eine Partner-

C. Die Stadt vom 19. bis ins 21. Jahrhundert

Amts- und Kreisstadt Bühl, Denkmal am Rathaus I in Bühl.

schaft mit dem österreichischen Mattsee. 1987 schloß die Stadt Bühl eine Partnerschaft mit Villefranche-sur-Saône im Département Rhône; drei Jahre später ging sie eine humanitär motivierte Partnerschaft mit der Region Kalarasch in Moldawien ein, 1991 kam die Verbindung mit dem sächsischen Schkeuditz dazu.

Ende der 1990er Jahre waren zwei Sanierungsmaßnahmen, eine im Hänferdorf und eine im Bereich Hindenburgstraße/Bahnhof, im Gange. Die Sanierung des alten Stadtkerns war 1997 abgeschlossen. Seit den 1980er Jahren wurden Dorfentwicklungsprogramme in nahezu allen Ortsteilen umgesetzt, die vornehmlich der Verschönerung zentraler Plätze galten. Zuerst wurde 1981 in Neusatz der Dorfplatz instandgesetzt; 1994 fand die Sanierung der Weitenunger Ortsmitte statt.

Die Gemarkung Bühls hat sich, bezogen auf den Gebietsstand der Gebietsreform, geringfügig vergrößert. 1925 umfaßte die Gemarkung eine Fläche von 7317 ha, 2000 7321 ha; Bühl ist damit auch der Fläche nach die drittgrößte Gemeinde im Landkreis.

Versorgung und Entsorgung. – Wasserleitungen wurden in Bühl erstmals von 1902 bis 1904 angelegt und seither sukzessive erweitert. 1956 wurde eine Gruppenwasserversorgung Bühler-Tal gegründet, später eine Kläranlage errichtet, die zu 51 Prozent von der Stadt Bühl getragen wurde. Die Wassergewinnung wurde von 2427000 m^3 (1975) auf 2612000 m^3 (1983) erhöht, nicht zuletzt aufgrund des gestiegenen spezifischen Wasserbedarfs der Bevölkerung, der von 200 auf 241 Liter pro Tag und Einwohner zunahm und damit das Landesmittel von 225 Liter (1983) übertraf. Da mehr Wasser gewonnen als benötigt wurde, lag der Eigenversorgungsgrad Bühl im angegebenen Zeitraum stets über 100 Prozent und schwankte zwischen 122 und 118 Prozent nur minimal. Die Grundwassergewinnung stellte dabei den überwiegenden Teil und erhöhte sich absolut von 1890000 m^3 auf 2014000 m^3, fiel aber relativ von 77,9 auf 77,1 Prozent zurück. Demgegenüber nahm die Quellwasserversorgung absolut und prozentual von 537000 m^3 (22,1%) auf 598000 m^3 (22,9%) zu. Vom Wasserbedarf des Jahres 1983 (1978000 m^3) wurden mehr als zwei Drittel (1364000 m^3) von privaten Haushalten und 8,1 Prozent (161000 m^3) öffentlich verbraucht. 157000 m^3 (7,9%) wurden an die Industrie abgegeben und 296000 m^3 (15%) waren Wasserverluste. Die Gasversorgung lag nach dem Bau des Gaswerks 1887 von 1903 bis 1927 in städtischer Hand, danach bei einer Genossenschaft. Die Elektrizität wurde 1920 in kommunaler Regie eingeführt. Von 1957 bis 1980 investierte die Stadt 11,7 Mio. DM in die Stromversorgung.

Die Kanalisation war bereits vor dem Ersten Weltkrieg projektiert, wurde aber erst 1934 realisiert. In den 1950er Jahren waren die Bühler Haushalte zu 95 Prozent an das Kanalisationsnetz angeschlossen, während in den Landgemeinden wie Kappelwindeck (3%) nur ein Bruchteil der Häuser an der öffentlichen Entsorgung teilhatte. Durch die kommunale Neugliederung glichen sich die unterschiedlichen Ausgangswerte auf einem mittleren Anschlußgrad von 77,4 Prozent (1975) an. 1983 waren die Bühler Haushalte zu 82,2 Prozent an die kommunale Kläranlage angeschlossen.

Die Gesundheitsversorgung war im 19.Jh. im städtischen Bühl bedeutend besser als in den umliegenden Landgemeinden. Hier praktizierten 1813 zwei Chirurgen, ein Apotheker und ein Physikus. 1855 waren im Bühler Bezirksamt fünf Ärzte und ein Chirurg tätig, daneben bestanden drei Apotheken. Das alte Spital hinter der alten Volksschule (Rathaus II) diente bis 1851 zur Pflege kranker und gebrechlicher Ortsarmer, wies aber lediglich zwei Krankenzimmer auf. Ein Umzug an die Rheinstraße 1865 sollte dem Bevölkerungswachstum Rechnung tragen. Begünstigt durch die Stiftung des Pfarrers Franz Anton Herrmann, nach dem der gleichnamige Fonds benannt wurde, konnte 1881 ein neues Spital an der Ecke Herrmann- und Bühlerstraße auf der sogenannten Hessenbach errichtet werden, das 85 Jahre lang der Krankenpflege diente. Seit 1866 leisteten Barmherzige Schwestern vom heiligen Kreuz aus dem schweizerischen Ingenbohl und dem Mutterhaus in Hegne karitativen Dienst in dem Kranken-, Pfründner- und Waisenhaus. 1966, während des Neubaus des Kreiskrankenhauses, wandelte man das Herrmannsche Spital in eine Seniorenbegegnungsstätte, das Erich-Burger-Heim, um. Das neue Krankenhaus mit zwei Personalwohnheimen wurde von der Stadt Bühl gebaut und 1967 als Kreiskrankenhaus in die Trägerschaft des Landkreises Bühl, sieben Jahre später in die des Landkreises Rastatt überführt. Die Plankapazität umfaßte 1989 wie 1997 221 Betten; 34 Ärzte und rund 370 Beschäftigte setzten sich zu dieser Zeit in fünf Abteilungen für das Wohl der Patienten ein. Freiberuflich praktizierten 1997 66 Ärzte in Bühl, darunter 17 Zahnärzte. Daneben bestanden 1997 die Fachklinik Berghof, ein Rehabilitationszentrum für psychosomatische Medizin mit 60 Betten, in dem fünf Ärzte und 30 Mitarbeiter beschäftigt waren, und die Max-Grundig-Klinik Bühlerhöhe GmbH mit einer Inneren Abteilung und 95 Betten. Hier arbeiteten neun Ärzte und 70 Bedienstete. 14 Massagepraxen und Krankengymnastikeinrichtungen, acht Apotheken, davon sechs in der Kernstadt, sechs Psychologische Beratungsstellen, drei Heilpraktiker, zwei Krankenpfleger und eine Hebamme komplettierten die Gesundheitsversorgung.

Die soziale Versorgung war im städtischen Bühl gleichfalls stärker ausgeprägt als in den Dörfern, wo karitative Hilfe von den Familien selbst geleistet wurde und institutionell nur von der Kirche erbracht werden konnte. Mitte der 1840er Jahre führten Ernteausfälle und eine Verteuerung der Lebensmittel zu sozialen Mißständen. Zur Linderung der Not richteten vorrangig die Zünfte eine Armenspeisung, die sogenannte Suppenanstalt, ein, die Bedürftige, Kranke und reisende Gesellen versorgte. Nach anfänglichem Zögern ließ der Gemeinderat zudem Saatgut verteilen, um den Ernährungsnotstand einerseits und den um sich greifenden Bettel andererseits zu bekämpfen. Die Bürgervertreter wollten damit auch eine weitere Pauperisierung im Zusammenhang mit einer steigenden Zahl von Bedürftigen und Unterstützungspflichtigen innerhalb der Einwohnerschaft verhindern. Gerade unterprivilegierte und nichtvermögende Bevölkerungsschichten waren durch den Preisauftrieb nicht mehr in der Lage, ihren Lebensunterhalt selbst zu bestreiten.

Caritative Einrichtungen waren im katholischen Milieu, das bis in die Zeit nach dem Zweiten Weltkrieg prägend wirkte, kirchlich institutionalisiert. In Bühl rief in der zweiten Hälfte des 19. Jh. der Hauptlehrer Gottfried Dühmig einen Pestalozziverein ins Leben, ein Witwen- und Waisenstift zur Versorgung der Nachkommen verstorbener Pädagogen, das er mit den Überschüssen des Konkordia-Verlags und -Druckhauses finanzierte. 1910 leisteten Kreuzschwestern aus dem Provinzhaus Hegne Dienst im städtischen Spital. 1939 bildeten die örtliche Caritas ein Schwesternhaus (Krankenverein) für Hauskrankenpflege sowie eine Männer-Vinzentius-Konferenz und eine Frauen-Vinzentius-Konferenz. 1975 arbeiteten Schwestern aus Hegne und weltliche Kräfte in der Krankenpflege der mit einer Kapelle ausgestatteten Sozialstation St. Elisabeth, die vom Caritasverband getragen wird. In Eisental und Kappelwindeck existierte zu Beginn des 20. Jh. zwar ein Haus der St. Franziskusschwestern aus dem Mutterhaus Gengenbach für die Krankenpflege, die aber im Unterschied zu Bühl nicht in einem Spital, sondern zuhause erbracht wurde. Hauskrankenpflege leisteten in Altschweier und Vimbuch Kreuzschwestern aus Hegne, deren Schwesternhaus aus der Gemeindekasse bzw. mittels eines Krankenvereins finanziert wurde. 1939 wie 1975 bestand in Eisental wie in Kappelwindeck ein Caritasverein St. Elisabeth. Mitte der 1970er Jahre hielt die Stadt Bühl für ihre älteren Bewohner eine Altentagesstätte und ein katholisches Altenheim für Pfarrhaushälterinnen und pensionierte Pfarrer bereit. 1999 bestanden vier Alten- und Pflegeheime: das vom Caritasverband getragene Veronikaheim mit Kapelle und zwölf Plätzen, das Erich-Burger-Heim mit 114 Plätzen und das Schwarzwaldwohnstift mit 22 Plätzen, alle drei in der Kernstadt, sowie das Josef-Bäder-Haus in Neusatz mit 15 Plät-

C. Die Stadt vom 19. bis ins 21. Jahrhundert
469

zen, das vom Mutterhaus der Dominikanerinnen in Neusatzeck unterhalten wird.

Angeregt durch den wirksamen Brandschutz des Durlacher Pompiercorps, dessen Löscheinsatz beim Karlsruher Theaterbrand im Februar 1847 Vorbildfunktion erlangt hatte, und ausgelöst durch einen Brand in der Bühlertalstraße im Jahr 1857, entstand 1859 in Bühl eine Feuerwehr, für die sich damals 107 Freiwillige meldeten. Die Bühler Brandwehr ist damit eine der ältesten im Kreisgebiet. Vorläufer der Freiwilligen Feuerwehren waren die Löschmannschaften, bei denen die Einwohner zur Brandbekämpfung eingeteilt wurden; sie existierten in Moos (1825) und Weitenung, wo diese sich bei einer Feuerschau 1845 präsentierten. 1852 rief man in Altschweier ein Brandcorps ins Leben, aus dem 1924 die Freiwillige Feuerwehr hervorging. 1902 wurde die gemeinsame Feuerwehr der Gemeinden Unzhurst und Oberwasser gegründet. In Kappelwindeck wurde 1922 eine 120 Mann starke Feuerwehr aus der Taufe gehoben, die 1934 im Zuge der Eingemeindung Kappelwindecks mit ihren 85 Wehrleuten als Löschzug 5 in der Bühler Brandwehr aufging. In der Weimarer Zeit wurden Freiwillige Feuerwehren in Weitenung (1921) und Eisental (1924) aus der Taufe gehoben. In Bühl wurden seit 1924 traditionell am 11. August, dem Weimarer Verfassungstag, verdiente Brandwehrleute ausgezeichnet. Im Zweiten Weltkrieg wurde wegen der Wehrmachtseinberufungen eine Frauenfeuerwehr gebildet. Als Folge des Reichsfeuerlöschgesetzes von 1938 wurden im selben Jahr in Neusatz, 1942 in Moos, Oberbruch und Vimbuch sowie 1943 in Balzhofen Feuerwehren einberufen, um der Wirkung von Brandbomben entgegentreten zu können. Als Spätfolge dieses Gesetzes ist die Gründung in Oberweier 1946 zu deuten. 1997 gliederte sich die Freiwillige Feuerwehr in der Kernstadt und den Ortsteilen in zehn Abteilungen. Insgesamt 305 Aktive stehen zur Brandbekämpfung bereit. Die Kernstadt stellt mit vier Löschzügen und 63 Wehrleuten die stärkste Abteilung.

Neben vielen kleineren Feuern stellten vor allem drei Großbrände Feuerproben für die Bühler Brandwehr dar: der 15. Februar 1929 mit dem Brand des Konkordia-Verlags, bei dem die Setzerei, das Warenlager und ein Teil der Druckerei in Schutt und Asche fielen, der 27. Juni 1930, als die Ski- und Eisfabrik Schick bis auf die Grundmauern niederbrannte, sowie der 23. Februar 1977, als die Produktions- und Lagerhallen der Fensterbau-Firma Fütter im Industriegebiet Süd vollständig dem Feuer zum Opfer fielen. Durch diesen Brand, der einen Sachschaden von über 10 Mio. DM hervorrief, verloren 145 Beschäftigte ihren Arbeitsplatz. Das Hochwasser 1947 stellte die Löschzüge ebenfalls vor eine große Herausforderung.

Kirchen und Religionsgemeinschaften. – Das von der Zugehörigkeit zur Markgrafschaft Baden-Baden herrührende katholische Bekenntnis blieb für Bühl bis ins 20. Jh. prägend, allerdings sind auch hier Unterschiede zwischen der Stadt und den Landgemeinden festzustellen. 1825 lag der Katholikenanteil in allen Kommunen um Bühl bei 100 Prozent, in Vimbuch bei 98,8 Prozent, in der Stadt selbst aber nur bei 90,3 Prozent. Wegen ihrer Funktion als Amtssitz beherbergte die Stadt zehn Evangelische (0,4%); deren Anteil nahm im Lauf des 19. Jh. zu, so daß 1895 302 Protestanten 9,9 Prozent der Einwohner stellten. In der ersten Hälfte des 20. Jh. gab es in der Stadt noch einige Altkatholiken; ihre Zahl schwankte zwischen zwei und neun.

Die althergebrachte Konstellation änderte sich erst mit dem Zuzug von protestantischen Vertriebenen. 1950 lag deren Anteil mit Ausnahme von Oberweier und Weitenung in keinem Ort unter fünf Prozent, in Altschweier (11,6%) und Bühl (13,4%) war er sogar zweistellig. Auf den heutigen Gebietsstand bezogen, bekannte sich jeder zehnte Einwohner zum Protestantismus. Demzufolge betrug der Anteil der Katholiken nur noch 89,1 Prozent, außer in Oberweier (97,9%) lag er überall unter 95 Prozent. Diese Entwicklung setzte sich fort. 1970 bekannten sich 12,7 Prozent der Einwohner der Großen Kreisstadt zur evangelischen Kirche, 84,4 Prozent waren Katholiken. Die meisten Protestanten lebten in Bühl selbst und in Vimbuch (18,6 bzw. 12,7%), den größten Prozentsatz an Katholiken hatten Balzhofen und Oberbruch (95,8 bzw. 95,6%) zu verzeichnen. 1987 sank der Anteil der katholischen Bevölkerung weiter auf 78,1 Prozent bei 14 Prozent Protestanten. Auffallend ist der hohe Frauenanteil in den Pfarreien der beiden großen Konfessionen, der 1987 mit 55,6 Prozent unter den evangelischen Kirchengemeindemitgliedern über dem der katholischen (52,6%) lag, was unter Einschluß der Männer als Hinweis für eine stärkere Kirchenbindung der katholischen Gläubigen gezählt werden kann.

Dem Rückgang der Angehörigen beider Großkirchen entsprach die Zunahme der Bekenntnislosen (1987 5,5%). Bühl lag damit noch unter dem Kreismittel von sechs Prozent. Die Entchristlichung der Gesellschaft kündigte sich erstmals 1950 an; bis 1987 lag der Anteil der Konfessionslosen jedoch zwischen 0,8 und 2,9 Prozent. Ein Novum stellten ebenfalls die zugezogenen Muslime als Angehörige ei-

Bühler Kirchen: im Vordergrund die alte evangelische Kirche, im Hintergrund die neue katholische Kirche St. Peter und Paul sowie der Turm der ältesten Kirche (Rathaus I), Ende 19. Jh.

ner nichtchristlichen Religion dar. Sie stellten 1987 mit 2,2 Prozent einen größeren Bevölkerungsanteil als im Kreisgebiet (1,7%).

Juden lebten im 19. und 20. Jh. lediglich in der Stadt Bühl. Bereits 1819 bei den Hep-Hep-Krawallen wurden jüdische Bewohner mißhandelt. In der Frühphase der Revolution 1848 kam es in der Nacht zum 31. März zu Ausschreitungen gegen vermögende Juden sowie zur Plünderung und Verwüstung von ihren Häusern, da die christliche Bevölkerung fürchtete, den Bürgernutzen fortan mit ihnen teilen zu müssen. Die jüdische Gemeinde wuchs von 218 (1825) auf 296 (1855), ihr Bevölkerungsanteil stieg von 9,3 auf 10,5 Prozent. Nach dem Höchstwert von 301 (1864) fiel die Zahl der jüdischen Einwohner auf 208 (7,4%) im Jahre 1905, um danach noch stärker abzunehmen. 1933 zählte Bühl noch 72 (1,1%) Juden. Danach verschlechterten Entrechtlichung und physische Bedrohung die Lebensbedingungen derart, daß einige von ihnen die Heimat verließen. Die 26 Juden, die nicht emigrieren konnten, wurden zuerst im Oktober 1940 in das südfranzösische Internierungslager Gurs deportiert, wo neun starben und fünf bestattet sind; drei wurden 1942 in den Vernichtungslagern im Osten umgebracht. Sieben Bühler Juden überlebten die Schoah in Frankreich.

Die traditionell katholischen Gemeinden zählten zu Beginn des 19. Jh. noch zur Straßburger und seit 1808 zur Konstanzer Diözese, bevor sie 1821/27 zum neuen Erzbistum Freiburg kamen. Auf Dekanatsebene rechneten sie zum Landkapitel Ottersweier. 1929 fielen sie aufgrund der geänderten Dekanatsverfassung dem Landkapitel Bühl, 1975 dem Landkapitel Baden-Baden zu. Am Anfang des 19. Jh. bestanden in Bühl links der Bühlot die Stadtpfarrei St. Peter und Paul, rechts des Bachs die Pfarrei St. Maria in Kappelwindeck. Zur Neusatzer Pfarrei St. Karl Borromäus zählten die Filialen Eck, Gebersberg Waldmatt und Waldsteg, zur Vimbucher Pfarrei St. Johannes der Täufer neben Henkhurst, Warmesbruch und Zell die Filialgemeinden Balzhofen, Oberbruch und Oberweier. Moos und Weitenung waren der Pfarrei Steinbach zugeordnet. Auch in Altschweier waren die Grenzen der politischen und der Kirchengemeinde nicht identisch. Die rechts der Bühlot wohnenden Bewohner gehörten zur Bühler Pfarrei, die links davon lebenden waren nach Kappelwindeck gepfarrt. Aufgrund des Bevölkerungswachstums wurden im 19. Jh. einige Filialgemeinden zu Pfarreien erhoben. 1809 wurde in Moos, bislang Filiale von Schwarzach, die Kirchengemeinde St. Dionys errichtet; Eisental wurde 1838 von Steinbach abgetrennt und erhielt die St. Matthäus-Pfarrei; in Altschweier wurde 1863 die Pfarrei St. Gallus eingerichtet. 1954 wurde die Kuratie in Weitenung zur Hl. Blut-Pfarrei erhoben.

Die Pfarrei St. Peter und Paul in Bühl, zu der die Filiale Hatzenweier zählte, war zu Beginn des 19. Jh. mit 2450 See-

St. Karl Borromäus-Kirche in Neusatz, im Vordergrund das damalige Pfarrhaus (Schloß Waldsteg), um 1910.

len die bei weitem größte Kirchengemeinde auf dem Gebiet der heutigen Großen Kreisstadt. Der bereits 1863 projektierte Neubau der Pfarrkirche wurde durch den Deutsch-Französischen Krieg verzögert. Die alte Peter- und Paulskirche wurde ab 1876 zum Rathaus umgebaut, nachdem 1873 die Grundsteinlegung des neugotischen Gotteshaus erfolgt war; 1877 wurde die neue Pfarrkirche geweiht. Die zweite Pfarrei im Stadtgebiet, St. Maria (Ad Navitatem), kam 1934 infolge der Eingemeindung Kappelwindecks zu Bühl. Die alte Kirchengemeinde zählte 1828 mit Filialgemeinde 2 207 Seelen; Filiale war bis in die 1860er Jahre Altschweier. Die Pfarrkirche war bereits 1766 errichtet worden, 1910/11 wurde der Bau mit einem zweiten Querschiff im Barockstil erweitert.

Die seit 1838 bestehende Pfarrei St. Matthäus in Eisental hatte mit den Filialen Affental, Herrenbach, Müllenbach rund 1 200 Seelen zu betreuen. In den Ortsteilen Affental und Müllenbach standen eine St. Bartholomäus- und eine St. Wendelin-Kapelle. Die Pfarrkirche war bereits 1829 erbaut worden, ehe 1838 die Pfarrpfründe errichtet wurde. Die 1809 in Moos eingerichtete Pfarrgemeinde St. Dionys bestand 1828 aus 566 Gläubigen. Die 1783 errichtete Neusatzer Pfarrei St. Karl (Borromäus) mit Kaplanei Neusatzeck (1910) und einer Hauskapelle auf dem Eckhof betreute 1828 mit ihren Filialen 1 251 Seelen. Die Vimbucher Pfarrei St. Johannes der Täufer umfaßte 1828 mit ihren Filialen 1 122 Seelen. Die Filiale Balzhofen verfügte über ihre Anna-Kapelle, Oberbruch über die neben dem Rathaus gelegene Wendelin-Kapelle und Oberweier über die Wallfahrtskapelle Maria Hilf. Die Pfarrkuratie Weitenung von 1902 wurde 1954 zur Pfarrei erhoben (Hl. Blut).

Die im 19. Jh. wenigen Protestanten wurden zwischen 1843 und 1850 von der Pfarrei der Heil- und Pflegeanstalt Illenau bei Achern betreut. 1854 erfolgte ihre Pastorisation durch einen Pfarrverwalter, 1865 durch einen Geistlichen in Bühl. 1856 wurde ein Brauhaus zum Betsaal umgebaut und 1892/93 zur Kirche erweitert. 1901 erhielt Bühl eine selbständige lutherische Kirchengemeinde und Pfarrei, zu der u.a. Altschweier, Eisental, Kappelwindeck und Oberweier zählten. 1926 ging aus ihr die Südpfarrei (Johannespfarrei) hervor; zeitgleich entstand das Vikariat I, seit 1957 die Nordpfarrei (seit 1960 Lukaspfarrei). 1965 wurden beide Pfarreien in der Johannespfarrei vereinigt und anstelle der Lukaspfarrei eine Pfarrstelle in Bühlertal installiert. Dazu zählten Altschweier und Neusatz als Nebenorte; hingegen sind Eisental und Weitenung Teile der Baden-Badener Matthäusgemeinde. Die evangelische Gemeinden gehörten von 1901 bis 1909 und von 1941 bis 1953 zum Kirchenbezirk Rheinbischofsheim, dazwischen und danach zu dem von Baden-Baden.

Als Reaktion auf das Dogma der päpstlichen Unfehlbarkeit auf dem Ersten Vatikanischen Konzil 1871 bildete sich auch in Bühl eine altkatholische Gemeinde. Im Bühler »Glockenkrieg« vom November 1874, einem Streit um die Beerdigung eines Neugeborenen altkatholischer Eltern, wird nicht nur der Kulturkampf zwischen der katholischen Kirche und dem liberalen Staat deutlich, sondern es offenbarte sich auch die Umsetzung des Altkatholikengesetzes vom 15. Juni 1874, nachdem die römisch-katholische Hierarchie Altkatholiken die Nutzung von Kirchen und ihrem Zubehör untersagt hatte.

Das jüdische Gemeindeleben war in Bühl bis zur Pogromnacht 9./10. November 1938 relativ intakt. Das jüdische Wohngebiet war im 19. Jh. um den Johannesplatz, der bis 1933 Synagogenplatz hieß, und die anschließenden Gassen des Hänferdorfs. Anstelle eines Betsaals in der Schwanenstraße wurde 1823 am Johannesplatz eine Synagoge errichtet, die auch das für rituelle Reinigungen nötige Bad enthielt. Das 1827 eingerichtete Bezirksrabbinat Bühl war für die Stadt und die umliegenden Gemeinden Gernsbach, Kuppenheim, Lichtenau, Muggensturm und Rastatt zuständig. Der Bühler Fabrikant Hermann Massenbach wurde 1846 von Großherzog Leopold in den Oberrat der Israeliten, die oberste Vertretung der badischen Juden, berufen. Bereits 1935 wurde die Synagoge von Nationalsozialisten geschändet und 1938 zerstört. Später wurde sie samt der benachbarten jüdischen Schule abgebrochen, so daß sich keine Überreste jüdischen Gemeindelebens erhalten haben; das Schulhaus an der Kanalmauer des Johannesplatzes hat von 1830 bis 1877 eine jüdische Konfessionsschule beherbergt. 1983, als der ehemalige Synagogenplatz überbaut wurde, errichtete die Stadt zur 45. Wiederkehr der Pogromnacht einen Gedenkstein an der Stelle des Bethauses. Bis 1833 wurden die Toten auf dem Verbandsfriedhof in Kuppenheim beerdigt. Danach legte die Gemeinde einen eigenen Friedhof auf der Honau am Ende der Karl-Netter-Straße an, der nach 1945 wieder hergerichtet und seither vereinzelt belegt wurde.

Schulen, Bildung und Kultur. – Bis 1805 unterstanden die Bühler Erziehungsstätten der katholischen Kirchenvogtei Schwarzach, bis zur Verstaatlichung des Elementarschulwesens in den 1860er Jahren der katholischen Schulvisitatur Bühl. Entsprechend der Einteilung der Kirchengemeinden bestanden Schulen in Bühl, seit 1880 im alten Rathaus, in Eisental (1877 erbaut), in Kappelwindeck und seiner Filiale Altschweier (1909), in Moos, in Neusatz, wo Waldmatt zu einem Fünftel Miteigentümerin war, in Vimbuch und seinen Filialen Balzhofen, Oberbruch und Oberweier sowie in der Steinbacher Filiale Weitenung. Dabei zeichneten sich die Bildungsstätten durch eine krasse Lehrer-Schüler-Relation aus. 1828 kamen im Durchschnitt 93 Schüler auf

Synagoge und jüdische Schule in Bühl (heute Johannesplatz), um 1910.

einen Lehrer. Am günstigsten war das Verhältnis von Lehrenden zu Lernenden in der Vimbucher Filiale Oberweier mit 45 Schülern und einem Lehrer, am schlechtesten in Eisental, wo ein Pädagoge 150 Kinder betreute. 1863 hatte sich dieses Verhältnis auf 108 Schüler pro Lehrer verschlechtert, da bei gleichbleibender Schulzahl sich die Zahl der Kinder von 1 303 auf 1 621 um ein Viertel erhöht hatte, während die Lehrerzahl mit 14 bzw. 15 nahezu konstant blieb. Allein in Kappelwindeck unterrichteten zwei Schulmeister 350 Kinder. Nach dem Schulaufsichtsgesetz von 1864 fiel dem Oberschulrat die staatliche Aufsicht über das gesamte Schulwesen zu, wogegen sich gerade in den katholischen Gemeinden Protest regte, fürchtete man doch die Entkonfessionalisierung der Elementarbildung. 1868 wurde die fakultative Simultanschule eingeführt, Mitte der 1870er Jahre löste sie als obligatorische Institution die alte Konfessionsschule ab. Gleichwohl blieben die Schulen auch nach 1864 konfessionell geprägt, weil die Pädagogen und Schüler nach wie vor mehrheitlich katholisch waren. Von den 27 Lehrern der zwölf Volksschulen von 1910 waren 25 katholischer Konfession; lediglich an der Bühler Elementarschule unterrichteten ein Israelit und ein Protestant. 1939 betrug der Katholikenanteil unter den Schülern 97,3 und unter den Erziehern 95 Prozent. Ein Lehrer hatte im Mittel 56,5 Schüler zu unterrichten. Neu errichtet wurde die Volksschule in Waldmatt, das seit 1910 aus dem Schulverband mit Neusatz ausgetreten war und seither ein gemeinsames Schul- und Rathaus unterhielt. Über das Elementarschulwesen hinaus bestanden Fortbildungsschulen in Bühl, Neusatz und Vimbuch.

Aufgrund seiner Zentralität als Kreisstadt beherbergte Bühl eine Landwirtschaftsschule, eine Kreishaushaltungsschule, eine Gewerbeschule sowie die Altwindeck-Schule, die als Oberschule 1939 bei 200 Schülern und 13 Lehrkräften eine erheblich bessere pädagogische Versorgung aufwies als die Elementarschulen. Der Katholikenanteil war hier mit 85 Prozent geringer als unter den Volksschülern. Nachdem 1832 die Industrieschule gegründet worden war, rief man 1834 ihre Nachfolgerin, die Gewerbeschule, ins Leben, wenige Monate vor der landesweiten Einrichtung von Gewerbeschulen in gewerbereichen Städten. Ihr wurde 1901 eine Handelsschulabteilung angegliedert. Die Kreishaushaltungsschule war eine kostenpflichtige Hauswirtschaftsschule für Mädchen, die auf Initiative des Reichstagsabgeordneten und Dekans Franz Xaver Lender aus Sasbach mit starker religiöser Fundierung, aber überkonfessioneller Ausrichtung 1897 errichtet wurde. Aus weltanschaulicher Differenz mit dem NS-Staat wurde sie 1936 geschlossen. An ihrer Stelle entstand im März 1937 die Obergau-Haushaltungs- und Führerinnenschule des Bundes Deutscher Mädel (BDM), die Reichsstatthalter Robert Wagner einweihte.

Im Schuljahr 1999/2000 unterhielt die große Kreisstadt Bühl Grundschulen in Altschweier (1979 erneuert) mit 101 Schülern, Eisental (Schartenberg-Schule mit 109 Schülern), Neusatz (gebaut 1962; 123 Schüler), Vimbuch (Tulla-Schule, errichtet 1967; 251 Schüler), Weitenung (gebaut 1962; 135 Schüler) und in der Weststadt (162 Schüler). Grund- und Hauptschulen bestanden zwei in Bühl, nämlich die 1960 errichtete Aloys-Schreiber-Schule (203 Grund- und 288 Hauptschüler) und die 1970 fertiggestellte Bachschloßschule in Kappelwindeck (280 Grund- und 245 Hauptschüler), beide mit Werkrealschule. An weiterführenden Schulen existierten die Carl-Netter-Realschule mit 633 Schülern, die auf die 1893 gegründete Höhere Bürgerschule zurückgeht, und das Windeck-Gymnasium (911 Schüler), das 1972 nach Jahren der Raumnot und des Unterrichts in mehreren Häusern in einen Neubau im Niederfeld umzog. Von 1960 an führte die Stadt Bühl eine Schule für Lernbehinderte als Sonderschulabteilung der Volksschule, aus der Mitte der 1970er Jahre die vom Landkreis getragene Rheintalschule (141 Schüler) hervorging. In der Trägerschaft des Kreises befinden sich auch die beruflichen Schulen, allen voran das 1976 im Industriegebiet angesiedelte Gewerbeschulzentrum mit insgesamt

Schulhaus in Altschweier.

1037 Schülern, das mehrere Schultypen einschließt: die gewerbliche Berufsschule mit einjährigen Berufsfachschulen, die zweijährige gewerblich-technische Berufsfachschule und das dreijährige Berufskolleg, beide metallorientiert, sowie das Technische Gymnasium. 1988 wurde die Handelslehranstalt mit kaufmännischer Berufsschule, Wirtschaftsschule und Wirtschaftsgymnasium fertiggestellt (631 Schüler). Nachdem 1960 die haus- und landwirtschaftliche Berufs- und Berufsfachschule als Nachfolgerin der alten Kreishaushaltungsschule und der 1866 erstellten Landwirtschaftsschule vor der Gewerbeschule in das Atriumgebäude am Rosenweg hatte weichen müssen, kehrte sie 1976 an ihren alten Standort in der Burg-Windeck-Straße zurück. Zwei Jahre zuvor war das berufliche Schulzentrum nicht zuletzt wegen seines ständig steigenden Bildungsangebots, nunmehr für Floristen, Forstwirte und Erzieherinnen, in Elly-Heuss-Knapp-Schule (373 Schüler) umbenannt worden. Eine weitere hauswirtschaftliche Berufsfachschule stellte die 1965 eingerichtete St. Hedwig-Schule dar, die vom Kloster Maria Hilf getragen wird (83 Schüler).

Zu Beginn des 20. Jh. verfügte Bühl über eine Kinderbewahranstalt, die 1939 von fünf Schwestern aus Hegne geleitet wurde. In der NS-Zeit entzündeten sich Konflikte an der kirchlichen Struktur des Kindergartens, beanspruchte doch das Regime den absoluten Erziehungsanspruch für die gesamte deutsche Jugend. Die Rivalitäten traten zwischen der Nationalsozialistischen Volkswohlfahrt (NSV) und dem Provinzhaus der Barmherzigen Schwestern vom heiligen Kreuz in Hegne auf. Wegen einer konfessionellen Nutzung des Kindergartens, der offiziell seit April 1938 in Händen der NSV war, zu Fronleichnam 1941 versuchte das Karlsruher Amt für Volkswohlfahrt, die Schwestern zu vertreiben, was ihm aber nicht gelang. 1956 wurde der Kindergarten Maria Hilf erbaut. In Kappelwindeck (1911), Moos, Vimbuch und Weitenung (1925) wurden Kindergärten vor dem Zweiten Weltkrieg errichtet, während sie in den anderen Gemeinden in der Nachkriegszeit gebaut wurden, in Altschweier 1959 bzw. 1981 erweitert, in Eisental 1954/55 und in Vimbuch 1958 bzw. 1977 renoviert. In Neusatz bestand Mitte der 1970er Jahre ebenfalls eine Kindertagesstätte. 1997 wies Bühl 15 Kindergärten auf, von denen die Stadt vier unterhielt. Die katholischen Pfarreien in der Kernstadt, in Altschweier, Eisental, Kappelwindeck, Neusatz, Vimbuch und Weitenung trugen je einen Kindergarten ebenso wie die evangelische Kirchengemeinde, der Caritasverband, das Kloster Maria Hilf und die Waldorfkindergarten-Initiative, deren Tagesstätten allesamt in der Kernstadt liegen.

Für kulturelle Veranstaltungen in den Ortsteilen Bühls sorgen das Jugendbildungswerk und die Volkshochschule. Seit der Kommunalreform partizipiert Bühl an der seit 1957 im Altkreis Rastatt bestehenden Volkshochschule. Dies gilt auch für die Bühler Bildstelle (heute Kreismedienzentrum), die 1973 eine Außenstelle der Rastatter Kreisbildstelle wurde. 1997 konnte sie 400 Medien und rund 2300 Ausleihen vorweisen. In der Erwachsenenbildung sind auch die Regionale Frauenakademie, eine Einrichtung der Frauenbeauftragten, und das Bildungswerk der katholischen Pfarrgemeinde St. Peter und Paul tätig. 1989 wurde auf dem Boden der alten Obstgroßmarkthalle ein Kulturzentrum, das Bürgerhaus Neuer Markt eingeweiht. Das multifunktionale Gebäude hat drei kombinierbare Säle und bietet bis zu 1200 Besuchern Platz für Theater- und Ballettaufführungen, Opern, Konzerte und Musicals; auch Tagungen und Messen können dort abgehalten werden.

Seit 1961 unterhält der Landkreis Rastatt eine Fahrbücherei, die im Gefolge der Kreisreform auch Bühl bedient. Der Gedanke der mobilen Leihbücherei hielt 1945 mit der amerikanischen Besatzungsmacht Einzug in das Bibliothekswesen, um den ländlichen Raum mit Literatur zu versorgen, die während der NS-Zeit nicht erhältlich war. Ein Omnibus der Deutschen Bundesbahn wurde zur ersten Fahrbücherei auf Kreisebene im gesamten Bundesgebiet umgebaut, die mit ihren 1800 Büchern das kulturelle Stadt-Land-Gefälle vermindern sollte. Wegen des regen Zuspruchs wurde 1965 ein zweiter Bücherwagen in Betrieb genommen; beide Fahrzeuge wurden 1976 und 1979 durch neue Mobilbüchereien mit je 3400 Bänden ersetzt. 1978/79 liehen 4147 Leser 138695 Bücher aus. Ende der 1980er Jahre wurde im ehemaligen Gebäude der Stadtwerke an der Hindenburgstraße die Stadtbücherei angesiedelt. Sie verfügte 1997 über einen Bestand von 26000 Medien bei einer jährlichen Ausleihe von rund 81000 Stücken.

Der ersten Bühler Lokalzeitung, dem ›Bühler Nachtwächter‹, war im Mai und Juni der Revolution 1849 nur ein kurzes Dasein beschieden. 1866 ging das ›Wochen- und Unterhaltungsblatt‹ in Druck, das von 1913 bis 1935 als ›Bühler Tageblatt‹ mit liberaler Ausrichtung weitergeführt wurde. Aus dem Zentrumslager stammte 1893 der ›Bühler Bote‹, der 1899 mit dem ›Acher Boten‹ zum ›Acher- und Bühler Boten‹ zusammenfand. Beiden Organen bereitete das Meinungsmonopol der Nationalsozialisten 1935 ein Ende. An Stelle der liberalen und katholischen Blätter trat

Rheintalschule in Bühl.

von 1936 bis 1943 der ›Mittelbadische Bote‹. 1949 konnte der ›Acher- und Bühler Bote‹ wieder erscheinen, diesmal als überparteiliches Blatt mit katholischer Tendenz.

Sport- und Freizeitstätten, Vereine. – Vereine verkörpern in der modernen Gesellschaft die bedeutendsten Träger organisierter Freizeit und dienen dazu, Einzel- und Gruppeninteressen nach außen zu formulieren und zu vertreten. Entsprechend der konfessionellen Struktur kam dem katholischen Vereinswesen große Prägekraft zu. 1891 wurde in Bühl der katholische Bürgerverein Zentrum ins Leben gerufen, der das im Kulturkampf sich bedroht fühlende katholische Milieu zusammenband. Sitz war der Friedrichsbau, der aus dem Gasthaus zum Hirsch hervorging. In den einzelnen Gemeinden spielten diverse Bruderschaften, Borromäusvereine als Bildungseinrichtungen, Cäcilienvereine, Jungfrauenkongregationen, Müttervereine und Männerapostolate eine wichtige Rolle als Sinnstiftungsinstitutionen für die Bevölkerung. Wie sehr das katholische Milieu eine geschlossene Welt darstellte, verdeutlicht der katholische Arbeiterverein Bühl, dessen Verbandsblatt, die ›Arbeiterzeitung‹, in der Bühler Unitas, einem katholischen Verlag, gedruckt wurde.

Auch auf dem Gebiet der Musik sind Vereine neben städtischen Einrichtungen die Kulturträger. Seit 1839 bestand ein Singverein, der lediglich Männer aufnahm und aus dem der spätere Männergesangverein Harmonie hervorging. Musikalische Darbietungen wurden im sogenannten Museum gegeben. Der Männergesangverein richtete 1899 zusammen mit den katholischen Vereinen im Friedrichsbau einen zentralen Versammlungsort ein und kann mittlerweile auf eine über 150jährige Geschichte zurückblicken. Mitte der 1970er Jahre ging aus der im Rahmen des Jugendbildungswerks gebildeten Flötenklasse Joseph Pascheks der Bühler Flötenkreis hervor, dessen Auftritte die jungen Flötisten bis weit über die Kreisgrenzen bekannt machten. Im Bürgerhaus Neuer Markt wurde 1989 auch die sieben Jahre davor gegründete Städtische Schule für Musik und Darstellende Kunst untergebracht. 1997 erhielten dort 930 Schüler an diversen Instrumenten eine musikalische Früherziehung sowie eine Ausbildung in Tanz, Ballett und Theater.

1974 wurde im dritten Obergeschoß der alten Volksschule ein Heimatmuseum eröffnet, dessen Anfänge bis 1910 zurückreichen. Von dieser Zeit an sammelte der Gewerbeschuldirektor Hermann Günther museale Objekte und verwahrte sie in seiner Schule. Die rund 700 Exponate wurden 1937 der Öffentlichkeit gezeigt. Über diverse Schulräume und Keller gelangte die Sammlung an ihren heutigen Ausstellungsort. In der Nachkriegszeit siedelten sich Künstlerateliers und Privatgalerien in Bühl, Hatzenweier und Kappelwindeck an. Im Friedrichsbau werden jährlich etwa fünf Ausstellungen zeitgenössischer Kunst gezeigt. Während der Sommermonate sind im Schwarzwaldbad Ausstellungen zu Themen populärer Kunst wie Graffiti oder Comics zu sehen.

1890 entstand nahe der 1912 abgebrannten Weingandmühle an der Straße nach Bühlertal eine Luft- und Schwimmbadeanstalt. Der Müller errichtete ein Bassin mit acht Einzelkabinen. Der Altschweierer Gemeinderat erkannte das Flußbad an der Bühlot, in dem getrennt nach Geschlechtern gebadet wurde, als gemeinnützig an. Badetage der Frauen waren dienstags und freitags; die übrigen Wochentage waren den Männern vorbehalten. 1922 wurde auf dem Gelände der Bergermühle eine neue Anstalt eröffnet, der ihr Wasser aus der städtischen Leitung zugeführt wurde. In dem Schwimmer- und Kinderbecken wurde noch getrennt gebadet. Erst 1935 gestattete der Gemeinderat offiziell ganztägiges Familienbaden an den Wochenenden. In der Nachkriegszeit setzte sich der Verein Wasserfreunde für einen Neubau ein, da das von den Bühlern »Ententeich« genannte Bad den Ansprüchen nicht mehr genügte. 1972 fiel die alte Anstalt einer Betriebserweiterung der UHU-Werke zum Opfer. 1974 entstand im Bühler Süden ein Hallenbad mit einer beheizten Wasserfläche von 1 800 m². Sieben Jahre später wurde dem Schwarzwaldbad ein Freibad mit einer 2,3 ha großen Liegewiese angeschlossen. Der Bau wurde durch einen Schwimmbadförderungsverein unterstützt.

Schon vor dem Ersten Weltkrieg hatte sich der Skisport um Bühl mit dem Skiklub Karlsruhe-Badner Höhe etabliert, bevor 1919 der Skiclub Bühl gegründet wurde, zunächst als Ortsgruppe Bühl im Skiclub Schwarzwald. Während er zuvor ein Vergnügen der sozial Bessergestellten aus Karlsruhe, Straßburg oder Mannheim gewesen war, avancierte der Wintersport seit der Weimarer Zeit zum Volkssport. 1997 waren im Höhengebiet an der Schwarzwaldhochstraße eine Skilanglaufloipe und drei Skilifte angelegt. Ein weiteres Sportereignis von überregionalem Interesse ist der »Luk-Cup«. An diesem seit 1993 ausgerichteten Radrennen nahm 1997 auch der Tour de France-Sieger Jan Ullrich teil.

1997 ermöglichten 16 Turnhallen, 14 Sportplätze und 26 sonstige Sportstätten einen vielfältigen Sportbetrieb. Unter den 16 Turnhallen gab es vier mit den Maßen 12 x 24 m, sechs mit 15 x 27 m und eine mit 27 x 45 m, dazu fünf Bürgersäle in Altschweier, Balzhofen, Moos, Oberbruch und Oberweier. Die Sportplätze waren sechs Kleinspielfelder unter 60 x 90 m, davon vier ohne und zwei mit leichtathletischen Nebenanlagen. Außerdem bestanden sieben Normalspielfelder mit mindestens 60 x 90 m, darunter wiederum vier ohne und drei mit leichtathletischen Nebenanlagen. Darüber hinaus kann das Jahnstadion eine 400 m-Rundbahn vorweisen. Unter den 26 sonstigen Sportstätten befanden sich u.a. fünf Tennisanlagen, eine Squashhalle, zwei Reit- und fünf Schießsportanlagen, eine Bahnengolf- und drei Trimmanlagen, ein Wassersportrevier und ein Modellflugplatz ebenso wie Anlagen für moderne Trendsportarten wie Skateboardfahren und Straßenbasketball.

Zu den ältesten Bühler Vereinen zählen die Gesangvereine, allen voran der 1839 gegründete, 1849 verbotene Männergesangverein Harmonie. 1997 stellte der Verein mit 364 Mitgliedern die stärkste Singschar. Unter den Gesangvereinen befanden sich 1997 auch sieben Pfarreichöre, von denen der bereits 1829 aus der Taufe gehobene Eisentaler St. Matthäus-Kirchenchor der älteste ist. Der älteste Musikverein ist die 1758 ins Leben gerufene Stadtkapelle. Der größte der zwölf Musikvereine war 1997 die Neusatzer Trachtenkapelle Grüne Jäger mit 553 Mitgliedern; mit 72 Aktiven hatten die 1817 gegründeten Kappelwindecker Musikanten die meisten Musiker in ihren Reihen.

Die Sportvereine sind dagegen mehrheitlich jüngeren Datums. Sie entstanden überwiegend im Gefolge der Industrialisierung, drei Viertel von ihnen (30) in der Zeit nach dem Zweiten Weltkrieg. Der älteste Sportverein ist der 1847 gegründete Turnverein Bühl, der 1997 die meisten Mitglieder (2 604) vor den Sportvereinen Weitenung und Neusatz (689 bzw. 675) hatte. In den Ortsteilen und der Kernstadt bestand je eine Frauengemeinschaft, die alle, bis auf die Bühler Gründung (1911), in der Nachkriegszeit ins Leben gerufen wurden. In den insgesamt 169 Vereinen, unter denen rund zehn Narrenzünfte waren, engagierten sich 1997 über 32 000 Mitglieder, so daß jeder Bühler Bürger sich durchschnittlich in 1,2 Vereine eingebracht hat.

Strukturbild. – Fünf Faktoren bestimmten die Geschichte Bühls seit dem 19. Jh.: Der Kontrast zwischen dem früh gewerblich geprägten Bühl und den umliegenden Agrardörfern spiegelt sich in vielen Entwicklungssträngen wider. Bereits die Landflucht des 19. Jh. sorgte für einen stetigen Zuzug in die Stadt, der sich auf die Einwohnerdichte und Altersstruktur der Bevölkerung auswirkte. Auch in der Erwerbstätigenstruktur setzte der Bedeutungsverlust des Agrarsektors im urbanen Bühl früher ein als die Industrialisierung im Verarbeitenden Gewerbe. Dies belegt die signifikant unterschiedliche Verteilung der nichtlandwirtschaftlichen wie der Agrar-Betriebe. Schließlich fand allein in Bühl der Aufschwung des Dienstleistungsgewerbes statt,

C. Die Stadt vom 19. bis ins 21. Jahrhundert

Hauptstraße in Bühl, um 1900.

während in den Landgemeinden allein das Produzierende Gewerbe die Landwirtschaft als Leitsektor ablöste.

Auch in den Konfessionsverhältnissen unterschieden sich Bühl, das bereits gegen Ende des 19. Jh. eine protestantische Minderheit beherbergte, und die umliegenden Dörfer, die mehrheitlich ganz katholisch waren. Dieser Unterschied schlug sich auch im Wahlverhalten nieder, da im Bühl der Kaiserzeit das nationalliberale Lager ebenso Rückhalt fand wie die bürgerlichen Parteien Weimars. Gleichwohl überwog auch hier die Prägung durch den Katholizismus, wie er sich in seinem politischen Arm, dem Zentrum, seiner Presselandschaft, seinem Verbands- und Vereinswesen sowie den Vergesellschaftungsformen und mentalen Strukturen der Bevölkerung deutlich zeigte. Erst der Vertriebenenzuzug nach dem Zweiten Weltkrieg und die Entkonfessionalisierung der Gesellschaft haben zu einem Aufweichen des katholischen Milieus geführt.

In engem Zusammenhang mit der ökonomischen Entwicklung stehen die Pendlerströme, die von der Individualmotorisierung in der zweiten Hälfte des 20. Jh. forciert wurde. Sie wandelte die Landflucht des 19. Jh. im 20. Jh. in eine Berufsflucht aus dem Agrarsektor um. Berufs- wie Ausbildungspendler unterstreichen die zentrale Stellung Bühls für seine Umgebung, die es bis 1973 auch als Verwaltungssitz hatte. Dennoch hat die Kommunalreform und der damit verbundene Verlust des Landratsamts die Stadt ihrer zentralörtlichen Stellung nicht beraubt. Eine intakte Infrastruktur, ein breit gestreutes Wirtschaftsgefüge sowie ein mehrgliedriges Bildungs- und Ausbildungsangebot begründen die Anziehungskraft, die die Stadt auf ihr Umland ausübt. Nicht zuletzt die Ströme der Einpendler belegen diese Attraktivität. Auch als Einkaufsort zog Bühl 64,7 Prozent der 1997 von einer Markt- und Absatzforschungsgesellschaft Befragten an.

Neben einer Wirtschaft, an deren Spitze mehrere weltweit operierende Unternehmen stehen, zeichnet sich Bühl auch durch eine Sonderentwicklung in der Landwirtschaft aus. Bedingt durch Klimagunst und Bodenqualität trat zum traditionellen Weinbau Mitte des 19. Jh. die Kultur der Bühler Frühzwetschge hinzu. Diese starke Stellung der Sonderkulturen, die schon der zeitweilige Anbau von Hanf, Zichorie, Tabak und Kastanie hervorhebt, bedingte den Erhalt der kleinbäuerlichen Betriebsstruktur und beförderte eine einträgliche Nebenerwerbslandwirtschaft. Daher lag der Anteil der Feierabendbauern in Bühl 1995 mit 88,7 Prozent über dem Kreismittel (81,7%). Nicht von ungefähr prägen Wein- und Obstbau in der fruchtschweren Vorbergzone das Erscheinungsbild der Kulturlandschaft um Bühl entscheidend mit.

Schließlich beförderte die Standortgunst das Wachstum der Stadt. Der Anschluß an die jeweils neuen Verkehrswege – Mitte des 19. Jh. die Eisenbahn und rund 110 Jahre später die Autobahn – begünstigte den wirtschaftlichen Aufstieg der Stadt. Nur in der Zeit der beiden Weltkriege erwies sich die Grenzlage zu Frankreich als Hindernis für eine gedeihliche Entwicklung. Erst die neuen politischen Rahmenbedingungen in der Europäischen Wirtschaftsgemeinschaft, dann in der Europäischen Union, kehrten den vorübergehenden Standortnachteil in einen Vorteil um, ergänzten die alte Nord-Süd-Achse um eine europäische Verkehrsachse und erleichterten den Strukturwandel von einer landwirtschaftlich verfaßten Kleinstadt zur gewerblich geprägten Großen Kreisstadt.

Bühler Blaue Hefte 1 (1957) – 28/30 (1977). – Bühler Heimatgeschichte 1 (1987) – 16 (2002) [die Reihe wird fortgesetzt].

GARTNER, Suso, und HALL, Ewald M.: Balzhofen. Geschichte und Flurnamen. Bühl 2002.

REINFRIED, Karl: Gewerbe und Zünfte, Markt und Verkehr in Alt-Bühl. In: Festschrift zur Jubel-Feier des 25jährigen Bestehens des Handels- und Gewerbe-Vereins Bühl. Bühl 1905. – Geschichte der Stadt Bühl. Bd. 2: 1848–1973. Hg. von der Stadt Bühl. Bühl 1999.

GARTNER, Suso, und HALL, Ewald M.: Kappelwindeck. Beiträge zur Geschichte und zu den Flurnamen. Bühl 1994. – *Gartner*, Suso: Die Windecker und ihre Burgen. Bühl ²1998.

600 Jahre Waldmatt. Hg. von der Dorfgemeinschaft Waldmatt. Waldmatt 1996. – Stadtgeschichtliches Institut Bühl Schloß Waldsteg. Geschichte und Bestände. Bühl [1998].

BAUR, Albert: Weitenung. In: Ortenau 29 (1949) S. 92–108.

[1] WUB 6 S. 166f.
[2] GLA 66/1447 fol. 23.
[3] GLA 67/1315, 96–98.
[4] WUB 2 S. 49–52.
[5] GLA 67/1315 S. 263f.
[6] GLA 66/1447.
[7] RMB 4 Nr. 10570.
[8] FDA 32 (1904) S. 326f.
[9] USS 1 Nr. 327.
[10] GLA L/31a S. 19.
[11] ZGO 7 (1856) S. 368.
[12] ZGO 7 (1856) S. 368.
[13] Cod. Hirs. S. 26.
[14] GLA 67/1315 S. 96–98.
[15] RBS 2 Nr. 1242.
[16] ZGO 74 (1920) S. 143f. (1386); GLA 44/2095 (1396).
[17] GLA 37/4283.
[18] Bühler Heimatgeschichte 7 (1993) S. 15.
[19] GLA C/33.
[20] MGH D K III Nr. 101.
[21] GLA 236/3109 (30.11.1851).
[22] KOLB 1 S. 22 und 262, 2 S. 322; HEUNISCH, Geographisch-statistisch-topographische Beschreibung S. 354ff; HEUNISCH, Großherzogthum Baden S. 718f; STOLTZ S. 30; GLA 346 Zug. 1919-14 Nr. 222, Zug. 1926-44 Nr. 451 und Zug. 1991-49 Nr. 1050.
[23] GLA 346 Zug. 1926-44 Nr. 235.
[24] STOLTZ S. 21.

Bühlertal

1 768 ha Gemeindegebiet, 8 166 Einwohner (31. 12. 2000)

Wappen: In Blau ein goldener (gelber) Schrägbalken, überdeckt mit einem silbernen (weißen) Herzschild, worin der schwarze Großbuchstabe B; links oben ein silbernes (weißes) Lichteck. – Flagge: Gold-Blau (Gelb-Blau).

A. Naturraum und Siedlung

Natürliche Grundlagen. – Die Gemeinde Bühlertal liegt im westlichen Randbereich des Nordschwarzwalds und ist damit Teil des Nördlichen Talschwarzwalds. Die Bühlot und ihre zahlreichen Seitenbäche haben in der Gemarkung das für den Nördlichen Talschwarzwald typische kleinräumige Kuppenrelief entstehen lassen, das eine vielgestaltige Landschaftsoberfläche hervorbrachte.

Den geologischen Untergrund prägen auf der Gemarkung weitestgehend die Bühlertalgranite, die als Zweiglimmergranite ausgeprägt sind. Mit dem Gesteinsmassiv des Omerskopfs treten auch assyntische Gneise an die Oberfläche, die aufgrund ihres Ausgangsgesteins den Orthogneisen zuzurechnen sind. Anteil am Deckgebirge hat Bühlertal nur mit einem abgetrennten Gemarkungsteil südwestlich des Mehliskopfs, wo Schichtenfolgen des Unteren und Mittleren Buntsandsteins an der Oberfläche anstehen. Im Schichtenpaket des Hauptbuntsandsteins treten das harte Ecksche Konglomerat smc1 und der Bausandstein sm landschaftsprägend hervor. Hier werden mit 990 m NN auch die höchsten Höhen erreicht, während das zentrale Gemarkungsgebiet mit dem eigentlichen Siedlungsbereich in einer Höhe von 190 m bis 500 m NN gelegen ist.

Makroklimatisch liegt Bühlertal im Einflußbereich der außertropischen Westwindzone und ist damit durch reichliche Niederschläge, milde Winter und kühle Sommer gekennzeichnet. Die Öffnung des Tals der Bühlot nach Westen zum Oberrheingraben und der hoch aufragende Gebirgskörper im Osten bestimmen das Mesoklima. Der Einfluß der oberrheinischen Gunstzone wird vor allem an den Temperaturverhältnissen sichtbar, wenn beispielsweise die mittlere Tagestemperatur des wärmsten Monats Juli im langjährigen Mittel in Bühlertal 19,1°C beträgt und damit nur 0,4° unter der Karlsruhes liegt. Das orographische Hindernis des Schwarzwalds läßt mit den von Westen ungehindert durch die Zaberner Senke vordringenden Luftmassen verstärkt Steigungsregen wirksam werden, so daß im langjährigen Mittel die Niederschlagsmenge nahezu neun Monate des Jahres über 100 mm liegt, während vergleichsweise in Karlsruhe dieser Wert nie erreicht wird. Mit 1 329,3 mm mittlerem Jahresniederschlag ist Bühlertal eindeutig ozeanisch geprägt. Bioklimatisch spielt das Bühlertal wie alle anderen nach Westen geöffneten Schwarzwaldtäler eine wichtige Rolle für den Luftmassenaustausch in der Oberrheinebene.

Der vorherrschende Bodentyp Bühlertals ist sowohl im Granit und Gneis wie auch im auflagernden Sandstein der Podsol. Günstigere Bedingungen bieten quartärzeitliche Lößauflagerungen, auf denen sich im Grundgebirge Braunerden entwickelt haben. Das Sandstein-Deckgebirge ist neben dem Auftreten von Stagnogleyen durch Moorbildungen (Missen) gekennzeichnet.

Siedlungsbild. – Eine verstärkte Bautätigkeit ist in Bühlertal erst in den 1970er Jahren festzustellen. Für das gesamte 19. Jh. muß von einer schlechten Wohnraumversorgung ausgegangen werden, wenn man berücksichtigt, daß noch im Jahr 1900 in einem Viertel der Gebäude zwei Haushalte bestanden und den meisten Haushalten, von denen 70 Prozent Großhaushalte mit vier bis zehn Personen waren, nur zwei Wohnräume zur Verfügung standen.

Im Zusammenhang mit der landwirtschaftlichen Prägung Bühlertals im 19. Jh. findet sich vom Grundriß her als Haus- bzw. Hofform vorwiegend das Einhaus und hier insbesondere das quergeteilte Einhaus. Gestelzte Häuser sind eher eine Seltenheit. Sie stellen räumlich komprimierte Varianten der Eindachanlagen mit einem Stall im Erdgeschoß und Wohnraum im oberen Stock über dem Stall dar. Weitere Wohnräume mit Kammer und Stube werden vom Keller unterlagert. In Handwerkerhäusern, die keine Ställe mehr aufweisen, befindet sich im Erdgeschoß eine Werkstatt; alle anderen Räume des ersten Stocks und gegebenenfalls des Dachgeschosses werden zu Wohnzwecken genutzt. Der überwiegende Gebäudeaufriß zeigt das ganze 19. Jh. hindurch einstöckige Häuser; eineinhalbgeschossige Bauten wurden erst gegen Ende des Jahrhunderts üblich, und zwei- bzw. zweieinhalbstöckige Häuser waren eher die Ausnahme. Hinsichtlich der Stellung der Häuser zur Straße muß mehrheitlich von Traufständigkeit ausgegangen werden. Aufgrund des durch fluviatile Erosion stark zertalten Reliefs sind viele Häuser an den Hang gebaut. Gegen Ende des Jahrhunderts wurden die davor dominierenden Fachwerkhäuser von verputzten Häusern abgelöst.

Im 19. Jh. war die Besiedlung des unteren Ortsteils (Untertal) stärker ausgeprägt als die des oberen. Der Ortskern liegt hier bei der katholischen Pfarrkirche, wo die Siedlung besonders stark verdichtet ist. Neben diesem von Schulstraße, Hauptstraße und Liehenbachstraße eingesäumten alten Siedlungskern befindet sich im Bereich der Seßgasse und des Altenbergwegs ein weiteres, räumlich stark konzentriertes Siedlungsband, das sich in der Hauptsache aus Winzerhäusern zusammensetzt. Weitere alte Siedlungskerne des Untertals sind die Zinken Matthäuser, Liehenbach und Laube. Der Zinken Matthäuser erscheint weilerartig. Die Zinken Liehenbach und Laube haben haufendorfähnlichen Charakter, wenngleich das Siedlungsbild der Laube eine stärkere Orientierung an der Ortsdurchfahrt (Hauptstraße) aufweist. Oberhalb der Laube bricht das Siedlungsband ab und setzt sehr ausgedünnt erst wieder am Eingang einer starken Rechtskurve der Hauptstraße ein. Die Besiedlung im Zentrum des oberen Ortsteils (Obertal) orientiert sich vor allem am Verlauf der Ortsdurchfahrt (Hauptstraße als Teil der heutigen L83). Der eigentliche Siedlungskern ist zwar als solcher zu erkennen, doch ist er nicht so dicht bebaut wie der des Untertals. Die restliche Besiedlung des oberen Ortsteils ist mit den verschiedenen Zinken sehr weit gestreut. Der Wohnplatz Büchelbach kann als typische Streusiedlung bezeichnet werden; die Zinken Denni und Schafhof lassen eine ähnliche Siedlungsstruktur erkennen. Auf dem Hungerberg ist die Besiedlung wiederum weilerartig, und in den Zinken Haaberg, Schönbüch, Buchkopf, Schwarzwasen, Steckenhalt und Hof verläuft sie weitestgehend zeilenförmig entlang der vom Tal heraufführenden Straßen oder Wege.

Die Siedlungsentwicklung der ersten dreißig Jahre des 20. Jh. ist trotz des Ersten Weltkriegs durch eine Zunahme der Bevölkerung geprägt. Die seit der Jahrhundertwende wachsende Gebäudezahl entwickelte sich zwischen 1910 und 1925 gebremst; es muß für diesen Zeitraum von einer schlechten Wohnraumversorgung ausgegangen werden.

In den ersten drei Dezennien des 20. Jh. wurden in den Ortskernen des Untertals und des Obertals die verbliebenen Freiflächen überbaut und bewirkten eine weitere Siedlungsverdichtung. Im Untertal kam es daneben durch eine verstärkte Besiedlung auf der Lachmatt zu einer Verbindung der alten Siedlungskerne Untertal und Laube, und im Obertal wuchsen die Zinken Haaberg und Büchelbach durch eine verstärkte Siedlungstätigkeit vom Bühlottal her langsam mit der Talbebauung zusammen. In jenen Jahren war ganz allgemein eine rege Siedlungstätigkeit im Obertal festzustellen.

Entscheidend für das Wachstum des Gebäudebestands war vor allem der Zeitraum von 1950 bis 1960. Von 1956 bis 1961 verzeichnete Bühlertal den stärksten Bevölkerungszuwachs überhaupt. Die Zuwachsrate der Wohngebäude lag zwischen 1950 und 1961 bei 36,8 Prozent und war damit überproportional hoch. Mit einem sich zahlenmäßig langsam angleichenden Verhältnis von Haushalten und Wohnungen, einer allgemeinen Verkleinerung der Haushaltsgröße und einer erkennbaren Tendenz zu mehr Wohnraum war bis in die 1960er Jahre – verglichen mit den Verhältnissen im vorherigen Jahrhundert – eine erhebliche Entlastung der Wohnraumsituation gegeben.

Zwischen 1930 und 1960 entstanden mit großen zweistöckigen, zumeist giebelständigen Zweifamilienhäusern erstmals nicht mehr landwirtschaftlich geprägte Hausformen. In der Entwicklung der Siedlungsform wurde bis Ende der 1950er Jahre im Untertal eine neue Tendenz erkennbar. Mit dem Jeichelweg, dem Butzengraben und der Hindenburgstraße wurden die Talhänge rechts der Bühlot

A. Naturraum und Siedlung

Bühlertal von Osten.

besiedelt. Im Obertal fand in diesem Zeitraum eine verstärkte Besiedlung auf der Breitmatt und im Bereich der Jahnstraße statt. Mit Ausnahme des Zinkens Schönbüch bzw. Schönbücher Rütte, der durch eine etwas stärkere Ansiedlungstendenz gekennzeichnet ist, kamen in den übrigen Siedlungsplätzen des Obertals nur vereinzelt einige Häuser hinzu. 1936 wurde auf dem Hungerberg die durch die Bevölkerungszunahme im Obertal notwendig gewordene neue katholische Pfarrkirche Liebfrauen errichtet.

Wenngleich zwischen 1961 und 1968 die Wachstumsrate der Gebäude mit 16 Prozent recht hoch war, war sie im Vergleich zu den 1950er Jahren doch wieder zurückgegangen. Ende der 1960er und Anfang der 1970er Jahre war in Bühlertal erstmals ein zahlenmäßig ausgeglichenes Verhältnis von Haushalten und Wohnungen erreicht. Generell steht heute den einzelnen Haushalten eher zu viel als zu wenig Wohnraum zur Verfügung.

In den 1960er Jahren wurden weiterhin die großen zweigeschossigen Zweifamilienhäuser gebaut, wie sie beispielsweise in der oberen Hindenburgstraße anzutreffen sind, doch stellen diese wie die einzelnen kleinen, zweieinhalbstöckigen Häuser ohne Kellergeschoß (z.B. im Albert-Bäuerle-Weg im Zinken Denni) eher die Ausnahme in einer Übergangsphase dar, in der es bis Anfang der 1970er Jahre vornehmlich zum Bau von ein- bis anderthalbstöckigen Häusern kam, die bedingt durch die häufige Hanglage die ersten Einliegerwohnungen im Erdgeschoß aufweisen.

Eine neue Bebauung ist bis zum Beginn der 1970er Jahre im Untertal in den Zinken Liehenbach (Wolfinstraße) und Wintereck (Holzmattweg) festzustellen. Nach der anfänglichen Besiedlung vom Obertal her wurde die Hindenburgstraße nun gänzlich erfaßt und bildet seit den frühen 1970er Jahren ein nahezu geschlossenes Siedlungsband. Auf der Bühn, am Übergang vom Unter- zum Obertal, entstand 1962/63 das Freibad, in der Eichwaldstraße des Obertals 1961/62 die Dr.-Josef-Schofer-Schule. Neue Siedlungsgebiete des Obertals sind in den Seitentälern der Bühlot vor allem die Sundhaldstraße und die Katzenbachstraße. Mit der fortgesetzten Bebauung der Büchelbachstraße wächst der Zinken Büchelbach mit der Talbesiedlung zusammen. Im Zinken Denni wird entlang des Albert-Bäuerle-Wegs eine neue Siedlungsreihe angelegt, und auch der Längenberg wurde in diesem Zeitraum erstmals verstärkt besiedelt.

Bei einem gemäßigten Wachstum des Gebäudebestands, der sich zwischen 1970 und 1985 auf jeweils knapp über 6 Prozent in fünf Jahren belief, vollzog sich von 1970 bis 1990 ein bedeutender Wandel hinsichtlich der Größenverhältnisse der Wohnungen. Die ständige Zunahme der Wohnungen mit sechs und mehr Räumen führte dazu, daß derart große Wohnungen 1990 den Hauptanteil ausmachten. Im Hinblick auf die sich weiterhin fortsetzende Tendenz zu kleineren Haushalten mit zwei und drei Personen kann von einer Entwicklung zu sehr viel Wohnraum gesprochen werden.

In den 1970/80er Jahren wurden vornehmlich ein- bis anderthalbstöckige Wohnhäuser mit Einliegerwohnungen gebaut. Nahezu jedes Haus in dem großen Neubaugebiet in der Steckenhalt zeigt diesen Aufriß. Neubaugebiete entstanden in diesem Zeitraum im Untertal, wie beispielsweise jenes Am Rebhang, das parallel zur oberen Liehenbachstraße verläuft, und im Obertal entlang den neu angelegten Straßen Sonnenhang und Am Eichenwäldchen unterhalb des Längenbergs sowie das schon erwähnte Neubaugebiet im Zinken Steckenhalt. Vor allem die beiden letztgenannten Neubaugebiete zeichnen sich hinsichtlich der Straßenführung durch die Anlage von Sackgassen oder sogenannten Wendehämmern aus. Einer fortgesetzten starken Besiedlung unterliegt im Untertal die Hindenburgstraße. Veränderungen in den Siedlungskernen des Ober- und Untertals beschränken sich in diesen Jahren auf den großen Neubau des Hauses des Gastes (1981/82 im Obertal) und auf den neuen Kindergarten, die Winzergenossenschaft und einen Erweiterungsbau der seit 1926 existierenden Franziska-Höll-Schule in der Schulstraße des Untertals.

Der Gebäudebestand des Jahres 1997 belief sich auf 2034 Häuser, in denen insgesamt 3602 Wohnungen zur Verfügung standen. Mit einer seit 1990 festzustellenden leichten Zunahme der kleineren Wohnungen bis zu drei Räumen ist möglicherweise eine Entwicklungstendenz angedeutet, die dem Wohnraumbedarf des modernen Kleinhaushalts (Single-Haushalt bzw. 2–3 Personen-Haushalt) angemessener erscheint als der tatsächlich noch gegebene Überschuß an sehr großen Wohnungen. Insgesamt läßt sich für das Bühlertal damit eine Entwicklung feststellen, die von engen und äußerst kleinräumigen Wohnverhältnissen im 19. Jh. ausging und zu einer wohnungsgrößenbezogenen Fehlbelegung im 20. und 21. Jh. führte.

Auch in den 1990er Jahren wurden wie in den 1970/80er Jahren vornehmlich ein- bis eineinhalbstöckige Einfamilienhäuser mit Einliegerwohnungen gebaut; daneben freilich auch ein nicht unbeträchtlicher Teil an großen Zwei- und Mehrfamilienhäusern. Neben Einliegerwohnungen weisen diese großen Häuser in den Erdgeschossen auch Ga-

A. Naturraum und Siedlung

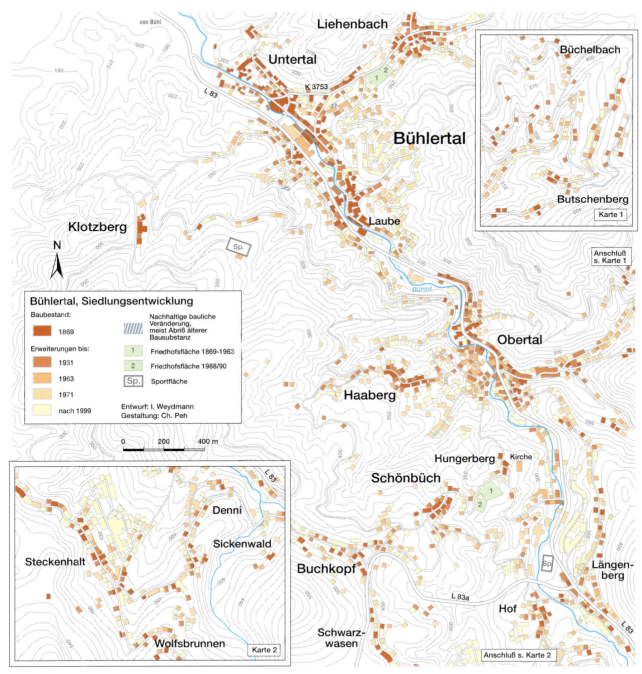

Siedlungsentwicklung von Bühlertal.

Franziska-Höll-Schule in Bühlertal (Untertal).

ragen auf. Eine neue Hausform der 1990er Jahre stellt das Doppelhaus dar, das sich hauptsächlich im Neubaugebiet der Steckenhalt findet.

Seit Ende der 1980er Jahre sind keine grundlegend neuen Besiedlungstendenzen mehr festzustellen. Die jüngere Bautätigkeit beschränkt sich im gesamten Siedlungsbereich hauptsächlich auf die Schließung von Baulücken. Einige wenige, jedoch nicht minder bedeutende bauliche Neuerungen haben allerdings entscheidenden Einfluß auf das Siedlungsbild. So wurden beispielsweise im Untertal mit der Errichtung des Seniorenzentrums auf den Freihöfen zwischen 1994 und 1996 die dort gewachsenen Strukturen stark überprägt. Gleiches gilt für das neue Untertäler Pfarrhaus und das benachbarte Mehrfamilienhaus in der Schulstraße sowie für den großen Wohnkomplex auf der Lachmatt. Ähnliche Tendenzen sind auch im Obertal festzustellen. Auch hier wurden am Ausgang der Laubenstraße und entlang der Ortsdurchfahrt in Richtung Sand große Gebäudekomplexe errichtet, die das dörfliche Gepräge etwas verwischen und städtische Elemente in das Siedlungsbild bringen. Ein Gebäudekomplex in der Laubenstraße wird ausschließlich zu Wohnzwecken genutzt. Die beiden anderen an der Ortsdurchfahrt dienen sowohl der Wohn- wie der Geschäftsnutzung. Bereiche, in denen im Obertal bevorzugt gebaut wird, sind die Schoferstraße im Zinken Büchelbach, dessen originärer Streusiedlungscharakter nun gänzlich verloren scheint, und das in den 1970/80er Jahren angelegte Neubaugebiet unterhalb des Längenbergs. Hier entstand entlang der Straße Am Eichenwäldchen eine lange Siedlungsreihe gleichförmiger Mehrfamilienhäuser. Bevorzugter Siedlungsplatz im Untertal ist in diesen Jahren nur der Zinken Wintereck.

Für die Besiedlung des Bühlertals bleibt insgesamt festzuhalten, daß sie spätestens seit den 1970er Jahren deutliche Merkmale einer Zersiedelung und Überprägung gewachsener Siedlungsstrukturen aufweist. Unter Berücksichtigung beider Aspekte hat die Gemeinde im aktuellen Flächennutzungsplan 2012 nur verhältnismäßig kleinräumige und als Ergänzungsflächen zu den bereits bestehenden Wohnbauflächen gedachte Gebiete als mögliche Neubauflächen ausgewiesen.

Der Flächennutzungsplan von Bühlertal gibt Auskunft über die funktionsräumliche Gliederung der Siedlung und Gemarkung. Ein Großteil der 1767,7 ha umfassenden Gesamtfläche ist mit Wald bestockt. Aber auch die landwirtschaftliche Nutzfläche überzieht einen erheblichen Teil der Gemarkung. Dabei handelt es sich weitestgehend um Grünland und Streuobstbestände. Ackerflächen größeren Umfangs sind im Zuge des Strukturwandels nahezu ganz verschwunden. Heute bestehen lediglich noch kleinräumige Felder und Hausgärten, die zur Deckung des Eigenbedarfs bewirtschaftet werden. Die Rebfläche Bühlertals beschränkt sich im wesentlichen auf den Ortsteil Untertal, wo es vor allem im Bereich Session, Hohrain, Altenberg, Grenisberg, Hungerberg und Rütte ein geschlossenes Weinanbaugebiet gibt. Gemeinbedarfsflächen sind alle öffentlichen bzw. gemeinnützigen Einrichtungen, so z.B. die Kirchen, Schulen und Kindergärten des Unter- und Obertals, das Seniorenzentrum und die Gebäude der Freiwilligen Feuerwehr im Untertal und der Gemeindeverwaltung, das Haus des Gastes, das Freibad sowie das Kinderheim Mecki im Obertal.

Eine Sonderbaufläche liegt nur im Bereich des Mittelberg-Sportplatzes vor, wo in den nächsten Jahren ein großes Stadion samt einer neuen Sporthalle entstehen soll. Reine Gewerbeflächen, wie sie in Bühlertal nur in geringem Umfang zu finden sind, beschränken sich auf Bereiche älterer gewerblicher Ansiedlung. Das betrifft im Untertal das Gewerbegebiet unmittelbar am Ortseingang, das bis ins 19. Jh. als Standort des Bühlertäler Eisenwerks diente. Mitte des 19. Jh. war es Standort eines Sägewerks, an dessen Stelle heute ein Gabelstaplerwerk und ein Supermarkt stehen. Auch der größte Industriebetrieb Bühlertals, ein Zweigwerk der Firma Bosch, nimmt mit seinen Fabrikgebäuden einen ehemaligen Mühlenstandort ein und geht damit auf eine alte gewerbliche Nutzung zurück. Gleiches gilt für das gegenüber dem Betriebsgelände von Bosch gelegene Gewerbegebiet, wo ehemals eine der vielen Zigarrenfabriken Bühlertals stand. Am Eingang der Eichwaldstraße ist seit den 1970er Jahren der gemeindeeigene Bauhof angesiedelt; davor bestand dort eine Zimmerei.

Flächen, die ausschließlich der Wohnnutzung dienen, liegen im Untertal im Bereich Jeichelweg/Hindenburgstraße sowie im Zinken Matthäuser und entlang der Laubenstraße, im Obertal entlang des Längenbergs und im Bereich Sonnenhang/Am Eichenwäldchen sowie im großen Siedlungskomplex der Steckenhalt. Etwas größer als im Zinken Büchelbach sind die Gebiete reiner Wohnnutzung in den Zinken Schönbüch und Buchkopf.

Gebiete einer gemischten Nutzung beschränken sich im wesentlichen auf die alten Ortskerne des Unter- und Obertals sowie auf das Siedlungsband entlang der Hauptstraße. Die Bühlertal zukommende Funktion eines Unterzentrums, das die Versorgung mit Gütern und Dienstleistungen des täglichen bis mittelfristigen Bedarfs abdeckt, kommt in der Hauptsache in diesen gemischt genutzten Bereichen zum Ausdruck.

Neubaugebiet am Eichenwäldchen in Bühlertal (Obertal).

Die verhältnismäßig große Längserstreckung des Bühlertals ließ im Unter- und Obertal zwei gleichwertige Ortskerne entstehen. Der Ortskern von Untertal mit seinen Wohn- und Geschäftshäusern wird im Aufrißbild entscheidend von drei bedeutenden Bauwerken bestimmt. Sowohl die 1862/64 errichtete katholische Pfarrkirche St. Michael als auch das bereits 1769 erbaute Pfarr- und Schulhaus sowie die 1839 als Schulhaus errichtete und später als Rathaus adaptierte »Alte Universität« geben diesem Wohn- und Geschäftszentrum sein eigenes Gepräge. Die Kaufstätten sind allesamt in den Erdgeschossen der Gebäude eingerichtet. Über ihnen befinden sich Wohnungen. Diese Läden – darunter zwei Bäckereien und eine Metzgerei – stellen im wesentlichen die tägliche Grundversorgung sicher. Daneben sind hier zwei Friseursalons angesiedelt, von denen einer auch Wäsche und Schreibwaren anbietet. Des weiteren gehören zu diesem zentralen Bereich mehrere Gaststätten, ein Antiquitätengeschäft und eine Autowerkstatt. Zwischen dem Ortseingang und dem Untertaler Ortskern findet sich neben einer Zimmerei, einem Farbengeschäft und der Raiffeisen-Warengenossenschaft eine Apotheke. An den zentralen Ortskern schließt in südöstlicher Richtung bis zur Einmündung der Liehenbach- in die Hauptstraße ein Mischgebiet mit einer Fahrschule, der Niederlassung einer Versicherungsgesellschaft, einem Bekleidungsgeschäft, zwei Bankfilialen, einem Drogeriemarkt und einem Schuhgeschäft an, zu dem auch ein Haushaltswarengeschäft in der Liehenbachstraße gehört. Im weiteren Verlauf der Hauptstraße verringert sich die Zahl der Geschäfte und Kaufläden. Funktionsbestimmend sind aber eine Nähstube, ein Spielwarengeschäft, ein Getränkemarkt, eine Konditorei mit angeschlossenem Café, eine Versandhausfiliale, eine weitere Bankfiliale, eine Fahrschule und ein Elektrofachgeschäft. In diesem Bereich liegt auch das Museum Geiserschmiede, das in jüngerer Zeit von der Gemeinde und örtlichen Vereinen unter großem Aufwand her- und eingerichtet wurde.

Der Wohn- und Geschäftsbereich des Obertals läßt keinen so geballten Ortsmittelpunkt hervortreten, wie es ihn im Untertal gibt. Er hält sich im wesentlichen an den Verlauf der Hauptstraße (L83). Gegenüber dem Haus des Gastes setzt dieser Mischbereich zunächst mit einer Änderungsschneiderei, einer Bäckerei und einer Möbelwerkstätte ein. Prägend wirken dann auch die Gebäude der Gemeindeverwaltung, die zum eigentlichen Geschäftsbereich im Obertal überleiten. Auch er ist durch mehrere Kaufstätten zur Deckung des täglichen Bedarfs gekennzeichnet. Neben zwei Bäckereien und zwei Metzgereien befindet sich hier ein Supermarkt. Drei Bankfilialen, zwei Drogeriemärkte, drei Bekleidungsgeschäfte – darunter ein Sportbekleidungsgeschäft –, ein Schuhgeschäft, zwei Friseursalons, ein Elektrofachgeschäft, eine Reinigung mit angeschlossenem Reisebüro, eine Apotheke, eine Konditorei mit zugehörigem Café, eine Praxis für Krankengymnastik mit angegliederter Postagentur, zwei Gärtnereien, ein Geschäft des Sanitärbereichs, ein Omnibusbetrieb, je ein Schreibwaren-, Juwelier-, Foto- und Gardinengeschäft und die Niederlassung einer weiteren Versicherungsgesellschaft machen ein vielfältiges Angebot und erfüllen unterschiedliche Bedürfnisse.

Die weiteren Mischfunktionen im Gemeindegebiet Bühlertals, die nicht mehr den zentralen (Wohn- und) Geschäftsbereichen zuzurechnen sind, erklären sich zu einem großen Teil durch selbständige Handwerksmeister, die ihre Unternehmen angegliedert an ihre Privatwohnungen führen.

B. Geschichte bis zum Ende des Alten Reiches

Siedlung und Gemarkung. – Der langgezogene Ort im Tal der Bühlot und in den kleineren Seitentälern ihrer Nebenbäche hat sich seit dem hohen Mittelalter durch die von Bühl ausgehende und allmählich talaufwärts voranschreitende Rodung entwickelt. Er besteht aus einer Vielzahl von Höfen und Zinken im Talgrund sowie an den Berghängen und verdankt seine schließlich zustandegekommene Einheit als Gemeinde gleichermaßen der von alters her bestehenden herrschaftlichen Zusammengehörigkeit wie den topographischen Gegebenheiten. Die relativ junge Unterscheidung zwischen einem Unter- und einem Obertal dient allein der räumlichen Zuordnung und war weder in kommunaler noch in herrschaftlicher Hinsicht von Belang. Zumal in älterer Zeit umfaßte die 1301 zum ersten Mal nachgewiesene Bezeichnung Bühler Tal (*Büheltal*)[1] mitunter das ganze Tal unter Einschluß von Altschweier; später beschränkte sie sich indes, soweit die Quellen nicht ohnehin unmittelbar auf die einzelnen Zinken Bezug nehmen, auf das Gebiet der zwischenzeitlich konstituierten gleichnamigen Gemeinde. Die verschiedenen dort gelegenen Höfe und Zinken finden fast allesamt bereits im späten Mittelalter Erwähnung, woraus folgt, daß die Besiedlung des Haupttals, aber auch der Nebentäler sich schon vor der Mitte des 14. Jh. in allen wesentlichen Teilen entfaltet hatte: Büchelbach 1413, Denni 1350/60, Freienhöfen 1528, Haa(gen)berg 1350/60, Hirschbach 1560, Hof 1350/60, Längenberg 1272, Liehenbach 1350/60, Markkolben 1492 (abgeg.), Matthäuser 1350 (*Mettehüsern*), Mistgraben 1492, Schönbüch 1335 und Sickenwald 1350/60. 1799 wurden zum Dorf Bühlertal die Siedlungsplätze Längenberg, Büchelbach, Obertal, Liehenbach, Haaberg, Schönbüch, Steckenhalt, Hof und Denni (*Hofdenny*), Klotzberg und Plättig sowie jenseits des Bergkammes Herrenwies und Hundsbach gerechnet. 1768 zählte man in der Gemeinde nahezu 200 Wohnhäuser, davon 26 in der Liehenbach, 46 in Freihöfen, 20 in der Laube, 27 im Obertal, vier in Klotzberg, sieben in Büchelbach, 14 in Längenberg, fünf im Hof, 18 in Steckenhalt, neun in Schönbüch, zwei in Hungerberg und zehn in Haaberg. Entsprechend der alten Pfarreizugehörigkeit wurden noch 1788 zwei »Ortsteile« unterschieden. Kirchspielseits, d.h. rechts der Bühlot, gab es damals 156 größtenteils ein- oder anderthalbstöckige Häuser und 135 Scheuern sowie sechs Pferde-, 159 Rinder- und 289 Schweineställe; links der Bühlot (windeckischerseits) lagen 79 Häuser und 74 Scheuern sowie ein Pferde-, 103 Rinder- und 152 Schweineställe.

Ganz am unteren Ende der Gemarkung, zwischen Bühlertal und Altschweier, wurden um die Wende des 19. Jh. zwei möglicherweise neolithische Steinbeile und ein kleiner »Plättstein« gefunden, deren Interpretation allerdings Probleme aufwirft, und in dem nördlich der Bühlot gelegenen Gewann Wolfshügel ist ein Münzschatz aus dem ersten Viertel des 15. Jh. zutage gekommen. Ob der um die Mitte des 14. Jh. bezeugte Flurname Wartenburg (später Wartenberg) auf eine ehemalige Wehranlage hindeutet, ist schwer zu entscheiden.

Herrschaft und Staat. – Die Entwicklung der Herrschaftsverhältnisse in Bühlertal entspricht im wesentlichen jener im Flecken Bühl, zu dessen Gerichtsstab der Ort in alter Zeit gehörte. Ebenso wie dort wurden die Windecker und ihre Erben auch hier seit dem späten 14. Jh. zunehmend durch die Markgrafen von Baden dominiert und schließlich verdrängt. Gegen Ende des 15. Jh. scheint die Herrschaft in geteilter Gemeinschaft dergestalt ausgeübt worden zu sein, daß der Ortsteil nördlich der Bühlot den Markgrafen zustand, jener südlich des Bachs den Herren von Windeck. Später verteilten sich die Anteile Badens und der Windecker an der Ortsherrschaft wie im Flecken Bühl; Konflikte bezüglich der Ausübung der jeweiligen Rechte waren ebenso wie dort gang und gäbe. 1557 und 1702 sind herrschaftliche Amtsknechte in Bühlertal bezeugt. Landesherrschaft und Landeshoheit lagen von Beginn an stets allein bei den Markgrafen von Baden; die entsprechenden Gerechtsame wurden seitens des (Ober-)Amtes Bühl bzw. Yburg wahrgenommen.

Grundherrschaft und Grundbesitz. – In der Verteilung des Grundbesitzes und entsprechender Rechte sind im Bühlertal wie in der ganzen Umgebung alte Ebersteiner Bezüge vorauszusetzen, jedoch lassen sich diese mehr vermuten als erkennen. Im späten Mittelalter erscheinen hier vor

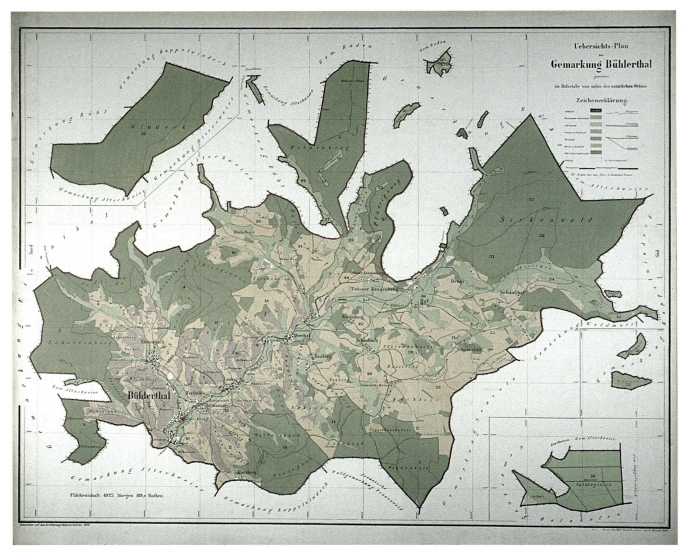

Gemarkung von Bühlertal, Ende 19. Jh.

allem vielfältige Berechtigungen – Leute, Güter, Zinse und Zehnten – der Herren von Windeck (1325), namentlich in Freihöfen, Haaberg, Längenberg und Liehenbach, darunter die offenbar im Untertal gelegenen (sieben) Markolbenhöfe mit einem Gesamtumfang von mehr als 65 Sth Reben und 20 J Feldern. Seit dem frühen 16. Jh. sind zunehmend auch Gerechtsame der Markgrafen von Baden bezeugt, allerlei Hofstatt- und Güterzinse u.a. in Haaberg, Hof, Längenberg, Schönbüch und Sickenwald sowie Leiherechte an drei Rebhöfen in der Liehenbach. Als Nachfolger der von Bach hatten die Inhaber des unteren Schlosses zu Neuweier vom 16. bis ins 18. Jh. Geld- und Naturalrenten aus der Liehenbach und den Matthäusern und waren zu einem Drittel Teilhaber an dem etwa 400 M umfassenden Sickenwald.

Außerdem waren im 14. Jh. die Straßburger Bürger Heinrich gen. Veieler (1318) und Berthold von Söllingen (1355) hier begütert, die Röder von Tiefenau erwarben 1409 Einkünfte in Längenberg und Schönbüch; Berechtigungen der von Rust, die vermutlich auf Verwandtschaft mit dem Adel dieser Region zurückzuführen sind, gelangten um die Mitte des 15. Jh. an das Kloster Lichtenthal. In der frühen Neuzeit belehnten die Markgrafen von Baden wiederholt hohe Beamte und ihre Familien mit Gütern und Zinsen im Bühlertal, so die Landschad von Steinach (vor 1581), von Aschmann (1581), von Hauthumb (1627), von Hinderer (1671/1787) und Brombach von Tiefenau (1707/85).

Das Alter des geistlichen Grundbesitzes im Bühlertal ist im einzelnen nur schwer zu bestimmen. Am ältesten ist er vielleicht im Falle des Klosters Schwarzach, dem hier 1350 einige Grundstücke geschenkt wurden und das um die Mitte des 15. Jh. einen Rebhof in Altenberg, ganz am unteren Ende der Gemarkung, zu verleihen hatte; vor allem im 16. Jh. hat Schwarzach in der Liehenbach und in Freihöfen eine ganze Reihe von Zinsen bezogen, teilweise auch dazuerworben. Bis in ebersteinische Zeit reichen vermutlich die Gerechtsame des Klosters Reichenbach im Murgtal zurück, die 1583 durch Tausch an den Markgrafen von Baden gelangten. Die hiesige Begüterung der Lichtenthaler Zisterzienserinnen geht, wie erwähnt, auf eine Nonne aus der Familie von Rust zurück, umfaßte Besitz in der Liehenbach sowie im Schönbüch (3 Lehen) und schloß die Teilhabe am Hubgericht im Bühlertal ein; einen weiteren Teil am Hubgericht konnte das Kloster 1497 von dem Stollhofer Vogt Hans von Ramberg käuflich erwerben. Verschiedene Fonds der Kirche zu Bühl hatten hier seit dem 14. Jh. Einkünfte; für die Kirchen zu Steinbach und Kappelwindeck lassen sich solche 1479 bzw. seit der Wende zum 18. Jh. nachweisen und für die örtliche Kapelle der Hll. Michael und Wendelin seit der ersten Hälfte des 16. Jh. Schließlich bezogen das Kollegiatstift (1485), das Almosen (1581) und die Jesuiten (1771) zu (Baden-)Baden Zinse aus dem Bühlertal.

Gemeinde. – Das Bühler Tal gehörte aufgrund der siedlungsgeschichtlichen Entwicklung von jeher zum Bühler Gericht und stellte in diesem auch Beisitzer, die allerdings nur das halbe Urteilsgeld erhielten. Ende des 16. Jh. ist von der hiesigen Bauernschaft und ihrem Heimbürgen die Rede, in einer Urkunde von 1663 von der Bürgerschaft oder Gemeinde. 1765 gab es am Ort einen Stabhalter und einen Bürgermeister, der durch Vierleute unterstützt wurde. Gemeindebedienstete waren der Fronschreiber, die Hirten,

St. Michael-Kirche in Bühlertal (Untertal).

die Feuerschauer, der Brotwieger, der Fleischschätzer, nicht weniger als drei Boten, der Mesner, der Waldmeister mit mehreren Waldknechten und eine Hebamme. Die Entstehung kommunaler Strukturen dürfte hier anfangs aufgrund der Tatsache behindert gewesen sein, daß das Tal zwei verschiedenen Kirchspielen und daher zwei verschiedenen Allmendgenossenschaften angehörte. Das Bürgerhaus stand bei der Laube; es wurde zugleich als Rat- und Wirtshaus genutzt. Nachdem die Gemeinde ihre Laube und das Hirtenhaus verkauft hatte, besaß sie 1773 nur noch das Gebäude, in dem der Pfarrer und der Schulmeister wohnten.

Kirche und Schule. – Bis zur Errichtung einer eigenen Pfarrei am Ort im Jahre 1763 zählte das Bühlertal nördlich der Bühlot zum Kirchspiel von Bühl, südlich zu jenem von Kappelwindeck. Eine Kapelle zu Ehren der Hll. Michael und Wendelin ist seit dem frühen 16. Jh. bezeugt. Aufgrund zahlreicher Zuwendungen konnte ihr Heiligenfonds im Laufe der Zeit ein sehr beachtliches Vermögen ansammeln und wurde von der örtlichen Bevölkerung vom 16.

bis ins 18. Jh. vielfach als Darlehnskasse in Anspruch genommen. In der Zeit der Oberbadischen Okkupation fand in der Kapelle zeitweise gegen den Willen der Herrschaft katholischer Gottesdienst statt. 1685 übernahmen die Jesuiten aus Ottersweier die Seelsorge im Tal. Die 1721 neuerbaute Kirche wurde nach Gründung der Pfarrei 1781 vergrößert; die Baupflicht, auch für das Pfarrhaus, lastete auf der Gemeinde, die darüber hinaus für den Unterhalt des Schulmeisters und des Mesners aufzukommen hatte. Assistiert wurde dem Pfarrer in seinem ausgedehnten Sprengel mit rasch wachsender Seelenzahl durch einen Frühmesser aus der Jesuitenniederlassung in Ottersweier und nach deren Aufhebung durch einen Franziskanerpater vom Fremersberg. Um 1768 wurde in der Liehenbach eine Kapelle errichtet, zwei weitere Kapellen gab es im Obertal und im Zinken Hof.

Die Aufteilung des Zehnten und seiner verschiedenen Distrikte im Bühlertal war ähnlich kompliziert wie die Siedlungsstruktur. Am Ende des 16. Jh. bestand zum einen der sogenannte herrschaftliche (badische) Weinzehnt, an dem auch das Kloster Lichtenthal (²⁄₄) und die Röder (¹⁄₄) beteiligt waren. Darüber hinaus gab es die Frucht- und Weinzehnten der Pfarrei Bühl, des Mesners, der Windecker und des Pfarrers zu Ottersweier sowie eine Sonderzehntberechtigung des Klosters Schwarzach. Zwischen der Bühlot und dem Liehenbach gehörte der Frucht-, Wein- und Heuzehnt vorab zu einem Zwölftel dem Markgrafen; der Rest war zwischen dem Landesherrn und denen von Schauenburg (ehem. von Bach, später Baden) zweigeteilt, allerdings hatte von der badischen Hälfte auch noch das Kloster Reichenbach ein Viertel zu beanspruchen. Schließlich verfügten die örtliche St. Michael- und Wendelin-Kapelle, die St. Peter und Paul-Kirche zu Bühl und die Hl. Kreuz-Pfründe zu Kappelwindeck über Zehntrechte im Tal. Woher alle diese Ansprüche rührten, ist im einzelnen kaum mehr zu klären; zum einen ist dabei wohl an alte ebersteinische Gerechtsame zu denken – daher vermutlich ein Teil der badischen und vielleicht die Kloster Reichenbacher Rechte –, daneben an solche der Windecker und anderer Adliger (von Spachbach, von Bach, von Enzberg, von Neulingen, Röder, Kolb von Staufenberg u.a.; später z.T. in badischem Besitz) sowie an Berechtigungen der für das Gemeindegebiet ursprünglich zuständigen Pfarreien.

Einen Schulmeister gab es im Bühlertal wohl schon um 1720, zwei Menschenalter später waren es sogar deren zwei, der eine im Untertal, der andere im Obertal; 1777 haben die Einwohner der Zinken Hungerberg, Schönbüch,

Altes Pfarrhaus in Bühlertal (Untertal).

Steckenhalt, Denni, Hof und Längenberg wegen des allzu weiten Wegs ihrer Kinder ins Untertal um eine eigene Schule gebeten. Unterricht wurde offenbar zunächst im Bürgerhaus in der Laube gehalten, dann in dem 1768 erbauten Schul- und Pfarrhaus. Wie anderwärts war der Schulmeister von Bühlertal zugleich Mesner, Organist und Uhraufzieher.

Bevölkerung und Wirtschaft. – 1585 lebten in Bühlertal und Altschweier zusammen 284 Erwachsene (Männer und Frauen), d.h. beide Orte hatten insgesamt etwa 570 Einwohner. In Bühlertal allein zählte man 1765 148 Bürger und 33 Hintersassen, woraus auf eine Gesamteinwohnerzahl von rund 800 zu schließen ist. In den folgenden Jahren nahm die Bevölkerung rapide zu; mit leichten Schwankungen stieg sie von 1060 im Jahre 1772 auf 1256 (1781), ging Ende der 1780er Jahre wieder stark zurück (1788 1034, 1789 909), um allerdings schon im Jahr 1800 mit 1762 Seelen einen neuen vorläufigen Höchststand zu erreichen.

Ihren Broterwerb fanden die Einwohner in den unteren Regionen des Tals schon während des Mittelalters vornehmlich im Anbau von Wein, der ob seiner Qualität von alters her gerühmt wurde, sowie in der Viehhaltung, in den oberen Lagen aber ganz überwiegend in der Viehhaltung. Die Weiderechte der Bauernschaften im Bühlertal reichten bis an den Immenstein bei Neusatzeck und an den Burgweg; darüber hinaus durften die hiesigen Ochsner ihr Vieh bis auf das Forlenfeld mit den Grinden, auf das Mittelfeld und nach Herrenwies treiben. Wegen der Schweinemast und dem Beholzungsrecht gab es immer wieder Auseinandersetzungen mit den Allmendgenossen des Steinbacher Kirchspiels. 1788 wurden in Bühlertal insgesamt nur zehn Pferde gehalten, dafür aber nicht weniger als 805 Rinder, 518 Schweine, 250 Ziegen und acht Schafe; so eindrucksvoll dieser Viehbestand auf den ersten Blick erscheint, könnten die relativ vielen Ziegen im Tal doch auch auf einen beträchtlichen Anteil einkommensschwacher Bevölkerung hindeuten.

Indes wurden die im Tal und seiner Umgebung gelegenen Wälder nicht allein für die Viehweide genutzt, vielmehr verkaufte man daraus auch Holz und verarbeitete dieses mitunter noch vor Ort. Bereits 1371 ist hier ein Reinhard Seger bezeugt, von dessen Namen man wohl auf seine Tätigkeit als Sägmüller schließen darf. Zu Beginn des 18. Jh. wurden hier wenigstens fünf Sägmühlen betrieben, die Untere (am südwestlichen Gemarkungsende), Mittlere (Laube) und Obere (Obertal) sowie die Hintere (unterhalb von Hungerberg) und die Steckenhalter Sägmühle. Aber trotz eigener Wälder kauften die Bühlertäler 1523 auch Holz aus dem Beurer Tal. Möglicherweise war dies schon damals durch eine Übernutzung der Ressourcen am Ort bedingt, denn 1556 mußte die Obrigkeit eine Ordnung gegen das Ausholzen der Wälder erlassen, in der sie verfügte, die Genossen beider Kirchspiele sollten den Sägern nicht mehr Holz liefern, als den Wäldern zuträglich sei. Den Sägmüllern wurde bei gleicher Gelegenheit untersagt, Borte an Fremde zu verkaufen, solange die Einheimischen nicht versorgt waren. Für die Holzflößerei aus dem Windecker Wald staute man im 18. Jh. die Bühlot mittels Wehren und legte Schwallungen an. Das Flößen des Scheitholzes zum Bühler Holzfang verursachte wiederholt Schäden an Gebäuden und Gütern. Die ärmeren Bevölkerungsschichten des Tals lebten nicht zuletzt vom Holzmachen und Kohlenbrennen. 1765 wurde am Schwarzenbach eine Kohlenscheuer errichtet, um die zu Säg- und Scheitholz untauglichen Stücke und sonstige Holzvorräte zu verarbeiten. Die hier erzeugte Holzkohle sollte an die örtlichen Schlosser und Schmiede sowie an das Bühlertäler Bergwerk verkauft werden. Fuhrleute aus der Gemeinde brachten die Kohle ins Tal und mußten zu diesem Zweck den Fuhrweg aus den herrschaftlichen Waldungen bis nach Herrenwies herstellen und unterhalten. Um 1800 befanden sich der Windecker Wald und die Bühlertäler Forsten infolge von herkömmlichem Raubbau und kriegsbedingter Übernutzung in einem erbärmlichen Zustand; ganze Distrikte waren ausgehauen.

Neben den Sägen gab es im Tal auch noch mehrere Mahlmühlen; am frühesten ist jene zu Matthäuser bezeugt (1533). Die Obermühle mit einem Rad und einem *Trillauf* erscheint 1598. Zwei weitere Mahlmühlen, die Eigenbesitz waren, lassen sich seit 1626 nachweisen. Zum einen handelt es sich dabei um die unterschlächtige Klumpenmühle, die 1771 zwei Mahlgänge und einen Schälgang hatte, zum anderen um die Laubenmühle mit je einem ober- und einem unterschlächtigen Gang. Darüber hinaus bestand 1702 eine Schleifmühle bei der Landwehr. In den 1770er Jahren beklagten sich die Bühlertäler Müller, das Eisenwerk entziehe ihnen das für den Betrieb ihrer Mühlen benötigte Wasser.

Um 1681 hat die badische Landesherrschaft im Bühlertal eine Eisenschmelzhütte eingerichtet. Der zwischen Altschweier und Bühlertal, ganz am unteren Ende der Gemarkung angesiedelte Schmelzofen (später mit Hammerschmiede) war – teils in herrschaftlicher Regie, teils in Pacht – mit einigen Unterbrechungen bis ins ausgehende 18. Jh. in Betrieb, wurde dann aber wegen zu geringer Ergiebigkeit der örtlichen Erzgrube und mangelnder Rentabilität eingestellt; den dazugehörigen Schmelzofen hat man bald nach 1802 abgebrochen. Die Hammerschmiede war sehr viel erfolgreicher und bestand bei gutem Absatz ihrer Produkte noch im 19. Jh. fort.

Ein Wirtshaus muß im Bühlertal schon während des 16. Jh. bestanden haben. Zu Beginn des 17. Jh. wird eines ohne Schildnamen erwähnt; vermutlich handelte es sich dabei um die gemeindeeigene Laube. Aus der zweiten Hälfte des 18. Jh. sind mehrere Gesuche um Schildgerechtigkeiten überliefert. Erst 1799 finden neben dem Laubenwirtshaus auch noch der Rebstock und der Grüne Baum Erwähnung. Ein Kramladen bestand spätestens seit 1796.

Der im Bühlertal erhobene Zoll dokumentiert ebenso wie das verlangte Weggeld die Bedeutung der von hier ins ebersteinische und württembergische Gebiet führenden Straße, der sogenannten Weinstraße, die über den Plättig und Herrenwies nach Forbach und weiter nach Schramberg führte. Die Instandhaltung dieser Straße, wozu der Bau und die Pflege zahlreicher Stege und Brücken über die Bühlot gehörten, lastete schwer auf der Gemeinde, zumal auch eine Brücke über die Raumünzach zu reparieren war (um 1533). Die dabei entstehenden hohen Kosten sollten aus dem Zoll bestritten werden, doch reichten dessen Einnahmen kaum hin, den Zollner zu besolden. Aus dem Württembergischen wurden offenbar Frucht und sonstige Lebensmittel herübergebracht, hinüber transportierte man Wein; außerdem wurden die Wege für den Transport der im Wald erzeugten Holzkohle beansprucht.

Haus des Gastes in Bühlertal.

C. Die Gemeinde vom 19. bis ins 21. Jahrhundert

Bevölkerungsentwicklung. – Seit Beginn des 19. Jh. nahm die Einwohnerzahl Bühlertals stetig zu. 1825 lebten auf der Gemarkung 2350 Einwohner. Ein erster Höhepunkt des Bevölkerungswachstums war 1849 erreicht (3365). Da jedoch die Arbeitsmöglichkeiten nicht in dem Maße zunahmen wie die Bevölkerung und mehrere aufeinanderfolgende Mißernten seit 1845/46 Hungersnöte verursachten, beschloß die Gemeinde die zwangsweise Auswanderung der Ortsarmen nach Amerika. So wurden im Januar 1855 199 Erwachsene und 109 Kinder unter zwölf Jahren nach Amerika verbracht, und die Einwohnerzahl sank auf 2708. Zu Beginn der 1860er Jahre zählte Bühlertal 2850 Einwohner, darunter 500 Gemeindebürger, 1864 waren es bereits 3127.

Die Verbesserung der Einkommensverhältnisse durch einen florierenden Weinbau und den Holzhandel führte zu einer weiteren Bevölkerungszunahme (1882 3510, darunter 583 ortsanwesende Bürger), ohne daß eine nennenswerte Ein- oder Zuwanderung stattgefunden hätte. Das Wachstum war in erster Linie auf einen konstanten Geburtenüberschuß zurückzuführen; 1882 wurden über 70 und 1883 etwa 100 Geburten mehr als Todesfälle registriert. Diese Entwicklung setzte sich in den 1890er Jahren fort; außerdem zogen die Sägewerksbetriebe auswärtige Arbeitskräfte an. Daher stieg die Einwohnerzahl noch vor der Jahrhundertwende auf über 4000 (1900 4184). Vor Ausbruch des Ersten Weltkriegs wohnten wegen der guten Arbeits- und Verdienstmöglichkeiten etwa 5000 Menschen in Bühlertal. Zwischen 1871 und 1910 war das mittlere jährliche Wachstum der Bevölkerung mit 1,37 Prozent doppelt so hoch wie im Durchschnitt bezogen auf das Gebiet des heutigen Landkreises (0,67).

Für den Ersten Weltkrieg sind 234 Gefallene zu verzeichnen. 1919 lag die Einwohnerzahl bei 5142 und wuchs infolge des Geburtenüberschusses weiter. Die Zigarrenfabriken und eine neu eingerichtete Dezimalwaagenfabrik sorgten weiterhin für den Zuzug auswärtiger Arbeitskräfte, so daß 1933 5893 Personen in der Gemeinde lebten. Der Zweite Weltkrieg brachte 490 Bühlertälern den Tod, aber schon 1946 belief sich die Bevölkerung wieder auf 5989 Seelen, und bis 1951 wuchs sie auf 6718. Zu Beginn der 1960er Jahre zählte man 7647 Einwohner (darunter 623 Vertriebene und Zugewanderte aus der SBZ), fünf Jahre später 8425. Der Verlust vieler Arbeitsplätze in der Holzindustrie und die Verlagerung bedeutender Produktionsabteilungen der Firma Bosch nach Bühl führte seit 1970 (8421,

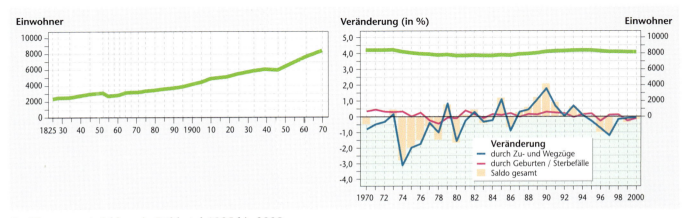

Bevölkerungsentwicklung in Bühlertal 1825 bis 2000.

darunter 347 Ausländer) zur Stagnation und anschließend zum Rückgang der Einwohnerzahlen bis 1987 (7 890). Mit der Entwicklung zum Wohnort für Berufsauspendler war schließlich seit Ende der 1980er Jahre wieder ein leichter Anstieg der Einwohnerzahlen zu verzeichnen, seit Mitte der 1990er Jahre ist die Bevölkerungsentwicklung jedoch erneut rückläufig (2000 8 166).

Entsprechend der Bevölkerungsentwicklung in der Bundesrepublik ist auch in Bühlertal eine Überalterung der Wohnbevölkerung zu konstatieren. Lag die Quote der unter 14 Jahre alten Einwohner im Jahr 1939 mit 29,5 Prozent noch deutlich über dem Durchschnitt des Landkreises (25,5 %), so entsprach sie 1987 dem Durchschnitt (14,9 %). Im gleichen Zeitraum stieg der Anteil der über 65jährigen Einwohner von 6 auf 13,7 Prozent (im Kreisdurchschnitt von 7 auf 11,1 %).

Soziale Gliederung. – Zu Beginn des 19. Jh. waren die Einwohner Bühlertals überwiegend in der Landwirtschaft, in geringerem Umfang auch in der Forstwirtschaft tätig. Trotz wachsender Bedeutung von Gewerbe und Industrie seit den 1870er Jahren arbeiteten 1895 noch immer 61,1 Prozent der Erwerbstätigen im Agrarsektor.

Erwerbstätige nach Wirtschaftsbereichen im Jahr 1895

Erwerbszweig	Erwerbstätige	Häusliche Dienstboten und Angehörige
Land- und Forstwirtschaft	1 046	1 478
Industrie und Gewerbe	411	431
Steine und Erden	2	
Metallverarbeitung	11	
Maschinen und Apparate	3	
Textilindustrie	1	
Holz- und Schnitzstoffe	130	
Nahrungs- und Genußmittel	92	
Bekleidung etc.	60	
Baugewerbe	100	
Sonstige	12	
Handel, Verkehr, Versicherungs- und Gastgewerbe	110	100
Wechselnde Lohnarbeit und persönliche Dienstleistungen	4	3
Staats- und Gemeindedienst, freie Berufe, Berufslose	142	55
Erwerbstätige insgesamt	1 713	2 067

Neben einigen wohlhabenden Einwohnern (Holzhändlern), bestand in den 1880er Jahren ein breiter Mittelstand, allerdings zählte etwa ein Drittel der Einwohnerschaft zu den gering Verdienenden. In den 1890er Jahren verbesserte sich die wirtschaftliche Lage des in der (Holz-) Industrie beschäftigten Teils der Bevölkerung, während der von der Landwirtschaft abhängige Teil aufgrund schlechter Weinjahre Einbußen zu verzeichnen hatte. Um 1900 entwickelte sich Bühlertal dann zunehmend zu einer industriell geprägten Gemeinde, in der dem Agrarsektor eine nachgeordnete Bedeutung zukam. Die Einwohner waren in den Sägewerken, Zigarrenfabriken oder sonstigen Gewerbebetrieben (Maurer) beschäftigt oder arbeiteten als Straßenbauer oder Holzfäller. Lediglich die Bewohner der Höhen- und Seitentäler, wo keine Industrie- oder Gewerbebetriebe angesiedelt waren, blieben weiter von der Landwirtschaft abhängig. Bis zum Ersten Weltkrieg sind ein stetiger Aufschwung und eine fortschreitende Industrialisierung zu verzeichnen. Mit der Ansiedlung der Firma Avog GmbH (1938) konnte das Arbeitsplatzangebot verbessert werden, was sich allerdings auf dem Arbeitsmarkt erst in den 1950er Jahren positiv auswirkte.

Zwischen 1950 und 1970 stieg der Anteil der Erwerbspersonen im Sekundärsektor von 49,7 auf 62,1 Prozent, während er im Primärsektor von 28,8 auf 5,3 Prozent sank. Im gleichen Zeitraum erhöhte sich der Anteil der im Tertiärsektor Beschäftigten von 21,5 auf 32,6 Prozent. 1987 arbeiteten 1,5 Prozent der Erwerbstätigen im Agrarsektor, 59,5 Prozent im Produzierenden Gewerbe, 11,8 in Handel und Verkehr und 27,1 in sonstigen Dienstleistungsbereichen. Unter den Beschäftigten waren 31,3 Prozent Angestellte und 47,9 Prozent Facharbeiter bzw. sonstige Arbeiter. Der Anteil der Arbeiter bzw. Facharbeiter lag damit um 4,8 Prozent höher als im Durchschnitt des Landkreises und sogar um 10,3 Prozent über dem Landesdurchschnitt.

Politik und Wahlverhalten. – Im Großherzogtum gehörte Bühlertal wie davor in der Markgrafschaft zum Amt Bühl. Die Bevölkerung war überwiegend regierungsfreundlich gesinnt, die Gemeinde spielte in der Revolution von 1848/49 kaum eine Rolle; auch danach verhielt man sich regierungstreu. Obgleich die Einwohner nahezu ausschließlich katholisch waren, kam es dank zurückhaltender Ortsgeistlicher auch im Kulturkampf zu keinen oppositionellen Aktivitäten.

Allerdings übertraf bei der Wahl zum Zollvereinsparlament 1868 das Wahlergebnis der Zentrumspartei (92,3 %)

C. Die Gemeinde vom 19. bis ins 21. Jahrhundert

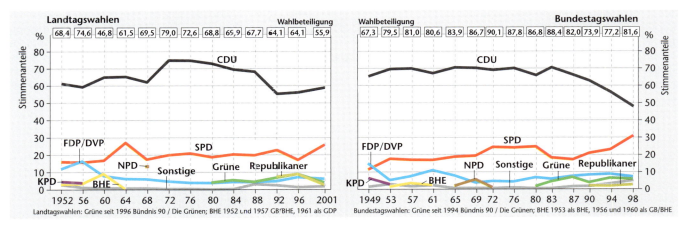

Ergebnisse der Landtags- und Bundestagswahlen in Bühlertal.

den ohnehin schon hohen Stimmenanteil im Amtsbezirk Bühl (84,7%). Bei der ersten Reichstagswahl 1871 erreichte das Zentrum bei sehr geringer Wahlbeteiligung (41,1%) mit 78 Prozent der abgegebenen Stimmen immer noch ein gutes Ergebnis, wenn auch das schwächste im Vergleich mit den Reichstagswahlen bis 1903. 1890 erzielte das Zentrum mit 92,3 Prozent das beste Bühlertäler Ergebnis aller Reichstagswahlen im Kaiserreich und in der Weimarer Republik, während die Nationalliberale Partei, auf die bisher stets der Hauptteil der Reststimmen entfallen war, sich die verbleibenden Stimmen nun mit den Sozialdemokraten (3,3%), teilen mußte, die 1887 erstmals eine Stimme erhalten hatten. Bis zum Ersten Weltkrieg blieb die Zentrumspartei mit allzeit mehr als 70 Prozent politisch die stärkste Kraft in Bühlertal. Bei der Wahl zur verfassunggebenden deutschen Nationalversammlung 1919 erlangte die SPD mit 37,7 Prozent der Stimmen ein später nicht mehr erreichtes Rekordergebnis; bei den folgenden Reichstagswahlen blieb sie stets unter 5 Prozent, während das Zentrum bis Ende der 1920er Jahre auf Reichsebene immer mehr als die Hälfte der Stimmen erhielt. Die NSDAP, die bereits bei der Landtagswahl 1925 in Bühlertal mit 5,6 Prozent der Stimmen einen Achtungserfolg erzielen konnte (gegenüber 1% im Kreisgebiet und 1,2% im Land Baden), fand bei der Reichstagswahl im November 1932 einen etwa dem Landesdurchschnitt (34,1%) entsprechenden Zuspruch (37,2%). Das Zentrum hatte erhebliche Stimmenverluste zu verzeichnen, blieb aber mit 41,9 Prozent stärkste Partei.

In der Bundesrepublik übernahm die CDU die Rolle des Zentrums und erhielt bei den Wahlen bis 1990 etwa zwei Drittel der abgegebenen Stimmen, während die SPD mit Ausnahme der ersten Bundestagswahl 1949 (11,4%) Ergebnisse um 20 Prozent zu verzeichnen hatte. Erst seit dem Ende der 1980er Jahre stattfindenden Wahlen mußte die CDU Stimmenverluste hinnehmen, erhielt bei der Bundestagswahl 1994 und den Landtagswahlen von 1992 bis 2001 aber noch weit mehr als die Hälfte der Stimmen (58,9% bei der Landtagswahl 2001). Bei der Bundestagswahl 1998 erhielt sie erstmals weniger als 50 Prozent der abgegeben Stimmen (48,1%), die SPD hingegen erreichte mit 31 Prozent (gegenüber 23,3% bei der Bundestagswahl 1994) ihr bestes Ergebnis seit Bestehen der Bundesrepublik. Die Liberalen (FDP/DVP) blieben nach Anfangserfolgen bei der Bundestagswahl 1949 (15,1%) und den beiden folgenden Landtagswahlen überwiegend unter 10 Prozent (7,4% bei der Bundestagswahl 1998), ebenso die Grünen, die ihre besten Ergebnisse in Bühlertal bei der Landtagswahl 1996 (9,1%) und bei der Bundestagswahl 1998 (6,2%) erzielten.

Allgemeine Wirtschaftsentwicklung. – Bis Mitte des 20. Jh. arbeitete die große Mehrheit der Bevölkerung innerorts. 236 Auspendlern (7,4% der Erwerbspersonen) standen 828 Einpendler gegenüber. Der Rückgang der Erwerbsmöglichkeiten führte seit den 1960er Jahren zu einem Ansteigen der Auspendlerzahlen. Lebten 1970 1 251 Berufsauspendler (33,5% der Erwerbstätigen) in Bühlertal, so waren es 1987 bereits 2 324 (62% der Erwerbstätigen), während die Einpendlerzahlen annähernd gleich blieben (1970 1 143, 1987 1 092). Die 2 635 Berufsauspendler des Jahres 1997 arbeiteten überwiegend in Bühl und der Umgebung, davon allein etwa 500 Personen im Bosch-Werk in Bühl. Ebenfalls etwa 500 Arbeitnehmer arbeiteten als Einpendler (1997 insgesamt 1 188) im Bosch-Werk Bühlertal.

Land- und Forstwirtschaft. – Während die Bewohner des Obertals um 1840 hauptsächlich Viehzucht mit vielfach eigenem Weideland betrieben oder von Ackerbau und Holzmacherarbeit lebten, spezialisierte man sich im Untertal auf den Anbau von Sonderkulturen. Zu Beginn der 1880er Jahre betrug die landwirtschaftlich genutzte Fläche der Gemarkung 868,3 ha. Da diese Fläche für die wachsende Bevölkerung viel zu klein war, mußten zwei Drittel der Familien außerhalb der Gemarkung liegende Güter pachten. Die fortschreitende Industrialisierung der Gemeinde seit Beginn des 20. Jh. wurde begleitet von einem Rückgang der landwirtschaftlich genutzten Fläche, die sich nach dem Zweiten Weltkrieg von 707 ha (1949) auf 191 ha (1971) und 132 ha (1995) reduzierte. Entsprechend verlief die Entwicklung beim Dauergrünland, das von 414 ha 1949 (58,6 % der landwirtschaftlichen Nutzfläche) auf 76 ha 1995 (57,6 %) zurückging.

Der Ackerbau, der 1873 auf 42,5 Prozent der landwirtschaftlichen Nutzfläche betrieben wurde, ging im 20. Jh. rapide zurück. Der Anteil des Ackerlands an der landwirtschaftlichen Nutzfläche sank von 28,3 Prozent 1949 (200 ha) auf 7,6 Prozent 1995 (10 ha). Bezüglich der Nutzung des Ackerlands ging der Anbau von Getreide in der ersten Hälfte des 20. Jh. am stärksten zurück, von etwa einem Drittel 1904 auf 15,5 Prozent 1949. Der folgende Anstieg der Getreideanbaufläche auf 38,1 Prozent 1971 (1995 20 %) erklärt sich aus dem Rückgang der Viehwirtschaft und dem daraus resultierenden geringeren Bedarf an Feldfutter, das von 43 Prozent (1949) auf 19 Prozent (1971) und 10 Prozent (1995) sank. Der Anteil der Hackfrüchte blieb mit etwa einem Drittel des Ackerlands während des 20. Jh. annähernd konstant.

Weitaus größere Bedeutung als der Acker- und Wiesenbau hatte der Anbau von Sonderkulturen, insbesondere von Kernobst und Wein. Im Untertal wurden auf den nicht mit Reben bepflanzten Flächen überwiegend Äpfel, Birnen, Nüsse oder auch Kastanien angepflanzt, während im Obertal hauptsächlich Kirschen gediehen. Mit dem Aufkommen der Bühler Frühzwetschge in den 1870er Jahren setzten größere Veränderungen ein. Begünstigt durch die Unrentabilität des Weinbaus in den 1880er Jahren wurden Reben in der Nähe der Talsohle entfernt und stattdessen Zwetschgenbäume gepflanzt, die steigende Erträge brachten. Um 1890 konnten die Erträge aus Bühler Frühzwetschgen bereits die schlechten Weinerlöse ausgleichen. Neben der eigentlichen Frühzwetschge erbrachten alte Lokalsorten wie Zimmers-, Eisentaler, Sasbacher und Lützelsachsener Zwetschgen unter dem Namen Frühobst gute Erlöse. Noch vor dem Ersten Weltkrieg bildete der zunehmende Zwetschgenexport für viele Landwirte einen bedeutenden Nebenverdienst, daneben wurden Pflaumensorten, Mirabellen und Pfirsiche angebaut. In eigenen Brennereien wurde und wird noch heute Zwetschgen-, Birnen- und Kirschwasser gebrannt.

Neben der Steigerung des Anbaus von Kernobst intensivierte man auch den von Beerenobst. Zunächst wurden Himbeeranlagen eingerichtet, die sich aber aufgrund des Zeitaufwands für die Pflückarbeiten als unrentabel erwiesen. Stattdessen entstanden große Erdbeerplantagen, so daß Anfang der 1950er Jahre Bühlertal die größte Erdbeeranbaufläche im Kreis Bühl aufzuweisen hatte. Andere Sorten von Beerenobst waren zu diesem Zeitpunkt nicht von Bedeutung, abgesehen von Waldheidelbeeren und Waldhimbeeren, die mancher Familie ein zusätzliches Einkommen gaben. 1953 waren 6 153 Apfelbäume, 1 678 Birnbäume, 4 997 Kirschbäume und 22 956 Zwetschgen- und Pflaumenbäume vorhanden. Dreißig Jahre später war der Obstbau für Bühlertal in finanzieller Hinsicht nicht mehr interessant. Schlechte Preise und ein unsicherer Absatz führten dazu, daß Obstbäume, Erdbeerfelder sowie Himbeer- und Brombeeranlagen zunehmend verschwanden und die verbliebenen Zwetschgen oft gar nicht mehr geerntet wurden. 1986 standen noch 45 ha als Gartenland und für den Obstbau in Verwendung. Da im Obertal die Obstreife etwa drei Wochen später einsetzt als in den tiefer gelegenen Anbaugebieten, ist der Anbau von Obst mittlerweile nur noch im Untertal rentabel.

Der Weinbau in Bühlertal pflegt von alters her die Rebsorten Blauer Spätburgunder und Riesling; hinzu kam in den 1820er Jahren ein Massenträger aus dem Sundgau im Elsaß, genannt Faktor. 1834 waren 465,85 ha der landwirtschaftlich genutzten Fläche mit Reben bestockt. Nach einigen schlechten Ernten Mitte des 19. Jh. erlebte der Weinbau in den 1860er Jahren eine Blüte. In den 1880er Jahren war der Absatz des Weins noch gut, wurde aber alsbald infolge fortschreitender Güterzerstückelung und des Auftretens verschiedener Pflanzenkrankheiten immer weniger

Alte Bauernhäuser (quergeteilte Einhäuser) in Bühlertal (Untertal).

rentabel. Immer mehr Edelreben wurden entfernt und durch sogenannte Amerikanerreben ersetzt, da diese auch ohne Schädlingsbekämpfung gute Erträge erzielten. Darunter litt jedoch die Qualität, so daß Mitte der 1890er Jahre der Wein nur noch schwer abgesetzt werden konnte; wenige Rebbauern hielten an der Herstellung von Qualitätswein fest, unter ihnen auch die Gründer des Affentaler Winzervereins. Der Gründung der Genossenschaft im Jahre 1908 war es zu verdanken, daß nicht nur die Weinbauern ihr Produkt besser absetzen konnten, sondern auch wieder auf Qualität geachtet wurde, so daß nach dem Zweiten Weltkrieg der Bühlertäler Wein wieder einen guten Ruf genoß. 1951 war mit 35,4 ha nicht einmal mehr halb so viel Rebfläche vorhanden wie 1904 (81 ha), 1985 waren es aber schon wieder 56 ha. Ein besserer Absatz der Weine wurde 1970 mit der Fusion der Winzergenossenschaften Bühlertal (50 ha) und Neuweier (150 ha) erzielt. So ist der Weinbau für die Gemeinde durchaus auch heute noch von wirtschaftlicher Bedeutung, insbesondere im Zusammenhang mit der Vermarktung seiner Erzeugnisse im Rahmen des Fremdenverkehrs.

Die Viehzucht war zu Beginn des 19. Jh. eine wichtige Existenzgrundlage für die Bevölkerung im Obertal. 1855 zählte man im ganzen Tal 875 Stück Rindvieh, darunter fünf Zuchtstiere. In den 1860er Jahren machte die Viehzucht gute Fortschritte, so daß bald neun Farren benötigt

wurden. 1873 waren insgesamt 962 Stück Rindvieh vorhanden, seit den 1890er Jahren ist jedoch ein Rückgang der Rindviehzucht zu beobachten. Die Zahl der Rinder reduzierte sich bis 1895 auf 447. Auch der Rückgang der Wiesenflächen in der immer stärker von der Industrie geprägten Gemeinde hemmte die Entwicklung der Viehzucht. Zwar waren in den Jahren unmittelbar vor dem Ersten Weltkrieg durchschnittlich wieder mehr als 850 Stück Rindvieh vorhanden, die Aufzucht von Jungtieren spielte aber keine große Rolle, und die qualitativ minderwertigen Gemeindefarren wurden schlecht gehalten. Nach dem Krieg änderte sich zunächst nichts an dieser Situation. Eine Besserung trat erst 1923 ein, als die Gemeinde einen großen Stall mit Platz für zehn Farren errichten ließ. Damals wurden rund 780 Rinder gehalten. Diese Zahl blieb bis 1939 (796) konstant, verringerte sich aber bis 1949 auf 610; 1971 waren noch 142 Rinder, darunter 45 Milchkühe, vorhanden, 1995 nur noch 36.

Neben der Viehzucht war auch die Schweinehaltung zu Beginn des 19. Jh. von großer Bedeutung. 1855 gab es 244 Schweine, um 1860 im Untertal einen Eber für etwa 25 Zuchtschweine. In der Folgezeit ging die Schweinehaltung zurück, weil kein Tummelplatz zur Verfügung stand. Die Zucht blieb auf ein Minimum beschränkt (1882 etwa 20 Mutterschweine und ein Eber), angekaufte Mastschweine wurden jedoch in größerer Zahl gehalten. 1887 wurden

490 Schweine gehalten, 1913 sogar 894; die Zucht spielte damals keine Rolle mehr, der nächste Eber stand in Ottersweier. Schon bei den Viehzählungen 1925 (544 Schweine) und 1939 (670) wurden geringere Bestände verzeichnet, und nach dem Zweiten Weltkrieg (1949 503, 1951 399) ging die Schweinehaltung weiter zurück; 1971 gab es in den landwirtschaftlichen Betrieben am Ort noch drei Mastschweine (keine Zuchtschweine), 1995 nur noch zwei.

Die Ziegenhaltung, die vor allem von der ärmeren Bevölkerung gepflegt wurde, war in Bühlertal immer bedeutend. 1855 wurden 235 Ziegen gezählt, knapp zwanzig Jahre später 248 und 1887 233. In der Zeit vor dem Ersten Weltkrieg stieg die Zahl der Ziegen von 418 (1911) auf 521 (1913) an, und auch in den 1920er Jahren dauerte diese Tendenz fort (1925 595). 1939 belief sich der Bestand auf 683 Tiere, 1951 noch auf 682, 1985 nur noch auf 57.

Im 19. Jh. war die Struktur der Landwirtschaftsbetriebe unterschiedlich. Im Obertal gab es noch überwiegend geschlossene Hofgüter, während im Untertal die Güterzerstückelung bereits weit fortgeschritten war. Eine Ursache dafür lag im unterschiedlichen Erbrecht; während im Obertal das Anerbenrecht galt, wurde im Untertal nach Freiteilungsrecht vererbt, was eine Zerstückelung des Besitzes zur Folge hatte. 1873 wurden 777,6 ha in Eigenbesitz und nur 19,1 ha als Pachtland, hauptsächlich Wiesen des Domänenärars, bewirtschaftet. Die meisten der 511 Betriebe waren klein. Lediglich 47 Betriebe (9,2%) bewirtschafteten mehr als 3,6 ha und nur die sieben größten hatten eine landwirtschaftliche Nutzfläche von 7,2 bis 18 ha zur Verfügung. Auch um die Jahrhundertwende hatte knapp die Hälfte der Betriebe weniger als 1 ha Land, und rund 20 Prozent stellten mit Nutzflächen von 2 bis 10 ha die größten Landwirtschaftsbetriebe, mit Ausnahme eines einzigen, mehr als 20 ha umfassenden Großbetriebs. Kurz vor dem Ersten Weltkrieg setzte sich die landwirtschaftliche Nutzfläche eines Guts aus durchschnittlich 15 bis 20 zumeist kleinen Einzelparzellen zusammen. 1925 hatten 738 von 782 Betrieben höchstens 2 ha zur Verfügung, die restlichen 44 bewirtschafteten 2 bis 10 ha. Vor Ausbruch des Zweiten Weltkriegs war die Zahl der landwirtschaftlichen Betriebe auf 577 gesunken, dafür existierten 161 Betriebe, die 2 bis 5 ha, und neun Betriebe, die 5 bis 10 ha besaßen, dazu ein Großbetrieb mit mehr als 50 ha. 1949 hatten fast 90 Prozent der Betriebe jeweils weniger als 2 ha landwirtschaftliche Nutzfläche. 1971 war die Zahl der Kleinstbetriebe auf 89 und die Zahl der 2 bis 5 ha umfassenden Kleinbetriebe auf 23 gesunken. Daneben existierten noch zwei Mittelbetriebe mit 5 bis 10 bzw. 10 bis 15 ha. Diese Entwicklung hielt in den Folgejahren an, so daß auch 1995 die drei größten Betriebe nicht mehr als 10 bis 15 ha landwirtschaftliche Nutzfläche zur Verfügung hatten. 1997 existierten in der Gemeinde noch sieben Vollerwerbsbetriebe, von ihnen fünf mit Weinbau, zwei mit Viehhaltung.

Der Wald wurde in Bühlertal seit den 1820er Jahren von zwei Waldgenossenschaften verwaltet. Ihre Gründung war notwendig geworden, als nach langen Verhandlungen die Hoch- und Niederungswaldungen der ehemaligen Marken Sasbach und Steinbach unter den nutzungsberechtigten Gemeinden aufgeteilt wurden. Da aber kein urkundlich nachweisbares Eigentumsrecht der Waldgenossenschaften an den dem Bürgernutzen dienenden Liegenschaften existierte, verfügte das Bezirksamt 1883 die Aufhebung der beiden Waldkassen und die Übertragung des Waldeigentums auf die Gemeinde. 1924 hatte die Gemeinde 496 ha Wald; von 1951 bis 1985 vergrößerte sich die Waldfläche von 697,9 auf 970 ha (54,9% der Gemarkungsfläche). Gleichwohl stellte am Ende des 20. Jh. der Waldbesitz für den Gemeindehaushalt eine Belastung dar, weil daraus keine Gewinne mehr erwirtschaftet werden konnten. Nicht zu unterschätzen ist allerdings der Wert des Walds für die Erholung der einheimischen Bevölkerung und für den Fremdenverkehr.

Handwerk und Industrie. – Das Handwerk war in Bühlertal traditionell stark vertreten, spielte aber mit dem Aufkommen der Sägewerksindustrie seit der zweiten Hälfte des 19. Jh. nur noch eine untergeordnete Rolle. Zu Beginn des 20. Jh. existierten die üblichen Kleinhandwerksbetriebe. 1925 waren 57 selbständige Handwerker in Bühlertal ansässig, 1939 lag die Zahl der Betriebe bei 127. Wichtiger als die kleinen Handwerksbetriebe waren für die Gemeinde jedoch die Industriebetriebe. 1802 wurden die Verluste und Schulden des alten markgräflichen Eisenwerks abgeschrieben bzw. auf die Staatskasse übernommen und der Schmelzofen abgerissen, die Schmiede aber weiter betrieben. Nach mehreren Besitzerwechseln wurde Mitte der 1850er Jahre neben dem Hammerwerk eine Sägemühle errichtet. Nach einem neuerlichen Besitzerwechsel 1870 nahm das Werk einen enormen Aufschwung, wurde jedoch bei einem Brand total zerstört. An der Stelle des ehemaligen Eisenwerks wurde schließlich wieder ein Sägewerk errichtet.

Begünstigt durch den Beitritt Badens zum Zollverein 1834 und die Verbesserung der Straßen und Verkehrsverhältnisse konnte in Bühlertal in der zweiten Hälfte des 19. Jh. eine blühende Sägeindustrie entstehen. Die Verarbeitung des Nutzholzes an Ort und Stelle war vorteilhafter als der Transport des Rohholzes. Um 1870 hatten die sieben örtlichen Sägewerke eine sehr gute Auftragslage und profitierten von der Eröffnung einer großen Güterstation in Bühl. Der Absatz der Sägewaren ging um 1880 vor allem ins Niederrhein-Gebiet, in die Pfalz, ins Elsaß und nach Lothringen. Neben den Sägemühlen existierten zu dieser Zeit noch drei Kundenmahlmühlen, eine Kunstmühle und zwei Hammerschmieden. Um 1900 konnten die Bühlertäler Sägewerke ihr Absatzgebiet erweitern, da durch die Einrichtung des neuen Karlsruher Hafens die Sägewaren nicht mehr wie davor bis Mannheim mit dem Zug transportiert werden mußten, sondern von Karlsruhe aus an den Niederrhein gebracht werden konnten, wo sie durch die verminderten Transportkosten besser konkurrenzfähig wurden. 1902 beschäftigten die Sägewerke 208 ständige Arbeiter. 1913 befanden sich die neun Betriebe im Besitz von fünf Firmen mit insgesamt 290 Arbeitskräften. Auch nach dem Ersten Weltkrieg florierten die Sägewerksbetriebe gut und beschäftigten zusammen über 300 Arbeiter. 1924 fanden dort allerdings nur noch 185 Arbeiter Beschäftigung; ein Werk stand vorübergehend still. Die neun großen Sägemühlen (sieben Betriebe) des 19. Jh. konnten sich bis in die 1960/70er Jahre halten.

Der in der zweiten Hälfte des 19. Jh. zunehmende Bau von Straßen bot den Arbeitern, die nicht im Bereich der Holzindustrie tätig waren, gute Beschäftigungsmöglichkeiten. Die Bühlertäler Straßenbauer erwarben sich im Lauf weniger Jahrzehnte im Schwarzwald und Bodenseegebiet einen ausgezeichneten Ruf und entwickelten sich schließlich zu Tiefbauspezialisten, die auch Kanalisationsarbeiten und Arbeiten an der Wasserleitung ausführten. In den 1990er Jahren lebten noch einige hundert Einwohner vom Tiefbau.

Um 1900 gewann die Zigarrenindustrie an Bedeutung. Als Hausarbeit begonnen, bot die Fabrikation von Zigarren bald vielen Einwohnern gute Verdienstmöglichkeiten. 1898 wurden in acht Zigarrenfabriken 160 bis 170 junge Frauen beschäftigt. Vor dem Ersten Weltkrieg waren in den acht bis neun Zigarrenfabriken weit über 400 Arbeitskräfte angestellt, davon etwa 170 allein im Betrieb der Gebrüder Schulte aus Westfalen. 1921 beschäftigte die Zigarrenindustrie 391 Arbeiter, aber schon 1924 nur noch 185. Die Verdrängung der Zigarre durch die Zigarette setzte dann der Zigarrenfabrikation ein Ende; allerdings waren kurz nach Ende des Zweiten Weltkriegs bei den Firmen Kaiser und Fackler in Bühlertal und der Stumpenfabrik Schweizer in Bühl immer noch mehr als 100 weibliche Arbeitskräfte beschäftigt.

Im Jahr 1938 siedelte sich in der ehemaligen Engelsmühle, in der zuvor erfolglos eine Ginsterfaserfabrik und eine Waagenfabrik untergebracht waren, die Firma Avog aus Stuttgart an, die als erste Fabrik auf dem Kontinent elektrische Scheibenwischer produzierte. Sie nahm nach der Währungsreform und der Erweiterung der Produktpalette einen enormen Aufschwung und erwarb einen Großteil des Geländes der ehemaligen Bühlertalbahn als Produktionsfläche. 1959 beschäftigte die Firma über 1 500 Mitarbeiter, womit allerdings im Bereich der Fabrikationsstätten und des Personals eine Grenze erreicht war. Um eine weitere gedeihliche Entwicklung des Betriebs zu gewährleisten, wurde im Dezember 1959 ein Betriebsführungsvertrag mit der Firma Bosch abgeschlossen und die Bosch-Wischerfertigung nach Bühlertal verlegt. Mit Jahresbeginn 1965 übernahm Bosch die Firma Avog und beschäftigte rund 2 400 Mitarbeiter. Fünf Jahre später wurde ein Neubau der Firma Bosch in Bühl fertiggestellt und die Wischermotoren-Fertigung dorthin verlegt. Ende der 1980er Jahre beschäftigte Bosch in Bühl und Bühlertal rund 4 000 Mitarbeiter. Infolge von Umstrukturierungsmaßnahmen (1994/98) sind heute die Produktionsabteilungen ausgelagert; statt ihrer wurden hier für den Bereich Body Electronik (Karrosserie-Elektrik und Elektronik) die Geschäftsleitung, die Entwicklung und der Vertrieb eingerichtet. Die Beschäftigtenzahl liegt inzwischen bei rund 800.

1951 existierten in Bühlertal sechs Sägewerke, 17 Baufirmen, zwei Tabakfabriken, zwei Steinbruchbetriebe, ein Metallbetrieb, 20 Holzverarbeitungsbetriebe und 94 selbständige Handwerker. Die Zahl der Handwerksbetriebe hatte sich zehn Jahre später auf 106 vermehrt; insgesamt lebten zu diesem Zeitpunkt 843 Handwerker in der Gemeinde. Die Arbeitsstättenzählung 1987 erfaßte 36 Betriebe des verarbeitenden Gewerbes und 39 des Baugewerbes (darunter 17 im Bauhauptgewerbe). Heute sind mit Ausnahme der Firma Bosch (538 Beschäftigte) nur noch kleinere mittelständische Unternehmen und Kleinbetriebe, insbesondere im Handwerk, vorhanden.

Handel und Dienstleistungen. – Um 1820 existierte lediglich ein Krämer im Untertal, um 1840 waren es acht kleine Krämer, so daß von einem bedeutenderen Einzelhandel nicht gesprochen werden kann. Der Markt in

Museum Geiserschmiede in Bühlertal (Untertal).

Bühl befriedigte alle Bedürfnisse der Bevölkerung. Mitte des 19. Jh. waren im Tal 13 Handelsleute mit Kaufläden vorhanden. In größerem Ausmaß wurde nur Handel mit Obst und Wein betrieben, dazu mit Holz. 1895 waren in Bühlertal 27 Betriebe mit 79 Arbeitnehmern im Bereich Handel, Versicherung und Verkehr tätig. 1925 wurden 43 selbständige Kaufleute gezählt, 1951 existierten 83 Handelsgeschäfte. Die Zahl der Handelsbetriebe und der im Handel Beschäftigten hat sich von 1970 (68 Betriebe, 220 Beschäftigte) bis 1987 (77 Betriebe, 208 Beschäftigte) nur geringfügig verändert. Im Einzelhandel waren 1987 58 Betriebe tätig. 1997 waren 90 Handelsbetriebe in Bühlertal ansässig.

1970 waren in der Gemeinde nur 23 Personen in zehn örtlichen Betrieben des Kredit- und Versicherungsgewerbes beschäftigt; es gibt am Ort sechs Filialen von Kreditinstituten und sieben Betriebe des Kredit- und Versicherungsgewerbes. Das Kreditgewerbe ist in Bühlertal seit der Gründung des Ländlichen Kreditvereins im Jahr 1883 vertreten. 1934 wurde dieser Verein in eine Spar- und Darlehenskasse umgewandelt und existierte zuletzt (1997) als Spar- und Kreditbank Bühlertal, mit einer 1964 eröffneten Zweigstelle im Obertal. Die Volksbank Bühl unterhält seit 1919 eine Filiale im Untertal und seit 1959 eine im Obertal. Die Sparkasse Bühl eröffnete 1935 eine Geschäftsstelle im Untertal und 1956 eine im Obertal.

Neben der Winzergenossenschaft Neuweier-Bühlertal befinden sich seit 1919 eine Raiffeisen-Warengenossenschaft sowie eine 1972 gegründete Jagdgenossenschaft in der Gemeinde.

Das Dienstleistungsgewerbe war 1970 durch 66 Betriebe mit 256 Beschäftigten vertreten. 1987 waren 91 Unternehmen mit 409 Beschäftigten tätig. Den größten Anteil hatte das Gastgewerbe mit 33 Betrieben und 196 Beschäftigten. Im Gesundheits- und Veterinärwesen waren 96 Personen in zwölf Betrieben und in der Rechts- und Steuerberatung oder Wirtschaftsprüfung 49 Personen in 25 Betrieben beschäftigt.

Das Transportgewerbe war im 19. Jh. zunächst mit den Fuhrwerken zum Abtransport des Holzes vertreten. Eine Belebung des Fuhrgeschäfts brachte die Eröffnung der Bühlertalbahn 1898. An der Endstation im Oberbühlertal konkurrierten viele Ein- und Zweispänner, um die ankommenden Touristen zu den Höhenkurorten zu befördern. 1953 waren bereits 16 Firmen im Transportgewerbe tätig; 1997 existierten 17 Transport- bzw. Busunternehmen.

1834 bestanden in Bühlertal sieben Gastwirtschaften. Erst dreißig Jahre später wurden weitere Gasthöfe gegründet, insgesamt neun bis Ende der 1870er Jahre. Auch im 20. Jh. gab es zahlreiche Gründungen von Gastwirtschaften und Hotels, seit den 1950er Jahren verstärkt im Zusammenhang mit Einrichtungen im Bereich des Fremdenverkehrs. Mitte der 1970er Jahre wurden in Bühlertal sieben Hotels, 20 Gasthöfe und vier Cafés geführt. 619 Betten standen in Hotels und Gasthäusern zur Verfügung, 387 in Privatunterkünften sowie eine Reihe weiterer in 22 Ferienwohnungen. 1996 wurden ein Hotel (Plättig), vier Hotel-Restaurants (Badischer Löwe, Bergfriedel, Grüner Baum, Rebstock), sechs Gasthäuser mit Fremdenzimmern, ein Café-Hotel garni, eine Café-Pension, ein Café mit Ferienwohnung, zwölf Pensionen, eine Skihütte als Gruppenunterkunft sowie 44 Ferienwohnungen betrieben.

Eine der ersten Einrichtungen des Fremdenverkehrs war eine Badstube, die der Besitzer des Gasthauses Engel um 1820 errichten ließ; in ihr verkehrten illustre Gäste, wie etwa die Markgrafen Wilhelm und Leopold von Baden oder der Prälat und Dichter Johann Peter Hebel. Damals nutzte man für dieses Liebach-Bad eine hochwertige Mineralquelle, die später durch den Straßenbau verschüttet wurde. Seit 1960 beherbergt das Gasthaus Engel die Bühlertäler Heimatstube. Die Fremdenherberge Plättig, an der alten Paß- und Poststraße vom Bühler- ins Murgtal gelegen, verdankte ihren Aufstieg von einer Waldschenke für Forst- und Fuhrleute zum Höhenluft-Kurhaus dem Gastronom Josef Martin Weis, einem ehemaligen Gendarm, der das Gasthaus 1874 pachtete. Nach Ablauf des Pachtvertrags baute er ein neues Hotel auf dem Oberen Plättig, dem bald noch ein zweiter, größerer Bau folgte. Heute bietet das Hotel seinen Gästen 57 Zimmer und Suiten und verfügt über Räumlichkeiten für bis zu 150 Personen.

Mit der Bühlertalbahn gelangte ab 1898 erstmals eine größere Zahl von Touristen in den Ort, und Mitte der 1930er Jahre bewirkte die NS-Organisation Kraft durch Freude (KdF) eine enorme Steigerung der Besucherzahlen. 1936 wurde der rührige Verkehrsverein Bühlertal gegründet und 1948 wiederbelebt. Durch zielgerichtete Werbung konnten bald sehr viele Gäste geworben werden. 1952 zählte man 1 300 Beherbergungen, 1953 bereits 1 800, und 1955 gelang es der Gemeinde Bühlertal erstmals, sich mit 54 000 Übernachtungen an die Spitze der mittelbadischen Schwarzwaldluftkurorte zu setzen. Der Bau des Freischwimmbads (1961/63) beim ehemaligen Bahnhof Bühlertal-Obertal sowie die Entstehung von Kuranlagen erweiterten in den Folgejahren das Fremdenverkehrsangebot. 1971 konnten erstmals über 100 000 Übernachtungen verbucht werden, und wenig später wurde der Gemeinde für den Ortsteil Obertal das Prädikat Luftkurort verliehen. Seit 1972 wird der Verkehrsverein von einem hauptamtlichen Geschäftsführer geleitet. 1975 belief sich die Zahl der Gäste auf 16 734, die der Übernachtungen auf rund 115 000. 1983 wurde auf dem Gelände des ehemaligen Sägewerks Kern und Comp. an der Nahtstelle zwischen Ober- und Untertal das Haus des Gastes eröffnet, das mit einer Nutzfläche von 2 330 m² eine kulturelle Begegnungsstätte für Einheimische und Gäste bietet. 1996 konnte man in der Gemeinde 23 873 Gäste und 70 300 Übernachtungen registrieren.

Bühlertal (Untertal) um die Wende vom 19. zum 20. Jh.

Verkehr. – Um 1840 war der Verkehr nach Bühlertal mäßig. Es bestand eine alte Weinstraße nach Baden-Baden und eine Straße, die nach Bühl führte; die Sandstraße wurde erst 1848 gebaut. Viele Straßen waren um 1860 sehr eng und teilweise sehr steil, und viele Anwesen waren nur über beschwerliche Fußpfade zu erreichen. 1873 wurde die Hauptstraße von der Bahnstation Bühl bis zum Wirtshaus Wolf im Obertal in den Landstraßenverbund aufgenommen. Obgleich seit Ende der 1870er Jahre viele Straßenbauprojekte zur Ausführung kamen, waren noch um 1900 etliche Wohnhäuser ohne hinreichende Anbindung an den Straßenverkehr. Mitte der 1920er Jahre hatte die Gemeinde ein Straßennetz von 30 km Länge zu unterhalten. In den 1930er Jahren wurden zur Behebung der Arbeitslosigkeit viele neue Straßen gebaut, jedoch kam die eigentliche Blüte des Straßenbaus erst nach dem Zweiten Weltkrieg. Hatten davor nur wenige Straßen eine Teerdecke, so gab es um 1970 kaum noch ungeteerte Straßen. Von großer Bedeutung für das steigende Verkehrsaufkommen war der Ausbau der Bühlertalbahntrasse zur neuen Bühlertalstraße. 1960 wurde mit dem Abbau der Bahn begonnen, jedoch vergingen mehr als zehn Jahre, bevor die gesamte Neutrassierung samt Zubringer und Anschluß nach Bühl auf dem früheren Bahngelände realisiert werden konnte.

Entstanden war die Bühlertalbahn, nachdem in den 1880er Jahren von Unternehmern ein entsprechender Wunsch geäußert worden war. Insbesondere die Sägewerksbesitzer sahen im Bahnanschluß einen Vorteil für ihr Geschäft. In Kappelwindeck und Altschweier war man jedoch gegen den Bahnbau, so daß das Projekt erst 1895 in Angriff genommen und der Betrieb 1897 beginnen konnte. Der Zug, der auf der privat betriebenen Strecke verkehrte, hielt an den Stationen Bühlertal-Untertal und Oberbühlertal. Um 1900 wurde die Bahn auch von Touristen sehr gut angenommen, aber noch vor dem Ersten Weltkrieg bevorzugten viele Kurgäste die von Baden-Baden zu den Höhenhotels fahrenden Automobile oder die 1912 eingerichtete private Autoverbindung zwischen Bühl und dem Sand. Seit 1925 erhielt die Bühlertalbahn weitere Konkurrenz durch die Omnibusse der Reichspost. Mit zunehmender Verlagerung des Transportwesens auf die Straße verlor die Bahn noch die Holzhändler und Sägewerksbetreiber als Kunden, und schließlich wurde mit dem Jahresende 1956 auch der Personenverkehr eingestellt.

Gemeinde und Gemarkung. – 2000 umfaßte die Gemarkung von Bühlertal wie schon 1840 1 768 ha.

Im 19. Jh. war die kommunale Politik von ständigen, in Gemeinderat und Bürgerausschuß ausgetragenen Interessengegensätzen geprägt, zum einen zwischen Landwirten und Industriellen, zum anderen zwischen den Bewohnern des Unter- und denen des Obertals. Auch ein Mangel an Personal erschwerte die Verwaltungsarbeit. Um 1900 waren so wenige Mitarbeiter beim Rathaus beschäftigt wie in kaum einer anderen Gemeinde vergleichbarer Größe, und bis in die 1920er Jahre änderte sich daran wenig. Der Gemeinderat setzte sich 1997 aus neun Mitgliedern der Freien Bürgervereinigung (FBV), sieben der CDU und zwei der SPD zusammen.

Der Bürgernutzen in Bühlertal war im 19. Jh. lange Zeit nicht Sache der politischen Gemeinde, sondern der beiden bühler- und kapplerseits bestehenden Waldgenossenschaften und war demgemäß zweigeteilt. Da die Einwohnerzahl und damit die Zahl der Berechtigten stark wuchs, wurde 1845 beschlossen, die Zahl der Genußberechtigten auf 320 bühlerseits und 200 kapplerseits zu beschränken. Seit Übertragung des Waldbesitzes auf die Gemeinde 1883 hatten die Genußberechtigten eine Bürgergenußauflage und Allmendsteuern zu bezahlen.

Weil der Wald den beiden Genossenschaften und nicht der Kommune gehörte, war die Gemeinde bis ins späte 19. Jh. arm. Erst mit der vom Bezirksamt angeordneten Übertragung des Waldbesitzes auf die politische Gemeinde verbesserte sich deren finanzielle Lage. Zwar stellten die forstwirtschaftlichen Erträge fortan eine zusätzliche Einnahmequelle der Gemeinde dar, doch erlaubten die notwendigen Ausgaben keine Reduzierung der hohen Umlagen, die 1854 77,2 Prozent und 1905 noch immer 58,9 Prozent der Gesamteinnahmen ausmachten. Zwischen 1950 und 1961 stiegen die Steuereinnahmen um 367,6 Prozent, was durch eine Zunahme der Gewerbesteuereinnahmen bedingt war; ihr Anteil wuchs von 47,9 auf 86,6 Prozent. Trotz des Rückgangs des Gewerbesteueranteils auf 40,4 Prozent im Jahr 1970, erhöhten sich die Steuereinnahmen von 1961 bis 1970 um das Zweieinhalbfache, weil der Einkommensteueranteil auf 49,1 Prozent anstieg. Die Pro-Kopf-Verschuldung nahm zwischen 1961 und 1998 von 358 DM auf 1 220 DM zu.

Versorgung und Entsorgung. – Die Wasserversorgung in Bühlertal war im 19. Jh. aus privaten Brunnen gewährleistet. Die Gemeinde besaß je einen Brunnen bei den Schulhäusern im Unter- und im Obertal sowie einen beim Pfarrhaus. Ende des 19. Jh. waren sämtliche Ortsteile, die zuvor

C. Die Gemeinde vom 19. bis ins 21. Jahrhundert 503

Seniorenzentrum mit altem Krankenhaus in Bühlertal (Untertal).

über keine geeignete Wasserversorgung verfügt hatten, an privat erstellte Wasserleitungen angeschlossen. Dennoch war die Versorgung mit Trinkwasser nicht überall hinreichend, da im Sommer viele Wasserleitungen und Brunnen austrockneten. 1911 wurden allein zwölf private Wasserleitungen gelegt. Nach dem Ersten Weltkrieg hatte die Gemeinde die Wasserversorgung zu gewährleisten, was vor allem durch den Ankauf von Privatleitungen geschah, aber die Situation blieb gleichwohl derart schlecht, daß Verbesserungsmaßnahmen eingeleitet werden mußten; schließlich wurde 1927 eine Gemeindewasserleitung vom Ortsteil Hof bis ins Untertal gebaut. Nach dem Zweiten Weltkrieg

wurde der Zweckverband Wasserversorgung Bühler-Tal gegründet; 1997 erfolgte die Wasserversorgung seitens der Wasserwerke Bühlertal.

Weit auseinander liegende Zinken und Wohnplätze erschweren auch die Abwasserentsorgung in der Gemeinde. Im 19. und zu Beginn des 20. Jh. war die Bühlot durch ungeklärte Abwässer aus Privathaushalten und Industriebetrieben stark verschmutzt. 1997 hatten noch immer etwa 130 Anwesen im Außenbereich der Siedlung keinen Anschluß an die Kanalisation; etwa hundert von ihnen verfügten über Kleinkläranlagen, die übrigen hatten geschlossene Gruben.

Die Gesundheitsversorgung der Gemeinde war um 1820 zunächst durch einen sogenannten Chirurgen gewährleistet, in den folgenden Jahren kam zur Behandlung von Patienten ein Arzt aus Bühl in den Ort. Auf Veranlassung der Ortskrankenkasse ließ sich 1892 ein praktischer Arzt hier nieder, um die hohe Belastung der Kasse durch die Bühler Ärzte zu vermindern; 1920 kam ein zweiter Arzt ins Tal. 1997 versahen sechs praktische Ärzte und drei Zahnärzte ihren Dienst.

Im Jahr 1903 wurde ein Gemeindekrankenhaus in Betrieb genommen. In den ersten Jahren war der ortsansässige Mediziner zugleich Krankenhaus- und Armenarzt. Die Pflege besorgten seit 1913 zwei Ordensschwestern aus Gengenbach. In den 1950er Jahren wurde das Krankenhaus mit großem Aufwand renoviert und erweitert, so daß 32 Krankenbetten zur Verfügung standen (um 1990 25 Betten). 1997/98 wurde das ehemalige Krankenhaus zu einer betreuten Wohnanlage umgebaut. Daneben entstand bereits 1994/96 das Seniorenzentrum Bühlertal, eine kommunale Einrichtung mit vierzig Langzeit-, fünf Kurzzeit- und sieben Tagespflegeplätzen sowie 24 betreuten Seniorenwohnungen. Für die Krankenbetreuung standen 1997 der Soziale Dienst (Trägerschaft des Landkreises Rastatt) und die Sozialstation St. Elisabeth (Trägerschaft des Caritas-Verbands), beide in Bühl, zur Verfügung. 1911 wurde in Bühlertal eine Sanitätskolonne eingerichtet, die nach vorübergehender Auflösung am Ende des Zweiten Weltkriegs 1949 als Zug Bühlertal der DRK Bereitschaft Bühl wiedergegründet wurde; wenig später erfolgte seine Verselbständigung als Ortsverband des Roten Kreuzes. Eine Apotheke gibt es im Untertal (Johannes-Apotheke) seit 1909, eine zweite, die Schwarzwald-Apotheke, wurde in den 1960er Jahren im Obertal gegründet.

Trotz jahrzehntelanger Bemühungen um eine Freiwillige Feuerwehr in Bühlertal gelang deren Gründung erst nach der Vernichtung der Engelsmühle durch einen Großbrand im Jahr 1898. In den 1920er Jahren war die Wehr mit etwa 120 Mitgliedern gut organisiert und ausgerüstet. In den 1960/70er Jahren wurden neue Fahrzeuge und Geräte angeschafft, 1976 ein neues Gerätehaus bezogen. 1997 zählte die Freiwillige Feuerwehr 57 Aktive.

Kirchen und Religionsgemeinschaften. – Bis heute ist die große Mehrheit der Einwohner von Bühlertal katholisch. Mitte des 19. Jh. wanderte eine evangelische Familie aus Württemberg zu, 1925 wurden 53 Protestanten und 5 459 Katholiken gezählt, und 1939 belief sich die Zahl der evangelischen Ortsbürger auf 76. Durch den Flüchtlingszuzug nach dem Zweiten Weltkrieg wuchs die Zahl der Protestanten stärker (1946 251). 1951 lebten in Bühlertal 6 347 Katholiken, 342 Protestanten und 29 Andersgläubige. 1970 machte der Anteil der Katholiken 86,2 Prozent aus, der der Evangelischen 8,8 Prozent. 1985 betrug die Zahl der Katholiken unter den Einwohnern deutscher Staatsbürgerschaft 6 782, jene der Protestanten 769 und die der Andersgläubigen 237.

Die aus dem 18. Jh. stammende, kleine und einfache Pfarrkirche auf den Freihöfen war infolge des starken Bevölkerungswachstums um 1800 viel zu klein geworden. Besonders die immer zahlreicher werdenden Einwohner des Untertals verlangten nach einer Kapelle oder Kirche. So beauftragte die politische Gemeinde, die allein baupflichtig war, den Architekten Heinrich Hübsch mit der Planung eines Neubaus (St. Michael), der 1862/64 ausgeführt und 1908 der Kirchengemeinde Bühlertal übereignet wurde. Das Obertal erhielt 1908 eine Notkirche mit einer vom Untertal abhängigen Kuratie. Schließlich konnte 1936/37 die heutige Liebfrauenkirche im Obertal errichtet werden. Zu jener Zeit entfielen von den rund 6 000 Seelen der Gesamtgemeinde bereits rund zwei Drittel auf das Obertal.

Die Bühlertäler Protestanten besuchten bis zum Zweiten Weltkrieg den Gottesdienst in Bühl. Erst nach dem Krieg, als die Zahl der Gemeindemitglieder wuchs, wurden auch im Tal evangelische Gottesdienste gehalten. Seit 1948 kam alle zwei Wochen ein Geistlicher aus Bühl, um in einem adaptierten Raum einer ehemaligen Fabrik Gottesdienst zu feiern; seit 1954 gab es wöchentlich Gottesdienst, und 1956 konnte die alte, der politischen Gemeinde gehörige Obertaler Kapelle übernommen werden. 1957 wurde die Diaspora-Gemeinde Bühlertal mit Neusatz und Altschweier zu einer selbständigen Kirchengemeinde zusammengefaßt. Gleichzeitig entstanden in Bühl zwei Pfarrstellen, deren eine den südlichen Teil der Stadt mit dem Seelsorgebezirk des Vikariats I (Bühlertal) umfaßt. 1961 erhielt die evangelische Kirchengemeinde eine eigene Kirche (Christuskirche) im Ortsteil Laube.

Schulen, Bildung und Kultur. – Zu Beginn des 19. Jh. existierten je eine Schule im Unter- und im Obertal. Dem Hauptlehrer im Untertal mußte nach den napoleonischen Kriegen infolge steigender Schülerzahlen ein Unterlehrer zur Seite gegeben werden. Im Obertal wurden 1835 265 Schüler in zwei Klassen unterrichtet, was 1836 den Bau eines neuen Schulhauses bewirkte. Im Untertal gab es zur gleichen Zeit 250 Schüler, dort konnte 1840 ein neues Schul- und Rathaus bezogen werden; zuvor war die Untertäler Schule im Pfarrhaus untergebracht. 1874 belief sich die Schülerzahl im Untertal auf 285, im Obertal auf 354, und an beiden Schulen waren je drei Hauptlehrer angestellt; 1892 unterrichteten insgesamt sechs Haupt- und drei Unterlehrer in der Gemeinde. 1905 waren die beiden Schulhäuser des Obertals – 1880 hatte ein zweites gebaut werden müssen – wieder derart überfüllt, daß 1907 ein drittes im Ortsteil Hof errichtet werden mußte. Nachdem nun genügend Schulraum zur Verfügung stand, konnte 1908 auch gewerblicher Fortbildungsunterricht eingeführt werden. Noch vor dem Ersten Weltkrieg wurde der Schulraum im Untertal, wo überdies ein Lehrsaal für den Industrieunterricht fehlte, zu eng und ein Neubau geplant, kriegsbe-

Altes Schulhaus in Bühlertal (Untertal).

dingt aber nicht ausgeführt. Man behalf sich damit, zu den 13 Schulsälen in vier Schulhäusern drei Räume in einer Fabrik, einem Wirtshaus und der Kinderschule anzumieten. 1926/28 wurde im Untertal endlich ein neues Schulhaus gebaut; damit standen im Schuljahr 1936/37 in vier Häusern 20 Säle für 1 550 Schüler zur Verfügung.

Die räumliche Enge überdauerte den Zweiten Weltkrieg und konnte wegen fehlender Finanzmittel bis Ende der 1950er Jahre nicht behoben werden. Besonders prekär war die Lage im Obertal mit den beiden beieinander liegenden alten und viel zu kleinen Schulhäusern. Schließlich wurde 1961/63 im Bereich des Eichwalds ein neues Schulhaus gebaut. Im Untertal hat man 1965/66 das Schulhaus von 1928 erweitert. Im Mai 1966 konnte die neu eingerichtete Realschule ihren Betrieb aufnehmen. Im Lauf von acht Jahren entwickelte sich der Realschulzug zur voll ausgebauten zweizügigen Realschule, was zur Folge hatte, daß die Schule im Untertal 1977/78 neuerlich erweitert werden mußte. Das 1839 erbaute Rat- und Schulhaus wurde 1994/95 für rund 4,4 Mio. DM saniert und als Grundschule eingerichtet.

Die erste Kinderschule in Bühlertal entstand 1909 in einem Anbau am Schwesternhaus; sie wurde vom Vinzentiusverein unter Leitung des Ortsgeistlichen geführt. Seit den 1920er Jahren betreuen beide Pfarrgemeinden im Unter- und im Obertal Kindergärten. Im Untertal wurde 1973 der Mutter-Alexia-Kindergarten (Kirchengemeinde St. Michael), im Obertal 1989 der St. Marien-Kindergarten und 1993 der Eichwaldkindergarten (Pfarrei Liebfrauen) gebaut.

Wichtigste kulturelle Einrichtung der Gemeinde ist das 1983 eröffnete Haus des Gastes, in dem jährlich sechs Theateraufführungen und zwei Märchenvorstellungen sowie Konzerte der örtlichen Vereine stattfinden. Im Gewölbekeller des alten Schulhauses werden im Jahr etwa fünf volkstümliche Kleinkunstveranstaltungen durchgeführt. 1997 standen einschließlich einer Schulbücherei drei Bibliotheken zur Verfügung.

Sport- und Freizeitstätten, Vereine. – 1949 entstand unter freiwilliger Mithilfe vieler Fußballfreunde der Mittelbergsportplatz der Sportvereinigung Bühlertal. 1963 wurde das Freischwimmbad gebaut, und drei Jahre später errichtete der Tennisclub seine Anlage. Der Skiclub Bühlertal besitzt zwei Skihütten auf der Hundseck, die 1949 bzw. 1974 errichtet wurden. Neben dem Schulsportplatz und den Schulturnhallen mit Lehrschwimmbecken, die auch den

Sportstadion Mittelberg in Bühlertal.

Vereinen und der Öffentlichkeit zur Verfügung stehen, existieren in der Gemeinde zudem ein Schießstand, mehrere Kegelbahnen und die Nordschwarzwaldschanze, die 1951 erbaut und 1988 erneuert wurde; seit 1995 besteht das Mittelbergstadion mit Rundbahnen.

Der nachweislich älteste Verein Bühlertals ist der 1845 gegründete Kriegerverein, die heutige Sportschützenkameradschaft mit rund 400 Mitgliedern (1997). Der erste Musikverein war die 1862 ins Leben gerufene Musikkapelle; 1912 wurde der Musikverein Bühlertal gegründet, der 1997 860 Mitglieder zählte. 1864 erfolgte die Gründung des Männergesangvereins Eintracht und 1906 die des Männergesangvereins Gertelbach; 1947 vereinigten sich beide Vereine unter dem Namen Eintracht Gertelbach. Im Obertal entstand 1919 der Männergesangverein Sängerbund.

Im späteren 19. Jh. fand ein Frauenverein zusammen, der sich zu Beginn der 1890er Jahre für die Einrichtung einer Schwesternstation einsetzte, vom Ortsgeistlichen geleitet und um 1895 in einen Katholischen Frauenverein umgewandelt wurde. Die Kolpingfamilie St. Michael existiert seit 1928. Der Pfarrei St. Michael im Untertal und der Liebfrauen-Pfarrei im Obertal sind zwei Kirchenchöre angegliedert. Auch die evangelische Gemeinde verfügt über einen Chor.

Der älteste existierende Sportverein ist der 1911 gegründete Skiclub, der mitgliederstärkste der seit 1912 tätige Turnverein Bühlertal mit 940 Mitgliedern. 1922 wurde der

Fußballsport in Bühlertal eingeführt, zunächst als private Vereinigung und ab 1929 als kirchliche Jugend- und Sportorganisation Deutsche Jugendkraft (DJK). Als seit 1933 die DJK verboten wurde, gründete sich der FC Bühlertal, der nach dem Krieg den Namen Sportverein Bühlertal annahm und 1997 626 Mitglieder zählte. Von den früher erfolgreichen Radsportvereinen (Concordia, Möwe, Buchkopf) existierte 1997 nur noch der 1913 gegründete Radsportverein Falkenfels. 1965 wurde der Tennisclub gegründet und vier Jahre später machte sich der Tischtennisverein nach vorangegangenem zehnjährigem Wirken als Abteilung der Sportvereinigung Bühlertal selbständig. 1973 wurde der sportlich erfolgreiche Budo-Kai (Judo) ins Leben gerufen, der 1997 330 Mitglieder zählte. Ein Schachclub existiert seit 1958.

1890 entstand der Schwarzwaldverein Bühlertal, dem die Förderung des örtlichen Fremdenverkehrs ein Anliegen war. Gleiches gilt für den 1936 ins Leben gerufenen Verkehrsverein Bühlertal. Von den fünf Heimat- und Trachtenvereinen der Gemeinde erfreuen sich die beiden ältesten, der 1938 gegründete Hornschlittenclub Liehenbach und der 1951 entstandene Heimatverein Freunde des Völlersteins großer Beliebtheit. In den Jahren 1977 bis 1996 wurden insgesamt sieben Narrenvereine gegründet. Schließlich bestehen in der Gemeinde ein Sozialverband VdK, ein Kaninchenzuchtverein sowie ein Obst- und Gartenbauverein.

Strukturbild. – Bereits im 19. Jh. entwickelte sich die bis dahin landwirtschaftlich orientierte Gemeinde Bühlertal – mit den Schwerpunkten Weinbau im Untertal sowie Viehzucht und Ackerbau im Obertal – zu einem von Industrie und Gewerbe geprägten Ort. Während vor allem das Untertal durch Holzhandel zu Wohlstand kam, lebten im strukturschwächeren Obertal mehrheitlich ärmere Arbeiter und Tagelöhner. Die Wohnplätze in höheren Lagen blieben infolge ihrer isolierten Lage lange Zeit von der Landwirtschaft abhängig. Die fortschreitende Industrialisierung des Tals und die Einrichtung neuer Arbeitsstätten sicherte auch zu Beginn des 20. Jh. ausreichend nichtlandwirtschaftliche Arbeitsplätze für die einheimische Bevölkerung, zumal mit dem wachsenden Fremdenverkehr eine weitere Einnahmequelle hinzukam. Einschneidende Veränderungen ergaben sich nach dem Zweiten Weltkrieg, als mit dem Wegfall der Zigarren- und dem langsamen Rückgang der Holzindustrie zahlreiche Arbeitsplätze verlorengingen. Durch die Ansiedlung der Firma Avog (später Bosch) konnte dieser Verlust zwar zunächst ausgeglichen werden, aber spätestens mit der Verlagerung zahlreicher Produktionsabteilungen der Firma Bosch nach Bühl zu Beginn der 1970er Jahre erlebte die Gemeinde einen Wandel zum Pendlerwohnort.

Wachsende Bedeutung erlangte wie anderwärts der Dienstleistungssektor. Die Zahl der Unternehmen in diesem Bereich stieg von 66 im Jahr 1970 auf 91 1987. Im Zusammenhang damit stehen die Bemühungen der Gemeinde um den Fremdenverkehr, der hier im Gegensatz zu vielen anderen Schwarzwaldgemeinden in den 1990er Jahren keine Abnahme bzw. nur geringfügig rückläufige Zahlen zu verzeichnen hatte. Da eine Steigerung der Übernachtungs- und Besucherzahlen angesichts der allgemeinen Entwicklungen in der Tourismusbranche kaum zu erwarten ist, wird die Gemeinde auch künftig bestrebt sein, im Bereich des Fremdenverkehrs das erreichte Niveau zu halten.

DUFFNER, Alfons: Heimatbuch der Gemeinde Bühlertal. Neu hg. von Gerhard FRITZ. Bühlertal 1991. – GARTNER, Suso: 700 Jahre Bühlertal. Zur Frühgeschichte der Talgemeinde. In: Die Ortenau 81 (2001) S. 25–34.

[1] ADBR Strasbourg 16 J 183 (1).

Durmersheim

2615 ha Gemeindegebiet, 11 512 Einwohner (31. 12. 2000)

Wappen: In gespaltenem Schild vorn in Gold (Gelb) ein roter Schrägbalken, hinten in Blau ein goldener (gelber) Krummstab mit nach links gekehrter Krümme. – Flagge: Rot-Gold (Rot-Gelb).

A. Naturraum und Siedlung

Natürliche Grundlagen. – Die markante, bis zu 10 m hohe Steilstufe der Niederterrasse des Rheins teilt das Gemeindegebiet in eine westliche, tiefere (feuchtere) und eine östliche höhere (trockenere) Fläche. Gleichzeitig wird darin die zeitliche Abfolge der Flußarbeit deutlich.

Die Niederterrasse wurde ausgebildet, als sich zum Ende der Würmeiszeit die klimatischen und damit auch die hydrologischen Verhältnisse in Mitteleuropa änderten. Noch während dieser Zeit sedimentierte der Fluß riesige Mengen an glazial vorbearbeitetem Schutt in der gesamten Breite des zur Verfügung stehenden Bodens des Rheingrabens auf. Die Sedimentschicht erreichte im Lauf der Zeit mehrere 10 m, stellenweise bis zu 200 m Mächtigkeit. Sie war, entsprechend der Wasserführung, unterschiedlich aufgebaut; Schichten von tonig-schluffigem, sandigem, kiesigem und blockigem Material wechseln sich ab. Aufschluß darüber geben, abgesehen von geologischen Profilen, auch die Angaben in den jeweiligen Tabellen zu den Baggerseen. So weist der Durmersheimer Baggersee RA 75/1 Feinschlamm und Sand in 19 m Tiefe auf, der Baggersee RA 75/2 reinen Sand in 32 m Tiefe.

Entsprechend der Härte gegenüber mechanischer Beanspruchung ist die Zusammensetzung der Kiese und Sande geprägt durch Quarze, Quarzite, Kieselschiefer, Granite, Porphyre, verkieselte Konglomerate sowie anderes Material in unterschiedlichen Anteilen bis hin zu verschiedenen Kalksteinen. Das Material ist aufgrund des langen Transportwegs gut gerundet; kantengerundetes und kantiges Material (Buntsandstein und alle möglichen Bestands- und Begleitmaterialien des Rotliegenden) entstammt meist der näheren Umgebung, wie z.B. der Baden-Badner Rotliegendensenke. Die in den großen Aufschlüssen der Kies- und Sandgewinnung auftretenden Wechsel im Sedimentationsgeschehen machen deutlich, daß auch zur Zeit der Ablagerung, also während der Eiszeit, keine einheitliche Wasserführung mit entsprechender Transportkraft herrschte, vielmehr wechselten Zeiten starker Wasserführung mit solchen geringer, aber schwebstoffreicher ab. Im einen Fall wurden Kies und grobe Steine transportiert und abgelagert, im andern Sand, Schluff und Ton.

Während der Eiszeit hat der Rheingletscher erhebliche Mengen alpinen Verwitterungsschutts aufgearbeitet und dem Fluß zum Transport zugeführt. Nach vollendeter Austiefung der großen Zungenbecken und Zungenbeckenseen erfolgte dort die Ablagerung des größten Teils des Verwitterungsschutts aus den Alpen. Durch das Abschmelzen und den weiteren Rückschritt der Eismassen stand noch immer relativ viel Wasser zur Verfügung. Das Gleichgewicht zwischen Sedimentation und Erosion im Rheintal war jedoch verschoben, die Erosion überwog. Das Mäandrieren des Wassers in einem durch Furkationen gekennzeichneten Braided River System ergab die Auflösung der Flächen. Die Verbindung der bis heute spürbaren tektonischen Absenkung des Grabens mit der Tiefenerosion führte zum Ausräumen der eiszeitlichen Sedimentmassen und zum Herausbilden der Niederterrasse in ihrer heutigen Form. Letztlich hat sich der Rhein durch Eintiefen in seine eigenen Sedimente und das Zerstören seiner angestammten

Umgebung ein neues Bett geschaffen, wobei sich die heutige, holozäne Aue ausgebildet hat. Damit ist das umgelagerte würmeiszeitliche Material der Niederterrasse die Basis der Rheinaue. Der heutige, halbmondförmig eingekerbte Verlauf der Terrassenkante verdeutlicht die Auflösungsprozesse der Niederterrasse durch Unterschneidung des Terrassenkörpers mittels Seitenerosion am östlichen Prallhang frühholozäner Mäander des Rheins. Mit Radien von jeweils etwa 900 m gehören die Relikte fluviatiler Arbeit in den Bereich mesoskaler Ausprägung. Dies wird besonders im Vergleich zu den heutigen Rheinmäandern sowie zum Großteil der durch die Tullaschen Rektifikationen abgeschnittenen und teilweise verlandeten Formen des gleichen Prozeßablaufs deutlich. Die Größenunterschiede lassen sich nur damit erklären, daß andere, in der Regel wesentlich kleinere Wassermassen für die Formung zur Verfügung standen und mindestens drei Mäanderprallhänge die Niederterrassenkante aufgelöst haben.

Noch während dieses Auflösungsprozesses der Niederterrasse, deren Oberfläche ähnlich der heutigen Aue ausgebildet war, schufen die von Südwesten bis Westen kommenden Winde auf der alten Landoberfläche neue Formen; es entstanden ausgeprägte Dünen und Sandauflagerungen. Sowohl die alte, wie die neu geschaffene Landfläche östlich des Rheins war nur spärlich von meist inselartiger Pioniervegetation bedeckt. Sie entsprach den periglazialen Flußtälern Mitteleuropas am Ende der Würmeiszeit (Spätglazial) vor 12–10 000 Jahren. In diesem Ökotopgefüge war es möglich, aus den großen vorhandenen Flächen der vegetationsarmen Flußtäler Sand auszublasen und auf der Niederterrasse abzulagern. Ausgedehnte Dünenfelder und dazwischengeschaltete Sandflächen entstanden nahe der Terrassenkante. Das Ende der Dünenbildung setzt mit dem Allerød-Interstadial und der einherschreitenden (Wieder-)Bewaldung ein und war verbunden mit einer Fixierung der Dünen. Die Dünenfelder ziehen sich – heute noch gut sichtbar – etwa von Darmstadt im Norden bis etwa Lichtenau im Süden hin. Ihre Formung entspricht der holozänen Windrichtung aus West bis Südwest und der damit vorgegebenen Bewegungsrichtung; einer flachen, westexponierten Seite steht eine steile, ostexponierte Seite gegenüber.

Die Böden des Gebiets von Durmersheim sind entsprechend der großräumigen geomorphologischen Gliederung in zwei Gruppen einzuteilen. Zunächst sind im westlichen Teil die Böden mit ausgesprochen fluviatiler Prägung zu finden. Es sind dies Auelehme (Auengley-Braune Auenböden) über inselartig verbliebenen Flußsanden und Flußschottern. Sie markieren gleichzeitig höher gelegene Teile der Altaue in einem System von schmalen, feuchten und aus lehmigem Schluff bis tonigem Lehm aufgebauten alten Gerinneläufen; als Bodentyp herrscht der Naßgleyeboden vor. Unmittelbar westlich von Würmersheim, nördlich der K3722, Im oberen Dahn, liegt eine abgeflachte Erhebung von ca. 200 mal 250 m Fläche, die als ältere Auenterrasse des Rheins angesprochen werden kann. Sie besteht zu wesentlichen Teilen aus Schwarzwald- und Rheinmaterial; im Untergrund steht Terrassenschotter an. Die Fläche ist als Erosionsrest einer älteren Auengeneration des Rheins auszuweisen. Der anstehende Boden ist als Brauner Aueboden mit Vergleyung im nahen Untergrund zu bezeichnen. Als besondere Bodentypen stehen im Gemeindegebiet (Verlandungs-) Niedermoore an. Es sind dies Flächen in den Gewannen Neubruch, Im Dahn, Gallritt und Durmersheimer Bruchwiesen. Das östliche, auf der Niederterrasse gelegene Gebiet, wird von Braunerde- und Parabraunerdeböden eingenommen. Reine Braunerden finden sich besonders unter Wald an der östlichen Gemarkungsgrenze. In einem Streifen von 1 bis 1,5 km von der Terrassenkante entfernt, herrschen mäßig tief und tief entwickelte Parabraunerden aus Hochflutlehmen vor.

Spuren der Rohstoffausbeute sind die beiden östlich des Orts gelegenen Baggerseen. In ihre Formengesellschaft gehört auch das trockene Kiesabbau-Restloch westlich Raupenschlag. Das Gelände ist weitgehend aufgefüllt und rekultiviert.

Das Gewässernetz im Gebiet Durmersheims beschränkt sich auf den Auenanteil der Gemarkung. Der Federbach übernimmt die Aufgabe des Vorfluters; Alter Federbach, Schmidtbach, Kunzenbach, Tieflachgraben, Gießengraben, Rottlichgraben und Brünnelsgraben führen ihr Wasser in ihn ab. Schnurgerade führt der Weg des Federbachs von Rastatt über Bietigheim nach Durmersheim, um bei der Mühle noch südlich der K3722 Schmidtbach und Alten Federbach aufzunehmen. Der gestreckte Verlauf in diesem Flußabschnitt weist den Federbach als künstliche Anlage zur Versorgung der Durmersheimer Mühle und zur Entwässerung der Aue aus. Die ältesten flußbaulichen Maßnahmen reichen in die Zeit vor 1700. In die Jahre 1778 bis 1800 fällt der Bau dieses Federbachkanals, der noch heute den größten Teil des abzuführenden Wassers aufnimmt. Mit dieser Baumaßnahme war die vorherige Wassernot der Durmersheimer Mühle beendet. Mit dem Niedergang der Mühlentätigkeit im 20. Jh. änderte sich

A. Naturraum und Siedlung

Durmersheim von Südosten, im Hintergrund links Würmersheim.

auch die Struktur des Federbaches; er wurde immer mehr zum Entwässerungskanal. Der natürliche (Alte) Federbach verläuft in ausgesprochen schönen Wiesenmäandern durch das Gemeindegebiet. Die zum Teil recht breite Bachaue läßt erkennen, daß alte Gewässerrinnen und Schluten des Rheins vom Bachlauf eingenommen wurden und kräftige Grundwasseraustritte das Gewässer zusätzlich speisten. Die nachhaltigste Veränderung brachten die Rheinkorrektur und die damit verbundene Absenkung des Grundwassers. Aber auch die Absenkung des Grundwassers durch erhöhte Wasserentnahme und stark verminderte Wasserzufuhr in den Grundwasserkörper durch fortschreitende Versiegelungsmaßnahmen im Einzugsgebiet bewirken bis heute, daß die Wasserführung im Bachlauf z.T. gänzlich versiegt. Auf Durmersheimer Gemarkung erfolgte 1932 eine Vertiefung der Grabensohle um einen geregelten Wasserlauf zu gewährleisten. Auch der Schmidtbach, der unmittelbar unterhalb der Geländestufe zur Niederterrasse verläuft, ist ein künstlich angelegtes Gewässer. Auch hier führten Grundwasseraustritte zu einer günstigen Beeinflussung des Wasserstands. Durch die Fortsetzung des Federbachkanals zwischen den Gewannen Neubruch und Im hinteren Dahn wurde eine alte Mäanderschlinge des Federbachs abgetrennt und das Gefälle im Gerinne erhöht. Das zum größten Teil aus Niedermoor bestehende alte südliche Bachbett erhielt einen nach Osten gerichteten, gegenläufigen Abfluß, den Kunzenbach. Der nördliche Mäanderbogen mit dem Eintritt des Gießengrabens entwässert weiter nach Norden. Es entstand an dieser Stelle eine Furkation, die bei Niederwasser im Federbachkanal einen Abfluß des Grießengrabens in beide Richtungen erlaubt.

Siedlungsbild. – Das entlang der Niederterrassenkante auf dem Hochgestade gelegene D u r m e r s h e i m hat sich aus einem Haufendorf entwickelt. Der eng überbaute alte Kern ist noch erkennbar. 1862 erstreckte sich die Bebauung vorwiegend auf den Bereich entlang der Hauptstraße; später weitete er sich nach Osten zum Bahnhof hin aus. Weitere Neubaugebiete mit gemischter Bebauung in Gestalt von Ein- und Zweifamilienhäusern sowie Wohnblöcken entstanden auch im Norden und Süden beiderseits der B36. Zum nördlichen Neubaugebiet gehören nahe der Bahnlinie ein Schul- und Sportzentrum sowie ein kleines Einkaufszentrum. Am westlichen Ortsrand wurde am Hochgestade auf ehemaligem Industriegelände eine Hochhaus-Bebauung (Sika-Wohnanlage) mit über 200 Wohneinheiten errichtet und dabei erstmals Gebäudehöhen bis zu zwölf Stockwerken zugelassen. Ein weiteres Schul-, Sport- und Kulturzentrum entstand westlich davon. Die Industrie- und Gewerbegebiete liegen vorwiegend im Norden, sowohl westlich der B36 als auch östlich der Bahnlinie. Die

Alter Federbach und Sika-Wohnanlage in Durmersheim.

Bahntrasse stellt noch immer die östliche Grenze der Bebauung dar und wird nur im Süden von Gewerbegebieten überschritten. Im Westen ist die Ortslage durch die Hochuferkante begrenzt, jedoch reicht die Besiedlung bis ins Tiefgestade. Die Erstreckung des Orts entlang der B36 (Hauptstraße) hat eine sehr starke Verkehrs- und Immissionsbelastung zur Folge; auch die Situation in den parallel verlaufenden Straßen wird dadurch beeinträchtigt. Eine Ortsumgehung ist östlich der Bahn im Bau.

1829/30 wurde an der Hauptstraße nach Entwürfen Wilhelm Frommels und verbessert durch Johann Ludwig Weinbrenner die St. Dionysius-Kirche errichtet, ein großer, siebenachsiger Hallenbau mit Portalturm aus unverputztem, regelmäßigem Bruchsteinmauerwerk. Der Turm ist fast ganz in die Fassade einbezogen. Im Eingangsbereich links ist ein Herkulesrelief eingemauert, das 1830 beim Abbruch der alten Kirche gefunden wurde. Hinter der Kirche liegt die Hildaschule, eine Förderschule des Landkreises. Der dreigeschossige Walmdachbau mit ausgebauten Dachräumen wurde bereits 1837 errichtet; nach starken Beschädigungen im Zweiten Weltkrieg hat man ihn wiederholt modernisiert und den jeweiligen Erfordernissen angepaßt. Der zwischen Schulhaus und Kirche gelegene Platz ist neu gepflastert; er dient sowohl als Schulhof wie als Ballspielplatz.

Der ehedem rund um die Kirche gelegene älteste Friedhof war bereits gegen Ende des 18. Jh. zu klein und sollte schon 1798 durch einen neuen ersetzt werden. Wegen der unruhigen Zeitläufte ist dieser Plan aber erst 1814 mit der Anlage eines neuen Friedhofs an der Ettlinger Straße zur Ausführung gekommen. Im südlichen Teil dieses Friedhofs liegt die Gedenkstätte für die Gefallenen, zu der auch eine kleine Kapelle aus Sandstein mit gerundetem, schindelgedecktem Dach gehört. An den Innenwänden sind die Namen der Gefallenen aufgeführt. Daneben besteht eine neuere Anlage mit Kreuzen und Namenssteinen aus Sandstein. Im neueren, nördlichen Teil des Friedhofs liegt die schlichte, weiß verputzte Friedhofshalle mit Walmdach. Zum überdachten Eingangsbereich mit verglasten Türen führt eine dreistufige Treppe empor. Das Friedhofsgelände ist durch Heckenbepflanzung in verschiedene Abteilungen gegliedert. In der Mitte steht auf hohem Sockel ein Sandsteinkreuz mit der Bronzeskulptur des Erlösers. – Der neue, Ende der 1970er Jahre geschaffene Friedhof liegt am südwestlichen Ortsrand im Gewann Rohrwiesen. Auf dem großflächigen Areal gibt es auch eine neue, halbrund gestaltete Aussegnungshalle mit verschiedenen Nebenräumen in eingeschossiger Bauweise sowie einen kleinen Betriebshof.

Das katholische Gemeindezentrum mit zugehöriger Sozialstation St. Vinzenz befinden sich in der Nachbarschaft von Pfarrkirche und Friedhof an der Ettlinger bzw. Speyerer Straße. Der weiß verputzte Baukörper gliedert sich in zwei flachgedeckte, zweigeschossige Gebäudeteile mit überdachtem Eingangs- respektive Abstellbereich. Hier sind u.a. ein ambulanter Pflegedienst, das Pfarrzentrum mit Gemeindesaal und die öffentliche katholische Bücherei untergebracht.

Das Rathaus an der Speyerer Straße wurde 1956 als traufständiger zweigeschossiger Satteldachbau auf hohem Kellergeschoß mit verglaster Eingangshalle und Freitreppe errichtet. Ein kleiner Zwischenbau verbindet das Rathaus mit dem daneben errichteten Ratssaal, der durch ein großes, bleiverglastes Schmuckfenster und ein wandfüllendes Majolika-Relief mit dem schematisierten Umriß eines Bären besonders hervorsticht. Das Relief zeigt die alten Durmersheimer bei der Bärenjagd. Hinter dem Rathaus wurden zur Ettlinger Straße die fünf Fahrzeughallen (1970) und weitere Räume der Feuerwehr angebaut. Das Rathaus steht an der Stelle des alten Endbahnhofs der von 1890 bis 1936 zwischen Karlsruhe und Durmersheim verkehrenden Lokalbahn. Auf dem Gelände des Vorgänger-Rathauses (erbaut 1749, umgebaut 1901, abgebrochen 1972) steht heute die Raiffeisenbank Südhardt.

Das Heimatmuseum in der Römerstraße ist in einem zweigeschossigen Fachwerkhaus mit Satteldach und den für die Region typischen kleinen Vordächern untergebracht. Am östlichen Ortsrand liegt vor der Bahnlinie die nach der englischen Partnergemeinde benannte Littlehampton-Halle, ein eingeschossiger Satteldachbau, der zur Lammstraße giebelständig ausgerichtet ist und hier auch einen mit Glasvordach modernisierten Eingangsbereich hat. Die durch querliegende Satteldachanbauten erweiterte Halle wird vorwiegend als Turn- und Mehrzweckhalle genutzt. Ebenfalls an der Bahn, allerdings schon im nordöstlichen Ortsteil, liegt das ab 1965 errichtete, rund 2,6 ha beanspruchende Schulzentrum Hardtschule mit Grund- und Hauptschule, Werkrealschule und Hardt-Sporthalle (1971). Es handelt sich um ein Ensemble moderner, mehrgeschossiger Gebäude mit unterschiedlichen, meist flachen Dachformen. Zur Ausführung kamen sowohl Backstein- wie Betonbauten, die großzügig verglast sind. Unweit nordwestlich des Schulzentrums liegen am Raiffeisenplatz das Gemeindezentrum und der Kindergarten St. Bernhard

(1967); es handelt sich um zwei Gebäude aus modernen Baumaterialen mit versetzten Pultdächern, Metallverblendungen und umfangreichen Holzbauteilen.

Die Wallfahrts- und Pfarrkirche Unserer Lieben Frau an der Kreuzung von Hauptstraße und Pilgerstraße (Bickesheimer Straße) stammt in Teilen noch aus dem 13., der Chor aus dem 14. Jh. Treppenturm und Sakristei wurden im 15. Jh. errichtet. 1908/09 erfuhr die Kirche einen umfassenden Umbau, das Hauptschiff wurde verlängert und erhöht, die Decke des Seitenschiffs gehoben und die Wände mit neugotischen Fenstern durchbrochen. Das Ostfenster zeigt eine restaurierte Mariendarstellung (um 1310/20). Die vier Farbglasfenster wurden 1948 als Ersatz für die im Krieg zerstörten eingesetzt. Über dem Westportal ist eine Madonna mit Kind angebracht. Eine ehemals im Seitenschiff befindliche Grabplatte von 1391 wurde 1972 an der Klostergartenmauer aufgestellt. Als Gartenpforte zum benachbarten Redemptoristenkloster dient das alte Kirchenportal von 1762. Südlich der Kirche steht das mit auffälligen Treppengiebeln versehene alte Benefiziatenhaus von 1866, das heute als Pfarrhaus St. Bernhard genutzt wird. Das Kloster der Redemptoristen (Congregatio Sanctissimi Redemptoris) besteht erst seit 1920 und wurde von dem nach dem Ende des Ersten Weltkriegs aus dem Elsaß hierher gekommenen Pater Robert Kiefer gegründet. – Südlich der Wallfahrtskirche steht an der B36 ein 1910 errichteter Stein zur Erinnerung an die Verleihung der Marktrechte für Bickesheim im Jahr 1410.

Westlich des Federbachs wurde zu Beginn der 1970er Jahre im Tiefgestade zwischen Würmersheimer und Pilgerstraße auf einem rund 17 ha großen Gelände ein Kultur- und Bildungszentrum geschaffen. Im nördlichen Teil des großzügig dimensionierten Gebiets liegt das Federbach-Stadion, dahinter der Festplatz. Daran schließen sich die flachgedeckte Sporthalle und das Jugendzentrum mit einem auffälligen Tonnendach sowie dahinterliegend die Festhalle mit einem hochaufragenden, verkleideten Schornstein an. Alle Gebäude in diesem Bereich sind in einer einheitlichen blau-grauen Farbe gehalten. Das Wilhelm-Hausenstein-Gymnasium, im Schul- und Sportzentrum am westlichen Ortsrand gelegen, wurde 1970 zunächst als Progymnasium mit 52 Schülern gegründet und im Oktober 1971 zum Vollgymnasium erweitert. Nachdem das Gymnasium anfangs in anderen Schulen untergebracht war, konnte 1974 endlich ein eigenes Gebäude bezogen werden. Bis 1975 erfolgte dann auch der Bau einer dreiteiligen Sporthalle mit Zuschauertribüne. Das Gymnasium präsentiert sich als dreigeschossiger Flachbau in Skelettbauweise mit umlaufenden Fensterbändern. Im Süden anschließend liegt die evangelische Kreuzkirche, ein modernes Holz-Glas-Bauwerk in verwinkelter Form mit gegeneinander abgesetzten Pultdächern. Der Glockenturm steht als einfache Tragekonstruktion abseits. Ein baulich abgetrennter Gebäudeteil an der rechten Seite dient als Jugendhaus. Südlich des Schulzentrums steht an der Ecke Durlacher bzw. Triftstraße ein 1795 gestiftetes Steinkreuz mit der Skulptur des Erlösers. Weitere Steinkreuze stehen an der Hauptstraße (1856), an der Einmündung der Rheinstraße in die Bundesstraße, an der Bickesheimer Straße (1858), an der Malscher Straße (1908) und an der Würmersheimer Straße.

Das westlich von Durmersheim im Tiefgestade gelegene Würmersheim ist von unregelmäßigem Grundriß und hat Erweiterungen vorwiegend durch Ausbauten entlang der nach Durmersheim führenden Straße erfahren. Das Ortsbild wird im Kern vorwiegend von eineinhalb- bis zweigeschossiger älterer Bausubstanz, zumeist verputzten Fachwerkgebäuden, bestimmt. Zum Teil finden sich hier auch villenartige, mehrheitlich sanierte bzw. modernisierte Gebäude. Nördlich der Bickesheimer Straße (K3721) sind Gewerbegebiete entstanden (Rottlichwald, Brünnlesäcker, Nordwest). Ein weiteres Neubaugebiet wird am östlichen Rand des Dorfs erschlossen. Am Ortseingang, an der Badener Straße, steht ein 1757 errichtetes Steinkreuz. Ein weiteres Kreuz, 1829 gestiftet, findet man an der Elchesheimer Landstraße.

Die 1914 erbaute Herz-Jesu-Kirche mit repräsentativem Hauptportal und zwei kleineren Seitenportalen, birgt einen Teil der Ausstattung der 1914 zu Wohnungen umgebauten und schließlich beim Rathausneubau abgerissenen Vorgängerkapelle von 1777. Der Glockenturm ist an der linken Seite hinten angebaut. Die Ortsverwaltung ist im ehemaligen Rathaus (1952/53), einem zweigeschossigen, traufständigen Satteldachbau schräg gegenüber der Kirche untergebracht. Über dem Eingang an der rechten Seite prangt das Gemeindewappen. An das Gebäude wurde ein Flachdachbau mit den Räumen für die Feuerwehr angefügt.

Das alte Schulgebäude in der Auer Straße hinter der Kirche wird heute vom Roten Kreuz, das hier einen größeren Stützpunkt mit mehreren, z. T. neuen Fahrzeughallen und Abstellflächen unterhält, genutzt. An der rechtwinklig abzweigenden Friedhofstraße liegt auf der Nordseite das ausgedehnte Areal der neuen Schule mit Sporthalle. Das mo-

A. Naturraum und Siedlung

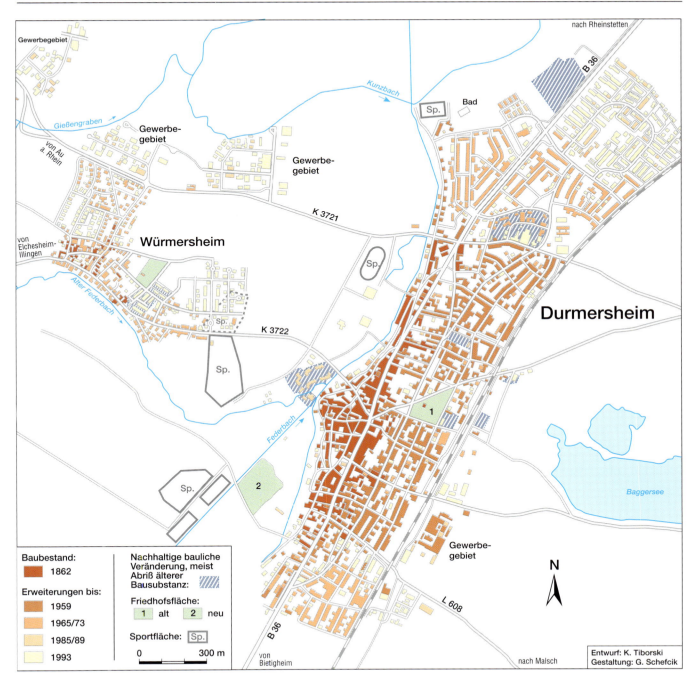

Siedlungsentwicklung von Durmersheim und Würmersheim.

Grundschule in Würmersheim.

derne Schulgebäude besteht aus mehreren gegeneinander versetzten Baukörpern mit Flach-, Tonnen- und Pultdächern unter großzügiger Verwendung von Glas und Metallverblendungen. Die Wände sind aus weißem Kalksandstein aufgemauert. Die vollflächigen gelben und blauen Sonnenschutzrollos vor den Klassenzimmern stellen einen farbigen Kontrast dar.

Die Einsegnungshalle auf dem Friedhof wurde 1961/62 errichtet; sie ist ein L-förmiger Bau mit kurzem offenem Flügel und anschließendem Langhaus. Mittlerweile wurde sie durch Anfügen einer aus Holzbindern und Stahl konstruierten, zum Friedhof weit geöffneten, lichtdurchlässigen Dachkonstruktion modernisiert und erweitert. Das mit einer Hecke eingefaßte Gelände ist mittels Büschen und Hecken untergliedert, die Wege sind teils mit Kies bestreut, teils mit Verbundpflaster befestigt. – Unweit von Schule und Friedhof liegt im Ortszentrum an der Beethovenstraße das 1972 erbaute katholische Gemeindezentrum, ein eingeschossiger moderner Flachdachbau mit anschließender Gemeindehalle. Das Zentrum, in dem sich auch ein Kindergarten befindet, wird sowohl von kirchlichen Gremien und Einrichtungen genutzt als auch von Würmersheimer Vereinen.

B. Geschichte der Gemeindeteile bis zum Ende des Alten Reiches

Durmersheim

Siedlung und Gemarkung. – Die Gemarkung von Durmersheim ist besonders reich an archäologischen Funden aller Perioden von der Latènezeit bis ins Mittelalter, jedoch stammen diese ganz überwiegend von einer Niederterrassensporn nördlich der Bickesheimer Kirche (Im Eck) und müssen damit zunächst auf die seit dem späten Mittelalter mit Durmersheim vereinigte Siedlung Bickesheim bezogen werden. Hervorzuheben sind namentlich eine größere Zahl von römischen und spätrömischen Brandgräbern, aus denen allerlei Tonkrüge und einige Münzen geborgen wurden, sowie die Reste einer Römerstraße, die hier auf der Niederterrasse entlanggezogen ist; bereits 1830 hat man beim Abbruch der alten Durmersheimer Kirche ein römisches Herkulesrelief entdeckt, das vermutlich Teil eines Viergöttersteins war.

Diese frühen archäologischen Zeugnisse sind allesamt der Durmersheimer respektive Bickesheimer Vorgeschichte zuzuordnen; ihr Bezug zur heute bestehenden Siedlung und ihrer Genese ist im einzelnen nicht geklärt. Die eigentliche Geschichte der Siedlungen Durmersheim und Bickesheim beginnt mit einem 1959 – wiederum Im Eck – zutage geförderten alamannisch-fränkischen Gräberfeld, dessen Belegung spätestens mit dem 7. Jh. einsetzt. Diesem Befund entsprechen auch die für die merowingerzeitliche Besiedlung charakteristischen Namen beider Orte, gebildet aus dem Grundwort -heim in Verbindung mit der Genitivform von Personennamen als Bestimmungswörtern. Ihre früheste Erwähnung finden diese Ortsnamen aber erst sehr viel später: *Turmaresheim* zum Jahr 991[1] und *Bugenesheim* zu 1065[2], beide im Codex Edelini des elsässischen Klosters Weißenburg. Aus eben dieser Zeit stammen möglicherweise auch die vier Einbaum-Kähne, die 1932 unmittelbar unterhalb der Bickesheimer Kirche ausgegraben wurden. Schließlich entdeckte man 1937 in Ortsnähe einen umfangreichen, etwa um das Jahr 1280 vergrabenen Münzschatz, dessen genaue Fundstelle aber in Vergessenheit geraten ist.

Wiewohl archäologisch derart gut dokumentiert, scheint Bickesheim verglichen mit Durmersheim doch schon im hohen Mittelalter die kleinere Siedlung gewesen zu sein, und wenn der Ort schließlich vollends ausgegangen ist, könnte dies mit der 1216 hier erwähnten Grangie des Klosters Herrenalb zusammenhängen, die möglicherweise eine Umsiedlung der Einwohner ins nahe Durmersheim zur Folge hatte. Schon im frühen 16. Jh. wird Bickesheim als eigener Wohnplatz gar nicht mehr erwähnt; daß der Name gleichwohl überdauern konnte, ist zweifellos auf die hiesige Wallfahrt zurückzuführen, die mutmaßlich schon um die Wende vom 13. zum 14. Jh. im Gange war. Späterhin bestand Bickesheim nur noch aus der Wallfahrtskirche mit ihren Nebengebäuden auf dem ummauerten Kirchhof, aus der Mühle am Federbach und dem jenseits der Rastatter Chaussee (B36) gelegenen Zollhaus samt zugehöriger Gastwirtschaft; westlich der Straße, jedoch im Tiefgestade, stellte bereits im 18. Jh. eine Häuserzeile die Verbindung zum Dorf Durmersheim her.

Dessen alter Ortskern lag ganz überwiegend auf der Niederterrasse, etwa im Gebiet zwischen der heutigen Hauptstraße, Wilhelmstraße, Brunnenstraße und Würmersheimer Straße, reichte aber wiederum mit einer Häuserreihe hinunter ins Tiefgestade bis an den Federbach; jenseits des Bachs und mit Zufahrt über die heutige Bachstraße bildete Schloß Rohrburg (Rohrburger Schloßwiesen) den äußersten westlichen Punkt des Dorfs. Die alte, bereits 991 erwähnte Pfarrkirche und ihre Nachfolgerinnen bis ins frühe 19. Jh. lagen im Süden der Siedlung, im Dreieck zwischen Thomasstraße, Römerstraße und Brunnenstraße, unmittelbar am Hochuferrand. 1773 zählte der Ort insgesamt 148 Anwesen.

Obgleich die im Tiefgestade gelegenen Dammfelder (Im oberen, mittleren, hinteren und vorderen Dahn) häufig durch Wasser beeinträchtigt wurden, war die Gemeinde im 18. Jh. doch mehrfach und erfolgreich bemüht, dort durch Ausstockung von Wald (Neuwiesen, Oberrott, Kreutwiesen, Stockwiesen) und Trockenlegung von Brüchen (Neubruch, Große Bruch) zusätzliche Flächen für die Landwirtschaft zu gewinnen. Im Osten der Gemarkung, auf der Hardt, gab es im späten 18. Jh. noch ausgedehntes Weide- und Ackerland (Feldschlag), dabei auch einen herrschaftlichen Schafhof (Harthofschlag); hernach wurden diese Flä-

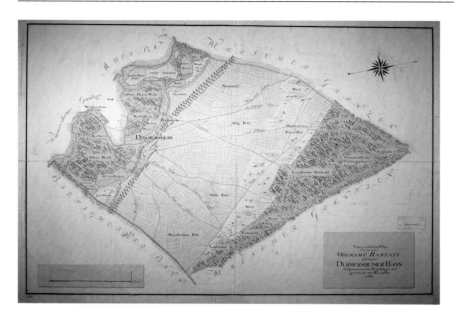

Gemarkung von Durmersheim, 1785.

chen wieder aufgeforstet. 1753/54 erfolgte zur Beendigung nachbarlichen Streits um Weiderechte im Wald die Aussteinung der Gemarkungsgrenze gegen Malsch.

Herrschaft und Staat. – In Anbetracht von Umfang und Qualität der Weißenburger Güter in Durmersheim ist zu vermuten, daß von diesem, ursprünglich gewiß königlichen Besitzkomplex die weitere Herrschaftsentwicklung im Dorf und seiner Gemarkung ihren Ausgang genommen hat. Demnach würden die seit dem frühen 14. Jh. hier bezeugten Rechte der Markgrafen von Baden auf die weißenburgischen Gerechtsame zurückgehen, die am Ende des 10. Jh. von den Saliern usurpiert wurden; dazwischen gab es aber noch eine bis ins 13. Jh. währende Periode ebersteinischer Herrschaft, die aus dem Vorhandensein ebersteinischer Ministerialen wie auch eines umfangreichen ebersteinischen Grundbesitzes erschlossen werden kann. Schon die Pfründstiftung Rudolfs III. von Baden für Bickesheim (1318) und vollends die Bezeichnung desselben Markgrafen als *marchio de Durmersheim* im Anniversar des Klosters Lichtenthal lassen erkennen, daß der Ort spätestens seit dem zweiten Jahrzehnt des 14. Jh. nicht allein in markgräflicher Hand war, sondern überdies zeitweise als Herrschaftssitz fungiert hat. In den Amtslagerbüchern des 16. Jh. erscheinen die Markgrafen von Baden(-Baden) als alleinige Herren des Dorfs, denen die landesfürstliche Obrigkeit samt allen anhangenden Rechten zustand; damals gehörte Durmersheim ins Amt Kuppenheim, im 18. Jh. ins Oberamt Rastatt und Kuppenheim.

Die vom 13. bis ins frühe 14. Jh. mit Besitz in Oberderdingen und Elchesheim nur sporadisch erwähnten ebersteinischen Ministerialen von Durmersheim (Taufnamen: Johann, Jakob und Fritzmann bzw. Friedrich; 1247–1309) saßen zweifellos auf der seit dem späten 15. Jh. so bezeichneten Rohrburg im Tiefgestade unweit des Dorfs. 1388 wird diese erstmals urkundlich erwähnt; sie war zu jener Zeit längst markgräfliches Eigentum und hat gewiß schon im frühen 14. Jh. dem »Markgrafen von Durmersheim« als Wohnung gedient. Danach verlor sie offensichtlich an Bedeutung und wurde schließlich unter Vorbehalt des landesherrlichen Öffnungsrechts sowie ohne alle Herrschaftsbefugnisse in Dorf und Gemarkung an zumeist landfremde Adlige verliehen, die in badischen Diensten standen, so an Ott von Seckendorff (1481, 1510) und Hans von Bachenstein (1492) aus Franken, Friedrich von Diersberg (auch Giersberg, 1520), die Haller von Hallerstein aus Nürnberg (1530/32, 1553/74), Philipp Breder von Hohenstein vom Mittelrhein (1532/35) sowie Cornelius von Lier aus den Niederlanden (1549/53). 1574 gelangte das Schloß durch Kauf wieder in markgräflichen Besitz und wurde fortan von einem Burgvogt versehen. Nach dem Dreißigjährigen Krieg ging es zu Lehen an die Bademer, eine Familie bürgerlicher Herkunft, deren Angehörige seit der Mitte des 16. Jh. als Amtleute zu Kuppenheim, Bühl und Steinbach bezeugt sind und schließlich unter dem Namen Bademer von Rohrburg Anschluß an die Ortenauer Ritterschaft gefunden haben. Freilich scheinen die Bademer ihr hiesiges Schloß, das in den Kriegen des 17. Jh. wiederholt schwer in Mitleidenschaft gezogen wurde, nie wirklich bewohnt zu haben. Mit dem Tod des letzten Bademer fiel das Anwesen 1709 neuerlich an die Markgrafschaft heim und wurde künftig von Rastatt her verwaltet; 1763 wird es als *modelmäsiges Schlösslein* bezeichnet, das zwar im Verfall begriffen war, bei dem es aber noch brauchbare Wirtschaftsgebäude gab. In den 1770er Jahren verkaufte man die zugehörigen Äcker und Wiesen an die Durmersheimer Untertanen. Auf der Gemarkungskarte von 1862 ist das Schloßareal noch als solches zu erkennen; heute ist nichts davon geblieben.

Wilhelm und Anselm *de Bokkensheim*, die zu Beginn des 12. Jh. gemeinsam mit Grafen und Edelfreien als Zeugen einer Urkunde im Reichenbacher Schenkungsbuch erscheinen, sind der einzige Hinweis auf einen damals in Bickesheim ansässigen, offenbar edelfreien Adel, der jedoch spätestens mit dem Übergang des dortigen Grundbesitzes an die Zisterzienser wieder verschwunden ist.

Grundherrschaft und Grundbesitz. – Zu dem am Ende des 10. Jh. entfremdeten Durmersheimer Besitz des Klosters Weißenburg gehörten neben der Kirche und dem Zehnt 80 Tw Ackerland (*terra salica*), Wiesen mit einem durchschnittlichen Ertrag von acht Fuhren Heu sowie 14 zins- und wehrdienstpflichtige Knechtshufen (*mansi serviles*), von denen zur Zeit der Aufzeichnung aber nur vier in Bewirtschaftung standen. Es ist anzunehmen, daß diese Güter hernach den Kern der ebersteinischen bzw. badischen Grundherrschaft in Durmersheim gebildet haben. Um die Mitte des 18. Jh. umfaßte das sogenannte Ebersteiner Gut ca. 49 J Äcker und 1 Mm Wiesen; durch Erbschaft war es zu Beginn des 17. Jh. an die aus Südtirol stammenden Freiherren, dann Grafen von Wolkenstein gelangt und von diesen rund hundert Jahre später an die Markgrafen von Baden. Allerdings waren die Markgrafen als Orts- und Landesherren schon davor in Durmersheim begütert und hatten im frühen 16. Jh. Zinse von 35 Hofstätten zu beanspruchen. Darüber hinaus gehörten zur markgräflichen Grundherrschaft im 18. Jh. der auf der Hardt, am Ettlinger Weg zwischen Bulacher Eck und Winkelsloh gelegene, in Zeitpacht verliehene Schafhof, zu dem alles in allem 124 M Äcker und 2 M Wiesen gehörten (1770), sowie die bescheidenen Rohrburger Schloßgüter im Umfang von knapp 19 M Äckern und 7 M Wiesen (1763), die allerdings 1773 an örtliche Untertanen verkauft wurden.

Der seit dem ausgehenden 14. Jh. bezeugte Herrenalber Hof in Durmersheim ist zweifellos identisch mit dem zwischen 1216 und 1292 erwähnten Besitz desselben Klosters in Bickesheim. Vermutlich steht dieser grundherrschaftliche Komplex in der Tradition von Gütern, die hier von der Mitte des 11. bis in den Anfang des 12. Jh. verschiedenen geistlichen Institutionen geschenkt worden waren: 1065 durch Kaiser Heinrich IV. dem Kloster Weißenburg (4 Huben), um 1100 durch Richinza von Spitzenberg dem Kloster Reichenbach im Murgtal (1 Hube) und 1102 noch einmal durch Heinrich IV. dem Speyrer Domkapitel (Güter zum *predium* Rotenfels); schließlich bestätigte 1156 Kaiser Friedrich Barbarossa dem Kloster Maulbronn Besitz (*terra*) in Bickesheim. Da einerseits alle diese Begünstigten später unter den Grundherren von Bickesheim oder Durmersheim keine Erwähnung mehr finden und andererseits ein Gütertausch zwischen den Bruderklöstern Maulbronn und Herrenalb sich leicht vorstellen läßt, darf man annehmen, daß zumindest ein Teil dieser Gerechtsame in der 1216 hier bestehenden Herrenalber Grangie aufgegangen ist. Im späten Mittelalter wurde der Hof in Zeit- (12 Jahre), hernach in Erbbestand verliehen. Sein Umfang wird im 16. Jh. mit rund 146 J Äckern und 9 Mm Wiesen beziffert; am Ende des 18. Jh. – inzwischen unter dem Namen Malscher Hof und als Vorträgerei längst Eigentum der Markgrafen von Baden-Baden – gehörten dazu rund 178 M Äcker und 12 M Wiesen.

Über einen bemerkenswert stattlichen Grundbesitz in Durmersheim verfügte auch das Stift Ettlingen; er bestand aus vier Höfen, die sämtlich 1459/60 durch Inkorporation der Bickesheimer Kaplaneipfründen an das neu gegründete Stift gelangt sind. Im einzelnen handelte es sich dabei um den St. Josten-Hof (ca. 67 J Äcker, 4 Mm Wiesen), den Großen, Bach- oder Pax-Hof (ca. 97 J Äcker, 2 Mm Wiesen), den Kleinen, Rückers, Richards oder St. Ruthards Hof (Dreikönigs-Pfründe; 73 J Äcker) und das St. Erhard-, Spital-, Hiemen- oder Hühner-Gut (ca. 44 M Äcker).

An größerem Grundbesitz blieben schließlich noch das Wittumgut der Durmersheimer Pfarrei (90 M Äcker), das Gut der Bickesheimer St. Katharinen-Pfründe (ca. 170 M Äcker, 2 M Wiesen; St. Katharinen-Gewann), das Gernsbacher St. Jakob-Gut (ca. 43 M Äcker) und das Gernsbacher

Katholische Kirchengut (ca. 22 M Äcker) zu nennen; das Katharinen-Gut gelangte später an das Ettlinger Jesuiten-Kolleg und wurde daher mitunter auch als Jesuiten-Gut bezeichnet. Bei dem 1794 erwähnten Heiligen-Hof handelt es sich um das bei anderer Gelegenheit so genannte St. Dionysius-Hofgut (ca. 40 M).

Gemeinde. – *Arme lute und gemeinde zu Dormersheim* treten 1377 erstmals urkundlich in Erscheinung, jedoch begegnen Schultheiß, Richter und die *armenlute gemeinlich* schon zum Jahr 1362. Die Zahl der Richter wird 1510 mit zehn angegeben. 1542 ist auch bereits des *dorffs gemein innsigell* bezeugt, dessen schlecht gearbeitete Umschrift anscheinend lautete: *Sigillum villae Durmensheim*; es zeigt einen Schild mit Schrägbalken und einem rechts danebengestellten einfachen Krummstab, wobei der Schrägbalken auf die Markgrafen von Baden als Ortsherren weist, der Stab ist mit Bezug auf die Bickesheimer Wallfahrt vermutlich als Pilgerstecken zu deuten. Ein Rathaus gab es in Durmersheim vielleicht schon im 16. Jh., nachzuweisen ist freilich erst ein 1748 an der Stelle des ehemaligen Pfarrhauses errichteter Neubau mit Fachwerkobergeschoß. Die Gemeinderechnung von 1782 nennt an kommunalem Besitz außer dem Rathaus ein Schulhaus mit angebautem Hirtenhaus, ein Schafhaus sowie eine verpachtete Zehntscheune. Im übrigen verfügte die Gemeinde über Waldungen (Lindenhardter Hofwald, Achtbusch) sowie über ein bemerkenswert umfangreiches, in Pacht gegebenes Ackerland auf der Hardt (ca. 367 M; im Bulacher Eck, Neugeteilte Allmende) und ausgedehnte Wiesen (ca. 85 M); namentlich der Waldbesitz hat wiederholt zu Differenzen mit der Herrschaft, aber auch mit der benachbarten Gemeinde Malsch geführt.

Kirche und Schule. – Bereits in den Weißenburger Traditionen werden die Kirche und der Zehnt (*basilica cum decima*) zu Durmersheim erwähnt, und das seit dem 16. Jh. nachgewiesene Dionysius-Patrozinium bestätigt einmal mehr die lange, bis in die Zeit der Karolinger, eventuell sogar der Merowinger zurückreichende Geschichte dieser Kirche. Zu deren Pfarrsprengel gehörten von jeher die Orte Bickesheim und Würmersheim. Ihr Patronatsrecht rührte – vielleicht aufgrund alter Rechte der Grafen von Lauffen, vielleicht aber auch nur infolge Auftragung – im späten Mittelalter von den am Mittelrhein gesessenen Grafen von Katzenelnbogen zu Lehen, hernach von deren Erben, den Landgrafen von Hessen; als seine Inhaber begegnen zu-

Wallfahrtskirche Maria Bickesheim.

nächst die in Weingarten bei Durlach beheimateten Niederadligen von Schmalenstein (1318–1382), dann die von Gültlingen aus dem Nordschwarzwald (1393) sowie eine möglicherweise von den Markgrafen abstammende Familie Hochberger (1466–1516) und schließlich die Markgrafen selbst. Während der frühen Neuzeit gab es in der Kirche drei Altäre, von denen 1683 allerdings nur einer konsekriert war. Die Frühmesse war von alters her mit der St. Katharinen-Pfründe in der Kapelle zu Bickesheim verknüpft, weil aber diese Pfründe im 17. Jh. nach Ettlingen transferiert wurde, mußte 1791 für Durmersheim eine neue Frühmesse gestiftet werden.

Obgleich nur Filialkirche, geriet die um 1250/60 anstelle eines Vorgängerbaus errichtete Bickesheimer Kapelle (St. Katharina, ULF) bald zum eigentlichen sakralen Zentrum Durmersheims. Maßgeblich für diese Entwicklung war die wahrscheinlich unter dem Einfluß der Zisterzienser von Herrenalb entstandene Wallfahrt zu einem Gnadenbild der Muttergottes (spätes 13. Jh.), die hier im Laufe des späten Mittelalters ein mit Kunstwerken reich geziertes und mit Pfründen wohldotiertes Gotteshaus entstehen ließ; auf zisterziensische Beteiligung könnte dabei nicht zuletzt die unbewiesene Überlieferung hindeuten, in Bikkesheim habe der heilige Bernhard von Clairvaux gepredigt. Auftraggeber des Kirchenneubaus waren Markgraf Rudolf I. und seine Gemahlin Kunigunde von Eberstein; beider Sohn, Rudolf III., der Durmersheimer, stiftete 1318 eine Pfründe auf dem Marien-Altar, und wahrscheinlich war er es auch, der den Bau des Katharinen-Chors (1.H. 14.Jh.) veranlaßt hat. Zwei Pfründen – vermutlich St. Katharina und ULF – finden in der badischen Landesteilung von 1388 Erwähnung, eine Dreikönigs-Pfründe (vergesellschaftet mit den Hll. Georg, Eucharius, Erasmus, Antonius und Wilhelm) stiftete 1421 Markgraf Bernhard I.; von der Existenz einer St. Barbara-Pfründe erfährt man 1449, und schließlich gab es noch eine St. Jodocus-Pfründe (16.Jh.). Unter Markgraf Karl I. und seinen Brüdern Bernhard (dem Seligen) und Johann (Erzbischof von Trier) sowie unter Graf Bernhard II. von Eberstein entstand unmittelbar nach der Mitte des 15.Jh. der heutige Hochchor. Solchem Einsatz für die Bickesheimer Wallfahrtskirche widerspricht es nur scheinbar, wenn zur gleichen Zeit vier ihrer fünf Pfründen (Jodocus, Barbara, Dreikönige, ULF) mit dem neu gegründeten Kollegiatstift in Ettlingen verbunden wurden (1459/60); zurück blieb allein die Katharinen-Pfründe, deren Inhaber die Durmersheimer Frühmesse zu versehen hatte. In der Zeit der Gegenreformation gelangte die Bickesheimer Kirche samt der Katharinen-Pfründe in die Obhut der Jesuiten, von 1632 bis 1662 des Kollegs in Baden(-Baden) und anschließend bis 1773 des Kollegs in Ettlingen; nach dem Ende des Jesuiten-Ordens verblieb die Katharinen-Pfründe bei der Ettlinger Stadtpfarrei. 1683 belief sich die Zahl der Altäre in der Bickesheimer Kirche auf vier.

In den ursprünglich offenbar ganz dem Kloster Weißenburg gehörigen Zehnt zu Durmersheim teilten sich am Ausgang des Mittelalters und bis zum Ende des Alten Reiches die Herrschaft Baden (2/3 Großzehnt), der Ortspfarrer (je 1/3 Groß- und Kleinzehnt) sowie – wohl aufgrund der

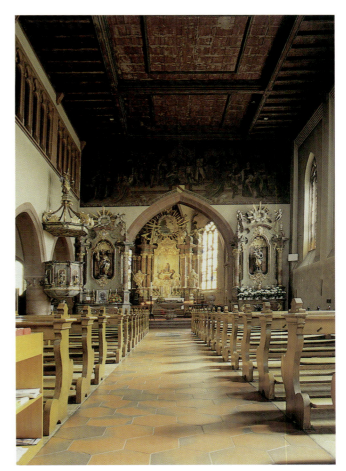

Langhaus der Wallfahrtskirche Maria Bickesheim.

Stiftung von 1318 – die Katharinen-Pfründe zu Bickesheim (2/3 Kleinzehnt).

Schule wurde in Durmersheim – auch für die Kinder aus dem benachbarten Würmersheim – zunächst (1683) nur im Winter gehalten. Der Schulmeister war zugleich Mesner und hatte die Kirchturmuhr zu betreuen. Die Gemeinde durfte ihn präsentieren und der Pfarrer stellte ihn an, jedoch gab es in den 1730er Jahren Bestrebungen seitens der Landesherrschaft, diese Befugnisse dem zuständigen Amt zu übertragen. Die Verantwortung für Schulraum und Lehrerbesoldung oblag der Gemeinde; ein eigenes Schulhaus findet erstmals 1782 Erwähnung.

Bevölkerung und Wirtschaft. – Das wohl schon im 16. Jh. recht entwickelte Durmersheim hat nicht nur im Dreißigjährigen Krieg sehr gelitten, sondern auch durch die Pest 1666 und danach noch einmal durch die Franzosenkriege des späten 17. Jh. viele seiner Einwohner verloren. 1683 lebten hier nur noch 30 Familien, das heißt etwa 130 Personen (1701 34 bzw. 150). In den friedlicheren Jahrzehnten des 18. Jh. nahm die Bevölkerung rapide zu. 1765 belief sich ihre Zahl auf etwa 450 bis 500 Seelen (105 Bürger), 1777 auf 580 und 1788 auf 600; 1795 und 1800 stieg die Einwohnerzahl sogar noch auf rund 700 bzw. 750 an, freilich dürfte dieses starke Wachstum weniger in der Eigenentwicklung des Dorfs begründet gewesen sein als vielmehr in der Emigration aus dem revolutionären Frankreich und in den durch die Revolutionskriege hervorgerufenen Bevölkerungsbewegungen. Für die 1760er Jahre sind einige wenige Auswanderungen nach Ungarn zu verzeichnen.

Was den Durmersheimer Feldbau betrifft, gab es östlich des Dorfs, auf der Hardt, die seit der Mitte des 16. Jh. bezeugten Zelgen Ober- (Sohlen-), Mittel- (Attig-) und Niederfeld sowie in dem erst später erschlossenen Tiefgestade die oberen, mittleren und hinteren Dammfelder. Angebaut wurden die landesüblichen Feldfrüchte; der Flurname Am Weinpfad erinnert wohl nicht an einstigen Weinbau auf hiesiger Gemarkung, sondern an einen alten Transportweg vom Gebirgsrand zum Rhein. Die Viehhaltung am Ort war beträchtlich; 1788 wurden nicht weniger als 172 Pferde gezählt – 1790 sogar 180 –, 221 (195) Rinder, 486 (524) Schafe und 197 (190) Schweine. Die örtliche Mühle, nordwestlich der Bickesheimer Kirche am Federbach gelegen, war ein herrschaftliches Erblehen (1388). Nach ihrer Zerstörung im späten 17. Jh. wurde sie mit zwei Mahlgängen und einem Schälgang erst 1757 wieder aufgebaut, war jedoch infolge ständigen Wassermangels unrentabel und konnte schon ein Menschenalter später wegen Baufälligkeit nicht mehr betrieben werden; den Nutzen daraus zogen die Müller in Ettlingen. In der zweiten Hälfte des 18. Jh. berichten die Quellen von mehreren in Durmersheim teils mit Wasser-, teils mit Pferdekraft betriebenen Ölmühlen und Hanfreiben. Das Fischrecht im Federbach wurde von der Herrschaft verliehen.

Von Nutzen für die örtliche Wirtschaft war vor allem die Wallfahrt nach Bickesheim, ließ sie doch bei der dortigen Kapelle drei jährliche Märkte entstehen, jeweils am Dienstag nach Mariä Verkündigung (Ende März), Mariä Himmelfahrt (Mitte August) und Mariä Geburt (Anfang September). Davon profitierte die Herrschaft, indem alle feilgebotenen Waren verzollt werden und die Wirte eine Verbrauchssteuer abführen mußten, aber selbstverständlich wurde dadurch auch das Gastgewerbe begünstigt. So gab es neben der Wirtschaft beim Zollhaus zu Bickesheim (1756) im Dorf selbst die Schildrechte zum Schwarzen Adler (1682), zur Krone (1682), zum Wolf (1682), zum Hirschen (1747), zum Kreuz (1763), zum Engel (1778) und zum Lamm (1802); ein Bierschank wird erstmals 1758 genannt. 1795 bestanden in Durmersheim sechs Schildwirtshäuser und sieben Bierwirtschaften. Die 1763 erwähnten Gewerbe waren ganz am örtlichen Bedarf orientiert. Daß es darunter nicht weniger als vier Wagner und drei Schmiede gab, mag mit dem regen Verkehr auf der am Hochuferrand entlangziehenden Fernstraße zu erklären sein. 1766 wurde im Dorf ein dritter, 1798 ein vierter Krämerladen konzessioniert.

Würmersheim

Siedlung und Gemarkung. – Das ganz in der Rheinaue gelegene Dorf Würmersheim findet seine erste Erwähnung 1156 (*Wirmeresheim*) in einem Diplom Kaiser Friedrich Barbarossas für das Kloster Maulbronn.[3] Die Struktur seines Namens entspricht jener von Durmersheim, jedoch fehlen hier die archäologischen Zeugnisse, die wie dort eine Datierung der Siedlungsanfänge in die Merowingerzeit absichern könnten; gleichwohl dürfte auch Würmersheim bereits im frühen Mittelalter – gewiß von Durmersheim her – gegründet worden sein. Am westlichen Ortsende wurden 1896 einige römische Münzen und ein Skelett entdeckt, jedoch haben diese Funde wohl kaum einen unmittelbaren Bezug zur Geschichte des heutigen Dorfs. 1773 bestand dieses aus 35 Häusern und Hofreiten sowie 31 Scheunen. Aufgrund ihrer Lage im Tiefgestade hatte die ganze Gemarkung ständig unter Feuchtigkeit zu leiden, wofür die Gewannamen Breitlach, Lieslach, Röstlach oder Nasse Äcker bezeichnend sind. Mit großem Nutzen wurde um 1770 das fast bei jedem Regen unter Wasser stehende Oberfeld mit Abläufen versehen, und immer wieder mußte die Gemeinde am Alten Federbach Dämme verstärken oder neu aufwerfen; der Schutz vieler Felder hing ohnehin von den Wehren auf Auer Gebiet ab.

Herrschaft und Staat. – Wiewohl die hiesigen Rechte des Klosters Weißenburg erst seit dem späten Mittelalter als Lehnshoheit über den Besitz der Markgrafen von Baden be-

Fachwerkhaus in Würmersheim.

zeugt sind, darf man annehmen, daß sie ebenso wie jene zu Durmersheim bis ins 8. oder 9. Jh. zurückreichen, und aus der Tatsache, daß sich aus ihnen nachher die Ortsherrschaft entwickeln konnte, ist außerdem zu schließen, daß Weißenburg hier ursprünglich eine dominante Rolle gespielt haben muß. Über die Grafen von Malsch und vielleicht über die Staufer gelangten die Vogteirechte an den hiesigen Gütern – und damit letztlich über das Dorf – wohl zu Beginn des 13. Jh. an die Markgrafen von Baden, die sie später vorübergehend an den mit einer niederadligen Familie von Malsch genannt von Ötisheim verschwägerten Edelknecht Johann von Freienstein verpfändet haben (bis 1334). Seit Mitte des 15. Jh. gehörte der Ort mit allen obrigkeitlichen Rechten dauerhaft zur Markgrafschaft Baden (-Baden), zunächst als Teil des Amts Kuppenheim, dann des Oberamts Rastatt und Kuppenheim. Hinsichtlich der niederen Gerichtsbarkeit bildete Würmersheim von alters her zusammen mit Elchesheim und Steinmauern einen gemeinsamen Stab. Die einmalige Erwährung einer Burg (1388) beruht wahrscheinlich auf einem Irrtum, gibt es doch im Dorf und seiner Gemarkung ansonsten keinerlei Hinweise auf eine Befestigung; auch der allein 1276 bezeugte Bruno *de Wirmersheim*, eventuell ein markgräflicher Ministeriale, muß nicht auf einer Burg gesessen haben.

Grundherrschaft und Grundbesitz. – Abgesehen vom frühen Besitz des Klosters Weißenburg, der in keiner Quelle des näheren beschrieben wird, gab es während des hohen Mittelalters in Würmersheim auch Güter der Zisterze Maulbronn (1156), die – wie in Bickesheim – später offenbar an das Kloster Herrenalb übergegangen sind. 1281 ist von ihnen letztmals die Rede, und es scheint, als sei dieser Besitz in wesentlichen Teilen identisch mit dem nachmaligen großen Hofgut des Stifts Ettlingen (1468), das noch im 18. Jh. als Freiensteinisches Hofgut bezeichnet wurde; vielleicht gehörte ursprünglich auch der im 16. Jh. mehrfach bezeugte Hof der Familie von Bach und ihrer Erben im Unterschloß zu Neuweier, dessen weitere Geschicke freilich unbekannt sind, in diesen Kontext. Demnach hätte Herrenalb seinen Würmersheimer Besitz um die Wende vom 13. zum 14. Jh. veräußert. Nachfolger der Mönche waren zunächst wohl die Markgrafen von Baden, die ihren Grundbesitz aber weitergegeben haben an das Ettlinger Stift und möglicherweise auch an Adlige aus ihrem Gefolge (von Bach). Schon im 16. Jh. gehörten der Herrschaft Baden neben vielerlei sonstigen Gerechtsamen nur noch der Lohewald und diverse Fischwasserzinse.

Gemeinde. – Die Gemeinde zu Würmersheim (*universitas in Wirmersheim*) ist urkundlich bereits 1278 zu fassen. Ihre Entwicklung in Spätmittelalter und früher Neuzeit war zweifellos beeinflußt durch die Gerichtsgemeinschaft mit Elchesheim und Steinmauern, an der Würmersheim sich 1510 mit zwei, 1765 mit vier Schöffen beteiligte; verbunden waren die drei »Dammdörfer« von jeher auch durch gemeinschaftliche Weiderechte sowie durch gemeinsame Anstrengungen zum Schutz ihrer Felder vor dem Wasser (Dammbau). Gemeindeeigener Wald findet erst zum Ende des 18. Jh. Erwähnung, sein Umfang wird aber nicht näher beziffert.

Herz-Jesu-Kirche in Würmersheim.

Kirche und Schule. – Sowohl kirchlich wie schulisch war Würmersheim stets eine Filiale von Durmersheim. Erst 1777 wurde hier eine eigene Kapelle erbaut, die St. Jakob d.Ä. und daneben wohl der Muttergottes geweiht war; ihr Altar (1778) ist später in die neue Kirche übernommen worden.

Die Verpfändung Würmersheims an Johann von Freienstein im frühen 14. Jh. hat auch den Kornzehnt umfaßt. Im 16. Jh. und danach verteilte sich der große Zehnt folgendermaßen: Im Oberfeld und in der Flur Röden bezogen ihn je zur Hälfte die Herrschaft Baden und das Stift Baden (-Baden), letzteres als Inhaber der Pfarrei Elchesheim; in der übrigen Gemarkung waren die Herrschaft zu zwei Dritteln und die Pfarrei Durmersheim zu einem Drittel großzehntberechtigt. Der kleine Zehnt von der ganzen Würmersheimer Gemarkung fiel zu zwei Dritteln an die Katharinen-Pfründe zu Bickesheim und zu einem Drittel an den Pfarrer zu Durmersheim. Daraus ergibt sich, daß sowohl der Groß- wie der Kleinzehnt um die Wende vom 13. zum 14. Jh. den Markgrafen gehört haben müssen.

Bevölkerung und Wirtschaft. – Würmersheim war immer ein vergleichsweise kleiner Ort. 1683 zählte man nicht mehr als 13 Familien, das heißt etwa 50 bis 60 Einwohner. Wie überall ist für das 18. Jh. auch hier ein starkes Bevölkerungswachstum zu verzeichnen, jedoch blieben die Relationen zu den Nachbarorten im großen und ganzen gewahrt. Im letzten Drittel des Jahrhunderts entwickelten sich die Einwohnerzahlen mit leichten Schwankungen wie folgt: 1765 etwa 125, 1775 knapp 140 und 1788 ca. 150; während der 1790er Jahre – vermutlich unter dem Einfluß der Revolutionskriege – waren sie vorübergehend rückläufig (1790 ca. 145, 1795 ca. 130), sind aber schon bald neuerlich angestiegen (1800 ca. 160).

Der Feldbau auf Würmersheimer Gemarkung hatte allzeit unter der Nässe der Rheinaue zu leiden; 1773 standen rund 272 M Äcker und 46 M Wiesen in landwirtschaftlicher Nutzung. Die Praxis der Dreifelderwirtschaft läßt sich für das frühe 16. Jh. aus der Aufteilung des Zehnten erschließen. Der für die Jahre 1788 und 1790 überlieferte Viehbestand von 40 (45) Pferden, 97 (79) Rindern, 4 (5) Schafen und 99 (94) Schweinen kann für ein so kleines Dorf als stattlich gelten und deutet darauf hin, daß die Bevölkerung nicht arm war. Ein Krämerladen wird 1799 erwähnt, eine Schildwirtschaft (zum Schiff) wurde erst 1806 konzessioniert; davor gab es in Würmersheim nur eine sogenannte wandelbare Wirtschaft, das heißt eine Straußwirtschaft, deren Betrieb von Zeit zu Zeit öffentlich versteigert wurde.

C. Die Gemeinde vom 19. bis ins 21. Jahrhundert

Bevölkerungsentwicklung. – Die Einwohnerzahl von Durmersheim und Würmersheim nahm im 19. Jh. ständig zu. Nur zwischen 1852 und 1855 ging sie in Würmersheim von 314 auf 295 zurück, nachdem Ernteausfälle und eine Teuerungskrise Ende der 1840er Jahre sowie die gescheiterte Revolution von 1848/49 eine Auswanderungswelle nach Nordamerika veranlaßt hatten. Waren bis zu Beginn des Jahrhunderts vierzig Familien vornehmlich nach Südosteuropa oder Rußland ausgewandert, zogen nun 230 Familienangehörige und 120 Ledige aus Durmersheim sowie sieben Familienmitglieder und drei Alleinstehende aus Würmersheim fort. Während Würmersheim danach weiter wuchs, erlebte Durmersheim zwischen 1867 (2513) und 1871 (2460) sowie zwischen 1880 (2722) und 1885 (2599) einen vorübergehenden Bevölkerungsrückgang. Ende des 19. Jh. nahm die Bevölkerung vor allem in Durmersheim wieder stark zu; in Würmersheim fiel das Wachstum geringer aus. Auch die Verluste im Ersten Weltkrieg (146 Gefallene, 9 Vermißte) unterbrachen nicht den Aufwärtstrend, der bis 1939 anhielt.

Im Zweiten Weltkrieg hatten Durmersheim und Würmersheim mit 274 bzw. 43 Gefallenen und 117 bzw. zwei Vermißten, dazu 21 getöteten Zivilpersonen Verluste zu beklagen, die über dem Kreismittel lagen. Nach dem Krieg steigerte sich das Tempo der Zunahme noch einmal. Gemessen am Gebietsstand der Kommunalreform, wuchs die Bevölkerung zwischen 1950 (5591) und 1987 (10387) um 85,4 Prozent, d.h. um zwei Drittel schneller als im Kreisdurchschnitt (51,5%). Neben freiwilligem Zuzug sorgte vor allem in Durmersheim die Zuweisung von Vertriebenen und Flüchtlingen für den Anstieg. Dort stammte 1965 mehr als jeder Sechste aus den deutschen Siedlungsgebieten im Osten, vornehmlich aus Schlesien und Ostpreußen, womit die Gemeinde fast das Kreismittel (19,4%) erreichte, wogegen der Neubürgeranteil in Würmersheim mit 3,8 Prozent deutlich abfiel. Bis 2000 erhöhte sich die Einwohnerzahl weiter auf 11512; damit war Durmersheim die fünftgrößte Gemeinde im Landkreis. Die Anwerbung von Arbeitskräften in der Nachkriegszeit bewirkte einen Ausländeranteil, der 1970 bei 6,2 Prozent lag, bis 1987 auf 5,2 Prozent gesunken und bis 1997 auf 8,5 Prozent gestiegen ist. Die größte Gruppe unter den 944 Ausländern des Jahres 1997 stellten Mitbürger aus dem ehemaligen Jugoslawien (317), gefolgt von Türken (188) und Italienern (181).

Auch die Altersstruktur veränderte sich, der Anteil der Alten nahm stark zu. Lag 1900 der Anteil der über 70jährigen bei nur 1,2 Prozent, so zählten 1987 11,3 Prozent der Einwohner 65 und mehr Jahre (1939 noch 5,2%). Demgegenüber sank der Anteil der Jungen. Waren 1900 noch vier Zehntel der Bevölkerung weniger als 14 Jahre alt, so betrug der Anteil der unter 15jährigen 1987 nur noch 14,7 Prozent, womit Durmersheim aber einen günstigeren Schnitt vorweisen konnte als der Kreis (14,9%). Der Anteil der Einwohner im erwerbsfähigen Alter nahm zu. 1939 war nur rund jeder Zweite zwischen 21 und 65 Jahre alt, dagegen rechneten 1987 zwei Drittel zur Gruppe der zwischen 20- und 64jährigen.

Soziale Gliederung. – Spielte in beiden Gemeinden die Landwirtschaft im 19. Jh. noch eine zentrale Rolle, so waren nach dem Zweiten Weltkrieg zuerst das Verarbeitende, dann das Dienstleistungsgewerbe prägend. In der Land- und Forstwirtschaft arbeiteten noch Ende des 19. Jh. rund zwei Drittel der Erwerbstätigen; bis zur Mitte des 20. Jh. schrumpfte dieser Anteil auf ein Fünftel. Im Strukturwandel der Nachkriegszeit wurde der Ursektor schließlich derart marginalisiert, daß in ihm 1987 nicht einmal mehr 1 Prozent der Erwerbstätigen arbeitete. Das Produzierende Gewerbe steigerte seinen Anteil in beiden Orten von einem knappen Fünftel (1895) auf einen Höchststand von 58,9 Prozent (1961), ehe sein Anteil 1987 wieder auf 43,8 Prozent zurückging. Gewinner dieser Entwicklung war das Dienstleistungsgewerbe, Handel und Verkehr mit eingeschlossen. Sein Erwerbstätigenanteil, der 1895 lediglich 10,3 Prozent betrug, stieg seit dem Zweiten Weltkrieg von 25,7 (1946) auf 55,2 Prozent (1987). Damit schritt die Tertiärisierung des Erwerbssektors in Durmersheim deutlicher voran als im Landkreis (46,2%).

Insgesamt schwankte die Erwerbstätigkeit. Gingen 1895 44,8 Prozent der Einwohner einer Beschäftigung nach, so traf dies 1946 kriegsbedingt lediglich für 41,5 Prozent zu. In der Bundesrepublik stieg der Anteil der Erwerbstätigen

C. Die Gemeinde vom 19. bis ins 21. Jahrhundert 525

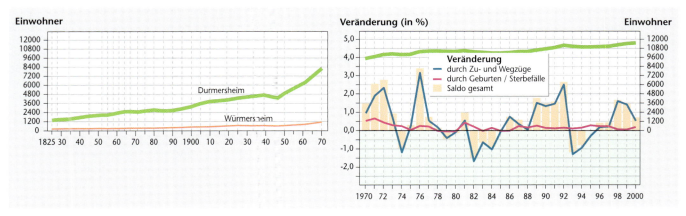

Bevölkerungsentwicklung in Durmersheim 1825 bis 2000.

auf 47,8 Prozent (1987), womit Durmersheim über dem Kreismittel (46,5%) lag. Dagegen nahm die Frauenerwerbstätigkeit in der Nachkriegszeit weniger zu, von 34,5 (1946) auf 36,8 Prozent (1987). Zwar fielen in der Landwirtschaft und im Kleingewerbe die mithelfenden Familienangehörigen, die in der Hauptsache weiblich waren (1987 95,1%), praktisch aus; ihr Anteil sank von 16,9 (1946) auf 1,2 Prozent (1987). Dafür kam der Aufschwung im klassischen Dienstleistungssektor den Frauen zugute, die dort 1987 mit 51,1 Prozent in der Mehrheit waren. Umgekehrt blieb das Verarbeitende Gewerbe traditionell eine Männerdomäne; der Anteil der männlichen Erwerbstätigen sank dort nur leicht von 84,4 (1946) auf 77,7 Prozent (1987).

Vergleicht man die Erwerbstätigen nach ihrer sozialen Schichtung, so fällt auf, daß der Anteil der abhängig Beschäftigten erheblich zunahm. Dies rührt maßgeblich vom Höfesterben der Nachkriegszeit her. Dadurch fiel die Selbständigenquote von einem knappen Viertel (1946) auf 7,5 Prozent (1970), ehe sie bis 1987 infolge von Existenzgründungen im Handwerk auf 7,8 Prozent wieder leicht zunahm. Während sich die mithelfenden Familienangehörigen zu einer Randgröße entwickelten, vervierfachte sich der Anteil der Beamten und Angestellten von 13,2 (1946) auf 51,3 Prozent (1987). Bei den Arbeitern ist bis 1970 ebenfalls ein Anstieg (von 46 auf 55,5%) festzustellen, ehe der angedeutete Aufschwung im Dienstleistungssektor den Arbeiteranteil auf knapp vier Zehntel der Erwerbstätigen verringerte. Der Anteil dieser beiden sozialen Gruppen nahm seit 1946 von 59,2 Prozent auf mehr als neun Zehntel (1987) zu; rechnet man die mithelfenden Familienangehörigen hinzu, stieg die Quote der abhängig Beschäftigten von rund drei Vierteln auf 92,2 Prozent.

Politik und Wahlverhalten. – Aus Durmersheim nahmen an der Revolution von 1848/49 59, aus Würmersheim nur ein Bewohner teil. Damit lag der Beteiligungsgrad in Durmersheim (10,3%) über dem Mittel des Bezirksamts (7,5%), wogegen Würmersheim mit 1,2 Prozent weit darunter blieb. Am Umsturz beteiligte sich in Durmersheim auch das politische Establishment, Bürgermeister Karl Abbath, der die Bewaffnung und den Auszug des Ersten Aufgebots verantwortete, sowie der Kreuzwirt Friedrich Enderle; 1849 wurde Abbath samt Gemeinderat abgesetzt. Bei der Niederschlagung der Revolution bezog der preußische Generalstab sein Quartier an der Federbachbrücke, preußisches Militär war bis 1852 einquartiert.

Die Wahlen im Kaiserreich prägte hier wie in allen katholischen Teilen Badens der Gegensatz zwischen der nationalliberalen und der katholischen Partei. Bis 1887 stritten einzig diese beiden um die Wählergunst, wobei das Zentrum stets mit Ergebnissen zwischen 95 (Zollparlamentswahl 1868 in Würmersheim) und 48,2 Prozent (1887 in Durmersheim) dominierte. Generell lag der Zentrumszuspruch aufgrund der dörflichen Struktur und des kohärenten katholischen Milieus in Würmersheim über dem in Durmersheim, wo die Nationalliberalen 1877 auf 38,8 Prozent kamen. Dort sicherten sich angesichts der sozioökonomischen Verhältnisse und des durch den Eisenbahnbau erleichterten Pendelns in die Nachbarstädte die Sozialdemokraten bereits 1887 eine Wählerbasis (17,6%) und konnten 1893 mit 48,7 Prozent das Zentrum (48,4%) erstmals schlagen. In der Zentrumshochburg Würmersheim trat die SPD zuerst 1893 in Erscheinung und blieb bis zum Ersten Weltkrieg unter den Resultaten der Nachbargemeinde. Bis dahin hatte sich durch den Ausfall der Nationalliberalen der alte Gegensatz in einen Dualismus zwischen Zentrum und Sozialdemokratie gewandelt. Die Beteiligung an den Urnengängen schwankte beachtlich. In Würmersheim war sie während des Kulturkampfs am höchsten (1877 93,5%, 1887 88,1%), während in Durmersheim erst zu Beginn des 20. Jh. rund drei Viertel der Berechtigten wählten.

In der Weimarer Zeit nahm die Wahlbeteiligung einen idealtypischen Verlauf. Die anfänglich hohe Partizipation (1919 83,1%) sank kontinuierlich und erreichte in der Stabilisierungsphase der Republik 1928 mit 45,8 Prozent ihren Tiefstand (in Würmersheim im Dezember 1924 29,6%), um in der Untergangskrise erneut auf 80 Prozent (März 1933) anzusteigen. Die hohe Wahlbeteiligung in den Krisenzeiten ist darauf zurückzuführen, daß die politischen Lager polarisiert und damit mobilisiert wurden. Parteipolitisch zeigte sich die Polarisierung am Ende der Republik im Zuspruch zu extremistischen Parteien.

Wie vor dem Ersten Weltkrieg, während dessen in Durmersheim eine Kriegsverpflegungsanstalt für die Frontsoldaten bestanden hat, erlangte die SPD auch 1919 die Mehrheit (48,9%), verlor aber mit 28,5 Prozent ihren Spitzenplatz bereits 1920 an das Zentrum (41,8%) und fiel 1933 auf 9,4 Prozent zurück, wobei der Rückhalt in Durmersheim (10,5%) den Zuspruch in Würmersheim (1,3%) weit übertraf. Das Zentrum war seit 1920 Mehrheitspartei, besaß aber lediglich die relative, nie die absolute Mehrheit. Dominierend blieb die katholische Partei – bezogen auf den Gebietsstand der heutigen Gemeinde – bis Juli 1932, als das Zentrum zur zweitstärksten Kraft herabsank. Von da an dominierten die NSDAP in Durmersheim und die KPD in Würmersheim.

Die KPD beerbte die USPD, die 1920 zur zweitstärksten Partei aufstieg, was den Kommunisten acht Jahre später gelang; in Würmersheim behielten sie diese Position bei allen Wahlen bis 1933. Gemessen am Gebietsstand der Gemeindereform, stiegen die Nationalsozialisten bei der Erdrutschwahl im Juli 1932 zur stärksten Fraktion (32,9%) auf, nachdem sie noch 1928 bei lediglich 1,2 Prozent geblieben waren. Auch die NSDAP, die am 29. März 1933 eine Ortsgruppe gründete, erzielte niemals die absolute Mehrheit. Selbst bei der nur noch halbdemokratischen Märzwahl 1933 kam die braune Bewegung auf nicht mehr als 38,5 Prozent, wobei der Stimmenanteil in Durmersheim (39,3%) höher ausfiel als in Würmersheim (32,6%), wo die Kommunisten (37,7%) nach wie vor die meisten Stimmen erhielten. Die bürgerlichen Parteien wurden in der zunehmenden parteipolitischen Polarisierung aufgerieben. Anfänglich erreichten sie noch ansehnliche Ergebnisse, die DDP 1920 10,5 Prozent, die republikgegnerische DNVP im Dezember 1924 6,8 Prozent, ehe ihre Wähler, wie auch die

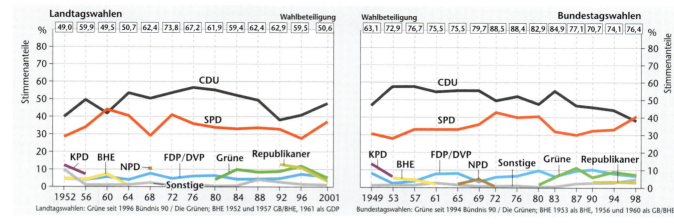

Ergebnisse der Landtags- und Bundestagswahlen in Durmersheim.

der DVP, zur NSDAP überliefen. Zusammen erzielten alle drei Parteien im März 1933 1,2 Prozent.

Zum Bunkerbau am sogenannten Westwall waren in Durmersheim Ende der 1930er Jahre drei- bis vierhundert Männer eingesetzt, in Würmersheim hundert. Auf beiden Gemarkungen standen 51 bzw. elf Kampfanlagen. 1944 waren im Rüstungsbetrieb Moser 48 Zwangsarbeiter und Kriegsgefangene tätig. Der Französische Internationale Suchdienst schätzte die Zahl der eingesetzten Ausländer 1945 auf 390. Am 11. April 1945 besetzte die Erste französische Armee beide Orte; in Durmersheim waren bis Mitte 1948 rund dreihundert Soldaten stationiert. Zunächst teilte die Grenze zwischen amerikanischer und französischer Besatzungszone das Dorf, jedoch wurde sie Ende 1945 an den nördlichen Ortsausgang verlegt.

Den demokratischen Neubeginn kennzeichnete eine rege Wahlbeteiligung. Bei den Wahlen zum Bundestag lag die Partizipation mit Ausnahme von 1949 (63,1%) nie unter 70 Prozent. 1976 erreichte sie mit 88,4 Prozent ihren Höchststand.

Schon bei der Richtungswahl 1949 deutete sich eine Vorherrschaft der CDU an. Als christlich-bürgerlicher Zusammenschluß übernahm sie das Erbe des Zentrums und der bürgerlichen Parteien Weimars. Ihr bestes Ergebnis erreichte die Union, die von 1953 bis 1969 sowie 1976 und 1983 die absolute Stimmenmehrheit erzielte, bei der »Keine Experimente«-Wahl 1957 mit 58 Prozent. Seit Mitte der 1980er Jahre sank ihr Anteil auf 38,2 Prozent (1998), das schlechteste Resultat der CDU überhaupt. Die SPD gewann anfänglich nur rund ein Drittel der Stimmen, konnte ihren Anteil aber bis zur sozialliberalen Regierungsmehrheit 1972 auf 43,1 Prozent steigern, ehe sie in den 1980/90er Jahren wieder auf ihre ursprüngliche Marke zurückfiel. Die 40,9 Prozent von 1998 knüpften an die Ergebnisse der 1970er Jahre an. Die Freien Demokraten pendelten zwischen 2,2 (1953) und 10,2 Prozent (1990); 1953, 1957 und 1969 scheiterten sie an der Fünf-Prozent-Hürde. Seit 1983 stritten sie mit den Grünen, die sich 1980 erstmals zur Wahl stellten (1,5%), um den dritten Platz hinter den beiden Volksparteien. Die Ökologiebewegung erreichte 1987 mit 11,2 Prozent ihr bestes Ergebnis.

Unter den extremen Parteien erzielte die KPD 1949 mit 13,4 Prozent ihren Spitzenwert, ehe sie vier Jahre später auf 6 Prozent zurückfiel und bald darauf verboten wurde. In Würmersheim erzielten die Kommunisten mit 22,5 (1949) bzw. 12,6 Prozent (1953) ihre jeweils besten Ergebnisse im Kreis (5,7 bzw. 2,3%). Die späteren äußersten Linksparteien, die DKP und die MLPD kamen, wie die PDS seit 1994 nicht weit über 1 Prozent. 1969 lag die NPD mit 4,6 Prozent knapp über dem Kreismittel, versank aber seit 1972 in der Bedeutungslosigkeit. Von 1990 an gelang es den Republikanern, jeweils rund 3 Prozent der Wähler an sich zu binden.

Auffallend ist die Veränderung der Parteienlandschaft in den 1980er und 1990er Jahren. Sieht man von zeitweiligen Erfolgen der KPD (1949 und 1953) und der NPD (1969) ab, dominierten drei Parteien, die Union, die SPD und die Freien Demokraten. Seit 1980 erweiterten die Grünen, seit 1990 die Republikaner das Spektrum, und auch die Zahl und der Anteil der sonstigen Parteien stiegen seither, so daß sich der Trend zu einer »Weimarisierung« der Parteienlandschaft abzeichnete. Zwar war der Anteil der sonstigen Parteien in den 1950er Jahren ebenfalls hoch, doch handelte es sich dabei nahezu ausschließlich um die Stimmen des BHE, der eine zeitweilige Interessenvereinigung der Vertriebenen darstellte.

Auch bei den Landtagswahlen dominierte die Union und konnte ihre Resultate bis 1976 steigern; von 1964 bis 1988 errang sie die absolute Mehrheit, fiel danach aber auf 40 Prozent ab. Die Ergebnisse der SPD schwankten bis 1972, um danach stetig zu sinken. Wiederum konnte die KPD 1952 und 1956 in Würmersheim mit 21,9 und 18 Prozent ihre höchsten Resultate im Landkreis (im Mittel 4,8 bzw. 3,1%) erzielen; auch in Durmersheim lagen ihre Ergebnisse mit 10,9 und 6 Prozent über dem Durchschnitt. Am rechten Rand sprang die NPD 1968 aus dem Stand auf 10,5 Prozent, wobei der Wählerzuspruch – anknüpfend an die schon in Weimar erkennbaren Wählerorientierungen – in Durmersheim (10,7%) höher ausfiel als in der Nachbargemeinde (8,8%). 1992 und 1996 traten die rechtsradikalen Republikaner mit vergleichbaren Ergebnissen auf (12,8 und 10,9%). Auch hier etablierte sich mit den Grünen, die 1980 erstmals gewählt wurden, eine vierte und in den 1990er Jahren mit den Republikanern eine fünfte Partei oberhalb der Sperrklausel.

Die älteste Gruppierung einer politischen Partei ist der Ortsverein der SPD, der sich bis ins Jahr 1902 zurückverfolgen läßt und 1997 65 Genossen zählte. 1946 gründete sich eine Untergliederung der Badischen Christlich-Sozialen Volkspartei (BCSV), der späteren CDU, die sich 1974 mit der sechs Jahre zuvor gegründeten Ortsgruppe Würmersheim vereinigte und 1997 rund 120 Aktive aufwies. Die beiden Wählervereinigungen, die BuG von 1984 und die FWG von 1994, zählten 1997 36 bzw. 50 Mitglieder.

Allgemeine Wirtschaftsentwicklung. – Die agrarische Prägung, die in Würmersheim länger und stärker ausgebildet war als in Durmersheim, ging im 20. Jh., wie Zahl und Anteil der nichtlandwirtschaftlichen Arbeitsstätten belegen, hier wie dort zurück. Die Zahl fiel bis zur Gemeindereform in Würmersheim von 42 (1939) auf 15 (1970), stieg aber in Durmersheim von 206 auf 262. Die Entwicklung der mittleren Beschäftigtenzahl spiegelt einen Konzentrationsprozeß wider, der in Durmersheim (von 5,1 zu 8,2) ebenfalls ausgeprägter verlief als in Würmersheim (von 2,4 zu 3,5). Schwerpunkte bildeten 1950 noch das Verarbeitende und das Baugewerbe, bereits 1970 aber legten Handel und Verkehr sowie Dienstleistungen erheblich zu. In Durmersheim war 1950 im Verarbeitenden Gewerbe ein gutes Drittel aller Betriebe mit mehr als 57 Prozent aller Beschäftigten tätig. 20 Jahre später zählten ein starkes Viertel aller Firmen und über die Hälfte der Beschäftigten zum Produzierenden Gewerbe, jedoch gehörten bereits knapp 30 Prozent aller Betriebe zur Sparte Handel und Verkehr, und 31,7 Prozent waren Dienstleistungsunternehmen, wo rund ein Siebentel bzw. ein Sechstel aller Beschäftigten ihren Dienst versahen.

Nach der Kommunalreform setzten sich diese Trends fort. Der Anteil der Agrarbetriebe sank 1987 auf 0,7 Prozent, die Quote der dort Beschäftigten auf 0,6 Prozent, während die Zahl der außeragrarischen Arbeitsstätten gegenüber 1970 um knapp die Hälfte auf 410 wuchs und die der Beschäftigten um fast ein Drittel auf 2 869 zunahm, womit die Zuwachsraten auf Kreisebene (21,7 bzw. 19,4%) weit übertroffen wurden. Allerdings ging die mittlere Beschäftigtenquote auf sieben zurück und lag somit unter dem Kreismittel. Intern verschoben sich die Gewichte zum Tertiären Sektor. Handel und Verkehr sowie Dienstleistungen ließen 1987 mit 148 und 154 Betrieben das Verarbeitende Gewerbe mit 68 Arbeitsstätten deutlich hinter sich und schlossen nun auch beim Anteil der Beschäftigten (19 bzw. 25,6%) zum Produzierenden Gewerbe (44,1%) auf.

Aus- und Einpendler
(1970 und 1987 Anteil der Auspendler an den Erwerbstätigen am Wohnort bzw. der Einpendler am Arbeitsort)

Jahr	Auspendler	Einpendler	Saldo
1900	206	9	– 197
1925	268		
1950[1]	844 (30,9%)	213	– 631
1961[1]	1 502 (43,7%)	468	– 1 034
1970[2]	2 513 (55,4%)	783 (23,5%)	– 1 730
1987[2]	3 684 (69,1%)	1 175 (34,1%)	– 2 503

[1] Prozentangabe bezeichnet den Anteil der Auspendler an den Erwerbstätigen am Wohnort. – [2] Absolute Zahl erfaßt unter den Aus- und Einpendlern die Berufs- und Ausbildungspendler; Prozentangabe betrifft den Anteil der erwerbstätigen Auspendler an den Erwerbstätigen am Wohnort bzw. den Anteil der Einpendler an den Erwerbstätigen am Arbeitsort.

Hauptstraße (B36) in Durmersheim von Süden.

C. Die Gemeinde vom 19. bis ins 21. Jahrhundert

Die Entagrarisierung und den Beschäftigtenzuwachs im Verarbeitenden sowie im Dienstleistungsgewerbe bedingte die räumliche Mobilität der Arbeitnehmer. So stieg die Zahl der Auspendler vom Jahrhundertbeginn bis 1987, bezogen auf die Gemeinde nach der Kommunalreform, um mehr als das 18fache. Der Anteil der Auspendler an den Erwerbstätigen stieg um mehr als das Doppelte; 1987 übertraf er den Anteil der Einpendler unter den in Durmersheim Erwerbstätigen um das Doppelte. So erklärt sich der negative Pendlersaldo, der sich bis 1987 fast verdreizehnfachte. 1987 fuhren mehr als jeder zweite Auspendler nach Karlsruhe, darunter fast jeder Berufsauspendler (94,4%); danach folgten Rastatt (14,4%), wohin auch viele Auszubildende pendelten, und Ettlingen (5,8%). Die Einpendler stammten vorrangig aus Bietigheim (29,2%), Elchesheim-Illingen (16,4%) und Au am Rhein (14,7%). In allen drei Orten lag der Anteil der Auszubildenden, die sich nach Durmersheim begaben, über dem der beruflich dorthin Pendelnden. Von den 343 Bietigheimern beispielsweise fuhren ein gutes Drittel zur Arbeit, knappe zwei Drittel zur Schule oder zur Lehrstelle nach Durmersheim. Diese Entwicklung weist auf den Ausbau der Unterrichts- und Ausbildungseinrichtungen hin.

Land- und Forstwirtschaft. – Lag die Waldwirtschaft im 19. Jh. in ihrem Umfang noch hinter der Landwirtschaft zurück, so schloß sie Ende des 20. Jh. zu ihr auf; 1997 waren Wald und Feld nahezu gleichgewichtig. Diese Entwicklung beruht vorrangig auf dem Rückgang der Landwirtschaftsfläche, die auf 1140 ha fiel, während die Forstfläche sich auf 1053 ha leicht ausdehnen konnte.

Im Durmersheimer Hardtwald, der neun Zehntel des Gemeindewalds (836,9 ha) ausmachte, standen am Anfang des 20. Jh. fast nur Forlen, während im wesentlich kleineren Mittelwald (86,68 ha), dem sogenannten Oberwald im Tiefgestade, Eichen, Erlen, Hainbuchen und Eschen gepflanzt waren, die u.a. das Material für die hausindustriell betriebene Holzschuhmacherei lieferten. In Würmersheim war die Forstfläche mit 64 ha noch geringer. Da die sogenannten Franzosenhiebe nach dem Zweiten Weltkrieg vorrangig Nadelhölzer betrafen, nahm die Forstfläche nicht ab. 1997 belegte sie über 40 Prozent des Gemeindegebiets, womit Durmersheim aber unter dem Kreismittel (50,5%) lag. Seither dominiert im Gemeindewald die Kiefer.

Hinsichtlich der agrarisch genutzten Fläche hatte traditionell der Ackerbau einen hohen Stellenwert. Bereits zu Beginn des 20. Jh. wurde auf 84 Prozent (1156,2 ha) der landwirtschaftlich genutzten Fläche Feldarbeit betrieben; bis 1999 stieg die Quote auf 97,9 Prozent, allerdings ging dabei die Ackerbaufläche absolut auf 651 ha zurück. Seit den 1990er Jahren bedeutet Landwirtschaft in Durmersheim Feldbestellung. Innerhalb des Ackerbaus verlagerte sich der Schwerpunkt vom Hackfrucht- zum Getreideanbau, während noch um die Wende vom 19. zum 20. Jh. Hackfrüchte mit 554 ha auf einer größeren Fläche angepflanzt wurden als Korn. Vor allem Erdäpfel wurden in der *Kartoffelkammer Mittelbadens*[4] auf über neun Zehntel des Ackerlands angebaut und der örtlichen Kartoffelmehlfabrik zugeliefert. Aber schon Mitte des 20. Jh. ging der Hackfruchtanteil auf unter ein Drittel zurück und sank vor allem in den 1990er Jahren auf 13,4 Prozent (1999). Seither besteht die Feldbestellung überwiegend im Getreidebau.

Getreide wurde herkömmlicherweise vor allem in Würmersheim ausgebracht. Dort stieg sein Anteil am Ackerland von über der Hälfte (1895) auf vier Fünftel (1995) stärker als in Durmersheim, wo die Getreidequote von 45,8 auf 61,8 Prozent zunahm. Unter den Sorten verzeichnete der Weizen den stärksten Zuwachs von 0,2 Prozent auf ein Fünftel. Da der Roggenanteil fast gleich blieb (53,1 zu 56%), nahm der Weizen auf Kosten der Gerste (von 24 auf 11,9%) und des Hafers zu. Letzterer wurde als Futtermittel angesichts der Motorisierung der Agrarproduktion hinfällig.

Die Zunahme des Landbaus erfolgte auf Kosten des Dauergrünlands, das als Futterbasis für die Rindviehhaltung diente. Der Anteil der Wiesen und Weiden an der agrarisch genutzten Fläche sank von einem Sechstel (1904) auf unbedeutende 2 Prozent (1999). Sonderkulturen spielten mit Ausnahme des Erdbeer- und Spargelanbaus keine Rolle, als in Durmersheim Mitte der 1950er Jahre der Hammerhof zur Fruchtgewinnung und Jungpflanzenzucht gegründet wurde und sich seither zwei bis drei Höfe auf den Erdbeeranbau spezialisiert haben.

In engem Zusammenhang mit der Grünlandwirtschaft stand die im 19. Jh. nicht ganz unbedeutende Tierhaltung, so daß der Rückgang der Wiesen und Weiden sowie die abnehmenden Viehbestände in der zweiten Hälfte des 20. Jh. sich gegenseitig bedingten. Vor allem die Rinderhaltung stieg seit Mitte des 19. Jh., als man die Stallhaltung und Zucht der Simmentaler Rasse einführte, von 986 (1855) auf 1346 (1887) Tiere. Um die Jahrhundertwende ging man von der Schlachtviehhaltung zur Milchwirtschaft über, so daß der Anteil der Milchkühe von weniger als zwei Dritteln (1855) auf über drei Viertel der Tiere (1950) wuchs. In der

Nachkriegszeit aber nahmen die Rinderbestände – die Durmersheimer übertrafen die Würmersheimer um ein Mehrfaches – um rund neun Zehntel von 524 (1950) auf 58 (1971) ab. Seit den 1980er Jahren wird die zurückgegangene Rinderhaltung nicht mehr in die Statistiken aufgenommen. Ähnlich entwickelte sich die Schweinehaltung. Durch die Zucht der schnellwüchsigen Yorkshirerasse vergrößerte sich der Bestand in der zweiten Hälfte des 19. Jh. von 370 (1855) auf 857 (1887) Tiere, aber auch er fiel in der Nachkriegszeit von 436 (1950) auf 20 Stück. Seit den 1980er Jahren ist auch die Schweinehaltung unbedeutend.

Die Zahl der Pferde erreichte ihren Höchststand gleichfalls 1887 (268). Zwischen 1925 (231) und 1939 (83) ging der Bestand erstmals stark zurück und fiel erneut in der Nachkriegszeit von 88 (1950) auf 19 (1988), erholte sich aber in den 1990er Jahren wieder, indem er 1996 auf 44 Tiere stieg, weil sich die Bedeutung des Pferds vom Nutztier zum Freizeitobjekt wandelte.

Bemerkenswert ist die Haltung von Ziegen, die als »Kuh des kleinen Mannes« bis zum Zweiten Weltkrieg eine wichtige Funktion in der materiellen Reproduktion der Arbeiter mit landwirtschaftlichem Nebenerwerb einnahmen. Durch die Industrialisierung und den Ausbau des Verarbeitenden Gewerbes stieg die Zahl der Ziegen um fast das Achtfache von 89 (1855) auf 676 (1939) Tiere; vier Fünftel davon wurden in Durmersheim gehalten. In der Nachkriegszeit aber, bedingt durch den Wandel von einer Arbeiterwohn- zu einer gewerblichen Gemeinde, war es nicht mehr notwendig, Ziegen zur Sicherung der Ernährung zu halten.

Entsprechend den Viehbeständen wandelte sich die Zahl der Viehhalter. Nach einem Anstieg von 446 (1873) auf 538 (1895), sank die Zahl der Höfe mit Viehhaltung über 16 (1988) auf fünf (1999). Ihr Anteil an allen Agrarbetrieben fiel von 82,5 Prozent (1895) auf exakt die Hälfte (1999).

Bis ins erste Viertel des 20. Jh. erhöhte sich die Zahl der Betriebe; dasselbe gilt für die Zeit nach dem Zweiten Weltkrieg. Auffälligerweise fanden beide Anstiege in Nachkriegsgesellschaften statt, in denen Arbeiter zur Selbstversorgung ein Standbein in der Landwirtschaft suchten. Abgesehen vom kurzfristigen Anstieg in der unmittelbaren Nachkriegszeit, fiel die Zahl der Betriebe bereits seit dem zweiten Viertel des 20. Jh. von 973 (1925) auf fünf (1999), und selbst 1949, nach dem zweiten Aufschwung, erreichte die Betriebszahl lediglich den Stand des 19. Jh. Damit setzte das Höfesterben in Durmersheim schon vor dem landwirtschaftlichen Strukturwandel der Nachkriegszeit ein. Neben der Zahl wandelte sich auch die Größe der Betriebe. Die Zahl der Kleinbetriebe, die noch 1960 mehr als 98 Prozent aller Höfe, jedoch nur knapp die Hälfte der landwirtschaftlich genutzten Fläche bestellten, fiel von 652 (1895) auf zwei (1995). Damit war hundert Jahre später nur noch ein Fünftel der Betriebe als kleinbäuerlich anzusehen; ihre Existenz verdankten sie der Realteilung.

Mit dem Höfesterben setzte eine Zusammenlegung der Bauerngüter ein. Während die Mittelbetriebe zwischen 10 und 20 ha 1925 wie 1995 an Zahl gleich blieben, wuchs der Anteil der Großbetriebe von 0,5 Prozent auf sieben Zehntel. Bereits 1971 stellten sieben Großbetriebe nur einen Bruchteil (0,6%) aller Güter, bewirtschafteten aber knapp zwei Drittel der Fläche. Aufgrund dieses Konzentrationsprozesses veränderte sich auch das Verhältnis von Haupterwerbs- und Nebenerwerbslandwirten, das 1987 eins zu zwei, 1999 aber 54,5 zu 36,4 Prozent betrug, womit Durmersheim deutlich über dem Kreismittel (13,5 zu 81,9%) lag. Auch der Anteil der Erwerbstätigen mit einem landwirtschaftlichen Nebenerwerb lag 1987 mit 0,3 Prozent weit unter dem Kreisdurchschnitt (1,6%). Diese Situation verursachten die voranschreitenden Betriebsaufgaben der kleinen *Herrgottsbäuerle*[5], so daß der Anteil der Haupterwerbsbetriebe stetig stieg.

Entsprechend stieg auch die landwirtschaftlich genutzte Fläche je Betrieb von 2,1 (1895) auf 66,5 ha (1999). Entsprechend der Zunahme der Höfe in den beiden Nachkriegszeiten war die mittlere Hofgröße 1925 und 1949 mit jeweils 1,5 ha am kleinsten. Der entscheidende Umbruch geschah in den 1970/80er Jahren, als die Durchschnittsgröße sich von 4,1 (1971) auf 46,9 (1987) ha mehr als verelffachte.

Handwerk und Industrie. – Durmersheim und Würmersheim wiesen zwar viele Beschäftigte im Produzierenden Gewerbe, aber nur wenige Gewerbebetriebe auf. Daher bildete vor allem im 19. Jh. das Heimgewerbe ein Mittel zum Broterwerb. Während in Würmersheim aus Laubholz Schuhe und Galoschen gefertigt wurden – ein Nebenerwerb der Bauernfamilien in den Wintermonaten – dominierte in Durmersheim, wo die Hausindustrie stärker als im Amtsdurchschnitt betrieben wurde, das Textilheimgewerbe mit Herrenkonfektion, Lieferungsschneiderei und Wäschenäherei; auch in der Militäreffektenbranche sowie der Uniformmaßschneiderei profitierte der Ort von der Nähe zu den Garnisonsstädten Karlsruhe und Rastatt.

Am Ende des 19. Jh. bestanden in Durmersheim 141, in Würmersheim 19 Gewerbebetriebe. Gemessen an der Zahl der Beschäftigten war die Konzentration in Durmersheim

Kiesgewinnung bei Durmersheim.

mit 1,9 Beschäftigten pro Betrieb höher als in Würmersheim (1,2). Die Nahrungs- und Genußmittelbranche beschäftigte die meisten Personen (69) in Durmersheim, wo u.a. eine Kartoffelmehl- und Hefenfabrik produzierte. Herkömmlicherweise war in Durmersheim das Bekleidungs- und Reinigungsgewerbe verbreitet, 1895 mit 34 Unternehmen, während in Würmersheim traditionell die meisten Betriebe (3) Holz- und Schnitzstoffe fertigten. Bezogen auf den Gebietsstand der Gemeindereform, stieg die Zahl der Industriebetriebe, von denen 1925 vier mehr als zwanzig Arbeiter einsetzten, auf zehn Mitte der 1970er Jahre, wobei sich der Schwerpunkt auf die Eisen- und Metallverarbeitung sowie die Kunststoffproduktion verlagerte. Die Beschäftigtenzahl erhöhte sich von 359 auf 501.

Ein mit 300 Beschäftigten (1996) bedeutender Industriebetrieb ist das Baustoffwerk, vormals Badisches Hartsteinwerk, das zu den Heidelberger Baustoffwerken gehört und einen klimaaktiven Kalksandstein, den Durmersheimer »Weißen Stein«, produziert. Ein weiterer Betrieb aus der Branche Steine, Erden, Keramik und Glas ist das Sand- und Kieswerk Stürmlinger & Söhne. Dieses erste private Werk zur Kiesgewinnung im Landkreis wurde 1898 gegründet und beschäftigte 1996 24 Personen. Das Ingenieurbüro Schorpp-Heizung, ein Familienunternehmen in dritter Generation, bietet Systemlösungen für die Wärmeversorgung von Gebäuden. In der Holzbranche produziert das Sägewerk Deck, dem auch ein Holzfachmarkt angegliedert ist. Das 25 Personen (1995) starke Unternehmen verarbeitet Holz der staatlichen Forstverwaltung.

Die Zahl der Handwerksbetriebe erhöhte sich leicht von 102 (1939) auf 107 (1995), nachdem sie 1968 auf neunzig gefallen war. Die Beschäftigtenzahl aber wuchs stetig von 471 (1968) auf 812, so daß neben der Betriebszunahme auch ein Konzentrationsprozeß festzustellen ist. Demnach stieg die mittlere Beschäftigtenzahl von 5,2 auf 7,6 Personen. Auch qualitativ wandelten sich die Branchenschwerpunkte im Handwerk. Das am Ende des 19. Jh. noch starke Bekleidungs- und Reinigungsgewerbe entwickelte sich bis 1995 zu einer Randgröße (3,7% der Betriebe, 1,6% der Beschäftigten), während vor allem das 1895 noch gering entwickelte Metall- und Elektrogewerbe hundert Jahre später die meisten Unternehmen (39,2%) und Beschäftigten (44,7%) aufwies; seit den 1980er Jahren bildete sich in Durmersheim ein metalltechnischer Schwerpunkt heraus, wo die Firmen teils eigenständig fertigen, teils der Industrie zuliefern. Hinter dem Metall- und Elektrogewerbe lag das Bau- und Ausbaugewerbe, das jeweils ein gutes Viertel der Firmen und Beschäftigten stellte, wozu aber 1895 nur rund jeder zehnte Betrieb und Beschäftigte gehörte.

Handel und Dienstleistungen. – Handel, Dienstleistungen und Gaststättengewerbe waren in Durmersheim allein aufgrund der besseren Verkehrsanbindung weiter entfaltet als in Würmersheim. 1895 standen den 22 Durmersheimer Betrieben in Handel, Versicherung und Verkehr nur vier im Nachbarort gegenüber; in der Gastronomie stand das Verhältnis zehn zu zwei. Gemessen am Gebietsstand der Gemeindereform, stieg die Zahl der Handelsbetriebe von 69

Ende der 1960er Jahre auf 107 (1993), darunter 13 Tankstellen und Unternehmen des Kraftfahrzeughandels. Dabei nahm der Anteil der Großhandelsfirmen um die Hälfte zu, während die Steigerung bei den Einzelhandelsbetrieben 46 Prozent ausmachte, einschließlich der Tankstellen und des Autohandels aber auf 71,2 Prozent kam. Auch als Arbeitgeber war der Einzelhandel (1993 290 bzw. 361 mit Kfz-Handel und Tankstellen) bedeutender als der Großhandel (81). Insgesamt stieg die Zahl der Beschäftigten im Handel von 270 (1967/68) auf 442 (1993); die mittlere Beschäftigtenzahl wuchs von 3,9 auf 4,1 Personen.

Die eng mit der Bickesheimer Wallfahrt verbundenen Jahrmärkte finden traditionell am Dienstag nach Mariä Verkündigung, Mariä Himmelfahrt und Mariä Geburt statt; seit dem 19. Jh. sind sie um die davorliegenden Samstage (ab 18 Uhr), Sonn- und Montage erweitert worden, um einen allgemeinen Krämer- und Hühnermarkt abzuhalten. Bereits 1899 genehmigt, finden seit 1913 mittwochs Wochenmärkte statt.

Die Raiffeisenbank Südhardt sitzt in Durmersheim und unterhält dort zusätzlich eine Filiale. Sie geht auf die 1898 ins Leben gerufene Spar- und Darlehenskasse zurück, die sich 1970 mit den Genossenschaftsbanken in Bietigheim und Elchesheim-Illingen zusammenschloß. Die seit 1867 bestehende Volksbank Rastatt, jetzt Baden-Baden-Rastatt, betreibt eine Filiale; zwei Zweigstellen bietet seit 1975 und 1979 die 1930 gegründete Sparkasse Rastatt-Gernsbach.

Verkehr. – Während Würmersheim abseits lag, war Durmersheim zu Beginn des 19. Jh. an den Reichspostcours angeschlossen. Entlang der Staatsstraße Nr. 2 von Mannheim nach Kehl gelegen, profitierte Durmersheim von der Zunahme des Verkehrs. Passierten zwischen 1853 und 1860 noch durchschnittlich hundert Fuhrwerke den Ort, so vervierfachte sich der Verkehr bis 1873. Durch die Nachbarschaft zum Reichsland Elsaß-Lothringen wandelte sich die bisherige Rand- zur zentralen Lage.

Wegen der Verkehrszunahme und noch mehr aus strategischen Gründen erhielt Durmersheim 1895 einen Eisenbahnanschluß. Aufgrund eines Abkommens zwischen Baden und dem Deutschen Reich von 1892 wurde drei Jahre später die sogenannte »Kanonenbahn« nach Roppenheim im Elsaß fertiggestellt. Kurz davor hatte die Süddeutsche, später Oberrheinische Eisenbahngesellschaft mit staatlicher Unterstützung eine Schmalspurbahn gebaut, die Durmersheim mit Karlsruhe und darüber hinaus mit Spöck verband und im Oktober 1890 in Betrieb genommen wurde. Dieses »Lobberle« diente nahezu allein der Personenbeförderung und wurde vor allem von Berufspendlern in Anspruch genommen, aber auch für die Versorgung Karlsruhes mit Milch. An die Tradition dieser 1936 stillgelegten

Rathaus in Durmersheim.

Kleinbahn knüpfte der Karlsruher Verkehrsverbund an, als 1994 die Stadtbahnlinie S7 den Betrieb vom Karlsruher Hauptbahnhof über Durmersheim nach Baden-Baden aufnahm (inzwischen S4); seit dem Frühjahr 2001 besteht im Norden Durmersheims ein zweiter Haltepunkt. Darüber hinaus plant der Verkehrsverbund die Verlängerung der Stadtbahnlinie S2 von Rheinstetten nach Durmersheim. Das Planfeststellungsverfahren bis zum Bickesheimer Platz ist bereits abgeschlossen.

Im Kraftfahrzeugverkehr ist die B36 der wichtigste und meistgenutzte Fahrweg durch Durmersheim; für eine Umgehung besteht vordringlicher Bedarf. Quer zur B36 liegt die L608, die Durmersheim mit Malsch verbindet. Vom Ortskern aus führen westlich zwei Kreisstraßen nach Würmersheim. Die K3721 leitet den Verkehr weiter nach Au am Rhein und geht innerorts in die Speyerer Straße über, wo sie die K3722 kreuzt; diese wiederum führt nach Elchesheim-Illingen, auf der anderen Seite nach Ettlingen.

Gemeinde und Gemarkung. – Bei der Neuorganisation der badischen Ämter fielen Durmersheim und Würmersheim 1809 an das zweite Landamt Rastatt; 1819 wieder mit dem Stadt- und ersten Landamt Rastatt vereinigt, blieben sie dort bis zur kommunalen Neugliederung. Zum 1. Januar 1974 wurde Würmersheim nach Durmersheim eingemeindet. Ein Jahr später schloß sich die neue Gemeinde mit Au am Rhein, Bietigheim und Elchesheim-Illingen zu einem Verwaltungsverband zusammen, dessen Sitz Durmersheim ist. Seit 1975 unterhält die Gemeinde eine Partnerschaft mit dem französischen Chennevières-sur-Marne; 1988 kam eine Partnerschaft mit dem englischen Littlehampton am Ärmelkanal hinzu.

Die Gemarkungsfläche umfaßt 2 615 ha, wobei fast neun Zehntel auf Durmersheim entfallen, der Rest auf Würmersheim. Zu Beginn des 20. Jh. war Durmersheim die viertgrößte unter den 46 Gemeinden des Rastatter Amtsbezirks, Würmersheim hingegen die fünftkleinste; am Ende des Jahrhunderts lag die aus der Kommunalreform hervorgegangene Gemeinde der Fläche nach an zehnter Stelle unter den 23 Kreisgemeinden, der Bevölkerung nach an fünfter Stelle.

Versorgung und Entsorgung. – Ein ortsgebundenes Elektrizitätsnetz erhielten Durmersheim und Würmersheim 1920, und im selben Jahr begann auch die Gasversorgung. 1928 wurde die Wasserleitung in Betrieb genommen. Die Versorgung mit Wasser wird in Durmersheim je zur Hälfte aus Grundwasser und Oberflächenwasser gespeist. Für Würmersheim besteht ein Wasserlieferungsvertrag mit den Karlsruher Stadtwerken. Der Wasserbedarf der privaten Haushalte lag 1983 mit 136 Litern je Einwohner und Tag unter dem Kreismittel (146) und weit unter dem Landesdurchschnitt (225). Dagegen war der Haus- und Sperrmüll 1982 mit 349 t pro Einwohner und Jahr erheblich höher als die Abfallmenge im Landkreis und im Land (254 bzw. 302 t). An die Sammelkanalisation, die im Zuge des Straßenbaus nach dem Zweiten Weltkrieg flächendeckend geschaffen wurde, waren 1975 alle Haushalte angeschlossen. Seit 1960 besteht die mechanisch-biologische Kläranlage in Gestalt einer Zweikammerfäulnisgrube mit Schilfklärbecken, die auf 12 000 Einwohner ausgelegt ist, aber noch 50 Prozent weitere Kapazität vorhält.

Die Gesundheitsversorgung war Mitte des 19. Jh. dürftig. Nach dem Ersten Weltkrieg waren in Durmersheim zwei praktische Ärzte und ein Apotheker tätig. Ende des 20. Jh. erhöhte sich die Zahl der Mediziner auf 17, darunter sechs Zahn- und acht Allgemeinärzte, die der Apotheker auf drei. Daneben boten fünf Heilpraktiker, vier Hebammen sowie ein Ergotherapeut ihre Dienste an, und es bestanden sechs Krankengymnastik- und fünf Massagepraxen.

Die Sozialversorgung blieb in den Händen der katholischen Kirche. Wie zu Beginn des 20. Jh. pflegten Franziskusschwestern aus dem Gengenbacher Mutterhaus die Kranken zuhause; am Vorabend des Zweiten Weltkriegs besorgten dies elf Schwestern. Vor dem Zweiten Weltkrieg entstand auch das St. Vinzentiushaus, das der gleichnamige Verein unterhielt, und das sich im Eigentum der Kirchengemeinde St. Dionysius befand. In der Nachkriegszeit ging der Trägerkreis Sozialstation St. Vinzenz mit Schwesternhaus auf die sechs Kirchengemeinden und vier politischen Gemeinden des Gemeindeverwaltungsverbands über. Zusätzlich unterhält der Caritasverband für den Landkreis eine Tages- und Begegnungsstätte für ältere Mitbürger mit fünfzehn Plätzen für Kurzzeit- bzw. Tagespflege.

Die Feuerwehren in Durmersheim und Würmersheim wurden bereits 1867 und 1873 ins Leben gerufen. Noch bevor die ältesten Singvereine entstanden, unterhielt die Durmersheiner Brandwehr in den 1870er Jahren eine Gesangsabteilung, die den Grundstock des späteren Männergesangvereins Harmonie stellte. 1997 hatten beide Freiwilligen Feuerwehren zwei Löschzüge, in denen 55 bzw. 22 Aktive für den Brandschutz eintraten.

Kirchen und Religionsgemeinschaften. – Bis in die Mitte des 20. Jh. waren Durmersheim und Würmersheim stark katholisch geprägt; in Würmersheim lebten bis in die Mitte des 19. Jh. sogar ausschließlich Katholiken, in Durmersheim waren 1852 immerhin schon 4,7 Prozent der Einwohner evangelisch. In der Nachkriegszeit ging der Anteil der Katholiken zurück, aber erst 1970 lag er in beiden Gemeinden unter 90 Prozent, in Durmersheim bei 78,3 und in Würmersheim bei etwa 80 Prozent. Der Wandel wurde hauptsächlich durch die Ansiedlung von Vertriebenen und Flüchtlingen bewirkt. Aufgrund weiteren Zuzugs lag der protestantische Anteil 1987 in Würmersheim bei 20,5, in Durmersheim bei 19,7 Prozent. Darüber hinaus traten in der Nachkriegszeit zwei weitere typische Erscheinungen auf. Zum einen nahm der Anteil der Bekenntnislosen zwischen 1900 und 1987 von drei (0,1%) auf 727 (7%) zu, womit Durmersheim das Kreismittel von 6 Prozent übertraf. Zum anderen leben durch die Zuwanderung von ausländischen Arbeitskräften erstmals Nichtchristen in der Gemeinde; 1987 waren dies 144 Muslime, die 1,4 Prozent der Bevölkerung ausmachten (Kreis 1,7%).

Die katholische Pfarrei St. Dionysius gehörte früher zum Landkapitel bzw. Dekanat Ettlingen, war aber Mitte des 19. Jh. vorübergehend dem Dekanat Rastatt zugeschlagen. Seit Mitte der 1970er Jahre gehört St. Dionysius wie die erst in der Nachkriegszeit errichtete Pfarrei St. Bernhard zum Dekanat Murgtal. Die Pfarrkirche St. Dionysius wurde 1830 im Weinbrennerstil erbaut; auf ihrem Turm hängt die drittälteste Glocke des Landkreises (1562). 1972 erhielt die Kirchengemeinde ein Pfarrzentrum. Zur Pfarrei St. Dionysius zählt die Filialgemeinde Herz-Jesu in Würmersheim, deren Kirche 1912 erstand; sie erhielt 1973 ein Gemeindezentrum, das 1982 erweitert wurde. Im Sprengel von St. Dionysius lag darüber hinaus bis 1952 die Bickesheimer Wallfahrtskirche St. Marien Heimsuchung, wo aus Platzgründen bis zum Bau der Pfarrkirche 1830 der Pfarrgottesdienst gefeiert wurde. 1965 wurde der Durmersheimer Norden samt der Bickesheimer Kirche als Pfarrkuratie St. Bernhard abgetrennt und den Redemptoristen zur Seelsorge anvertraut, die sich schon 1926 zur Betreuung der Wallfahrt im Bickesheimer Kloster (Kapelle Mariä Himmelfahrt) niedergelassen hatten. 1990 wurde die Kuratie zur Pfarrgemeinde erhoben. Auch St. Bernhard verfügt über ein Gemeindezentrum, das 1998 eingeweiht wurde.

Angeregt durch einen der ersten evangelischen Bürger Durmersheims, den 1840 aus Michelfeld zugewanderten Webermeister Friedrich Ridisüle, wechselten 1847 unter dem Einfluß des Erweckungspredigers Aloys Henhöfer einige Familien die Konfession und bildeten die Keimzelle der späteren evangelischen Kirchengemeinde. Seit 1842 zählten die hiesigen Protestanten zu Rastatt, 1847 wurde eine Diasporagemeinde ins Leben gerufen, die 1859 zum Vikariat Rastatt kam und 1867 ihre Selbständigkeit als Pfarrei erhielt. Um 1850 bis 1878 bestand eine evangelische Privatschule. Durmersheim war die erste evangelische Kirchengemeinde in der südlichen Hardt; zu ihr zählten seit 1866 die von Rastatt abgetretenen Diasporaorte Au am Rhein, Bietigheim, Elchesheim, Illingen und Würmersheim. Während Bietigheim zusammen mit Muggensturm 1977 zur eigenen Kirchengemeinde erhoben wurde, waren die anderen Gemeinden bereits 1964 kirchliche Nebenorte; Würmersheim wurde 1983 als kirchlicher Ortsteil angegliedert. 1986 erstand die Kreuzkirche beim Schul- und

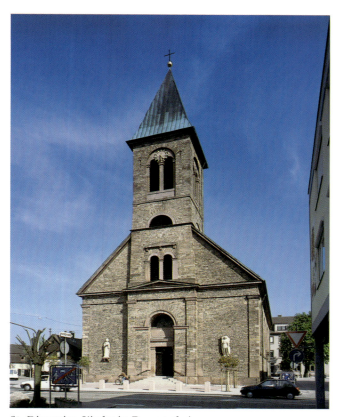

St. Dionysius-Kirche in Durmersheim.

C. Die Gemeinde vom 19. bis ins 21. Jahrhundert

Kulturzentrum; seit 1994 führt das Gemeindezentrum den Namen Aloys Henhöfers. Die Pfarrei gehörte im Laufe der Zeit zu wechselnden Kirchenbezirken, 1867 zu Karlsruhe-Land, 1909 zu Baden-Baden, 1941 zu Karlsruhe-Stadt und seit 1953 wieder zu Baden-Baden.

Schulen, Bildung und Kultur. – Bis zur Verstaatlichung der Elementarschulen 1864 unterstand das Unterrichtswesen der katholischen Schulvisitatur Rastatt. Auch nach Einführung einer konfessionell gemischten Schule 1878 dauerte die katholische Prägung fort, wiewohl in Durmersheim neben acht katholischen auch ein evangelischer Lehrer unterrichtete (1910) und 1939 knapp 5 Prozent der Schüler protestantisch waren.

Infolge des raschen Bevölkerungswachstums herrschte ständig Schulraumnot. Die 1837 errichtete Hildaschule, die im Zweiten Weltkrieg stark beschädigt wurde, genügte wie die 1911 gebaute Friedrichschule bald nicht mehr den Erfordernissen. 1965 wurde im Norden Durmersheims die Hardtschule gebaut, aber schon zu Beginn der 1970er Jahre war ein weiterer Ausbau erforderlich. In der Hardtschule befindet sich eine der drei Grundschulen – neben der 1993 neu gebauten Elementarschule in Würmersheim und der Friedrichschule in Durmersheim – sowie die Hauptschule, schließlich die seit Juni 1966 bestehende Realschule, die 1997 erweitert und umgebaut werden mußte. Sie ist aus dem 1960 eingerichteten Mittelschulzug der Friedrichschule hervorgegangen. Behoben wurde die Schulraumnot 1974 durch den Bau des Schul- und Kulturzentrums im Tiefgestade am Federbach. Dort wurde im Herbst desselben Jahres ein Gymnasium fertiggestellt, das seit 1990 den Namen Wilhelm Hausensteins führt. Aufgrund seiner überörtlichen Bedeutung ist es das einzige vom Landkreis getragene Gymnasium. Sein Vorgänger, das 1970 eingerichtete Progymnasium, war zunächst in der Hilda-, dann in der Friedrich- und in der Hardtschule untergebracht. Die Sonderschule fand ebenfalls nach mehreren Umzügen und räumlicher Aufteilung eine Bleibe in der Hildaschule. Auch die Förderschule steht seit dem Schuljahr 1974/75 in der Trägerschaft des Landkreises. Sie ist aus der seit Mai 1965 bestehenden, zunächst von der Gemeinde getragenen Sonderschulklasse für Lernbehinderte hervorgegangen, wo sie als Abteilung der Volksschule geführt wurde, ehe sie 1967 ihre Selbständigkeit erhielt.

Neben der Raumnot war der Alltag von großen Klassen bestimmt. 1828 erteilte der Durmersheimer Lehrer 245 Kindern Unterricht, 1863 standen für 459 Kinder zwei Haupt- und ein Unterlehrer zur Verfügung. In Würmersheim unterwies ein Schulmeister 1828 45 und 35 Jahre später 68 Kinder. Bis zum Zweiten Weltkrieg besserte sich diese Situation leicht, aber nicht grundsätzlich. 1939 unterrichteten in Durmersheim 17 Lehrer 923 Schüler, in Würmers-

Hardt-Schule in Durmersheim.

heim lag das Verhältnis bei drei zu 125. Bezogen auf den Gebietsstand der Gemeindereform, kamen also auf einen Erzieher mehr als fünfzig Kinder. Erst die Bildungsreformen der Nachkriegszeit verbesserten die Unterrichtssituation. Im Schuljahr 2000/01 unterrichteten in den drei Grundschulen sowie der Hauptschule 42 Lehrer 649 Kinder, pro Pädagoge waren das gut 15 Schüler. In der Realschule kamen auf eine Lehrkraft mehr als 13 Kinder (483 zu 36), und im Wilhelm-Hausenstein-Gymnasium betrug das Verhältnis rund elf Kinder je Lehrer (678 zu 60). In der Förderschule betreuten neun Erzieher 76 Kinder, hier belief sich die Lehrer-Schüler-Relation auf eins zu acht. Insgesamt kamen in den sieben Schulen im Jahr 2000/01 knapp 13 Schüler auf einen Pädagogen. Die mittlere Klassenstärke schwankte zwischen 10,9 Kindern in der Förderschule und 27,7 Schülern im Gymnasium. Seit einigen Jahren bietet die Friedrichschule in der ersten Klassenstufe eine Förderklasse, die Grundschule in der Hardtschule garantiert eine Kernzeitbetreuung der Schüler.

Seit 1885 bestand in Durmersheim eine Kinderbewahranstalt, die heute – 1968 umgebaut – als St. Lioba-Kindergarten von der St. Dionysius-Gemeinde getragen wird. Das Kinderheim befindet sich bei der Sozialstation und beherbergt die Wohnung der betreuenden Gengenbacher Schwestern. Um die Jahrhundertwende entstand eine Kinderbewahranstalt in evangelischer Regie. Auch spätere Gründungen wie der 1966/67 im nördlichen Neubaugebiet eingerichtete St. Bernhard-Kindergarten befinden sich in kirchlicher Trägerschaft. Der verstärkte Zuzug in der Nachkriegszeit erforderte den Bau weiterer Kinderhorte. 1970 wurde der nach Plätzen größte Kindergarten, St. Thomas, in Würmersheim eröffnet; 1997 entstand – wiederum im Durmersheimer Norden – mit dem Arche-Noah-Kindergarten der kleinste Hort. Beide Einrichtungen werden finanziert von den Kirchengemeinden Herz-Jesu und St. Bernhard. Lediglich der 1974 eingeweihte Kindergarten Villa Kunterbunt im Durmersheimer Süden wird von der Kommune unterhalten.

Durmersheim gehörte 1957 zu den sieben Gründungsgemeinden der Kreisvolkshochschule, die seither kulturelle Veranstaltungen ausrichtet und Kurse zur Erwachsenenbildung anbietet. Musik und Bastelkurse stehen auch im Programm der Kreisjugendpflege; die Gemeinde organisiert jährlich eine Konzertreihe. Neben Schülerbüchereien steht die Bibliothek der Kirchengemeinde St. Dionysius mit ihren rund 7 000 Bänden zur Verfügung; 1997 verzeichnete sie mehr als 14 000 Ausleihen. Das im November 1991 vom Arbeitskreis Heimatpflege eingerichtete Heimatmuseum zieht jährlich rund 1 200 Besucher an. Der 1985 gegründete Arbeitskreis, der sich u. a. für den Erhalt der Mundart einsetzt, sieht seine Aufgabe in der Vermittlung historischen Bewußtseins; im Rahmen der Pamina-Museumskette veranschaulicht er die Volksfrömmigkeit um die Wallfahrtskirche. Die kulturellen Vereine haben seit 1993 im »Alten Kino« ein gemeinsames Dach gefunden. Im gleichen Jahr öffnete das Jugendzentrum im Kultur- und Schulzentrum seine Pforten. Alle drei Jahre finden in Durmersheim das »Bäretriewerfest« und in Würmersheim ein Dorffest statt.

Sport- und Freizeitstätten, Vereine. – Sportfreunden bietet Durmersheim eine Reihe von Anlagen. Im Schul- und Kulturzentrum entstand 1981 das Federbachstadion, nachdem bereits 1974 beim Gymnasium eine dreiteilbare Sporthalle fertiggestellt worden war; daneben befinden sich der Festplatz und die Festhalle. Eine weitere dreiteilbare Sporthalle steht seit 1971 an der Hardtschule.

Bedeutendere Vereinsanlagen sind im Norden der Fußballplatz des FC Phoenix 06, zugleich die älteste Sportanlage am Ort (1921), der Handballplatz des Turn- und Sportvereins (1958) sowie der Motoballplatz des MSC Comet (1961). Der Reit- und Fahrverein verfügt über eine Reitanlage (1974) im Norden, wohingegen der Hundesportplatz (1965), die Tennisplätze (1980) und die Schießanlage (1990) sich im Süden um den Oberwald gruppieren. In Würmersheim entstand 1982 der Fußballplatz des FV Germania neu.

Unter den Freizeiteinrichtungen ragt das 1952 angelegte Terrassenschwimmbad am Heilwald hervor, das im Jubiläumsjahr 1991 ein neues Becken erhielt. Unmittelbar daran grenzen der Campingplatz und die Minigolfanlage. Im Hardtwald wurden ein 4 km langer Waldlehrpfad und eine halb so lange Trimm-dich-Strecke angelegt. Zwischen dem Hardtwald und Durmersheim lädt der Baggersee zum Schwimmen ein.

Eine wichtige Keimzelle des Vereinswesens bildete ehedem das katholische Milieu. Die ersten Zusammenschlüsse dienten dem Gebet, so die Corporis-Christi-Bruderschaften in beiden Pfarreien sowie die Herz-Mariä- und die Herz-Jesu-Bruderschaften in Durmersheim. Letztere bezog ihre Zugkraft aus der Bildersprache, die die Innerlichkeit der Milieumitglieder ansprach und ihre Erfahrungen im Kulturkampf und in der modernen Arbeitswelt zum Ausdruck brachte. Politische Ziele verfolgte der im Kulturkampf entschieden ultramontan auftretende Männerverein. Im Zuge

Wilhelm-Hausenstein-Gymnasium in Durmersheim.

der sozialen Frage entstanden seit der Industrialisierung zudem sozial ausgerichtete Zusammenschlüsse wie die Arbeitervereine beider Pfarreien oder die in beiden Orten 1892 gegründeten Müttervereine, die zwar auch auf Gebetsgemeinschaften zurückgingen, sich aber stärker der praktischen Hilfe bei der Kindererziehung und der Gestaltung des Familienlebens widmeten. Bis zum Zweiten Weltkrieg erweiterte sich die Palette der Sozialvereine um die Jungfrauenkongregation (Durmersheim), die zusammen mit dem Mütterverein in der Aufbruchsphase nach dem Zweiten Vaticanum zur Katholischen Frauengemeinschaft Deutschlands (KFD) auf der Ebene der mittlerweile drei Kirchengemeinden verschmolzen. Für die Männer existierten 1939 mit dem Jungmännerverein in beiden Kirchengemeinden und dem Männerverein (Würmersheim) Standeszusammenschlüsse mit sozialem Schwerpunkt. In der ersten Hälfte des 20. Jh. fächerte sich das katholische Vereinswesen weiter auf. Karitative Arbeit verrichtete der St. Vinzentiusverein. Um die materielle wie die geistig-seelische Not zu lindern, unterhielt er ein eigenes Haus in Durmersheim und unterstützte die Pflegeschwestern. Der Borromäusverein wiederum betrieb zur Volksbildung eine Bücherei mit 1 300 Bänden (1939).

Die Vielfalt des katholischen Vereinslebens ging in der NS-Zeit unter. Seit der Erneuerung bestehen Geselligkeitsvereine wie die Kirchenchöre (St. Dionysius und Herz-Jesu) weiter. Kontinuität weisen in den mittlerweile drei Kirchengemeinden auch die Frauenvereinigungen, jetzt KFD, auf, ebenso die Borromäusvereine (St. Dionysius und Herz-Jesu). An ältere Traditionen können die Familienkreise, Bildungswerke und die Katholische Junge Gemeinde (KJG, jeweils in St. Dionysius und St. Bernhard) anknüpfen. Neu hinzugekommen sind bezeichnenderweise die Bonifatiusvereine, die durch ihre Neuausrichtung auf die Vertriebenenseelsorge nach dem Zweiten Weltkrieg die Lebensverhältnisse der Neubürger in allen drei Kirchengemeinden zur Grundlage hatten.

Eine weitere Wurzel des Vereinswesens bilden die Musik- und Gesangvereine, die – wie die Kirchenchöre – zum Teil wiederum dem konfessionellen Vereinswesen entstammen. Bürgerlichen Ursprungs sind hingegen der Männergesangverein 1876 in Durmersheim, der seit 1919 und nach mehreren Umbenennungen und Zusammenschlüssen den Namen Harmonie führt, sowie der 1902 gegründete Männergesangverein Freundschaft (Durmersheim), der 1972 auch einen Frauenchor aufstellte. 1904 entstand in Würmersheim ebenfalls ein Gesangverein Freundschaft. Am ältesten ist der Musikverein Durmersheim von 1868, dem 1912 wiederum eine gleichnamige Gründung in Würmersheim folgte.

Die dritte Gruppe von Zusammenschlüssen stellen die Sportvereine dar, deren Mitglieder anfänglich vor allem aus dem unterbürgerlichen und unterbäuerlichen Arbeitermilieu stammten. Die älteste Sportvereinigung, der Turn- und Sportverein Durmersheim, wurde 1896 ins Leben gerufen. Diese vergleichsweise frühe Übernahme des urbanen Freizeitmusters Sport weist wiederum auf die sich anbahnende Verstädterung der Gemeinde hin, was auch die frühe Gründung des Fußballclubs Phönix im Jahr 1906 unterstreicht. Unmittelbar nach dem Ersten Weltkrieg folgte auf Würmersheimer Seite der FV Germania nach. 1952 hoben Durmersheimer Motorsportfreunde den MSC Comet aus der Taufe, der seit den 1960er Jahren mehrmals die deutsche Motoballmeisterschaft gewonnen hat.

Die mitgliederstärksten Vereine waren 1997 der Turn- und Sportverein (rund 1800), der Musikverein 1868 (670) und der Ortsverein des Deutschen Roten Kreuzes (600). Insgesamt gehörten den achtzig Vereinen über 11000 Mitglieder an. Damit war im Durchschnitt jeder Einwohner Mitglied eines Vereins.

Strukturbild. – Die Entwicklung Durmersheims war im 19. und 20. Jh. vor allem von drei Faktoren bestimmt. Zum einen beeinflußte wie bei vielen Hardtgemeinden die Grenznähe das Tempo und Ausmaß der Entwicklung. Die Wechselfälle der Politik und Kriege im 19. und 20. Jh. bedingten eine Rand- oder Zentrallage des Orts und bestimmten die Lebens- und Arbeitsbedingungen der Bewohner.

Zum anderen war das gegensätzliche Gefüge der ehemals selbständigen Orte prägend. Während Durmersheim stets zu den größten Gemeinden des Amtsbezirks bzw. Landkreises rechnete, zählte Würmersheim immer zu den kleinsten. Bis zur Entstehung der kommunal geförderten Gewerbegebiete in der Nachkriegszeit siedelte sich die Industrie aufgrund der günstigeren Verkehrsanbindung und Infrastruktur in Durmersheim an, während Würmersheim nicht, *wie viele Landorte in der weiteren Umgebung Karlsruhes, von der fortschreitenden Industrialisierung erfaßt* wurde.[6] Daraus ergaben sich unterschiedliche Formen der Erwerbstätigkeit und des Pendlerwesens sowie des Arbeitsplatzangebots in beiden Gemeinden. 1970, am Vorabend der Kommunalreform, pendelten nur jeder zweite Durmersheimer, aber vier von fünf Würmersheimern zur Arbeit aus; umgekehrt stellten die Einpendler in Durmersheim ein Viertel der am Ort Erwerbstätigen, in Würmersheim hingegen nur ein Zehntel. Die agrarische Prägung war neun Jahre zuvor in Würmersheim, wo ein Fünftel der Erwerbspersonen in der Landwirtschaft arbeitete, stärker als in Durmersheim mit einem Achtel der Erwerbspersonen. Während Würmersheim noch im ersten Viertel des 20. Jh. *zu den geringsten, unansehnlichsten und eines zivilisatorischen Anstrichs am meisten bedürftigen Gemeinden* gerechnet wurde, dem Bezirksamtmann gar *wie eine vergessene Siedlung*[7] erschien, vermittelte Durmersheim bereits um die Mitte des 19. Jh. *den Eindruck eines wohlhabenden Dorfs*.[8] Auch in der Politik und im Wahlverhalten schlugen sich die unterschiedlichen sozioökonomischen und politischen Entwicklungen nieder. Zwar waren beide Orte althergebrachte Zentrumshochburgen. Doch in dem von der Industrialisierung und ihren Folgen früher erfaßten Durmersheim hielt die Sozialdemokratie zwölf Jahre eher Einzug als in Würmersheim. Und während die Nationalsozialisten in Durmersheim das Zentrum seit der Erdrutschwahl 1932 von ihrem angestammten Spitzenplatz verdrängten, übernahmen in Würmersheim die Kommunisten diese Rolle. Nicht zuletzt stand das Vereinswesen unter dem Einfluß der unterschiedlichen Rahmenbedingungen. Bürgerliche Gesang- und Musikvereine wurden ebenso wie die vorderhand unterbäuerlichen und unterbürgerlichen Sportvereine im früher urbanisierten Durmersheim zuerst ins Leben gerufen, um dann mit zeitlichem Abstand auch in Würmersheim gegründet zu werden.

Schließlich ist die Gemeinde ein Paradefall für den Wandel eines Bauerndorfs zur entagrarisierten Landgemeinde. Mitte des 19. Jh. galt Durmersheim als ein Ort *fleissiger und tüchtiger Landwirthe,*[9] jedoch hat der landwirtschaftliche Strukturwandel der Nachkriegszeit die Bauern ihrer Existenzgrundlage beraubt. Sowohl der zunächst gewerbliche Aufschwung seit der Industrialisierung als auch die Tertiärisierung der Erwerbstätigkeit in der Dienstleistungsgesellschaft der Nachkriegszeit waren von einer Entagrarisierung des örtlichen Erscheinungsbilds und Arbeitsmarkts sowie der Lebensverhältnisse seiner Bewohner begleitet. Die Urbanisierung zeigte sich auch in der schrittweisen Einebnung des lange vorherrschenden, schroffen Stadt-Land-Gegensatzes gegenüber Karlsruhe oder Rastatt in einen fließenden Übergang, den nicht zuletzt der Eisenbahnbau und der Öffentliche Personennahverkehr technisch ermöglichte und sich in einem regen Pendlerwesen mit einem bezeichnenden Saldo auf seiten der Auspendler offenbarte.

Gerade der Bau der strategischen wie der Schmalspurbahn verdeutlichte die Zweischneidigkeit der zunehmenden Mobilität. Einerseits erleichterte die bessere Verkehrsanbindung den Warenaustausch und den Absatz eigener, damals hauptsächlich landwirtschaftlicher Erzeugnisse, andererseits entzog die bequeme Pendelmöglichkeit nach Karlsruhe und Rastatt dem lokalen, vorwiegend landwirtschaftlichen Beschäftigungsmarkt Arbeitskräfte. Gleichwohl steigerte nicht zuletzt diese Infrastruktur – neben den günstigeren Wohnbedingungen – die Attraktivität des Wohnorts Durmersheim, so daß zuerst die Bahnanbindung Ende des 19. Jh., dann die Individualmotorisierung der Nachkriegszeit eine Landflucht der Bewohner unter-

Neubaugebiet im Norden Durmersheims.

banden bzw. der Gemeinde einen beständigen Zuzug Auswärtiger bescherten. Diese Verhältnisse deuteten sich tendenziell bereits in den 1920er Jahren an, als *die Gemeinde [sich] mehr und mehr von einem rein ländlichen zu einem Industrieort* entwickelte.[10] So bewirkte der Abbau des Stadt-Land-Gegensatzes nicht nur die Entwicklung zur Wohngemeinde auf dem Land, sondern führte in der Nachkriegszeit auch zu Gewerbeansiedlungen in den Gewerbegebieten Nordwest, Südlich der Malscher Straße sowie im Würmersheimer Ortsteil im Rottlichwald und Brünnlesäcker.

Auch auf andere Bereiche des Gemeindelebens strahlte dieser dörfliche Strukturbruch aus. Im Vereinsleben ist die Gründung der sozialkaritativen, aber auch der beschaulichen katholischen Zusammenschlüsse Ende des 19. Jh. zu nennen, die ausdrücklich Bezug nahmen auf die Lebens- und Arbeitswelt der immer zahlreicheren Pendler, die sich aus dem dörflichen Produktionszusammenhang lösten. Ähnliches geschah nach dem Zweiten Weltkrieg, als die Gründung der katholischen Bonifatiusvereine in allen drei Kirchengemeinden in Wechselbeziehung mit der Flüchtlingseingliederung stand.

Seit der Gemeindereform ist Durmersheim als Mittelpunktsgemeinde der mittleren Hardt anzusehen und besitzt zentralörtliche Funktionen nicht nur durch seine hervorgehobene Stellung im Gemeindeverwaltungsverband, sondern auch mit seinem Kultur- und Schulangebot.

SCHWARZ, Benedikt: Durmersheim. Ortsgeschichtliche Stoffe. Rastatt 1902. – NEUMAIER, Franz: Der Marktflecken Durmersheim in Vergangenheit und Gegenwart. Karlsruhe 1938. – BLASCHKA, Walfried: Maria Bickesheim. München 1973. – Durmersheim in Vergangenheit und Gegenwart. [Durmersheim 1980]. – SCHLICK, Fritz, und BERTSCH, Dieter: Durmersheim-Würmersheim. Ortsbeschreibungen. Durmersheim 1980. – Festschrift zur Ortsgeschichte von Durmersheim. Hg. von der Gemeinde Durmersheim. Durmersheim 1991.

[1] ZEUSS TW S. 305, 292 und 299 (Kop. 13. Jh.).
[2] ZEUSS TW S. 303 (Kop. 13. Jh.).
[3] MGH D F I Nr. 132.
[4] GLA 371 Zug. 1932–37.
[5] GLA 371 Zug. 1981–42 Nr. 3232.
[6] GLA 371 Zug. 1940–29.
[7] Wie Anm. 5.
[8] GLA 371 Zug. 1911–118 Nr. 593.
[9] Wie Anm. 8.
[10] GLA 371 Zug. 1981-42 Nr. 1191.

Elchesheim-Illingen von Osten, im Hintergrund der Illinger Altrhein und der Rhein.

Elchesheim-Illingen

1014 ha Gemeindegebiet, 3119 Einwohner (31.12.2000)

Wappen: Unter goldenem (gelbem) Wellenschildhaupt, worin zwei hintereinander schwimmende rote Fische, in Blau ein durchgehendes, geschliffenes silbernes (weißes) Kreuz. – Flagge: Silber-Blau (Weiß-Blau).

A. Naturraum und Siedlung

Natürliche Grundlagen. – Mit ihrer Gemarkungsfläche liegt die Gemeinde Elchesheim-Illingen in den naturräumlichen Einheiten Rastatter Rheinniederung (222.41) und der Südlichen Maxauer Rheinaue (222.30). Dem entspricht auch etwa die Gliederung in einen nassen und einen trockenen Teil der holozänen Rheinaue. Die Grenze beider Einheiten wird grob durch den Hochwasserdamm XXV markiert. Dieser Damm ist Bestandteil der hier seit 1826 erfolgten Flußbegradigung. Hauptziel dieser Baumaßnahmen war die Bildung eines einzigen Flußbetts mit fest definierter Breite sowie das Abschneiden großer Mäanderbögen zur Verkürzung des Talwegs. Um ein ganzjähriges und problemloses Befahren mit voll geladenen Schiffen zu ermöglichen, wurden auf weiten Strecken Buhnen in den Wasserlauf eingebaut. Sie förderten die Fixierung des Stromstrichs in der Strommitte. Dadurch konnten die seit der Fertigstellung der Rektifikationsmaßnahmen aufgetretenen Sandbänke abgetragen und eine einheitlich breite und tiefe Fahrrinne garantiert werden. In der Zwischenzeit sind die Felder zwischen den Buhnen weitgehend mit Sand und Kies aufgefüllt. Sie sind wichtige Vorländer der Dammbauten im Übergang vom fließenden Wasser zur nassen Überflutungsaue und bedeutende ökologische Bestandteile der Flußlandschaft.

Die nasse Aue auf Gemarkung Elchesheim-Illingen zwischen dem qualifizierten Hochwasserdamm XXV und dem Rhein, in dessen Strommitte die westliche Gemarkungsgrenze verläuft, ist einerseits geprägt durch nahezu 200 ha offene Wasserfläche, die durch den wirtschaftenden Menschen geschaffen wurde. Andererseits zieht sich noch ein etwa 1500 m langer und bis zu 250 m breiter ehemaliger Altrheinarm vom nördlichen Kindlesgrund zur nördlichen Gemarkungsgrenze im Gewann Kohlkopf. Die teilweise schnurgeraden Ufer verweisen auch hier auf die Überformung der natürlichen Ufer durch Kiesabbau. Intensiver Kiesabbau wird noch in einem 43 ha großen Areal betrieben. In der 155 ha großen Fläche des Goldkanals ist der Kiesabbau teilweise eingestellt. Inzwischen kommt dem Restloch des Kiesabbaus die Funktion eines Naherholungsgebiets mit Wassersportmöglichkeiten zu. Die durch den Rhein abgelagerten Sedimente der holozänen Aue sind von großer Mächtigkeit und haben eine variable geologisch-petrographische Zusammensetzung. Beide Flächen haben als Ursprung alte Rheinarme, die noch im 19. Jh. durchflossen waren. Die heutige Wasserzufuhr erfolgt überwiegend über den Austritt oberflächennahen Grundwassers aus dem Oberen Kieslager. Wasser aus dem Schleidgraben wird über ein Hebewerk in die Altewaldkehle gepumpt und so dem Altrhein zugeführt.

Der Goldkanal verdankt seine Entstehung den ergiebigen Goldvorkommen, die seit dem späten Mittelalter zwischen Plittersdorf und Illingen ausgebeutet wurden. Waren die Eingriffe in den Naturhaushalt zu Beginn des 20. Jh. noch als sehr bescheiden zu bezeichnen, so änderte sich dies in den 1930er Jahren. Die noch als ehemalige Altrheinarme zu erkennenden Abbaugebiete veränderten sich durch den Einsatz erster Bagger sehr schnell. Die Jahre 1936 bis 1943 waren durch umfangreichen und nachhaltigen Abbau geprägt; jedoch konnten nur noch etwa 300 Gramm Gold pro Jahr gewonnen werden. Der Abbau von Kiesen und Sanden als Baumaterial hatte wesentlich weiterreichende Folgen und griff noch weit über die Illinger Gemarkungsgrenze nach Steinmauern hinaus, so daß sich hier in Zukunft noch Landschaftsveränderungen ergeben werden. Schließlich hatten die Arbeiten seit Mitte der 1950er Jahre einen Baggersee von 2 km Länge und ca. 1 km Breite entstehen lassen. Durch die Baggerarbeiten war ein Zugang zum offenen Rhein entstanden. Weite Wiesenflächen fielen ebenso wie der Inselhof dem stetig voranschreitenden Abbau in den 1960/70er Jahren zum Opfer. Ab 1973 entstand der neue Baggersee nördlich des Goldkanals auf Illinger Gemarkung im Zuge der Baustoffgewinnung. Hier sind nur noch kleine Areale für den zukünftigen Abbau freigegeben. Dagegen stehen im nordwestlichen Bereich, nahe dem eigentlichen Goldkanal noch Flächen für einen langsamer voranschreitenden Abbau zur Verfügung. Anschwemmungen durch das Kieswerk führten zu einer Verringerung der Wasserfläche nördlich der Anlage. Inzwischen wurden am östlichen Ufer wieder Flächen aufgeschüttet und rekultiviert.

Die Oberfläche der übrigen Gemarkung spiegelt das Formenmuster der typischen Aue des holozänen Rheins wider. Schmale, meist weniger als 50 m breite Rinnen zergliedern die nur wenig höher gelegenen Flächen der Aue. In diesen feuchten Tiefenlinien finden sich heute staunasse Bereiche oder aber die wenigen fließenden Gewässer der Gemarkung. Markantestes Beispiel ist der Verlauf des Scheidgrabens, der die beiden Ortsteile Illingen und Elchesheim trennt. Südwestlich davon legen sich vergleichbare Tiefenlinien zwischen die Gewanne Flötzwald, Spichtäcker und Erbteiler. Die Rinne zwischen Flötzwald und Spichtäckern wird im Süden durch eine steile Böschung, im Norden durch einen Hochwasserdamm eingegrenzt, die nördlich des Orts verlaufende Schleidgraben-Aue unterliegt starken Schwankungen des Grundwassers, das dort nur 20 bis maximal 80 cm unter Flur ansteht. Dementsprechend sind die vorhandenen kalkhaltigen, lehmigen bis sandig-kiesigen Schluffe und z.T. auch tonigen Auelehme über Auesand und Rheinschotter als Auen- und Naßgleye-Böden ausgebildet. Ähnlich sind die Verhältnisse in den muldenförmigen Tiefenlinien entlang der südlichen Gemarkungsgrenze (Hagerslahr) und entlang dem Gewann Bachstück, die beiden Tieflachgraben als Vorfluter nutzen. Auch die bis zu 125 m breiten Mulden in den Alt- und Neuwiesen gehören zu dieser genetischen Abfolge der Altläufe des Rheins. Die zwischen diesen Tiefenlinien liegenden flächigen, leicht erhöhten Areale der Gemarkung stellen gleichsam eine niedere, jüngste Terrassenbildung dar. Auf einer Unterlage

Altrhein bei Illingen.

A. Naturraum und Siedlung

aus Sand, Kies und Schottern des Rheins liegen überwiegend kalkreiche, schluffig tonige Lehme auf. Sandige bis kiesige Elemente sind Zeugen der fluviatilen Bildungsgeschichte. Als Bodentyp dominiert Auengley-Brauner Auenboden mit unterschiedlich stark ausgeprägter Vergleyung im nahen Untergrund. Zu den anthropogenen Veränderungen der Landoberfläche zählen die Restlöcher der alten, offengelassenen Lehm-, Sand- und Kiesgruben auf der Gemarkung. Sie erreichen mit wenigen Ar Fläche bei weitem nicht die Größe der heutigen Abbauten. In der Regel sind diese Flächen heute mit Wald bestockt, wie etwa an der Straße nach Würmersheim, und nur noch schwer als Restlöcher zu erkennen. Teilweise wurden sie nach dem Ende des Abbaus mit Hausmüll oder Schutt verfüllt, wie z.B. die Deponie, am südlichen Ortsende von Elchesheim, an der Straße nach Steinmauern. Diese Aufschüttungen sind nach heutigem Standard als Altlasten deklariert.

Das Gewässernetz, abgesehen vom Rhein, besteht auf Elchesheim-Illinger Gemarkung aus kleinen, perenierend fließenden Gräben, deren Verlauf sich an vorgegebene alte Abflußstrukturen des Rheins lehnt. Das Abflußverhalten der Gräben ist vom Grundwasserstand abhängig. Scheidgraben und Tieflachgraben sind auf weite Strecken ausgebaut und kanalisiert, z.T. ist das Gerinnebett mit Betonhalbschalen versehen und so formenbildenden Prozessen des fließenden Wassers weitgehend entzogen.

Siedlungsbild. – Elchesheim liegt östlich über dem Prallhang einer verlandeten Altrheinschlinge. Der unregelmäßige Siedlungskern gruppiert sich um den zentralen Kirchplatz; südlich und westlich sind planmäßige Siedlungserweiterungen entstanden. Illingen schließt baulich an Elchesheim an und liegt am Innenrand der einstigen Rheinschlinge; im Kern des alten Dorfs ist ein rechtwinkliges Straßennetz zu erkennen.

Bis 1860/62 erstreckte sich die Besiedlung allein auf die alten Ortskerne. In Illingen war dies der Bereich entlang der Kirchstraße mit bereits weitgehend verdichteter Bebauung, einzelne Höfe reihten sich an der Mittel- und der Unteren Dammstraße. In Elchesheim herrschte damals eine aufgelockerte Bebauung um die alte Kirche und entlang der Pfarr- und der Hauptstraße vor. Bis 1965/67 wies vor allem Illingen eine deutliche Erweiterung und Verdichtung um den Ortskern auf. Zwischen dem Hochwasserdamm im Westen (Alter Damm) und der fast parallel dazu verlaufenden Neuen Straße im Osten, an der Nahtstelle zwischen beiden Gemeindeteilen, bestand weitgehend bereits die

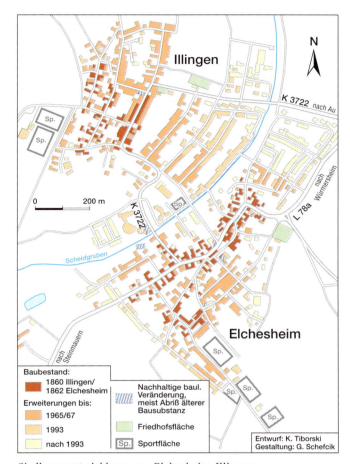

Siedlungsentwicklung von Elchesheim-Illingen.

heutige Bebauung. Weiter östlich, an Kreuz- und Grenzstraße, die damals erst teilweise bebaut waren, vollzog sich ein ganz planmäßiger Siedlungsausbau.

Elchesheim mit seinem haufendorfartigen Grundriß macht einen eher unregelmäßigen Eindruck. Hauptausdehnungsachse ist die im innerörtlichen Bereich kurvig verlaufende Hauptstraße. An der südlich des Ortsmittelpunkts rechtwinklig nach Illingen abzweigenden Rheinstraße entstand ein neuer Siedlungsschwerpunkt mit zentralörtlichen Einrichtungen für die ganze Gemeinde. Eine deutliche Siedlungserweiterung schob sich südöstlich der Hauptstraße zwischen Frieden-, Wald- und Schulstraße nach Südosten hinaus. Nach Norden wuchs die Siedlung entlang der Lauterburgstraße, die von der ostwärts umbiegenden Hauptstraße abzweigt. Bis 1993 erfolgte der Siedlungsausbau vorwiegend im Osten Illingens zwischen den alten Siedlungsteilen auf einem planmäßigen Parallelstraßennetz von der Neuen Straße im Westen bis zur Speyerer Straße im Osten. Im Norden wurde das kleine Gewerbegebiet Illingen, das schon Ende der 1960er Jahre erschlossen war, weiter ausgebaut. In Elchesheim entstanden großflächige Neubaubereiche am südlichen Ortsrand und im Norden.

Eine Besonderheit stellt die nach der Vereinigung beider Orte geschaffene neue Ortsmitte beiderseits der Rheinstraße (K3722) dar, die mit dem neuen Kirchengemeindezentrum eine bedeutende Erweiterung erfuhr. Einzelhausbebauung herrscht vor, zumeist mit nicht mehr als zweigeschossigen Einfamilienhäusern. In den älteren Ortsteilen lassen sich vielfach noch ehedem landwirtschaftlich genutzte Gebäude, z.T. in Fachwerkbauweise, entdecken; heute hat selbst die Nebenerwerbslandwirtschaft kaum noch Bedeutung und wirkt längst nicht mehr ortsbildprägend. Typisch für die Region sind an älteren Häusern die teilweise noch vorhandenen Wetterdächer zum Schutz der Fenster und Fassaden vor Schlagregen. Mehrfamilienhäuser, meist für zwei oder drei Familien, wurden in den letzten Jahrzehnten in geringer Zahl errichtet.

Das Kirchengemeindezentrum mit der Hl. Geist-Kirche, Pfarrhaus, Schwesternhaus und Kindergarten entstand seit 1969 an der Südwestseite der Rheinstraße, ungefähr in der Mitte der beiden Ortsteile. Alle Gebäude des in Grünanlagen eingebetteten Komplexes sind als moderne Bauwerke mit zumeist flachen Dächern und großflächigen, teilweise verwinkelten Sichtbetonteilen ausgeführt. Die Fassaden sind sparsam mit kleineren Glasflächen aufgelockert. Die Kirche hat stattliche Dimensionen und ersetzt die beiden ehemaligen Pfarrkirchen in den Ortsteilen. Auffällig ist die Achteckkuppel über dem Altarbereich, deren schräge Seiten zum Teil verglast sind und das einfallende Licht auf den Altar lenken. Der aus Betonelementen gestaltete, eher unauffällige Glockenturm ist campanifeatig in östlicher Richtung abgerückt. Der Kindergarten besteht aus einem im wesentlichen eingeschossigen Baukomplex unterschiedlicher Höhe; seine Front ist mit großen Glasflächen geöffnet.

Das Rathaus und der vorgelagerte, in Grünanlagen eingebettete Rathausplatz entstanden 1979 an der dem Kirchenzentrum gegenüberliegenden Seite der Rheinstraße. Der großzügig gestaltete moderne Betonbau in ein- bis zweigeschossiger Bauweise mit Flachdächern und einem Pultdach im Mittelteil beherbergt neben der Gemeindeverwaltung auch die Raiffeisenbank, eine Apotheke, die Sparkassenfiliale und eine Arztpraxis. In den Anbauten an der Rückseite befinden sich Räume der Feuerwehr und des Deutschen Roten Kreuzes. Im Norden schließen ein großer Sandsportplatz und daneben die Rheinwaldschule an, ein ab 1964 errichteter zweigeschossiger Komplex aus rechtwinklig zueinanderstehenden Flachdachgebäuden mit großen Glasfronten sowie Oberlichtern an den rückwärtigen Gebäudeseiten. Der überdachte Eingangsbereich führt in eine großflächig verglaste eingeschossige Pausenhalle, an die sich die Turnhalle anschließt. Der Schule vorgelagert ist ein großer Pausenhof, der teils mit Grünanlagen und Spielgeräten gestaltet ist.

Dem weiteren Verlauf der Rheinstraße westwärts folgend befindet sich im Ortsteil Illingen an der Abzweigung der Kirchstraße das Heimatmuseum und Museum »Arbeit am Rhein«. Es ist in der alten, 1834 nach Plänen von Anton Moosbrugger erbauten Illinger Kirche St. Nepomuk untergebracht, die nach dem Neubau der Hl. Geist-Kirche profaniert wurde. In dem Museum wird die Erinnerung an vergangene handwerkliche Tätigkeiten der Umgebung wie die Goldwäscherei oder die Holzschuhmacherei gepflegt. Die Nepomukstraße, von der die Rheinstraße nach Westen fortsetzt wird, führt zur alten Schule Illingens. Diese bildet ein repräsentatives Bauensemble von zwei gegeneinander versetzten Walmdachgebäuden zu je zwei Stockwerken; zur Straßenseite hin trägt die Fassade das Gemeindewappen. Auffällig ist der in der Mitte vorgesetzte Treppenturm des zweiten Gebäudeteils, der einen schloßartigen Eindruck vermittelt. In ihrem weiteren Verlauf führt die Nepomukstraße zum alten Rheindamm, hinter dem an der Rheinstraße die Sportanlagen Illingens liegen. Neben mehreren Sportplätzen und dem Clubhaus des Fußballvereins steht hier die Festhalle, ein älterer eingeschossiger Bau unter einem flachen Satteldach aus Eternitplatten.

An der im nördlichen Siedlungsbereich von West nach Ost verlaufenden Durmersheimer Straße liegt gegenüber der Einmündung der Neuen Straße der Friedhof von Illingen mit einer 1970 erbauten Leichenhalle und Friedhofskapelle. Nur wenige Meter vom Friedhof entfernt, zweigt die Zufahrt zum Gewerbegebiet ab. Bezeichnend für diesen gemischten Baubereich ist das Nebeneinander von zumeist flachen, ein- bis anderthalbgeschossigen Produktionshallen und dazwischenliegenden Wohn- und Bürogebäuden. Hier haben sich vorwiegend kleinere Handwerksbetriebe

A. Naturraum und Siedlung

aus dem Bereich des Baugewerbes, der Holz-, Metall- und Kunststoffverarbeitung angesiedelt.

Ungefähr in der Mitte von Elchesheim liegen an der Hauptstraße das alte Rathaus und die alte Kirche. Ersteres wurde 1908 als zweieinhalbgeschossiger Steinbau mit getrepptem Giebel errichtet und diente seinem Zweck bis 1979; heute beherbergt es eine Arztpraxis. Gegenüber liegt die ehemalige katholische Pfarrkirche St. Laurentius, ein einfacher, 1781 errichteter und 1905 erweiterter Putzbau. 1996/97 wurde auch diese Kirche profaniert und ihre Innenausstattung teilweise in den Neubau von Heilig Geist überführt; um einen flachen Funktionsanbau erweitert, dient sie heute als Bürgerhaus. Südöstlich davon, an der Schulstraße, entstand 1956 die Grundschule als zweigeschossiger Satteldachbau mit rechtwinklig angeschlossener, offener kleiner Pausenhalle.

Am südöstlichen Ortsrand liegt der von Hecken und einer kleinen Mauer umschlossene Friedhof Elchesheim mit Aussegnungs- und Leichenhalle. Die Sportanlagen von Elchesheim befinden sich am südöstlichen Siedlungsrand im Bereich der Rottelwiese. Neben mehreren Sport- und Tennisplätzen sind hier auch die eingeschossigen Sportheime der örtlichen Clubs zusammengefaßt. Südwestlich des Dorfs liegt, abgesetzt durch freies Gelände, das Gewerbegebiet Elchesheim. Auch hier bestimmen flache und meist eingeschossige Werkshallen und dazwischen eingestreute Wohnhäuser das Bild. An der Zufahrt hat sich ein Supermarkt mit großer Parkfläche angesiedelt.

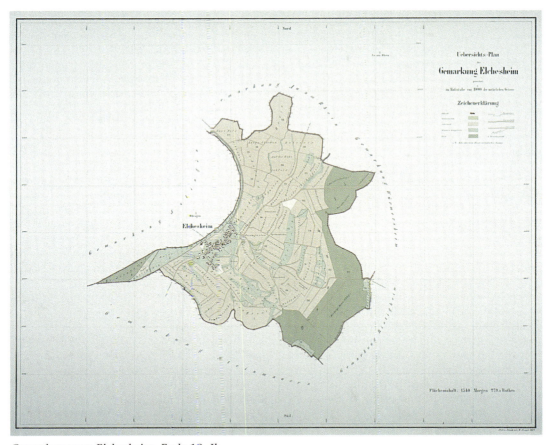

Gemarkung von Elchesheim, Ende 19. Jh.

B. Geschichte der Gemeindeteile bis zum Ende des Alten Reiches

Elchesheim

Siedlung und Gemarkung. – Abgesehen von einigen Holz-, Keramik- und Hufeisenfunden unbekannter Zeitstellung am Lauterburger Weg, der entlang dem alten Ufer des sog. Altrheinteilers führt, liegen archäologische Funde von hiesiger Gemarkung nicht vor. Die erste Erwähnung des Dorfs geschieht nicht vor dem Jahr 1102 (*Elchisheim*);[1] sein Name bezieht sich entweder auf den Elch oder auf einen Personennamen. Eine frühmittelalterliche Genese der Siedlung ist zumindest wahrscheinlich. Durch seine einstige, aus der Topographie noch heute ersichtliche Lage unmittelbar am Rhein haben das Dorf und seine Gemarkung immer wieder unter Hochwassern gelitten und Geländeverluste hinnehmen müssen; zusammen mit Steinmauern und Würmersheim wurde Elchesheim von alters her als Dammdorf bezeichnet, weil man allzeit um Hochwasserschutz bemüht sein mußte. 1773 umfaßte der Ort nicht mehr als 24 Häuser und 17 Hofreiten; auf der Gemarkung gab es zur gleichen Zeit alles in allem rund 400 M Äcker und Wiesen.

Herrschaft und Staat. – Die Herrschaftsbildung in Elchesheim ist offensichtlich von Weißenburger Klostergut ausgegangen. 1102 gelangten Gerechtsame, die davor der Familie des Adligen Werinhard gehört hatten, durch kaiserliche Schenkung an die Domkirche zu Speyer. Von 1239 bis 1300 nannte sich nach dem Ort ein ebersteinisches Ministerialengeschlecht (Berthold, Egelolf, Sifrit, Andreas), dessen Tiefburg noch im späten 14. Jh. bezeugt ist (FN Burgstückel in den Hammäckern). Seit 1291 sind die Markgrafen von Baden als Inhaber eines hiesigen Lehens der Abtei Weißenburg nachzuweisen; 1309 findet die Burg Elchesheim – und mit ihr das Dorf – Berücksichtigung in einer markgräflichen Erbteilung. Fortan war der Ort mit allen obrigkeitlichen und hoheitlichen Rechten ununterbrochen (baden-)badisch, zählte im 16. Jh. zum Amt Kuppenheim und schließlich zum Oberamt Rastatt.

Grundherrschaft und Grundbesitz. – Der alte Weißenburger Grundbesitz war während des späten Mittelalters und der frühen Neuzeit stets in markgräflicher Hand. Zunächst wurde er zeitlich befristet (1498 für 10 Jahre), später erblehnsweise nach dem Prinzip der Vorträgerei an bäuerliche Hintersassen weiterverliehen; 1501 belief sich die Zahl der Beständer auf 18. Am Ende des 18. Jh. umfaßte dieser markgräfliche Bau- bzw. Erblehnhof rund 190 M Äcker und Wiesen. Was aus den 1102 der Speyrer Kirche geschenkten Gütern geworden ist, bleibt unklar. Möglicherweise darf man sie in dem seit 1239 bekannten Herrenalber Klosterhof wiedererkennen, der 1304 im Besitz eines Ritters von Durmersheim und später zu bäuerlichem Erblehen vergeben war; seit dem frühen 16. Jh. wird der Umfang dieses Kirchfelder oder Malscher Abtserblehnhofs mit rund 30 M Äckern und Wiesen angegeben. Spätestens im 18. Jh. ging auch dieser Hof vom Markgrafen zur Leihe. Darüber hinaus findet auf hiesiger Gemarkung nur noch das Heiligengut der örtlichen Kirche mit knapp 20 M Äckern und Wiesen (1783) Erwähnung.

Gemeinde. – Seit dem späten Mittelalter gehörte Elchesheim mit den Nachbargemeinden Steinmauern und Würmersheim in ein gemeinsames Gericht, was möglicherweise weniger auf herrschaftliche Gemeinsamkeiten als auf die Tatsache zurückzuführen ist, daß alle drei Orte sich periodisch der Rheinfluten erwehren mußten und dabei auf ein einvernehmliches Zusammenwirken angewiesen waren. Einen Bürgerausschuß soll es bereits in der ersten Hälfte des 14. Jh. gegeben haben, ein Bürgermeister ist seit 1579 nachzuweisen; ein Rathaus wurde 1717/18 neu gebaut. 1765 bestand das Gericht aus dem Schultheißen und fünf Richtern.

Kirche und Schule. – Zwar ist ein Pfarrer zu Elchesheim erst 1351 urkundlich zu fassen (die bisher geläufige Datierung ins Jahr 1251 beruht auf einem Irrtum), aber gleichwohl dürfte die hiesige Pfarrei spätestens im 13. Jh. gegründet worden sein. Das Laurentius-Patrozinium der Kirche erscheint erstmals im 16. Jh. Patronatsrecht und Kirchensatz hatten im späten Mittelalter als Teil ihres Weißenburger Lehens die Markgrafen von Baden inne, gelangten jedoch 1453 als Teil des Gründungsguts an das Kollegiatstift Ba-

Kirche und Rathaus in Elchesheim.

den(-Baden) und blieben in dessen Besitz bis zur Säkularisation. Zur Pfarrei gehörte die Filialgemeinde Steinmauern, jedoch hatte die Pfarrpfründe auch Anteil am Zehnt zu Würmersheim (1510). Die alte, außerhalb des Dorfs, d.h. vermutlich an einem älteren, zwischenzeitlich aufgegebenen Siedlungsplatz gelegene Kirche wurde 1781 abgebrochen und durch einen Neubau in der Ortsmitte ersetzt (1781/83).

In den örtlichen Zehnt teilten sich seit dem Ende des Mittelalters je zur Hälfte der Markgraf von Baden und das Stift Baden(-Baden), allerdings war der stiftische Anteil traditionell im Genuß des Ortspfarrers.

Einem Visitationsprotokoll von 1683 zufolge erteilte in Elchesheim ein Schneider während des Winters Schulunterricht in seiner Werkstatt. Erst 1724 wurde ein Lehrer mit entsprechender Vorbildung eingestellt; 1739 erließ der Ortspfarrer eine Schulordnung. Unterrichtsraum war damals das Rathaus; 1777 wurde ein eigenes Schulgebäude errichtet.

Bevölkerung und Wirtschaft. – Aufgrund der Tatsache, daß 1683 in Elchesheim 18 Familien lebten, ist auf eine Gesamteinwohnerzahl von knapp 100 zu schließen. Wie sehr diese geringe Bevölkerung durch die friedlosen Zeitläufte bedingt gewesen sein muß, ergibt sich daraus, daß drei Generationen später rund 270 Menschen hier lebten (1773) und 1789 sogar 350; infolge der Französischen Revolution ist die Zahl bis 1795 vorübergehend auf ca. 285 zurückgefallen, lag aber bereits 1800 wieder über 370.

Im wesentlichen lebten die Elchesheimer in älterer Zeit von den Erträgen ihrer Felder, Wiesen und Gärten, daneben selbstverständlich vom Fischfang. 1788 (1790) wurden 59 (56) Pferde, 136 (121) Rinder und 153 (61) Schweine gehalten. Um 1716 ist eine Ziegelhütte bezeugt, in der zweiten Hälfte des 18. Jh. gab es eine von einem Pferd angetriebene Ölmühle. Seit 1768 bestand ein Schildrecht zum Goldenen Kreuz, seit 1782 außerdem eines zum Lamm; beide wurden um 1790 aufgegeben, stattdessen gab es 1797 ein Wirtshaus zum Grünen Baum.

Illingen

Siedlung und Gemarkung. – Das bis ins späte Mittelalter linksrheinisch gelegene Illingen wird erstmals 960 mit dem Namen *Ulich* erwähnt;[2] seit dem 16. Jh. ist seine Lage auf dem rechten Ufer des Stroms bezeugt. Allein im 16. Jh. wurde das Dorf zweimal und danach noch wiederholt durch Hochwasser zerstört und mußte umgesiedelt werden; erst seit der Mitte des 18. Jh. befindet es sich – planmäßig angelegt – an seinem heutigen Platz. Seit dem Wechsel des Dorfs von der linken auf die rechte Rheinseite bestand eine Fährverbindung zwischen Illingen und Mothern bzw. Lauterburg. Die Schreibweisen des Namens wechselten im Laufe der Zeit mehrfach (1197 *apud Öleche*, um 1460 *Ulich*, 1472 *Jellich*, 1530 *Illich*, 1623 *Ilig*, 1716 *Yhlingen*), bis schließlich im 18. Jh. die Namensform Illingen sich durchsetzte. Eine sprachliche Erklärung des Namens steht noch aus.

Aus dem Illinger Goldkanal, der nach dem Zweiten Weltkrieg zu einem gewaltigen Baggersee erweitert wurde, konnten zahlreiche römer- und alamannenzeitliche Funde geborgen werden, deren räumliche Zuordnung zu dieser oder jener Gemarkung allerdings größere Probleme bereitet. Im einzelnen handelt es sich um einen römischen Leugenstein (269/70 n.Chr.) sowie um allerlei Reste von alamannischen Waffen und Schmuckgegenständen. Möglicherweise steht dieser Fundreichtum auch in Zusammenhang mit einem alten Rheinübergang bei Selz (Saletio).

Herrschaft und Staat. – Bereits zur Zeit seiner ersten Erwähnung gehörte Illingen zum Herrschaftsbereich der Bischöfe von Speyer, und an dieser Zugehörigkeit hat sich bis zur Säkularisation nichts geändert. Ursprünglich dem Oberamt Lauterburg zugeordnet, bildete es seit dem 16.Jh. eine eigene kleine Verwaltungseinheit; im späten 18.Jh. wurde es zum Amt Gernsbach gezogen. 1802/03 fiel Illingen dem Kurfürstentum Baden zu. Da die Quellen von sonstigen Grundbesitzern nichts berichten, ist anzunehmen, daß der Bischof von Speyer nicht allein Landesherr sondern auch einziger bedeutender Grundherr von Illingen war.

Gemeinde. – Kommunale Strukturen sind erst sehr spät und auch dann nur spärlich zu fassen. 1623 treten Schultheiß (1721 Stabhalter), Dorfmeister, Gericht und ganze Gemeinde in Erscheinung, 1758 ein Gerichtsbürgermeister und Gemeinderat.

Kirche und Schule. – Bereits zur Zeit seiner ersten Erwähnung hatte Illingen eine Kirche (*ecclesia*), freilich ohne eigene Pfarrechte; vielmehr war es – weil noch linksrheinisch gelegen – eine Filiale von Mothern. Erst 1733 wurde der Ort nach Elchesheim umgepfarrt. Ob schon früher eine Kaplanei bestanden hat, ist unklar, jedoch war 1563 eine Pfründe vorhanden. Spätere Versuche, eine eigenständige Pfarrei zu schaffen, blieben ohne Erfolg. Kirchenpatron war 1584 der Apostel Matthias. Mit dem Dorf hat der Rhein auch wiederholt dessen Kirche vernichtet; 1713 mußte unter freiem Himmel Gottesdienst gefeiert werden. Der 1771/72 zu Ehren des hl. Johannes Nepomuk errichtete Fachwerkbau mit massivem Chor und Dachreiter wurde 1834 durch einen Neubau ersetzt. – Der große und kleine Zehnt von Illinger Gemarkung stand dem bischöflichen Landesherrn zu; im 18. Jh. wurde er gewöhnlich versteigert. – Schulbetrieb ist seit der ersten Hälfte des 18.Jh. bezeugt.

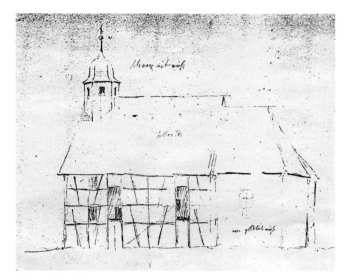

Ehemalige Illinger Kirche, 1825.

Bevölkerung und Wirtschaft. – 1530 zählte man in Illingen 25 Haushaltungen und rund hundert Einwohner. Allerlei Kriegsläufte und durch den Rhein periodisch verursachte Kalamitäten bewirkten danach eine nur verhaltene Bevölkerungszunahme; so hatte der Ort noch um die Mitte des 18.Jh. nicht einmal 200 Einwohner.

Da einer geregelten Landwirtschaft durch den kaum zu bändigenden Rhein stets enge Grenzen gezogen waren, lebte man in Illingen vornehmlich von der Fischerei und gehörte dabei selbstverständlich der Lauterburger Fischerzunft an. Daneben stellte man Faschinen für den allzeit notwendigen Deichbau her und pflegte die Korbflechterei. Auch die Goldwäscherei war ein von alters her betriebener Erwerbszweig. 1713/16 bestand am Ort eine Ziegelhütte, die allerdings wegen speyrisch-badischer Zolldifferenzen nicht rentabel arbeiten konnte und den Betrieb wieder einstellen mußte. 1733 gab es in dem kleinen Dorf nicht weniger als drei Schildrechte, zum Goldenen Anker, zum Grünen Baum und zum Hecht; 1743 waren Hecht und Ochsen in einem Haus zusammengefaßt, das sich später nur noch zum Ochsen nannte.

C. Die Gemeinde vom 19. bis ins 21. Jahrhundert

Bevölkerungsentwicklung. – Die Bevölkerung entwickelte sich im 19. und 20. Jh. in den beiden Ortsteilen unterschiedlich. Während Elchesheim 1825 mit 568 Einwohnern knapp doppelt so groß war wie Illingen (312), lagen 1987 beide Orte mit 1453 bzw. 1301 nahezu gleichauf. In Elchesheim machte sich während des 19. Jh. der Mangel an Arbeitsplätzen in mehreren Ab- und Auswanderungswellen Luft. So sank die dortige Einwohnerzahl allein zwischen 1880 und 1895 um mehr als 10 Prozent von 950 auf 829; erst zu Beginn des 20. Jh. ist wieder ein leichter Anstieg zu verzeichnen. Demgegenüber wuchs die Illinger Bevölkerung infolge eines großen Allmendenutzens und guter Bodenverhältnisse im 19. Jh. beständig (1895 680). In beiden Weltkriegen hatten die Gemeinden zusammen 214 Gefallene zu beklagen. Die Aufnahme von 127 Heimatvertriebenen und Flüchtlingen (Stand 1961) sowie vor allem konjunkturbedingter Zuzug hatten zur Folge, daß in der Nachkriegszeit die Bevölkerung beider Gemeinden kontinuierlich wuchs, wenn auch aufgrund der etwas abseitigen Verkehrslage in geringerem Maße als in den Nachbarorten. 1997 hatte Elchesheim-Illingen 3043 Einwohner, darunter 79 Ausländer (2,6%), 2000 zählte es 3119 Bewohner.

Soziale Gliederung. – Beide Gemeindeteile waren bis ins 20. Jh. in erster Linie vom primären Sektor geprägt. Dies gilt vor allem für Illingen, wo 1895 noch über 80 Prozent der Einwohner ihr Auskommen in der Landwirtschaft und in der Fischerei fanden; 1900 wurden hier insgesamt 21 Auspendler registriert. In Elchesheim gingen seinerzeit 74 Personen einer auswärtigen Beschäftigung nach; um die Wende vom 19. zum 20. Jh. waren bereits 34 Prozent der Bevölkerung in Industrie und Handwerk tätig, die Landwirtschaft machte nur noch 53 Prozent aus. Nach dem Ersten Weltkrieg machte sich der ökonomische Strukturwandel in beiden Gemeinden verstärkt bemerkbar, 1939 ging etwa die Hälfte der Berufstätigen einer Beschäftigung in Industrie und Handwerk nach. In der Zeit nach dem Zweiten Weltkrieg setzte sich das Wachstum des sekundären Sektors auf Kosten des primären fort. Die zu Beginn des 20. Jh. noch zu beobachtenden strukturellen Unterschiede zwischen Elchesheim und Illingen wurden in dieser Zeit völlig nivelliert. 1970 boten Industrie und Handwerk nahezu zwei Dritteln der Erwerbstätigen ein Auskommen, während der Anteil der Landwirtschaft sich auf 5,3 Prozent reduzierte. Demgegenüber fanden immer mehr Menschen

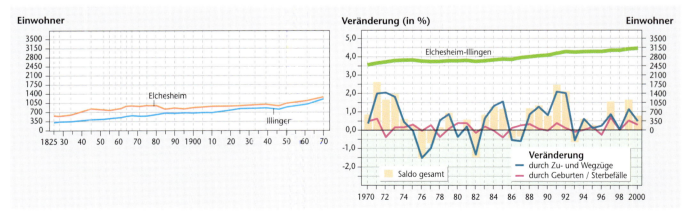

Bevölkerungsentwicklung in Elchesheim-Illingen 1825 bis 2000.

Beschäftigung im Dienstleistungsbereich. Dessen Zunahme von 31,1 (1970) auf 49,7 Prozent (1987) belegt den allgemeinen Strukturwandel und seine Auswirkung auf Elchesheim-Illingen. Der Anteil der Beschäftigten in Industrie und Handwerk sank auf 49,1 Prozent (1987), jener in der Landwirtschaft auf 1,3 Prozent. Noch 1950 spiegelte sich die landwirtschaftliche Prägung Illingens in einem hohen Anteil von Selbständigen und mithelfenden Familienangehörigen (53%); 40 Prozent der Erwerbstätigen waren damals Arbeiter, 7 Prozent Beamte und Angestellte. 1987 hingegen waren 45 Prozent der Erwerbstätigen im Beamten- bzw. Angestelltenverhältnis beschäftigt, 41 Prozent waren Arbeiter und nur 14 Prozent Selbständige und mithelfende Familienangehörige. Ein ähnlicher Wandel war auch in Elchesheim festzustellen, das aber schon 1950 stärker industriell orientiert war. Der damals hohe Anteil der Arbeiter (50%) sank bis 1987 auf 42 Prozent, derjenige der Selbständigen und mithelfenden Familienangehörigen von 43 auf 8 Prozent. Den auch hier vollzogenen Umbau von der Industrie- zur Dienstleistungsgesellschaft unterstreicht die Zunahme der Beamten und Angestellten, deren Anteil von 8 auf 50 Prozent gestiegen ist. Dabei entwickelten sich beide Orte zu Pendlerwohngemeinden. 1987 gingen insgesamt 1160 Personen aus Elchesheim-Illingen (76,8% der Erwerbstätigen; 1970 67,1%) einer auswärtigen Beschäftigung nach, vor allem in Karlsruhe, Durmersheim und Rastatt. Demgegenüber wurden 1987 immerhin 419 Erwerbstätige mit Arbeitsplatz in Elchesheim-Illingen gezählt. Neben den Einheimischen arbeiteten hier 142 Einpendler aus auswärtigen Gemeinden.

Politik und Wahlverhalten. – Anders als Illingen, wo die Bewegung von 1848/49 vergleichsweise wenige Anhänger fand, stellte Elchesheim ein recht großes Rekrutenaufgebot für die Revolutionsarmee. Entsprechend stärker kam hernach auch die Reaktion zum Tragen; in beiden Orten wurden die Gemeinderäte und Bürgermeister abgesetzt, in Elchesheim obendrein mehrere Personen des Landes verwiesen, was eine neuerliche Auswanderungswelle zur Folge hatte. Schließlich konnte die Ortsbereisungskommission 1851 feststellen, Elchesheim sei *eine zwar arme, aber sehr ruhige und friedliche Gemeinde*.[3]

Das Wahlverhalten in Elchesheim und Illingen unterschied sich Ende des 19. Jh. überraschend stark; dabei waren besonders in Illingen extreme Schwankungen festzustellen. Während die nationalliberale Partei 1871 lediglich 9,5, das Zentrum aber 90,5 Prozent der Stimmen erhielt, war das Verhältnis 1881 mit 95,5 bzw. 4,3 Prozent genau umgekehrt. Demgegenüber lagen die Nationalliberalen und das Zentrum in Elchesheim bei jeweils knapp 50 Prozent. Beiden Gemeinden gemeinsam war ein überdurchschnittlich hoher Anteil sozialdemokratischer Stimmen seit 1898 (Illingen 67,3%), durch den die Nationalliberalen in Bedeutungslosigkeit versanken. Das so begründete neue Zweiparteienspektrum aus SPD und Zentrum hatte noch bis zur Wahl der verfassunggebenden Nationalversamm-

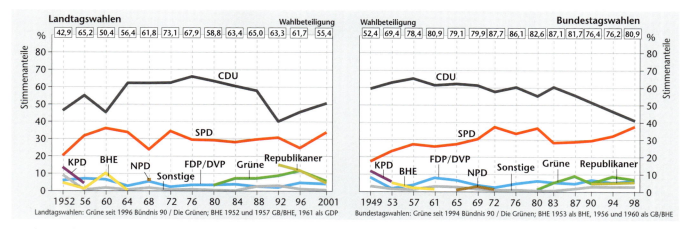

Ergebnisse der Landtags- und Bundestagswahlen in Elchesheim-Illingen.

lung 1919 Bestand, als die Illinger mit 23,1, die Elchesheimer mit 46,6 Prozent das Zentrum bzw. mit 75,1 und 50,3 Prozent die SPD wählten. Das völlig verschiedene Verhalten bei den Reichstagswahlen der beiden Gemeinden setzte sich auch in der Weimarer Republik fort. Eine relativ starke Kontinuität gab es in Elchesheim, wo das Zentrum mit etwa der Hälfte der Stimmen bis 1933 unangefochten stärkste Partei blieb (1928 52,7%, 1933 47,1%). Die SPD hingegen geriet mehr und mehr zur Splitterpartei (1928 10,7%, 1933 3,4%), wovon u.a. die KPD profitierte (1928 27,3%, 1933 20,9%). Vergleichsweise wenige Stimmen erhielten die Nationalsozialisten, die 1933 mit 27,9 Prozent ihr bestes Ergebnis in Elchesheim verbuchen konnten. Bei einer Wahlbeteiligung von jeweils über 50 Prozent lag die Gemeinde knapp unter dem Kreisdurchschnitt. Weitaus heterogener war das Wahlverhalten in Illingen, wo die Wahlbeteiligung im allgemeinen äußerst gering war (1924 27%). Das katholische Milieu war hier frühzeitig aufgebrochen, was sich stark zu Lasten des Zentrums auswirkte, das lediglich 9,3 (1924), 25,9 (1928) bzw. 16,8 Prozent (1933) der Stimmen erreichen konnte. Noch dramatischer waren die Verluste der SPD, deren Anteil innerhalb eines Jahres von 70,6 (1919) auf 5,7 Prozent (1920) fiel; 1933 verbuchten die Sozialdemokraten 8,1 Prozent. Vom Niedergang der SPD und des Zentrums profitierten die Radikalen von links und rechts. Die USPD erreichte 1920 mit 55,2 Prozent ein überragendes Ergebnis, die KPD 1928 mit 44,2 Prozent (1933 24,2%). Sowohl auf Kreis- wie auf Reichsebene bezogen, gewannen die Nationalsozialisten überdurchschnittliche Ergebnisse (Juli 1932 45%, November 1932 37,8%). 1933 erhielt die NSDAP in Illingen 50,8 Prozent der Stimmen.

Nach dem Zweiten Weltkrieg glichen sich die Wähler in Elchesheim und Illingen einander an, Unterschiede liegen allenfalls noch im Bereich von Nuancen. In beiden Orten konnte sich die CDU lange Zeit als stärkste Partei behaupten; bis 1983 erhielt sie um oder über 60 Prozent der Stimmen, 1994 verlor sie erstmals die absolute Mehrheit (46,3%; 1998 46%). Demgegenüber bewegte sich die SPD bis 1994 (31,8%) – von der Willy-Brandt-Wahl 1972 (37,6%) und der 1998er Wahl (37,6%) abgesehen – um die 30-Prozent-Schwelle. Die FDP liegt seit 1949 an der Fünfprozenthürde, an der sie wiederholt scheiterte; seit 1983 hat sie – von 1990 abgesehen – ihre Position als drittstärkste Partei zugunsten der Grünen verloren. Den Republikanern gelang es 1998 erstmals, die Fünfprozenthürde mit 5,2 Prozent zu überspringen.

Land- und Forstwirtschaft. – Die im 19. Jh. durchgeführte Rheinkorrektion und mehrfache Dammerhöhungen ermöglichten erstmals eine Intensivierung der Landwirtschaft; davor hatte der Ackerbau immer wieder unter Hochwassern zu leiden. Dank umfangreicher Ausstockungen im Rheinwald und Entwässerungsmaßnahmen konnte die landwirtschaftliche Betriebsfläche, vor allem in Illingen, das bis dahin ein ausgesprochenes Fischerdorf war, binnen kurzer Zeit stark vermehrt werden. Eine Folge dieses Wandels, der mit der Allodifizierung der großen Höfe und der sukzessiven Umwandlung der Allmende in Privatbesitz einherging, war die Zunahme der bäuerlichen Betriebe. Allerdings hat die Beibehaltung des Realteilungsprinzips die Parzellierung von Grund und Boden weiter verstärkt; in Illingen stieg die Zahl der Betriebe von 111 (1873) auf 161 (1925). Demgegenüber blieb der Bestand in Elchesheim im wesentlichen konstant (1873 209, 1925 205). In beiden Fällen handelte es sich zumeist um bäuerliche Kleinstellen, die im Nebenerwerb bewirtschaftet wurden. Dabei verfügten die Betriebe in Elchesheim zumeist über eine geringere Fläche; 1895 gab es dort einen Großbetrieb, aber auch 127 Stellen (73,8%) mit weniger als 2 ha. In Illingen waren 63,8 Prozent der Stellen Kleinbetriebe mit weniger als 2 ha landwirtschaftlicher Fläche. Die Illinger Bauern profitierten vor allem von der großen Allmende ihrer Gemeinde, die lange Zeit die entscheidende Grundlage ihrer Wirtschaft blieb. Von 214 ha landwirtschaftlich genutzter Fläche waren 1895 72 ha (33,6%) in Allmend-, 42 ha in Pacht- und 100 ha in Eigenbesitz. In Elchesheim hatte die Allmende bei 44 ha (15,9%) eine geringere Bedeutung. In Pacht- und Eigenbesitz waren hier 50 bzw. 183 ha der bewirtschafteten Fläche. Doch in beiden Gemeinden bewirkte der von den umliegenden Industriezentren ausgehende Strukturwandel tiefgreifende Veränderungen in den zahlreichen Kleinbetrieben, die dadurch kaum noch überlebensfähig waren. Ihre Zahl reduzierte sich von insgesamt 315 im Jahr 1949 auf 13 im Jahr 1995. 1997 gab es in Elchesheim-Illingen noch einen Vollerwerbslandwirt, der eine Fläche von rund 135 ha bewirtschaftete. Drastisch sank auch die landwirtschaftlich genutzte Fläche von 552 ha (1949) auf 214 ha im Jahr 1995, wovon 87 ha auf ursprünglich Elchesheimer und 127 auf Illinger Gemarkung entfielen. Das Fischereiwesen, das für beide Gemeinden ursprünglich prägend war, verlor im 19. Jh. zusehends an Bedeutung. 1892 wurden in Illingen lediglich elf Fischer gezählt, die in den folgenden Jahrzehnten verschwanden.

In beiden Orten spielte Mitte des 19.Jh. die Kartoffel die größte Rolle; meist wurde sie im Wechsel mit Getreide, vor allem Winterroggen, Sommergerste und -hafer angebaut; insbesondere in Illingen hatte sie noch lange Zeit eine relativ große Bedeutung als Futtergewächs. Das Getreide diente nicht nur der eigenen Subsistenz, sondern wurde auch nach Rastatt in eine dortige Brauerei verkauft. Einen großen Umfang hatte in beiden Gemeinden der Obstanbau, der sich jedoch kaum rentierte.

Besonders in Illingen nahm die Viehzucht in der zweiten Hälfte des 19.Jh. stark zu, u.a. auf Kosten der Nachbargemeinden. Der relativ große Bürgernutzen ermöglichte es zahlreichen Familien, auch den Inhabern von Kleinbauernstellen, Vieh zu halten. Der Viehbestand hatte sich bis in die 1880er Jahre derart vermehrt (Illingen 1887 279 Rinder, 149 Schweine; Elchesheim 1887 257 Rinder, 190 Schweine), daß der Futterbedarf auf der eigenen Gemarkung gar nicht mehr gedeckt werden konnte. Der Boom der Illinger Viehhaltung setzte sich in der Zwischenkriegszeit fort (1925 377 Rinder, 362 Schweine), doch konnte dieses hohe Niveau nach 1949 nicht mehr gehalten werden. Sowohl in Elchesheim wie in Illingen konzentrierten sich die wenigen verbliebenen Betriebe auf den Anbau von Marktfrüchten, vor allem auf Getreide und Mais. Der Anteil des Wiesen- und Weidelands, der 1949 mehr als die Hälfte betragen hatte, war 1996 mit 8,8 Prozent nur noch eine quantité négligeable. Vor allem im 19.Jh. spielten in Elchesheim zudem Ziegen und Gänse eine größere Rolle; hingegen hatten Pferde in beiden Orten, verglichen mit den Nachbargemeinden, nur eine untergeordnete Bedeutung (1925 34 Pferde in Elchesheim, 21 in Illingen).

Der Waldbestand lag 1905 in Illingen bei 254 ha, Elchesheim hatte nur 93 ha Wald. Anders als in den Nachbargemeinden nahm die Waldfläche auf dem Gemeindegebiet hernach nicht zu, sondern ging bis 1997 auf 308 ha zurück. Der Wald ist vollständig in Gemeindeeigentum.

Handwerk und Industrie. – In beiden Gemeinden gab es lange Zeit nur wenige Gewerbebetriebe. Das Handwerk produzierte in erster Linie für den örtlichen Bedarf. Ende des 19.Jh. gingen viele Illinger Landwirte dazu über, in Heimarbeit Körbe zu flechten. Vor allem im Winter beteiligten sich fast alle Dorfbewohner an dieser Tätigkeit. Andere Handwerksbereiche waren, von wenigen Schneidern abgesehen, in Illingen kaum vertreten. Alle 20 Haupt- und 24 Nebenbetriebe, die 1895 bestanden, waren Kleinbetriebe in permanenter Existenznot. Ganz anders in Elchesheim. Zwar gab es auch dort einige kleine Korbflechter- und Schneiderbetriebe, aber die Dampfziegelei Altenbach beschäftigte in den 1890er Jahren mehr als 70 Personen und war mithin ein wichtiger Arbeitgeber. Andererseits stellte sie für die Gemarkung eine enorme Belastung dar, indem sie den Ackerboden ruinierte und der Landwirtschaft entzog. Nicht zuletzt auf Druck der Gemeinde mußte daher der Abbau von Rohmaterial in den 1920er Jahren eingestellt werden. Doch nicht allein dieser Großbetrieb, auch zahlreiche handwerkliche Kleinbetriebe gingen im Laufe des 20. Jh. ein. Statt der 1939 in beiden Orten gezählten 48 Unternehmen existierten 1977 nur noch 33 mit insgesamt 175 Beschäftigten; 1995 beschäftigte die gleiche Zahl an Handwerksbetrieben 272 Personen. Das Hauptgewicht lag dabei auf elf Betrieben des Baugewerbes (111 Beschäftigte) sowie auf zehn des Metallgewerbes (60 Beschäftigte). Eine gewisse Rolle spielte außerdem das Holzgewerbe mit insgesamt sechs Unternehmen und 23 Beschäftigten.

Handel und Dienstleistungen. – Sowohl in Elchesheim wie in Illingen hatte der Handel im 19.Jh. keine Bedeutung. Nur wenige Güter wurden über Bedarf produziert und andernorts feilgeboten. Darunter sind in erster Linie die Waren der Illinger Korbflechter zu nennen, die – von örtlichen Geschäftsleuten – vor allem in Rastatt, Bühl und Lauterburg verkauft wurden. Entsprechend gering war die Zahl der Erwerbstätigen aus dem tertiären Sektor, 1895 in Elchesheim 17 Personen, in Illingen 13. Doch wie anderwärts nahm die Bedeutung des Handels- und Dienstleistungsbereichs im Laufe des 20.Jh., vor allem seit 1945, auch hier stark zu; 1961 machte er bereits ein Viertel der nichtlandwirtschaftlichen Arbeitsstätten aus. Diese Zahl wuchs in den folgenden Jahren um ein Vielfaches; 1987 waren 76 Arbeitsstätten (69%) mit insgesamt 231 Beschäftigten (46,9%) dem tertiären Sektor zuzurechnen. Der größte Teil (28 Arbeitsstätten mit 70 Beschäftigten) entfiel auf den Einzelhandel. 1997 waren zwei Kreditinstitute am Ort, eine Zweigstelle der Raiffeisenbank Südhardt eG sowie die Sparkasse Rastatt-Gernsbach (bis 1979 Sparkasse Rastatt).

Verkehr. – Sowohl Elchesheim wie Illingen liegen abseits größerer Verkehrswege. Die mehrere Kilometer entfernte B36 ist nur über Bietigheim oder Würmersheim zu erreichen. Besonders in Illingen hat sich die ungünstige Lage lange Zeit strukturbewahrend zugunsten der Landwirt-

C. Die Gemeinde vom 19. bis ins 21. Jahrhundert

Neues Rathaus in Elchesheim-Illingen.

schaft ausgewirkt. Hingegen hat die relative Nähe zu Rastatt und Durmersheim schon früher einen Strukturwandel hin zum sekundären Sektor ermöglicht. Der Ende des 19. Jh. erhoffte Anschluß Elchesheims an eine Lokalbahn von Mörsch nach Rastatt kam nicht zustande. So war und blieb der nächste Zugang zur Eisenbahn in Bietigheim. Heute ist die Gemeinde durch eine Omnibuslinie mit den umliegenden Dörfern sowie Rastatt und Karlsruhe verbunden.

Gemeinde und Gemarkung. – Bestrebungen, die beiden unmittelbar beieinander gelegenen Orte in einer Gemeinde zu vereinigen gab es seit dem Anfang des 20. Jh., vor allem in der Zeit des Nationalsozialismus. Noch 1969 scheiterte die Vereinigung am Widerstand der Elchesheimer, wurde aber 1971 doch beschlossen und trat mit dem 1. Januar 1973 in Kraft. An der Spitze beider Gemeinden standen 1851 neben den Bürgermeistern je drei Gemeinderäte. Gegen Ende des 19. Jh. waren es bereits je sechs, d.h. gemessen an der Bevölkerung eine recht hohe Zahl. Der Elchesheim-Illinger Gemeinderat bestand 1997 aus 14 gewählten Vertretern, von denen sechs der CDU und je vier der SPD bzw. der FWG angehörten.

Illingen hatte 1905 eine Gemarkungsfläche von 546 ha, das bevölkerungsstärkere Elchesheim hingegen nur 471 ha. Das Bemühen Illingens, nach dem Ersten Weltkrieg die umfangreichen rechtsrheinischen Gebiete der elsässischen Gemeinde Mothern zu erwerben, sind 1925 am deutsch-französischen Grenzvertrag gescheitert. 1997 wurde das Elchesheim-Illinger Gemeindegebiet mit 1014 ha gemessen. Die Waldfläche war seit dem Beginn des 20. Jh. insgesamt, vor allem aber in Illingen zurückgegangen und belief sich nur noch auf 308 ha. Ihr standen 453 ha landwirtschaftlicher Nutzfläche und 113 ha Siedlungsfläche gegenüber. Von der gesamten Gemarkungsfläche standen 1997 353,3 ha im Eigentum der Gemeinde.

Versorgung und Entsorgung. – Die Wasserversorgung wurde im 19. Jh. in beiden Orten mit Hilfe von Ziehbrunnen bestritten. Dabei klagten insbesondere die Elchesheimer immer wieder über eine zu geringe Zahl an örtlichen Brunnen, 1856 waren es nicht mehr als drei. Für Entlastung sorgten schließlich die Schlagbrunnen mit Pumpen, die um die Jahrhundertwende fast bei jedem Haus eingerichtet wurden. Angesichts dieser Errungenschaft verneinten die Illinger 1907 sogar den Bedarf einer eigenen Wasserleitung. Die moderne Wasserversorgung wurde Ende der 1960er Jahre fertiggestellt. Sie wird gespeist von dem auf Elchesheimer Gemarkung gelegenen Wasserwerk Rheinwald der Stadtwerke Karlsruhe. Zu Beginn des 20. Jh. hat mit der Einführung einer elektrischen Straßenbeleuchtung die Elektrifizierung beider Orte begonnen. Stromversorger war

1997 für alle Haushalte das Badenwerk. Seit 1992 beliefert das Unternehmen etwa 40 Prozent der örtlichen Anwesen auch mit Gas.

Um die Abwasserentsorgung war es im 19. Jh. sehr schlecht bestellt. In Illingen blieben gepflasterte Abzugsrinnen aus finanziellen Gründen lange Zeit die Ausnahme. Besser war die Situation in Elchesheim, wo die Ortsbereisungskommission sich Mitte des 19. Jh. über die Ortsreinlichkeit zufrieden äußerte. An die im 20. Jh. gebaute Kanalisation waren 1997 mit Ausnahme von vier Anwesen alle Ortsteile angeschlossen. Gemeinsam mit Au am Rhein, Bietigheim und Durmersheim bildet die Gemeinde einen Abwasserverband, dessen Kläranlage auf Auer Gemarkung liegt.

Arme, Hilfsbedürftige und Kranke konnten im ehedem speyrischen Illingen bis ins 20. Jh. mit Zuschüssen vom Bruchsaler Landkapitalfonds rechnen. Als Armenhaus fungierte hier seit den 1880er Jahren das alte Rathaus. Elchesheim hingegen hatte ein eigenes Armenhaus; hier bemühte sich die Gemeinde zu Beginn des 20. Jh. auch um die Ansiedlung einer Schwesternstation und um die Eröffnung einer Kleinkinderschule, aber beides scheiterte aus finanziellen Gründen. Die medizinische Versorgung beider Orte nahmen Ärzte aus Durmersheim war, die regelmäßig Sprechstunden auf den Dörfern abhielten. 1997 gab es in Elchesheim-Illingen einen Allgemeinarzt und einen Zahnarzt sowie eine Apotheke. Den Krankenpflegedienst besorgt die Sozialstation Durmersheim des Rastatter Caritasverbands. Der Kindergarten wurde 1972/73 gebaut, sein Träger ist die katholische Pfarrgemeinde Elchesheim-Illingen.

Bald nach dem kommunalen Zusammenschluß wurden 1974 auch die beiden Freiwilligen Feuerwehren zusammengelegt. Es handelte sich dabei um vergleichsweise junge Gründungen, in Elchesheim von 1938, in Illingen von 1949. 1997 formierten 28 Aktive einen Löschzug.

Kirchen und Religionsgemeinschaften. – Beide Ortsteile waren bis weit ins 20. Jh. rein katholisch; noch 1925 gab es gerade einmal zehn Protestanten in Elchesheim und acht in Illingen. Nach 1945 änderte sich dieses durch die Aufnahme von Flüchtlingen und Heimatvertriebenen. Der Anteil der Protestanten stieg bis 1961 auf 5,6 Prozent (121 Personen), wobei sich die Mehrzahl in Illingen niederließ. 1987 lebten in Elchesheim-Illingen 2293 Katholiken (83,1%) und 324 Protestanten (11,7%); 137 Andersgläubige und Konfessionslose hatten mit 5,2 Prozent nur eine marginale Bedeutung.

Turm der Heilig-Geist-Kirche in Elchesheim-Illingen.

Von einer kurzen Phase der Selbständigkeit zwischen 1793 und 1803 abgesehen, war die katholische Gemeinde von Illingen bis 1973 Filiale der Pfarrei Elchesheim. 1973 fand die Zusammenlegung der politischen Gemeinden in der Gründung der Hl. Geist-Pfarrei Elchesheim-Illingen mit neuem Gotteshaus ihre kirchliche Entsprechung (Dekanat Murgtal). Die wenigen Protestanten an beiden Orten waren zunächst nach Rastatt, seit 1866 nach Durmersheim gepfarrt. Seit 1964 waren sie Kirchliche Nebenorte, 1983 wurden sie zu einem kirchlichen Nebenort der Kirchengemeinde Durmersheim vereinigt.

Schulen, Bildung und Kultur. – Mitte des 19. Jh. zeigte sich die Ortsbereisungskommission über den Zustand der Schule und des Schulunterrichts in Elchesheim sehr zufrieden. Das Schul- und Rathaus war eben neu erbaut worden, es bot geräumige Schulzimmer und entsprechende Lehrerwohnungen. Ein Haupt- und ein Unterlehrer unterrichteten 1851 zusammen 180 Schüler. Bis Ende des 19. Jh. erhöhte sich die Schülerzahl nur geringfügig, 1904 besuchten 198 Kinder den Unterricht von zwei Hauptlehrern. Weitaus schlechter waren demgegenüber die Schulverhältnisse in Illingen. In einem kleinen, engen Gebäude unterrichteten hier ein Lehrer und seine Frau als Industrielehrerin insgesamt 73 Schüler. Die ständigen Klagen über die beengten Verhältnisse fanden erst in den 1880er Jahren ein Ende, als ein neu erbautes Schulhaus bezogen werden konnte. Nachdem Ende des 19. Jh. die Schülerzahl beständig über hundert lag, wurde der Gemeinde eine zusätzliche Unterlehrerstelle bewilligt. Nach dem Zweiten Weltkrieg wurden in Elchesheim 1956, in Illingen 1966 neue Schulgebäude errichtet. Beide dienten zuletzt der Grund- und Hauptschule mit integrierter Werkrealschule als Unterkunft. Weitere Bildungsangebote bieten die Volkshochschule des Landkreises Rastatt sowie kirchliche Bildungswerke, die in Elchesheim-Illingen verschiedene Kurse abhalten. Bis Ende 1997 boten die Fahrbücherei des Landkreises und die katholische Pfarrbücherei jeweils in festem Turnus die Möglichkeit zur Buchentleihe. Seit 1998 existiert im Ort eine öffentliche Bücherei, die gemeinsam von der katholischen Kirchengemeinde und der politischen Gemeinde getragen wird. Kulturelle Veranstaltungen wie kleinere Konzerte oder Ausstellungen finden regelmäßig in den beiden profanierten Kirchen der Teilgemeinden statt.

Sport- und Freizeitstätten, Vereine. – Infolge des Zusammenschlusses zu einer Gemeinde stehen in Elchesheim-Illingen umfangreiche Sportanlagen zur Verfügung. Neben zwei Fußballrasenplätzen und zwei Fußballhartplätzen gibt es einen Bolzplatz, eine Schießanlage, eine Schulsportanlage mit Turnhalle sowie acht Tennisplätze.

Auch die für knapp 3 000 Einwohner recht hohe Zahl von zwei Dutzend Vereinen ist letztlich auf den Zusammenschluß zweier ehedem selbständiger Gemeinden zurückzuführen. In Elchesheim wurde der älteste Verein, der Männergesangverein »Eintracht« bereits 1875 gegründet, das Illinger Pendant »Rheinlust« geht auf das Jahr 1903 zurück. Damals ist zum Mißfallen der Obrigkeit in Elchesheim noch ein weiterer Musikverein namens »Fidelio« entstanden, von dem es in den Ortsbereisungsakten heißt, *bedauerlich ist es, daß man nicht in der Lage ist, gegen solche durchaus überflüssige Vereinigungen junger Burschen polizeilich vorzugehen,*[4] der aber schließlich nicht lang existierte. Neben den erwähnten Gesangvereinen bestanden am En-

Gemeindezentrum Heilig-Geist in Elchesheim-Illingen.

de des 20.Jh. noch vier weitere Vereine, die sich der Musik widmeten. Der andere Schwerpunkt des örtlichen Vereinslebens liegt auf dem Gebiet des Sports. Neben den Fußballclubs beider Ortsteile – jeweils 1929 gegründet – existieren fünf weitere Sportvereine, darunter ein Schützenclub (1929), ein Tennisverein sowie ein Paddel- und ein Angelverein. Unter den sonstigen Vereinen haben vor allem der DRK-Ortsverein, die katholische Frauengemeinschaft und der VdK-Ortsverband größere Bedeutung.

Strukturbild. – Die unterschiedlichen Entwicklungen, die Elchesheim und Illingen im Laufe des 19.Jh. durchlaufen haben, sind heute kaum noch erkennbar. Bis in die 1860er Jahre war das entlegene Illingen ein Fischerdorf. Die Rheinregulierung und die so ermöglichte Flächenentwässerung schufen dann erstmals dem primären Sektor eine Grundlage. Günstige Rahmenbedingungen (große Allmende) bescherten der zuvor überwiegend armen Bevölkerung einen bescheidenen Wohlstand. Das war die Voraussetzung für ein überproportionales Bevölkerungswachstum, das einherging mit einer vergleichsweise strukturkonservativen Mentalität, die noch lange Zeit auf die Landwirtschaft fixiert blieb. Demgegenüber wurden in Elchesheim, das schon viel länger am primären Sektor orientiert war, frühzeitig die Merkmale des Industriezeitalters erkennbar. Die ortsansässige Fabrik war dafür ebenso ein Zeichen wie die hohe Zahl von Auspendlern nach umliegenden Industriezentren. Da die Landwirtschaft einerseits und der sekundäre Sektor andererseits einem beträchtlichen Teil der Bevölkerung kein Einkommen bieten konnten, suchten viele ihr Heil in der Auswanderung, was in der zweiten Hälfte des 19.Jh. in Elchesheim einen großen Aderlaß zur Folge hatte. Mit seiner frühen Ausrichtung auf die industrielle Welt hatte Elchesheim gegenüber Illingen, das nur langsam nachzog, lange Zeit eine Vorreiterrolle. Doch spätestens nach dem Zweiten Weltkrieg hatte sich der Wandel auch dort durchgesetzt. Beide Gemeinden fügen sich seither nahtlos in die Reihe der Pendlerwohngemeinden ein. Der Zusammenschluß zur Gemeinde Elchesheim-Illingen erscheint schon insofern ganz folgerichtig, als beide Orte lange davor zusammengewachsen waren. Die von der Vereinigung ausgehenden Synergieeffekte wirken sich positiv aus, u.a. in einem vergleichweise großen kulturellen Angebot. Dem hinkt freilich die wirtschaftliche Infrastruktur – vor allem in Bezug auf die Einkaufsmöglichkeiten – hinterher. Nicht zuletzt bleibt die Verkehrsanbindung der Gemeinde verbesserungsbedürftig.

Bischof, Heinz: Heimatbuch Elchesheim-Illingen 960–1980. Elchesheim-Illingen 1979. – Bauer, Alfred: geschichtliche Entwicklung, Besitz- und Betriebsverhältnisse der Landgemeinden Au am Rhein, Elchesheim und Illingen im Amtsbezirk Rastatt. Mannheim 1933. – Farrenkopf, Irmtraud: Arbeit am Rhein. Le travail sur les bords du Rhin. Elchesheim-Illingen 1995.

[1] MGH D H IV Nr. 474.
[2] Remling, Urkundenbuch Bischöfe zu Speyer 1 Nr. 14.
[3] GLA 371 Zug. 1911–118 Nr. 201 (1851).
[4] GLA 371 Zug. 1911–118 Nr. 201 (1904).

Forbach

13 182 ha Gemeindegebiet, 5 633 Einwohner (31. 12. 2000)

Wappen: In Silber (Weiß) eine schrägliegende blaue Axt mit schwarzem Stiel, oben und unten begleitet von je einer blaubesamten roten Rose mit grünen Kelchblättern. – Flagge: Schwarz-Weiß-Grün (Schwarz-Silber-Grün).

A. Naturraum und Siedlung

Natürliche Grundlagen. – Der Nordschwarzwald gliedert sich in das Gebäude des Südwestdeutschen Schichtstufenlandes ein. Dieses wird überwiegend von den nach Südosten einfallenden triassischen Gesteinen Buntsandstein, Muschelkalk und Keuper aufgebaut. Erst in der Schwäbischen Alb folgen Schichten der Liaszeit. Durch rückschreitende Erosion wurden die obersten der schräggestellten Schichten abgetragen und der Buntsandstein mit seiner Unterteilung Oberer-, Mittlerer- und Unterer Buntsandstein freigelegt. Die fluviatile Zertalung des den Nordschwarzwald bzw. Grindenschwarzwald beherrschenden Murgsystems hat dann den Grundgebirgssockel aus Forbachgranit von den sedimentären Deckschichten befreit.

Ausgangslage dieser Entwicklung war die nachhaltige Eintiefung des Oberrheingrabens seit dem Oligozän, als dessen östliche Grabenschulter der Schwarzwald unterschiedlich hoch gehoben und durch geologische Sättel und Mulden quer dazu strukturiert wurde. Aus dieser geologisch-tektonischen Vorprägung des hauptsächlich die Gemarkung von Forbach prägenden Grindenschwarzwalds ergibt sich der von Westen wie Osten fluviatil zerschnittene Rest der Buntsandsteindecke rechts der Murg und der wesentlich geschlossenere östliche Bereich, der in den höchsten Erhebungen des Schrambergs (920 m NN) auf Gemarkung Forbach und südöstlich Römerfeld und Hohmüsse (um 890 m NN), unmittelbar an der Gemarkungsgrenze, noch Reste des Oberen Buntsandsteins trägt. Weiter südlich ist der Obere Buntsandstein noch weitflächig anstehend und flächenbildend. Gleichzeitig ergeben sich aus der Vorprägung des Gebirgsstocks meist langgezogene Bergstrukturen mit strukturell bedingten Flächen an der Grenze zwischen erodierten und noch anstehenden Buntsandsteinschichten. Dadurch werden, hervorgerufen durch die unterschiedliche morphologische Härte des Gesteins sowie durch zwischengeschaltete kleinere Bänke verkieselten Materials, Stufen herauspräpariert. Deren lobenförmiger Verlauf, besonders an der Grenze zwischen Deckschicht und Grundgebirge bildet den steilen und markanten Anstieg auf die Buntsandsteinhöhen der Grinden, der durch Sporne meist aus Unterem Buntsandstein reich gegliedert ist. In allen Fällen, in denen nicht die reine Flußarbeit zur Auflösung der Stufenkante führt, sind denudative wie gravitative Prozesse für die Unterscheidung der Stufe verantwortlich und auslösende Faktoren der Stufengestaltung und -rückverlegung, so daß es zur Haldenbildung mit unterschiedlich großem und kantigem Gesteinsmaterial kommt. Gleichzeitig sind erosionsbedingte Auflösungserscheinungen entlang Gesteinsklüften die Ursache der blockartigen Zerkleinerung des Gesteins. Zunächst bilden im Idealfall Gesteinsblöcke, die wie Matratzen übereinander aufgeschichtet sind, nadelförmige Felsburgen (Eulenfelsen). Deren Endstadium führt ebenfalls zu Blockhalden bzw. Felsenmeeren, wenn die Verwitterungsmatrix, in denen die Blöcke den Hang hinuntergleiten, ausgespült ist. Die Blöcke, die bis zu mehrere Kubikmeter Masse besitzen können, sind dann nicht mehr scharfkantig, sondern stark kantengerundet, ineinander verkeilt oder entsprechend dem Gefälle hangabwärts eingeregelt. Es ergibt sich die genetische Abfolge: Auflösung (Wollsackverwitterung) des anstehenden Gesteins in Blöcke unter der Oberfläche seit dem Tertiär; hangabwärtsgerichteter Transport in periglazialen Wanderschuttdecken, besonders nach der Würmeiszeit; und schließlich Freilegung der Blöcke durch Wassereinwirkung im Holozän. Beispiele sind die Halden und Felsenmeere am Wulzenberg, östlich des Wachsbergs, um den Latschigfelsen, am Eulstein und Hornfelsen und am Sanberg.

Einen wichtigen Fragenkomplex bildet die schon seit vielen Jahren geführte Diskussion um die glaziale Überformung des Nordschwarzwalds. Der für den Südschwarzwald zweifelsfrei nachgewiesene Formenschatz ist im Nordschwarzwald nur an punktuell auftretenden Formen, insbesondere den Karen, vertreten. Moränenzüge sind nur in wenigen Ausnahmen und nur in sehr bescheidenem Umfang nachweisbar. Glaziale Überformung geht in der Regel immer von einer tiefgreifenden und mehr zu schroffen Formen neigenden Landschaftsgestalt aus. Diese fehlt im Nordschwarzwald. Dementsprechend muß man davon ausgehen, daß keinesfalls eine geschlossene Eisdecke vorgelegen hat. Vielmehr waren die Vergletscherungserscheinungen auf lokal begrenzte Areale beschränkt und bestanden mehr aus Firn als aus Eis. Dennoch entstanden im Zuge der Vereisung, besonders des Hochstands der letzten Eiszeit, der Würmeiszeit, reine Glazialformen, bzw. Formen an der Firngrenze, die dann mehr Nivationswannen gleichen. Beide Formen entstanden dort, wo die topographische Lage nahe der Untergrenze der Schneegrenze und die Exposition Voraussetzungen schufen, die dem Erhalt und der Bildung von Eiskörpern entgegenkamen. Die Struktur des Buntsandsteins, eingeschlossene tonige Bänder, meist auch des Eck'schen Konglomerats, waren fördernde Faktoren der Karbildung. Solche Grundlagen liegen immer dann vor, wenn sich in Hohlformen, wie z.B. Quellnischen, Eis über lange Zeit hält und die Exposition etwa nach Norden bis Nordosten ausgerichtet ist. So ist es nicht verwunderlich, daß gerade im Buntsandstein des Nordschwarzwalds eine Häufung von Karen festzustellen ist. Allein im Murgeinzugsgebiet und am Oberlauf von Enz und Nagold sind mehr als 130 Kare nachweisbar. Ihr Aussehen ist lehnsesselförmig, so daß die kreisrunde, steile Hinterwand, also das ehemalige Nährgebiet des dort beginnenden kleinen Kargletschers, noch heute den Charakter der Hohlform prägt und amphitheaterförmig den Abschluß bildet. Der Boden der Hohlform wird oft von einem See eingenommen, dessen Wasserstau durch einen Wall, den Karriegel hervorgerufen wird. Dieser besteht aus nur auf kurze Distanz transportiertem Erosionsmaterial der Karwand, die ebenfalls durch Frostsprengung und den Eiskontakt zurückverlegt wurde. Die Karseen neigen zur Vermoorung und Verlandung, einige davon sind bereits gänzlich verlandet und trockengefallen.

Kare auf Gemarkung Forbach

Name	Lage in m NN	Exposition	Bemerkungen
Eierkuchenberg	780	NNW	
Blindsee (Blinder See)	820	ONO	ehemaliger See
Streitmannskopf	830	NNO	
Herrenwieser See	830	ONO	Kar mit heutigem See im Bausandstein, Karwand 170 m hoch
Seegrund	910	NNO	
Schwarzenberg	820	O	
Dreikohlplatte	890	NNW	
Teufelskamm	890	OSO	
Seeberg	910	OSO	
Nägeliskopf	880	SO	
Kessel	890	OSO	
Diebau	800	OSO	
Blindsee	880	OSO	
Schurmsee	794	O	Kar mit heutigem See im Bausandstein, Karwand 160 m hoch
Hirschlach	810	ONO	

Die Gewässernetz der Gemarkung Forbach zeigt neben einigen Seen ein reiches Bild von unterschiedlichen Fließgewässern. Diese fließen entsprechend dem Einfallen der Gesteinsschichten linksseitig, also westlich, der Murg resequent (mit dem Einfallen der Gesteinsschichten), rechtsseitig, also östlich der Murg, obsequent (entgegen dem Einfallen der Gesteinsschichten) der Murg zu. Die Murg als Vorfluter verläuft subsequent (rechtwinklig zum Einfallen der Gesteinsschichten) in nördlicher Richtung im Hauptteil des Gernsbach-Schönmünzacher-Durchbruchtals.

Hier hat sich der Fluß auf etwa 15 km Länge schluchtartig in den Forbachgranit des Schwäbischen Sattels eingetieft. Die erhebliche Erosionsleistung der Murg wird bei einer Gegenüberstellung der Talabmessungen deutlich. Lie-

A. Naturraum und Siedlung

Murgtal bei Forbach von Südosten.

gen die oberen Talränder ca. 2 bis 3, maximal 5 km auseinander, so ist der kaum ausgebildete Talboden im Kernbereich mit nicht mehr als 300 m Breite anzusetzen. Eigentlicher Talboden, der eventuell auch zur Anlage von Siedlungen geeignet ist, wurde nur auf den Schwemmkegeln der Nebenbäche oder wenig höher gelegenen Terrassenflächen ausgebildet. Im gesamten Talabschnitt der Murg auf Forbacher Gemarkung sind nur sehr kleine Terrassen entstanden bzw. als Restflächen erhalten. Sie liegen in der Regel als Niederterrasse 25 bis 35 m und als Hochterrasse 85 m über der heutigen Talsohle.

Folgende Flächen können zweifelsfrei als Terrassenflächen angesprochen werden:
– eine Hochterrasse, südlich von Forbach, nördlich der Mariahilfkapelle, 372 m NN, 85 m über dem holozänen Murgbett;
– ein Niederterrassenrest gegenüber der Hesselbachmündung und auf der Heppenau, 345 m NN, 30 m über dem Murgbett;
– verschiedene Niederterrassenreste ober- und unterhalb Gausbach, 315 und 305 m NN;
– ein Niederterrassenrest gegenüber der Tennetschlucht sowie bei der Fabrik Wolfsheck, 300 m NN;
– sowie mehrere kleinere Niederterrassenreste um Forbach, am Kirchberg, südlich und nördlich des Bahnhofs Forbach.

Weitere Flächen, die als Terrassenflächen anzusprechen, aber nicht durch entsprechende Sedimentablagerungen zweifelsfrei als solche belegt werden können, finden sich in Höhen von 85 bis 200 m über der Murg zwischen dem Altenbach und dem Sersbach westlich von Forbach. Die Terrassenreste sind aus gut gerolltem Grundgebirgsmaterial aufgebaut und enthalten in der Regel auch Beimengungen von Buntsandsteinmaterial.

Für die enorme Tiefenerosionsleistung der Murg noch in jüngerer geologischer Vergangenheit sprechen auch die mehrere Meter hohen Gefällstufen, mit denen die größeren Nebenbäche, wie z.B. Rau- und Schönmünzach, in die Murg einmünden. Das heißt, daß die Nebenbäche in ihrer (Tiefen-) Erosionsleitung zuletzt nicht mit der Murg standhalten und nur verzögert auf deren verstärkt fortschreitende Tiefenerosion reagieren konnten. Alle dort ausgebildeten Stromschnellen und Wasserfälle wurden im 18. bzw. 19. Jh. im Zuge der Floßbarmachung und der Energiegewinnung des Nordschwarzwälder Gewässernetzes beseitigt. Dennoch lassen die erhöhten Gefällwerte im Unterlauf der Bäche noch die angesprochenen Verhältnisse erah-

Murgschlucht am Brettfelsen südlich von Forbach.

nen. Das gesamte, aus den Einzugsgebieten der Nebenbäche erodierte Material, wurde zunächst auf Schwemmkegeln abgelagert und bei entsprechenden Abflußereignissen von der Murg weitertransportiert. Dieses Material bildet die fluviatilen Ablagerungen im Taltrichter von Kuppenheim und Rotenfels sowie die Sand- und Kiesbänke der Murg unterhalb des Durchbruchtals. Unterhalb der Mündung des Rendelbachs bis zum Ausgang des Durchbruchtals liegen mächtige Blöcke (Langenbrander Frösche) aus Granit im Flußbett der Murg, die aufgrund ihrer Größe nicht weiter transportiert werden konnten und weiterhin

A. Naturraum und Siedlung

der fluviatilen Überarbeitung unterliegen. Ihre Herkunft mag aus aufgelösten Felsriegeln oder aus aufgelösten Hangelementen, z.B. den vorhandenen Blockmeeren, herrühren.

Hydrologisch gesehen, gehört das Abflußregime der Murg dem pluvio-nivalen Typus an. Das bedeutet die Abhängigkeit der über das Jahr verteilten Abflußereignisse, insbesondere der Extremwerte, von Schneeschmelze und Regenereignissen und damit einhergehenden erhöhten Abflußspenden im beginnenden Frühjahr. Da hier auch die größte Varianz in den Abflußkoeffizienten in den Monaten Februar und April nachgewiesen werden kann, wird die Abhängigkeit der Abflußereignisse von Schneehöhe, Beginn der Schneeschmelze oder dem Zusammentreffen von Schneeschmelze und Warm- sowie Regenfronten aus Südsüdwest dokumentiert. Gleichzeitig sind die Monate August und September die Monate mit den geringsten Schwankungen der mittleren Abflüsse. Als tatsächliche Werte der Murg am Pegel Forbach für den Beobachtungszeitraum von 1924 bis 1978 wurden für den niedrigsten Abfluß $1{,}17\,m^3/s$ im August und für den höchsten gemessenen Abflußwert $435{,}0\,m^3/s$ im Dezember verzeichnet. Dabei gelten für den Pegel Forbach als mittlerer Abfluß $8{,}81\,m^3/s$ (Durchschnitt $8{,}83\,m^3/s$), als niedrigster Abfluß $1{,}17\,m^3/s$ (Durchschnitt $1{,}56\,m^3/s$) und $435{,}0\,m^3/s$ als höchster Abfluß (Durchschnitt $272{,}5\,m^3/s$).

Als größere Nebenbäche fließen der Alte Mühlbach, das Grundbächle, der Husselbach, der Kauersbach, der Sasbach mit Brittelbach, der Zwerchgraben und Eberbach, der Schrambach, der Hesselbach mit Sauerbrunnenbächle, das Zug- und Spielbächle, der Kaltenbach mit Schlangenbrünnele und der Rendelbach rechtsseitig der Murg zu. Auf der linken Seite münden der Altenbach, der Sersbach mit dem Scheerbach, der Wied-, Franken- und Holderbach, die Raumünzach mit Schindelbrunnen, Hundsbach und Greßbach, die Biberach, der Schwarzenbach mit Seebach, Garten- und Tobelbach, der Rauhornbach mit dem Hornbach und die Schönmünzach mit Vorderem und Hinterem Seebach. Auch die Werte der Nebenbäche verdeutlichen in ihrem Abflußverhalten den Zusammenhang mit den klimatischen Gegebenheiten, lassen aber erkennen, daß nur der gleichzeitige und hohe Abfluß aus dem gesamten Einzugsgebiet den Anstieg und das enorme Gefährdungspotential des Murghochwassers bedingt. Liegt das Verhältnis von niedrigstem zu höchstem Abfluß bei Seebach und Schwarzenbach bei 1:22 bzw. 1:25, so liegt es bei der Murg am Pegel Forbach immerhin bei 1:372.

Der Vergleich der Gewässerläufe rechts und links der Murg zeigt die unterschiedlich ausgeprägte fluviatile Auflösung und Zertalung der Deckschichten aus Buntsandstein sowie das Freilegen des Granits bei gleicher klimatischer wie geologischer Ausstattung jedoch unterschiedlichem

Murgbrücke in Forbach bei Hochwasser, Frühjahr 1990.

Einfall der Deckschichten. Die Westseite des Gewässernetzes konnte aufgrund der leichteren Erodierbarkeit des gleichsinnig einfallenden Buntsandsteins in gleicher Zeit ein wesentlich verästelteres Netz von Wasserläufen ausbilden. Es entsteht das Bild eines älteren und gereifteren Flußsystems. Jedoch gilt zu beachten, daß die rechten Murgzuflüsse wesentlich agressivere Erosionsarbeit gegen das Einfallen der Deckschichten zu leisten hatten als die Zuflüsse auf der rechten Murgseite.

Gemeinsam ist beiden Gruppen von Zuflüssen das im oberen Laufabschnitt vorhandene starke Gefälle von oft über 100 Promille und der signifikante Knick im Gefällverlauf auf unter 30 Promille im Mittellauf, ohne daß ein Gesteinswechsel als Ursache angesehen werden kann. Hier spiegelt sich der Unterschied der Reliefenergie, die der Flußarbeit z. B. beim Sasbach mit 525 m auf etwa 4 km Länge entgegensteht oder die bei der Raumünzach 571 m auf rund 14 km ausmacht. Weiter haben die meisten Bäche einen durch entsprechende Sedimentverbreitung (Sande und grobe Kiese) nachgewiesenen Talboden ausgebildet, der zum Teil auch mit großen Gesteinsbrocken durchsetzt wird. Überall dort, wo die typischen Sedimente fehlen, steht im Verlauf der Gewässer reiner Fels an. Oft sind die Bäche durch aufragende Felsformationen, wie z.B. am Südwesthang des Kauersbachbergs, auch daran gehindert, Talböden auszubilden.

Westlich der Murg liegen auf Gemarkung Forbach drei natürliche Seen und die ab 1926 künstlich aufgestaute Schwarzenbachtalsperre. Sie gehört als Hauptwasserspeicher (66,2 ha Wasserfläche) mit den Hauptzuflüssen Seebach und Schwarzenbach in das System des Rudolf-Fettweis-Werks. Alle natürlichen Seen sind eiszeitlichen Ursprungs. Sie liegen in Karen, sind Spuren der Vereisung in der Würmeiszeit, die vor ca. 18 000 Jahren zu Ende ging. Die heutigen Wasserflächen der Seen sind das Ergebnis der topographischen Verhältnisse, holozäner Verlandungserscheinungen im Zuge zunehmender Vermoorung und nicht zuletzt Ergebnis anthropogener Eingriffe durch Aufschüttung und Einstau für Zwecke der Flößerei, Energiegewinnung und Fischzucht. Gänzlich verlandet ist der Blindsee im Quellgebiet des Hinteren Seebachs. Er wird bereits 1780 als Trockener See oder Sumpf bezeichnet. Der Herrenwieser See (830 m NN) hat eine Fläche von ca. 1,8 ha und eine durchschnittliche Tiefe von 9,5 m. Über einen natürlichen Überlauf, eine Lücke im Karriegel, entwässert der Schurmsee (793 m NN) in den Vorderen Seebach. Der See hat eine Fläche von 1,6 ha und ist bis zu 13 m tief.

Im 19. Jahrhundert bestand noch eine ganze Reihe künstlicher Stauseen, Schwallungen zum Zweck der Flößerei. Auf Gemarkung Forbach bestehen noch zwei solche Anlagen, die Große oder Herrenwieser Schwallung am Schwarzenbach oberhalb der Talsperre und die Schwallung an der Biberach, westlich der gleichnamigen Siedlung. Die Herrenwieser Schwallung besteht aus einem beiderseits mit Buntsandsteinquadern verblendeten Aufschüttungskörper. Sie ist an der Krone 67 m lang und am Fuß 20,5 m breit. Hinter der maximal 9,5 m hohen Staueinrichtung konnten 20 bis 25 000 m^3 Wasser gestaut werden.

Siedlungsbild. – Das Dorf B e r m e r s b a c h liegt in Tal- und Hanglage in einem westlichen Seitental über der mittleren Murg. Die Bebauung erstreckte sich 1894 als von West nach Ost ziehendes Band entlang der Luisen- bzw. Bermersbachstraße und der Kirchstraße, wo die Kirche und das Rathaus den Ortskern bildeten. Bis 1961 wurden der alte Baubestand verdichtet und weitere Neubauten in den südöstlich verlaufenden Straßenzügen errichtet. Bis 1989 sind weitere geschlossene Neubaugebiete im Westen, Süden und Osten des Dorfs entstanden. Die Siedlung ist als Fachwerk-Bergdorf bekannt, allerdings haben mit den Neubauten der jüngeren Zeit auch moderne Baumaterialien Einzug gehalten. Die Häuser sind zumeist trauf-, gelegentlich auch giebelständig ausgerichtet und im älteren Ortsteil oftmals mit Walm- bzw. Krüppelwalmdächern gedeckt. Auffällig sind die schmalen und nicht selten steilen, dem Relief angepaßten Straßen. Die katholische Pfarrkirche St. Antonius von Padua wurde 1895 aus lokal vorkommendem Sandstein errichtet und fällt durch ihren über dem Eingangsportal errichteten spitzen Kirchturm auf. Das alte Pfarrhaus von 1923/24 (Christophorus-Heim) steht als zweieinhalbgeschossiger Fachwerkbau mit Krüppelwalmdach neben der Kirche. Ende der 1950er Jahre wurde in seiner Nachbarschaft das neue Pfarrhaus errichtet, ein weitgehend schmuckloser Wohnbau. Nicht weit davon entstanden 1960 der neue Kindergarten mit Schwesternstation als der Topographie angepaßter mehrgeschossiger Zweckbau.

Weiter südöstlich ist in der ehemaligen Schule an der Kirchstraße das Murgtal-Museum entstanden. Das jüngere Schulhaus mit Turn- und Festhalle (1952; 1964/65 erweitert, 2001 saniert), ein moderner zweigeschossiger Winkelbau mit Satteldach, ist durch einen vorgelagerten großen Parkplatz (ehemals Schulhof) und eine Granitmauer von der Straße getrennt. Die Ortsverwaltung im ehemaligen Rathaus (1911/12) liegt im Ortszentrum an der Kreuzung

A. Naturraum und Siedlung

Bermersbach von Südwesten.

von Luisenstraße und Mühlweg. Der dreieinhalbgeschossige Sandsteinbau fällt durch einen angesetzten Treppenturm mit grünem Ziegeldach auf. Über dem Haupteingang prangt ein Sandsteinrelief mit dem Gemeindewappen, darunter der Schriftzug »Rathaus«. Das Gebäude wird heute von der Ortschaftsverwaltung, einer Poststelle und einer Versandhausfiliale genutzt; in den Obergeschossen sind Wohnungen untergebracht. – Am nördlichen Ortsende liegt der Friedhof mit einer neugotischen Kapelle von 1876.

Rund um Bermersbach finden sich als auffallende und besondere Elemente der Kulturlandschaft an den Hängen zahlreiche Heuhütten, die oft in kleinen Gruppen beisammenstehen. Auf dem 690 m hohen Sattel zwischen Murg- und Oostal gehört der Wohnplatz Rote Lache, ein aus einem Gasthaus von 1909 hervorgegangenes Hotel und Restaurant in Paßlage, zu Bermersbach. Der zweieinhalbgeschossige Bau mit Krüppelwalmdach und Holzschindelverblendung wird von zwei weiteren Gebäuden mit Gästezimmern und Garagen ergänzt. Das Hauptgebäude ist um einen Flachdachanbau erweitert. Der Wohnplatz Wolfsheck besteht aus einigen Häusern am westlichen Ufer der Murg.

Der Hauptort Forbach liegt mit seinem Ortskern auf dem Schwemmfächer von Wied- und Frankenbach am westlichen Murgufer. In Hanglage erstrecken sich ausgedehnte ältere und jüngere Siedlungserweiterungen. Die Kraftwerksbauten des Rudolf-Fettweis-Werks der EnBW liegen rund 500 m flußaufwärts am Ortsrand. 1878 beschränkte sich die besiedelte Fläche auf den heutigen Ortskern am westlichen Murgufer an der Landstraße (B462) um das Rathaus. Eine Wachstumsspitze in nordwestlicher Richtung umschließt die Kirche. Bis 1961 ist diese Bebauung verdichtet worden; hinzukamen, dem Murgtal folgend, Neubaugebiete im Norden, die sich heute bis zu dem

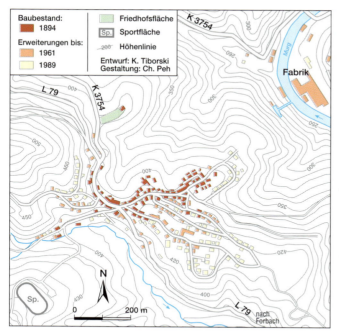

Siedlungsentwicklung von Bermersbach.

Gausbach gegenüberliegenden Murgufer erstrecken. Nach Süden schoben sie die Bebauung weit ins Tal hinein. Rechts des Flusses reicht die Bebauung bis auf die Höhe des Krafthauses. Im Bereich des Flußwehrs konzentrieren sich ältere Gebäude, südlich davon herrschen Neubauten vor. Die beengten Platzverhältnisse im Murgtal ließen die jüngere Bebauung die westlichen Talhänge hinaufklettern.

Die große, in historisierenden Formen gehaltene katholische Kirche (1886/91) mit ihrer Zweiturmfassade liegt beherrschend über dem Ortskern, an einem von der Hauptstraße her stufenweise ansteigenden, gepflasterten und von Baumreihen flankierten Platz. In der Mitte des Platzes befindet sich ein halbkreisförmiger Brunnen mit einer Mariensäule. Am unteren Ende des Kirchplatzes steht seit 1838 das katholische Pfarrhaus, ein gelb verputzter Bau mit Sandsteinsockel, Walmdach und Fassadengliederung durch Sandsteinrisalite und -laibungen. Hinter der Kirche liegt das winkelförmige Gebäude des 1926 fertiggestellten Gemeindehauses St. Joseph. In ihm sind der katholische Kindergarten und eine Schwesternwohnung, ein Saal und eine Kegelbahn untergebracht; seit der Renovierung von 1979 wird das Gebäude als kirchlich-kulturelles Zentrum genutzt. Südwestlich oberhalb der Kirche liegt der Friedhof mit einem Sandsteinkreuz von 1776 am Eingang und einer um 1910 hinzugefügten Golgatha-Gruppe. Die zweigeschossige Friedhofshalle ist ein schlichter Bau mit umlaufenden Arkaden.

Neben dem Pfarrhaus liegt der durch moderne Anbauten vergrößerte Komplex der Schule, ein großes, kastenförmiges Flachdachgebäude mit Sport- und Schwimmhalle. Das am Kirchplatz stehende alte Schulgebäude hat ein Krüppelwalmdach. Eine Sporthalle als Einzelgebäude, ein mehrgeschossiger Erweiterungsbau, der an die Rückseite der alten Schule angrenzt, und das alte Lehrerwohnhaus, ein mehrgeschossiger Fachwerkbau mit Walmdach, vervollständigen den kirchlich-schulischen Bereich.

Ortsbildprägend wirken auch das Ehrenmal für die Gefallenen der Weltkriege und bei der Abzweigung der Friedrich- von der Landstraße das Hotel Friedrichshof, ein überwiegend in Fachwerk ausgeführter Bau mit Erkern, Türmchen, Gauben und Krüppelwalmdach. Benachbart verleiht die Poststelle an der Murgbrücke der B462 diesem Siedlungsbereich weitere zentrale Funktionen für den ganzen Ort. An der Friedrichstraße steht das Forsthaus der Murgschifferschaft, ebenfalls ein Fachwerkhaus mit Krüppelwalmdach. Weiter nördlich liegt das seit seiner Gründung 1896 vielfach erweiterte und umgebaute Kreiskrankenhaus mit umgebenden Parkflächen und einem Hubschrauberlandeplatz. Der langgestreckte, teils verwinkelte vier- bis viereinhalbgeschossige Bau mit Walm- und Satteldach wurde in den 1980er Jahren um einen Flachdachanbau erweitert. Am Ortsausgang in Richtung Bermersbach liegt das neue Feuerwehrgerätehaus; es ist ein geräumiger Bau mit sechs Fahrzeuggaragen und Nebenräumen in dem mit großen Spitzgauben ausgebauten Dachgeschoß.

Der Bahnhof Forbach-Gausbach liegt in baulich isolierter Lage auf der östlichen Talseite nahe der Murgbrücke; seit der Einführung des Stadtbahnbetriebs im Juni 2002 ist er nur noch Bahnhof für Forbach, Gausbach hat jetzt einen eigenen Haltepunkt. Das Rathaus befindet sich zentral im Ort an der Landstraße nahe der Hauptstraßen-Kreuzung; es wurde 1930 auf der Grundlage eines 1925 durchgeführten Wettbewerbs im Empirestil mit zwei Stockwerken, verputzter Fassade und Sandsteinlaibungen errichtet. Auf seinem schiefergedeckten Walmdach sitzt ein kleiner Dachreiter mit Rathausglocke und Uhr. Über dem Eingang befinden sich ein Sandsteinfries mit dem goldenen Schriftzug »Rathaus«, darüber Buntglasfenster und das Gemeindewappen.

A. Naturraum und Siedlung

Von der Hauptstraße aus führt der Weg strec zum Kurhaus am Westufer der Murg. Der geräumige, zweigeschossige Flachdachbau unterstreicht die Bedeutung, die der Fremdenverkehr bis in die jüngste Zeit für den Ort hatte; derzeit wird er von Vereinen und für kulturelle Veranstaltungen genutzt. Ein weithin bekanntes Wahrzeichen der Gemeinde ist die überdachte Holzbrücke über die Murg. Sie wurde 1954/55 in alter Manier errichtet, steht aber in der Tradition der hier schon im 16. Jh. bezeugten Brücke. Am östlichen Ufer der Murg liegt am Talhang hoch über dem Fluß die evangelische Kirche zum Guten Hirten. Das 1914 von Otto Linde errichtete Gotteshaus wurde 1964 erneuert. Der Turm an der Eingangsfront ist seitlich versetzt, die daneben befindliche Tür überdacht. Das zugehörige Pfarrhaus steht unmittelbar hinter der Kirche.

Nahe dem südlichen Ortsrand befindet sich das Stauwehr des Rudolf-Fettweis-Kraftwerks. Das mit drei Schleusenkammern ausgerüstete Wehr mit Niederdruckkraftwerk ist ein Sandsteinbau mit Holzverblendungen und Walmdach. Am westlichen Talhang über dem Stauwehr liegt am Rand der Bebauung die neugotische Maria-Hilf-Kapelle (1835). Der Eingang des schlichten Bauwerks wird durch ein von vier Steinsäulen getragenes Vordach geschützt; darüber steht ein Glockengiebel.

Der Wohnplatz Badener Höhe umfaßt ein Wohn- und Gasthaus mit einem Aussichtsturm auf der rund 1000 m hohen Bergkuppe. Erbersbronn ist ein kleiner, lockerer Weiler in einer Talweitung beiderseits der Raumünzach. Herrenwies, hervorgegangen aus einer ehemaligen Holzfäller- und Glasmacherkolonie in einer Talweitung des Schwarzenbachs, war lange vom Fremdenverkehr geprägt. Östlich des Wohnplatzes liegen ein großer Campingplatz sowie die Jugendherberge Herrenwies des DJH. Die ursprünglich dem Heiligen Antonius von Padua geweihte Kapelle ist profaniert; statt ihrer wurde 1896/98 eine neue Kirche in neugotischem Stil errichtet. Der Streuweiler Hundsbach-Aschenplatz an der Vereinigung der tiefen Täler von Biberach und Hundsbach weist eine neuere Bebauung auf. Er ist aus einem Jagdhaus des 18. Jh. entstanden, das zur Waldkolonie erweitert wurde. Für Feriengäste stehen hier sowohl Wohnungen als auch ein neu errichtetes Hotel zur Verfügung. Der Wohnplatz Hundsbach-Biberach ist eine lockere Siedlungsreihe am unteren Nordhang des in den Granit eingeschnittenen Biberachtals. Die anschließende Siedlung Hundsbach-Mitte ist aus einer ehemaligen Streusiedlung entstanden, hat aber mittlerweile durch Neubauten eine merkliche Verdichtung und Aus-

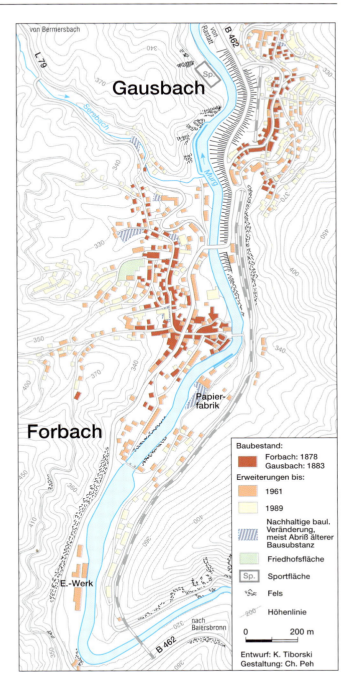

Siedlungsentwicklung von Forbach und Gausbach.

dehnung erfahren. Sie liegt an dem nach Osten blickenden Hang über dem Zusammenfluß von Biberach und Hundsbach. Die deutlich erweiterte Bebauung umfaßt neben zahlreichen Hotel-, Gaststätten- und Pensionsbetrieben zunehmend auch Ferienhäuser und -wohnungen. Ungefähr auf dem höchsten Punkt liegen das ehemalige Schul-, jetzt Bürgerhaus sowie die 1946/50 anstelle einer Vorgängerkapelle von 1857 (1939 abgerissen) errichtete Kirche St. Josef, ein schlichter, granitverkleideter Bau mit steilem, tief heruntergezogenem Satteldach und Glockengiebel. Unterhalb der Kirche liegt am Hang der 1862 angelegte, 1899 erweiterte Friedhof. Der mehrere Neubauten aufweisende Streuweiler Hundsbach-Viehläger mit etwa zwanzig Häusern liegt am Südabhang der Hauersköpfe. Typisch sind die am steilen Hang errichteten Wohnhäuser, deren Obergeschosse jeweils von der Straße her zugänglich sind. Der Funktionswandel des Wohnplatzes zum Ferienort zeigt sich deutlich an qualitativ hochwertigen temporären Wohnbauten und einer dort ansässigen Pension.

Im Engtal der Murg oberhalb der Einmündung der Raumünzach liegt der aus wenigen Häusern bestehende Wohnplatz Kaltenbach. Kirschbaumwasen ist ein kleiner, gestreckter Weiler im oberen Murgtal; er ist sowohl in der schmalen Talaue wie auf einem Schwemmfächer gelegen. Die durch Neubauten gewachsene Siedlung besteht überwiegend aus zumeist anderthalb- bis zweieinhalbgeschossigen, oft traufständig ausgerichteten Häusern, die zunehmend auch als Pensionen genutzt werden. Die spätestens im 18. Jh. entstandene Siedlung Raumünzach besteht aus einer schmalen Häuserreihe mit einigen Neubauten entlang des tief in den Granit eingeschnittenen gleichnamigen Bachs an dessen Einmündung in die Murg. Benachbart liegt ein großer Steinbruch. Neben dem Natursteinbetrieb gehört auch der Gasthof Wasserfall am Murgufer zu diesem Wohnplatz. Weitere kleine Wohnplätze sind das Forsthaus St. Anton und das Haus Sasbach. Der Hof Schindelbronn aus dem 18. Jh. liegt im engen Talgrund der Raumünzach oberhalb Erbersbronn. Dazu gehört ein am Murgufer liegender großer Campingplatz. Den Wohnplatz Schneiderskopf bilden mehrere Häuser beim Granitsteinbruch nordwestlich über Raumünzach. Der Wohnplatz Schwarzenbach wurde 1922/25 beim Bau des Stausees verlegt und besteht heute aus einem Hotelkomplex mit Gästehaus und Café an der Schwarzenbachtalsperre. Der Seebachhof, ein Einzelhof im engen Seebachtal, liegt nordwestlich des Stausees. Die Hofsiedlung Trabronn aus dem 18. Jh. liegt in einem schmalen, nach Norden offenen Seitental der Raumünzach.

Das Dorf Gausbach erstreckt sich auf einer Hangverflachung unterhalb des Hauptorts Forbach über dem östlichen Murgufer mit terrassenartig über den Hang ziehendem Straßennetz. Hangaufwärts sind im Randbereich Neubauten entstanden. Bis 1878 verlief die Besiedlung allein entlang der Murgtalstraße und war bereits deutlich verdichtet. Siedlungserweiterungen war daher zunächst nur der östliche Talhang vorbehalten, wo etwa parallel zur Talstraße verlaufende Neubaustraßen angelegt wurden. Weitere verdichtete Siedlungsbereiche sind bis 1989 auf den größeren Hangterrassen am und gegen das Nordende des Dorfs in höherer Lage entstanden. Gausbach ist für seinen schönen Ortskern mit zahlreichen baustiltypischen Wohnhäusern bekannt. Neben verschiedenen Steinbauten im Kernbereich sind auch die zahlreichen, zumeist giebelständig ausgerichteten Fachwerkhäuser auf gemauerten Kellergeschossen zu erwähnen, deren Fassaden oft mit Holzschindeln verkleidet sind. Die Murgtalbahn benutzt im Siedlungsbereich mehrere Viadukte und Tunnel. Die katholische St. Bernhardus-Kirche wurde 1954/56 am südlichen Ortsende errichtet. Der betont moderne Bau hat einen halbrunden, verglasten Chor, dessen Fensterbild den Weltenherrscher zeigt. Der Eingang, von dem breite Treppen in den Kirchenraum hinaufführen, wurde arkadenartig offen angelegt. Bedingt durch die Lage am Hang konnte der Unterbau für Funktionsräume u.a. des St. Bernhardus-Heims genutzt werden. Der Giebelfassade ist ein Glockenturm mit Uhr vorgesetzt.

Die Festhalle, 1924 als Schulhaus erbaut und 1952 bzw. 2002 saniert, befindet sich im Ortskern an der Fürholzstraße. In dem großen, mehrgeschossigen Gebäude sind Vereinsräume und ein Rot-Kreuz-Depot untergebracht, die daran anschließende Halle zeigt große Lichtflächen aus Glasbausteinen. Am östlichen Ortsrand liegt der erst 1949 treppenförmig am Hang geschaffene Friedhof. Das neue Rathaus entstand 1906 im Ortsmittelpunkt gegenüber dem alten Rat- und Schulhaus; in seinem unteren Bereich stechen großflächige Sandsteinverblendungen hervor, Türen und Fenster haben Sandsteinlaibungen. Auffällig ist der angeschlossene Turm mit Fachwerk im oberen Drittel. Das gegenüberliegende alte Rat- und Schulhaus von 1832/33 dient heute als katholische Sozialstation.

Im Kauersbachtal östlich des Orts stehen in den von Steinriegeln begrenzten Wiesen zahlreiche Heuhütten. Auf der Westseite der Murg wurde nahe dem als Aussichtsplatz be-

A. Naturraum und Siedlung

Langenbrand von Westen.

kannten Eulenfelsen ein Sportplatz angelegt. Etwa 500 m nördlich des Dorfs entstand ebenfalls in Tallage das Badezentrum Montana, ein großes Freizeitbad für das gesamte Murgtal. Der Wohnplatz Röhret am südöstlichen Ufer der Murg ist ein kleines Gewerbegebiet mit Betrieben sehr unterschiedlicher Branchen (Getränkehandel, Holzvertrieb, Baustoffe). Die dazwischen bestehende Wohnbebauung setzt sich in südlicher Richtung fort und schließt mittlerweile nahtlos an die zu Forbach gehörende Bebauung an.

Langenbrand ist aus einem Haufendorf über dem Ostufer der Murg hervorgegangen. Am östlichen Ortsrand dehnen sich hangaufwärts Neubaugebiete aus. 1885 konzentrierte sich die Bebauung auf den nördlichen Ortsrand sowie auf einen südöstlichen Ausläufer entlang der Sägmühlstraße. Die Bebauung wurde dem Relief folgend bis in die Gegenwart vorwiegend in südöstlicher Richtung hangaufwärts ausgedehnt, hat dabei aber keinen bedeutenden Umfang angenommen. Ein weiterer Ausläufer entstand mit einigen Häusern an der alten Landstraße in Richtung auf die westliche Murgschleife. Die neuromanische St. Valentin-Kirche von 1837/40 wurde 1937 profaniert und diente bis 1989 als Festhalle. Die ab 1934 erbaute neue Pfarrkirche hat das alte Patrozinium übernommen. Oberhalb des Orts liegt an einem Feldweg die 1995 erbaute Fatima-Kapelle. Der nach vorn offene, halbrunde Bau ist zum Teil mit Granit verblendet, der durch ein schmiedeeisernes Gitter abgeteilte Innenraum weiß geputzt; verglaste Öffnungen im Kupferdach leiten das Licht direkt auf die Figur der Muttergottes.

Am nordöstlichen Siedlungsrand liegen an der Sägmühlstraße der Feuerwehrstützpunkt, die neue Festhalle und der Festplatz. Das Feuerwehrgebäude ist ein moderner, schlicht gehaltener Flachdachbau mit drei Fahrzeughallen und verschiedenen Nebenräumen. Die neue Festhalle trägt flache Satteldächer, ihre Fassaden sind mit hellem Holz und weißem Putz sowie großflächigen Verglasungen gestaltet. Das alte Rathaus an der Langenbrander Straße hat zwei Stockwerke, ein ausgebautes Dachgeschoß und einen Erker. Der in Sandstein gefaßte, über eine Vortreppe erreichbare Eingang zeigt über dem Sturz das Gemeindewappen. Der Friedhof liegt etwa 350 m vom nördlichen Ortsrand entfernt auf einem sanft ansteigenden Hang. An dem über eine Treppe zu erreichenden Eingang steht die alte Friedhofskapelle, auf dem höchsten Punkt des Gottesakkers die neue, ein eindrucksvoller Sandsteinrundbau mit flach geneigtem Dach und umlaufendem, bleiverglastem Lichtband.

Der Wohnplatz Breitwies besteht im wesentlichen aus einer seit 1886 erbauten Fabriksiedlung im Talgrund der Murg. Ein Teil der stillgelegten und stark verfallenen Fabrikgebäude ist mittlerweile abgerissen und durch Anlagen der EnBW ersetzt; in einem Restgebäude ist eine Kunstschlosserei ansässig. Das gesamte Areal ist in Umgestaltung begriffen.

Die Bahnstation Langenbrand-Bermersbach dient der Güterverladung (Holztransporte); der zweieinhalbgeschossige ehemalige Bahnhof mit angeschlossenem Lager wird heute gewerblich genutzt. Der Wohnplatz Wolfsheck besteht aus Industrieanlagen auf einem Gleithang der Murg. Er ist Standort eines heute zu einer internationalen Unternehmensgruppe gehörenden Papierwerks (erbaut 1905/07). Die Werksanlagen, zu denen auch ein großes Holzlager sowie Parkplätze gehören, wurden dem Relief folgend vielfach erweitert und modernisiert. Das alte Hauptgebäude mit Krüppelwalmdach und ausgebautem Dachgeschoß ist um einen modernen Anbau erweitert und um weitere Gebäude ergänzt. Während die älteren Werksteile vorwiegend in Klinkerstein aufgeführt sind, zeigen die jüngeren Bauten eine große Vielfalt bis hin zum rein zweckorientierten Metallbau der Gegenwart.

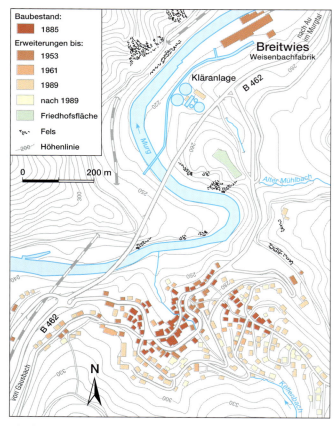

Siedlungsentwicklung von Langenbrand.

B. Geschichte der Gemeindeteile bis zum Ende des Alten Reiches

Bermersbach

Siedlung und Gemarkung. – Bermersbach findet seine erste Erwähnung 1386 (*Bermgerspach*) in einer Urkunde des Grafen Wolf von Eberstein.[1] Eine Deutung des Namens (1434 *Bermerßbach*) gelingt nur teilweise. Im Bestimmungswort steckt eventuell der Personenname Beringer (Berner), vielleicht handelt es sich aber auch nur um eine Analogiebildung nach den Namen in der unmittelbaren Nachbarschaft. An einem alten, auf halber Höhe des Bergs entlangführenden Weg von Gernsbach nach Forbach gelegen, ist Bermersbach eine Rodungssiedlung des hohen bis späten Mittelalters, indes weiß man über die Anfänge des Dorfs so wenig wie über sein relatives Alter gegenüber Forbach. Die auf einem Bergsporn östlich des Orts exponiert gelegenen Giersteine, gewaltige, glattgeschliffene Granitblöcke, die merkwürdige Rillen, Eintiefungen und Aushöhlungen aufweisen, sind entgegen älteren Vorstellungen nicht etwa Überreste einer vorgeschichtlichen Kultstätte, sondern das Ergebnis natürlicher Erosion. Noch heute ist der bei weitem größte Teil der Bermersbacher Gemarkung mit Wald bedeckt; Rodungen rund um das Dorf wurden im Laufe der Zeit immer wieder vorgenommen, namentlich im 16. Jh. (Aschewiesen, Neuwies, Roth) und in der zweiten Hälfte des 18. Jh. Zu Beginn des 16. Jh. umfaßte der Ort elf Hofstätten, 1579 bereits 14 und 1682 sogar 36, von denen allerdings nahezu ein Drittel unbewohnt oder zerfallen war.

Herrschaft und Staat. – Die Entwicklung der Herrschaftsverhältnisse in Bermersbach entspricht ganz jener in Forbach. Gerechtsame anderer Herren als der Grafen von Eberstein und der Markgrafen von Baden sind nicht überliefert.

Gemeinde. – Wiewohl Bermersbach zum Gerichtsstab von Forbach gehörte, bildete es eine eigene Gemeinde und hatte auch einen eigenen Schultheißen; die Dorfordnung von 1524, die 1725 erneuert wurde, nennt darüber hinaus einen respektive zwei gewählte Heimbürgen. Der Schultheiß begegnet später auch unter der Bezeichnung Vogt (1725),

Giersteine bei Bermersbach.

der Heimbürge als Bürgermeister (1580). Ein im ausgehenden 18. Jh. von der Gemeinde geführtes Siegel zeigt im ovalen Wappenschild einen Stein mit darübergestelltem Kreuz und trägt die Umschrift *Bermerspacher Dorffs Sigill;* es war bis ins frühe 19. Jh. in Gebrauch. Gemeinsam mit ihren Kirchspielsgenossen in Forbach und Gausbach waren die Bermersbacher für die Pflege der Murgbrücke in Forbach verantwortlich. Der kommunale Waldbesitz, dessen Genese wie in Forbach zu erklären ist, belief sich um 1800 auf 2650 M (Tannen, Buchen, Eichen).

Kirche und Schule. – Von alters her zählte Bermersbach zum Kirchspiel von Forbach. Eine eigene, von der Gemeinde selbst finanzierte Kapelle (BMV und St. Antonius von Padua) wurde erst 1732/34 errichtet und 1784/85 eigenmächtig erweitert. Dieses Kirchlein mit geostetem Chor stand in der alten Ortsmitte, vor der nachmaligen kleinen Kelter. In den großen und kleinen Zehnt auf Bermersbacher Gemarkung teilten sich wie in Forbach das Domkapitel zu Speyer und die Pfarrei Rotenfels sowie später die Evangelische Geistliche Verwaltung zu Gernsbach, jedoch war der ganze Zehnt von alters her gegen eine jährlich entrichtete Geldzahlung an die Gemeinde verkauft.

Zum Schulunterricht (im Winter) mußte die Bermersbacher Jugend ursprünglich nach Forbach, allerdings wurde dem dortigen Schulmeister 1680 vorgeworfen, er würde die Schüler aus dem Filialdorf vernachlässigen. Von einem eigenen Lehrer in Bermersbach erfährt man erstmals 1779 aus der Gemeinderechnung, und seit 1780 ist dort auch regelmäßig ein Mietzins für die Bereitstellung einer Schulstube verbucht.

Bevölkerung und Wirtschaft. – Bei elf Haushaltungen zu Beginn des 16. Jh. darf man annehmen, daß Bermersbach etwa 50 Einwohner hatte, zwei Generationen später – 1579 14 Haushaltungen – werden es zwischen 60 und 70 gewesen sein. 1682 zählte man 28 am Ort wohnhafte Bürger und zwei Witwen, d. h. ca. 120 bis 130 Seelen. In den folgenden hundert Jahren nahm die Einwohnerzahl kontinuierlich und stark zu; 1772/74 belief sie sich auf 233 Seelen, 1781 auf 280, 1789 auf 307, 1795 auf 320 und 1800 sogar auf 352.

Wie die Menschen in den Dörfern der Umgebung fanden die Einwohner von Bermersbach ihren Lebensunterhalt vornehmlich in der Wald- und Weidewirtschaft; der Ackerbau war von geringer Bedeutung und diente allein dem Eigenbedarf. An Wald- und Holzgewerben begegnen Harzer, Köhler, Pottaschebrenner und Zundelschneider sowie Schindel- und Korbmacher; einschlägige Flurnamen sind seit dem 16. Jh. bezeugt (Aschewiesen, Glasbrunnen, Harzweg). Eine kleine Sägemühle *ob dem Dorf* findet bereits in der ersten Hälfte des 16. Jh. Erwähnung; trotz wiederholter Zerstörung durch Brand existierte sie bis ins 20. Jh. Am Sersbach gab es darüber hinaus eine Öl-, Stampf- und Mahlmühle (1753). An Vieh zählte man 1763 insgesamt 149 Rinder (1790 174), zwei Pferde (3), 77 Ziegen (88) und 113 Schweine (127). Im Silberloch am Unteren Altenbach (unweit Wolfsheck) wurde um die Mitte des 18. Jh. nach Silber gegraben. Das Schildrecht des Gasthauses zur Blume bestand seit 1746.

Forbach

Siedlung und Gemarkung. – Urkundlich begegnet das Dorf Forbach (*Vorbach*) erstmals 1360 im Testament des Grafen Heinrich von Eberstein.[2] Mit dem gleichnamigen, bereits rund hundert Jahre davor erwähnten Gewässer (1267), das am Kniebis entspringt und sich in Baiersbronn mit der Murg vereinigt, hat es nur den Bezug auf die Forelle (mhd. *forhe*) gemein. Archäologische Befunde liegen nicht vor, abgesehen von einigen im Gewann Kirren (zwischen Gausbach und Bermersbach) entdeckten Silex-Stücken aus der Mittelsteinzeit. Die in einem ehedem unwegsamen Gebiet gelegene Siedlung ist offenbar spätmittelalterlichen Ursprungs und durch talaufwärts voranschreitende Rodung entstanden; eine mitunter vermutete Gründung von Klosterreichenbach her kommt wegen der herrschaftlichen und kirchlichen Verhältnisse, aber auch der Ortslage am nördlichen Ende der Gemarkung nicht in Betracht. Für die weitere Erschließung des Tals erlangte die seit 1471 bezeugte, 1571 und 1776/78 erneuerte Forbacher Murgbrücke große Bedeutung. Eine ordentliche Fahrstraße entlang der Murg wurde freilich erst in den 1780er Jahren gebaut. Im 16. Jh. umfaßte das Dorf etwa 23 Hofstätten; bis 1682 hat sich die Zahl der Anwesen nahezu verdreifacht (63), jedoch waren damals 14 Hofstätten mehr oder minder zerfallen und verlassen.

Zu der ungewöhnlich großen, nahezu ganz mit Wald bedeckten Gemarkung gehören die Häuser und Höfe Kirschbaumwasen, Raumünzach und Trabronn, deren Entstehung ins 18. Jh. zu datieren ist; der jenseits der Murg gelegene und bereits im vorigen Jahrhundert wieder abgegangene Siedlungsplatz Fronbronn wurde 1784 noch zum

Forbach von Südosten.

Reichentaler Bann gerechnet. 1930 kamen mit den östlichen, davor nach Kappelwindeck gehörigen Partien der Waldgemarkungen Windeck und Lehenwald des weiteren die Waldkolonien und Höfe Erbersbronn, Hundsbach, Schindelbronn, Schwarzenbach und Seebachhof sowie die einstige Glashüttensiedlung Herrenwies hinzu; Teile des Lehenwalds mit Erbersbronn und einzelnen Häusern am unteren Ende von Hundsbach waren dem Forbacher Bann freilich schon im 18. Jh. zugehörig. Neben den hier vorgenommenen gewerblichen Rodungen großen Stils sind namentlich für das 18. Jh. auch zahlreiche kleinere Ausstockungen in Ortsnähe zwecks Anlage von Äckern und Wiesen bezeugt.

Herrschaft und Staat. – Die Voraussetzungen für die Herrschaftsentwicklung im unteren Murgtal, bis hinauf nach Forbach, zum Rendelbach und zur Schönmünz, wurden in der ersten Hälfte des 12. Jh. geschaffen, indem die Grafen von Eberstein zunächst wohl als Vögte, dann als Lehnleute der Bischöfe von Speyer die Verfügungsgewalt über das *predium* Rotenfels erlangten. Zwar akzeptierten die Ebersteiner die speyrische Lehnshoheit nur bis Gernsbach und beanspruchten das oberhalb gelegene Gebiet als Eigengut, jedoch bildete der Lehnbesitz im unteren Murgtal die Basis, für den von den Grafen während des 13. und 14. Jh. flußaufwärts vorangetriebenen Landesausbau. Ein erst im 15. Jh. auf Forbach versichertes Rentenlehen des Klosters Weißenburg im Elsaß ist für die Genese der hiesigen Herrschaft ohne Belang.

Bereits bei der ersten Erwähnung 1360 und ebenso 1386 erscheint die Herrschaft in Forbach geteilt, jedoch handelte es sich dabei nur um eine Teilung innerhalb des Hauses Eberstein. Erst mit dem Verkauf der halben Grafschaft durch Graf Wolf von Eberstein gelangte Forbach 1387 zur Hälfte an die Markgrafen von Baden; für mehr als hundert Jahre erfolgte daraufhin die Verwaltung der Herrschaftsrechte in geteilter, schließlich seit 1505 in ungeteilter Gemeinschaft. Mit dem Aussterben der wilhelminischen Linie der Ebersteiner (1589) fiel deren Anteil nach längerem Rechtsstreit mit den Nachkommen des Grafen Hans Bernhard im Rufacher Vertrag 1624 erblich den Grafen von Gronsfeld und den Freiherren bzw. Grafen von Wolkenstein zu. 1673 verkauften die von Gronsfeld ihren Teil ($^1/_4$) an das Hochstift Speyer, und die Wolkensteiner trugen ihr Viertel im gleichen Jahr dem Bischof zu Lehen auf. Allerdings vermochte Speyer seine derart erworbenen Gerechtsame nur kurze Zeit zu behaupten und mußte sie bereits 1676 in einem Vergleich an Baden-Baden abtreten. Fortan war das Gronsfelder Viertel unmittelbar in badischem Besitz; hingegen ging das Wolkensteiner Viertel von Baden-Baden zu Lehen und fiel erst 1695 mit dem Tod des letzten Agnaten aus der schwäbischen Linie des Hauses Wolkenstein an die Markgrafschaft heim. Abgesehen von einer vorübergehenden Verpfändung der baden-badischen Hälfte sowie des ehedem gronsfeldischen Viertels an die Markgrafen von Baden-Durlach zwischen 1688 und 1708 gehörte Forbach als Teil der *privaten* Grafschaft Eberstein seither ganz zu Baden.

Das castrum Forbach, das Graf Wilhelm von Eberstein 1361 dem Kloster Weißenburg zu Lehen aufgetragen haben soll, das aber in der schriftlichen Überlieferung ansonsten weder bezeugt noch lokalisiert ist, könnte in der Waldparzelle Schloßfelsen zwischen Raumünzach, Kirschbaumwasen und Trabronn gelegen haben; entweder ist diese Burg nie vollendet worden oder schon bald nach ihrer Fertigstellung wieder abgegangen.

Grundherrschaft und Grundbesitz. – Eine Grundherrschaft, wie man sie aus altbesiedelten Landschaften kennt, gab es in dem spätbesiedelten und waldreichen Forbach nicht. Die Grafen von Eberstein besaßen hier einen Pferdestall (1468/71), und die Markgrafen von Baden hatten im 16. Jh. das Tübinger Gütlein auf dem Billenstein, den Hof zu Schrambach (murgaufwärts außerhalb des Dorfes) sowie einige Wiesen zu verleihen; hinzu kamen diverse Bodenzinse. Pfalzgraf Friedrich erhob 1451 Anspruch auf Rechte an einem Haus. Im 17. Jh. gelangte durch eine aus Forbach stammende Nonne ein kleines, schon bald wieder verkauftes Besitztum an das Kloster Frauenalb, und die (Baden-) Badner Jesuiten hatten hier im 17. und 18. Jh. einige Kapitalzinse einzunehmen. Im übrigen bezogen Baden und Eberstein, aber auch die Herrschaft im Unteren Schloß zu Neuweier Einkünfte aus der Verleihung mehrerer Fischwasser auf hiesiger Gemarkung. An den ausgedehnten Waldungen um Forbach waren am Ende des Mittelalters wiederum in erster Linie die Grafen von Eberstein und die Markgrafen von Baden beteiligt. Am Ende jedoch verfügte nicht die Herrschaft über den größten Waldbesitz am Ort, sondern aufgrund markgräflicher Verleihung von 1442 der Forbacher Heiligenfonds (um 1800 3080 M) und vor allem – durch einen Verkauf des Grafen Philipp von Eberstein (1569) – die Murgschifferschaft (um 1800 6310 M); der markgräfliche Anteil belief sich um 1800 nur noch auf 1900 M, der gemeindeeigene Wald hingegen auf stattliche 2450 M.

Gemeinde. – Von alters her bildete Forbach zusammen mit Bermersbach und Gausbach eine Stabsgemeinde mit gemeinschaftlichem Gericht; Forbach war Vorort, der Forbacher Schultheiß der Stabsschultheiß. Die Zahl der Gerichtsschöffen belief sich um die Mitte des 18. Jh. auf sechs. Ein eigenes Gerichtssiegel ist seit 1602 bezeugt. Die Gemeinde tritt hier wie anderwärts zunächst nur bei Gelegenheit von Weide- und Waldstreitigkeiten mit der Nachbarschaft in Erscheinung (15. Jh.) und gewinnt in der älteren Überlieferung nur wenig Profil. Bereits 1455 – und danach mehrfach erneuert – haben die Forbacher Stabsgemeinden vom Markgrafen von Baden für fünfzig Jahre die Holz- und Weidenutzung in den Waldungen der *Bircknaw* erworben, womit offenbar der Grund gelegt wurde für den später so umfangreichen kommunalen Waldbesitz; die Gemeinderechnungen des ausgehenden 18. Jh. lassen erkennen, wie sehr die Gemeinde hinsichtlich ihrer Einkünfte von den Erträgen dieses Walds abhängig war. Im 16. Jh. brachte sie darüber hinaus jedes Jahr das der oberen Kirche in Gernsbach zustehende Zehntrecht käuflich an sich. Am Brückenzoll auf der Forbacher Murgbrücke waren die Gerichtsgemeinden zu einem Drittel beteiligt, mußten dafür aber diesen wichtigen Flußübergang instandhalten. Zu Beginn des 19. Jh. umfaßte der Besitz der Kommune darüber hinaus ein Schulhaus, ein Wachthaus und eine halbe Sägemühle sowie einige wenige Stücke Äcker und Wiesen, die verpachtet waren.

Kirche und Schule. – Als Sitz einer eigenen Pfarrei erscheint Forbach erstmals 1404. Ursprünglich gehörte das hiesige Gebiet zur Kirche von Rotenfels, deren Sprengel sich seit dem 12. Jh. mit dem Voranschreiten des Landesausbaus immer weiter talaufwärts ausgedehnt hat, dann vorübergehend zur Rotenfelser Tochterpfarrei Gernsbach; wann Forbach einen eigenen Pfarrer erhielt, ist nicht bekannt. Patron der Pfarrkirche ist Johannes der Täufer (1683). Eine Frühmesse hat Markgraf Christoph 1479 auf dem bereits 1442 erwähnten Altar ULF gestiftet; am Ende des 17. Jh. gab es in der Kirche vier Altäre, von denen indes nur zwei konsekriert waren. Das Patronatsrecht für Pfarrei und Frühmesse oblag seit dem späten Mittelalter den Herrschaften Eberstein und Baden – dann Baden-Baden und Wolkenstein bzw. Gronsfeld – alternierend, seit 1695 Baden-Baden allein. 1756 erhielten die Franziskaner auf dem Fremersberg die Erlaubnis, den Forbacher Pfarrer in seiner ausgedehnten, waldreichen Pfarrei zu unterstützen. Eine neue Kirche wurde in den Jahren 1788/89 errichtet.

Seit der Mitte des 16. Jh. haben die Grafen von Eberstein mit stillschweigender Duldung ihrer in Konfessionsfragen noch unentschiedenen badischen Mitherrschaft in For-

Kirche St. Johannes des Täufers in Forbach, der »Dom des Murgtals«.

bach wie in der ganzen Grafschaft die Reformation eingeführt, jedoch hat zwei Jahrzehnte später die von Markgraf Philipp II. betriebene Gegenreformation die lutherischen Bestrebungen wieder unterdrückt. Mit der Oberbadischen Okkupation kehrte die evangelische Lehre zwar noch einmal zurück, aber die mit dem Dreißigjährigen Krieg neuerlich einsetzende Rekatholisierung brachte für Forbach faktisch das Ende lutherischer Religionsausübung. Die im Südwesten über dem Ort gelegene, 1683 erstmals erwähnte, aber zweifellos schon längere Zeit davor gegründete Maria-Hilf-Kapelle gibt der erfolgreichen Rekatholisierung sichtbaren Ausdruck.

Der Zehnt auf Forbacher Gemarkung stand ursprünglich dem Domkapitel zu Speyer und der Pfarrei Rotenfels zu; später partizipierte daran auch die Pfarrei Gernsbach. Mitte des 18. Jh. teilten sich darein die Evangelische Geistliche Verwaltung zu Gernsbach mit dem Ertrag diesseits der Murg sowie das Speyrer Domkapitel und die Pfarrei Rotenfels mit dem Ertrag jenseits des Flusses.

Von Schulunterricht in Forbach erfährt man erstmals gelegentlich der Kirchenvisitation von 1683. Sie stellt dem damaligen Lehrer und Glöckner, der von zwei Kirchengeschworenen eingesetzt wurde, ein ungewöhnlich gutes Zeugnis aus. Der Schulmeister hatte ein festes Gehalt von jährlich insgesamt 6 Gulden, dazu freie Wohnung und mußte keinen Frondienst leisten, jedoch ließ sein Schulgeldaufkommen zu wünschen, weil die Kinder mit Billigung ihrer Eltern den Schulbesuch stark vernachlässigten.

Ein besonderes Schul- und Mesnerhaus findet 1785 anläßlich der Planung eines notwendig gewordenen Neubaus Erwähnung.

Bevölkerung und Wirtschaft. – Angesichts seiner Abgelegenheit in einem unwegsamen und unwirtlichen Tal hatte Forbach noch bei Anbruch der Neuzeit nur wenige Einwohner; bei 23 Hofstätten werden es im frühen 16. Jh. wohl um die hundert Erwachsene und Kinder gewesen sein, die hier lebten. Während des besonders unfriedlichen 17. Jh. erwies sich die abseitige Lage des Dorfs jedoch als vorteilhaft; nicht wenige Menschen fanden hier vor Kriegsläuften Zuflucht. Das war offenbar vor allem im Dreißigjährigen Krieg der Fall, nach dessen Ende in Forbach mehr als 250 Personen gelebt haben sollen. 1683 zählte man allerdings nur noch 30 Familien, d.h. etwa 130 bis 150 Seelen. Daß 1689/90 sich sogar die baden-badische Regierung vor den Franzosen hierher geflüchtet hat, zeugt von der relativen Sicherheit des Orts. Im Laufe des 18. Jh. ist ein starker Zuwachs an Einwohnern zu verzeichnen, der vermutlich nicht zuletzt mit der Gründung der verschiedenen Waldkolonien in Zusammenhang steht, und mit diesen Kolonien hat man wohl auch die erhebliche Schwankungsbreite der Angaben zu erklären, wenn 1774 531, 1775 588, 1777 532, 1778 571, 1781 625, 1788 672, 1790 728, 1795 711 und 1800 sogar 889 Einwohner gemeldet werden. Einige wenige Auswanderungen nach Ungarn und Österreich während der beiden letzten Jahrzehnte des 18. Jh. fallen demgegenüber nicht ins Gewicht.

Infolge der ungünstigen Lage im Tal und der wenig fruchtbaren Böden hatte für Forbach der Ackerbau nie eine Bedeutung, vielmehr diente er allein dem eigenen Bedarf; eine größere Rolle spielten wegen der Viehhaltung die Wiesen, aber auch sie waren letztlich bloß von bescheidenem Umfang. Alles in allem machten die Äcker nur 1,5 Prozent der Gemarkungsfläche aus, die Wiesen knapp 3 Prozent, der Wald hingegen rund 95 Prozent. So versteht es sich von selbst, daß die Einwohner von Forbach ihren Broterwerb zu allererst in der Waldwirtschaft fanden, einerseits in der Viehzucht mit Trieb auf die Waldweide, auch in der Bienenzucht (Erbersbronn), und andererseits im Holzeinschlag und -handel; nicht von ungefähr wurde die Sägemühle (1579) bei der Murgbrücke von den Gemeinden Forbach und Gausbach gemeinschaftlich betrieben. Der Viehbestand im Dorf belief sich um 1652 auf immerhin rund 200 Rinder und zehn Pferde, 1763 wurden ebensoviele Rinder und Pferde und darüber hinaus 95 Ziegen und 178 Schweine gehalten; zum Jahr 1790 weist die Viehstatistik 14 Pferde, 316 Rinder, 206 Ziegen und 150 Schweine aus. Auch die Forellenfischerei in den zahlreichen Gewässern der Forbacher Gemarkung hatte eine gewisse Bedeutung für die örtliche Wirtschaft; die entsprechenden Gerechtsame wur-

Katholisches Pfarrhaus in Forbach.

den von der Herrschaft auf Zeit verliehen. Schließlich suchte man unter dem Einfluß des Merkantilismus um die Mitte des 18. Jh. auch in Forbach nach Erz zu graben.

Trotz des geringen Ackerbaus gab es hier schon zu Beginn des 16. Jh. zwei Mahlmühlen, die obere und die untere; erstere gehörte den Markgrafen von Baden, letztere, bei der Brücke gelegen und bereits 1471 erwähnt, war bis 1512 Eigentum der Grafen von Eberstein. 1652 bestanden eine Mahl- und eine Stampfmühle; 1768 wurde die Konzession zur Einrichtung einer Ölmühle erteilt. Im Hinblick auf den geplanten Bau einer neuen Kirche wurde 1782 auch der Bau einer Ziegelhütte bewilligt, der jedoch erst im 19. Jh. zur Ausführung kam. Zu jener Zeit gab es im Dorf immerhin drei Kramläden, zwei Grobschmiede und einen Nagelschmied, mehrere Siebmacher, Kübler und Korbmacher sowie die üblichen Handwerke des täglichen Bedarfs. Am Ende des 18. Jh. bestanden nicht weniger als vier Schildwirtshäuser (zum Löwen, zur Krone, zum Adler, zum Hirschen), von denen sich die Krone schon zum Jahr 1723 nachweisen läßt; ein Bären-Wirtshaus soll indes bereits 1545 bestanden haben.

Herrenwies. – Bereits zum Jahr 1533 wird das in einer flachen, waldfreien Talweitung des oberen Schwarzenbachs gelegene *Herrenwiser lehen* aktenkundig;[3] bis 1930 gehörte die Siedlung mit ihrem Gebiet zur Gemeinde Kappelwindeck, seither zu Forbach. Südlich des Schwarzenbachs weideten hier schon im 15. Jh. die windeckischen Untertanen aus Neusatz und dem Bühlertal ihr Vieh, nördlich die markgräflichen aus Beuern und Geroldsau; daneben betrieben Köhler, Pottaschebrenner und Harzer ihre Gewerbe. Um dem zwischen den verschiedenen Nutzungsinteressenten immer wieder entstehenden Streit Einhalt zu gebieten, siedelten 1691 die Freiherren von Blittersdorff als Rechtsnachfolger der längst ausgestorbenen Windecker auf der Herrenwiese einen Jäger und Waldheger an. Dieser errichtete dort ein Haus samt Wirtschaftsgebäuden und erhielt eine Schankerlaubnis; jedoch wurde er durch Kriegsläufte wiederholt in Mitleidenschaft gezogen, und 1695 rotteten sich die weideberechtigten Bauern zusammen, um das, was der Heger an kultivierender Arbeit geleistet hatte, zu zerstören. Nachdem 1722 die von Plittersdorff ihre Gerechtsame an das Haus Baden-Baden verkauft hatten, wurde 1732 dem Rastatter Hofglaser und Ankerwirt Anton Dürr erlaubt, auf der Herrenwiese eine Glashütte mit zehn Werkstätten, einer Sägemühle und einem Wohnhaus zu errichten; der entsprechende Vertrag hatte eine Laufzeit von 32 Jahren und wurde anschließend noch einmal um zwölf Jahre verlängert. Nach dem Ende des Herrenwieser Glashüttenbetriebs übernahm 1778 der markgräfliche Domänenaerar die Gebäude samt Gütern (ca. 150 M) und verpachtete sie an die bisherigen Glashüttenarbeiter, die fortan als Holzhauer beschäftigt wurden. 1781 hatte Herrenwies rund 90 Einwohner; zwanzig Jahre später lebten dort insgesamt 126 Personen, darunter 93 Katholiken und 33 Lutheraner. Kirchlich bildete die Siedlung seit etwa 1740 eine Kuratie der Pfarrei Bühl, jedoch wurde 1752 die Seelsorge den Franziskanern auf dem Fremersberg übertragen. Eine Kapellenkirche zu Ehren des hl. Antonius von Padua wurde im Auftrag des Pächters Anton Dürr vermutlich 1743/44 errichtet (1897 profaniert). Bereits um 1781 hatte Herrenwies einen eigenen Schulmeister.

Hundsbach und Erbersbronn. – Wie am oberen Schwarzenbach wurden auch die Windecker Waldungen um Hundsbach und Biberach schon im 16. Jh. durch Harzer, Aschebrenner, Köhler und Hirten genutzt. Eine dauernde Besiedlung erfolgte aber erst im 18. Jh., nachdem der bereits in Herrenwies engagierte Anton Dürr aus Rastatt 1745 für 25 Jahre die Erlaubnis erhalten hatte, in Zusammenarbeit mit der Murgschifferschaft den Holzeinschlag und die Flößerei auf Raumünz, Greßbach, Biberach und Hundsbach zu betreiben. Der Unternehmer siedelte in diesen Tälern Holzhauer und Flößer aus der Ortenau, dem mittleren und südlichen Schwarzwald sowie aus Tirol an; es wurde ihnen jeweils ein Haus mit Gartenplatz und je 2 M selbst zu rodendem Wiesen- und Ackerland zugestanden, indes blieb aller Grund und Boden herrschaftliches Eigentum, ging man doch davon aus, die Waldarbeiterkolonien würden nicht von Dauer sein. Bereits 1757 gab es zwanzig Hütten mit insgesamt 164 M ausgestocktem Grund; dreißig Jahre später hatte sich die Zahl der in bescheidensten Verhältnissen lebenden Talbewohner mehr als verzehnfacht. Die Rodung und Besiedlung erfolgte ziemlich planlos, so daß sich am Ende mehrere locker bebaute Streuweiler ergaben (Aschenplatz, Hundsbach, Biberach, Viehläger). Die Wohnplätze Schindelbronn und Erbersbronn an der Raumünz entstanden erst, nachdem 1758 zum Abflößen der sogenannten Holländerhiebe die Fauler'sche Murgkompagnie gegründet worden war. Angesichts des immensen Holzeinschlags rebellierten 1771 die Windecker Waldgenossen, namentlich die aus Ottersweier. Nach Ablauf des Vertrags mit Dürr übernahm 1770 die Landesherrschaft die Holznutzung im Gebiet von Hundsbach und Erbersbronn

Hundsbach von Südwesten.

in eigene Regie und achtete dabei strikt darauf, daß die Kolonisten auch künftig kein Grundeigentum erwerben konnten. Seelsorglich waren Hundsbach und die umliegenden Zinken mit Herrenwies verbunden.

Gausbach

Siedlung und Gemarkung. – Im ältesten Lehnbuch der Bischöfe von Speyer um 1339/40 zum ersten Mal erwähnt,[4] ist Gausbach (*Gaŭchspach*, 15. Jh. *Gochspach*) wie die umliegenden Dörfer eine Gründung des hohen bzw. späten Mittelalters. Sein Name bezieht sich ebenso wie jener des hier in die Murg mündenden Kauersbachs auf den Kuckuck (mhd. *gouch*). Der Ort setzt sich aus drei Teilen zusammen. Die älteren liegen nördlich auf dem Berg und südlich auf dem Hohrain; der tiefer gelegene Teil dazwischen, der heutige Ortskern entlang der Straße, ist erst im späten 18. Jh. mit dem Bau der Murgtalstraße entstanden. Während des ganzen 16. Jh. umfaßte das Dorf elf bis zwölf Hofstätten. 1652 belief sich die Zahl der Häuser auf 19, 1682 auf 27, von denen allerdings sieben unbewohnt, verbrannt oder halb verfallen waren. Noch 1752 bestand der Ort aus 26 größtenteils einstöckigen Häusern, 1788 jedoch bereits aus 41 Häusern, die sogar zu mehr als drei Vierteln ein Obergeschoß hatten. Aus dem 18. Jh. berichten die Akten verschiedentlich von der Ausstockung einzelner Waldparzellen zwecks Anlage von Wiesen, so namentlich in der Weisunterstatt und im Eberslosh (1764/66), in der Sasbach, im Horngrund und im Grundtal (1783) sowie an der Forbacher Straße, im Grund und in der Haselbach (1791). Auf ältere Rodungen weisen die zum Teil gar nicht mehr gebräuchlichen Flurnamen Aschwiesen (1652), Brennwald, In der Reute und Winterrot (1652) hin.

Herrschaft und Staat. – Die Entwicklung der Herrschaftsverhältnisse in Gausbach entspricht ganz jener in Forbach.

Grundherrschaft und Grundbesitz. – Wie in Forbach spielte die klassische Grundherrschaft auch in Gausbach keine Rolle. Das an sich in Forbach gelegene und von der Herrschaft Baden verliehene Tübinger Gut hatte hier 3 J Äkker; abgesehen von diversen Boden- und Fischwasserzinsen berichten die Quellen nichts von herrschaftlichen Leihegütern. Um so bedeutender war stets der Waldbesitz verschiedener Eigentümer; von den Waldungen im Bereich der damaligen Gausbacher Gemarkung waren um das Jahr 1800 11 250 M im Besitz der Murgschifferschaft, 20 M des Schiffers Jakob Kast aus Gernsbach, 6 300 M des Herzogs von Württemberg, 1 354 M des Markgrafen von Baden, 1 270 M des Heiligenfonds von Forbach und 2 370 M der örtlichen Gemeinde.

Rathaus in Gausbach.

Gemeinde. – Gausbach gehörte von alters her zusammen mit Bermersbach zum Gericht Forbach, hatte aber zumindest zeitweise einen eigenen Schultheißen sowie eine separat verfaßte Gemeinde und schließlich auch ein eigenes Rathaus. Die Gemeindeeinnahmen bestanden in den 1770er Jahren zu mehr als 90 Prozent aus dem Verkauf von Holz; den entsprechenden Waldbesitz hatte die Gemeinde seit dem 15. Jh. zunächst zu bloßem Nutzungsrecht erworben. Zusammen mit den anderen Gerichtsgemeinden waren die hiesigen Gemeinsleute für den Unterhalt der Brücke in Forbach verantwortlich.

Kirche und Schule. – Seelsorglich war Gausbach seit dem späten Mittelalter eine Filiale der nahen Pfarrei Forbach und hatte bis ins 20. Jh. keine eigene Kirche. In den großen und kleinen Zehnt teilten sich bis zum Ende des Alten Reiches das Domkapitel zu Speyer ($^2/_3$) und die Pfarrei Rotenfels ($^1/_3$). Ein Schullehrer wird zuerst 1789 erwähnt; er logierte zunächst in Wirtshäusern, bis ein Schul- und Rathaus eingerichtet war und schließlich sogar ein eigenes Haus für ihn gebaut wurde (1803), in dem er wohnen und unterrichten konnte.

Bevölkerung und Wirtschaft. – Während des ganzen 16. Jh. hatte Gausbach nur etwa 50 bis 60 Einwohner (elf bzw. zwölf Hofstätten). Am Ende des 17. Jh. war die Zahl der bewohnbaren Hofstätten zwar ebenso groß wie hundert Jahre davor, jedoch dürfte die Zahl der ortsanwesenden Menschen sich damals – kriegsbedingt – auf etwa 100 bis 120 belaufen haben (1682 23 Bürger). Im späten 18. Jh. stieg die Einwohnerzahl rasch von 188 (1772/75) über 229 (1781), 251 (1788) und 293 (1795) bis auf 328 (1800).

Angesichts der Ortslage zwischen steilen Hängen gab es in Gausbach immer nur wenig Landwirtschaft. Die kargen Äcker konnten wegen ihrer Hanglage zumeist nur mit der Hacke und nicht mit dem Pflug bearbeitet werden, aber immerhin deutet der Flurname Rebberg (1652) an einem Südwesthang nördlich des Dorfs auf einstigen, wenngleich zweifellos bescheidenen Weinbau. Aber auch die Viehhaltung war trotz ergiebiger Wiesen und ausgedehnter Waldungen eher bescheiden; 1763 gab es im Dorf nur zwei Ochsen, 58 Kühe, 37 Kälber, 55 Ziegen und 65 Schweine, und noch 1790 zählte man neben 156 Rindern, 82 Ziegen und 70 Schweinen nur ein Pferd. So war die Bevölkerung im wesentlichen auf die Arbeit im Wald und auf den Erlös aus dem Holzverkauf angewiesen; nicht von ungefähr gehörte die Sägemühle bei der Forbacher Brücke den Bürgern von Gausbach und Forbach gemeinsam. Auch die Forellenfischerei wurde mit Erfolg betrieben. Ein Schmied findet 1652 Erwähnung, 1784 wurde ein Kramladen konzessioniert. Das durch den Bau der Murgtalstraße angeregte Bemühen eines ortsansässigen Holzmeisters, für sein neugebautes, großzügiges Haus ein Schildrecht zu erlangen, scheiterte in den Jahren nach 1786 am Einspruch der Forbacher, die davon eine zu große Konkurrenz befürchteten; daher gab es noch 1797 in Gausbach nur eine Straußwirtschaft.

Langenbrand

Siedlung und Gemarkung. – Schon durch den Namen gibt Langenbrand seine Entstehung als Rodungssiedlung des hohen bis späten Mittelalters zu erkennen. Dabei kommt angesichts der älteren kirchlichen Zuordnung eine Gründung unmittelbar von Gernsbach her eher in Betracht als im Zusammenhang mit Forbach. Die erste Erwähnung des Dorfs (*Langembrande*) geschieht wie jene Gausbachs um 1339/40 im ältesten Lehnbuch der Bischöfe von Speyer.[5] Noch zu Beginn des 16. Jh. bestand der Ort aus nur drei Hofstätten, 1579 waren es fünf und 1682 immerhin 14; auf einer Gemarkungskarte aus dem späten 18 Jh. präsentiert sich Langenbrand als locker gebaute Weilersiedlung.

Herrschaft und Staat. – Die Entwicklung der Herrschaftsverhältnisse in Langenbrand entspricht ganz jener in Forbach. Grundherrschaftliche Gerechtsame sind abgesehen von Geflügelzinsen auf Häusern und Hofstätten (16. Jh.) nicht zu erkennen.

Gemeinde. – Langenbrand zählte in Mittelalter und früher Neuzeit ebenso wie Bermersbach und Gausbach zum Gerichtsstab von Forbach. Die Gemeinde bestritt ihre Bedürfnisse aus einem eigenen, insgesamt 1060 M umfassenden Wald (um 1800); den wohl nur bescheidenen Zehnt hatte sie seit alters von den Dezimatoren in Pacht.

Kirche und Schule. – Ursprünglich Filiale von Gernsbach, wurde Langenbrand 1481 der damals neugegründeten Pfarrei Weisenbach zugewiesen. Eine eigene Kapelle (ULF und St. Valentin) konnte freilich erst 1743/44 erbaut werden; sie stand im Übergang zum höhergelegenen Ortsteil und wurde bereits Mitte des 19. Jh. wieder abgerissen. In den großen und kleinen Zehnt am Ort teilten sich von jeher das Speyrer Domstift zu zwei Dritteln und die Pfarrei Rotenfels zu einem Drittel. Ein Schulmeister findet erstmals 1774 Erwähnung. Anfangs versah er zugleich das Amt des Nachtwächters, von dem er 1780 wieder entbunden wurde, aber der Unterricht fand noch bis ins 19. Jh. im sogenannten Schul- und Wächterhäusel statt.

Bevölkerung und Wirtschaft. – Bei nur drei Hofstätten dürfte Langenbrand zu Beginn des 16. Jh. nicht viel mehr als ein Dutzend Einwohner gehabt haben. Für das Jahr 1682 (14 Haushaltungen) wird man von etwa 60 Seelen

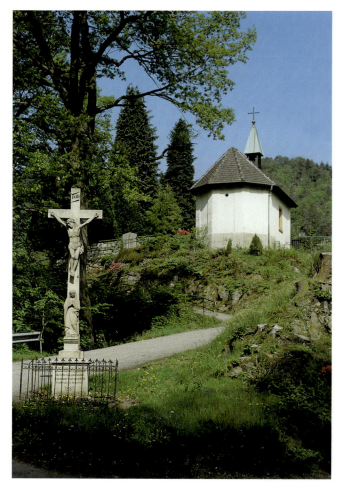

Friedhofskapelle in Langenbrand.

ausgehen können; noch 1750 zählte man am Ort nur 13 Bürger (ca. 50–60 Einwohner). Gegen Ende des 18. Jh. hat dann die Einwohnerzahl wie anderwärts auch in Langenbrand stark zugenommen: 1772/74 101 Personen, 1781 128, 1789 155, 1795 165 und 1800 180.

Hinsichtlich ihres Broterwerbs sahen sich die Bewohner Langenbrands ebenso wie die der umliegenden Orte ganz auf die Waldwirtschaft angewiesen, auf einer Gemarkung freilich, die sehr viel kleiner war als die benachbarten. Der Viehbestand belief sich 1763 auf 115 Rinder, zwölf Ziegen und 57 Schweine, 1790 auf 131 Rinder, 50 Ziegen und 71

Schweine; setzt man diese Zahlen in Relation zur gleichzeitigen Bevölkerungsentwicklung, möchte man eher auf eine Verschlechterung denn auf eine Besserung der sozialen Lage schließen. Daran dürften auch die um die Mitte des 18. Jh. unternommenen Versuche, am Berg südlich des Dorfs nach Eisen- und Bleierz zu graben (FN Erzrain), wenig geändert haben. Angesichts der wachsenden Bevölkerung und des in Blüte stehenden Flößereibetriebs wurde ein 1763 gestellter Antrag auf Schildrecht positiv beschieden; allerdings findet ein Gasthaus zum Ochsen erst 1788 Erwähnung und schon 1796/97 berichten die Akten wieder nur von einer Straußwirtschaft.

Langenbrand von Nordosten.

C. Die Gemeinde vom 19. bis ins 21. Jahrhundert

Bevölkerungsentwicklung. – Die demographische Entwicklung Forbachs war stets Schwankungen unterworfen. Zwar nahm die Bevölkerung insgesamt zu, doch wurde dieser Anstieg wiederholt von Rückschritten unterbrochen. Der Zunahme von 1825 (2975 Einwohner) bis 1845 (3799) folgte bis 1855 ein Schwund auf 2964. Waren für den Anstieg der Bevölkerungszahl eine verbesserte Ernährungslage und Hygiene verantwortlich, so sorgten die Ernteausfälle 1845/46 und Anfang der 1850er Jahre mit anschließenden Teuerungskrisen ebenso für eine Abnahme wie die gescheiterte Revolution von 1848/49. Zwischen 1850 und 1855 kehrten bei einer 50prozentigen Dunkelziffer mindestens 111 Familien Forbach den Rücken. Zwischen 1832 und 1871 dürften mehr als tausend Personen Bermersbach, Forbach, Gausbach und Langenbrand verlassen haben. Daß die Einwohnerzahl dennoch leicht anstieg, ist auf den Geburtenüberschuß zurückzuführen.

Dem Zuwachs auf 4812 Einwohner (1905) folgte bis 1910 ein Rückgang auf 4579, weil ein Teil der Bevölkerung in die industrialisierteren Städte der Rheinebene abwanderte. Infolge der natürlichen Bevölkerungsbewegung und des Baus der Schwarzenbachtalsperre nahm die Einwohnerschaft auf 5922 (1925) zu und konnte die Verluste des Ersten Weltkriegs (188 Gefallene und Vermißte) wieder ausgleichen. Bis 1946 fiel die Bevölkerung auf 5086 (1946), da im Zweiten Weltkrieg mindestens 479 Menschen ihr Leben verloren. Die 342 Gefallenen, 108 Vermißten und 29 Zivilisten machen 8,5 Prozent der Bevölkerung von 1939 aus; knapp jeder dritte Eingezogene fiel. Damit lagen die Forbacher Verluste über dem Kreismittel (7,6%). In der Nachkriegszeit brachten die Vertriebenen- und Flüchtlingseingliederung sowie der Zuzug von Neubürgern die Einwohnerzahl 1970 auf einen Höchststand von 6919 Personen. 1965 stellten die 487 Vertriebenen und 44 SBZ-Flüchtlinge 9,5 Prozent der Bewohner; die meisten lebten in Langenbrand (14,4%), die wenigsten in Gausbach (5,9%). Forbach lag damit deutlich unter dem Kreis- (19,5%) und Landesmittel (24,2%). Zwischen 1950 und 1987 sank die Einwohnerzahl wieder um 0,8 Prozent, während sie im Kreis um mehr als die Hälfte wuchs. Damit ist Forbach die einzige Kreisgemeinde, die in diesem Zeitraum einen Rückgang aufzuweisen hat. Aber auch nach 1987 ging die Bevölkerung zurück; wieder wies Forbach als einzige Gemeinde im Kreis eine negative Bilanz auf (1987 5795, 1999 5726), und bis 2000 fiel die Einwohnerzahl weiter auf 5633. Bedingt durch seine große Gemarkung ist Forbach die am dünnsten besiedelte Gemeinde im Kreis.

Während die Jungen wegzogen, blieben die Alten – so läßt sich die Entwicklung der Altersstruktur bilanzieren. Waren 1900 lediglich 2,6 Prozent der Bewohner 70 Jahre und älter, so stieg der Anteil der über 65jährigen von 7,2 (1939) auf 14,9 Prozent (1987) auf mehr als das Doppelte und lag weit über dem Kreismittel (1987 11,1%). Umgekehrt ging die Quote der unter 14jährigen von exakt einem Drittel (1858) auf 27,9 Prozent (1939) zunächst leicht zurück; erst in der Nachkriegszeit sank der Anteil der Kinder unter 15 Jahren auf 14,3 Prozent (1987) und unterschritt damit das Kreismittel (14,9%).

Analog der demographischen Entwicklung stieg die Zahl der Wohngebäude. Sie wuchs von 447 (1875) auf 707 (1925) um mehr als die Hälfte. Durch Luftangriffe am 6. September 1943 und 19. Oktober 1944 sowie die Besetzung 1945 wurde im Bermersbacher Unterdorf ein Fünftel der Wohngebäude total zerstört; 11,8 Prozent der Gebäude erlitten mittlere, 1,2 Prozent leichtere Schäden. 1945 verloren 36 Familien mit 186 Personen ihren Wohnraum. Neben den Zerstörungen wurde der Wohnraum durch die Einquartierung französischer Besatzer in Gausbach (60–100), Forbach (150) und Bermersbach (120) knapp. Um die Wohnungsnot zu lindern, gründeten die Bewohner im Dezember 1945 die Notgemeinschaft Bermersbach, mit deren Hilfe von 1947 bis 1951 13 Häuser erstellt wurden. Zwischen 1950 und 1987 nahm die Zahl der Wohngebäude von 788 auf 1278 um knapp zwei Drittel zu. Ebenso erhöhte sich die Zahl der Wohnungen seit 1950 von 1381 auf 2044, allerdings nicht so stark wie die der Häuser. Somit wurde in Forbach vorrangig Wohneigentum gebaut, weniger Mietunterkünfte.

Die Zahl der Haushalte wuchs von 820 (1880) auf 1391 (1939) um mehr als zwei Drittel und in der Nachkriegszeit von 1693 (1950) auf 2120 (1987) zusätzlich um ein Viertel. Hier fiel der Anstieg geringer aus (+158,5%) als der bei den

C. Die Gemeinde vom 19. bis ins 21. Jahrhundert

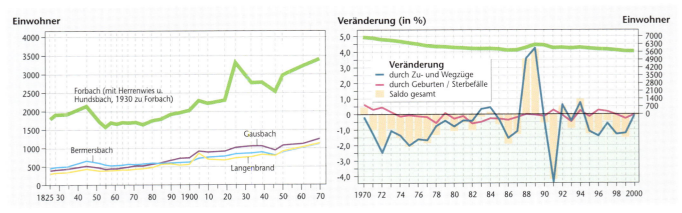

Bevölkerungsentwicklung in Forbach 1825 bis 2000.

Wohnstätten (+ 185,9 %), was ebenso für zunehmend komfortablere Wohnverhältnisse spricht wie die Verringerung der Zahl der Haushaltungen je Wohngebäude von 1,8 (1880) auf 1,6 (1987). Die Zahl der Personen pro Hausstand ging von 4,9 (1880) auf 2,7 (1987) zurück, womit Forbach das Kreismittel (2,5) übertraf. Die Individualisierung der Wohn- und Lebensverhältnisse zeigt sich am zunehmenden Anteil der Single-Haushalte von 0,9 (1880) auf 22,3 Prozent (1987). Der Vergleich mit dem Kreisdurchschnitt (25,8 %) zeigt, daß in Forbach der Individualisierungstrend geringer entwickelt war und familiale Wohnmuster sich länger hielten. Daß das individualisierte Wohnen ein Nachkriegsphänomen ist, belegt der Hundertsatz von 9,8 im Jahr 1950. Neben dem Anstieg wandelte sich auch die Sozialstruktur der allein Lebenden. Wohnten bis in die Nachkriegszeit nahezu ausschließlich ältere Personen allein, die aus dem Erwerbsleben ausgeschieden waren, so gehörte 1987 ein Drittel der Singles zu den Erwerbstätigen, und nur noch gut die Hälfte der Alleinstehenden war über 65 Jahre alt.

Zu Beginn des 20. Jh. kamen mit dem Bau der Murgtalbahn 317 Reichsausländer, vor allem Italiener, und 295 außerbadische Reichsangehörige nach Bermersbach, Forbach, Gausbach und Langenbrand (dort sogar 28,1 %). Nach Fertigstellung der Streckenabschnitte nach Forbach und Raumünzach ging der Auswärtigenanteil wieder zurück. Erst Ende der 1950er Jahre führte die Anwerbung südeuropäischer Arbeiter dazu, daß sich der Fremdenanteil 1970 auf 5,9 und 1987 auf 6,2 Prozent erhöhte (im Kreis 6,5 %). Bis 1997 hat sich der Anteil der 439 Ausländer auf 7,8 Prozent erhöht; ein knappes Drittel von ihnen waren Türken.

Mussolini und das Murgtal

Kontrovers diskutiert wird der Aufenthalt Benito Mussolinis beim Eisenbahnbau vor dem Ersten Weltkrieg. Ausschließen kann man wohl, daß er dort als Maurer arbeitete; vermutet wurde solches aufgrund einer entsprechenden Tätigkeit während seines Schweizer Exils. Vielmehr hat der spätere Redakteur des Wochenblatts Avenire del Trentino und Direktor der Parteizeitung Avanti am 9. Oktober 1908 im mittleren Murgtal als Propagandist eines revolutionären Sozialismus vor italienischen Bauarbeitern gesprochen und in Langenbrand im Gasthof zum Ochsen übernachtet.

Soziale Gliederung. – Im 19. Jh. arbeitete im Schnitt mehr als die Hälfte der Erwerbstätigen in der Land- und Forstwirtschaft, in Gausbach sogar zwei Drittel (1895 66,9 %), aber bereits Ende des 19. Jh. ging ein Drittel einer Beschäftigung im Produzierenden Gewerbe nach, zumeist in Langenbrand (44,7 %). Das Dienstleistungsgewerbe war gering entwickelt. Bezogen auf den Gebietsstand der kommunalen Neugliederung sicherte sich darin 1895 ein Siebtel seinen Unterhalt, davon 8,3 Prozent in der Sparte Handel, Verkehr und Nachrichten und 6,1 Prozent im übrigen

Dienstleistungsbereich. Am weitesten entwickelt zeigte sich in Forbach der Tertiärsektor (19%). Die Erwerbstätigkeit war Schwankungen unterworfen. Bezogen auf die heutige Gemeinde, stieg sie in der ersten Hälfte des 20. Jh. von 42,9 (1895) auf 50 Prozent (1950), um danach auf 45,4 Prozent (1987) zurückzugehen. Mit einer Erwerbslosenquote von 2,9 Prozent war die Beschäftigungslage in Forbach günstiger als im Kreis (4,5%). Die Frauenerwerbstätigkeit sank von 38 (1950) auf 31,1 Prozent (1987). Ausschlaggebend dafür war der Rückgang der mithelfenden Familienangehörigen, fast ausschließlich Frauen, deren Anteil aufgrund des Höfe- und Handwerkesterbens von 21,9 (1950) auf ein Prozent (1987) fiel.

Den Bedeutungsverlust der Land- und Forstwirtschaft im Strukturwandel der Nachkriegszeit belegt die Erwerbstätigenquote, die von 51,7 (1895) auf 2,9 Prozent (1987) fiel, wegen des umfangreichen Waldbesitzes jedoch nicht ganz so dramatisch wie im übrigen Kreis (1,5%). Von der Marginalisierung des Agrarsektors profitierte in der Nachkriegszeit zuerst das Verarbeitende, dann das Dienstleistungsgewerbe. Im Sekundärsektor erhöhte sich die Erwerbstätigenquote von 1895 (32,8%) bis 1946 (44,5%) ebenso um ein Drittel wie von 1950 (46,1%) bis 1987 (59,6%). Forbach übertraf damit den Kreisdurchschnitt (52,3%). Der andere Gewinner des Strukturwandels war der Tertiärsektor, der zwar bis zur Mitte des 20. Jh. lediglich eine marginale Rolle für den Erwerbssektor spielte, seinen Anteil aber von 1946, als ein knappes Fünftel darin arbeitete, bis 1987 auf mehr als ein Drittel der Erwerbstätigen steigerte. Dabei waren 10,1 Prozent im Bereich Handel und Versicherung sowie 27,4 Prozent im übrigen Dienstleistungsgewerbe tätig. Trotzdem erreichte Forbach nicht das Kreismittel von 46,2 Prozent (1987). Auffallend ist der hohe Frauenanteil im Tertiärsektor (58%), den 1987 kein anderer Sektor erreichte und der fast an den Prozentsatz im Agrarsektor von 1946 (61,5%) herankam. Demgegenüber blieb das Verarbeitende Gewerbe eine Männerdomäne (1946 7,6%, 1987 14,7% Frauen).

Ihrer sozialen Stellung nach ist bei den Erwerbstätigen eine Verringerung des Selbständigenanteils bei kontinuierlicher Zunahme der abhängig Beschäftigten festzustellen. Im Strukturwandel der Nachkriegszeit gaben viele Bauern und Handwerker ihren Betrieb auf, so daß die Selbständigenquote von 16,7 (1946) auf 5,2 Prozent (1987) sank. Aus demselben Grund wurde die Mithilfe von Familienangehörigen – nahezu ausschließlich Frauen – hinfällig. Halfen 1946 noch 285 Personen (14,4%) und 1950 sogar 644 Arbeitskräfte (21,9%) in Familienbetrieben mit, so taten dies 1987 nur noch 25 Personen (1%). Der Anteil der abhängig Beschäftigten stieg dagegen von 81,5 auf 94,8 Prozent, und – rechnet man die helfenden Familienangehörigen nicht mit – von 67,1 auf 93,8 Prozent. Den größten Zuwachs erzielten – analog zum Bedeutungszuwachs des Dienstleistungsgewerbes – die »Weiße-Kragen-Berufe«, also die Be-

Festhalle in Langenbrand.

amten und Angestellten (von 9,3% 1946 auf 30% 1987), von denen die Angestellten die größte Zunahme von 9% auf 25,2%) erzielten, während sich der Anteil der Beamten von 3,3 auf 4,8 Prozent nur um knapp die Hälfte erhöhte. Zusammen mit den Auszubildenden kamen beide auf ein gutes Drittel der Erwerbstätigen. Nicht so hohe Zuwächse, aber den größten Anteil erreichten die Arbeiter, die sich bereits 1946 auf einem hohen Ausgangsniveau (54,3%) befanden und dieses nochmals auf 55,3 Prozent steigern konnten. Mit den gewerblichen Auszubildenden kamen die Arbeiter auf 60,3 Prozent der Erwerbstätigen.

Politik und Wahlverhalten. – Wenngleich die Restaurationszeit hier äußerlich ruhig verlief, ergab die politische Repression der Metternich-Ära in Verbindung mit den wirtschaftlichen und sozialen Mißständen doch ein explosives Gemenge, das in der Revolution 1848/49 zum Ausbruch kam. Obschon die Ortsbereisungsprotokolle Bermersbach, Gausbach und Langenbrand nachträglich politische Zuverlässigkeit bescheinigten, war die Beteiligung an der Volkserhebung doch bemerkenswert groß. Die Behörden erfaßten insgesamt 520 Männer, die an der Revolution mitgewirkt hatten, davon 107 in Bermersbach, 260 in Forbach, 88 in Gausbach und 61 in Langenbrand, hingegen nur je zwei in Herrenwies und Hundsbach. Das waren in Forbach knapp zwei Drittel der Männer und in Bermersbach mehr als zwei Drittel, in Gausbach und Langenbrand sogar mehr als die Hälfte; dagegen fielen die Waldkolonien mit 6,1 bzw. 2,4 Prozent deutlich ab. Bezogen auf den Gebietsstand der Gemeindereform, eilte mehr als jeder zweite Forbacher für Freiheit und Volksherrschaft zu den Waffen (53,8%). Damit bewegte sich Forbach aber noch am unteren Rand des Durchschnitts im Bezirksamt Gernsbach, in dem mehr als zwei Drittel der Männer (68,6%) sich für die revolutionären Ziele einsetzten, was auch dem Organisator des Wehrwesens im Amtsbezirk, Max Dortu, zuzuschreiben ist. In Bermersbach stellten die Freiheitskämpfer zwei Aufgebote zur Durchsetzung der Reichsverfassung von 1849 ebenso wie in Forbach, Gausbach und Langenbrand ein drittes Kommando zum Schutz der Gemeinden boten Bermersbach und Forbach während der Kämpfe an der Murglinie auf. Vor allem Forbach, von wo das erste Aufgebot unter dem Kommando von Major Dortu nach Heidelberg marschierte, erwies sich als revolutionärer Brennpunkt. Bürgermeister Fritz Ludwig und der Gastwirt Dominik Wunsch beteiligten sich am Zug ins württembergische Schwarzenberg zur Verhaftung badischer Offiziere; der Landesausschuß berief Gustav Haas als Schriftführer bzw. Kanzleivorstand nach Karlsruhe ins Ausfertigungsbüro der vorläufigen Revolutionsregierung; Ludwig Haas wurde bei der Offenburger Versammlung als Soldatenfürsprecher in den Landesausschuß gewählt und fungierte im Juni 1849 als Stadtkommandant von Mannheim.

Bei den Wahlen im Kaiserreich zeigte sich der für die katholischen Regionen Badens typische Dualismus zwischen der nationalliberalen Partei einerseits und der katholischen andererseits mit charakteristischen Mehrheitswechseln. Trotz seiner konfessionellen Prägung vermochte sich das Zentrum erst 1898 als stärkste Partei durchzusetzen; zuvor mußte es den Nationalliberalen (1881 75,2%, 1887 68,6%) stets den Vortritt lassen. Als letztere 1890 ihre Führungsrolle nicht behaupten konnten, nahmen ihnen die Demokraten (57,5%) die Spitzenposition ab. Von 1898 an dominierte das Zentrum (66,8%) und konnte seinen Anteil bis auf 80,1 Prozent (1907) steigern, ehe 1912 wieder die Nationalliberalen triumphierten (76,7%). Ebenfalls 1898 gelang den Sozialdemokraten der Durchbruch (6,5%); bis 1912 konnten sie ihre Quote auf 18,4 Prozent fast verdreifachen. Die Beteiligung an den Reichstagswahlen im Kaiserreich war durchweg hoch. Bezogen auf die heutige Gemeinde, betrug sie stets um 85 Prozent, lediglich 1877 lag sie unter drei Vierteln der Stimmberechtigten (72,4%). Vor allem während des Kulturkampfs wurden die Wähler mobilisiert und ein hoher Abstimmungsgrad (1887 92,2% in den Waldkolonien, 91,4% in Gausbach) erreicht, was sich aber – wie gesehen – nicht automatisch in einem Votum für das Zentrum (0,5%) niederschlug.

In der Weimarer Krisenzeit war die Wahlbeteiligung hoch (1919 85,8%, 1930 87,1% und 1933 82,2%), was auf die Mobilisierung polarisierter politischer Lager und deren Wunsch nach Veränderung hindeutet, während in der Konsolidierungsphase Mitte der 1920er Jahre die Beteiligung sank; im Dezember 1924 erreichte sie mit 58,4 Prozent ihren Tiefpunkt.

Die drei bereits 1912 maßgeblichen Parteien bildeten den Kern der Weimarer Koalition. Das Zentrum behauptete seine Vorrangstellung mit Ergebnissen zwischen 70,8 (1919) und 51,4 Prozent (1930). Wie bereits im Kaiserreich zeigte sich, daß Forbach zwar überwiegend katholisch sozialisiert war, diese Prägung jedoch nicht das Wahlverhalten dominierte. Seit 1920 lagen die Zentrumsresultate nur knapp über der 50-Prozent-Marke. Allerdings war dieses katholische Milieu in sich fest geschlossen. Auch bei der Erdrutschwahl im Juli 1932 (47%) und bei der halbdemokrati-

Ortsmitte von Gausbach.

Gausbach 1919 sogar ein Drittel – der Stimmen erhalten, mußte danach aber die Abspaltungen der USPD und der KPD hinnehmen. Die SPD erlebte seit 1920 (15,4%) einen Stimmenschwund, der sich Ende der 1920er Jahre (1928 26,9%) noch einmal wendete, 1933 aber bei 12,7 Prozent anlangte. In der Radikalisierungsphase der Republik wurde die SPD sogar von der KPD überholt, die im November 1932 19,9 Prozent erzielte (SPD 13,6%). Besonders in Forbach und Gausbach fand die extreme Linke großen Zuspruch. Dort hatte die USPD bereits 1920 mit 30,5 bzw. 35,3 Prozent den zweitgrößten Anteil hinter dem Zentrum. Zur Zeit der Präsidialkabinette konnte diese Klientel wieder aktiviert werden. Im November 1932 lag der KPD-Anteil in Forbach und Gausbach wieder so hoch wie in den Krisenjahren der jungen Republik (25,1 bzw. 33,8%); insgesamt erhielten die Kommunisten ein Fünftel der Stimmen. Selbst im März 1933, als die Partei bereits verboten war, erhielt sie in ihren Hochburgen noch 11,4 bzw. 11,7 Prozent. Dies belegt die innere Geschlossenheit des zweiten sozialmoralischen Milieus, der Arbeiterbewegung.

Die DDP als dritte Kraft der Weimarer Koalition hatte in Herrenwies eine ausgesprochene Hochburg. Diese auf den ersten Blick erstaunliche Tatsache erklärt sich daher, daß zum Herrenwieser Wahlbezirk die Kurhotels und Sanatorien der Stadt Bühl (Sand und Bühlerhöhe) sowie der Gemeinden Bühlertal (Plättig und Wiedenfelsen) und Ottersweier (Hundseck) zählten. 1920 erhielt die DDP dort mehr als jede vierte Stimme und avancierte 1930, als sie zusammen mit der DVP die Einheitsliste bildete, zur stärksten Fraktion (27,8%). Die rechtsliberale DVP hatte dort ebenfalls ihren größten Rückhalt (Dezember 1924 26,8%). Nach der Eingemeindung der Waldkolonien nach Forbach (1930) fiel dieses rechts- und linksliberale Wählerpotential in den Forbacher Ergebnissen kaum mehr auf; zudem gingen beide Parteien in der Agonie der Republik unter.

Die NSDAP trat erstmals 1928 (0,1%) auf den Plan und wurde lediglich in Forbach, Gausbach und Langenbrand gewählt. Im Dezember 1924 hatte die Nationalsozialistische Freiheitsbewegung insgesamt noch 0,8 Prozent erhalten, in Forbach und Hundsbach 1,4 bzw. 1,8 Prozent. Der Durchbruch gelang erst im Juli 1932, als jeder fünfte Forbacher für die Hitlerbewegung stimmte. Erwartungsgemäß lag der Anteil in den Zentrumshochburgen Bermersbach und Langenbrand (9,7 bzw. 11,9%) unter dem von Forbach und Gausbach (22,3 bzw. 25,3%). Diese Tendenz hatte sich bereits bei der Wahl 1930 angedeutet, als die braune Bewegung insgesamt auf 11,1 Prozent kam, ihre besten Ergeb-

schen Märzwahl 1933 (45%) behauptete die katholische Partei ihren Spitzenplatz gegenüber der NSDAP, die lediglich die Hälfte der Stimmen gewinnen konnte; in den Gemeinden mit einem äußerst homogenen katholischen Milieu wie Bermersbach und Langenbrand erhielt das Zentrum bei beiden Urnengängen jeweils drei Viertel der Voten. Gegenüber anderen katholischen Kreisgemeinden zeigte Forbach demnach eine prozentual kleinere, aber in sich gefestigte Zentrumswählerschaft.

Die SPD als die zweite republiktragende Partei hatte vor dem Ersten Weltkrieg wie 1919 noch rund ein Fünftel – in

nisse wiederum in Gausbach und Herrenwies (24 bzw. 19,9%) erzielte. Bemerkenswerterweise konnte die NSDAP nach einem Rückschlag im November 1932 (19,9%) ihr Resultat im März 1933 nur geringfügig auf 25,2 Prozent steigern und blieb deutlich hinter dem Zentrum (45,4%) zurück. Abermals unterschieden sich die Ergebnisse in Bermersbach und Langenbrand (10 und 17,8%) klar von denen in Forbach und Gausbach, wo rund jeder Dritte für die Nationalsozialisten votierte (29,7 bzw. 38,1%).

Die Ergebnisse bei den sogenannten Volksabstimmungen in der NS-Zeit geben Aufschluß über die Herrschaftsverhältnisse, bei denen Gewalt und Verführung die spezifischen politischen und psychologischen Rahmenbedingungen schufen. Die Resultate sind jedoch auch ein Hinweis für das Einverständnis mit dem entfalteten NS-Regime. Bei der Novemberwahl 1933 lag der Ablehnungsgrad insgesamt bei 2,3 Prozent, merkwürdigerweise in den ehemaligen Zentrumshochburgen Bermersbach und Langenbrand (0 bzw. 0,2%) niedriger als in Forbach und Gausbach mit 3,7 und 2,2 Prozent; ersteres übertraf dabei das Mittel des Bezirksamts (2,9%). In Forbach und Gausbach war auch im August 1934 die Ablehnung von 8,9 bzw. 5,5 Prozent auf die alte KPD-Wählerbasis zurückzuführen; Forbach überbot wiederum das Bezirksmittel (8,8%). Demgegenüber votierten in Bermersbach und Langenbrand mit 2,4 und 1,9 Prozent erheblich weniger Wähler gegen die Ernennung Hitlers zum Führer und Reichskanzler. Die Bejahung und Zurückweisung der NS-Politik hatte sich hier innerhalb weniger Monate gewandelt. Zwangsarbeiter waren in drei Lagern in Forbach (240 Insassen), Gausbach und Langenbrand (je 100) untergebracht; sie mußten in der Pappenfabrik Dorn und in der Weisenbacher Papierfabrik E. Holtzmann arbeiten.

Die Luftangriffe seit 1943 brachten Bevölkerungsverluste und Sachschäden. Am 13. April 1945 erreichte die I. französische Armee das mittlere Murgtal und nahm Bermersbach ein. Deutsche Truppen hatten eine neue Kampflinie an der Schwarzwaldhochstraße errichtet und alle Wege außer der alten Straße vom Wolfsheck nach Bermersbach zerstört. Bei der Besetzung Bermersbachs starben zwei Menschen, im Unterdorf brannten 19 Wohnhäuser vollständig nieder; beim Einmarsch in Forbach, wo vier Zivilisten starben, und in Gausbach wurden die Franzosen von deutscher Artillerie beschossen. Plünderungen und Vergewaltigungen folgten. Nach der Verbrannte-Erde-Taktik sollte auch die Schwarzenbachtalsperre gesprengt werden, aber dieser »Nero-Befehl« vom 16. April 1945, der unabsehbare Folgen für Forbach gehabt hätte, kam nicht mehr zur Ausführung. In der nachfolgenden Besatzungszeit wurden französische Soldaten in Bermersbach, Forbach und Gausbach eingewiesen, Requisitionen erschwerten das tägliche Leben und Arbeiten.

Die Beteiligung an den Bundestagswahlen bewegte sich durchweg auf einem hohen Niveau. Abgesehen von der 1949er Wahl (73,4%), die als Richtungswahl anzusehen ist und weitgehend mit den Wahlergebnissen von 1928/32 übereinstimmt, gingen bis 1990 (76,4%) stets vier Fünftel der Stimmberechtigten an die Urnen. In den nachfolgen-

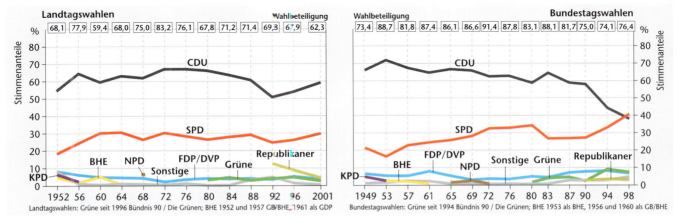

Ergebnisse der Landtags- und Bundestagswahlen in Forbach.

den beiden Wahlen machten erneut vier von fünf Bürgern von ihrem Stimmrecht Gebrauch.

Zur dominierenden politischen Kraft der Nachkriegszeit stieg die CDU auf, die als interkonfessionelle und bürgerliche Sammlungsbewegung auch den evangelischen Wählern offenstand. Bis zur Kommunalreform wählten zumindest zwei von drei Forbachern die Union, die in den alten Zentrumshochburgen ihren stärksten Rückhalt fand und dort auch Weimarer Resultate erzielte. In Langenbrand und Bermersbach errang sie 1953 88,3 und 81,6 Prozent. Die SPD erfuhr dagegen in Forbach und Gausbach großen Zuspruch (1957 29 und 28,1%) und konnte – bezogen auf den Gebietsstand der kommunalen Neugliederung – ihren Anteil stufenweise steigern, von 16,3 (1953) auf 28,2 Prozent (1969). Die KPD konnte gleichfalls an die traditionellen Wählerbindungen in Forbach und Gausbach anknüpfen und erzielte 1949 und 1953 mit 6,7 und 7,6 Prozent Resultate, die mit denen in der Endphase der Weimarer Republik vergleichbar waren. Der FDP gelang es bis Ende der 1960er Jahre, die Fünf-Prozent-Hürde zu nehmen, ehe sie 1969 daran scheiterte (2,8%). Die Freidemokraten hatten ebenfalls in Forbach und Gausbach ihr größtes Reservoir; 1961 erhielten sie dort 9,6 und 6,7 Prozent.

Auch nach der Gebietsreform blieb die Union unangefochten stärkste Partei, votierten doch in den 1970er Jahren immer knapp zwei Drittel für sie. Seit 1987 setzte ein Stimmenschwund ein, der aber aufgrund des starken Rückhalts erst 1998 zum Verlust der absoluten Mehrheit führte. Umgekehrt gelang es der SPD, ihre Talsohle zwischen 1983 und 1990, als nur jeder vierte Forbacher für sie stimmte, zu überwinden. 1998 vermochte sie mit ihrem bislang besten Ergebnis den Abstand zur Union erheblich zu verkürzen. Die FDP scheiterte während der gesamten sozialliberalen Ära an der Sperrklausel und übersprang diese – nach abermaligem Koalitionswechsel – erst wieder 1987.

Charakteristisch für die Nachkriegszeit war die Herausbildung einer Dreiparteienlandschaft. Erst mit der in den 1980er Jahren aufkommenden Ökologiebewegung fächerte sich das politische Spektrum auf. Die Grünen, 1980 erstmals auf den Stimmzetteln, scheiterten zwar stets an der Fünf-Prozent-Hürde, waren jedoch als politische Kraft nicht mehr zu übersehen. Seit 1990 setzten sich am rechten Parteienrand die Republikaner durch, die die NPD ablösten und Resultate zwischen zwei und drei Prozent erzielten. Kennzeichnend für die Aufgliederung der Parteienlandschaft ist auch die Zunahme der Splitterparteien. Seit Ende der 1980er Jahre ist ein prozentualer Anstieg der sonstigen Parteien unverkennbar; er bedeutet in der Tendenz eine »Weimarisierung« der Parteienlandschaft.

Bei den Landtagswahlen war die Union ebenfalls führend. Bis zur Kommunalreform stimmte jeder zweite Wahlberechtigte, 1956 und 1964 sogar zwei von drei Forbachern für die CDU. Auch hier konnte sie auf ihre Klientel in Bermersbach (1956 83,2%) und Langenbrand (1964 76,6%) vertrauen, so daß das Wählerpotential des Zentrums, das 1952 in Gausbach noch auf 18,2 Prozent kam, rasch in der interkonfessionellen Konkurrenz aufging. Die Sozialdemokratie wurde parallel zum Bund in Forbach und Gausbach (1964 39,3 und 31,4%) stärker bevorzugt, wie auch die FDP, die dort 1952 zum ersten und einzigen Mal zweistellige Resultate (10 bzw. 11,1%) einfahren konnte. In den 1970er Jahren erzielte die CDU in der neugebildeten Gemeinde Forbach ihr Spitzenresultat mit 67 Prozent (1972 wie 1976), erlebte jedoch seither einen stetigen Rückgang, der 1992 seinen Tiefpunkt erreichte. Vier Jahre später gelang es der Union erstmals seit 1972, das Resultat der Vorwahl zu übertreffen. Auch die SPD erzielte 1992 ihr schlechtestes Ergebnis; 1996 konnte sie etwas zulegen, jedoch ohne die Werte der 1970er Jahre zu wiederholen. Beide Großparteien verloren Anfang der 1990er Jahre viele Stimmen an die Republikaner, die sich seither als fünfte politische Kraft etablierten, was den Grünen bereits von 1980 an gelungen war; die Freidemokraten scheiterten seit 1956 jedesmal an der Fünf-Prozent-Marke. Somit besteht bei den Landtags- wie bei den Bundestagswahlen ein Fünf-Parteien-Spektrum. Bei der Kommunalwahl 1999 setzte sich die Freie Wählervereinigung (38,9%, 8 Sitze) vor die CDU (34,9%, 7 Stimmen) und die SPD (26,2%, 5 Sitze). Beide Großparteien haben Ortsverbände.

Allgemeine Wirtschaftsentwicklung. – Bis weit ins 20. Jh. waren Forstwirtschaft und gewerbliche Holzverarbeitung in Forbach die ökonomischen Leitsektoren. Broterwerb bot den Bewohnern der abgelegenen Waldkolonien auch die protoindustrielle Schneflerei. Schnefler waren Verfertiger grober Holzwaren, die Kübel, Schachteln, Schindeln, Fässer, Kochlöffel, Rechen, Mausfallen usw. herstellten; verarbeitet wurden-, dabei vorrangig Tannen-, Buchen- und Ahornholz. In Hundsbach entstand mit staatlicher Unterstützung eine Schnefeleigesellschaft, die ein Werkstattgebäude betrieb. Der nicht eingetragene Verein kaufte das benötigte Holz ein und gab es mit Preisvorteilen an die acht Mitglieder ab, die der Schneflerei freilich nur außerhalb der Waldarbeitssaison nachgingen und für ihre Holzwaren Stücklohn

Kirschbaumwasen von Süden.

erhielten. Der Verkauf der Erzeugnisse erfolgte an Einzelkunden sowie seit 1904 an einen Großabnehmer, eine Fabrik in Oos, für die sechs Mitglieder vorbereitete Hobel fertigstellten. Neben den organisierten Gesellschaftsmitgliedern vertrieben 1907 drei Schnefler ihre Waren selbst. Wegen des Rückgangs der Schneflerei bot das Landesgewerbeamt im Winter 1907/08 einen Kurs für Spankorbflechterei als Heimarbeit an, die bis 1923 betrieben wurde.

Beschäftigungsmöglichkeiten im gewerblichen Sektor boten vorrangig die Holzstoff- und Papierfabriken in Gausbach und besonders in Langenbrand, während kleinere Handwerksbetriebe in Forbach zahlreich vertreten waren. Die Zahl der nichtlandwirtschaftlichen Arbeitsstätten erhöhte sich, gemessen am Gebietsstand der Kommunalreform, von 260 (1939) auf 269 (1961), um danach auf 224 (1987) zurückzugehen. Dieser Schwund resultierte aus Betriebsaufgaben im Produzierenden Gewerbe, wo die Zahl der Produktionsstätten von 89 (1950) auf 65 (1970) sank, wohingegen die Dienstleistungsbetriebe von 159 (1961) auf 176 (1970) zunahmen. Während die Zahl der außeragrarischen Arbeitsstätten zwischen 1939 und 1970 in Bermersbach (von 42 auf 30) und in Forbach (von 158 auf 143) sank, wuchs sie in Gausbach (von 32 auf 34) und Langenbrand (von 28 auf 35).

Die Zahl der Beschäftigten erhöhte sich leicht von 2019 (1939) auf 2357 (1987); 1970 hatte sie mit 2836 ihre Höchstmarke erreicht. Dabei kam dem Dienstleistungsgewerbe größere Bedeutung zu, wenngleich 1987 mit 869 Personen mehr als ein Drittel aller Beschäftigten im Produzierenden Gewerbe arbeitete. Die mittlere Beschäftigtenzahl pro Betrieb stieg ebenfalls von 7,8 (1939) auf 10,5 Personen (1987). Dieser Konzentrationsprozeß zu größeren Produktionseinheiten fand unterschiedliche lokale Ausprägungen. In Gausbach sank die durchschnittliche Beschäftigtenzahl von 8,9 auf 5,3 (1970), dagegen stieg sie in den drei übrigen Gemeinden, am deutlichsten in Langenbrand, wo sie das hohe Ausgangsniveau von 28 sogar noch auf 39,1 Personen anzuheben vermochte.

Aus- und Einpendler, bezogen auf die heutige Gemeinde (1970 und 1987 Anteil der Auspendler an den Erwerbstätigen am Wohnort bzw. der Einpendler am Arbeitsort)

Jahr	Auspendler	Einpendler	Saldo
1900	51	8	– 43
1925	179		
1950[1]	734 (29,9%)	535	– 199
1961[1]	1010 (30,4%)	758	– 252
1970[2]	1576 (39,5%)	690 (24,6%)	– 886
1987[2]	1415 (53,9%)	355 (19,5%)	– 1060

[1] Prozentangabe bezeichnet den Anteil der Auspendler an den Erwerbstätigen am Wohnort. – [2] Absolute Zahl erfaßt unter den Aus- und Einpendlern die Berufs- und Ausbildungspendler; Prozentangabe betrifft den Anteil der erwerbstätigen Auspendler an den Erwerbstätigen am Wohnort bzw. den Anteil der Einpendler an den Erwerbstätigen am Arbeitsort.

Begleitet waren diese Entwicklungen von der wachsenden Individualmotorisierung, die die regionale Mobilität der Arbeitnehmer erhöhte. In der Nachkriegszeit verdoppelte sich die Zahl der Auspendler von 734 (1950) auf 1 415 (1987), wovon die meisten 1987 nach Gernsbach (446, d.h. 31,5% aller Auspendler) fuhren; 388 (27,4%) pendelten nach Gaggenau und 107 (7,6%) nach Baden-Baden. Demgegenüber fiel die Zahl der Einpendler, die in der bundesrepublikanischen Aufbauphase von 535 (1950) auf 758 (1961) gestiegen war, auf 355 (1987) zurück. Ein Großteil davon kam 1987 aus Gernsbach (78, d.h. 22% aller Einpendler); aus Weisenbach stammten 68 (19,2%) und aus Baiersbronn 45 (12,7%). Die Zahl der Berufsauspendler stieg von 734 (1950) auf 1 141 (1987) an; demgegenüber fiel der Anteil der Einpendler unter den Erwerbstätigen von 595 (1970) auf 354 (1987). Auch die Zahl der Ausbildungsauspendler sank von 389 (1970) auf 274 (1987), aber der Auspendleranteil an den Schülern und Studierenden am Wohnort nahm von 34,1 auf 38,9 Prozent zu. Neben den Folgen der Bildungsreform dokumentiert sich darin das begrenzte Schulangebot in Forbach. Strömten 1970 95 auswärtige Schüler ein (11,3% der in Forbach Lernenden), so kam 1987 nur noch ein Schüler (0,2%) von auswärts zum Unterricht. Aufgrund der Negativentwicklung bei den Berufs- und Bildungspendlern verschlechterte sich der Pendlersaldo insgesamt von 43 (1900) auf 1 060 (1987) – sprunghaft in den 1960er Jahren – und belegt damit den Mangel an Arbeits- und Schulstätten im mittleren Murgtal.

Land- und Forstwirtschaft. – Wegen der widrigen Anbaubedingungen hatte die Landwirtschaft als Erwerbsquelle in Forbach und seinen Ortsteilen kaum eine Bedeutung; die Einwohner lebten mittel- oder unmittelbar vom Wald. Besonders in den beiden Waldkolonien, wo mehrere Förster tätig waren, gab es für Holzfäller viel Arbeit. In Höhen von 300 bis über 1 000 m wurden in der zweiten Hälfte des 19. Jh. in den Gemeindeforsten vorrangig Tannen, hundert Jahre später Fichten kultiviert; in den großherzoglichen Domänenwaldungen pflanzte man hauptsächlich Fichten. Größter Waldeigentümer ist nach wie vor die genossenschaftlich verfaßte Murgschifferschaft, die sich in der zweiten Hälfte des 19. Jh. von einer Flößerinnung aktiver Schiffer mit Waldnutzungsrechten zu einem reinen Forstbetrieb wandelte und deren Wald seit 1886 staatlich betreut wird. Weitere Eigner sind das Land – nach 1918 wurde der Domänenwald Herrenwies Staatswald – und die vier Gemeinden Bermersbach, Forbach, Gausbach und Langenbrand, an die auch die Körperschaftswaldungen (Heiligenfonds Forbach und Kapelle Langenbrand) fielen. 1997 gehörte der Gemeinde mit 2 795 ha ein knappes Viertel der Waldfläche.

Stauwehr an der Raumünzach bei Erbersbronn.

Der Wald war allzeit von Raubbau bedroht. Von der am Zusammenfluß von Hundsbach und Raumünzach ausgehenden Schwallung wurde noch im 19. Jh. jährlich Bau- und Scheitholz die Murg hinabgeschwemmt, allerdings gab man nach dem Kahlschlag für den niederländischen Schiffbau die Flößerei nach und nach auf. Um der Versteppung Einhalt zu gebieten, mußten die im 18. Jh. abgeholzten Flächen ebenso wie die Gebiete der sog. Franzosenhiebe nach 1945 wieder mit Nadelholz aufgeforstet werden. Bis 1949 wurden in Bermersbach 12424, in Forbach 15788, in Gausbach 19894 und in Langenbrand 10863 Festmeter Holz eingeschlagen. Daher sank der Anteil des Walds bis 1950 auf 89 Prozent der Gemarkungsfläche (11750 ha). Durch gezielte Aufforstung vor allem mit Fichten-Rein- bzw. Fichten-Lärchen-Beständen nahm der Wald bis 1997 wieder auf 11958 ha bzw. 90,7 Prozent der Gemarkungsfläche zu.

Demgegenüber war die Landwirtschaftsfläche mit 694 ha (1997) gering. Ihr Anteil an der Gemarkungsfläche von 13183 ha war mit 5,3 Prozent der bei weitem geringste im Kreisgebiet. Führt man sich vor Augen, daß von diesen 694 ha lediglich ein Siebtel (98 ha) tatsächlich landwirtschaftlich genutzt wird, so erkennt man die geringe Bedeutung der hiesigen Landwirtschaft. Auch der Anteil der landwirtschaftlich genutzten Fläche an der Gemarkung fiel von sieben (1925) auf unter ein Prozent (1997). Dieser Rückgang der Landwirtschaftsfläche ist vorrangig der von 245 (1987) auf 347 ha (1997) gestiegenen Siedlungsfläche geschuldet.

Am Anfang des 19. Jh. wurden die Felder zwar bestellt, in Forbach und Gausbach bis in die Mitte des 19. Jh. sogar etwas Rebbau getrieben, jedoch galten lediglich die Wiesen als *ziemlich ergiebig, minder die Ackergrundstücke*.[6] Obwohl er vorrangig mit der Hacke, nicht mit dem Pflug betrieben werden konnte, hielt sich der *mühselige Feldbau*[7] noch bis ins 20. Jh., als das Ackerland, gemessen am Gebietsstand der Gemeindereform, ein gutes Viertel der landwirtschaftlich genutzten Fläche (260 ha) belegte. Am größten war sein Anteil in Langenbrand (40,7%), am geringsten in Herrenwies (10,1%). Allerdings zeigte sich dabei ein deutlicher Schwerpunkt beim Hackfruchtbau (58,9%), während Getreide und Futterpflanzen nur zu einem knappen Drittel bzw. Zehntel kultiviert wurden. Aufgrund der ungünstigen Bedingungen ging die Feldbestellung kontinuierlich zurück von 15,1 Prozent der agrarisch genutzten Fläche (114 ha) 1950 auf ein Prozent (1 ha) 1997. Am Ende des 20. Jh. wurde nur noch etwas Hackfrüchtebau betrieben,
Getreide und Futterpflanzen wurden nicht mehr angebaut. Selbst in Langenbrand, wo noch Mitte des 20. Jh. ein Drittel der Agrarfläche aus Feldflur bestand, versank der Ackerbau in Bedeutungslosigkeit. Einzig die Grünlandwirtschaft konnte sich – im Verbund mit der Rindviehhaltung – ausdehnen, allerdings nur relativ von 72,4 Prozent der landwirtschaftlich genutzten Fläche (1905) auf 99 Prozent (1997). Absolut sank die Fläche der Wiesen und Weiden von 681 auf 97 ha. Wenn am Ende des 20. Jh. in Forbach Agrarwirtschaft betrieben wurde, dann fast allein Grünlandwirtschaft.

Eng verbunden mit der Grünlandwirtschaft war die Tierhaltung, besonders die von Milchvieh. Nachdem im 19. Jh. die Stallhaltung und -fütterung eingeführt und besonders die Hänge an der Murg als Weidefläche eingerichtet worden waren, erfuhr die Rinderhaltung Auftrieb. Bezogen auf den Gebietsstand der Kommunalreform, erreichte die Hornviehhaltung 1855 mit 1129 Tieren ihren Höchststand, dem bis 1939 (849) ein leichter Rückgang folgte; in der Nachkriegszeit kam dann der Absturz von 730 (1950) auf 55 Tiere (1996). Stellten vor und nach dem Zweiten Weltkrieg die Milchkühe das Hauptkontingent des Rinderbestands (1939 85,4%, 1950 88,6%), so brach mit dem Agrarstrukturwandel auch dieser Absatzmarkt weg. Unter den 55 Rindern von 1996 befand sich keine Milchkuh mehr. Die Schweinehaltung versank noch früher in Bedeutungslosigkeit. Im 19. Jh. war sie eine wichtige Erwerbsquelle der Forbacher Bauern (Höchststand 1887 mit 856 Tieren), doch gab man die Masttierhaltung in der Nachkriegszeit mit dem Wandel des Verbraucherverhaltens auf; 1971 wurden letztmals 19 Schweine gezählt.

Auch die Bedeutung der Ziege als Nutztier ging nach 1945 zurück. Ehedem bildete sie als die »Kuh des kleinen Mannes« ein Element in den Überlebensstrategien der Kleingewerbetreibenden und Arbeiter, aber in der Nachkriegszeit sank die Ziegenzahl. Mittlerweile nimmt sie wieder zu, denn im Bermersbacher »Ziegenprojekt« wird sie zur Landschaftspflege eingesetzt. Pferde verloren mit der Motorisierung der Agrarproduktion ihre Funktion als Lastentiere und wurden immer weniger; als Freizeitobjekt erlangt das Pferd aber in jüngerer Zeit wieder neues Ansehen. Der Entwicklung der Viehbestände entsprechend änderte sich auch die Zahl der Viehhalter. Sie fiel von 574 (1873) auf 13 (1996); der Anteil an den Agrarbetrieben sank von 92,3 auf 29,7 Prozent (1988). 1996 stieg der Anteil wieder auf über zwei Drittel, doch stand dieser relative Wandel im Zusammenhang mit der Spezialisierung und Konzentra-

Granitsteinbruch bei Raumünzach.

tion der Höfe. Betrieb im 19. Jh. nahezu jeder Landwirt eine Mischökonomie, so konzentrierten und spezialisierten sich die wenigen Bauern im Zuge des Strukturwandels auf einen Betriebszweig, hier die Viehhaltung.

Die wenig dominante Landwirtschaft erfuhr im ersten Viertel des 20. Jh. einen kräftigen Aufschwung, als die Zahl der Betriebe sich 1925 gegenüber 1873 um mehr als die Hälfte erhöhte, jedoch folgte darauf in der Nachkriegszeit ein beispielloses Höfesterben. Allein in den 1960er Jahren gaben 446 Höfe auf, und der Bestand fiel auf ein Sechstel ab. Bis 1995 stellten nochmals 67 der 86 Anwesen von 1971 ihre Produktion ein, so daß Ende des 20. Jh. nur noch ein knappes Dreißigstel der Bauernstellen von 1873 aktiv war.

Begleitet wurde dieser radikale Strukturwandel von einer Konzentration der Betriebsgrößen. Vor allem der Anteil der mittleren und größeren Anwesen stieg von drei bzw. null (1873) auf 3,4 und 1,7 Prozent (1995). Der Anteil der Kleinst- und Kleinbetriebe, zu denen noch vor dem Zweiten Weltkrieg alle Bauernstellen zählten, sank dagegen auf 84,5 Prozent. Angesichts der Alternative »Wachse oder weiche« vergrößerte sich der Anteil der Mittel- und Großbetriebe an der agrarisch genutzten Fläche; allein in den beiden Umbruchsjahrzehnten nahm der Anteil der Großbetriebe von 2,2 (1960) auf 18,8 Prozent (1979) zu. Demnach verdreifachte sich die mittlere Hofgröße von 1,4 (1873) auf 5,2 ha (1995).

Unter den reinen Agrarbetrieben (44 der 58 land- und forstwirtschaftlichen Höfe) dominierten 1987 die Futterbaubetriebe (81,8% der Betriebe mit 91,3% der Landwirtschaftsfläche), vor den Veredelungs- (11,4% bzw. 6,2%) und Marktfruchtbetrieben (4,5% der Höfe). Dazu gesellte sich ein agrarischer Gemischtbetrieb. Kleinst- und Kleinbetriebe herrschten aufgrund der Realteilung, bei der der Familienbesitz gleichmäßig auf alle Erben verteilt wurde und Besitzerzersplitterung verursachte, vor. Daher wurden 1987 ebenso wie 1995 in Forbach alle Betriebe im Nebenerwerb bewirtschaftet, im Kreisgebiet dagegen nur vier Fünftel.

Handwerk und Industrie. – Bis zur Einführung der Maschinenkraft hatte das Holz große Bedeutung sowohl als Rohstoff wie als Kraftquelle, und bis zum Wechsel des Energieträgers von der Holz- zur Steinkohle waren die mit Wasserkraft betriebenen Mühlen und die Köhlerei die Lieferanten von Energie. Auf beide Ressourcen, Holz und Wasser, war das Gewerbe angewiesen; 1869 arbeiteten sieben Säge-, fünf Getreide- und zwei Ölmühlen. In Forbach bestand zudem dort, wo zu Beginn des 19. Jh. eine Weidendreherei für die Fertigung der Flöße und mehrere Waffenschmiede gearbeitet hatten, eine Papier- und Sägemühle.

Als früher industrieller Schwerpunkte stellt sich Langenbrand dar, das 1895 mit 319 Erwerbstätigen fast ebensoviele gewerblich Beschäftigte aufwies wie die übrigen Gemeinden und Waldkolonien zusammen (408). Dort war auch die Konzentration am weitesten vorangeschritten; durchschnittlich arbeiteten in Langenbrand 16,8 Beschäftigte je Betrieb gegenüber einem Mittelwert von 3,4 für Forbach in den Grenzen der Gebietsreform. Als bedeutendste Gewerbegruppen erwiesen sich neben der Holzverarbeitung das Nahrungs- und Genußmittel- sowie das Bekleidungs- und Reinigungsgewerbe. 1925 produzierten sieben Fabriken, die jeweils mehr als zwanzig Arbeiter beschäftigten. Mitte der 1970er Jahre gehörten von sieben Industriebetrieben zwei dem Zweig Holz und Papier sowie einer dem Leder-, Textil- und Bekleidungsgewerbe an.

Als Schwerpunkte der holzverarbeitenden Industrie bildeten sich die Lederpappenfabrikation (durch die 1888 gegründete Firma Dorn) und die Papierherstellung heraus. 1907 nahm dazu die 1883 gegründete Firma Eugen Ludwig Holtzmann & Cie ihre Holzschleiferei in Wolfsheck in Betrieb, die beim Luftangriff am 29. Dezember 1944 beschädigt wurde. Im Wiederaufbau Anfang der 1950er Jahre verlagerte die Holzstoff- und Papierfabrik einen Produktionsteil nach Karlsruhe-Maxau. 1998 produzierte das Unternehmen 750 000 t Presse- und Tapetenrohpapier; davon fertigten die 326 Beschäftigten in Wolfsheck aus Fichten und Tannen 89 000 t Tiefdruck-, 11 000 t Zeitungsdruck- und 49 000 t Tapetenbasispapier bei einem Jahresumsatz von 189,3 Mio. DM. Nach dem Wechsel zur WAZ-Gruppe 1967 ging die Mehrheit der Aktien 1997 an den finnischen Forstindustriekonzern Enso Oyi, der im Jahr darauf mit dem schwedischen Stora-Konzern zur StoraEnso fusionierte, dem zweitgrößten Zellstoff- und Papierkonzern der Welt.

Das Rudolf-Fettweis-Werk

Ein weiterer industrieller Schwerpunkt in Forbach ist die Energiegewinnung durch Wasserkraft. Zur Deckung des gestiegenen Strombedarfs faßte die großherzogliche Regierung 1912 den Entschluß, die Gewässer des mittleren Murgtals in einem Einzugsgebiet von rund 300 km² zu nutzen, um elektrische Energie zu erzeugen. So entstand in einem ersten Bauabschnitt das Murgstollenwerk. 1913 begann man mit dem Bau des Murgwerks und im Juni 1914 mit der Wehranlage in Kirschbaumwasen. Während des Ersten Weltkriegs nahmen das Murg- und das Niederdruckwerk 1917/18 den Betrieb auf und lieferten im Folgejahr über eine 110 kw-Hochspannungsleitung Strom nach Karlsruhe und Mannheim. Die zweite Ausbaustufe sah den Bau eines Pumpspeicherwerks vor, das 1926 nach vierjähriger Bauzeit mit der Schwarzenbachtalsperre fertiggestellt wurde, die wiederum mit Wasser aus der Biberach- und Hundsbachfassung gespeist wird. Die Staumauer ist 67 m hoch und an ihrer Sohle 50 m stark. Um diese Großbaustelle mit Strom zu versorgen, mußte in Raumünzach eigens ein kleineres Energiegewinnungswerk erstellt werden. Anläßlich des zweiten Bauabschnitts gründete man 1921 die Badische Landes-Elektrizitäts-Versorgungs AG. Das 1. Vorstandsmitglied, Rudolf Fettweis (1921–1953), war namengebend für das 1938 in Badenwerk AG umbenannte Unternehmen, das die Wassermassen des aufgestauten Schwarzenbachs in Energie umwandelte.

Für diese Pionierleistung naturgerechter Stromerzeugung wurde ein 1,7 km langer Druckstollen angelegt, der das Wasser vom Entnahmerohr in der Staumauer zu einem Wasserschloß transportiert, von wo es über eine 900 m lange, oberirdische Druckrohrleitung in die Großwasserkraftanlage schießt, um deren Turbinen und Generatoren anzutreiben. Insgesamt fällt das Wasser auf seinem Weg in das Kraftwerk 360 m tief. 1997 wurde die Talsperre für Sanierungsarbeiten zum dritten Mal entleert, nachdem fünf Jahre davor der Kontrollgang in der Staumauer um 160 m verlängert worden war, um die Entwässerung an der Sohle der Staumauer zu verbessern. Im selben Jahr fusionierte die Badenwerk AG mit der Energieversorgung-Schwaben AG; Ende 1998 wurden alle Kraftwerke dieser Stromerzeuger in der EnBW Kraftwerk AG vereinigt. Innerhalb des Konzerns besteht die spezielle Aufgabe des Rudolf-Fettweis-Werks mit 72 Beschäftigten (1997) darin, den in Spitzenzeiten kurzfristig benötigten Strom zu erzeugen.

Die Zahl der Beschäftigten je Betrieb verdeutlicht die Tendenz zu größeren Produktionseinheiten auch im Verarbeitenden Gewerbe. Arbeiteten 1895 durchschnittlich 3,4 Personen in einem Betrieb, so waren es Mitte der 1970er Jahre bereits 28,6. Dabei schritt die Konzentration vor allem in der Industrie voran; 1925 waren dort im Mittel 77,7 Personen beschäftigt, am höchsten war der Schnitt in Langenbrand mit 163 Beschäftigten, die alle in der Wolfshecker Papierfabrik arbeiteten. Fünfzig Jahre später betrug der Mittelwert 185,6. Traditionell niedriger war der Beschäftigtenschnitt im Handwerk, wo Mitte der 1970er Jahre 11,5 Per-

Schwarzenbachtalsperre von Südosten.

sonen tätig waren. Stark vertreten war das Handwerk in Forbach, wo 1925 28 der insgesamt 34 Handwerksmeister (1939 47 von 93) arbeiteten. Die Zahl der Handwerksbetriebe sank von 93 (1939) auf 38 (1995). Noch deutlicher fiel die Zahl der Beschäftigten von 728 (1968) auf 131 (1995); dieser Rückgang ist vorrangig den Freisetzungen im Bau- und Ausbaugewerbe geschuldet, wo die Firmenzahl nur um ein Drittel von zwölf auf acht fiel, die der Beschäftigten aber um 94,3 Prozent zurückging. Hierbei unterscheidet sich Forbach deutlich vom Kreismittel, bei dem die Firmenzahl lediglich um ein knappes Fünftel sank und die Beschäftigtenzahl sogar um 12 Prozent zunahm. Auch bei der mittleren Beschäftigtenzahl lag Forbach mit drei Mitarbeitern (1994) weit unter dem Kreismittel (9); dies betraf vor allem das Bau- und Ausbaugewerbe sowie das Elektro- und Metallhandwerk.

Handel und Dienstleistungen. – Handel und Dienstleistungsunternehmen sammelten sich in Forbach, wo 1895 – gemessen am Gebietsstand der Gemeindereform – über die Hälfte aller Handels-, Versicherungs- und Verkehrsbetriebe angesiedelt war. Auch von den Beschäftigten in dieser Sparte arbeiteten knapp zwei Drittel in Forbach selbst. Die Expansion des tertiären Sektors setzte in der Nachkriegszeit ein. Bis Mitte der 1970er Jahre stieg die Zahl der Handelsbetriebe um mehr als ein Drittel auf 55, und die Zahl der Beschäftigten verdoppelte sich fast auf 152. Daß es sich dabei nicht nur um eine Zunahme, sondern auch um eine Konzentration handelte, belegt die durchschnittliche Beschäftigtenzahl. Hatten 1895 im Schnitt 1,9 Personen in einem Unternehmen gearbeitet, so waren es im dritten Viertel des 20. Jh. 2,8. Die Werbegemeinschaft Forbach hält Märkte zu Weihnachten und Ostern ab. Seit 1919 betreibt die Volksbank eine Filiale in Forbach, seit 1950 auch die Sparkasse Rastatt-Gernsbach.

Bereits Mitte des 19. Jh. übte das mittlere Murgtal Anziehung auf Erholungssuchende aus. Die Holzflößerei und die Murgschwallungen zogen ebenso Schaulustige an wie die wildromantische Schönheit des Tals und die Giersteine bei Bermersbach. Als Erwerbsquelle gewann der Fremdenverkehr in der Nachkriegszeit an Bedeutung. 1972, als Forbach heilklimatischer Kurort wurde, besserten sieben Agrarbetriebe (9,1%) ihr Einkommen mit Zimmervermietung auf; Forbach lag damit weit über dem Kreismittel (0,7%). In Herrenwies besteht ein Campingplatz. Zur Koordination der touristischen Angebote wurde 1962 in Forbach ein Kurhaus gebaut. Beflügelt durch den Fremdenverkehr stieg die Zahl der Gaststätten von 17 (1895) auf 31 (1997); 25 Häuser boten Übernachtungsmöglichkeiten an. Die Zahl der Übernachtungen ging zwar von 205 044 (1974/75) über 150 000 (1997) auf 112 050 (2001) zurück, gleichwohl blieb aber der Fremdenverkehr ein wichtiger wirtschaftlicher Faktor.

Verkehr. – Mit dem Wandel der Murgschifferschaft zum reinen Forstbetrieb fand in der zweiten Hälfte des 19. Jh. die Flößerei ihr Ende; als Transportmittel war sie zwar günstiger als der Straßen- und Schienenverkehr, jedoch beeinträchtigte sie auch die Holzqualität. Seit 1913 ruht die Flößerei.

Bis zum Straßen- und Eisenbahnbau war der Standort Forbach auch durch die Grenzlage zu Württemberg benachteiligt. Bereits Ende der 1850er Jahre plante die großherzogliche Regierung den Eisenbahnbau von Rastatt durch das Murgtal nach Konstanz, entschied sich jedoch wegen der dabei zu überschreitenden Landesgrenze für die Kinzigtallinie. Stattdessen bauten die Murgtäler auf eigene Kosten eine Zweigbahn von Rastatt nach Gernsbach (1869), nicht zuletzt um nach dem Niedergang der Flößerei das Holz auf Schienen verfrachten zu können. Schrittweise schloß die Murgtalbahn weitere Gemeinden an das Gleisnetz an: Weisenbach 1894, Forbach 1910 und Raumünzach 1915. Der späte Anschluß ist auf die schwierigen topographischen Verhältnisse zurückzuführen. Allein zwischen Weisenbach und Forbach waren auf einer Länge von 6 km 1340 m Tunnel und 440 m Viadukte aus Murgtäler Granitwerksteinen zu errichten. Im April 1945 sprengten deutsche Truppen bei ihrem Rückzug die Eisenbahnbrücken bei Weisenbach, Langenbrand und beim Holdereck sowie die Landstraße zwischen Langenbrand und Forbach.

Bis zum Bau der Murgtalbahn war die Straße täglich von 635 Fuhrwerken frequentiert (1869). Danach war das Straßenverkehrsaufkommen zwar rückläufig (1868/73 505 Fuhrwerke), nach Gernsbach nahm es jedoch wieder zu. In den 1950er Jahren wurde die Murgtalstraße als B462 ausgebaut. Mit der L83, die das Murgtal über Herrenwies an das Höhengebiet anschließt, wurde eine Ost-West-Verbindung geschaffen ebenso wie mit der L80b zwischen Hundseck und Raumünzach. Ferner führt die L79 seit 1906 über die Rote Lache nach Baden-Baden; von ihr zweigt bei Bermersbach die K3754 nach Wolfsheck ab. Eine technisch herausragende Konstruktion stellt die Holzbrücke über die Murg in Forbach dar, die als längste freitragende, gedeckte Europas gilt.

Gemeinde und Gemarkung. – Bermersbach, Forbach, Gausbach und Langenbrand gehörten seit 1809 zum Amt Gernsbach und seit 1872 zum Amt Rastatt, aus dem 1939 der Landkreis Rastatt hervorging. Die Waldkolonien blieben bis 1930, als sie samt der Gemarkung Murgschifferschaftswald nach Forbach eingemeindet wurden, beim Amt Bühl. Die heutige Gemeinde konstituierte sich am 1. Juli 1974. Das vom Zweiten Weltkrieg schwer getroffene Bermersbach war eine der ersten Gemeinden, die die deutsch-französische Aussöhnung mit Leben füllten; bereits 1963 ging es eine Partnerschaft mit Andilly bei Toul ein.

Rathaus in Forbach.

Die Gemarkungsfläche Bermersbachs betrug 1925 1012, die Forbachs 8330, die Gausbachs 1179 und die Langenbrands 640 ha; Forbach war schon damals die nach ihrer Fläche größte Gemeinde im Rastatter Amtsbezirk. Durch den Einbezug gemarkungsfreier Waldungen sowie die Eingemeindung von Herrenwies (945 ha) und Hundsbach (1090 ha) 1930, wurde das Forbacher Gemeindegebiet zum größten Badens. Seit der Gebietsreform hat Forbach 13 182 ha Fläche und ist damit die bei weitem ausgedehnteste Kommune im Landkreis.

Versorgung und Entsorgung. – Eine Quellwasserversorgung mit Leitungssystem existiert bereits seit 1882. 1979 war Forbach vollständig an die öffentliche Wasserversorgung angeschlossen. Der mittlere Tagesbedarf von 115 l je Einwohner (1983) lag weit unter dem Landesdurchschnitt (225 l). Aufgrund des Bevölkerungsanstiegs erhöhte sich der Wasserverbrauch von 300 000 (1975) auf 324 000 m^3 (1983). Demzufolge wurde der größte Teil des benötigten Wassers (70,3%) an Privathaushalte abgegeben; die holzverarbeitenden Gewerbegebiete benötigten knapp 10 Prozent. Das Wasser wurde ausschließlich aus Quellen wie den Bachwiesen oberhalb Gausbachs gewonnen. Der Anschluß an die öffentliche Sammelkanalisation nahm von 72,6 (1975) auf 81,3 Prozent (1983) der Haushalte zu. 1997 waren alle Ortsteile bis auf die ehemaligen Waldkolonien sowie Erbersbronn und Kirschbaumwasen angeschlossen. 1978 wurde in Forbach eine Deponie für Erdaushub und Bauschutt in Betrieb genommen.

Die Gesundheitsversorgung war im 19. Jh. noch gering entwickelt. 1855 wies der gesamte Amtsbezirk Gernsbach vier Ärzte auf; ebensoviele Allgemeinmediziner praktizierten 2000 allein in Forbach, dazu zwei Zahnärzte. Bis zur Gründung der Johannes-Apotheke in Forbach (1876) mußten die Medikamente in Gernsbach besorgt werden. 1896 wurde in Forbach von der Kommune sowie von den Gemeinden Bermersbach, Gausbach und Langenbrand ein Krankenhaus mit 15 Betten gebaut. 1930 hat man das Spital auf 50, 1954 auf 105 Betten erweitert, es aber 1997 wieder auf 91 reduziert. 1981 wurde ein Trakt mit OP- und Behandlungsräumen angefügt, im Jahr darauf ging das Krankenhaus in die Regie des Landkreises über. Die Klinik hat die Grundversorgung in den Sparten Chirurgie und Innere Medizin zu leisten.

Die Sozialversorgung war von der katholischen Kirche bestimmt. Krankenpflege zuhause oder in der Forbacher Klinik leisteten Franziskanerinnen aus dem Gengenbacher Mutterhaus, zu Beginn des 20. Jh. überwiegend, seit Mitte des 20. Jh. jedoch abnehmend in Relation zum weltlichen Personal. Ende des 20. Jh. kooperierte die von der Gemeinde getragene Forbacher Sozialstation mit der von Gernsbach.

Die ältesten Feuerwehren wurden 1878 in Bermersbach und 1913 in Forbach gegründet. Weitere freiwillige Brandwehren entstanden 1937 in Langenbrand und Gausbach, in Hundsbach erst 1961, in Herrenwies 1965 als Löschzug. 1997 setzten sich 173 Aktive in sechs Abteilungen und Löschzügen für die Brandbekämpfung ein.

Feuerwehrhaus in Bermersbach.

Kirchen und Religionsgemeinschaften. – Forbach und seine Ortsteile waren ehedem stark vom Katholizismus geprägt. Bezogen auf den Gebietsstand der Gemeindereform, lebte im 19. Jh. hier nur eine kleine Zahl Protestanten, deren Quote zwischen 1 (1858) und 2,6 (1895) Prozent schwankte. Betrachtet man die einzelnen Gemeinden genauer, fällt auf, daß die konfessionelle Minderheit einer starken Fluktuation unterworfen war. In den Waldkolonien, wo im 19. Jh. ein höherer Prozentsatz Protestanten wohnte, erreichte der evangelische Bevölkerungsteil 1825 in Herrenwies mit 17,1 Prozent seinen Spitzenwert, sank aber zwanzig Jahre später auf Null, als in Hundsbach die Quote bei 10,4 Prozent lag, die wiederum 1858 und 1895 auf 1,4 bzw. 0,3 Prozent fiel. Die katholische Mehrheit bewegte sich im 19. Jh., gemessen am Gebietsstand der Kommunalreform, zwischen 99,5 (1852) und 97,4 Prozent (1895) und lag damit deutlich über dem Durchschnitt der Bezirksämter Gernsbach und Rastatt (82 bzw. 86,7%). Bereits im ersten Viertel des 20. Jh. vergrößerte sich der Anteil der evangelischen Einwohner auf 9,3 Prozent (1933), in substantiellem Ausmaß freilich erst durch den Vertriebenenzuzug mit dem Höchststand von 12,7 Prozent (1950); 1987 fiel die Quote wieder auf 10 Prozent. Der Katholikenanteil ging in der Nachkriegszeit von 89,2 (1950) auf 83,4 Prozent zurück. Diese Prozesse sind auf die Entkonfessionalisierung und Entchristlichung der modernen Gesellschaft zurückzuführen, die seit dem zweiten Viertel des 20. Jh. zu beobachten sind. 1925 war erstmals auszumachen, daß ein, wenn auch randlicher Teil der Bevölkerung sich nicht zu einer der beiden Großkirchen (0,4%) zählte. Der Anteil der Konfessionslosen stieg nach dem Krieg von 0,3 (1950) auf 2,1 Prozent (1987), lag aber immer noch weit unter dem Kreismittel (6%). Durch den Zuzug von Gastarbeitern aus der Türkei betrug der Anteil der islamischen Bewohner 4,5 Prozent, was den Kreisdurchschnitt (1,7%) weit übertraf.

Bis 1827 dem Straßburger Bistum, danach dem Freiburger Erzbistum zugehörig, zählten die Pfarreien in Forbach, Bermersbach (seit 1944) und Langenbrand (seit 1942) zum Dekanat Gernsbach, aus dem 1929 das Landkapitel Rastatt und 1975 das Dekanat Murgtal hervorgingen, während Herrenwies bis 1929 dem Dekanat Ottersweier, dann Bühl zugeordnet war, ehe es Mitte der 1970er Jahre zum Landkapitel Baden-Baden kam.

Die Forbacher Pfarrei St. Johann erhielt 1890 ein neuromanisches Gotteshaus. Zur Pfarrei zählt die 1935 und 1971 umgebaute Kapelle St. Franziskus im Krankenhaus. Das mit Saal und Kegelbahn ausgestattete Gemeindehaus St. Joseph wurde 1926 fertiggestellt; außerdem gibt es auf Gemeindegebiet das Ferienheim St. Bernhardus-Hütte. Der Pfarrei zugeordnet ist die Filialkirche zur Hl. Dreifaltigkeit (1956) in Gausbach mit dem seligen Bernhard von Baden

St. Antonius-Kirche in Herrenwies.

als Nebenpatron. Bis in die 1930/40er Jahre gehörten zur Johannesgemeinde zwei Filialen in Bermersbach und Langenbrand. Die Bermersbacher Filiale wurde 1933 zur Pfarrkuratrie und 1965 zur Pfarrei St. Antonius erhoben. Die neugotische Kirche datiert von 1895. Die Pfarrei verfügt über das 1923/24 erbaute Christophorusheim. Das Schwestern-, frühere Kinderferienheim St. Michael mit gleichnamiger Kapelle gehört dem Caritasverband Rastatt. St. Valentin in Langenbrand wurde 1942 von der Filial- zur Kirchengemeinde erhoben; die Kirche war bereits 1937 fertiggestellt. Die ehemalige Kuratie St. Antonius in Herrenwies ist seit 1818 Pfarrei und verfügt seit 1898 über ein neugotisches Gotteshaus. St. Josef in Hundsbach rechnet als Filiale zur Herrenwieser Kirchengemeinde. Die Kirche stammt aus dem Jahr 1950; neben dem Jugendheim in ihrem Untergeschoß gibt es hier ein Dekanatsjugendheim (Geschwister-Scholl-Haus).

Kapelle Maria-Frieden (Adenauerkapelle)

Nicht weit von der 1897 auf dem Oberen Plättig errichteten Antonius-Kapelle wurde Ende der 1950er Jahre auf Initiative Konrad Adenauers die Kapelle Maria Königin des Friedens gebaut. Angeregt durch seine Aufenthalte auf der Bühlerhöhe setzte sich Adenauer gemeinsam mit dem Herrenwieser Pfarrer Rudolf Hemberger beim Freiburger Erzbischof für den Bau dieser Kapelle ein, die bald landläufig nach ihm benannt wurde. Am 17. Juni 1960, dem damaligen Tag der deutschen Einheit, wurde das Gotthaus durch den Sohn des damaligen Bundeskanzlers, Monsignore Paul Adenauer, benediziert und 1965 vom Freiburger Weihbischof Gnädinger konsekriert. Konrad Adenauer stiftete dazu eine um 1490 im Meersburger Raum entstandene Madonna. In der beliebten Hochzeitskapelle finden jährlich rund hundert Trauungen statt.

Infolge des Vertriebenenzuzugs entstand 1952 in Forbach auch eine evangelische Kirchengemeinde; eine Diasporagemeinde gab es bereits seit 1921. Davor hatten Forbach (seit 1842) und bis 1952 Bermersbach, Gausbach sowie Langenbrand (alle seit 1866) als Diasporaorte zur Pfarrei Gernsbach gezählt, wohingegen Hundsbach seit 1842 Diaspora von Bühl war. Mit der Selbständigkeit kam 1953 die Pfarrstelle für die Forbacher evangelische Gemeinde, die seit 1915 eine eigene Kirche hatte. Die Kirchenbezirkszugehörigkeit wechselte zwischen Baden-Baden (1921 Diasporagemeinde Forbach), Karlsruhe-Stadt (1941 Diasporagemeinde Forbach und 1952 die Diasporaorte Bermersbach, Gausbach und Langenbrand) und neuerlich Baden-Baden, zu dem die Kirchengemeinde Forbach mit ihren Nebenorten seit 1953 zählt.

St. Josef-Kirche in Hundsbach.

Schulen, Bildung und Kultur. – Bis zur Einführung der staatlichen Volksschulaufsicht (1860) unterstanden die Schulen in Forbach, Bermersbach, Gausbach und Langenbrand der katholischen Schulvisitatur Gernsbach; Herrenwies und seine Filiale Hundsbach waren hingegen Bühl zugeordnet. Mitte des 19. Jh. kam eine Schule in Raumünzach dazu, so daß die Zahl der Anstalten, bezogen auf den Gebietsstand der Gemeindereform, auf sieben stieg. Bis zum Zweiten Weltkrieg verdoppelte sich die Zahl der Schüler von insgesamt 491 (1828) auf 921 (1939) ebenso wie die Zahl der Lehrer von sieben auf 16. Die Lehrer-Schüler-Relation verbesserte sich dabei nur unwesentlich von siebzig Kindern je Lehrkraft auf 57,6. Zu Beginn des 20. Jh. besuchten erstmals evangelische Kinder den Unterricht 1939 machten sie 1,1 Prozent der Schüler aus. In der Nachkriegszeit sank die Zahl der Schulen wie die der Schüler. Mitte der 1960er Jahre besuchten 765 Kinder die sieben Zwergschulen, aber im Schuljahr 1999/2000 wurde nur noch in der 1956/57 errichteten Grundschule in Langenbrand sowie in der 1923 erbauten und 1965 erweiterten Grund- und Hauptschule mit Werkrealschule in Forbach Unterricht gehalten (410 Schüler).

Aus Mitteln des Heiligenfonds entstand 1871 in Forbach eine Kinderbewahranstalt, die von Gengenbacher Schwestern geleitet wurde; 1964 erhielt sie einen Neubau für hundert Kinder. In Langenbrand beaufsichtigten Bühler Schwestern die Kinder in dem 1940 erbauten Kindergarten, der 1965/66 eine Erweiterung erfuhr. 1960 wurden Kindergärten in Bermersbach, wo es schon seit 1920 einen Hort gab, und in Gausbach errichtet.

Seit ihrer Gründung 1957 bietet die Volkshochschule des Kreises Veranstaltungen in Forbach an; auch die Musikschule Gernsbach unterhält hier eine Außenstelle. Theaterstücke werden im Kurhaus aufgeführt. Lesestoff liefert die 1961 ins Leben gerufene Fahrbücherei des Landkreises. Das Murgtal-Museum im alten Bermersbacher Schulhaus zeigt umfangreiche Sammlungen zur materiellen Kultur des Alltags, dokumentiert etwa vierzig Berufe und Tätigkeiten; Innenansichten einer alten Schule und eines früheren Kaufladens runden das Gebotene ab.

Sport- und Freizeitstätten, Vereine. – Neben einem kleinen Schulsportplatz am Bahnhof verfügt Forbach über fünf Sportplätze, die in Gausbach und Hundsbach auch als Festplätze dienen. Skifahrern stehen Langlaufloipen sowie vier Lifte am Mehliskopf und einer in Hundsbach zur Auswahl. Mit einer beheizten Wasserfläche von 1 000 m² wirbt das 1979 erbaute Schwimmbad Montana. Daneben existiert in der 1972 errichteten Schulsporthalle ein Kleinsthallenbad.

Eine bedeutende Wurzel des Forbacher Vereinswesens ist das katholische Milieu. In dessen Vereinen organisierten sich die Interessen der Bevölkerung. Während noch am Ende des 19. Jh. die kirchlichen Vereine in Forbach, Langenbrand und Herrenwies fast ausschließlich Gebetsvereine – Corporis-Christi- und Herz-Mariä-Bruderschaften – waren, fächerte sich das Vereinswesen in der ersten Hälfte des 20. Jh. weiter auf. Hinzu kamen sozialpolitische Zuammenschlüsse wie der Arbeiterverein (Forbach) oder die auf Volksbildung ausgerichteten Borromäusvereine (Forbach, Bermersbach, Hundsbach und Langenbrand) sowie der Franz-Xaverius- und der Kindheit-Jesu-Verein (beide Langenbrand), die der Mission dienen sollten, schließlich der Bonifatiusverein, dem die Förderung der Seelsorge in der Diaspora oblag. Zudem wurden in Forbach, Bermersbach und Langenbrand Standesvereinigungen ins Leben gerufen in Gestalt von Jungmänner- und Jungfrauenkongregationen, Männerapostolaten und Müttervereinen. Der Vereinskatholizismus dieser Art ging in der NS-Zeit unter; nach dem Krieg bestanden Vereine wie die Kirchenchöre in allen Gemeinden weiter, zum Teil auch Borromäus- und Bonifatius- sowie Missiovereine.

Als weitere Basis des Vereinswesens sind die Sportclubs zu nennen, die zumeist nach den kirchlichen Zusammenschlüssen entstanden sind. So wurden die Turnvereine in Bermersbach, Forbach, Gausbach, alle 1910, und Langenbrand 1911 gegründet; der Forbacher Sportverein wurde

Bobbahn am Mehliskopf.

1921, der Schützenverein Forbach 1922, der Rad- und Motorsportverein Langenbrand 1923, und die Skiclubs in Forbach und Hundsbach 1927 ins Leben gerufen. Hervorzuheben sind auch die Forbacher Naturfreunde (1923) sowie die Schwarzwaldvereine in Forbach (1901), Bermersbach (1922) und Langenbrand (1971). Wichtig für die Landschaftspflege sind nicht zuletzt die Obst- und Gartenbauvereine.

Zu den ältesten Vereinen zählen die Musik- und Gesangvereine, unter denen der Musikverein (1843) und der Gesangverein (1851) in Forbach die ältesten sind. Beide Vereinssparten sind in allen vier ehedem selbständigen Gemeinden vertreten, zum Teil auch in den Waldkolonien. Am Ende des 20. Jh. existierten in Forbach mehr als fünfzig Vereine.

Strukturbild. – Die Entwicklung Forbachs ist geprägt von seinen natürlichen Grundlagen, neben wenigen Wiesen vor allem vom Wasser und dem Holz. Bis zur Industrialisierung waren das Holzfällen und der Holztransport die einträglichsten Arbeiten. Neben der Forstwirtschaft stellten die Schnefelei und Spankorbflechterei, die bezeichnenderweise außerhalb der Waldarbeitssaison betrieben wurden, den Versuch dar, mit Heimgewerben die Lebensgrundlage der Bevölkerung zu verbessern. Durchgreifenden Aufschwung brachte aber erst die industrielle Holzverarbeitung.

Dabei fand im 19. Jh. eine bedeutende Veränderung statt. Die Murgschifferschaft, die als älteste deutsche Holzhandelsgesellschaft angesehen wird, entwickelte sich von einer Flößerinnung aktiver Schiffer zu einem Forstbetrieb modernen Zuschnitts. Damit nahm sie nicht allein Einfluß auf das Landschaftsbild, sondern auch auf das Wirtschaftsgefüge. Neue Gewerbe- und Industriebetriebe ersetzten die gemeinschaftlichen Sägemühlen, die Holzfänge und Schwallungen wichen dem Bedürfnis der verarbeitenden Betriebe nach geregelter Wasserzufuhr und -entnahme sowie Energiegewinnung. Augenfällig wurde dieser Umbruch in der Anlage des Murgkraftwerks und des Schwarzenbachstausees, der die Wasser- und Stromversorgung des Murgtals regelt, durch den jedoch der Raumünzachwasserfall verschwand.

Die Kombination von Wasser und Faserholz begünstigte ebenso den Aufstieg der Pappen- und Papiermacherei, der sich in der Ansiedlung bedeutender Produktionsstätten zeigte. Die bis 1967 selbständige Holzstoff- und Papierfabrik Holtzmann beispielsweise ist an der Schwelle zum 21. Jh. ein international konkurrenzfähiger Betrieb des weltweit zweitgrößten Zellstoff- und Papierkonzerns. Die Bedeutung des Holzreichtums, der althergebrachten Sparbüchse Forbachs, hat auch am Ende des 20. Jh. nicht nachgelassen. Mit einer Waldfläche von 90,7 Prozent (2000) ist Forbach die Gemeinde mit dem zweitgrößten Waldanteil im ganzen Land.

Nicht minder prägend war für das mittlere Murgtal die Ungunst seiner Lage. Noch im 19. Jh. galt Forbach, namentlich sein heutiger Ortsteil Herrenwies, wegen seiner abseitigen und schwer zugänglichen Lage als *badisches Sibirien*.[8] Mangelnde Perspektiven zwangen nach den Auswanderungswellen des 19. Jh. auch noch in der Zeit nach dem Zweiten Weltkrieg zur Abwanderung; als einzige Kreisgemeinde verzeichnet Forbach zugleich eine geringe Bevölkerungsdichte, einen hohen Altersdurchschnitt und Bevölkerungsrückgang. Die schlechten Straßenverhältnisse und die späte Anbindung an das Schienennetz – erst zu Beginn des 20. Jh. –, ließen die Waldkolonien und das mittlere Murgtal lange als rauh, wild und unfruchtbar erscheinen; die beschwerlichen Produktionsbedingungen im Agrarsektor bestätigten dieses Bild. Letztere sind der Grund dafür, daß die ohnehin im Schatten der Waldnutzung stehende Landwirtschaft in der zweiten Hälfte des 20. Jh. rasch und gänzlich niederging, mit einer im Landkreis singulären Radikalität. Der Standortnachteil manifestierte sich nicht zuletzt in einem stetig steigenden Pendlersaldo, worin der Mangel an Arbeits- und Ausbildungsstätten zum Ausdruck kommt.

Allerdings verkehrte sich die Ungunst der Lage in der Nachkriegszeit in einen Standortvorteil. Zwar wurde das mittlere Murgtal schon zu Beginn des 19. Jh. als die *kleine Schweiz* Badens apostrophiert,[9] und in der zweiten Hälfte des 19. Jh. gab es erste Anstrengungen zugunsten eines Fremdenverkehrs, doch gaben erst die Dienstleistungsgesellschaft und die Motorisierung der Nachkriegszeit dem Tourismus eine wirtschaftlich tragfähige Basis. Die davor als bedrückend empfundene Abgeschiedenheit wandelte sich zu einem Vorzug des schließlich amtlich deklarierten Luftkurorts. So gelang es Forbach, den Ausfall im Agrarsektor über den Aufschwung im Dienstleistungsgewerbe auszugleichen.

Charakteristisch ist für Forbach zu guter Letzt seine Prägung durch das katholische Milieu, was im Vereinsleben ebenso zum Ausdruck kommt wie in den politischen Präferenzen. Zwar sind in Forbach und Gausbach auch liberale Traditionen und eine Verankerung der Arbeiterbewegung

Forbach von Südwesten, im Mittelgrund die evangelische Kirche zum Guten Hirten.

auszumachen, aber gleichwohl dominierte das Zentrum unangefochten; die Union hat dessen Erbe weitgehend ungeschmälert angetreten. In diesem Koordinatensystem von ungünstiger Lage, negativer Bevölkerungsentwicklung und katholischem Milieu ist auch die Ursache für die verzögerte Säkularisierung der Gesellschaft zu suchen, die sich in einem geringen Anteil Konfessionsloser dokumentiert.

Bermersbach. Betrachtungen und Bilder vom Murgtal-Bergdorf 1386–1986. Hg. von der Ortsverwaltung Bermersbach. Bermersbach 1986.

SCHWARZ, Benedikt, und HUMPERT, Theodor: Forbach. Wesen und Werden eines Murgtaldorfes. Rastatt 1926. – HASEL, Karl: Herrenwies und Hundsbach. Ein Beitrag zur forstlichen Erschließung des nördlichen Schwarzwalds. Forschungen zur deutschen Landeskunde 45. Leipzig 1944.

SCHWARZ, Benedikt: Gemeinde Gausbach im badischen Murgtal. Rastatt 1911. – KRAEMER, Hermann: Das Dorf Gausbach in Vergangenheit und Gegenwart. Gausbach 1957.

HERKEL, Richard: 700 Jahre Gemeinde Langenbrand. Hg. von der Gemeinde Langenbrand. Langenbrand 1972.

[1] ZGO 9 (1858) S. 111–113.
[2] KRIEG VON HOCHFELDEN S. 374–376.
[3] GLA 67/1432.
[4] ZGO 130 (1982) S. 25.
[5] ZGO 130 (1982) S. 25. – Die von GOTHEIN (ZGO 43, 1889, S. 404) behauptete Ersterwähnung zum Jahr 1272 ist inzwischen allgemein rezipiert, läßt sich aber nicht verifizieren.
[6] KOLB 1 S. 361.
[7] HEUNISCH, Großherzogthum Baden S. 727.
[8] SCHAPPLER-HONNEF, Erika. In: Heimatbuch Landkreis Rastatt 13 (1986) S. 86.
[9] DRAIS 2 S. 12.